国家“211”工程建设项目系列：
经济全球化进程中国际贸易重大理论与政策研究

总主编　薛荣久

国际经贸理论通鉴

国际经贸理论当代卷

主　编　薛荣久
副主编　樊　瑛

对外经济贸易大学出版社
中国·北京

图书在版编目（CIP）数据

国际经贸理论通鉴．国际经贸理论当代卷／薛荣久主编．—北京：对外经济贸易大学出版社，2013
ISBN 978-7-5663-0843-6

Ⅰ．①国…　Ⅱ．①薛…　Ⅲ．①国际贸易理论－理论研究　Ⅳ．①F740

中国版本图书馆 CIP 数据核字（2013）第 236531 号

国际经贸理论通鉴　国际经贸理论当代卷

薛荣久　**主编**

责任编辑：赵　昕

对外经济贸易大学出版社
北京市朝阳区惠新东街 10 号　　邮政编码：100029
邮购电话：010－64492338　　发行部电话：010－64492342
网址：http://www.uibep.com　　E-mail：uibep@126.com

唐山市润丰印务有限公司印装　　新华书店北京发行所发行
成品尺寸：185mm×260mm　　47 印张　　1086 千字
2013 年 12 月北京第 1 版　　2013 年 12 月第 1 次印刷

ISBN 978-7-5663-0843-6
印数：001－800 册　　定价：120.00 元

出版说明

《国际经贸理论通鉴》为对外经济贸易大学国家“211”工程建设项目系列：经济全球化进程中国际贸易重大理论与政策研究中的重大项目。课题于2005年启动，2012年2月完成，由六卷七册近一千万字构成。参与课题研究者为来自国内近20所高校、社科院、商务部研究院、人民银行金融研究所等单位的近百名老中青学者。

本课题研究的主要宗旨是为中国探求符合科学发展观的国际经贸理论和政策，推动和加深我国在国际经贸理论方面的研究与教育，扩大国内外国际经贸理论研究与教育方面的交流。

在课题研究中，我们力求坚持以下理念：第一，坚持历史与逻辑的统一，按照历史顺序，对古今中外重要国际经贸理论进行比较全面的介绍与评述，不分主流派和非主流派。第二，包容并蓄。《通鉴》主要由三大部分经贸理论构成，即西方经济学家国际经贸理论、马克思主义国际经贸理论、中国政要和学者的国际经贸理论。第三，以介述为主，适当评论。第四，派论结合。在前四分卷里，如有既定共认学派的国际经济贸易理论，则以学派为主；没有形成学派的则以理论为主。第五，在编著体例上，做到评介和原文相互结合。在学派评介中，首先介绍学派的形成，主要代表人物的生平、学术活动、主要著述、学术影响；根据需要再把有关的国际经济贸易理论和政策原著摘录在后面。第六，由于涉及内容不同，各卷与册体例有所差异。第七，总主编与卷册主编分工合作。在总主编统一构思规划下，分卷主编有的由总主编担任，有的采用总主编选聘分卷主编合作制。

按照上述理念，整个《通鉴》分为六卷七册。第一卷为国际经贸理论基源卷（一册，20世纪以前的各种国际经贸理论）；第二卷为国际经贸理论现代卷（一册，两次世界大战期间主要的西方经济学家的经贸理论）；第三卷为国际经贸理论当代卷（一册，第二次世界大战以后到21世纪初的西方经济学家的国际经贸理论）；第四卷为国际经贸理论中国卷（二册，上册为先秦到民国时期中国的国际经贸理论，下册为新中国成立后学界的国际经贸理论）。为了加强对马克思主义国际经济贸易理论和马克思主义国际经贸理论中国化的研究，还单独编著第五卷和第六卷。第五卷为马、恩、列、布、斯国际经贸理论卷（一册），第六卷为中国党和国家领导人国际经贸理论卷（一册，内部版）。

本卷为《国际经贸理论当代卷》，主编由总主编担任，副主编由樊瑛副教授担任。由国内22位中青年学者研究撰写，按姓氏拼音排序，他（她）们和他（她）的单位是：陈贺菁（厦门大学），陈泰锋（重庆市委政研室），成新轩（河北大学），戴臻（对外经济贸易大学），樊瑛（对外经济贸易大学），姜荣春（对外经济贸易大学），孔凡保（河南大学），李群（南京审计学院），李蕊（中国社会科学院财贸所），李小平（中南财经政法大学），梁琦（南京大学），茹玉骢（浙江财经大学），唐宜红（中央财经大学），屠新泉（对外经济贸易大学）王根蓓（上海财经大学），王云飞（上海对外贸易学院），魏浩（北京师范大学），吴西顺（对外经济贸易大学），殷德生（华东师范大学），曾铮（中国社会科学院），张二震（南京大学），赵玉焕（北京理工大学）。

本卷主要介绍和评述第二次世界大战后到21世纪初期比较重要的国际经贸关系、作用、政策、措施与贸易体制等方面的理论与研究方法，由21章构成。

第二次世界大战以后，随着国际政治和经济形势的变化，经济全球化的深入发展，科学技术的巨大进步，国际贸易的基础日益深广，国际贸易关系日见复杂，国际贸易研究手段更加多样化，国际经贸理论亦向多样化、细微化发展。本卷国际经贸理论，既包括对传统经贸理论的反思与拓展，也包含了许多新理论；既有国际贸易理论的深化发展，也有国际贸易实证研究的求新。从李嘉图国际贸易理论到新古典贸易理论的拓展、从要素禀赋理论新的实证检验方法到贸易要素的综合均衡研究、从产业内分工和贸易现象的研究到产品内分工和贸易现象的研究、从战略性贸易政策到内生性贸易政策的研究、从纯贸易理论问题研究到与贸易有关的专题研究、从单边的贸易制度安排到区域和多边的贸易制度安排、从国际贸易单一学科研究方式内的使用到综合学科研究。

本卷秘书为对外经济贸易大学博士后杨凤鸣女士。

《国际经贸理论通鉴》属于原创性的综合性研究成果，尽力完成课题研究目标，为升华和拓展研究奠定基础。由于研究能力所限，课题在体例、提法和范式等方面会存在许多不足，为此恳请读者予以指正，以便再版时进行修正。

薛荣久

2012年2月29日

前　言

改革开放以来，中国引进了不少西方的国际贸易理论和思想，并结合中国实际进行分析、修改，形成了一些理论生长点。过去这些贸易理论和思想的引进，多限于国际贸易学界已普遍接受的成果，现在中国学者有机会几乎与西方贸易学家同步面临对国际贸易学新现象的探索和对新理论的分析、批判和吸收，抓住这个机会，以科学的态度对待国际贸易学研究、加强与国际贸易学界的交流和接轨、对新世纪中国国际贸易学的发展、对中国的国际贸易学研究在国际学术舞台上占有一席之地，一定大有裨益。

现代学科发展要求具备现代的学科组织方式、相对先进的技术手段以及畅通的数据获得途径，在学科发展日益综合化的趋势下，国际贸易学研究需要新的组织方式以及学科发展战略的引导。《国际经贸理论通鉴　国际经贸理论当代卷》通过全国各高校国际贸易学术团队合作研究，对国际贸易理论的学术前沿进行系统梳理，研究题目覆盖主流及非主流各学派学术观点和成果，具有研究范围广博、研究课题深入、研究文献新颖、研究题目多远的特点，并希冀对国际贸易学科的进一步发展有所贡献。

当代国际贸易理论的发展，既包括了对传统理论的反思和拓展，也包含了对新理论的不断创新；既有国际贸易理论的深入发展，也有国际贸易实证研究的不断进步。从新李嘉图贸易理论到新古典贸易理论的当代拓展方面；从要素禀赋理论的新的实证检验方法到贸易要素的综合均衡研究、从产业内分工和贸易现象的研究到产品内分工和贸易现象的研究、从战略性贸易政策到内生性贸易政策的研究、从纯贸易理论问题研究到与贸易有关的专题研究——贸易与投资、贸易与环境、贸易与工资、贸易与技术进步；从单边的贸易制度安排到区域和多边的贸易制度安排、从国际贸易单一学科研究方式的使用到国际贸易学科与产业组织理论、信息经济学、企业理论、博弈论等战略性贸易政策研究的融合，当代国际贸易理论经历着迅速的甚至是颠覆式的发展和进步。《国际经贸理论通鉴　国际经贸理论当代卷》尝试追随理论发展的脚步，将国际学术界的研究成果综合呈现在读者面前。

《国际经贸理论通鉴　国际经贸理论当代卷》具有以下几个特点：

第一，研究内容广泛：《国际经贸理论通鉴　国际经贸理论当代卷》分为21章，研究领域囊括国际分工理论、国际贸易理论、国际贸易政策、与贸易有关的问题等，将国际贸易理论学界当代的前沿学术成果进行综述。

第二，研究文献新颖：《国际经贸理论通鉴　国际经贸理论当代卷》文献时间维度从20世纪70年代至今，在团队进行文献收集和综述过程中，团队成员力图将本领域最新文献纳入研究范围，并竭力准确理解和阐述文献成果。

第三，研究团队精诚合作：《国际经贸理论通鉴　国际经贸理论当代卷》邀请了对外经济贸易大学、厦门大学、南京大学、中央财经大学、中南财经政法大学、华东师范大学、上海对外贸易学院、河北大学、河南大学等国内多所高校的老、中、青三代国际贸易学者作为团队成员展开研究，年龄结构合理，科研经验丰富，团队成员合作默契，研究工作进展良好。

第四，研究思路清晰严谨：《国际经贸理论通鉴　国际经贸理论当代卷》采用的基本上是国际贸易外文文献，外文文献在原始数据获取、公式推导、分析论证、案例研究方面能够做到环环相扣、一丝不苟，同时外文文献非常强调对学术规范的遵守，对于问题的假设、验证、讨论、分析都比较规范。此外，参考文献内容丰富，论文的逻辑性强，实证检验结果具有说服力。团队成员尊重文献的原创性，力求清晰严谨地总结这些研究成果，并从中引申其学术价值。

国际贸易学的研究积累，为社会认同国际贸易学的学科价值发挥了决定性的作用，必须正确处理好继承和创新的关系。传统理论毕竟受到理论产生的时代条件的局限，和当代与未来贸易发展的要求还有一定的距离，需要在应用中吸取其合理内核、不断创新。国际贸易从研究贸易现象的历史过程和现状格局为主，开始越来越注重研究未来格局的塑造和过程的调控；从研究历史演变过程、现状分析为主，开始越来越注重开展前瞻性和预测性的研究，为重塑未来贸易格局提供科学依据和具体方案，也拉动了学科的发展。新现象、新因素、新机制、新格局、新过程正在深刻地改变着国际贸易学的面貌，学科分化也在深刻地影响着整个国际贸易学科的发展方向，导致了学科在微观研究层面的进一步分化。本书通过对国际贸易理论发展过程中重要理论、观点和史实的梳理，汇聚国际贸易学发展的理论思想精华，将国际贸易理论进行集大成。

学术研究的传承是为了更好地创新，而学术传承是学术创新的基础。国际贸易学理论研究的传承至少包含了这样三层涵义：一是国际贸易学理论的传承；二是国际贸易学理论研究的传承；三是国际贸易学理论研究队伍的传承。通过本书的编撰，整合国际贸易理论的国内研究资源，培养一支老、中、青学者和学子组成的具有严谨治学态度的高水平的研究梯队，能够站在一个新的高度，高屋建瓴地在传承的基础上进行理论创新，并产生符合中国实际的、解决中国实际问题的、并能被国际理论界承认的中国的国际贸易学。只有合理充分的学术继承，才能有真正的学术创新，立足中国本土，才能真正建立与国际研究规范接轨的国际贸易学科体系。

由于科研时间的局限性，《国际经贸理论通鉴　国际经贸理论当代卷》不能囊括所有的国际贸易研究专题，某些现有专题也缺乏深入思考和理论升华。随着国际贸易理论和实证研究的国际发展，国际贸易学的知识面将不断拓宽。这要求国际贸易学研究者，一方面要加强学习，掌握广博的相关知识；另一方面，要在了解各学派观点和研究方法的基础上，根据所研究的问题需要，在一两个特殊方面求专精。在这些专精的领域，要弄清国内外已有的主要成果以及目前研究前沿走势；并根据中国的国情实际，应用相关理论，修改不妥观点，总结中国特殊国情下的经济地理现象，形成规律，参与国际学术讨论。本书为研究者提供了研究方法上的重要参考，对于促进中国国际贸易理论发展及与国际接轨具有重要意义。

樊　瑛

《国际经贸理论通鉴　国际经贸理论当代卷》作者

前言　当代国际贸易理论研究	樊瑛
第一章　产业内贸易理论	戴臻
第二章　产品内分工与贸易理论	曾铮
第三章　新古典贸易理论的当代拓展	樊瑛、王根蓓
第四章　新贸易理论——报酬递增、不完全竞争与国际贸易	殷德生
第五章　新经济地理学——国际贸易的空间视角	梁琦
第六章　新新贸易理论——国际贸易中的异质企业	樊瑛
第七章　国际服务贸易理论	陈贺菁、姜荣春
第八章　国际贸易与经济增长和发展	李蕊
第九章　战略性贸易政策	樊瑛
第十章　贸易政策的政治经济学分析	唐宜红
第十一章　管理贸易政策	李群
第十二章　国际贸易壁垒——反倾销的经济效应	屠新泉
第十三章　CGE 模型在贸易政策分析中的应用	陈泰锋
第十四章　多边贸易体制	樊瑛、陈泰锋
第十五章　区域经济一体化理论	成新轩
第十六章　国际贸易与国际资本	张二震、孔凡保、魏浩
第十七章　国际贸易与环境问题的理论与政策	赵玉焕
第十八章　国际贸易与收入分配	王云飞
第十九章　国际贸易与竞争政策	吴西顺
第二十章　国际贸易和技术进步、知识产权研究	李小平
第二十一章　国际贸易与合约实施制度	茹玉骢

《国际经贸理论通鉴　国际经贸理论当代卷》作者及工作单位

（按姓氏拼音排序，排名不分先后）

陈贺菁　厦门大学

陈泰锋　重庆市委政研室

成新轩　河北大学

戴　臻　对外经济贸易大学

樊　瑛　对外经济贸易大学

姜荣春　对外经济贸易大学

孔凡保　河南大学

李　群　南京审计学院

李　蕊　中国社会科学院财贸所

李小平　中南财经政法大学

梁　琦　南京大学

茹玉骢　浙江财经大学

唐宜红　中央财经大学

屠新泉　对外经济贸易大学

王根蓓　上海财经大学

王云飞　上海对外贸易学院

魏　浩　北京师范大学

吴西顺　对外经济贸易大学

殷德生　华东师范大学

曾　铮　中国社会科学院

张二震　南京大学

赵玉焕　北京理工大学

目　　录

第一篇

第二篇　国际贸易理论前沿

第一篇

第一章 产业内贸易理论

第一节 产业内贸易的形成

一、产业内贸易的起源

1960 年，Verdoorn 在考察比荷卢经济联盟内部的贸易形式变化时，首次发现经济联盟内部各国专业化生产的产品大多是同一贸易分类目录下的。为了研究国际贸易中商品集中度和价格弹性之间的关系，Michaely 计算了商品出口和进口差异性的系数，把商品分为 5 类，通过对 36 个国家数据的计算，发现在一般情况下，发达国家之间的进出口商品组成有较高的相似性，发展中国家之间的进出口商品相似性较小。1964 年，Kojima 第一次发现了大量产业内贸易的存在。这种新的贸易类型可以概括为同一产业内的产品在国家间进行贸易的现象，Balassa 称为产业内贸易（Intra-IndustryTrade，简写为 IIT），也称为双向贸易（Two-Way Trade）和贸易重叠（Trade Overlap）。

产业内贸易是指一个国家或地区在一段时间内同时进口和出口同一产业产品。产业内贸易还包括中间产品贸易，即某产品的半制成品、零部件在两国间的贸易。与产业间贸易（Inter-industry Trade）同一产业产品的单向流动不同，产业内贸易是同一产业内同类产品的贸易，是双向流动的，因此产业内贸易又叫双向贸易。

Grubel 和 Lloyd（1975）在《产业内贸易：差别产品的国际贸易理论和计量》中对同类产品做了界定。如果同类产品的“类”界定得比较宽泛，则产业内贸易的规模较大，占总贸易的比重较高。反之界定较窄，则产业内贸易的比重就较低。Grubel 和 Lloyd 界定的同类产品是指国际贸易标准分类（SITC）至少前 3 位数相同的产品，即至少属于同类、同章、同组的商品。

Grubel 和 Lloyd 还提出了迄今为止最广泛使用地产业内贸易度量方法——G—L 指数，从而开创了一个新的研究领域。此后，产业内贸易逐渐成为学者们的研究重点。

但 Finger（1975）持不同观点，他认为产业内贸易是由于数据分类不当造成的虚构的事。产业内贸易是用途相似但要素内容不同的商品之间的交易。因此，他认为传统贸易理论可以解释产业内贸易。

Loertscher 和 Wolter（1980）分析了 20 世纪 70 年代早期，OECD 国家间人均收入的绝对差异和产业内贸易占双边贸易的份额呈负相关。在研究产业内贸易的决定因素时，Loertscher 和 Wolter 认为，产业内贸易主要集中发生在以下特点的国家之间：（1）经济平均发展水平很高，（2）经济发展水平的差异相对很小，（3）平均 GDP 很大，（4）GDP的差距很小，（5）贸易壁垒很少。而产业内贸易主要集中发生在有以下特点的产业：（1）潜在的产品差异很大，（2）交易费用很低，（3）行业的界定比较宽泛。在 Loertscher 和 Wolter 的回归分析中，他们使用人均收入的绝对差异作为其中一个解释变量，发现在 1% 的显著水平下，两者是负相关的。

在 Leamer 和 Levinsohn（1995）的评论中指出，有关产业内贸易的理论和数据之间的联系并不十分清晰，它是微弱理论基础支撑下的简化了的回归分析。即使是在具有大量数据的情况下，R^2 也是十分小的。

二、产业内贸易的分类

不同的学者从不同的角度对产业内贸易有不同的分类：

（一）水平型产业内贸易和垂直型产业内贸易

根据贸易是发生在不同生产阶段之间还是发生在同一生产过程的不同阶段之间，产业内贸易可分为水平型产业内贸易和垂直型产业内贸易。水平型产业内贸易不包括中间产品的贸易，而垂直型产业内贸易包括中间产品的贸易。

（二）同质产品产业内贸易和异质产品产业内贸易

Grubel 和 Lloyd（1975）在《产业内贸易：差别产品的国际贸易理论和计量》中，把产业内贸易分为同质产品产业内贸易和异质产品产业内贸易。

同质产品（Homogenous Products）是指：① 产品可以完全互相替代；② 生产区位不同；③ 制造时间不同。Grubel 和 Lloyd 把同质产品的产业内贸易主要分为以下几种情况：

（1）大宗原材料的国际贸易。例如，水泥、黄沙和砖瓦等，这些产品的运输成本占整个产品的比重非常大，从而使这些产品的贸易半径比较小，产品的消费者会从最近的原料生产点来获得这些产品，而自然资源的可能性决定了这些产品生产的区位，因此会出现一个国家同时进口和出口这类产品的情况。

（2）转口贸易和再转口贸易。一些国家和地区，例如，新加坡和香港，进行大量的转口贸易和再转口贸易，这些进出口贸易商品的基本形式没有发生变化，只是通过提供仓储、运输等服务来实现商品的增值，成为同质产品产业内贸易的一种形式。

（3）产量的季节性差别导致的国际贸易。一国供给和需求的不一致及自然灾害可能会引起一国进口一些其他时候出口的产品。例如，一个南半球国家可能会在它的农产品收获之前从北半球国家进口，而在收获之后出口到北半球国家。

（4）由于合作生产和特殊的技术条件引起了一些完全同质的服务进行了国际贸易，如在金融全球化和服务贸易自由化中的金融部门等经常同时进口和出口。

此外，还可能由于政府干预造成了国内价格扭曲，而作为以实现利润最大化为目标的企业便从事进口和出口的活动。

异质产品（Differentiated Products）又叫差异产品，是指产品具有差别性特征。差异产品分为两类：垂直差异产品和水平差异产品。垂直差异产品是指质量上存在差别的产品；水平差异产品是指质量相同，但其特色或特质不同的产品，例如，不同质量的同一品牌的电视机即为垂直差异产品，同样质量而款式和外观色彩上不同的电视即为水平差异产品。

（三）外部市场的产业内贸易和内部市场的产业内贸易

根据贸易中不同的市场途径，产业内贸易可分为通过外部市场的产业内贸易和通过内部市场的产业内贸易。

通过外部市场的产业内贸易，就是通常意义上的产业内贸易，是指在没有跨国公司直接投资的情况下，通过外部市场在各个独立的企业间进行的产业内贸易。这种形式的产业内贸易可分为两种类型：① 发达国家和发展中国家之间的贸易，这反映了生产要素构成相异的产品间所进行的产业内贸易。通常表现为发展中国家生产和出口劳动密集型产品，例如将原料或半制成品出口到发达国家；而发达国家则是生产和出口技术、资本密集型产品，例如将原料或半制成品进行加工再出口在发展中国家。② 发达国家之间进行的贸易，反映的是生产要素禀赋相似、生产结构也接近的产品渐进性的贸易。此类产业内贸易的原因主要是由于规模经济效应、产品的异质性以及发达国家在高收入水平的条件下的消费需求偏好相似所造成的。

通过内部市场的产业内贸易，是由于跨国公司的迅速发展推动了产业内贸易在跨国公司内部的开展，形成了公司内产业内贸易。跨国公司通过内部市场进行产业内贸易具有许多优势：① 跨国公司的所有权优势使得其在系列产品和异质产品的生产上更具有垄断优势。这种垄断优势有利于形成更多的品牌，开放更多的新产品，最终导致要素构成相似的产品在公司内的产业内贸易大大增加。② 跨国公司使外部市场内部化，使得外部市场的不确定性大大减少，更容易实现库存控制和交易成本的降低。③ 通过产业内贸易更有利于实现垂直一体化的规模经济。④ 由于接受跨国公司投资的东道国在生产和成本方面使跨国公司具有区位优势，使跨国公司能更好地按其全球经营战略安排最佳生产点，使要素构成相异的产品的产业内贸易和垂直一体化进一步发展。

内部市场的产业内贸易的特点：① 跨国公司的母公司与子公司及子公司之间距离越近，公司内的产业内贸易量就越大。② 公司内的产业内贸易商品主要是中间产品。③ 公司内产业贸易也可能是为了规避和减轻关税、所得税等税负而进行的。④ 研发密集型产品通过内部市场的产业内贸易的比重较高。

三、产业内贸易的测量指标

最早对产业内贸易的研究是从度量开始的，经过多年发展，人们对产业内贸易的研究已不再局限于估计产业内贸易是否存在，而是转而研究具体类型的产业内贸易以及产业内贸易扩张所造成的动态调整，但对产业内贸易水平的测量方法仍存在着较大的争议。

产业内贸易的测量指标是从一个产业部门的角度来研究产业内贸易的程度，因此受三个主要因素的影响：① 与某种产业部门的产品特性有关。有些产业部门的产品生产和消费具有明显的地域性，难以发生大规模的产业内贸易。② 与该产业部门的成熟程度有关。高度发达成熟的产业部门容易发生产业内贸易，幼稚工业部门就难以发生产业内贸易。③ 与产业部门的划分有关。如果产业部门的化分细致，产业内贸易的指数就比较小，如果产业部门的划分很粗略，产业内贸易指数就比较大。

目前常用的测量指标主要有：

（一）沃顿指数

Verdoorn 在 1960 年发表的一篇研究比、荷、卢联盟的文章中用进口比重和出口比重的乘积这一离中率来测定不同产业间的贸易水平，离中率数值介于 0 和∞之间，离中率的数值越大，产业间的贸易程度越高。将 1955 年数据与 1938 年相比，沃顿发现离中率的两头极值在缩小，中值在增大。由此，他认为，同盟各国专业化分工主要发生在产业内而非产业间。

（二）巴拉萨指数

Balassa（1966）在研究欧共体一体化的影响时创建了巴拉萨指数，该指数间接地反映了某种商品及整体的产业内贸易水平。表示如下：

$$C_i = \frac{|X_i - M_i|}{X_i + M_i}$$

$$C = \frac{1}{n}\sum_{i=1}^{n} C_i$$

其中，C_i 是 i 产业的产业内贸易水平，X_i 和 M_i 分别表示某国 i 产业的出口值和进口值，$0 < C_i < 1$，C_i 越接近 0，该国 i 产业的产业间贸易水平越低，产业内贸易水平越高；越接近 1，产业间贸易水平越高，产业内贸易水平越低。C 是所有贸易指数的算术平均数，表示该国产业间贸易和产业内贸易总体水平的高低。

该指标有两大缺陷：① C 只是一个简单算术平均数，不能反映出每个产业的权重；② 未考虑总贸易失衡对 C 的影响。

（三）G—L 指数

Grubel and Lloyd（1975）在《产业内贸易：差别产品的国际贸易理论和计量》中专门用一章的篇幅考察了已有产业内贸易指标，指出 Balassa 指标的一个明显缺陷，即只是一个简单的算术平均数，将所有产业同等对待，而不考虑每个产业在总贸易中的地位，也不能反映出每个产业的权重。Grubel and Lloyd 在 Balassa 的基础上创建了著名的 G—L 指数，即

$$C_i = \sum_{i=1}^{n} \frac{|X_i - M_i|}{X_i + M_i}$$

$$B_i = (1 - C_i) \times 100$$

其中，C_i 表示不同行业间贸易在总贸易中的份额，分子表示该国（地区）各类商品贸易不平衡总量，分母表示贸易总量；B_i 是一个国家 i 产业的产业内贸易程度。当

$B_i = 0$ 时，说明该产业产品的贸易是完全的产业间贸易；当 $B_i = 1$ 时，为完全的产业内贸易。通常情况下，$0 < B_i < 1$。

Grubel 和 Lloyd 还提出以每个产业进出口值占进出口总值的比重作为权重，对所有 B_i 加权平均，可得一个国家的产业内贸易指数：

$$\overline{B_i} = \sum_{i=1}^{n} B_i(X_i + M_i) / \sum_{i=1}^{n}(X_i + M_i)$$
$$= \frac{\sum_{i=1}^{n} B_i(X_i + M_i) - \sum_{i=1}^{n} |X_i - M_i|}{\sum_{i=1}^{n}(X_i + M_i)} \times 100$$

其中，分子表示不同行业间贸易在总贸易中的份额。

（四）G—L 指数的修正

虽然 G—L 指数获得了多数人的认可，但也有人指出，当一国处于贸易不平衡的时候，该指标显示的产业内贸易水平偏低。继而学者们开始对 G—L 指数进行修正，最著名的修正是 Grubel、Lloyd 的修正和 Aquino 修正。

G—L 指数的修正是在其总贸易中减去贸易不平衡的部分，即

$$\overline{B} = \frac{\sum_{i=1}^{n}(X_i + M_i) - \sum_{i=1}^{n} |X_i - M_i|}{\sum_{i=1}^{n}(X_i + M_i) - \left|\sum_{i=1}^{n} X_i - \sum_{i=1}^{n} M_i)\right|} \times 100$$

Aquino（1988）认为，贸易不平衡不仅出现在总贸易中，在每个产业中都存在，因此，既然要调整贸易失衡对于产业内贸易的影响，那么就不能只调整总贸易失衡，而要将每个产业的不平衡都进行调整。他假设总贸易失衡对所有产业的影响是相同的，即

$$X_i^e = X_i \frac{\frac{1}{2}\sum_{i=1}^{n}(X_i + M_i)}{\sum_{i=1}^{n} X_i}$$

$$M_i^e = M_i \frac{\frac{1}{2}\sum_{i=1}^{n}(X_i + M_i)}{\sum_{i=1}^{n} M_i}$$

$$\sum X_i^e = \sum M_i^e = \frac{1}{2}\sum_{i=1}^{n}(X_i + M_i)$$

$$Q_i = \frac{\sum (X_i + M_i) - \sum |X_i^e - M_i^e|}{\sum (X_i + M_i)}$$

15% 有 30% 的浮动范围，在不完全信息的情况下，这个幅度仍然有点窄。因此，Greenaway 又额外计算了一个 ±25% 单位价值波动幅度的垂直型和水平型产业内贸易。这为评价检验结果的稳健性提供了一个有用的依据。

3 位数的产业内贸易水平的测量指标为：

$$IIT_j(3) = I - \frac{|X_j - M_j|}{(X_j + M_j)} \tag{1.1.1}$$

其中，j 表示第 j 个行业。这是标准的 G—L 指数。另外，

$$IIT_j = I - \frac{\sum |X_{ij}^p - M_{ij}^p|}{\sum (X_{ij}^p + M_{ij}^p)} \tag{1.1.2}$$

其中，p 表示水平型（H）或者垂直型（V）差异化产品，I 表示 5 位数的 SITC 产品在一个给定的 3 位数的行业内，$o \leqslant IIT_j \leqslant IIT_j$（1.1.3）$\leqslant I$。当把总产业内贸易分解成垂直型产业内贸易和水平型产业内贸易，可表示成：

$$B_j = HB_j + VB_j \tag{1.1.3}$$

其中，HB_j 在等式（1.1.2）中，j 行业中 i 产品的进口的单位价值 UV_{ij}^m 和出口单位价值 UV_{ij}^x 必须满足：$I - \alpha \leqslant \frac{UV_{ij}^x}{UV_{ij}^m} \leqslant I + \alpha$，而 VB_i 满足：$\frac{UV_{ij}^x}{UV_i^m j} < I - \alpha$ 或者 $\frac{UV_{ij}^x}{UV_{ij}^m} > I + \alpha$，其中，$\alpha = 0.15$ 或者 0.25。

1. 研究方法

大部分关于行业特定假设的实证模型的方程是：

$$B_j = \alpha_0 + \alpha_1 PD_j + \alpha_2 SE_j + \alpha_3 MS_j + \alpha_4 MNE_j + e_j \tag{1.1.4}$$

其中，PD_j 表示 j 行业的水平产品差异的代理变量，SE_j 表示行业 j 的规模经济的代理变量，MS_j 测量行业 j 的市场结构竞争力，MNE_j 测量行业 j 中跨国公司的重要性。MNE_j 的预期符号为正。但 α_1，α_2，α_3 的符号是不确定的，原因就是数据没有细分是垂直型产品差异还是水平型产品差异，另外，也没有考虑是存在大量企业的情况还是少数企业的情况。

Greenaway 把 SE 和 MES（最小有效规模）联系起来，并假定一个行业的 MES 越小，企业进入的范围越大，产品差异化越大，即 $\alpha_2 < 0$。在一定程度上相对于行业的整个市场规模 MES 是小的，而大量企业存在的模式也是占主导地位的，因此，$\alpha_3 < 0$。

Greenaway 把总产业内贸易分解成水平型和垂直型两种，则等式（1.1.4）变成：

$$VB_j = \alpha_0 + \alpha_1 PD_j + \alpha_2 SE_j + \alpha_3 MS_j + \alpha_4 MNE_j + e_j \tag{1.1.5}$$

预期符号为：$\alpha_1 < 0$，$\alpha_2 \geqslant 0$，$\alpha_3 \leqslant 0$，$\alpha_4 > 0$。

$$HB_j = \alpha_0 + \alpha_1 PD_j + \alpha_2 SE_j + \alpha_3 MS_j + \alpha_4 MNE_j + e_j \tag{1.1.6}$$

预期符号为：$\alpha_1 > 0$，$\alpha_2 < 0$，$\alpha_3 > 0$，$\alpha_4 > 0$。

当把总产业内贸易分解成水平型和垂直型以后，关于水平型产业内贸易的预期符号的不确定性就消失了。在存在大量企业的情况下，我们预期 HB_j 和产品的差异化程度以及市场集中度的缺乏程度呈正相关，和 MES 呈负相关。相反，在解释 VB_j 时仍然存在不确定性，α_2 和 α_3 的符号根据存在大量企业或者少数企业的不同而显示的是正号或者负号。

Greenaway 使用英国 SIC/SITC 数据来估计这些等式。关于自变量和因变量的定义如表 1.1.1 所示。

表 1.1.1　　　　变量定义和数据来源

变量定义	数据来源
（a）因变量	
B_j = j 行业总产业内贸易占总贸易（X_j+M_j）的份额； HB_j = j 行业水平型产业内贸易占总贸易的份额； VB_j = j 行业垂直型产业内贸易占总贸易的份额； 其中，j 行业是英国 3 位数的 SIC 行业组合的 2—4 列。	贸易数据（X 和 M 的价值和数量）来源于 OECD 数据，根据 5 位数 SITC 进行分类。
（b）自变量	
PD_j = 每个 3 位数 SIC（j）中，5 位数 SITC 种类数量；	OECD 数据
VPD_j = j 行业总就业中非手工就业的份额； SE_j = 企业的平均规模（每个企业的净产出）； MS_j = 在 3 位数 SIC 组合中企业的数量； $CONC_j$ = 5 个企业（销售）集中度比例，即 5 个最大的企业在行业销售中的百分比； MNE_j = 在 2 位数组合中，外国企业占总行业销售的份额。	国家统计局的生产普查的报告，Vol. PA1002（1988）

Greenaway 对 77 个行业的数据进行了回归分析。和其他学者不同，他用市场集中度（$CONC_j$）在某些情况下替代市场结构（MS_j），用垂直产品差异化程度（VPD_j）来替代 PD_j。用最小二乘估计（least squares）来估计 B_j，HB_j 和 VB_j，还用 tobit 估计来估计一些特殊情况的 HB_j。在所有情况下，用加权回归来修正异方差问题，而用 1988 年每个行业的净产出作为权重。

2. 回归结果

首先，关于总产业内贸易的回归结果参见表 1.1.2。其中：（1）是使用企业数目（MS_j）来表示市场结构，（2）是使用规模集中度（$CONC_j$）来表示市场结构，（3）同时使用 MS_j 和 $CONC_j$ 但不使用 SE_j。这些回归结果都是一致稳定的。总解释能力只是刚刚超过 30%。而（1）中 5% 水平上的正态检验是失败的，诊断检验结果是可以接受同方差性、正态性和线性的零假设（至少在 5% 水平上）。

表 1.1.2　　***Estimated WLS[1] Regressions for total Intra-industry Trade***

Independent variables	Expected sign	Dependent variable (1) B_j	(2) B_j	(3) B_j
(α_0) Constant	64.086 (20.59)***	71.342 (20.69)***	70.820 (15.88)**	
(α_1) PD_j	+/-	-0.074 8 (-3.435)***	-0.075 9 (-3.444)***	-0.0728 (-3.160)***
(α_2) SE_j	-/+	-0.353 2 (-4.302)***	-0.276 2 (-2.816)***	
(α_3) MS_j	+/-	0.000 6 (2.350)**		0.000 3 (1.072)
(α_4)$'CONC_j$	-/+		-0.148 0 (-1.922)**	-0.239 7 (-3.233)***
(α_4) MNE_j	+	0.141 2 (1.334)*	0.145 1 (1.343)*	0.177 8 (1.577)*
N		77	77	77
$\overline{R^2}$		0.326	0.310	0.246
Diagnostics				
Ramsey Reset Specification test	($F3$, 69)	8.530	8.611	7.056
Jarque Bera Normality test	(χ^2, 2 D.F.)	7.548	6.340	3.442
Harvey Heteroskedasticity test	(χ^2, 4 D.F.)	5.349	6.154	7.651

1　Weighted least square using net output in each industry (j) as weights.

*** 1% level of significance, ** 5% and * 10%

这些检验结果都一致支持以前学者的关于总产业内贸易的检验，即存在大量企业的情况来解释产业内贸易是最合适的。(1) MS_j 中的符号是正的，(2) $CONC_j$ 中的符号是负的，(1) 和 (2) 在 5% 水平上都是显著的。类似的，α_2 的符号为负，且是显著的，支持小的 MES 允许更多的企业进入的假设。一个令人惊奇的结果是，PD_j 的符号是负的，这和包括英国在内的早期研究的结果相反。这说明，总产业内贸易的构成发生了变化。近年来，垂直型产业内贸易变得日益重要，使得 α_2 的符号由正变为负。

其次，以 HB_j 和 VB_j 作为因变量的回归方程的结果和原来的一致：VB_j 和 PD_j 是负相关的（参见表 1.1.3）；HB_j 和 PD_j 是正相关的，但后者并不显著。而且，这些检验结果在 ±15% 和 ±25% 单位价值波动标准中都保持一致。Greenaway 假定产品质量和技术密集度是系统相关的。在表 1.1.3 中，在 (3) 和 (4) 中，VPD_j 的符号显著为正。这是一个非常重要的结果，可以说明为什么在过去关于产业内贸易和产品差异化的实证研究中会出现不一致的结果。这种不一致性可以显示垂直型产业内贸易和水平型产业内贸易在不同的样本中的相对作用是不同的。

表 1.1.3 ***Estimated WLS[1] Regressions for Intra-industry Trade in Vertically Differentiated Goods***

Independent variables	Expected sign	Dependent variable			
		(1)	(2)	(3)	(4)
		VB_j (±15%)	VB_j (±25%)	VB_j (±15%)	VB_j (±25%)
(α_0) Constant		45.099 12.12 ***	36.282 (9.239) ***	30.736 (5.438) ***	22.295 (3.973) ***
(α_1) PD_j	−	−0.084 8 (−3.264) ***	−0.043 9 (−1.597) *		
(α_2)'VPD_j	+		0.400 9 (2.577) ***	0.445 0 (2.887) ***	
(α_2) SE_j	+/−	−0.148 7 (−1.587) *	0.004 8 (0.049 0)	−0.109 0 (−1.137)	0.034 4 (0.361 5)
(α_3) MS_j	−/+	0.001 3 (4.231) ***	0.001 7 (5.230) ***	0.001 1 (3.463) ***	0.001 5 (4.683) ***
(α_4) MNE_j	+	0.004 0 (0.031 7)	−0.331 5 (−2.483) ***	−0.180 7 (−1.299)	−0.503 2 (−3.643) ***
N		77	77	77	77
$\overline{R^2}$		0.287	0.339	0.251	0.387
Diagnostics					
Ramsey Reset Specification test	($F3$, 69)	3.271	0.340	0.418	0.266
Jarque Bera Normality test	(χ^2, 2 D.F.)	1.536	6.714	2.987	7.993
Harvey Heteroskedasticity test	(χ^2, 4 D.F.)	6.473	1.810	2.324	8.100

1 Weighted least square using net output in each industry (j) as weights.

*** 1% level of significance, ** 5% and * 10%

资料来源：

在表 1.1.3 中，我们也可以得到一些令人惊奇的结果。注意 MS_j 的符号（所有 4 个等式中在 1% 水平上都是显著的）、SE_j 和 MNE_j 的符号（在某些情况是不显著的）排列。垂直型产业内贸易和产业内的企业数量是直接相关的；垂直型产业内贸易在存在大量企业的情况下占主导优势地位，而不是在寡头市场结构中。在市场结构中加入垂直型产业内贸易解释的 SE_j 结果是一致的。更低的 MES 允许更多企业进入，和垂直型产业内贸易是正相关的。同时使用 MS_j 和 SE_j 则不支持存在少量企业的垂直型产业内贸易的情况。最后，我们发现，在（3）和（4）中，MNE_j 的符号是系统显著为负的。这和我们的预期是相反的。

相反，在水平型产业内贸易时（参见表1.1.4），在（3）和（4）中，MNEj 的符号是高度显著为正的。当然，跨国的公司内贸易的转移定价行为可能会扭曲进口和出口价值间的真实分布。此外，在表1.1.4中，α_1 的符号是不确定的，而 SE_j 的符号是为正的（在5%水平上两个等式都是显著的）。这些结果在存在大量企业的情况下也是一致的，即垄断竞争的市场结构会产生水平差异产品的产业内贸易。但是，相反，MS_j 的符号是显著为负的，在存在大量企业的情况下是不一致的。因此，相对于总产业内贸易和垂直型产业内贸易而言，水平型产业内贸易是更不稳健的；它的解释力度也更低，在WLS回归中也存在一些问题。关于产业内贸易的主要解释（存在大量企业的情况）应该更适合垂直型产业内贸易。而早期的研究都认为存在大量企业的情况在水平型产业内贸易中更流行。所以，Greenaway 的检验结果对原来的假定提出了挑战。

表1.1.4 ***Estimated Weighted[1] Regression[2] and Tobit Analysis for Intra-industry Trade in Horizontally Differentiated Goods***

Independent variables	Expected sign	Dependent variable			
		(1) HB_j (±15%) (WLS)	(2) HB_j (±25%) (WLS)	(3) HB_j (±15%) (Weighted Tobit)	(4) HB_j (±25%) (Weighted Tobit)
(α_0) Constant		19.048 (4.665)***	27.791 (5.941)***	1.081 7 (3.818 4)***	1.440 7 (4.924 1)***
(α_1) PD_j	+	0.010 1 (0.352 0)	−0.031 0 (−0.947 7)	0.001 4 (0.781 1)	−0.001 6 (−0.875 6)
(α_2) SE_j	−	−0.204 5 (−1.987)**	−0.357 8 (−3.303 5)***	−0.001 28 (−1.939 9)**	−0.019 8 (−2.957 9)***
(α_3) MS_j	+	−0.007 (−2.060)**	−0.001 1 (−2.829)***	−0.000 1 (−2.992 9)***	−0.001 (−2.593 0)***
(α_4) MNE_j	+	0.145 2 (1.046)	0.472 7 (2.973)***	0.009 2 (1.026 5)	2.840 7 (3.125 3)***
N		77	77	77	77
$\overline{R^2}$		0.059	0.220		
Diagnostics					
Ramsey Reset Specification test	(F3, 69)	2.365	2.749		
Jarque Bera Normality test	(χ^2, 2 D.F.)	8.542	3.648		

续表

Independent variables	Expected sign	Dependent variable			
		(1) VB_j (±15%) (WLS)	(2) VB_j (±25%) (WLS)	(3) VB_j (±15%) (Weighted Tobit)	(4) VB_j (±25%) (Weighted Tobit)
Harvey Heteroskedasticity test	(χ^2, 4 D. F.)	0.860	4.696		
Standard error of estimate				17.339	18.173
Log likelihood function				-288.737	-322.125
Squared correlation between observed and expected value				0.084	0.277

1 Weighted using net output in each industry (j) as weights.

*** 1% level of significance, ** 5% and * 10%

2 Weighted least square regression.

3. 结论

Greenaway 是用两种不同的标准从数据上把水平型和垂直型产业内贸易区分开来，并各自检验它们的决定因素。检验结果显示，HB_j 和 VB_j 对产业结构具有不同的影响，两者的决定因素是不相同的。垂直型产业内贸易在少量企业的情况下无法得到很好的解释，而它和企业的数量是呈正相关的，和产品的差异程度也是呈正相关的。相关，无法证明水平型产业内贸易和产品差异呈正相关，而这种类型的产业内贸易通常伴随着少量的企业。原来的研究认为，在促在大量企业的情况下，水平型产业内贸易是主要形式。Greenaway 这篇论文关于英国的数据对这一观点提出了挑战。垂直型产业内贸易一直没有受到重视，但 Greenaway 的实证结果表明，到 1988 年，英国的垂直型产业内贸易成为了更重要的产业内贸易的形式。

第二节 水平差异产品的产业内贸易实证研究

一、Helpman (1987) 检验

Helpman (1987) 提出了三个假设，其中两个假设是产业内贸易份额的，一个是关于贸易额的。第一个假设是，在跨国比较分析中，要素构成越相似，产业内贸易份额越大。第二个假设是，在时间序列数据中，一组国家的要素构成随着时间变得越来越相

似，这组国家内的产业内贸易份额越大。第三个假设是，随着时间变化的相对国家规模的变化可以解释贸易/收入比率的提高。

Helpman 设计了一个十分简单的产业内贸易模型。模型的假设前提是：所有国家间进行的都是产业内贸易。各企业只生产一种不同类型的异质产品，且规模报酬递增，并存在垄断竞争。其中一个重要的检验结论是，国家规模分布是贸易额占世界 GDP 份额大小的唯一的决定因素。

Helpman 假定，当各国具有一致、同位偏好，且贸易存在平衡时，

$$\frac{V^A}{GDP^A} = e_A[1 - \sum_{j \in A}(e_A^j)^2] \tag{1.2.1}$$

其中，V^A 是 A 组国家间的贸易额，GDP^A 是 A 组国家的 GDP 总和，e_A 是 A 组的 GDP 占世界 GDP 的份额，e_A^j 是 j 这个国家占 A 组 GDP 总和的份额。等式（1.2.1）的右边是国家规模的分散指数（size dispersion index），当国家规模越相似，该指数越大。在这里，贸易额和收入的比例是该指数的唯一的函数。这和传统理论是显著不同的。在传统理论中，国家的相对规模对贸易额大小没有发挥任何决定性的作用。Helpman 指出，当国家规模变得越来越相似，贸易额相对于该组 GDP 的比例将会增加。

等式（1.2.1）并不是一个简化型等式。当存在贸易不平衡时，Helpman 也对等式（1.2.1）进行了修正。但 Helpman 发现，对贸易不平衡情况的修正，对实证结果没有任何影响。

Helpman 使用了 1956 - 1981 年，14 个 OECD 国家的数据来检验等式（1.2.1）。首先，他计算了$\frac{V^A}{GDP^A}$和规模分散指数。然后，他画出了各个年份各个组内贸易/各组 GDP 的比率和规模分散指数的散点图。在这个散点图中，共有 26 个点，显示了这两个变量之间的高度正相关。

通过图像法和简单的回归分析说明，贸易额和国家规模的相似程度是显著相关的。国家规模越相似，产业内贸易越大。

如果贸易的开展是居于要素禀赋的，Helpman 认为，在人均收入相似的国家之间，产业内贸易占双边贸易的份额更大。

为了检验要素差异和产业内贸易份额之间的关系，Helpman 对 91 对国家从 1970 年 - 1981 年各年的数据分别进行回归，回归方程如下：

$$IIT_{jk} = \alpha_0 + \alpha_1 \log\left|\frac{GDP_j}{N^j} - \frac{GDP^k}{N^k}\right| + \alpha_2 \min(\log GDP^j, \log GDP^k) + \alpha_3 \max(\log GDP^j, \log GDP^k) + \varepsilon_{jk} \tag{1.2.2}$$

其中，IIT_{jk}是 j 国和 k 国组成的一对国家间的双边贸易中的 G—L 指数。N^j 是 j 国的人口，而产业是按四位数的 SITC 来进行分类。用人均 GDP 来表示要素构成。MINGDP 和 MAXGDP 用来控制相对规模效应。这个模型预测：$\alpha_1 < 0$，$\alpha_2 > 0$，$\alpha_3 < 0$。

Helpman 发现，OECD 国家的数据支持上述预测。尤其是，他发现了要素差异和产业内贸易指数之间是显著负相关的（即 $\alpha 1$ 是显著负相关的）。但 Helpman 的这一检验

存在着两大缺陷：第一，他使用人均 GDP 来表示要素构成；第二，他没有揭示面板数据的本质。

二、Hummels and Levinsohn 检验

Helpman（1987）的结果是令人惊奇的。但 Hummels 和 Levinsohn 认为，Helpman（1987）检验的假设条件限制性太强：每一种商品只在一个国家生产，所有的贸易都是产业内贸易，所有国家都具有一致、同位的偏好。Hummels 和 Levinsohn 结合了不同的数据、更标准的计量分析，对 Helpman（1987）进行了修正和扩展。

（一）Hummels 和 Levinsohn（1993）

在 Hummels 和 Levinsohn（1993）中，他们只是检验了 Helpman（1987）的三个假设中的一个。Hummels 和 Levinsohn 引入了一个随机元素来解释为什么这个模型并不是完全符合这些数据。Helpman 的检验的强假设需要 22 个以上的观测值。而且，Helpman 的理论还应对所有的国家组合都成立。因此，Hummels 和 Levinsohn 并没有对所有 OECD 国家进行加总，而是把每一对国家每一年的值作为一个观测值。此外，Hummels and Levinsohn 还采用了非 OECD 国家的数据进行验证。

Hummels 和 Levinsohn 指出，即使 Helpman 根本的理论模型是正确的，模型也不可能完全符合每一对国家每年的数据。这里存在着很多原因，例如：距离增加了异质产品进行贸易的成本函数；相邻的国家由于对商品多样化的偏好会从事产业内贸易；距离相隔较远的国家间的消费者希望能消费外国不同种类的商品，但运输成本太高以致很少有贸易会发生。另外，这里也存在一些其他因素，例如边境贸易、季节性贸易、贸易限制、文化或语言联系等可能会鼓励或者抑制产业内贸易。这些原因解释了每对国家的贸易关系是唯一的，且这些原因和 GDP 是正交的。因此，Hummels 和 Levinsohn 用每对国家的固定效应来表示。他们还定义了一个干扰项 μi，其中 i 为每一对国家。μi 表示和贸易正交的所有等式（1.2.2）右边的变量对贸易的所有影响。

这里还有一些其他特殊原因来解释等式（1.2.2）为什么没有完全符合数据。解释之一是贸易额的残差。Hummels 和 Levinsohn 定义冲击为 ε_{it}，并对等式（1.2.2）两边同乘以 GDP，并取对数，可以得到：

$$\ln(V_{it}) = \alpha_1 \ln(GDP_{it}[1-(e_{it}^1)^2-(e_{it}^2)^2]) + \nu_i + \varepsilon_{it} \tag{1.2.3}$$

其中，e_{it}^1是每对国家的 GDP 中，第一个国家的份额；e_{it}^2是第二个国家的份额。$\nu_i = \mu i + \ln(e_i)^4$，是每对国家的固定效应。

在传统的 HO 理论框架下，相对国家规模不会影响贸易额。而在我们现在这个产业内贸易模型中，相对国家规模是十分重要的，当国家规模变得越相似，等式（1.2.3）右边括号内的部分将会增加。这将导致更多的贸易额产生，意味着 α_1 是正的。

Hummels 和 Levinsohn 的检验结果分两部分。首先，他们采用了最小二乘法（OLS），使用了 Helpman 所使用的 1970－1981 年，14 个 OECD 国家的相同数据估计了等式（1.2.3），验证结果支持了 Helpman 的结论（参见表 1.2.1）。各对国家的 GDP 的非线性函数和贸易额之间存在非常强的关系。在国家分对组合的条件下，国家规模分散

指数解释了 88% 的贸易额的变化。

表 1.2.1 EOUATION (2) Estimates, OECD Data (1970 – 1983)

Statistic	OLS	IV
α_1	1.171	1.234
t	97.00	62.12
R^2	0.880	—
N	1 274	1 274

Notes: OLS denotes ordinary least squares, and IV denotes instrumental-variables estimates. N is the number of observations.

Hummels 和 Levinsohn 认为，对于等式（1.2.3）采用 OLS 固定效应的估计值是不恰当的。因为等式右边的变量——两个国家的 GDP 的非线性函数是外生的。这就是说，如果国家 1 对贸易额有一个特殊的冲击，将会对国家 1 的 GDP 有影响。因此，ε_{it}和回归量之间是相关的。通常的解决办法是，找一个工具变量。这个工具变量和 GDP 相关，和贸易冲击不相关。而一国要素禀赋是最佳候选。他们使用各国的熟练劳动力、总人口数和资本存量作为各对国家的工具变量。Hummels 和 Levinsohn 发现，使用相同年份的数据，用工具变量估计修正可能存在的 GDP 的内生性，其检验结果（参见表 1.2.1 右边 1 列）并没有改变 OLS 的结论。显然，Helpman26 个点的散点图对更标准的计量分析也是稳健的。

接着，Hummels 和 Levinsohn 又采用了与 Helpman 不同的数据来验证 Helpman 的结论。他们主观挑选了 14 个大家公认的产业内贸易非常不重要的国家：巴西、喀麦隆、哥伦比亚、刚果、希腊、象牙海岸、韩国、尼日利亚、挪威、巴基斯坦、巴拉圭、秘鲁、菲律宾、泰国。Hummels 和 Levinsohn 把这些国家称为非 OECD 国家。这些非 OECD 国家的 G—L 指数才 0.5%，而 OECD 国家的 G—L 指数达到了 25.3%。Hummels 和 Levinsohn 使用所有年份的 OECD 和非 OECD 国家的数据重新估计了等式（1.2.3），发现 OECD 和非 OECD 国家数据都支持了 Helpman 的结论。(参见表 1.2.2)

表 1.2.2 Equation (2) OLS Estimates (1962 – 1977)

Statistic	Data set	
	OECD	NOECD
α_1	1.260	1.554
t	129.27	26.62
R^2	0.920	0.380
N	1 456	1 238

Note: N is the number of observations.

最后，Hummels 和 Levinsohn 在总结中指出，非 OECD 国家数据也支持上述理论的预测，这其中一定存在错误。Hummels 和 Levinsohn 认为，除了规模报酬递增的异质产品以外，一定还存在其他因素可以产生产业内贸易。

（二）Hummels and Levinsohn（1995）

Hummels and Levinsohn（1995），首先使用相同的 OECD 的数据重新验证了 Helpman（1987）的结论，并采用不同数据不同的计量方法进行了再次验证。接着，建立了一个更一般的模型，其中一部分是产业内贸易，剩下的是传统的产业间贸易（HO），从而再验证 Helpman（1987）关于产业内贸易份额的预测。最后，Hummels and Levinsohn（1995）提出了一些疑问。

1. 增加观测值

首先，Hummels 和 Levinsohn 把国家进行组队，把一对国家一年的数据作为一个观测值。共得到 91 对国家、22 年的数据（1962 - 1983）、共 2 002 个观测值。他们把这 2 002 个观测值通过均差来保证固定效应，然后也做一个散点图。发现，贸易额和国家规模间存在清晰的正相关。

接着，Hummels 和 Levinsohn（1995），通过增加观测值又重新验证了 Hummels 和 Levinsohn（1993）的最小二乘法和工具变量法，也支持原结论（见表 1.2.3）。

表 1.2.3　　Equation（2）Estimates OECD Data（1962 - 1983）

	Fixed effects	Random effects	Fixed effects (instrumental variables)	Fixed effects (detrended data)	OLS (detrended data)
α_1	1.405	1.403	1.268	1.094	1.170
t-statistic	110.8	110.8	47.7	33.7	44.8
R^2	.865	.860	—	.373	.501
(w/dummies)	.981			.980	
No. of obs.	2002	2002	2002	2002	2002

Hummels 和 Levinsohn（1995）认为，固定效应的估计参数可能是不精确的，因为 μi 可能是随机的。所以，Hummels 和 Levinsohn 又进行了随机效应分析，发现结论仍然没有发生变化（见表 1.2.3 第 2 列）。

Hummels 和 Levinsohn（1995）认为固定效应的估计参数可能是不精确的另一个原因是，干扰项 ε_{it} 可能和回归变量相关，即存在内生性的问题。Hummels 和 Levinsohn 使用要素禀赋作为工具变量发现，固定效应的估计值是一致无效的，而随机效应的估计值是有偏的（见表 1.2.3 第 3 列）。

第三种可能的解释是，在选定的样本时间内，贸易额和各组 GDP 是趋于上升趋势的。Hummels 和 Levinsohn 采用了消除趋势的数据来解决这一问题，发现结论依旧不变（见表 1.2.3 第 4 列）。

接着，Hummels 和 Levinsohn 再次使用非 OECD 国家数据（1962 - 1977）进行了验证，其中共有 1 456 个观测值。Hummels 和 Levinsohn 还是进行了固定效应、随机效应、包含工具变量的固定效应、剔除时间趋势的固定效应和最小二乘法的分析。同样，结果没有发生很大变化，依旧支持原结论，且是稳健的（参见表1.2.4）。

表1.2.4 **Equation（2）Estimates NOECD Data（1962－1977）**

	Fixed effects	Random effects	Fixed effects (instrumental variables)	Fixed effects (detrended data)	OLS (detrended data)
α_1	1.57E－3	1.52E－3	1.54E－3	1.62E－3	1.18E－3
t－statistic	24.40	24.93	22.03	19.40	21.60
R^2	.304	.299	—	.215	.242
(w/dummies)	.671			.654	
No. of obs.	1 456	1 456	1 456	1 456	1 456

All estimates are in levels.

2. 放松假设条件

Helpman（1987），Hummels 和 Levinsohn（1993）都是假定所有贸易都是产业内贸易，而 Hummels 和 Levinsohn（1995）在验证完所有贸易都是产业内贸易情况后，又放松了假设条件，假定一部分贸易是产业内贸易，一部分是产业间贸易，并检验产业内贸易的比重。

鉴于 Helpman 用人均 GDP 来表示要素构成存在的缺陷，Hummels 和 Levinsohn 使用人均收入和实际要素数据来测量要素构成的差异。Hummels 和 Levinsohn 先使用1962－1983年OECD国家各年的数据来估计下面两个回归方程。在等式（1.2.4）中，Hummels 和 Levinsohn 使用用劳动力平均的 GDP，在等式（1.2.5）中，他们又用实际的资本/劳动比率和土地/劳动比率。

$$IIT_{jk} = \alpha_0 + \alpha_1 \log\left|\frac{GDP^j}{L^j} - \frac{GDP^k}{L^k}\right| + \alpha_2 \min(\log GDP^j, \log GDP^k) + \alpha_3 \max(\log GDP^j, \log GDP^k) + \varepsilon_{jk} \quad (1.2.4)$$

$$IIT_{jk} = \alpha_0 + \alpha_1 \log\left|\frac{K^j}{L^j} - \frac{K^k}{L^k}\right| + \alpha_2 \log\left|\frac{T^j}{L^j} - \frac{T_k}{L^k}\right| + \alpha_3 \min(\log GDP^j, \log GDP^k) + \alpha_4 \max(\log GDP^j, \log GDP^k) + \varepsilon_{jk} \quad (1.2.5)$$

其中，L^j 是 j 国的劳动人口数，T^i 是 j 国的土地禀赋，K^j 是 j 国资本存量。Hummels 和 Levinsohn 定义 $\log\left|\frac{GDP^j}{L^j} - \frac{GDP^k}{L^k}\right|$ 为平均劳动力的人均 GDP 差异，用 YDIF 表示。类似的，KLDIF 表示平均劳动力的人均资本差异，TLDIF 表示平均劳动力的人均土地差异。

Hummels 和 Levinsohn 对等式（1.2.4）和等式（1.2.5）进行了最小二乘估计。等式（1.2.4）的回归结果和 Helpman 的非常相似。YDIF 的系数在每个样本年份中都是负的，但只有一半样本是显著的。(MINGDP) 和 (MAXGDP) 的系数和理论是一致的，但只有 MINGDP 是显著的。最后，和 Helpman 一样，回归方程的解释力度随时间稳定地下降。

在等式 (1.2.5) 中，Hummels 和 Levinsohn 用实际要素数据来代替人均劳动力收入来表示要素构成。此时，最小二乘法的检验结果是，TLDIF 在所有样本年份中都是负的，且高度显著。KLDIF 在起初是显著为负的，但在后来的年份中变成显著为正。此外，等式 (1.2.5) 估值的解释能力是等式 (1.2.4) 的两倍。因此，使用实际要素数据与理论预测的结果更一致。

由于等式 (1.2.4) 和等式 (1.2.5) 是按年份逐年进行估计，对每对给定的国家而言，我们可能会忽略与时间相关的造成数据和模型不符的原因。此时，可以用比较静态分析来分析在保证其他条件都不变的情况下，要素禀赋的相对变化。当被观测的产业内贸易是由不随时间变化的各对国家间的特殊差异造成，这种分析方法就显得尤为重要。这种随时间固定不变的特殊差异包括地理、季节性贸易、文化和语言联系、贸易壁垒等。

但是，这种分析方法存在的一个问题是：对一对给定的国家而言，包括土地在内的要素差异随时间变化而变化幅度很小，结果，即使土地对于解释截面产业内贸易的变化十分重要，我们也不能直接用于解释时间序列的变化；另一方面，土地禀赋自身以及 TLDIF 和各对国家这些虚拟变量之间是高度共线的。

Put another way, land endowmentsthemselves are perfectly collinear with, and factor differencemeasures like TLDIF are highly collinear with, country-pairdummies. 因此，Hummels 和 Levinsohn 又通过面板数据来解决这个问题。

Hummels 和 Levinsohn 首先估算了包含截面和时间序列变化的产业内贸易指数（等式 (1.2.6)），又估算了剔除截面变化的产业内贸易指数（等式 (1.2.7)）。

$$IIT_{jk,i} = \alpha_0 + \alpha_1 \log\left|\frac{K_t^j}{L_t^j} - \frac{K_t^k}{L_t^k}\right| + \alpha_2 \min(\log GDP_t^j, \log GDP_i^k) + \alpha_3 \max(\log GDP_t^j, \log GDP_i^k) + \varepsilon_{jk,t} \tag{1.2.6}$$

$$IIT_{jk,t} = \alpha_1 \log\left|\frac{K_t^j}{L_t^j} - \frac{K_t^k}{L_t^k}\right| + \alpha_2 \min(\log GDP_t^j, \log GDP_t^k) + \alpha_3 \max(\log GDP_t^j, \log GDP_t^k) + v_{jk} + \varepsilon_{jk,t} \tag{1.2.7}$$

最后还估算了用人均劳动力收入差异代替人均劳动力资本差异的情况。检验结果参见表 1.2.5。用人均劳动力收入和人均劳动力资本的最小二乘的回归结果列在表 V 第一和第二列。回归变量不同，回归结果也是完全不同的。人均劳动力收入变量是高度显著为负的，而人均劳动力资本变量是不显著的。这些结果和等式 (1.2.4)、等式 (1.2.5) 的回归结果基本一致。人均劳动力收入和人均劳动力资本的最小二乘的回归中，MINGDP 的系数是与理论一致，并可精确估算出来；而 MAXGDP 的系数与理论不一致，并无法进行精确估算。

表 1.2.5 的第三和第四列是固定效应的估算值。在剔除了各对国别组合的特定效应

后，收入差异变量 YDIF 是显著为正的，而在之前是显著为负的。在使用人均劳动力资本进行回归时，要素差异变量始终都是显著为正的。在两次回归中，回归方程的解释能力也大大增强。另一个比较有趣的现象就是，当回归中加入国家这个虚拟变量，R^2 跳跃至 .96（表 1.2.5）。

表 1.2.5　　Equation（7）Estimates（1962－1983）

Variable	No fixed effects		Fixed effects		Random effects	
YDIF	－0.194 （－10.900）		0.038 （3.609）		0.027 （2.432）	
KLDIF		－0.007 （－0.402）		0.029 （3.235）		0.027 （2.786）
MINGDP	0.281 （14.038）	0.312 （15.297）	1.315 （18.483）	1.327 （18.666）	0.897 （18.794）	0.938 （18.817）
MAXGDP	－0.009 （－0.488）	－0.051 （－2.690）	－0.005 （－0.079）	－0.013 （－0.197）	0.195 （4.529）	0.190 （4.231）
R^2	.164	.115	.524	.523	.433	.447
（w/dummies）			.965	.966		

固定效应估计把 v_{jk} 看作是不随时间变化的。如果它们是随时间变化的，此时就需要用随机效应估计。随即效应的回归结果和固定效应的结果是相似的。（参见表 1.2.5 的最后一列）。要素差异变量的系数在两次回归中也仍然都是显著为正的，但回归方程的解释力度下降了一些。

Hummels 和 Levinsohn 认为，Helpman（1987）中的对数变换是没有理论基础的，因此，Hummels 和 Levinsohn 还用水平数据对等式（1.2.6）、等式（1.2.7）重新进行估算，发现结论并没有发生改变。Hummels 和 Levinsohn 还抛弃 MINGDP 和 MAXGDP 来观察 KLDIF 和 YDIF 的变化，发现，R^2 降为 0，说明 MINGDP 和 MAXGDP 对实证模型非常重要。Hummels 和 Levinsohn 还认为 KLDIF 和 IIT 之间存在非线性关系。他们引入了 KLDIF 和 YDIF 的二次方程，重新估算等式（1.2.6）、等式（1.2.7），发现线性方程的 OLS 的系数是负的，而二次方程的系数为正。

表 1.2.5 的检验结论是稳健的。在逐年的截面回归以及最小二乘回归中，YDIF 是显著为负的，而 KLDIF 是非显著的。但当使用国家虚拟变量，并移除截面变化后，YDIF 和 KLDIF 的系数都是显著为正的。Hummels 和 Levinsohn 总结了三个原因：

第一，YDIF 和 KLDIF 随时间变化非常小。对一对给定的国家而言，向对资本/劳动力比率不会随时间发生很大的变化。因此，当剔除了截面数据变化，将不存在任何因素来改变 IIT。

第二，贸易数据的产品分类比简单的理论模型要复杂许多。用（SITC）分类来测量产业内贸易会存在总合问题。例如，SITC 有时会把具有相似消费用途、但不同要素投入的商品归为一类。当 SITC 产品分类无法精确把握产业定义，则要素差异变量的符号将变得不明确。

第三，地理对产业内贸易可能具有重要影响。首先，边境国家之间可能会存在同质产品的双边贸易，这些贸易在数据上将以产业内贸易的形式出现；其次，相比产业间贸易，地理对产业内贸易有更大的负面影响。Hummels 和 Levinsohn 在等式（1.2.5）中加入距离这个变量。由回归结果可知，距离的系数高度显著为负。而且，包含距离这个变量的回归方程具有更好的解释能力。

第四，Hummels 和 Levinsohn 进行了总结。Hummels 和 Levinsohn（1995）主要进行了两次检验。第一个检验，是建立在非常不现实的假设条件下。实证结果发现，贸易额可以由贸易合作国之间的规模相似性指数来解释。在加入每对国家的固定效应或随机效应、允许数据的线性趋势、考虑存在的计量回归上的内生性问题等等，都不影响实证结论。这相对一致的结论说明，除了垄断竞争，一定还存在其他因素来解释实证模型的成功。第二个检验，建立一个相对更合理、更一般的模型。但实证结果并不是完全支持理论。当使用面板数据时，产业内贸易占双边贸易的份额和要素差异之间呈负相关的结论是不稳健的。代替用要素差异来解释产业内贸易的份额，许多产业内贸易都是在特定的国家组合之间的。而大部分产业内贸易份额的偏差都可以用各对国家没有详细说明的性质来解释，且距离对这种关系尤其重要。

第三节　近年发展

20 世纪 90 年代以来，随着各国贸易数据可获得性的增强以及计量方法的完善，对产业内贸易的经验研究也日益增多。这些研究主要集中于以下内容：检验产业内贸易理论的适用性、验证产业内贸易模式及影响因素、构建新的产业内贸易指标、检验贸易流对资源配置和国民福利的影响等。由于研究具体的产业内贸易模式及其对要素市场的调整具有重要的实践意义，因此下文主要关注这一方面的研究。

在考察国际贸易变化所产生的要素市场调整时，经济学家们一般假设在贸易自由化进程中，相对于产业间贸易而言，产业内贸易所引起的要素市场调整更加平缓，因此被称为“平缓调整假说”。产业内贸易也逐渐被视为与贸易自由化相关，并且产业内贸易在总贸易中的份额越高，各国之间的贸易自由化越容易。这一假说与新贸易理论是一致的，因为新贸易理论在利用规模经济和垄断竞争来解释产业内贸易时，通常假设同一产业内部的产品对要素需求的数量和质量均是相同的。相应地，产业内部的调整成本通过这一假说而被略去了。

然而，“平缓调整假说”不断受到挑战。随着垂直专业化的全球生产网络的形成，VIIT 逐渐形成重要的国际贸易模式。Greenaway etc1（1995）发现，无论是从发达国家之间的贸易，还是从发展中国家之间贸易以及南北贸易来看，垂直产业内贸易均为产业内贸易的主要形式。Fontagne and Freudenberg（2002）在研究欧盟贸易模式时发现，1980－1999 年间，欧盟内部 HIIT 保持高度稳定，而 VIIT 却迅速增加，并成为欧盟内部贸易的主要形式。此外，Hellvin（1996）对中国和 OECD 国家之间和 Mitsuyo Ando

(2005) 对东亚内部贸易模式的研究均表明，VIIT 已经成为重要的贸易模式。因此，VIIT 扩张所引起的调整成本也倍受学者们的关注。由于垂直差异产品的生产与劳动技能有关，即使是在同一产业内部，劳动技能的流动性也是有限的。如果由于贸易变化导致原本专业化生产高质量品种的劳动技能被用于生产低质量品种，就会产生相当高的调整成本。

自从 Hamilton and Kniest (1991) 首先提出 MIIT 指数后，许多学者陆续提出新的 MIIT 指数，从国际贸易的边际变化上来考察产业内贸易的特征，并对"平缓调整假说"进行经验验证。虽然 Brülhart and Elliott (2000) 对 20 世纪 80 年代英国制造业的研究结果支持"平缓调整假说"，但 Lovely and Nelson (1999) 通过将 MIIT 度量植入一般均衡模型，将产业内贸易与产业内调整相联系，却发现以前关于产业内贸易只会导致产业内调整的假设并不成立，产业内贸易通常会引发产业间调整，并且由于产业内贸易能引发产业间调整，因此增加的产业内贸易通常会导致相对要素价格的长期变化。

由此可见，在全球垂直生产网络日益形成的当前世界经济中，产业内贸易、特别是 VIIT 已经成为当前重要的国际贸易模式。尽管会使贸易国承担一定的要素市场调整成本，但它同时也为贸易国、尤其是发展中贸易国提供了融入全球生产网络的最佳机遇。

参考文献：

[1] Adler, Michael. "Specialization in the European Coal and Steel Community," *Journal of Common Market Studies*, 8 (March 1970), 175 - 191.

[2] Aauwo, Antonio, Intra-industry trade and inter-industry specialization as concurrent sources of international trade in manufactures," *Weltwirtschaftliches Archiv*, 114 (NO. 2, 1978), 175 - 195.

[3] Brander, J. A. and Krugman, P. (1983) 'A reciprocal dumping model of international trade.' Journal of International Economics, vol. 13, pp. 313 - 321.

[4] Balassa, B. and L. Bauwens, 1987, Intra-industry specialisation in a multi-country and multi-industry framework, Economic Jounrnal 97, 923 - 939.

[5] Chipman, John S., 1985, Intra-industry trade, factor proportions, and aggregation, Mimeo.

[6] Chipma, John s., 1988, Intra-industry trade in the Heckscher-Ohin-Lerner-Samuelson model, Mimeo, University of Minnesota and Universitat Konstanz.

[7] Eaton, J. and Kierzkowski, H. (1984a). 'Oligopolistic competition, product variety, entry deterrence and technology transfer.' Rand Journal, vol. 15, pp. 99 - 107.

[8] Eaton, J. and Kierzkowski, H. (1984b). 'Oligopolistic competition, product variety and international trade.' In Monopolistic Competition and International Trade (ed. H. Kierzkowski). Oxford: Oxford University Press.

[9] Falvey, R. (1981). 'Commercial policy and intra industry trade.' Journal of International Economics, vol. I I, PP 495 - 501.

[10] Falvey, R. and H. Kierzkowski, 1987, Product quality, intra-industry trade and (im) perfect competition, in: H. Kierzkowski, ed., Protection and competition in internaional trade (Basil Blackwel, New York) 143 - 161.

[11] Finger, J. M., 1975, Trade overlap and intra-industry trade, Economic Inquiry 13, 581 - 589.

[12] Greenaway, D. and Milner, C. R. (1984) 'A cross section analysis of intra industry trade in the UK.'

European Economic Review, vol. 25, pp. 319 – 44.

[13] Greenway, D. and C. Milner, 1986, The economics of intra-industry trade (Basil Blackwell, New York).

[14] Greenway, D. and C. Milner, 1987, Intra-industry trade: Current perspectives and unresolved issues, Weltwirtschaftliches Archiv 123: 1, 39 – 57.

[15] Grubel, H. G. and P. J. Lloyd, 1975, Intra-industry trade: The theory and measurement of internatioanal trade in differetiated products (Wiley, New York).

[16] Harrigan, James, 1991, Scale economies and the volume of trade, Mimeo, University of Pittsburgh.

[17] Helpmanm, E., 1988, Imperfect competition and itnernational trade: Evidence from fourteen industry countries, in: A. M. Spence and H. A. Hazard, eds., International competitiveness (Ballinger, New York).

[18] Helpman, E. and Krugman, P. 1985, Market structure and foreign trade, (MIT, Cambridge, MA).

[19] Helpman, E. and Krugman, P. 1989, Trade policy and market structure, (MIT, Cambridge, MA).

[20] Krugman, P. R. 1979, Increasing returns, monopolistic compitionm, and international trade, Journal of International Economics 9: 4, 469 – 469.

[21] Krugman, P. R. and Maurice Obstfeld, 1991, International economics: Theory and policy, 2nd edn. (Harper Collins, New York).

[22] Lancaster, Kelvin, 1980, Intra-industry trade under perfect monopolistic competition, Journal of International Economics 10, 151 – 175.

[23] Learner, E., 1992, Testing trade theory, NBER Working Paper No. 3957.

[24] Lizondo, J. S., H. G. Johnson and Y. Yeh, 1981, Factor intensities and the shape of theproduction possibility curve, Economica 48, 199 – 202.

[25] Loertscher, Rudolf and Frank Wolter, 1980, Determinants of intra-industry trade: Amongcountries and across industries, Weltwirtschaftliches Archiv 116: 2, 280 – 293.

[26] Markusen, James R. and Randall M. Wigle, 1990, Explaining the volume of North-Southtrade, Economic Journal 100, 1206 – 1215.

[27] Marvel, Howard P. and Edward John Ray, 1987, Intra-industry trade: Sources and effects on protection, Journal of Political Economy 95: 6, 1278 – 1291.

[28] Minhas, Bagicha, 1962, The homohypallagic production function, factor intensity reversals, and the Heckscher-Ohlin theorem, Journal of Political Economy 70 (2), 138 – 156.

[29] Rader, T., 1979, Factor price equalization with more industries than factors, in: Jerry Greenand Jose Scheinkman, eds., General equilibrium, growth and trade: Essays in honor of Lionel McKenzie (Academic Press, New York) 347 – 354.

[30] Rodgers, Joan R., 1988, Intra-industry trade, aggregation and the HOS model, Journal of Economic Studies 155, 5 – 23.

[31] Ruffin, Roy J., 1988, The missing link: The Ricardian approach to the factor endow mentstheory of trade, American Economic Review 78 (4), 759 – 772.

[32] Samuelson, P. A., 1948, International trade and equalization of factor prices, Economic Journal LVIII (230) 163 – 184.

[33] Samuelson, P. A., 1949, International factor price equalization once again, Economic Journal LIX (234) 181 – 197.

[34] Samuelson, P. A., 1952, A comment on factor price equalization, Review of Economic Studies XIX

(2), 121 - 122.

[35] Samuelson, P. A., 1953, Prices of factors and goods in general equilibrium, Review of Economic Studies 21: 2, 1 - 20.

[36] Shaked, A. and Sutton, J. (1984). 'Natural oligopolies and international trade.' In Monopolistic Competitionand International Trade (ed. H. Kierzkowski). Oxford: Oxford University Press.

[37] Stiglitz, J. E. (1987). 'The causes and consequences of the dependence of quality on price.' Journal of Economic Literature, vol. 25, pp. 1 - 48.

[38] Tharakan, P. K. M., 1989a, ed., Intra-industry trade: Theory, evidence and extensions (Macmillan, London).

[39] That&an, P. K. M., 1989b, ed., Intra-industry trade (North-Holland, New York).

[40] Torstensson, J. (1991). 'Quality differentiation and factor proportions in international trade: an empiricaltest of the Swedish case.' Weltwirtschaftliches Archiv, vol. 127, pp. 183 - 194.

[41] Torstensson, J. (1992). Factor Endowments, Product Dgerentiation and International Trade. Lund Economic Studies, No. 47. Lund: University of Lund.

[42] Vanek, J. and T. Bertrand, 1971, Trade and factor prices in a multi-commodity world, in: J. N. Bhagwati, R. W. Jones, R. A. Mundell and J. Vanek, eds., Trade, balance of payments andgrowth: Papers in international economics in honor of Charles P. Kindleberger (Elsevier, New York).

[43] Woodland, A. D., 1982, International trade and resource allocation (North-Holland, NewYork).

[44] Young, A., 1991, Learning by doing and the dynamic effects of international trade, Quarterly Journal of Economics 106: 2. 369 - 405.

第二章 产品内分工与贸易理论

产品内分工与贸易理论是近十年来国际贸易分工理论的一个新的研究方向和理论视角。该理论的盛行与近年来国际工序外包活动迅速增加，国际产品生产分工趋向垂直专门化这些现实贸易形式是分不开的（Hummels et al.，2001）。所以，对于产品内分工与贸易理论的研究成为了当代国际贸易理论的一个主要研究方向，其本身也成了国际经济学研究领域的“显学”。

主流国际贸易理论的起源来自于斯密和李嘉图的自由贸易理论，这些理论基本上是属于探讨微观贸易基础的经济学理论。但是，随着贸易理论的发展，其基本的探讨方向开始转向中观产业和宏观经济的层面，反而忽视了产品生产的微观主体。虽然英国经济学家 Dunning、Rugman 和 Buckley 等人的跨国企业理论为现代国际贸易理论提出了一些微观企业层面的分析，但是他们的理论并没有进入现代主流国际贸易理论框架当中。而产品内分工与贸易理论的趋势正是在主流经济学分析框架下分析贸易主体的行为对国际贸易模式的影响及其福利效应（Helpman，2006），从这个层面上来说，产品内分工与贸易理论的哲学逻辑思维并不是横空而生的。

值得说明的是，产品内分工与贸易理论的探讨其实早在 20 世纪五六十年代就开始了，当时的阶段生产模型（Stage Production Model）和中间产品贸易模型（Intermediate Goods Trade Model）是产品内分工与贸易理论的溯源。而后，在 20 世纪 90 年代，产品内分工与贸易理论进入了一个稳定的发展阶段，形成了理论的基本雏形。在 20 世纪 90 年代末和本世纪初，产品内分工与贸易理论进入了在传统贸易框架下研究的主要发展时期，其间包括 Bhagwati 和 Samuelson 等主流经济学家关于产品内分工与贸易福利效应的论证。而从 21 世纪初开始，产品内分工与贸易理论的研究融合了传统国际贸易理论、新制度经济学以及信息经济学的相关研究成果，试图从微观企业行为中寻找分工动因及其贸易影响和福利效应。本章将按照产品内分工与贸易理论发展的历史及其内在逻辑对其进行系统综述，以全面反映国外主流经济学对这一问题的研究理论、理论逻辑和发展前景。

第一节 产品内分工与贸易理论的传统沿承

概括而言，经济学中的国际分工理论大概经历了产业间分工理论（Inter-industry Specialization Theory）、产业内分工理论（Intra-industry Specialization Theory）和产品内分工理论（Intra-product Specialization Theory）三个阶段；国际贸易理论相应地历经了传统比较优势贸易理论（Comparative Advantage Trade Theory）、新贸易理论（The New Trade Theory）和当下流行的产品内分工贸易理论（Intra-product Trade Theory）。产品内分工贸易理论和对应的产品内分工贸易理论是现代主流贸易理论重点研究的方向，这个国际贸易的理论范式源自于传统国际贸易理论对“中间产品贸易”（Intermediate Products Trade）的研究，它研究的现实基础是产业链的全球铺展导致了某种产品的生产工序在空间上分离，从而产生了相应的贸易形式和经济后果。一般来说，产品内分工研究的经济对象，或者说是生产形式，必须满足以下三个特点：一是产品的生产必须存在一个或者多个工序；二是产品生产跨越国界，两个或者多个国家为产品价值形成提供生产服务；三是至少一个国家在工序生产中运用了国外进口投入品，并且一部分生产出的最终产品或者中间产品必须出口到别国（Hummels et al.，2001）。所以，和传统贸易理论不同的是，产品内贸易理论关注的交易行为的贸易内容不再是最终产品，而是“工序”的贸易（Grossman at el.，2006a）。由此，产品内分工理论研究的经济现象实质便是生产工序跨国空间分离及其由此产生的经济问题。在此理论框架下上，产品内分工理论讨论生产链全球铺展对要素流动及其价格、生产和贸易模式以及各国及世界整体福利的影响，这也是传统国际贸易理论注重研究的问题。同时，产业内分工理论同样沿承了传统贸易的比较优势概念、新贸易理论的规模经济范畴，以此解决新的贸易形式及其演变。可以看到，产品内分工理论并没有改变传统贸易理论的理论研究目的和经典研究范式，它仍致力于解释国际贸易的基本问题，即分工怎样导致了世界贸易模式（Trade Pattern）、贸易所得（Gains from Trade）的转变及这种转变对各国福利（Welfares）的影响。所以，产品内分工理论无疑是面对新的贸易现实而产生的新型理论体系，它脱胎于传统贸易理论和新贸易理论，又结合现实发展出了新的理论解释工具，是符合国际贸易理论发展传统思路的。

由以上分析我们可以清楚看出，产品内分工理论是对传统分工理论的改进，具有很强的历史延续性，所以它的产生是传统贸易理论与当前贸易现实冲突的结果。但是，由于产品内分工理论是刚刚兴起的理论，同各种理论的起步期一样，它也正在经历着争鸣阶段，所以各种具体研究范式层出不穷，研究侧重点也各不相同。但是各种理论不论其研究方法和结论如何，它们在传统理论基础上，大体都做了以下三个方面的工作：（1）在全球生产组织形成的现实条件下，用传统理论研究产品内分工带来的贸易模式的改变及其效应；（2）以逻辑理论分析为基础，运用现实数据对产品内分工理论进行经验分析，检验产品内分工已有理论的科学性；（3）运用新的技术手段和理论范式，重新构建国际贸易理论微观基准，增强现代贸易理论的现实解释能力。鉴于以上产品内分工理论的前沿性和零散性，本章将对产品内分工理论的发展进行综述，并对各种研究范式进行梳理归类，以分析该理论的发展特点及其缺陷，并预测其可能进一步发展的方向。

第二节 产品内分工与贸易理论的溯源

“产品内分工”虽然是一个全新的理论范畴，但是与之相关联的理论概念可以追溯到20世纪60年代的阶段生产模型（Staged Production Model)。阶段生产模型产生于传统的中间产品贸易模型（Intermediate Goods Trade Model)，传统国际贸易理论运用这种模型对贸易现实进行了较为全面的实证和规范研究。

与“比较优势”产品模型始于两产品模型一样，无独有偶，阶段生产模型最初也开始于比较简单的两阶段产品模型（Two-stage Production Model)。这些两阶段生产模型的一般形式是一个将所有产品描述为最终产品、中间产品以及既是最终产品又是中间产品三种类型，并通过成本和产量的设定形成的投入产出模型。具体而言，万纳克(Vanek，1963)、梅尔文（Melvin，1969）以及沃纳（Warne，1971）较早地使用两阶段生产模型来研究在所有工业制成品都可以成为其他行业投入品的条件下产业间商品流动的牵连关系，这是产品内分工模型的雏形。之后，巴拉萨（Balassa，1965)，科登(Corden，1966)，琼斯（Jones，1971）以及巴格瓦蒂和施瑞尼瓦桑（Bhagwati & Srinivasan，1973）的模型中共同使用了一个垂直两阶段生产模型，并用它来研究有效贸易保护问题。这些两阶段模型假设纯中间产品（Pure Intermediate Goods）的生产需要上游生产阶段的基础要素投入，它们合同其他基础要素投入在生产的下游阶段通过生产技术结合成最终产品，并以此研究税收结构对资源分配的影响。这些研究只是在研究关税贸易保护的政治经济学时，加入了阶段生产的因素，使其模型更加贴近现实。之后，桑雅尔和琼斯（Sanyal & Jones，1980）运用二阶段生产模型研究与前辈们不同的国家贸易理论问题。他们假设任何产品在其真正进入消费领域之前必须经历复杂的中间生产过程，并运用这一模型结构来单独考虑中间产品的贸易模式和贸易效果。沿着这条思路，格罗斯曼（Grossman，1981）使用同样的模型机理，特别研究了促使一部分产品附加值在国内生成的有效贸易保护问题。但是，以上的模型局限于将生产划分为两个区段，没有上升到多阶段生产，与现实相去甚远。

针对这一局限，狄克西特和格罗斯曼（Dixit & Grossman，1982）发展了生产区段模型，在借鉴比较优势连续统模型的基础上（Continuum Goods Model)，他们将模型扩展为一个多阶段生产（Multi-stage production）的模型。这个在两阶段模型基础上改进的多阶段生产模型将贸易的产品设定为内生变量，而各国的国际分工模式仍然以比较优势为基础的。该模型设定通过假设生产阶段的单项顺序性（Unidirectional Sequence)，避免了一般投入产出模型的投入循环计算的缺陷。同时，模型的假设使得生产专业化能够被内生决定，即模型可以决定什么样的中间产品将被作为贸易内容。通过多阶段生产模型，狄克西特和格罗斯曼考察要素结构变化和贸易政策变化对一国比较优势边界的影响，同时指出这个模型可以用来分析产业免税区的建立政策评价、外商直接投资和其他贸易模式和资本流动问题。所以，这在当时算是一个比较成熟的多阶段生产模型，而其后很多的产品内分工模型都或多或少地借鉴了这个模型的基本逻辑机理。

在以上产品内分工初始模型当中，学者们把生产抽象为一个完全的多阶段投入产出模型，在这个模型构架下，各阶段生产的不再是以前模型所表示的最终产品，而可能是中间产品，可能是最终产品，甚至二者被同时生产，这样的模型更为接近现实的经济情况，因此在当时具有很强的创新意义。但是，尽管这些模型引入了所谓的“生产过程中的产品”（Good-in-process），他们的目的却不是研究这种新的分工形式对整体贸易或者各国厂商的实际影响，而仅仅是引入这种新的分工概念以解决国际生产分工及引发的贸易相关问题。从根基上来说，这些模型延续了传统的比较优势模型的特点，归根结底是将比较优势标准化模型和多阶段模型进行了理论改良，所以他们也不会从根本上挣脱传统贸易理论的范式束缚。

第三节　产品内分工与贸易理论的雏形

进入 20 世纪 90 年代以后，产品内分工理论开始盛行，这个时期一些主流经济学家对产品内分工的一般经济理论（General Theory）进行了研究，虽然他们对产品内分工范畴的提法大相径庭，但是他们的研究已经立足于产品内分工现象本身，其研究的基准也开始转向基本经济学概念和范式的运用。

克鲁格曼（Krugman，1994）将产品内分工现象描述为“分割价值链”（Slicing up the value chain），并分析了在全球领域产品内分工体系下，南方国家对北方国家的经济冲击；同时，得出结论，南方国家的兴起和其在全球化价值链中的地位不会危及北方国家的经济利益，产品区段全球分工生产是一个“双赢”（Win-win）的过程。接着克鲁格曼（Krugman，1995）又重新审视了全球化产品内分工体系，并指出，全球贸易的增长很大程度上取决于中间产品贸易的迅速扩张。从以上论述来看，克鲁格曼是比较赞成全球范围进行的产品内分区段生产的。此后，一些经济学家同样从产品内分工的视角来审视一些国际贸易问题。巴格瓦蒂和德赫贾（Bhagwati & Dehejia，1994）用“万花筒式比较优势”（Kaleidoscope comparative advantage）定义产品内分工，他们综合考虑了北方国家将产品的低区段放在南方国家后，北方国家非技术工人和技术工人的工资率各自受到影响。此外，里莫（Leamer，1996）将产品内分工定义为“非本地化”（Delocalization），并考虑全球产品内分工对世界收入差距增大的效应。随后，芬斯切和汉森（Feenstra & Hanson，1996）用了一个连续中间产品投入的生产模型来分析 20 世纪 80 年代美国非技术工人的就业率低和相对工资下降的原因。他们进一步指出，加工装配活动中参与同一产品的不同生产环节的国家之间，工人的工资水平有均等化的发展趋势，“要素价格均等化理论”在产品内分工体系下是成立的；但是，在同一公司内部或者占据某些生产环节的国家内部，技能工人与非技能工人之间的工资水平是逐渐拉大的，发生了“要素价格均等化悖论”，或者说，国家贸易却可能使产业间劳动力需求发生转换的观点是正确的；然而，工序贸易却可能使产业内的劳动力需求发生改变。由此他们得出结论认为，美国将一些产品的生产区段外包给国外企业，在一定程度上引发了国内失业和工人的报酬下降。紧接着，芬斯切（Feenstra，1998）又使用“生产非一体化”（Disintegration of production）和“贸易一体化”（Integration of trade）的概念来表述产品内分工盛行的现代国际贸易和全球生产的特点，并且通过实际数据和典型事例说明这两种生产和贸易方式已经成为现代国际贸易的新的特质。并且，在此框架下运用对离岸外包的不同侧度方法分析了20世纪70年代以来世界外包活动的情况，结果发现不论用什么样的测量方式，各国生产外包逐年增加已经成为了当代国际贸易的典型事实，并且分析了世界中间产品贸易迅速扩张的现实和原因，同时分析这种新产生的生产非一体化和贸易一体化的国际经济形式对非技术工人就业和工资率的影响及现实状况下世界各国贸易战略政策的调整。

虽然20世纪90年代这条产业内分工理论发展的脉络较为零散，但是这其中还是有一支比较清晰的研究主线，这条研究思路中的学者对产品内分工冠以“零散化生产”(Fragmented Production)、“外包”(Outsourcing)和“转包”(Sub-contracting)等理论范畴，这些概念随后便成为了主流经济学对“产品内分工”经济现象的称谓。这条主线对产品内分工理论引入了纯贸易理论分析框架，取得了不少成果。琼斯和科尔斯克维斯基(Jones & Kierzkowiski, 1991)的研究是这条思路的铺垫，他们把生产过程分离开来并散布到不同空间区位的分工形态称之为“零散化生产”(Fragmented Production)；该研究得出结论，服务活动对于展开产品内分工是十分重要的，并指出比较优势和规模报酬递增是推进生产过程分散化进程的主要因素。对产品内分工的基本原理和其产生原因进行了深入研究，并以美国为例分析了零散化生产对收入分配的影响。他们认为由于联结各生产环节的服务成本是固定的或是随着技术的不断进步而呈下降趋势，因此即便生产本身规模报酬不变，随着生产规模的扩大，边际成本也会不断下降。因此，尽管生产跨越国界会带来联结性服务成本的上升，只要能够达到一定规模且两国要素价格存在一定差异，进行产品内分工便是有利可图的。他们还强调技术进步是零散化生产得以实现的重要原因，具体表现在通讯、运输、金融服务的成本大幅下降和便利性的提高上。另外，服务贸易自由化进一步鼓励了产品内分工的深化发展，这是因为它导致市场壁垒降低和竞争加剧，使得一国能够以更低的价格获得高质量的服务。对于劳动力丰裕的发展中国家来说，产品内分工无疑是个好消息，因为发展中国家在完整的生产制成品上没有比较优势，但在产品内分工条件下，可以通过参与劳动力密集工序的生产而获利。对于发达国家的非熟练劳动力来说，真实工资率下降也不是必然的，这只发生在劳动力丰裕的发达国家。他们还以澳大利亚电影生产为例，指出服务业也可以进行产品内分工。

顺着以上的研究思路，昂特(Arndt, 1997)利用国际贸易常规分析技术，对全球外包(Outsourcing)和转包(Sub-contracting)等产品内分工的现象进行了研究。他在一个2×2模型的基础上，对产品内分工条件下优惠贸易协定对贸易和投资的影响进行了分析。他认为优惠贸易协定消除了某些贸易壁垒，并导致了两国的分工，这时如果对中间产品实行关税减免而最终产品的进口关税维持不变，国家福利的变化不确定，有可能下降也有可能上升；如果对中间产品和最终产品征收的关税都实行减免，则加大了一国福利上升的可能。也就是说，存在关税扭曲的情况下，零部件贸易自由化不一定能使一国的福利增加。他指出，如果外包在劳动力非充裕国和劳动力充裕国之间发生，并且有同时的产品内分工，将同时改善两国的就业和工资率；此外，外包还可以提高企业在海外市场的竞争力。他通过对传统贸易模型的修正，立足资本丰富的发达国家角度，证明产品内分工在提高其最终产品国际竞争力的同时，改善了该国的福利。对于资本丰富的发达国家而言，如对与进口品相竞争的劳动密集型产品实施产品内分工，将更为劳动密集型的生产阶段外包给劳动丰富的国家进行生产，对参与产品内分工的两个国家而言，都会增加就业和工资。但是，如果资本丰富的发达国家对资本密集型的出口产品实施产品内分工，该国的工资则会下降。

接着，蒂尔多夫（Deardorff, 1998，2001）在李嘉图框架和 H—O 框架下分别讨论了产品内分工理论，并给出了一系列利用传统国际贸易理论研究的技术手法构建的模型；特别是在外包模型中，得出了在全球产品内分工体系下，各国要素非均等化的结论。具体而言，他分别利用李嘉图模型和 H—O 模型，对两个国家的小型开放经济进行分析。他提出可以借鉴已有的贸易利益理论来分析产品内分工可能带来的贸易利益。根据次优理论，产品内分工有益于全世界福利的提高，但它是一把双刃剑，在给一些国家或集团带来利益的同时，也会给另一些国家或集团带来损失。它至少可以通过三个途径来影响一国的福利：一是影响一国的贸易条件，二是加重原本就存在的扭曲，三是改变世界的生产格局。在存在关税扭曲的经济中，加重扭曲所带来的负面效应甚至可能超过成本降低的好处。具体来说，其结论认为，如生产过程分离化不改变商品价格，则两国的产出价值都会增加；如生产过程零散化改变商品价格，则一国会因为贸易条件向不利于本国的方向变化而福利恶化；即使一国因为生产过程分离化而受益，该国的某些要素所有者也可能会受损；生产过程分离化是要素价格均等化的推动力。

之后，2001 年，昂特和科尔斯克维斯基（Arndt & Kierzkowiski）编著的名为《零散化：世界经济中新的生产模式》（《Fragmentation：New Production Patterns in the World Economy》）的论文集系统总结了以上一些研究成果。因为这本集子收录了 20 世纪 90 年代关于产品内分工理论的零散研究成果和对于零散化、外包问题的系统研究成果，故而成为产品内分工理论的一个重要文献和里程碑。

由此，我们可以看到该阶段产品内分工理论研究的几个基本特点。首先，形成阶段的产品内分工理论其实是传统贸易理论范式的延伸，此阶段研究成果所用的研究方法和传统贸易理论相似，即以比较优势为基本研究基准，探寻各工序要素密集度、各国要素充裕度及其全球铺展之间的关系。当然，很多研究已经开始放松传统国际贸易理论的假设条件，引入了交易费用在外包活动中的作用（Deardorff, 1998），明显发展了前人的理论成果。但是，即使新变量的引入，也没有改变其基本研究方法，很多问题的考虑仍然以比较优势范式为标尺，即使交易费用的引入也是作为转换比较优势的一种外生手段。所以，20 世纪 90 年代处于起步阶段的产品内分工理论研究没有因为研究新的问题提出新的理论范式。其次，该阶段的研究已经开始把对产品内分工现实作为了研究对象，深入研究这一现实经济学活动对经济绩效、经济平等的影响，探究各种要素所得在这种新的分工形势下的改变，最终得出产品内分工阶段下世界贸易模式的改变及其福利效应，这其实就是我们所说的任何贸易理论所必须解决的问题。总之，成长阶段的产品内分工理论是对传统贸易理论的继承，但是对传统的发扬和革新极其有限。

第四节　产品内分工与贸易理论的发展

所有经济理论都会经历一个由逻辑实证到经验实证的发展历程，因为逻辑内省过程需要经验事实的验证才会成为一般理论。从上述产品内分工理论发展阶段可以看到，在20世纪90年代末21世纪初之前，产品内分工的经验实证研究很是缺乏，这种同国逻辑推理而形成的模型是否符合现实经济现实成为一些经济学者感兴趣的研究课题。

芬斯切和汉森（Feenstra，1998）使用进口中间投入品数值作为产品内贸易的指标，计算进口中间投入品数值的方法是：先将一国某个产业购买的每种类型的投入品价值乘以对应的各类型投入品的进口份额，累加后得出该产业进口中间投入品的价值；然后再对所有产业进口中间投入品价值相加，就可得出该国进口中间投入品的总价值。弋茨（Yeats，1998）针对现有SITC分类方法对统计产品内分工贸易研究的缺陷，设计了一种新的方法来统计“全球生产分享”（Global Production Sharing）的规模。通过观察“零件和部件贸易”（Trade on parts and components）的增长情况，对产品内分工发展提供了一个度量方法。研究结果发现，一年世界中间产品贸易总额大概是8 000亿美元，相当于至少30%总贸易额；同时，零部件贸易的增长速度十分惊人，这比起最终产品缓慢的增长速度要快得多，这说明现代贸易体系下的国家的国际贸易活动和产品生产活动呈现出越来越明显的“非独立化”特征。沿着这条思路，胡梅尔、拉帕泼德和柯穆依（Hummel，Rapoport & Kei Mu Yi，1998）利用对垂直专门化系数的核算得到的结果显示，20世纪90年代全球贸易的增长大部分来自于“垂直分工贸易”（Vertical-specialization-based trade）；并且他们指出，随着贸易壁垒的下降、交通的便利以及信息技术的发展，垂直分工贸易将成为21世纪世界贸易的主要方式。该研究认为垂直专门化是现代贸易的主要特征，这造成了贸易量计算的难度。由此，运用投入产出表来核算一国贸易中具体的垂直分工度可以减少贸易量核算的误差。核算表明，许多小的国家，垂直专门化可以解释至少50%的贸易量的增加，同时随着交通和通信成本的降低，垂直分工贸易将会继续扩大，垂直分工贸易在21世纪的将来会对世界经济产生越来越重要的影响。接着，胡梅尔、艾西和柯穆依（Hummel，Ishii & Kei Mu Yi，2001）针对前期研究成果的不足，利用投入产出表重新设计了垂直分工度系数的核算方法和理论逻辑。与之前芬斯切和汉森（Feenstra，1998）的分析方法不同的是，胡梅尔等人界定垂直专业化的关键特征是：一国进口的投入品被用于生产该国的出口产品。这一概念强调两个观点：产品的生产至少依次在两个国家完成；在产品的连续生产过程中，加工中的产品至少两次跨越国境。在这种连续生产的过程中，一国从另一国进口产品，将其当作投入品用于本国自己产品的生产，然后再把自己生产的产品出口到其他国家，当最终产品到达最终目的地的时候，这个连续的过程才结束。垂直专业化这一术语就是描绘了这一连续的生产过程。与其相对照，水平专业化是指产品从头至尾在一个国家内完成，然后进行交换。在不同的国家被垂直地联系在一起时，即国际化生产促使不同的国家专业化分工于产品生产的特定阶段时，国际贸易随着国际化生产的增加而增加。胡梅尔等人明确给出了垂直专业化的三个条件：产品的生产包括两个或两个以上连续的阶段；在产品的生产过程中，两个或两个以上的国家提供了价值增值；至少一个国家在产品的加工阶段中必须使用进口投入品，而且这一使用进口投入品生产出来的产品必须部分地用于出口。在以上理论方法的基础上，胡梅尔等人采用 10 个 OECD 国家的数据进行分析，结果表明垂直分工的贸易出口占到这些国家总出口量的 21%，1970 – 1990 年 20 年间，垂直分工贸易增长了 30%，垂直分工贸易出口的增长占到了这些国家出口总量增长的 30%。在此基础上，柯穆依（Kei Mu Yi，2003）从世界贸易总量急剧增加和世界总体关税水平下降缓慢的“悖论”出发，认为传统李嘉图贸易模型难以解释现代国际贸易的模式问题。基于如此设想，柯穆依建立了一个加入垂直专门化（Vertical Specialization）变量因素的动态李嘉图模型，并运用现实世界贸易数据进行模拟，结果显示 70% 的世界贸易的迅速增长能够被国际垂直专业化分工深化因素解释。

同时，一些国际贸易学家通过经验分析，探究产品内分工产生的具体原因及其主体影响因素。汉森、马塔罗尼和史罗特（Hanson、Mataloni & Slaughter，2003）重点考察了垂直专门化程度高低的决定因素，即什么是主要影响公司外包业务和进行跨国界生产分享合作的动因。他们利用美国跨国公司的有关数据，分析了母公司和子公司之间开展的中间品贸易，结论是中间品贸易的规模受贸易成本和要素价格的影响，这一经验和理论与其是相吻合的。斯文森（Swenson，2004）利用外部采购模型（A Model of OAP Outsourcing）在对美国海外加工装配计划研究后认为，无论是发展中还是发达国家，当它自身劳动力成本上升时，美国在该国的加工装配活动将增加；相反，当竞争对手劳动成本上升时，它在美国加工装配的份额将下降。而且，发展中国家较之发达国家更加容易受到劳动力成本变化的影响。他们通过经验分析的具体结论是：在 1980 – 1990 年间，如果一个国家的劳动成本上升 10%，它在美国加工装配计划中的份额将下降 1.7%，1991 – 2000 年间份额下降幅度将为 0.8%。仅从数字上看，劳动力成本变化对加工转配活动的影响似乎并不如预测的那么大，实则不然，因为前一期每个国家在美国加工装配计划中的平均份额只有 4.6%，后一期也只有 5.6%。所以在前一期，如果某国的成本上升，将使该国在美国加工装配计划的份额减少 37%；在后一时期，也会使该国的加工装配份额减少 14%，这说明了各国在美国外包业务中的份额对成本的变化极为敏感。汉森等人（Hanson et al.，2004）也发现了类似的数据结果，即垂直一体化生产网络对劳动成本变化非常敏感，美国的海外子公司更愿意在劳动成本相对便宜、低技能的国家开展进口加工装配。

此外，由于中国在近二十年来成为世界加工贸易的第一大国和产品内分工发生最为频繁的国家，很多学者对中国的加工贸易也进行了大量的经验研究，它们成为产品内分工理论经验研究文献中不可或缺的一部分经验证明。首先，汉森和芬斯切（Hanson & Feenstra，2001）研究了香港作为一个贸易中心在中国内地的加工贸易中所发挥的作用。他们认为，在中国内地加工贸易中，之所以需要香港作为转口中介，是因为采购方和加工方都不愿意承担市场风险；通过转口中介，采购方可以得到比在直销情况下更加游离的平均价格和更优质的产品质量，加工者则可以利用中间人遍布世界各地的销售网络，节约信息成本，更好的组织生产。同时，芬斯切和汉森还发现委托人和中间人主要通过转移定价的手段分配大部分的贸易利益；此外，他们还发现汇率、运输成本、税收、贸易壁垒等因素是影响加工贸易规模的主要原因。接着，芬斯切、汉森和林（Feenstra, Hanson & Lin, 2002）还利用香港的转口贸易数据，对香港贸易商和从事外部采购的欧美公司在中国内地加工贸易中的利益所得进行了经验分析。其结论认为，香港中间商在转口中国内地加工贸易时得到了大约25%的加价收益，欧美进口商共计得到中国内地加工出口价值的16%，其中1/3的利益由北美进口商获得，1/4的利益由西欧进口商获得。此外，阿莱西亚（Alessia, 2005）通过分析1991年和2001年中国ICT（信息通讯产业）的RCA指数和NET（竞争力）指数，对中国参与ICT产业产品内分工的情况进行了实证分析。结果表明，中国的ICT产业在劳动密集型产品上优势明显，而在技术密集型产品和零部件的生产上仍处于劣势，但差距正逐渐缩小。对于研究方法，他指出：在产品内分工条件下，由于一国可能只参与了某产品若干工序的生产，零部件等中间产品的RCA指数比产业的RCA指数更能反映问题。而且NET指数考虑到了进口的影响，弥补了RCA指数的不足，因而将两者相结合来衡量一国产业的比较优势更为准确。另外，过去的研究大都基于SITC三位数产品的贸易，这样的分析不能满足产品内分工的研究要求，要将最终产品和中间产品区分开来，需要细化到对SITC五位数产品的贸易进行分析。此外，芬斯切（2003）将外包分为垂直一体化和垂直分离化两种形式，分别置于激励理论和产权理论下进行研究，并采用中国的出口加工业1997－1999年的数据进行实证分析。他将垂直分离化又分为两种形式：两权分离和两权合一（加工厂的所有权和投入品的采购权）。结果表明在中国的加工贸易中，垂直一体化占6.8 %，垂直分离化占43.5 %，其中工厂由中方所有、投入品采购权由外方所有的两权分离方式占24.8 %，结果支持了产权理论。

在这个阶段，产品内分工理论的发展在经验实证方面取得了很大的进步。他们的经验实证都是以解释世界贸易量迅速扩张为出发点，引入税收等交易费用制度变量来分析统计数据上贸易扩张的原因。这些研究在研究技术上口径不一，其对于垂直专门化对世界贸易解释程度的研究结果也相异，但是他们都殊途同归地认为，世界范围内垂直专门化的深入发展以及由此带来的中间产品贸易的盛行是世界贸易量激增的主体原因。我们可以看到，在这里产品内分工是作为一种研究工具，或者说是一种视角介入经验研究的，它的作用仅仅在于被作为变量引入模型，对产品内分工本身演进的研究确很缺乏。所以，这些研究在整体上缺乏对产品内分工基本机理的经验证据，基本上还是传统范式的延续。同时，产品内分工的主体是企业，这使得国际贸易具有了更加坚实的微观基础，而以企业数据为样本的经验研究更加符合产品内分工的研究规范。但是，由于贸易理论的微观基础不足，使得这些经验研究缺少统一的微观基础框架，导致经验研究不够精确和不甚科学。所以，只有更加成熟的具有微观基础的国际贸易理论的出现和发展，才能真正提升产品内分工理论相关经验研究的准确性和解释能力。

第五节　产品内分工与贸易形式及其福利分配上的争论

进入21世纪以后，产品生产工序的世界延伸成为国际贸易现实的主要形式，这种分工形式的改变引发了各国国内要素利润的变化，这导致国际上对于全球生产形式的质疑，由此开始了一场“贸易保护主义”和“贸易自由主义”在产品内分工问题上的激战。这场激战是一股“新古典回归”热潮，因为论战经济学家秉承了传统贸易理论的解释工具，并由此形成自己的理论逻辑。这场争论尤以萨缪尔森（Samuelson，2004）及巴格瓦蒂、潘纳格瑞亚和施瑞尼瓦桑（Bhagwati，Pannagariya & Srinivasan，2004）的角逐最为引人关注，因为他们同为贸易理论的传统经济学势力，他们论争焦点在于探讨外包对“外包”国是否存在福利分配转移影响。

首先，萨缪尔森（Samuelson，2004）设立了一个标准的2×2×1李嘉图模型（两个国家、两种产品、一类要素），并假定各国要素禀赋相同。模型推理显示，从自给自足状态向基于比较优势的对外贸易过程中，两个国家将共同享受得自于国际贸易的利益，这是传统贸易理论已经严格证明过的。之后，当某一国在其出口产品生产上的生产力提高后，将降低其向另一国出口该产品的价格；则另外一国从该国购买该产品将付出更少的代价，在分工不变的情况下，该国将获得利益的提升。如果某国在其进口产品（也就是另一国出口产品）生产上的生产力得到提高，并当这种生产力的提高足以平溢之前两国在此种产品上的优势差距，则另外一国在该产品生产上优势全无，随之而来的是贸易利益的丧失。由此，萨缪尔森得出结论，美国等发达国家的公司将一些产品生产工序外包给中国、印度等劳动力便宜的发展中国家会直接引致发达国家国内失业状况的恶化，降低发达国家的贸易利益；而且，如果其他条件不变，这种恶化不是短期行为，而是长期趋势。另一方面，巴格瓦蒂、潘纳格瑞亚和施瑞尼瓦桑（Bhagwati，Panagariya & Srinivasan，2004）认为，萨缪尔森的研究不认同更便宜的进口产品会使发达国家的福利提升的原因是他所设定的模型中不准确地将外包行为在一开始的均衡状态中就设定为一种出口行为。针对这个不足，巴格瓦蒂等人在模型的逻辑证明过程中，将被“外包”的工序阶段所生产的中间品在开始的均衡状态设为“非贸易”的，而生产力进步的直接效果是将之前非贸易的服务外包变为了可贸易的服务外包。模型分析结果表明，美国等发达国家的外包确实会将一些低技能工作机会转移到海外，但是由于这种转移节约了生产成本，会使发达国家提高来自于贸易的利益；同时，与低技能工作机会的流失相应的是高技能工作机会的创造，虽然这个过程比较长，但是长期内外包行为不会使发达国家整体福利趋于恶化。

格罗斯曼和罗希汉斯伯格（Grossman & Rossi-Hansberg，2006a、b）在传统H—O范式的基础上，改良了传统范式，并对兴起的“工序贸易”（Tasks Trade）进行了基本描述，并对其产生的国内经济效应进行了研究和评价。他们认为，随着运输成本和通信成本的下降，“工序贸易”和最终产品贸易一样成为了当代贸易的主要形式，这使得当代贸易成为两种贸易并存的“融合体”。在这种新的贸易生态中，生产者和消费者不仅仅可以得到传统贸易理论中描述的贸易利得，而且通过工序贸易，产品生产可以在成本更低的区域生产，这些额外利得成为了传统利得的补充。在这样的基本界定下，格罗斯曼和罗希汉斯伯格建立了一个以“工序贸易”为基本中心的国际贸易理论研究新范式（New Paradigm），但是这个基本范式仍然建立于传统贸易基础之上。运用这个基本范式，他们研究了工序贸易的要素价格效应。结果表明，如果一些工序通过贸易交换到了别的国家和地区完成，那么作为这道工序的特定要素的生产率将提高，这和特定要素偏向型的技术进步对价格的影响具有同等的效应。进一步，格罗斯曼和罗希汉斯伯格认为这种效应可以分解为生产率效应、相对价格效应和劳动力供给效应。通过数理逻辑分析和美国的经验数据检验，研究得出基本结论。逻辑推理显示，生产率效应和劳工力供给效应对低技术工人实际工资的综合影响是正向的，即外包不会损害美国低技术工人的基本福利，相反有可能改善其实际福利收入；而运用美国 1997－2004 年数据的经验研究表明，工序贸易的发展，至少给低技术工人带来了 15% 的实际工资提高，而且即使贸易条件在一定程度上有所变动，但是工序贸易对低技术工人的实际工资的综合效应仍然是正向的。

这阶段产品内理论的传统回归具有必然性，因为国际贸易理论的发展历史也就是一个“贸易保护”和“贸易自由”两种主义的纷争过程。新的分工形式必然给各国造成福利得失，所以对于贸易得失界定的冲突在所难免。同时，值得指出的是，这些研究虽然对传统框架进行了改良，但是仍然缺乏微观基础，正像格罗斯曼和罗希汉斯伯格（Grossman & Rossi-Hansberg，2006）说的那样，这些框架过于粗糙，所以仍然具有许多疑问和不足之处，需要更多的理论凡是创新和经验研究来完善和补充。所以，这个阶段的产品内分工理论是整个理论演进中的插曲，即使插曲的“演奏者”都是世界级的大师，但是他们的研究没有从根本上开拓新的范式，也没有创造出新的理论框架，所以至少在理论范式突破这一方面，他们做的还是很不够。

第六节　产品内分工与贸易理论的进一步发展

从上述综述我们清楚地发现，之前产品内分工理论在研究范式和解释工具方面仍然鲜有创新，这使得很多现实的经济问题难以在现有逻辑框架下得到解释，比如企业外包的微观基础解释、外包活动与贸易变化、资本流动改变的关系如何等等，所以，产品内分工理论急需一些新的理论框架的加入，以完善贸易理论对产品内分工经济现象盛行的合理解释。

进入 20 世纪以后，一些新贸易理论经济学家也开始研究“全球生产组织”（International Production Organization）和“外包”（Outsourcing）现象，这也构成了产品内分工理论的新的基石。这个产品内分工理论流派是迄今为止比较具有创新意识的学派，他们在国际贸易理论框架中引入了新制度经济学中的企业和组织理论，结合博弈论方法，将国际贸易理论涉及的微观基础表达得淋漓尽致，从而尝试从根本上解释世界范围内产品内分工经济现象的真实原因及其对世界贸易模式的影响。这个学派得主要代表人物是格罗斯曼和海尔普曼，所以我们不妨把他们的体系称为“G—H 体系”

(Grossman-Helpman Models)。"G—H 理论体系"试图解决的是生产组织形式选择的问题，在海尔普曼（Helpman，2006）看来，在产品内分工基本背景下，生产组织形式的选择面临以下两个问题：自己生产还是"外包"，国内外包还是离岸外包（Offshoring）；而之后很多研究都是在回答者两个问题的基础上展开的。下文，我们将简要综述这个体系发展的基本路径及其研究动向。

格罗斯曼和海尔普曼（Grossman & Helpman, 2002）在引入不完全契约（Incomplete Contracts）的假设前提下，在封闭经济条件下构建的了一个一般化均衡模型，在此模型内分析了垄断竞争市场中企业选择一体化生产组织模式还是外包生产组织模式。研究表明，此种假设条件下均衡状态的出现，取决于企业间匹配信息搜寻技术的进步、最终产品的可替代性以及中间产品提供商和最终产品生产者之间的谈判能力。在该模型中，产业组织形式内生于跨国公司的利润最大化选择之中；也就是说一个完整的生产流程是由垂直一体化的跨国公司完成，还是由分布于国内或者不同国家的若干专业化的企业来执行，是由跨国公司在不同生产组织形式下权衡成本的结果。他们认为，如果由跨国公司自产所需的专用零部件，可能将面临相对较高的管理和生产成本问题；如果从事专业化的零部件生产的企业购进，虽然生产成本较低，但对跨国公司来说，寻找合意的合作伙伴是有成本的，并且还要面对供应商的漫天要价问题。因此，跨国公司"制造或者购买"的决策决定于外部采购时的交易和购买成本与垂直一体化下管理成本间的权衡。他们还认为，跨国公司的"制造或购买"决策也与市场结构密切相关。在自由竞争的产品市场，专业化供应商较大的成本优势是吸引跨国公司外部采购的必要条件，这种优势需足够大到可以克服搜寻摩擦和价格歧视问题；相反，在垄断竞争的产品市场，主要取决于垂直一体化的固定成本与向专业化生产者支付的购买价格之间的比较。接着，格罗斯曼和海尔普曼（Grossman & Helpman, 2003）在同样的框架下，讨论了产业均衡下厂商在外包和对外直接投资之间的选择及其影响主因。格罗斯曼和海尔普曼建立了一个生产多种消费产品的产业模型，每个生产者都需要一种特定的中间品作为要素投入到最终产品的生产当中，而南方国家因为劳动力成本低，所以是生产中间投入品的最佳区位选择。中间产品专业生产者是生产投入品效率较高的生产者，但是中间产品供应者和最终产品生产者之间是以非完全契约相互联系和产生经济关系的。最终产品生产者由其中间投入品的性质决定和区分，而中间产品提供者更具他们的专业化生产的不同而区分和比较。在这样的一个理论模型框架下，均衡状态将出现生产者选择以契约形式外包还是通过直接投资纵向一体化进行内部市场采购两种权衡之下。通过以上的逻辑设定和模型体系，格罗斯曼和海尔普曼特别分析了中间产品专业化生产商和一体化生产商的生产效率差异、契约合同的完备程度、产业规模以及两个国家相对工资的比较对企业进行生产组织选择的影响。随后，格罗斯曼和海尔普曼（Grossman & Helpman, 2005）在相似的模型体系中讨论厂商在国内外包和跨国外包两种生产组织形式之间的选择提出了互补假说，分析了跨国公司是一体化生产所需要的零部件是在国内还是从国外采购中间产品的问题。他们认为，在不考虑运输成本的情况下，向专业化的中间产品生产者采购中间产品比起采取一体化生产方式来生产中间产品更有优势，而且生产率高的公司会选择外购，生产率低的公司会选择一体化生产。在考虑运输成本的情况下，他们得出的结论是：如果劳动生产率和在发展中国家的经营成本都比较低，那么跨国公司将选择一体化的模式在发展中国家生产中间产品，并且在发展中国家进行加工装配；如果在发展中国家的经营成本比较低，但公司的劳动生产率比较高，则会采用在发展中国家采购中间产品，并在发展中国家加工装配的生产组织形式；如果公司的生产率较低，而在发展中国家的经营成本相对较高的时候，将会在发达国家通过一体化的模式生产中间产品，并在发达国家进行加工装配；如果公司的生产率和在发展中国家的经营成本都比较高，将会采用在发达国家采购中间产品，并在发达国家进行加工装配。

与此同时，该产业内分工理论流派的经济学家正在进一步研究不同企业选择不同生产组织形式（Sorting into Organizational Forms）的原因。梅内兹（Melitz，2003）的模型是针对这样一个现实而建立的，那就是只有很少一部分企业兼有贸易和对外投资的业务，而出口企业的生产率明显高于非出口企业，跨国公司的生产效率又明显高于只从事出口业务的企业，而国内公司的生产率也是大不相同。在他的模型当中，一个产业中的企业具有不同的生产率和面对不同的固定贸易型成本。结果显示，企业生产力水平的差异是他们选择不同生产组织形式的关键所在；生产力水平高的企业比较倾向于选择出口，而生产力水平低的厂商主要服务国内市场。这项研究和我们观测到的现实数据是吻合的，为经济学家研究贸易结构和贸易自由化对产业重组的影响具有很强的理论借鉴价值。之后，海尔普曼、梅内兹和耶泊（Helpman，Melitz & Yeaple，2004）扩展了以上模型。在他们的模型系统当中，跨国公司可以通过出口和到东道国设立分支生产机构两种方式对东道国进行销售行为，结果显示只有生产力水平最高的企业选择水平对外直接投资（以服务东道国市场为目的的 FDI），生产力水平稍差的厂商选择出口，而生产力水平很低的厂商选择服务本国市场。同时，各部门企业的补贴销售与出口销售之比和各个部门企业的技术分布具有相关关系。他们利用美国的数据进行了经验检验，证明了技术分布决定贸易和对外投资行为的假说。更重要的是，这种相关性关系是十分重要的，和传统意义上的固定成本和运输成本一样，它是水平对外投资理论中进行贸易还是海外设厂权衡的决定性因素。接着，格罗斯曼、海尔普曼和泽德（Grossman，Helpman & Szeidl，2006）在相同的理论框架下讨论了厂商在垂直 FDI 和水平 FDI 两种生产组织形式间选择的机理，同样技术分布及各厂商生产力水平的高低仍然是选择的主要因素。他们认为，企业的 FDI 行为方式不是单一的，也就是说企业可能同时进行水平型的 FDI 和垂直型的 FDI。在这样的思维体系下，他们着重研究了在企业技术不同分布的产业中企业一体化战略选择的基本条件和决定因素。在他们的模型体系当中，企业使用中间产品来生产最终产品，而企业加工工序或中间产品生产工序可以选择在作为北方国家的本国进行，也可以在其他北方国家进行或者在南方国家进行。模型预测出两种 FDI 形式具有很强的互补性，比如南方国家低廉的中间品生产成本能刺激该地区中间产品生产规模的扩大和以加工组装为目的的国外直接投资的增加。所以，这个模型的解释能力很强，给出了许多新的贸易和国际直接投资的基本模式及其分析框架。

此外，“G—H”产品内分工理论体系学派的经济学家在比较纯正的制度经济学框架中讨论企业在以上几种生产组织形式中进行权衡（Trade off）选择的基本诱因。安切斯（Antràs，2003）首先将（GHM）财产所有权理论嵌入到一般均衡垄断竞争贸易模型中，根据所有权结构、要素密度和垄断竞争条件来解释国际贸易。在解释美国23个跨部门的制造业行业贸易模式特征时，安切斯遵循了格罗斯曼和哈特（Grossman & Hart, 1986）的核心思想，认为专业化投入品的生产成本是非契约性的，最终产品生产商通过借助资本的前向性投资，能够消除贸易中的敲竹杠问题，解释了资本密集型商品多公司内贸易，而劳动密集型商品却多发生在市场交易中。在解释美国28个跨部门的国家贸易模式特征时，他将局部均衡框架嵌入H—K（1985）模型中，将企业边界同国际生产选址结合起来，解释了过，在这一模型中，最终商品是被假设为非贸易品，世界贸易都是中间投入品贸易。在安切斯（Antràs, 2003）的基础上，安切斯和海尔普曼（Antràs & Helpman, 2004）设计了一个不完全契约条件下企业生产力水平异质性（Heterogeneity）模型，该模型表明，企业对一体化和国内外外包的选择决定于代理成本（Agency Costs）和组织成本（Costs of Organization）的权衡。他们把梅内兹（Melitz, 2003）的产业内异质性模型融入哈特和莫尔（Hart & Moore, 1990）财产权模型中，建立了一个北—南国际贸易模型，根据企业生产能力水平选择所有权结构和供应商的区位，从而决定了中间投入品的贸易模式。他们认为，最终产品商与零部件供应商之间是关系专用性投资（Relationship Specific Investment），并通过不完全契约来治理。在对供应商的区位选择时，最终产品商要在南方的较低可变成本收益与北方较低固定成本收益之间进行权衡；在选择贸易模式时，最终产品商要在垂直一体化所有权优势的收益与独立供应商的高能力激励的收益之间进行权衡。这样，均衡模式取决于要素禀赋差异、所有权优势、事后纳什讨价还价能力和总部密度技术。因此，高生产能力企业在外国一体化或外包获得中间投入品，低生产能力企业在母国外包。与此同时，格罗斯曼和海尔普曼（Grossman & Helpman, 2004）同样考虑异质企业的生产组织形式问题（Sorting Patterns of Heterogeneous Firms），他们巧妙地运用委托代理理论框架研究企业的生产组织选择行为，结果发现企业的生产组织方式和不完全契约关系甚疏，而与管理激励（Managerial Incentives）具有较强的相关关系，并且在此条件下分析生产力水平不同的企业对生产组织方式的选择。他们将霍姆斯特姆和米尔格罗姆（Holmstrom & Milgrom, 1991）多重委托代理模型与格罗斯曼和海尔普曼（Grossman & Helpman, 2002）的企业组织研究相结合，纳入北—南国际贸易模型中，研究了在垂直一体化方式和国际外包方式之间获取中间产品的权衡问题。认为委托人为了生产出异质性的最终商品，需要获取中间投入品，但投入品必须由拥有专有“技术诀窍”（Know How）的代理人生产，这个代理人可以是雇佣经理，或者是独立的供应商。但无论哪种情形，代理人交付恰当投入品的能力都是不确定的，并与代理人的努力程度密切相关。如果委托人雇佣了代理人做雇员，他能监督到代理人部分多重任务中的努力水平，如果他雇佣了一个独立的供应商作为代理人，监督是不可能的。因此，垂直一体化方式的较好监督性与外包方式的高能力激励之间就存在一种权衡。激励机制分析表明，委托人偏好垂直一体化而不是市场契约仍是可能的。另一方面，由于供应商能够承担一些初始投入成本和生产不成功时的烂呆账成本，同时引诱高水平努力所需要的必要激励成本要比雇佣经理小，因而委托人也会偏好外包方式。这样，模型较好地解释了垂直生产网络下存在着中间投入品、零部件和专业化生产服务的快速增长现象。

由上述分析我们不难发现，G—H 理论体系在改变传统贸易理论和新贸易理论的范式基础上大大发展了产品内分工理论。这个理论体系将新制度经济学中的制度分析和企业理论巧妙的嫁接到贸易理论中，进一步完善了产品内分工理论体系。同时，该理论体系最为重要的贡献在于夯实了国际贸易理论的微观基础，从企业行为出发讨论贸易模式问题，这符合现代国际贸易大都以跨国公司全球经营为扩展路径的经济现实，具有很强的现实意义。所以，全球生产组织理论范式是产品内分工理论体系中最有前途和最具潜力的理论流派，也是产品内分工理论下一步发展的前沿阵地和聚焦所在。

第七节　产品内分工与贸易理论的发展前景

通过上述对产品内分工理论发展历程的综述，我们可以得出产品内分工理论的发展经历了一个比较长的时期，现在这种理论已经开始进入了一个比较规范的发展时期的结论。其中，全球生产组织理论是产品内分工理论最前沿的研究阵地，这个部分的理论的进一步发展将是下一个研究阶段最让人心襟荡漾的理论创新。产品内分工理论的后续发展可能是多方向和多层次的，但是本文作者认为以下几个方面是该理论下阶段可能取得突破进展的关键，因为这些问题的解决，有利于现代贸易理论对现实贸易现象的科学解释。

首先，继续寻求国际贸易理论的微观经济基础，扩展现有产品内分工理论中厂商选择理论的范围和变量因素。当代国际贸易的特点在于跨国公司代替传统贸易中国家的支配地位，成为当今世界贸易的主宰力量。在这种背景下，产品内分工理论由于有了全球生产组织理论的介入，微观基础得到了极大加强，由此使得国际贸易理论具有了较强的现实意义。虽然全球生产组织提出了新的范式，并将制度经济学中交易费用、组织成本、委托代理问题以及激励机制等变量引入了贸易分工理论，但是新的变量也急需引入现有理论体系，由此可以更加科学的解释当代国际贸易的新形式和新特质。

其次，对于全球生产组织的逻辑实证研究较多，而这些研究很多缺乏经验证明。由于现代产品内分工理论具有微观基础，所以其经验实证需要微观数据的支撑。但是，现实微观企业数据的搜集比较困难，所以该理论体系中许多假设命题缺乏经验实证的证明。而我们所看到了产品内分工理论中的经验实证多脱胎于传统贸易理论框架，多用宏观数据进行分析，而一旦涉及微观数据，这些研究也会望而却步，所以如何进一步丰富产品内分工理论的经验实证成为下一阶段国际贸易学者需要解决的问题。

最后，针对中国的国际分工地位和国际贸易现实而言，现有产品内分工理论的研究视角都是从发达国家，即从“外包国”而不是“承包国”角度进行分析的。这些理论主要目的在于解释发达国家生产外包对于其国内福利分配及其贸易模式的影响，这些研究命题很难解释与中国类似的发展中国家在全球生产网络中的贸易福利及其贸易模式变化问题。所以，如何运用现有的西方产品内分工理论来解释改革开放以来我国加工贸易方式的变化及我国贸易模式演变的路径，是现代中国国际贸易体系必须解释的问题。这个问题解释程度的高低直接关系到贸易理论对作为全球生产网络中主要角色的中国和印度等后发国家贸易模式解释的合理性。所以，“承包国”贸易模式的变化及其福利分析是产品内分工理论下一步主要研究的一个领域。

综上所述，产品内分工理论是一个刚刚兴起的理论，其理论范式有待于进一步完善，其科学性有赖于进一步的经验证实。而作为产品内分工全球铺展过程中不可或缺的中国，其在全球生产网络中扮演着重要的角色，如何利用产品内分工理论来解释中国近年来的贸易现实，将是我国经济学者在此理论体系下将要重点回答和解决的问题。

参考文献：

[1] Amighini, Alessia. (2004). China in the international fragmentation of production: Evidence from the ICT industry. *the European Journal of Comparative Economics*, 2, pp. 203 - 219, 2004.

[2] Antràs, Pol. (2003). Firms, Contracts, and Trade Structure. *Quarterly Journal of Economics*, 118, 1374 - 1418.

[3] Antràs, Pol and Helpman, E. (2004). Global sourcing. *Journal of Political Economy*, 112 (3), 552 - 580.

[4] Arndt, Sven W. (1997). Globalization and the Open Economy. *The North American Journal of Economics and Finance*, 8 (1), 71 - 79.

[5] Arndt, Sven W. and Kierzkowski, Henryk (ed.). (2001). *Fragmentation: New Production Patterns in the World Economy*, London: Oxford University Press.

[6] Balassa, B. (1965). Tarriff Protection in Industrial Countries: An Evaluation, *Journal of Political Economy*, 73 (4), 573 - 594.

[7] Bhagwati, J. N.. and Dehejia V. H. (1994) Freer Trade and Wages of the Unskilled—Is Marx Striking Again?. In J. N. Bhagwati and M. H. Kosters (Ed.), *Trade and Wages: Leveling Wages Down?*. Washington D. C.: AEI Press, 36 - 75.

[8] Bhagwati, J. N. and Srinivasan, T. N. (1973). The General Equilibrium Theory of Effective Protection and Resource Allocation. *Journal of International Economics*, 3, 259 - 281.

[9] Bhagwati, J. N., Panagariya A. and Srinivasan T. N. (2004). The Muddles over Outsourcing. *Journal of Economic Perspectives*, 18, 93 - 114.

[10] Corden, W. M. (1966). The Structure of a Tariff System and the Effective Protective Rate. *Journal of Political Economy*, 74, 221 - 237.

[11] Deardorff, Alan V. (1998). Fragmentation in Simple Trade Models. The University of Michigan, School of Public Policy, Research Seminar in International Economics, *Discussion Paper* No. 422.

[12] Deardorff, Alan V. (2001). Fragmentation across Cones. In Arndt, Sven W. & Kierzkowski, Henryk (ed.), *Fragmentation: New Production Patterns in theWorld Economy*, London: Oxford University Press, pp35 - 51.

[13] Dixit A. K. and Grossman Gene M. (1982). Trade and Protection with Multistage Production. *The Review of Economic Studies*, 49, 583 - 594.

[14] Feenstra Robert C. and Gordan Hanson. (1996). Foreign Investment, Outsourcing, and Relative Wages. In Feenstra Robert C., Grossman, G. M. and Irwin D. A. (Ed.) *The Political Economy of Trade Policy: Papers in Honor of Jagdish Bhagwati*, MIT Press, 89 - 127.

[15] Feenstra Robert C. (1998). Integration of Trade and Disintegration of Production in the Global Economy. *Journal of Economic Perspective*, 12, 31 - 50.

[16] Feenstra Robert C., Gordan Hanson and Songhua Lin. (2002). The Value of Information in International Trade: Gains to Outsourcing through Hong Kong. *NBER Working Papers*, No. 9328.

[17] Feenstra Robert C. (2003). Ownership and Control in Outsourcing to China. *NBER Working Paper*, No. 10198.

[18] Gordan Hansonand Feenstra Robert C. (2001). Intermediaries in Entrepot Trade: Hong Kong Re-Exports of Chinese Goods. *NBER Working Papers*, No. 8088.

[19] Gordan Hanson, MataloniR. J. and Slaughter, Matthew J. (2003). Vertical Production Networks in Multinational Firms. *NBER Working Paper*, No. W9723.

[20] Grossman, Gene M. (1981). The Theory of Domestic Content Protection and Content Preferences. *Quarterly Journal of Economics*, 96, 583 - 603.

[21] Grossman, Gene M. and Helpman, Elhanan. (2002). Integration versus Outsourcing in Industry Equilibrium. *Quarterly Journal of Economics*, 117 (1), 85 - 120.

[22] Grossman, Gene M. and Helpman, Elhanan. (2003). Outsourcing Versus FDI in Industry Equilibrium. *Journal of the European Economic Association*, 1, 317 - 327.

[23] Grossman Gene M. and Helpman, Elhanan. (2004). Managerial Incentives and the International Organization of Production. *Journal of International Economics*, 63, 237 - 262.

[24] Grossman Gene M. and Helpman, Elhanan. (2005). Outsourcing in the Global Economy. *Review of Economic Studies*, 72, 135 - 159.

[25] Grossman, Gene M., Helpman, Elhanan and Szeidl, Adam. (2006). Optimal Integration: Strategies for the Multinational Firm. *Journal of International Economics*, 70, 216 - 238.

[26] Grossman Gene M. and Esteban Rossi-Hansberg. (2006a). The Rising of Offshoring: It' s Not Wine for Cloth Anymore. Unpublished Paper, August, Princeton University.

[27] Grossman Gene M. and Esteban Rossi-Hansberg. (2006b). Trading Tasks: A Simple Model of Offshoring. *NBER Working Paper*, August, No. 12721.

[28] Helpman, Elhannan. (2006). International Organization of Production and Distribution. *NBER Reporter*: Research Summary Summer.

[29] Helpman, Elhanan, Melitz, Marc J. and Yeaple, Stephen Ross. (2004). Export Versus FDI with Heterogeneous Firms. *American Economic Review*, 94, 300 - 316.

[30] Hummels David, Rapoport Dana and Yi, Kei-Mu. (1998) Vertical Specialization and the Changing Nature of World Trade. *Federal Reserve Bank of New York Economic Policy Review*, 79 - 99.

[31] Hummels David, Ishii Jun and Yi, Kei-Mu. (2001). The Nature and Growth of Vertical Specialization in World trade. *Journal of International Economics*, 54, 75 - 96.

[32] Jones, Ronald and Kierzkowski, Henryk. (2001). A framework for fragmentation. In S. Arndt and H. Kierzkowski (Ed.), *Fragmentation: New production patterns in the world economy*, Oxford, U. K.: Oxford University Press, pp. 17 - 34.

[33] Jones, Ronald. (1971). Effective Protection and Substitution. *Journal of International Economics*, 1, 59 - 81.

[34] Krugman, Paul. (1994). A "Technology Gap" Model of International Trade. In Krugman P. (ed.), *Rethinking International Trade*, MIT Press, Cambridge, MA.

[35] Krugman, Paul. (1995). Growing world trade: Causes and Consequences. *Brookings Papers on Economic Activity*, 1, 327 - 362.

[36] Leamer Edward E. (1996) The Effects of Trade in Services, Technology Transfer and Delocalization on Local and Global Income Inequality. *Asia-Pacific Economic Review*, 2, 44 - 60.

[37] Melitz J. (2003) The Impact of Trade on Intra-Industry Reallocations and Aggregate Industry

Productivity. *Econometrica*, 71, 1695 - 1725.

[38] Melvin, J. R. (1969). Intermediate Goods, the Production Possibility Curve and Gains from Trade. *Quarterly Journal of Economics*, 83, 141 - 151.

[39] Sanyal K. & Jones, R. W. (1980). The Theory of Trade in Middle products. manuscript.

[40] SamuelsonPaul A. (2004). Where Ricardo and Mill Rebut and Confirm Arguments of Mainstream Economists Supporting Globalization. Journal of Economic Perspectives, 18, 135 - 146.

[41] Swenson, D. L. (2004). Overseas Assembly and Country Sourcing Choices. NBER Working Papers, National Bureau of Economic ResearchInc, No. 10697.

[42] Vanek, J. (1963). Variable Factor Proportions and Inter-industry Flows in the Theory of International Trade. *Quarterly Journal of Economics*, 77, 129 - 142.

[43] Warne, R. D. (1971). Intermediate Goods in International Trade with Variable Proportions and Two Primary Inputs. *Quarterly Journal of Economics*, 85, 225 - 236.

[44] Yeats A. J. (1998). Just How Big Is Global Production Sharing? . *Policy Research*, Washington D. C. : The World Bank, Development Research Group, January, Working Paper, No. 1871.

[45] Yi, Kei-Mu. (2003). Can Vertical Specialization Explain the Growth of World Trade? . *Journal of Political Economy*, 111, 52 - 102.

第二篇 国际贸易理论前沿

第三章 新古典贸易理论的拓展

自从新古典经济学框架成为当代经济学的主流学派以来，作为微观经济理论延伸的贸易理论一直在新古典传统下演进和发展。在 Heckscher 和 Ohlin 以及 Harberler 的工作基础上，经过 Stolper 和 Samuelson、Leontief、Lerner、Rybczynski 和其他一些追随者的努力，要素禀赋理论最终在以偏好、技术和要素禀赋为外生变量的一般均衡框架中得到严格系统的模型化，形成了由两个基本概念［要素密集度（Factor Intensity）和要素丰裕度（Factor Abundance）］和四个基本定理［Heckscher-Ohlin（HO）定理、Stolper-Samuelson（SS）定理、要素价格均等化（Factor Price Equilibrium，FPE）定理和雷布钦斯基（Rybczynski）定理］所构成的基本框架，成为新古典经济理论中一般均衡理论的重要分支，并且取代 Ricardo 模型成为国际贸易理论中新的理论基准和主流范式。新古典贸易理论的当代拓展表现为：由低维模型向高维模型拓展，要素含量模型（HOV 模型）在实证检验中的应用以及特定要素模型的应用等。

第一节 新古典贸易理论的基本内容

Either（1974）① 总结了新古典贸易理论的四个基本定理，分别是赫克歇尔—俄林定理（H-O model），斯托尔珀—萨缪尔森定理（S-S model），要素价格均等化定理（FPE model）以及雷布钦斯基定理（Rybczynski Theorem），这四个定理都经过了严格的数学证明，共同构成了新古典贸易理论的核心内容。

一、赫克歇尔—俄林定理（Heckscher-Ohlin model）

20 世纪初瑞典经济学家赫克歇尔（E. Heckscher）在他 1919 年发表的《实力的作用》② 一文中，首次提出了自由贸易使要素收益平均化的趋势假设。1933 年，赫克歇

---

① Either，W.，1974，"Some of the theorems of international trade with many goods and factors"，Journal of International Ecnonomics，4：199 – 206.

② Heckscher，E. F.（1919）．"Utrikeshandelns verkan p in komstfdelningen"，Ekonomisk Tidskrift，21，1 – 32，reprinted in English，Readings in the Theory of International Trade. Philadelphia：Blakiston，1949：272 – 300.

尔的学生俄林（B. Ohlin）出版了他的名著《区际贸易和国际贸易》①，在赫克歇尔所提出的要素分析原理基础上，探讨了生产要素对国际贸易产生的影响，形成了一套完整的理论。这就是后人所称之为“HO 理论”的国际贸易要素禀赋理论。赫克歇尔—俄林模型又称要素禀赋理论，简称 HO 理论或 HO 模型。李嘉图相对优势模型表明当劳动力是唯一的生产要素时，生产技术水平（生产效率）的差异使各国在不同的商品生产上具有相对优势。当生产中投入劳动力和资本等多种生产要素时，国家间要素禀赋差异将使各国在不同的商品生产上具有相对优势。赫克歇尔—俄林模型进一步考察了这一命题。要素禀赋理论（Factor Endowments Theory）建立在对现实经济简单化、抽象化的严格模型设定基础上。

HO 模型假定只有两种生产要素劳动力和资本。假定只有两种商品 X、Y，且 X 商品是劳动密集型商品，Y 商品是资本密集型商品。要素密集是通过对两种商品生产中投入的资本—劳动比率进行比较而确定的，资本—劳动比率（K/L）高的为资本密集型商品，资本—劳动比率低的为劳动密集型商品。还假定只有两个国家 A、B，且 B 国资本充裕，A 国劳动力充裕。要素充裕是通过对两国生产要素相对价格或生产要素总量相对比例进行比较而确定的，B 国的资本价格与劳动力价格之比小于 A 国，则 B 国资本充裕，A 国劳动力充裕；或者 B 国的资本总量与劳动力总量之比大于 A 国，则 B 国资本充裕，A 国劳动力充裕。两国具有相同的偏好，有同一组社会无差异曲线。H-O 定理表明资本充裕的国家在资本密集型商品上具有相对优势，劳动力充裕的国家在劳动力密集型商品上具有相对优势，一个国家在进行国际贸易时出口密集使用其相对充裕和便宜的生产要素的商品，而进口密集使用其相对缺乏和昂贵的生产要素的商品。下面对此进行说明。

HYPERLINK 将其用数理方法严格推导出来。

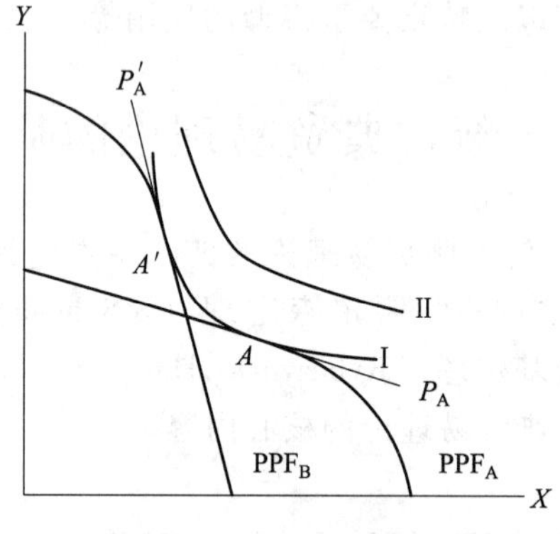

图 3.1.1 H-O 模型

资料来源：http：//wiki. mbalib. com/wiki/Image：% E5% 9B% BD% E9% 99% 85% E8% B4% B8% E6% 98% 93% E5% 89% 8D% E7% 9A% 84% E5% 9D% 87% E8% A1% A1. jpg” \ o “国际贸易前的均衡”

赫克歇尔曾在《对外贸易对收入分配的影响》（1919）中提到了贸易将导致要素价

① Ohlin B. (1933) Interregional and International Trade. Cambridge, MA: HarvardUniversity Press. Revised version published in 1968.

格即同质劳动力的工资和同质资本收益均等的观点。俄林在《区域贸易与国际贸易》(1933) 的第二章“关于区域贸易的某些后果”中阐述了其观点。“区域贸易的后果是使商品价格均等化，生产要素的价格也有趋向均等化的趋势。这意味着更好地利用这些要素，从而减少因不适当的地区分布而引起的不利条件。”俄林认为要素价格均等只是一种趋势而非完全的均等化，主要原因第一是产业对生产要素的需求是对几种要素的“联合要求”且在一定时期内保持不变，因此尽管贸易开展后使资源配置合理性增强，却并不能改变要素区位分步的非均衡性及拉平要素价格的区间差异。其次由于俄林假定生产要素的地区流动性为零，因而可由商品贸易部分替代要素流动，从而在一定程度上实现要素的合理配置。俄林认为，在开放经济中，国际间因生产要素自然禀赋不同而引起的生产要素价格差异将通过两条途径而逐步缩小，即要素价格将趋于均等。第一条途径是生产要素的国际移动，它导致要素价格的直接均等化；第二条途径是商品的国际移动，它导致要素价格的间接均等化。国际贸易最终会使所有生产要素在所有地区都趋于相等。同时，俄林认为生产要素价格完全相同几乎是不可能的，这只是一种趋势。

针对上述 HO 模型中要素价格均等的趋向性观点的缺陷和不足，著名经济学家萨缪尔森指出，在一定条件下国际要素价格均等必然发生而不仅仅是一种趋势，从而对该理论进行了重要修正。萨缪尔森在《国际贸易和要素价格均等》(1948)① 一文中首次提出其观点：在两国实行生产两种产品的专业分工的情况下，通过自由贸易要素价格会绝对相等，商品流动能够完全替代要素流动，在商品移动能有效替代要素移动的某种程度上，世界生产力可达到最佳状态。此后，萨缪尔森于《再论国际要素价格均等》(1949)② 一文中对要素价格均等进行了严谨论证，修正并完善了生产禀赋论。假定只有两个国家美国和欧洲，生产两种商品粮食和纺织品，每种商品由两种生产要素土地和劳动力生产出来，生产函数呈现出线性齐次的特点，即以相同比例改变所有投入要素，产出也以相同比例变化，满足边际生产力递减规律；现实中商品表现出的要素密集性不同，粮食为“土地密集型”商品，纺织品则为“劳动密集型”商品；假定两国的土地与劳动均为同质的投入要素；假定国际贸易中所有商品均能完全自由移动，没有关税和运输成本，且竞争导致两国商品市场价格比例均等；假定两国间的生产要素不能自由移动；假定两国对具有比较利益的商品实行不完全的专业分工即都生产两种产品；根据上述假定条件，萨氏运用数学推导得出的重要结论是：“两国的实际要素价格必然完全相等”。鉴于萨缪尔森所做的理论贡献，经济学界又将 HO 模型称为 HOS 模型。

要素价格均等化理论有两点的寓意：第一，它证明了在各国要素价格存在差异以及生产要素不能通过在国际间自由流动来直接实现最佳配置的情况下，国际贸易可替代要素国际流动，“间接”实现世界范围内资源的最佳配置；第二，它说明了贸易利益在一国内部的分配问题，即说明国际贸易如何影响贸易国的收入分配格局。

---

① Samuelson, Paul A. (1948), "International Trade and Equalization of Factor Prices," Economic Journal., LVIII (June), 163-184.

② Samuelson P A., (1949), "International Factor-Price Equalisation Once Again", *Economic Journal*, 59 (1): 181-197.

二、雷布钦斯基定理（Rybczynski Theorem）：要素禀赋变化对国际贸易的影响

塔德乌什·雷布钦斯基（英籍波兰经济学家，Tadeusz Rybczynski）在其1955年的论文《要素禀赋与相对商品价格》（Rybczynski，1955①）中提出雷布钦斯基定理。雷布钦斯基定理研究的是要素积累对生产和贸易的影响。要素增长会影响到产品的供给，从而影响到产品的相对价格，并进一步影响到一国的贸易规模与贸易条件（大国的情况），甚至会使一国的比较优势发生变化。要素增长会影响生产、贸易条件与比较优势的机制，在贸易条件的影响方面，与之密切相关的是“贫困化增长”。

（一）雷布钦斯基定理

HO模型建立在一国拥有的要素总量固定不变的基础上。但在现实中，一国的要素数量经常在发生变化，这将带来什么样结果？雷布钦斯基定理在商品相对价格不变的前提下，某一要素的增加会导致密集使用该要素部门的生产增加，而另一部门的生产则下降。

雷布钦斯基定理公式说明如下：

假设资本供给增加了ΔK，在商品相对价格保持不变的前提下，为了使新增加的资本（ΔK）能全部被利用，以保证充分就业，则需资本密集型部门（X）来吸收新增的资本，但要保证X部门将新增的资本全部吸收，还需要一定的劳动来与其搭配，所以Y部门不得不缩小生产规模，以便释放出一定的劳动（ΔLy）。但X部门在释放出劳动的同时，还会释放出一定的资本（ΔKy），这部分资本也需X部门来吸收，最后达到如下状态：

$$K_x = \frac{K_x}{L_x} = \frac{K_k + \Delta K + \Delta K_y}{L_x + \Delta L_y} \qquad K_y = \frac{K_y}{L_y} = \frac{K_y - \Delta K_y}{L_y - \Delta L_y}$$

结果X部门的生产扩大，而Y部门的生产则下降。如果是劳动总量增加，资本总量不变，则同样的道理，Y部门的生产将扩大，X部门的生产将下降。

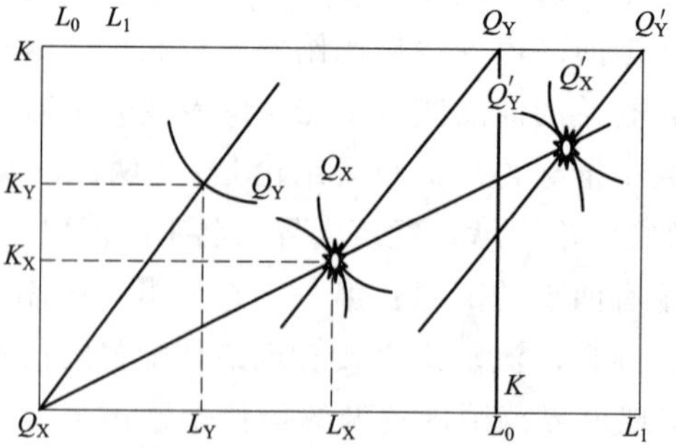

图3.1.2 雷布钦斯基定理

① Rybczynski, T. M., 1955, "Factor Endowment and Relative Commodity Prices," Economica, N. S., XXII (November), 336-341.

（二）要素丰裕度的动态变化

Rybczynski 定理是一个对经济中供给面的比较静态分析结论，说明在商品相对价格不变的条件下，随着要素禀赋的变化，产出结构会发生变化；也就是说，在每一个给定的商品相对价格下，两种产品的供给数量都会发生变化，这实际上就表现为供给的变动。如果对两种商品的需求不发生变化，则两种商品的均衡相对价格必然变动。一定方向和幅度的相对价格变动，就可能使得该经济和其他经济之间比较优势发生改变——在这个意义上这一比较静态分析的结论具有动态比较优势的含义。

Rybczynski 定理之外，Findlay 和 Grubert（1959）① 在几乎相同的 2 要素 2 产品模型中考察了在商品相对价格给定的条件下，中性技术进步和要素节约型技术进步对于产出水平的影响，得出了被称为 Findlay-Grubert 定理的结论。如果技术进步是希克斯中性的 7，则在 2×2 条件下，Findlay-Grubert 定理可以表述为：对于任意给定的固定资本和要素数量，如果两个部门中有一个发生了希克斯中性的技术进步，不影响相对要素密集度，则在固定商品价格条件下，该部门的产出水平必定上升，而另一部门的产出水平必定下降。

不仅如此，Findlay 和 Grubert（1959）还考察了有偏向性的技术进步。资本密集型产品的希克斯资本节约型技术进步的效应类似于希克斯中性的情形；而资本密集型产品上的希克斯劳动耗费型技术进步的效应则不明确——取决于变化的程度。Rybczynski 定理和 Findlay-Grubert 定理说明的是要素禀赋和技术进步对于产出结构的影响。实际上在 Findlay-Grubert 定理中，技术进步也相当于增加了相应的要素禀赋，只不过情形更为复杂一些而已。

除了要素流动之外，要素丰裕度或者说要素禀赋的内生动态性主要体现在两个方面。其一是瞬时意义上的，即贸易可能影响到人们在工作和闲暇之间的选择。这个方面的研究相对而言重要性较小，因此本书不对此进行详细考察。其二是跨时期的，即改变经济中的资本积累率。从跨时期角度进行的考察，大部分文献都借鉴了 Uzawa（1961）② 对两部门增长模型在开放条件下的扩展，在这个模型中资本品参与了国际贸易。

日本学者 Oniki 和 Uzawa（1965）③ 对于动态比较优势的考察是动态比较优势理论发展中的重要成果。他们把现代比较优势理论的基本框架和新古典增长理论结合起来，建立了一个动态比较优势模型，其中详尽地分析了资本积累对贸易格局的影响，描述了比较优势的长期变化趋势。Oniki 和 Uzawa 的模型考虑两个劳动增长率、技术和消费者偏好都完全相同的国家，每个国家都生产消费品和投资品；两国的资本积累率因为各自国内的产出水平和投资品进口数量的不同而存在差异。在这样的框架下，Oniki 和

① Findlay, R. and Grubert, H. (1959), "Factor Intensities, Technological Progress, and the Terms of Trade", Oxford Economic Papers, XI, 111-121.

② Uzawa, H. (1961): On a Two-Sector Model of Economic Growth, The Review of Economic Studies, Vol. 29, No. 1, 40-47.

③ H. Oniki, H. Uzawa, (1965), "Patterns of Trade and Investment in a Dynamic Model of International Trade", The Review of Economic Studies, Jan., Vol. 32, No. 1, pp. 15-38.

Uzawa 证明存在一个整体静态稳定状态。如果坚持前面的不存在技术和消费者偏好的国别差异的假定，则在稳定状态下，两国的总的资本劳动比率会相等，因此在这样的稳定状态均衡下，不存在国际贸易。这一结论的重要意义在于，就纯粹的逻辑而言，静态的 HO 定理要对国家的贸易格局进行解释，就要求国家间拥有相同的技术和偏好。另一方面，Oniki 和 Uzawa 也证明，如果国家之间不存在偏好和技术差异，则在长期增长均衡中贸易也不存在。这就是说，在现代比较优势理论的框架下，长期中只有在偏好和技术上至少有一方面存在国际差异时，贸易才能持续存在。但是如果国家间储蓄倾向不同，则储蓄倾向较高的那一国，其稳定状态下的资本劳动比率，即资本丰裕度会更高，因此在稳定状态下仍然会存在国际贸易；贸易的格局是，长期稳定状态均衡条件下储蓄倾向较高的一国将专门从事投资品的生产，而储蓄倾向较低的一国则专门从事劳动密集型产品的生产。这是一个和现代比较优势理论的基本框架中 HO 定理非常类似的结论。当然，由于储蓄是收入中没有消费的部分，因此影响储蓄倾向的因素实际上也就是影响消费倾向的因素，而消费倾向受到偏好的制约，因此这背后实际上是两国间的偏好差异。

Findlay（1970）① 中提出的动态要素禀赋模型和现代比较优势理论基本框架的思路更为接近，其中两种可贸易品都是最终消费品，而资本存量则由另一个非贸易部门生产。Findlay 模型证明，长期中资本和劳动的稳态增长可能使得比较优势，从而贸易格局发生变化。Findlay（1970）得到的结论带有典型的现代比较优势理论的特征，不过其中重要的变量不是要素禀赋的变化，而是人口增长率和储蓄率。人口增长率的增加会降低经济稳定状态的资本劳动比率，而这会减少资本密集型产品的相对数量。这种效应的作用机制类似于 Rybczynski 定理刻画的情形；而储蓄率的提高，在短期内可能提高也可能降低资本密集型产品的产出，但是长期而言则必定会提高资本密集型产品产出。实际上，如果我们用劳动力的增长率和资本积累倾向、而不是外生的物质禀赋来解释要素丰裕度，则 Findlay 这里的模型实质上就是 HO 理论。

三、国际贸易中的高维问题

两个国家、两个部门、两种商品的 2×2×2 低维模型在国际贸易的分析中具有一定的局限性，继 Samuelson 提出要素价格均等化理论之后，一些学者撰文研究国际贸易理论中的高维问题。Findlay 和 Grubert（1959）②，Vanek（1968）③ Ethier（1974）④，Jones 和 Scheinkman（1977）⑤ 都对低维模型的局限性和高维模型的建立进行了探讨。Ethier

① Findlay, R., (1970), Trade and Specialization, Harmondsworth: Penguin Books.

② Ronald Findlay. Harry Grubert., 1959, Factor Intensities, Technological Progress, and the Terms of Trade. *Oxford Economic Papers*, New Series, Vol. 11, No. 1, 111－121. Feb., 1959.

③ Vanek, J., 1968, The Factor Proportions Theory: The N-Factor Case, *Kyklos* 1968, 21: 749－754.

④ Ethier, W. 1974. Some of the theorems of international trade with many goods and factors. *Journal of International Economics*, v. 4, 199 - 206.

⑤ Jones, R. and Scheinkman, J. 1977. The relevance of the two-sector production model in trade theory. *Journal of Political Economy* 85, 909 - 935.

(1984)① 在《国际经济学手册》第一卷中的文章详细地介绍了1984年以前国际贸易中高维问题研究的进展情况。Deardoff (1984) 也对高维问题进行过比较深入的考察。

由于传统的李嘉图模型是一种两个国家、两种产品的模型，为了使模型更符合实际的国际贸易，因而后来学者将模型中国家数和产品数进一步扩展。当然在这些模型中最具代表性的是迪尔多夫 (1980)② 设计的多国多种产品的一般均衡比较优势模型。迪尔多夫模型体现了比较优势理论中机会成本的分析优点。在一个小国开放经济中，衡量比较优势的机会成本公式仅仅只需要两部分信息：在封闭状态下（自然经济）一国中n种产品的价格pa和它所对应的净进口量T。封闭状态下价格pa包含了有关该国经济的所有相关信息；净进口量T包含了有关该国贸易条件的所有相关信息。在模型中仅仅只需要将二者相乘pa T，就可以计算出比较优势的机会成本。

当考虑到2种以上的商品和要素时，在2×2框架下结论非常明确的四大定理就不同程度、不同形式地变得有些模糊。要素价格均等化定理，在高维情形中就不能完全成立。而把国家之间的要素禀赋差异和具体的贸易格局直接联系起来的HO定理，在高维情形中就更加不能适应。但是有可能在贸易格局和自给自足的均衡价格之间建立起相关性联系（Deardoff，1980；Dixit 和 Norman，1980）。总体而言，一个国家的比较优势集中在那些使用本国价格相对低廉的要素生产的商品上。Stolper-Samuelson 定理和 Rybczynski 定理之间存在着对偶关系，这两个定理在高维情形下能否继续适应也变得非常模糊。

实际上关于传统贸易理论基本框架的低维度和对称性（即商品种类和要素种类相等）问题，早已有大量的理论著作对其进行批评，而同时许多经验研究成果也对此提出了质疑，至少认为这样的假定是不恰当的。上述结论似乎也在某种程度上印证了这一点。但是 Ethier 同时指出，就维度问题而言，研究成果似乎让人对传统贸易理论的扩展比较乐观。维度问题确实非常重要，对理论本身产生着重要的影响，但是同时不容忽视的是，基本框架中的基本含义实际上在很大程度上保存了下来。这表现在两个方面：其一，其中一些结论，比较优势法则、HO 定理、以要素密集度为基础的趋向性的比较静态预测等，都在相关或者平均的意义上保存了下来；其二，其余的结论，DStolper-Samuelson 定理和 0Rybczynski 定理则在很多情况（但不是所有的情况）下成立，它们适应于一些要素或者商品的情形，但不是适应于所有的情形。

由低维模型向高维模型拓展最难的部分在于假设的改变。当模型不是2×2模型时，要素价格均等化定理就不一定能够成立。假设要素和商品数量相等，国际间所有的要素和可贸易品都不能自由移动，即使在2×2模型中，也无法保证要素价格向量w与给定商品价格向量p的唯一对应关系。如果发生要素密集度逆转（factor-intensity reversal），

---

① Ethier, W. 1984. Higher dimensional issues in trade theory. Ch. 3 in Handbook of International Economics, Vol. 1, ed. R. Jones and P. Kenen, Amsterdam: North-Holland.

② Deardorff, A The General Validity of the Law of Comparative Advantage Journal of Political Economy 1980, 88: 941 – 957.

对于给定的p可能存在两个甚至多个w。对于n × n模型，David Gale 和 H. Nikaido (1965)① 给出了要素价格和商品价格唯一对应关系的充分条件：投入产出系数的矩阵A（w）应该是一个商品价格矩阵P-matrix，矩阵的主子式均为正。Andreu Mas-Colell (1979)② 进一步放松了这个条件，与2 × 2模型一样，两个国家分享拥有同样的技术并能够以同样的价格和n种生产要素，生产同样的n中商品；如果生产技术相同，只要两国的要素禀赋充分接近，要素价格就会趋于均等化。"高维锥体"（Cone of Diversification)③的概念使得n × n高维模型中要素价格均衡化的结论与低维模型一样成立。但是如果生产要素的数量超过可贸易品的数量，要素均等化定理在高维模型中并不一定成立。Jones, Beladi 和 Marjit (1999)④ 认为在两要素模型中，每个国家只能生产一种或两种产品，这些产品的要素比例应与该国的要素禀赋比例相一致，这里并不需要考虑出口商品的要素比例和生产的要素比例是否相同。但是在高维模型中，要采用不同的分析方法。Jones（2006a)⑤ 的研究表明在三种要素两种商品的3×2模型中，要素价格均等化理论就不成立。

Ethier（1982，1984）和 Deardoff（1979，1980，1982）等学者将传统比较优势原理推广到多种商品和多种要素的更一般情形，通过研究国际贸易的"高维问题"（Higher dimensional issues)，得出所谓的广义比较优势法则（generalized law of comparative advantage)，即在多种商品和多种要素的情况下，商品的贸易流向（以净出口为指标）与其封闭经济下的相对价格差成负相关关系，具体地说，对于那些相对价格低于国外的商品而言，从平均水平看，贸易流向表现为净出口；而那些相对价格高于国外的商品，从平均水平看，贸易流向表现为净进口。上述关系仅在平均意义上成立，当设计某一具体商品或部门时，这一关系并不一定适用，当某一商品的相对价格较低时，该商品并不一定就是属于净出口，反之亦然。在高维情况下，比较优势原理只在平均意义上成立。当考虑到两国之间存在要素禀赋差异这一特殊情形时，广义比较优势法则可以表述为：在平均意义上，一国将成为其相对廉价要素服务的净出口国和相对昂贵要素服务的净进口国。这一结论便是H－O定理在高维情形下的表达形式。这里，要素服务的出口或进口是指蕴含在贸易中的要素含量（factor content of trade)，由于一国的出口商品时使用本国生产要素（所提供的服务）生产出来的，因此，本国向他国出口商品实际上意味着向他国提供本国要素的服务。

---

① Gale, D. and Nikaido, H. 1965. The Jacobian matrix and the global univalence of mappings. Mathematische Annalen 159, 81－93.

② Mas-Colell, A. 1979. Two propositions on the global univalence of systems of cost functions. In General Equilibrium, Growth, and Trade, ed. J. Green and J. Scheinkman, New York: Academic Press.

③ 对这一问题，奇普曼用被称为"高维锥体"（Cone of Diversification）的方法给出了更精确和清晰的分析。对任何要素价格向量w来说，在两种商品生产时都有相对确定的技术比率。只有当某国要素的禀赋向量被包括在由这些技术度量的锥体内，两种要素才能被充分地运用。

④ Jones, R., H. Beladi and S. Marjit 1999 The Three Faces of Factor Intensities, Journal of International Economics, 48, 413－420.

⑤ Jones, R. 2006a. Eli Heckscher and the holy trinity, R. Findlay, R. Henriksson, H. Lindgren and M. Lundahl (eds.) Eli Heckscher, International Trade, and Economic History. Cambridge, MA: MIT Press.

高维下的广义比较优势具有重要的理论和现实意义①。在理论上，它大大丰富了比较优势理论，建立了更一般的贸易理论模型；在应用上，它为比较优势理论的实证研究提供了分析框架。由于现实中，无论是商品的种类，还是要素的种类，都不可能仅限于两种之内，所以标准的比较优势理论模型在实际运用中有很大的局限性；而广义比较优势理论的模型结构与实际情形比较接近，因而可以用于实证分析，由高维 H－O 定理引申出的 H－O－V 模型（Heckscher-Ohlin-Vanek Model）已成为要素禀赋理论的主要实证检验方法②。

关于把现代比较优势理论的基本定理从 2×2 情形推广到高维情形或者说超 2×2 情形，成果相当丰富，实际上这一方面的研究至今仍在继续。同时应该指出的是，对于比较优势理论发展作出重要贡献的 Leamer，对于纯理论层面上高维模型的发展却颇不以为然。在他看来这样的模型实际上毫无应用的价值，"我们为什么要问自己这样的问题呢?"（Leamer，1993）实际上这或许是战后传统贸易理论的发展中意义最小的一个方面。

第二节　贸易的要素含量：HOV 模型的实证检验

对贸易中要素含量的研究已经成为如何在一般均衡分析框架下将要素禀赋、生产、吸收和贸易结合起来的最重要检验。这个领域已经取得很大的进展，并且对未来的实证研究提出了新的要求。其中最迫切需要解决的问题是对中间投入品作用、集合偏误的作用（aggregation biases）和吸收模式差异的深入考察。贸易的要素含量的实证研究也将有助于今后在要素含量框架下为贸易政策分析提供一个坚实的基础。

一、贸易的要素含量：问题的提出

贸易的要素含量的概念来源于 Vanek（1968）③，由于观察到资源禀赋模型不能够很好地解释国际贸易行为，Vanek（1968）开始考虑贸易要素含量。通过关注贸易中的要素服务，该模型能够确定每个要素的预测值。这个模型又被称为 HOV 模型。在单一经济中，一国的净出口中所含要素量等于它的要素禀赋减去该国本身所占的消费份额。于是 HOV 模型得出：在自由贸易条件下，劳动相对丰裕的国家将成为净劳动要素出口国，而资本相对丰裕的国家将成为净资本要素进口国。Vanek 证明，在高维的 HO 模型中，尽管 HO 定理的预测不再成立，但以下的预测仍然成立：在自由贸易条件下，劳动相对富裕的国家将是净劳动要素出口国，而资本相对富裕的国家将是净资本要素出口国。这个结论被称为 HOV 定理。

贸易的要素含量最基本的公式建立在国际要素价格均等化定理的基础上，Helpman

① 李坤望．"20 世纪国际贸易理论发展之回顾"中国世界经济学会《现代国际经济学理论发展综述》．北京：中国人民大学出版社，2006，P5.

② Learner，Edward E.，Source of International Comparative Advantage：Theory and Evidence，Cambridge，MIT Press，1984.

③ Vanek，J.，(1968)，"Factor Proportions Theory：The N. factor Case"，Kyklos. 21，PP. 749－754.

and Krugman（1985）称其为“综合均衡”（integrated equilibrium）。在商品市场和要素市场的竞争中，自由的国际套利、不变的规模报酬、对世界要素禀赋分配的适当限制，无论是国际商品价格还是国际要素价格都会趋于均等。在这种情形下，一种商品会包含固定数量的生产要素供给，而贸易则以两种方式进行：一种是传统贸易理论强调的商品间的国际交换；而另一种则是 Vanek 提出的包含在商品贸易中的生产要素的国际交换。Vanek 将这个问题用公式表达出来，使得 HO 定理得以拓展到中间投入品的贸易模式，也反映出相对要素的提供。

Davis 和 Weinstein（2003）① 认为，为什么要关注贸易的要素含量，原因有二：第一，贸易的要素含量研究是一般均衡模型最重要的实证分析。一般均衡的特点是系统内部所有的因素都能有机地结合在一起。在国际贸易中，这些因素使技术、生产要素禀赋、产出以及世界各国的需求。对要素含量的研究成为我们验证贸易理论假设的第一个实证检验。如果理论在要素含量检验中遭到拒绝，那说明我们的理论模型需要修正以便更好地反映真实世界。如果理论与实证检验匹配，那说明目前的理论框架可以反映真实世界并理应作为我们进行政策分析时的依据。第二，有助于对于贸易开放对国民收入水平和分配的影响等贸易政策问题进行分析。有很多文献将要素含量的测量与对贸易国的国内相对工资的影响结合起来，并希望进一步发展相关的贸易理论。对这些实证研究的结果，必须持非常谨慎的态度，因为有意义的实证分析所依据的理论框架与要素含量所选择的理论框架不尽相同。未来的实证研究领域，对要素含量的分析和国际一体化对收入和不平等的影响仍将是研究重点。

二、要素含量的理论模型

简单的 HOV 模型就是 HOV 的标准模型，商品用 G 表示，每种商品在完全竞争和规模报酬不变条件下生产，F 代表竞争性要素市场上的基本要素，世界各国所有商品的技术和所有要素的质量都是共有的（common），商品数量大于等于要素数量，G ≥F，假设各国间进行自由贸易，这样商品价格就会均等。假设世界要素禀赋在各国的分布满足综合均衡的需求（Helpman and Krugman，1985），要素价格也将趋于均等，即 FPE 成立，对所有国家 $c \in C$，拥有共同的技术矩阵

$$B = B^c \tag{3.2.1}$$

这个矩阵的列 Columns 表示给定商品的投入系数，矩阵的行 Rows 表示给定要素的投入系数。

对国家 c 而言，产出向量用 X^c 表示，初级投入品向量用 V^c 表示，假设所有国家的技术矩阵 B 是相同的，对资源的充分利用意味着：

$$BX^c = V^c \tag{3.2.2}$$

① Davis, D. R. and D. E. Weinstein, (2003), The Factor Content of Trade, in Choi, E. K. and J. Harrigan, eds., Handbook of International Trade, Blackwell Publishing Ltd., 119 - 145.

假设各国的需求相同（identical）并且是同位的（homothetic），D^c 表示 c 国的最终产品需求向量，X^w 表示世界产出向量，S^c 表示 c 国在世界支出中的份额，自由贸易条件下，商品价格均等，则：

$$D^c = S^c X^w \tag{3.2.3}$$

公式（3.2.3）表示商品需求，乘以共同技术矩阵 B，可以将对商品的需求转化为对要素含量的消费：

$$BX^w = V^w \tag{3.2.4}$$

紧接着 $BD^c = s^c V^w$ (3.2.5)

净贸易向量 $T^c = X^c - D^c$，对公式（3.2.2）和公式（3.2.5）进行微分（difference）就可以得到最简单的 HOV 表达公式：

$$BT^c = V^c - s^c V^w \tag{3.2.6}$$

将 BT^c 称作可衡量的贸易要素含量（MFCT），将 $V^c - s^c V^w$ 称作预测的贸易要素含量（PFCT），可衡量的贸易要素含量（MFCT）取决于用技术矩阵做权重的贸易流量，预测的贸易要素含量（PFCT）取决于要素禀赋相对于一国在世界中的份额大小的平均禀赋。

根据 FPE 可以直接将非贸易品（non-traded goods）加入到模型中，用 V^{cN}表示 c 国在非贸易品生产商投入的初级要素，那么剩余的要素用于生产出口商品，$V^{cT} = V^c - V^c N$。同样地，如果把世界当成一个整体，可贸易品生产使用的要素为 $V^{WT} = \sum_c V^{cT}$，预测的贸易要素含量（PFCT）为生产出口品的剩余要素与可贸易品消费要素的差，$BT^c = V^{cT} - s^c V^{WT}$。同时在自由贸易和 FPE 条件下，$V^{cN} = s^c V^{WN}$，把 $V^{cN} - s^c V^{WN} = 0$ 移到等式 $BT^c = V^{cT} - s^c V^{WT}$的右侧，就转化为公式（3.2.6），也就是说，只要 FPE 成立，非贸易品对预测贸易要素含量根本不会产生影响，所以尽管在实践中非贸易品比例很大，但是实证研究者可以完全对其忽略。但是当 FPE 不成立时，情况就截然不同了。

包含中间投入品的是 HOV 模型（Incorporating Intermediates Into the HOV Model）。

产品产出既要求初级要素也要求其他产品作为中间投入品，因此要对上述的共识进行以下修正。矩阵 B 应理解为是初级品或直接的要素投入的矩阵。此外，还应该有一个 $G \times G$ 的投入—产出矩阵 A，投入—产出矩阵的每一个元素都是生产另一种产品时所需的给定产品的投入需求，并且每个产业都使用自己的产出作为投入。投入—产出矩阵的行代表生产所有其他产品所需的给定产业的单位投入需求（例如生产一辆卡车、一架飞机所需要的钢材）；投入—产出矩阵的列表示一种商品使用其他商品投入的数量（例如生产一架飞机需要多少钢材，多少卡车等）。使用了中间投入品后，我们必须将总产出 x^c 和最终产品的净产出 Y^c 区别开来。I 是 $G \times G$ 的单位矩阵，则净产出和总产出的关系是：

$$Y^c = (I - A) X^c \tag{3.2.7}$$

即使存在中间投入品，只要要素市场出清，等式（3.2.2）和等式（3.2.4）依然成立。

当然只有净产出能用于最终消费，所以等式（3.2.3）应修正为：

$$D^c = s^c Y^w \tag{3.2.8}$$

假设矩阵（I－A）是可逆的（invertible），我们可以得出一个新的全部要素投入矩阵

$$\overline{B} = B(I - A)^{-1} \tag{3.2.9}$$

加入中间投入品的 HOV 模型的表达式为：

$$\overline{B}T^c = V^c - s^c V^W \tag{3.2.10}$$

三、HOV 模型检验的数据问题

研究者在进行实证分析时要面临一系列问题：对理论进行检验需要什么数据？如果有几种方法可供选择，应该选择哪种实证方法？当无法取得需要的数据或者这些数据不能达到预期的效果，如何进行取舍？对于一些原始数据需要构造一些分析分析元素，应该选择什么样的构造方法？相关数据中的度量误差（measurement error）是不是很大？能否减小这些度量误差对理论检验的影响？

（一）数据是什么？（What is the Data?）

验证 HOV 定理所需的数据取决于模型中的变量。通常对 HOV 定理的检验需要度量技术矩阵，下一步就是看需要多少技术矩阵。大多数文献只给出了一国的技术矩阵——最典型的是美国，有时是日本。BLS，1987① 及 Trefler，1993、1995 的文献预期了技术差异并将其作为美国技术矩阵的参量偏差（parametric deviations）处理，Davis 和 Weinstein（2001a）② 以及 Hakura（2001）③ 的研究则是使用独特的技术矩阵。

对 HOV 定理的检验需要对要素禀赋进行度量。标准 HOV 模型需要全世界的要素禀赋数据，实际上研究者只能获得一部分国家的数据。当以双边微分形式进行检验时，只需要相关国家的要素禀赋数据。在标准 HOV 模型检验中，对各要素进行逐一检验，忽略一些要素不会影响其他要素的检验结果。当 FPE 不成立时，对成本约束的检验要求所有要素的数据。还有一个很重要的问题是选择较为粗略的要素定义还是较为精细的要素定义。目前的研究文献包括两种要素、三种要素到十二种要素不等。当然方法的选择要视数据的可供性和兼容性而定。还存在其他选择决策，例如对劳动力要素的划分，是按照职业分类分成管理类、生产类、服务类、销售类等，还是按技术水平分成熟练工人和非熟练工人？按照职业分类能提供更详细的劳动力分类，按技术分类更接近模型分析的要素概念。数据的兼容性也是研究者要考虑的因素，例如美国的熟练工人与哥伦比亚

---

① Bowen, Harry P and Leamer, Edward E and Leo Sveikauskas, (1987), "Multicountry, Multifactor Tests of the Factor Abundance Theory," American Economic Review 77: 791－809.

② Davis, Donald R. and David E. Weinstein, (2001a), "An Account of Global Factor Trade," American Economic Review 91 (5), 1423－1453.
National Bureau of Economic Research Working Paper: 6785, 1998.

③ Hakura, Dalia S., (2001), "Why Does HOV Fail? The Role of Technological Differences within the EC," Journal of International Economics 54: 361－382.

的熟练工人是否是相同的要素？其质量有无差别？如何将不同国家的要素禀赋汇总成世界要素禀赋等。

对贸易流量的度量相对较为直接。标准 HOV 模型只要求每个国家与世界其他国家的净贸易向量。HOV 的一些变量要求有出口和进口的总流量数据，因为即使在同一产业内它们也可能拥有不同的要素含量，检验双边贸易流量时，要求的数据要更为详尽。对 HOV 模型的生产进行检验要求对产出进行度量，需要总产出和净产出的数据，这就要求建立投入——产出矩阵。是否将本国中间投入品和进口中间投入品进行区分，不同文献有不同处理方法。标准 HOV 模型要求对一国在世界吸收中的份额进行度量，通常用一国 GDP 占世界 GDP 的比重衡量。有时也要对贸易差额进行调整，尽管对 HOV 结果影响不算大。HOV 模型的需求也会对吸收模式产生约束。但是因为吸收往往无法直接观测，所以只能从要素流量的计算中间接地推算。标准 HOV 模型的检验通常不需要要素价格的数据，但是 Trefler（1993）就采用了要素价格数据作为辅助手段。当要素价格均等化理论不成立时，对成本约束的检验就会非常依赖高质量的要素价格数据。

（二）数据的质量和兼容性（Data Quality and Compatibility）

贸易是产出和吸收的差额。贸易的要素含量是要素禀赋（生产的要素含量）与吸收的要素含量之间的差额。根据这个观点，商品贸易或者要素贸易都可以看作是一个残差，是小于产出或吸收的一个数量级。这就提出了数据质量和兼容性的问题。

检验要素含量需要相应的数据，但是应该选择什么样的数据呢？即使对同一个国家同一时期的统一变量进行检验，如果数据来源不同，数据往往也不一样，甚至差别很大。这种差别有很多原因，可能不同来源对数据界定不同，转换数据选择的汇率不同，构造关键变量的方法不同等等。这些数据的问题相当严重，严重到无法观测净要素流量的关系，甚至这种关系是否存在。在 BLS（1987）的研究中，采用了三种独立的要素禀赋、技术和贸易数据来源。BLS 在注释 14 指出了这些数据的统计误差。如果用美国的技术向量乘以美国的总产出向量，可以等于美国使用要素的向量。BLS 构造的要素禀赋数据与美国的技术矩阵是独立的，所以上述等式是不成立的，并且数据差距很大。用技术矩阵乘总产出计算出的资本要素禀赋水平超出构造的资本要素水平 100%；其他数据的差距小一些，但同样都存在偏差。如果全世界都采用美国技术矩阵，可以进行检验，问题是即使美国也并不真的采用美国技术矩阵。此外，构造数据时必须高度重视数据的一致性。一国资本存量不能抛开技术矩阵独立构造，各种变量的定义必须一致。当不同来源的数据不相符时，根据来源的权威性进行选择并在必要时加入辅助数据（supplementary data）。这就要求研究者谨慎选取权威机构发布的高质量数据。

（三）要素含量：检验什么？（Factor Content：What are the Tests?）

如果没有一个关于要素禀赋和贸易的清晰框架，就无法对 HOV 进行零假设检验。很多研究者采用不同形式的 HOV 模型进行检验，例如存在中性技术转移的 HOV 模型，存在母国偏误（home bias）的 HOV 模型等，统计框架通常是典型的贝叶斯检验（Bayesian），仅仅看看哪种形式的 HOV 模型更能得到数据的支持而已。这些 HOV 的统计检验的一个主要问题在于无论这个模型是否有解释力，必须找出一个主观认为“最好的”模型来。结果是研究者仅仅依赖拟合优度来作为检验 HOV 的标准。

第一类检验方法是非参数统计方法，符号检验和秩检验这两种方法都是非参数统计（nonparametric）。符号检验（Sign tests）只是看可衡量的贸易要素含量（MFCT）与预测的贸易要素含量（PFCT）的符号是否相同，这种检验是辨别位于第一象限和第三象限的数据份额。符号检验的优点在于大的异常值也不会影响结果，缺点是预测的贸易要素含量（PFCT）小的国家可能出现符号偏误。秩检验（Rank tests）对数据结构提出了一些要求，预测国家是否是一种要素的主要出口国或进口国，但如果许多国家拥有相同的预测的贸易要素含量，这种检验方法就会出现问题。

第二类检验方法是回归检验，有三种代表性检验。前两种是观察 MFCT 对 PECT 进行回归的斜率和 R^2，第三种是 Trefler 用丢失的贸易（MT）检验作为 MFCT 的变量 σ_M^2，除以 PECT 的变量 σ_P^2。HOV 线性回归模型中的斜率系数是 $\hat{\alpha}=\frac{\sigma_{MP}}{\sigma_P^2}$，$R$ 平方是 $R^2=\frac{\sigma_{MP}^2}{\sigma_P^2\sigma_M^2}$，将三种检验结合起来就是：$MT=\frac{\hat{\alpha}^2}{R^2}$。

四、HOV 定理的实证检验——文献综述

对 HO 定理的实证检验始于 Leontief (1953)① 的研究。尽管不是对 HOV 定理的检验，但是 Leontief 清晰地指出了经济学家思考贸易问题时遗漏的东西。Leontief 采用了投入产出数据和美国贸易数据分别度量了美国出口和进口的资本——劳动比率。举世震惊的是，Leontief 的研究结果表明美国进口的资本要素密集度高于美国出口，换言之，美国是劳动力要素相对丰裕的国家。这就是众所周知的里昂惕夫悖论“Leontief Paradox”。Leontief 悖论对要素禀赋理论形成了重大挑战

Leamer (1980)② 指出，Leontief 采用了不正确的概念来验证 HO 定理的假说。他使用同样的数据用正确的概念重新进行检验，发现悖论不存在。Leamer（1980）对 Leontief 悖论进行了重新考察，指出 Leontief 悖论实际上源于一个简单的逻辑错误，它的基础是一个直观上似乎诱人但是实际上不正确的命题：如果一国包含在出口品中的人均资本比包含在进口品中的更低，则表明相对而言该国要素禀赋中资本比劳动更贫乏③。这个逻辑错误不仅导致 Leontief 的两次经验研究的结论值得商榷，而且使得后来一系列 Leontief 式的经验研究成果都需要重新考察。为了进行更加准确的经验分析，Leamer 在 HOV 模型的基础上建立了新的理论。根据 Leamer 的分析，分别用 K_i、L_i 表示国家 i 的资本和劳动禀赋，用 K_w 和 L_w 表示全世界的资本和劳动供应，K_x/L_x 和 K_m/L_m 分别为进口和出口中的人均资本含量，那么在已知国家 i 中 $K_x/L_x < K_m/L_m$ 的情况下，并不能判断出 K_i/K_w 和 L_i/L_w 的相对大小，因为如果存在两种以上的商品，则出口品或者进口品根据要素密集度所排列的顺序，不一定会和 HO 定理所预测那样和要素丰裕度的

① Wassily Leontief, (1983), “Domestic Production and Foreign Trade; The American Capital Position Re-Examined”, Proceedings of the American Philosophical Society, Vol. 97, No. 4 (Sep. 28, 1953), pp. 332–349.

② Leamer, E. E., (1980), The Leontief Paradox, Reconsidered, Journal of Political Economy, 88 (3): 495–503.

③ Leamer, E. E., (1980), The Leontief Paradox, Reconsidered, Journal of Political Economy, P. 495.

顺序一致。比方说，在商品种类大于 2 时，$K_x/L_x > K_m/L_m$ 既可能对应着 $K_i/K_w > L_i/L_m$，也可能对应着 $K_i/K_w < L_i/L_m$。而 Leontief 的方法则在世界上只存在两种商品，且各国都出口其中一种产品进口另一种产品的场合，并且各国贸易平衡的情形下成立。如果贸易是不平衡的，则 Leontief 的方法就行不通了。如果一国存在着贸易盈余，则该国就可能是其稀缺要素的净出口国，在这样的情形下，包含在出口品和进口品种的要素服务与其相对要素禀赋之间就不一定存在着特定的关系了。Leamer 的工作纠正了 Leontief 对现代比较优势理论的相关经验研究方法的错漏，对于 HO 定理的发展具有重要的意义。

Stern 和 Maskus（1981）① 用 Leamer（1980）的方法对美国 1958 年和 1972 年的数据进行了检验，发现 1958 年存在 Leontief 悖论，而 1972 年则不存在。Brecher 和 Choudhri（1982）② 指出 Leamer（1980）的方法的反事实含义在于美国工人人均消费低于世界整体人均消费水平。Deardorff（1984）③、Leamer 和 Levinsohn（1995）④ 的两篇综述文章对 HO 定理的早期实证检验文献进行了详细的梳理。

Maskus（1985）⑤ 首次对 HOV 定理进行了检验，他采用的分析基础是 $\overline{B}^i T^c = V^{ic} - s^c V^{iw}$ 式。他的研究结果严重地打击了人们对 HOV 定理的信心。Maskus（1985）同时采用了符号检验和秩检验方法，对 1958 年和 1972 年两个时期，专业人员、非熟练工人和资本三种高质量要素进行了检验。或许是因为 Leontief 研究的是美国，Maskus 也主要研究的是美国数据。符号检验的结果是 1958 年只要一种要素符合 HOV 定理，1972 年所有的要素都满足 HOV 定理。这说明 HOV 定理是成立的，至少对于 1972 是成立的。但是这种检验方法是缺乏说服力的。如果符号是随机决定的，那么就会有更多的符号不符。在秩检验中，结果要更差。美国相对于世界其他国家的要素丰裕度的直接度量是稳定的，物质资本要素丰裕度排第一位，专业人员要素丰裕度排第二位，非熟练工人要素丰裕度排第三位。研究结果却显示美国 1958 年最丰裕的要素是非熟练工人，最不丰裕的是物质资本；1972 年非熟练工人则变成最不丰裕要素，而物质资本和专业人员则变成丰裕要素。把同样的方法用于 OECD 数据分析，结果也没有明显改善。Maskus 意识到，自相矛盾的结果可能是规律而不是例外。

随后 Bowen，Leamer 和 Sveikauskas（1987⑥，以下简称 BLS）也对 HOV 定理进行了实证检验。BLS（1987）的实证研究被视为对 HOV 定理的彻底否定。他们把研究对

① Stern, Robert M and Keith E. Maskus, (1981), "Determinants of the Structure of U. S. Foreign Trade, 1958 - 76", Journal of International Economics 11: 207 - 224.

② Brecher, Richard A and EhsanU. Choudhri, (1982), "The Leontief Paradox, Continued," Journal of Political Economy 90: 820 - 823.

③ Deardorff, Alan V., (1984), "Testing Trade Theories and Predicting Trade Flows," Handbook of International Economics: 467 - 517.

④ Leamer, Edward E. and James Levinsohn, (1995), "International Trade Theory: The Evidence", Handbook of International Economics 3: 1339 - 1394.

⑤ Maskus, Keith E, (1985), "A Test of the Heckscher-Ohlin-Vanek Theorem: The Leontief Commonplace", Journal of International Economics 19: 201 - 212.

⑥ Bowen, Harry P and Leamer, Edward E and Leo Sveikauskas, (1987), "Multicountry, Multifactor Tests of the Factor Abundance Theory," American Economic Review 77: 791 - 809.

象扩大到27个国家，要素扩大到12种，因此BLS检验的矩阵多达324项。因为矩阵的阶较高，不仅是一国不同要素之间，而且是不同国家同一种要素之间，都可以采用符号检验或者秩检验方法，12种要素中的11种超过50%的时间符号检验相符，4种70%的时间相符，总体上只有61%符号检验匹配正确。12种要素中有1种，27个国家中有4个国家在符号检验中以95%的水平被拒绝。因此在决定一种要素是净出口或净进口上，HOV定理并不能发挥太大作用。秩检验的结果也不理想。秩相关和正确秩的比例显示，12种要素中4种要素、27个国家的8个国家的零相关假设被拒绝，1种要素和5个国家的相关符号是错误的。27个国家中22个国家、12种要素中3种要素两两比较的结果只有50%的正确率，因此BLS的结论是用符号检验和秩检验不支持HOV定理。BLW（1987）采用Leamer（1980）的模型、运用更加广泛的数据进行验证，结果却发现Leamer（1980）只能解释现实中50.3%的国际贸易。

Davis，Weinstein，Bradford和Shimpo（1997，以下简称DWBS）首次意识到可以将对HOV模型的检验分成对生产模型和对吸收模型检验两部分。当研究者们为HOV定理在实践中的表现感到困惑时，他们开始探究究竟HOV定理的哪部分存在问题。因为贸易理论既包括生产理论也包括吸收理论，所以这种方法的好处是可以直接检验定理中的相关数据，而不是从贸易要素含量中得出需求和生产参数。意识到之前的检验HOV定理的方法存在不少问题，DWBS采用了一种新的检验HOV定理的方法。该方法有很多地方值得关注。第一，他们分别对生产和吸收进行了检验，先前的检验使用贸易数据可以推断出困难的来源，但是无法直接检验。第二，他们的研究从一个严格的HOV模型开始，接着每次放松一个假设，这就可以辨别哪些假设对影响结果是非常关键的。第三，他们的方法即使只是一部分地区中要素价格均等化定理成立，也可以进行HOV检验。他们采用的主要是$\overline{B}^R T^r = V^r - s^r \overline{B}^R Y^W$这个公式，当然这里的地区指的是日本国内的十个地区。第四，他们建立了等式成立的数据库，结论与之前的研究相比，支持HOV定理的成立。这种逐步推进的方法可以使作者看清是理论中的那个元素引起的问题。

在实证过程中，DWBS先考虑HO定理中的生产模式，假设世界上所有的国家都使用相同的投入系数，结果是这种情形下的HO定理不成立，验证了以前研究的结论。但把假设修正为日本所有地区拥有共同的投入系数时，结果明显改善。这说明HOV定理在国际生产模式下不成立，而在局部地区生产模式下是成立的。接下来，DWBS继续考虑HO定理中的消费模式。他们仍然针对日本地区的吸收进行了研究，根据HOV定理应该与世界净产出成比例。结果是HOV定理的成比例吸收的假设成立。日本消费与世界其他国家消费不同的假设并不比同位消费的标准假设要好。第三步作者对HO定理的净贸易要素含量进行检验。早期的研究结论是HO定理并不能解释国际生产模式。总之，DWBS的研究表明在传统的约束条件下HOV模型不能解释国际生产模式，也无法预测净贸易要素含量，当把范围缩小到特定地区，HOV定理是成立的。当然如果搞不清楚为什么HOV不能有效解释国际生产模式，对HOV的研究就需要继续深入下去。

Kugman和Obstfeld（1994）在其国际经济学教科书中总结到：贸易并不是按照HO

定理预测的方向前进①。李嘉图模型和规模经济模型的确可以用来解释很多问题，但是很难想象一国的教育水平对该国的产业组合没有任何影响。研究者依旧努力寻找数据与HOV理论相融合的方法，一种方法是对HOV模型进行修正以使得理论产生新的洞察力，另一种方法是用更好的数据去对HOV理论进行检验。

Trefler（1993和1995）使HO定理的研究重新变得乐观起来。Trefler认为仅仅说HOV失效却不解释失效的原因是远远不够的。Trefler（1993和1995）的两篇文献提供了解决BLS（1987）问题的方法。为了解释现实中违背原来的FPE定理和HOV定理的数据，Trefler在模型中加入了国家之间生产的技术差异。在Trefler的模型中，国家之间的技术差异是由Leontief式的要素扩张型的国际生产率的差异引起的。Trefler在1993和1995年两次对HOV定理进行了相关的经验研究，分别提出了相互联系但是又各有特点的模型。Trefler（1993）遵循Leontief的思路，HO定理的失效可能是由于要素的效率差异所致。Trefler为了使HOV模型拟合度更好而选择了效率要素，他指出与各国工资和资本租金差距相关的是隐含的生产率差异，这说明要素价格均等化定理需要修正。Trefler（1995）则主要针对标准HOV模型进行分析。Staiger（1988）② 指出要素含量假设不成立存在系统性原因。Trefler进一步指出这些系统性问题是什么。他针对预测净要素贸易 $v-sV^w$ 构造了一个净要素贸易残差，$\varepsilon_T=B(I-A)^{-1}T-(V-sV^w)$，问题集中在 $\varepsilon_T=0$ 上，也就是 $\varepsilon_T=-(V-sV^w)$ 或者 $MFCT=B(I-A)^{-1}T=0$，这说明度量的净要素贸易接近零，Trefler称其为“丢失的贸易”。

Gabaix（1997）③ 对Trefler的研究进行了深入分析。他试图弄明白为什么Trefler（1993）的结果很好但是Trefler（1995）的结果却很糟糕，这两种结果的内在联系是什么。Trefler（1993）计算了生产率参数，解决了以下问题：$F^{fc}=\pi^{fc}V^{fc}-s^c\sum_e \pi^{fc}V^{fc}$；Trefler（1995）将等式左边接近0，如果让它完全等于0，则有 $0=\pi^{fc}V^{fc}-s^c\sum_c \pi^{fc}V^{fc}$，$s^c$ 表示 c 国GDP占世界GDP的份额，Y^c 表示 c 国的GDP，那么生产率参数比率为：

$$\frac{\pi^{fc}}{\pi^{fc'}}=\frac{Y^c/V^{fc}}{Y^{c'}/V^{fc'}}\left[\left(\frac{\tilde{V}^w-\tilde{V}^c}{\tilde{V}^w-\tilde{V}^{c'}}\right)\left\{\frac{1-s^{c'}}{1-s^c}\right\}\right]$$

如果 c 国和 c' 国相对于世界足够小，那么等式右边括号里的内容可以转化成1，则计算后的相对生产率为 $\frac{\pi^{fc}}{\pi^{fc'}}=\frac{Y^c/V^{fc}}{Y^{c'}/V^{fc'}}$，也就是说生产率参数变为每单位要素GDP。只要工资与人均GDP相关，那么无疑度量的生产率参与将会与工资相关。为了检验Trefler（1993）的结果，Gabaix进行了一个实验，将HOV模型的度量贸易要素含量为负，即

① Krugman, Paul R. and Maurice Obstfeld, (1994), "International Economics: Theory and Policy," Addison Wesley, p78.

② Staiger, Robert W, (1988), "A Specification Test of the Heckscher-Ohlin Theory" Journal of International Economics 25: 129 - 141.

③ Gabaix, Xavier, (1997), "The Factor Content of Trade: A Rejection of the Heckscher-Ohlin-Leontief Hypothesis," Harvard University, mimeo.

- MFCT = PFCT，用这个公式，他指出校准后的相对生产率与 Trefler 的相对生产率差别不大，而且相对生产率与相对工资的相关性与 Trefler（1993）相同。当然这里校准后的相对生产率与相对工资率相关并不能作为 HOV 成立的证据。当时 Trefler 可能没有想到这些问题，但是 Trefler 的重点是理解丢失的贸易之谜可能对理解 HOV 的问题是至关重要的。如果 MFCT 为零，很多 HOV 的计量检验将变得非常容易。

Trefler 和 Zhu（2000）[①] 尝试将中间投入品纳入到 HOV 模型中进行实证分析，他们使用美国、比利时、德国和荷兰四国的数据针对等式 $V^c - s^c V^w - F^c_{Cons} + F^c_{Inter} + \sum_{c'} B^{tc'}(D^{cc'} - s^c D^{Wc'})$ 分三步进行验证。第一步他们认为 $v^c - s^c V^w$ 的方差与 $F^c_{Cons} + F^c_{Inter}$ 的方差相比足够大；第二步，他们指出假设不存在中间品贸易可以改善检验结果；第三步，他们指出即使使用适当水平的中间品贸易数据，$V^c - s^c - V^w$ 的方差仍大于 $F^c_{Cons} + F^c_{Inter}$ 的方差。这项研究要求具备最终产品和中间产品进出口额的数据，但是检验过程中缺乏中间品贸易数据。在 HOV 模型检验中考虑中间品贸易的思想是正确的，这是后续研究努力的方向。

Feenstra 和 Hanson（2000）[②] 针对出口的要素含量与国内生产的要素含量存在系统性差异这个问题进行了实证研究，他们发现实证结果支持这一结论。当使用非加总数据时，美国的贸易要素含量上升了，这可能是为什么先前的研究没有找到消除丢失的贸易之谜的另一个原因。考虑了这种加总偏误后，实证结果就会改善。

Hakura（2001）[③] 继续了 DWBS 的研究，DWBS 关注的是假设所有的国家都拥有共同的技术矩阵，HOV 模型为什么不成立；而 Hakura 则从相反的角度来进行分析，对 4 个 OECD 国家的技术矩阵进行直接的度量，她提出一个问题，如果模型的技术方能够拟合得很好，能在多大程度上改善 HOV 模型？她的回答是可以在很大程度上改善。当然她的方法有一些缺陷。因为她使用的技术矩阵是构造的，她所进行的实证分析无法对生产模型中的任何假设进行检验。当生产模型拟合很好时，放弃了 HOV 定理的预测，国际需求模式假设是不是不正确呢？答案是否定的。为什么技术矩阵存在差异以及这些差异是否与贸易体制中国家的基本特征存在系统性关系仍是一个没有确定答案的问题。

Davis 和 Weinstein（2001a）[④] 意识到现有文献的缺陷，对模型假定的修正涉及技术和吸收，但是通常的实证研究仅仅对技术进行直接观测（往往是美国的技术），缺乏对吸收的观测。OECD1995 年公布的投入——产出数据库在数据上极大地支持了贸易的实证研究，使得研究者可以构造 10 个 OECD 富裕国家和世界其他国家的技术矩阵。对技术矩阵的检验实际上就是对各国技术差异性质的检验。技术差异与可观测到的各国的经

---

① Daniel Trefler & Susan Chun Zhu, (2000), "Beyond the Algebra of Explanation: HOV for the Technology Age," American Economic Review, American Economic Association, vol. 90 (2), pages 145 - 149.

② Robert C. Feenstra & Gordon H. Hanson, (2000), "Aggregation Bias in the Factor Content of Trade: Evidence from U. S. Manufacturing," American Economic Review, American Economic Association, vol. 90 (2), pp 155 - 160.

③ Hakura, Dalia S., (2001), "Why Does HOV Fail? The Role of Technological Differences within the EC", Journal of International Economics 54: 361 - 382.

④ Davis, Donald R. and Weinstein, David E. (2001a) "An Account of Global Factor Trade". American Economic Review, vol. 91, pp. 1423 - 1453.

济特征的一系列假设密切相连，从中不仅可以推断出是否各国间存在要素效率差异，而且可以推断出这些效率差异是否能代表不同国家的差异。运用参数估计可以将技术矩阵用于贸易数据的分析看是否揭开丢失的贸易之谜。此外，还可以对贸易量进行预测看是否存在额外的贸易受益，即多少丢失要素贸易是由于过低的产品贸易量造成的。Davis 和 Weinstein 采用了引力模型和拟合值，连同生产模型预测贸易的要素含量。Davis 和 Weinstein 的研究结果强烈拒绝技术相同的传统假设，允许 Hicks 中性生产率差异存在大大提高了生产模型的拟合优度，但是对消除丢失的贸易之谜所起的作用微乎其微。产业投入品使用与该国要素丰裕程度相关的假定在传统的 HOV 模型中不成立，但是却得到数据的有力支持。如果这种相关性只是在可贸易部门成立，那么它只反映了集合。如果同时在非贸易品部门成立，那么就意味着 FPE 不成立从而偏离了综合均衡（integrated equilibrium），这就需要对非贸易品部门的假定重新处理。在传统 HOV 模型中，所有国家使用相同的生产技术，消费者偏好相同并且是同位的，贸易的要素含量对非贸易品保持不变，当要素价格均等化定理不成立时，这些假设就不再是正确的。资本要素丰裕的国家在非贸易品部门会使用更多的资本要素，则用于可贸易品的资本要素减少，预测的贸易要素含量也会降低。采用生产数据，产业投入使用与资本要素丰裕度密切相关，大大改善了模型检验的拟合优度。通过对模型的修正，HOV 仍然是成立的，这些修正包括存在跨国的 Hicks 中性效率差异，要素价格均等化定理失效导致产业投入要素使用与该国要素丰裕度相关的结果，FPE 的失效对非贸易品部门的要素使用产生重大影响以及实际贸易量小于无摩擦模型预测的贸易量等等。

Davis 和 Weinstein（2001a）的模型设定是一个多锥的 HO 模型，综合均衡不存在。在 Davis 和 Weinstein（2001b）① 的研究中，进一步思考非综合均衡框架下世界贸易的特点、产业内贸易的性质，净要素贸易的作用等等。分析框架以 Helpman （1984）② 为基础的多种商品、多种要素、多个国家的多锥模型。采用各国真实的技术矩阵进行检验的结果是，真正的净要素贸易要比以前的文献预测的值大。用可贸易品部门的资源衡量净要素贸易变得很大。于综合均衡框架下的研究相比，Davis 和 Weinstein（2001b）的结论是典型国家对于一组某种要素丰裕度较低的国家，是一个该要素的净出口国，而对于剩余的其他国家，则是该要素的净进口国。这个假定得到了数据的支持。对于真实的贸易要素含量可以处理成传统方法加上三种误差。传统方法得出的贸易要素含量要小于真实的净要素贸易，甚至二者毫无关系，这是造成“丢失的贸易之谜”的一个重要原因。Trefler 所谓的丢失的贸易实质上并不是丢失的贸易，如果不是贸易量较小，度量的要素贸易也会很小。误差的来源之一是产业内贸易。在综合均衡框架下通常习惯把产业内贸易定义成相同要素含量的商品的交换，但数据显示并非如此。Davis 和 Weinstein（2001b）的研究表明产业内贸易的商品会有要素含量的不同，这反映出要素禀赋的差异。对典型国家而言，40% 的净要素贸易是产业内贸易。对于包括美国在内的几个富裕

---

① Davis, Donald R. and Weinstein, David E.,（October 1, 2001b）, “Do Factor Endowments Matter for North-North Trade?”（October 1, 2001）. NBER Working Paper No. W8516.

② Helpman, Elhanan,（1984）, “The Factor Content of Foreign Trade,” Economic Journal 94: 84 - 94.

国家而言，超过2/3的净要素贸易是产业内贸易，OECD的富裕国家建的贸易构成净要素贸易的绝大部分。

Conway（2002）① 认为如果缺乏要素流动性，MFCT将会非常小，因为贸易无法使要素从自给自足的配置状态中移动出来。他使用Trefler的数据对下面的公式进行估计：

$$F^{fc} = \frac{1}{1+\gamma^{f}}[V^{fc} - (\beta + 1)s^{c}V^{fw}] + \varepsilon^{fc}$$

他发现如果缺乏要素流动性，MFCT将会非常小，因为贸易无法使要素从自给自足的配置状态中移动出来。他使用Trefler的数据对公式 $F^{fc} = \frac{1}{1+\gamma^{f}}[V^{fc} - (\beta+1)s^{c}V^{fw}] + \varepsilon^{fc}$ 进行估计，发现估计参数 γ^{f} 明显大于0而 β 与0几乎不能辨别。如果 β 等于0，则模型设定（specification）为 $MFCT^{fc} = \alpha^{f}PFCT^{fc} + \mu^{fc}$，两部分的差别在于如何减小PFCT来与MFCT匹配，Trefler采用的是国家，Conway采用的是要素。只要MFCT变小，$\hat{\alpha}$ 就会小于1。我们知道在上述模型设定中，回归检验的条件是丢失的贸易统计量的下限是1，上限是无穷，不过这不能提供有效的信息。奇怪的是，当拟合优度下降时，丢失的贸易转而成为过剩的贸易，这可以解释为什么Trefler（1995）的研究中丢失的贸易统计量大于1，而PFCT几乎没有任何解释力。上述的模型设定在数学上解决了丢失的贸易之谜，剩下的问题就是关于要素流动它说明了什么。Gabaix用Trefler的数据重新进行检验时，他发现修正后的模型在使预测的要素贸易和度量的要素贸易之间更为一致方面并没有起到什么作用。明显大于0而 β 与0几乎不能辨别。如果 β 等于0，则模型设定（specification）为 $MFCT^{fc} = \alpha^{f}PFCT^{fc} + \mu^{fc}$，两部分的差别在于如何减小PFCT来与MFCT匹配，Trefler采用的是国家，Conway采用的是要素。只要MFCT变小，$\hat{\alpha}$ 就会小于1。我们知道在上述模型设定中，回归检验的条件是丢失的贸易统计量的下限是1，上限是无穷，不过这不能提供有效的信息。奇怪的是，当拟合优度下降时，丢失的贸易转而成为过剩的贸易，这可以解释为什么Trefler（1995）的研究中丢失的贸易统计量大于1，而PFCT几乎没有任何解释力。上述的模型设定在数学上解决了丢失的贸易之谜，剩下的问题就是关于要素流动它说明了什么。Gabaix用Trefler的数据重新进行检验时，他发现修正后的模型在使预测的要素贸易和度量的要素贸易之间更为一致方面并没有起到什么作用。

五、小结

在过去十五年中，贸易学家们对贸易的要素含量模型产生了动摇。20世纪80年代的实证研究，包括Maskus（1985）② 以及Bowen，Leamer和Sveikauskas（1987，简称

① Conway, Patrick J.（2002）：The Mystery of the Missing Trade：Comment, American. Economic Review, vol. 92, pp. 394－404.

② Maskus, Keith E,（1985），"A Test of the Heckscher-Ohlin-Vanek Theorem：The Leontief Common place", Journal of International Economics 19：201－212.

BLS）①，让人对 HOV 定理感到绝望。20 世纪 90 年代的实证研究，如 Trefler（1993；1995）② 的独特研究有助于我们更好地理解 HOV 定理。21 世纪初的实证研究，如 Davis 和 Weinstein（2001a）③ 对修正后的 HOV 定理持肯定的态度。关于要素含量并不是所有的问题都得到了解决。对贸易的要素含量的实证研究可以将要素禀赋、生产、吸收和贸易等关键因素结合起来，放在一个一般均衡框架下进行综合分析和实证检验。这一领域的实证研究已经取得了一些进步，但也存在不少问题。未来的研究应该把重点放在中间品的作用、加总偏误的作用、吸收模式的差异等问题上来。贸易的要素含量的实证研究如果取得更大的进展，可以为未来的政策分析提供坚实的基础。未来实证研究在这个问题上仍将会大有作为。

第三节　特定要素模型

就纯理论层面而言，特定要素模型（Specific-Factors Model）在 1970 年代的兴起被认为是新贸易理论最为重要的扩展之一。本质上说，特定要素模型是对新贸易理论基本框架中要素流动性假定的突破。在国际贸易理论中，特定要素模型主要用于解释在短期内国际贸易对收入分配的影响。长期内，国际贸易对收入分配格局的影响是基于商品要素密度的差异，而短期内，国际贸易对收入分配格局的影响则是因为要素的特定性或不流动性。与要素价格均等化理论相比，特定要素模型关于国际贸易对收入分配影响的分析更接近于现实，可以更好地解释贸易保护主义的存在根源。因此这一模型业已成为贸易政策政治经济学的理论基础之一。

最早提出特定要素概念的是 Jacob Viner（1931），因此也有学者将其称为 Ricardo-Viner model。Paul Samuelson（1971）④，Ronald Jones（1971）⑤ 和 Michael Mussa（1974）⑥ 的研究工作使得特定要素模型正规化，并成为国际贸易教材的标准内容。在 Jones（1971）和 Samuelson（1971）的研究基础上，Ruffin and Jones（1977），Neary（1978），Magee（1980），Kalyan Sanyal and Jones（1982），Jones andSugata Marjit（1991），Jones and Marjit（2003），Jones（2006）等都致力于特定要素模模型的发展和深化。

特定要素模型是保罗·萨缪尔森和罗纳德·琼斯创建发展的。这个模型假定一个国

① Bowen, Harry P and Leamer, Edward E and Leo Sveikauskas, (1987), "Multicountry, Multifactor Tests of the Factor Abundance Theory," American Economic Review 77: 791 – 809.

② Trefler, Daniel, (1995), "The Case of the Missing Trade and Other Mysteries," American Economic Review 85: 1029 – 1046.

③ Davis, Donald R. and David E. Weinstein, "An Account of Global Factor Trade," American Economic Review 91 (2001a).

④ Paul Samuelson, (1971), "Ohlin Was Right", *Swedish Journal of Economics*, 73, pp 365 – 384.

⑤ Ronald W. Jones, (1971), "A Three-Factor Model in Theory, Trade and History", in Jagdish Bhagwati et al., eds., *Trade, Balance of Payments and Growth*, Amsterdam: Noth-Holland, pp3 – 21.

⑥ Michael Mussa., (1974), "Tariffs and the Distribution of Income: The Importance of Factor Specificity, Substitutability, and Intensity in the Short and Long Run.", *Journal of Political Economy*, 82, pp1191 – 1204.

家生产两种产品，劳动供给可以在两个部门间进行配置。与李嘉图模型不同的是，特定要素模型中存在劳动以外的生产要素，劳动可以在部门间流动，是一种流动要素，其他要素则是特定的，只能被用与生产某些特定产品。琼斯（1971）放松了李嘉图的要素流行性假设，把农业报酬递减的假设推广到所有部门，提出了两部门三要素的特定要素模型。该模型假定在两部门环境中只有劳动一种要素能够在国内自由流动，而且资本不能够自由转移。他得出结论：在其他条件不变的情况下，国际自由贸易将会提高一国出口产品的相对价格，从而出口行业特定要素所有者实际收入上升，进口行业特定要素所有者实际收入下降。同时流动要素名义收入上升，实际收入不确定。

琼斯（Jones）和萨缪尔森（Samuelson）将微观经济学的生产与成本理论中的短期分析方法引入国际贸易理论，建立了特定要素模型（又称为 R－V 模型）。如果说 HO 模型是一种长期理论（所有生产要素都可以在部门间自由配置），特定要素模型则是一种短期理论（短期内特定要素不能自由流动）。引入特定要素之后，国际贸易对贸易国收入分配格局的影响不适用于萨缪尔森—斯托尔珀的结论，在长期内国际贸易对一国收入分配格局的影响源于不同部门要素密集度的差异，不同要素所有者的实际收入受到的影响不同，不论哪个部门所使用的又要素均如此；但在短期内，贸易对一国收入分配格局的影响是因为特定要素的存在，不同部门的特定要素所受到的影响是不同的，这一研究的重要意义在于，它可以很好地解释现实中影响贸易政策制定者的利益集团为什么往往具有部门色彩，而与要素所有者并无直接关系。

一、要素禀赋理论的短期分析——特定要素模型 Jones（1971）[①]；Samuelson（1971）[②]

李嘉图模型说明了贸易的潜在利益，指出参与国际贸易的国家都能从贸易中受益。在李嘉图模型中，劳动是唯一的生产要素，并且可以从一个部门向另一部门自由转移，所以贸易对收入分配没有影响，每个个人的福利都因国际贸易得到改善。然而在现实中，贸易对国家内部收入分配格局有很大影响，因为资源不可能随时而且无成本地从一个部门转移到另一个部门，而且各部门对生产要素的需求也有所不同。在长期条件下，我们假设：生产要素在不同部门间可完全自由流动。因此，要素禀赋理论实际上是在长期条件下，从供给面来探讨要素禀赋与国际贸易间的关系。随着时间的发展，经济学家又将短期因素引入到要素禀赋理论框架中，进一步丰富了原有的理论。特定要素模型揭示了国际贸易在短期内对一国收入分配的影响，即国际贸易会提高出口部门的资本（特定要素）实际收入，降低进口替代部门的资本实际收入，而对劳动实际收入的影响则不确定。这一模型对人们认识贸易政策的制定有非常有益的启示。

（一）短期生产要素

在短期内，我们假设有一个生产要素是固定不变的，即不能加以调整，而另一个生

① R. W. Jones (1971), "A Three-Factor Model in Theory, Trade, and History", In J. Bhagwati et al., eds., *Trade, Balance of Payments and Growth*, Amsterdam: North-Holland.

② P. A. Samuelson (1971), "Ohlin was Right", *Swedish Journal of Economics*, vol. 73, pp. 365－384.

产要素则可自由变动。通常，我们视资本在短期内是不能变动的，即在不同部门间不能自由流动。所谓特定要素（specific factor）是指一种要素的用途通常仅限于某一部门，而不适合于其他部门的需要。不同部门的要素密集度不同，生产结构变化对不同要素价格产生不同影响，导致企业要素收益的变化；尽管在长期内，要素能完全自由流动，但在短期内，工厂的规模往往是固定不变的，虽然劳动也存在着这样那样的差别，所以可认为在短期内劳动可自由流动。关于生产要素性质的长短期分析，也同样适用于另外一种情形：生产要素包括三种，但每种生产只使用其中的两种要素。

（二）特定要素模型

特定要素模型的基本结构，与要素禀赋理论相比，除了关于要素流动性的假设不同外，其他方面基本相同。其具体包括：

（1）X、Y两种产品生产都使用资本和劳动；

（2）规模收益不变；

（3）劳动是同质的，可在两个部门间自由流动；

（4）劳动总量是固定的，并且充分就业；

（5）资本是特定生产要素，即两个部门的资本不能互相使用；

（6）每个部门的资本投入都是固定不变的；

（7）所有商品市场和要素市场都是完全竞争的。

特定要素模型是以短期内一国供给面的情况为基础，不涉及需求面因素。由于只有劳动是可变要素，所以在商品价格已知的条件下，只要知道劳动在两个部门间如何分配，便可确定要素市场的均衡和要素价格。

模型的均衡：（1）与封闭条件下的生产均衡相比，开展贸易以后，将依据比较优势原则，出口密集使用本国丰裕要素的产品，进口密集使用本国稀缺的商品。那么国际贸易将促使该国出口商品的相对价格上升。（2）由于价格上升，所以出口部门的劳动报酬超过了进口部门。（$w_f > w$）。这必然引起劳动由进口部门向出口部门转移。（3）根据边际收益递减规律，出口部门的边际劳动生产力将下降，而进口部门的边际劳动生产力则上升。于是出口部门的劳动报酬开始回落，进口部门的劳动报酬开始回升。（4）随着劳动的在两个部门间的流动，两个部门的劳动报酬又重新趋于一致，最后达到新的均衡，具体均衡情况如图 3.3.1，这是一个上端开口的埃基沃斯方框。方框底边的长度表示劳动总量$\overline{L}$，其他两边分别表示X、Y部门中的劳动价格或报酬。

在完全竞争条件下，两个部门的要素报酬分别为：

$$w_x = P_x MP_{LX} r_x = P_x MP_{KX}$$
$$w_y = P_y MP_{LY} r_y = P_y MP_{ky}$$

由于资本是特定不变的，所以两个部门的边际劳动生产力只取决于劳动投入量。劳动投入越多，边际劳动生产力就越小，所以，在商品价格给定不变的前提下，劳动的报酬与劳动投入量之间成反比。图中劳动边际生产价值VMP_{LX}所代表的曲线反映了X部门对劳动的需求与劳动价格之间的关系，即劳动需求曲线，而VMP_{LY}则表示Y部门的劳动需求曲线。在图中，两条件劳动需求曲线的形状取决于生产函数的性质，位置则取决

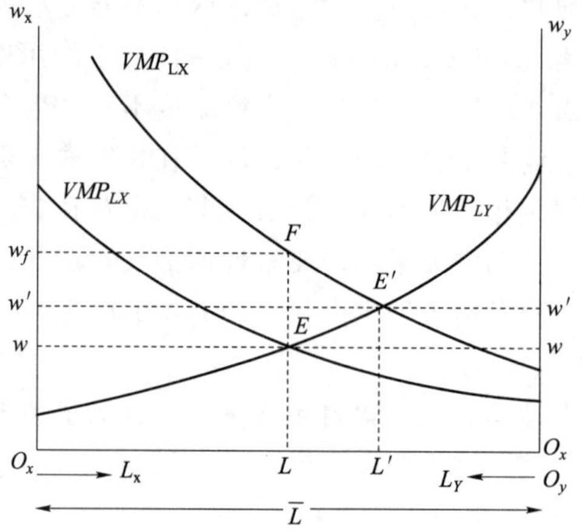

图 3.3.1 埃基沃斯方框

于商品价格。

当两个部门的劳动报酬相同时，劳动在两个部门间的分配便达到均衡。图中，当两个部门的劳动需求曲线相交时，两个部门面对相同的劳动价格，为 w。此时，X 部门的劳动投入量为 O_xL，Y 部门的劳动投入量则为 O_yL。劳动的分配一旦确定，两个部门的生产也随之确定。

（三）国际贸易与收入分配

总的来说，短期内国际贸易对收入分配的影响与长期一样，也是通过商品价格变化来传递的。当达到新的均衡时，与封闭条件下的均衡相比，该国的劳动价格与特定要素价格都发生了变化。

1. 劳动实际报酬的变化

根据完全竞争条件下的要素分配方程，在开放条件下达到均衡时进、出口部门的实际工资可写成下列形式：

$$\frac{w}{P_x} = MP_{LX}, \frac{w}{P_y} = MP_{LY}$$

由于两个部门的资本是固定不变的，所以，贸易后该国的工资水平将提高，但提高的幅度小于 X 商品价格的上涨幅度；对于劳动者来说，若其全部收入均来自于工资，则其实际收入水平在贸易后是否提高，取决于其消费结构。如果劳动者的消费偏重于 X 商品，则其实际生活水平可能会下降；如果劳动者的消费偏重于 Y 商品，则其实际生活水平可能上升。

2. X 部门资本实际报酬的变化

相对于 X 产品，X 部门的资本实际报酬可表示为：$\frac{r_x}{P_x} = MP_{KX}$

当 X 部门由于商品价格上升导致劳动流入时，其特定要素——资本的边际生产力将上升。因此，在自由贸易下，X 部门的资本实际收入提高了。

3. Y部门资本实际报酬的变化

同样，相对于本部门产品，Y部门的资本际报酬可表示为：$\frac{r_y}{P_y}=MP_{ky}$

当Y部门因X商品价格上涨而流出部分劳动之后，其特定要素——资本的边际生产力将下降，因此，贸易后Y部门的资本实际报酬下降了。

结论：国际贸易会提高贸易国出口部门特定要素的实际收入，降低与进口相竞争部门特定要素的实际收入，而对可自由流动要素的实际收入的影响则不确定，可自由流动要素的实际收入是否提高取决于要素所有者的消费结构。

4. 短期与长期的比较

短期内，国际贸易对收入分配的影响是按部门划分的，而长期内国际贸易对收入分配的影响是按要素所有者区分的。在长期情况下，国际贸易通过商品价格的变化，将促使两个部门所使用的资本—劳动比例朝着相同的方向变化，即对于资本丰富的国家来说，国际贸易会同时降低出口部门、与进口相竞争部门的资本—劳动比例，于是两个部门的相同要素的实际报酬也会按相同方向变化。在短期情况下，由于资本是特定要素，两个部门的资本使用量都无法调整，所以国际贸易将导致两个部门的资本—劳动比例朝相反方向变化，于是两个部门特定要素的实际收入的变化也是相反的。

二、特定要素模型的政策含义

Ruffin and Jones (1977)① 首次明确分析了特定要素模型的政策含义，他们认为特定要素模型在政治经济学分析中的重要性是十分明显的，即使在两商品模型中也不例外。假设选举前投票人面临的最基本问题是是否对进口征收进口关税。进口竞争部门的特定要素所有者将积极支持进口关税的征收，而其他部门的特定要素所有者将会强烈反对。以工资形式获取收入的要素所有者会持什么态度呢？贸易保护会提高名义工资率，但是也同样会提供生活成本。这就会使很多投票人在选举当天放弃选举，因为他们的实际收入并不十分依赖产出水平。在权衡之后，特定要素模型中的劳动要素拥有者将会温和地反对贸易保护。这也可以部分解释为什么在美国这样的国家每逢选举时出席率较低的原因。反之，如果投票人面临的最基本问题是移民问题，那么特定要素所有者的收益和损失是联系在一起的，那么就很容易结成政治联盟。

特定要素模型的设定有两种诠释：一方面两种特定要素是完全不同的，比如 Jones (1971) 文中分析的土地要素和资本要素；另一方面，两种要素短期内是特定要素而经过一段时间就会变成可以互换的，比如 Neary (1978)② 文章中所提到的两种资本要素。Neary (1978) 对于特定要素的诠释在解释特定要素模型与标准 HO 模型的关系时适用性较广，两种要素在部门间使可以自由流动的。Neary 的研究揭示了经过一段时间，一

① Ruffin, Roy and Ronald W. Jones, (1977), "Protection and Real Wages: The Neo-Classical Ambiguity," Journal of Economic Theory, v. 14, pp. 337 -48.

② Neary, J. Peter, (1978), "Short-Run Capital Specificity and the Pure Theory of International Trade," Economic Journal, 488 -510

个特定要素模型是如何转化为一个所有要素都可以自由移动的HO模型的。

Magee (1980)① 认为，部门特定的资本要素拥有者在长期可能改变其对贸易保护的态度。Magee指出，在贸易政策分析中，特定要素模型具有很大的优越性。NKalyan Sanyal and Jones (1982)② 把生产范围中间环节的贸易联系用一种不同的模型表述出来，在该模型中，一国采用劳动和中间产品来生产最终产品，中间产品（middle products）包括可以从世界市场上采购的加工产品、原材料和半制成品。该国可以出口一些中间产品，以换取更适合本国最终消费品生产的、外国使生产用本国没有的特定要素生产出来的中间产品。换言之，本国最终消费品的生活可以使用两种流动要素：劳动和可贸易的中间产品。加拿大经济学家Doug Purvis称这种情况是贸易解释HO定理，而不是HO定理解释贸易。

特定要素模型如何与HO定理进行协调呢？在两种商品情形中，特定要素模型与HO模型的区别通常在于自由贸易对一国要素收入生产的效应不同。正如Samuelson (1948) 所说，如果两个国家的要素禀赋差异很小，这两个国家拥有相同的技术，面临同样的可贸易品价格，要素价格将趋于均等。但是特定要素模型不具备这个特点。3种要素超出2种商品的数量，任何要素报酬均等化的趋势都会消失。比较要素在国家间可以自由流动所产生的效应，在两要素量商品的HO模型中，要素从一国流向另一国可以被产出结构的变化所吸收，而无需引起要素价格的变化；而在特定要素模型中，3种要素、2种商品，给定商品价格水平，要素禀赋的变化对要素收入产生直接的影响，因此劳动经济学家对特定要素模型非常青睐，通过特定要素模型来研究移民对国内工资率的不利影响。

Jones andSugata Marjit (1991)③ 的研究表明：当特定要素模型扩展到n种商品和n+1种特定要素的情形，同时HO模型扩展到n种商品和n种要素的情形时，特定要素模型和HO模型的区别就不那么明显了。当扩展多高维模型时，任何商品价格的上升都会增加该部门密集使用的要素报酬、降低其他要素的报酬，无论是HO定理还是特定要素模型均是如此。当一种特定要素的报酬增加，其他要素报酬会降低，只有可自由流动要素的报酬没有明显变化。假设这种自由流动要素不是劳动，而是使用所有特定要素生产的半制成品，这种新的模型——生产流动要素模型（produced mobile factor model）就变成HO模型，满足上述的条件：当价格变化时，有一类要素拥有者真正受益者，其他要素拥有者是受损者。以上结果使得特定要素模型更适合一般均衡生产模型的分析，因为当把特定要素模型拓展到高维时，特定要素模型拥有几个显著特点：其一，如果一种商品价格上升，该商品的产出也上升，会从其他部门吸收更多的资源（自由流动要

① Magee, Stephen, (1980), "Three Simple Tests of the Stolper-Samuelson Theorem," in P. Oppenheimer (ed.) Issues in International Economics, London, Oriel Press, 138 - 53

② Sanyal, Kalyan and Ronald W. Jones, (1982), "The Theory of Trade in Middle Products," American Economic Review, v. 72, pp. 16 - 31

③ Jones, Ronald W. and Sugata Marjit, (1991), "The Stolper-Samuelson Theorem, the Leamer Triangle, and the Produced Mobile Factor Structure," in Takayama, A., M. Ohyama, and H. Ohta. (eds.): Trade, Policy, and International Adjustments, Academic Press.

素)；其二，如果特定要素的禀赋增加不仅使要素报酬减少，而且会提供工资率并降低所有其他特定要素的报酬，其后果令人惊讶：与要素禀赋增加的特定要素相比，其他一些特定要素的报酬降幅可能会更大。

Jones and Marjit (2003)① 的研究中有两种劳动力，即熟练工人和非熟练工人，他们分析了提供将非熟练工人转化成熟练工人的培训将会对工资溢价（wage premium）和工资水平产生的影响。Jones (2006)② 认为，在多种要素情形中 HO 模型不那么有用，因为具体情况要具体分析，而两种要素多种商品形式的特定要素模型迄今还没有。国际贸易理论强调贸易会鼓励各国在具有比较优势的领域进行专业生产，两种要素的 HO 模型也可以清楚地说明根据世界商品价格和本国要素禀赋，一国应生产那种商品。但当一国经济增长并且资本——劳动的要素禀赋比例增大时，生产选择变成是内生的。设想过去生产的一种商品现在无法取得相同的资本报酬，因为有新的商品加入到贸易中来，如果资本成为特定要素，只要资本回报超出残余价值（scrap value)，该产业就会继续从事贸易。特定要素模型可以很好地解释为什么有些必须增加新的生产资本否则不能存活的产业还会继续生产的意义。

特定要素模型有非常重要的政策含义。因为它揭示了不同部门或行业对贸易政策所持的态度。假设资本归业主或股东所有，自由贸易将会使出口部门的资本家（或厂商主）受益，进口部门的资本家受损。因此，两个部门的资本家对自由贸易将持相反的态度。对于两个部门的劳动者来说，他们对自由贸易的态度不一。因此，在制定贸易政策时，常会有来自不同部门的势力干扰。来自于出口部门的利益集团，会鼓动政府采取更为自由的贸易政策，而来自于进口替代部门的利益集团，则会极力鼓动政府采取严厉的贸易限制措施。所以说，利益集团的存在会左右贸易政策的制定。

三、小结

特定要素模型的第一个重要意义在于它可以比较方便地扩展到高维的情形。现代比较优势理论的一个重要问题是 2×2 模型的结论难于扩展到高维情形，而特定要素模型则在这一方面具有独特的优势：在扩展到 n 个部门、每个部门的生产过程都使用一种特定要素和一种统一的流动要素的模型中，基本结论不变。这一扩展中表现出了强烈的总体替代特征（gross substitution property）(Jones，1984)。这些特征使得特定要素模型在处理一些多部门生产问题时成为非常有用的工具。不仅如此，特定要素模型虽然本质上完全是一般均衡模型，但是它具有和单一部门局部均衡分析一致的特征，因此可以在避免一般均衡模型的复杂性和可能引起的悖论的同时，建立起符合经济学直觉的模型(Samuelson，1971)。比如在竞争性均衡模型中，由于要素可以在部门间自由流动，因此不存在超额利润问题，而在特定模型中，利润可以处理为特定要素的报酬。实际上后来对荷兰病的研究就得益于此。

---

① Jones, Ronald W. and Sugata Marjit, (2003), "Economic Development, Trade and Wages," German Economic Review, v. 4, pp. 1-17.

② Jones, Ronald W. (2006), "Specific Factors and Heckscher-Ohlin: An Intertemporal Blend," unpublished

特定要素模型是对要素禀赋理论的扩展，如果说后者是一种长期分析的话，前者则主要用于分析短期内国际贸易对收入分配的影响。短期内国际贸易对收入分配的影响是与短期内要素的特定性或不流动性密切相关的。与其他的贸易理论模型一样，特定要素模型也是建立在微观经济学的理论基础之上的，模型的分析应用了在微观经济学中已经学过的基本知识：要素的价格由其边际产品价值决定，而边际产品价值曲线之所以呈现随要素投入增多而向下倾斜的形状，是由边际生产力递减规律决定的。国际贸易能够提高出口部门特定要素的实际收入，降低进口竞争部门特定要素的实际收入，而对共同要素收入的影响是不确定的。这一结论有助于解释不同要素所有者对自由贸易的态度，他们的不同态度正是受国际贸易利益分配的影响。

第四节 对偶型一般均衡分析与国际贸易理论的深化①

当代国际贸易面临着两个亟待解决的问题，一个是贸易理论的宽化问题，即如何拓展理论视野，将传统研究从产业间贸易的考察引向产业内贸易的考察，同时将传统的 2×2 分析框架扩展为 $n\times m$ 分析框架；其二是贸易理论的深化，如何在 $n\times m$ 分析框架内为现代贸易理论的核心定理和贸易政策的福利命题构建严格的数理逻辑基础。为了有效解决这种理论深化的问题，在20世纪的后半叶里，贸易学家们进行了漫长而艰苦的探索，在这个进程中，对偶性一般均衡分析方法，成为应用广泛且成效显著的研究方法，而 Dixit 和 Norman（1980）② 首次在其合著的《国际贸易理论》中系统使用并全面总结了该方法。正如作者所说的，“分析技术是至关重要的。在一般均衡理论及其应用中，特别是公共财政与增长理论中，‘对偶性’或者‘间接’函数已经证明是十分有用的……我们唯一的目标在于向读者展现这种方法的用途，并且对掌握这些技术提供某些便利，以他们能继续发展可想象到的多种扩展以及各种概括”③。

一、对偶性一般均衡分析方法在国际贸易问题研究中的扩展

作为一种经典的数理分析方法，对偶性一般均衡分析在经济学以及国际贸易理论汇总的应用始在20世纪30年代，Hotelling（1935）首先建立了成本函数和利润函数。Hicks（1944）建立了希克斯补偿性需求与供给函数。萨缪尔森（Samuelson，1947，1953）利用该方法建立了现代国际贸易理论语政策分析中广泛应用的国民收益函数、显示性偏好公理，如迪克希特（Dixit）所言：“我们对萨缪尔森所在这三个领域的建树表示由衷的感激。很久以前，他便开创了显示偏好在比较静态学中的应用。他也适用了成本函数与收益函数，并且强调在一个真实的一般均衡设计中，处理要素价格均等化的

① 原文出处：王根蓓，上海财经大学，《经济学季刊》2005年第4卷第3期第803－820页，本书略有删节。

② Avinash Dixit, Victor Norman, (1980), Theory of International Trade, Cambridge University Press .

③ Avinash Dixit, Victor Norman, (1980), Theory of International Trade, Cambridge University Press, ppv-vi.

重要意义。”①。在20世纪五六十年代，对偶性一般均衡分析成为经济理论、财政理论与贸易理论研究的较为成熟的分析方法。从20世纪70年代至今，对偶性一般均衡分析成为经济分析的经典方法，其表现在与经济与贸易问题的主流学术研究中，经济学家广泛且卓有成效地使用该方法。与此同时，经济学家将对偶性一般均衡分析作为一种公认的分析范式开始写入权威的系列工具书，如 Intriligator（1974）主编的《数理经济学前沿》，阿罗（Arrow，1978）等主编的《数理经济学手册》，琼斯和坎南（Jones and Kenen，1984）主编的《国际经济学手册》，Auebach（1985）主编的《国际经济学手册》等系统地评介了对偶性分析方法。作为传承与推广经济学前沿理论与方法的核心高级教程，也开始引入该方法：范里安（Varian，1978）全面吸纳对偶性分析的研究成果，写成了《微观经济分析》一书，该书成为全球研究生微观经济学的权威且经典的教程；在国际贸易理论中，高山（Takayama，1972）撰写的为期赢得良好国际学术声誉的《国际贸易》一书首次引入对偶性分析；Dixit 和 Norman 的《国际贸易理论》是首部系统引入且有效应用对偶性一般均衡分析方法并获得同行认同的首部著作。巴格瓦蒂（1997）指出：“在教程中找到的有关对偶性分析方法的异常明晰且详尽的处理，见迪克希特和诺曼（1980）。”② 此后，Brakman（1998）系统全面引入对偶性一般均衡分析方法完成了《国际转移支付经济学》。

二、对偶性一般均衡分析方法的特征与特长

对偶性分析方法是利用微积分、线形代数等数学工具，借助包络定理、欧拉定理、谢泼得引理（Shepherd Lemma）、霍特林引理（Hotelling's Lemma）、希克斯需求函数（Hicksian demand Function）、斯卢茨基方程（Slutsky，E. 1915）、显示性偏好公理等等为同一个最优化的经济行为建立两个等价并且互逆的函数关系，“在任何一个函数要等价地描述既定企业的生产技术的含义上，生产函数与成本函数存在对偶性关系”③。

要理解与掌握由复杂的数学工具与众多的原理构成的对偶性一般均衡分方法并非易事，以迪克希特和诺曼在《国际贸易理论》一书中所展示的并且被贸易理论家普遍使用的基本函数关系为例，来解析对偶性一般均衡分析方法的内涵与特征。依照经济学家的一贯做法，迪克希特和诺曼确立了帕累托最优所需的三个假设：其一，在既定的价格上，生产者所选择的生产向量最大化了净产值；其二，消费总值等于净产值；其三，在假设二的约束下，消费向量最大化了递增的效用函数。在上述假设基础上，他们建立了如下的描述生产行为与消费行为的收益函数、支出函数：

$$r(p,v) = \max\{p \cdot x \mid (x,v)\} = p \cdot x(p,v) \tag{3.4.1}$$

其中 $v=(v_1, v_2, \cdots, v_m)$ 代表初级要素净投入向量，$x=(x_1, x_2, \cdots x_m)$ 代表一个国家的净总产品的产出向量；$p=(p_1, p_2, \cdots p_m)$ 代表可贸易产品的价格向量。

---

① Avinash Dixit, Victor Norman, (1980), Theory of International Trade, Cambridge University Press, ppv-vi.

② J、N, Bhagwati, A. Panagariyd, and T. N. Srinivasan, (1998), Lectwres' on International Trade, second edition, M1T press, p131.

③ Arrow and Intriligator, 1982, p535.

$$e(p,u) = \min_{c}\{p \cdot c \mid f(c) \geqslant u\} \tag{3.4.2}$$

其中，u 代表既定的效用水平；p 代表消费品价格向量；c 代表消费者数量向量。

在这个条件下，迪克希特和诺曼利用现实性偏好公理、谢泼德引理与霍特林引理建立了如下的产品供给函数、产品需求函数、收益函数以及要素价格函数：

$$x(p,v) = r_p(p,v) \tag{3.4.3}$$

$$c(p,v) = e_p(p,v) \tag{3.4.4}$$

$$p \cdot r_p(p,v) = r(p,v) \tag{3.4.5}$$

$$w(p,v) = r_v(p,v) = (\partial w/\partial p)\, p = r_{vp} \cdot p \tag{3.4.6}$$

$$x = (\partial x/\partial v)\, v = r_{pv} \cdot v \tag{3.4.7}$$

其中，r_p 代表收益函数关于产品价格的导数，它等于收益最大化的产品供给量 $x(p, v)$；e_p 代表指出函数关于产品价格的导数，它等于支出最小化的产品需求向量 $c(p, v)$；r_v 代表收益函数关于要素投入的导数，它等于收益最大化的要素影子价格向量 $w=(w_1, w_2, \cdots w_m)$，也代表逆要素需求函数。在确立上述间接函数的基础上，Dixit 和 Norman 推出了如下的函数性质，这也是他们推导基本理论与贸易福利效应的起点：

$$r_{pp}(p,v) \cdot p = 0 \tag{3.4.8}$$

$$c_p(p,u) = e_{pp}(p,u)p = 0 \tag{3.4.9}$$

$$v_{vv}(p,v) = 0 \tag{3.4.10}$$

其中，(3.4.8) 式、(3.4.9) 式、(3.4.10) 式分别表示产品供给函数、产品需求函数以及要素价格函数关于产品价格 p 与要素价格投入 v 是零次齐次的，即在既定的收益与支出目标下，p 与 v 的变化不会引起产品供给、产品需求与要素价格的任何变化。

在建立这些基本函数关系的基础上，Dixit 和 Norman 确立了以下的对偶性一般均衡关系：

$$e(p,u) = r(p,u) \tag{3.4.11}$$

$$E(p,u) = R(p,v) \tag{3.4.12}$$

$$e_p(p,u) + E_p(p,u) = r_p(p,v) + R_p(p,v) \tag{3.4.13}$$

其中，相同的字母代表相同的经济变量，而且小写与大写字母分别代表本国语外国的相应变量，方程 (3.4.11) 与方程 (3.4.12) 分别代表本国与外国的总支出等于总收入的关系，即国内市场的均衡；方程 (3.4.13) 代表全世界产品需求等于总供给的关系，即国际市场的均衡。

观察上述函数关系，我们会发现对偶性一般均衡分析方法较之于传统分析方法的五个特色与优势：

其一，不论是描述生产行为的收益函数 $r(p, u)$，还是刻画消费行为的支出函数 $e(p, u)$，它们均以帕累托最优的竞争均衡为基础，并且通过使生产者收益最大化与消费者支出最小化的线性或非线性优化方法建立的。因此收益函数与支出函数关注与刻画了经济当事人——生产者与消费者的最优化行为。同时，在收益函数与支出函数基础上建立的希克斯补偿性需求函数与供给函数以及斯卢茨基方程，均把效用水平与要素禀赋作为自变量引入其中，这表明需求与供给行为仍是以理性经济人的最优化为基础的，而且以国际市场的供给与需求的帕累托最优均衡为内核的。

其二，收益函数、支出函数、希克斯补偿性需求函数与供给函数中的自变量、如 p 或 v 或 x 均是以向量形式出现的，这在学术上与实践上有重要的意义。就学术角度而言，它满足了贸易实践提出的理论宽化问题，即将传统的 2×2 分析框架扩展为 $n\times m$ 分析框架的内在要求，同时，它也为理论的深化问题，即如何在 $n\times m$ 分析框架内为现代贸易理论的核心定理与贸易政策的福利命题构建严格的数理逻辑条件奠定基础方法。就实践角度而言，把分析框架由 2×2 转化为 $n\times m$ 型的，更符合各个国家参与多种产品和多种要素交换的经济全球化的现实。

其三，较之于以产品需求量、供给量或要素需求量为自变量、以总产量、总效用或总收益等为因变量的直接收益与支出函数，用对偶性分析方法所建立的收益函数、支出函数以及希克斯补偿性需求函数与供给函数，不再具体考察各函数的特定表达形式——它是在有约束的最优化之后建立的函数关系，故它的表达式高度精炼与紧凑。以这种高度抽象且概括的数理关系为基础推导出的结论，便不再是基于特定情形、特定方法得出的特定结论，相反，由此框架与表达式所得出的结论更具有普遍性和可靠性，同时，它也使人们能够在 $n\times m$ 分析框架内简明地处理国际贸易问题，因而大幅度提高了研究效率。

其四，传统分析把收入、效用、要素与价格水平作为体现既定环境特征的参数处理的，这便等价于把国际贸易理论所关注的核心问题给忽略了——因为作为国际市场参与者的生产者与消费者，他们均是依据既定的收入水平与价格水平，作出实现各自利益最大化的生产与消费选择的。利用一般均衡分析方法所建立的收益函数与支出函数以及在此基础上推出的希克斯补偿供给函数 $x=x\ (p,\ v)\ =r_p\ (p,\ v)$ 与需求函数 $c\ (p,\ v)\ =p_p\ (p,\ v)$ 以及单位成本函数也均是以产品价格向量 P、要素禀赋向量 v 与要素价格向量 w 为自变量的。这种对偶分析方法为“需求、供给、支出以及收入的价格敏感度提供了更为便捷的途径，并且会使这些函数的某些古典性质得到更为有效的表达”①。因此，这种对偶分析比统分析更适合国际贸易领域的研究。

其五，贸易收益，即贸易的福利问题，同贸易方式的决定问题一样，历来是国际贸易研究的两大主题之一。“一般均衡中，相对价格将决定供给与需求的基本参数，故贸易世界的相对价格将依存于要素禀赋、技术、偏好、所有权分配以及任何扭曲性税收或补贴（包括贸易税）等五个决定因素，它们似乎特别令人感兴趣”②。换言之，这些问题的分析焦点是，当环境或政策发生变化后，这类问题属于比较静态学的研究对象——它研究的是贸易环境与贸易政策变化所导致的经济行为与福利水平的变化。对偶性一般均衡分析方法恰好满足这种分析需求。因为它所建立的收益函数、支出函数、希克斯补

① Avinash Dixit, Victor Norman, (1980), Theory of International Trade, Cambridge University Press, pp401.

② Avinash Dixit, Victor Norman, (1980), Theory of International Trade, Cambridge University Press, pp21 - 22.

偿性需求函数与供给函数，把收入、效用、要素供给与价格水平等这些体现既定环境特征的因素作为自变量而非参数处理，因此它为讨论外生的贸易环境或政策变化，如对竞争条件下国际转移支付、国内要素增长、国际要素流动、技术进步所引发的福利变动以及次优条件下贸易政策变动所引发的福利影响等等进行比较静态分析，提供了必备的数理基础——人们由上述方程求全微分并且进行适当运算，便可以推导出福利变动的严格的数理条件。

三、对偶性一般均衡分析的运用绩效与贸易理论的深化

在前一部分，我们已在一般意义上阐述了对偶性分析方法在国际贸易理论中的相对研究优势，现在我们以 Dixit 和 Norman 合著的《国际贸易理论》为参照，具体阐述对偶性一般均衡分析在国际贸易问题中的分析绩效。需要指出的是，《国际贸易理论》是一部博采众长、传承知识、培养新人为宗旨的高级教程，因此，较之于原创性的学术论文，它所展现的不再只是个人独特的学术见解，而是贸易理论家集体的思想成就——一种分析方法和一种观点，只有经历时间与实践的检验，并且得到专家的普遍认同，它才有资格成为经典的分析范式与核心的理论学说，并且进入主流的高级教程。

一般而言，一种新的分析方法是否具有研究上的优越性，其判断标准不外乎四点：其一，它是否能够以更为简洁且严格的方式重新证明传统方法已经确认的核心定理；其二，它是否能够在校正已有的理论谬误与悖论的基础上推出新结论；其三，它是否对传统方法未曾分析的领域进行有效探讨并且取得可靠的研究结论；其四，它是否能够在未来的学术研究中仍得到广泛的应用。根据这个检验标准，下面检验对偶性一般均衡分析重构国际贸易理论的研究效率。

（一）严谨简洁：对偶性一般均衡分析的优势之一

以简洁严谨的方式推导出丰富且精致的结论是经济学家认同的对偶性一般均衡分析方法的优势之一。这个优势在 Dixit 和 Norman 的《国际贸易理论》中得到充分的体现。较之于其他主流的高级贸易教程，如巴格瓦蒂等（Bhagwati 等，1998）① 的《国际贸易讲义》共 602 页，甘道尔夫（Gandolfo，1998）②《国际贸易理论语政策》，共计 544 页，而 Dixit 和 Norman 的《国际贸易理论》只有 334 页；后者篇幅只有前面两本书的二分之一或三分之一，但它几乎覆盖了前两本的所有论题。其第四章利用对偶性一般均衡关系和显示性偏好原理，在 $m \times n$ 分析框架下证明了与贸易方式决定有关的基本命题的普适性，即在特定要素模型（Ricardo—Viner 模型）与 HO 模型合作能够论证了比较优势核心理论以及包括要素价格均等化定理在内的四大定理；第三章、第五章与第六章分析了贸易收益主题——除了对瓦尔拉斯竞争性经济中，自由贸易对于自给自足的最有型这一经典命题以及国际转移支付、国内要素增长、国际要素流动、技术进步和关税政策所引发的福利效应进行比较静态分析之外，还对存在扭曲的次优环境下的各种贸易政策

① J. N. Bhagwati, A. Panagariya, and T. N. Srinivasan, (1998), Lectures on International Trade, second edition, MIT Press.

② Giancarlo Gandolfo, (1998), International Trade Theory and Policy, Springer-Verlag Berlin Heidelberg.

的福利效应与先手排序进行了探讨；同时，该书也阐述了前两本书所未曾论述的内容：第二章利用对偶性一般均衡分析方法建立了全书系统应用的描述生产者与消费者最优化行为的收益函数、支出函数以及其他函数关系，其附录则提供了对偶性分析所需的数学工具；第七章与第八章则把国际收支的不平衡视为未来与现期消费需求的国际差异，国际收支理论只是标准贸易理论向未来索取权贸易的扩展，在存在或不存在浮动价格的短期均衡模型中利用均衡性一般均衡方法讨论了固定汇率与浮动汇率条件下的国际收支问题。

（二）在 $m \times n$ 分析框架内构造贸易理论与政策分析的数理基础：对偶性一般均衡分析的优势之二

一种优势的分析方法，除了能以更为简洁严谨的方法推导出丰富且精致的结论外，它必须能够应对经济显示对传统理论的挑战，实现理论在更深程度上的发展。对偶性一般均衡分析方法也不例外。里昂剔夫悖论使经济学家集中精力研究困扰人们的国际贸易基本命题对模型维数的敏感性问题，也就是说理论模型的结构与现实的经济贸易结构的相互匹配问题，以及由此产生的 $m \times n$ 分析框架内为现代核心贸易理论建立严格的数理条件问题。经济学家应用对偶性一般均衡妇女喜框架，耗费数十年的精力才对这个问题作出了解答。在这个过程中，标志性的成果有三：萨缪尔森（1953）首次在 $m \times n$ 分析框架内建立了竞争性开放经济所使用的成本函数与收益函数。同时，他证明斯托尔珀——萨缪尔森定理与雷布钦斯基定理不仅在 $n \times m$ 分析框架内成立，而且它们还是一组基本的、互逆的对偶关系，$\partial x/\partial v = \partial w/\partial p$，即雷布钦斯基定理所隐含的一种要素禀赋增加对一个商品的产出的影响正好等同于斯托尔珀——萨缪尔森定理所体现的其他条件不变时该产品价格的增加对该要素的报酬的影响。这些效应的等同性关系也称为互逆关系①。这为整个问题的解决奠定了重要的数理基础。Jones（1965）在 2×2 分析框架中利用对偶性方法建立的单位成本函数推导出了 HO 定理、要素价格均等化定理、斯托尔珀——萨缪尔森定理以及雷布钦斯基定理的严格的数学表达式，这为以后的经济学家在 $n \times m$ 分析框架利用单位成本函数和显示性偏好公理证明上述定理奠定了基础；此后 Chipman（1969）与 Ethier（1974）在 $n \times m$ 分析框架内建立了四大定理的严格数学条件。

Dornbusch 和 Samuelson（1977）与 Deardoff（1980）在 $n \times m$ 分析框架利用单位成本函数和显示性偏好证明了比较优势理论的一般可靠性。Dixit 与 Norman 在《国际贸易理论》的第四章中将上述学术成果以简洁而精炼的形式加以证明与总结。正如他们所指出的："结论必定是 2×2 情形头脑过于简单，而非要素均等假说一般是错误的。为了证明它，我们必须检验一个完备定义的贸易世界的一般均衡模型。"（Dixit 与 Norman，1980，p. 19）

贸易收益问题始终是贸易理论关注的一大主题。如前所述，（GATT）将传统的双边贸易谈判转变为多边贸易协商，这必然要求将贸易政策分析由单边、双边福利效应的考虑转向多边福利后果的证明。与此同时，贸易理论家在利用传统的 2×2 的分析框架

---

① Jones 和 kenen，1982，pp5.

分析贸易政策的福利后果时相继发现了凯恩斯—俄林转移支付悖论、勒纳悖论、梅茨勒悖论、贫困化增长悖论及巴格瓦蒂—范纳克悖论。特别是巴格瓦蒂—范纳克悖论，它强烈质疑了贸易收益理论的核心问题—萨缪尔森—肯普定理，即“给定一定的假设，自由贸易不仅在帕累托意义上优于自给自足，而且也优于各种程度的限制贸易。”Jones 和 Kennen（1982，p. 73）在解释与解决这些难题的过程中，包括迪克西特在内的三位经济学家利用对偶性一般均衡分析方法作出了奠基性与原创性的贡献：Ohyama（1972）在一个包括最终消费品、中间品与非贸易品以及要素服务贸易的统一的 $n \times m$ 分析框架中，利用补偿性原理与显示性偏好公理建立了以显示偏好为基准的不同的开放环境下社会福利变动的一般批评标准，系统地推出了防止凯恩斯—俄林转移支付悖论、勒纳悖论、梅茨勒悖论、贫困化增长悖论及巴格瓦蒂—范纳克悖论出现的基本的数理条件；然而，由于 Ohyama 立足于显示性偏好公理对贸易与福利关系的证明在更大程度上属于描述性而非分析性的，其说服力与精致性显得不足。Dixit（1975）与 Hatta（1973）则另辟蹊径，在 $n \times m$ 分析框架中引入收益函数、支出函数以及在此基础上建立的希克斯补偿性需求函数、供给函数与斯卢茨基分解式，通过确立以消费者剩余与生产者剩余为基准的福利判断标准，考察了产品间的替代关系与互补关系以及价格变动的收入效应和替代效应，从而对最优与次优环境下贸易政策变动的福利后果进行了严格分析。Dixit 的分析重点论证了最优与次优条件下，防止凯恩斯—俄林转移支付悖论、勒纳悖论、梅茨勒悖论、贫困化增长悖论及巴格瓦蒂—范纳克悖论，实现福利改善型贸易改革的各种政策搭配；巴田则关注以比例性税收调整与单个税率变动为核心的渐进性局部贸易改革的福利效应，他的分析为日后的双边与多边税收调整以及非关税壁垒消减的福利效应研究奠定了坚实的数理基础。这些研究成果将贸易政策的考察视野由传统的 2×2 分析框架扩展至 $n \times m$ 分析框架，同时推导出多边贸易贸易政策改革增进各国福利的严谨的数理条件。Dixit 和 Norman 的《国际贸易理论》第三章、第五章、第六章系统全面地展现了这些学术成果。

（三）建立产业内贸易的理论基础：对偶性一般均衡分析的优势之三

通过校验对偶性一般均衡分析方法在完善传统的有关贸易方式与贸易收益的理论上所取得的研究成果，我们可对该方法的比较优势作出肯定性的评估。此处，我们留下的另外的一个疑问，即是对偶性一般均衡分析能否有效地探讨规模经济与部门内贸易之间的关系。

在经济分析史上，经济学家对规模经济与贸易关系的关注始自于对规模经济所引发的贸易收益问题的讨论。Marshall（1879）认为具有规模经济的国家可通过扩大进口需求而改善贸易条件。这个观点在 20 世纪 20 年代引发 Graham（1925）与 Knight（1925）的大辩论。前者提出了针对 Marshall 的反论，即规模经济使国内产出水平下降，基于规模经济的贸易会导致国家的福利下降。Knight 则指出，如果规模经济对企业是外部性的，对部门是内部性的，则 Graham 的贸易损失论成立，反之，其观点失效。在 20 世纪 30 年代，Chamberlin（1933）的《垄断竞争》与 Robinson（1933）的《不完全竞争》又为基于内部规模经济的垄断竞争建立系统分析，并且这些分析成为微观经济学的核心内容。但是作为现代国际贸易理论核心的比较优势理论与要素禀赋理论仍是以完全竞争为基础，在此后的数十年间，主流的贸易理论家对以规模经济为基础的部门内贸易持漠视的态度。在 20 世纪六七十年代，当部门内贸易替代部门间贸易成为主导性的贸易形式，部门内贸易与规模经济之间的关系再次成为贸易理论家关注的核心问题。

有关贸易方式决定与贸易收益判定这类基本贸易问题的研究，主要包括以下两种：其一，Marshall 外部规模经济与同质性产品贸易。Melvin（1969）与 Ethier（1978）在这类研究中做了奠基性的工作，他们分别在 2×2×2 分析框架内讨论了基于国家规模经济与国际规模经济的内部贸易。他们的一致结论是：基于外部经济的部门内贸易会使贸易参与国双方受益，但它们彼此的专业化方式没有唯一确定的模式。此后，赫尔普曼（1984）则在 $m \times n$ 分析框架内建立了收益函数以及希克斯补偿性需求与供给函数，利用显示性偏好公理对完全竞争与垄断条件下的部门内贸易的收益问题，即自由贸易相对于自给自足的优越性，给出严格的数学证明。其二，张伯伦垄断竞争与差异化产品贸易。这类分析是由 Dixit 和 Stiglitz（1977）的经典分析再度复兴的。Dixit 和 Stiglitz 假设：一种基于内部规模经济的产品包含 n 种相似的产品品种，各品种之间在生产与消费中完全替代并且完全对称。同时，消费者由消费大量的品种获得效用，其偏好由可分性的位似且替代弹性不变的 CES 效用函数代表。上述分析首先由克鲁格曼（1979）引入国际贸易研究中，并且在克鲁格曼玉赫尔曼普、马库森与凡勒伯等人的广泛应用与努力下，成为主流的迪克西特—斯蒂格利茨分析范式。自 20 世纪 80 年代之后，随着产业组织理论应用于策略性贸易政策，没有理论家将分析焦点由讨论规模经济与部门内贸易的基本关系（贸易方式与贸易收益的讨论）逐渐转向探究寡头条件下的最优贸易政策。最具影响力的贡献为 Brander 和 Spencer（1985）的第三方市场模型——他们基于古诺模型提出了出口补贴的“利润转移效应”观点。他们的分析为日后各式各样的有关关税与非关税贸易政策的研究奠定了基础。

迪克西特与诺曼在《国际贸易理论》一书中，吸收上述学术研究成果，采用对偶性一般均衡分析对基于马歇尔规模经济与张伯伦垄断竞争的部门内贸易进行了富有创新精神的阐述。由于在此书的写作与出版之际，国际学术界有关部门内贸易问题研究尚处于探索阶段，文献与成果的累积相对较少，迪克西特等在 2×2 分析框架内的分析，基本上体现了其个人的原创性理论成果。另一方面，由于基于张伯伦垄断竞争的部门内贸易属于差异化的而非同质性的产品贸易，这使得对偶性一般均衡方法的应用受到了严格限制。有关于贸易方式与贸易收益的结论缺乏明确且一般性的命题。另外，由于有关垄断竞争条件下贸易政策的福利效应的研究在 20 世纪 80 年代之后兴起，故书中没有讨论规模条件下的贸易政策问题。

（四）学术生命力的长久性：对偶性一般均衡分析的优势之四

一种方法能否成为一种经典的分析范式，这不仅取决于该方法是否在应对现实挑战中具备深化与完善传统理论、开拓与发展新的研究领域的能力，同时，它还取决于该方法对后续与未来的理论研究是否产生影响。为此，我们以英国 Edward-Elgar 出版社出版的收录 20 世纪 50 年代之后经典论文的大型《国际重要经济学文献系列丛书》中的《国际贸易》与《贸易政策改革理论》为例，来考察对偶性一般均衡分析方法在这方面的表现。

作为该丛书重要组成部分的《国际贸易》文集包括上下两卷，选录的是20世纪50年代以来国际贸易问题研究的73篇代表性论文，较全面地体现了贸易理论家半个世纪的标志性的研究成果。就论文作者而言，在该文集中，萨缪尔森与巴格瓦蒂的文章各收录了2篇，而迪克西特与诺曼独著或合著的文章共选中6篇，属于录选文章最多的作者；就分析方法而言，收录的20世纪六七十年代以及此后的采用对偶性一般均衡分析方法的文章共计22篇，占总数的1/3；就文章的引用率而言，在所收录的20世纪80年代及以后的41篇论文中，引用迪克西特的采用对偶性一般均衡分析方法完成的文章的论文共24篇，占该时期论文总数的1/2以上；引用迪克西特与诺曼的《国际贸易理论》的文章有10篇，占该时期论文总数的1/4；《贸易政策改革理论》文集共收录了32篇有关贸易政策改革的代表性的论文，其中采用对偶性一般均衡分析方法的论文共23篇，占总收录文章总数的70%，占所收录的发表于20世纪70年代及以后的25篇文章的92%；就文章的应用率而言，该文集收录的70年代及以后的文章中，引用迪克西特的采用对偶性一般均衡分析方法完成的经典论文“税收与价格变动的福利效应”次数达10次，占收录文章总数的40%，收录的发表于20世纪80年代及以后的14篇论文中，引用《国际贸易理论》一书的论文达7篇，占该时期收录论文总数的50%。

这些事实表明，对偶性一般均衡分析方法是现代国际贸易研究成效显著、意义深远的分析方法，同时，以精炼、严谨而恰当的方式展现与传承对偶性一般均衡分析方法及其成果的《国际贸易理论》因此也获得了较为长久的学术生命力。

四、小结

推动对偶性一般均衡分析方法实现这种质变的原因有三：其一，一般均衡分析方法将国际贸易理论的分析由传统的2×2分析框架引入$n \times m$分析框架，同时，它为传统贸易理论的两大研究主题、贸易方式的确定与贸易收益的判断建立了严格且精炼的数理基础，从而成功地应对了贸易实践对传统贸易理论的挑战，实现了贸易问题研究的理论宽化与深化的任务；其二，依据对偶性一般均衡分析方法建立的收益函数、支出函数以及希克斯补偿性需求与供给函数，均以体现环境特征与政策变动的参数作为自变量，这使它特别擅长进行有关要素、技术以及政策等因素的变动所引发的福利效应的讨论，即进行比较静态学分析，因此，对偶性一般均衡分析方法在讨论贸易收益判定的问题上有其他方法无法比拟的优势；其三，对偶性一般均衡分析方法无疑是在成功应对贸易理论深化任务的过程中建立起良好的学术声誉得。历经了半个世纪的时间考验，对偶性一般均衡分析方法不仅被贸易理论家普遍采用，而且其所取得的研究结论仍被广泛引用，这表明对偶性一般均衡分析方法是一种学术生命力长久的分析方法；迪克西特与诺曼合著的《国际贸易理论》由于能够以一种严谨、开放、一致与精炼的方式吸纳、展现与传播对偶性一般均衡分析方法以及由此方法取得的贸易理论深化的集体成就，获得了较为长久的生命力。

作为一种分析范式，对偶性一般均衡分析方法有相对研究优势，也有相对分析劣势：首先，对偶性一般均衡分析方法作为微观经济学原理、数学分析技术在国际贸易研究领域的高水准的扩展与运用，它对接受者的专业水平、数理基础提出了严格的要求，一如系统地将该方法分别引入微观经济学与国际经济学领域的范里安与迪克西特均是数学科研出身的经济学家便说明了这点。即使在西方，对偶性一般均衡分析方法也是在20世纪90年代后期以个别章节的形式进入教程的。甘道夫指出："大多数的文献（尤其是有关初级与中级的国际经济学教科书——其中有些甚至没有提及对偶性方法）仍沿用传统的分析方法。理由之一可能是该方法自身适用于直观的文字与几何图形处理，因而对学生更为友善；另一个理由可能是国际贸易理论的整个学科体系——从李嘉图至HO或更近的理论是由传统分析方法建构与深化的（Gandolf，1998，p. 62）。其二，对偶性一般均衡分析是建立在最优化基础上的，它以内点解的存在性与唯一性为基础的——一旦这种严格的数理条件不存在，该方法则难于应用。同时，对偶性一般均衡分析以微积分为核心的分析技术，它所构建的函数关系旨在反映那些连续且微量变动的贸易现象。因此，对那些以离散性与突变性为特征的贸易现象的探讨是无能为力的——而后者往往代表现实中大多数的贸易现象。其三，就具体问题而言，如前所述，由于对偶性一般均衡分析方法所建立的各种函数关系给比较静态分析奠定了良好的数理基础。因此，该方法在贸易收益分析中的建树与成效大于在贸易方式决定方面的；此外，在一规模经济为基础的现代贸易理论中，对偶性一般均衡分析方法对马歇尔外部经济与同质性产品贸易的适用性优于对张伯伦垄断竞争与异质性产品内部贸易。上述的对偶性一般均衡分析方法的局限性，也就是《国际贸易理论》一书的不足。

参考文献：

[1] Avinash Dixit, Victor Norman, (1980), Theory of International Trade, Cambridge University Press.

[2] Bowen, Harry P and Leamer, Edward E and Leo Sveikauskas, (1987), "Multicountry, Multifactor Tests of the Factor Abundance Theory," American Economic Review 77: 791 - 809.

[3] Brecher, Richard A and EhsanU. Choudhri, (1982), "The Leontief Paradox, Continued," Journal of Political Economy 90: 820 - 823.

[4] Conway, Patrick J. (2002): The Mystery of the Missing Trade: Comment, American. Economic Review, vol. 92, pp. 394 - 404.

[5] Daniel Trefler & Susan Chun Zhu, (2000), "Beyond the Algebra of Explanation: HOV for the Technology Age," American Economic Review, American Economic Association, vol. 90 (2), pp 145 - 149.

[6] Davis, D. R. and D. E. Weinstein, (2003), The Factor Content of Trade, in Choi, E. K. and J. Harrigan, eds., Handbook of International Trade, Blackwell Publishing Ltd., 119 - 145.

[7] Davis, Donald R. and David E. Weinstein, (2001a), "An Account of Global Factor Trade," American Economic Review 91 (5), 1423 - 1453.

[8] Davis, Donald R. and Weinstein, David E., (October 1, 2001b), "Do Factor Endowments Matter for North-North Trade?" (October 1, 2001). NBER Working Paper No. W8516.

[9] Deardorff, Alan V., (1984), "Testing Trade Theories and Predicting Trade Flows," Handbook of International Economics: 467 - 517.

[10] Either, W., 1974, "Some of the theorems of international trade with many goods and factors", Journal of International Ecnonomics, 4: 199 - 206.

[11] Findlay, R. and Grubert, H. (1959), "Factor Intensities, Technological Progress, and the Terms of Trade", Oxford Economic Papers, XI, 111 - 121.

[12] Findlay, R., (1970), Trade and Specialization, Harmondsworth: Penguin Books.

[13] Gabaix, Xavier, (1997), "The Factor Content of Trade: A Rejection of the Heckscher-Ohlin-Leontief Hypothesis," Harvard University, mimeo.

[14] Giancarlo Gandolfo, (1998), International Trade Theory and Policy, Springer-Verlag Berlin Heidelberg

[15] H. Oniki, H. Uzawa, (1965), "Patterns of Trade and Investment in a Dynamic Model of International Trade", The Review of Economic Studies, Jan., Vol. 32, No. 1, pp. 15 - 38.

[16] Hakura, Dalia S., (2001), "Why Does HOV Fail? The Role of Technological Differences within the EC," Journal of International Economics 54: 361 - 382.

[17] Hakura, Dalia S., (2001), "Why Does HOV Fail? The Role of Technological Differences within the EC", Journal of International Economics 54: 361 - 382.

[18] Heckscher, E. F. (1919). "Utrikeshandelns verkan p in komstfdelningen", Ekonomisk Tidskrift, 21, 1 - 32, reprinted in English, Readings in the Theory of International Trade. Philadelphia: Blakiston, 1949: 272 - 300.

[19] Helpman, Elhanan, (1984), "The Factor Content of Foreign Trade," Economic Journal 94: 84 - 94.

[20] J. N. Bhagwati, A. Panagariya, and T. N. Srinivasan, (1998), Lectures on International Trade, second edition, MIT Press.

[21] Jones, Ronald W. (2006), "Specific Factors and Heckscher-Ohlin: An Intertemporal Blend," unpublished.

[22] Jones, Ronald W. and Sugata Marjit, (1991), "The Stolper-Samuelson Theorem, the Leamer Triangle, and the Produced Mobile Factor Structure," in Takayama, A., M. Ohyama, and H. Ohta. (eds.): Trade, Policy, and International Adjustments, Academic Press.

[23] Jones, Ronald W. and Sugata Marjit, (2003), "Economic Development, Trade and Wages," German Economic Review, v. 4, pp. 1 - 17.

[24] Krugman, Paul R. and Maurice Obstfeld, (1994), "International Economics: Theory and Policy," Addison Wesley.

[25] Leamer, E. E., (1980), The Leontief Paradox, Reconsidered, Journal of Political Economy, 88 (3): 495 - 503.

[26] Leamer, Edward E. and James Levinsohn, (1995), "International Trade Theory: The Evidence", Handbook of International Economics 3: 1339 - 1394.

[27] Magee, Stephen, (1980), "Three Simple Tests of the Stolper-Samuelson Theorem," in P. Oppenheimer (ed.) Issues in International Economics, London, Oriel Press, 138 - 53.

[28] Maskus, Keith E, (1985), "A Test of the Heckscher-Ohlin-Vanek Theorem: The Leontief Common place", Journal of International Economics 19: 201 - 12.

[29] Michael Mussa., (1974), "Tariffs and the Distribution of Income: The Importance of Factor Specificity, Substitutability, and Intensity in the Short and Long Run.", *Journal of Political Economy*, 82, pp1191 - 1204.

[30] Neary, J. Peter, (1978), "Short-Run Capital Specificity and the Pure Theory of International Trade," Economic Journal, pp488 - 510.

[31] Ohlin B. (1933) Interregional and International Trade. Cambridge, MA: . Harvard University Press. Revised version published in 1968.

[32] Paul Samuelson, (1971), "Ohlin Was Right", *Swedish Journal of Economics*, 73, pp 365 - 384.

[33] Robert C. Feenstra & Gordon H. Hanson, (2000), "Aggregation Bias in the Factor Content of Trade:

Evidence from U. S. Manufacturing," American Economic Review, American Economic Association, vol. 90 (2), pp 155 - 160.

[34] Ronald W. Jones, (1971), "A Three-Factor Model in Theory, Trade and History", in Jagdish Bhagwati et al., eds., *Trade, Balance of Payments and Growth*, Amsterdam: Noth-Holland, pp3 - 21.

[35] Ruffin, Roy and Ronald W. Jones, (1977), "Protection and Real Wages: The Neo-Classical Ambiguity," Journal of Economic Theory, v. 14, pp. 337 - 48.

[36] Rybczynski, T. M., 1955, "Factor Endowment and Relative Commodity Prices," Economica, N. S., XXII (November,), 336 - 341.

[37] Samuelson P A., 1949, "International Factor-Price Equalisation Once Again", . *Economic Journal*, 59 (1): 181 - 197.

[38] Samuelson, Paul A. 1948, "International Trade and Equalization of Factor Prices," Economic Journal., LVIII (June), 163 - 184.

[39] Sanyal, Kalyan and Ronald W. Jones, (1982), "The Theory of Trade in Middle Products," American Economic Review, v. 72, pp. 16 - 31.

[40] Staiger, Robert W, (1988), "A Specification Test of the Heckscher-Ohlin Theory" Journal of International Economics 25: 129 - 41.

[41] Stern, Robert M and Keith E. Maskus, (1981), "Determinants of the Structure of U. S. Foreign Trade, 1958 - 76", Journal of International Economics 11: 207 - 24.

[42] Uzawa, H. (1961): On a Two-Sector Model of Economic Growth, The Review of Economic Studies, Vol. 29, No. 1, 40 - 47.

[43] Vanek, J., (1968), "Factor Proportions Theory: The N. factor Case", Kyklos. 21, PP. 749 - 754.

[44] Wassily Leontief, (1983), "Domestic Production and Foreign Trade; The American Capital Position Re-Examined ", Proceedings of the American Philosophical Society, Vol. 97, No. 4 (Sep. 28, 1953), pp. 332 - 349.

[45] Wolfgang F. Stolper, Paul A. Samuelson, (1941), "Protection and Real Wages", *The Review of Economic Studies*, Vol. 9, No. 1 (Nov., 1941), pp. 58 - 73.

第四章　新贸易理论——报酬递增、不完全竞争与国际贸易

新贸易理论阐述了报酬递增情形下的贸易模式、贸易量与贸易构成，发展了一种在报酬递增和不完全竞争的世界中进行贸易的建模的方法。对国际贸易模式的传统解释是基于在各种国与国间的差异。李嘉图的比较优势理论认为国际贸易模式取决于各部门相对生产率的差异，而赫克歇尔—俄林的贸易理论强调要素禀赋的差异决定了贸易模式。Krugman 强调，基于报酬递增的贸易理论与建立在比较优势之上的贸易理论具有同样的根本性。规模经济理论并不是不如国家之间的差别是贸易发生的原因这一观点那样重要，至少是有同等的重要性（Krugman，1990）。“如果说贸易是建立在比较优势基础上的观点已经开辟了广阔的研究领域，那么建立一种基于报酬递增之上的贸易的规范理论的努力看起来至今仍没有走出丛林”，“但我们现在已经可以比过去更系统地研究国际贸易中报酬递增的作用以及这一作用与比较优势的作用互相影响的方式”（Krugman，1990，中译本第 50 页）。

一、外部规模经济、竞争均衡与国际贸易

将报酬递增引入国际贸易理论，最易于处理的情形是假定报酬递增对公司而言是外生的，因为这种形式的报酬递增与完全竞争相容，避免了市场结构难题。根据 Ethier（1982）、Helpman 和 Krugman（1985）的外部效应模型，在外部规模经济下，行业的单个公司处于规模报酬不变状态，整个行业则处于规模报酬递增状态，从而决定了行业内单个公司的市场结构是完全竞争的。按 Bhagwati et al.（1998，ch. ll）的完全竞争模型，行业内代表性厂商的生产函数为 $x_i^j = b(\overline{X}_i) f(K_i^j, L_i^j) \equiv b(\overline{X}_i) L_i^j g(k_i^j)$，其中，$k_i^j$ 为代表性厂商资本—劳动比率，外部效应取决于整个行业的规模 $\overline{X}_i$。完全竞争使得行业内所有厂商都面临着相同的技术和要素价格，单个厂商的资本—劳动比率与整个行业的资本劳动比率相同。于是，整个行业的生产函数为 $X_i = b(\overline{X}_i) f(K_i, L_i) \equiv b(\overline{X}_i) L_i g(k_i)$。由于行业内具有外部效应导致的规模报酬递增，因此，$b'(\overline{X}_i) > 0$，代表性厂商将行业的产量当作既定变量来雇佣资本和劳动。要素市场的完全竞争性使得整个行业的租金率（r_i）与工资率（w_i）与代表性厂商是一样的，于是，$r_i = p_i b(\overline{X}_i g'(k_i)$，$w_i = p_i b(\overline{X}_i)[g'(k_i) - k_i g'(k_i)]$。

对于完全竞争厂商，单个厂商的可变要素（劳动）的边际产品价值（VMP_L）等于 w，单个厂商的 VMP_L 为 $V_i^j = \omega_i^j = p_i b(\overline{X}_i)[g(k_i^j) - k_i^j g'(k_i^j)$，但整个行业的 VMP_L 值要对行业的生产函数中 L_2 求导数并乘以 P_2。根据 Bhagwati et al.（1998，ch. 11）的分析，

$$\frac{\mathrm{d}V_i}{\mathrm{d}L_i}=\frac{p_i b(\overline{X}_i)}{L_i}\left\{\underbrace{K_i^2 g''(k_i)}_{\text{要素密集度效应}}+\underbrace{\frac{\varepsilon}{1-\varepsilon}\frac{[g(k_i)-k_i g'(k_i)]^2}{g(k_i)}}_{\text{规模效应}}\right\}$$，其中 $\varepsilon=\frac{b'(\overline{X}_i)x_i}{b(\overline{X}_i)}$。

Bhagwati 等据此将外部效应分解为要素密集度效应与规模效应。

在两国的技术、偏好和规模都相同时，因外部效应导致的规模报酬递增是国际贸易产生的一个原因。当规模报酬递增部门的产出水平 $x_i^j=\frac{b(\overline{X}_i)L_i}{a_i^j}$，在 2×2 模型中，相对于本国代表性厂商而言，相对成本为 $\frac{a_1}{a_2}=\frac{b(\overline{X}_i)_2}{b(\overline{X}_i)_1}$，相对于外国代表性厂商而言，相对成本为 $\frac{a_1^*}{a_2^*}=\frac{b(\overline{X}_i)_2^*}{b(\overline{X}_i)_1^*}$。在贸易均衡中，$b(\overline{X}_i)$ 与 $b(\overline{X}_i)^*$ 相等，贸易模式与李嘉图贸易模式相同；当 $b(\overline{X}_i)$ 与 $b(\overline{X}_i)^*$ 不相等时，贸易模式是不确定，在 $\frac{a_1}{a_1^*}<\frac{a_2}{a_2^*}<\cdots<\frac{a_2}{a_2^*}$ 的排列中，不一定会有本国生产靠左边的商品而外国生产靠右边的商品，专业化模式存在着多重均衡。

Ethier（1982）在两部门情形下分析了规模报酬递增下的贸易得益问题。他假设部门 1 为规模报酬递增部门，部门 2 为规模报酬不变化部门；报酬递增由外部效应引起的，在竞争均衡条件下，部门 1 和部门 2 的定价原则分别为：$p_1=c_i(w,\overline{X}_i)$，$p_2=c_i(w)$。部门 1 的劳动投入为 L_1，部门 2 的劳动投入为 L_2。部门 1 的产出水平 $x_1=\frac{b(\overline{X}_i)}{a_i}L_1$，各国的比较优势就是由系数 a_i 决定的，特别是由 a_i 相对排序决定的，函数 $b(\overline{X}_i)$ 概括了外部效应的生产率贡献。将 $\frac{b(\overline{X}_i)}{a_i}$ 视为一个变量 k，并令 $k=L_1^{\alpha-1}$（$\alpha>1$），从而 $x_1=L_1^{\alpha}$。部门 2 的产出水平 $x_2=L_2$，根据 $L_1+L_2=L$，则有 $x_1^{\frac{1}{\alpha}}+x_2=L$，$x_1=(L-x_2)^{\alpha}$，$x_2=L-x_1^{\frac{1}{\alpha}}$。

在 Ethier（1982）模型中，对于自给自足经济下的均衡而言，存在着，$p_1=\frac{wL_1}{x_1}$，$p_2=w$。于是，$P=\frac{p_1}{p_2}=x_1^{\frac{1}{\alpha}-1}$。在 $x_2+x_1^{\frac{1}{\alpha}}=L$ 的生产可能性曲线中，边际替代率 $MRT=\frac{-L_1}{\alpha x_1}$。于是，$P=\alpha\frac{\mathrm{d}x_2}{\mathrm{d}x_1}$。

由于 $\alpha>1$，相对价格大于 MRT，即第一种产品的生产量小于社会最大的生产量。因此，如果两国同时生产两种商品，在没有贸易的情形下，经济规模较大的国家在报酬递增部门生产的产品具有低的相对价格。假设世界存在本国和外国两个国家，本国的经济规模大于外国，即 $\overline{L}>\overline{L}^*$，两国的面临相同的技术水平。在没有贸易的情形下，对于报酬递增部门的产品而言，大国具有价格优势，即具有低的相对价格。在自由贸易条件下，$w=w^*$，$p_1x_1=w(x_1^{\frac{1}{\alpha}}+L_2)$，$\frac{p_1}{p_2}=x_1^{\frac{1}{\alpha}-1}+\frac{L_2}{x_1}$。当 $L_1=L_2$ 时，$P=2x_1^{\frac{1}{\alpha}-1}$。

比较在自给自足和自由贸易均衡下的商品 1 与商品 2 的相对价格，可以看出：国家 1 从贸易中获利，贸易后国家 1 的以相对价格衡量的商品 1 的产出量是贸易前的 2 倍；国家 1 获利是因为贸易导致国家 1 将资源从规模报酬不变的产业转移到规模报酬递增的产业，导致经济的平均生产率上升，以至从贸易中获利。与此相对应，国家 2 的资源从规模报酬递增的产业转移到规模报酬不变的产业，国家 2 的平均生产率降低，但商品 2 只在一国从事生产，从而导致价格下降，通过贸易使得国家 2 的消费福利增加，当这种消费福利超过生产率损失时，国家 2 仍能在贸易中获利。

对于外部经济效应下的报酬递增与国际贸易获利的分析，Helpman 和 Krugmaon（1985，ch. 3）一方面论证了贸易受益论，另一方面认为贸易得益也有得不到保证的时候。具体而言，Helpman 和 Krugman 在论证贸易受益论时，假定的是一个由两个经济规模大小相等的国家构成的世界中的贸易均衡情形，而在一个由两个经济规模大小不相等的国家构成的世界中的贸易均衡时，格雷厄姆的贸易损失论就可能成立①。Helpman 和 Krugman 提出了一个充分条件：自由贸易后，只要报酬递增的产品的世界生产规模大于本国在贸易前的生产规模，贸易获利就会产生。Krugman（1900）扩展了这一分析，认为，“之所以说这只是一个充分条件，是因为比较优势也会使我们从贸易中获利”。Krugman（1990）的分析试图将报酬递增与比较优势结合起来解释国际贸易。Krugman 放宽了 Helpman 和 Krugman（1985）的单要素（劳动）投入的假设，采用两要素（资本和劳动）投入的假设，认为一种在规模报酬递增条件下进行生产的产品，只要一个产业在贸易发生后的规模大于本国贸易发生前的规模，则就会导致单位等产量曲线向原点方向移动。贸易发生后，比较优势和规模报酬递增同时发挥作用，更小的资源投入就可以购买到一单位产品。

二、垄断竞争、报酬递增与国际贸易

（一）差异产品的两种分析方法：S－D－S 法与 Lancaster 法

对于报酬递增情形下的垄断竞争的贸易建模方法，产品的差异性是其重要的分析基础，该方法实际上就是假定垄断竞争厂商能使它们的产品与其他产品存在差异而不能完全被替代。理论界往往以偏好结构来区分差异产品：一是 Spence—Dixit—Stiglitz 的品种偏好分析法，即认为人们偏爱消费多种多样的品种。在 S－D－S 模型中，品种偏好分析法通常都以对称而且凹的子效用函数 u_i（D_{i1}，D_{i2}，…）来表示对品种的偏好，其中 D_{iw} 是品种 w 的消费量。Helpman 和 Krugman（1985，ch. 6）将子效用函数表示为一个易于分析的 CES 函数，即 $u_i(D_{i1},D_{i2},\cdots)\equiv\left(\sum_W D_{iw}^{\rho_i}\right)^{1/\rho_i}$，其中，$\rho_i=\left(1-\frac{1}{\sigma_i}\right)$（替代弹性 $\sigma_i>1$）。在垄断竞争情形下，对 CES 子效用函数最大化就能形成对品种的需求函数

① Helpman and Krugman，1985，中译本第 67－68 页．

$D_{iw} = \frac{P_{iw}^{-\sigma_i}}{\sum_{w' \in \Omega_i} P_{iw'} 1 - \sigma_i} E_i$，其中，$P_{iw}$为品种 w 的价格。这种需求函数是从消费者对品种偏好中形成的，Helpman 和 Krugman（1985）将这种偏好称为产品的水平相异性，或者说，这种产品是水平差异产品。

另一种分析差异产品方法是 Lancaster 的理想品种分析法。在这种方法中，消费者所需的并不是商品本身，而是一种间接或者引致的需求。该需求一方面依赖于人们对特色的偏好，另一方面依赖于人们对同一商品在消费上的不同满足感，也就是说人们对商品所体现的特色具有不同的个人偏好。Lancaster 偏好比 S－D－S 型偏好更具有弹性、更复杂。

人们在选择任何潜在可能的品种时总是力图选择理想品种，即当消费者面对两种不同品种时，他将选择距他理想产品较近的一个。假定产品的品种能用单位圆周上的点表示，消费者的理想品种为 $\overline{w}$，Helpman 和 Krugman（1985，ch. 6）将该产品的子效用函数表达为 $u_i\ [D_i\ (w),\ w,\ \overline{w}] \equiv \frac{D_i\ (w)}{h_i\ [\overline{\delta}\ (w,\ \overline{w})]}$，其中 $D_i\ (w)$ 为品种 w 的消费水平，$\overline{\delta}\ (w,\ \overline{w})$ 是圆周上 w 和 $\overline{w}$ 间最短的弧长，$h_i\ (\delta)$ 为 Lancaster 补偿函数，该补偿函数说明的是当消费者消费距理想产品较远的品种时，为了维持给定的子效用水平而需要补偿的消费量。当消费者消费某品种使 $u_i\ (\cdot)$ 值最大时，子效用最大化问题的一个解为 $D_i\ (w') = \frac{E_i}{P_i\ (w')}$，$D_i\ (w) = 0$，$(w \neq \overline{w})$。其中，$w' \in \arg\ \{\min p_i\ (w)\ h_i\ [\overline{\delta}\ (w,\ \overline{w})]\}$。Helpman 和 Krugman（1985）将 $P_i\ (w)\ h_i\ [\delta\ (w,\ \overline{w})]$ 称为理想品种的有效价格，认为将分配到产品 i 的所有开支都花费在使理想产品有效价格最低的品种上是合算的。

Krugman 将 S－D－S 型偏好运用于国际贸易分析，形成了新张伯伦垄断竞争模型。该模型假设每一品种都是以规模报酬递增形式生产的，单个生产者同其他生产者处于相同的竞争地位，没有一种品种是由一个以上的公司生产的；该产业能容纳许多生产者，因为一种产品有许多不同的品种。这种假设与张伯伦的垄断竞争市场结构是不谋而合的，正如 Helpman 和 Krugman（1985，中译本第 161 页）所概括的，“每个公司把产业中其他生产者的品种选择和定价策略作为给定条件下选择一个品种并决定它的价格以求利润最大化”。Helpman（1981）将 Lancaster 型偏好运用于国际贸易分析，形成了新霍特林垄断竞争模型。

（二）Krugman 的新张伯伦模型

Krugman 的新张伯伦模型经历了一个不断发展的过程。Krugman（1979）模型是一个简洁的均衡模型，该模型既不受多项均衡的约束，又能反映产业内贸易，完全适合于 Grubel 和 Lloyd（1975）的实证分析。

Krugman（1979）假设只有劳动一种生产要素，生产一种水平差异产品，对于生产与消费而言，所有产品都是对称的，代表性消费者的效用函数为 $u = \sum_{i-1}^{n} v(c_i), v' > 0$，

$v'' < 0$。其中，c_i 是消费者对第 i 个产品的消费量，n 是产品种类数。

品种 i 的产品成本函数为 $l_i = \alpha + \beta x_i$，$i = 1$，…，n.。其中，α 为固定成本，β 为边际成本，x_i 为品种 i 的产量，单位产品的成本函数为$\frac{l_i}{x_i} = \frac{\alpha}{x_i} + b$，单位成本随产量的上升总是下降的，这就是无止境的规模报酬递增，也就是因为规模报酬递增要求每种产品的生产在只有一个企业时成本最低，每一种类的产品容不下两个企业，或者说，每一种类的产品生产都具有垄断特性。假设经济中的劳动数量 L 能确定，则每个品种的市场出清条件为 $x_i = c_i L$。

在 Krugman 模型中，需要求的是三个变量：（1）每种差异产品相对于工资的价格（p_i/w）；（2）每种差异产品的产量（x_i）；（3）所生产产品的种类数（n）。根据代表性厂商利润最大化的原则有$\frac{p}{w} = \frac{\varepsilon(c)\beta}{\varepsilon(c) - 1}$，其中 $\varepsilon(c) = -\frac{p}{x} \cdot \frac{\mathrm{d}x}{\mathrm{d}p} = -\frac{v'(c)}{c \cdot v''(c)}$，由于 ε 是 c 的减函数，则$\frac{p}{w}$是 c 的正函数，此即 PP 曲线函数。根据垄断竞争的零利润条件，存在着$\frac{p}{w} = \beta + \frac{\alpha}{Lc}$，$\frac{p}{w}$，是 c 的反函数，此即 ZZ 曲线函数。在对称性假设下，Krugman（1979）模型内生地确定着品种数量 $n = \frac{L}{\alpha + \beta x}$。当 L 增加时，PP 曲线不受影响，而 ZZ 曲线将会左移，结果是，p/w 与 c 都相对下降，x 上升，n 增加。

Krugman（1979）强调从自给自足转向自由贸易对每个国家的影响类似于劳动力增加的影响，因为国际贸易使市场规模扩大。随着国际贸易的进行，x 增加，每种产品就在更大的规模上生产，实现规模报酬递增。各国消费者因获得产品种类数机会增加而使效用提高，同时又因生产规模扩大而使 c 下降，贸易收益提高。Krngman 模型还考虑了没有商品自由贸易但有要素的自由流动的情形，此时同样可以获得产品种类数增加与生产规模扩大所带来的贸易利益。在各国偏好与技术都相同的假设下，人口规模较大地区的实际工资（w/p）和产品品种数都高于人口规模较小的地区。

Krugman（1980）在 Krugman（1979）模型的基础上，将代表性消费者的效用函数表达成 CES 形式，$u = \sum_i c_i^{\theta}, 0 < \theta < 1$。对于该种形式的效用函数，需求弹性变为常数，PP 曲线为水平线，L 的增加会导致 ZZ 曲线向左移动，即 c 下降，n 增加，并且 c 下降的幅度以及 n 增加的幅度与 L 增加的幅度是一致的。

由于 Krugman（1980）继续按 Krugman（1979）模型的做法，生产还是单要素生产。在零利润条件下，代表性厂商的产量为 $x_i = \frac{\alpha}{p/w - \beta} = \frac{\alpha\theta}{\beta(1-\theta)}$（$i = 1$，…，$n$），产品品种数是内生决定的，$n = \frac{L}{\alpha + \beta x} = \frac{L(1-\theta)}{\alpha}$。在该模型中，贸易利益的唯一来源是更多的产品种类数，或者说，贸易产生的原因是出现了报酬递增，贸易的作用在于世界市场比起国内市场能提供更多的产品品种。

Krugman（1980）考察了贸易模式。由于$\frac{n}{n^*} = \frac{L/L^* - \sigma}{1 - \sigma L/L^*}$，其中，$\sigma$ 为本国居民对

每种外国产品的总需求量与对每种本国生产的产品的需求量的比率。当$\frac{L}{L^*}=1$时，$\frac{n}{n^*}=1$，此时两国的需求模式与两国的生产模式相同。只要$\sigma<L/L^*<\frac{1}{\sigma}$，每个国家就会分工生产在本国有较大市场份额的那种产品，也就是说，出口模式由本国市场决定，这在理论上解释了 Linder 贸易模式。

Krugman（1981）应用 Krugman（1980）模型阐述了要素比例与产业内贸易模式间的关系。他首先建立了一个封闭经济国家的两产业模型，使得每个部门生产一种具有许多潜在品种的差异化产品。以 1 和 2 表示这两个部门，它们分别有 N_1 和 N_2 个产品种类，所有产品生产与消费都是对称的，产业 1 与产业 2 也是对称的。

代表性消费者的效用函数为：$u=\ln\left(\sum_{i=1}^{N_1}c_{1i}^{\theta}\right)^{\frac{1}{\theta}}+\ln\left(\sum_{j=1}^{N_2}c_{2j}^{\theta}\right)^{\frac{1}{\theta}},0<\theta<1$。该效用函数确保了消费者的总收入平均花费于产业 1 和产业 2 的不同品种上，每个生产者都面临着弹性为$\frac{1}{1-\theta}$的需求曲线。

Krugman 还是遵循单要素的假设，将两产业的总劳动人数简化为 2，于是，产业 1 和 2 的充分就业条件为：$\sum_{i=1}^{n_1}l_{1i}=L_1=2-z,\sum_{i=1}^{n_2}l_{2j}=L_2=z$。当$2-z=z=1$，这一封闭的两产业模型具有完全的对称性。当$2-z<z$时，根据 Krugman（1980）模型，部门 2 的产品种类数 n_2 就大于部门 1。

在 Krugman（1981）的两产业均衡模型中存在着$n_1=\frac{2-z}{\alpha+\beta x_1}$、$n_2=\frac{z}{\alpha+\beta x_2}$。Krugman 将这一封闭的两产业模型扩展为两国模型，并假设除要素禀赋外，两国的其他特征相同，即$L_1^*=z$，$L_2^*=2-z$。也就是说，对于外国，部门 1 的劳动力为 z，部门 2 的劳动力为 $2-z$。根据充分就业条件，$n_1=n_2^*$、$n_2=n_1^*$。两类产品贸易的模式依赖于 z 的取值，当 $z=2$ 时，即两国完全不相同时，贸易方式为产业间贸易，当 $z=1$ 时，即两国的相对禀赋相同时，贸易方式为产业内贸易。当 $1<z<2$ 时，产业内贸易随相对要素禀赋相似程度的增加而成比例扩大。Krugman（1981）模型的归纳性命题是：要素禀赋相似的国家之间进行产业内贸易，要素禀赋不同的国家之间则进行 H－O 式贸易。

（三）Helpman 的新霍特林模型

垄断竞争模型的第二条思路是根据 Lancaster 偏好，由 Helpman（1981）发展起来的。在 Helpman 模型中，有两种产品（制成品 X 与食品 Y）以及两种生产要素（资本 K 与劳动 L）。Y 产品是同质产品具有劳动密集型特征，受规模报酬不变技术的约束；X 产品是差异产品，具有资本密集型特征，受规模报酬递增技术的约束，X 产品同时还存在一个潜在品种的连续统，这一连续统以一个圆的圆周上的点表示。消费者在消费产品 X 时，遵循 Lancaster 偏好法则，即拥有一个制成品的理想品种，消费者要么拥有 X 单位的理想品种，要么在离其理想品种有 v 距离的地方消费 $h(v)\,x$ 单位的一种品种，这两种方法处于无差异曲线上。由于 Y 产品是同质产品，Y 产品的消费量假定为 y，于是，代表性消费者的效用函数为 $U(x(v)/h(v), y)$，并且 $U(\cdot)$ 关于两个自变量是递增的、位似的以及严格凹的，当 x 与 y 的数量不变时，v 的下降会导致效用的增加。该模型还假定在需求方面各品种是对称的，消费者所确认的理想品种均匀地分布于圆周上，并且每个消费者的收入相同，这使得 Heplpman 模型与 Krugman 模型相似。

生产均衡方面，Helpman 模型比 Krugman 模型复杂。在 Helpman 模型中，代表性厂商所面临的需求弹性依赖于可利用产品的种类数，产品种类数与某个品种的产量依赖于要素禀赋。Helpman（1981）分析了贸易均衡的正效应，得出了两个主要结论：(1) 由于假定技术在各国相同，(w, r, x) 向 (p_X, p_Y, N) 的映射是普遍性的，w、r 和 x 在国际间被均等化，即要素均等化命题可扩展到这一模型。(2) 要素禀赋愈相似，部门内贸易量愈大，这与 Krugman（1981）模型的结论是一致的。

（四）Helpman 和 Krugman 的综合模型以及 Krugman 的再综合模型

Helpman 和 Krugman（1985，ch. 7）对 Helpman 模型和 Krugman 模型进行综合，在一个模型里同时反映 S－D－S 型偏好与 Lancaster 型偏好。该综合模型假设有一个部门的产品是相异的，每一品种都是以递增的规模报酬生产；同时，为了保证有张伯伦意义上的垄断竞争的市场结构，允许该产业有厂商进入，每个厂商生产一种不同的品种，而每个品种是两个国家都需要的。Helpman 和 Krugman 的综合模型仍采用对称性假定，即每个品种都以相同的生产函数生产并以相同的方式进入需求。

代表性厂商的利润最大化问题为 $Max[p(w)D(\cdot) - c(w, D(\cdot))]$，其中 $D(\cdot)$ 是需求函数，w 是投入品价格向量，$c(\cdot)$ 是成本函数，对于任一品种而言，$c(\cdot)$ 是相同的，因此，利润最大化要求边际收益等于边际成本，即 $p(w)\left[1-\frac{1}{\sigma(\cdot)}\right]=c_x(w,D(\cdot))$，其中 $c_x(\cdot)$ 为边际成本，$\sigma(\cdot)$ 是需求弹性。在 S－D－S 型偏好下，$\sigma(\cdot)$ 依赖于商品的价格和品种的种类数；在兰卡斯特型偏好下，品种的选择取决于人们的理想选择与实际选择的最接近于理想品种的距离。

Helpman 和 Krugman 将平均成本与边际成本之比描述成 $\theta(w,x)=\frac{c(w,x)/x}{c_x(w,x)}$，这实际上就是度量规模经济的程度；以 $R(\cdot)$ 来度量垄断力量，即 $R(\cdot)=\frac{P}{MR(\cdot)}=\left[1-\frac{1}{\sigma(\cdot)}\right]^{-1}$。根据边际成本等于边际收益的条件，存在着，$\frac{R(\cdot)}{\theta(w,D(\cdot))}=\frac{p(w)D(\cdot)}{c(w,D(\cdot))}$。若以产品 Y 为计量标准 $(p_Y=1)$，则 $c_Y(w_l, w_k)=1$。制成品 x 的定价条件为 $\frac{R(p,\bar{n})}{\theta(w_L,w_k,x)}=\frac{P}{c(w_L,w_k,x)}$。这就得出了与 Helpman（1981）模型相类似的要素市场出清条件。

在垄断竞争市场中，零利润条件使得厂商的数量是内生的，$p=c(w_L, w_k, x)$、$R(\cdot)=Q(\cdot)$。该情形即所谓的"张伯伦大组案例"。至此，Helpman 和 Krugman（1985）的综合模型中的一体化均衡与 Helpman（1981）模型是一致的，所预测的贸易模式也是一致的。在张伯伦大组案例中，相异产品产业内的竞争者数目是由直至使利润为零那一点的进入和退出的程度内生地决定的。但在有限制进入的条件下，即“小组案例”中，Helpman 和 Krugman（1985）模型也能从要素构成的差异和存在产业内贸易来预测部门间贸易模式。在他们的多部门、多要素模型中，对于一个要素禀赋相对丰裕的国家，其使用该要素较为密集的部门将会形成较多的产出，如果该部门是同质产品部门，则要素禀赋将在产出中直接反映；如果该部门是异质产品部门，则要素禀赋通过该部门企业数量增加反映出产出的增加。也就是说，一个要素禀赋丰裕的国家且使用该要素较为密集的部门是生产差异性产品的，该国就会相对地生产出较多的该产品品种，基于差异产品的产业内贸易就随之出现。

Helpman 和 Krugman（1985）的综合模型研究了张伯伦—赫克歇尔—俄林模型中的商品相对价格和相对要素报酬的有效预测程度，得出的结论包括：（1）以规模报酬不变产品衡量的要素价格在两国组成的世界中是一样的；（2）较大的国家生产较多的品种，厂商的平均产出也较高；（3）在较大的国家中，制成品的相对价格较低。张伯伦—赫克歇尔—俄林模式不仅解释了产业内贸易，而且也能解释产业间贸易。或者说，垄断竞争主要用于解释同一产品不同品种之间的贸易，而要素禀赋主要用于解释差别化产品部门间的贸易。

Krugman（1990）又在 Helpman 与 Krugman（1985）综合的基础上进行了再综合。Krugman（1990）的再综合模型更为简明。他首先研究了一个一体化的世界经济，然后再把它分成两个国家。一开始面临的是一个封闭的经济体系（一体化世界经济），该经济中生产两种产品：差异产品 A 和同质产品 B。产业 A 存在着递增的规模报酬和垄断竞争，产业 B 存在着规模报酬不变和完全竞争。两个产业都使用同质的资本和劳动作为投入要素，两种要素在两产业是自由流动的。各国在生产 A、B 两种产品时拥有相同的技术。Krugman（1990）证明了，只要要素禀赋点位于要素价格均等化区域内，通过贸易就能重构一体化经济。在各国消费模式相同、消费偏好均匀地分布于 A 产品的各品种中的情形下，各国所消费的体现在产品组合中的要素服务与世界总供给的比例将是相同的。从 Krugman 的这一再综合模型来看，资本相对丰裕的本国出口相对资本密集型的产品 A，进口的相对劳动密集型的产品 B，这符合 H－O 模式；而对于具有递增规模报酬的产品 A 而言，它是产业内贸易形式，产业内贸易与产业间贸易在 Krugman 的再综合模型中是并存的。之所以称 Krugman（1990）的模型为再综合模型，是因为模型的结果不依赖于偏好是 S－D－S 型的还是 Lancaster 型的。

Helpman 与 Krugman（1985）的综合以及 Krugman（1990）的再综合模型分析的主要是产业内贸易与产业间贸易的并存并不依赖于偏好的类型。但对于贸易利益问题的分析就很难撇开类型。一般而言，在 S－D－S 型偏好下，贸易利益来源于贸易国可能得到更多品种的消费机会和单个品种递增的规模报酬；在 Lancaster 型偏好下，贸易利益不仅来源于贸易国可获得更多品种以及单个品种的规模报酬递增，而且还会形成一个较低的单位成本。在张伯伦—赫克歇尔—俄林模型中，参与贸易的各方所有生产要素的报酬都不可能出现损失。对此 Helpman（1981）进行了分析，认为贸易的结果将导致差别产品部门的产品数量和品种数量增加以及该部门产品价格下降，但由于收入水平未变，各国都可以从贸易中获益。但在两国要素结构差异过大时，仍有可能导致要素收益因贸易而遭受损失。Krugman（1981）对此进行了证明，结论与 Krugman（1980）模型一致：要素结构越相似，产业内贸易规模愈大，从而越有利于要素收益的增加；反之，以要素结构差异为基础的产业间贸易的发展会导致部分要素收益的损失。

（五）报酬递增、产业聚集与国际贸易

"克鲁格曼模型最令人感兴趣的应用是在经济地理学领域"（Bhagwati et al.，1998，中译本第 154 页）。Krugman（1981）已将内部规模经济与两个差异化产品生产部门的模型的运输成本结合起来，提供了一个本地市场效应更显著的例子；他还将两部门模型扩展到两国模型，发现运输成本起着关键性作用。Markusen（1986）将 Krugman（1981）模型与要素禀赋模型结合起来建立了一个三区域模型，在两产品结构下（差异化产品与同质性产品）论证了发达国家之间形成大量产业内贸易、而在发达国家与发展中国家之间产生产业间贸易的原因，证明了贸易量、贸易类型（部门内贸易还是部门间贸易）主要取决于区域的相对禀赋。Krugman（1991）进一步发展了经济地理学模型，以解释一个国家如何被分割为二元结构，即一个工业化的"核心"与一个农业化的"外围"。"中心—外围"模型认为，内部规模经济要求一个品种的生产集中于一个地方，而生产的集中地往往就是人口聚集的地方。其实际上就是由运输成本决定的，但关键问题是这种均衡是否是稳定的。Krugman（1991）证明了，当运输成本很低时，较高的收入份额花费在具有报酬递增性质的制造业产品上，从而形成了一个因果循环关系，这种关系使得制造业集中于首先进行生产的区域。也就是说，在低运输成本时，制造业在经济中的较大份额和在厂商水平上规模经济越明显，产业越容易实现聚集。

Krugman（1995a）在分析发展经济学的兴衰原因以及如何将经济地理纳入主流经济学时，运用 DS 模型（Dixit and Stiglitz，1977）发展了经济地理学。该模型首先是在两部门（制造业和农业）中展开的，农业部门的产品是同质的，制造业部门的产品是有差异的，且其中任何两种产品之间的替代弹性都为常数。农业部门是规模报酬不变部门，从而一个地区生产农产品的产量可直接以所投入劳动力数量来表示。制造业部门存在规模报酬递增，在任一地区生产任一品种都有一个固定的成本。Krugman（1995a）模型是基于 DS 模型中的两个基点：一是，任一种产品在生产者都面临同一不变的需求弹性，于是，厂商利润最大化时的价格就与边际成本相同；二是，厂商的自由进入导致零利润。因此，Krugman 认为，既然所有的产品都以同样的规模生产，一个特定地区的产品种类数就会与该地区的制造业劳动力数量成比例。该模型强调，报酬递增的作用使每一种产品只在一个地区生产才有利可图，不同地区生产的都是差异产品；当一个地区有劳动力流入时，它不是生产更多的现有产品组合，而是生产新的产品，产品种类数增加。

Krugman（1995a）模型在考虑报酬递增、垄断竞争和贸易成本的一般均衡分析框架中，通过劳动力的跨地区流动来探讨集聚发生的机制；通过将报酬递增条件下的制造业份额与劳动要素的份额加以内生，得出区域（或国家）生产结构随运输成本变化而呈现出非线性关系的规律。Krugman 在引入劳动流动机制并通过求解厂商和消费者最大化问题，得出均衡时两地区的工资后，分析了什么条件下会出现产业集聚的均衡结果；在均衡形式和演进过程中，规模经济、运输成本以及制造业份额是三个起决定性作用的变量。Baldwin（1999）引入 R & D 活动，通过要素的内生积累实现产业集聚。Martin 和 Ottaviano（1998）认为 R & D 部门通过多样化投入而获得的效应与 Krugman 模型中的劳动力流动机制所达到的效应是一样的，都促使产业集聚。Ricci（1999）在 Krugman（1991，1995a）模型的基础上，在垄断竞争市场结构下将比较优势、报酬递增、产品差异性以及贸易成本等因素同时纳入两国三部门模型，分析比较优势、经济地理和产业集聚对报酬递增、产业分工模式的影响，强调以贸易成本为代表的地理因素在现代国际分工与贸易中的重要性在下降，厂商很可能凭借绝对优势在一个范围小的地区而不是更大的但缺乏生产效率的地区做区位选择，这对 Krugman 的产业集聚理论的分析做了适当的补充。

Helpman 和 Krugman（1985）建立了一个存在报酬递增和垄断竞争的贸易模型，认为相互之间没有明显比较优势的国家可以因市场接近而形成不同的生产结构。Krugman 和 Venables（1990）研究了报酬递增、垄断竞争以及贸易成本对经济活动区位选择的影响，认为集聚程度会随着贸易成本的上升先提高后下降；提高的原因是聚集带来的规模收益会吸引更多的厂商，下降的原因是"核心"地区投入品价格的上涨。但 Krugman 和 Venables（1990）模型没有解释集聚产生的具体机制以及"中心—外围"模式是如何内生形成，这一任务由 Krugman（1991）模型得以完成。

Krugman 和 Venables（1995）从分析上下游产业间的投入产出联系的特征入手，建立了区域专业化模型。该模型假设：存在着两个国家（本国与外国）和两个生产部门（产业 1 和产业 2），经济已完全实现了工业化，规模报酬不变的农业部门已退出，各生产部门均为不完全竞争型的制造业。他们认为，通过"前向联系"和"后向联系"带来的投入品供给增加和需求扩大，会使某一区域（国家）形成厂商集聚。但该集聚状态是否为均衡状态呢？Krugman 和 Venables（1995）认为，若产业 1 在本国集聚、产业 2 在外国集聚为一种均衡状态，当产业间联系强于产业内联系时，在任何贸易成本下，这一均衡都是不可持续的。只有当产业内联系强于产业间联系，且贸易成本充分小时，产业的集聚状态才可能是可持续的均衡，产业内联系与产业间联系的差距越大，使产业集聚为可持续均衡的贸易成本的取值范围越宽。或者说，在产业集聚的可持续均衡下，产业内联系与产业间联系的差距与贸易成本大小是一个两难冲突，但产业内联系与产业间联系的差距越大就越能折中这一两难。

产业的前向和后向联系形成产业集聚的向心力，因劳动工资的上升形成产业聚集的离心力，即产业扩散。Fujita、Krugman 和 Venables（1999）讨论了产业扩散过程，模型中包含着 3 个国家、7 个不同的产业。在第一阶段，所有产业都位于国家 1，国家 1 与另外两个国家存在着工资差异且因生产率的上升使工资差异增加，离心力开始使产业扩散；进入第二阶段，国家 2 和国家 3 都在开始工业化，在起初的一个很小区间里，两国工资水平是一致的，但随着国家 2 和 3 内部的产业联系不断增强，原来相同的产业结构均衡开始打破，也就是说，产业扩散并不是齐头并进的，各国工业化有先有后，遵循着从低到高的升级过程。该模型阐述了发达国家与发展中国家共存的过程以及存在着发展中国家赶超发达国家的可能机制。

一个产业一旦建立，在没有外部干扰时，这一均衡状态可持续，这就是 Arthur

(1989) 所谓的集聚的路径依赖 (Path Dependent) 特征，这里的“产业一旦建立”意味着产业集聚有可能始于一种历史事件。如果专业化生产和贸易是由报酬递增引起的，则产业集聚的均衡状态就不稳定，“路径依赖”就变成了“历史依赖” (history dependent)，Gomory 和 Baumol (2000) 也表达了相似的看法。不管属于什么原因，某种专业化生产与贸易格局一旦形成，从贸易中获得的好处将累积循环，从而使得这一格局得以强化而被锁定 (locked-in)。

通过 DS 模型赋予经济地理学以新的解释，对报酬递增、外部经济、贸易成本、要素流动以及产业联系的性质的探讨所发展出的一系列模型揭示出了一些重要的理论含义，扩展了经济全球化过程中的生产与贸易模式的解释，是新贸易理论的重要发展。一般而言，出于对报酬递增、运输成本和市场外部性的考虑，厂商倾向于选择靠近市场的区位安排生产，而靠近市场的区位正好是其他厂商比较集中的区位，从而进一步形成以下的累积过程：市场规模扩张→专业化分工→外部性增强→厂商集聚→市场规模进一步扩张，这不仅在理论逻辑上，而且是从历史上描述了一体化市场的形成过程，达到了历史与逻辑的统一。另外，经验事实的不断发现也在丰富着经济地理模型，Davis 和 Weinstein (1996) 将 Krugman (1980) 的本地市场效应模型纳入传统的赫克歇尔—俄林—范纳克 (HOV) 模型，检验 OECD 国家的本地市场效应并发现，在三位数的分类水平上，HOV 决定产出结构，而在四位数的分类水平上，经济地理（本地市场效应）决定产出结构。尽管这些检验结论不稳定，但至少说明了本地市场效应更可能存在。

（六）报酬递增与中间产品贸易

突破对差异产品贸易的分析只假定所有的商品都是最终产品的是 Ethier (1979, 1982) 模型，其认为，基于规模报酬递增的国际贸易正是中间产品占绝大部分，中间产品出现差异的可能性要大于最终消费品，中间产品贸易是报酬递增与不完全竞争市场下的典型。Ethier (1982) 致力于研究具有两种最终产品与两种要素的模型，两种最终产品分别为小麦 (W) 和制成品 (M)，小麦的生产具有规模报酬不变的性质，制成品的生产具有规模报酬递增的性质。在该模型中，初级资源（资本和劳动）生产差异性的中间产品，这种生产在内部规模经济下进行；中间产品用于生产制成品，这种生产在外部规模经济条件进行。

在 Ethier (1982) 模型中，内生的资本与劳动决定着一条严格凹的转换曲线，$W=T(L)$，x 代表每一个中间产品的产量，在对称性假设下，中间产品的总数量为 nx，于是制成品的产量为 $M=n^{\alpha-1}(nx)$。类似于 Krugman (1980) 模型，以内部规模经济指数 m 替代 Krugman (1980) 模型中的 L（劳动），则 $m_i=b+ax_i$，对称性假设意味着 $m=(b+ax)n$。

Ethier (1982) 视规模报酬递增的明显来源有两个：一是单个中间产品的生产所形成的“国内规模报酬” (national returns to scale)；二是制成品部门的扩张是源于具有递增收益的中间投入品种类的增加，这种经济反映出的不是厂商规模的扩大而是劳动分工的细化，此即“国际规模报酬” (international Returns to scale)，国际规模报酬依赖于最终制品市场的规模。

Ethier 以 q_i 表示中间投入品 x_i 的价格，代表性厂商所面临的需求函数是在 $M=n^{\alpha}\left[\sum_{i}^{n}\left(\frac{x_i^{\rho}}{n}\right)\right]^{\frac{1}{\rho}}$ 的约束下最小化支出 $\sum q_i x_i$ 而得到。在对称性条件下，零利润条件意味着，$x=\frac{b\rho}{a(1-\rho)}$。由于中间产品的数量 n 是内生的，即 $n=\frac{(1-\rho)m}{b}$。可见，m 的变化只影响品种数 n。

Ethier（1982）进一步引入一个外国以分析国际均衡。假设本国是劳动力丰裕的国家，外国是资本丰裕的国家，外国的两部门（W^* 与 M^*）间的转换曲线为 $S(m)$，且 $-T'(m)>-S'(m)$。由于供给价格依存于规模与要素密集度差异的结论并不必然会成立，相对于自给自足时的马歇尔稳定，贸易开放时的供给价格存在不确定性。Ethier（1982）描述了国际均衡中最典型的 5 种情形，集中强调了两国的与不完全专业化相关的贸易均衡。在要素密集度不发生逆转的条件下，自由贸易会导致要素价格均等化，本国将出口以丰裕要素生产的 W，进口外国以丰裕要素生产的 M。显然，对于最终产品贸易而言，H－O 模式成立；但当存在中间投入品的贸易时，要素禀赋相似则部门内贸易扩大。

中间投入品是否都是可贸易的呢？Helpman 和 Krugman（1985）对此进行了具体分析。Helpman 和 Krugman 假设世界经济中生产三种商品 X、Y 和 Z，其中，X 与 Y 商品是无差异的最终商品，Z 是差异性的中间产品，X 与 Y 的生产具有规模报酬不变和完全竞争的性质，Z 的生产具有规模报酬递增和垄断竞争的性质。他们以 Y 为基准商品，生产 Y 需要初始资源（资本 K 和劳动 L），而 X 的生产除了初始资源投入外，还需投入中间投入品 Z。依据一体化均衡，Helpman 和 Krugman 分析相异的中间产品是贸易品的情形，认为，此时生产和贸易的模式同最终产品是相异产品时的贸易均衡盒状图非常相似。当两国都生产中间产品 Z 时，它们将专业化生产 Z 的不同品种，从而形成产业内贸易。Helpman 和 Krugman 认为这种情形是 Ethier（1982）模型中的国际规模报酬的一个例子，X 产出越大，Z 的品种种类和生产规模就越大。

Helpman 和 Krugman 进一步分析了相异的中间产品是非贸易品的情形，他们假设存在着三种最终产品 1、2、3 以及相异中间产品 Z，并且 Z 只作为产品生产的投入品。在中间产品是非贸易的情形下，重建一体化均衡意味着所有最终产品和所有中间投入品 Z 的生产都集中于同一国家。为此，Helpman 和 Krugman 将部门 1 与部门 Z 集中于一国的情形称为“产业综合体”，这种综合体要么处在本国，要么处在外国，从而在要素价格均等化区域重建了一体化经济。在一个具有递增报酬性质的非贸易投入品的世界中，要素价格均等化集合里存在着一个要素禀赋点并不能保证要素价格均等。当中间投入品不具有可贸易性时，Helpman 和 Krugman 发现，重要的是国内产业规模而不是世界产业规模。但 Krugman（1990）认为，只要贸易会带来经济一体化，进行中间产品还是最终产品贸易是没有什么根本差异的，所要强调的是在研究规模经济对贸易获利的影响时，要比较贸易后世界产业规模与本国贸易前的产业规模的大小。当然，Helpman 与 Krugman（1985）也注意到了该问题，也声称同福利有关的还是世界产业规模，或者说是国际规模报酬。中间投入品不可贸易在 Helpman 与 Krugman 模型中导致了“产业综合体”的出现，此时，张伯伦模型中的分工及贸易模式与马歇尔模型中的贸易模式相接近（Krugman，1990）。

在中间产品贸易的理论研究方面，Ethier（1982）、Helpman 和 Krugman（1985）做了开创性工作，中间产品贸易日益成为贸易理论研究的重要部分。Hummels et al.（2001）强调中间产品贸易的形成要取决于最终产品生产过程存在多个工序（multiple sequential stages）以及至少包括两个以上的国家在产品的生产工序提供价值增值。Krugman（1995b）就从产品价值增值链分析（slicing up the value added chain）角度分析中间产品现象。关于贸易成本对中间贸易影响的文献也在不断丰富，Hanson、Mataloni 和 Slaught（2003）发现，当海外分公司的贸易成本、非熟悉工人的工资等较低时，母公司对中间投入品的进口量就会上升；而 Y_i（2003）在 Krugman（1980，1981）模型基础上强调关税对中间产品贸易增加之间存在着复杂的非线性关系。

三、寡头市场、报酬递增与国际贸易

马歇尔模型是完全竞争的市场结构，张伯伦模型虽放弃了完全竞争的假设，但侧重于垄断竞争的市场结构。在寡头垄断的情形下，由于存在少数公司之间的勾结行为，因而并不存在一般性的模型，不可能将寡头垄断对贸易的影响作出一般性的分析。但这并不意味着就没有必要分析寡头市场结构下的贸易行为，相反，这是一个重要的研究领域。本部分综述的重点是同质产品条件下的寡头与贸易，至于差异产品条件下的寡头与贸易是最近贸易理论研究的前沿，已形成了相对独立的领域——新新贸易理论（New new trade theory）。

（一）双寡头垄断情形下的贸易

Brander、Krugman 等经济学家的研究假设了分割市场，用古诺双寡头垄断模型来解释产业内贸易形成的原因，为寡头垄断市场结构下的贸易理论发展提供了基本思路。Brander（1981）论证了寡头垄断企业之间的竞争成为国际贸易的一个独立原因，从而解释了相同产品之间的双向贸易现象。该模型假设了一个由两个企业构成的产业，每个企业处于不同的国家，而且这些企业能够分别向各自所在国的市场以及另一个企业所在国的市场提供产品；在没有贸易的情形下，每个企业都是一个垄断厂商，它们为维持较高的价格水平而限制产量，但又期望在另一企业的所在国市场上以超过边际成本的价格再销售一定数量的产品，以扩大市场，增加垄断利润。在这两个企业具有对称性的条件下，结果是每个企业都在每个市场占一半的份额。但 Brander（1981）模型没有考虑运输成本，Brander 和 Krugman（1983）弥补了这一缺陷，在 Brander（1981）模型的基础上进考虑进了运输成本，结论仍是同一产品会产生双向贸易。因为每个企业都认为自己的产品出口时的需求弹性会比在本国市场销售时大，正是这种需求弹性之间的预期差异决定了贸易量。

我们采用 Gandolfo（1994，ch. 8）对 Brander 和 Krugman（1983）模型的重新描述来观察 Brander（1981）模型与 Brander 和 Krugman（1983）模型间的联系。在 Gandolfo 的描述中，国家 1 和国家 2 各有一个厂商生产一种同质产品，国内（外）厂商可以为国内市场、也可以为国外市场进行生产。以 q_{ij}表示厂商 i 为市场 j 生产的产量。国内市

场的总供给为 $q_{11}+q_{21}$，国外市场的总供给为 $q_{12}+q_{22}$。由于产品是同质的，在给定市场上国内产品与进口产品的价格相等。为分析方便，假定需求函数为线性的，且两国的需求函数相同，即 $P_1=a-b(q_{11}+q_{21})$，$P_2=a-b(q_{12}+q_{22})$。厂商的成本函数为 $c(q)=F+cq$。其中，F 为固定成本，c 为边际成本，运输成本遵循萨缪尔森的"冰山假设"，从国家 1 出口到国家 2 的 x 数量商品，而真正到达国家 2 的商品数量为 gx，$(0\leqslant g\leqslant 1)$，两国的 g 值相同。于是，国家 1 的厂商 1 和国家 2 的厂商 2 的利润函数分别为：

$$\Pi_1=\{[a-b(q_{11}+q_{21})]q_{11}+[a-b(q_{12}+q_{22})]q_{12}\}-[F+c(q_{11}+\frac{1}{g}q_{12})]$$

$$\Pi_2=\{[a-b(q_{11}+q_{21})]q_{21}+[a-b(q_{12}+q_{22})]q_{21}\}-[F+c(q_{22}+\frac{1}{g}q_{12})]$$

在古诺博弈中，每个企业都是在另一个企业的产量给定的情形下进行选择，从而得到均衡产量：$q_{11}^*=\dfrac{a+\frac{c}{g}-2c}{3b}$，$q_{21}^*=\dfrac{a+c-\frac{2c}{g}}{3b}$。当 $g>\dfrac{2c}{a+c}$ 时，国际贸易产生，即 $q_{21}{}^*>0$，也就是说，运输成本必须在低于某一临界值时，国际贸易才可能发生。当运输成本为零时 $(g\to 1)$，古诺均衡时的产量为 $q_{11}^*=q_{21}^*=\dfrac{a-c}{3b}$；当运输成本为正值时，$q_{21}^*<q_{11}^*$，即本国厂商在本国市场所占份额大。由于每一企业在外国市场所占的份额低于本国市场所占的份额，也正因为如此，每一企业都认为外国市场上的需求弹性大于本国市场。以价格超过边际成本的比例来表示垄断厂商的提价(mark-up)，即 $\dfrac{p-MC}{p}$，但由于 $\dfrac{p-\frac{c}{g}}{P}<\dfrac{p-c}{p}$，因而每一企业在国内市场上的提价幅度要高于企业在外国市场上的提价幅度，这就意味着出口产品价格要低于国内市场价格，这就是 Brander 和 Krugman(1983)意义上的"相互倾销"(Reciprocal Dumping)。

Brander 和 Krubman(1983)对"相互倾销"模型的应用主要体现在贸易福利的分析上。Brander 和 Krugman 认为，由于存在两种效应，又不知这两种效应谁占主导地位，因而对贸易净福利问题没有肯定的答案。一种效应是相互倾销模型中的贸易导致了无谓的运输，减少了福利；另一种效应是国际竞争使价格下降，减少了垄断扭曲，增加了福利。Dixit 和 Norman(1980)以一个简单的例子证明了，古诺双头垄断模型中贸易使世界产业比贸易前本国产业的数量更少，但企业规模会更大，亲竞争效应显著，亲竞争效应与运输成本的浪费效应相比占主导地位，进一步说，贸易使一国从产业优化与规模扩大中得到的好处总是大于运输成本的浪费。

古诺双寡头垄断模型虽然没有直接研究报酬递增与国际贸易的关系，其与直接研究报酬递增情形下的国际贸易的马歇尔模型、张伯伦模型在研究方法上不同，但它为不完全竞争的市场结构与产业政策建立起了联系，揭示了相同产品间双向贸易现象及其原因。垄断厂商预见到出口比在本国市场销售更具需求弹性，从而相互进入别国的市场，这其中也隐含着报酬递增是产生贸易的原因的其中一个解释，相互倾销实际上就是为了扩大市场。

如果借助 Brander 和 Spencer(1985)模型,即存在三个国家(本国、外国与第三国),生产同质产品,生产在本国和外国,消费在第三国,两个企业在第三国市场上相互竞争,此时的模型也同样能与 Brander(1981)、Brander 和 Krugman(1983)模型相嫁结,以解释国际贸易的形成,虽然 Brander 和 Spencer(1985)模型主要在于论证不完全竞争市场结构下的贸易政策。

在 Brander 和 Spencer(1985)模型中,Q 表示市场需求与供给,即 $Q=q+q*$,于是存在反需求函数 $p=p(Q)$,在双寡头垄断情形下,本国与外国企业所面临的成本函数分别为 $c(q)$和 $c^*(q^*)$。在古诺博弈中,本国企业将 q^* 视为给定,于是,本国企业利润最大化问题的一阶条件为 $\Pi_q=p(Q)+p'(Q)q-c'(q)=0$。该条件给出了本国企业的反应函数。同时,由于本国企业是个垄断厂商,则 $c'(q)=p\left[1+\frac{p'(Q)}{p}q\right]\equiv p\left(1-\frac{1}{\eta/\alpha}\right)$。其中,$\eta$ 为第三国的总需求弹性,α 为本国企业在第三国市场中所占份额。Bhagwati et al.(1998)将 η/α 称为本国企业“感知”的需求弹性,由于 $\alpha<1$,“感知”的需求弹性大于总需求弹性,因此,本国企业总有贸易的动力,这与 Brander 和 Krugman 的相互倾销模型一致。

（二）扩展的双寡头垄断情形下的贸易

前面的双寡头垄断模型只是说明寡头垄断厂商之间相互作用产生了对同质产品的国际贸易,所分析的情形还是一个双寡头垄断特例,是否可以对这一特例进行扩展呢?Helpman 和 Krugman(1985)对此作出了贡献,即对某种商品的生产存在多个厂商垄断的情形进行了分析。虽然古诺行为假设要证明其符合现实世界是困难的,但利用这一假设也往往能导致直觉上合理的结论,Helpman 和 Krugman(1985)认为,其中的原因可能是它意味着寡占行为是介于完全竞争和完全垄断之间的市场结构,而且其结果常随公司数目而有规则地变化,公司数目的增加会加剧竞争。为此,Helpman 和 Krugman(1985)考察了卖者集中对贸易的影响以及贸易对卖者集中的影响,扩展了双头垄断贸易模型。

Helpman 和 Krugman 首先是从局部均衡中导出卖方集中对贸易的含义。卖方集中的效应相当于在价格与边际收入之间打入了一个楔子,但要在一个完全一般均衡模型中导出这个楔子的范围是相当困难的。假设一种同质产品在两个国家的生产函数分别为 $c(w,x)$和 $c^*(w^*,x)$,其中,w 和 w^* 分别为本国和外国生产投入的劳动要素(唯一要素)的工资水平,x 为产量水平。两国的消费者人数分别为 m 和 m^*,暂时假设该产业是不能自由进入的,本国和外国的公司数目 n 和 n^* 是外在的。于是,产业需求函数为 $X=mD(p)$,需求函数的反函数为 $p=D^{-1}\left(\frac{X}{m}\right)$,由于 x 为代表性厂商的产出水平,于是 $x=\frac{X}{m}=\frac{mD(P)}{n}$。

在存在贸易的情形下,Helpman 和 Krugman 分两步来讨论卖方集中对贸易的影响:(1)国家完全对称的情形。此时,$c(\cdot)=c^*(\cdot)$、$w=w^*$、$m=m^*$、$n=n^*$,这意味着贸易对价格没有影响，但贸易具有加剧竞争的效应。对于代表性厂商而言，$MR = p\left[1-\frac{1}{(n+n^{*})\sigma(p)}\right] > p\left[1-\frac{1}{n\sigma(p)}\right] = c_x$，因此，厂商扩大产出使得价格下降。(2) 国家不对称的情形，此时产品贸易就会发生，这种情形下最简单的分析是首先放弃公司数目相等的假定，而其他假设不变，即 $c(\cdot)=c^{*}(\cdot)$、$w=w^{*}$、$m=m^{*}$，这样，公司数目较多的那个国家就成为该商品的净出口国。当继续放弃其他变量相等的假设时，贸易方向不能仅仅通过成本或贸易前价格的比较来确定。当市场大小不同时，贸易方向要看$\frac{n}{m}$是大于还是小于$\frac{n^{*}}{m^{*}}$。贸易前的价格不仅依赖于公司总数目的大小，而且还依赖于人均公司数目的大小。当成本大小不相同等，若其他条件都相同，则低成本国家会倾向于出口低成本产品。当然，其他条件不一定相同，因而贸易模式变得复杂而难以确定。

Helpman 和 Krugman（1985）运用差异产品模型描述了不完全竞争对贸易模式和贸易利益的效应。按他们的逻辑，首先描述一体化均衡，将整个产业分为两类：寡占部门 I_O 和竞争性部门 I_C。垄断程度以价格与边际成本之比表示，即 $R_i(p,\bar{n}_i) = \left[1-\frac{1}{\bar{n}_i\sigma_i(p)}\right]^{-1}$。其中，$p$ 为价格向量，$\bar{n}_i$ 为寡占部门的公司数目，$\bar{n}_i\delta_i$（p）为代表性厂商所面临的需求弹性。寡占部门的定价原则为 $\frac{R_i(p,\bar{n}_i)}{\theta_i(w,x_i)} = \frac{p_i}{c_i(w,x_i)}$，其中$\theta_i$（·）是关于产出的成本弹性的倒数，它衡量规模经济的程度。竞争性产业的定价原则为 $p_i = c_i$（w）。Helpman 和 Krugman（1985）在给出这些一体化经济均衡条件后，分析了贸易是如何重建一体化均衡的。当存在寡占部门时，其在每个国家的公司数目给定，则要素价格均等化集合的范围较小；只有在完全竞争的产业数目至少与要素数目一样多时，要素价格均等化集合才有满维性。

Helpman 和 Krugman（1985）对卖方集中进行了局部均衡分析。当不存在贸易时，市场规模的扩大会导致公司数目和公司平均产出的增加以及价格和平均成本的下降。在存在贸易时，具有相同成本函数的进入者所产生的影响就如同一国的市场规模扩大，一体化世界中的公司数目增加，平均产出增加，平均成本下降。如果进入者不具有相同的成本函数，则厂商进入使得低进入成本的国家的厂商利润为零。在局部均衡情形下，厂商自由进入意味着比较优势和贸易之间的直接关系可能恢复。

Helpman 和 Krugman（1985）还对卖方集中进行了一般均衡分析，讨论了厂商自由进入，扩展了局部均衡情形下的结论，认为：（1）生产的相对差异能用要素禀赋来预测；（2）要素禀赋充分地相似使得要素价格均等化；（3）寡占虽然能产生与竞争性模型相似的结果，但它与完全竞争是不同的，价格可能通过竞争被推向平均成本点，但决不会被推向边际成本点。

四、结束语

二战以后的国际贸易现实使得传统的贸易理论从假设到理论都受到了质疑，或者说，传统的贸易理论无法对二战之后的一些国际贸易实践作出合理的解释，人们需要新的解释工具，新贸易理论就是在对传统贸易理论的不断质疑和对国际贸易实践进行的反思中形成自己体系的，新贸易理论基于报酬递增的假设使得传统国际贸易理论前提发生了改变，新贸易理论的不完全竞争市场假设使得产业组织理论能成功地运用于国际贸易理论和对国际贸易现实的解释。本文描述了新贸易理论的主要内容与发展线索。

新贸易理论改变了传统理论中规模报酬不变的假设，这一改变既贴近现实又使得传统贸易理论无法解释的一些贸易现象得到了很好的解释。在规模报酬不变的假定下，传统贸易理论强调转换曲线自原点外凸。但实际上，转换曲线自原点是凸还是凹取决于不同产品规模报酬的情形，也就是说，转换曲线可能在某个部分自原点外凸、某个部分向内凸向原点，也可能完全向内凸向原点。新贸易理论以报酬递增作为前提假设必然涉及市场结构难题，这是个极具技术与建模难度的问题，传统贸易理论因为假设规模报酬不变从而避开市场结构难题。尽管建立在报酬递增理论之上的贸易理论很容易用逻辑语言来阐述，但在20世纪80年代以前，一直没有可以证明这一理论的数学模式。

经济学家在20世纪70年代开始推出一系列研究不完全竞争市场结构中经济行为模型，从而带来了一场理论的裂变，催生了新贸易理论的产生。对于报酬递增的重新研究不仅带来了一场理论革命，而且还带来了方法上的突破。Krugman（1990）对此做了较好的描述：（1）带来了建模战略的变化，“我们比过去更加愿意提出不同的问题，更加渴望得到不同的答案”；（2）使人们将注意力集中于一种不需要了解国际分工和国际贸易确切模式就能对许多现象进行解释的模型上。Krugman（1990）具体分为三种情形：第一，将研究重点集中于资源配置而不是产品生产上；第二，研究固化的要素服务，而不是要素服务固化在何种具体产品上；第三，阐述生产会集中某个地方而不是论证集中于具体的哪个地方。

当然，新贸易理论并不是排斥比较优势理论，而只是打破了在解释国际贸易产生的原因上比较优势的垄断地位。在一个报酬递增的世界里，来自于国家之间差异的比较优势不是进行贸易的唯一理由，规模报酬递增也是国际贸易形成的原因。Helpman和Krugman（1985）总结了在一个具有不完全竞争和规模报酬递增的世界中存在着四种潜在的贸易利益来源：（1）生产效应，即规模的扩大可视为是一种提高经济效率的技术进步，国际贸易的竞争效应使得不完全竞争市场结构下的厂商降低价格、提高产量；（2）生产集中，即国际贸易会导致每一个报酬递增部门集中于一国；（3）合理化效应，即国际贸易的竞争效应意味着厂商进入与退出自由，这会导致公司数目的减少和公司平均产出的增加；（4）多样化效应，即从事贸易的国家比贸易前能得到更多种类产品的消费机会，或者提供更多的中间投入品。

报酬递增下的贸易理论获得了突破性进展，其日益受到人们的重视，已成为贸易理论发展中的一个核心部分。当然，新贸易理论还处于不断深化阶段，Helpman和Krugman（1985）、Krugman（1990）提出了未来的发展方向：（1）建立动态模型。报酬递增的许多优势可能是以动态形式出现的，如学习曲线；在不完全竞争的市场结构中，动态特征下的模型可能比静态模型在解释能力上更具优势。（2）为贸易政策建立模型，使模型更贴近实际。张伯伦模型从根本上依赖于对技术和效用之间特有的相互制约，古诺双寡头垄断模型离现实更远。新贸易理论除了解决不完全竞争市场结构下的贸易模式与贸易量的问题，更多的还是分析贸易的福利，为了使新贸易理论更具解释力和应用性，需要进行政策分析，虽然已有的战略性贸易政策取得了较大发展，但为贸易政策建模的路还很长。(3) 需要一个全新的方法来对新贸易理论进行实证研究。

贸易利益的动态分析方法是新贸易理论发展的方向。新贸易理论沿用新古典贸易理论的静态比较方法，对贸易利益的分析更多的是从福利角度展开，认为在规模经济下，通过差异产品的产业内贸易可以扩大一国消费品选择范围。但贸易的利益更多的是体现在动态上，而不是简单地将贸易前的福利和贸易后的福利做对比。对贸易的动态利益问题的严格建模及一般均衡分析直到新增长理论发展起来才有了进展，以动态分析为特征的新增长理论为新贸易理论建立动态模型提供了分析工具和方法。

参考文献：

[1] Arthur, B. W. (1989), "Competing Technologies, Increasing Returns and Locked-in by Historical Events", *Economic Journal*, 99, 116 - 131.

[2] Baldwin, R. E. (1999), "Agglomeration and Endogenous Capital", *European Economic Review*, 43, 253 - 280.

[3] Bhagwati, J. N., Panagariya, A. and Srinivasan, T. N. (1998), *Lecture on International Trade* (2nd ed.), Cambridge: The MIT Press.

[4] Brander, J. A. (1981), "Intra-industry Trade in Identical Commodities", *Journal of International Economics*, 11, 1 - 14.

[5] Brander, J. A. and Krugman, P. R. (1983), "A Reciprocal Dumping Model of International Trade", *Journal of International Economics*, 15, 313 - 321.

[6] Brander, J. A. and Spencer, B. J. (1985), "Export Subsidies and International Market Share Rivalry", *Journal of International Economics*, 18, 83 - 100.

[7] Davis, D. R. and Weinstein, D. E. (1996), "Does Economic Geography Matter for International Specialization", NBER Working Paper, No. 5706.

[8] Dixit, A. K. and Norman, V. (1980), *Theory of International Trade*, Cambridge: Cambridge University Press.

[9] Dixit, A. K. and Stiglitz, J. (1977), "Monopolistic Competition and Optimum Product Diversity", *American Economic Review*, 67, 297 - 308.

[10] Ethier, W. (1979), "Internationally Decreasing Costs and World Trade", *Journal of International Economics*, 9, 1 - 24.

[11] Ethier, W. (1982), "National and International Return to Scale Modern Theory of International Trade", *American Economic Review*, 72, 389 - 405.

[12] Fujita, K., Krugman, P. and Venables, A. (1999), *The Spatial Economy: Cities, Regions and International Trade*, Cambridge, The MIT Press.

[13] Gandolfo, G. (1994), *International Economics* Ⅰ: *the Pure Theory of International Trade*, Springer-Verlag Berlin Heidelberg.

[14] Gomory, R. E. and Baumol W. J. (2000), *Global Trade and Conflicting National Interests*, Massachusetts Institute of Technology.

[15] Grubel, H. G., and Lloyd, P. J. (1975), "Intra - industry Trade: The Theory and Measurement of International Trade in Differentiated Products. New York: Wiley.

[16] Hanson, G. H., Mataloni, R. J. and Slaughter, M. J. (2003), "Vertical Production Networks in Multinational Firms", NBER Working Paper, No. 9723.

[17] Helpman, P. R. and Krugman, P. R. (1985), *Market Structure and Foreign Trade*, The MIT Press.

[18] Helpman, P. R. (1981), "International Trade in the Presence of Product Differentiation, Economies of Scale and Monopolistic Competition: A Chamberlin-Hechscher-Ohlin Approach", *Journal of International Economics*, 11, 305 - 340.

[19] Hummels, D., Ishii, J., and Yi, K. M. (2001), "The Nature and Growth of Vertical Specialization in World Trade", *Journal of International Economics*, 54, 75 - 96.

[20] Krugman, P. R. (1979), "Increasing Returns, Monopolistic Competition and International Trade", *Journal of International Economics*, 9, 469 - 479.

[21] Krugman, P. R. (1980), "Scale Economics, Product Differentiation and the Pattern of Trade", *American Economic Review*, 70, 950 - 959.

[22] Krugman, P. R. (1981), "Intraindustry Specialization and the Gains From Trade", *Journal of Political Economy*, 89, 959 - 973.

[23] Krugman, P. R. (1990), *Rethinking International Trade*, Massachusetts Institute of Technology.

[24] Krugman, P. R. (1991), "Increasing Return and Economic Geography", *Journal of Political Economy*, 99, 483 - 499.

[25] Krugman, P. R. (1995a), *Development, Geography and Economic Theory*, Massachusetts Institute of Technology.

[26] Krugman, P. R. (1995b), "Growing World Trade: Causes and Consequences", *Brookings Papers on Economic Activity*, 1, 327 - 377.

[27] Krugman, P. R. and Venables, A. (1990), "Integration and the Competitiveness of Peripheral Industry", in C. Bliss and J. Braga de Macedo (eds.), *Unity with Diversity in the European Community*, Cambridge University Press, 56 - 75.

[28] Krugman, P. R. and Venables, A. (1995), "Globalisation and the Inequality of Nations", *Quarterly Journal of Economics*, 110, 857 - 880.

[29] Markusen, J. R. (1986), "Explaining the Volume of Trade: An Eclectic Approach", *American Economic Review*, 76, 1002 - 1011.

[30] Martin, P. and Ottaviano, C. (1999), "Growing Locations: Industry Location in a Model of Endogenous Growth", *European Economic Review*, 43, 281 - 302.

[31] Ricci, L. A. (1999), "Economic Geography and Comparative Advantage: Agglomeration versus Specialization", *European Economic Review*, 43, 357 - 377.

[32] Yi, Kei-Mu (2003), "Can Vertical Specialization Explain the Growth of World Trade?" *Journal of Political Economy*, 111, 52 - 102.

[33] 巴格瓦蒂，等（1998）. 高级国际贸易学. 上海：上海财经大学出版社，2004.

[34] 克鲁格曼（1990）. 克鲁格曼国际贸易新理论. 黄胜强，译. 北京：中国社会科学出版社，2001.

[35] 赫尔普曼，克鲁格曼（1985）. 市场结构与对外贸易. 尹翔硕，等，译. 上海：上海人民出版社，1993.

第五章　新经济地理学
——国际贸易的空间视角

克鲁格曼在其著作《地理与贸易》一书中开篇便讲：“大约一年前，我突然意识到，作为国际经济学家，在我的大部分职业生涯中，我所思考和写作的都和经济地理有关，而之前我竟然没有意识到。”从新贸易理论到新经济地理学，克鲁格曼的思想变化不是跳跃性的，而是水到渠成的，因为新贸易理论与新经济地理学是一对同源理论。对此，克鲁格曼自己也说过，当他发现自己所处的世界是一个要素流动且存在运输成本的世界时，他就觉得自己所研究的问题更加贴近于区位理论而不是贸易理论（Fujita 和 Krugman，2004）。

新经济地理学应该看作是新贸易理论在空间层面上的应用和研究。新贸易理论解释了贸易流量和贸易结构的问题，而新经济地理学则说明了贸易流向及贸易模式的问题。两者的结合在对当今国际贸易和区位经济活动的解释上堪称珠联璧合、完美呼应。

本章将对新经济地理学进行简要介绍，内容主要由以下几部分构成：（1）新经济地理学简介，主要从新经济地理学的历史渊源、建模策略和基本模型等方面展开；（2）D－S 模型的空间版本，本章主要推导和讲述新经济地理学的基本模型中心—外围模型，这是新经济地理学的核心模型；（3）本地市场效应与国际专业化，本地市场效应是中心—外围的集聚模式的重要推论，在国际分工背景下，这与国际专业又密切相关；（4）贸易理论中的产业集聚，本章继承了上节的集聚的话题，探讨在传统 H－O 世界中的产业集聚及分工；（5）对外贸易与内部地理，因为贸易也是扩大市场的一种方式，所以对外贸易会对该国内部经济制造业分布形成影响；（6）跨国公司与空间集聚，国际商品流动（国际贸易）同时会伴随着国际投资，这种投资行为一般由企业发起，其方向和分布同样存在着空间集聚，本章就此展开讨论。

第一节　新经济地理学简介①

一、新经济地理学源远流长

关于新经济地理学的渊源应该追溯到德国传统的古典区位理论。18 世纪末至 19 世纪初，德国仍然是一个封建割据的农业国，英、法等国却已走上了工业化道路。英国工

---

① 本节参考梁琦，空间经济学：过去、现在与未来——兼评《空间经济学：城市、区域与国际贸易》，经济学（季刊），2005，（03）。

业化前后，农产品价格上涨，一些目光敏锐的德国农场主通过与英国的农产品贸易而获利，于是尽量多买土地，扩大生产规模，德国农业开始向大型化商品化过渡。为了研究德国农业经营模式和产业化问题，约翰·冯·杜能潜心经营农庄十载，收集了极为详细的资料，于1826年撰写了巨著《孤立国同农业和国民经济的关系》（简称《孤立国》）。书中对于地租和土地利用的分析使人耳目一新，而对于孤立国（城市）的描述，成了城市经济学的发源①。

到19世纪末，德国已完成了第一次产业革命，并迅速成为第二次产业革命的策源地之一，产业的大发展，使得产业迁徙和工业布局问题为学者们重视。韦伯于1909年撰写了《工业区位论》。在这部名著中，韦伯系统地建立了一系列概念、原理和规则，严谨地表述了一般的区位理论，并发展为新经济地理学的另一流派。

新古典区位理论代表人物则是沃尔特·克里斯塔勒（Walter Christaller）和奥古斯特·勒施（August Losch）。前者于1933年出版了《德国南部的中心地区》一书，提出了中心—地方理论（Central Place Theory），后者于1939年出版了《区位经济学》（原名为《空间体系经济学》，于1954年在美国以 *The Economics of Location* 为名翻译出版），以最概括性的描述将一般均衡理论应用于空间经济。

1956年，沃尔特·艾萨德（W. Isard）出版了 *Location* 和 *Space-Economy* 一书，将冯·杜能、韦伯、克里斯塔勒、勒施等人的模型整合为一个统一的易驾驭的框架，把区位问题重新表述为一个标准的替代问题：厂商可以被看作是在权衡运输成本与生产成本，正如它们作出其他任何成本最小化或利润最大化的决策一样。这是一种开创性的贡献。"但是，他在他的这部巨著中给自己定下的目标——将空间问题带入经济理论的核心，却从未实现。……事实上，艾萨德从未提出过一个一般区位均衡的例子；这并非偶然，因为不论是他还是那个时代的任何人都不知道怎样做这件事。……艾萨德并没有对理论进行深入的研究，相反，他开创了一个折中的应用领域——区域科学"②。

阿朗索（Alonso. W）于1964年出版了《区位和土地利用》一书（*Location and Land Use*, *Cambridge*: Harvard University Press），用经常在城市与农村来回穿梭的"通勤者"（Commuters）替代农民，用中央商业区（Central Business District, CBD）替代城市，建立了一个"单中心城市模型"，描绘了一幅比冯·杜能的模型更令人满意的图景。

将区位理论与国际贸易密切联系起来的是贝蒂尔·奥林（B. G. Ohlin），当他获得1977年经济学诺贝尔奖时，其名著《区际贸易与国际贸易》（*Interregional* 和 *International Trade*, 1933）被提名为他的主要贡献。在这本书的修订版（1966）中，奥林增加了一篇新的论文《对当代国际贸易理论的看法》作为附录，他指出："如上所

---

① 该书在1966年由Wartenberg译成英文版，1993年引入中国，由商务印书馆出版。在探索工业区位和厂商定位时，冯·杜能首先探询厂商不愿定位主要的城市（特别是首都和省会）的原因，即离心力（用空间经济学术语来说）。冯·杜能的论述非常全面，囊括了大城市中较高的地租和较高的食品价格对货币工资的影响。接着冯.杜能深入探讨了产业集聚的七大原因。虽然该书写于德国工业革命初期，但要超越他所思考的对产业集聚的形成的精确描述，并不是容易的。

② 保罗·克鲁格曼. 发展、地理学与经济理论. 北京：北京大学出版社，中国人民大学出版社，2000：58 - 60.

述，国际贸易理论是一个'多边市场理论'其他多边市场理论，可以从价格差异理论和地租理论中看到。然而，尤其重要的是，国际贸易理论是接近于区位理论的。……区位理论比国际贸易理论更为广泛，贸易理论的一大部分可以看作是区位理论的一小部分。"① 可以说，奥林开拓了贸易与区位理论之关系的新领域。也有经济学家认为②，再追溯到大卫·李嘉图之前的国际贸易理论，空间因素是得到优先考虑的，通过将环境差异弱化为土地生产力的差异，李嘉图有效地将对空间的考虑从他的分析体系中剔除了。他用比较成本替代了空间因素，并使比较成本成为了至关重要的因素。正是因为李嘉图模型和比较成本的重大影响，几乎将空间因素从主流理论中剔除出去，从那之后相当长的时期里，空间因素即使被研究过，也是在英国古典经济学的主流演绎模型之外处理的。从这个意义上来说，大卫·李嘉图的经济学在空间经济的历史上形成了一个消极的分水岭。萨缪尔森于 1983 年在"Thunen 两百年"中这样说："李嘉图的贸易理论传统上假设要素流动的可能性为 0，而商品在国家或地区间流动的可能性为 100%。冯·杜能的模型背道而驰，在一个不能移动的土地上，劳动力可以自由流动，商品的流动要花成本。对于劳动力将在哪里定位的问题贸易理论没有考虑，可是冯·杜能考虑了"③。区位理论与贸易理论的关系也由此可见一斑。

空间经济研究的是关于资源在空间的配置和经济活动的空间区位问题，尽管区位理论拥有长久的历史，但是，与时间不同，空间长久以来没有能够成功地纳入经济学主流。那么为什么区位问题一直是主流经济学的一个盲点？这并不是历史偶然：由于新经济地理学本身的某些特征，使得它从本质上就成为主流经济学家掌握的那种建模技术无法处理的领域。而这种特征指的就是存在收益递增时的市场结构问题。克鲁格曼认为主流经济学之所以对空间问题置之不理，并不是因为区位问题在我们的生活中不重要，相反，它很重要，只是因为经济学家们没有掌握必要的研究工具。他说，"在新经济地理学中，如果你不找到某种方法来处理规模经济和寡头厂商的问题，那么你事实上根本无从入手。……正如地理学家们因为知道手中没有可以解释山脉成因的模型，所以不会认真研究山脉的位置那样，经济学家们也因为知道无法把空间因素模型化，而不去研究经济的空间方面的问题。"④

如何才能将规模经济和不完全竞争这种常态纳入经济模型中去呢？事实上这不仅是区位理论研究的盲点，也是其他一些经济理论研究的瓶颈。至今仍然有许多经济理论假设规模报酬不变，这使得我们很难理解为什么经济不是以"后院资本主义"（backyard capitalism）为特征的。1977 年，迪克西特（Avinash Dixit）和斯蒂格利茨（Joseph Stiglitz）在《美国经济评论》上发表了一篇著名文章，建立了一个非常精巧和独特的 Dixit-Stiglitz 垄断竞争模型。这个模型为很多经济领域的研究提供了崭新的工具，扫除

① 伯尔蒂尔·奥林．地区间贸易和国际贸易．北京：商务印书馆，1986：34－335.

② Ekelund 和 Hebert（1999），转引自 Fujita，M. and Thisse，J－F.，"*Economics of Agglomeration：Cities，Industrial Location，and Regional Growth*"，Cambridge：Cambridge University Press，2002. 中译本 pp18－19.

③ "Thunen at Two hundred"，Journal of Economic Literature，1983. Vol. 21（4）1468－1488.

④ 保罗．克鲁格曼．发展、地理学与经济理论，北京：北京大学出版社，中国人民大学出版社，2000：37－39.

了前进路上的技术障碍，从此，掀起了经济学研究中收益递增和不完全竞争的革命①。这场革命有四波：第一波是产业组织理论，第二波是新贸易理论，第三波是新增长理论，第四波则是空间经济理论。

保罗·克鲁格曼是这场革命的弄潮儿。20世纪80年代他对新贸易理论的贡献众所周知，而在80年代后期，他关注着欧洲经济不断融合的发展趋势，开始思考这个问题。他起初认为有关收益递增的有趣现象要从国际贸易的角度来进行阐述。当他潜心研究时，却发现自己的分析越来越偏离过去所熟悉的国际经济学。在国际经济学里，要素不能流动而商品可以贸易且运输成本为零，是进行国际贸易研究的基础。而现实是生产要素可以流动且运输成本也为正，他觉得自己越来越转向另一类模型，它们更接近区位理论而不是国际贸易理论。于是，克鲁格曼从中发现了另一番天地——新经济地理学，并雄心勃勃地想把它发展成为主流经济学的一个分支。“区位理论是经济地理学这个更加广阔领域的一部分”，克鲁格曼定义的经济地理是指“生产的空间区位”②，它研究经济活动发生在何处且为什么发生在此处。为什么研究这种经济地理是非常重要的？克鲁格曼解释说有三个重要的理由：首先，国家内部经济活动的区位本身就是一个重要的主题，对于美国这样的大国来说，生产的区位是和国际贸易一样重要的问题；其次，在一些重要的情形中，国际经济学和区域经济学之间的界线变得越来越模糊了，譬如用标准的国际贸易范式来谈欧盟成员国之间的关系就越来越没有意义了；第三，这是最重要的原因，20世纪80年代的新贸易理论和新增长理论告诉人们一个新的经济学世界观，却很难从贸易、增长和商业周期中找出令人信服的证据，来说明这就是世界经济实际运行方式，但研究国际国内经济活动的区位时，这样的证据就不难找到，因此，经济地理为新贸易理论、新增长理论等提供了一个思想和实证的实验室。

二、新经济地理学的建模策略

那么究竟什么是新经济地理？新经济地理的基本问题也是空间经济的核心问题，即解释地理空间中经济活动的集聚现象。集聚出现在很多地理空间层面上，种类繁多。例如，小型的商店或饭店集中在临近地区，集聚就发生了。从居民小区、商业区到工业区，都是不同层面上的集聚。城市本身就是集聚的结果，区域经济一体化也是集聚的一种形式，集聚的极端则是全球经济的中心外围结构，即国际经济学家们密切关注的南北两极分化问题。而所有不同层面不同种类的集聚都处于一个更大的经济中，共同形成一个复杂的体系。在经济学家眼里，这就需要一个一般均衡理论来解释这些现象。新经济地理的目标就是发明一种建模方法，一个讲述故事的机制，以便人们很方便地谈论使经

① D－S模型被广泛应用到很多领域的经济建模中。从20世纪70年代末，一些理论家开始把新产业组织理论的分析工具应用到国际贸易中；几年后，同样的分析工具又被应用到技术变革和经济增长中。新贸易理论出现在1984年左右，新增长理论出现在1990年左右。这两大经典理论的整合得益于两部专著的适时问世：Helpman, E., and P. Krugman. *Market Structure and Foreign Trade.* Cambridge: MIT Press (1985), Grossman, G., and E. Helpman. *Innovation and Growth in the World Economy.* Cambridge: MIT Press (1991)。

② 保罗·克鲁格曼．地理和贸易．北京：北京大学出版社，中国人民大学出版社，2000：1.

济活动集聚的向心力和使经济活动分散的离心力，很清楚地理解经济活动的地理结构和空间分布是怎样在这两股力量的相互作用下形成的。新经济地理与传统的区位理论和经济地理的区别也正在于此。诚然，前人也试图这样做过，但总是因为一些技术上的问题使人却步①。新经济地理则找到了一条捷径，其建模策略可以归于四个口号：D－S模型、冰山成本、动态演化和计算机。

"D－S模型"即前面提到过的迪克西特和斯蒂格利茨的工作，他们的文章将英国剑桥大学的罗宾逊（J. Robison）和美国哈佛大学的张伯伦（Edward Chamberlin）于1933年提出的垄断竞争思想赋予了严谨而漂亮的模型表述。新经济地理学中的区域模型②是将D－S模型应用于空间分析中，我们几乎可以视之为D－S模型的空间版本。"冰山成本"则是萨缪尔森（Paul Samuelson，1952）的创造，本来在传统的贸易理论中是不考虑运输成本的，但现实贸易中运输成本是客观存在的，萨缪尔森并不特别描述运用资金和劳动力提供运输服务的行业，相反，他建议人们想象货物在运输途中"融化"了一些，最终只有一部分能到达目的地，损失的那一部分便是运输成本。新经济地理学中所考虑的运输成本都是采用这种聪明的形式。"毫不夸张地说：规模报酬递增和运输成本之间的权衡关系是空间经济理论的基础"③。

谈到新经济地理学中的动态演化方法时我要先介绍一个词——Ad hoc dynamics，这个词很多经济学人不太熟悉，至今为止仍然没有确切的译法。虽然在数学界，在运筹学或优化论专家们那里，"Ad hoc"是个再熟悉不过的词，但有趣的是，专家们讲到这个词时从来都是直读英文，听者也从来都是心领神会，不需要任何中文翻译，它也的确没有适当的词来翻译。如果硬译，就译成"特别动态"，其实它是指 rough and ready ideas without very much theoretical background，克鲁格曼等人正是用了这种方法。空间经济的"演化"，指的是经济究竟是如何从一些（或许多）可能的地理结构中选择其一的。的确，经济的地理结构是有多种均衡的可能性的，假如二十几年前中国改革开放的总设计师邓小平同志不是在"南海边"而是在"东海边"或者中国版图的其他某个点"划了一个圈"，那么那个被圈着的"点"今天便会是另一番图景。显然这意味着历史和偶然决定了在那些经济地理各种各样可能的均衡结构中最终哪一种会脱颖而出。经济地理的演化就反映这种历史和偶然。而新经济地理学中分析这种演化过程的基本方法④就类似

① 在克鲁格曼看来，自第二次世界大战以来，至少有两次空间经济学几乎要开创新时代了，但都功亏一篑。第一次把空间纳入经济学的重大努力发生在20世纪50年代，由著名的沃尔特．艾萨德领导，其结果是并没有实现将空间带入经济学核心的目标，却开创了区域经济学。第二次把空间纳入经济学的重大努力是指20世纪60年代末70年代初风光一时的"新城市经济学"，这方面的文献研究的是城市的内部空间结构。两次努力的失败在于没有给出一个同时包括收益递增、随之而来的不完全竞争、运输成本和要素流动等内容的正式框架。

② Masahisa Fujita, Paul Krugman, Anthony J. Venables (1999). *The Spatial Economy: Cities, Regions, and International Trade*, Cambridge: The MIT Press 第四章"The Dixit-Stiglitz Model of Monopolistic Competition and Its Spatial Implications".

③ Fujita, M. and Thisse, J－F., "*Economics of Agglomeration: Cities, Industrial Location, and Regional Growth*", Cambridge: Cambridge University Press, 2002. 中译本 pp177.

④ Masahisa Fujita, Paul Krugman, Anthony J. Venables, The Spatial Economy: Cities, Regions, and International Trade, Cambridge: The MIT Press (1999) 第五章"Core and Periphery"。

于 Ad hoc dynamics。最近见到国内有人批评新经济地理学时说“在新经济地理学的模型中，真实的空间只是‘虚拟’的几何空间的陪衬，显得本末倒置”。我想这样的批评是对 Ad hoc dynamics 方法不太熟悉而造成的误解。我个人认为，在模拟历史和偶然性时应用 Ad hoc dynamics 方法是恰到好处的。再以上面的例来说，为什么当年小平同志是在南海边划了一个圈而不是在其他地方呢？人们可以说出方方面面的原因，地理学家有地理学的解释，政治家有政治学的解释，社会学家有社会学的解释，经济学家有经济学的解释，历史学家有历史学的解释，军事家或许还可以从军事方面考虑，等等，方方面面的原因都有其道理；偶然性中组含着必然性，这就是辩证法，但最终事实只有一个：那就是历史选择了深圳而不是任何其他地方。

克鲁格曼等人在这本书中建立的所有模型，都是借助于数值方法来解决的。人们可以发现，出于某种原因，即便是最简单的阐述，单纯运用解析法是不可能的，想给那些均衡方程组找到一个解析解是极其困难的。那么，使用数值方法肯定离不开计算机，需要计算机模拟，于是还得提到数学家图灵（Alan Turing，1952），他在研究生物学中的形态起源时，第一次运用计算机模拟求解数学模型，这给予人们新的启迪，本书作者在研究中心体系的自组织形成时，用的就是图灵机器方法。这里还要介绍一件趣事：克鲁格曼在 1991 年连续发表了三篇重要论文并在麻省理工学院出版了《地理与贸易》一书，之后便收到各地访学和做讲座的邀请，1992 年 4 月 16 日他受藤田先生的邀请去宾夕法尼亚大学做讲座（那一天也正好是民主党的总统候选人克林顿来宾夕法尼亚大学做竞选宣传）。从机场到宾夕法尼亚大学的出租汽车里，克鲁格曼兴致勃勃地拿出他的笔记本电脑，开始模拟起他在波士顿机场候机时完成的“跑道经济”模型。顺便说一下，书中原文是“the racetrack economy”，翻译成“跑道经济”更合理，但我的学生们却特别偏好“轨道经济”一词，我一时心软便也依了他们。其实这里的“跑道经济”是有渊源的。豪特林（Hotelling，1929）建立了一个线性城市选址模型，塞洛普（Salop，1979）则建立了一个圆形城市选址模型，若干个企业进行价格竞争，它们在圆环上等距离选址，空间差异化外生给定；波尔（Pal，1998）证明不论是伯川德竞争（Bertrand）还是古诺竞争（Conrnot），2 个企业最终会定位在圆周直径的两端；Matsushima（2001）则证明进一步推论，假设有 n 个企业进行这种类似的两阶段竞争，结果是一半企业集聚在一点，而另一半企业集聚在圆环上与之对称的另一点。在这本书中，最初的跑道模型是一个有 12 个地区的圆周，就像一面钟，商品必须沿圆周运输。不管经济活动最初如何分布，最后制造业企业几乎总是集中到两个地区，并且具有一定的对称性，当地区数目越多，这种规律越明显。这种跑道经济的试验，就是通过计算机模拟而实现的。

三、新经济地理学中的基本模型

新经济地理学中有三种模型：区域模型、城市体系模型和国际模型。乍一看来，这应该是区域经济学、城市经济学和国际经济学三个不同领域的不同问题，但正如我们前文追溯的空间经济的渊源时所知，区域经济、城市经济和国际贸易均可以看作区位理论的一部分。事实上，区域经济学和城市经济学的界限一直都很模糊；而这本书的三位作者中，藤田教授是城市与区域经济学家，克鲁格曼教授和维纳伯尔斯教授则是国际经济学家。

（一）区域模型——中心—外围模式

克鲁格曼的中心—外围模型考虑的是一个只有农业和制造业两个部门的经济，农业是完全竞争的，生产单一的同质产品，而制造业部门是垄断竞争的，供给大量的差异化品，具有收益递增的特征；两个部门分别仅使用一种资源：劳动力；农业雇佣劳动力要素不可流动，而制造业工人可以自由流动；农产品无运输成本，而制造品则存在“冰山成本”。经济的演化将可能导致中心—外围格局：制造业“中心”和农业“外围”，条件有三个：当运输成本足够低时；当制造业的差异产品种类足够多时；当制造业份额足够大时。较大的制造业份额意味着较大的前向关联和后向关联，它们是最大的集聚力（克鲁格曼特别提倡这种金融外部性是集聚的驱动力）。关键系数的微小变化会使经济发生波动，原先两个互相对称的地区发生转变，起初某个地区的微弱优势不断积累，最终该地区变成产业集聚中心，另一个地区变成非产业化的外围。也就是说，经济演化使得对称均衡在分岔点上瓦解，区域性质发生突变。

将两地区的例子推广至多个地区与连续空间，克鲁格曼用 Turing 方法证明了中心—外围模型中的结论仍然有意义，集聚因素将使得在多个地区和连续空间中会产生数量更少，规模更大的集中。而即便放松农业运输成本为零这一非现实假设，基本结论也不会有多少改变。当然，中心外围模式能够发生并不表示必然发生，即便发生是否可维持也是有条件的。在一定的条件下，一个地区形成的产业集聚可以自我维持，但在同等条件下，产业在两个地区分布也是稳定的。同时这也表明真实世界中的空间地理结构要比想象的复杂得多。

譬如考虑中国制造业的空间布局，在 20 世纪 80 年代至 90 年代初，中国已有珠三角这个制造业中心，其他地区是否还可以建成珠三角似的制造业中心？中心外围理论告诉我们，有时多中心和单中心的地理都是稳定的——如果过去已有制造业中心，自然它会得到维持；但是如果起初没有，则未必会形成中心。事实上，长三角的制造业中心地位得以维持，而东北或中西部至今也没有形成新的制造业中心。当然，东北和中部地区一些省份也有很好的工业基础，强化这些基础重振旗鼓，也有望成为次级中心。在中国如此广袤的大地上，多中心地理应该是一种稳定均衡结构。中国实施开发大西部、振兴东北老工业基地等战略部署，如果成功，这种多中心地理稳定均衡将会实现。

（二）城市模型——城市层级体系的演化

为什么在地球的苍茫大地上，有那么多地方形成了称之为“城市”的经济体？城市究竟是如何出现的？为什么在人口和企业不断流动的情况下，城市仍然持久不衰？为什么城市会形成不同层级？经济究竟是如何从单一中心地理向多城市地理发展的？形成城市层级体系的自组织结构是如何演化的？一个优化的经济体中城市规模应该有多大又该如何分布？这都是新经济地理学中城市模型所探讨的问题。

城市模型①以冯·杜能的“孤立国”为起点，定义城市为制造业的集聚地，四周被

① Masahisa Fujita, Paul Krugman, Anthony J. Venables, The Spatial Economy: Cities, Regions, and International Trade, Cambridge: The MIT Press (1999) 第三篇“The Urban System”.

农业腹地包围。然后逐渐增加经济的人口，农业腹地的边缘与中心的距离逐渐增加，当达到一定程度时，某些制造业会向城市外迁移，导致新城市的形成。人口的进一步增长又会生成更多的城市，然后继续向下发展。一旦城市的数量足够多，城市的规模和城市间的距离在离心力和向心力的相对强度下将在某一固定水平下稳定下来。如果经济中有大量规模各异和运输成本不同的行业，经济将形成层级结构。这种城市结构的未来趋势取决于"市场潜力"参数。经济演化的过程可看作是市场潜力与经济区位的共同作用，市场潜力决定经济活动的区位，而区位的变化进而重新描绘了市场潜力。随意瞥一眼经济活动在真实世界中的地理，纽约之所以成为纽约，就因为一条运河的作用，尽管这条运河在最近150年里已没有什么经济价值；硅谷之所以成为硅谷，起源于大约60年前斯坦福大学决策者的先见之明。当然自然地理对经济地理的作用不容忽视，譬如河流和港口的作用。绝大多数拥有200年历史的美国城市（钢铁城市匹兹堡除外）都分布在大西洋沿岸或有可以通航的河流的北边。试想如果没有长江没有上海港，就没有当年的大上海和如今的长三角中心；同样没有珠江没有黄埔港就没有五羊城和如今的珠三角。区位优势有催化作用：当一个新的中心出现时，一般情况下会是在这个地区而不是在其他地区形成，而一旦中心形成，它通过自我强化不断发展形成扩大规模，起初的区位优势与集聚的自我维持优势相比就显得不那么重要了，这就是空间经济的自组织作用。

用新经济地理学的思维方式，我们可以考虑在中国960万平方公里大地上，为什么是在这个地方而不是在那个地方形成了诸如叫做广州或上海或北京的经济体？为什么上海周边还会有诸如杭州、南京之类的次级城市？在中国的广袤大地上应该有多少个类似于珠三角或长三角之类的城市层级体系？随着人口的增长和变迁，经济如何从单中心地理演化成多中心地理？新城市终究在什么时候什么地点出现？城市规模的分布可否预测？自组织结构如何决定城市空间体系的演化过程？市场潜力曲线如何决定城市空间体系的演化路径？新经济地理学将会大大拓展我国城市经济学与区域经济学（两门学科之间的界线一直都很模糊）的研究领域、研究思路和研究方法。

（三）国际模型——产业集聚与国际贸易

国际模型主要讨论国际专业化与贸易、产业集聚、可贸易的中间产品和贸易自由化趋势对一国内部经济地理的影响。贸易和经济地理（区位理论）应该融为一体，这一点细读奥林的在国际贸易方面的开山之作《区际贸易和国际贸易》① 就能理解。然而在过去的170年里，这两个学科分支几乎没有什么联系。新经济地理学则想填平这一深壑。在前面两个中心—外围模型和城市体系模型中，要素流动在集聚形成中都起着关键的作用。但是在现实生活中，生产要素的流动会受到种种限制。在世界范围内考虑要素流动，"国界"是不可避免的影响因素。之所以有国际贸易理论存在，就是因为有国界

① 奥林不仅是一位著名的经济学家，而且在瑞典，他是一名活跃的政治家。作为政治家的名声甚至大于作为经济学家的名声。他曾是瑞典自由青年联盟主席，接着任瑞典自由党领袖。他担任了三十多年的瑞典国会议员，并曾出任瑞典的贸易部长。他的著述很多，在经济学中他涉足的领域也很多，诸如就业问题、货币问题以及经济危机等问题他都有很深的造诣。中国人对他的了解主要是源于他的生产要素秉赋学说，即H－O理论，以及1977年他同英国的米德（J. E. Meade）因"对国际贸易和国际资本流动的理论作出了创造性的贡献"同时获诺贝尔奖。

的存在。国际贸易壁垒和要素流动障碍都是国界惹的祸（即便没有正式的贸易壁垒，国界仍然会产生大量的实际的贸易壁垒）。正是因为国界，在中心—外围模式中起关键作用的产业关联效应，并不能导致世界人口向有限几个国家集聚，却能产生一种专业化过程，使特定产业向若干个国家集聚。那么关联效应、贸易成本（涉及运输成本和贸易壁垒）和国际不平等或世界经济的“俱乐部收敛”之间有什么关系？对外贸易如何影响内部地理？随着世界经济一体化的进程，不同产业区域的专业化模式和贸易模式将如何改变？一个忽略国界的“无缝”的世界（更完美的一体化世界）将是什么样子？新经济地理学力图回答这些问题。

而对一国内部来说，开放对外贸易是提升了还是抑制了国内的区域专业化水平？国际贸易的传统理论考虑的是国际间专业化分工与贸易所得，将空间经济理论应用到国际贸易传统问题，更强调了外部经济在贸易中的作用，即行业层面上（与单个厂商层面上相比）的收益递增会导致在其他方面相似的国家专业化生产不同商品。对于世界经济的一体化趋势，本书的模型表明，虽然从总体上看贸易自由化会使一个国家的工业在空间上显得更加分散，但是对某些工业而言，贸易自由化却可能带来空间集聚。这隐喻着由于存在这些效应，使得对外开放所带来的国民福利的增进比通常讲的贸易所带来的福利要多得多。一般认为，国际贸易所得来自于消费者所得和生产者所得，其中后者是通过发挥比较优势，从而改变产业结构所带来的。但空间经济地理的分析表明，贸易可以导致内部经济地理的重新组织，它既在总体上促使制造业活动变得更加分散，同时又促使某些产业发生集聚。当一个产业为了适应贸易方式的变化而重新组织生产时，意味着贸易也许通过更深一层作用机制，来改变一国经济的福利水平。

第二节　D-S模型的空间版本[①]

在任何一个存在规模报酬递增的理论模型中，市场结构都是一个无法回避的问题。传统城市模型的处理办法是假定对厂商而言规模报酬递增是完全外生的，因而模型继续可以适用完全竞争市场结构。空间经济学的基本模型将迪克西特和斯蒂格利茨的垄断竞争模型（Dixit and Stiglitz，1977）（下文简称D-S模型）应用于经济活动的空间分析中，可以视之为D-S模型的空间版本，这样就避免了对外部经济的任何直接假定，以单个厂商水平上的规模经济为基础，厂商在市场上相互影响的结构就会产生外部性，相当于用D-S模型的建模处理方法将规模报酬递增内生化。尽管D-S模型近乎苛刻的假设看起来很不现实，但其巧妙的设置和灵活的处理方法为报酬递增和不完全垄断研究提供了崭新的工具。D-S模型被广泛应用到很多领域的经济建模中。从20世纪70年代末，一些理论家开始把新产业组织理论的分析工具应用到国际贸易中；几年后，同样的分析工具又被应用到技术变革和经济增长中。新贸易理论出现在1984年左右，新增长理论出现在1990年左右，而新经济地理学的模型可以视作D-S模型的空间版本，

① 本节参考《空间经济学：城市、区域与国际贸易》（藤田昌久，保罗·克鲁格曼，安东尼·J·维纳布尔斯著，梁琦主译，中国人民大学出版社，2005年）第3章和第4章的相关内容。

很好地解决了地理与贸易的建模难题。

“核心—边缘”模型（Core Periphery Model）作为空间经济学的基本模型可以说是完整的拓展的 D－S 模型的空间版本。空间经济中存在多个区位，区位之间存在运输成本，克鲁格曼（Krugman，1991）将运输费用以萨缪尔森的“冰山成本”形式导入到修正的 D－S 模型中，从而将规模报酬递增和运输成本之间的权衡作为空间经济理论的基础。

模型考虑一个只有农业和制造业两个部门的经济体，农业部门是完全竞争的，生产单一同质的产品，而制造业部门则提供大量的产业化产品，制造业部门是不完全竞争的，而且具有收益递增的特征。因此，我们也可以把农业部门看成是从事制造业之外生产活动的完全竞争部门。同时假定存在大量潜在的工业制成品，可以把整个生产活动的空间看成是连续的，从而避开产品数量必须是整数的限制。

一、消费者行为

对于这两类产品而言，所有消费者都具有相同的偏好，效用函数是柯布—道格拉斯（Cobb-Douglas）函数形式：

$$U = M^{\mu}A^{1-\mu} \tag{5.2.1}$$

其中，M 代表制成品消费量的综合指数；A 是农产品的消费量；μ 是常数，表示制成品的支出份额。数量指数 M 是定义在制成品种类的连续空间上的子效用函数；m（i）表示每种可得制成品的消费量；n 表示制成品的种类的范围，通常为可得制成品种类的数目。假定 M 符合不变替代弹性函数（CES）：

$$M = \left[\int_0^n m(i)^{\rho}\mathrm{d}i\right]^{1/\rho}, 0 < \rho < 1 \tag{5.2.2}$$

在该表达式中，参数 ρ 表示消费者对制成品多样性的偏好程度。当 ρ 趋近 1 时，差异化产品几乎是完全替代的；当 ρ 趋于 0 时，消费者消费更多差异化产品的愿望越来越强。令 $\sigma \equiv 1/(1-\rho)$，则 σ 表示任意两种制成品之间的替代弹性。

给定收入 Y 和一组价格：p^A 是农产品的价格，p（i）是某种制成品价格，那么消费者预算约束条件是：$p^A A + \int_0^n p(i)m(i)\mathrm{d}i - Y$，消费者面临的问题是在这个约束条件下如何使其效用最大化。

可以分两步来解决这个问题：第一步，不论制成品集合 M 是多少，我们都要选定一个 m（i），使得获得制成品组合 M 的成本最低。这意味着求解下面方程的最小化问题：

$$\begin{aligned} &\min\int_0^n p(i)m(i) \\ &s.t.\left[\int_0^n m(i)^{\rho}\mathrm{d}i\right]^{1/\rho} = M \end{aligned} \tag{5.2.3}$$

解决这个支出最小化问题的一阶条件（FOC）是边际替代率等于价格比率，即：

$$\frac{m(i)^{\rho-1}}{m(j)^{\rho-1}} = \frac{p(i)}{p(j)} \tag{5.2.4}$$

对任意一组 i 和 j,都有 $m(i) = m(j)(p(j)/p(i))^{1/(1-\rho)}$。将其代入最小化的约束条件：$\left[\int_0^n m(i)^\rho \mathrm{d}i\right]^{1/\rho} = M$。

并将公共项 $m(j)p(j)^{1/(1-\rho)}$ 放到定积分符号的外面，就可以得到：

$$m(j) = \frac{p(j)^{1/(1-\rho)}}{\left[\int_0^n p(i)^{\rho/(\rho-1)} \mathrm{d}i\right]^{1/\rho}} M \tag{5.2.5}$$

方程（5.2.5）仅表示第 j 种制成品的补偿需求函数（compensated demand function）。

据此还可以推导出获得制成品集合 M 的最低成本的表达式。第 j 种产品的支出是 $p(j)m(j)$，利用方程（5.2.5）对 j 求定积分，即：

$$\int_0^n p(j)m(j)\mathrm{d}j = \left[\int_0^n p(i)^{\rho/(\rho-1)} \mathrm{d}i\right]^{(\rho-1)/\rho} M \tag{5.2.6}$$

现在可以把（5.2.6）式右边与 M 相乘的那一项定义为价格指数，从而价格指数与数量组合相乘就等于支出。将制成品的价格指数记为 G，得到：

$$G \equiv \left[\int_0^n p(i)^{\rho/(\rho-1)} \mathrm{d}i\right]^{(\rho-1)/\rho} = \left[\int_0^n p(i)^{1-\sigma} \mathrm{d}i\right]^{1/(1-\sigma)} \tag{5.2.7}$$

其中，$\rho \equiv (\sigma-1)/\sigma$ 或者 $\sigma \equiv 1/(1-\rho)$。价格指数 G 是购买一单位制成品组合的最小成本，正如前面把 M 看成是效用函数一样，这里我们也可以把 G 看成是支出函数。将（5.2.7）式代入方程（5.2.5），可以把 $m(j)$ 的表达式写的更紧凑些：

$$m(j) = \left(\frac{p(j)}{G}\right)^{1/(\rho-1)} M = \left(\frac{p(j)}{G}\right)^{-\sigma} M \tag{5.2.8}$$

消费者需要解决的下一个问题是如何把总收入在农产品和制成品之间进行分配，也就是如何选择 A 和 M，使：

$$\begin{aligned} &\max U = M^\mu A^{1-\mu} \\ &s.t.\ GM + p^A A = Y \end{aligned} \tag{5.2.9}$$

求解得：$M = \mu Y/G$，$A = (1-\mu) Y/p^A$。

将上述两步结合起来可以得到下面的非补偿消费需求函数（uncompensated consumer demand functions），对农产品有：

$$A = (1-\mu)Y/p^A \tag{5.2.10}$$

对每种制成品有：

$$m(j) = \mu Y \frac{p(j)^{-\sigma}}{G^{-(\sigma-1)}}, j \in [0, n] \tag{5.2.11}$$

观察上面几式注意到，保持 G 为常数，则每种可得种类制成品的需求价格弹性也是常数且等于 σ。

现在，通过上述计算结果我们重写开始的效用函数，把最大化效用看成是收入 (Y)、农产品价格（p^A）以及制成品价格指数（G）的函数，由此得到间接效用函数：

$$U = \mu^{\mu}(1-\mu)^{1-\mu}YG^{-\mu}(p^A)^{-(1-\mu)} \tag{5.2.12}$$

其中，$G^{-\mu}$（p^A）$^{-(1-\mu)}$是该经济体的生活费用指数（cost-of-living index）。

到目前为止，上面的假定和推导都只是对经典需求理论的直接运用，D－S 模型的与众不同之处还在于制成品的种类数 n 也是模型的一个关键变量，下面我们接着求解制成品种类数 n 以及其变化对消费者的影响。

随着出售的制成品的种类的增加，由（5.2.7）可知，制成品价格指数随之下降（因为消费者偏好多样化消费），获得给定效用水平的成本也随之降低。为了简化和求解这个问题，我们假定所有可得到的制成品价格都是 p^M，则价格指数（5.2.7）式就可以简化为：

$$G = \left[\int_0^n p(i)^{1-\sigma}\mathrm{d}i\right]^{1/(1-\sigma)} = p^M n^{1/(1-\sigma)} \tag{5.2.13}$$

价格指数对可得制成品种类的敏感度取决于不同种类制成品之间的替代弹性 σ，我们看到，σ 越低（即各种产品之间的差异越大），产品种类增加引起价格指数下降的幅度就越大。它对消费者福利的影响由间接效用函数（5.2.12）给出。

从方程（5.2.11）的单一产品的需求曲线可以看出，改变可得制成品的种类会使现有产品的需求曲线发生移动。因为 n 增加引起 G 下降，从而使每种产品的需求曲线向下移动。当我们确定生产出的制成品的均衡数目时，这一影响起着重要作用。随着制成品种类的增加，产品市场竞争更加激烈，使得现有产品的需求曲线向下移动，并使这些产品的销售量下降。

二、生产者行为

下面转向经济的生产者方面，假设农产品是完全竞争的，并且采用规模收益不变的技术进行生产。而工业制成品的生产存在规模经济。假设规模经济只在产品生产数量水平上存在，即随着某种产品产量的增加，平均成本趋于降低，不存在范围经济（economies of scope）和协作经济（economies of multiplant operation）。假设所有地区所有工业制成品的生产技术都相同，固定投入为 F，边际投入为 c^M。暂且假定生产中只有一种要素投入即劳动，在给定地区生产数量为 q^M 的任何产品需要的劳动投入为 l^M，即：

$$l^M = F + c^M q^M \tag{5.2.14}$$

由于规模经济、消费者对差异产品的偏好以及存在无限种潜在差异品的原因，没有一家厂商会选择与别的厂商生产同类产品，这就意味着每种产品只在一个地区由一个专业化厂商生产，所以现有厂商的数目与差异产品的种类数相同。

（一）运输成本

根据所要建立模型的需要，为方便起见，我们可以把整个经济看成是由有限个区域组成的，分布在连续的空间中。目前我们假设存在 R 个独立区位，每种产品只在一个地区生产，而且所有特定地区生产的产品都是对称的，有相同的生产技术和相同的价格。用 n_r 表示 r 地区生产的产品种类数，用 p_r^M 表示各类产品的价格（出厂价或离岸价）。

农产品和制成品可以在不同地区间运输，可能会产生运输成本，为了避免一个单独的运输成本的建模，我们假定运输成本采用冯·屠能和萨缪尔森的“冰山”形式。即一单位产品（农产品或制成品）从地区 r 运到地区 s 只有其中一部分（可设为 $1/T_{rs}^A$（$1/T_{rs}^M$）能够到达，其余部分都在运输中“融化”了。因此要使1单位产品能送到目的地，在生产地必须装运 T_{rs}^A（T_{rs}^M）单位的产品。

“冰山”运输的处理方法是指如果某种制成品在生产地 r 的售价是 p_r^M，那么这种制成品在消费地 s 的价格（交货价或到岸价）p_s^M 就是：

$$p_{rs}^M = p_r^M T_{rs}^M \tag{5.2.15}$$

各个地区制成品的价格指数可能都有所区别，我们把地区 s 的价格指数记为 G_s。冰山运输成本和特定地区所有制成品价格相同的假定意味着可以利用（5.2.7）式把价格指数写为：

$$G_s = \left[\sum_{r=1}^{R} n_r (p_r^M T_{rs}^M)^{1-\sigma}\right]^{1/(1-\sigma)}, s = 1, \cdots, R \tag{5.2.16}$$

现在，根据（3.11）式可以知道地区 s 对地区 r 生产的一种产品的消费需求为：

$$\mu Y_s (p_r^M T_{rs}^M)^{-\sigma} G_s^{(\sigma-1)} \tag{5.2.17}$$

其中 Y_s 是地区 s 的收入，上式给出了地区 s 的消费量，但是为了达到这样的消费水平，在地区 r 装运的产品数量必须是它的 T_{rs}^M 倍。把这种产品在各个地区的消费量相加，就可以得到地区 r 此种产品的总销售量：

$$q_r^M = \mu \sum_{s=1}^{R} Y_s (p_r^M T_{rs}^M)^{-\sigma} G_s^{\sigma-1} T_{rs}^M \tag{5.2.18}$$

从（5.2.18）可以看出，销售量取决于各地区的收入、价格指数、运输成本以及出厂价。请注意，由于所有地区同种产品的交货价与出厂价成比例变化，而且消费者对每种产品的需求都存在一个不变的价格弹性 σ，所以每种产品相对于出厂价的总需求价格弹性也是 σ，与消费者的空间分布无关。

（二）利润最大化

考虑一家位于地区 r 的厂商生产一种特定产品，该特定厂商支付给制造业工人的工资率是给定的 w_r^M，产品的价格为 p_r^M，则利润可以表示为：

$$\pi_r = p_r^M q_r^M - w_r^M (F + c^M q_r^M) \tag{5.2.19}$$

其中 q_r^M 由需求函数（5.2.18）式确定。在价格指数 G_s 给定的情况下，假设所有厂商都选定各自的产品价格。因此需求弹性就是 σ，根据利润最大化原则求解可知对于所有地区 r 生产的产品种类有：

$$p_r^M(1-1/\sigma)=c^M w_r^M$$
$$\text{或 } p_r^M=c^M w_r^M/\rho \tag{5.2.20}$$

假设当厂商盈利或亏损时，可以自由进入和退出（垄断竞争的假设）。如果定价原则是给定的，那么地区 r 的厂商的利润为：

$$\pi_r=w_r^M\left[\frac{q_r^M c^M}{\sigma-1}-F\right] \tag{5.2.21}$$

零利润条件意味着任何自由厂商的均衡产出为：

$$q^*\equiv F(\sigma-1)/c^M \tag{5.2.22}$$

相应的均衡劳动力的投入为：

$$l^*=F+c^M q^*=F\sigma \tag{5.2.23}$$

在该经济体中，所有自由厂商的 q^* 和 l^* 都是相同的常数。因此，如果 L_r^M 表示地区 r 的制造业的工人数量，n_r 表示地区 r 的制造业厂商数目（恒等于制造业的产品种类数），那么：

$$n_r=L_r^M/l^*=L_r^M/F\sigma \tag{5.2.24}$$

上述均衡解的结果与 D－S 模型的均衡的结果是一样的，在整个分析过程中这个结果是非常重要的，它表明，市场规模既不影响边际成本加成定价也不影响单一产品的生产规模，因此所有的规模效应都是通过产品种类的变化发生作用的。显然，这个结论有点出乎意料，我们一般认为，市场越大竞争越激烈，而经济体利用市场优势的途径之一是扩大生产规模。然而加入了运输成本的 D－S 模型依然表明，所有的市场规模效应都是通过产品种类的变化起作用的。

进一步考虑问题的求解过程，我们在前面的假设中在解决厂商解决利润最大化时把价格指数 G_s 看成是常数，这是一种非策略性行为，再加上需求弹性不变的假设，两者共同作用的结果就是上面的结论。如果我们放松非策略性行为的假设，即所有厂商都意识到自己的选择可能会影响价格指数，这种对市场权利的认识往往使厂商降低产量，提高边际价格成本。如果我们采用一种特定的合作寡头垄断形式，例如古诺竞争或伯特兰竞争，那么就可以得到具体的定价表达式，而且在这两种情况下，边际价格成本是每个厂商市场份额的减函数①。在这些假定条件下，市场规模的扩大会促进竞争的效应。这会引起更多厂商的进入，从而降低了边际价格成本，使得厂商必须以更大规模（更低的平均成本）进行生产以保持收支相抵。在本节“消费者行为”部分中已经知道，种

① Smith 和 Venables 在 1988 年的文章中推导了促进竞争效应的详细过程。

类效应是如何在市场规模和价格指数之间建立一种负向关系；而促进竞争效应是加强这一负向关系的又一力量。我们模型其实是忽略了促进竞争效应，再加上其他假设简化了分析过程，使得模型得以求解。

（三）制造业工资方程

厂商零利润的条件也就是产出为 q^* 的条件。根据需求函数（5.2.18）式可知，如果下列方程得到满足，那么地区 r 的厂商的产出就能够达到该水平：

$$q^* = \mu \sum_{s=1}^{R} Y_s (p_r^M)^{-\sigma} (T_{rs}^M)^{1-\sigma} G_s^{\sigma-1} \tag{5.2.25}$$

对上面的方程变形后可知，自由厂商的定价当且仅当满足下面的条件时才能达到收支平衡：

$$(p_r^M)^{\sigma} = \frac{\mu}{q^*} \sum_{s=1}^{R} Y_s (T_{rs}^M)^{1-\sigma} G_s^{\sigma-1} \tag{5.2.26}$$

利用方程（5.2.20）式的定价法则可以把方程（5.2.26）表示为：

$$w_r^M = \left(\frac{\sigma-1}{\sigma c^M}\right)\left[\frac{\mu}{q^*} \sum_{s=1}^{R} Y_s (T_{rs}^M)^{1-\sigma} G_s^{\sigma-1}\right]^{1/\sigma} \tag{5.2.27}$$

我们把上式叫做工资方程（wage equation），下面的模型中将经常用到它。如果给定所有地区的收入水平、价格指数以及运输成本，那么就可以计算出各个地区制造业厂商收支相抵时的工资水平。从工资方程可知，市场的居民收入水平越高、厂商进入市场越容易（T_{rs}^M越低），厂商面临的市场竞争越少，那么工资水平就越高（前面论述过，价格指数是所售产品种类数的递减函数）。

关于工资方程还需要注意两点：（1）我们假定自由厂商总是零利润，因此这个方程中的 w_r^M 表示的是厂商数目不为零的任何地区制造业现行的工资，从长期来看，这个工资水平也就是制造业劳动力供给的价格，但从短期来看，两者可能不相等，只要两者有出入，就会产生动态调整，这在下文中会有论述。事实上，我们一直假定厂商的自由进出是瞬间完成的，所以利润总是零，但是劳动力在部门或地区之间的再分配却较为缓慢，我们会建立动态模型对此进行阐述；（2）方程（5.2.27）决定的制造业工资不适用于不存在制造业的地区。它可以用来衡量这些地区的潜在进入厂商所愿意支付的最高工资。

此外，各个地区的实际收入与名义收入成比例，可以由名义收入除以生活费用指数 G_r^{μ}（p_r^A）$^{1-\mu}$而得到。也就是说，地区 r 的制造业工人的实际工资 ω_r^M 为：

$$\omega_r^M = w_r^W G_r^{-\mu} (p_r^A)^{-(1-\mu)} \tag{5.2.28}$$

三、两种效应

（一）适当标准化

制造业价格指数和工资方程是本节讨论的重点，贯穿始终。为此，我们可以选择合适的计量单位对他们加以简化。请注意，首先可以自由选择产出的计量单位。选择的单位要使边际劳动需求满足下面的方程：

$$c^M = \frac{\sigma - 1}{\sigma}(= \rho) \tag{5.2.29}$$

这一标准化是定价方程（5.2.20）变为：

$$p_r^M = w_r^M \tag{5.2.30}$$

同时产量方程变为 $q^* = l^*$。

其次，正如我们已经知道的，厂商的数目仅是实轴上的一个区间 [0，n]，在不失一般性的前提下，我们可以为这一范围选择合适的计量单位，使固定投入需求 F 满足下列方程：

$$F = \mu/\sigma \tag{5.2.31}$$

根据方程（5.2.24）可知，各地区的厂商数目与该地区制造业劳动力规模有关，此时方程（5.2.24）变为：

$$n_r = \frac{L_r^M}{\mu} \tag{5.2.32}$$

这些单位的选择也决定了厂商的规模。方程（5.2.22）厂商零利润时的产出水平变为：

$$q^* = l^* = \mu \tag{5.2.33}$$

运用适当的标准化的处理方法，我们就可以把价格指数和工资方程写得更为简洁，其中价格指数变为：

$$\begin{aligned} G_r &= \left[\sum_{s=1}^{R} n_s (p_s^M T_{sr}^M)^{(1-\sigma)} \right]^{1/(1-\sigma)} \\ &= \left[\frac{1}{\mu} \sum_{s=1}^{R} L_r^M (w_s^M T_{sr}^M)^{(1-\sigma)} \right]^{1/(1-\sigma)} \end{aligned} \tag{5.2.34}$$

工资方程变为：

$$\begin{aligned} w_r^M &= \left(\frac{\sigma - 1}{\sigma c^M} \right) \left[\frac{\mu}{q^*} \sum_{s=1}^{R} Y_s (T_{sr}^M)^{(1-\sigma)} G^{\sigma-1} \right]^{1/\sigma} \\ &= \left[\sum_{s=1}^{R} Y_s (T_{sr}^M)^{1-\sigma} G_s^{\sigma-1} \right]^{1/\sigma} \end{aligned} \tag{5.2.35}$$

我们会反复使用这两个方程来说明均衡的特征并研究其稳定性。实际上，在选择了合适的计量单位后，研究的注意力就从制造业厂商的数目与产品的价格转移到了制造业工人的数目和其工资率上了。

（二）价格指数效应和工资方程效应（本地市场效应）

价格指数方程（5.2.34）和工资方程（5.2.35）并不能界定一个完整的经济模型，

但是它们却包含着几个重要的关系，我们可以从这些关系中推导出结论，为了找到它们，有必要进行更为详细的研究。

下面我们只考虑一个两区位（代码下标为 1、2）模型下的价格指数方程和工资方程。

完整的价格指数方程为：

$$G_1^{1-\sigma} = \frac{1}{\mu}[L_1 w_1^{1-\sigma} + L_2(w_2 T)^{1-\sigma}]$$

$$G_2^{1-\sigma} = \frac{1}{\mu}[L_1(w_1 T)^{1-\sigma} + L_2 w_2^{1-\sigma}] \tag{5.2.36}$$

完整的工资方程为：

$$w_1^{\sigma} = Y_1 G_1^{\sigma-1} + Y_2 G_2^{\sigma-1} T^{1-\sigma}$$

$$w_2^{\sigma} = Y_1 G_1^{\sigma-1} T^{1-\sigma} + Y_2 G_2^{\sigma-1} \tag{5.2.37}$$

在上面的方程中，我们没有把上标 M 写出来基于下面三个理由：（1）我们现在只研究制造业；（2）我们已经将区位之间的运输成本记为 T；（3）我们自始至终都假设同一地区内不存在运输成本。这两组方程是对称的，因此存在一组对称解。也就是说，如果 $L_1 = L_2$ 且 $Y_1 = Y_2$，那么就有 $G_1 = G_2$ 且 $w_1 = w_2$。通过检验，很容易发现这些对称的均衡值满足下列关系：

$$1 + T^{1-\sigma} = \frac{\mu}{L}\left(\frac{G}{w}\right)^{1-\sigma} = \frac{w}{Y}\left(\frac{G}{w}\right)^{1-\sigma} \tag{5.2.38}$$

也正因为均衡值是对称的，所以在这个方程里没有标出下标。

把价格指数方程和工资方程在均衡点附近线性化，我们就可以揭示其中所包含的关系。在这个点附近，一个地区某个变量的增长总会引起另外一个地区同一变量大小相等但方向相反的变化。所以，可令 $dG = dG_1 = dG_2, \cdots$，并分别对（5.2.37）和（5.2.38）求微分：

$$(1-\sigma)\frac{dG}{G} = \frac{L}{\mu}\left(\frac{G}{w}\right)^{\sigma-1}(1-T^{1-\sigma})\left[\frac{dL}{L} + (1-\sigma)\frac{dw}{w}\right] \tag{5.2.39}$$

$$\sigma\frac{dw}{w} = \frac{Y}{w}\left(\frac{G}{w}\right)^{\sigma-1}(1-T^{1-\sigma})\left[\frac{dY}{Y} + (1-\sigma)\frac{dG}{G}\right] \tag{5.2.40}$$

从方程（5.2.39）中我们可以看出制造业地区分布的变化对制成品价格指数的直接影响。假定制造业劳动力供给具有完全弹性，则 $dw = 0$。在前面的论述中，已知 $1 - \sigma < 0$ 且 $T > 1$，从方程（5.2.39）可知，制造业就业的变化 dL/T 对价格指数产生了负效应，即 dG/G 是个负数。我们称之为价格指数效应（price index effect）。价格指数效应意味着，如果一个地区的制造业部门较大，那么制造品价格指数也较低，理由很明显，即该地区全部制造业的消费中只有很少部分承担了运输成本。

接下来，我们考虑相对需求是如何影响制造业地区分布的。为方便起见，引入一个新变量：

$$Z \equiv \frac{1 - T^{1-\sigma}}{1 + T^{1-\sigma}} \tag{5.2.41}$$

z 是取值介于 0 ~ 1 之间的数值，称之为贸易成本指数。如果贸易完全没有成本，即 $T=1$，那么 $z=0$；如果贸易是不可能的，那么 $T=0$，$Z=1$。利用 z 的定义，并消去方程（5.2.39）和（5.2.40）中的 dG/G，可得：

$$\left[\frac{\sigma}{Z} + Z(1-\sigma)\right]\frac{dw}{w} + Z\frac{dL}{L} = \frac{dY}{Y} \tag{5.2.42}$$

可以从这个方程中得出以下结论：

第一，若将我们的经济模型放宽，假设制造业劳动力的供给具有完全弹性，$dw=0$，那么就会产生本地市场效应（home market effect，也称国内市场效应）。制成品的需求变化（dY/Y）为 1%，制造业的就业（乃至制造业的产量）变化（dL/L）就会达到 $1/Z\%$（>1）。也就是说，在其他条件相同的条件下，一个地区的制造业部门增长速度要快于国内（国内）市场的增长速度，因而国内市场大的地区出口工业制成品。

第二，尽管我们已经分析了劳动力供给具有完全弹性条件下的本地市场效应，但是实际情况也许并非如此；如果劳动力供给曲线向上倾斜，那么国内市场的部分优势就会转化为高工资而非出口（因为 $0 \leqslant z \leqslant 1$，所以 dw/w 的系数为正）。因此，一个地区对制成品的需求较大，其名义工资可能也较高。

但要注意的是，在其他条件相同的条件下，随着 L 的增长，G 逐渐下降。由此可见，如果某个地区的收入 Y 比较高，那么它的实际工资也会比较高，因为该地区的名义工资高而物价指数低。所以，在其他条件相同的条件下，对制成品需求较大的地区其制造业工人的实际工资也较高。

当然，其他条件不一定相同，但上述讨论已经概述了累积因果关系的几个要素。在我们的模型中，这种因果关系往往会导致集聚。由于存在价格指数效应，在制造业部门较大的地区，工业制成品的价格指数较低。由于存在本地市场效应，在制成品需求较大的地区，制造业部门的增长速度要快于国内（本地）市场的增长速度。如果我们再考虑一种关系，即制造业工人本身对制成品也有需求，因此制造业集中的地区对制成品的需求往往也较大。

（三）“非黑洞”条件

我们已经知道，扩大制造业部门的规模会引起实际收入的增加。然而，有必要为该效应的作业设置一个上限。这种情况只有在封闭经济（当 $Z=1$ 时）才能得到很好的解释。

考虑一个制造业工人的实际收入（参见方程（5.2.28））。假定农产品的价格不变，那么对方程（5.2.28）求全微分可得：

$$\frac{d\omega}{\omega} = \frac{dw}{w} - \mu\frac{dG}{G} \tag{5.2.43}$$

这里再次忽略了上标 M 和表示区位的下标，因为研究的是单一经济。现在综合方程（5.2.39）、方程（5.2.40）与 $Z=1$，可以得到：

$$\frac{d\omega}{\omega} = (1-\mu)\frac{dY}{Y} + \left[\frac{\mu\sigma}{\sigma-1} - 1\right]\frac{dL}{L}$$
$$= (1-\mu)\frac{dY}{Y} + \left[\frac{\mu-\rho}{\rho}\right]\frac{dL}{L} \qquad (5.2.44)$$

从这个方程可以得出以下结论，保持整个行业的支出不变（$dY=0$），从而名义上收入不变。那么增加一个封闭经济制造业部门的劳动供给会对制造业工人的实际工资造成什么影响哪？显然，制成品的支出不变，工资支出也不变，这就意味着 L 增加使工人工资 ω 同比例下降。然而，制造业就业的上升会增加制成品的种类，从而降低价格指数 G，并往往会提高实际收入。在以上两种效应中，后者的影响无疑会超过前者，因此，工人数量的增加实际上提高了他们的实际工资。

我们对规模报酬递增特别明显的经济不做更详细的论述，因为，正如我们看到的，集聚力在这种经济中占据了绝对优势，经济体最终会塌陷为一个点。为了避开这种“黑洞区位”（black-hole location）理论，我们通常加上一个所谓的非黑洞假设（assumption of no black holes）：

$$\frac{\sigma-1}{\sigma} = \rho > \mu \qquad (5.2.45)$$

四、核心—边缘模型

我们接着考察上面的经济体，已知该经济体由两个部门组成，垄断竞争的制造业部门 M 和完全竞争的农业部门 A，这两个部门分别使用一种劳动力资源，即工人和农民。此外，我们还假定各部门的要素供给量不变。

资源的地理分布由外生因素和内生因素共同决定。假设地区数为 R，世界上的农民数量为 L^A，且每个地区的资源禀赋即农业劳动力份额是外生变量且既定，记为 ϕ_r。与此相对应，制造业的劳动力是随时间变化的。我们用 L^M 表示全世界的工人数，并且用 λ_r 来表示地区 r 在任何时点上的制造业劳动力份额。适当的选择单位可使得 $L^M=\mu$，$L^A=1-\mu$。

各地区间的工业品的运输成本的表现形式仍然是“冰山成本”，即如果 1 单位的工业制成品由地区 r 运往地区 s，那么只有 $1/T_{rs}$ 单位的产品可以运抵目的地。与之相对应，我们假设农产品的运输是无成本的（这会使得模型简化很多）。

由于农产品的运输是免费的且生产收益不变，所以各地区农民的工资率相同。我们以此工资率为计量单位，即 $w_r^A=1$。然而，各地区制造业工人的名义工资和实际工资都可能有所不同。我们将 w_r 和 ω_r 分别定义地区 r 制造业工人的名义工资和实际工资。

哪些因素决定了地区间工人的流动呢？我们简单假定工人会流向实际工资高的地区，而离开实际工资低于平均水平的地区。特别地，我们将平均实际工资定义为：

$$\bar{\omega} = \sum_r \lambda_r \omega_r \qquad (5.2.46)$$

同时假定特别动态方程为：

$$\dot{\lambda}_r = \gamma(\omega_r - \bar{\omega})\lambda_r \tag{5.2.47}$$

（请注意，λ_r 的增量必须能够保证所有地区份额变化的总和为零。）

在模型中，各地区间制造业的分布在任一时点上都是给定的，但随着时间的流逝，这种分布会因地区间实际工资的差别而变化；另一方面，地区实际工资本身也依赖于制造业的分布。下面来研究这种均衡（瞬时均衡）依存关系。

1. 收入

由于农产品的运输不需要成本，因此各地区农民的工资相同，将其度量单位设置为1，之前假设制造业的工人和农民数分别为 μ 和 $1-\mu$，则地区 r 的收入为：

$$Y_r = \mu\lambda_r w_r + (1-\mu)\phi_r \tag{5.2.48}$$

2. 价格指数

第二个瞬时均衡的结果就是工业制成品的价格指数。由方程（5.2.34）可知，由于地区 s 的制造业工人数为 $L_s^M = \mu\lambda_s$，因此价格指数为：

$$G_r = \left[\sum_s \lambda_s (w_s T_{sr})^{1-\sigma}\right]^{1/(1-\sigma)} \tag{5.2.49}$$

方程（5.2.49）显示了价格指数效应，在前面已经论述过。如果假定各地区的工资都相同，那么从方程不难看出，与地区 r 保持低运输成本的那些地区制造业的份额越高，地区 r 的价格指数将会越低。尤其是在仅有两个地区的情况下，如果其他条件相同，那么制造业从一个地区转移到另一个地区将会降低后者的价格指数，从而使得该地区对于制造业工人更有吸引力。这其中蕴含了产生集聚倾向的经济地理结构的原始动力。

3. 名义工资

由工资方程（5.2.35）可知：

$$w_r = \left[\sum_s Y_s T_{sr}^{(1-\sigma)} G_s^{\sigma-1}\right]^{1/\sigma} \tag{5.2.50}$$

假设所有地区的价格指数都相似，则根据（5.2.50）可知，如果与地区 r 之间运输成本较低的那些地区的收入较高，那么地区 r 的名义工资将会更高。理由很简单：如果厂商能够接近较大的市场，那么它们就有能力支付较高的工资。

4. 实际工资

定义当地工人的实际工资为 ω_r，由于工业制成品在工人支出中所占的份额是 μ，由此可得：

$$\omega_r = w_r G_r^{-\mu} \tag{5.2.51}$$

各地农产品价格均为单位价格，如方程（5.2.38）所示，生活消费指数会导致名义工资下降。

5. 均衡的确定

此模型的瞬时均衡由收入方程（5.2.48）、价格指数方程（5.2.49）、工资方程

(5.2.50) 和实际工资方程 (5.2.51) 确定。很显然，我们很难找到这些方程的一般解。然而，我们可以通过考察一个显而易见的特例来深入理解这个问题。该特例是一个仅有两地区的经济体，农业在两地区平均分布。这就会产生一个问题，制造业是在两地区平均分布，还是集中在一个地区？也就是说，该经济体是否会分化为制造业“核心”和农业“边缘”。这个特例因此被称为核心—边缘模型（或中心—外围模型，core-periphery model）。

在 D－S 模型中显示出的因果关系所示，由于存在价格指数效应，在制造业部门较大的地区，制造品的价格指数较低；由于存在本地市场效应，在制造品需求较大的地区，制造业部门的增长速度要快于国内市场的增长速度。本地市场效应扩大开来，对国际贸易的影响不仅仅局限于集聚所带来的增长效应，而在世界范围内影响贸易的转移和产业的重新定位。从而本地市场所导致的国际专业化在世界经济发展中的影响成为国际贸易研究的另外的重点领域。

第三节　本地市场效应与国际专业化①

Krugman (1980) 指出，在一个存在报酬递增和贸易成本的世界中，那些拥有相对较大国内市场需求的国家将成为净出口国，此即“本地市场效应”（Home Market Effects）。它源自新古典贸易理论解释复杂贸易实践的理论局限和新贸易理论经验证据匮乏的困境，在探寻两种理论范式相对解释力的过程中应运而生，并随着空间经济学的迅猛崛起而成为新经济地理范式（New Economic Geography Paradigm）的核心特征之一。同时，由于它还为不同规模的国家提供了显著的福利含义，因此也成为经济一体化和全球化时代诸多国家政策讨论的中心（Chung, 2002）。

一、理论背景及基本模型

（一）理论背景

众所周知，国际贸易理论主要沿着两种理论范式发展，即完全竞争、规模报酬不变的新古典框架（Perfect Competition and Constant Returns to Scale，以下简称 CRS-PC）和垄断竞争、规模报酬递增的新贸易理论框架（Monopolistic Competition and Increasing Returns to Scale，以下简称 IRS－MC）。在 CRS－PC 框架下，国家间的相对技术和要素禀赋的差异决定了贸易和专业化的模式；而在 IRS－MC 框架下，决定国家间贸易和专业化模式的则是递增的规模报酬。但这并不意味着二者不能相容，它们可以共存于同一个模型中，一些部门属于 CRS－PC 框架，而另一些部门则呈现 IRS－MC 的特征（Trionfetti, 1999）。然而，不同理论框架下所蕴涵的经济政策含义和福利分配则是完全不同的，因此，探寻识别两种理论范式的途径并尝试量化它们分别与各种贸易和专业化模式的相关性就显得尤为重要（Brülhart and Trionfetti, 2005）。

传统上，主要存在三类研究尝试间接地测度主要贸易理论范式的相对解释力

① 本节参考钱学锋，梁琦. 本地市场效应：理论和经验研究的新近进展［J］. 经济学（季刊），2007 (03).

(Trionfet ti, 1999; Brülhart and Trionfetti, 2005)。第一类研究属于产业组织的经验文献。这类研究直接测度规模经济但很少有支持性证据；第二类研究关注产业内贸易并将其作为 IRS - MC 范式重要性的证据（Greenaway and Milner, 1986; Leamer and Levinsohn, 1995)。然而，产业内贸易作为 IRS - MC 范式重要性的证据却是不确定的，因为有研究表明（Falvey and Kierzkowski, 1987; Davis, 1995)，产业内贸易也可能在拓展的 CRS - PC 框架内发生；第三类研究则试图发掘大量可靠的引力方程的实证成果以支持 IRS2MC 范式。确实有研究表明（Helpman, 1987）引力方程直接对应于IRS - MC 模型。但是，引力方程也可以从许多其他类型的模型中推导出来（Davis and Weinstein, 2001; Feenstra, Markusen and Rose, 2001)。由此可见，上述三类研究都不能够很好地为 IRS - MC 范式提供充分的证据，从而区分两类理论范式的相对解释力。因此，直接构建区分两类理论范式的理论模型并采用统计方法或计量方法推断出可识别的假设就显得尤为迫切。这类工作以 Davis and Weinstein（1996, 1999, 2003）为起点。他们基于 Krugman（1980）的 IRS - MC 模型发展了一个识别标准：超常需求（Idiosyncratic Demand)。它体现了一个大于 1:1 的专业化模式，从而引起本地市场效应。特别地，Davis and Weinstein (1996) 指出，在比较优势模型中，对某种商品的超常需求将导致它的进口；而在报酬递增模型中，拥有超常需求的国家将会成为生产区位并出口该商品。由于本地市场效应不可能出现在 CRS - PC 模型中，因而这一特征可以作为实证检验两种范式的基础。正是因为本地市场效应的这种特殊性质，大量的实证检验本地市场效应的文献自 Davis 和 Weinstein (1996) 以后开始出现。这里必须指出 Justman (1994) 的贡献，他较早地强调了区位需求对于本地生产的重要性。他侧重检验的是本地需求和生产之间的相关性，虽然得到了二者之间的正向关系，但这并不意味着产生本地市场效应。因为正向关系可能是大于 1 也可能是小于 1，本地市场效应中生产对需求的反应是大于 1 的。

然而，实证检验需要得到理论模型的支撑。尽管 Krugman（1980）在模型中证明了本地市场效应的存在，但由于他模型中的严格假设条件的限制，并不意味着本地市场效应的普遍存在性。因此，本地市场效应的普遍存在性需要得到进一步的理论证明。而肇始于 20 世纪 90 年代初期的空间经济学的迅猛发展则恰恰为本地市场效应提供了强大的理论基础。基于 IRS - MC 框架，空间经济学主要分析在集聚力和分散力的相互作用之下企业空间区位的选择。尽管企业空间集聚的机制多种多样，但无论在哪种机制下，都呈现出不同程度的本地市场效应或本地市场放大效应（Home Market Magnification Effects) (Baldwinetal, 2003)：即区位需求的一个细小外生变化将使需求扩大区产生一个更大比例的产业再定位。因此，在某种程度上可以认为，本地市场效应是空间经济模型中的核心特征之一（Davis and Weinstein, 1996; Fujita, Krugman and Venables, 1999; Schumacher, 2003; Okubo and Rebeyrol, 2006)。

（二）基本模型

Krugman (1980) 和 Helpman 和 Krugman (1985) 描述了一个单一生产要素、两国、两部门模型。一个部门在 CRS - PC 框架下生产同质产品，不存在运输成本；另一个部门在 IRS - MC 框架下生产水平差异化产品，该部门存在固定成本和不变的边际成本，运输成本采用冰山型，即运输 τ 单位产品只有1单位到达目的地。效用函数是 C－D 函数和 CES 函数的复合形式。如果 μ 是本国相对于外国生产的产品数量，Φ 是贸易自由度，λ 是本国相对于外国的需求比例。Krugman（1980）指出：

$$\mu = \frac{\lambda - \Phi}{1 - \Phi\lambda} \tag{5.3.1}$$

如果本国和外国有着相等的需求规模（$\lambda=1$），则本国和外国生产的产品数量相等（$\mu=1$）；但如果本国对 IRS－MC 部门产品需求稍微上升（$\lambda>1$），则本国相对于外国将生产更大比例的 IRS－MC 部门产品（$\mu>1$）从而出现本国市场效应并成为该产品的净出口国。

Davis 和 Weinstein（1996，1999，2003）对 5.3.1 式求导得到：

$$\frac{\partial\mu}{\partial\lambda} = \frac{1 - \Phi^2}{(1 - \Phi\lambda)^2} > 1 \tag{5.3.2}$$

从而进一步证明了 Krugman（1980）模型中本地市场效应的存在。Head 和 Mayer（2004）指出，当两国具有相对称结构时（$\lambda=1$），我们就得到了经典的本地市场效应模型（Classic HME）：

$$\frac{\partial\mu}{\partial\lambda} = \frac{1 + \Phi}{1 - \Phi} > 1 \tag{5.3.3}$$

为什么在 IRS－MC 框架下会出现本地市场效应呢？Krugman（1980）只是简单分析了企业有定位于大的市场实现规模经济和减少运输成本的需要。Davis 和 Weinstein（1996，2003）则进行了具体的说明：在贸易成本存在的情况下，厂商有定位于需求较大市场的激励。这同时意味着越来越多的厂商将离开较小的市场，因为过高的贸易成本使得它们无法通过出口的方式将产品输入较大的市场。因此，超常需求将促使厂商不断进入较大市场追求剩余从而产生本地市场效应。但是在 CRS－PC 框架下，需求的增加仅在价格上升的情况下才能引起供给的增加，由于无贸易成本，这将引起外国对本地市场的出口增加。因此，超常需求将由本地的额外供给和增加进口来得到满足，本地市场效应并不会出现。

二、本地市场效应与专业化

然而，Krugman（1980）也承认，由于严格的假设条件，他模型中的本地市场效应并不意味着普遍存在性，模型需要在多个方面进行拓展。比如，考虑存在运输成本的农业部门、异质企业、企业策略性行为、贸易成本、跨国公司、多国框架等假设条件下，本地市场效应还会继续存在吗？或者它将发生什么样的变化？Davis 和 Weinstein（1996）则简明扼要地指出，尽管并不存在一个理论模型融入了所有这些假设条件，但为了实现经验检验，一个完备的空间经济理论则必须至少包括报酬递增和运输成本。事实上，近年来，与本地市场效应相关的空间经济理论模型除了通过修改或放松 Krugman（1980）和 Helpman 和 Krugman（1985）的模型而在多个方向上进行拓展之外，还开始考察了本地市场效应对国家专业化的影响及其福利含义。

现有文献的一个普遍性假设是存在一个在 CRS－PC 框架下生产和自由贸易的同质产品部门（农业部门）。该部门存在一方面可以保证要素价格均等化，并提高模型的可解性；另一方面它可以弥补 IRS－MC 部门的贸易不平衡，从而导致国际专业化（Crozet 和 Trionfetti，2006）。然而，自由贸易的 CRS－PC 部门虽比较简化却不太符合现实。正如 Head 和 Mayer（2004）评述的："CRS 部门可能并不存在零贸易成本或者吸收所有贸易不平衡的能力"。这就意味着，如果放松 CRS－PC 部门零贸易成本的假设，本地市场效应还会存在吗？

Davis（1998）发现，同质产品部门的零贸易成本假设并非无关紧要的。他在 Krugman（1980）和 Helpmanand Krugman（1985）模型的基础上，假定农业部门同样存在一个冰山型运输成本 γ。特别的，如果同质产品部门的运输成本与制造品部门的相同（$\gamma=\tau>1$），那么 $\mu=\lambda$，即本地市场效应消失。Krugman 和 Venables（1999）对 Davis（1998）的结论作了回应，他们认为，如果允许规模报酬不变部门的产品差异化，即便两个部门的贸易成本相同，本地市场效应将会重新出现。Yu（2005）对 Davis（1998）的模型进行了进一步的拓展，假定同质产品没有贸易，并且用 CES 函数取代 C－D 函数作为上层效用函数：$U=(C_x^{\rho}+C_y^{\rho})^{1/\rho}$，$\rho\in(-\infty, 1)$。$\eta=1/(1-\rho)$ 是差异产品 C_x 和同质产品 C_y 之间的替代弹性。他证明，当 $\eta>1$ 时，$\mu>\lambda$；当 $\eta=1$ 时，$\mu=\lambda$；当 $\eta<1$ 时，$\mu<\lambda$。这说明，本地市场效应的存在、消失或者逆向本地市场效应（Reverse HME，指 IRS 部门生产份额或企业份额的变化小于需求或支出变化的份额，但二者之间仍为正向关系）的出现，取决于差异产品和同质产品之间的替代弹性是大于、等于还是小于 1。

Zeng 和 Kikuchi（2006）认为，尽管 Davis（1998）和 Yu（2005）提醒人们农业部门应该引起重视，但在他们的模型中假定农业部门过高的运输成本可能导致该部门不存在贸易，而且农业部门被标准化处理。这也不太符合现实。因此，Zeng 和 Kikuchi（2006）的目的是弄清在国家间农业部门存在贸易的情况下农业部门和本地市场效应的关系。传统上，这种关系由于农业部门被标准化而隐藏。他们在两个方面重新构建了农业部门：第一，将农业不作为标准化部门，从而可以识别农业部门对本地市场效应的影响；第二，假定两国生产的农产品是差异化的，这样从外国进口大量的农产品将不会改变本国农产品的价格。他们发现，本地市场效应可以表示为 $\mu-\lambda=\Delta\times(\lambda-1/2)>0$。$\Delta$ 是差异产品运输成本 τ 和农产品运输成本 γ 的函数且为正，$\lambda\in[1/2, 1]$。因此，本地市场效应并没有因为农业部门运输成本的存在而消失。Zeng 和 Kikuchi（2006）进一步认为，Davis（1998）和 Yu（2005）的结论只能在两国之间不存在同质的农产品贸易时才能成立。尽管 Davis（1998）、Yu（2005）和 Zeng 和 Kikuchi（2006）的结论有所不同，这主要取决于他们所选用的模型和假设条件，但至少说明，Krugman（1980）模型所得出的结论并不能广为适用。

三、国际专业化：与中间产品有关的模型[①]

在 Fujita，Krugman 和 Venables（1999）著作中，系统地建立了一系列空间经济理论模型来解释国际专业化的均衡形成及相关影响机制，形成了空间经济国际专业化较完整的知识体系。

60 多年前，俄林完成了他在国际贸易理论方面的开山之作《区际贸易与国际贸易》，并且宣称，国际贸易理论只不过是国际区位理论。然而事实上，在过去的一两百年里，这两个学科分支之间几乎没有什么联系。因此，空间经济的任务就是在区域和城市的研究中采用同样的基本方法，亦能为国际专业化和国际贸易的研究提供重要的启示。从经济学的角度来讲，国家是什么？当我们在地理空间中移动时，跨国界又有什么特别之处呢？我们将集中注意力研究与过节有关的另一种壁垒——人口流动壁垒。如今，尽管发达国家对商品贸易的限制通常很少，但它们无一例外地严格限制移民，而且有证据表明，即使是在那些移民政策相对宽松的地方以及不存在语言障碍的地方，国际间的人口流动也远远小于国家内部的人口流动。简言之，国界就是与劳动力流动壁垒联系在一起的，我们把它看成是国家的特征。也就是说，可以先假设劳动力是随时间流动的，流动的结果是使各地区的实际工资均等化；在另一个极端，我们假设劳动力在国家间是不可流动的。如果劳动力是不可流动的，我们就不能从一般意义上来理解集聚了。国际专业化的过程与典型的集聚过程非常相似，它是既作为生产者又作为中间产品消费者的制造业双重角色中产生的。拥有较大制造业部门的地区提供的中间产品的种类通常也较多，这就降低了最终产品的生产成本，产生了所谓的前向关联。相反，较大的制造业最终产品部门能够为中间产品提供广阔的地方性市场，这就是后向关联。在特定的国家，这些关联并不能导致人口的集中，但是可以产生一种专业化过程，使制造业或特定产业集中到有限的几个国家。

（一）与中间产品有关的模型

当经济学家们谈到中间产品的时候，通常考虑的是许多通过投入产出矩阵联系在一起的产业部门。一些部门相对来说位于上游，生产中间产品；其他部门则位于下游，da 部分产出用于最终消费。虽然生产的投入产出结构至关重要，但往往也使问题复杂化，而如果可能的话，这是我们尽量避免的。幸运的是，只要我们处于迪克希特—斯蒂格利茨模型所假定的环境中，即制造业部门是一个生产多种产品的单一部门，我们就可以利用一个小小的技巧来引入投入产出关联而实际上并没有引入任何其他产业。我们简单地设定：制造业将它自己（劳动除外）作为一种投入，也就是说，消费者所需的各种制成品同时也是生产各种产品所需的投入品。因此，同一产业既是下游，生产最终消费品，同时又是上游。

为了说明这个过程是如何进行的，我们来看每个制造业厂商的生产技术。到目前为止，我们一直都假定生产值投入一种要素，即劳动力，其在区域 r 的价格为 w_r。现在我们改变一下制造业的生产函数，以便使投入要素包括劳动和中间产品。我们用相关价格

① 该部分引自《空间经济学：城市、区域与国际贸易》（藤田昌久，保罗·克鲁格曼，安东尼·J·维纳布尔斯（2005）．梁琦，主译．中国人民大学出版社）第十三章 285－297 页相关内容。

指数间接地定义为生产函数，而不是明确地写出来。令区域 r 中间产品的价格为 G_r；然后再假设投入组合是劳动力和中间产品的柯布道格拉斯函数，中间产品所占的份额为 α，因此投入价格为 $w_r^{1-\alpha}G_r^{\alpha}$。这个投入价格既适用于生产的固定成本也适用于边际成本；我们选择合适的计量单位使得边际投入需求等于价格成本加成（$c=\rho$），从而保证厂商根据下式来定价：

$$p_r = w_r^{1-\alpha}G^{\alpha} \tag{5.3.4}$$

接下来，中间产品被假设为不变替代弹性函数；这样，r 区域中间产品的价格指数 G_r 的形式为：

$$G_r = [\sum_s n_s(p_sT_{sr})^{1-\sigma}]^{1/(1-\sigma)} \tag{5.3.5}$$

其中，n_s 是区域 s 生产的各种产品的种类数，p_s 是离岸价，T_{sr}是运输成本。这里意味着同一个价格指数既适用于消费者偏好也适用于厂商的生产技术。换句话说，对消费者和厂商而言，各种制成品的替代弹性都是相同的。

这种生产函数意味着厂商把各种制成品作为中间产品投入生产，所以可以因这个地区拥有大量的制成品而获益，这就创造了一种前向关联：靠近大量的中间产品可以降低价格指数，从而降低使用这些中间产品的厂商的生产成本。此外，从当地获得的产品种类越多，成本就越底，因为节约了中间产品的运输成本。

接下来讨论销售问题。每个厂商的产出都有一部分作为最终消费品进入消费者市场，一部分作为中间产品进入企业市场。这样一来，在每个地区制成品的需求就有两个来源。定义区域 r 的制成品指数 E_r 为：

$$E_r = \mu Y_r + an_rp_rq^* \tag{5.3.6}$$

方程右边第一项是来自消费者的需求，μ 是消费支出重工业制成品的份额，Y 是收入。第二项是厂商对中间产品的需求。假设厂商零利润均衡是的销售量为 q^*，区域 r 厂商的总成本就等于总产值 $n_rp_rq^*$。总成本的 α 部分由中间产品的支出构成，这是厂商之间后向关联的源泉。区域 r 的厂商数目越多，对中间产品的需求就越大，在其他条件相同的情况下，制成品的总支出也就越大。

我们现在设想世界上只有两个国家，每个国家劳动力的总供给都为 1。在各个国家内部，劳动力可以在农业和制造业部门之间自由流动。r 国制造业部门中劳动力的份额为 v. r，r 国制造业的总生产值为 $n_rp_rq^*$，因此制造业的工资支出就是生产值的 $1-\alpha$：

$$w_r\lambda_r = (1-\alpha)n_rp_rq^* \tag{5.3.7}$$

选择计量单位使得 $q^*=1/(1-\alpha)$，因此：

$$n_r = \frac{w_r}{p_r}\lambda_r \tag{5.3.8}$$

我们把注意力放在各部门之间劳动力的分配 y（而不是厂商的数目）和工资（而

不是价格）方面。把（5.3.8）式和（5.3.4）式带入（5.3.5）式的价格指数，得到每个国家的价格指数：

$$G_1^{1-\sigma} = \lambda_1 w_1^{1-\sigma(1-\alpha)} G_1^{-\alpha\sigma} + \lambda_2 w_2^{1-\sigma(1-\sigma)} G_2^{-\alpha\sigma} T^{1-\sigma} \tag{5.3.9}$$

$$G_2^{1-\sigma} = \lambda_1 w_1^{1-\sigma(1-\alpha)} G_1^{-\alpha\sigma} T^{1-\sigma} + \lambda_2 w_2^{1-\sigma(1-\alpha)} G_2^{-\alpha\sigma} \tag{5.3.10}$$

这里的价格指数不仅取决于各地区的工资，还取决于价格指数本身，因为价格指数与边际成本以及厂商定价有关。

当场上的定价使销售量为1/（1 - α）单位时，利润为零。同前面一样，这就决定了零利润条件下的制造业工资。工资方程如下所示：

$$\frac{(w_1^{1-\alpha} G_1^{\alpha})^{\sigma}}{1-\alpha} = E_1 G_1^{\sigma-1} + E_2 G_2^{\sigma-1} T^{1-\sigma} \tag{5.3.11}$$

$$\frac{(w_2^{1-\alpha} G_2^{\alpha})^{\alpha}}{1-\alpha} = E_1 G_1^{\sigma-1} T^{1-\sigma} + E_2 G_2^{\sigma-1} \tag{5.3.12}$$

我们已经知道，指出来自消费者（收入的 μ 部分）和厂商对中间产品的需求（产出 α 部分），把（5.3.7）式带入（5.3.6）就可以得到：

$$E_1 = \mu Y_1 + \frac{\alpha w_1 \lambda_1}{1-\alpha}, E_2 = \mu Y_2 + \frac{\alpha w_2 \lambda_2}{1-\alpha} \tag{5.3.13}$$

农业和制造业部门都能产生收入。我们把农产品看成是可自由交易的，并作为计价标准，不过现在我们要考虑一个更一般化的农业生产函数。根据生产函数 $A(1-\lambda_r)$ 的凹性及递增性，我们知道农业产出取决于农业部门雇佣的劳动力数量 $1-\lambda$。因此，每个国家的收入为：

$$Y_1 = w_1\lambda_1 + A(1-\lambda_1), Y_2 = w_2\lambda_2 + A(1-\lambda_2) \tag{5.3.14}$$

农业工资等于劳动的边际产出 $A'(1-\lambda_r)$，我们把两个部门的工资差距记为 v_r：

$$v_1 \equiv w_1 - A'(1-\lambda_1) v_2 \equiv w_2 - A'(1-\lambda_2) \tag{5.3.15}$$

给定每个国家制造业部门的劳动力份额 λ_1 和 λ_2，方程（5.3.9）~方程（5.3.15）描述了短期均衡的特征，并且给出了每个国家的工资水平以及农业和制造业部门的工资差距。现在我们假设一个简单的动态调整过程：在各个国家内部，如果 v_r 是正的，那么劳动力从农业部门流向制造业部门；反之亦然。长期均衡在两种情况下达到：要么两个国家的 v_r 都等于0，要么在角点处，两个部门中的其中一个萎缩为0。因此长期均衡时，制造业工资方程满足：

$$\begin{aligned} &w_r = A'(1-\lambda_r)\lambda_r \in (0,1) \\ &w_r \geqslant A'(1-\lambda_r)\lambda_r = 1 \\ &w_r \leqslant A'(1-\lambda_r)\lambda_r = 0 \end{aligned} \tag{5.3.16}$$

简言之，如果经济中存在两个部门，那么工资就会均等化；如果经济体中的农业部门为所谓0，那么制造业部门的工资可能大于农业部门的边际产出；如果制造业部门萎缩为0，那么制造业部门的工资一定小于或等于农业部门的工资。

（二）均衡结构

为了了解模型中影响产业定位的因素，考虑增加国家1制造业部门的劳动力数量y1所产生的效应。它是加大工资差距［即 $w_1 - A'(1-\lambda_1)$，此时，会引起 λ_1 的进一步增加］，还是减少工资差距呢？这里有两种因素在起作用。第一种因素是农业部门的劳动边际产出的响应。如果农业生产函数是严格向下凹的，那么减少农业雇佣工人会提高其边际产出，因而降低了劳动力进一步流向制造业部门的动力。其次是产品市场的竞争。λ_1 的增加意味着更多种类产品的供给，因而和往常一样降低了价格指数 G_1。这使得每个厂商的需求曲线向下移动，降低了制造业工资［该效应是通过方程（5.3.11）右边的价格指数项来反映的。］

不论是农业工资的响应还是产品市场的竞争效应都是稳定性因素，并不促进集聚。与它们起相反作用的因素是前向关联和后向关联。前向关联是的 λ_1 增加引起 G_1 的下降从而降低中间产品成本的情况下发生的，它倾向于提高瞬时均衡工资（该效应体现在工资方程左边的G1项中）。需求联系或者后向关联是在较高的 λ_1 提高国家1制造业支出［方程（5.3.13）中的 E_1］的情况下得到加强的，它使得厂商的需求曲线向上移动，往往会提高制造业的工资［参见方程（5.3.11）］。

这些因素之间的平衡就是我们讨论的主题。不过我们将以一个简化的形式作为出发点，首先通过以下两个假定来忽略农业工资效应：（1）农业生产函数是产出的线性函数，即 $A(1-\lambda_r) = (1-\lambda_r)$，这就意味着，农业工资是1，从而只要经济中还存在农业劳动者，均衡的制造业工资还是1；（2）消费支出中的制成品份额 μ 不大于1/2，也就是说，制成品的需求水平可以小到所有的制造业都位于一个国家，这样就可以保证，即使所有的制造业都集中在一个国家，该国还是会存在农业部门的。这两个假定共同确保两国的均衡工资都是1. 制造业能够以不变的工资从农业吸收劳动力，从而使要素市场的竞争效应失效。

为了弄清楚均衡结构，我们首先进行模拟分析，结果如图5.3.1至图5.3.3所示。横轴和纵轴代表每个国家制造业的劳动力份额 λ_1 和 λ_2。曲线 $w_1=1$ 是 λ_1 和 λ_2 的组合，在这条线上，国家1的制造业工资与农业工资相等（都是1）。曲线右边的工资小于1，左边的工资大于1。前面我们曾经假定，制造业部门的劳动力是随着部门间工资差异而增加或减少的，即图中的水平箭头表示y1的发展变化。对国家2的来说也是一样，只不过垂直箭头表示 λ_2 的动态变化过程。

三张图分别对应高、中、低三种贸易成本水平下的均衡结构。

当贸易成本较高时（图5.3.1），曲线 $w_1=1$ 相对陡峭，而 $w_2=1$ 相对平坦（考虑极端情况可以对此作出直觉上的解释：假设两个国家都自给自足，那么 $w_1=1$ 是垂直的，而 $w_2=1$ 则是水平的）。结果，当 $\lambda_1=\lambda_2=\mu$ 时，存在唯一的稳定均衡。制造业平均分布在两个国家，这两个经济是对称的。

贸易成本较低时，曲线 $w_1=1$ 变得平坦，而 $w_2=1$ 则变得陡峭。

图5.3.2表明在这种情况下，两曲线相交且方向与图5.3.1相反，此时存在三个均衡。对称均衡现在变得不稳定，而所有制造业集中在国家1或国家2确实稳定的均衡。

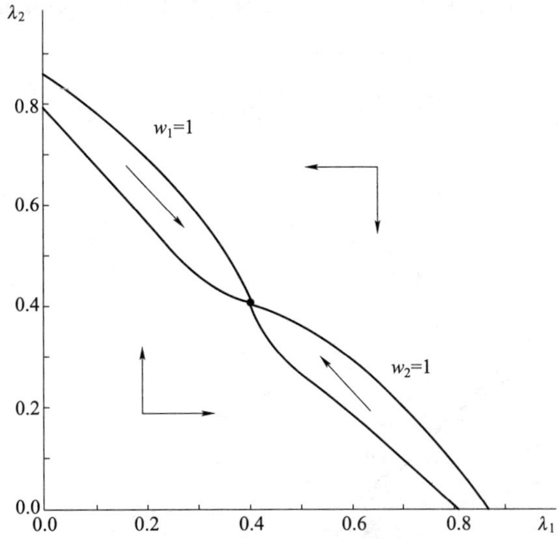

图 5.3.1　制造业就业和工资，$T=3$

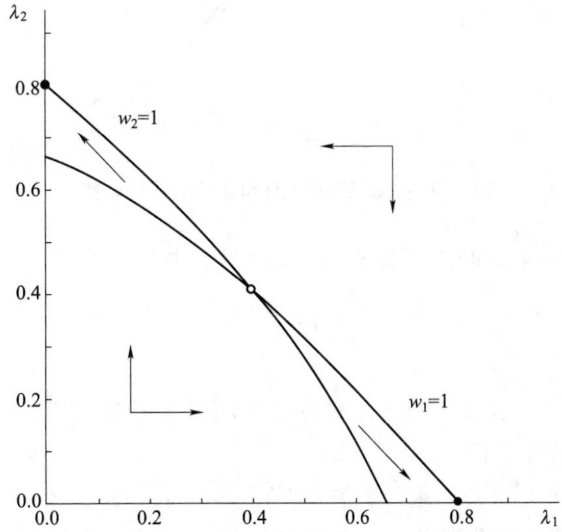

图 5.3.2　制造业就业和工资，$T=1.5$

贸易成本居中时，情况如图 5.3.3 所示，存在五个均衡。对称均衡以及制造业集中在任何一个国家的均衡都是稳定的。三个稳定均衡之间还有两个不稳定均衡。

我们发现当贸易成本足够低时，制造业的地理集中成为可能；贸易成本再低一点时，地理集中就不可避免了。因此，我们的分析任务就是找到图 5.3.2 与图 5.3.3 所示的集聚均衡得以存在的支撑点以及使对称均衡变得不稳定的突变点。

为了找到支撑点，我们首先假定制造业都集中在国家 1，所以 $\lambda_2=0$。两个国家的工资都是 1，我们假定的农业规模报酬不变对两个国家都适用，所以两个国家的收入也都是 1。这就意味着 $\lambda_1=2\mu$，即制造业工资支出 λ_1 等于提供给两国消费者的制成品价

值 2μ。因此价格指数［见方程（5.3.9）和方程（5.3.10）］的取值为：

$$G_1 = (2\mu)^{1/[1-\sigma(1-\sigma)]} \quad G_2 = G_1 T \tag{5.3.17}$$

因为两国的收入都是 1，所以制造业的支出水平（5.3.13）下降为：

$$E_1 = \frac{\mu(1+\alpha)}{1-\alpha} \quad E_2 = \mu \tag{5.3.18}$$

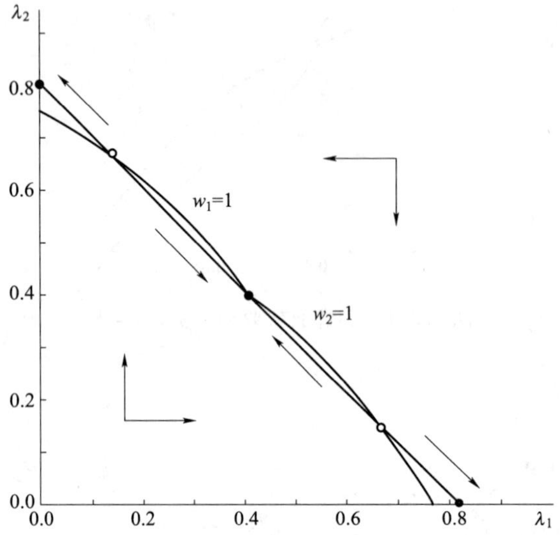

图 5.3.3 制造业就业和工资，T = 2.15

把这些方程带入国家 2 的工资方程（5.3.12），我们就得到国家 2 的制造业工资：

$$w_2^{1-\alpha} = T^{-\alpha}\left[\frac{1+\alpha}{2}T^{1-\sigma} + \frac{1-\alpha}{2}T^{\sigma-1}\right]^{1/\sigma} \tag{5.3.19}$$

只要上式小于或等于农业工资 1，制造业在国家 1 的集中就是一个均衡，因为国家 2 的工人不会流向制造业部门。

T 这一项代表前向关联，如果厂商在国家 2 建立工厂，那么它必须承担中间产品的运输成本 T，占产品成本的份额为 a。方括号里的这一项代表后向关联。国家 1 分担全世界制成品支出的（$1+\alpha$）/2，权数是 $T^{1-\sigma}$；该权数表示国家 2 的厂商向国家 1 供应产品时，面临运输成本方面的劣势。国家 2 分担全世界制成品支出的（$1-\alpha$）/2，权数是 $T^{\sigma-1}$，表示国家 1 向国家 2 的市场供应产品时面临运输成本方面的劣势。

假如（$\sigma-1$）/$\sigma=\rho>\alpha$，则存在唯一的支撑值 $T>1$，低于这个值时，制造业在一个国家的集聚就是稳定的；反之则不稳定。因此，我们必须考察下面的导函数：

$$\frac{dv_1}{d\lambda_1} = \frac{dw_1}{d\lambda_1} + A''(1-\lambda_1)$$

$$\frac{dv_2}{d\lambda_2} = \frac{dw_2}{d\lambda_2} + A''(1-\lambda_2) \tag{5.3.20}$$

我们假定农业部门的投入要素只有劳动时，其规模报酬不变，因此 A'' 等于零。为了考察 $\frac{d\lambda_r}{dw_r}$，必须对方程（5.3.9）（5.3.13）定义的均衡求全微分。对称均衡点附近进行计算可以大大简化问题。首先，我们轻而易举地可以计算出内生变量的对称均衡值，即：

$$\lambda = \mu,\ Y = 1,\ w = 1$$
$$G^{1-\sigma(1-\sigma)} = \mu[1 + T^{1-\sigma}], E = \mu/(1-\alpha) \tag{5.3.21}$$

由于是对称均衡，所以可以忽略下标。其次，我们来看在对称均衡附近发生微小变动的情况：$d\lambda \equiv d\lambda_1 = -d\lambda_2$ 导致每个地区同一变量大小相等、方向相反的变化，同样可以类推 $dE \equiv dE_1 = -dE_2$，$dG \equiv dG_1 = -dG_2$ 等引起的变化。

对价格指数（5.3.9）式或（5.3.10）式全微分，我们得到：

$$\begin{aligned}&[(1-\sigma)G^{1-\sigma} + \mu\alpha\sigma(1 - T^{1-\sigma})G^{-\alpha\sigma}]\frac{dG}{G}\\ &= G^{-\alpha\sigma}(1 - T^{1-\sigma})d\lambda + \mu G^{-\alpha\sigma}(1 - T^{1-\sigma})[1 - \sigma(1-\alpha)]dw\end{aligned} \tag{5.3.22}$$

引入参数 z 可以使问题简化：

$$Z \equiv \frac{1 - T^{1-\sigma}}{1 + T^{1-\sigma}} = \frac{\mu(1 - T^{1-\sigma})}{G_1^{1-\sigma(1-\alpha)}} \tag{5.3.23}$$

代入（5.3.22）式得到：

$$[1 - \sigma + \alpha\sigma Z]\frac{dG}{G} = \frac{Z}{\mu}d\lambda + [1 - \sigma(1-\alpha)]Zdw \tag{5.3.24}$$

对工资方程（5.3.14）或方程（5.3.15）全微分，并进行同样的替代。我们得到：

$$\sigma dw + \left[\frac{\alpha\sigma - (\sigma - 1)Z}{1 - \alpha}\right]\frac{dG}{G} = \frac{Z}{\mu}dE \tag{5.3.25}$$

下面分析制成品支出。我们把（5.3.14）式定义的收入代入支出方程（5.3.13）可得：

$$\begin{aligned}E_1 &= \left[\mu + \frac{\alpha}{1-\alpha}\right]w_1\lambda_1 + \mu A(1 - \lambda_1)\\ E_2 &= \left[\mu + \frac{\alpha}{1-\alpha}\right]w_2\lambda_2 + \mu A(1 - \lambda_2)\end{aligned} \tag{5.3.26}$$

对其进行微分，有：

$$\frac{dE}{\mu} = \left[\mu + \frac{\alpha}{1-\alpha}\right]dw + \frac{\alpha}{1-\alpha}\frac{d\lambda}{\mu} \tag{5.3.27}$$

消去方程（5.3.24），方程（5.3.25）和方程（5.3.27）里的 dE 和 dG，我们推导出所需的 $dw/d\lambda$ 表达式：

$$\frac{\mathrm{d}w}{\mathrm{d}\lambda} = \frac{-Z}{\mu\Delta}\left[\frac{\alpha(1+\rho)-Z(\alpha^2+\rho)}{1-\rho}\right] \quad (5.3.28)$$

在农业收益不变的前提下，对称均衡是否稳定取决于 $\mathrm{d}w/\mathrm{d}\lambda$ 的符号。方程（5.3.28）中的分母 Δ 这一项在非黑洞条件（$a<\rho$）成立时是负的。因而对称均衡的稳定性取决于（5.3.28）式的分子。我们利用 Z 的定义把对称被打破的点清楚地表达出来：

$$T^{\rho/(1-\rho)} = \frac{(\rho+\alpha)(1+\alpha)}{(\rho-\alpha)(1-\alpha)} \quad (5.3.29)$$

综合支撑条件与突变条件，我们现在对均衡结构有了一定的了解。运输成本较高时，每个国家必须发展制造业以满足当地需求，因而对称均衡是唯一的。当运输成本较低时，前向关联和后向关联起主导作用，所以制造业集聚在一个国家。运输成本处于某一中间范围时（位于支撑值与突变值之间），此时有三个稳定均衡。

（三）集聚与国际不均衡

在一般情况下，人们可能认为制造业雇佣工人的增加会使工资率提高。这对我们的分析有什么影响呢？（1）我们仍然沿用保证农业劳动边际产出不变的假设，但是令 $\mu>1/2$；（2）我们假设农业的劳动边际产出随着劳动力的减少而稳步上升。

如果制造业产品支出超过收入的一半，那么当两个国家的工资相等时，所有的制造业就不可能只集中在其中的一个国家。如果世界经济的发展要使得制造业集中起来，那么最初制造业集中的那个国家的工资就会上升。由于存在工资差异，某些制造业活动可能会继续在另外一个国家进行。

为了更系统地分析这个问题，我们首先考虑一下对称均衡及均衡被打破的点。我们继续假定 $A'(1-\lambda_r)=1$ 和 $A''(1-\lambda_r)=0$，因此在对称均衡点附近工资等于 1。方程（5.3.29）给出了均衡被打破的点。现在考虑国家 1 的制造业集中的稳定性。这里我们对“集中”（concentration）一词的理解要非常谨慎。两个国家都可以实行专业化，国家 1 从事制造业，国家 2 从事农业。然而，对于较大的 μ 来说，在更常见的情景中，虽然一个国家专业化生产制成品，但在另外一个国家也可以存在较小规模（较低工资）的制造业部门。现在我们考虑由方程（5.3.9）—方程（5.3.14）决定的对称均衡这种情况；只不过我们在这里放松了假设，令 $\lambda_1=1$ 和 $\lambda_2<1$ [根据方程（5.3.16）可知 $w_2=1$]。也就是说，在支撑点上，如果给定 $\lambda_1=1$ 和 $w_2=1$，我们就有 $w_1=1$，所以在这个点之外，国家 1 不再专门从事制造业。这个支撑点没有简单的解析表达式，因此我们通过数值示例来说明均衡结构。

图 5.3.4 描绘了 λ_1 与 λ_2 的均衡值，这里我们把 λ_1 和 λ_2 看成是贸易成本水平的函数。实线表示稳定均衡，虚线表示不稳定均衡。当 T 较大时，对称均衡唯一且稳定。当 T 降到 $T(S)$ 水平以下时，专业化从事制造业的国家（假设是国家 1）还是维持现状，继续从事制造业。当降到 $T(B)$ 时，对称均衡开始变得不稳定。支撑点和突变点的布局是我们根据定性分析得出的。但是制造业在消费支出中的份额较高时，这就意味着虽然国家 1 专门从事制造业，国家 2 仍然可以生产某些制成品。该结论由途中 λ_2 大于零的水平来说明。

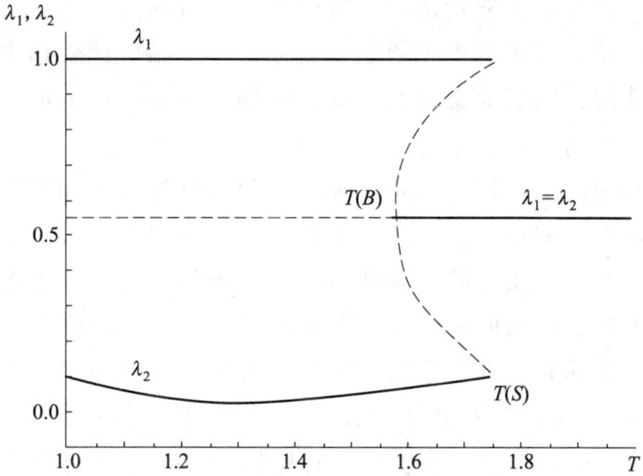

图 5.3.4　叉形图

图 5.3.5 给出了与图 5.3.4 相对应的稳定均衡情况下的实际工资：$\omega_1 = w_1 G_1^{(\mu-1)}$ 和$\omega_2 = w_2 G_2^{(\mu-1)}$。我们发现，制造业在国家 1 的集聚导致其实际工资向上不连续地跳跃，国家 2 则刚好相反。引起这种变化的原因有两个：（1）制造业对劳动力的需求提高了用农产品来衡量的国家 1 的实际工资；（2）拥有制造业的国家由于不用支付进口制成品的运输成本，因而生活费用指数较低。这种效应增加了国家 1 的收益，还降低了国家 2 的实际工资。两个国家之间的工资差距的规模在贸易成本的某个区间内可能会继续扩大，不过，它最终会随着运输成本而下降。在极端情况下，当所有的成本接近零时，要素价格达到均等化。

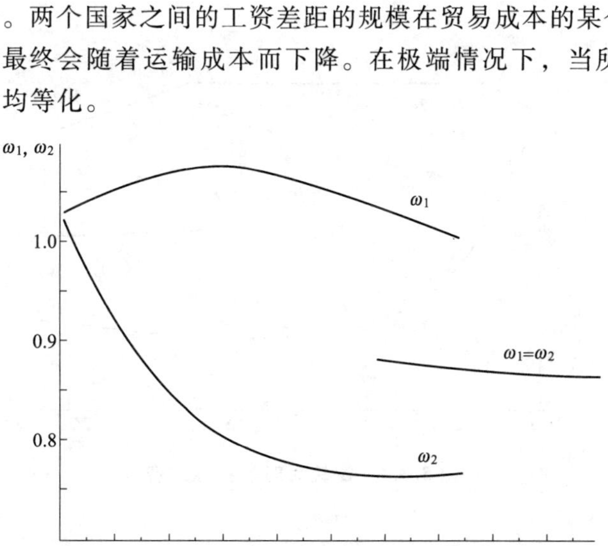

图 5.3.5　实际工资

由图 5.3.4 与图 5.3.5 所示的均衡结构使我们想起了另外一个地方（Krugman 和 Venables，1995）提到的一个故事，我们称之为“世界的历史第一篇”。在这个故事里，我们把国家 1 称为北部，把国家 2 称为南部，并且想象运输成本在长期中不断降低的情景（起初是小吨位轻快帆船，然后是汽船和铁路，再后来是空运……）。最初，两个国家的情况完全相同，接着一个非均衡的发展过程导致劳动力在国际间自然而然的重新分配。北部立刻从中获益，而南部由于限制工业化，一开始就遭受损失。世界经济必然发展成为中心—外围结构：制造业集中在北部，南部因缺少足够的前向关联和后向关联而工资过低，不足以吸引制造业。不过，运输成本的进一步下降最终会使世界进入全球化阶段。随着运输成本的降低，接近消费者和供应商的好处在不断减少。因此南部和北部之间可以维持的工资差距缩小了；当完全不存在贸易成本时，要素价格达到了均等化。在整个全球化阶段，北部的实际收入和相对收入可能都降低了，如图 5.3.5 所示。

图 5.3.4 与图 5.3.5 中根据定性分析得出的对称均衡结构很常见。北部实际收入的不连续增长以及南部实际收入的不连续下降也很常见，其中后者是在专业化发生的那一点开始的。图 5.3.6 与图 5.3.7 定性的说明了实际收入与参数之间的相关性。在图 5.3.6 中，关联强度得到了加强：参数 a（代表投入生产的中间产品的份额）从 0.4 增加到了 0.5，不仅扩大了引起集聚的运输成本范围，而且增加了绝对工资差距。在这里，它说明的是 $\gamma_2=0$ 时运输成本的变动范围。途中 w_1 曲线的平坦部分即可说明这一点：没有进口竞争时，运输成本的下降并不会改变国家 1 的实际收入。在图 5.3.7 中，α 恢复到先前的值，消费支出中制成品的份额 μ 则从 0.55 增加到了 0.70。这使得国家 2 能够容纳更多的制造业，同时意味着国家 1 在全球化阶段的实际工资并不会下降。随着运输成本的减少，实际工资会稳步上升，因为国家 1 消费的制成品中有相当大的一部分是进口的，这样它就可以从运输成本的下降中获益。

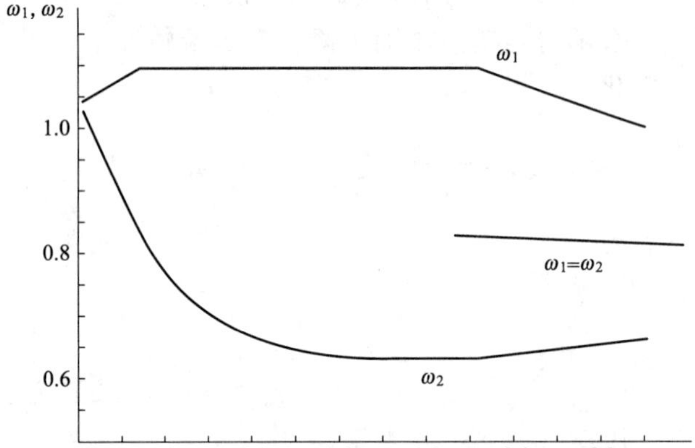

图 5.3.6　α 较大时的实际工资

（四）结论

在一个国家组成的世界里（我们把这些国家看成是可贸易的地理单元，但劳动力在各国之间是不可流动的），人口意义上的集聚不会发生。然而，产业各部门之间的关联效应会导致产业集聚的过程，这种集聚在概念上与我们在区域分析和城市分析中所讲的集聚类似。而且，国际经济中的生产地理结构与在全国家内部一样，在参数尤其是运输成本改变时可发生质变。国家之间的产业集聚导致国际专业化，并且会产生不均衡的发展。不均衡发展是世界一体化过程中可能出现的一个现象，但是，随着运输成本的不断降低，开始出现国际不平等，随后这种不平等又会消失。

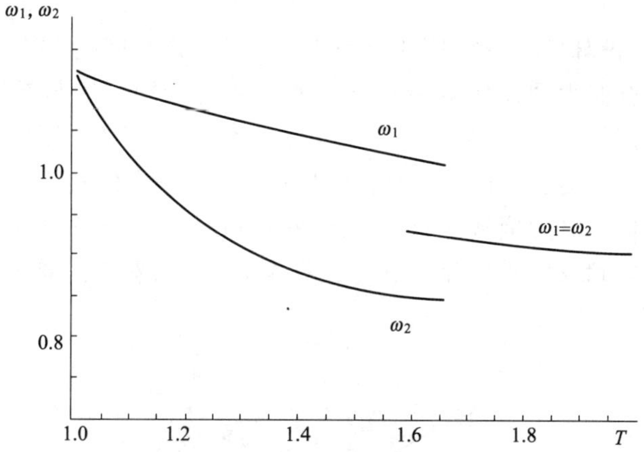

图 5.3.7　μ 较大时的实际工资

如前所述，国家之间的产业集聚导致国际专业化，进而对国与国之间的经济贸易关系产生重要影响。反过来，国际贸易的进一步发展会影响世界经济不平衡发展和产业在各国之间的重新分布。在贸易理论发展中，产业集聚的影响不可忽视，也正在成为国际贸易理论分析的新视角。

第四节　贸易理论中的产业集聚

李嘉图的比较优势理论是建立在完全竞争与规模报酬不变等一系列假设条件之下的。当考虑集聚效应时，比较优势并不能决定一国（地区）的分工与贸易模式。相反，集聚优势也能决定贸易模式与工业布局。这使得传统国际贸易理论中的里昂惕夫之谜有了新的解释。国际经验表明，比较优势与集聚优势在国际贸易与国内分工中的作用是不同的。在一国经济内部，集聚优势较之比较优势作用更大。

一、H－O 框架下的产业集聚①

长久以来，贸易理论家一直都确信，拥有多种生产要素的模型的典型特征就是弱化李嘉图模型中极端专业化的结论。当我们转而研究一个拥有两个或多个生产要素的模型时，模型的结果会有什么变化？

既要回答这些问题，又要尽量保持模型的简洁明了，我们采用 Kenen（1965）的贸易理论中所介绍的方法。现在考虑，不再把每种商品在生产过程中所使用的“初级”投入品作为生产要素，而是把它们自身也视为更基础的要素生产出来的产物。也就是说，现在假定，λ^1 和 λ^2 是由劳动和资本之类的初级要素“生产”出来的，而且 λ^1 和 λ^2 会随着要素密集度变化而变化，所以由这些投入创造出来的经济就有一个严格凹的

① 本部分参考《空间经济学：城市、区域与国际贸易》（藤田昌久，保罗·克鲁格曼，安东尼·J·维纳布尔斯著，梁琦主译，中国人民大学出版社，2005 年）第 15 章第 347－353 页的相关内容。

生产可能性边界（PPF）。图 5.4.1 展示了这样一个边界。这与标准的两商品竞争模型（例如，赫克歇尔—俄林模型）中所获得的两种产品的产量间的 PPF 相同。由于要素市场是完全竞争的，企业力图使成本最小化，所以它的绘制方法与最终产品空间中 PPF 的绘制完全一致。照例，PPF 曲线的斜率表示 λ^1 和 λ^2 之间的边际转换率，在竞争性的要素市场，这等于它们的价格比。因此，PPF 曲线在某一点的斜率测度了 λ^1 和 λ^2 在该点的相对价格，我们称之为价格比 v^2/v^1。这些价格是根据经济中基本的初级要素的价格制定的，但是考虑到我们要直奔主题，于是就没有必要对这些要素价格追根究底。

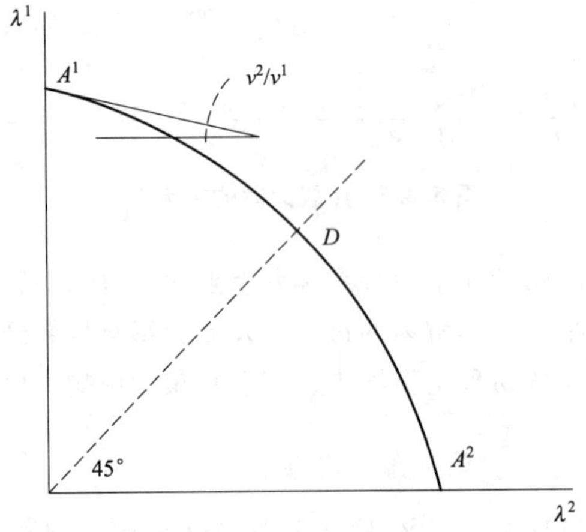

图 5.4.1　两要素的生产可能性边界

分析中要用到的并不是完全一般化的 PPF 曲线，我们保留了关于两个产业对称的假设，这使得 PPF 曲线关于 45°线对称。这意味着在一个赫克歇尔—俄林式的分析框架中，如果选择赋予每个国家相等的 1 单位的资本和劳动，那么在所有的要素价格水平上，产业 1 的资本劳动比率是产业 2 资本劳动比率的倒数。我们也会取适当的单位以使得 PPF 曲线的端点位于 $\lambda^1=0$，$\lambda^2=1$ 和 $\lambda^1=1$，$\lambda^2=0$ 处。

通过对 λ^1 和 λ^2 的重新解释，可以很容易地将对集聚的分析拓展至一个 PPF 曲线呈凹形的经济中。假定均衡包括本国的产业 1 的集聚和外国的产业 2 的集聚，这就是图 5.4.1 中的 A^1 点。此时，$\lambda^1=1$，$\lambda^2=0$。本国企业提供给投入物 λ^2 和 λ^1 的价格，其比例形式 w^2/w^1 为：

$$\left(\frac{w^2}{w^1}\right)^{\beta} = T^{-(\alpha-\gamma)}\left[\left(\frac{1+\alpha-\gamma}{2}\right)T^{1-\alpha}+\left(\frac{1+\gamma-\alpha}{2}\right)T^{\alpha-1}\right]^{1/\sigma} \tag{5.4.1}$$

然而，这些投入的均衡价格比等于 v^2/v^1，它由 PPF 曲线在 A 点的斜率给定。因此，如果存在 $w^2/w^1\leqslant v^2/v^1$，那么集聚就是可以维持下去的；如果这一不等式保持不变，那么要素流向产业 2 就是无利可图的。

图 5.4.2 可以说明这一点。该图中的曲线反映了 w^2/w^1 与 T 之间的关系。在仅有一种生产要素的情况下，PPF 曲线是一条斜率为 -1 的直线，因此其支撑条件就是 4.3 所描述的条件；在图中，由 t（s）点表示。但是，PPF 曲线严格凹意味着，在 A 点，我们

有 $v^2/v^1<1$，因此集聚越来越难以维持下去。图 5.4.2 中水平的实线的高度为 v^2/v^1，最终得到两个支撑点 T（S）。我们看到，假定 v^2/v^1 不是太低，那么总是存在一个区间段的贸易成本可以使集聚足以维持下去，但是过高或过低的 T 值，都可能使集聚无法继续维持下去。这种认识非常直观明了。如果经济中仅有一个产业是活跃的，那么这一产业所密集使用的要素就昂贵，另一个产业所密集使用的要素就便宜（通过 $v^2/v^1<1$ 可以表明这一意思）。这种要素价格上的差异，使得进入另一个产业对企业来说更具有吸引力。特别是，在完全的自由贸易中，这样的价格差异不可能持续下去——毫无疑问，要素价格会均等化——因此集聚在 $T=1$（包括其附近的区域）是不可能发生的。

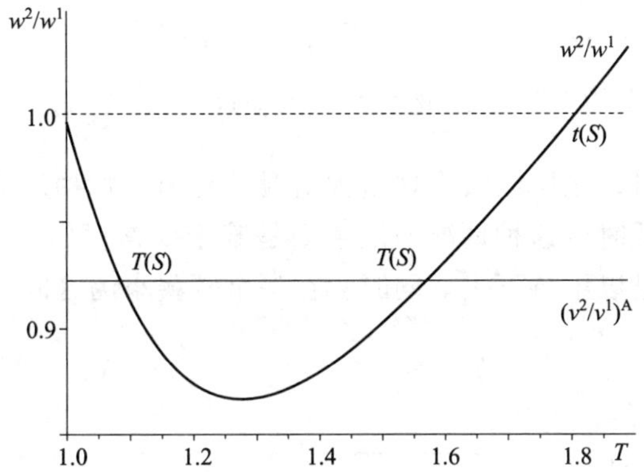

图 5.4.2　支撑点

那么突变点呢？λ 的增长使产业 1 为了获取其投入必须支付高于其通行价格的价款。当出现这一情况时，多元化的均衡就不稳定了。处于对称均衡时（如图 5.4.1 中 D 点所示），我们有

$$\frac{w^2}{w^1}=\frac{v^2}{v^1}=1 \tag{5.4.2}$$

照例，写出 $d\lambda=d\lambda^1=-d\lambda^2$，$dw=dw^1=-dw^2$ 和 $dv=dv^1=-dv^2$，如果下式成立

$$\frac{dw}{d\lambda}>\frac{dv}{d\lambda} \tag{5.4.3}$$

那么对称均衡会变得不稳定。在附录中我们会详尽给出 $dw/d\lambda$ 的表达式；我们在图 5.4.3 中给出了图示。

PPF 呈直线的情况下，（5.4.3）式的右边为 0。此时，临界点和以前一样。在图 5.4.3中，由 t（b）点表示。PPF 曲线的曲率意味着 $dv/d\lambda$ 是一个正值，假定这一曲率不是太大，那么就会有两个突变点 T（B）。直观地看，要素价格的变动与两个产业的规模的变化有关，它们是使均衡保持稳定的力量，可以抵消——但并不必然超过——由前向和后向关联所创造的不稳定力量。

图 5.4.4 将劳动力在产业间的分配表示为贸易成本的函数，并画出了一个完整的叉形图。我们可以发现，在贸易成本很高和很低时，每个国家每种产业都只雇佣了一半的

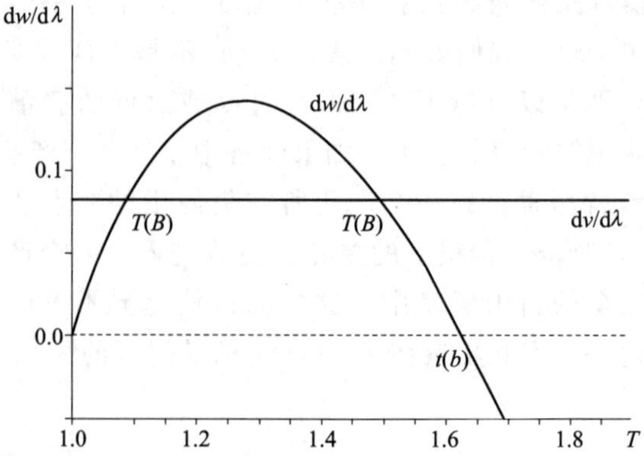

图 5.4.3　突变点

工人：贸易成本很高时，之所以会出现这种情况，是因为每种产业都需要服务于终端消费者；而贸易成本很低时，这种情况的发生则是基于要素供给的考虑。居于两者之间，存在一个范围使集聚足以维持下去。同时，在一个较狭小的区间里，多样化均衡是不稳定的。

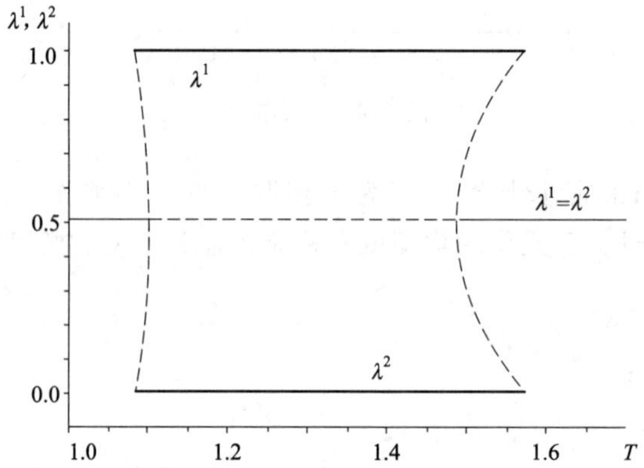

图 5.4.4　两要素情形下的叉形图

当除了运输成本以外的离心力作用于制造业商品时，运输成本和集聚之间的关系往往呈倒 U 形：运输成本很高时，集聚不会发生，运输成本居中时出现中心—外围模式（这时接近终端消费者已经不那么重要了，但关联效应依然强大），最后，制造业再次分散以利用低运输成本下的低工资和低食品成本。我们曾认为这可能是相当普遍的一种形式。的确，在这里我们又看到了这种形式。

图 5.4.4 中所示的结构如何依赖于两产业中使用初级要素的生产函数的呢？图 5.4.2 ~ 图 5.4.4 绘制的是两要素的赫克歇尔—俄林模型，两种产业都采用要素密集度不等的柯布—道格拉斯技术。在附录 4.2 中，我们详细地说明了这些问题。扩大两种产业的要素密集度的差异，则会产生缩小集聚发生范围的效果（在图 5.4.2 中，推动 v^2/v^1 下移；在图 5.4.3 中，推动 $dv/d\lambda$ 上移）。

柯布—道格拉斯技术产生了图5.4.4所示的双战斧形结构（我们计算过的所有例子都是如此）。不难看出，其他的函数形式会产生不同的格局。举例来说，固定系数技术意味着PPF曲线在对称均衡处有两段直线和一段弯折。在这样的技术下，对称均衡永远不会变得不稳定，因而集聚就有可能维持下去。在另一个极端，考虑PPF曲线在对称均衡附近呈线性（斜率为 -1）但接近坐标轴的部分严格为凹的情况。对于某些参数而言，这种技术可能会导致对称均衡变得不稳定，因而（完全专业化的）集聚就无法维持下去。于是我们就得到一个存在不对称内部均衡的标准的草叉形结构，而不是一个战斧式结构。

最后，应该注意到这一分析对初级生产要素的价格的意义。模型阐述了贸易自由化在一定范围内可能不能使要素价格均等化的可能性。要素价格均等化可以在贸易成本很低时实现，而且因为经济被构建得完全一样，也可以在贸易成本很高时实现。但是，如果贸易成本的削减引发了集聚，如图5.4.1中的 A^1，则会在本国经济中提高 λ^1 相对于 λ^2 的价格，对国外经济的作用则完全相反。由于斯托尔珀—萨缪尔森（Stolper-Samuelson）效应继而发挥作用，所以任何 λ^1 相对于 λ^2 的价格差异都会导致初级要素价格差异的扩大。

二、分工、专业化与集聚①

回顾大卫·李嘉图（David Ricardo）的比较优势原理（law of comparative advantage），生产的比较成本差异导致国际贸易，一国专业化生产具有比较成本优势的产品，必有贸易所得。这里，国家的大小代表着集聚的水平。但在李嘉图的比较成本模型中，国家大小与专业化模式是无关的（除非它通过供求关系影响世界价格）。在标准的H-O理论（Heckscher-Ohlin theory）框架中，一个国家将出口那些相对密集使用其相对丰裕的生产要素所生产的商品，而进口那种相对密集地使用其相对稀缺的生产要素所生产的商品。

对H-O理论的第一次经验检验是1951年里昂惕夫（Leontif, W.）利用美国在1947年数据进行的。由于美国是世界上资本最丰裕的国家，里昂惕夫期望能得出美国出口资本密集型商品、进口劳动密集型商品的结论。里昂惕夫将他的投入—产出分析法运用于美国经济的投入—产出表中，分别计算出了每一单位“美国出口品”和每一单位“美国竞争性进口替代品”这两种复合商品所需要的资本与劳动的总（直接的或间接的）投入。结果发现：美国进口替代品的资本密集程度比美国出口商品的资本密集程度高出大约30%。这意味着，美国进口的是资本密集型商品，出口的反而是劳动密集型商品。那么，既然相对于它的所有贸易伙伴而言，人们一般认为美国是一个资本富裕的国家，里昂惕夫的这一结论恰巧与H-O理论的预测相反。对于这个里昂惕夫之谜（Leonief paradox），几十年来，人们从要素禀赋、关税、人力资本、知识资本等各个角度进行了解释，使比较利益理论得到了很多新的发展。对于既定的要素禀赋，一种观点是（Brülhart & Torstensson, 1996）：国家的大小（代表着集聚的水平）会改变比较优势

① 本部分内容参考钱学锋，梁琦．分工与集聚的理论渊源［J］．江苏社会科学，2007，(02)

的程度，而专业化的程度依赖于要素禀赋的变化。

Fujita，Krugman，Venables 等指出，集聚是较低的运输成本、较大的规模经济和较大的制造业份额三者的结合所致；Ricci（1999）指出，如果考虑到集聚经济，贸易模式并不按比较优势出牌。一个国家的产业集聚水平与该国家要素禀赋和要素生产率正相关，同时也与贸易成本有关。如果贸易成本足够低，公司为了实现规模经济而集中生产是值得的。而一旦他们决定要集中生产，最优地点就是其他公司已经选择的地点，于是集聚便发生了，该地的专业化生产便形成了。

那么在世界分工体系或一国之内的分工体系中，要素的集聚是如何影响其专业化程度的？比较优势和集聚优势的作用哪个更大？其基本思想是：传统的贸易定理是在完全竞争、自由贸易的假设下成立的，在这些假设条件下，分工应该依据比较（禀赋）优势理论行事；但当考虑到规模经济和不完全竞争时，比较优势未必还能决定分工和贸易模式。

本部分中，我们用基于 Ricci 的基本思想详细地讨论了一个带有集聚因素的分工模型，并对此给出严密的数理推导，证明集聚优势也能影响分工模式。但是，究竟是比较优势起决定作用，还是集聚效应起决定作用，这是个经验检验性问题。本部分以国内外典型案例来说明。OECD（欧盟）与日本的经验表明，比较优势与集聚优势在国际分工和国内分工的作用大小是不同的；在国际分工中，比较优势起主要作用；但在一国经济内集聚优势起主要作用。

（一）模型的基本描述

1. 基本模型

假设有两个规模报酬递增（Increasing returns to scale，IRS）的工业部门，其产品分别以 A，B 表示；有一种是由规模报酬不变的竞争性行业（Constant returns to scale，CRS）生产的同质产品（如农产品），以 D 表示；两个地区记为 $k=1，2$；生产要素只考虑劳动，总劳动为 L，于是这是一个有两个地区、三种商品和一种生产要素的经济。

为了下面讨论的方便，生产各种产品所需劳动记为 L_f，$f=A，B，D$；各地区的劳动为 L_k，$k=1，2$；各地区劳动对各种产品的分配为 L_{fk}，$f=A，B，D$；$k=1，2$；公司产量为 x_{fk}时所需劳动记为 l_{fk}。显然有：

$$L = L_A + L_B + L_D = L_1 + L_2 \tag{5.4.4}$$

$$L_f = L_{f1} + L_{f2} \tag{5.4.5}$$

$$L_k = L_{Ak} + L_{Bk} + L_{Dk} \tag{5.4.6}$$

产品 D 在两地是自由贸易的，其价格相等，记为 P_D，地区 K 的消费为 D_k；该地区消费产品 A 和 B 分别为 c_{iAk}，c_{iBk}，产品 A 和 B 的多样性种类数目分别为 n_A 和 n_B（均为内生的），地区 k 的产品 A 和产品 B 的多样性种类数目记为 n_{jk}，$f=A，B$；$k=1，2$。第 i 种 A 产品在地区 k 的价格为 P_{iA}^K，第 i 种 B 产品在地区 k 的价格为 P_{jB}^K；记 σ 为差异产品的替代系数，δ 为产品 A 和 B 在消费中所占的总份额，其中产品 A 占其中 γ 部分，产品 B 占其中 $1-\gamma$ 部分，显然有 $0<\gamma<1$，$0\leqslant 2\delta<1$。记地区 K 的工资

率为 w_k。

在地区 K 产品 D 的生产 D_k^s 对于生产要素劳动 L_D 是规模报酬不变的：

$$D_k^s = L_{Dk} \tag{5.4.7}$$

假设两地区产品 A 和 B 生产中的规模经济采取线性成本函数的形式，为了生产任何一种种类的产品，厂商必须要负担以劳动表示的固定成本 α 和边际成本 β_{jk}（$B_{fk}>0$，$f=A$，B；$k=1$，2，记 x_{fk}为产量，即：

$$l_{fk} = \alpha + \beta_{fk}x_{fk} \tag{5.4.8}$$

假设两个地区之间产品 A 或 B 的贸易是有运输成本的，运输成本仍采取"冰山"形式，一单位产品到达目的地必须有 $\tau>1$ 的产品从起运地出发。由于产品 D 的运输没有成本，劳动是自由流动的，所以产品 D 的价格和劳动的名义工资率在两个地区都一样。不妨设 $P_D=w_k=1$，$\forall k=1$，2。

在两个不同的规模报酬递增部门，每个种类产品的生产中都有规模经济，任何两个厂商都没有理由试图生产同样的产品，因此，市场结构是垄断的。每个种类产品的生产商将面临的需求弹性就是 σ，公司利润最大化的定价等于边际成本之上的一个固定加价①：

$$p_{fk} = \beta_{fk}\frac{\sigma}{\sigma-1} \tag{5.4.9}$$

如果行业是自由进入的，公司利润将为 0。零利润条件可写为：

$$p_{fk}x_{fk} - (\alpha + \beta_{fk}x_{fk})w_k = 0,\text{即 } p_{fk}x_{fk} = \alpha + \beta_{fk}x_{fk} \tag{5.4.10}$$

零利润和定价条件一起隐含着厂商的产出为②：

$$x_{fk} = \frac{\alpha}{\beta_{fk}}(\sigma-1), \forall f = A,B; k = 1,2 \tag{5.4.11}$$

于是有

$$p_{fk}x_{fk} = \beta_{fk}\frac{\sigma}{\sigma-1}\frac{\alpha}{\beta_{fk}}(\sigma-1) = \alpha\sigma \tag{5.4.12}$$

又从零利润条件知：$\beta_{fk}x_{fk}=p_{fk}x_{fk}-\alpha$

故有：$l_{fk}=\alpha+\beta_{fk}x_{fk}=p_{fk}x_{fk}=\alpha\sigma$　(5.4.13)

这说明各个厂商因为定位于不同地区而有不同的生产率和边际成本以及不同的销售

① 垄断厂商利润最大化的必要条件是：边际收益 = 边际成本（MR = MC）。由 $MR=p_{fk}\left[1-\frac{1}{\sigma}\right]=MC=\beta_{fk}$，可推出 $p_{fk}=\beta_{fk}\frac{\sigma}{\sigma-1}$。

② 零利润条件可变形为 $x_{fk}=\frac{\alpha}{p_{fk}-\beta_{fk}}$，而 $p_{fk}-\beta_{fk}=\beta_{fk}\left(\frac{\sigma}{\sigma-1}-1\right)=\beta_{fk}\frac{1}{\sigma-1}$。

价格，但每个厂商都享有同样的销售额和同样的劳动①（$p_{fk}x_{fk}=l_{fk}=\alpha\sigma$）。于是地区 k 产品 f 的多样性种类数目 n_{fk} 亦即该地区生产产品 f 的厂商数目②为：

$$n_{fk}=\frac{L_{fk}}{l_{fk}}=\frac{L_{fk}}{\alpha\sigma},\forall f=A,B;k=1,2$$

类似地，产品 f 的多样性种类数目 n_f 亦即生产产品 f 的厂商数目为：

$$n_f=\frac{L_f}{\alpha\sigma},n_{f1}+n_{f2}=n_f;\forall f=A,B \tag{5.4.14}$$

2. 集中、专业化和比较优势的数学描述

定义 1　产业集聚水平 η_{fk} 为地区 k 产业 f 的集中：

$$\eta_{fk}\equiv\frac{n_{fk}}{n_f}=\frac{L_{fk}}{L_f},\forall f=A,B;k=1,2$$

定义 2　地区集中度 η_k 为地区 k 所有厂商的集中：

$$\eta_k\equiv\frac{n_{Ak}+n_{Bk}}{n_A+n_B},\forall k=1,2;\eta_1+\eta_2=1$$

有 $x_{fk}=\frac{\alpha}{\beta_{fk}}(\sigma-1)$，$\forall f=A$，$B$；$k=1$，2

可以证明③，$\eta_k=\gamma\eta_{Ak}+(1-\gamma)\eta_{Bk}$，$\forall k=1,2$；$\eta_1+\eta_2=1$　　(5.4.15)

地区 k 的规模 λ_k 用劳动力或收入来表示（因为工资率是相等的）：

$$\lambda_k\equiv\frac{L_k}{L},0\leqslant\lambda_k\leqslant1,\forall k=1,2。 \tag{5.4.16}$$

定义 3　比较优势指数为 $CA=\frac{\beta_A}{\beta_B}$。　　(5.4.17)

因此，当比较优势指数大于 1，则地区 1 在产品 A 的生产上有比较优势。这是因为 $CA=\frac{\beta_A}{\beta_B}>1$ 即 $\frac{\beta_{A1}}{\beta_{B1}}<\frac{\beta_{A2}}{\beta_{B2}}$，这与李嘉图的比较成本说是完全一致的。

定义 4　绝对优势指数为 $AA=\beta_A\beta_B$。　　(5.4.18)

因此，当 $AA>1$ 时，地区 1 在工业（产品 A 和产品 B）生产上有绝对优势，这是

① 这是由于前面已假设劳动是自由流动的，劳动的名义工资率在两个地区都一样并标准化为 $w_k=1$，$\forall k=1,2$。

② 这是由于前面的假设：在两个不同的规模报酬递增部门，每个种类产品的生产中都有规模经济，任何两个厂商都没有理由试图生产同样的产品。

③ 根据定义，γ 为工业品（产品 A 和产品 B）总消费中产品 A 的消费比例，$1-\gamma$ 为产品 B 的消费比例，所以也有 $\gamma=\frac{n_A}{n_A+n_B}$，$1-\gamma=\frac{n_B}{n_A+n_B}$。于是有：

$$\eta_k\equiv\frac{n_{Ak}+n_{Bk}}{n_A+n_B}=\frac{\eta_{Ak}n_A+\eta_{Bk}n_B}{n_A+n_B}=\gamma\eta_{Ak}+(1-\gamma)\eta_{Bk}$$

因为 $AA>1$ 即 $AA=\beta_A\beta_B=\frac{\beta_{A2}\beta_{B2}}{\beta_{A1}\beta_{B1}}=\frac{p_{A2}p_{B2}}{p_{A1}p_{B1}}>1\Rightarrow\frac{p_{A2}}{p_{A1}}>\frac{p_{B1}}{P_{B2}}\Rightarrow p_{A1}p_{B1}<p_{A2}p_{B2}$，地区 1 的工业品（产品 A 和 B）价格指数比地区 2 要低，所以地区 1 在工业品生产上有绝对优势；反之，若 $AA<1$，则地区 2 有绝对优势。

定义 5　专业化则用行业就业水平来衡量①。$SA_1\equiv\frac{L_{A1}L_B}{L_{B1}L_A}=\frac{\eta_{A1}}{\eta_{B1}}$即地区 1 在产品 A 上的专业化程度；$SB_2\equiv\frac{L_{B2}L_A}{L_{A2}L_B}=\frac{\eta_{B2}}{\eta_{A2}}$即地区 2 在产品 B 上的专业化程度。

这里$\frac{L_{A1}}{L_{B1}}$表示在地区 1 生产 A 产品与 B 产品的劳动之比，$\frac{L_A}{L_B}$表示生产 A 产品与 B 产品的总劳动之比，SA_1 是两者之比。SB_2 类似。我们之所以不用产出水平衡量专业化水平是因为产出水平直接受生产率影响。

定义 6　地区 k 的工业化程度用 SI_k 来测度：

$$SI_k \equiv \frac{L_{Ak}+L_{Bk}}{L_{Dk}}\frac{L_D}{L_I},\ \forall k=1,2 \tag{5.4.19}$$

SI_k 越大，地区 k 的工业化程度越高。

（二）集聚水平、比较优势与专业化：三个命题

利用产业集中度的公式可以计算得到：对 $f=A$，B，有

$$\frac{\mathrm{d}\eta_{f1}}{\mathrm{d}\lambda_1}>1 \text{ 和} \frac{\mathrm{d}\eta_{f1}}{\mathrm{d}\beta_f}>0 \tag{5.4.20}$$

这两个导数式子表明：产业 f 在地区 1 的集中度（η_{f1}）随着该地区的劳动力份额（λ_1）的提高而增强，随着产业 f 在该地区的生产率优势（β_f）增大而增强，即：

命题 1　一个地区的产业集聚水平与该地区要素禀赋正相关，与该地区要素生产率正相关。

基本原理是简单的。因为存在厂商水平上的规模经济，厂商的区位必须在两个地区中选择其一。在其他条件相同时，由于贸易成本的存在，厂商倾向定位于大的市场，因为本地销售往往大于外地销售（本地市场效应）；厂商也倾向于定位在该产业有绝对优势的地区，由于生产率高，能够以低价销售而得到更大的市场（绝对优势效应）；这样，厂商将被激励向有较大的市场和（或）有较大的绝对优势的区域集聚。

根据比较优势说，若地区 1 在产品 A 的生产上有比较优势$\left(CA=\frac{\beta_A}{\beta_B}>1\right)$，则地区 1 应专业化生产产品 A，即 $SA_1=\frac{\eta_{A1}}{\eta_{B1}}>1\Rightarrow\eta_{A1}>\eta_{B1}$；而地区 2 应专业化生产产品 B，即 $SB_2=\frac{\eta_{B2}}{\eta_{A2}}>1\Rightarrow\eta_{B2}>\eta_{B1}$。

① 这里的专业化不用产出水平衡量是因为产出水平直接受生产率影响。

当$\frac{\beta_A}{\beta_B}>1$时，可以证明（限于篇幅，从略）：$\frac{\partial\ SA_1}{\partial\ \lambda_1}<0$和$\frac{\partial\ SB_2}{\partial\ \lambda_2}<0$

这两个不等式说明：地区1劳动力或收入的增加会使该地区在产品A生产的专业化程度降低，地区2劳动力或收入的增加会使该地区在产品B生产的专业化程度降低。而一个地区的劳动力或收入的增加，会使得该地区的集聚优势增加，即：

命题2　区域规模的增大，将降低它在具有比较优势的产品生产（收益递增）上的专业化程度。

我们知道，收益递增的作用就是使每一种产品只在一个地区生产才有利可图，这样一来不同地区就不会生产同一个集合的产品，而是生产差异产品。当一个地区有劳动流入时它不是生产更多的现有产品组合，而是生产新的差异产品，因此，当该地区规模扩大而产生集聚优势从而吸引新的厂商，这些厂商更多的是那些原本在该区域生产没有比较优势的厂商。正因为没有比较优势，它们才缺乏集中。而现在，集聚优势将它们吸引到该地区来了。这样，便降低了该地区因比较优势而专业化分工的程度。

再看比较优势与专业化分工的关系。按传统的国际贸易理论，一国应专业化生产其具有比较优势的产品。但是如果考虑集聚效应，则未必如此。集聚可以扩大区域规模，而区域规模的扩大将减少一国在具有规模报酬递增和比较优势的产品生产的专业化程度。因此，在具有收益递增的产品生产上扩大一国的比较优势，其效果或者是强化该国的专业化程度或者是削弱其专业化程度。我们有：

命题3　在存在集聚优势的工业部门中，比较优势的增大并不必然伴随两国（地区）专业化分工的扩大。

证明参见附录3。

直观地看，地区1在产品A有比较优势，即$\frac{\beta_{A1}}{\beta_{B1}}<\frac{\beta_{A2}}{\beta_{B2}}$或$\beta_A>\beta_B$，现在这个比较优势增大了，也就是在地区1在A生产上的相对生产率提高了或地区2在B生产上的相对生产率降低了。不妨假设是地区1在A生产上的相对生产率提高了而地区2在B生产上的相对生产率并没有变化（$d\beta_A>0$，$d\beta_B=0$），这对于地区1的专业化程度的影响效果是双重的。一方面，地区1在A生产上的相对生产率更高了，它对所有生产A产品的厂商产生了更大的向心力，这是对该地区专业化生产A的正面影响；但当生产A产品的厂商往地区1集中时，同时也刺激其他的厂商向地区1集中，该地区的规模愈发增大，由于A的生产是收益递增的，根据命题2，将降低地区1在产品A的专业化程度，这是负面影响。纯效应则是这一对反向作用力的博弈结果。如果正面效应大于负面效应，则强化了该地区在比较优势产品上的专业化；反之，比较优势的增大反而削弱其专业化程度。后一种反向关系经常发生在一些小且专业化很强的地区或国家。在这样的地区或国家，它已经非常专业化了，进一步强化专业化的正面效应不会很大，但它的集聚效应却可能很大，能吸引更多的其他部门的厂商。

（三）比较优势对集聚优势：国际经验

从以上的分工模型知，如果产业集聚发生，基于要素禀赋的比较优势就不再能决定专业化生产模式，贸易成本的降低也可能使比较优势决定的专业化模式发生逆转。也就是说，当考虑到生产要素的集聚效应时，忽略收益递增和运输成本的传统的贸易定理可能会失效。那么，对一国（或区域）生产结构和专业化分工起决定性作用的，究竟是比较优势，还是集聚优势？

Davis & Weinstein（1999）对日本国内的生产结构和区际贸易进行了统计检验，资料包括日本40个辖区/城市的19个行业的数据（30个行业中去掉了8个非贸易商品部门和2个农业部门）。

零假设 H_0：H-O模型能解释4位数ISIC水平；

备择假设 H_1：H-O模型只能在3位数ISIC水平上解释地区的工业生产结构。因此3位数ISIC水平的生产结构只能由空间经济来解释。

结果表明一国的区域数据对空间集聚模型提供了有力的支持。特别是在其中8个部门集聚效应有显著的统计效果，这8个部门是：纺织业、造纸及纸制品、化学制药、钢铁业、非铁金属、电子机械、运输设备、精密仪器。

在这之前，Davis & Weinstein（1996）也对OECD国家的制造业生产模式在1975－1985年间的变化进行了类似的检验。国际数据包括13个国家（其中6个曾是EU成员国：比利时、法国、德国、意大利、新西兰和英国）在4位数水平上细分的54个工业门类以及22个国家（其中10个曾是EU成员国，即再加上希腊、爱尔兰、葡萄牙和西班牙）在3位数水平上的27个工业，结果是：其中制造业生产结构变化的10%可由空间经济模型来解释，另外90%则由比较优势模型来解释。

从这两次依据类似的方法对国际数据和区域数据的分别检验得到的结论来看，在一国之内生产结构和区际贸易分工模式中，集聚优势起主导作用；但在国际生产结构和国际贸易分工中，比较优势起主导作用。这也就是说，集聚经济的国内效果要比国际效果更强。

克鲁格曼（1991b）计算了美国3位数行业的区位基尼系数，基尼系数高于0.3的就有50个行业。排除计算口径方面的差异①，总的印象是美国的产业集中程度比EU国家高。直观地看，由于贸易障碍和运输成本及其他社会经济基础和文化的差异，一国之内的产业集中程度是应该比跨国之间（即便有某种程度的经济一体化）的产业集中程度高。无论用要素流动性，还是用贸易来衡量，欧洲历史上都远没有达到美国那样的一体化。这也与前面Davis & Weinstein（1996）关于空间经济的效果在一国之内比在国与国之间更强的结论互为印证。

为什么集聚经济的国内效果比国际效果更强？通过本节我们认为有两个原因可以解释：一是贸易成本（包括运输成本和贸易障碍），无疑，一国区际间的贸易成本要比国际间的贸易成本低得多；低的贸易成本强化了空间经济效果，运输成本较低，对一个相对国际市场较小的国内市场来说，其生产隐含的保护程度较低。二是要素的流动性，一国区际间的要素流动性显然要强于国际间的要素流动性；区际间的较强的要素流动性可

① 区位基尼系数的计算方法是相同的，但统计口径国与国之间可能有差异。另外，克鲁格曼指出：“行业的定义也有问题，3位数的行业分类并非毫无用处，但远远不够理想。有些古老的行业，如服饰珠宝，虽然就业人数很少，但也列入3位数的行业类别中。而硅谷和128号公路则被淹没在“电子部件”这个大类中。

以弥补先天比较优势的不足。

第五节 对外贸易与内部地理①

在区域模型中，工业制成品的投入要素是可以流动的，而农产品的投入要素是不能流动的；但在城市模型中，除了土地以外的其他投入要素都是可以流动的；同时在国际模型中，投入要素不能流动，但中间产品能够带来前向关联和后向关联。当然从原则上讲，我们应该综合考虑这些假设条件。比如，我们可以通过考察中间产品在各区域的分化中所发挥的作用，从而在同一个模型中综合考虑上述假设条件。② 而且在现实世界中，这些人为的分类也是不适用的。尽管如此，各种模型之间的区别确实有助于我们将每一种分析所需要考虑的变量限定在最少的范围之内。

最近，Hanson（1993）在他的一篇研究墨西哥贸易制度变革对工业区位变化的影响的文章中讲述了这样一个故事：在20世纪80年代初期，墨西哥采取了通过进口替代来发展工业的传统策略，结果就导致了内向型经济基础的出现，大部分工业都集中在墨西哥城周围。然而，在80年代后期，墨西哥的贸易自由化进程突然加快，并随着《北美自由贸易协定》的签订而达到顶点。值得注意的是，在这一过程中，墨西哥的工业开始从墨西哥城分散地迁向该国的北部地区。很明显，墨西哥工业的这种分散式迁移主要是因为相对于国内市场而言美国市场显得更加重要了。但是，为什么这些工业要从墨西哥城周边地区迁走？

最简单的答案就是这与地理位置有关：在墨西哥，大多数迅速成长的新的工业中心要比首都墨西哥城更接近美国。在某种程度上说，这种解释也是正确的。但是，Hanson认为这一现象的出现还涉及其他许多重要的因素。他指出在任何情况下，贸易自由化都会使工业变得更加分散。其理由是很久以来，墨西哥国内的中心—外围地理现象都表现得非常明显。例如，尽管在拥挤的大都市里有更高的运营成本，但是由于前后向的关联效应（在一个内向型经济中，把企业建在首都附近，既能接近国内的投入品市场，又能接近国内的消费品市场），使得墨西哥的很多工业都集中在首都墨西哥城附近。然而，一旦经济变成外向型，这些前后向关联就变得不那么重要了：如果一个厂商能从国外市场得到大部分投入品，并将其大部分产品销往国外市场，那么它就没必要将企业建在国内的中心地区了。因为此时集聚在中心地区的成本大于关联效应所带来的收益。

考察城市经济学与国际贸易政策之间的关系是很有意义的一件事情。Ades 和 Glaeser（1997）提供了一些支持这项分析的经验证据。他们在以85个国家为样本的分析中发现，一个国家最大的城市的人口与该城市的GNP中的进口份额有反向关系，而与关税壁垒有正向关系。Krugman 和 Livas（1996）最先将 Hanson 所描述的情况写成了正式的模型。为了与我们在本书中所使用的一般的方法相比较，我们在这里只提供

---

① 本节参考《空间经济学：城市、区域与国际贸易》（藤田昌久，保罗·克鲁格曼，安东尼·J·维纳布尔斯著，梁琦主译，中国人民大学出版社，2005年）第17章的相关内容。

② 例如，Puga（1998）就建立了一个能综合考虑劳动力的流动和产业内关联效应的模型。

Krugman 和 Livas 模型的一个简化版本。

Hanson 也发现，不同产业的区位变化模式是不一样的。某些产业部门与其他产业部门相比，边境地区对它们的影响要大得多。还有一些证据表明，区域专业化也会得到加强。① 这就提出了如下问题：在对外贸易政策与我们在第 16 章中研究的产业集聚之间，是否存在相关关系？开放对外贸易是提升了还是抑制了国内的区域专业化水平？

虽然从总体上看贸易自由化会使一个国家的工业在空间上显得更加分散，但是对某些工业而言，贸易自由化却可能带来空间集聚。同时也会使各个地区变得更加专业化。我们认为，由于存在这些效应，这就使得对外开放所带来的国民福利的增进，比我们通常讲的贸易所带来的福利要多得多。

一、开放经济中的劳动力集中

我们考察一个包括三个特定区域的世界经济：区域 1、区域 2 和区域 0（其中，区域 0 代表外国）。这三个区域相互之间都能进行贸易，但劳动力只能在 1 和 2 这两个国内区域间流动。

劳动是唯一的生产要素。我们以区域 0 中的劳动力为计价单位，即在区域 0 中，劳动力的价格被标准化为 1。记区域 0 中的劳动力数量为 L_0，我们可以通过选择适当的单位来使得国内劳动力的总数量为 1。其中，区域 1 的份额为 λ，区域 2 的份额为 $1-\lambda$。于是，三个地区的收入就可以表示为：

$$Y_0 = L_0 \tag{5.5.1}$$

$$Y_1 = \lambda w_1 \tag{5.5.2}$$

$$Y_2 = (1-\lambda) w_2 \tag{5.5.3}$$

最初我们假设只有一个制造业部门，它使用生产要素（劳动）生产差异化的产品，其生产方式与 Dixit-Stiglitz 模型一致。

同时，假设产品的运输需要耗费一定的成本。进一步地我们假设，如果产品在国内两个地区之间运输，每一单位的产品只有 $1/T$ 能到达目的地；如果要将产品从本国运到外国去，则每一单位的产品只有 $1/T_0$ 能到达目的地。这也就是说，从国内的两个地区向外国运输的成本是相同的，即国内任何一个地区都不比另外一个地区更接近外国市场。

这就意味着，一般形式的价格和工资方程为：

$$G_0 = [L_0 + \lambda(w_1 T_0)^{1-\sigma} + (1-\lambda)(w_2 T_0)^{1-\sigma}]^{1/1-\sigma} \tag{5.5.4}$$

$$G_1 = [L_0 T_0^{1-\sigma} + \lambda w_1^{1-\sigma} + (1-\lambda)(w_2 T)^{1-\sigma}]^{1/1-\sigma} \tag{5.5.5}$$

$$G_1 = [L_0 T_0^{1-\sigma} + \lambda(w_1 T)^{1-\sigma} + (1-\lambda) w_2^{1-\sigma}]^{1/1-\sigma} \tag{5.5.6}$$

$$w_1 = [Y_0 G_0^{\sigma-1} T_0^{1-\sigma} + Y_1 G_1^{\sigma-1} + Y_2 G_2^{\omega-1} T^{1-\sigma}]^{1/\sigma} \tag{5.5.7}$$

$$w_2 = [Y_0 G_0^{\sigma-1} T_0^{1-\sigma} + Y_1 G_1^{\sigma-1} T^{1-\sigma} + Y_2 G_2^{\omega-1}]^{1/\sigma} \tag{5.5.8}$$

---

① 这里的专业化是指按二位数分类的产业的专业化，而不是按四位数分类的产业的专业化，参见 Hanson（1993）的论述。

到目前为止,这个模型还不包括任何收益递减的情况。由于只有一种生产要素,而且这种生产要素在国内的两个地区之间又是流动的,所以,并没有显然的理由说为什么所有的劳动不能集中在一个地区或另一个地区。于是,为了展现向心力和离心力的相互作用,我们必须引入一种与集聚力对抗的作用力。我们曾经提到的那些不能流动的投入要素(如土地)的存在,就产生了这种作用力。实际上我们在其他模型中就是这样假设这种力的存在的。然而为了简化,在这里我们只是简单地假设存在某种相对于城市规模而言的拥塞成本,并且直接将它代入实际工资方程。① 于是,我们就可以将每个地区的实际工资记为:

$$\omega_1 = w_1(1-\lambda)^{\delta}/G_1 \tag{5.5.9}$$

$$\omega_2 = w_2\lambda^{\delta}/G_2 \tag{5.5.10}$$

其中,$(1-\lambda)^{\delta}$ 和 λ^{δ} 表示每个地区的拥塞成本。同时,我们假设 $\delta \in (0,1)$。② 这就意味着,在其他条件保持不变的情况下,当某个地区的人口增加时,该地区的实际工资水平会下降,而且实际工资水平下降的速度是递增的。进一步地,如果全国所有的人口都集中到该地区时,该地区的实际工资水平就下降至0。劳动力的区际分布,λ,则是根据各个地区的实际工资水平与整个经济中的平均工资水平的差异来调整的。

现在,我们提出如下问题:国内经济与外国经济的一体化(以成本 T_0 来测度),是如何影响劳动力在国内两个地区之间的均衡配置的?

二、贸易自由化效应

首先让我们进行数值分析。图5.5.1表明,以 λ 表示的国内劳动力的均衡配置,是对外贸易成本 T_0 的函数。如同以往,稳定的均衡用实线表示,不稳定的均衡则用虚线表示。从图中可以看到,当对外贸易成本 T_0 的值较低时,两个地区的人口相等;当 T_0 值较高时,两个地区的人口就不再相等了。

要想对这一问题作出直观的解释,最简单的办法就是考察两地区的人口相等时的那个均衡的稳定性。当 T_0 值较低时,经济是外向型的,此时,国内每个地区的生产者都将其大部分产品销往国外市场。如果我们将一单位的劳动力从区域2转移到区域1,这就会使区域1的市场增大,同时也就缩减了区域2的市场规模,从而使得区域1有更大的区位吸引力。但是这一后向关联效应相当的弱,因为企业很大一部分的销售额并不是源自于国内市场,而是源自于外国市场。与此相反,很高的拥塞成本却产生了更大的消极影响。因此,这个均衡是稳定的。

当 T_0 值较高时情况就完全不一样了。在 T_0 值很高的情况下,企业会更加依赖于国内市场,所以劳动力的流动所带来的后向关联效应会更强。这就使得两个地区的劳动力

---

① Krugman 和 Livas(1996)对土地租金的影响做了明确的处理。然而,就目前的分析目的而言,最重要的事情是找到那些起离心作用的因素,因此,我们用最简单的方式来处理这个问题。

② 用收入的一部分 $1-(1-\lambda)^{\delta}$ 来表示地区1的拥塞成本,因此拥塞成本会随着人口的增加而增加,并且这一函数的曲线的形状是凸的。

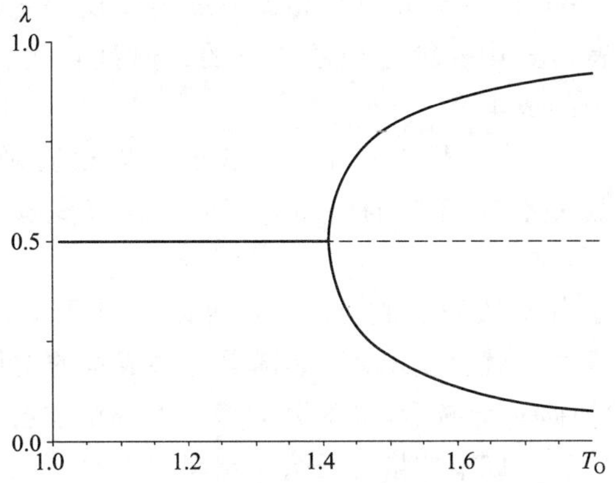

图 5.5.1　叉型图

相等的均衡变得不稳定。

如果是两个规模相等的生产中心，现在均衡变得不稳定，那么将发生什么情况呢？从我们对拥塞成本的模拟计算过程来看，经济显然不会终止于这样一个角点解，即所有的人口都拥塞在一个地区。如果这种极端的情况发生，那么该地区的居住成本将变得无穷大，以至于实际工资水平变为 0。公式（5.5.9）、（5.5.10）清楚地表明了这一点。与此相反，我们假设，存在两个规模不等的生产中心。一个生产中心的规模较大，因此就拥有关联效应所带来的优势，但它也有拥塞成本；另一个生产中心的规模则相对较小。

从图 5.5.1 容易看到贸易自由化对国内地理的影响。我们从高贸易壁垒的情形开始。随着对外贸易变得越来越容易，国内两个地区在规模上的差异会逐渐变小。由于规模较小的地区离外部市场也很近，因此这一地区的劣势变得越来越小，这就会使它得以成长。这一成长过程会一直加速，直到达到分岔点。在这一点，两个地区的规模变得同样大。

现在我们开始分析分岔点的特征。和往常一样，我们可以在对称均衡点（$\lambda=0.5$）附近将模型线性化，并求出 $dw/d\lambda$ 的表达式（注意到 $dw=dw_1=-dw_2$，等等）。虽然不可能直接地解出国内价格和工资（G 和 w）在对称均衡点的精确解，但它们可以由附录 5.1 中的式子隐含地给出。在该附录中，我们得到了：

$$\frac{dw}{d\lambda}\frac{\lambda}{\omega}=\frac{Z(2\sigma-1)}{[\sigma+Z(\sigma-1)](\sigma-1)}-\delta$$

$$=\frac{Z(1-\rho)(1+\rho)}{\rho(Z\rho+1)}-\delta, \tag{5.5.11}$$

其中，Z 由下式定义：

$$Z\equiv\frac{1}{2}\left[\frac{G}{w}\right]^{\sigma-1}(1-T^{1-\sigma}). \tag{5.5.12}$$

这一结果是很直观的。第一项看起来应该是很熟悉的：它只是前向关联和后向关联的另一种表达方法而已。[与式（5.5.27）相比较就会发现，令式（5.5.27）中的$\mu=1$即可] 在这个特定的表达式中，第一项总是正的，而且它代表了这个模型中的向心力。第二项表示城市集中的成本。

当$\mathrm{d}w/\mathrm{d}\lambda$为正时，对称均衡是不稳定的。我们可以很直观地看出，当$Z=0$时，$\mathrm{d}w/\mathrm{d}\lambda$为负，而且$\mathrm{d}w/\mathrm{d}\lambda$的值随着$Z$的增加而变大。进一步地，如果拥塞成本$\delta$不是太大，它将变为正。

Z的大小直接取决于各参数的取值。这一点可以从附录5.1中G和w的表达式看出。如果考虑对外运输成本，就会发现，Z是随着这些成本的增加而增加的。这是因为随着T_0的增加，G会增加而w会减少。（对外运输成本的增加会提高进口价格，因此价格指数增加；同时，对外运输成本的增加还会使出口机会减少，因此会使工资减少）Z是T_0的增函数，这意味着较高的对外贸易成本会使对称均衡点变得不稳定，进而会形成两个规模不相等的城市，即非对称均衡。换言之，只要δ不是太大，均衡的结构就可以由图5.5.1来表示。经济的更加开放，也使得其内部地理结构的集中程度降低。

很有必要更加深入地讨论这个模型的一些含义。首先，应该考虑对临界点做一个比较静态分析。T_0的临界值越高（此时，该经济体很有可能会出现两个规模相等的城市），δ就越高、L_0也越高，而T会越低。毫无疑问，更高的拥塞成本阻止了集聚的发生，而更大的国外人口份额则意味着开放程度更高：它提升了每个企业销售中的出口份额。更低的国内运输成本弱化了经济体内部的集聚力，这使得该经济体更倾向于有两个规模相等的城市。

其次，还应该考虑分岔的形状。在本模型中，分岔的形状是叉形。但是，如前文所述，分岔的形状对离心力（即拥塞成本）的变化非常敏感。假设在实际工资和拥塞成本之间存在线性关系，即以表达式$w_1=w_1/G_1-\delta\lambda$来代替原来的表达式$w_1=w_1(1-\lambda)^{\delta}/G_1$。在这一线性关系下，分岔的形状就会变成战斧形。显然，当λ趋向于1时，工资不会趋向无穷大。更为重要的是，由于w对λ的三阶导数为正，因此函数在对称均衡的分岔点会由凹变凸。

三、产业集聚与对外贸易

从总体上看，加大对外贸易的开放度能够引起国内人口和制造业活动在空间上的分散。那么，它对某些特定产业的集中又有什么影响呢？这些特定产业中的企业，是更倾向于集聚在某个特定的区域，还是更倾向于分散在不同区域？

我们分两步来回答这个问题。首先，我们假设国内这两个地区的人口相等，然后再看贸易自由化是否能够提升产业集聚水平。其次，我们通过增加拥塞成本并允许地区之间的劳动力流动，来将此问题与本章前面几节中的模型联系在一起。我们得到了极为丰富的结论。在国内两个区域之间存在层级结构。在这个层级结构中，各地区的人口规模不相等，而且各地区的产业结构也不相同。贸易自由化在使人口分散的同时，也促进了某些产业的集聚。

我们首先假设国内人口分布是不变的。这样只需要对第16章中的模型做一个很简单的概括就可以了。与本章第一节中的处理方法一样，我们假设，存在两个产业部门和三个地区（两个国内的地区和一个国外的地区）。产业部门以上标表示，而地区则以下标表示。例如，可以用 L_j^i 来表示产业 i 在地区 j 所雇佣的劳动力。同时，我们设国外地区的两个产业部门所雇佣的劳动力是相等的，即 $L_0^1 = L_0^2 = L_0/2$。另外，我们假设国内每个地区的人口都是固定的，且均为国内总人口（单位值）的一半。于是对每一个国内地区（j = 1，2）而言，都有：

$$L_j^1 + L_j^2 = 0.5 \tag{5.5.13}$$

在每个国内地区的内部，劳动力根据工资差异在产业之间流动。同时，由于同一地区内的所有工人所面临的生活费用指数都是一样的，所以这里讲的工资差异就是名义工资差异。

各地区不同产业的价格指数 G_j^i 可以写成：

$$(G_j^i)^{1-\sigma} = \sum_{k=0,1,2} L_k^i (w_k^i)^{1-\beta\sigma} (G_k^i)^{-\alpha\sigma} (T_{kj}^i)^{1-\sigma} \tag{5.5.14}$$

其中 α 和 $\beta = 1 - \alpha$ 分别是中间品和劳动所占的份额，$T_{k_j}^i$ 则是 i 产业的产品从地区 k 到地区 j 的运输成本。我们只考虑这么一种情况，即两个产业有相同的对外贸易成本 T_0 和内部贸易成本 T。①

工资方程可以写成：

$$(w_j^i)^{\beta\sigma} (G_j^i)^{\alpha\sigma} = \beta \sum_{k=0,1,2} (G_k^i)^{\sigma-1} E_k^i (T_{kj}^i)^{1-\sigma} \tag{5.5.15}$$

同时，产业 i 在地区 j 的支出由下式给出

$$E_j^i = \left[\frac{w_j^1 L_j^1 + w_j^2 L_j^2}{2} \right] + \frac{\alpha w_j^i L_j^i}{\beta} \tag{5.5.16}$$

与通常的情况一样，这一模型有一个对称均衡点。而且，给出了各个内生变量在该点的取值。问题是，当对外贸易成本 T_0 改变时，该均衡点的稳定性如何？让我们来直接解析。

我们求得

$$\begin{aligned} \frac{\mathrm{d}w}{\mathrm{d}L}\frac{L}{w} &= \frac{Z}{\Delta}[(2\sigma - 1)\alpha - Z(\sigma(1 + \alpha^2) - 1)] \\ &= \frac{Z}{\Delta}\left[\frac{\alpha(1 + \rho) - Z(\alpha^2 + \rho)}{1 - \rho} \right] \end{aligned} \tag{5.5.17}$$

其中 L 是 L_j^i 在对称均衡点上的值，$\Delta > 0$，而且 Z 由下式定义：

$$Z \equiv L\left(\frac{G}{w}\right)^{\beta\sigma - 1}(1 - T^{1-\sigma}) \tag{5.5.18}$$

$\mathrm{d}w/\mathrm{d}L$ 在 Z 较小时为正，在 Z 接近单位值时为负（倘若 $\alpha < \rho$）。Z 随 T 和 T_0 增加

① 正式地，若 $k = j$，则 $T_{kj}^i = 1$。若 $k \neq j$，则 $T_{kj}^i = T_0$。如果 k 或 j 中任何一个等于 0，则 $T_{kj}^i = T$，反之亦然。

而增加。正如本章第二节所阐述的那样，由于 T_0 的变化会影响到 G/w 的取值，所以 T_0 的变化会影响到 Z 的取值。这就意味着，减少对内或者对外贸易壁垒，就可以使经济通过对称均衡被打破的那一点，从而能使 $d\omega/dL$ 由负值变为正值。图 5.5.2 就划出了几种可能的情况。曲线 BB 给出了，当 L_0 取三个不同的值（$L_0=1$，2，10）时，T 和 T_0 在对称均衡的突变点的取值。对称均衡点在这些曲线的上方是稳定的，而在其下方则是不稳定的。我们看到，经济越开放（T_0 越低，L_0 越高），均衡点就越趋向于不稳定。

当对称均衡点不稳定时，就存在两个稳定均衡。此时，每个地区专业化于某一产业。

从我们目前这一角度看，当对外贸易自由化所产生的效果，与内部贸易成本减少的效果相似时，对称均衡的破裂点就会出现。此时，厂商和消费者会变得更加外向化，但是主导性力量是消费者将会更少地依赖于当地厂商。这就使得对称均衡被打破，从而发生产业集聚。

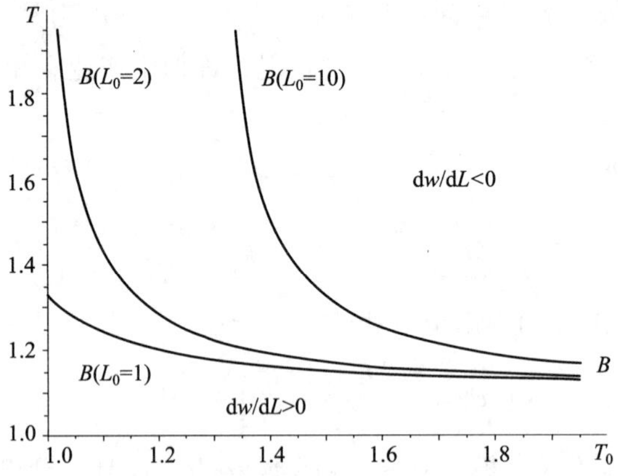

图 5.5.2 突变点

四、产业结构与经济地理

现在，让我们考虑当劳动力可以在两个产业之间（包括地区内部和地区之间）流动时，会有什么情况发生。对此，我们需要详细分析，劳动力在地区内部和地区之间的两个产业之间流动的动态变化。我们假设，劳动力根据各产业的工资水平与该地区平均工资水平的差异，在同一地区内部的两个产业间流动；同时，劳动力会根据每一地区的平均工资水平与整个经济的平均工资水平的差异，在两个地区之间进行流动。

我们将定义 θ_i 为产业 1 在地区 i 所雇佣的劳动力的份额，λ 表示地区 1 中的人口在总人口中所占的份额。于是我们就得到

$$\begin{aligned} L_1^1 &= \lambda\theta_1, L_1^2 = \lambda(1-\theta_1) \\ L_2^1 &= (1-\lambda)\theta_2, L_2^2 = (1-\lambda)(1-\theta_2) \end{aligned} \tag{5.5.19}$$

劳动力在各地区的两个产业之间进行流动的动态变化，由下列微分方程组表示：

$$\hat{\theta}_1 = \gamma_\theta(w_1^1 - \overline{w}_1)\theta_1$$
$$\hat{\theta}_2 = \gamma_\theta(w_1^2 - \overline{w}_2)\theta_2 \tag{5.5.20}$$

其中，γ_θ 是调节速度，而 $\overline{w}_i$ 是地区 i 的平均工资水平，且有：

$$\overline{w}_i \equiv \theta_i w_i^1 + (1-\theta)w_i^2 \tag{5.5.21}$$

劳动力在两个地区之间进行流动的动态变化，由下式表示：

$$\hat{\lambda} = \gamma_\lambda(\omega_1 - \overline{\omega})\lambda \tag{5.5.22}$$

其中，λ_λ 是调节速度，ω_1 和 ω_2 分别是每个地区的实际工资的平均水平，而 $\overline{\omega}$ 是整个经济实际工资的平均水平，且有，

$$\omega_1 \equiv \overline{w}_1 \ (G_1^1 G_1^2)^{-0.5} \ (1-\lambda)^\delta$$
$$\omega_2 \equiv \overline{w}_2 \ (G_2^1 G_2^2)^{-0.5} \lambda^\delta \tag{5.5.23}$$
$$\overline{\omega} \equiv \lambda\omega_1 + \ (1-\lambda) \ \omega_2$$

这样，方程（5.5.14）～方程（5.5.16）和方程（5.5.19）～方程（5.5.23）将模型完整地描述了出来。

我们不去推导这个模型的解析解，而是用数值分析方法来说明对外开放程度的变化会怎样改变经济结构。与图 5.5.1 一样，图 5.5.3 以对外运输成本为横轴，劳动力雇佣水平为纵轴。与图 5.5.1 不同的是，该图并没有对所有的均衡点进行详尽的描述，而只是刻画了经济中一个特定的均衡点在对外贸易成本减少时的变动轨迹。

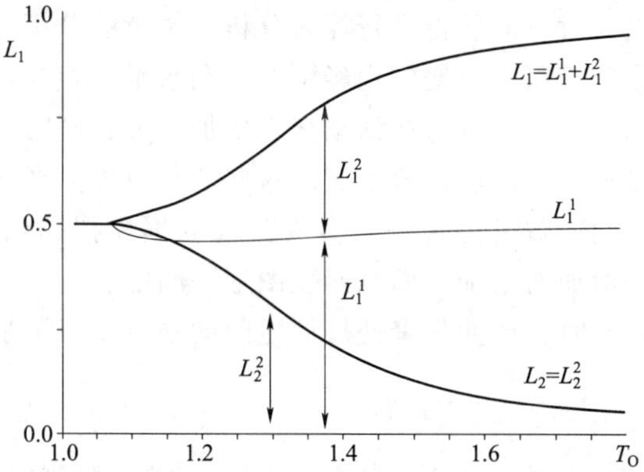

图 5.5.3　对外贸易与内部经济地理

以一个较高的 T_0 值为初始位置，在这一点上，其中一个地区（如地区 1）拥有经济中的绝大部分人口，该地区的两种产业产值也占到了整个经济的产值的绝大部分。L_1^i 是该地区的产业 1 所雇佣的劳动力，L_1^2 是该地区的产业 2 所雇佣的劳动力，两者之和等于 L_1。相对而言，另外一个地区的人口就非常少，而且都被其中的一个产业所雇用。因此，设 $L_2 = L_2^2 > 0$，且 $L_2^1 = 0$。所以，当规模较大的地区的两个产业都在雇佣劳动力进行生产时，这就是一种人口集中而产业分散的情况。

即人口较多的地区拥有两个产业，而与之共存的人口较少的地区则专业化于某一个产业。

现在考虑对外贸易壁垒减少的效应。当我们减少对外贸易壁垒时，就会发生两种变化。首先，规模较大的地区的人口会流向规模较小的地区（$L_1 = L_1^1 + L_1^2$ 减少）。如同我们在 5.2 节中看到的那样，当经济变得更加外向时，来自消费者支出的后向关联效应就会变弱。因此，由拥塞成本而引起的离心力会使人口变得更加分散。其次，规模较大的地区（地区 1）中的产业 2 会逐渐转移到地区 2（L_1^2 减少，L_2^2 增加），这使规模较大的地区变得更专业化。这是因为，此时对外贸易起到了平衡各地区各部门的产品的供需关系的作用，这样就促进了由产业内关联引致的产业专业化。T_0 的进一步减少最终会使得经济到达这么一点：在这点上，两个地区的人口相等，而且各自专业化于两个产业中的某一个产业。因此，对外贸易自由化会导致人口分散而产业集中。

图 5.5.3 所表达的分析结论是很有意义的。因为，它不仅展示了对外贸易自由化是怎样改变内部经济地理的，也展示了相当复杂的内部经济地理是怎样发展起来的。两个产业和国内两个地区原本是对称的，但是随着 T_0 值在一个较大的范围内发生变化，经济中就出现了区域层级结构。即一个地区拥有大部分人口，且会同时发展两个产业，而另一个地区则拥有较少的人口，并在某一个产业上进行专业化生产。

结论

一般认为，进行国际贸易所获得的收益来自于消费者所得和生产者所得，其中后者是通过发挥比较优势从而改变产业结构所带来的。当一个产业为了适应贸易方式的变化而重新组织其生产时，贸易理论和产业组织理论的有关文献就会另外考虑贸易使竞争加剧后所产生的收益，以便对贸易所得进行深入分析。本章的分析表明，国际贸易也许还会通过一些更深一层作用机制来改变国内经济的福利水平。贸易可以导致内部经济地理的重新组织，它既在总体上促使制造业活动变得更加分散，同时又促使某些产业产生集聚。虽然我们没有直接解出一个解析解来表示这些变化对国内经济的福利水平所产生的影响，但是直觉告诉我们，贸易能带来许多收益（数据模拟的结果也支持这个结论）。拥塞成本会随着人口的增加而增加，而且函数图形是凸的。所以更均匀的人口分布可能会提升经济福利水平。同时，产业集聚使厂商之间的联系变得更加紧密，它最终会带来真实收入的增加。

第六节　跨国公司与空间集聚[①]

一、一个选址模型：古诺竞争与空间集聚

（一）引言

公司选址问题可以追溯到豪特林（1929）线性模型。为了表现不同产品对消费者

① 本节参考产业集聚论（梁琦，北京：商务印书馆，2004）第六章相关内容。

的吸引力，从描绘不同的产品特征出发，豪特林首次提出用不同的点来象征不同特征，从而刻画了构造产量和选址的两阶段模型：在一个只有一条主要街道的狭长的城市里，假设消费者只考虑交通成本最小化，且消费者是均匀分布的；有两家同质产品的竞争厂商，在价格给定的情况下，厂商追求利润最大化的销售数量，那么厂商动态竞争的结果是：两家厂商都倾向于向城镇的中心集中。这是个在选址策略中的纳什均衡。

Hamilton 等人（1989）和 Anderson 与 Neven（1991）在线性城市模型的基础上分析了一个定位和数量选择的两阶段模型，两篇文章都推断出在古诺竞争下（各厂商生产同质产品，以产量为决策变量的双寡头竞争），厂商向市场的中心集聚的结论。

豪特林线性化城市竞争模型比较难处理，条件略放宽一些，模型就变得很复杂，导致往往没有均衡存在。Mager（2000 年）使用区域的不同生产产品价格来扩展两阶段的选址和产量选址模型。此模型中，两个厂商首先选址，然后选择产量，在通常意义的产品成本分布下，进行了完美的博弈均衡的分析，推断了中心集聚只是在线性化城市分布中，中心点产生最小化产品价格的特殊情况下才能产生中心集聚。如果产品成本分布函数的整体凸的，集聚均衡点存在于最小产品价格区域的最小运输费用区域之间。

Salop（1979）提出一个圆环形城市模型，n 个厂商均匀等距离地位于圆周上，在这种厂址给定的情况下，诸厂商进行价格竞争。圆形城市模型的假设前提是消费者均匀地分布在圆环形城市中，和线性化城市模型比较，后者有助于分析有两个极端特征的情况，而前者更适合于无极端的特征模型。

Pal（1998）也在圆环形城市模型的基础上分析定位和数量选择的两阶段模型，他的结论是：不论是伯川德竞争还是古诺竞争，都产生同样的区位均衡，若某一厂商在参数为单位周长的圆环形分布的中心点 1/2，那么另一厂商将以最初点 0（或是最终点 1）选址为均衡点，即两个厂商互相等距离的定位。Matsushima（2001）针对 Pal 的模型指出，还有一种均衡结果，那就是古诺竞争下集聚仍然还会发生，只不过公司集聚在圆形城市的两个集中点上。

（二）基本模型构造

古诺竞争模型构造为：有无限多消费者均匀分布于以周长参数为 1 的圆环形分布城市。圆环上每个点表示一个市场。企业在该市场销售自己产品。此模型第一阶段是两个企业（记为 1 和 2）首先同时选择 x_1 与 x_2 作为企业的厂址。在博弈的第二阶段，企业在选址后进行产量选择竞争。假设企业在不同的市场使用不同价格。

圆环上位置 x 是以 0 为起点沿着逆时针方向长度距离，同时终点 1 与起点 0 重合。假设需求函数在任一点 x 处是线性的，形式为 $P(x) = a - bQ(x)$，其中 $a>0$，$b>0$ 为常数，$Q(x)$ 为企业为 x 处提供的该产品的总销售量。企业在所处的位置生产并运输产品提供给消费者，产品运输是沿着圆环形就近运输。当企业 i 在 x_i 处 $i=1, 2$ 服务于一个特定的位置 x，运输费用与运输距离成正比，用 t 表示产品每年用在运输单位路段的成本系数，那么企业 i，$i=1, 2$ 的线性运输成本为 $t|x-x_i|$，$i=1, 2$。

令 $q_i(x; x_1, x_2)$，$(i=1, 2)$ 表示第 i 个企业在 x 处为消费者所提供的产品产量，它也依赖于企业 i 在 x_i 处的单位产品的成本 $c(x_i)$，$i=1, 2$。这里 $c(\cdot)$ 表示在圆环形分布上的位置上产品的单位成本分布函数。

假设两个企业就选址和产量选择作出最优决策，以企业各自的利润最大化为原则。可以看到在 x 处两个企业所提供的整个产量为：

$$Q(x) = q_1(x, x_1, x_2) + q_2(x, x_1, x_2)$$

这样在 x 处的逆需求函数为：

$$P(x) = a - b[q_1(x, x_1, x_2) + q_2(x, x_1, x_2)]$$

（三）古诺竞争与纳什均衡

按照古诺模型的假设，厂商首先选址，然后再以市场的产量为变量做最优决策。本模型中厂商的最优选择不仅依赖于选址，而且产量的选择依赖于选址位置处的产品的单位价格分布函数。对于每个选址来说，厂商的产量决策是独立的。对于每点 x 处，古诺均衡点由一组独立的古诺均衡点来表示。设 π_i（x，x_1，x_2），$i=1$，2 表示厂商 i 在 x 处的基于两个厂商的竞争所获取的利润。由此对于两个厂商来说，它们集聚在 x 点的利润为：

$$\pi_i(x, x_1, x_2) = [a - bQ(x) - t|x - x_i| - c(x_i)]q_i(x), i = 1,2 \qquad (5.6.1)$$

这里［$a-bQ$（x）$-t|x-x_i|$］q_i（x）为厂商在市场 x 处的不计成本的赢利，而 c（x_i）q_i（x）表示总的生产成本。q_i（x）［因为不会混淆，使用 q_i（x）简记 q_i（x；x_1，x_2）］为第 i 个厂商在 x 处为消费者提供的产量，而 $|x-x_i|$ 表示厂商 i 至销售点 x 的距离。由于只有两个厂商参与竞争，所以在 x 处所提供的整个产量为：

$$Q(x) = q_1(x) + q_2(x)$$

那么这两个厂商所追求的利润关于以产量选择为决策的目标分别为：

$$\max_{q_i(x)} \pi_i(x, x_1, x_2) = [a - bQ(x) - t|x - x_1| - c(x_i)]q_i(x) i = 1,2 \qquad (5.6.2)$$

由此，对于问题（5.6.2）中两个厂商的最优决策的一阶必要性条件为：

$$a - bQ(x) - bq_i(x) - t|x - x_i| - c(x_i) = 0, i = 1,2$$

整理后可导出在 x 处第 i 个厂商产量和整个产量为：

$$q_i(x) = \frac{a + t(|x - x_1| + |x - x_2|) - 3t|x - x_i| + c(x_1) + c(x_2) - 3c(x_i)}{3b}, i = 1,2;$$

$$Q(x) = \frac{2a - t(|x - x_1| + |x - x_2|) - [c(x_1) + c(x_2)]}{3b} \qquad (5.6.3)$$

代入（5.6.1）式可得第 i 厂商的利润为：

$$\pi_i(x; x_1, x_2) = \frac{[a - t(|x - x_1| + |x - x_2| - 3t|x - x_i| + c(x_1) + c(x_2) - 3c(x_i)]^2}{9/b} \qquad (5.6.4)$$

故在古诺模型（两阶段选址和产量决策）的第一阶段，两个厂商选择 x_i，$i=1$，2 使最大化利润为：

$$\prod_i(x_1,x_2) = \int_0^1 \pi_i(x;x_1,x_2)\,dx, i = 1,2; \tag{5.6.5}$$

由此，厂商 1 和厂商 2 是等同的，这样只讨论一个厂商即可。

现在来求问题（5.6.2）的均衡点。对于圆环形的城市，将厂商的空间分布分两种情况来讨论。(i) x_1，x_2 落在同半圆球内，(ii) x_1，x_2 分别落在不同的半圆环内。如图 6.1 所示：

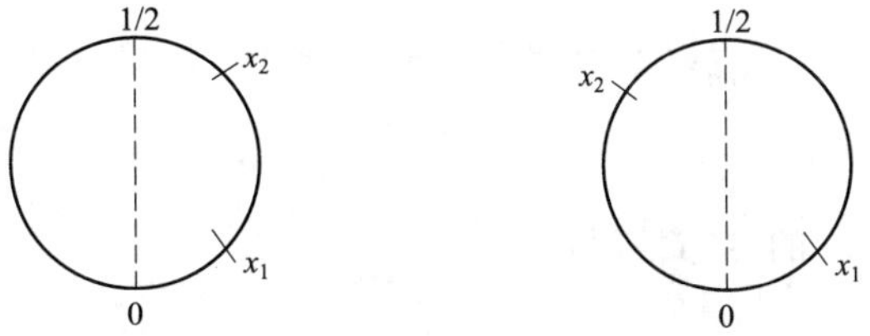

图 5.6.1　两个厂商的空间布局

在（i）情况下，因为 x_1 和 x_2 是任意的，不妨假设 $x_1 <= x_2$。这样，第 1 个厂商的整个利润（5.6.5）转化为：

$$\begin{aligned}\prod_1(x_1,x_2) = \frac{1}{9b}\Big\{&\int_0^{x_1}[a-2t(x_1-x)+t(x_2-x)-2c(x_1)+c(x_2)]^2dx\\&+\int_{x_1}^{x_2}[a-2t(x-x_1)+t(x_2-x)-2c(x_1)+c(x_2)]^2dx\\&+\int_{x_2}^{x_1+\frac{1}{2}}[a-2t(x-x_1)+t(x-x_2)-2c(x_1)+c(x_2)]^2dx\\&+\int_{x_1+\frac{1}{2}}^{x_2+\frac{1}{2}}[a-2t(1-x+x_1)+t(x-x_2)-2c(x_1)+c(x_2)]^2dx\\&+\int_{x_2+\frac{1}{2}}^{1}[a-2t(1-x+x_1)+t(1-x+x_2)-2c(x_1)+c(x_2)]^2dx\Big\}\end{aligned}$$

全部五个积分求后，相加并整理可得：

$$\begin{aligned}\prod_1(x_1,x_2) = \frac{1}{108b}\{&96t^2x_1^2x_2^2+24t^2x_1^2-48t^2x_1x_2+24t^2x_2^2-96t^2x_1^2x_2+t^2\\&-32t^2x_2^3+32t^2x_1^3-6t[a-2c(x_1)+c(x_2)]+12[a-2c(x_1)+\\&c(x_2)]^2\}\end{aligned} \tag{5.6.6}$$

对于 $\prod_1(x_1,x_2)$ 求对 x_1 的偏导可得：

$$\frac{\partial\prod_1(x_1,x_2)}{\partial x_1} = \frac{4t^2}{9b}(x_2-x_1)(-1-2x_1+2x_2)+$$

$$\frac{1}{9b}[t-4a+8c(x_1)-4c(x_2)]c'(x_1) \quad (5.6.7)$$

同样对情况（ii）总利润和对 x_1 的偏导都如同（5.6.6）和（5.6.7）式一样（这里推导省略）。

对于 $\prod(x_1,x_2)$ 求对 x_1 的二阶偏导可得（5.6.8）式：

$$\frac{\partial^2 \prod_1(x_1,x_2)}{\partial x_1^2} = \frac{16t^2}{b}\left[(x_1-x_2)+\frac{1}{4}\right]+$$
$$\frac{1}{9b}[t-4a+8c(x_1)-4c(x_2)]c''(x_1)+\frac{8}{9b}[c'(x_1)]^2$$
$$(5.6.8)$$

现在来讨论 x_1 和 x_2 的分布情况：

情况（a）若 $x_1=x_2$，即厂商聚集，那么由最优化一阶必要性条件 $\frac{\partial \prod_1(x_1,x_2)}{\partial x_1}=0$，
从式（5.6.7）可得 $[t-4a+4c(x_1)]\ c'(x_1)=0$ （5.6.9）
假设 $t-4a+4c(x_1)\neq 0$，则 $c'(x_1)=0$。代入（5.6.8）式可得

$$\left.\frac{\partial^2 \prod_1(x_1,x_2)}{\partial x_1^2}\right|_{x_1=x_2} = \frac{t2}{4b}+\frac{1}{9b}[t-4a+4c(x_1)]c''(x_1)$$

若 $t-4a+4c(x_1)<0$，且 $c''(x_1)>\frac{36t_2}{4a-4c(x_1)-t}$ （5.6.10）

那么 $\frac{\partial^2 \prod_1(x_1,x_2)}{\partial x_1^2}<0$

基于最优化二阶充分条件，则 $x_1=x_2$ 即为使目标函数达到最大的极点，或称整体最大点。

$t-4a+4c(x_1)<0$ 即 $t+4c<4a=4(p+bq)$，亦即 $t/4+c<p+bq$，一般地，单位成本和运费总不能大于价格和总需求，所以假设 $t-4a+4c(x_1)<0$（即 $4a-4c(x_1)-t>0$）在实际问题中是有意义的。从（5.6.9）和（5.6.10）可得：

$$c'(x_1)=0, c''(x_1)>0 \quad (5.6.11)$$

从（5.6.11）式可得，如果成本分布函数是圆环形上的凸函数，那么，依据最优性二阶条件，可得 x_1 是成本函数 $c(x)$ 的最小点。同样对厂商 2，也可以做相应的模型推导，获得同样结论。

综上所述，可知当运输费用很小，那么在圆环形分布城市中，厂商在成本分布函数最小区域集聚；此时，两个厂商各自的总产量选择的利润分别最大化。

情况（b）当 $x_2=\frac{1}{2}+x_1$，即两个厂商分别各等距的占一半区域，从（5.6.7）可得：

$$(t-4a+8c(x_1)-4c(x_2))c'(x_1)=0 \tag{5.6.12}$$

若 $t-4a+8c(x_1)-4c(x_2)\neq 0$，则 $c'(x_1)=0$。再代入（5.6.8）式可得：

$$\left.\frac{\partial^2 \prod_1(x_1,x_2)}{\partial x_1^2}\right|_{x_1=x_2-\frac{1}{2}}=-\frac{t2}{4b}+\frac{1}{9b}[t-4a+8c(x_1)-4c(x_2)]c''(x_1)$$

类似地，一般情况下，成本函数和在整个圆环的运输费用不会大于总需求，不妨假设 $t-4a+8c(x_1)-4c(x_2)<0$，那么当 $c''(x_1)>0$ 时，

$$\frac{\partial^2 \prod_1(x_1,x_2)}{\partial x_1^2}<0$$

$\prod_1(x_1,x_2)$ 对于 x_1 是整体最大点；由于 $c'(x_1)=0$ 与 $c''(x_1)>0$，从而厂商 1 定位在产品成本分布函数最小区域。厂商产量选择的总利润达到最大化。

然而，当 $c''(x_1)<\dfrac{9t^2}{4(t-4a+8c(x_1)-4c(x_2))}<0$　　　　(5.6.13)

即当成本分布函数是整体的凸函数时，

$$c'(x_1)=0,c''(x_1)<0$$

表示 x_1 是成本分布函数 $c(x)$ 的最大点；从而由（5.6.13）式可得：

$$\frac{\partial^2 \prod_1(x_1,x_2)}{\partial x_1^2}>0$$

基于二阶最优性充分条件，则厂商 1 的整个利润达到最小，不是最优选择。

基于上述情况分析，在圆环形分布城市的两阶段古诺竞争模型中，得到如下结论：

命题 5.6.1　如果成本分布函数是常数，那么两个厂商在圆环的直径两端，即在两厂商均衡地分布于圆环上达到完美的纳什（Nash）均衡点，而集聚到同一点则厂商各自达到利润最小。

命题 5.6.2　如果成本分布函数是严格凸函数，当运输费用系数比较小时，那么厂商将在成本分布函数最小区域集聚，并各自达到利润最大化；但如果厂商占距圆环直径的对称点所对应的成本分布函数是最大值时，那么此选址并不是纳什均衡点。

命题 5.6.1 告诉我们：如果企业的生产成本不随生产地点而变化，那么企业在任何地点生产其产品的单位成本都是一样的。那么在古诺模型中，企业选址在考虑成本时，就不必考虑生产成本的影响，只需考虑运输费用。由于假设运输成本是线性的，而运输成本系数 t 是恒定的，所以运输费用实际上只与运输距离有关，两者成正比。整个圆环城市上的消费需求由两企业的供给满足。如果两企业集聚于一处，那么产品运至与该点相对的直径另一端处，无论是哪家企业的产品，其运输距离为 1/2 圆周长。如果两企业自动地将市场一分为二地分割，各占据 1/2 市场，也就是两企业定位在圆环上一条直径的两端，此时，根据产品就近运输的原则，企业运往圆环城市任何一处的产品，其运输距离均不会超过 1/4 圆周长，这样会最大化减少各自企业的成本支出，从而使得企业各

自达到利润最大化。所以，两企业选址于圆环的直径两端，即企业均匀地分布于圆环上，将达到完美的纳什均衡。如图 5.6.2 所示。

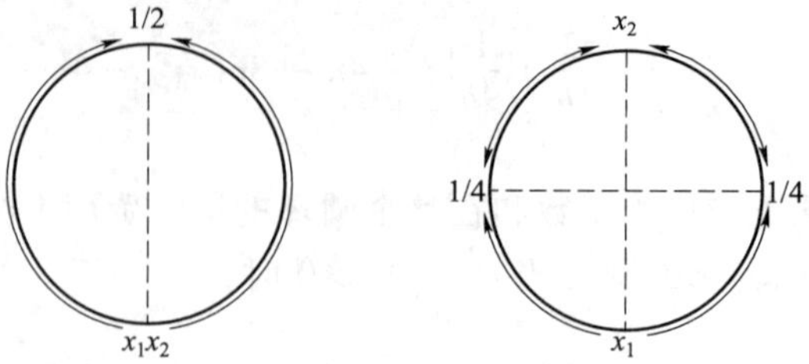

图 5.6.2 厂商的两种布局均衡

两企业能否达到这种均衡，最简单地办法就是合谋，形成卡特尔，称之为空间卡特尔。它与价格卡特尔最大的不同是，在价格卡特尔中，利润最大化是对整个卡特尔而言的，它并不保证对单个的卡特尔成员也达到利润最大化，所以价格卡特尔下其组织成员有违约冲动：为保证自己的利润最大化而背地违约。而一旦某个成员违约就会破坏整个卡特尔的目标实现，如果没有严厉的惩罚的补救，其他成员立即会仿效，从而导致卡特尔失败。而这里的空间卡特尔是稳定的，因为它使得每个成员都达到自身的利润最大化，它是一个完美的纳什均衡。

当然空间卡特尔的稳定是有条件的，那就是成本分布函数是常数。如果不满足这个条件，空间卡特尔成员就存在违约冲动。

命题 5.6.2 告诉我们，假如成本分布函数是严格的凸函数，只要运输费用系数 t 不是很大，集聚将在成本最小点区域发生。这种现象在现实中很普遍。首先，一地的资源禀赋、劳动力市场、技术条件、制度环境都是产品成本的决定因素，因此生产成本具有地方差异。其次，随着科学发展和技术进步，运输工具和运输条件正在日新月异地变化，运输费用系数不断降低，相对而言，t 的取值不会很大。如果不考虑其他特殊情况，企业为了利润最大化，均会定位在生产成本最低处，于是集聚就会发生。在我国广东、浙江、江苏和福建，有很多“一镇一品”的案例，如中山市小榄镇的球形锁、绍兴柯桥的“中国轻纺城”、苍南金乡镇的铝制品、诸暨大塘镇的织袜业等等。在这些专业化生产区，产业内分工细化，前后向关联紧密，降低了生产成本，吸引了同类企业。

根据命题 5.6.2，只要单位运输成本不是很大，企业将在产品成本分布函数最小点区域集聚并各自达到利润最大化，这意味着当运输成本下降时，企业追求利润最大化的市场行为本身将导致空间集聚，而无须任何卡特尔协议。

为什么企业追求利润最大化的市场行为将会导致集聚呢？这是因为，四大市场因素驱动着企业集聚：地方市场需求、产品差别化、市场关联和贸易成本。

（四）结论

本部分建立了一个基于产品成本分布函数的两阶段选址和产量选择的竞争模型。当公司选择在成本分布函数的最小点位置时，利润最大化的产量决策将产生空间集聚；而两公司等距均衡选址，也只在成本分布函数的最小点位置，才能达到产量决策利润最大化，若在成本分布函数的最大点位置，将导致公司产量决策利润最小化。由此，在圆环形分布城市的两阶段决策（选址和产量选择）中，公司选址依赖于成本分布函数的极值点位置。

由于产品成本包括固定成本、边际成本和市场进入成本，所以公司选址和空间集聚的市场因素有关，即地方市场需求、产品差别化、市场关联和贸易成本均通过产品成本函数而影响公司定位和产业集聚。譬如创造产品差异性，是与固定成本密切相关的：资本、人力资源、研究和开发等等；超过边际成本的价格，在产品差异化情况下得以维持；市场多样化特性和需求成本联系是对进入成本产生很大影响。

如果产品成本分布函数是恒定的，均分市场的空间卡特尔是稳定的，且是一个完美的纳什均衡。如果产品成本分布函数是凸的，空间卡特尔是否为纳什均衡是不确定的；如果公司均分市场的定位点所对应的产品成本分布函数是最大值时，那么此选址不是纳什均衡。

如果产品成本分布函数是凸的，当运输成本不是很大时，企业追求利润最大化的市场行为将形成集聚。即，空间集聚由市场创造，无需任何卡特尔协议及政府干预。

由此，本部分通过在传统古老的公司选址模型中加入成本因子，得到了一个新的公司选址模型，将公司选址与产业集聚的关系模型化了。

二、跨国公司海外投资的区位选择

跨国公司有两种类型，一种是垂直跨国公司（vertical multinational enterprises, vertical MNE），另一种是水平跨国公司（horizontal multinational enterprises, horizontal MNE）。一个水平跨国公司是指它在国外开办工厂生产与国内工厂同样的产品，而垂直跨国公司是指生产的不同阶段在不同的国家进行。以下我们讨论关联效应、贸易成本与跨国公司之间的关系，分别从垂直跨国公司和水平跨国公司的两个角度，阐述FDI与产业集聚的相关性理论。

（一）关联效应与垂直跨国公司（vertical multinational enterprises）

Venables（1996）构造了一个两国经济模型，该模型中有两个部门，它们都生产差异产品，都是可以自由进入和退出的垄断竞争产业。上游产业的产出被聚合为下游产业的投入，下游产业生产最终消费品。中间投入品和最终产品都存在实质性的贸易成本。由于供需关系和中间品的贸易成本，公司愿意定位在靠近上游供给商或下游需求者的地方，上游和下游厂商相互靠近的位置优势将吸引该行业所有公司集中在一地或某几个地方，于是贸易成本与其他的要素成本和需求分布一起，将内生地导致两国专业化的各种不同的可能性，譬如上游产业与下游产业位于同一国，或分别处于两国。

Gao（1999）对Venables的模型作了些简化和补充，首先制造业的产品被假设成既是中间投入品又是最终消费品，因此Venables讨论的上游产业和下游产业被合并成一个产业，作为这种简化的结果，一些被Venables分析的产业分布的情形，如上游产业位于一国而下游产业位于另一国的情形，不会发生。补充讨论的是两阶段生产和多国生产，跨国公司总部的服务和知识资本作为额外的投入也被引入模型，这样可以使我们对跨国公司多国生产与空间集聚的关系有个清晰的了解。

考察一个存在贸易成本的两国两部门的世界。制造业生产差异产品，是垄断竞争的；农业生产同质产品，是完全竞争的。假设只有一种生产要素：劳动。制造业使用劳动和一部分它自己的产品作为投入。类似于 Helpman（1984）、Krugman 和 Venables（1995）、Puga 和 Venables（1996）的模型，该模型也依赖于三个要素：第一，跨国公司有某些所有权方面的优势，包括拥有专利权、公司蓝图和一些诸如管理和协调等无形资产。这些具有公共商品特性的资产是作为公司总部服务表现在模型中的。第二，在收益递增的生产过程中，差异产品生产部门是由几个按不同的要素比例垂直联系的生产阶段组成的，它们是空间可分的。即公司为了利润最大化可以利用要素成本差异而有选择地将这些生产阶段安排在不同的国家。第三，公司之间存在着需求—成本联系。正是这种需求—成本联系影响公司的定位选择从而加强空间集聚倾向：如果需求—成本联系足够大，制造业集中在一个国家就是一个稳定均衡。

均衡的稳定性是集聚的向心力与离心力的相互作用而致。

集聚的稳定性依赖于需求—成本联系。假如随着制造业的集聚，一个国家成为制造业中心，将要生产全世界的制造品，这时制造业部门变得很重要。如果要素不能跨国流动，就会迫使制造业中心的劳动成本（或工资）上升。这种相对的高工资明显就是制造业中心的一种劣势，它形成离心力。向心力与离心力形成一对反作用力。向心力源自需求—成本联系，离心力源自要素成本差异。当离心力起主导作用时，集聚的均衡就会被打破，制造业就会向其他国家扩散。这种扩散也可以采取多国生产形式，于是便产生跨国公司海外投资行为。

集聚的稳定性也依赖于贸易成本。经济一体化、贸易自由化和现代技术的发展，都引致贸易成本随着时间渐渐下降。贸易成本的下降意味着公司从相互紧靠的区位中的获利将减少。然而工资差异却并不因贸易成本的降低而受影响。因此经济一体化和贸易成本的下降将改变一对反作用力的平衡。当贸易成本下降到一个临界点时，离心力将占主导地位，集聚最终被打破。这时公司有两种选择：或者全部活动迁出中心，或者只将劳动密集型的工厂水平一级的生产迁出中心。后者导致生产活动的两部分离：首先是公司总部的服务生产（如前所述它具有所有权优势），然后才是在工厂一级的最终产品的生产。生产活动的两部分离是一些公司对环境改变的最佳反应。作为结果，垂直跨国公司便出现。这里的垂直的含义，是指总公司服务与最终产品生产之间通过投入产出的垂直联系。①

集聚的稳定性也依赖于世界对制造品的最终需求。如果需求不是太大，能被某一个国家（集聚中心）的生产所满足，那么集聚是稳定的。随着经济的增长，世界对制造品的需求不断扩大，于是对制造业劳动投入的需求也增加，相应地，工资差异也增大，于是产生较大的离心力。当工资—成本差异大到一定程度，离心力大于向心力，一些公司就会将它们的劳动密集型生产搬到低工资国家，于是跨国公司在新的均衡中出现。这也可以解释为什么成批的 FDI 呈垂直形态：从发达国家流向发展中国家。

---

① 国际服务贸易统计手册是由欧共体统计局、国际货币基金组织、经合组织、联合国统计署、联合国贸发会议、世贸组织组成的“机构联合课题组”于1994年负责起草、讨论，最终于2002年出版发行的。

（二）贸易理论和水平跨国公司（horizontal multinational enterprises）

传统的HO模型能解释产业间贸易，它取决于国家之间要素禀赋差异；新贸易理论如HK模型（Helpman和Krugman，1985），既能说明产业间贸易也能说明产业内贸易，在要素禀赋相似的国家之间大量的是产业内贸易。但是至少有两个问题并未解决，一个是技术性的，一个是经验性的。技术性问题是大多数的分析都局限于要素价格均等化的理论假设之中，实际上并没有考虑有贸易和运输成本的情形；经验性问题是新贸易理论对多国公司关注不够，而一些产业的分布往往是由多国公司决定的。在一些发达国家之间，直接投资的增长快于贸易的增长，发达国家之间通过直接投资而不是通过贸易而互相产生的影响要比发达国家与发展中国家之间的这类影响积极得多。随着贸易障碍的减少，在类似的国家之间直接投资的集中对HK理论是个经验性的挑战。①

产业的均衡定位总是要满足两类条件：第一类是要素市场条件，即产业必须形成要素需求使之足够雇佣在每个国家的要素供给者。第二类是产品市场条件，即每个国家的产品达到供求平衡；当然，如果贸易是完全自由的无贸易摩擦的，那么对每种产品，只要世界供给等于世界需求即可，而无须每个国内市场的供求平衡。在后一种情况下，从产品市场角度来看，生产的定位是不重要的，因为无论在哪里生产，产品都可以无成本地向所有市场提供。这就是HO理论的基本思想，它意味着国家之间的产业分布是被要素禀赋决定的，无需考虑产品市场。但是，如果存在贸易摩擦，譬如贸易是有成本的，那么除了要素禀赋之外，产品市场也不得不考虑。正的贸易或运输成本使得公司的销售偏向于国内市场，所以公司的重新定位不仅改变了每个国家的要素需求，也改变了产出的供给。这也意味着国家之间的产业的分布仅由产品市场单独决定也是可能的，这也是我们在前一节考虑产品多样化和成本需求联系因素时所说明的思想。

Markusen和Venables（1999）用埃奇沃思盒描述了一个包括正的贸易成本和内生多国公司的国际贸易垄断竞争模型，从产业间和产业内贸易两个方面推广了HK模型。两个国家均有劳动和资本两种要素；有两个部门：z部门是完全竞争的，产品是劳动密集型的，可自由贸易的；x部门是不完全竞争的，生产差异产品，是资本密集型的。x部门的产品既可以由国内公司N提供，也可以由多国公司M提供。这里所说的多国公司是水平的，指在两国各开一家工厂。多国公司相对于只开国内一家工厂要节约运输成本，但却增加了第二家工厂的固定成本。这样描述是假设多国公司基本上在它的两个工厂都实施同样范围内的经济活动，故捕捉了平行多国活动的思想，而不是如前所说的垂直跨国活动。对于多国公司的固定成本有两种假设：一种假设是既有工厂水平的固定成本又有公司水平的固定成本，后者源于像总公司服务和R & D这样的知识密集型活动的联合投入；另一种假设是固定成本中相当大一部分是在本国招致的，但也有一些是可以国际流动的，譬如工厂水平的固定成本可能是在当地招致的，但公司一级活动（如总公司服务和R & D）是根据各国要素价格差异可流动的。记多国公司M的固定成本

① Manual on Statistics of International Trade in Services, 2002, p21, www.oecd.org/dataoecd/32/45/2404428.pdf.

为 g，国内公司 N 的固定成本为 f，两个固定成本之比率为 g/f，在两国各开一家工厂和仅在一国开一家工厂向世界提供产品比较，只考虑固定成本的话，当然前者费用高，这就是多国生产的一种劣势，即 $g/f \geq 1$。

Markusen 和 Venables 的结论主要有两条：第一，多国公司出现必须有下列两个条件：首先是必要条件，贸易成本 t 相对于开办两家工厂的固定成本劣势 g/f 要足够地高，以至于宁愿开办两家工厂节省成本；其次，多国公司的存在不仅与 t 和 g/f 有关，而且也与要素禀赋在各国的分布有关，因为 N 公司仅从本国吸纳要素，而 M 公司从两国均吸纳要素。对于给定的贸易成本和相对固定成本，多国公司存在仅当两个国家相似，既在相对要素禀赋相似也在绝对要素禀赋相似。第二，贸易壁垒成本和运输成本存在的效果：它们的存在减少了要素价格均等的可能性，使绝对的和相对的要素禀赋在决定贸易模式中变得更重要；它们既可以创造一种集聚的诱因，诱致在收益递增部门密集地使用之要素在国际间流动以至于最终经济活动在一国集聚，也可以诱致多国公司出现。换言之，多国公司的存在将使经济活动在一国集聚的可能性减少（但不是消除）。当没有多国公司时，x 部门生产将集中在较大的国家，于是这个国家有较高的真实资本价格，除非它也是资本非常丰裕的国家。允许资本流动则引起两个国家的真实资本价格差异进一步加大。但多国公司的出现将使工厂在较小国家建立，于是引起该国的资本价格上涨，减少了要素价格差异和集聚的倾向。

Markusen 和 Venables 强调相对和绝对要素禀赋对决定是否进行多国生产是重要的。他们认为主要贸易国——欧洲、美国和日本之间的收入水平的趋近可能是跨国公司增长的原因。跨国公司一方面取代贸易，一方面创造了贸易的新形式：公司内贸易。跨国公司的存在减少实际要素价格之间的国际差异，因而减少了要素流动以及导致集聚的可能性。这同时也说明世界作为一个整体能从跨国公司的涌现和活动中获利，但获利大小是不同的。那些过去没有什么民族产业的国家因跨国公司的存在而获利较大，而那些原本有大的世界产业份额的国家可能因此而失去部分福利，因为要素向它们集聚的可能性因跨国公司而减少。

三、结论与启示

一是近年来，令地方政府困惑的是，优惠政策这一吸引外资的手段似乎越来越不如以前灵验了。实证分析结果表明：外商对华直接投资起决定作用的因素中，地区开放度的影响大于地区产业关联，地区产业关联的影响又大于优惠政策的影响。曾经在我国各地区引进外资中有举足轻重作用的优惠政策，如今对外商的吸引力已经退居次要地位，而一个地区的开放程度与地方产业关联，更加被外商重视。这说明我国吸引外资已从依赖优惠政策的阶段提升到新的阶段，各地应注重在开放经济和产业关联的更高层次上发挥优势以吸引外资，那种一味的对外商实施优惠的政策的做法在过去屡试不爽，如今却已过时。

这就给我们各地吸引外资制定政策时提供了重要的启示，吸引外资不仅要靠一定的优惠政策，更重要的是要加大地区的开放力度以及产业关联效应。同时也给西部地区吸引外资提供重要的启示，对于处于内陆的中西部地区，由于区位方面的劣势，在对外开放上天然要劣于沿海地区，但是它们还可以通过增强地区产业关联从而增强集聚力来吸引外资。西部地区在现有条件下，要充分利用自己劳动力成本的优势，注意引进生产和经营外向化程度较高的内资或外资企业，特别是中枢型产业，它们或者已是东部地区产业升级中欲转移的行业，通过这些行业中的企业迁徙，促进西部地区投资环境特别是区域开放度的改善，以强化产业的关联效应，提高本地产业基础和集聚水平，这样在下一轮的外资投资热潮中才会占据有利地位。

二是沿海地区由于外资进入带来的经济发展、人均收入提高，使得以前的劳动力廉价的优势正在减弱；而人均收入提高带来的有效市场需求扩大对外资的吸引力相对较小，不能抵消高工资带来的负面影响。这给东部沿海地区以启示，需要改变传统的吸引外资的方式，转向提高产业的关联效应来吸引外资。

三是传统产业的区域集中要和产业的关联效应结合起来，才能发挥对 FDI 的吸引作用。目前我国地方专业化的行业很多都是那些传统、成熟型行业的集聚，譬如那些“一镇一品”的典型就有很明显的这种特点。这种地方专业化也有它的缺陷，可能导致该地区将所有的资源都集中于一个行业，并不一定对吸引外商直接投资有利，相反，由于过强的专业化也可能造成差异产业集聚水平降低。

参考文献：

[1] 梁琦，产业集聚论［M］，北京：商务印书馆，2004.

[2] 梁琦，刘厚俊．空间经济学的渊源与发展［J］．江苏社会科学，2002（06）.

[3] 梁琦．中国工业的区位基尼系数——兼论外商直接投资对制造业集聚的影响［J］．统计研究，2003（09）.

[4] 梁琦．跨国公司海外投资与产业集聚［J］．世界经济，2003（09）.

[5] 梁琦．中国制造业分工、地方专业化及其国际比较［J］．世界经济，2004（12）.

[6] 梁琦．空间经济学：过去、现在与未来——兼评《空间经济学：城市、区域与国际贸易》［J］．经济学（季刊），2005（03）.

[7] 梁琦，钱学锋．外部性与集聚：一个文献综述［J］．世界经济，2007（02）.

[8] 钱学锋，梁琦．本地市场效应：理论和经验研究的新近进展［J］．经济学（季刊），2007（03）.

[9] 钱学锋，梁琦．分工与集聚的理论渊源［J］．江苏社会科学，2007（02）.

[10] 藤田昌久，保罗·克鲁格曼，安东尼·J·维纳布尔斯（2005）：空间经济学：城市、区域与国际贸易，梁琦，主译．中国人民大学出版社.

[11] Baldwin, R. E. and Forslid, R. “Trade Liberalization with Heterogenous Firms”. CEPR Discussion Papers 4635, 2004.

[12] Baldwin, R. E., Forslid, R., Martin, P., Ottaviano, G., Robert-Nicoud, F. *Economic Geography and Public Policy*. Princeton University Press, Princeton NJ., 2003.

[13] Baldwin, R. E. and T. Okubo. “Heterogeneous Firms, Agglomeration and Economic Geography: Selection and Sorting”. CEPR discussion paper 4602. 2004.

[14] Baldwin, R E. and Robert-Nicoud. “The Impact of Trade on Intra-industry Reallocations and Aggregate Industry Productivity: A Comment”, NBER working paper 10718. 2004.

[15] Behrens K., Lamorgese A., Ottaviano G. I. P., Tabuchi T. “Testing the ‘Home Market Effects’ in a

Multi-Country World: A Theory-Based Approach" . CEPR Discussion Paper 4468. 2004.

[16] Davis, Donald R. "The Home Market, Trade and Industrial Structure" . *American Economic Review* 88, 1998, pp. 1264 - 76.

[17] Davis, Donald R. and Weinstein, David E. "Does Economic Geography Matter for International Specialisation?" . NBER Working Paper, No. 5706. 1996.

[18] Hanson, Gordon H. and Xiang, Chong. "The Home Market Effect and Bilateral Trade Patterns" . *American Economic Review* 94, 2004, pp. 1108 - 1129.

[19] Head, Keith and Mayer, Thierry. "The Empirics of Agglomeration and Trade" . CEPR WP 3985 and also in J. V. Henderson and J - F. Thisse (eds), *Handbook of Urban and Regional Economics*, North Holland. 2004.

[20] Head, Keith; Mayer, Thierry and Ries, John. "On the Pervasiveness of Home Market Effects". *Economica* 69, 2002, pp. 371 - 390.

[21] Head, Keith and Ries, John . "Increasing Returns Versus National Product Differentiation as an Explanation for the Pattern of US-Canada Trade" . *American Economic Review* 91, 2001, pp. 858 - 876.

[22] Jacobs, J. *The Economy of Cities*. New York: Vintage. 1969.

[23] Jaffe, B. ; Trajtenberg, M. and Henderson, R. "Geographic Localization of Knowledge Spillovers as Evidenced by Patent Citations." *The Quarterly Journal of Economics*. Vol. 108, No. 3. 1993, pp. 577 - 598.

[24] Keely, L. "Exchanging Good Ideas." *Journal of Economic Theory*. Vol 111, ISS 2. 2003, pp. 192 - 213.

[25] Keller, W. "Geographic Localization of International Technology Diffusion." *The American Economic Review*, Vol. 92, No. 1. 2002, pp. 120 - 142.

[26] Koo, J. "Agglomeration and Spillovers in a Simultaneous Framework." *Annals of Regional Science*, Volume 39, Number 1. 2005a, pp. 35 - 47.

[27] Koo, J. "Technology Spillovers, Agglomeration, and Regional Economic Development." *Journal of Planning Literature*, Vol. 20, Iss. 2, 2005b, pp. 99 - 115.

[28] Krugman, P. "Scale Economies, Product Differentiation, and the Pattern of Trade" . *America Economic Review* 70, 1980, pp. 950 - 959.

[29] Krugman, P. "Increasing Returns and Economic Geography." *Journal of Political Economy* 99, 1991a, pp. 483 - 499.

[30] Krugman, P. *Geography and Trade*. MIT Press, Cambridge, MA. 1991b.

[31] Krugman, P. and Venables, A. J. "Globalization and the Inequality of Nations." *Quarterly Journal of Economics* 110 (4), 1995, pp. 857 - 880.

[32] Kyoung-Hwie Mihn "An Analysis of Agglomeration Economies in the Manufacturing Sector of Korea." KIET Occasional Paper No. 56. 2004.

[33] Ottaviano, G. I. P. "Monopolistic Competition, Trade, and Endogenous Spatial Fluctuations." CEPR Discussion Paper, No. 1327, 1996.

[34] Ottaviano, G. I. P. "Models of 'New Economic Geography': Factor Mobility vs. Vertical Linkages." Mimeo, Graduate Institute of International Studies. 2002.

[35] Ottaviano, G. I. P. and Puga, D. "Agglomeration in the Global Economy: A Survey of the 'New Economic Geography'" . *The World Economy* 21, 1998, pp. 707 - 732.

[36] Ottaviano, G. I. P. and Robert-Nicoud, F. "The 'Genome' of NEG Models with Input-output

Linkages: A Positive and Normative Synthesis." Mimeo, University of Bologna and University of Geneva. 2003.

[37] Ottaviano, G. I. P. ; Tabuchi, T and Thisse, J - F . "Agglomeration and Trade revisited." *International Economic Review* 43, 2002, pp. 409 - 436.

第六章　新新贸易理论
——国际贸易中的异质企业

中间投入品贸易在全球贸易中的份额不断上升、跨国公司在全球经济中的重要性与日俱增，企业国际化过程中越来越复杂的一体化战略和外包战略选择，都使得研究国际贸易和国际投资中企业的国际化形式、组织形式和生产方式选择变得非常重要。无论是传统贸易理论还是新贸易理论，都将“产业”（industry）作为研究单位。新古典贸易理论研究的是产业间贸易，新贸易理论研究的是不完全竞争和规模报酬递增条件下的产业内贸易。在新古典贸易理论中，企业被看作是黑匣子，关于企业的唯一描述是企业是追求利润最大化的，企业的界限是模糊的。新贸易理论虽然对企业的规模作出了限定，但为简化起见，选用的是典型企业，也不考虑企业间的差异，并假设所有的企业都是同质的（homogeneous），即所有的企业都从事出口。然而近期的实证研究表明，并非所有的企业都会从事出口，无论企业规模、企业生产率还是企业的出口决策，企业都是异质的（heterogeneous），考虑企业间的差异对于理解国际贸易的动因至关重要。最新的贸易理论将“企业”（firm）作为研究单位，Melitz（2003）、Bernard，Jensen，Eaton 和 Kortum（2003）、Helpman，Yeaple 和 Melitz（2004）、Antràs 和 Helpman（2004）、Yeaple（2005）、Bernard 等（2007）为代表的学者通过建立和拓展异质企业贸易模型，将企业异质性、企业组织引入国际贸易理论模型，从企业的微观层面解释企业的贸易行为、对外投资行为以及国际化生产组织行为，开创了新的国际贸易理论和实证研究领域。

一、异质企业贸易模型的建立

对国际贸易中异质企业的关注始于 20 世纪 90 年代中期。Bernard 和 Jensen（1995）针对美国企业，Bernard 和 Wagner（1996）针对德国企业，Clerides，Lach 和 Tybout（1998）针对哥伦比亚、墨西哥和摩洛哥三国的出口企业，Bernard 和 Jensen（1999）针对美国企业，Aw 等（2000）针对台湾企业，Delgado 等（2002）针对西班牙企业，Baldwin 和 Gu（2003）针对加拿大企业，Eaton，Kortum 和 Kramarz（2004）针对法国企业的实证研究都表明：无论上述哪个国家或地区，都只有很小一部分企业从事出口，而且出口企业与非出口企业相比，通常规模较大，生产率较高，这些差异被称为是企业的异质性。异质企业是如何从事国际贸易的，贸易对企业的生产率增长和福利究竟会产生哪些影响，这就是异质企业贸易模型探讨的问题（Bernard 等，2007）。

（一）Melitz 模型

Melitz（2003）提出了异质企业垄断竞争模型来解释国际贸易中企业的差异和出口决策行为。Melitz 建立的异质企业动态产业模型以 Hopenhayn（1992）一般均衡框架下的垄断竞争动态产业模型为基础，并扩展了 Krugman（1980）的贸易模型，引入了不同企业生产率差异。在同一产业内部，不同企业拥有不同的生产率是非常普遍的，不同企业在进入该产业时面临不可撤销投资的初始不确定性也是不同的，进入出口市场也是有成本的，企业在了解生产率状况之后才会作出是否出口的决定。贸易能够引发生产率较高的企业进入出口市场，而生产率较低的企业只能继续为本土市场生产甚至退出市场；同时贸易的存在进一步使得资源重新配置，流向生产率较高的企业。

Melitz（2003）模型市场条件为 D－S 垄断竞争条件，常见的贸易成本用 f 表示，$0<f<1$，f_x 表示进入出口市场的成本，企业异质性来源于企业的生产率差异，$\varphi>0$ 表示企业的生产率水平，$\sigma=\frac{1}{(1-\rho)}>1$ 表示不同商品间的替代弹性。

企业收益函数 $r(\varphi)=R(P\rho\varphi)^{\sigma-1}$ (6.1)

$$r(\varphi)=\begin{cases} r_d(\varphi) & \text{如果企业不出口} \\ r_d(\varphi)+nr_x(\varphi)=(1+n\tau^{1-\sigma})\,r_d(\varphi) & \text{如果企业出口} \end{cases}$$

企业利润函数 $\pi(\varphi)=r(\varphi)-l(\varphi)=\frac{r(\varphi)}{\sigma}-f$ (6.2)

企业国内销售的利润函数为 $\pi_d(\varphi)=\frac{r_d(\varphi)}{\sigma}-f$

企业出口销售的利润函数为 $\pi_x(\varphi)=\frac{r_x(\varphi)}{\sigma}-f_x$

企业总利润函数为 $\pi(\varphi)=\pi_d(\varphi)+\max\{0,n\pi_x(\varphi)\}$ (6.3)

企业进入市场的生产率临界水平用 $\varphi^*=\inf\{\varphi: v(\varphi)>0\}$ 表示，企业进入出口市场的生产率临界水平用 $\varphi_x^*=\inf\{\varphi: \varphi>\varphi^*$ 并且 $\pi_x(\varphi>0)\}$ 表示。

如果 $\varphi_x^*=\varphi^*$，所有的企业都会选择出口；如果 $\varphi_x^*>\varphi^*$，将有一部分企业只选择在国内销售，因为其出口利润为负；而生产率水平高于 φ_x^* 的企业将选择出口，因为无论是国内销售还是出口其利润均为正（参见图 6.1）。

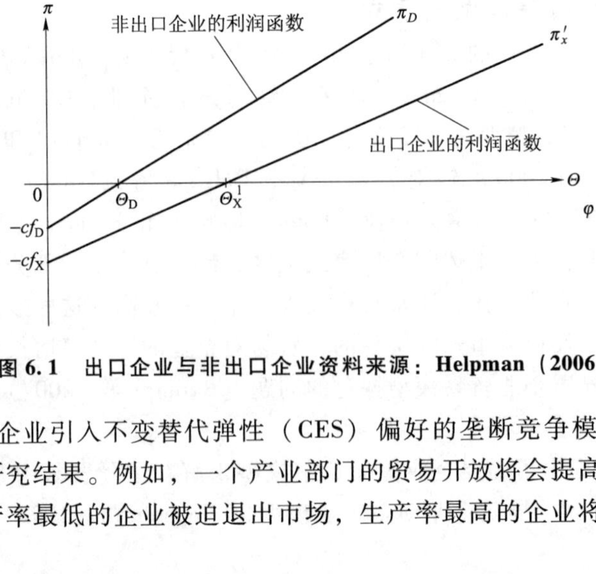

图 6.1 出口企业与非出口企业资料来源：Helpman（2006）

Melitz 将异质企业引入不变替代弹性（CES）偏好的垄断竞争模型，得出了一系列新的令人振奋的研究结果。例如，一个产业部门的贸易开放将会提高工资和其他要素价格，这将趋使生产率最低的企业被迫退出市场，生产率最高的企业将能够承担海外营销的固定成本并开始出口，生产率居于中游的企业将继续为本土市场生产。企业产出的总的分配将有利于那些生产率较高的企业，因为这些企业既为本土市场生产也为出口市场生产，而生产率最低的企业已经退出了，其结果是整个产业的生产率因为贸易而得到了提升。当削减关税、降低运输成本或出口市场规模增加时，整个产业的生产率也会得到相应提高，这些措施都将提高本土和出口市场销售的平均生产率。Melitz 的研究揭示了产业的总体生产率由于资源的重新配置获得了提高，这种类型的福利是以前的贸易理论没有解释过的贸易利得。

（二）异质企业出口行为与生产率关系分析

Melitz（2003）的异质企业贸易模型中，每个企业面临着出口的固定成本，每个企业也都面临着内生的生产率水平，这决定着哪些企业能从事出口而哪些企业不能从事出口。在异质企业贸易模型中，首先存在一个合理化效应，出口提高了预期利润，吸引更多的企业进入出口市场，从而提高了企业的生产率门槛，并将生产率最低的企业驱逐出市场，最终提高了整个产业的平均生产率水平。其次，出口使得那些生产率较高的企业得以扩张而生产率较低的企业收缩，这种重新配置效应也同样会提高整个产业的平均生产率水平。因此 Melitz 模型尽管建立在微观结构上，却有助于从宏观层面上理解出口与经济增长的相关性。

Bernard 与 Eaton，Jensen，和 Kortum（2003）也共同开发了一个国际贸易异质企业贸易模型，该模型采用的是 Bertrand 竞争而非垄断竞争的市场结构，主要关注企业的生产率和出口之间的关系。基于出口企业占企业总数的比重较低、出口企业规模更大并且生产率更高，出口对提高生产率的作用较小等事实，Bernard 等模拟了全球范围内贸易壁垒削减 5% 的情形，结果是贸易额上涨了 39%，总生产率也由于低生产率企业倒闭而高生产率的企业扩张并出口而上升。Bernard，Eaton，Jensen 和 Kortum（2003）得出了与 Melitz（2003）模型相同的结论，两个异质企业贸易模型的产业组织结构虽然不同，但同样都得出了合理化效应和重新配置效应，与 Melitz 模型所不同的是 Bernard 等认为合理化效应是进口竞争驱动的，而重新配置效应是由于出口企业进入更多的市场驱动的。

进入出口市场对于企业和整体经济都会产生一系列的影响。Bernard 和 Jensen（2004），Hansson 和 Lundin（2004），Falvey 等（2004）的研究都表明出口会通过资源重新配置对总体生产率水平产生影响。Lopez（2004），Alvarez 和 Lopez（2005）提出了时间选择问题，即生产率的变化出现在作出出口决策之后。而在开始出口销售之前，企业在新技术上的投资导致进入出口前生产率发生变化，企业是在学习如何出口而并非在出口中学习。因此 Keller（2004）认为学习效应既不是不可避免的也不是自发的，而是要求在国内技术上进行投资。Greenaway 和 Kneller（2007）认为企业的“出口中学”的学习包含三种渠道：第一，与外国竞争者之间及消费者之间的互动提供了关于进行改善技术、降低生产成本和提高质量等方面的信息，这可以理解为“出口中学”的渠道之一；第二，出口使得企业可以扩大生产规模；第三，在外国市场上的竞争迫使企业提高效率和进行创新。但在实证中，究竟是“出口中学”还是“学习出口”内生地改变了生产率尚待进一步论证。

（三）出口企业与非出口企业系统性差异分析

Yeaple（2005）的研究试图解释出口企业与非出口企业的系统性差异，Yeaple（2005）采用的一般均衡贸易模型中，异质企业从一系列竞争性技术中选择一种技术并从异质技术水平的工人中选择雇员。在均衡状态下，竞争性技术的特点、国际贸易的成本以及拥有异质技术水平工人的可提供性，都会导致企业的异质性。Yeaple 的研究假定企业的生产率水平是随机分配的，企业内生地划分为出口状态和非出口状态。在一个垄断竞争的行业里，一开始企业竞争是相同的，可以自由采用不同的技术进行生产，可以在一个完全竞争的劳动力市场雇佣技术水平不同的工人。企业的异质性是因为企业选择不同的技术和雇佣不同类型的工人而内生的。当存在国际贸易固定成本时，只有那些使用低成本技术并且销售大量产品赢利的企业才能进入出口市场，所以能够从事出口的企业往往规模较大，采用更为先进的技术，并支付较高的工资。运输成本的削减激励企业采用新的、低成本的技术，工人也会重新在产业内和产业间进行流动，贸易壁垒的减少会导致对熟练工人的相对需求的增加并提高所有行业工人的平均技术水平。Yeaple 将贸易成本与企业的进入、技术选择、是否出口以及雇佣工人的类型等四方面决策联系起来，有效地解释了不断增加的技术溢价的原因。Yeaple（2005）模型的新意在于企业异质性是贸易成本，技术特征，工人技术异质性共同作用的结果，同时对于研究技术溢价（skill premium）具有重要意义。

（四）异质企业贸易模型与比较优势分析

Bernard，Redding 和 Schott（2004）所采用的方法是将异质企业与 Helpman 和 Krugman（1985）不完全竞争和规模经济的假设以及 H－O 要素禀赋差异结合起来，分析当贸易成本下降时，企业、国家和产业是如何相互作用的，资源通过企业在不同产业间如何重新配置。该论文将 Melitz 异质企业贸易模型与传统的国与国之间的资源禀赋差异和生产技术差异有机地结合起来。研究结果表明，在比较优势产业中存在净就业岗位创造，而在比较劣势产业中存在净就业岗位减少，但是总体来看，无论是产业内还是产业间的资源配置活动，在所有的产业部门都产生了大量的就业岗位。这说明贸易对劳动力市场的影响不应仅仅局限在比较劣势部门就业岗位的减少上，而应综合考虑。同时异质企业的行为还扩大了一国的比较优势从而创造了新的贸易利得。高生产率企业的增长带动了整个产业总生产率的提升，比较优势部门的生产率增长最快。伴随着生产率水平提高的是价格的下降，使得充裕要素的实际要素报酬上升，也减少了稀缺要素的实际要素报酬损失。

（五）市场规模与贸易的关系分析

Melitz 和 Ottaviano（2005）建立了一个异质企业的垄断竞争贸易模型研究研究市场规模、生产率和贸易的关系，不同市场竞争的激烈程度是由该市场中企业的数量和平均生产率水平内生决定的，市场规模和贸易会影响竞争的激烈程度会影响异质企业的市场决策。总的生产率水平取决于市场规模和贸易带来的市场一体化程度的双重作用，市场的一体化程度越高，生产率水平越高，而利润越低。该模型对于研究区域贸易一体化的影响有一定价值。

二、异质企业贸易模型的拓展

（一）企业出口行为与 FDI 行为选择分析

引入异质企业的垄断竞争模型可以拓展到 FDI 研究。Helpman，Melitz 和 Yeaple（2004）拓展了 Melitz 模型，考虑了建立海外分公司的决策，即企业以出口还是 FDI 的形式进行国际化。在传统的研究贸易与对外直接投资的文献中，跨国公司被认为是与其他企业截然不同的，并且出口与 FDI 是相互替代的战略选择。Brainard（1987，1993）认为，当外国市场规模扩大并且出口成本上升时，与出口相比，FDI 就变得更为有利；而当海外投资设厂的成本持续上升时，FDI 就会变得相对不利，这就是出口与 FDI 的替代关系。Helpman，Melitz 和 Yeaple（2004）的研究表明企业究竟是选择出口还是 FDI 是由企业根据其生产率预先决定的。从实证检验看，采用离差的方法提高了模型的预测能力，有助于更好地理解企业的全球化战略以及出口成本的变化或 FDI 成本的变化是如何影响各国各个产业内的生产模式的。Helpman，Melitz 和 Yeaple（2004）对出口和 FDI 关系研究的贡献与 Melitz（2003）对异质企业贸易的贡献一样杰出。引入企业的异质性特征后，就可以将同一产业内的不同企业区分开来，确定哪些企业从事出口而哪些企业成为跨国公司。新的异质企业分析中假设国内市场和国际市场的固定成本不同，企业生产率水平也存在差异。出口的沉淀成本除了包括市场调研、建立分销网络、做广告的成本外，还包括运输成本。FDI 的固定成本则是在国内建立分厂的两倍。FDI 的固定成本要大于出口的成本，虽然 FDI 没有运输成本，但是固定成本要高得多。企业生产率的差异使得企业可以进行自我选择。只有生产率最高的企业才会成为跨国公司，生产率处于中等水平的企业出口，而生产率较低的企业只在国内市场销售（参见图 6.2）。

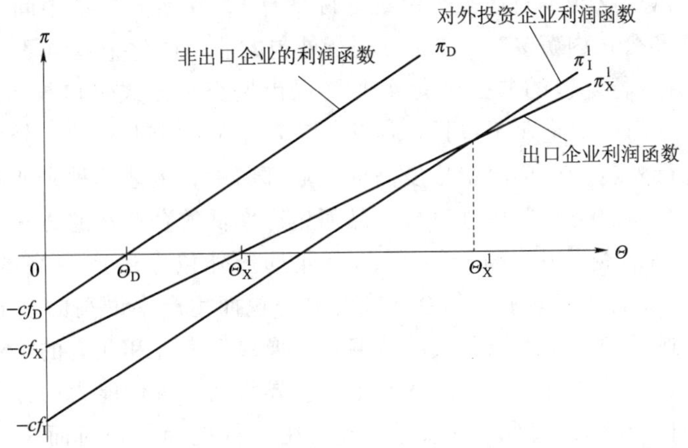

图 6.2　FDI、出口企业与非出口企业资料来源：Helpman（2006）

（二）企业 FDI 与外包行为选择分析

传统贸易理论和新贸易理论对企业的边界问题同样是不涉及的，现有的企业理论仅限于部分均衡分析并且忽视了公司内贸易的国际维度。新的国际贸易研究将产业组织理论和契约理论的概念融入贸易模型，在企业的全球化生产这一研究领域作出了重大理论突破。

Antras（2003）将 Grossman-Hart-Moore（1986，1990）的企业观点和 Helpman-Krugman（1985）的贸易观点结合在一个理论框架下，提出了一个关于企业边界的不完全契约产权模型来研究公司内贸易。Antras 建立的跨国公司产权模型中，国与国之间的要素价格不存在差别，均衡时会出现跨国公司，其公司内贸易与目前国际贸易的现状相吻合。Antras（2003）在文中揭示了两种公司内贸易的类型，在产业的面板数据中，公司内进口占美国进口总额的比重非常高，而出口产业的资本密集度更高；在国家的截面数据中，公司内进口占美国进口总额的比重非常高，出口国家的资本——劳动比例更高。Antras 模型界定了跨国公司的边界和生产的国际定位，并能够预测企业内贸易的类型。Antras（2003）借鉴了 Casson（1979），Rugman（1981），Ethier（1986），Markusen（1996）的研究成果，强调了资本密集度和剩余索取权的配置在企业国际化过程决策中的作用，并验证了这一决策对公司内贸易类型的含义。

Antràs 和 Helpman（2004）将 Melitz（2003）异质企业贸易模型和 Antràs（2003）企业内生边界模型进行结合，在两个模型的基础上建立一个新的理论模型。在该模型中，最终产品的制造商控制着总部服务，中间品的供货企业控制着中间品的生产质量和数量，不同产业部门的生产率水平差异和不同产业部门的技术和组织形式差异对国际贸易，FDI 和企业的组织选择产生影响。在 Antràs 和 Helpman 的分析框架中，贸易、投资和企业的组织是相互依赖的，不同组织产生的激励、固定成本的差异以及不同国家工资水平的差异共同构成了均衡的企业组织结构。

在 Antràs 和 Helpman（2004）的模型中，有两个国家，南方国家和北方国家，最终产品的生产企业位于北方国家，企业根据生产率水平差异分四种类型：在北方生产中间投入品的一体化企业（不从事投入品的国际贸易），在南方生产中间投入品的一体化企业（从事 FDI 和公司内贸易），在北方进行外包的非一体化企业（不从事投入品的国际贸易），在南方进行外包的非一体化企业（以市场交易方式进口投入品）。在总部密集度较低的产业部门中，企业不选择一体化，生产率低的企业在北方外包，而生产率高的企业在南方进行外包；在总部密集度高的产业部门中，上述四种企业的组织形式同时存在，其中生产率高的企业选择进口投入品而生产率低的企业在北方进行采购。在同一个国家采购投入品的企业中，生产率低的企业选择外包而生产率高的企业选择内包（in-sourcing），这说明生产率最低的企业在北方外包而生产率最高的企业通过 FDI 形式在南方内包。上述四种企业组织形式的普遍程度取决于南方和北方的工资差距、中间投入品的贸易成本、同一产业内部生产率水平的差异程度、议价能力的分布、所有权优势的大小（在两个国家会有不同）和总部服务的密集程度等。相对而言，在生产率水平差异较大而总部密集度较低的产业中，更多的最终产品制造商依赖进口中间投入品；而在生产率水平差异较大而总部密度较高的产业中，更多的最终产品制造商选择一体化。Antràs 和 Helpman（2004）的研究表明异质企业选择不同的企业组织形式，选择不同的所有权结构和中间投入品的生产地点。同时产业特征也是非常重要的决定因素，生产率差异较大的产业中主要依赖进口投入品，在总部密集度高的产业中一体化现象更为普遍；一个产业部门的总部密集度越高，就越不会依赖进口获得中间投入品。Antràs 和 Helpman（2004）的模型也可以很好地解释南北工资差距不断加大和中间品贸易成本不断降低的影响，从而解释了现有的国际贸易和国际投资模式（参见图3）。

Antràs（2005）建立了一个动态一般均衡李嘉图南北贸易模型解释国际契约的不完全性导致产品周期的出现。北方的企业同时使用北方高技术投入品和低成本投入品来生产产品，并寻求简单的装配或制造。低技术投入品的生产既可以通过垂直一体化也可以通过外包进行，既可以在南方生产，也可以在北方生产。两种投入品生产的类似程度非常重要，如果两种投入品都在北方生产，企业的组织形式（无论垂直一体化还是外包）无关紧要，因为质量条件契约（quality-contingent contracts）可以事后执行。如果生产分别在南方和北方进行，质量条件契约则无法执行。产品周期是由于南方国际契约的不完全特性和高技术投入品重要性随着产品的年龄和成熟度下降（产出弹性减小）而产生的。不完全契约减少了产品开发，会在契约有效的北方进行产品生产。低技术投入品会转移到南方以便利用南方的低工资优势。这种转移首先会通过FDI的形式在企业的边界内发生，其后一段时间，会通过外包形式在企业边界外发生。一般均衡模型表明南方的不完全契约导致北方的均衡工资高于南方。Antràs（2003，2005），Antràs 和 Helpman（2004）的研究都表明无论企业采用哪种组织形式，关系专用性投资都会扭曲，如果中间投入品供货企业比最终产品供货企业更能创造剩余，那么外包的激励就会增大。

Antràs 和 Helpman（2006）将 Antràs 和 Helpman（2004）的异质企业国际生产组织模型一般化，允许存在不同程度的契约摩擦（contractual frictions），并允许其程度因不同投入品和国家而异。拥有异质性生产率的企业决定是否实行一体化或将中间投入品的生产进行外包，并决定在哪个国家进行。最终产品的生产企业和中间投入品供货企业进行关系专用性投资，只能进行部分契约化，或者以一体化企业形式，或者以市场交易形式。在均衡点，企业的生产率水平不同，选择的所有权结构和供货商地点也不尽相同，契约制度的质量变化对企业组织形式会产生不同程度的影响。南方国家较好的契约制度提高了离岸生产的可能性，但可能会减少FDI或在海外外包的可能性。

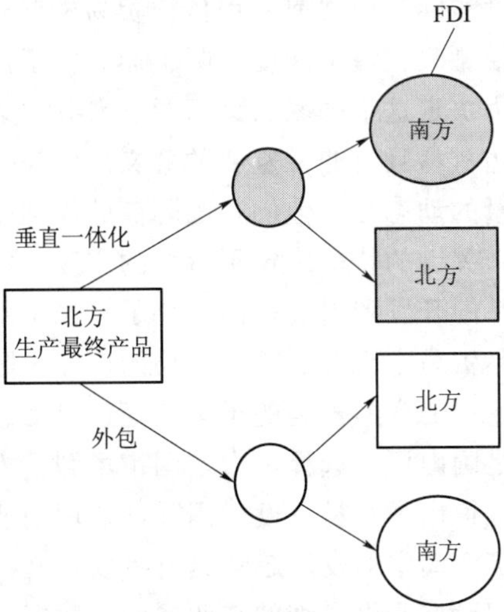

图6.3　企业国际生产组织形式

资料来源：Spencer（2005）

三、异质企业贸易模型的发展方向

Melitz（2003）模型将贸易理论的传统方法和新方法相结合，将企业的生产率差别和出口的固定成本有机结合起来，解释了出口企业和跨国公司生产率差异的原因，丰富了贸易和 FDI 的研究类型。Antràs（2003）将契约模型融入标准的一般均衡贸易模型，不仅用贸易模型解释了要素禀赋差异导致的各国出口产品要素密集度的差异，也解释了企业组织形式的差异，为国际贸易理论的发展作出了杰出贡献。异质企业贸易模型将研究重点放在单个企业的特征上，从企业层面重新解释了以下问题：哪些企业会服务国外市场？这些企业如何服务国外市场，是以出口贸易的方式还是以 FDI 的方式？企业是如何组织生产的，是选择外包形式还是一体化形式，在什么情形下企业会选择国际外包而不是国内外包？在什么情形下企业会选择在国外通过 FDI 实现一体化而不是在国内实现一体化？异质企业贸易模型界定了新的比较优势来源：企业异质性和企业组织选择，单个企业行为会影响所在产业的结构变化。产业内部不完全契约与企业异质性相互作用，二者共同预测国际化和离岸生产，特别是解释了目前普遍存在的本土市场一体化、本土外包、国外一体化和国外外包等的四种主要的企业组织形式，为解释现有的国际贸易和国际投资模式提供了新的视角。

在具体应用方面，Helpman，Melitz 和 Rubinstein（2007）通过异质企业贸易模型预测两国之间的正贸易流量和零贸易流量（positive as well as zero trade flows），由于每个国家的出口企业数目有所不同，贸易摩擦对贸易流量的影响可以分解为深度边际（intensive margins）和广度边际（extensive margins）。深度边际是指每个出口商的贸易额，广度边际是指所有出口商的数量。该模型衍生出了一般化的引力方程，即企业进入出口市场是一种自我选择（self-selection），运用选择方程进行了第一阶段的估计，运用贸易流量方程进行了第二阶段的估计，通过采用参数估计、半参数估计和非参数估计方法得到的对贸易摩擦的分析结果都是一样的。异质企业贸易模型的进一步拓展很好地估计了贸易的深度边际和广度边际，而之前使用传统贸易模型对于贸易流量的估计存在一定的偏误，因为传统贸易模型只关注了深度边际，而忽视了广度边际。因此，一个国家出口企业数目的多少，成为决定这个国家与其贸易伙伴国贸易流量的非常重要的因素。这一研究结论对于研究双边贸易具有非常重要的意义。Ghironi 和 Melitz（2007）运用异质企业模型研究了贸易流量的动态性。他们在国际商业周期的背景下考察贸易流量的广度边际，在该模型中，两个关键的特征决定了贸易的广度边际的内生反应，一是由于沉淀成本，商业周期中新产品的开发和引进被内生化了；二是由于固定出口成本，并非所有的新产品都会进入到国际贸易中交易。因此贸易的广度边际不仅屈取决于所有产品的种类集合，还取决于用于出口的产品种类的子集。通过对动态随机一般均衡两国异质企业贸易模型的检验，结论是国内厂商选择进入本国市场和进入出口市场的时机与贸易流量的波动密切相关，从而也得出了贸易广度与国际商业周期波动密切相关的结论。这对于研究一国贸易在全球经济变动中的发展趋势具有重要意义。

异质企业贸易模型的假设需要更详细的企业层面的数据来进行检验，这些数据包括不同类型产品的贸易数据，包括中间投入品贸易和最终产品贸易数据，今后的实证研究将大有可为。异质企业贸易模型也具有重要的政策含义，如果贸易政策制定者希望有充足的证据来显示应该对哪些特定部门或企业提供政策支持，那么就需要大量的更微观的企业信息和数据来支持，这也为未来的贸易政策研究提供了新的方向。

参考文献：

[1] Antràs, Pol. (2003). "Firms, Contracts, and Trade Structure", *Quarterly Journal of Economics*, 118 (4): 1375 - 1418.

[2] Antràs, Pol, and Elhanan Helpman. (2004). "Global Sourcing." *Journal of Political Economy*, 112: 3, 552 - 580.

[3] Antràs, Pol. (2005). "Incomplete Contracts and the Product Cycle", *American Economic Review*, 95 (4): 1054 - 1073.

[4] Antràs, Pol, Luis Garicano and Esteban Rossi-Hansberg, (2006), "Offshoring in a Knowledge Economy", *Quarterly Journal of Economics*, 121: 1, 31 - 77.

[5] Bernard, A., J. Bradford Jensen, Stephen J. Redding, Peter K. Schott, (2007), Firms in International Trade. *Journal of Economic Perspectives*, forthcoming.

[6] Helpman, E., M. Melitz and S. Yeaple (2004) "Exports vs. FDI with Heterogeneous Firms," *American Economic Review*, March, 300 - 316.

[7] Helpman, E., (2006), "Trade, FDI, and the Organization of Firms", *Journal of Economic Literature*, Vol XLIV,, pp589 - 630.

[8] Melitz, M. (2003). 'The impact of trade on intra-industry reallocations and aggregate industry productivity', *Econometrica*, Vol. 71, pp. 1695 - 1725.

[9] Stephen Yeaple, (2005), "Firm Heterogeneity, International Trade and Wages", *Journal of International Economics*, 65, 1 - 20.

[10] Wagner, Joachim, (2007), "Exports and Productivity: A Survey of the Evidence from Firm-Level Data", *The World Economy*, Vol. 30, No. 1, pp. 60 - 82.

第七章　国际服务贸易理论

西方发达国家理论界对其进行系统的研究始于20世纪70年代，至今不过三十余载。因此与货物贸易相比，服务贸易是一个相对较新的研究领域。

纵观国外三十余年关于服务贸易的研究成果，可以大致以分为两大阶段：第一阶段从20世纪70年代中期至90年代中期，这一阶段的研究集中于探讨服务、服务贸易的定义和特性，比较优势理论对服务贸易的适用性以及以规模经济和不完全竞争为基础的现代贸易理论在服务贸易的适用性；第二阶段从20世纪90年代中期至今，以GATS的形成为契机，国外研究重心转向分析服务贸易自由化的政策效应，具体包括服务贸易壁垒规模的测量与服务贸易壁垒削减的经济效应测量。

第一节　服务贸易的基本概念

一、关于服务的定义

Hill（1977）关于服务的实用主义定义获得了理论界的较为广泛的认同与引用。Hill指出："服务是指人或隶属于某经济单位的物在该人或该经济单位事先与其他经济单位进行约定的情况下，因其他经济单位的活动所引起的自身状况的变化"①。20世纪80年代中期，Bhagwatti（1984）以及Sampson和Snape（1985）等都相继扩展了Hill服务概念，他们都把服务区分为两类：一类是需要物理上接近的服务，另一类是不需要物理接近的服务。

Hill关于服务的定义集中强调"变化"，强调服务生产（Service Production）和服务产品（Service Product）的区别，服务产出是相应的个体或商品状态的变化，不应与服务的生产过程相混淆；但是Hill定义的抽象表述不适用于理论研究，难以进行具体的经济分析。相比而言，国际服务贸易统计手册②（*Manual on Statistics of International Trade in Services*，MSITS，2002）更侧重从统计角度来理解服务，通过采用国民账户体系1993（System of National Accounts，1993）中关于服务的定义"服务是根据顾客定购要求而生产的异质产出，通常包括应顾客需求，通过生产者的活动而实现的对消费单位条件或状况的改变，在服务被生产出来的同时必须同时提供给消费者"，MSITS（2002）对上述定义详细解释如下："服务行业的产出具有许多类似于商品的特性，即最广泛意义上与

---

① 这里的服务贸易主要指的是国际服务贸易，即服务跨国境的贸易。在本文中，如果没有特别指出是国内贸易，在一般情况下所用的服务贸易概念与国际服务贸易是互用的同义词。

② 杨松华，等．对服务贸易几个热点问题的探讨．北京工业大学学报（社会科学版），2004（1）：35.

信息、咨询建议和娱乐的供应、储存、通讯和传播相关联的行业。这些行业的产出通常可以储存于有形的物体——如纸张、磁带或磁盘等，从而可以确定其所有权，这类产出可以像一般商品一样进行交易。这些产出本质上可以由一个经济单位生产出来提供给另一经济单位，从而使劳动力与市场相分离成为可能"①。更直观的，《国际服务贸易统计手册》认为服务行业或服务活动可以直接等同于《国际工业分类标准》（第 3 修订版）（International Standard Industrial Classification，ISIC，revision 3）中的部类 G－Q。

二、关于服务贸易的定义

虽然服务业作为一个传统的产业部门已经有数千年的发展历史，但是“服务贸易”② 这一概念的提出是相对于古老的商品贸易而言，是一件并不遥远的事情。国际货币基金组织（International Monetary Fund，IMF）在进行各国国际收支统计时一直把服务贸易列入无形贸易（Invisible Trade）一栏中，这种情况直到 1993 年才作出调整，而我国过去一直把服务贸易等同于劳务贸易。在 1986 年 9 月发动乌拉圭回合多边贸易谈判之前，服务贸易只是在发达国家的有限范围内开展，还谈不上作为国际贸易中的普遍问题引起关注。事隔数年，《服务贸易总协定》（General Agreements on Trade in Services，GATS）的签署标志着服务贸易成为近半个世纪以来关贸总协定（GATT）所管辖的商品贸易之外的一个新贸易领域，并成为世界贸易组织（World Trade Organization，WTO）多边协议的一部分，为各国开展服务贸易提供了所需的法律基础和行为准则。

据文献记载，“服务贸易”这个概念最早出现在 1972 年 9 月经合组织（Organization of Economic Corporation and Development，OECD）提出的《高级专家对贸易和有关问题报告》中，这份报告是供关贸总协定东京回合谈判中征求意见、取得共识之用。1974 年美国在其《贸易法》第 301 条款中首次使用了“国际服务贸易”这一术语。由于服务本源的庞杂性，人们对服务贸易的认识各有千秋，定义也多种多样，再加上当服务跨国境交易所遇到的有别于国家内部贸易的复杂性，因此理论界对“国际服务贸易”的定义也有不同的表述形式。

例如，Stern 和 Hoekman（1987）将服务贸易定义为“国内要素因自身提供的服务而获得的来源于非居民的收入”。Geza（1988）认为国际服务贸易是服务行业部门的产出向其他国家居民的销售。其中“服务”指任何不直接生产制成品的经济活动，“居民”在这里主要是一个税收法律意义上的概念，是指按照所在国法律，基于居住期、居所、总机构或管理机构所在地等具有纳税义务的自然人、法人和其他在税收上视同法人的团体。联合国贸易与发展会议（United Nation Conference for Trade and Development，UNCTAD，1994）利用过境现象来阐述服务贸易，据此将国际服务贸易定义为：货物的加工、装配、维修以及货币、人员、信息等生产要素为非本国居民提供服务并取得收入

---

① 模式 4 在 2002 年联合国统计署颁布的《国际服务贸易统计手册》中已经改称“自然人存在”（Presence of Natural Persons）。

② “跨境交付、境外消费、商业存在与人员流动”这些“点睛”式的概括，系出自英国著名经济学家 Hoekman 手笔的汉译。

的活动，是一国与他国进行服务交换的行为。

服务贸易的概念不仅仅是一个理论问题，还是一个实践性和政策性很强的问题。在关贸总协定主持下的乌拉圭回合谈判过程中，服务贸易的概念一直是各国争论的焦点之一。谈判之初，发展中国家坚持认为服务贸易仅仅指跨境服务贸易，即不涉及消费者和生产者物理接近才能发生的服务贸易。之所以持这种观点，主要是由于发展中国家在服务贸易，尤其是资本和技术密集型服务贸易处于劣势地位，担心定义过宽的服务贸易范围将增加自身服务贸易自由化的负担，给国内经济和政治造成不利影响。发展中国家对服务贸易定义过窄又遭到了发达国家的反对。发达国家出于保持和扩大自己绝对优势的目的，强烈要求把涉及生产要素流动的服务贸易，甚至把服务业的国际直接投资包括在服务贸易之内。双方的观点严重对立，长期相持不下。为打破僵局，印度曾经提出定义国际服务贸易的四个标准，即：服务和支付的过境流动、目的的具体性、交易的不连续性、有限的服务时间①。乌拉圭回合最终签订的《服务贸易总协定》达成了为各方相对满意的、为 GATS 目的的服务贸易定义，也可理解为 GATS 的适用范围。GATS 第 1 部分和第 1 条均冠以“定义和范围”的标题，并在第 2 款中说明：“为本协定的目的，将服务贸易定义为：（a）［跨境交付 Cross Border Supply］在一个成员方境内向任何其他成员方境内提供的服务；（b）［境外消费 Consumption Aboard］在一个成员方境内向任何其他成员方的服务消费者提供的服务；（c）［商业存在 Commercial Presence］一个成员方的服务提供人在任何其他成员方境内以商业到位来提供的服务；（d）［人员流动 Movement of Personnel］② 一个成员方的服务提供人在任何其他成员方境内以自然人到位来提供的服务”（GATT，1994）③。

三、国际服务贸易的分类

服务的内容浩瀚如烟海，几乎囊括了社会经济生活的所有方面。与此相适应，国际服务贸易也具有鲜明的多样性和复杂性特点，其内容也相当广泛，且有不断拓展之势。目前对国际服务贸易尚未形成一个统一的分类标准，许多国际经济组织和学者为了分析与研究的需要，从各自选择的角度对国际服务贸易进行了划分，下面选取部分有代表性和影响的分类进行扼要评述：

（一）以服务生产者与消费者之间的物理接近程度进行划分

Sampson 和 Snape（1985）将国际服务贸易按服务是否在生产者与消费者之间移动分为四类（参见图 7.1.1）；这一分类方法得到了 Stern 和 Hoekman（1987），Grubel

---

① GATS 中关于服务大类、部类和项目的名称与数量仅仅为各成员就服务部门的具体承诺提供指导参考，并非强制适用，同时其本身也将随着服务经济的发展而发展变化。因此，各成员可以根据自身社会经济的发展情况选取适用承诺的具体部门。

② 服务贸易产生的动因本身就是支持服务贸易自由化的最有力武器。

③ Balassa 的研究发现生产要素的积累和比较优势格局的变化之间似乎存在一种联系，在进一步研究中，他发现，各国间制造品出口格局的差异在很大程度上可以用它们在物质和人力资本方面的不同加以解释。因此他认为此结果支持“比较优势可以分阶段获得”这样的观点，即比较优势阶段路径。根据该观点，物质和人力资本的积累将导致出口结构的改变。

(1987) 和 Sapir 和 Winter (1994) 等的认同与引用。

		服务生产者：不移动	服务生产者：移动
服务消费者	不移动	1. 过境贸易 (远程服务)	2. 要素收益贸易 (消费者定位服务)
服务消费者	移动	3. 当地贸易 (生产者定位服务)	4. 第三国贸易 (流动的服务)

图 7.1.1　服务贸易交易对策矩阵

(二) IMF 关于国际服务贸易的分类

1993 年 9 月，IMF 着手对沿用了 16 年之久的《国际收支手册》(Balance of Payments Manual，BPM) 第 4 版进行修改，并在此基础上形成了《国际收支手册》第 5 版，新版的《国际收支手册》逐渐成为世界各国编报国际收支统计的模本。

在第 5 版《国际收支手册》中，服务贸易所有内容在"经常项目"加以统计，按照交易类型将服务贸易分为"非要素服务贸易"和"要素服务贸易"；非要素服务贸易位于"经常项目——货物与服务——服务"之下，涵盖旅游、运输、通讯、建筑、保险、金融、计算机与信息、文化娱乐和其他商业服务等；要素服务贸易主要指与国际间资本流动和金融资产流动有关的服务贸易流量，主要包括无形资产的特许权使用费(位于"经常项目——货物与服务——服务"之下)、投资收益(位于"经常项目——收益——投资收益"之下)以及劳动收入中的移民汇款(位于"经常项目——收益——职工报酬"之下)等。

(三)《服务贸易总协定》关于国际服务贸易的分类

乌拉圭回合服务贸易谈判小组在征求各谈判方的提案和意见的基础上，在综合考虑服务贸易统计和服务贸易部门开放要求的基础上，提出了以部门为中心的服务贸易分类方法，将服务贸易分为 12 大类 150 多个服务项目①。这 12 大类分别是：商业服务、通讯服务、建筑及有关工程服务、销售服务、教育服务、环境服务、金融服务、旅游及相关服务、娱乐、文化与体育服务、交通运输服务和其他服务。鉴于 WTO/GATS 体系在当前国际服务贸易中的重要作用，目前已有越来越多的文献采用了 GATS 的划分标准。

第二节　国际贸易相关理论与国际服务贸易

在服务贸易有关研究中，国际服务贸易的产生原因与发展方式是否可适用传统的国际贸易理论是国内外学术界研究的重要问题，同时也是国际服务贸易自由化研究的重要

① Dick, R. and H. Dicke, 1979, Patterns of Trade in Knowledge, in H. Giersch (ed.) International Economic Development and Resources Transfer, Tubingen: J. C. B. Mohr, p346.

理论基础①。

一、比较优势理论与国际服务贸易

比较优势理论的内容已为读者所熟悉，这里不予重复，需要说明是，这里的“比较优势理论”应从更广泛的定义来理解，它既包括了古典贸易理论中 Smith 的“绝对成本理论”和 Ricardo 的“比较成本理论”，还包括 Heckscher 和 Ohlin H－O 模型的“要素禀赋”新古典贸易理论，这一理论体系解释了比较优势差异如何成为国际贸易的产生动因。该理论是国际贸易理论的重要基石，是以国际商品贸易为主要研究对象而得出的结论。但这一经典理论能否解释国际服务贸易，在理论界还未完全达成共识。根据所掌握的资料文献，可将广义比较优势理论在服务贸易领域的适用性问题的研究分为三种不同观点：一是完全适用的观点；二是基本适用但需进行修正的观点；三是认为比较优势理论不适用于服务贸易的观点。

（一）比较优势理论完全适用于服务贸易之文献综述

这一观点认为没有必要把服务贸易与一般国际贸易区别开来，比较优势理论体系完全能适用于服务贸易。支持这一观点的国外学者进行了大量的研究，得出了不少有启示意义的结论和观点，本文在此试图从规范分析和实证分析两个层面予以叙述。

1. 规范分析

Hindley 和 Smith（1984）首先对比较优势理论是否适用于服务贸易问题进行了研究，他们认为：虽然“服务与货物之间的重大差异值得认真注意，但是比较优势理论的强大逻辑超越了这些差异”。因此没有必要探求专门用于服务贸易的研究方法，比较优势理论完全适用于服务贸易。

Kumpe（1988）认为：“作为一个简单的思想，比较优势论是普遍有效的……对传统比较优势论的依赖是基于一个简单的命题——每个团体所专注的共同利益正是自身效率更高的那项活动所带来的。这个命题总是有效的，试图解释各个团体所拥有的比较优势结构的不同理论确实存在，但是其中一些甚至全部都是错误的。正如存在于商品生产中那样，比较优势也存在于服务业中。”

2. 实证分析

（1）静态分析

Sapir 和 Lutz（1981）从实证角度考察服务贸易比较优势的决定因素。他们采用了一个两步骤的方法，在第一阶段，贸易模式由有限数量的解释变量回归得出，在第二阶段则根据前一阶段分析得出的残差来推断不可观测的影响。在该论文中，按照服务类型将出口与进口的比率作为因变量，解释变量由代表不同贸易理论的相对禀赋指标组成：其一，H－O 模型中的资本与劳动力比率；其二，H－O 扩展模型中人力资本禀赋的不同代理变量；其三，以国民 R&D 支出占 GDP 比值为代理变量的技术因素；其四，GDP

① 比较优势理论中贸易的源泉动力是各个国家之间的差异。而差异只是引发国际贸易的一个力量，许多高收入国家之间的大量贸易表明，国家间的相似性并不阻挠甚至有利于扩大贸易。对于相似国家间的贸易存在许多解释，规模经济就是其中最为重要的一个解释。

水平用于衡量规模经济因素。诸如关税与非关税壁垒等市场不完全竞争的表现被视为不可观测的影响，在第二阶段进行处理。他们选择的服务类型包括货运服务、客运服务、保险和再保险服务以及包括通讯服务、专业服务的其他服务，根据可获得的13到35个发达国家和发展中国家1977年的服务数据进行回归分析，结果表明：比较优势原理不仅适用于商品贸易，同样也适用于服务贸易。“服务贸易尽管受到保护主义影响，一系列经济系数确实显示了比较优势的决定性作用。”他们的回归估计值显示：对货运服务而言，资本密集性效应对32个国家的样本都呈强相关（其中20个发展中国家和12个发达国家）；而规模效应仅对发展中国家呈强相关，这可能是由于发达国家作为贸易者已经达到了规模经济的缘故。对于客运服务而言，物质资本禀赋再次证明对提供国际客运服务的比较优势具有重要的正面影响。就保险服务来说，人力资本和健全的金融市场的存在确实将为保险和再保险服务的出口提供比较优势。

Sapir（1982）又对美国商业部1980年无形账户中的服务贸易数据进行实证分析，其研究结果再次证明比较优势原理对商品贸易和服务贸易同样适用，“传统贸易理论不仅适用于商品贸易，也适用于服务贸易，要素禀赋在商品贸易和服务贸易模式的决定上都具有重要作用。”

Djajic和Kierzkowski（1989）运用H－O模型对与耐用物品相关的服务进行了实证分析。他们假设了两种情况，在第一种情况下，制造商在国外设立的服务销售点只能雇用当地劳动力；在第二种情况下，制造商基于法律或经济上的考虑，可以雇用当地的劳动力和运用当地的资本。结果表明：相关国家的要素禀赋不仅决定贸易量和贸易方向，而且决定服务是否可以贸易。

Langhammer（1989）运用法国、德国、日本和美国的国际收支统计数据，对南北国家之间的服务贸易进行了研究，其结论再次证明：发达国家与发展中国家之间的服务贸易模式与有关的要素禀赋关系密切。

（2）动态分析

传统的比较优势理论具有静态分析的一面，作为一种经济学研究方法是有其特定用途的。因为把比较优势格局限定在某一时点上有利于分析国际贸易发生的原因、方向和结果。但是比较优势的静态模型无法解释国际贸易格局的长期变化。因此，1965年日本学者鬼城和宇泽二人提出了比较优势理论的动态模型，按照比较优势理论的动态模型，任何一国的比较优势都不是一成不变的，都将随着这一国要素供求状况的变化而发生变化。随着时间的推移，旧的比较优势将逐渐丧失，新的比较优势将不断产生。当一国的比较优势发生变动后，产业结构和贸易结构也要随之而改变。随着比较优势理论动态模型的产生与推广，将其运用于国际服务贸易的分析也不断涌现。

Balassa（1981）提出了比较优势的“阶段路径”① 的观点，虽然这一研究结论的着眼点为制造品，但是Sapir和Lutz（1981）认为Balassa的观点同样可以运用于服务贸易，即：当发展中国家积累了物质和人力资本后，将在某些服务领域获得比较优势。然而，令人对此表示怀疑的是，发达国家由于技术领先和拥有丰裕的物质和人力资本，将

① 按照Marshall的定义，外部规模经济是行业水平的规模经济，而内部规模经济是企业水平的规模经济。

会继续在服务贸易方面保持总体的统治地位。但是即便如此，Sapir 和 Lutz 认为，正如在制造品领域已经发生的情况那样，某些发展中国家在总体上属于服务净进口国的同时，可以成为对其他发展中国家的服务净出口国。

Sapir（1982）的实证研究中再次重申他在1981 年的观点。而后在1985 年，他又专门对南北国家之间的服务贸易问题进行了实证研究，研究结果认为发展中国家可以在与发达国家之间的服务贸易中，通过获得技术转让、建立基础设施等方式，积累起自己在某些服务领域的比较优势。1986 年，Sapir 还对一些典型发展中国家的与投资有关的技术服务的发展情况进行了研究，特别是通过对韩国和印度在建筑和工程服务方面积累比较优势的过程进行深入的实证研究后发现：首先，从供给方面看，韩国和印度在建筑工程服务领域所走过的道路有许多相似之处。如，两国开始时都采取的是与外国工程承包商合作的方式，通过学习和培训本国工程技术服务人员等途径，积累起人力资本和经验；然后通过扶持本国的建筑工程联合体占领本国市场，并进一步积累起人力资本和物质资本；在条件基本具备时，大举进军中东的建筑工程市场，在建筑工程服务领域取得了令人瞩目的成就。就需求方面来看，其他发展中国家为什么向韩国和印度，而不是向发达国家进口这些服务？Sapir 给出了他认为可能的以下五个主要原因：其一，韩国和印度的技术服务“更加适合”其他发展中国家的需要；其二，根据 Linder 的学说，发展中国家之间的贸易是其国内需求模式相似的结果；其三，距离接近、语言和文化的类同也可能影响贸易模式；其四，石油出口国资金充裕；其五，中东国家贸易壁垒少。从而再次证明了发展中国家可以通过努力在某些服务领域积累起比价优势。

Lall 通过一系列实证研究，特别是他 1986 年就海运和技术服务的国际贸易对部分发达国家和发展中国家进行的实证研究认为：比较优势原理同样适用于服务贸易。比较优势可以通过长期经验（如海运服务）或学习（如具体技术）积累起来，并认为发展中国家可以在具体技术的掌握或以更低的价格提供标准化服务等方面积累起比较优势。具体技术和经验的积累受到特定历史环境的影响，如工业化模式、贸易和政府干预。由于获得服务贸易比较优势的技术非常专业化，发展中国家也具有从事相当复杂和高技术的服务的出口潜力。Lall（1986）还通过对韩国、巴西、墨西哥、印度和阿根廷等国技术服务出口的实证研究发现：这些国家首先是在国内实现了具体技术和经验的积累，然后向其他发展中国家出口以下三类服务：由于其技术更适合当地需求或技术劳动力成本更低或二者兼备而具有竞争力的技术服务；作为发达国家出口技术的补充技术服务；与发达国家技术不交叉的专门满足特定发展中国家需要的技术服务。

Hoekman 和 Karsenty（1992）认为与商品贸易一样，标准的国际贸易理论的动态性也可以运用于服务贸易。如可以从资源密集型服务贸易逐渐向劳动密集型服务贸易转变，且劳动力投入的技术含量可以逐步提高。

（二）比较优势理论基本适用服务贸易之文献综述

作为一种较为折中的观点，认为比较优势理论体系基本适用于服务贸易的思路得到了较多国外学者的认可，他们认为，服务贸易作为国际贸易的一种形式，国际贸易的比较优势基本原理是可以适用的，但是由于服务贸易具有商品贸易所不具备的许多特征，应该认识到具体商品贸易理论在解释服务贸易时的缺陷，在运用以商品贸易为实践基础的传统国际贸易理论来解释服务贸易时，必须对传统理论进行适当修正或扩充。

Deardorff（1985）率先运用传统的 2×2×2 的 H－O 模型，对完全竞争条件下比较优势原理是否适用于服务贸易问题进行了考察。在该模型中，他假设的两种商品，一种为货物，另一种为服务，并逐一考察了服务贸易三个特征的影响：（1）作为商品贸易派生需求、对商品贸易起补充作用的服务贸易（例如交通运输服务贸易）。在这个特征下，该文作者区分了自由贸易、半封闭和全封闭自给自足的三种情形。在自由贸易与半封闭情形下，比较优势原理可以解释服务贸易的模式，即使作为商品贸易副产品的服务不可贸易，也不会影响比较优势理论在服务贸易分析中的适用性；在全封闭条件下不存在服务价格与对服务的单独需求，当出现作为国际商品贸易副产品的服务需求时，封闭经济条件下的服务价格不能被作为衡量比较优势的指标，从而在测度比较优势时出现这样的难题，即一种可能的比较优势指标是建立在封闭经济的要素价格基础上，而需求却将这种测度方法排除在外。（2）涉及要素流动的要素服务贸易。在这种特征下，需要区分要素服务贸易是独立的要素贸易还是包含在最终产品中的要素贸易。由于在 H－O 模型中，商品贸易可以被视为货物中所包含的要素贸易，在这一框架下，同一生产要素决定的商品贸易与要素贸易之间是可替代的，但是无论是否涉及服务，要素的国际流动都适用比较优势理论，因为出口商品和要素的价格在封闭情形下一般都低于进口商品和要素。所以并不能因为服务贸易通常涉及国际直接投资而认为其与比较优势理论不符，相反，根据 Deardorff 的进一步分析，可以认为，如果某一特定服务的出口同时伴随着某种生产要素的出口，则可以断言出口该服务的国家同时也是该补充性生产要素的富裕国。（3）为跨国公司母国所提供的某些要素服务。这一特征似乎违反了服务生产与消费在时空层面的无法分割性。一般而言，跨国公司能从东道国当地要素市场中购买到相关的生产要素，而当地要素市场无法提供，真正需要从跨国公司母国出口并用于东道国服务生产的多为无形资产或所有权，如商誉、管理能力等。因此如“总部服务”或“管理”等东道国当地所稀缺的要素在跨国集团内部具有公共产品的性质，因为无论使用这些要素的关联机构数量为多少，这些要素的效用都不受影响，此即公共产品的非竞争性。在这种情况下，比较优势原则难以成立。因此，从总体上看，Deardorff 通过改变标准 H－O 模型的个别约束条件，较成功地揭示了国际服务贸易是如何遵循比较优势原则而运作，从而为这两者的联系提供了一个较现实的研究思路。

Tucker 和 Sunberg（1988）也认为传统国际贸易理论基本适用于分析服务贸易，但必须了解该理论体系存在着下述局限性：其一，要素禀赋理论是从供给的角度来分析国际贸易，而国际服务贸易在许多情况下主要受到需求条件而不是生产成本的影响；其二，商品和服务在研究与开发、广告等方面的效用上存在差别，这将导致服务的出口与国内市场具有不同的需求市场特征和规模；其三，许多服务往往作为中间投入（如金融、咨询和电讯服务）出现在贸易与非贸易的生产过程中，因而在生产的不同阶段会出现不同的生产函数，先是服务生产函数，再是使用服务投入的商品生产函数，但是这两个阶段的要素投入不是同质的；其四，相对于商品贸易而言，市场结构和政府管制对服务的生产与分配具有更为重要和直接的影响。因此为克服上述缺陷，他们主张在运用国际贸易原理来分析服务贸易时，需要更多地关注相关的市场结构和需求特征，可以看出，这一思路无疑也使比较优势理论在服务贸易分析运用的空间获得了新的拓展。

Melvin（1989）也在比较优势理论与服务贸易实践的相互关系方面进行了尝试，他首先建立以下假设：两种生产要素（劳动力L和资本K，其中资本为流动要素，劳动力为非流动要素），两种商品（X和Y，其中X为劳动力密集型商品，Y为资本密集型商品），两个国家（H国和F国，其中，H国资本要素富足，F国劳动力要素富足）。基于上述假设，Melvin考察得出如下结论：其一，如果可贸易商品密集使用流动的要素服务，那么有效的世界产出是可能的。但是在这种情况下，资本要素富足的国家可能进口资本密集型商品，即使这种商品的国内相对价格在开展贸易前（自给自足时）可能更低。其二，如果可贸易商品密集使用的是非流动要素，那么无论要素禀赋最初如何分布，为获得要素服务而进行的商品自由贸易将总能实现有效的世界产出。其三，如果进口商品密集使用非流动要素，那么在服务贸易模型中，关税将产生正常的商品价格效应。其四，如果进口商品密集使用的是流动要素，那么关税将降低进口商品的相对价格。其五，如果商品贸易与资本流动在全世界范围内都是自由的、不受限制的，那么关税将提高劳动力要素的相对与实际报酬。更一般地，任何关税都将提高非流动生产要素的报酬。其六，当进口要素服务时，关税通常采取对要素返回所得征税的形式。最后，Melvin指出服务贸易和商品贸易一样可以导致均衡，但要素密集度的效应要大得多；对要素征税同样会影响贸易要素和非贸易要素的比价，从而影响贸易格局；比较优势理论与要素禀赋理论的标准模型需要进行适当的修正以解释服务贸易。

Sagari（1989）将技术差异引入H－O模型，对之进行适当修正后用于分析国际金融服务贸易比较优势的来源。与传统的H－O模型相比，Sagari通过引入更为复杂的资源禀赋变量的系数，使其与各国技术发展阶段相联系，这种调整反映了某特定国家相对于技术最先进国的单位资源的要素禀赋状况。最后，Sagari运用最小二乘法分析了1977年世界44个国家的相关数据，进一步证明了技术差异和熟练劳动是各国金融服务贸易比较优势的来源。

如果将服务视为中间投入品，则服务贸易与商品贸易就是可互补的。Burgess（1990）考察了服务作为中间投入品的情况，认为当国别之间存在技术差异时，服务贸易可以促进商品贸易，特别在某些极端情况下（如一国具有丰富的石油自然资源，但是却没有开采能力），作为关键生产投入的某种服务的进口对一国福利具有强大的杠杆或催化作用。总之，Burgess认为国际贸易理论是可以用来解释服务贸易的，如果把标准的H－O模型做简单修正，就可以得到解释服务贸易的一般比较优势理论模型。

（三）比较优势理论不适用于服务贸易之文献综述

第一个运用系统实证方法尝试解释比较优势理论对服务贸易模式的适用性的学者是Dick和Dicke（1979），然而他们得出的结论却是比较优势理论基本上不适用于对服务贸易的解释。他们运用“显性比较优势法（Revealed Comparative Advantage，RCA）”，对18个经合组织国家1973年的“知识密集型”产品和服务的出口资料进行了各种跨部门的回归分析，以验证服务贸易的现实格局是否遵循比较优势原理，其结果是，没有证据表明比较优势在服务贸易模型的决定中发挥了作用。尽管这一结果可以部分归因于非关税壁垒的存在，但他们仍然坚持当时盛行的观点，即“如果不考虑贸易扭曲，可以想象，要素禀赋对服务贸易没有重要影响。”① 当然，他们的结论很快就受到 Sapir 和 Lutz（1981）所做的著名实证研究的挑战和反驳，两者的分歧表明了对基本命题和研究思路的差异。

Sampson 和 Snape（1985）也认为，由于传统国际贸易理论假设生产要素在国际间不流动，所以比较优势原理只适用于服务生产者和消费者都不移动的服务贸易，对另外三种需要物理接近的服务贸易则基本不适用。美国经济学家 Feketekuty（1988）认为，由于服务与货物相比具有许多不同特点，所以国际贸易中的比较优势原理不适用于服务贸易。服务贸易的这些特点包括：（1）服务贸易不是物品和货币的交换，而是劳动活动与货币的交换；（2）服务的生产和消费同时发生，不能储存；（3）服务贸易在各国海关进出口和国际收支表上具有与商品贸易不同的许多特征。

二、不完全竞争和规模经济下的服务贸易

以完全竞争与规模报酬不变为基本框架，传统国际贸易理论在解释因比较优势差异而引发的国际贸易时大致可以概括为三种情况：基于供给层面的国家间技术差异（Ricardian 模型）和国家间要素禀赋差异（H－O 模型）；基于需求层面的国家间消费品位与偏好的差异（Linder 假设）。本章第 2 节中的文献综述对这三种情况在服务贸易领域的表现已予以介绍和讨论。本节将重点考察现代国际贸易理论，即以不完全竞争（Imperfect Competition）和规模经济（Increasing Returns to Scale，IRS）为假设前提的新贸易理论在服务贸易领域的适用性问题。

（一）基于规模经济的国际服务贸易理论文献综述

Melvin（1969），Markusen 和 Melvin（1981），Ethier（1982a）等均阐述了源于规模经济的专业化激励是如何在相似国家之间产生贸易需求的②。在这种研究方法下，贸易并不因比较优势而产生，相反，由于一国特定行业中的企业倾向于建立企业集群以利用外部规模经济，国际贸易创造出国家间的差异。如果贸易使各国的要素价格均等化，那么所有国家都将因集聚引致的产量增加而受益。但是，如果集聚效应发挥到极致，那么贸易也可能造成一些国家中某些行业的收缩，从而使产量减少造成损失。如果专业化程度走向极致，例如某种商品或服务的全世界产量都集中在极少数地区，那么可能发生上述贸易产生损失的结果。并非所有的服务业都具有集聚倾向，面临巨大集聚压力的服务行业主要有影视制造业和金融投资业，这些行业都集中于世界一些主要的制作中心或金融中心。

与 Melvin（1969），Markusen 和 Melvin（1981），Ethier（1982a）关注外部规模经济③不同，Krugman（1979，1980）首先引入了企业水平的专业化和对特定类别服务的不同需求的假定，这一方法在 Helpman 和 Krugman（1985）得到了更充分的发展。无论

① 这里将交通成本解释为广义的、包含其他因素的交通成本，包括所有交流的困难以及成为商品或服务跨国界直接贸易障碍的有关贸易管制。

② 经济理论界引入核心—外围模型以用于解释为什么在经济核心地区和周边地区之间，就经济发展水平和工业化程度存在鲜明的地域差异。

③ 参阅 Hoekman（2000）中的表 4。

是个人消费者还是集体消费者对特定类别的商品或服务都有不同的需求，例如酒店的星级、娱乐的形式、建筑设计的风格等等。生产企业对这些不同的需求作出回应，生产出专业化的产品从而在市场中获得自己的地位。在存在固定成本的情况下，可进入更大市场的企业的平均成本将更低，因此即便没有比较优势，贸易也可以创造生产收益。此外，贸易的开放使国内消费者有机会获得更多专业化产品，此为贸易带来的消费者收益。

Ethier（1982b）指出企业也能因为有机会获得更多的专业化中间投入品而大大受益，他采用并修正了Krugman模型，阐述相似国家之间的中间产品贸易如何使贸易双方获益。

Markusen（1986）以生产者服务贸易为例分析了规模经济对于服务贸易的影响。基于服务业Cobb-Douglas生产函数和熟练劳动力生产不变替代（CES）弹性函数的假设，当生产厂商与具体专业化服务的生产规模不变时，服务部门及其提供的服务总量将会使规模收益递增。进而他指出，在服务贸易中由于规模经济的作用，存在“先进入者优势”的现象，即首先进入服务产业的生产成本较低，可以阻止后来者的进入，导致其福利水平的下降，尤其是使小国的福利损失严重。因此政府应该给予生产者以生产者补贴和无偿的公共投入，以使福利最大化。

Jones和Kierzkowski（1986）提出和运用“服务链”的观念来探讨规模经济条件下服务贸易的作用。他们认为，在规模经济的作用下，生产过程会更复杂，需要更多的“服务链”。由于比较优势的存在，服务链可以促进生产的国际化，从而服务贸易可以大大促进商品贸易。Jones和Kierzkowski（1990）进一步提出生产区段和服务链（Production Blocks and Service Links）理论，以此探讨企业产出水平的提高、收益的增加和要素分工的益处以及三者如何使企业转向通过服务链连接各个分散生产区段的新型生产方式。一系列协调、管理、运输和金融服务组成服务链，当生产过程逐渐分散到由位于不同国家的生产区段合作生产时，国际服务链的需求就会明显上升，从而诱发国际服务贸易的出现。需要指出的是，Jones等的生产区段和服务链理论阐述的服务规模经济理论与Ethier（1979，1982）建立的规模经济理论不同。在Ethier的模型中，厂商极力利用更为多样化的零件来扩大生产，因为其国际贸易规模收益递增依赖于零件多样化程度，而在Jones等的模型中，国际贸易规模收益递增依赖于产出规模和生产分散水平，生产区段国际分散的潜力通过服务链的连接而成为现实，由此在一定程度的离散和分工水平上获得收益。

Kierzkowski（1987）运用寡头垄断的模型，揭示了取消国内服务业管制的国际影响。与Markusen（1986）的观点相反，他认为取消国内管制可以促使厂商为获取规模经济效应而进行国际竞争，因此政府最好的政策是创造自由的、不受约束的国内市场。

Markusen（1988）借助垄断竞争理论，对熟练劳动力的生产者服务贸易问题进行了专门研究。他将生产者服务置于商品（或服务）的替代弹性不变生产函数中加以检验分析，得出四个结论：其一，即使单纯发挥要素禀赋的作用也能从贸易中获利；其二，由于多种熟练劳动投入能够提高该部门的最终产出，小国从贸易的获利大于大国，这与其他规模收益递增模型的结论相反，一般规模经济递增模型通常认为小国由于在贸易前不能达到规模经济而在贸易中居于劣势；其三，由于一些专业化受到限制，仅有商品贸易并不能实现生产的帕累托最优，而引入服务贸易则可以导致最大程度的专业化和帕累托最优；其四，即使存在垄断力量，关税也并非一定能够提高一国的福利水平，而且由于关税削弱了全球的专业化潜力，将使得福利水平降低。

以 Ethier 的研究为基础，Markusen（1989a）发展了一个著名的两部门的一般均衡模型来讨论具有规模经济的生产者服务和其他专业服务的国际贸易。所谓生产者服务是企业用于生产其他产品或服务时所使用的服务，如银行、咨询和工程等。在 Markusen 的模型中，由于在服务贸易条件下，企业有机会获得更多的生产者服务，当企业使用这些服务作为中间投入品时，生产成本将降低。如果商品贸易与服务贸易都不存在，即一国经济处于自给自足的状态，那么国内市场容量越大的国家，其最终产品的价格也越低，因为大容量的市场支持更多的服务。继而 Markusen 比较了商品贸易自由化效应与服务贸易自由化效应。如果只存在最终产品的贸易自由化，则商品生产倾向于在大国境内集聚，则大国显然可以因产量提高而获益。但是，如果由于大国的劳动力成本上升而无法发生充分的集聚，那么最终产品产量下降将导致生产者服务部门的萎缩，并进而引发生产者服务产量的下降，最后造成小国受损。给定最终产品的可贸易性这一条件，Markusen 的模型十分类似 Markusen 和 Melvin（1981）中的外部规模经济模型。当假设条件转变为服务而非最终产品的自由贸易，则 Markusen 模型的一个重要特点在于国内服务和外国服务是互补的，即贸易的存在允许使用原先无法获得服务。这些外来进口的服务，即使比国内服务更为便宜，也不会侵占对本地服务的需求，相反，国内外服务联合使用能够比贸易前更有效地进行最终产品的生产。这表明允许生产者服务等特殊中间投入贸易优于最终产品的贸易，中间投入服务的自由贸易可以保证贸易双方的福利同时增加。这一模型对小国而言具有特别的政策含义，因为小国对生产者服务的自由贸易可能具有更浓厚的兴趣，因为生产者服务的自由贸易能部分抵消生产企业在大国境内选址的动机。

但是当 Markusen（1989b）把上述分析延伸到跨国公司内部进行的生产者服务贸易时，发现跨国公司的生产者服务优势将在东道国商品生产中造成垄断，从而可能使东道国的福利减少。

（二）基于产品差异的国际服务贸易理论

Bhagwati 认为服务质量是比服务价格更为重要的一个因素，因为服务部门的产品差异比商品部门更为显著。产品差异一般可以分为垂直差异和水平差异，反映在服务贸易部门，就是所提供服务的范围和质量的差异。在通常情况下，由于一国之内的收入分配不可能绝对平均（这就会影响消费者对垂直型差异产品的需求情况），再加上消费者消费偏好的多样化，为了利用规模经济，垄断厂商在进行差异产品的生产时，总是尽量使其产品的差异化，从而更多地反映本国经济发展水平，这也是为什么同类的服务产品在发达工业国家与发展中国家价格不同的原因。

Francois（1990）强调服务在协调和连接各专业化中间生产过程中的作用。首先他假设如果厂商能将生产过程分解成更具体的活动，生产效率将获得提高，进而在此基础上建立一个具有张伯伦垄断竞争特征的产品差异模型（1 个部门，2 个国家），讨论生产者服务由于专业化而实现的报酬递增以及生产者服务贸易对商品贸易的影响。这一过程中生产者服务对各种具体生产活动进行协调，如果国际服务贸易降低了生产者服务的成本，则可以获得更高的生产专业化程度。对国内厂商而言，服务贸易的存在将使其出现合并现象，数量减少，但规模扩大；而消费者将面临更多差异产品；此外各种产品间贸易机会扩大，专业化水平提高，总体福利增加。

Van Marrewijk 等（1997）对 Markusen 的模型进行扩展，同时考虑国家间要素禀赋差异和生产者服务的产品差异两种因素，作为国际服务贸易发生的动力；此外就服务贸易提供方式来看，同时允许进行直接服务贸易和建立分支机构作为商业存在。在这些假定条件下，之前的许多模型，如 H－O 模型、Krugman 模型或 Markusen 模型都成为 Van Marrewijk 模型的特例。虽然这一方法不失为研究不同贸易动机之间相互影响的一种有效方法，但是 Van Marrewijk 的结论与早期研究的结论几乎没有什么分别。

三、商业存在、服务业对外直接投资与国际服务贸易

长期以来，国际服务贸易理论研究在处理服务业外国直接投资时面临着一种特别尴尬的处境：一方面，现行多边贸易体制将服务业外国直接投资排除在服务贸易范围之外，但实践中，服务贸易与服务业外国直接投资又是一个密不可分的整体，服务贸易的商业存在方式是以外国直接投资（Foreign Direct Investment，FDI）为外在表现形式的；另一方面，讨论服务品的国际流动必然涉及服务业外国直接投资，尽管现行贸易体制未将其纳入服务贸易范围。事实上，关于服务贸易与服务业外国直接投资之间关系的争论代表了发达国家和发展中国家的不同利益立场。尽管 1988 年蒙特利尔部长级会议上曾就这一争论规定了生产要素流动“目的明确、交易不连续和持续时间有限”的判定标准，但是由于实践操作中面临的重重困难，在许多关于服务贸易商业存在提供方式的研究中，服务业外国直接投资被视同于商业存在而被包含在服务贸易范畴。当然，这其中的又一主要原因在于，发达国家在服务贸易理论与实践发展中起步早，进展快，现有关于服务贸易的理论研究多为发达国家学者所创建与引领，其立场必然代表了发达国家的利益。这是我们在了解以及借鉴西方服务贸易理论文献过程中应始终明确把握的。

（一）传统外国直接投资理论在国际服务贸易中的适用性

传统外国直接投资理论包括垄断优势理论、产品周期理论、内部化理论、边际产业扩张论和国际生产折中理论等。随着服务业在发达国家国民收入、就业和国际收支平衡等方面发挥的作用不断加强，服务部门的国内和国际地位迅速提高，对服务业跨国生产和经营的研究也开始发展起来，许多学者开始对不同的传统理论观点在服务部门进行适用性检验。其中代表性的研究主要有：

Boddewyn（1989）试图使用主流理论解释服务业跨国公司的行为。他发现由于服务产品的特性会引发一些问题，如对理论假设前提的违背，对服务产业特定优势区分的难度等，但是他认为只需通过简单条件的限制和详细说明就能将现有理论适用于服务业。

Dunning（1989）将其在制造业发展起来的国际生产折中理论扩展到服务部门，他指出国际生产折中理论的基本框架可适用于服务业跨国企业，并对原有的所有权优势、

内部化优势和区位优势在服务企业的具体表现进行了阐述。在 Dunning 分析基础上，Enderwick（1989）又分析了将国际生产折中理论应用于服务部门时要特别注意的一些问题，如在很多服务部门难以确定企业的特定优势；又如跨国经营的非股权方式（许可证、管理合同、特许经营等）在服务业中的广泛使用，而这些以市场交换为基础的经营方式对于跨国公司理论中的内部化的作用有着重要的含义。

还有一些研究针对具体服务部门进行分析，如 Rugaman（1981），Yannopoulos（1983），Gray（1981）等，围绕银行业为基点分析内部化理论和国际生产折中理论在解释跨国银行业发展方面的合理性。

（二）服务 FDI 的决定因素

对服务部门 FDI 的决定因素进行经验研究的文献主要包括 UNCTC（1993），Fukao and Ito（2000），Buch（2000），Chanda（2000）和 Raffand Ruhr（2001），并且这些研究绝大多数是针对重点生产者服务的研究，例如银行保险。

Markusen（1989a）指出生产者服务的两大主要特征，即知识型以及差异化。知识型是指获得生产服务所需知识要求投入高额的先期开发成本，但知识一旦获得，提供服务的边际成本则相对较低。因此规模经济对于生产者服务就显得重要。差异化指的是生产者服务存在着横向和纵向的差异：横向差异是指生产者服务存在许多对称的变体；纵向差异是指在每个变体中存在着质量差异。结合服务的这些特征，现有文献认为服务部门 FDI 的重要决定因素主要包括以下几类：

- 市场规模
- 母国经营实体存在
- 东道国政府政策
- 当地消费者基础
- 文化差异
- 竞争优势
- 服务的可贸易性
- 全球对垄断的态度和反应
- 产业集中化程度
- 企业规模增长

1. 市场规模/当地消费者基础

在大多数研究中，市场规模被认为是商品贸易 FDI 流入的最重要决定因素。而东道国市场规模对服务业 FDI 流入的影响，现有研究却有不同结论：这一因素被认为是跨国银行［Gray and Gray（1981），Rugman（1981）］、国际广告代理［Weinstein（1977），UNCTC（1979），Trepstraand Yu（1988）］以及跨国保险企业［UNCTC（1980），Schroth 和 Korth（1988）］等服务部门 FDI 流入的显著决定因素。但是，UNCTC（1993）按照 1976－1980 年和 1980－1986 年两阶段，研究市场规模对发达国家（例如源于美国、加拿大、日本、欧洲及其他发达国家的服务业 FDI）和发展中国家（例如拉美、非洲和亚洲）服务业 FDI 的影响。结果显示，以 GDP 衡量的市场规模对于发达国家中源于美国和欧洲的服务业 FDI 是显著影响因素，而发展中国家市场规模对于后一时期源于美国和日本的服务业 FDI 是显著因素。总体而言，虽然市场规模对于服务业 FDI 来说是重要因素，但其重要程度要低于其之于商品贸易 FDI。

2. 母国经营实体存在

母国经营实体存在是影响 FDI 的最重要因素之一，理论上分析，由于该因素增加了在东道国对本服务企业的认知消费者群体数量，从而更容易在东道国产生对这些服务的需求。大量关于单个服务部门的案例研究也支持上述结论。通过使用 FDI 存量（滞后一期）作为衡量东道国境内母国经营实体存在情况的指标，Weinstein（1977），Khoury（1979），UNCTC（1979），Goldberg 和 Saunders（1980），Ball 和 Tschoegi（1982），Nigh et al（1986），Terpstra 和 Yu（1988），Davis，Hanlon and Kay（1993），UNCTC（1993）的实证研究也肯定了在国际银行业和广告业等生产者服务业中普遍存在这种追随客户的 FDI 动机。

3. 母国政府政策/开放程度

同商品 FDI 一样，法律法规构成服务业 FDI 的主要障碍。GATS 之后，许多国家（主要是发展中国家）开始允许 FDI 进入特定服务业，但仍在一定程度对外资所有权实行限制。OECD（1982，1987），UNCTC（1988）和 Walter（1985）认为政府政策和法规是决定服务业 FDI 布局的最重要因素之一。就东道国开放程度而言，Chanda（1997）认为如果出口品比进口替代产品更密集使用生产者服务作为投入品，那么随着出口部门因贸易自由化不断发展扩大，对特定生产者服务投入品的需求也会相应增加。而在这些投入品的国内禀赋受限的情况下，终端产品贸易量的放大将会带动对中间服务投入品的投资。UNCTC（1992）针对政府控制（例如对 FDI 的进入、建立和所有权的限制）程度构建了开放度指数，并就其对服务业 FDI 流入的影响进行估计，进而认为由政府政策决定的开放程度是服务业 FDI 流入的一个重要因素。

4. 文化差异

不同的东道国有不同的文化、品位和需求，服务业 FDI 应适应东道国消费者的需求偏好。因此，Hofstede（1980），Prahaladand Doz（1987），Kogut 和 Singh（1988）和 UNCTC（1993）认为文化差异也构成服务业 FDI 的重要影响因素。

5. 竞争优势

随着服务业国际竞争日益加剧，竞争优势日益成为影响服务业 FDI 的重要因素。但是由于服务业竞争优势具有较高的文化和制度嵌入性，对其难以衡量与转化。因此结合服务业区位局限性（location-boundedness）和变动可贸易性的特征，Sauvant（1986）认为一国某一特定行业的竞争优势通过该行业的高出口或是 FDI 输出得以体现，这对服务业尤其适用。

UNCTC（1993）结合 Balassa 的显性比较优势（Revealed Comparative Advantage，RCA）（Balassa 1965，1977）以及 Norman 和 Dunning（1984）和 Dunning（1988）的行业内 FDI 指数，对国际竞争力指数（International Competitiveness Index，ICI）进行估计。ICI 计算公式如下：

$$ICI_{ij} = (Q_{ij} - I_{ij})/(Q_{ij} + I_{ij})$$

Q_{ij}是指由总部在 j 国的企业在行业 i 形成的外国联属企业数量，I_{ij}是指由总部不在 j 国的企业在 j 国行业 i 形成的外国联属企业数量。

研究发现服务业 FDI 与母国服务业国际竞争力正相关。但是，在不同的服务行业中考虑 ICI 的影响时，我们发现对于与贸易相关的服务行业以及商业服务来说，这并非一个显著的影响因素。只有在与金融相关的服务行业中，它能产生一定影响。

6. 服务的可贸易性

由于大多数服务是无形且无法储存的，使得服务的国际交易主要通过 FDI 输入或在外国跨国公司许可下由本土企业来生产。随着信息技术的发展，服务的可贸易性得到相当改善（Sauvant 1986，1990），并在一定程度上缓解了服务 FDI 的区位局限性。UNCTC（1993）通过使用出口销售额与对外销售总额的比率来衡量服务的可贸易性，结果显示其与服务业 FDI 呈负相关。

7. 全球对垄断的态度和反应

垄断反应产生于相互依赖的企业之间。在制造业 FDI 中，作为一种防御策略企业追随其竞争者（包括国内及国外的）在东道国设立机构（Knickerbocker 1973，Flowers 1976，Graham 1978）。Trrpstra 和 Yu（1988）对美国广告行业 FDI 进行研究发现这种垄断策略在服务行业 FDI 也适用。

测量全球垄断反应（GOR）的公式是：$GOR_{ij} = C_{ij}/P_{ij}$

其中 C_{ij}指排除被测量企业，在东道国 j 国境内的服务行业 i 设有联属企业的其他外国母公司的数量；P_{ij}指在东道国 j 国境内的服务行业 i 可能设立联属企业的所有外国母公司的数量。Hout 等（1982）研究发现 GOR_{ij}影响东道国 FDI 流入，服务企业同样需要基于全球战略开展竞争。

8. 企业规模

Ball 和 Tschoegl（1982）和 Terpstra 和 Yu（1988）研究认为，类似于商品制造业，许多服务行业（如银行与广告）也将企业规模视为国际化的重要因素。

总体而言，商品贸易 FDI 与服务贸易 FDI 的影响因素大致相似，但是影响因素的重要性存在差异：影响服务贸易 FDI 的最重要因素主要包括政府的规制与政策、文化差异和服务的可贸易性；影响商品贸易 FDI 的最重要因素是市场规模、贸易壁垒和生产的成本差异。

UNCTC（1993）的研究认为服务贸易内部不存在 FDI 影响因素的重要性差异。无论金融相关服务、贸易相关服务、商业服务或其他服务，无论发达国家或发展中国家，服务贸易 FDI 的影响因素及其重要性基本一致。竞争性的行业结构以及鼓励开放的政府政策会显著影响服务贸易的 FDI 行为。

（三）服务贸易中商业存在方式的一般均衡分析

对服务业外国直接投资进行探讨势必要求对跨国企业进行一般均衡分析，其复杂程度高于标准贸易模型，但即便如此，许多学者仍为此作出了艰辛的努力。

Helpman（1984）运用一般均衡模型考察跨国企业，其模型主要集中探讨纵向跨国企业，即企业总部位于资本密集国，而将生产活动分布于劳动力密集的国家，从而最大程度地利用国家间劳动力成本差异。而 Markusen（1984）则建立的是一个探讨横向跨国企业的一般均衡模型。如果由于交通成本或贸易壁垒，对某一国家出口代价昂贵，则企业可能相应选择在该国建立分支机构面向当地的市场进行生产，以规避成本与贸易壁垒。这两个模型对服务贸易均有一定的适用性，但是 Markusen 的市场进入方式与绝大多数的服务密切相关。由于技术或管制的原因，许多服务无法直接进行贸易，因此在当地建立商业存在以获得当地市场进入途径是服务提供的最主要方式之一。Markusen 等（1996）同时考虑纵向与横向跨国企业的情况，从而使这一方法更具一般适用性。关于横向跨国企业的结论与 Markusen（1984）相似，但此研究进一步丰富了该模型，增加了企业利用比较优势的差异在国家之间进行专业化生产分工的选择。他们的研究表明，当国家之间要素禀赋差异较大时，更为可能采用纵向跨国企业的组织形式；而国家之间要素禀赋相似的情况下，横向跨国企业成为更合意的选择。通过对交通成本的分析，他们发现，较高的交通成本增加了横向跨国企业的合意度，相反，如果建立纵向跨国企业并将服务向母国返回出口，则涉及的交通成本相对较低。最后他们指出，考虑到模型的次优本质，跨国企业的创建并不总是能够产生福利增加的结果。

Brainard（1993）发展了一个简单的模型，考察企业如何在建立外国分支机构的固定成本与出口发生的贸易成本之间进行权衡取舍。尽管 Brainard 尽可能地保持其研究结果的对称性，她仍然发现相对于较高的贸易成本而言，建立外国分支机构的固定成本较低，从而使商业存在成为提供服务的最为可能的获选模式。

Markusen 和 Venables（1998）建立了一个两部门、两种产品的一般均衡分析模型，两部门中一部门为完全竞争的市场结构，另一部门表现为双寡头（即一个市场由两个生产者垄断的状态）。双寡头市场结构的出现并非由于行业准入的限制，而是因为该行业面临较高的固定生产成本，同时这两个生产者满足 Cournot 竞争者的假定，即每个生产者都在把对手的产量和定价决策视为给定不变的同时，选择自己的产量水平使自己的利润最大化。这种非合作寡头竞争的均衡就是博弈论中著名的 Cournot 均衡，在这种均衡状态下，双方获得的利润比完全竞争状态高但低于双方合作共谋的利润水平。此外，不考虑产品差异的作用，假定两种产品为同质产品。在该模型中，贸易往来的动力既来自比较优势又源于市场进入。以此模型为基础，他们考察了跨国企业内生创建过程，特别重视市场进入对创建跨国企业的动力，同时揭示交通成本①如何内生决定服务提供的模式。该模型另一主要贡献还在于考察了不同国家在决定跨国企业创建中的非对称作用。一般认为小国的市场规模较小，难以消化足够的产品量以弥补创建跨国企业所需的固定成本，然而 Markusen 和 Venables 的研究发现相对小的国家将因创建跨国企业而获利，而大国则可能遭受损失。这是因为虽然大国的大市场在固定生产成本很高的情况下具有优势，但是跨国企业的生产可能性降低市场容量较大的优势。

Markusen, Rutherford 和 Tarr（2000）扩展了 Markusen（1989a）的生产者服务模型以适用于跨国企业的服务提供模式。在这一扩展模型中，他们设定一个同时生产最终商品和生产者服务的小国，商品和生产者服务的生产都密集使用熟练劳动力，外国跨国企业也运用当地的投入品结合一些进口的要素（例如外国技术人员等）为当地提供服务。

---

① 29 个部门包括 1 个农业部门、1 个采掘业部门、22 个制造业部门和 5 个服务部门。

当地服务与外国服务之间互为不完全替代。同时假定当地的服务提供者无法出口或前往国外创建跨国企业（聪明的读者一定能够领会到这一模型对发展中国家的适用意义）。以上述条件为前提，模型研究发现，由于进口投入品的可获得性，外国跨国企业得以进行当地生产者服务的提供生产，并通过提高当地商品部门的生产效率使得整个经济体赢得更大的整体利益。即便在服务部门，外来人员与当地熟练劳动力展开要素竞争，也仍然会产生上述整体利益提高的结果，这是因为允许外来人员进入生产者服务市场将大大促进商品部门生产效率的提高，继而市场对国内数量劳动力的总体需求也相应提高。换言之，规模效应弥补了替代效应。因此，即便国内服务和进口外国服务在局部均衡下是替代品，但从一般均衡分析的角度看，二者关系又成为互补品。允许外国服务提供者进入本国市场、创建跨国企业还将产生另一个意想不到的结果——改变商品贸易模式：因外国服务提供者的生产者服务而带来的商品生产效率的提高，其提高的程度足以使该国开始出口某些原先需要依靠进口的商品。

四、集聚效应与国际服务贸易

经济地理模型中的集聚（Agglomeration）效应概念主要被用于研究经济活动定位与分布中贸易成本和要素流动的作用，其理论来源根植于 Krugman（1980）和 Either（1982b）的产品差异模型。越来越多的西方学者已经认识到集聚效应在服务贸易领域的应用价值，并围绕这一问题展开研究。

Krugman 和 Venables（1995）建立了一个两国（H 国和 F 国）、两部门（X 部门和 Y 部门，其中 X 部门为经济体中任意一个生产部门，而 Y 部门则是服务部门）的模型，在 Y 部门中，消费者与生产者都非常关注产品（即服务）的多样性和差异性；X 部门的生产者使用 Y 部门产品作为生产者服务投入，同时 X 部门的消费者需要 Y 部门同样的服务用于其消费。假定最初两国的生产条件和要素禀赋完全相同，两国的产量也基本相同，由于过高的贸易成本两国间几乎不存在贸易往来。为降低贸易成本，X 部门的生产者面临双重方向压力：一方面，它应尽可能地接近目标消费者，以降低贸易成本中的销售成本；另一方面，它又应尽可能地靠近自己偏好的有差别的生产者服务提供者，以减少生产成本。Krugman 和 Venables 的研究发现，随着贸易成本降低到某一特定水平，靠近生产者服务提供商的动机将高于靠近消费者的需要而占据主导地位，从而使 X 部门的生产者倾向于集聚在一国，如 H 国，这种地域层面的集聚又将形成一个自我强化的良性循环——一个更大的 X 部门提高了对生产者服务的国内需求水平，这将进一步降低成本，继而吸引更多的 X 部门生产者，从而在不存在要素流动的情况下形成了一个经济发展的“核心区域”（H 国）和“外围区域”（F 国）。① 考虑到贸易成本的原因，横向比较来看，位于外围地区的消费者境况不如核心地区的消费者；而从纵向进行

---

① GTAP 模型是位于美国 Perdue 大学农业经济系的世界贸易分析中心（Center for Global Trade Analysis）主持的大型科研项目。其数据库收纳了全球 87 个国家（地区）57 个具体部门的宏观经济数据，包括不同地区间的双边贸易、保护和交通数据，以及单个国家（地区）的投入—产出数据，是一个全球性的跨国家（地区）、跨部门的综合数据库，为众多学者和机构的实证研究提供较为可靠而全面的数据来源。

比较，外围地区的消费者在贸易之前的境况似乎更好些，贸易使他们的福利遭受了一定损失。应该明确，正是因为贸易自由化程度不高，才会产生损害外围地区（F 国）利益的结果。随着贸易自由化进程的推进，最终 F 国生产者服务的购买成本将低于 H 国。至贸易完全自由化时，核心地区和外围地区的差别将彻底消除，同时两国都因贸易而获得福利改善。此外，这一模型认为，允许按照不同模式提供服务（如采用商业存在模式）将降低外围地区所面临的不利因素影响。

Markusen 和 Venables（2000）的研究堪称综合运用各种研究方法的突破性尝试。他们综合运用了 Helpman/Krugman 基于产品差异理论的行业内贸易模型和跨国企业内生理论，探讨要素流动情况下集聚效应发生的可能性。在这一模型中，国家大小与要素相对丰裕程度之间的相互作用决定了各国的比较优势。当交通成本和其他贸易成本较低、所有要素都可流动时，则一国内可能集聚所有生产要素。如果只有资本要素是自由流动的，则倾向于形成部分集聚。如果各个国家之间的资本/劳动力比率和市场规模大致相似，则资本流向某国的同时还将伴随着一些生产者服务的转入，这些流入的生产者服务增加了服务产品的多样性，降低了流入所在地的生产者服务价格。这意味着该国资本要素的实际报酬提高了，这一结果将鼓励更多的资本流入。当资本流入量达到一定水平时，因当地竞争加剧而使资本要素的名义报酬被迫降低的负面效应可能相当于因生产者服务品种增加、价格降低而带来的收益相当。这种临界状态就是一个稳定的均衡状态。这一模型得出的集聚结果仅在交通成本和其他贸易成本较低时成立，这表明不包括跨国企业自由进入市场或自然人自由流动的服务贸易自由化将增加服务行业特定要素的集聚倾向。最后，Markusen 和 Venables 认为，允许创建跨国企业将降低集聚的倾向，因为跨国企业增加了小国对资本的需求，提高资本要素在小国的回报，从而减少了与大国在要素价格方面的差异。

第三节　服务贸易壁垒规模与经济效应测量：文献回顾

由于服务贸易在跨国界移动时是以人员、资本、服务产品、信息等的流动表现出来的，一般不进行海关登记，故利用关税和配额等边境措施保护本国的服务业不受外来冲击未必有效，因此，国内规制（Domestic Regualtion）成为一国管理服务贸易的主要手段和工具，并且这种非关税贸易壁垒表现出种类繁多、隐蔽性强的特点。一旦这些规章、制度或政策客观上具有限制外国服务和服务提供者的保护效应，将成为国际服务贸易发展的障碍，即服务贸易壁垒。

一、服务贸易壁垒的定义

Hardin 和 Holmes（1997）将阻碍表现为商业存在的国际直接投资的壁垒定义为“任何扭曲投资的地点和形式，限制外国投资的水平以及需要通过高成本且费时的监测程序以说服主管当局一具体的外国直接投资项目有利于东道国的国家利益的政策措施均应视作壁垒。”不难看出，该种界定从投资者的角度出发，将任何对投资者和投资项目产生负面影响的措施均视为壁垒。

Warren 和 Findly（1999）从服务贸易的交易过程界定服务贸易壁垒，认为“阻碍服务提供者和消费者通过《服务贸易总协定》规定的四种方式相互接触的政策为国际服务交易障碍”。

PECC（1995）则认为服务贸易障碍（impediments to trade in services）应指“如此一套综合的与服务相关的措施，它们扭曲一经济体中资源的有效配置，包括那些导致贸易和投资增加的措施。”

二、服务贸易壁垒规模的测量

（一）服务贸易壁垒的分类

总体来看，国外文献对服务贸易壁垒的分类依据可以大致总结为以下几种：其一，壁垒的限制程度；其二，壁垒的实施方式；其三，壁垒的作用对象和承担者；其四，服务贸易投资方面的限制。

1. 壁垒的限制程度

根据各种措施对服务和服务提供者的限制程度，OECD（2001）分别结合《服务贸易总协定》的四种服务贸易的提供方式，将服务贸易壁垒分为：影响很小或没有、限制和禁止或高度限制。但该种分类仅仅是不同服务贸易措施对市场开放影响的相对比较。依据实际当中具体的使用情况和适用的具体部门，这些措施可能会具有不同的限制程度。如建筑服务中的合作要求，对于会涉及本地特定因素的项目而言，本地合资方的知识可能起到帮助，此时，该要求的限制作用并不大，但是对于其他项目而言，该要求可能就会限制外国投资者（服务提供者）的自由经营。

（1）跨境交付

① 没有或很小的限制作用

服务提供或/和营销的当地注册要求。

雇用当地代理和维持当地专业地址。

② 有限制作用

对营销和提供服务的授权、许可和允许要求。

要求使用垄断和特定说明的网络渠道。

资本、支付的跨境转移和/或为此类交易使用信用卡须经授权许可。

③ 禁止或高度限制作用

完全商业存在要求，要求商业存在但仅授予特定“品名”的实体，为维持当地提供者的服务提供优势而设立的当地合作要求。

禁止资本、支付的跨境转移和/或为此类交易使用信用卡。

（2）境外消费

① 没有或很小的限制作用

以透明、无歧视、易获得的方式要求营销服务的离岸服务提供者当地注册。

② 有限制作用

仅有通过指定的当地合作者才能被许可。

消费者仅能使用垄断或特定说明的网络渠道。

资本、支付的跨境转移和/或为此类交易使用信用卡须经授权许可。

③ 禁止或高度限制作用

仅允许通过在本国具有商业存在的公司或特定“品名”实体。

禁止资本、支付的跨境转移和/或为此类交易使用信用卡。

（3）商业存在

① 投资许可

a. 没有或很小的限制作用

不要求外国投资事前通知、甄别、授权或注册。

对外国和本国投资者统一的通知要求。

通知或报告投资意图后自动同意外国投资。

出于国家安全和国家利益要求对外国投资的自动甄别。

需经基于政策指导原则和整体国家利益考虑的同意，但无需经过经济需求测试或当地参与要求。

在某价值标准之下自动同意，但在固定价值标准之上须经审查和同意。

b. 有限制作用

经营范围受到限制，且小于当地公司

基于经济需求测试和净国家利益的考虑，外国投资须经审批同意，包括对外国公司有关当地就业、技术转移、持续投资等一般或特定、指示性或强制要求外国完全或控股所用权须经审批同意。

c. 禁止或高度限制作用

个案审批同意，外国投资最高额随部门不同或在部门内部变化，且缺少透明和持续的应用审核标准。

不允许外商控股。

不允许收购现有企业全部或部分股份，限制建立新的业务。

经营许可数量配额。

存在垄断或排他性服务提供者以致不允许外国投资建立竞争性公司。

仅有公民或永久居民涉及某些部门或业务，收购国有企业或负责政府合同。

② 外国公司法律形式

a. 没有或很小的限制作用

允许设立子公司、分公司或代表处。

b. 有限制作用

允许设立公司、私人有限公司和子公司，不允许直接设立外国公司的分公司。

对设立分公司存在数量配额和/或地理位置要求。

仅允许独资或合伙经营。

c. 禁止或高度限制作用

仅允许设立合资企业或代表处。

仅允许设立合资有限公司。

仅允许设立出于促销或为总部从事研究工作的目的而设立的代表处。

仅允许设立一种法律形式的企业。

③ 国籍/居留权要求

a. 没有或很小的限制作用

指定为外国公司当地代理的自然人必须为永久居民。

b. 有限制作用

要求首席执行官为东道国公民或居民。

要求超过 50% 的董事为东道国国民或居民。

c. 禁止或高度限制作用

要求所有董事为东道国居民。

要求申领经营许可前需拥有居留权，但没有许可不允许居留。

（4）自然人流动

① 有限制作用

只有通过当地验证才能被视为专业人员或专家，但外国人参加验证受到限制。

只有完成或参加在东道国的进一步培训才能被视为专业人员或专家。

公司内部的人员调动的审批同意需经通常的经济需求测试。

需通过专业人员或专家经验或资格的当地认证，但这些标准模糊、不透明或任意使用带有歧视性。

要求一定比例的外国雇员需配有当地替工以培训或技能转移。

满足一定业绩要求才能公司内部人员调动。

外国公民在高级职位的数量限制或/和东道国国民相对外国公民在每种职位上的特定数量要求。

② 禁止或高度限制作用

仅允许公司内部人员调动，一次运作仅能有两名调动者，义务培训当地员工。

2. 壁垒的实施方式

Hoekman 和 Primo Braga（1997）提出四类服务贸易壁垒的思路：（1）数量方面的限制（Quantitative Restrictions，QRs），具体包括：① 配额（由于服务的无形性和不可储存性，配额作用对象是服务的提供者而非服务本身）；② 本地成分要求；③ 禁止性的规定。（2）价格工具的运用，具体包括：① 针对自然人流动的区别收费标准，如签证费、出入境税与歧视性的航空降落费等；② 涉及公有企业或垄断企业的价格控制；③ 直接或间接的补贴。（3）标准、许可证与程序，通过对外国服务提供者实行另外一套更为严厉或成本更高的制度来达到限制其进入和削弱其竞争力的目的。（4）对使用分销网络与基础设施的歧视性规定，该类壁垒常见于通讯、航空运输、广告、保险和分销渠道。

3. 壁垒的作用对象和承担者

具体而言，这类依据将服务贸易壁垒按照以下思路进行划分：（1）服务产品移动的壁垒，主要指政府针对服务产品的数量、价格、质量乃至知识产权保护等方面而设定限制措施，这些措施类似于货物产品的诸如配额、检验检疫等非关税壁垒。如对电信技术或跨国界的电信和数据传输的限制，同时也影响产品的移动和消费者的购买。加拿大、瑞士都禁止在本国应用国外处理的数据，限制外国广告或数据通信的进口，这使外国厂商难于在当地市场促进对消费者、机构和第三国的服务贸易。（2）资本移动的壁垒，这类壁垒主要作用于服务贸易的国际结算方面。考虑到大多数服务贸易的生产消费同步性和非存储性，商业存在方式在服务贸易四种提供方式中的地位日益重要，从而使国际直接投资成为必然。这更涉及外汇兑换和汇入、汇出的问题。显然，外汇管制、投资收益汇出限制限制服务贸易的发展。（3）人员移动的壁垒，国际服务贸易的进行通常离不开人员的跨国界流动。特别是对于商业存在、跨境消费和自然人流动，服务提供者或消费者的跨国界移动更是交易完成不可或缺的一部分。各种形式的人员跨国移动限制对国际服务贸易产生严重的负面影响。对劳动力流动的任何限制都可能使外国服务提供商无法及时雇用合格的工作人员。消费者本国的护照申请管理和外国的签证管制均有可能耗费大量物力、财力，导致境外消费的需求减弱。（4）服务提供者开业的壁垒，东道国对外国服务提供企业开业权的限制构成国际服务贸易发展的最大障碍。即使允许外国投资者设立机构，但在机构位置、出资比例和形式、人员构成等方面均有可能受到限制。

表 7.3.1　　四类服务贸易壁垒

	贸易		投资	
	跨境政策	国内政策	国外收入	第三国
产品流动	市场准入、当地购买、远程信息处理技术、政府活动[a]、技术标准、收费/税收、知识产权	远程信息处理技术[b]	市场准入、当地购买、远程信息处理技术、政府活动、技术标准、收费/税收、知识产权	市场准入、当地购买、远程信息处理技术、政府活动、技术标准
资本流动	汇兑限制	汇兑限制	汇兑限制、利润汇回	汇兑限制、利润汇回
人员流动劳动力消费者	工作许可、认可与执照要求、经济与其他劳动力市场需要测试、国籍与居民身份要求、工资对等要求	签证及有关程序、出境税	工作许可、雇员与管理限制	工作许可、签证及有关程序、出境税
服务提供者开业			开业权、生产投入品的可获性	开业权、生产投入品的可获性

说明：a. 包括但不限于补贴、倾销、采购、垄断等实践和规制

b. 在消费者母国境内

资料来源：Rashmi Banga（2005，p8）

此外，鉴于商业存在服务交易中所占的重要位置，一些研究机构和学者（UNCTAD，1996；Warren 和 Findly，1999）专门对投资壁垒进行划分。通常，投资壁垒影响的主要方面为：准入和开业、所有权以及控制以及经营（见表 7.3.2）。

表 7.3.2 对外直接投资壁垒

准入和开业限制	禁止某些领域的外国投资 特定部门、行业或活动领域外国企业准入或开业数量限制 投资的特定法律形式 最低投资数额 追加投资或利润再投资要求 投资区域限制 准入税费
所有权和控制限制	强制性合资 外国董事国籍和数量限制 一名或数名董事会成员政府指定权 某些决策需政府同意 外国持股人权利限制 强制逐步退出要求
经营限制	业绩要求 当地成分限制 劳动力、资本及原材料进口限制 经营性许可和特许 最高技术使用费限制 资本和利润汇出限制

资料来源：UNCTAD（1996）

（二）服务贸易壁垒规模的测量

1. 频率指标

（1）Hoekman 方法

Hoekman（1995）首先使用频率比率（Frequency Ratio）来衡量服务贸易在国别间和部门间市场准入壁垒限制的相对程度。确切地说，频率比率衡量的是各国关于 GATS 承诺的自由化程度和范围。按照承诺内容将“开放/约束因子（Openness/Binding Factors）”分为三个等级：如果就给定部门给定服务提供方式承诺无限制，则取分值为 1；若就给定部门给定服务提供方式不做承诺，则取分值为 0；如果就给定部门给定服务提供方式列明限制规定，则取分值为 0.5。由于根据 GATS 分类表，服务部门共计 155 个，每个部门按照 4 种提供方式计算，则每个成员面临总计 620（155 ×4）项承诺总数与开放/约束因子。在此基础上，Hoekman 按照三种方法计算频率比率：第 1 种方法——将单个成员关于 GATS 进度表的承诺数量除以最大可能的 620 项承诺总数；第 2 种方法——将每项承诺以其开放/约束因子为权数的加权和除以承诺总数最大值（620×1=620）；第3种方法——将“无限制”承诺数量除以该成员总承诺，或“无限制”承诺数量相对于155个部门的比率。将（1－频率比率）则可得到限制指数（Index of Restrictiveness）用于考察服务壁垒的限制程度。

（2）衡量FDI限制政策的频率指标

Hardin和Holmes（1997）选取针对服务FDI（即侧重于方式3）的限制政策进行讨论，他们使用实际FDI限制信息并结合各类壁垒及其经济影响分配以不同的权数（详见表7.3.3），其目的在于建立可以转化为关税等值或税收等值的FDI限制指数。结合表7.3.4可以看出他们赋予外国资本限制以更高的权数。

表7.3.3 FDI限制指数的组成

限制的类型	权数
对所有企业的外国股份限制	
禁止外国股份参与	1.0
外国股份不得超过50%	0.5
外国股份的准许范围在50%～100%区间	0.25
对现有（不含新建）企业的外国股份限制	
禁止外国股份进入	0.5
外国股份不得超过50%	0.25
外国股份的准许范围在50%～100%区间	0.125
筛选与批准	
投资者需要提供净经济收益的证明	0.1
只要不违背民族利益就能获准	0.075
公告（事先或事后）	0.05
控制与管理限制	
所有企业	0.2
现有企业，且不包含新建企业	0.1
投入与经营的限制	
所有企业	0.2
现有企业，且不包含新建企业	0.1

说明：权数取值范围在0～1之间，取值越低表示受限制的程度越低。

资料来源：Hardin和Holmes（1997，p.76）。

（3）澳大利亚贸易限制指数

来自澳大利亚生产力委员会和澳大利亚国立大学的研究团队（以Warren，McGuire，Kalirajan，Findlay等为代表）建立了一套较Hoekman方法更为复杂的频率指标。他们从各种来源汇集关于服务贸易与投资实际限制的资料，而不是仅仅依靠各国关于GATS的承诺进度表的书面材料，根据对限制政策的经济效率成本的主观判断，将各项限制政策进行归类并分配以一定的分值，同时给予每一种类型一个权数数值，最后将这些分值与权数汇总计算得出贸易限制指数。为考察服务贸易壁垒的不同侧面，可以存在多重贸易限制指数。例如，针对外国服务提供者的外国限制指数和针对所有服务提供者的国内限制指数。一般来说，外国限制指数高于国内限制指数，因为国内限制指数只包含关于市场准入的信息，而外国限制指数还考虑了国民待遇的实施情况。

表 7.3.4 澳大利亚生产率委员会研究小组关于服务贸易壁垒频度工具的构造

<table>
<tr><th>研究</th><th>部门</th><th>主要数据库来源</th><th>计算方法</th></tr>
<tr><td>Warren（2001a）</td><td>电信</td><td>国际电信联盟（ITU）所做一项调查</td><td rowspan="7">多步加权/评分法：
（1）把各种部门限制或部门分为几类，根据其对部门经济影响的主观判断分配一个权数；（2）根据限制的不同程度给每类限制记分，并按 4 种服务提供模式和/或两类限制（市场准入与国民待遇）加以区分；（3）根据上述分值和权数计算国家/部门贸易限制性指数</td></tr>
<tr><td>McGuire 和 Schuele（2001）</td><td>银行</td><td>GATS 承诺时间表；WTO 贸易政策评述；APEC 单边行动计划</td></tr>
<tr><td>McGuire 等（2001）</td><td>海运</td><td>WTO 所做一项问卷调查（NGMTS，1994）；GATS 承诺时间表；WTO 贸易政策评述</td></tr>
<tr><td>Kemp（2001）</td><td>教育</td><td>GATS 承诺时间表</td></tr>
<tr><td>Kalirajan（2000）</td><td>分销</td><td>GATS 承诺时间表；WTO 贸易政策评述；OECD 出版物；贸易报告数据库</td></tr>
<tr><td>Nguyen-Hong（2000）</td><td>专业服务（法律/会计/建筑设计和建筑工程）</td><td>OECD 影响专业服务贸易的措施目录；WTO 关于会计服务部门限制的问卷调查；APEC 专业服务指南；ILSAC 法律服务国家简介</td></tr>
</table>

资料来源：转引自俞灵燕，“服务贸易壁垒及其影响的量度：国外研究的一个综述”，《世界经济》2005.4.

此外，还有一些研究对频度工具做了改进。Marko（1998）用 Hoekman 法和澳大利亚法分别对 69 个协议成员和 15 个成员小组分 4 种提供模式和两类限制（市场准入与国民待遇）计算了两组评估 WTO 基础电信服务协议的指数。Claessens 和 Glaessner（1998）对 8 个亚洲经济体分别计算了金融服务实际限制与 GATS 承诺的“开放度指数”。Mattoo（1998）计算了量度 GATS 金融服务协议成员国的“自由化指数”，其方法类似于 Hoekman 法，但给不同提供模式分配了权数，特别是为商业存在模式设计了更具体评分系统的加权/评分系统。Colecchia（2001）为专业服务构造的频度工具与澳大利亚法类似，但其限制性指数不是分值的简单加权平均，而是一种离差，即加权平均值与“在某种制度目标（例如消费者保护、机密性和责任性）下各国通常采用的水平”

的“基准保护/开放水平”的差，从而使得跨部门指标更具有可比性，并可加总为一个总贸易限制性指数。

2. 价格指标

如果国内外服务价格的差异不是由于现有企业的沉没成本和阻碍新企业进入策略等因素造成的，而主要来源于政府设定的各项壁垒，则可以将国内外差价的百分比视为关税。这种价格楔子（Price Wedge）可以通过计量方法进行计算，也可以将服务壁垒的数量指标结合供求弹性信息推算得出。

Gonenc 和 Nicoletti（2001）认为如果能够获得特定国家或部门的限制指数以及价格数据，使用这些价格数据的经济决定因素，则可以构建一个模型对这些变量加以解释说明，将限制指数作为一项解释变量被包括在方程中，则该指数的估测系数可以用于衡量贸易限制对价格的影响。用方程表示为：

$$p = \alpha + \beta BRI + \gamma E + \varepsilon$$

其中，p 代表某国（地区）某项服务的价格，BRI 代表该服务的限制指数，E 是影响价格的环境变量向量（包括市场结构、政府管制与消费者偏好等等），α，β 和 γ 是需要估测的系数，而 ε 则是正常扰动项。方程中的价格变量 p 将表现出该项服务的具体特点，例如，对于国际航空服务而言，将需要对距离和其他特定路线变量作单独的回归分析。假定预测的价格不受某一特定服务贸易限制的影响，则系数 β 可衡量当限制指数由 0 上升为 1 时，该项服务价格增加的百分比。运用这一计量经济模型方法，Gonenc 和 Nicoletti（2001）对 13 个 OECD 国家的限制影响进行估测，之后，Doove 等（2001）拓展该模型的数据库，对非 OECD 国家的情况进行了考察。

3. 数量指标

服务壁垒数量测量指标用于衡量服务贸易壁垒对贸易数量的影响，因此需要对决定贸易量的因素进行分析与考察，这其中包括服务贸易限制指数。根据现有文献资料，可将数量测量指标的确定方法分为以下几种：

（1）引力模型估测方法

引力模型（Gravity Model）认为相当部分的国际贸易是由贸易伙伴国（地区）之间的相对大小和距离远近决定的，即贸易量与贸易双方的收入成正比，与贸易双方的距离成反比。

Francois（1999）针对美国及其主要贸易伙伴国（地区），以中国香港和新加坡作为自由贸易的标准，建立了一个双边服务贸易引力模型。自变量包括贸易伙伴之间的距离、双方的人均收入、GDP 和一个西半球的虚拟变量（Dummy Variables）。实际进口和预期进口之间的差异（即残差）可用于表示非关税壁垒（Non-Tariff Barriers，NTBs）的规模，继而将这些残差按照中国香港和新加坡的自由贸易基准进行标准化，最后，结合预先假定的 -4 的需求弹性，就能够估测出相应的关税等值。

（2）线性回归方法

Warren（2001b）使用计量经济模型分析贸易和投资壁垒对 136 个国家和地区的电讯服务（主要是移动电话和固定网络服务）消费数量的影响。模型以人均收入、网络质量、等候列表、家庭密度、人口密度和贸易投资壁垒为自变量，用 Warren（2001a）中频率指标来表示贸易投资壁垒。

Warren 关于移动通讯服务的数量估测方程如下所示：

$$Q_i^m = \alpha + \beta_1 Y_i + \beta_2 Y_i^2 + \beta_3 PD_i + \beta_4 [P_i^m] + \varepsilon$$

对于每个经济体 i 而言，Q_i^m 表示每 100 个居民拥有移动电话的数量，Y_i 表示人均 GDP，PD_i 表示人口密度，$[P_i^m]$ 是一个政策变量，包含了基于市场结构信息得出的市场准入程度和相关的贸易与投资指数。将该回归模型的结果与电讯服务需求价格弹性的估测相结合，则能够得出以价格楔子为表现形式的关税等值，实现数量指标与价格指标的互换。

4. 财务指标

Francois 和 Hoekman（1999）认为，以总销售收入扣除总成本后的差额占总收入的比重来表示的企业经营毛利润率（Gross Operating Margin）可以作为衡量服务壁垒的指标。虽然企业的利润水平取决于很多经济与制度因素，如市场规模、竞争政策实施状况、产品替代性、固定成本等等，但是由于使用的是不同国家不同部门的相对利润水平，因此这些数据也能够对单个国家或地区现存壁垒的相对规模提供启示。从这一思路出发，Hoekman（2000）运用股票市场中上市公司 1994 - 1996 年的财务数据，按照国别和部门（分部分）核算出相应的经营毛利润水平①，其研究发现，从部门角度看，服务业总体利润水平高于制造业 10%~15%，同时在服务业内部，旅店业和金融服务业的利润水平高于批发零售业；从国家（地区）角度来看，贸易自由化程度较高的中国香港和新加坡的服务业利润水平最低（大约 20% 左右），而智利、印尼、泰国、中国和美国的相应数据都超过 40%，这些结果再次论证了其的观点——不同国家（地区）给定部门的相对利润水平与壁垒水平存在一定的正相关联系。仍然沿用国家与部门的两条主线，Hoekman 提出将利润水平转化为服务壁垒指标的两种途径：选取自由化程度较高的国家（地区）的平均利润水平为基准，比照其他国家的相应数据，确定贸易自由化程度或壁垒保护程度；另一种方法则是选取制造业的利润水平作为参照物，与服务业的利润水平进行对比。由上可以看出，财务指标是一种特殊的价格指标。

三、国际服务贸易自由化经济效应的测量

（一）局部均衡分析

使用局部均衡的方法研究服务贸易自由化对各部门的影响，仅需注意单个服务部门或单个服务市场的福利变化，例如，Johnson 等（2001）关于国际航空服务自由化效应的估测基于如下假设：（1）不同航空公司之间提供的服务为非完全替代关系；（2）市场结构处于寡头垄断；（3）航空公司根据利润最大化原则决定服务价格与飞行次数；（4）消费者在进行消费决策时同时关注价格和旅行的非价格属性。Johnson 等（2001）

① “外包”一词自 1989 年 7 月开始，经常被首席执行官们提及；“核心竞争力”一词，则首次出现在 1990 年《哈佛商业评论》发表的《企业核心竞争力》一文中（Gary Hamel and C. K. Pralahad，1990）。

研究模型对四国（地区）（澳大利亚、中国、中国香港和日本）之间建立开放俱乐部联盟并在其范围内实行国际航空服务自由化的效应进行模拟与考察，测量消费者剩余、航空公司利润及二者的前后变化，其研究结果（参见表 7.3.5）表明，由于贸易自由化，消费者剩余增加，厂商利润减少，俱乐部成员的整体经济福利增加，但是非成员的整体福利减少。

表 7.3.5　　四国（地区）建立航空联盟的福利变化

百万澳元

	情况 1*	情况 2**	情况 3***
俱乐部成员			
生产总利润	-38.4	15.6	-30.4
消费者剩余	291.6	152.1	73.2
经济福利影响	253.2	167.6	42.8
非俱乐部成员			
生产总利润	-29.7	-24.7	-4.3
消费者剩余	23.4	24.3	-0.3
经济福利影响	-6.3	-0.4	-4.6

附注：情况 1* 表示俱乐部成员的航空公司不受任何经营限制，可以实现效率最高标准的生产能力；情况 2**表示俱乐部成员的航空公司可以自由进入联盟内部的飞行市场；情况 3***表示上述两种情况同时发生，即允许俱乐部成员的航空公司在联盟内部自由进入新市场并建立新航线网络。

资料来源：Johnson 等（2001）表 8.9。

尽管局部均衡分析具有数据要求较少、能够结合单个服务市场具体情况、分析较为明确等优点，但是考虑到各服务部门在资本、劳动力、价格等因素上的相互关联，单个服务部门自由化的影响对其他服务部门具有溢出效应（Spillover Effect），因此，在考察服务贸易自由化的总体效应过程中有必要引入一般均衡分析。

（二）一般均衡分析

对服务贸易壁垒经济效应测量的一般均衡分析通常采用对国际贸易理论模型的校准与模拟的方法进行。首先，基于经济理论，建立一般均衡或局部均衡模型，以反映消费者、生产者和政府三者之间的联系；其次，为系统参数取值，上文中介绍的各种服务壁垒规模测量指标可为本阶段模型相关参数取值提供参考与借鉴，例如，Hoekman（1995）的关税等值数据被应用于多项研究中；最后，将经过校准的模型用于模拟贸易自由化效应（需要对自由化进行量化表示，例如定义为将所有壁垒水平降低 20%），则贸易壁垒的效应可以通过比较现实中实际状态与模拟的自由贸易均衡状态来计算得出。

1. 可计算一般均衡模型：基于模型框架的文献回顾

在现有的一般均衡分析文献中，Michigan 世界贸易与生产模型（Michigan Model of World Trade and Production，以下简称 Michigan CGE 模型）和澳大利亚 Foreign-Investment and Trade Analysis Project（FTAP 模型）是分析国际服务贸易自由化效应的最具代表性的一般均衡模型。

（1）Michigan CGE 模型

Michigan CGE 模型框架首先于 20 世纪 70 年代中期由 Deardorff 与 Stern 在基于完全竞争与来源国产品差异的假设对 34 个国家、29 个部门①进行 CGE 模型分析发展而成（Deardorff 与 Stern，1986，1990）。之后，在 Brown 和 Stern（1989）创建美加模型的基础上，CGE 模型进一步引入了垄断竞争、规模报酬递增、企业而非来源国的产品差异等假设。Michigan CGE 模型原本用于测算多边或区域货物贸易自由化的部门效应或其他效应，近年来被扩展运用于服务贸易分析（Brown，Deardorff and Stern，1995；Brown and Stern，2000；Deardorff and Stern，2003）。市场结构与行业结构在 Michigan CGE 模型中具有重要的作用，二者的组合可以分为产地来源国产品差异下的完全竞争和企业层面产品差异下的垄断竞争两种情况，特别是后者更是 Michigan CGE 模型研究分析的重点。

① Michgan CGE 模型的基本框架

Michigan CGE 模型以标准垄断竞争模型框架为基础。众所周知，由 Dixit 和 Stiglitz（1977）首先创立，后经 Krugman（1979，1985）引入贸易理论的标准垄断竞争模型采用的效用函数为：

$$U = \left(\sum_{i=1}^{n} c_i^{\rho} \right)^{1/\rho} \tag{7.3.1}$$

其中，$\rho=(\sigma-1)/\sigma\ (0<\rho<1)$，$\sigma$ 是每个不同企业 i 生产的某一产品（货物或服务）n 项种类之间的替代弹性，$\sigma>1$；每个企业产品的消费水平为 c_i。

成本函数包括固定成本和线性可变成本，表示为：

$$C = C_0 + cx \tag{7.3.2}$$

其中，x 是代表企业的产量。

对于给定的 n 个企业，在 Cournot 竞争下每个企业都面临相同的需求弹性（取正值）：

$$\eta \equiv -\frac{p}{x}\frac{\mathrm{d}x}{\mathrm{d}p} = \sigma - \frac{(\sigma-1)}{n} \tag{7.3.3}$$

按照利润最大化原则确定的价格与边际成本的关系为：

$$p = \left(\frac{\eta}{\eta-1} \right) c \tag{7.3.4}$$

最后，由于假定不存在进入和退出壁垒，企业个数 n 不断地调整直至利润为零，这时 $p=C/x$，结合（7.3.2）可以得到：

$$x = \frac{C_0}{c}(\eta-1) \tag{7.3.5}$$

由于假设各个企业都以相同地价格出售自己的产品，则消费者对该产品的总需求在

① Hummel, ect. (1998).

各个企业产品间平均分配，即 $c_i = c$，则（7.3.1）可以改写为：

$$U = (nc^{\rho})^{1/\rho} = n^{\left(\frac{1-\rho}{\rho}\right)}(nc) \tag{7.3.6}$$

② Michgan CGE 模型的修正

Brown，Deardorff 和 Stern（BDS）（1995）首先将 Michigan CGE 模型应用于对服务贸易的分析。该 Michigan CGE 模型通过打破标准垄断竞争模型中的若干联系纽带，增加额外的参数和改变假设条件来模拟与调整产品差异和规模经济在更为复杂的服务贸易领域的作用。

首先在（7.3.6）中增加参数 ν，使产品差异对效用的影响独立于产品间的替代弹性，则（7.3.1）中的效用函数被修改为：

$$U = n^{\frac{(\nu-1)(1-\rho)}{\rho}}\left(\sum_{i=1}^{n} c_i^{\rho}\right)^{\frac{1}{\rho}} = n^{\nu\left(\frac{(1-\rho)}{\rho}\right)}(nc) \tag{7.3.7}$$

当 $\nu = 0$ 时，产品差异效应完全消除；当 $\nu = 1$ 时，则完全等同于 Dixit-Stiglitz 公式。

其次，将 Dixit-Stiglitz 公式中规模经济程度（以平均成本高出边际成本的差额进行衡量）与需求弹性和替代弹性之间的联系打破，考察服务部门不存在规模经济而保持不完全竞争的状况。这就要求对关于自由进出行业的假设进行修改，使企业数量变化与行业产量变化相一致，每个企业的产量都保持不变，从而免除了成本变化可能带来的规模效应。由于关于 Cournot 寡头定价的假设不变，因此行业仍然处于不完全竞争状态。

③ Michgan CGE 模型的其他隐含假设条件

- 充分就业——每个经济体的总体就业水平都保持不变，贸易自由化的效应不改变各个经济体的总体就业率。模型关注的是因贸易自由化而产生的供求方面的微观影响，这些微观层面的相互作用将决定一个经济体内部门间的就业结构组成。
- 平衡贸易——贸易壁垒的变化并不改变经济体的总体贸易状况。
- 收入与租金——类似于其他收入，关税收入在征税国内的消费者中间进行再分配。同样，来源于服务的非关税壁垒或关税等值的租金也在进口国内进行再分配。这个假设条件意味着，随着关税和关税等值的下降，可用于购买进口的收入与进口品价格一起降低，并不产生需求膨胀或收缩的结果。
- 固定的相对工资水平——每个经济体的绝对工资水平可以不断调整以保持充分就业的状态，但是经济体内各个部门间的相对工资水平固定不变。
- 固定的劳动力供给——假定各个经济体的劳动力总供给固定不变，且劳动力无法跨国界流动。

（2）澳大利亚 FTAP 模型

以 Dee 和 Hanslow（2000）为代表的澳大利亚 FTAP 模型实质是对服务贸易领域中商业存在模式即外国直接投资进行考察的 Global Trade Analysis Project（GTAP 模型）①。

---

① ［英］亚当·斯密．国民财富的性质和原因的研究：上卷．北京：商务印书馆，1972：8.

FTAP 对 FDI 的处理借鉴了 Petri（1997）始创性研究成果，同时在所有部门结合规模报酬递增和垄断竞争的情况进行考察。

① FTAP 模型的理论框架

FTAP 采用标准的 GTAP 框架，首先对经济活动的所在地（Location）进行描述，然后按照所有权（Ownership）对其进行分解，即所在地优于所有权。从需求角度看，消费者遵循三阶段预算程序：最初必须根据所在地，在国内和外国产品或服务之间进行选择，这时，不同产品（服务）之间的不变替代弹性（Constant Elasticity of Substitution，CES）为 5；其次选择特定的外国所在地，在某个特定的所在地范围内选择所有权类型，二者的 CES 为 10；最后，消费者在特定所在地下的特定所有权类型中选择某个个别企业的产品（服务），这时的 CES 则为 15。FTAP 使用的这种需求结构与 GTAP 完全相同，但是 FTAP 模型中各个阶段不同产品（服务）之间的 CES 是 GTAP 中的两倍，这是因为 GTAP 模型中的 Armington 替代弹性反映的是产地国层面的产品差异，而更高的 CES 可以反映 FTAP 模型中企业水平的产品差异。从 FDI 供给来看，投资者的投资决策也遵循一定的程序：首先投资者在自己的居民国将自身的财富按照不同形式（如金融资产、实物资本、土地和自然资源）进行组合（这时不变转换弹性（Constant Elasticity of Transformation，CET）为 1）；其次选择投资的具体行业或部门（这时的 CET 为 1.2）；再次给定具体投资行业部门，投资者选择在境内或境外进行投资（该阶段的 CET 为 1.3）；最后，对于境外投资则面临选择特定地区的问题（这时的 CET 为 1.4）。供给角度下不同类型财富之间的不完全转换主要体现了投资决策过程中不同程度的风险规避和不完全信息。

② FTAP 模型的数据库

最初由 Verikios 和 Hanslow（1999）提供的 FTAP 数据库不是标准的 GTAP 数据库，而是 GTAP 数据库的更新，因为它包括了乌拉圭回合协议下仍需进一步取消的各项贸易和投资壁垒手段。对 FDI 的处理需要额外使用双边 FDI 存量与 FDI 企业的成本和销售结构数据，对此，APEC（1995）和 United Nation（1994）提供了关于 FDI 存量来源、目的地与部门的部分数据。继而，FDI 存量数据反过来被用于测算 FDI 企业的产出水平。通过将 FDI 存量与报酬率相乘来测算资本收入流。然后利用 GTAP 数据库中的资本租金与产出比率，可以将资本租金加总测算出 FDI 企业的产出估计值。

③ FTAP 模型的主要结论

Dee，Hanslow 和 Phamduc（2000）是使用 FTAP 模型考察服务贸易壁垒经济影响的重要阶段性成果，其研究范围包括价格效应、收入效应、产出效应与总体福利分析。

如前所述，服务贸易壁垒的价格效应表现为两种形式，一是产生租金收入（超额利润）（Rent-generating），二是提高成本（Cost-raising）。Dee，Hanslow 和 Phamduc（2000）认为服务贸易壁垒保护效应主要表现为产生租金收入，因此贸易自由化收益主要表现为“三角形”的配置效率，由于三角形收益小于矩形收益，因此该模型倾向于相对低估服务贸易自由化收益。

就收入效应而言，研究的目的在于分析，取消服务贸易壁垒产生的这些租金收入究竟应该由现有企业保有，还是通过税收的形式划拨给政府，还是通过转让定价或其他机制由一国转移给另一国。在 FTAP 模型中，如果所在地区的政府按照一般财产所得税率对这些租金征税，那么出口的租金收入（利润）被视为由销售地区创造，而 FDI 的租金则是由所有权地区创造产生。因此，服务贸易自由化对母国和东道国都具有显著的收入效应。

2. 可计算一般均衡模型：基于实证结论的文献回顾

（1）使用 Hoekman（1995）频度指标

Brown et al.（1996）模拟了服务贸易壁垒降低 25%，并假设服务部门存在不完全竞争、存在规模经济和产品的差异性。他们发现，所有的国家从模拟的服务贸易自由化中以年 GDP 增长 0.4%~2.1% 的方式获得了福利的提高。其中欧盟的福利提高的绝对量最大，达 287 亿美元，接着是美国（258 亿美元）和日本（125 亿美元）。但从相对量来看，墨西哥提高最多，达年 GDP 的 2.1%，接着是澳大利亚—新西兰（1.9%）和亚洲新兴工业化国家（1%）。对所有国家来说总的贸易和产出是增加的，但是就贸易条件而言，有的国家改善，而有的国家则恶化。根据模拟的结果，美国、欧盟和亚洲新兴工业化国家的贸易条件由于服务贸易自由化得到了改善，而其他国家的贸易条件却恶化了，但是净福利水平都是提高的。

由于使用的贸易数据不同和对非服务部门自由化政策的假设不同，Chadha（2000）得到的结果显示的经济效应比较大。他采用的服务贸易壁垒的估计与模型的框架与 Brown et al.（1996）一样，也是模拟服务贸易壁垒降低 25%。由于他的影响分析是针对印度、南亚其他地区、东盟和发达国家地区，所以分析的结果更有利于发达国家与发展中国家之间的比较。Chadha（2000）发现：服务贸易自由化不仅使服务部门获益，而且使其他部门也获益；发展中国家获得的福利提高的百分比比发达国家高；服务贸易自由化获得的收益比货物贸易自由化高；如果伴随着农业部门和制造业部门贸易自由化，服务贸易自由化获得的收益会更高。

Chadha, Brown, Deardorff 和 Stern（2000）根据类似的假设做了进一步的研究。他们深化了多边自由化的数量分析，估计了乌拉圭回合贸易谈判对 2005 年的影响。他们假设服务贸易壁垒关税等值降低三分之一，发现服务贸易自由化的潜在收益是矿物和制造业自由化的 5 倍，占总收益 8 356 亿美元的 82%。发达国家将获得 5 508 亿美元的收益，是服务贸易自由化总收益 6 879 亿美元的 80%。他们以印度为例考察了单边自由化的预期收益，发现虽然单边自由化可以获得收益，但是多边自由化的收益更大，且劳动和资本的回报率也更高。

堪培拉（澳大利亚之首都）国际经济研究中心也主持了一些这方面的研究，他们采用 GTAP 分析框架和动态的 APG-Cubed 模型。他们的研究成果编辑在 Australian Department for Foreign Affairs and Trade（1999）。他们的研究估计货物和服务贸易壁垒减半可使全球获得的收益超过 4 000 亿美元。其中由于服务贸易自由化获得的收益达 2 500 亿美元，占 60%。收益来源于服务部门生产力的提高。根据他们的研究，这些收益将集中在几个大的经济体，如欧盟、北美和日本。当然所有的参与国都会获益，且这些收益将根据 GDP 的比例均匀地分摊在各参与国。虽然这样计算出来的贸易收益并不是很大，因为每个国家从本国产品或服务的消费都会发生变动。然而他们的研究引入了服务部门改革的动态效应。他们应用动态的 APG-Cubed 模型计算相同的贸易壁垒消除量，收益取决于自由化的速度。研究结果发现，如果从 2004 年开始同样用五年时间消除壁垒，则从 2008 年开始，将获得额外的 6 000 亿美元收益；而如果用十年的时间消除壁垒，将使这些收益推迟到 2013 年。

Robinson et al.（1999）不仅分析了通过服务贸易、中间品投入、资本货物传递的技术外在性的实证意义，还将服务贸易变化的影响扩展到技术变化的影响和壁垒变化的影响。他们分析发现，服务贸易自由化，比如服务贸易壁垒降低 50%，将使全球获得的收益为年 GDP 的 1.05%。他们还发现服务贸易壁垒降低 50% 获得的收益是非服务部门贸易壁垒降低 50% 获得的收益的五倍。制造部门贸易壁垒 100% 的消除获得的收益比服务贸易壁垒消除 50% 获得的收益还少。当考虑了由于进口技术含量高的服务而获得的生产力的提高，福利的提高就更加显著了。全要素生产力的增长可以使福利成倍以上地增长。这种现象在发展中国家更显著。

McKibbin 和 Wilcoxen（1996）及 Kawai 和 Urata（1998）的研究也引进了全要素生产力。McKibbin 和 Wilcoxen 不是直接探讨服务贸易和投资自由化的影响，而是分析服务贸易自由化引起的服务部门的生产力的增长如何提高其他经济部门的资本回报率。他们认为服务部门生产力的提高对 GDP 的影响很大，因为服务部门的产值在 GDP 中占有很大比重，而且与其他经济部门具有紧密的联系。生产力的提高，服务部门投资回报率的提高，吸引外资流入。资本的流入导致汇率的升值，从而提高出口的价格，降低进口的价格，进而会恶化整体的贸易余额，减少部分部门的产出。Kawai 和 Urata 使用单一国家的模型，估计了日本的规则成本。虽然这个模型指的服务不是参与国际贸易的服务，但是他们分析了由于规则的放宽，服务部门的自由化带来的生产力的改善和价格的变化产生的影响。他们发现通过外生的原因使全要素生产力提高 10% 会导致价格水平的下降和实际 GDP 增长 5% 以上。通过日本与美国服务部门全要素生产力水平差距缩小一半，日本的实际 GDP 增长可超过 9%。这些研究表明在考察服务贸易和服务部门制度的改革产生的影响时，全要素生产力是一个很重要的因素。

Petri（1997）的研究首先把 FDI 引入服务部门，但他使用的服务贸易壁垒的度量仍然只是 Hoekman（1995）采用频度法估计的。Petri（1997）是第一个使用可计算的一般均衡方法分析服务部门中的投资问题的。他把国外直接投资引入了模型中，区分了内资企业和外资企业。产品根据所有权和产地进行归类。资本的在内资企业和外资企业间不同部门的配置是根据投资回报率和投资者的偏好进行的。FDI 的壁垒是引用 Hoekman（1995）估计的，并作为 FDI 利润的税收引入模型。Petri 只考察了货物部门的贸易自由化和服务部门 FDI 自由化，而忽略了其他交易方式的服务贸易的自由化。研究结果显示，当 APEC 所有成员国在最惠国待遇的基础上，把货物和服务贸易的壁垒减半，全球每年将获得 2 600 亿美元的收益。其中发展中国家成员获益的比例最大，因为他们初始壁垒比较高，而且是主要的贸易参与方。如果投资没有自由化，全球的收益将减少 600 亿美元，即总收益的 23%。如果只是 APEC 内的优先自由化，则收益比最惠国待遇基础上的自由化少 590 亿美元。

（2）使用澳大利亚生产力委员会研究小组的贸易限制指标

Dee 和 Hanslow（2000a）把 FDI 的双边协议引入模型中（FTAP 模型）。他们区分了商业存在和其他方式服务贸易的壁垒，但是没有区分市场准入和国民待遇的壁垒。他们对服务贸易壁垒的估计采用的是 Kalirajan et al.（2000）和 Warren（2000b）的研究成果。壁垒的估计在 Dee 和 Hanslow（2000a）的模型中被作为税收等值引入，因此就有经济租。在模型中，经济租中减去企业所在地的政府征收的财产税后，产出的经济租归销售方所有，资本的经济租归所有权所在地所有，因此服务贸易壁垒产生的经济租一部分以财产税的形式留在企业所在地，而剩下的归所有权所在地所有。因为经济租的消除，所以服务贸易自由化对母国和东道国都有显著的收入效应。Dee 和 Hanslow 发现服务贸易自由化可以给全球带来 1 300 亿美元的收益，货物贸易自由化带来的收益也是 1 300 亿美元。如果两种自由化结合起来，总收益就是 2 600 亿美元。所有的国家都同时从这两种自由化中获益，但是对于不同国家，这两种自由化的影响不一样。中国、中国香港、印度尼西亚、智利等国家（地区）从服务自由化中获益更大，而相反，新西兰、日本、韩国、马来西亚、泰国、欧盟、加拿大、美国等国家从货物贸易中获益更大。与之前的研究结果有很大差别的是，多边服务贸易自由化对欧盟、加拿大、美国、中国台湾具有负面影响。通过对福利的分解发现，这主要因为服务贸易壁垒经济租的消除，对这些地区的收入产生了负面影响。这一研究的关键在于假设谁会获得贸易壁垒产生的经济租。如前所述，在 FTAP 模型中，我们是假设壁垒的经济租大部分是归所有权所在地所有，只有小部分作为收入税归企业所在地所有。因此，对于资本流出国，且初始壁垒比较低的国家（地区），当他们的投资的东道国高的贸易壁垒消除后，他们将得到损失。欧盟、加拿大、美国、中国台湾就是因为这种损失抵消了服务贸易自由化带来的正效应。

Dee 和 Hanslow（2000a）的研究显然是有缺陷的。因为：第一，对于有些部门来说，贸易和投资的限制产生的经济租不是大部分归所有权所在地所有；第二，贸易和投资的限制对有些部门会产生成本；第三，贸易和投资的限制对有些部门具有经济租效应也有成本效应。他们只是对金融和电信部门的估计做简单的平均，然后把这两个部门的经济租效应直接应用到其他服务部门进行假设。Dee 和 Hanslow 也认为，下一步的研究要采用下一版的 GTAP 数据库，并对不同部门分别构建模型，这样才能避免这些问题。

Verikios 和 Zhang（2000）使用了与 Dee 和 Hanslow（2000a）一样的壁垒估计，且构建类似的模型，但是对部门的分析更加详细。该研究对通讯、金融等部门在后乌拉圭回合环境中的自由化分别做了分析。该研究发现：通讯部门自由化将给全球带来 130 亿美元的收益或实际收入提高 0.05%；金融、保险和商业服务自由化将给全球带来 35 亿美元的收益或实际收入提高 0.01%；同时自由化会给全球带来 160 亿美元的收益。与 Dee 和 Hanslow（2000a）的研究一样，不同国家和地区获得的收益是不一样的。第一种自由化情形下，最大的赢家是中国、日本、印度尼西亚；第二种自由化情形下，获益较大的则是新加坡、马来西亚、智利、中国；而两种自由化情形下，美国、欧盟、中国香港实际收入将得到恶化。

（3）使用数量工具法的研究

Hertel et al.（1999）就乌拉圭回合贸易谈判对 2005 年的影响做了估计。其研究结果显示的福利的增量比 Chadha，Brown，Deardorff 和 Stern（2000）估计的要低，但是服务贸易自由化的潜在收益还是很大。他计算的服务贸易自由化的收益是 3 542 亿美元，占自由化产生的总收益 4 930 亿美元的 72%。这两个研究结果出现差异的原因是：第一，Hertel et al.（1999）构建的模型是假设完全竞争的，因此与 Chadha，Brown，Deardorff 和 Stern（2000）的研究结果相比就少了由于竞争程度提高、规模经济和产品差异化等原因产生的福利；第二，Hertel et al.（1999）采用了数量工具法度量服务贸易壁垒，并有区别地整合到模型中。第三，Hertel et al.（1999）不是采用收益上升的关税等值法构建模型，而是采用成本上升的关税等值法构建模型。

在 APEC 论坛上，Benjamin 和 Diao（1998，2000）采用了与 Hertel et al.（1999）一样的模型构建方法，在服务部门不完全竞争的假设前提下，分析了跨境交付的服务贸易自由化。他们假设服务提供方面对着固定成本，可以在不同国家差别定价。在他们的模型中，自由化表现为固定成本的下降和允许差别定价的市场分割状态的消除。通过服务贸易自由化与总体自由化的比较，他们发现 APEC 中的发达成员国获得的收益较大，而发展中国家从货物贸易自由化中获得的收益较大。

第四节 国际服务外包

二战以来的几十年中，跨国公司获得快速发展，世界经济一体化的发展带动国际贸易和国际产业组织发生了重要变化。进入 1990 年代，随着经济全球化步伐的加快和信息技术的飞速发展，管理学界随之发生了新的革命，催生了“外包”、“核心竞争力”①等新概念，跨国公司加快了战略调整，将自己的核心竞争力进行了重新定位，从没有竞争优势的一般性生产制造和服务领域向创新、设计、市场营销、高端制造和高科技服务领域中的高附加值环节转移。最近几年，受信息技术进步、经济结构服务化和服务全球化的影响，服务外包作为一种新型商业模式迅速兴起，深刻影响了当代生产组织方式和管理实践，引起国内外学术界的普遍关注。

严格说，服务外包起源于 20 世纪 60 年代和 70 年代的金融行业和信息技术支持领域。由于当时计算机价格昂贵、体积庞大，其使用还需具备特定环境需求，大量企业将数据处理工作以合同方式委托给数据加工机构，即为服务外包的雏形。到 80 年代初，低成本微型计算机和 PC 机的出现使委托加工服务业务的发展速度放缓。进入 90 年代，信息技术的普及使得很多企业不再把 IT 技术看作企业竞争力的核心，IT 外包渐成热潮，其主要动机已演变为降低成本。

21 世纪以来，信息技术进步和服务全球化的影响使得服务外包规模不断扩大、内容不断深化、形式不断升级，已远远超出 IT 领域，向更广泛的服务领域和生产环节延伸，以至从产业链上游的研发设计环节到下游的分销和售后服务环节日益流行，而且越来越多的外包业务跨越国界，成为新一轮全球产业结构调整的重要载体和服务业全球分工的重要实现方式。

与服务外包的出现和发展历程相对应，学术界对服务外包（当时主要是 IT 服务外包）的关注和研究以 2000 年为界大体可以分为两个阶段：第一阶段，从 IT 服务外包的

① ［英］亚当·斯密．国民财富的性质和原因的研究．北京：商务印书馆，1974：20.

出现直到2000年以前，大多数研究主要基于微观企业视角的外包战略研究；第二阶段，2000年以来，跨境服务外包的兴起引起国际经济学家的广泛关注，基于宏观国际经济视角的外包研究成为国际经济学界的研究热点和重点领域之一。

一、基于微观企业视角——2000年以前服务外包研究进展与主要内容

（一）主要研究领域与研究主题

外包（outsourcing）直译为“外部寻源”，出现在1990年前后，意为企业将一些非核心的、次要的或辅助性的功能或业务外包给外部专业服务机构，利用它们的专长和优势来提高整体效率和竞争力，利用外部资源来完成组织自身的再设计和发展，而自身仅专注于具有核心竞争力的功能和业务。简单说，外包主要是指一家公司与第三方签订合同并由该公司为委托公司提供原本由委托公司自己生产的产品或服务。服务外包的对象为服务产品或服务环节。如果外包交易双方涉及不同国家的企业则称为国际外包。

明确以外包为研究对象的文献出现在20世纪90年代以后。但作为一种企业战略实践，外包模式在20世纪80年代就已盛行，90年代蓬勃发展（Higham，1993；Bryce and Useem，1998；Lyons and Bailey，1993）。当时，大部分文献并没有刻意区分制造和服务外包，但由于制造外包的范围更广、规模更大，“有些公司因采用外包模式，一度成为‘中空公司’”（Tempest，1996），关于制造外包领域的动机、效应、风险以及决策过程等是学术界关注的焦点。

最初服务领域的IT外包作为外包研究中的一个领域进入研究者们的视野，早期文献主要关注特定行业（比如银行业、航空业以及营销领域等）的IT服务部分或全部职能外包现象。随着信息技术进步的发展，涉及IT的外包业务迅速扩展，出现大批以IT服务外包为主题的研究成果（Apte，U.，1990；Benko，C.，1992，1993；Buchowicz，B. S. 1991；Borchers，Andrew S. 1996；Jae-Nam Lee et al.，2000等等）。其中，Jae-Nam Lee et al. 对基于企业微观视角的IT外包研究领域做了比较集成的表述，他认为针对IT外包的研究大体可分为五个方面：企业、绩效、决策、合同、关系（Jae-Nam Lee et al.，2000），具体内容如图7.4.1所示。

总体来看，大量研究主题集中于外包动因、绩效与风险以及外包范围与方式分析等等。

大多数研究认为，外包是企业一种战略决策，被外包业务通常不构成企业核心竞争力，企业实施外包战略，目的在于降低成本、提高管理水平、获得先进技术等。就外包的具体动因来看，包括降低成本（生产成本、资金成本、交易成本等等）、获得新技术新技能、提高服务质量、增强变革能力、利用外部优势、专注于核心竞争力建设等等。

尽管外包的动机是获取经济、技术和战略利益，但没有人可以保证外包战略的绩效。因而有部分研究关注绩效问题（Arnelt和Jones，1994，Lacity和Hirschheim，1993），许多研究试图在系统效率、用户满意度以及外包信息系统的商业满意度、服务质量、成本削减等方面评估外包战略的成功与否。但是，针对不同的外包项目，这些研究得出的结论并不一致。许多研究者认为外包在降低成本的同时，可以提高管理水平、

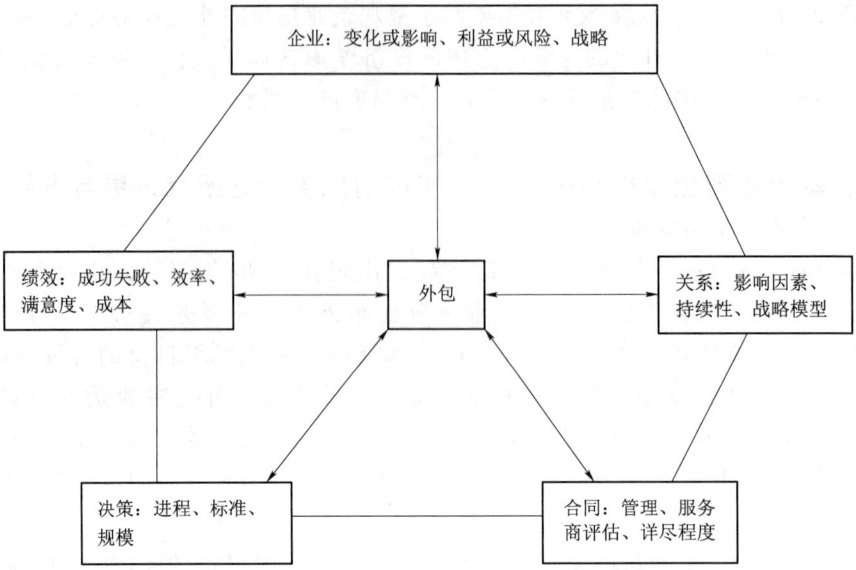

图 7.4.1 关于外包的研究领域环境（工业环境和特征）

资料来源：Jae-Nam Lee, Minh Q. Huynh, Minh Q. Huynh and Shih-Ming Pi. The Evolution of Outsourcing Research：What is the Next Issue？. PP. 3

有效利用人力资源、增加需求、获得高技术。相反，反对者认为，外包存在严重风险，比如失控、灵活性下降、人力资本流失以及失去信息管理方面的竞争优势等（Benko，1992，1993；Child，1987）。

就外包范围或者说外包分类来讲，现有研究提出按外包程度可以分为完全外包与部分外包或称选择性外包；按时间长短，可分为短期和长期外包；按服务商数量，可分为单一外包和多项外包；按外包类型，可以分为资产外包和服务外包（Apte，1990，Davis，1992）。关于外包可获得的选择方案，即外包方式选择，最典型的是通过不同的理论框架重新强调企业应该内包还是外包。因为将信息服务外包的企业认识到外包并不能保证获得合意的结果。这些研究发现，外包决策在一些偶然因素的影响下，结果是随机变化的，一些支持外包，另外一些则支持内包（Benko，1992，Meyer，1994）。

（二）已有研究中主要采用的理论模型

在微观企业视角的外包研究领域中，已有研究引入了几个不同的理论模型，来解释外包现象，并指导外包决策。其中比较著名的有资源基础理论、资源从属理论、交易成本论、代理成本论、政治权力理论以及社会交易理论等。

有学者将这些理论进行总结，分为三个主要学派（Jae-Nam Lee et al.，2000），即战略管理学派、经济学派及社会学派。如表 7.4.1 所示。

基于战略管理学派的资源基础理论和资源从属理论将资源看作企业战略的基础，资源从属理论关注外部环境资源，而资源基础理论关注企业内部资源和自身能力。这些理论认为由于企业获得特定活动的能力需要一个学习过程，这个过程不但有一定难度，而且要经历一个过程，因此企业在某些时刻不得不依赖外部资源，企业之间必然存在相互依赖关系，“通过外包获取企业发展所必需的内部或外部稀缺资源获得并维持竞争优势

（Daft，R. L，1992）”。核心竞争力理论进一步发展了上述论点，认为与纵向一体化或多元化企业相比，善于利用其他企业互补性资源来集中发展自身独特优势的企业，更易于形成核心竞争力，从而取得更好业绩（Prahalad 和 Hamel，1990）。

但是，有学者指出该理论的不足之处在于没有将企业与外部的合作关系考虑进去。在以和平共存为信条的当代，一家企业仅仅拥有竞争力，毫无意义，企业之间的合作关系使得它们在资源短缺的情况下，仍然可以克服脆弱性和不确定性，顺利实现自身目标，并保持最大程度的自主性和独立性。“战略学派的资源理论立足于企业内部资源最大化，而不考虑其他企业的处境（Wernerfelt，B.，1984）”。

经济理论学派如交易成本理论和代理成本理论认为，由于专业化能够实现规模经济，商品和服务在专门组织中生产是最有效的，尤其是当一种投入很重要、但使用频率很低时，通过外包方式获得是比较合理的，通过适度提高交易成本、避免高昂的生产成本，减少总成本。总之，外包是交易成本和代理成本增加与生产成本降低之间的权衡（Henri L. F. de Groot，1998）。该理论关注外包双方的管理模式和合同方式，但是忽略了对于企业外包决策具有重要影响的外部环境、结构和战略等因素，比如以往的合作经验、信任和声望可能对于选择服务商具有重大影响，但却没有纳入该理论框架（Lee，J. N. 和 Kim，Y. G，1999）。以此为基础发展起来的全球价值链理论，强调了全球采购商在外部协调中的重要性。当服务规格或交易过程难以标准化而服务供应商能力较强的时候，企业乐于通过外包获得互补性竞争优势，使得默会知识在双方内部易于交流。

此外，市场营销领域的一些研究者认为社会交换理论与政治权力理论是解释外包关系持续性的合适工具。社会学方面的理论假定由于行为人相互持续展示他们之间的信赖感，发包商和服务商通过一系列的具体的互动过程交换一些有价值的资源，进而建立密切的联系，形成长期合作伙伴关系（Teng，J. T. C.；Cheon，M. J.；和 Grover，V. 1995）。而从经济视角来看，企业之间的交易活动是利益驱动的。

另有学者综合经济学派和社会学派的主要观点提出，单一理论视角不足以解释外包现象，外包的基础仍然是市场交易行为，但作为供应关系的一种，本质上是用信任关系代替价格机制（Helper and Sake，1995）。我们认为，鉴于每一个理论都从不同角度对于解释外包现象进行了有益的探索，三种理论应该互为补充，这将会为我们深入理解外包实质提供较为完整的理论框架。

表 7.4.1　　微观企业视角服务外包研究中几个主要派别的关键区别

学派	理论	关注点	资源	要　件
战略管理视角	资源基础论	内部资源松懈	物质资本、人力资本、组织资本	价值、稀缺可改变、不可替代性
	资源依赖论	外部环境（不确定性）	土地、劳动力、资本、信息、产品（服务）	多种任务（集聚、包容性、互通性）多重资源（重要性、可处理性、可选择性）
	核心竞争力论	内部优势	人力资本、核心技术、客户资源	附加值、重要性、标准化程度、投资成本

续表

学派	理论	关注点	资源	要　件
经济学视角	交易成本论	成本效益（规模经济）	生产成本 交易成本	资产专有性、不确定性、频率
	代理成本论	委托代理关系（合同）	监督成本、束缚成本、剩余损耗成本	不确定性、风险规避、可程序化、可测性、关系持久性
	全球价值链论	治理方式供应关系	外部协调机制全球采购商的能力	加工流程标准化程度、信息交流的复杂程度、供应商能力
社会学视角	政治权力论	权力结构关系	权力、政治	权力（权威、资源可获得性、依赖性与低替代性、不确定吸收现象）政治（决策体系的选择性使用、信息的选择性使用、外部专家的使用、建立联盟、补选）
	社会交换论	互动过程	信任、文化	比较水平、选择比较水平

资料来源：根据 Jae-Nam Lee，Minh Q. Huynh，Minh Q. Huynh and Shih-Ming Pi. The Evolution of Outsourcing Research：What is the Next Issue？

（三）未来发展趋势与主要特征

就未来发展方向而言，有研究认为外包模式已经从第一阶段的成长期进入第二阶段的成熟期。最重要的差别在于：第一阶段主要立足于发包商立场、等级关系、零和博弈，发包商与服务商之间主要是普通的市场交易关系，企业主要关注外包战略如何决策、能否成功以及怎样成功；第二阶段则主要关注发包商和服务商双方立场、平等关系、双赢战略，发包商与服务商之间不再是简单的买卖关系而是演变为长期合作伙伴关系，企业不再满足于外包项目的成功，而是更加关注怎样进一步提高外包绩效（Jae-Nam Lee et al.，2000）。

此外，第二阶段还将出现如下特征：第一，大企业将成为主要的发包商；第二，服务外包业务将拓宽和加深；第三，服务提供商将承担更多责任和风险；第三，功能性外包规模将迅速扩大，发展外包合同金额扩大，可能达上亿美元（Nam，et al.，1996；Grover，Cheon，Teng，1994，1995）；第四，伴随绝大多数 IT 功能的外包，相关人力资源也将大规模转移（Nam，et al.，1996）；第五，技术进步和企业对战略联盟概念的接受将成为推动外包发展的两大主要驱动力量（McFarlan 和 Nolan，1995）。

2000 年以来服务外包的发展实践证明，现实基本与上述预测吻合。

二、基于宏观国际经济视角——2000 年以来跨国服务外包研究脉络与主要内容

（一）主要研究热点与内容

1. 服务外包的动因

绝大多数研究认为，从实施离岸外包的主体看，降低成本是直接诱因。企业实施离

岸外包能否达到降低成本的目标与诸多因素有关，比如劳动成本、贸易成本、制度环境（尤其是法律制度是否完备）、税收和投资体系、基础设施水平（尤其是电信基础设施）、劳动者技能（尤其是语言和计算机水平）等等，以上诸因素将决定企业是否外包以及选择何种外包方式。此外，外包项目的技术可分离性、可标准化程度，外包可能引起的交易和管理成本上升程度、接包国生产成本和外包市场的发育程度，也是影响企业离岸外包决策的重要因素（World Trade Report 2005；Grossman 和 Helpman，2002）。

许多学者认为，信息技术进步是服务外包发展的重要推动力。Lori G. Kletzer（2005）认为引起服务外包迅速发展的根本原因：一是国际投资由制造业领域转向服务业，一是技术革新，尤其是信息技术的迅猛发展。Ann Bartel，Saul Lach 和 Nachum Sicherman（2005）认为，以快速技术变革为特征的计算机与信息技术革命使企业采用外包模式几乎没有沉没成本，而且，更密集采用信息技术的企业面临更低的信息技术服务外包成本，用户的信息技术水平与外包份额之间存在正向关联关系。

2. 服务外包的经济效应分析

显然，服务外包对接包国和发包国产生的经济效应是不同的。一般而言，离岸外包发生在不同国家之间，接包国和发包国可能同属发达国家、发达国家和发展中国家或者同属发展中国家。由于当前发达母国向发展中东道国的离岸转移成为外包的主要趋势，因而，已有的文献主要集中于对发达国家作为发包方、发展中国家作为接包方的经济效应研究。

对发展中国家来说，外包带来的工作岗位具有收入较高、不依赖自然资源、环境友好等特点，因而承接离岸外包有利于高水平就业、出口和经济增长（World Trade Report 2005）。这一点学术界已达成集体共识。

分歧和争议主要产生于离岸外包对发达母国产生的经济效应。David L. Levy（2005）的研究对离岸服务外包的政治经济效应做了很好的归纳，从经济效应看，有成本缩减效应、财富创造效应与财富分配效应；从政治经济学角度看，其收入分配效应客观上有利于投资者，而不利于国家与工人，迫使掌控市场的力量向有利于资本要素的方向移动。部分经济学家对服务外包持怀疑态度，如 Paul. A. Samuelson（2004）认为，从世界范围看，服务外包会推动经济增长，但对北方国家（即美国等发达母国）的经济福利效应不确定。明确支持离岸服务外包的著名学者也为数众多。Alan Greenspan，Jagdish Bhagwati，Gregory Mankiw，Douglas Irwin，John，Jane Doe（2004）等人认为，离岸服务外包引起世界范围内的产品和服务增长，根据比较优势原理，福利增加的部分必然超过福利损失部分，从长期看，无论美国还是中国这样的国家，国民收入都会增加；WTO 也对此持肯定观点，“尽管（离岸外包引起白领岗位转移）引起公众的关注，绝大多数研究表明，服务离岸在高收入国家的影响是复杂的，但总体效应是正面的（World Trade Report 2005）。”

3. 服务外包对发达母国劳动力就业的影响

离岸服务外包引起的就业岗位流失问题曾一度成为发达国家国内反对离岸外包的主要理由，但许多深入研究并不支持这一观点。麦肯锡的全球研究报告（2003）对 2003－2015 年间可能会由外包引起的就业岗位流失做了预测研究，同时指出，即使服务外包引起岗位流失，但与整个商业正常循环过程中流失的岗位相比，数量微乎其微。Schultz（2004）的研究表明，服务外包的确会引起就业岗位流失，但这种负面作用很小。

另有许多研究表明，服务外包对就业的影响主要表现在就业结构的变化方面。Mary Amiti 和 Shang-Jin Wei（2004、2005）通过对美国与英国的实证研究表明，总体看，工作职位增长水平与服务外包并不成负相关，服务外包对就业的影响体现在工人（包括白领阶层）在没落产业与新生产业之间的流动。Brainard 和 Litan（2004）集中关注外包的分配效应，指出服务外包最终将导致低收入岗位由高收入岗位取代。WTO 也认为，如果劳动力市场足够灵活，离岸转移的岗位，将由更高水平、更高收入的新职位所代替（World Trade Report 2005）。

还有研究认为离岸外包对推动就业增加是有益的。Satwik Seshasai 和 Amar Gupta（2004）认为服务外包对就业与收入的长短期影响相当复杂，长期看，专业服务外包是有利的。Mann（2004）则以美国信息技术产业发展为例，认为发生在软件产业的外包不但不会影响就业增长，信息技术产业的发展还将提供更多的就业岗位。

不过也有部分学者认为，短期内服务外包与就业的确存在负相关关系。Egger et al. 通过对企业外包的短期分析，证实了这种服务外包的负面影响，并指出原因是低技能劳动力无法短期内改善知识结构获得新的就业机会。Holger Gorg 与 Aoife Hanley（2003）也认为短期内服务外包会引起就业下降，但是，不如劳动密集型的制造外包那样明显。

综合来看，离岸服务外包引起发达母国高收入岗位流失的担心和忧虑主要建立在片面的、局部信息的基础上，缺乏国际权威机构和严肃深入的实证研究的支持，是完全不必要的。

4. 服务外包对劳动生产率的影响

根据分工提高生产效率的传统经济理论，服务外包引起生产组织方式分工深化，必定会有助于生产效率提高，已有研究也证实了这一点。Thijs ten Raa 与 Edward N. Woff（2001）对 20 世纪八九十年代美国制造业生产率恢复增长原因的进行了探讨，认为服务外包的出现导致生产方式变革，低效的服务环节通过外包脱离制造业，从而使得生产率大幅度提高，而未必是技术进步推动的结果，即生产性服务外包可以提高制造业生产率总体水平。Mary Amiti and Shang-Jin Wei（2004）以 1992－2001 年之间美国全体制造产业为研究对象，Gorg and Hanley（2003）以 1990－1995 年期间爱尔兰电子产业的发展数据为例，考察了服务外包与生产率的关系，他们认为服务外包与劳动生产率的增长呈正相关，而且，与制造外包相比，服务外包对生产率提高的正效应更加显著。Girma and Gorg（2004）对 1980－1992 年间英国产业的发展情况所做的研究也证实，服务外包对劳动生产率和全要素生产率的提高都有促进作用。

5. 服务外包对经济增长的影响

绝大多数研究表明，服务外包对于经济增长具有正效应。根据 Mann（2004）的实证研究结果，从 1995－2002 年，IT 业外包可以解释美国 GDP 0.3% 的年均增长，累计增加 2 300 亿美元。Girma 和 Gorg（2003）的研究也认为，英国 1980－1992 年间，服务外包对劳动产出和要素总产出存在正效应。

另外，还有部分学者探讨服务外包与贸易自由化的相互影响，与 WTO、GATS 的关系等（Aaditya Mattoo 和 Sacha Wunsch，2004）。

（二）已有研究中采用的主要理论模型

在国际经济视角的离岸服务外包研究领域中，已有研究引入了几个不同的理论模型，来解释跨国服务外包现象。其中比较著名的有比较优势/要素禀赋理论、规模经济理论、贸易一体化理论以及根据修正已有理论新构建的离岸·外包模型等。

1. 比较优势/要素禀赋理论

由于近几年美国等发达国家将服务等传统上留在国内的技术密集型岗位转移到发展中国家很难用简单的技术差异解释，有学者建立了由要素禀赋和技术差异相互作用而引起的离岸外包模型。该模型假设只有一种最终产品 X，该产品 X 的生产过程分为两部分，即高技术密集型 H 与低技术密集型 L，北方国家（即美国等发达国家）在 H 方面具有技术优势，而在 L 方面没有。原来 X 的两个生产过程无法分离，只能在北方生产。由于技术和制度等因素影响，H 和 L 可以分开，L 转移到南方（即发展中国家）生产（Alan V. Deardorff，2005）。因而，就出现了服务环节的离岸转移现象。相对于保留在发达母国的岗位而言，L 属于较低附加值和技术含量型，可以看作产业内贸易的垂直分工贸易方式，适用于比较优势和要素禀赋理论。IT 职能和部分商务流程外包岗位，大多属于这种类型。

2. 规模经济理论

Gene M. Grossman，etc.（2002，2003，2004）新贸易理论学家从规模经济的角度建立外包分析框架，通过外包，一个复杂产品可以分解为多个部件并由多个厂商实现生产，从而实现规模经济，降低成本。James R. Markusen，Thomas F. Rutherford 和 David Tarr（2004）建立垄断竞争模型用来分析作为中间投入品的生产性服务业的对外贸易和跨国投资，生产性服务具有报酬递增的特点作为假定前提之一，规模经济显著。研究结果表明，进口服务替代国内熟练劳动达到的局部均衡，可能对一般均衡的起到补充作用；通过贸易获得的中间服务，有助于提高最终产品的竞争优势；因此，对于生产性服务进口的“最优税收”应该是提供补贴。但是，在动态模型中，转型期的国内服务生产者收入会减少，这意味着改革将付出一定程度的公平代价。

3. “基于贸易的纵向专业化”① 理论

Feenstra（1998）将全球经济中的“贸易一体化”与“生产分化”结合起来，认为中间产品交易增长推动的世界市场一体化是跨国公司的生产分化趋势越来越突出的重要原因，既然企业发现将一些非核心加工制造和服务业务外包给国外企业更加有利，自然就会出现外包热潮。

4. 服务离岸·外包综合模型

James R. Markusen（2005）对服务离岸转移所体现的重要趋势和特征进行了概括和总结：第一，信息技术创新引起了新贸易产品增加，贸易领域的扩展；第二，新贸易服务倾向于中间产品，或者是上游，或者是下游，或者不在生产序列之中，因而是生产活动的垂直一体化的重要表现；第三，中等技能甚至高技能服务岗位向熟练劳动短缺国

① ［英］大卫·李嘉图．政治经济学及赋税原理．北京：商务印书馆，1962：113.

家转移，是因为东道国的熟练劳动缺乏互补要素从而闲置，因而价格低廉；第四，现有跨国公司模式产生逆转的贸易方向。离岸外包是发展中国家向高收入国家出口服务（企业内部向母公司或者关联公司之间的非关联交易）的方式；第五，知识资产型企业可能会将与这些资产相匹配的熟练劳动密集型服务活动外包。

根据这些重要特征，通过从现有国际经济理论中选择一些现成的模块，构建了白领服务的离岸·外包模型。该模型假定：有三种生产要素——熟练劳动（S）、非熟练劳动（U）和诀窍（K），K可能是高科技实物资本，比如电信设备、网络或者知识资本（管理技术、组织基础设施、市场渠道）；北方国家熟练劳动和诀窍丰裕，南方国家非熟练劳动丰裕、诀窍短缺，但因为熟练劳动和诀窍是互补关系，熟练工人尽管短缺，因缺乏与之匹配的K而闲置，价格低廉；初始条件下，北方生产熟练劳动密集型产品X，X可以被分为高科技制造业（M）和服务（S），其中，M熟练劳动密集度高于X，S属于熟练劳动和诀窍密集型，但低于X。南方生产非熟练劳动密集型产品Y。因为技术和制度条件变化，通过贸易K被出口到南方，并与当地熟练工人结合，生产S，S再出口到北方与M结合生产X，或者M出口到南方与S结合，生产X。一段时间后，因为技术外溢，南方吸收了K，建立自己的公司，成为北方公司的竞争对手；北方在南方生产S的方式可以是直接投资，也可以进行外包，取决于北方公司的企业战略及南方的经济政策和商务环境。如果南方的合同履行和执行环境较好，当地的技术外溢程度较低，可能倾向于将选择外包；如果南方的合同履行和执行环境不好，当地的技术外溢程度较高，可能倾向于直接投资。该理论框架系统总结了服务跨国转移的重要特征，为构建离岸服务外包模型进行了有益的尝试。

此外，国内学者也对服务外包的理论进展进行了深入探讨。卢锋（2007）最先提出用产品内分工框架解释服务外包问题，江小涓（2008）将商品和服务都还原为要素组合，深入阐释了比较优势和要素禀赋是推动服务外包发展的理论动因，她还基于服务要素的特殊性，从合约理论视角出发，对服务外包问题进行了创造性的阐释，将服务外包视为人力资本市场合约与劳务活动企业合约的统一。

表7.4.2　　国际经济学视角服务外包研究中几个主要理论模型

学派	理论基础	有代表性的主要研究成果
比较优势理论	比较优势不同要素禀赋差异	Feenstra and Hanson（1996）：由禀赋差异引起的外包的国际贸易模型
		Grossman 和 Helpman（2002a）：建立关于生产和贸易的一般均衡模型，外包是为了降低中间产品生产成本，利用跨国差异导致的比较优势
		Alan V. Deardorff（2005）：建立由要素禀赋和技术差异相互作用而引起的外包模型，要素禀赋的差异程度决定北方的非熟练劳动是否受益
		江小涓（2008）：商品和服务都是要素组合，因此比较优势和要素禀赋理论适合服务贸易和服务外包

续表

学派	理论基础	有代表性的主要研究成果
规模经济理论	规模经济 边际成本递减 垄断竞争	Grossman，Helpman 和 Szeidl（2004）：从规模经济的角度建立外包分析框架，通过外包，一个复杂产品可以分解为多个部件并由多个厂商实现生产，从而实现规模经济，降低成本
		James R. Markusen，Thomas F. Rutherford 和 David Tarr（2004）：建立垄断竞争模型，分析作为中间投入品的生产性服务业的对外贸易和跨国投资，通过贸易获得的中间服务，有助于提高最终产品的竞争力
离岸·外包模型	直接投资理论 比较优势差异 短缺要素互补	James R. Markusen（2005）：结合服务离岸转移的主要特征，从比较优势到新贸易投资理论选取了相关模块，构建白领服务的离岸外包模型
		Gene M. Grossman 和 Elhanan Helpman（2002）：建立外包与直接投资一般均衡模型，生产成本的差异程度、合同的完善程度、相对工资率交互作用影响产业组织方式
产品内分工	专业化分工理论	卢锋（2007）：服务外包是产品内分工原理对服务业生产方式以及其他行业服务性投入流程进行重组和变革的产物
合约理论	交易成本理论	江小涓（2008）：服务外包是企业在内部管理成本与市场交易成本之间权衡、从而形成人力资本市场合约与劳务活动企业合约统一的结果

（三）发展前景

国际服务外包兴起于欧美发达国家的跨国公司，发展中国家主要扮演了接包方角色。就离岸服务外包的发展趋势看，服务外包日益成为服务全球化的重要载体，离岸外包作为发展中国家向发达国家出口服务的一种形式，将会有广阔发展前景（World Trade Report 2005）。但是，有学者认为，发展中国家提供的服务外包业务与发达国家向发展中国家的服务出口有着本质不同，比如缺乏自主品牌和知识产权、进入门槛较低、附加值较低、价格易波动等等，发展中国家从服务全球化中得到的利益很可能仍然是不均衡的（Rafiq Dossani，2005）。另一方面，随着发展中国家的跨国公司实力不断壮大，对外发包的需求也日益旺盛，通过对外发包，尤其是向发达国家开展技术外包正在成为发展中国家跨国公司的重要选择。

三、简短评论

总体看，国外有关服务外包的理论实证研究在个别领域已取得部分重要研究成果，但尚没有出现具有统一理论框架、全新研究视角、能够容纳主要行业发展现实、准确预测未来趋势的重要成果。理论研究严重滞后于实践发展，主要表现在以下几方面：

第一，当前现有成果主要以发达母国为主，缺乏对发展中国家的服务外包产业一般性发展规律的深入研究和探讨。

第二，微观视角与宏观层面研究严重脱节，行业与行业之间千差万别，缺乏统一的逻辑框架和理论体系，今后应加强对系统性、统一性的服务外包整体框架的研究。

第三，大部分研究没有将制造外包与服务外包严格区分，对服务外包自身的发展规律研究不够。

第四，学术界在服务外包的理论动因与发展规律、经济效应及与发展前景等重要问题上都存在较大分歧，有待于更深入的研究。

主要参考文献：

[1] 江小涓，等．服务全球化与服务外包：现状、趋势及理论分析．北京：人民出版社，2008.

[2] 卢锋．服务外包经济学分析：产品内分工视角．北京：北京大学出版社，2007.

[3] Aaditya Mattoo and Sacha Wunsch, "Preempting Protectionism in Services: The WTO and Outsourcing", world bank Policy Research working paper 3237, March 2004.

[4] Alan V. Deardorff. A trade theorist's take on skilled-labor outsourcing. *International Review of Economics and Finance* 14 (2005) 259 – 271.

[5] Apte, U., "Global Outsourcing of Information Systems and Processing Services", *The Information Society*, 7 (4), 1990, pp. 287 – 303.

[6] Borchers, Andrew S., Information Technology Outsourcing: A Test of Organizational Economic, *Strategi and Political Models*, Doctor dissertation in Nova Southeastern University, 1996.

[7] Buchowicz, B. S., "A Process Model of Make vs. Buy Decision Making: The Case of Manufacturing Software", *IEEE Transactions on Engineering Management*, 38 (1), 1991, pp. 24 – 32.

[8] Daft, R. L., *Organization Theory and Design*, (4th ed.), West Publishing Company, New York, 1992

[9] Eiichi Tomiura, "Foreign outsourcing, exporting and FDI: a productivity comparison at the firm level", www. rieb. kobe-u. ac. jp/academic/trade-ic04/pdf/Tomiura. pdf.

[10] Gary Hamel and C. K. Prahaoad. The Core Competence of the Corporation. *Harvard Business Review*? may-june 1990.

[11] Gene M. Grossman and Elhanan Helpman, "Integration Vs. Outsourcing In Industry Equilibrium", CESifo Working Paper No. 460.

[12] Gene M. Grossman and Elhanan Helpman, "Outsourcing in a Global Economy", *Review of Economic Studies* (2005) 72, 135 – 159.

[13] Gene M. Grossman and Elhanan Helpman, "Outsourcing versus FDI in Industry Equilibrium", NBER WORKING PAPER SERIES, Working Paper 9300, http://www. nber. org/paper/w9300.

[14] Gene M. Grossman, Elhanan Helpman, Adam Szeidl. Optimal Integration Strategies for the Multinational Firm [R]. Working Paper, http://econ. tau. ac. il/papers, 2 – 2004.

[15] Henri L. F. de Groot. Macroeconomic Consequences of Outsourcing [J]. De Economist, 149 (1), Mar 1998. 33 – 51.

[16] Hewitt-Dundas, N. Diversification and Outsourcing in the Irish Printing Industry. http://www. qub. ac. uk/nierc/documents/Rwp61. pdf.

[17] Holger Gorg, Aoife Hanley and Eric Strobl, "Outsourcing, foreign ownership, exporting and productivity: An

empirical investigation with plant level data", Leverhukme Centre, Reaear Paper 2004/08.

[18] J Bhagwati, A Panagariya, TN Srinivasan, "The Muddles over Outsourcing", http://www.columbia.edu/~ap2231/Policy% 20Papers/JEP_bhagwati_Panagariya_Srinivasan_aug% 2028_04. pdf.

[19] James R. Markusen. Modeling the Off shoring of White-Collar Services: From Comparative Advantage to the New Theories of Trade and FDI. Prepared for the Brookings Forum, "Offshoring White-Collar Work: The Issues andImplications", May 12 - 13, 2005.

[20] James R. Markusen, Thomas F. Rutherford and David Tarr: Trade and Direct Investment in Producer Servicesand the Domestic Market for Expertise, *Canadian Journal of Economics*, vol. 38. No. 3, 2005.

[21] Jae-Nam Lee, Minh Q. Huynh, Minh Q. Huynh and Shih-Ming Pi. The Evolution of Outsourcing Research: What is the Next Issue? . Proceedings of the 33rd Hawaii International Conference on System Sciences - 2000.

[22] Lee, J. N. and Kim, Y. G, "Effect of Partnership Quality on IS Outsourcing Success: Conceptual Framework and Empirical Validation", *Journal of Management Information Systems*, 15 (4), 1999 Spring, pp. 29 - 61.

[23] Mann, Catherine. 2003. "Globalization of IT services and white-collar jobs: the next wave of productivity growth." Policy Brief, Institute for International Economics. Washington, D. C. : IIE.

[24] Mary Amiti and Shang-Jin Wei, "Fear of service outsourcing: is it justified?", *Economic Policy*, pp. 309 - 346, April 2005.

[25] Mary Amiti and Shang-Jin Wei, "Service Outsourcing, Productivity and Employment: Evidence from the US", http://www.usitc.gov/ind_econ_ana/research_ana/seminars/USoutsourcing_Amiti_Wei_22august05. pdf.

[26] Michael J. Mol, "Outsourcing, Supplier Relations, and the external span of control" .

[27] Paul A. Samuelson, "Where Ricardo and Mill Rebut and Confirm Arguments of Mainstram Economists Supporting Globalization", *Journal of Economics Perspectives*, Volume 18, Number 3, Summer 2004, P135 - 146.

[28] Rafiq Dossani. The impact of service off shoring. Asia-Pacific Research Center, Stanford University, USA Remy Juston-Coumat, "Using a Transaction Cost Economy approach for understanding this new international organization of ITES production", http://www.resercongress 2004. iut-tlse3. fr/Communications/23_S4_Juston-Coumat. pdf.

[29] Robert C. Feenstra and Gordon H. Hanson, "Foreign Investment, Outsourcing and Relative Wages", NBER WORKING PAPER NO. 5121.

[30] Robert C. Feenstra and Gordon H. Hanson, "Globalization, Outsourcing and Wage Inequality", *The American Economic Review*, Vol. 86, No. 2, Papers and Proceedings of the Hundredth and Eighth Annual Meeting of the American Economic Association San Francisco, CA, January 5 - 7, 1996 (May, 1996), 240 - 245.

[31] Robert C. Feenstra and Gordon H. Hanson, "Ownership and Control in Outsourcing to China: Estimating the Property-Rights Theory of the Firm", http://www.nber.org/~confer/2003/cwgf03/feenstra. pdf.

[32] Robert C. Feenstra, "Integration of Trade and Disintegration of Production in the Global Economy", *Journal of Economic Perspectives*, Volume 12, Number4, Fall 1998, 31 - 50.

[33] Shunli Yao, "US Trade Sanctions and Global Outsourcing to China", CIES, Policy Discussion Paper No. 0037.

[34] Samuelson, Paul A. 2004. Where Ricardo and Mill rebut and confirm arguments of mainstream economists against globalization. *Journal of Economic Perspectives*, Vol. 18, No. 3.

[35] Teng, J. T. C.; Cheon, M. J.; and Grover, V., "Decisions to Outsource Information Systems Functions: Testing a Strategy-Theoretic Discrepancy Model", *Decision Sciences*, 26 (1), 1995

[36] Wernerfelt, B., "A Resource-Based View of The Firm", *Strategic Management Review*, 5 (2), 1984, pp. 171 - 180.

[37] WTO: OFFSHORING SERVICES: RECENT DEVELOPMENTS AND PROSPECTS, WORLD TRADE REPORT 2005.

第八章 国际贸易与经济增长和发展

在经济增长理论的发展过程中，基本上没有直接反映国际贸易的作用，但是这并不等于这些理论中不包含国际贸易对经济增长有促进作用的因素。从静态上看，扩大国际贸易将增进人民的福利，即人们从交易中获得所需要的物品，消费者的选择余地扩大，生活水平得以提高。学者们对于贸易所带来的静态福利有争论，例如辛格—普雷维什命题中提到，贸易条件恶化将导致国民福利的下降，因此，许多学者对贸易带来的利益的关注转到动态效果方面。例如，新增长理论认为，贸易的贡献间接表现在带来资本积累的增加、规模经济及其利益，通过“干中学”、技术外溢和外部竞争等刺激得到了先进的经验和技术，从而推动了经济增长。国际贸易所带来的静态利益和动态利益间接地体现在本章的各个经济理论中，同时，国内外学者围绕国际贸易与经济增长和发展关系提出的学说也体现在各节之中。

第一节 传统的国际贸易与经济增长关系学说

一、国际分工学说

(一) 绝对利益理论——亚当·斯密 (1776) 的动态生产率理论

亚当·斯密在1776年最早提出了分工理论，这是贯穿他的外贸学说的基本思想。亚当·斯密将个人分工提高生产率的假设推广至地域和国家，认为地域或国家之间的分工能够使贸易双方的产出增加，并由此产生出国际贸易利益，即分工与专业促进经济增长学说。亚当·斯密认为，分工能够大大提高劳动生产率，从而增加国民财富，这体现在三个方面：第一，“劳动者的技巧因业专而日进”；第二，“由一种工作转到另一种工作，通常须损失不少时间，有了分工，就可以免除这种损失”；第三，“许多简化劳动和缩短劳动的机械的发明，使一个人能够做许多人的工作”①。因此，社会上形成专业化分工以后再进行交换，对交换双方都有利，对整个国家和社会来说也是有益的。亚当·斯密所指的国际分工是按照绝对成本高低进行的分工，主张出口本国能便宜生产的产品，去换取外国能便宜生产的其他产品。亚当·斯密认为，应当按由于地域、自然条件不同而形成的商品成本绝对差异进行分工，即一国输出的商品一定是生产上具有绝对优势、生产成本绝对低于其他国家的商品。因此，通过这种国际分工和国际贸易，将会使各国的资源、劳动力、资本和技术得到最有效的利用，从而大大提高劳动生产率，增加各国的物质财富，即分工和专业化生产构成了经济增长的源泉。

---

① 约翰·穆勒. 政治经济学原理. 北京：商务印书馆，1991.

亚当·斯密认为，分工的发展是促进生产率长期增长的主要因素，而分工的程度则受到市场范围的强烈制约。对外贸易是市场范围扩展的显著标志，因而对外贸易的扩大必然能够促进分工的深化和生产率的提高，加速经济增长。此外，国际贸易使得各国市场扩大，刺激了各国努力增加生产，改进技术，使各国“有机会实行新的分工和提供新技术”①，进而提高劳动生产率，推动经济增长。对外贸易不仅通过扩大再生产使国民财富增加，而且还增加了消费者的利益，从而有利于国民经济的增长与发展。

（二）比较利益理论——大卫·李嘉图（1817）

大卫·李嘉图提出了关于根据比较成本分工、分工和贸易促进增长的观点。李嘉图在1817年提出了建立在劳动生产率相对差异基础上的“比较成本说”。李嘉图创立的比较成本理论论证了贸易静态利益的基础。事实上，在他的著作中，也包含着国际贸易带动经济增长的思想。他认为，对外贸易是实现英国工业化和资本积累的一个重要手段。他指出，经济增长的基本动力是资本积累。随着人口的增加，食品等生活必需品的价格会因土地收益递减规律的作用而逐渐昂贵，工资（劳动力的价格）也将随之上涨。在商品价格不变的条件下，工资上涨将使利润下降，从而妨碍资本积累。通过对外贸易，如果能够从外国获得较便宜的食品等生活必需品以及原料，就会阻止在本国发生作用的土地收益递减倾向，促使经济增长。

李嘉图认为，葡萄牙在酒和棉布的生产上都具有较高的生产率，处于绝对优势，但在酒的生产上具有更大的比较优势。即使英国在两种产品上都处于绝对劣势，但在棉布的生产上具有比较优势。英国、葡萄牙在技术上的差距导致了劳动生产率的差别，进行贸易对双方都有益，葡萄牙出口酒、进口棉布，英国出口棉布、进口酒，这样，两国的居民都能消费到比自给自足生产更便宜的进口商品，从而增进两国人民的福利。因此，按照比较成本说进行国际分工，可以使资源配置更合理，从而增加生产总量、促进经济增长。如他所言：“在商业完全自由的制度下，各国都必然把它的资本和劳动用在最有利于本国的用途上……由于增加生产总额，它使人们都得到好处，并以利害关系和相互交往的纽带把文明世界各民族结合成一个统一的社会。正是这一原理，决定葡萄牙酒应在法国和葡萄牙酿制，谷物应在美国和波兰种植，金属制品及其他商品则应在英国制造。”② 总之，李嘉图认为，通过进口廉价初级产品，阻止土地收益递减、工资上涨和利润下降倾向，就可保证资本积累和经济增长。

随着数学工具的采用，可以直接将亚当·斯密和大卫·李嘉图的贸易和国际分工带来经济增长的学说用图形表示出来，即生产可能性边界的外移。两位经济学先驱有关贸易与增长的论题可以简单地表述为：贸易促进了分工，分工与专业化提高了效率，促进了经济增长。

（三）约翰·穆勒

约翰·穆勒是最早论述国际贸易对经济增长的贡献的经济学家，第一次明确区分了

① 杰罗德·迈耶．经济发展中的主要问题．牛津大学出版社，1989.

② Heckscher, E. (1919), “The effect of foreign trade on the distribution of income”, reprinted in AEA Readings in the Theory of International Trade, Philadelphia: Blackiston, 1949.

贸易利益和发展利益；杰罗德·迈耶将约翰·穆勒的思想予以高度概括。

约翰·穆勒是最早论述国际贸易对经济增长的贡献的经济学家，第一次明确区分了贸易利益和发展利益。他指出，基于比较利益的贸易导致更有效地利用了世界的生产力，这可以看作是对外贸易的直接经济效益。此外，一个重要的动态间接效益是："市场的每一次扩大都具有改善生产程序的趋向，为比国内市场大的市场进行生产的国家，可以采用更广泛的分工，可以更多地使用机械，而且更有可能对生产过程有所发明和改进"①。这其实是强调了发展过程的供给方面，即贸易使得穷国有了消除国内短缺、克服国内市场小的规模不经济、加速向发达国家学习过程的机会。

杰罗德·迈耶将约翰·穆勒的思想予以高度概括，他将穆勒论述的贸易对经济发展的间接作用归纳为三类②：一是扩大市场范围，引致创新和提高生产率；二是增加储蓄和资本积累；三是通过灌输新需求和新的嗜好，通过转移技术、工业和企业家精神所带来的教育效应。

（四）要素禀赋理论——赫克歇尔（1919）、俄林（1933）

新古典贸易理论是古典贸易理论的演进，其代表人物主要包括赫克歇尔、俄林、萨缪尔森等，其学说中最具代表性和最具影响力的是瑞典经济学家赫克歇尔（Heckscher, 1919）③ 和俄林（B. G. Ohlin, 1933）④ 提出的要素禀赋论。要素禀赋论是由瑞典经济学家赫克歇尔和俄林在对比较成本学说进行修正和补充的基础上提出的，又被称为H－O模型。要素禀赋论以各国间要素禀赋的相对差异和生产各种商品时利用它们的程度作为国际分工的依据和国际贸易产生的原因，而且劳动不再是唯一的投入，但生产的规模报酬仍然不变，因此，赫克歇尔—俄林理论也被称为新古典贸易理论。

瑞典经济学家俄林（Bertil Ohlin）强调，决定一国比较利益的基本因素是相对资源禀赋，也就是自然资源、劳动和资本等投入要素的供给状况。一国所有商品的价格和生产要素的价格都是由它们各自的供求关系决定的，因为各种生产要素彼此是不能完全替代的，所以在生产不同的商品时，必须使用不同的要素，而且每个国家生产要素供给的禀赋不同，如果一国相对充足的要素是劳动力，则工资相对较低，劳动密集型产品的价格就低，该国在劳动密集型产品的生产上就具有比较优势。他认为，通过国际贸易可以弥补国际间生产要素分布不均的缺陷，使各国都能更有效地利用各种生产要素，实现合理的国际分工，而使贸易各国的福利都得到提高⑤。俄林还指出，贸易的结果可以使生产要素的价格趋于均等化，从而使生产要素的结合比例更加合理，提高劳动生产率，增加产量，这表明了国际贸易对经济结构发生的影响。

要素禀赋论的结论是：各国应利用自己相对丰富的资源进行生产和贸易，所有的国家都会从中获益，世界的产出也相应增长；虽然各国会趋向于专业化生产那些使用其丰裕要素生产的产品，进口其稀缺资源的产品，但是不会出现象简单比较利益模型中完全

---

① Ohlin, B. (1933), "Inter-region and intern nation trade", Cambridge: Harvard University Press.

② ［瑞典］俄林．地区间贸易与国际贸易．北京：商务印书馆，1986.

③ 托马斯·马尔萨斯．政治经济学原理．北京：商务印书馆，1962：325.

④ ［德］卡尔·马克思．马克思恩格斯全集：第2卷．北京：人民出版社，1972.

⑤ ［德］卡尔·马克思．资本论：第2卷．北京：人民出版社，1975.

专业化分工的情况，因为如果国内成本的上升超过世界水平，将阻止这种情况的出现；国内产品价格比率与国际自由贸易价格比率的相等最终会使贸易参加国的要素价格趋同；在各国国内，随着丰裕要素被更为密集地使用，与稀缺资源所有者相比，丰裕要素的拥有者的回报将增加，这意味着在发展中国家，劳动在国民收入中的比重将会上升，贸易将有助于促进国内收入分配更为均等；贸易使各国超出生产可能性边界运行，并能以较低的价格从世界其他地区获得资本和消费品。

斯托尔帕—萨缪尔森定理改进了赫克歇尔—俄林模型的某些局限性，该定理指出，对可进口商品施加保护性贸易政策，对进口商品生产过程中密集使用的要素有好处，改进后的H－O模型被称为H－O－S模型。H－O－S模型研究了国际贸易的结果对就业和收入分配的影响。H－O－S模型认为，国际贸易通过要素资源在不同部门间的再分配导致了更高水平的“帕累托效率”均衡。由于要素在不同部门回报率的不同而造成的波动，导致要素在不同部门间的流动，直至部门间要素回报率重新相等才会停止。假设一国进口资本密集型产品，当该国从保护贸易政策（如进口替代）向自由贸易政策转型（如出口导向）时，进口品的相对价格将下降。在这种情况下，如果该国在生产可能性曲线上进行生产，则出口部门的产量将增加，而进口部门将减少产量。由于出口部门的生产比进口部门更加劳动密集，所以国家生产结构的转变将增加该国对劳动的需求而减少对资本的需求。这最终将改变该国的要素回报率，实际工资上升，资本使用的实际租金率下降，从而改变一国收入分配情况。因此，根据H－O－S模型，贸易自由化是发展中国家提高实际工资水平、发展经济的重要手段。

（五）马尔萨斯的派生需求论

马尔萨斯（Thomas Robert Malthus）认为，对外贸易的好处是“直接增加由利润组成的那部分国民收入的价值，而无需相应减少其他部分的价值。用国内价值较低的商品换进价值较高的商品，可以使国民收入直接增加；正是这种收入的直接增加，可以提供雇用较多劳动的能力和意愿，并且形成对劳动、产品和资本的活跃的需求。而这种活跃的需求是成功的国际贸易的一种显著和普遍的伴随物”①。

（六）马克思的对外贸易与经济增长相互促进的观点

马克思在《资本论》和《剩余价值学说史》等论著中，对对外贸易与资本主义生产方式的关系、对外贸易与国际分工利益、对外贸易与经济发展的关系做了全面的分析和阐述。

马克思是从生产关系的角度研究对外贸易关系的，认为对外贸易与经济发展的关系归根结底是交换与生产的关系。马克思指出：“交换的深度、广度和方式都是由生产的发展和结构决定的……可见，交换就其一切要素来说，或者是直接包含在生产之中，或者是由生产决定的。”②

马克思在《资本论》中分析生产与交换的关系时，深刻地揭示了资本主义国家对

---

① ［德］卡尔·马克思．马克思恩格斯全集：第25卷．北京：人民出版社，1971.

② ［德］卡尔·马克思．资本论：第3卷．北京：人民出版社，1975.

外贸易与资本主义生产方式之间的关系，指出“资本主义生产离开对外贸易是根本不行的”①，资本主义生产的实质是剩余价值的生产，国际贸易对剩余价值的增加起着非常重要的作用。如他所言：“对外贸易一方面使不变资本的要素变得便宜，一方面使可变资本转化成的必要生活资料变得便宜，它具有提高利润率的作用，因为它使剩余价值率提高，使不变资本价值降低。一般说来，它在这方面起作用，是因为它可以使生产规模扩大。因此，它一方面加速积累，但是另一方面也加速可变资本同不变资本相比的相对减少，从而加速利润率的下降。同样，对外贸易的扩大，虽然在资本主义生产方式的幼年时期是这种生产方式的基础，但在资本主义生产方式的发展中，由于这种生产方式的内在必然性，由于这种生产方式要求不断扩大市场，它成为这种生产方式本身的产物。”② 可见，对外贸易与资本主义的经济增长是相互促进的，对外贸易及扩大国际市场空间既是资本主义经济发展的必然要求，同时又反过来通过要素成本下降、利润增加、资本积累增加等方面来促进经济增长。

在对李嘉图的国际贸易理论的分析和批判的基础上，马克思深刻分析了对外贸易与国际分工利益的关系，认为国际分工的差异性是对外贸易利益的原因和前提，“如果一个国家的工资和土地价格低廉，资本的利息却很高，因为那里资本主义方式总的来说不发展，而另一个国家的工资和土地价格名义上很高，资本的利息却很低，那么，资本家在一个国家就会使用很多的劳动和土地，在另一个国家就会相对地使用较多的资本”③，因此，国际分工是对外贸易的基础，是对外贸易利益得以实现的前提条件。因为对外贸易可以降低生产成本、扩大国外市场和获取超额利润，通过对外贸易，不但可以获取国际分工利益，而且可以弥补资源不足，引进先进技术，优化生产要素配置，并为经济发展带来前后关联效应，从而促进资本主义经济的发展。

（七）国际贸易重要性递减规律

20 世纪初期，这一观点在德国经济学界非常流行。1903 年，德国经济学家松巴特在《19 世纪德国国民经济》一文中提出，随着农业国实现了工业化，国际贸易额与国内贸易额的比重下降，同时，国内消费能力增强，出口也将逐步减少。如他所言：“各国国民经济变成越来越完整的小宇宙，国内市场的重要性，在一切关系上都日益凌驾于世界市场之上。”。

一些著名经济学家也从不同角度肯定了这一观点。例如，凯恩斯认为，技术在全球范围内传播会缩小各国比较成本的差距，降低贸易幅度；罗伯特逊也认为，从 20 世纪初开始，各国间的技术差距与比较利益差距呈现日益缩小的趋势，从长期来看，世界贸易依存度会缩小，贸易比价会对发达资本主义国家不利；著名发展经济学家刘易斯也认为，第二次世界大战后制成品贸易显著上升，初级产品、食品和原料的贸易比重下降，从长期看会造成世界制成品贸易增长率大幅度降低，从而使世界贸易依存度下降；英国

① Leontief, W. W. (1956), “An international comparison of factor cost and factor use”, American Economic Review, 54, p335 – 345.

② Minhas, B. A. (1962), “An international comparison of factor costs and factor use”, Amsterdam: Noorth-Holland.

③ Trefler, Daniel (1995), “International factor price differences Leontief was right!”, Journal of Political Economy, vol. 101, Dec, p961 – 987.

经济学家布劳恩也认为，第二次世界大战后大国经济互补性减少，自给自足的大国经济发展较快，从而减少了世界贸易占世界生产的比重。

事实上，这些观点基本上反映了经济衰退阶段这一特定时期的情况，并不符合第二次世界大战以来的经济发展实际，特别是经济全球化加速、产品贸易兴盛的情况下，外贸依存度不断提高，国际贸易在经济增长中的作用还有加大的趋势。

（八）要素密集度逆转——里昂惕夫之谜

第二次世界大战后，由于国际经济条件的变化，出现了多种传统贸易理论所无法解释的现象，其中包括要素密集度逆转现象。要素密度逆转现象是指一个国家会违反比较禀赋优势原理出口禀赋资源稀缺产品的现象。根据传统的国际贸易理论，国际贸易应主要是工业制成品与劳动密集型产品的交换，国际贸易应主要在发达国家与发展中国家之间进行，但现实是国际贸易从商品结构上看主要是资本品之间的交换，主要是在发达国家之间进行的，而这些国家的资源禀赋是十分相似的，理论与现实产生了矛盾。著名美国经济学家里昂惕夫（W. Leontief，1956）① 在对美国一定时期内进出口商品情况进行经验分析后，提出了里昂惕夫反论。

里昂惕夫运用投入产出法，利用 1947 年美国 200 种产业部门的出口与进口产品的资料，编制了美国的投入产出表，结果发现，出口产品的资本与劳动比率小于进口产品的资本与劳动比率，其结果恰好与赫克歇尔—俄林的要素禀赋模型相反，由此产生了“里昂惕夫之谜”。里昂惕夫认为，根据传统的贸易理论，美国是资本相对丰富而劳动相对缺乏的国家，应主要出口资本密集型产品，进口劳动密集型产品，但统计数据表明，美国进口的是资本密集型产品，出口的是劳动密集型产品。一时间，这一理论与现实大相径庭的矛盾即著名的“里昂惕夫之谜”在理论界引起了激烈的讨论，引起了经济学家对此的不同解释，促成了一系列研究工作的进一步开展，对国际贸易现象的解释也逐步从传统国际贸易理论向新国际贸易理论转变。理论界普遍接受的观点是，“里昂惕夫之谜”是传统国际贸易理论向新国际贸易理论过渡的转折点。

20 世纪 60 年代以来，要素密集度逆转的经验证据逐渐增多，Minhas（1962）② 以及特富勒尔（Trefler，1995）③ 提供了系统的否定 H－O 定理的经验证据。此外，成、萨克斯和杨小凯（Cheng，Sachs 和 Yang，1999）④ 严格地证明了即使当替代弹性在不同产业中完全一样，即要素密度逆转不发生时，资源比较优势学说也可能被推翻。他们的模型证明，如果 A 国既有生产 X 产品的技术比较优势，又有生产 X 产品的资源禀赋的比较劣势，当这些技术比较优势超过资源比较劣势时，则 A 国会出口具有资源比较劣势的产品。

---

① Cheng, W., Sachs, J. and Yang, X. (1999), “An inramarginal analysis of the Hecksch-Ohlin Model with transaction costs and technological comparative advantage”, Harvard Center for International Development, working paper, No. 9.

② ［英］亚当·斯密．国民财富的性质和原因的研究．下卷．北京：商务印书馆，1974：19.

③ 谭崇台．发展经济学．上海人民出版社，1989：395.

④ H·英尼斯．加拿大的大宗商品生产问题．多伦多：1933.

二、剩余产品出路学说

（一）亚当·斯密（1776）提出的“剩余产品出口”学说

亚当·斯密（1776）在提出“绝对利益”学说的同时，还从发展的角度分析了对外贸易对一国经济增长的影响，提出了“剩余产品出口”模型，直接表达了国际贸易对经济增长的带动作用。他假定，一国在开展国际贸易之前存在着闲置的土地和劳动力，这些多余的资源可以用来生产剩余产品以供出口。这样，对外贸易为一国提供了利用过去没有充分利用的要素——土地和劳动力的机会，为本国的剩余产品找到了“出路”（Vent for Surplus）。因为，在他看来，对外贸易可以“给国内消费不了的那一部分劳动成果开拓一个比较广阔的市场。这就可以鼓励它们去改进劳动生产力，竭力增加它们的年产物，从而增加社会的真实财富与收入”①。参加国际贸易的各个国家都是出口本国土地和劳动产品的剩余部分，这些东西如果不输出国外，就没有任何价值。而对外贸易使这些原来没有价值的剩余产品具有价值并得以实现，从而增加了各国的福利。而且，这种剩余产品的生产不需要从其他部门转移资源，也不必减少其他国内经济活动，因而出口所带来的收益以及换回本国需要的产品就不存在机会成本。这样，出口减少了国内的浪费和闲置，提高了该国的储蓄和投资，从而促进了经济增长。

基于亚当·斯密的“剩余出路”贸易理论的基本思想，缅甸经济学家迈因特②从发展中国家普遍存在资源剩余和就业不足的实际出发，说明了发展中国家可以不必花费多少成本就能扩大生产规模和范围，出口剩余产品，换回进口产品，提高资源配置效率和消费水平，加速经济增长。

（二）因尼斯在20世纪30年代“大宗产品出口”理论

加拿大经济学家英尼斯（Innis）③ 以国外市场对某一产品需求增大为前提，以加拿大大量出口小麦如何带动其经济增长为分析对象，提出了“大宗商品出口理论”。该理论假定诸如原材料、自然资源密集型产品等“大宗商品”的供给是无限的，这些产品的新发现和开发常常导致大量的国内剩余，通过扩大对外贸易，可以解决剩余问题，减少国内资源的闲置和失业，增加国民收入和消费，提高储蓄和投资。因此，该理论认为，一国可以通过建立出口主导产业（例如加拿大的小麦生产）促使资本和劳动力等生产要素流入该部门，并通过产业间、部门间一系列的连锁关系、引致投资等效应而引起其他部门生产的扩大和生产率的提高，从而促进本国经济及人均收入的增长。

（三）刘易斯的二元经济模型

刘易斯在1954年提出的二元经济模型，是基于农业部门存在大量的剩余劳动力，工业部门在不断扩展中吸收农业部门的过剩劳动力，从而推动国民经济的增长。因此，当出口扩大发生在工业部门时，或者是利用了农业部门的剩余劳动力，则必然会推动经济的增长。刘易斯也间接论述了二元经济条件下出口对经济增长的促进。1954年，刘

① ［美］威廉·阿瑟·刘易斯．经济增长理论．梁小民，译．上海三联书店，1990.

② D·H·罗伯特逊．国际贸易的未来．//美国《国际贸易论文集》，1949.

③ 纳克斯（1959）．贸易的格局与经济发展．//纳克斯．世界经济中的均衡与发展．哈佛大学出版社，1961：242－244.

易斯提出了二元经济模型，把经济分为资本主义部门（即工业部门）和非资本主义部门（即传统农业部门）。工业部门通过积累和吸收传统农业部门的剩余劳动力，必然推动整个经济的增长，尤其是在剩余劳动力尚未吸收完毕、工业部门工资不上升的情况下，利润和积累在国民收入中的比重将不断上升，经济增长将加速。如果工业部门生产的是出口产品，传统部门生产的是进口产品，对外贸易无疑将有助于扩大工业品的市场和需求，并降低劳动力的工资（因为食品价格将因进口而降低），从而进一步增加工业部门的利润和积累，促进经济增长①。

三、"经济增长发动机"学说

1937 年，美国经济学家罗伯特逊首先提出了"对外贸易是经济增长发动机"的命题，纳克斯在 20 世纪 50 年代对这一学说进行了补充和发展。20 世纪 60 年代后，随着亚洲以出口导向为主的新型工业化国家的崛起，该学说进一步盛行。

（一）罗伯特逊（1937）提出"对外贸易是经济增长发动机"的命题

1937 年，英国经济学家罗伯特逊总结前人的观点，并根据 19 世纪英国及新移民国家（美国、加拿大、澳大利亚、新西兰、阿根廷、南非等）的经济快速增长的实例，对 19 世纪国际贸易对经济增长的作用进行了深入分析，首次提出了"对外贸易是经济增长的发动机"的命题②，认为后进国家可以通过对外贸易，特别是出口的增长带动本国经济的增长。

（二）纳克斯在 20 世纪 50 年代对这一学说进行了补充和发展

20 世纪 50 年代，美国经济学家纳克斯在分析了 19 世纪英国及新移民国家经济发展的原因后，补充和发展了罗伯特逊的这一命题。纳克斯在《贸易的格局与经济发展》一文中指出："19 世纪国际贸易具有这样的性质：中心国家经济的迅速增长，通过国际贸易而传递到外围的新国家去。它们是通过初级产品的迅速增加的需求而把成长传递到那些地方去的。19 世纪的贸易不只是简单地把一定数量的资源加以最适当配置的手段，它尤其是经济增长的发动机"③。它实际上是通过对外贸易，把中心国家的经济增长传递到其他国家。也就是说，中心国家的经济迅速增长，引发了对发展中国家初级产品的大量需求，从而促进发展中国家的经济增长。因此，对外贸易是经济增长的发动机。

纳克斯的这一论文引起了很大的反响，先后有一批较有影响的发展经济学家支持他的观点。例如，金德尔伯格举出英国作为"出口引导的增长"的典型实例④，佩帕内克引证了巴基斯坦自 1947 年与印度分治后的情况，认为市场的扩大是导致巴基斯坦的经

---

① P·金德尔伯格（1961）. 对外贸易与经济增长：英国和法国的教训 1850 年至 1912 年 . 经济史评论，1961（12）.

② G·佩帕内克（1967）. 巴基斯坦的发展：社会目标与经济刺激 . 哈佛大学出版社，1967.

③ W·刘易斯 . 发展计划 . 北京经济学院出版社，1988：27.

④ ［美］阿瑟·刘易斯 . 增长引擎转速下降 .//诺贝尔经济学奖金获得者讲演集（增订本）. 中国社会科学出版社，1988.

济增长和技术进步的重要原因①。

（三）刘易斯（1954）提出的对外贸易对于发展中国家经济增长的促进

刘易斯在其论著中也论述了对外贸易对于发展中国家经济增长也同样具有发动机作用的观点，他把一国（发展中国家）的经济增长分为5个阶段，强调“出口是经济增长第一阶段的发动机”②。刘易斯认为，发展中国家不仅可以通过与发达国家的贸易扩大出口和总产出，而且可以借助于进出口贸易来改进产业结构，实现工、农业两部门之间的协调发展③。可见，刘易斯除了从出口需求增长角度外，还从经济结构优化角度论证了贸易对一国经济增长起着“发动机”的作用。

（四）马克斯·科登提出了贸易对经济增长率影响的理论

澳大利亚学者马克斯·科登（W. Corden，1971）④ 提出了贸易对经济增长率的影响效应论。他将对外贸易与宏观经济变量联系起来分析，并且特别强调外贸对生产要素供给的影响和对劳动生产率的作用。

科登认为，对外贸易将对宏观经济产生五个方面的影响：第一，收入效应。对外贸易提高了收入水平，贸易的静态利益转化为国民收入总量的增加。第二，资本积累效应。当派生性贸易利益的部分收入增加被用于投资时，该国的资本积累就会增加。第三，替代效应。如果投资品主要依靠进口，则遵循以下规律：开展国际贸易——投资品比消费品的相对价格下降——投资成本下降——人们更多地将收入用于投资——投资对消费的比率提高——投资率上升——经济增长率上升。第四，收入分配效应。贸易将会使收入投向密集使用的生产要素，促使这些生产要素的报酬提高。如果各个生产部门或者各种生产要素所有者的消费倾向不同，这种收入分配的变化又会影响储蓄率的高低。例如，当收入更多地分配于储蓄倾向更高的部门或要素所有者，则在其他条件不变的前提下，储蓄率就会提高，因而提高了资本积累率。第五，要素加权效应。假定生产要素的劳动生产率增长不一致，当出口生产使用的是那种增长更快的生产要素时，出口的扩大将使出口部门的增长率提高得更快。科登认为，所有上述效应都具有累积性，这意味着贸易对经济增长的贡献作用随着经济的发展将逐渐得到强化。

（五）对外贸易乘数理论

乘数这一概念最早是由英国经济学家卡恩（R. Kahn）提出的，凯恩斯在建立其国民收入决定论时接受了这一概念。后来，凯恩斯的追随者英国经济学家罗宾逊夫人和哈罗德等人将这一概念正式应用到贸易—增长效应的分析中来，哈伯格和蒙特格勒在20世纪50年代初提出的“对外贸易乘数理论”，将凯恩斯“投资乘数”理论在对外贸易方面加以发展，阐述贸易收支与收入之间相互作用的机制。

凯恩斯认为，国际贸易通过调解国际收支，对国民收入和就业产生影响，国际贸易

① Corden, Max. W. (1971), "The effects of trade on the rate of growth" in J. N. Bhagwati et al., "Trade, balance of payments and growth: papers in honor of Charles P. Kindleberger", Amsterdam: North-Holland, p117 - 143.

② Chenery, H. and Strout, A., . (1966), "Foreign assistance and economic development", American Economic Review, 56, September, 679 - 733.

③ H·钱纳里，等．工业化和经济增长的比较研究．吴奇，等，译．上海三联出版社，1989：235 - 236.

④ H·钱纳里，等．工业化和经济增长的比较研究．吴奇，等，译．上海三联出版社，1989：245.

顺差会增加国民收入、扩大就业，贸易逆差会减少国民收入、增加失业。可见，凯恩斯的思想接近于早期的重商主义。

凯恩斯从国民收入恒等式 $Y=C+I+(X-M)$ 出发，认为净出口（$X-M$）的增长有利于国民收入 Y 的增长，而且，他还从投资乘数出发，推导出对外贸易乘数，即 $K=dy/dx=1/(1-c-m)$，其中，c 为边际消费倾向，m 为边际进口倾向。其主要的理论观点是：出口和投资一样，会增加国民收入，而进口则相反，是国民收入的漏出。出口时从国外获得的货币收入会使出口产业部门的收入增加、消费增加，从而引起与出口相关产业的收入增加，如此循环往复，国民收入的增加量将是出口的数倍。进口的作用刚好相反，只有当贸易收支为顺差时，贸易才能增加一国的就业，从而促使国民收入成倍地增加。凯恩斯的国民收入等式后来演变为核算经济增长的支出法，也成为衡量国际贸易对经济增长贡献的主要方法。

凯恩斯主义学派认为，出口贸易对一国的经济增长具有“乘数效应”。他们对这种出口乘数的解释是：在价格不变的前提下，边际储蓄倾向和边际进口倾向之和经常小于1，因此，由于扩大出口而导致的收入增加中，总有一部分收入会用于购买本国产品。这样，出口扩张必然会使本国的就业、收入按乘数增加，这就是出口贸易的乘数效应。可见，凯恩斯主义学派对贸易对增长效应作用机制的认识就是“出口扩张——乘数效应——经济增长”，即在边际储蓄倾向和边际进口倾向之和小于1的条件下，增加出口有利于提高总需求水平，并增加国内就业量。

凯恩斯主义的对外贸易乘数理论认为，20世纪30年代存在大量的失业，传统理论以充分就业为前提的条件已不复存在，而且忽视了进出口贸易不平衡的调节过程对一国国民收入和就业的影响。该理论认为，贸易顺差可以增加国民收入、扩大就业，而贸易逆差则会减少国民收入、增加失业。因此，他们赞成贸易顺差，反对贸易逆差。

（六）哈勃勒对贸易促进经济增长理论的完善

哈勃勒完善了贸易促进经济增长额理论，将国际贸易对经济增长的作用概括为六个方面：（1）贸易促使欠发达国家的资源得到充分的利用；（2）通过市场的扩大促使劳动力流动及规模经济获得；（3）国际贸易传输新观念、新技术、先进的管理及其他技巧；（4）贸易刺激资本由发达国家向发展中国家的流动；（5）新设备的进口刺激国内需求；（6）国际贸易同时又是最好的反垄断的武器。

罗伯特逊、纳克斯及其追随者后来被称为R－N学派。R－N学派认为，外贸对经济增长贡献的途径主要体现在以下几方面：（1）贸易静态利益对经济增长的直接贡献。国际贸易的发生是由于各国商品间存在着比较成本的差异。如果各国都集中生产并出口具有比较成本优势的产品，那么通过贸易，每个国家都能得到比它自己生产的数量更多的产品，使消费水平超过它们各自的生产可能性曲线，这意味着国家的福利水平得到了提高，这种利益就会是贸易的动态利益，它的增加本身就意味着经济增长。（2）通过出口提高进口水平从而促进经济增长。资本品的出口可以有效地克服国内资源的短缺，充分发挥比较优势，进行专业化生产，提高生产效率，促进经济增长。（3）对外贸易的增长将引起投资领域的资源优化配置。在对外贸易扩大的过程中，各国的资金都流向国内具有比较优势的领域，也即最有效率的领域，实现资源的优化配置，这也会使出口部门的产出规模不断扩大，从而促进经济的增长。另外，出口部门的快速发展将会通过前后向联系而带动一系列工业部门的增长，并在乘数效应的作用下，给国家带来大量的就业机会，这将有力地促进经济的增长。（4）贸易将使一国得到规模经济的利益。国际贸易可以开拓国际市场从而使本国产品面临的市场规模得到扩大，市场的扩大会扩张生产的规模，从而可以有效地降低生产成本，产生规模经济。（5）国际贸易竞争可以有效地提高国内的生产效率。贸易扩大带来的进出口的迅速增长势必要造成世界市场上竞争的激化，为了生存，各国企业必将努力降低生产成本，改进产品质量，提高生产经营效率，最终促进经济增长。（6）中心国家的经济增长可以通过对初级产品需求的增加而把自己的经济增长率传递到世界其他国家去。

（七）钱纳里（1969）提出“双缺口”模型，认为进口可以缓解经济增长过程中的瓶颈

钱纳里和斯特劳特（Chenery 和 Strout，1966）提出了“双缺口”模型①，认为对大多数发展中国家而言，经济发展中的一个主要制约就是资本不足，也就是储蓄率太低；但是对一个比较落后的发展中国家而言，即使有了足够的国内储蓄，可能也不足以解决它的发展问题，因为发展生产所需要的许多机器设备和其他投资品都需要从发达国家进口，这时候它就遇到了外汇不足的问题。由于外汇不足，不能进口必要的机器设备而使国内一部分生产能力不能利用起来，经济增长就缓慢。但是，如果国内把部分储蓄（投资）用于劳动密集型的出口产品，外汇缺口则得以弥补，经济增长率就得以提高。

钱纳里认为，进口替代活动与出口活动两者并不一定相互排斥，而是可以相互促进、相互协调的。没有出口的增长，进口替代很难有效地进行下去；反过来，没有一定的进口替代基础，出口的全面增长也往往是不可能的。战后一些国家的发展经验表明，只有使两者相互补充、相互协调和衔接，才能促进整个经济的起飞和快速增长。例如，“日本在1945年后，实行了以增长为主的战略，这个战略把出口刺激和对面临进口竞争的工业保护结合起来，而南朝鲜在1965年以后的战略包括了强烈地利用价格和非价格的方法鼓励出口，同时伴随着部分促进进口替代的措施”②。更多国家的经验表明，“重要的出口扩张阶段几乎总是以剧烈的进口替代阶段为先导，而在偏好进口替代的刺激被消除时，出口扩张对增长所起的作用更大，致使进口替代所起的作用极小”③。

（八）出口导向增长模型

卡尔多（N. Kaldor，1970）基于累积因果和出口是需求中自主组成部分的概念发展了他自己的出口导向增长模型。卡尔多模型强调了外国需求在经济增长中的重要性。传统的凯恩斯模型与卡尔多模型的一个共同点是，两者都强调自主需求增长率对经济增长的重要性。卡尔多模型实际上是双缺口模型的一种特殊形式，双缺口模型的外部约束表现为国际收支平衡约束时就是卡尔多模型。

① 迈耳．经济发展中的主要问题．转引自李广欣．理性思维：国际贸易理论的探索与发展．中国经济出版社，1997.

② 普雷维什（1950）．我的发展思想的二个阶段．世界经济译丛，1983（11）．

③ Singer，H（1950），“U. S. Foreign investment in undeveloped areas，the distribution of gains between investing and borrowing countries”，American Economic Review，vol. 40，P479.

（九）迈耳在20世纪60年代对发动机学说的进一步补充

20世纪60年代以来，随着日本和亚洲新型工业化国家和地区实行外向型经济，通过对外贸易实现了本国和本地区经济的持续快速增长，“外贸是经济增长发动机”这一理论再度流行，并对这一理论赋予了新的解释。经济学家迈耳（Mier）在《经济发展中的主要问题》一书中指出，对外贸易尤其是出口的高速增长会给发展中国家和地区带来若干动态利益：（1）出口扩大意味着进口能力的提高，进口中的资本货物对经济落后国家的经济发展具有决定性的意义，先进技术设备的进口有助于提高该国的科技水平，加快工业化步伐；（2）对外贸易的发展使国内投资流向发生变化，资本会越来越集中在具有相对优势的领域，在这些领域进行专业化生产能提高劳动生产率；（3）实现规模经济效益。出口的扩大克服了国内市场狭小的弱点，生产规模的扩大和销量的增加使单位成本降低，这既增强了产品的国际竞争力，又增加了利润；（4）出口产业的扩张会对相关产业发挥关联带动效应，例如出口增加会刺激金融、运输、保险、通信等行业的发展，诱导社会增加基础设施方面的投资，促进国内统一市场的形成，这一点对经济运行机制不健全的国家尤为重要；（5）出口的扩大会鼓励外资的流入，这不但能解决国内投资不足的问题，还会引进国外的先进技术和管理知识，这对于普遍缺乏资本的落后国家日益重要；（6）国际市场激烈的竞争会促进国内出口产业和相关产业不断改进质量，降低成本，从而促进国内产业的发展①。

四、对传统理论关于对外贸易促进经济增长的结论提出质疑的学说

（一）贸易条件恶化论

贸易条件是指国家出口价格指数与进口价格指数的比乘以100，即

$$N = (P_x / P_m) \times 100$$

它表示进口每一单位的商品需要用多少出口商品相交换，是贸易利益的分配基础。阿根廷经济学家普雷维什和美国经济学家辛格于1950年分别提出了发展中国家的贸易条件相对于发达国家的贸易条件在持续恶化的观点，后来，缪尔达尔也提出类似的理论，学术界称之为“辛—普—缪命题”。

阿根廷经济学家普雷维什针对1929年大危机后拉丁美洲国家初级产品的贸易条件不断恶化的状况，在1949年5月向联合国拉丁美洲经济委员会提交的一份题为《拉丁美洲的经济发展及其主要问题》的报告中提出了“初级产品贸易条件长期恶化论”。该报告对1876－1938年英国对外贸易的进出口价格指数进行了详细的研究，并且以1876－1880年的世界价格为100，计算出此后各年的初级产品价格与制成品价格之比，大部分年份的这一比例都是递减的，1936－1938年这一比例已经下降到64.1②，由此，普雷维什得出结论：贸易条件变得越来越不利于初级产品出口国，并认为发展中国家贸

① Singer, H. and Sarkar (1991), “Manufactured exports of developing countries and their terms of trade since 1965”, World Development, vol. 19, p335.

② Haberler, G., International trade and economic development, Cairo, p11.

易条件的恶化是一种长期趋势。

在联合国工作的另一名美国经济学家辛格也提出了相似的观点，辛格认为，发展中国家的贸易条件长期恶化的原因是由进口品需求弹性不同引起的："由于实际收入增长所产生的对制成品需求超比例的增长，技术进步将有利于制造业；收入增加对食品和原材料的需求却不会产生相同的效果。需求的自动乘数效应的缺乏，加上原材料和食品的低需求价格弹性引起既是周期性也是结构性的跌价。"① 学术界将普雷维什和辛格对贸易条件的观点称为"普雷维什—辛格命题"，这一命题引起了人们对发展中国家贸易条件长期恶化趋势的热烈的讨论。

自20世纪80年代起，辛格、沙卡对贸易条件恶化的理论做了扩充和修改，并用其来分析发展中国家的制成品贸易。他们针对发展中国家越来越多地出口制成品的事实，对"贸易条件恶化论"做了新的解释和修改，把分析从初级产品引向发展中国家的制成品贸易，认为贸易条件恶化不仅指初级产品与制成品贸易等不同类别商品之间比价的恶化趋向，更是指南方与北方等不同国家之间外贸商品比价的恶化趋向；他们在实际检验中发现，1960 - 1980年间，发展中国家出口制成品的双要素贸易条件也在趋于恶化，发达国家制造业劳动生产率的上升显著高于发展中国家，而且两者的差距一直在扩大。以净实物贸易条件衡量，发展中国家的贸易条件在恶化；如果以要素贸易条件衡量，则恶化倾向更为严重。他们指出："很显然，将边缘地区（发展中国家）的出口品更多地由初级产品转变为制成品，并不能为其相对于中心地区（发达国家）的贸易条件恶化提供一条真正的出路。"② 辛格将贸易条件恶化的内容概括为以下三个方面：（1）发展中国家初级产品贸易条件的恶化比率高于发达国家初级产品贸易条件的恶化比率。（2）发展中国家出口制成品的价格比发达国家出口制成品的价格下降得更快。（3）初级产品占有发展中国家出口产品的较高比重也使得初级产品贸易条件恶化对发展中国家的影响更甚于发达国家。由此可以推断，发展中国家即使以劳动密集型制成品取代初级产品出口，实行出口导向的经济发展战略并改变外贸结构，其结果只能是转换了贸易条件恶化的内容，而不能从根本上解决贸易条件恶化的问题。

辛格注意到，发展中国家普遍存在着沉重的债务负担，还本付息的压力使债务国扩大出口，形成价格倾销，不仅导致自身贸易条件恶化，也影响了其他国家的贸易条件，发展中国家产业结构的相似性加剧了这种影响。而贸易条件恶化又将加重债务负担，出口收入的减少还将强制性地压缩进口需求，资本品和原材料进口不足势必降低生产能力并最终阻碍出口增长。债务危机和贸易条件恶化最终形成恶性循环，发展中国家出口扩张引起的贸易条件恶化抵消了外贸收益。

达特利指出，由于发达国家的消费示范效应，使得发展中国家"消费早熟"，形成超越收入水平的消费习惯，过多地进口奢侈品，这不仅减少生产资料的进口，也降低了积累水平，使正常的投资比例和经济发展遭到破坏，从而进一步阻碍了经济的发展，双

① Kinderbelger, C. P. (1956), "The terms of trade: a European case study", New York, John Wiley.

② Ellsworth, P. T. (1956), "The terms of trade between primary producing and industrial countries", Inter-American Economic Affairs, vol. 10, Summer.

方经济发展的差异加大。

克鲁格曼使用规模经济原理进一步说明了发展中国家只能出口农产品的原因。他指出，由于发展中国家在资本方面的劣势，难以取得制成品的规模经济效益，容易受到工业国进口制成品的挤压竞争，使制成品生产更加萎缩。为了维持贸易平衡，处于制成品劣势的国家不得不更多地生产和出口农产品。这样的过程不断地循环，使发达国家和发展中国家之间的差距越来越大，发展中国家贸易条件不断恶化。

贸易条件恶化论自提出起，就遭到了美国经济学家维纳和奥地利经济学家哈勃勒的强烈反对。他们认为，普雷维什据以立论的统计资料有缺陷，没有考虑期间运费的大幅度下降和产品质量的提高，而他所使用的统计数据中，英国的出口产品价格是按照FOB计价，而进口产品价格则按照CIF计价，运费价格直接影响到进口的价格水平。其次，发展中国家出口的初级产品的供求受到多种因素的影响，各种初级产品的变动趋势完全不同，不可能以英国进口价格指数代替发展中国家出口价格指数，并用一个发达国家贸易条件来推算众多发展中国家整体贸易条件。哈勃勒论述道："国际分工于国际贸易，由于它们能使每一个国家都专门从事其成本较低的商品的生产，并以之交换到它国能以较低成本供应的其他商品，过去与现在都是增进每个国家经济福利及提高其国民收入的基本因素之一……贸易既能提高收入水平，也就能促进经济发展。所有这些对于高度发达的国家与不发达的国家同样适用"①。他们认为，把农业和矿业等同于贫困是缺乏依据的。农业不等于贫困，工业也不等于富裕，一个国家在国际分工体系中的地位取决于其工业或农业或矿业上的比较优势状况，而不是取决于它所从事的产业部门的性质；同时，将初级产品与制成品之间的交换关系等同于发展中国家与发达国家之间的贸易关系也存在逻辑上的矛盾。事实上，发展中国家也出口制成品，而不少发达国家也是初级产品的出口大国。所以，如果说初级产品贸易条件恶化，那么也包括大量出口初级产品的发达国家，而发达国家垄断力量和工会组织的因素在使制成品价格上涨的同时，也会使初级产品价格上涨，这与初级产品价格下降又相矛盾。至于需求弹性问题，他们指出，并非所有初级产品的需求弹性都很低，并且不少初级产品销售更多地取决于需求的价格弹性。技术进步并不总是减少对原料的需求，也可能导致对某些原料需求的增加。

此外，金德尔伯格（Kinderbelger，1956）②、埃尔斯沃斯（Ellsworth，1956）③、迈耶（Meier，1958）④、摩根（Morgan，1963）⑤、迈因特（Myint，1964）⑥、史洛斯

① Meier, G. M. (1958), "International trade and international inequality", Oxford Economic Papers, vol. 10.

② Morgan, T. (1963), "Trends in terms of trade and their repercussions on primary products", International trade theory in a developing world, London: Macmillan.

③ Myint, H. (1964), "The economics of developing countries", London: Hutchingson.

④ Schloss, H. H. (1977), "Declining terms of trade: myth or reality?", Economic International.

⑤ Lipsey, R. E. (1994), "Quality change and other influences on measures of export prices of manufactured goods", World Bank policy research working paper: No. 1348, Washington D. C.

⑥ Williamson, Jeffrey G. (2001), "Terms of trade shocks and economic performance 1870 - 1940: Prebisch and Singer revisited", NBER working paper, Mar.

(Schloss, 1977)①、利普西（Lipsey, 1994)②、威廉姆森（Williamson, 2001)③ 等人也纷纷质疑“普雷维什—辛格命题”的理论依据和理论基础，对“初级产品贸易条件长期恶化论”提出反驳，认为该结论缺乏经验数据的支持，因而并不成立。

迈耶（Meier, 1958)④ 认为，对发展中国家而言，重要的是贸易收入条件而非单纯的贸易条件。进口数量所反映的是一国的购买力，也就是该国通过对外贸易满足消费需求和经济增长的能力。因此，贸易收入条件有时又被称为购买力指数，它由以下公式得出：

$$I = N \times Q_x = (P_x / P_m) \times Q_x$$

其中，Q_x 为出口数量指数。该公式包含了出口品价格指数、进口品价格指数和实际出口值，而三者的运动方向对 I 值的影响并不一定相同。与贸易条件的公式相比，当一国的贸易条件恶化时，它的贸易收入条件却有可能得到改善：只要进口品价格上涨的幅度小于进口数量的增长，即使贸易条件在恶化，而实际购买力却在增强，进口产品的数量仍然呈现增长趋势。由于发展中国家的发展在很大程度上依赖资本品的进口，所以这项指标的变化对他们而言非常重要。

格瑞利和杨在世界银行的报告中指出，初级产品和制成品（可大致看作发展中国家贸易条件）在 1900 - 1986 年间大约每年仅恶化 0.6‰（此数据不包括自 1953 年后的石油产品）。在 1953 - 1986 年间，发展中国家的商品贸易条件虽然恶化了 20‰，但它们的贸易收入条件改善了大约 165‰。

迈耶（Meier, 1958)⑤ 通过对贸易条件各种变化的分析，否定了“不幸的增长”的现实性。他认为，“不幸的增长”仅限于以下不完全竞争的状况：技术进步和生产要素的积累只发生于出口部门；出口国生产扩张将减少进口竞争品的生产；外国对本国所增长的出口品的需求是完全无弹性的；出口国的生产结构如此缺乏弹性以至于新增加的经济资源只能流入已经没有利润的产业等。上述条件几乎不可能同时存在，假设真的同时存在，出口国还可以通过对出口产品课税以保留住产量上升所产生的部分收益，从而避免“不幸的增长”的局面。

总之，反驳者坚持大多数初级产品的贸易条件近百年来经常变动，但并没有呈现长期恶化趋势，分析一个包括所有初级产品在内的总的贸易条件的意义不大，而且这种估算不可避免地会遇到许多统计上的困难，例如时间段的选取、进出口价格的计算方式等都极易对结论产生影响。

(二)“中心—外围”理论

普雷维什根据初级产品贸易条件恶化论提出了“中心—外围”理论，该理论指出，

---

① Meier, G. M. (1958), “International trade and international inequality”, Oxford Economic Papers, vol. 10.

② Meier, G. M. (1958), “International trade and international inequality”, Oxford Economic Papers, vol. 10.

③ 普雷维什．依附、发展与相互依存．发展经济学的新格局——进步与展望．北京：经济科学出版社，1987：43.

④ 普雷维什．我的发展思想的二个阶段．世界经济译丛，1983（11）：12 - 21.

⑤ 冈纳·缪尔达尔．发展和不发展．//杰罗德·迈耶．经济发展中的主要问题：385 - 386.

世界作为一个经济体系，客观上已经形成以发达国家为代表的“中心”和以发展中国家为代表的“外围”两个部分，前者技术领先，劳动生产率高，以工业制成品为主，后者只能生产出口初级产品。中心在整个世界的经济运转中起着动力的作用，它不仅能够独立自主地发展本国的经济，而且还能够控制外围国家的经济发展。即外围国家经济结构的发展与变化过程都是在中心的影响下，顺应中心的经济发展而发展的。“这种霸权表现为‘中心’国家以政治权力为后盾的技术和经济优势以及它对‘外围’国家施加的影响。由于‘中心’国家与‘外围’国家的上层分之有密切联系，这就使它能够在不同程度上控制‘外围’国家的政治和经济权力，并使后者处于依附地位。‘中心—外围’的不平等经济关系是由‘外围’的经济、金融和技术劣势以及‘外围’在经济上的分裂所引起的。”① “一旦外围有意无意地伤害了这种经济和政治利益时，中心——特别是主要中心——往往就会采取惩罚措施，在极端情况下甚至会通过军事干预的手段进行报复。”② 在这样的世界中，中心国家不仅可以通过与己有利的贸易条件和国际分工体系获取最大的贸易利益，还能享有几乎全部的由技术进步带来的利益以及投资收益的绝大部分。

普雷维什认为，中心国家通过资本输出、凭借技术和管理优势，获得了投资收益的绝大部分。中心国家除了采用一般方式经营资本输出获取利润外，还通过建立跨国公司的途径进行直接资本输出，最大限度地剥削外围国家。由于技术进步、市场容量以及收入弹性、需求弹性等一系列条件变化对发展中国家的初级产品出口产生不利影响，在国际市场上，存在着发展中国家的初级产品价格相对于发达国家工业制成品的价格长期恶化的趋势，从而在该格局下进行贸易的结果是使经济剩余流向中心国家，这是中心剥削外围的结果。因此，对外围国家而言，由于进口中心国家的产品与技术会因外汇缺口而遇到困难，从而阻碍国内经济增长和经济发展。

普雷维什认为，由于发展中国家的贸易条件会不断恶化，所以发展中国家按照传统的比较优势理论进行国际贸易只能使自己沦为发达国家的附庸，不会获得长期的经济增长和发展，因此，普雷维什认为，发展中国家只有实施进口替代战略，建立本国工业体系，逐步摆脱对发达国家的依赖，才能获得长期的经济增长和发展。

（三）回波效应理论

缪尔达尔（Myrdal）的回波效应理论对普雷维什的“中心—外围”理论做了进一步的说明。缪尔达尔认为，在自由贸易的条件下，工业化国家大批的成本低廉的工业品被输往贫穷国家，这不仅没有促进当地工业的发展，反而挤垮了那里的落后工业和手工业，并进一步使贫困的经济更加衰落。之所以如此，是因为发达国家凭借经济和技术优势，在国际贸易中处于支配地位，而不发达国家则因为经济和技术落后而在国际贸易中处于被支配地位。国际贸易对发展中国家的“回波效应”（表现为扩大富国与贫国的差距）的力量要远远大于其“扩散效应”（表现为把富国的繁荣引向贫国）的力量。

---

① 巴格瓦蒂．出口替代战略与进口替代战略．经济学译丛，1988（9）.

② 伊曼纽尔（1969）．不平等交换．北京：中国对外经济贸易出版社，1988：168.

缪尔达尔提出了“循环积累因果关系理论”①，他认为，先进的国家和地区有一种自我增强的作用，而落后的国家和地区也会自我加强这种落后；如果展开国际贸易，落后国家不进行保护的话，它们的小规模工业和手工业就会竞争不过先进国家的大工业，它们不仅不能建立自己的工业，甚至连原来的手工业也要被挤垮，所以发展中国家应当实行贸易保护主义。

（四）巴格瓦蒂（1958）的“贫困化增长”模型

贫困化增长理论源于“普雷维什—辛格命题”。印度学者巴格瓦蒂（Bhagwati）根据“普雷维什—辛格”命题进一步提出了“贫困化增长”的概念。他指出，外贸不健康发展会对经济增长形成损害。在开放经济中，经济增长带来的福利水平的提高可能由于价格贸易条件的恶化而减少，而且，价格贸易条件的恶化所造成的福利损失，完全有可能大于经济增长本身所带来的收益。即，经济增长所带来的产量提高收益，可能被贸易条件（注：指价格贸易条件）的不断恶化所抵消，从而使本国居民实际收入水平和消费水平绝对下降。

巴格瓦蒂认为，过度进口会对进口竞争部门产生“挤出”效应，促使生产与就业下降，从而形成产业冲击；过度出口（特别是大国）可能恶化贸易条件，相当于白白地输出财富，从而导致“贫困化增长”，损害本国的整体福利；对国内供不应求的商品或要素的过度出口还可引起国内通货膨胀，影响国内经济的健康稳定。

巴格瓦蒂认为，贫困化增长的出现需要具备以下条件：（1）一国商品的出口量必须在短期内大幅度提高；（2）该国必须是一个贸易大国，这样其大幅度的出口扩张必然导致该国贸易条件恶化；（3）世界其他国家对该国出口商品的需求弹性很低，这样该国贸易条件恶化的程度将十分严重；（4）该国经济严重依赖对外贸易，这样其贸易条件的大幅度恶化才有可能导致社会福利的绝对下降。

贫困化增长的根本原因在于经济扭曲造成经济增长后本国价格贸易条件、收入贸易条件和要素贸易条件的全面恶化，消除贫困化增长的关键在于消除对内和对外经济增长中的各种扭曲。

（五）20世纪60年代以伊曼纽尔、阿明、弗兰克为代表的“依附论”

20世纪50年代以来，针对“普雷维什—辛格命题”和“贫困化增长”，国际经济学界展开了激烈讨论。

以希腊经济学家伊曼纽尔（A. Emmanuel，1969）为主要代表的法国学派以不平等交换产生的价值转移为依据来论证发达国家与发展中国家之间的贸易利益分配不公。伊曼纽尔进一步发展了普雷维什的观点，提出贸易条件的恶化不应当和出口产品的类别相联系，而与国家的类型有关。他认为，对于发展中国家而言，“不管生产什么商品，总是以较多的国内劳动换取较少的国外劳动，因为发展中国家工人工资低，以低工资生产产品的剩余价值，会通过商品的出口被发达国家所无偿占有”②。伊曼纽尔指出，资本可以在国际间自由流动，劳动要素则不能在国际间自由流动。资本的竞争性导致利润率

① S·阿明（1976）. 不平等发展：论外围资本主义的社会形态. 纽约每月评论出版社，1976.

② Lewis，(1980)，“The slowing down of the engine of growth”，American Economic Review，vol. 70，p556.

的国际平均化，劳动要素的非竞争性则形成不均等的工资水平和剩余价值率。发达国家与发展中国家之间，工资水平的差异超过劳动生产率水平的差异，发展中国家由于低下的工资水平，因而其剩余价值率高于发达国家。由此产生的商品价格（作为独立自变量的工资水平在国际贸易中决定作为因变量的价格）导致国际贸易的不平等交换。换言之，工资差异是不平等交换、富国剥削穷国以及依附产生的主要原因。

埃及经济学家阿明（Samir Amin，1976）① 强调，发展中国家经济发展的主要约束来自外部因素，发展中国家的经济增长受制于发达国家的经济增长及发达国家制订的各种经济政策，由于业已形成的国际贸易格局，发展中国家所需短缺要素依赖进口的情况严重地阻碍了其经济发展。若要推进发展中国家的经济发展，则须协调好国际经济体系中发达国家与发展中国家之间的经济关系，建立符合经济发展要求的国际经济新体系。阿明认为，中心国家与外围国家的贸易之所以是一种“不平等交换”，是因为双方交换的产品中工资的差异大于生产率的差异。“不平等交换”的结果是使中心国家更加发展，而外围国家更加落后，并使外围依附中心。

日本经济学家中川信义②提出了“国际等价交换”和“国际不等价交换”两个概念，他指出，国际等价交换指的是具有等量国际价值的各种商品互相交换，国际价值是由国际社会必要劳动时间决定的，由于国际间劳动生产率的差异，只要进行这种国际等价交换，就会产生发达国家对发展中国家的剥削。而国际不等价交换意味着不是按照国际价值而是按照某种国际价格进行的交换。如果按照跨国公司和大企业所规定的垄断价格强制地进行国际不等价的交换，强制地压低某种资源的价格和发展中国家的农产品价格进行交换。

第二节　当代国际贸易与经济增长关系学说

一、“经济成长侍女”的学说

（一）刘易斯的“牵引增长理论”，也称“现代贸易发动机理论”

由于发展中国家所处的依附地位，导致其经济增长受发达国家限制的牵引增长理论是发展经济学对发展中国家和发达国家之间关系的系统论述。它以三个条件为前提：（1）发展中国家的出口产品是发达国家制造业的原材料；（2）发达国家对发展中国家初级产品的进口需求是发展中国家经济增长的先决条件，这也是它们之间经济关系的实质；（3）一旦发达国家的需求减弱，发展中国家的出口和生产都会受到影响。基于此，得出的结论是：发展中国家的经济增长由外部的国际分工因素决定，而国际分工总是有利于发达国家的；受供给能力不足的限制，发展中国家的出口品结构难以改变，出口数量则取决于发达国家的需求；一旦后者经济增长速度放慢，进口需求下降，前者的出口和经济增长势必放慢；由此引起的贸易条件的恶化将进一步减少发展中国家从贸易中获

① W·刘易斯．发展计划．北京：北京经济学院出版社，1988：27.

② ［美］阿瑟·刘易斯．增长引擎转速下降．诺贝尔经济学奖金获得者讲演集（增订本）．北京：中国社会科学出版社，1988.

得的贸易利益。

刘易斯在1979年接受诺贝尔经济学奖的演讲中指出：“较发达国家控制欠发达国家的增长速度的主要环节是贸易。当较发达国家增长较快时，它们进口的增长速度也加快，而欠发达国家就出口得更多。”①

刘易斯在其论著中也论述了对外贸易对于发展中国家经济增长也同样具有发动机作用的观点，他把一国（发展中国家）的经济增长分为5个阶段，强调“出口是经济增长第一阶段的发动机”②。刘易斯认为，发展中国家不仅可以通过与发达国家的贸易扩大出口和总产出，而且可以借助于进出口贸易来改进产业结构，实现工、农业两部门之间的协调发展③。可见，刘易斯除了从出口需求增长角度外，还从经济结构优化角度论证了贸易对一国经济增长起着“发动机”的作用。

刘易斯得出了自由贸易不会自动推进发展中国家工业化的结论。按照刘易斯二元经济模型的逻辑，不发达国家的无限量的劳动力被卷入世界市场，意味着生产剩余向发达国家的转移，也即阻碍了不发达国家的资本积累。而转移到不发达国家的产业及相应的世界工厂，基于低技术和低技能的特性，往往既缺乏与本地整体经济的关联，又使得相关工资水平低下，后者更进而使得本地的大规模消费市场无法形成，从而又从需求方面压抑了工业化的发展。刘易斯的观点也被称为“牵引增长论”，因为他认为，事实上，北方（发达国家）的经济决定了进口需求的强度，从而对南方（欠发达国家）的经济起着如同车头（北方）牵引车厢（南方）的作用④。因而，刘易斯得出结论：彻底摆脱这种被动依附的途径在于降低对国际贸易的依存度，对本国的工业实施保护性的政策措施。

（二）克拉维斯在20世纪70年代提出的“贸易是经济成长侍女”的理论

“贸易是经济增长的发动机”的学说引起了学术界的广泛争论，反对意见也频频出现，其中影响较大的是“贸易是经济增长侍女”的学说。该观点是由英国学者克拉维斯（I. B. Kravis）在20世纪70年代提出来的。

克拉维斯认为，对于发展中国家而言，衡量出口是否是经济增长的发动机，必须按照以下一组标准（或其中任何一项）来决定：即（1）出口占本国总产出的比例较大（或份额日益增长）；（2）出口增长后，一国的国民生产总值随之增大；（3）出口部门本身获得迅速增长并带动其他相关部门增长；（4）外资被吸引到出口部门或由其所支撑的其他工业部门。但他在重新研究了纳克斯论文中的7个样本国家的经济发展史后，认为它们中任何一个都不符合上述标准中的任何一条。因此，克拉维斯完全否定了对外贸易主宰了发展中国家的经济增长的观点。

克拉维斯通过对《关税及贸易总协定》的58个发展中国家1951－1961年以及1964－1965年的出口情况进行分析，把这些国家分为出口优、中、劣三类。他认为，

① 刘易斯．增长引擎的减慢．//现代国外经济学论文选．第8辑．北京：商务印书馆，1984：2511.

② Kravis, (1970), “Trade as the handmaiden of growth: similarities between the nineteen and twentieth centuries”, The Economic Journal, vol. 80, p850.

③ E·哈根．发展经济学．英文版，1980：111－116.

④ Dixit, Avinash and Stiglitz, Joseph F. (1977), “Monopolistic competition and optimum product diversity”, American Economic Review, vol. 67, 297－308.

造成这种差别原因不在于世界市场对这些国家出口产品的需求有差别，而主要在于这些国家的技术创新精神有较明显的不同。他指出，“某些富有干劲和创新精神的国家在世界市场所占的份额有所增加，而其他国家则有所减少”，由此，他提出了“出口不是增长的发动机，而是增长的侍女”的结论。他强调，出口本身只是为经济增长带来了机会，只有通过技术创新改进出口产品的质量与品种，出口才能带动经济增长。其主要理由是：1840－1860年间，世界贸易的增长速度是世界经济增长的两倍，与之相反，1880－1913年间，世界贸易的增长速度远远高于世界生产的增长速度。因此，克拉维斯提出，关于国际贸易于经济增长的关系，与其说贸易是经济增长的“发动机”，不如说是“经济增长的侍女”。“增长主要是由有利的内部条件引起的，外部需求只是起到辅助性的作用，其重要程度在各国和各时期也不相同。更可靠和适用性更为广泛的术语应该是贸易扩展只是成功增长的助推器而非增长的发动机”①。一个国家的经济增长主要是由国内因素决定的，外部需要只是构成了对经济增长的额外刺激，这种刺激对不同国家、不同时期而言，重要性是不同的，外贸并不是经济增长的必要条件，也不一定有利于经济增长。

克拉维斯的观点在西方学术界引起了一场“发动机”与“侍女”的争论。

(三) 哈根的“有条件的贸易引擎论”

美国麻省理工学院教授E·哈根（E·E·Hagen）认为，出口既不是经济增长的发动机，也不是经济增长的侍女，出口是否刺激经济增长，主要看它是否会刺激技术进步以及怎样去刺激技术进步。

哈根认为，出口需求的激增，对于技术较发达的国家，往往是刺激技术创新的信号。通过技术革新后，大大提高了出口产品的数量与质量，从而增加收入，使经济迅速增长。他列举了英国的纺织机革新以及马丁炼钢法的发明等例子，指出这些创新都是在(对纺织品、钢等) 出口需求激增之前出现的，其结果是大大提高了出口数量。同时，他又列举了相反的例子，如阿根廷在20世纪初小麦与肉类出口激增，导致收入大增，但由于生产技术没有革新，出口的数量就受到限制，从而没有使其收入增长得更快。玻利维亚的锡及缅甸出口的大米在国际市场需求激增的情况下，由于它们未及时革新技术，也错过了经济迅速增长的好时机。哈根的结论是“出口既不是增长的发动机，也不是增长的侍女，但是把出口与技术进步结合在一起时，二者就能够推动一国经济的增长，提高国民生产总值和人均收入”②。

(四) 纳克斯对贸易是“经济增长的发动机”命题的修正

在20世纪，中心国家的经济增长并没有通过对初级产品需求的增加而把自己的经济增长率传递到世界其他国家去。因此，纳克斯本人也改变了看法，他承认，认为对外贸易是经济增长的发动机的观点只适用于19世纪英国与新殖民地区经济的发展状况，

---

① Paul Krugman (1979), “Increasing returns, monopolistic competition and international trade”, Journal of International Economics, 9, 469－479.

② Either, Wilfred J. (1982), “National and international returns to scale in the modern theory of international trade”, American Economic Review, vol. 72, 388－405.

由于20世纪各种条件的变化，“经济增长发动机”这一命题已经不再适用了。

纳克斯认为，造成这种情况的原因主要有以下几方面：（1）随着发达国家经济的发展，各国的经济结构发生了变化，对发展中国家的初级产品的需求要下降；（2）发达国家国民生产总值的构成中，劳务部门所占的比重增加，所以对原料的需求难以赶上生产的增加；（3）农产品需求的收入弹性低，当发达国家的经济不断增长时，其食品结构也发生变化，所以它们对农产品的需求倾向于减小；（4）发达国家农业开始盛行保护主义；（5）技术的发展使得发达国家对天然原料和初级产品的需求减小。总之，纳克斯认为，对外贸易传递经济增长的作用已经不再明显了。

二、技术作为外生变量的国际贸易、技术、经济增长关系

（一）新贸易理论采用规模报酬递增假定下的静态分析模型研究行业内贸易

从20世纪70年代以来，以保罗·克鲁格曼为代表的一些经济学家开始使用迪克特和斯蒂格利茨（Dixit和Stiglitz，1977）① 发表的DS模型来研究和解释贸易机制，形成了新贸易理论。以保罗·克鲁格曼（1979）和W·J·Either（1982）为代表的新贸易理论采用规模报酬递增假定下的静态分析模型，致力于对行业内贸易模式的研究。

1977年，迪克西特和斯蒂格利茨（A. Dixit和J. Stiglitz）在《美国经济评论》上发表了《垄断竞争和最优产品多样化》一文，该文建立了一个规模经济和多样化消费之间的两难冲突模型（DS模型）。这一模型假设，存在两个国家，生产中具有规模经济，而消费者具有多样化消费的偏好，则即使两国其他条件完全相同，但仍然可以通过专业化生产的选择获得比较优势。DS模型认为，从生产者方面来讲，由于产品的生产规模越大成本就越低，因此产品的品种越少越好；从消费者方面来讲，由于多样化消费的偏好，因此产品的品种越多越好。这就产生了一个两难冲突：消费者要求产品的品种更多，而生产者在资源稀缺性的约束条件下，生产规模就会缩小，导致每种产品的生产成本及价格上升。但由于规模经济的作用，市场竞争能使这种两难冲突达到一定的，或是一种次优的均衡：每一个生产者都去生产一种差别性产品——既满足了消费者多样化和廉价的消费需求，又能使生产者本身获得一定程度的垄断利益——从而形成某种垄断竞争的局面。其结论是，一个统一的规模扩大的市场更能发挥规模经济的优势，从而使这一两难冲突的解决空间增大。由于国际贸易能使市场规模延伸并覆盖整个世界，使更多的人有更多机会消费更多样化和更廉价的产品，因此能更容易地达到均衡。DS模型为国际贸易理论的深入研究提供了一个明确的方向。

在以保罗·克鲁格曼（1979）② 和W·J·Either（1982）③ 为代表的新贸易理论强调规模递增是贸易的基础，将以规模递增为基础的劳动分工与以比较利益为基础的劳动分工相区别，新贸易理论采用静态分析模型，解决了规模报酬递增条件下贸易模式、特

① 克鲁格曼．克鲁格曼国际贸易新理论．北京：中国社会科学出版社，2001：45－46.

② Brander, J. A. and Krugman P. (1983), “A reciprocal dumping model of international trade”, Journal of International Economics, 13.

③ Krugman, P. (1984), “Import protection as export promotion: international competition” in the presence of oligopoly and economies of scale, Kierzkowski.

别是行业内贸易模式的决定问题，并把行业内贸易理论和传统的 H－O 理论结合起来，从而突破了传统贸易理论不能解释禀赋相似的国家之间进行贸易以及国家间进行行业内贸易的动因的局限性。他们认为，资源差异和规模经济都是一国进行专业化分工和贸易的原因，前者是完全竞争和规模报酬不变条件下的产业间贸易，后者是不完全竞争和规模报酬递增条件下的产业内贸易。

垄断竞争模型①从内部规模经济的角度，解释了国际贸易是如何通过规模经济来影响各国乃至整个世界的经济福利的。在垄断竞争市场上，厂商面临的是一条向右下方倾斜的需求曲线，这就意味着垄断厂商在市场足够大的情况下可以通过控制产量从而控制价格，进而获得超额利润。所以，市场规模的大小就决定了垄断厂商的利润水平。垄断竞争贸易模型就是建立在贸易能够扩大市场规模这一假设的基础之上的。国际贸易的意义就在于能够形成一个一体化的世界市场，厂商可以打破单一狭小的国内市场限制，扩大专业化生产规模，在世界范围内扩大产品销售市场，并从别国进口其他产品，以满足消费者需求。所以，这时即使两国在技术、要素等方面没有差异，规模经济仍为互利性的贸易提供了机会。

相互倾销贸易模型（Reciprocal Dumping Model）是新贸易理论的另一主要理论基础模型。相互倾销贸易理论是布兰德和克鲁格曼（Brander 和 Krugman，1983）② 在“国际贸易的相互倾销模型”中提出的。该模型认为，寡头垄断厂商为实现企业利润最大化，将增加的产量以低于本国市场价格的价格销往国外。从表面上看，在国外市场上产品的销售价格是降低了，但是从全部产品所获利润最大化的角度来看，如果这种销售不影响在本国销售该产品的价格，那么厂商所获得的总利润水平却提高了。同理，其他国家的厂商也会采取同样的策略将增加的产量销往对方国家市场。这样，在相互倾销贸易理论中，各国开展对外贸易的原因只在于垄断或寡头垄断企业的市场销售战略。具体来说，寡头垄断厂商如果扩大产量，且在国内市场销售，就会造成产品价格的下降，从而引起厂商利润的下降。但如果寡头垄断厂商将扩大生产的产品销售到国外市场，在市场分割的情况下，即使厂商在国外市场的产品售价低于国内同种产品的市场售价，国内市场的利润也不会下降，由此寡头垄断厂商在国际贸易中既获得了规模经济带来的利益，又享受了超额利润。这样，在不完全竞争市场结构中具有垄断厂商的国家之间即使在产品技术等各方面没有差异的情况下，也会产生产业内贸易。

战略性贸易政策战略性贸易政策（Strategic Trade Policy）是新贸易理论的基本政策主张。1984 年，克鲁格曼在《以进口保护促进出口》③ 一文中证明，在寡头垄断市场和规模经济条件下，一国政府可以采取较高的进口关税这种战略性政策来保护本国具有战略性意义的幼稚产业，当本国市场容量足够大，将会使其获得静态规模经济收益，降低其边际生产成本，在此基础上提高其出口竞争力，从而促进出口。这就是影响广泛的

① Brander, J. A. and Spencer, B. J. (1984), “Trade warfare: tariff and cartels”, Journal of International Economics.

② Brander, J. A. and Spencer, B. J. (1985), “Export subsidies and international market share rivalry”, Journal of International Economics, 18, 83 - 100.

③ Eaton B. C. and Grossman, G. (1986), “Optimal trade and industrial policy under oligopoly”, Quarterly Journal of Economics, 101, 383 - 406.

“战略性贸易政策”（Strategic Trade Policy）的重要命题之一。

加拿大经济学家布兰德和美国经济学家斯潘塞（J. A. Brander 和 B. J. Spencer）1981 年在《加拿大经济学杂志》上发表了《关税和潜在进入的外国垄断利润的来源》，1984 年在《国际经济学杂志》上发表了《贸易冲突：关税和卡特尔》①，1985 年在《国际经济学杂志》上发表了《出口补贴和市场份额的争夺》②，在《产业经济学杂志》上发表了《暗中共谋、自由进入和福利》等一系列文章，在对新贸易理论研究的基础上提出了另一最具影响的贸易政策——以出口补贴促进出口，又称利润转移论。这是战略性贸易政策又一重要命题。他们认为，尽管完全竞争条件下自由贸易是最优的选择，但在现实经济中完全竞争是不存在的，而规模经济和不完全竞争（垄断竞争、寡占）是经常的、普遍的现象；世界上许多产业都是由为数有限的几个具有市场力量的厂商所左右；如果在本国厂商作出生产决策前，政府采取“干预性”（战略性）贸易政策（如出口补贴）对那些本国重要产业进行扶持和保护，提高这些产业领域中的厂商在国际市场上的竞争能力，使其有能力抢占国际市场份额以谋取“经济租”（垄断利润），那么利润从国外厂商向国内厂商的转移会使本国的贸易福利得到提高。

1986 年，美国经济学家伊顿和格鲁斯曼（J. Eaton and G. M. Grossman）在《经济学季刊杂志》上发表了《最优贸易和寡头垄断的产业政策》③ 一文，该文从经济学角度明确指出了布兰德和斯潘塞贸易政策的脆弱性，认为其中政府干预性的效果都预先设定了一些特殊的假设条件，如在垄断竞争的环境中、生产出的商品具有替代性、市场出清等。要从这样的分析中概括出贸易政策的一般原理是比较困难的，伊顿和格鲁斯曼在该文中分析了寡头垄断下的贸易与产业政策的福利效应，描述了在不同市场结构和条件假设下最优的干预政策，证明了当一个国家只有一家厂商且所有产出都供出口，那么最优政策取决于针对这个国内厂商行动的外国厂商的实际反应和国内厂商相应的反应之间的不同。如果两家厂商展开古诺竞争（即依据对方的产量而确定自己的最优产量），则出口补贴往往是最优政策选择；但如果两家厂商从事伯特兰竞争（即依据对方的价格而确定自己的最优价格），则出口税往往是最优政策选择；当然如果每个厂商的“推测”是“一致的”，即一家厂商的“推测”正好是另一家厂商的实际反应，则自由贸易是最优政策选择。

外部经济论又称技术外溢论，是新贸易理论另一最为重要的政策主张。外部经济论有两层含义，一层含义是外部经济存在于厂商的外部但在同一产业的内部，同一产业内部的厂商既相互协作并共同分享信息、管理经验以及“技术溢出”等公共品，又相互竞争。在这种相互协作、相互竞争的过程中，同一产业内部的厂商提高了效率和管理技能，从而又促进了该产业的发展；另一层含义是外部经济应放在全球的范围去讨论。克

① ［美］克鲁格曼．工业国家间贸易的新理论．世界经济译丛，1984（4）：37.

② Paul Krugman (1979), “Increasing returns, monopolistic competition and international trade”, Journal of International Economics, 9, 469－479.

③ Markusen and Svenson (1985), “Explaining the volume of trade: an eclectic approach”, American Economic Review, 76, 1002－1011.

鲁格曼1983年在《工业国家间贸易的新理论》① 一文中，在提出技术竞争理论的同时进一步发展和总结了外部经济的观点。他指出，假设在某产业中有本国和外国两家厂商，他们都以加大R&D的投入展开技术竞争的手段来降低生产成本及开发新产品，则他们对R&D投入的多少决定了他们以后在产品市场上的竞争地位，哪一国的该产业对R&D投入得多，则该国就可能率先抢占该产业的制高点。但是，新产品的开发一种可能的结果是自己独享利益，另一种可能的结果是通过“技术外溢（Technology Spillover)”和“干中学（Learning-by-doing)”使另一家厂商也能获得一部分利益。因此，一国政府应该采取保护主义和干预主义的政策来保护具有战略性意义的高新技术产业。由此可见，外部经济论为政府干预经济提供了重要的理论依据，也为此后一些发达国家政府干预经济提供了一个很好的藉口。

克鲁格曼（1979)② 用新贸易理论很好地解释了林德贸易模式：即使两国的初始条件完全相同，没有李嘉图所说的外生比较优势，但如果存在规模经济，则两国可以选择不同的专业，从而产生后天的绝对优势，因此禀赋条件相似的发达国家之间的贸易量反而可能比较大。新贸易理论还解释了许多传统理论无法解释的现象，例如生产力和贸易依存度同时提高以及贸易量比收入增长更快等现象。

新贸易理论实际上是以比较优势原理和规模报酬递增原理来解释贸易的原因和作用，其解释力大为提高。新贸易理论也承认国与国之间的差异是国际贸易产生的动因之一，但它认为还有其他原因，其中之一就是国与国之间在国际分工中所内生的绝对优势，而这种国际分工中所内生的绝对优势则是由规模报酬机制引起的。按照新贸易理论，在报酬递增条件下从贸易中获得的好处会更多，所以自由贸易是绝对真理，但是，另一方面，出口补贴、临时关税等措施也有可能在一定程度上改变国际分工模式使其利于实行贸易保护主义的国家。

（二）技术上的差异亦可引起同行业产品间贸易

马库森和斯文森（1985）及戴维斯（Davis，1998）提出即使在规模报酬不变和完全竞争的市场上，技术上的差异亦可引起同行业产品间贸易

马库森和斯文森（Makusen 和 Svenson，1985)③ 用技术作为外生变量的差异说明发达国家之间和同类产品之间的贸易，他们研究证明，在两国资源配置比例和需求偏好相同、产品生产需要两种以上生产要素投入以及不具有规模经济的条件下，技术的某种差别就会导致劳动生产率的差异。在两国贸易中，各国都将出口其要素生产率相对高的产品。其研究说明，即使在规模报酬不变和完全竞争的市场上，技术的差异也可引起同行业间的产品贸易。他们把技术作为外生变量，用技术差异说明发达国家之间以及同类产品之间的贸易。

① Davis, D. R. (1998), “Technology, unemployment and relative wages in a global economy”, European Economic Review, 42, 1613 - 1633.

② 戴维·罗默．高级宏观经济学．苏剑，罗涛，译．北京：商务印书馆，1999.

③ Frankel, J. and Romer, D. (1999), “Does trade cause growth”, American Economic Review, 89, 379 - 399.

戴维斯（Davis，1998）[1] 以两个国家、两种产业研究了技术变动的影响。他假定，第一种产业只生产一种产品，而第二种产业生产两种不可完全替代的产品，其中一国在第二种产业的生产中与国外技术略有不同，在其中一种产品的生产技术比另一国略胜一筹。在自由贸易条件下，要素价格的相等将导致该国生产和出口这种产品，而另一国则会生产出口另一种产品。

三、技术作为内生变量的国际贸易、技术、经济增长关系

把技术作为内生变量进行分析是当代国际贸易理论的一大热点，主要研究技术变动的原因以及技术进步作为生产和贸易的结果对贸易模式与社会福利的影响。技术进步与国际贸易存在一种互动关系，贸易不仅通过国际市场的竞争使得各国努力开发新技术和新产品，也通过国际技术外溢给予各国互相启发和学习的机会。

（一）内生增长框架下贸易对增长的影响

20 世纪 80 年代中期以后，以美国经济学家保尔·罗默、罗伯特·卢卡斯和英国经济学家莫里斯·斯科特等为代表的新增长理论把创新作为推动生产率增长的核心因素，同时认为贸易促进了创新活动，创新活动推动经济增长，通过对增长因素的计量分析，指出发达国家经济增长的大部分应归功于生产率的提高。特别值得注意的是，从新经济增长理论中能引申出对外贸易促进经济增长的新的依据。基于这一事实，新增长理论构造了一系列模型，将技术变动内生化，来研究国际贸易与技术进步及经济增长的关系。

在新古典模型中，考虑到了技术进步在经济增长中的作用，但技术进步被作为外生变量，对经济增长的贡献表示为扣除劳动和资本所做的贡献之后的余量。在新增长理论中，技术进步被作为内生变量，从而揭示了劳动、资本、技术进步对增长的共同作用，以及这三者之间的相互关系。技术进步实际是通过劳动和资本来体现的，体现在劳动中就是劳动者素质的提高，体现在资本中就是用更先进的设备替代了旧设备。

该理论认为，技术变动有两种源泉：一种是被动的，是通过经济行为学来的，被称为“干中学”；另一种是主动的，是自己创造出来的，这被称为技术革新（innovation），它是研究和开发（R&D）的结果。国际贸易可以通过“技术外溢”和外部刺激促进一国的技术变动和经济增长：一方面，无论什么技术都有一个外溢的过程，作为先进技术的拥有者，有时通过国际贸易有意无意地将技术传播到别的国家，使别国的生产者逐渐学会和掌握了这些技术；另一方面，国际贸易提供了更为广阔的市场、更为频繁的信息交流和更加激烈的竞争，迫使各国努力开发新技术、新产品。国际贸易与技术变动的相互促进关系将保证一国经济的长期增长[2]。

内生增长理论认为，一国经济的持续增长机制在于技术知识的不断积累，这种积累或者来自于投资和生产活动的副产品（“干中学”思路）或者来自于 R&D 部门不断地创造新产品（知识创新思路）。因此，其讨论贸易对增长的影响的研究重点是相对于封

---

① Aghion, P. and Howitt, P. (1998), “Endogenous growth theory”, Cambridge, the MIT Press. 中译本：阿吉翁，霍依特. 内生增长理论. 陶然，等，译. 北京：北京大学出版社，2004.

② Romer, P. (1986), “Increasing return and long-run growth”, Journal of Political Economy, 94, 1002 - 1037.

闭经济而言贸易如何影响一国的知识积累速度。

从“干中学”的角度，根据 Frankel - Romer 模型①，因为一国的知识积累来源于投资活动，所以其知识存量 A 和资本的存量水平 K 成正比例。贸易使得每一个国家面对的是世界的总资本存量，因此，其所拥有的知识存量也远远大于封闭经济体时的拥有量，这样该国的资本的积累程度也因资本边际收益的提高而增加，经济增长得更快，这体现了贸易影响增长的“规模效应”。

从知识创新角度，Aghion 和 Howitt（1998）② 通过扩展罗默（1986）③ 的模型，在单部门（只存在唯一的最终品生产部门）框架下规范地分析了在两个相似国家（资源禀赋相同）中贸易影响增长的一般机制。首先，根据产品种类增加模型可知，进行模仿和重复生产是无效率的，因此，参与贸易的各国中间品厂商不会提供重复的中间产品。假定各国的 R&D 活动水平保持不变，则各国的最终品生产部门可以拥有更多种类的中间品投入，由此产生的更高的全要素生产率将提高各国经济增长率。其次，贸易也将通过刺激 R&D 部门投入提高经济增长率。具体而言，在贸易模式下每一个面对更广阔市场的中间品厂商可以获得更大的利润流，这将使得投入到 R&D 活动的资源水平得到提高。再次，如果技术知识可以在国际间自由流通，各国的中间品厂商进行知识创新活动的边际成本将出于其可利用世界整体知识储备而得到极大的节约，这也将刺激资源向 R&D 活动的投入，提高经济增长率。

罗默的新经济增长理论把知识积累看作是现代经济增长的重要源泉。他在分析国际经济增长问题时，认为知识积累率的高低和由此而来的要素收益率的差异是发达和发展中国家经济增长率和收入水平存在巨大差异的主要原因，国际贸易可以促使知识在世界范围内加快积累，使世界总的产出水平提高，进而促使穷国经济迅速发展而缩短与富国之间的差距。罗默把内生创新的模式扩展到包括商品、资本和思想的国际流动，认为国际贸易主要通过五种渠道来影响经济增长：第一是规模收益，贸易的自由化扩展了国内企业所面对的市场的有效范围；第二是贸易通过不可避免的国际交换而引起的国家技术外溢来影响一国经济的增长；第三是一国可以通过国际贸易消除研究部门的重复工作，以避免资源的浪费；第四是任何自由贸易政策所引起的生产布局和竞争；第五是加速资本的积累。

卢卡斯的建模思想与罗默的稍有不同，他的增长模型以人力资本为核心。他认为，正是各国在人力资本方面的差异，导致了各国在收入和经济增长率方面的差异。他还认为扩大经济的开放度可以使发展中国家吸收新技术和人力资本，从而更快地实现经济发展，缩小与发达国家的收入差距。

斯科特的经济增长理论强调了国际贸易在经济增长中的重要地位，认为发展中国家

---

① Grossman, Gene M. and Elhanan Helpman (1990), "The new growth theory: trade, innovation and growth", The American Economic Review, vol. 80, 2, p86 - 91.

② Aghion, P. and Howitt, P. (1998), "Endogenous growth theory", Cambridge, the MIT Press. 中译本：阿吉翁，霍依特．内生增长理论．陶然，等，译．北京：北京大学出版社，2004.

③ Aghion, P. and Howitt, P. (1998), "Endogenous growth theory", Cambridge, the MIT Press. 中译本：阿吉翁，霍依特．内生增长理论．陶然，等，译．北京：北京大学出版社，2004.

通过国际贸易可以吸收外国的先进技术和人力资本，从而减少失误，形成一种特殊的赶超，迅速发展本国经济。

新经济增长理论强调贸易开放和出口的外部性效应在长期经济增长中的积极作用。这一理论认为，出口部门增长的动态生产率效果可以成为部门间现代技术及技术诀窍扩散的催化剂。“与选择了保护贸易立场的国家相比较，那些采用了外向型发展战略的国家都获得了更快的增长并实现了更高水平的经济福利……不发达国家潜在地处于可从它们的国际联系中获益的最佳位置，因为原则上这些国家可以从发达国家已经积累起来的巨大的知识资本的宝库中吸取养分。”①

以上机制从正面证明了“一国采取开放经济相对于封闭经济将取得更高的增长率”的命题，这些因素可以理解成贸易带来的“规模效应”。但是，这远远不是故事的全部。首先，技术知识能否在国际间自由流通，其次，Aghion 和 Howitt（1998）② 指出贸易对增长也有负面的影响。负面的影响可能来源于“竞争效应”，即相对于封闭经济体而言，中间品种类的增加将加剧中间品市场上的竞争，减少中间品厂商进行新产品开发的预期利润；也可能来自于“配置效应”，即贸易令最终品部门提高了全要素生产率，从而也刺激了要素向最终品生产部门的流入，减少了 R&D 部门中的资源投入，这种效应无疑将降低该国的经济增长率。

Aghion 和 Howitt（1998）③ 指出，贸易对增长的正面效应和负面效应谁更有影响力取决于模型的设置。例如，当最终品生产函数中中间品投入的方式为累加式可分的时候，“竞争效应”为零，而此时“规模效应”和“配置效应”的大小比较取决于技术知识能否在国际间自由流通。如果技术知识可以在国际间自由流通，那么“规模效应”大于“配置效应”，经济增长率得到提高；反之，则两者恰好相抵，增长率不变。

（二）内生增长框架下贸易模式的动态演进

在内生增长理论中，经济增长取决于技术知识的积累，技术因素同样在贸易模式的决定中起到了重要的作用。例如，古典贸易模型强调贸易模式的决定因素是国家间的技术差异，新古典贸易模型认为技术差异、禀赋差异以及消费者偏好的差异同时构成了贸易模式的决定因素，但在上述贸易理论中，国家间的技术差异都被视为外生决定。最早考虑将技术差异内生化以及对贸易模式的决定问题的是保罗·克鲁格曼（1987）④。其后，内生增长理论的发展使得我们可以一方面分析技术差异的形成和动态演变以及由此产生的贸易模式的演进路径，另一方面考察该过程中贸易对参与国经济增长表现的影响。

---

① Krugman, P. R.（1987, “The narrow moving band, the Dutch disease, and the competitive consequences of Mrs. Thatcher: notes on trade in the presence of dynamic scale economies”, Journal of Development Economics, 27, 41 – 55.

② Krugman, P. R.（1987）, “The narrow moving band, the Dutch disease, and the competitive consequences of Mrs. Thatcher: notes on trade in the presence of dynamic scale economies”, Journal of Development Economics, 27, 41 – 55.

③ Lucas, R.（1988）, “On the mechanism of economic development”, Journal of Monetary Economics, 22, 3 – 22.

④ Grossman, G. and Helpman, E.（1991）, Innovation and growth in the global economy, Cambridge, MIT Press. 中译本：格罗斯曼，赫尔普曼．全球经济中的创新与增长．何帆，等，译．北京：中国人民大学出版社，2003.

1. 保罗·克鲁格曼（1987）、卢卡斯（1988）提出“干中学”框架下的贸易模式

保罗·克鲁格曼（1987）考察了李嘉图贸易模式的决定问题，经济体中不同部门的技术水平取决于各自部门中生产经验的积累，而且这种“干中学”效益在国际间的外溢是不完全的。由此，关于生产经验积累水平的初始条件将决定不同国家在不同部门的生产率水平以及相应的贸易模式。而且，由于每一国在国际分工中专注于某特定部门的生产，同时该国在此部门的生产率优势将因“干中学”效益不断地得到加强，所以初始条件决定的贸易模式会随着贸易的进行而进一步巩固，贸易模式具有动态的累积性。

保罗·克鲁格曼（1987）① 首先将动态比较优势与内生技术进步同时内生化，分析了贸易模式的决定问题：部门特定的累计生产经验决定着比较优势和贸易模式，而生产经验的积累是通过“干中学”实现的。克鲁格曼引入学习曲线，在产业层次上考虑了动态规模报酬递增，产业中过去积累的产量决定着当前的生产率，即每个产业的生产率取决于经验指数。克鲁格曼进一步在知识国际溢出的情形下分析了一国的经验指数与本国和外国的可贸易品产量之间的正向关系，可贸易品产量越高，经验指数也就越高。这意味着，动态比较优势（两国的相对生产率）是相对经验指数的函数。即使两国之间的劳动力数量相同，不存在李嘉图意义上的相对成本差异，比较优势也可以由贸易开放程度（经验国际化程度）和可贸易品产量来决定。因此，比较优势是由学习效应的动态演进而形成的，并非一定源于一国的自然禀赋。克鲁格曼对“干中学”效应下动态比较优势的内生决定机制所做的探讨强调的是贸易开放后贸易品产量增加通过学习效应会形成比较优势，但是克鲁格曼的模型没有考虑不同产品具有不同学习效率的情形，这一工作开始于卢卡斯（1988）的研究。

卢卡斯（1988）② 分析了 H－O 模型下贸易模式的决定，并进一步讨论了贸易对经济增长的影响问题。假定经济体中存在两个最终产品部门，每一个部门都需要特定的劳动力和人力资本投入，同时人力资本的生产完全作为副产品来自最终产品部门的生产行为，其增长率取决于该部门的劳动力投入和学习系数，其中，学习系数高的部门的人力资本的增长率比另一部门快，也就是说，该部门（不妨假定为第一个部门）有着更好的“干中学”效果。模型进一步假定世界由一系列小国家组成，两种产品的国际市场价格为外生给定。卢卡斯指出：一方面，贸易模式取决于贸易前各国人力资本在两个部门中的分配，第一个部门人力资本相对丰裕的国家将专业于第一部门的生产，第二个部门人力资本相对丰裕的国家将专业于第二部门的生产；另一方面，由于人力资本生产的外部性，经济体将得到持续的经济增长率，并且因为不同部门中“干中学”效果的不同，所以专业于第一个部门生产的国家的经济增长率将大于专业于第二个部门生产的国家的经济增长率。卢卡斯（1988）特别强调新产品被不断引入，否则“干中学”效应

① Stokey, N. (1988), “Learning by doing and the introduction of new goods”, Journal of Political Economy, 96, 701－717.

② Stokey, N. (1991), “The volume and composition of trade between rich and poor countries”, Review of Economics Studies, 58, 63－80.

就无法保证规模报酬递增。卢卡斯（1988）认为，由于规模经济的原因，贸易会造成具有比较优势的产业部门（出口部门）的产出扩张，从而更有利于技术进步，而进口竞争的产业部门则可能受到负面的影响而不利于技术进步。

可见，通过“干中学”的机制解释国家间贸易模式的动态演进问题，一个重要的结论是，一国的技术优势和禀赋优势及由此决定的贸易模式具有动态的累积性。

2. 格罗斯曼、赫尔普曼（1991）提出“知识创新”框架下的贸易模式

“干中学”模型把技术进步仅仅作为一种副产品来处理并不符合技术进步的现实机制，相反，从知识创新模型出发来考虑贸易模式和经济增长率的决定问题将更具有解释力。格罗斯曼和赫尔普曼（1991）把规模经济和比较利益相结合作为贸易产生和贸易利益的主要原因，其建立的 GH 模型研究了开放条件下贸易与技术创新及经济增长的关系。

格罗斯曼和赫尔普曼（1991）① 认为，国际贸易促进经济增长的主要渠道，一方面源于贸易所带来的规模经济效应，另一方面来源于国际贸易可以通过促进国内资源在物资生产部门和知识产品生产部门之间的要素优化配置，进而促进经济增长。他们将产品质量提高模型和 H－O 贸易理论结合起来讨论了多个部门、多个投入要素时贸易模式的动态演进和贸易对增长的影响问题，该模型基本上是 W. J. Either（1982）的动态扩展，引入了 R&D 生产的外部性来代替国民收益作为规模报酬递增的来源。

考虑两个国家，两种投入要素：非熟练劳动和熟练劳动，假设每个国家都存在最终品生产部门、中间品生产部门和家庭（消费者）部门。知识的创新表现为每一种中间品质量的提高。假定的技术产品、中间品和 R&D 的生产活动中，投入的非熟练劳动和熟练劳动的比率固定而且其比率依次递减。在贸易框架下，当两国的两种要素禀赋比例相差不大时，均衡状态下两国都将生产一部分的最终品和中间品以及提供与该国生产的中间品种类相适应的 R&D 活动，并且此时各国间的要素回报均等。熟练劳动力禀赋相对丰裕的国家相对于非熟练劳动力禀赋相对丰裕的国家将从事更多的 R&D 活动、中间品品种的生产以及高技术产品的生产，并得到更高的经济增长率，但是两国的福利增长速度相等。当两个国家的两种要素禀赋比例相差较大时，情况将复杂一些。大致而言，这时贸易均衡并不能保证要素收入的均等化，至少一个国家会发现其长期内在高技术品或传统品的生产方面缺乏竞争力。具体而言，只有非熟练劳动力禀赋相对丰裕的国家可能专业于传统品的生产，只有熟练劳动力禀赋相对丰裕的国家可能专业于中间品和高技术品的生产，均衡状态下的贸易模式符合 H－O 模型，而且后者的生产产出及福利的增长率将无疑大于前者。

格罗斯曼和赫尔普曼（1991）的研究指出，如果一个国家拥有初始的技术优势，则在工资相等的路径上，该国将永远保持这种技术优势，而且最终将集中生产世界所有的 R&D 活动，获得更高的产出增长率；在工资不相等的路径上，如果两国的经济规模类似，则世界所有的 R&D 活动将逐渐集中于拥有初始技术优势的国家，但是如果处于

① Alwyn Yougne (1991), “Learning by doing and dynamic effects of international trade”, Journal of Political Economy, 106, 369－405.

初始技术劣势的国家的经济规模相对于技术领先国足够大，则其在提供传统品生产之余还可以将资源投入到R&D活动和高技术产品的生产中，由于该国巨大的经济规模会使得知识的积累水平得到迅速的提高，因此，存在该国的技术水平超越原技术领先国的可能，此时贸易模式将发生逆转，而且这种模式会永远保持下去。

3. Alwyn Yougne（1991）提出“有限性干中学”框架下的贸易模式

Stokey（1988）①根据学习效应分析了产品结构的内生变化过程，他从静态角度描述了“干中学”的前向溢出效应大于后向溢出效应的情形，即“干中学”效应所引起的高质量产品成本的下降大于低质量产品成本的下降。Stokey（1991）②将该模型进行了开放化处理并强调，发达国家因其在生产经验积累方面具有优势而在高质量产品的生产上具有比较优势，欠发达国家在低质量产品的生产上具有相对优势，这从“干中学”角度对弗农的产品周期现象进行了解释。但是，Stokey（1991）模型并没有将增长纳入一般均衡框架之中。这一任务是由 Alwyn Yougne（1991）完成的，后者在 Stokey（1988）模型的基础上对卢卡斯（1988）模型进行了扩展，将产品生命周期不同阶段的学习效率进行了内生化，在“干中学”效应有界性的条件下，考察了贸易开放对产出结构的内生变化以及内生比较优势的动态演进过程。

Alwyn Yougne（1991）③通过“有限性干中学”模型分析和研究了贸易模式决定和增长问题，认为在经济增长的机制中，“干中学”和技术创新存在着互相促进又互相制约的辩证关系。相对于“干中学”和“知识创新”两种模型而言，Alwyn Yougne 的结论更加简明，而且有利于福利分析和国家间经济增长率的趋同和赶超问题的研究。

在 Alwyn Yougne（1991）的模型中，假设劳动力为唯一的投入要素，在最终品部门内，产品按照技术复杂程度由简到繁沿产品轴排列。高技术级别产品的理论最低成本将小于低技术级别产品的理论最低成本，但实际生产成本还受生产经验的影响：随着产品生产经验的积累，该产品的生产成本将不断降低，但这一“干中学”过程在达到该产品的理论最低成本时中止。如果一个产品达到了理论最低成本点，则称其为技术成熟品，只有非技术成熟品的生产才会通过“干中学”效应降低非技术成熟品的生产成本。模型中假定存在两个国家：发达国家和发展中国家，前者的技术成熟品相对于后者技术更为复杂。这一框架使得发达国家在技术复杂品的生产上具有成本优势，发展中国家在技术相对简单品的生产上具有成本优势。因此，在这一贸易条件下，发达国家将专业于技术复杂品的生产，其生产具有“干中学”效应；发展中国家专业于技术简单品的生产，如果这些产品对于发展中国家而言都是技术成熟品，则参与贸易后的发展中国家的生产活动将不具备“干中学”效应，如果这些产品中有一部分对其而言是非技术成熟品，则贸易后的发展中国家的部分生产活动将具备“干中学”效应。Alwyn Yougne 指

① Lucas, R. (1993), “Making a miracle”, Econometrica, 61, 251 - 272.

② Lucas, R. (2002), Lecture on Economic Growth, Harvard University Press, 中译本：卢卡斯．经济发展讲座．罗汉，等，译．南京：江苏人民出版社，2003.

③ Alwyn. Yougne (1991), “Learning by doing and dynamic effects of international trade”, Journal of Political Economy, 106.

出，相对于封闭经济，发达国家将肯定获得更高的经济增长率，而发展中国家的经济增长率将降低。在大多数情况下，两国之间的技术、经济增长率的差距以及贸易模式将是累积性的，但是如果发展中国家的初始技术差距不大而且经济规模相对于发达国家很大，则贸易后的发展中国家不但可以获得生产的“干中学”效应，还可以超越发达国家的技术水平，贸易模式将发生逆转。

可见，和格罗斯曼和赫尔普曼的观点一样，Alwyn Yougne（1991）同样得出的结论是：如果知识的溢出效应局限于一国范围内，则两国间的贸易模式和增长表现将取决于初始技术差异和经济规模。但是，在福利分析方面，与格罗斯曼和赫尔普曼所得出的复杂结论相比，这里参与贸易将肯定提高发达国家的静态和动态福利水平，并同时降低发展中国家的动态福利水平。

4. 卢卡斯（1993）强调人力资本积累与出口贸易间的关系

克鲁格曼（1987）的动态比较优势是作为整体出现的，但是没有一个国家能够在一般意义上的某一产业拥有比较优势，而Stokey、Yougne（1991）以及卢卡斯的动态比较优势是体现在单个产品上的，这更符合现实情形。卢卡斯（1993）认为，“东亚奇迹”发生的根源就在于，不同经济的不同增长速度是源于其劳动力从简单产品部门向复杂产品部门转移的速度和程度的差异。在“干中学”效应的作用下，一国如果能够很好地将资源集中于其现有能力所能达到的技术水平产品的生产就越容易实现产业结构的升级。卢卡斯（1993）认为，“东亚奇迹”就是这样发生的。他特别强调，人力资本积累对“东亚奇迹”的解释力量，并且指出：“Stokey和Alwyn Yougne解决了如何分析特定生产过程中的‘干中学’与经济增长之间关系的问题”，他强调人们可以通过用学习效率的差异来解释增长率的差异。卢卡斯（1993）对Stokey和Alwyn Yougne的国内知识溢出条件下的动态比较优势进行了扩展和应用，一方面，他将体现在单个产品上的比较优势与整个经济的增长率联系起来，从而使得快速的经济增长与贸易之间紧密联系的事实有了理论模型；另一方面，他为“干中学”效应对经济增长率差异的解释找到了微观证据。卢卡斯（1993）模型考虑了仅有劳动投入的学习技术，强调经验积累具有规模效应，在他看来，经济就是通过不断生产更优质的产品来获得进步，因为更优质的产品具有更强的“干中学”效应。卢卡斯（1993）将人力资本的外部效应与经济增长结合起来阐述了“东亚奇迹”的发生：“所有创造奇迹的国家都不断向更尖端的产品转移……一个快速增长的经济或部门必然成功地把劳动力集中到前沿产品的生产上，通过高学习率快速进行人力资本积累”。由此可见他的比较优势思想：当一国工人从简单产品部门转移到复杂产品部门时，经济增长率不断提高，将基于“干中学”效应的动态比较优势结合进经济增长模型，就能解释“东亚奇迹”以及各国经济增长率之间差异的主要根源。

（三）出口贸易与技术进步

20世纪80年代以来，以E·哈根为代表的经济学家从出口贸易对技术进步的促进来寻找推动经济增长的作用，E·哈根认为，出口需求扩大往往是一个刺激技术创新的信号，从而导致新技术和新管理方法的采用，结果不仅是出口数量，更重要的是出口产品质量也大大提高，这就不仅增加了国民收入，出口产业新技术的外溢效应也会在其他非出口产业产生连锁反应，最后使整个国民经济实现数量和质量的提高。Levin 和 Raut（1997）探讨了出口贸易影响经济增长的技术进步因素。

（四）制度创新与出口贸易

诺斯（North，1990）认为，制度创新促进经济增长，而出口贸易可以促进制度创新，因为一方面出口贸易可以通过“边干边学”效应和“外溢”效应促进整个国家的制度创新，另一方面，出口贸易可以促进市场和经济规模的扩大，迫切需要制度创新以降低交易费用，同时，出口贸易把企业推向竞争激烈的国际市场，引起竞争强化，迫使国内企业积极进行制度创新，以提高组织运行效率和技术创新效率，从而提高自身的竞争力。

（五）20 世纪 90 年代以来，国际技术外溢带动下的国际贸易与经济增长的关系

亚那戈娃（Yanagawa）① 分析了通过直接或间接的途径传播技术以及影响国际贸易的国际技术外溢；卢卡斯（Lucas）和克鲁格曼（Krugman）等把技术作为内生变量，分别讨论了国内技术外溢的问题，研究比较优势的内生性与动态转移；鲍尔均和塞克曼（Bodlrin and Sheinkman，1998）② 以及格罗斯曼和赫尔普曼（Grossman and Helpman）则系统地研究了行业间和同行业内部技术的外溢及其作用，并认为，技术外溢作用的结果有可能改变一国原有的比较优势；贝克尔和杨小凯③运用分工与交易成本理论，认为专业化分工导致人力资本与知识的积累产生内生比较优势。

四、新兴古典贸易理论（内生贸易理论）

20 世纪 80 年代以来，杨小凯等人以“个人专业化水平的决策以及均衡分工水平的演进”为基础发展成新兴古典贸易理论（又称“内生贸易理论”），新兴古典贸易理论虽然没有专门论述国际贸易与经济增长的关系，但隐含的演绎逻辑是经济增长和国际贸易之间存在良性互动的循环过程，互动机制内生于劳动分工的自发演进过程中。

20 世纪 90 年代以来，杨小凯等经济学家使用超边际分析方法复活了亚当·斯密的分工思想，将新古典经济学、新制度经济学、增长理论、发展经济学、贸易理论等几乎所有的经济学分支都统一在他们命名为新兴古典经济学的分析框架之中④。新兴古典经济学认为，阻碍分工发展的唯一障碍是交易效率，当交易效率提高即改进时，最优分工水平就会随之演进即提高，而经济增长、贸易和市场结构变化都是这个演进过程的不同侧面，他们将贸易自由化政策以及交易效率视为对外贸易促进经济增长的唯一前提。

他们摒弃了新古典经济学的生产者—消费者绝对分离的基本假设条件，从全新的视角定义了经济学的研究对象，用超边际分析方法将古典经济学关于分工与专业化经济思想模型化，以个人专业化水平的决策以及均衡分工水平的演进为基础，重新阐述斯密的分工理论及其对国际贸易原因的论述。基于新兴古典经济学框架下贸易理论的逻辑思

① 杨小凯．经济学原理．北京：中国社会科学出版社，1998.

② 里昂惕夫之谜是国际贸易理论发展史上的重大转折点。

③ Krugman，P.（1994），“Competitiveness：a dangerous obsession”，Foreign Affairs，vol. 73，2，28－44.

④ Sachs，J.（1996），“The tankers are turning-Sachs on Competitiveness”，World Link，September/October.

路是：每个人既是追求高效率的生产者，也是偏好多样化消费的消费者，他们首先选择专业化水平和专业化方向，之后再做给定分工结构下的资源分配决策。这就产生了专业化经济与交易费用增加的两难冲突，引入交易效率后，交易效率提高，市场容量扩大，相互分割的局部市场逐渐发展成一体化市场，同时自给自足率下降，均衡的结果是不断产生最优的分工水平。新兴古典经济学将生产者的分工水平内生化，认为国际和国内贸易的原理相同，都是专业化经济与交易费用两难冲突的折中，都应立足于内生比较优势的演进，并用信息不对称揭示了比较利益的由来，而且把人们的视野由原来片面对自然资源、要素价格及规模经济差别的关注扩展到交易制度、产权法律制度等劳动分工的层次。这样，比较优势在内生分工与专业化演进过程中被内生创造和强化，作为分工结果的内生比较优势的演进，则预示着一国贸易动态发展和经济持续增长的可能性。

新兴古典经济学较好地解释了传统理论无法解释的许多贸易和经济增长现象。新古典经济增长模型不能预见经济增长率的上升，罗默的新经济增长模型则不能预见经济增长率的下降，而新型古典经济增长模型却同时可以预见更多的增长模式：在经济发展的初始阶段，由于分工水平低，增长来源于积累的学习效果，经济增长率低而且递减；当学习积累到一定水平，生产率改进，分工演进速度加快，增长率高而且递增，这时经济起飞；当交易效率没有进一步改善导致分工的潜力被耗尽时，增长率又会下降。在新兴古典经济学看来，只有不断改进交易效率才能够获得持续的经济增长。

新兴古典经济学在解释林德贸易模式时认为，这种现象产生的真正原因在于，发展中国家的交易效率要比发达国家低。而国际贸易之所以一般在国内贸易之后发展起来，是因为同国内贸易相比，国际贸易往往有一些额外的费用，如关税、运输费等，即国际贸易的交易费用相对更高。

新兴古典经济学较好地解释了要素密度逆转现象，例如里昂惕夫之谜①。要素密度逆转现象是指一个国家会违反比较禀赋优势原理出口禀赋资源稀缺产品的现象。新兴古典经济学认为，随着交易效率的改进，两国生产的资本品的种类会越来越多，因此最终消费品的资本密集度会上升。但若一国人口相对另一国较多，则此国有可能也生产很多资本品，而且即使该国劳动与资本比率仍比他国高，该国仍可能进口劳动相对密集的消费品和出口资本密集的消费品。也就是说，一国有可能出口有外生技术比较劣势的产品。当然，每个国家都会尽量充分利用外生、内生的生产和交易效率的综合比较优势，而避免贸易有交易效率比较劣势的产品，当这些比较优势之间有冲突时，一国是进口还是出口某产品，就由该国生产该产品的外生比较劣势是否超过其内生比较优势或交易效率中的比较优势而定。

杨小凯等人用超边际分析将李嘉图模型由两个国家、两种产品扩展到三个国家、两种商品的情形，他们发现，其中一个国家同其他国家相比也存在着比较优势，但也可能被排除在国际贸易之外。这取决于该国的交易效率。若其交易效率较低则可能被排除在

① Sanyal, K. and Jones R. (1982), "The theory of trade in middle products", American Economic Review, vol. 72, 1, p16 - 311.

外。因此，杨小凯认为，这一模型可以调和关于一个国家究竟是实行自由贸易，还是提高国际竞争力更为重要的争论。克鲁格曼（1994）认为，一个国家应该致力于促进自由贸易，而强调国际竞争力的做法将是一个“危险的迷途”①。萨克斯等人（Sachs, 1996）② 则持反对态度，他们强调，国际竞争力对改善一个国家的福利有着至关重要的作用。杨小凯等人认为，如果以一个国家的交易效率来衡量国际竞争力的话，那么这一模型就证实了竞争力的重要性，同时该模型也支持了克鲁格曼的观点，因为通过贸易自由化政策可以提高交易效率。

显然，新兴古典经济学倾向于将贸易自由化政策以及交易效率作为对外贸易促进经济增长的唯一前提，对交易效率有决定性影响的是内生交易费用，而内生交易费用是指在交易过程中机会主义行为所造成的社会福利损失。由于制度和习惯等因素对机会主义行为的产生有决定性的影响。因此，内生交易费用可以通过制度的创设和习惯的形成而加以减少。在新兴古典经济理论看来，之所以有穷国和富国的差别，其主要根源就是富国有一些好制度和习惯能够有效地减少内生交易费用，而穷国则是缺乏这些有效率的制度和习惯。而在这些制度中，产权制度对减少内生交易费用最为关键。也就是说，一个与市场经济相适应的、有效的产权制度是一国经济发展的关键。杨小凯认为，只有通过民主宪政才能建立起与市场经济相适应的、有效的产权制度，因而最终民主宪政才是一国经济发展的关键。可见，他把宪政框架视为经济发展的唯一条件。

经济增长内在原动力是专业化和分工水平，劳动分工的自发演进决定经济发展，而交易效率决定分工演进的速度，其分工的内生演进过程是一个循环累进的过程，也是内生比较优势的循环累进的过程。因而，新兴古典贸易理论虽然没有专门论述国际贸易与经济增长的关系，但隐含的演绎逻辑是经济增长和国际贸易之间存在良性互动的循环过程，互动机制内生于劳动分工的自发演进过程中。虽然新兴古典贸易理论还未上升为主流地位，但至少提供了解释贸易与增长命题的一个全新的视角。

五、对垂直专业化贸易与经济增长关系的论述

（一）Sanyal 和 Jones（1982）的垂直专业化贸易模型

Sanyal 和 Jones（1982）首次给出了一种包含两种要素（劳动力和资本）、两种中间产品（进口品和出口品）和两种最终产品（不可贸易品和可贸易品）的垂直专业化贸易模型。在他们的模型中，劳动力可以在不同部门和不同生产阶段中流动，而资本只能在最初的投入阶段中使用，且在部门中具有专用性，因此 SJ（1982）③ 模型中的垂直专业化贸易只发生在中间产品的交换中，且等于国内生产和国内使用之差。SJ 的模型建

---

① Kohli, U.（2001）, “Sanyal and Jones on trade in middle products”, Journal of International Trade & Development, vol. 10, 1, p39 - 63.

② Krugman, P.（1995）, “Growing world trade: causes and consequences”, Brookings Papers on Economic Activity, 1, p327 - 262.

③ 多米尼克·萨尔瓦多．国际经济学．朱宝宪，等，译．北京：清华大学出版社，2004：329.

立在严格的生产结构假定基础上，不具有普遍适用性，Kohli（1991）[①] 放松了 SJ 模型中对生产结构的限制，并使模型变得可检验。但在此时，人们对国际贸易的认识仍然停留在基于比较优势的产品与产品之间交换的基础上，进口中间投入并且出口最终产品的垂直专业化贸易并没有引起人们太多的注意。

（二）Krugman（1995）的半成品与制成品之间的垂直专业化贸易

Krugman（1995）[②] 认为，跨国公司使得生产的价值链分割，半成品与制成品之间垂直专业化贸易的发展促成了全球贸易的快速增长。从 20 世纪 90 年代开始，随着全球经济一体化进程的加快，出现了大量的跨国公司，这些跨国公司往往通过其海外子公司加工产品或者以直接投资的方式获取利润。此时，半成品与制成品之间的贸易越来越多，人们开始意识到，正是这种半成品与制成品之间垂直专业化贸易的发展促成了全球贸易的快速增长。Krugman（1995）认为，跨国公司使得生产的价值链分割，生产可以按工序的比较优势在更广泛的范围内进行，而每一阶段生产创造的附加值都会带来贸易总量的增加，因此潜在的贸易量也会增加。

（三）Hummels 等（2001）的两阶段垂直专业化模型

Hummels 等人（2001）沿用李嘉图连续商品模型，构造了一个一种要素、两个国家的两阶段垂直专业化模型，说明垂直专业化贸易对经济增长的作用体现在专业化分工和乘数效应两方面。一是一国可以从专业化分工中获得好处，从而提高劳动生产率；二是垂直专业化贸易的乘数效应。在垂直专业化贸易中，配件、零部件和半成品在加工成最终产品并到达消费者之前需要多次通过海关，这就意味着关税对生产成本有倍增效应，因此，垂直专业化贸易能够扩大贸易壁垒降低带来的贸易利得。而从产业的层面来看，垂直分工对产业组织的好处之一是能使新厂商较容易进入市场，即进入障碍较低。因为当生产结构是产品内的垂直分工时，厂商可专注于只从事某一项功能的生产，最小有效规模较小，更容易进入。

综合上述文献，尽管对垂直专业化贸易的模型解释有很多种，但在垂直专业化贸易产生的根本原因上，大多数文献的结论基本是一致的，即产业内部因技术差距、要素成本差异所引致的国际垂直分工决定了垂直专业化贸易的产生。垂直专业化贸易迅速扩展的原因则基于以下几个方面：（1）关税和非关税壁垒的降低；（2）运输成本、通讯成本的下降以及信息技术的发展；（3）新兴市场的出现。

六、发展经济学领域的贸易与增长观

基于对发展中国家经验事实的判断，发展经济学承认外贸具有促进经济增长的机制，但认为外贸促进经济增长作用的发挥要具备一定的条件，否则，外贸可能会带来负面效应。

R. 阿普尔亚德和 J. 菲尔德认为，外贸促进经济增长作用的发挥要具备一定的条件

① 丹尼斯 · R · 阿普尔亚德，阿尔弗雷德 · J · 菲尔德. 国际经济学. 龚敏，陈琛，译. 北京：机械工业出版社，2001：350 - 360.

② 李嘉图. 政治经济学及赋税原理. 北京：商务印书馆，1962.

的主要原因是：发展中国家的市场缺陷会导致私人的成本和收益不同于社会的成本和收益，由此，依靠市场价格配置资源可能会导致的贸易方式与相对社会成本或该国的长期经济发展目标都不一致；由于不同商品或部门在经济整体范围内的生产关联度各不相同，不同商品的出口增长对整体经济增长与发展的总体效应也将各有不同；国际市场力量不均衡，导致这些国家贸易条件恶化，出口增加收入没有相应增加；多国公司（MNC）转移定价机制行为亦能恶化发展中国家的对付 TOT 长期恶化的政策建议等①。同时，发展经济学也承认，尽管发展中国家的经济发展水平或速度主要倚赖国内条件，国际贸易仍对其发展进程起很大促进作用。但由于不尽如人意的供求环境，我们不能指望今日的国际贸易仍像 19 世纪那些新定居地一样成为发展动力，然而，贸易仍具有重要的支撑作用②。

第三节 国际贸易与经济发展关系

对外贸易与经济发展相互关系的基本理论分析大致可以分为两类：一类是在分析国际贸易产生的原因和贸易利益时，阐述了对外贸易对一国经济发展的促进作用及其实现机制，主要包括传统贸易理论和新贸易理论的贸易发展观；另一类是专门研究对外贸易与经济发展关系的理论，主要包括“贸易引擎论”和以罗默、卢卡斯为代表的新经济增长理论。

一、传统贸易理论的经济发展思想

（一）古典贸易理论的经济发展思想

1. 亚当·斯密的对外贸易与经济发展思想

英国古典经济学家亚当·斯密在其代表作《国富论》中建立了绝对成本学说，并分析了国际贸易发生的原因、国际贸易与经济发展的互动关系。

亚当·斯密从研究分工开始论述其对外贸易思想，对于分工产生的原因，他认为是由交换引起的，分工的发展是提高生产率的主要因素，而分工的程度则受市场范围的约束。对外贸易既是拓展市场空间的重要手段，也是市场范围扩展的重要标志，因而对外贸易的扩大必然能够促进分工的深化和劳动生产率的提高，并使贸易各国得到更多的产品，增加物质财富，各国都从贸易中获利，并带动本国经济发展。由此可见，按照亚当·斯密的观点，对外贸易是通过分工促进经济发展的。

2. 李嘉图贸易理论的经济发展观

英国古典经济学家大卫·李嘉图在其代表作《政治经济学及赋税原理》一书中提出了比较成本说，论证了贸易利益的基础，认为各国劳动生产率的差异是产生比较利益和国际贸易的基本原因，还阐述了贸易的结果以及对各参与国产生的影响。他认为，

---

① 约翰·穆勒．政治经济学原理．北京：商务印书馆，1991.

② Heckscher, E. (1919), “The effect of foreign trade on the distribution of income”, reprinted in AEA Readings in the Theory of International Trade, Philadelphia: Blackiston, 1949.

“在商业完全自由的制度下，各国都必然把它的资本和劳动力用在有利于本国的用途上……最有效地利用自然所赋予的各种特殊力量，使得劳动得到最有效和最经济的分配，同时，由于增加生产总额，它使人们都得到好处，并以利害关系和相互交往的共同纽带把文明世界各民族结合成一个统一社会。”① 因此，按照比较成本原则参与国际分工、进行专业化生产，通过对外贸易，贸易双方都可以突破本国资源的限制。通过出口可以有效配置并充分利用本国资源，提高资源的使用效率；通过进口可以消费自己不能生产或不宜生产的商品，从而增加产品总量，节约社会劳动和资本，使生产力发展水平不同的国家在交换中获利，实现社会劳动的节约，使世界总产量增加，劳动生产率提高，促进各国经济发展。在李嘉图的分析中，一国经济发展的基本动力是资本积累，而对外贸易是一国资本积累的重要手段。因此，对外贸易对一国经济发展的作用是通过对外贸易促进资本积累这样一种机制实现的。

3. 约翰·穆勒的贸易发展观

英国经济学家约翰·穆勒是古典经济学家中对贸易发展理论阐述得最为完整的经济学家，并第一次明确区分了贸易的直接利益和间接利益。约翰·穆勒认为，国际贸易具有两种利益：直接利益和间接利益，前者是指通过对外贸易、利用国际分工实现资源的最合理利用和输入本国生产所必需的短缺物资，后者是指利用对外贸易的市场扩张效应实现更广泛的地域分工，通过贸易分工推动国内生产过程的创新和改良，提高劳动生产率；通过产品出口形成新的需求，增加收入和储蓄，加速资本积累；通过进口促进新的经济理念的形成，促进文化知识和思维方式的传播，促进经济“知识率”的提高。如他所言，“市场的扩张促使生产加工过程趋于改善，一个为比本国更大的市场进行生产的国家能够引入更为广泛的劳动分工，能够提高机器设备的使用效率，也更可能进行生产过程的创新和改良。”“开放了贸易，通过使人们熟悉新鲜事物，有时可以使一个原先因缺乏精力和雄心壮志而造成资源开发不良的国家经历一次工业革命，驱使那些原来满足于微不足道的舒适和惰散的人更为勤奋地劳动，以满足他们新的偏好，以致鼓励了储蓄，提高了资本的积累”②。

约翰·穆勒同时指出，对外贸易使通过以下途径推动不发达国家的发展：“外国工艺技术的引进，提高了资本的收益率；外国资本的引进使生产的增长不仅仅依赖居民的节约和精打细算，并且为本国居民提供了激励性的示范，向人们传输了新的观念。”约翰·穆勒的这些观点对后来的发展经济学家产生了深刻的影响，他启发人们从新的角度来认识贸易利益问题以及贸易对经济发展的作用机制及实现途径。

4. 小结

古典贸易理论虽然主要分析的是国际贸易产生的原因和贸易利益的获取，但其中也包含有丰富的贸易促进经济发展的思想。之所以这样说，是因为根据古典贸易理论的分工原则和贸易模式，各国按照比较成本或劳动生产率优势原则进行分工和专业化生产，并依此开展国际贸易，其结果不仅可以提高贸易各国的生产总量，提高各国资源的使用

① Ohlin, B. (1933), “Inter-region and intern nation trade”, Cambridge: Harvard University Press.

② 俄林．地区间贸易与国际贸易．北京：商务印书馆，1986.

效率，还可以通过商品贸易的流动实现资源的流动，从而获取各自所需的稀缺资源，消除贸易各国的资源、发展要素瓶颈，以此实现资源在各国之间的合理配置，增进社会福利。因此，按照古典贸易理论的观点，对外贸易促进经济发展是自然的事情，彼此没有矛盾，二者是一致的。

（二）新古典贸易理论的经济发展思想

新古典贸易理论是古典贸易理论的演进，其代表人物主要包括赫克歇尔、俄林、萨缪尔森等，其学说中最具代表性和最具影响力的是瑞典经济学家赫克歇尔（Heckscher，1919）① 和俄林（Ohlin，1933）② 提出的要素禀赋论。

要素禀赋论以相互依存的生产结构中的多种生产要素来代替古典贸易学说中的单一生产要素，用生产要素的组合比例不同代替劳动生产率差异来解释国际贸易产生的原因，认为国际贸易的产生不是基于各国劳动生产率的差异，而是资源禀赋的不同。如俄林所言："贸易的首要条件是某些商品在某一地区生产比在别的地区便宜，在每一个地区，出口品中包含着该地区比其他地区拥有的较便宜的相对大量的生产要素，而进口别的地区能较便宜地生产的商品。简言之，进口那些含有较大比例要素昂贵的商品，而出口那些含有较大比例生产要素便宜的商品"③。国际贸易的实质就是国与国之间丰裕的生产要素和稀缺的生产要素的交换。因此，各国的比较利益是由各国所拥有的生产要素的相对丰裕程度决定的。通过对外贸易，一方面可以减少国际间生产要素分布不均的缺陷，使各国能更有效地利用各种生产要素，实现合理的国际分工；另一方面可以使生产要素价格趋于均等，并使贸易各国的福利得到提高。

新古典贸易理论虽然是以要素的禀赋差异代替古典贸易理论的劳动生产率差异来解释国际贸易产生的原因，但其中同样包含着对外贸易促进经济发展的观点，特别是从新古典贸易理论的扩展模型中更加体现了该理论的贸易发展思想。这是因为，新古典贸易理论认为，建立在生产要素禀赋差异基础上的国际分工和国际贸易，将使密集使用本国丰富要素的生产增加，使该行业的收入增加；相反，密集使用本国稀缺要素的生产将减少，从而影响一国的资源配置结构合经济结构，导致各国生产要素从低效率部门向高效率部门转移，使各国资源配置效率提高，生产规模扩大，收入总体水平提高。因此，对外贸易可以使贸易各方的消费超越本国的生产可能性边界，并以较低的价格得到在本国稀缺而昂贵的原料、其他产品以及技术知识等，实现经济总量增加，增进社会福利，推动经济结构合产业结构调整，促进经济发展。

有不少学者对贸易促进经济发展提出异议，主张自由贸易不一定有利于一国经济发展的长期利益。二战以前，这种观点最有代表性的要数德国经济学家李斯特，他批评古典贸易发展论不看具体条件、认为自由贸易均有利于经济发展的观点，他根据生产力发展阶段，把人类社会的经济发展分为原始未开化时期、畜牧时期、农业时期、农工时期

① Posner, M. V. (1961), "International trade and technical change", Oxford Economic Effects in the EEC', European Economic Review, 5, p379 - 405.

② Linder, S. B. (1961), "An essay on trade and transformation", New York: Wiley.

③ Vernon, R. (1966), "International investment and international trade in the product cycle", Quarterly Journal of Economics, vol. 80, p190 - 207.

和农工商时期五个阶段。在他看来，对外贸易在从原始未开化时期转向畜牧、转向农业、进而转向工业的初期发展阶段时，对一国经济增长有促进作用。但是，当一国经济发展到农工时期，国际贸易则可能抑制民族工业的成长。

二、新贸易理论的经济发展观

第二次世界大战后，由于技术进步促进了新产业、新工艺的出现以及跨国公司的发展，国际贸易空间结构出现了一些新变化，其显著特点是国际贸易主要集中于资源禀赋比较相似、收入水平和经济发展水平相当的发达国家之间。现实的变化使得传统的贸易理论无法解释当今的贸易模式。为解释战后迅速增长的发达国家之间的贸易和产业内贸易，以波斯纳、赫尔普曼、克鲁格曼、埃蒂尔、劳埃德、林德尔、弗农和赤松要为代表的经济学家提出了所谓的“新贸易理论”，他们分别从不同的角度阐释了国际贸易产生的原因及贸易利益。

（一）技术差距论

美国经济学家波斯纳（Posner，1961）在1961年发表的《国际贸易与技术变化》一文中提出了技术差距论。该理论将国际贸易与技术差距的存在联系起来，认为国际贸易比较优势形成的原因在于各国或地区技术水平的差异，这样就使得具有技术资源优势的国家或地区享有生产和出口技术密集型产品的比较优势。该理论还认为，由于新技术会随着专利权转让、技术合作、对外贸易以及对外投资等途径产生“技术外溢”，使技术创新国出口优势减弱，贸易利益缩小，因此，各国技术差异存在的时间决定了国际贸易利益的大小。“需求差距”越小、“反应差距”越长，技术创新国获得的贸易利益就越大，反之则越小。

技术差距论打破了传统国际贸易理论中比较优势的静态性，突出了生产技术在比较优势形成中得重要作用，指出由于技术革新引起的“需求差距”和“反应差距”将导致比较优势从技术领先国家或地区向技术追随国家或地区的动态转移。

（二）需求偏好相似理论

20世纪60年代初期，瑞典经济学家林德尔（Linder，1961）① 在其发表的《贸易与变化》一书中从需求的角度论证了贸易发生的原因，提出了需求偏好相似理论。林德尔认为，一方面，任何一个国家都存在一个代表该国平均收入水平的需求水平；另一方面，由于收入水平的差异，各国的需求水平也必然存在差异。因此，一国专门生产某一个代表性需求层次上的商品，就意味着它不能满足其他收入水平的消费者对同类产品的消费。国际贸易则可以解决各国生产者在某个层次产品的生产上达到规模经济与满足不同收入水平消费者的消费需求之间的矛盾，即各国可以生产并出口代表性需求产品，同时进口别国生产的代表性需求的产品，满足本国其他收入层次消费者的需要。林德尔认为，国际间制成品贸易的发生，通常是先在国内市场产生消费需求并形成一定规模，从而使生产成本下降，产生国际竞争力，然后再向国际市场拓展。因此，国际贸易产生

---

① Balassa, 1981, “A ‘stage’ approach to comparative advantage” in “The newly industrializing countries in the world economy”, Pergamon Press, New York, p165.

的决定性因素是这些国家的需求和市场，而需求和市场又取决于这些国家的收入水平、消费结构和偏好。因此，经济发展水平越接近、收入水平越相近的国家，其需求结构和需求偏好越相似，相互之间的需求重叠度就越大，彼此之间的贸易量也就越大。

林德尔认为，当要素条件以及产品开发过程、创新和规模经济能够在特定的商品上创造出口潜力时，这种潜力只有在存在着国内市场对该产品的实际需求的条件下才能够开发出来。一旦国内贸易在这种需求的基础上被开发出来，国际贸易，尤其是那些具有相似的国内需求模式的国家之间的国际贸易才有可能随之发生。由于收入水平是国内需求模式的一个很好的参照物，所以国际贸易的倾向将会在具有相近的人均收入水平的国家之间达到最高峰。

林德尔的需求偏好相似理论从需求的角度阐释了战后产业内贸易和发达国家之间的贸易迅速发展的原因，对传统比较利益理论做了进一步的补充。需求偏好相似理论可以部分地说明发达国家之间的国际贸易，但它只考虑了需求方面的因素，因此不可能解释所有的产业内贸易。

（三）产品生命周期理论

产品生命周期理论是解释战后国际贸易流向和贸易结构的著名理论，首先由美国经济学家弗农于1966年发表的《生命周期中的国际投资与国际贸易》① 一文中提出，后来经威尔士、赫尔希进一步发展和完善。

产品生命周期理论认为，由于技术的创新和扩散，制成品和生物一样具有生命周期，并先后经历新生期、成长期、成熟期和衰退期四个阶段。在产品生命周期的不同阶段，各国在国际贸易中的地位和比较优势以及产品的要素含量是不同的，并由此形成不同的贸易流向和贸易商品结构。在产品新生期，所需要的主要资源是科学技术，经济发展水平高的发达国家具有比较优势，但由于生产缺乏规模经济而使得产品成本很高，因此，本阶段产品主要面向国内市场。在产品成长期，由于出口导致的技术扩散和技术仿制，那些技术先进、资本雄厚、接受能力强的进口国通过各种途径仿制新产品，原来的创新国逐渐失去了对生产的完全判断，产品生产对资本的需求增长，而对技术的要求相对降低，因此，资本丰裕的一些国家逐渐也获得该产品的出口优势。在产品成熟期，由于技术大量向外扩散，产品由资本密集型转为劳动力密集型，直接生产者的成本高低将直接影响产品的成本和价格，从而使劳动力要素丰富、价格低廉的国家在本阶段具有明显的生产和出口优势。在产品衰退期，由于产品已经高度标准化，技术差距已经完全消失，生产过程中对劳动力的技术要求已经降到最低限度。市场竞争的关键在于商品价格的高低，因此，工资低廉、劳动力要素丰裕的发展中国家拥有生产和出口优势。

赫尔希（1967）② 根据弗农的产品生命周期理论将世界各国划分为三组：甲组是以美国为代表的最发达的工业化国家，在研制新产品上具有比较优势；乙组为较小的工业发达国家，如瑞典和荷兰，由于国内市场小，产品成本高，在生产新产品上的比较优势

---

① Lancaster, K. (1980), "Intra-industry trade under perfect monopolistic competition", Journal of International Economics, 10.

② Grubel, H. G. and Lloyd, P. J. (1975), "Intra industry trade", London: Macmillan.

弱于甲组；丙组为拥有部分工业的发展中国家，如印度和土耳其，资金不足，因此只在生产成熟产品上具有优势。赫希哲的观点并不全面，但它启发后来的经济学家将产品生命周期理论的研究落实在对不同国家在不同时期拥有的比较优势的研究方面。阶梯比较优势论是其中的代表学说。

巴拉萨（1981）认为传统的发达国家和落后国家的两级划分方法不能说明各国进出口商品结构和比较优势的变化。在国际分工的类型和经济发展阶段之间排列着许多阶梯，它们的更换过程是连续而非中断的。他将世界划分为四级阶梯：发达国家是第一阶梯；第二阶梯包括亚洲“四小龙”和拉美的巴西、墨西哥和阿根廷等新兴工业化国家和地区；属于第三阶梯的是次级新兴工业化国家和地区，如东盟各国（新加坡除外）、中国和印度等国；第四阶梯是其他的发展中国家和地区。在此基础上，阶梯比较优势呈现出一种动态的演变过程：“随着各国按照比较规模发展，其出口能够取代发展至更高阶段国家原来的出口。一个发展中国家取代另一个发展中国家向发达国家出口某种产品并不会引起产业调整的困难。相反，产业调整的冲击将产出一些新的产业。发展中国家新升级产业的产品还将与发达国家的同类产品相竞争。”① 在阶梯式的发展格局中，发达国家和发展中国家将分别发展其各自的比较优势，同时将失去优势的产业转移给较低发展阶段的国家。巴拉萨（1981）以此为证：70 年代，当日本的比较优势转向资本密集型和技术密集型产品时，人力资源相对丰富的韩国和中国台湾就代之出口人力资本密集型的产品；有形资本资源相对丰富的巴西和墨西哥就代之出口有形资本密集型产品；处于更低级发展阶段的国家则取代中等发达程度的国家出口非熟练劳动密集型产品。

产品生命周期理论把动态比较成本理论、生产要素禀赋理论和新要素理论结合起来，运用动态分析方法，从技术创新、技术传播的角度分析了国际分工的基础和贸易格局的演变。因此，该理论是对比较成本理论和要素禀赋论的一种发展。由于该理论揭示了比较优势是不断变化和转移的，因而更加接近国际贸易的实际。

（四）产业内贸易理论

产业内贸易理论是 20 世纪 60 年代产生和发展起来的一种解释国际贸易分工格局的理论。该理论以不完全竞争的市场结构和规模经济为假设前提，认为国际贸易不一定是比较优势的结果，可能是规模经济的结果。在不完全竞争市场上，各国之间即使不存在资源禀赋、技术水平的差异或者差异很小，也完全可能因为不完全竞争或规模经济以及产品差异促使各国追求生产的专业化并开展国际贸易。

产业内贸易理论的代表人物主要有经济学家格鲁贝尔（Herbert G. Grubel）、劳埃德（P. J. Loyld）、格雷（Gray）、戴维斯（Devies）、克鲁格曼（P. R. Krugman）和兰卡斯特（Lancaster）等人。格鲁贝尔和劳埃德在其合著的《产业内贸易》② 一书中指出，技术差距、研究与开发、产品的异质性和产品生命周期的结合以及人力资本密集度的差异与收入分配差异相结合都可能导致产业内贸易。格雷和兰卡斯特主要从产品异质

---

① ［美］克鲁格曼．工业国家间贸易的新理论．世界经济译丛，1984（4）：37.

② 赫尔普曼，克鲁格曼（1985）．市场结构和对外贸易．上海：上海三联书店，1993.

性的角度分析产业内贸易的形成，强调产品的异质性是产业内贸易的基础。戴维斯以进入市场的障碍解释产业内贸易，并从规模经济的角度解释产业内贸易的成因，指出规模经济可以在产业内形成互有竞争力的价格，从而导致产业内贸易的发生。

美国经济学家克鲁格曼1979年提出了著名的产业内贸易学说，主张“把规模经济和比较利益相结合，作为贸易产生和贸易利益的主要原因”，他全面论述了在规模报酬递增的条件下，通过出口扩大增加产量、降低成本、推动经济增长的机制。他运用微观经济学关于“规模报酬递增”的原理分析两国贸易的利益后认为，由于产品差异和垄断竞争的特点，一种产品中的某产品往往受国内需求制约而不能使企业达到最佳生产规模，而国际贸易可以扩大需求，使生产规模相应扩大，使企业获得规模报酬，这种规模报酬的实现是建立在差异产品进行交换的基础上。因此，在贸易模式上，由于规模经济的存在，使得每一个国家不去生产完整系列的产品，而专业化地生产一定的差异产品，从而产生以差异产品为内容的产业内国际贸易。他认为，传统的比较利益模式都以规模报酬不变以及完全竞争假设为前提，这只能解释各国在不同产业按各自的比较利益进行分工的情况，而无法解释要素禀赋以及发展水平相似的国家之间同一种产业内的分工和贸易规模存在如此大的差异。因此，他主张：“把规模经济和比较利益相结合作为贸易产生和贸易利益的主要原因”①。

同质产品的产业内贸易 Brander 和 Krugman（1983）用“消费者偏好的多样化”理论来解释发达国家之间的水平异质产品贸易。同一产业的产品可以是多种多样的，任何一个国家都不可能囊括一个行业全部类型的产品，从而形成了产业内贸易的必然性。当然，具体的分工模式是由分工前各国在某类产品的生产上的优势来决定的。如果是完全没有差别，这可以通过协议分工的形式来产生使双方都能获得规模经济的分工模式。由此可知，产业内贸易的发展，会使各国通过增加规模效益的途径来提高要素的边际产出率，从而实现要素投入不变情况下的经济增长。

垂直差异产品的产业内贸易（VIIT）指两国进行双向贸易的产品属于同一种产品，但却存在质量差异。Falvey（1981）、Falvey 和 Kieizkowski（1984）的研究发现，高质量的异质产品需要较多的资本和较少的劳动，因此资本丰裕的国家在这方面具有比较优势，因此生产要素禀赋不同的国家在这方面存在比较优势，可能存在垂直差异产品的产业内贸易。

水平差异产品的产业内贸易 水平差异产品的产业内贸易（HIIT）指两国进行双向贸易的产品为同一种类但属性不同的水平差异产品。对于 HIIT 的研究以新张伯伦垄断竞争模型、新霍太林垄断竞争模型以及寡头垄断模型为代表，其中 Eaton 和 Kieizkowski（1984）分析了寡头垄断市场中的现象。结果发现在寡头垄断市场中，厂商数目、贸易产品品种的数量以及贸易净收益是由模型内生决定的，其大小依赖于各贸易国在封闭情况下所作出的假设。即每个国家消费者的偏好分布情况以及偏好各类差异产品的消费者数量。如果偏好成簇存在，并且最多有两种，则即使两国完全相同，在贸易开放后每一品种也只有一个生产者，并且由于规模经济，各品种将保持在相对低的价格水平，消费

① 艾伯特·赫尔西曼．经济发展战略．北京：经济科学出版社，1991.

者福利得到提高，而当企业分别位于不同国家时 HIIT 必将发生。

生产国际化的产业内贸易模型 Markusen 和 Maskus（2001）的研究发现，当发达国家发展到一定的程度，彼此之间的规模和要素禀赋越来越相似时，产业内子公司的销售在产业内贸易中所占的比例会越来越大。Hartmut Egger 等（2004）发现，跨国公司内部的不平衡的利润汇回以及贸易成本都会对 G－L 指数造成扭曲，从而构建了一个有关贸易与跨国公司的三要素一般均衡模型，并对产业内贸易指数进行修正。这些现象说明，在一定情况下，跨国公司的子公司在同一产业的生产和销售能够取代一般意义上的产业内贸易。

结合非贸易品和中间投入品的产业内贸易模型 Ishii 和 Yi（1997）、Hummels、Ishii 和 Yi（2001）从生产的垂直专业化分工出发，认为各国越来越专业化分工生产中间投入品，在进行国际交换的过程中产生大量的中间产品贸易，因此相对于世界产出而言，国际贸易速度就要高得多。Hummels（1998，2001）也用垂直专业化概念解释了这种现象，认为国家之间的垂直专业化必须满足三个条件，即最终产品的生产包括多个序列环节；至少包括两个以上国家在产品的生产序列中提供价值增值；至少一个国家必须用进口的投入品从事生产。Schmitt 和 Yu（2001）通过在标准的产业内贸易模型中引入非贸易品，认为当贸易壁垒降低时，原本为非贸易品的水平差异产品变为可贸易品，这种水平产业内贸易的增加使得出口占总产出的份额几乎增加一倍，从而在很大程度上解释了世界产出增长率与世界贸易增长率之间的显著差异。

（五）区域输出基础理论

区域输出基础理论产生于 20 世纪 50 年代，代表人物由霍依特（H. Hoyt）、安德鲁斯（P. B. Andrews）、诺恩（D. North）和英尼斯（Innis）。该理论认为，影响区域经济发展的诸多要素或变量中，有的起基础性决定作用，有的则是区域经济增长的结果。因此，可以将影响经济增长的经济变量划分为基础变量和自给变量，以此为依据，可以将整个经济部门划分为基础性部门和自给性部门两类。区域的经济发展首先由基础性部门推动并对自给性部门产生影响。对基础性部门需求的增加将对区域经济发展产生乘数效应，这不仅会导致输出部门的产业投资的增长，而且会导致对其他经济活动的投资增长。因此，一个区域要求的发展，关键在于能否在该区域建立输出基础性部门和基础性产业，而能否建立起基础性产业，又建立在该地区在生产和销售成本等方面所拥有的比较优势的基础上。

与传统的输出基础理论相对应，蒂博特（Tybout）在 1956 年所发表的《输出与区域经济增长》一文中提出了“大宗商品输出理论”。该理论认为，特定区域的经济发展，往往开始于该区域发现了一种特殊的自然资源（例如矿产品），或者因为其自然条件特别适合于生产某种出口作物，在世界市场商品价格既定的条件下，资本甚至劳动力将输入该区域，于是供出口的“大宗商品”生产将发展起来，而地方工业和区域市场是随着出口品生产的发展而发展起来的。因此，按照该理论，特定区域要取得发展，必须以建立外向型的“大宗商品”出口产品基地的方式来带动整个区域经济的发展。

加拿大经济学家英尼斯以国外市场对某一产品需求增大为前提，以加拿大大量出口小麦如何带动其经济增长为分析对象，提出了“大宗商品出口理论”。该理论假定诸如原材料、自然资源密集型产品等“大宗商品”的供给是无限的，这些产品的新发现和开发常常导致大量的国内剩余，通过扩大对外贸易可以解决剩余问题，减少国内资源的闲置和失业，增加国民收入和消费，提高储蓄和投资。因此，该理论认为，一国可以通过建立出口主导产业并通过主导产业的相关效应促进本国经济及人均收入的增长。可见，区域输出基础理论也包含丰富的经济发展思想。

（六）原料周期说

科学技术的发展使得原料的代用品和人工合成材料不断出现，发展中国家逐渐丧失了在原料供应上的优势。橡胶是最典型的代表。1895－1910年，汽车的出现形成了对橡胶的新需求，橡胶价格在1900－1910年间上升了7.8%，巴西和几个非洲国家在世界橡胶的供应中占6.1%。1910－1940年间，汽车轮胎寿命从最初的平均1万公里提高到5万公里，每运行公里的原料使用比例大大缩小，而且，出现了新的橡胶供应国，马来西亚、印度尼西亚和斯里兰卡在1930年时提供了世界所需的9.2%的橡胶，橡胶价格趋于稳定。1940年后，合成橡胶的生产大幅增加，成为世界橡胶消费的主要来源。

针对这一现象，美国经济学家梅吉和罗宾①于1978年提出了原料周期说，探讨了科学技术对原料贸易的比较优势的影响。他们将原料周期划分为三个阶段：第一阶段为“需求产生的繁荣”阶段，此时，对原料需求急剧增加，使初级原料价格急剧上涨，原料的主要出口国是自然禀赋占优势的国家；第二阶段是“需求和供应来源的替代”阶段，在这一阶段，由于初级原料供应来源的增多或使用更便宜的替代品，使初级原料价格上升趋势中止甚至价格下跌，比较优势由自然禀赋和替代技术共同决定；第三阶段使“合成和研究与开发的介入”阶段，通过研究与开发形成新的合成代用品或者发现节约使用初级原料的科学方法，具有研究和开发代用品技术的国家具有比较优势。显然，原料周期表明了比较优势转移的过程，在原料周期的早期，发展中国家占有十分重要的地位。随着发达国家以先进技术生产合成代用品，进入后期就是发达国家在将该种原料的生产上占据优势。

值得注意的是，一旦初级原料被合成原料替代后，合成产品的生命周期就与产品生命周期理论一致了。合成品首先在某一个发达国家开始生产，然后普及到其他发达国家，最后再推及到其他发展中国家。原料周期论虽然只是针对原料领域的国际贸易理论，但它和产品生命周期理论一样，强调了技术变动对竞争优势的影响，也是从技术变动角度对比较优势理论的发展。

1985年，克鲁格曼和赫尔普曼的《市场结构和对外贸易》一书的出版标志着新贸易理论趋于成熟，使新贸易理论成为了当今的主流贸易理论。该书提出的贸易模型不仅导入了规模经济、产品差异因素，符合垄断竞争假设的条件，而且还兼容了传统比较优势，从而使新贸易理论更一般化，解释力更强。该模型表明，产业间贸易是建立在比较优势之上，以比较优势为基础的产业间贸易和以规模经济、产品差异为基础的产业内贸

① Brander, James A. (1981), “Intra-industry trade in identical commodities”, Journal of International Economic, vol. 11, 1－14.

易是可以共生并存的。克鲁格曼还研究了技术进步对发达国家和发展中国家福利的影响。

新贸易理论虽然主要是从不同的角度分析战后国际贸易产生的原因、贸易格局和贸易利益的形成，但是，其中也包含了贸易促进经济发展的观点。这是因为，无论是规模经济、市场不完全竞争，还是产品异质、需求偏好，各国都按照新的分工格局进行生产和贸易，其结果都会使得贸易各方的资源配置效率提高，产业结构提升，收入水平和社会福利提高，各国都能从贸易中获得直接或者间接的利益，从而使各国的经济发展水平得到提高。

三、传统发展经济学的对外贸易与经济发展观

与主流派贸易理论不同，一部分发展经济学家和贸易学者在分析贸易与经济发展关系时形成了两种截然不同的观点。以罗伯特逊和纳克斯维代表的经济学家认为“对外贸易是经济增长的发动机”；以普雷维什和辛格为代表的悲观主义者认为，“对外贸易不仅不是发展中国家经济增长的发动机，反而是造成发展中国家经济不发达的原因”。

（一）贸易“引擎论”

如前所述，以罗伯特逊和纳克斯维代表的经济学家认为“对外贸易是经济增长的发动机”，持这一观点的经济学家还有迈因特、刘易斯，他们认为，对外贸易是发展中国家经济增长的重要“引擎”。

（二）有条件的贸易“引擎论”

有条件的贸易引擎论的代表人物是克拉维斯和哈根。前者认为，“出口不是增长的发动机，而是增长的侍女”；后者认为，出口既不是经济增长的发动机，也不是经济增长的侍女，出口能否刺激经济增长，主要看它是否会刺激技术进步以及怎样去刺激技术进步。

（三）反贸易“引擎论”

反贸易“引擎论”的代表人物主要包括劳尔·普雷维什、缪尔达尔、伊曼纽尔和阿明。认为只要阻断与发达国家的经济联系，落后国家就可以得到发展，因而他们偏向于内向型的贸易与经济发展战略，其政策主张是实施贸易保护和进口替代。

综上所述，发展经济学家关于对外贸易与经济发展关系的论述虽然有不同的观点，但他们并没有否定对外贸易对经济发展的促进作用，只是认为现行的国际分工和贸易模式不利于发展中国家贸易利益的获得，不利于发展中国家贸易促进机制的发挥。发展经济学的贸易学者并不否定发展中国家参与国际贸易，他们同样强调发展中国家在参与国际贸易时应重视对外贸易促进经济发展机制的发挥。他们认为，为了发挥贸易对经济的促进作用，发展中国家一方面可以通过合理的贸易政策和国家干预改变其在国际贸易中的不利地位，另一方面应通过加强“南南合作”和建立区域经济联盟，改变发展中国家在国际经济中的弱势地位，最大限度地获取贸易利益，并通过国际贸易获取经济发展所需资金和技术，提高管理水平，实现市场拓展，获得规模经济，促进经济发展。

许多发展经济学家（例如赫尔西曼，1958）① 认为，贸易对后进国家的积极作用在于其带动产业结构优化的能力，这种能力体现在直接和间接两个方面。直接的方面是通过技术引进，进口发达国家的设备和技术，淘汰掉原有的陈旧设备来实现；间接方面主要是通过出口主导产业的前向和后向联系效应来带动产业结构的优化，从而促进经济增长。赫尔西曼认为，从两者的影响来看，间接作用应该大于直接作用。

总之，对外贸易对参与各方是否有利，贸易各方是否能从贸易中获得利益，对外贸易能否促进一个国家或地区的经济发展，从理论分析上看，绝大多数经济学家都得出了相似的结论：对外贸易对各参与国经济发展具有促进作用，但对于对外贸易对贸易各方经济发展的作用的方式、机制及作用的大小以及外贸政策、外贸发展模式、发展战略等方面却存在不同的观点。在贸易政策主张上，西方发达国家的贸易学者基本上都主张按照比较优势原则，通过自由贸易来促进经济发展，而后进国家的贸易与经济发展问题研究者则主张通过保护贸易政策和进口替代战略促进其经济发展。

四、当代国际贸易与经济发展学说

（一）克鲁格曼（1991）提出战略性贸易政策理论

战略性贸易政策，又被称为新重商主义，是近年来发达国家实行国际贸易政府管理的重要理论依据。战略性贸易政策理论发端于詹姆斯·布兰德（J. A. Brander）② 和巴巴拉·斯宾塞（B. J. Spencer）③ 于 1981 年 8 月在《加拿大经济学》杂志和布朗德在美国国家经济研究局发表的两篇文章，后来经过他们本人和保罗·克鲁格曼和格罗斯曼等人的不断发展和完善，目前已经形成了比较清晰的政策主张。战略性贸易政策最先是由斯宾塞和布兰德提出来的，美国经济学家保罗·克鲁格曼（Paul Krugman）则作为战略性贸易政策的集大成者和代表人物。

战略性贸易政策是指在不完全竞争和规模经济条件下，通过政府干预，综合使用贸易政策合产业政策手段，支持和加速那些具有战略意义、存在外部经济效应的产业的发展，以期利用政府的干预改变企业在战略上的选择和企业间的战略关系，实现比单纯依赖市场手段更快的速度来改变本国现存的比较优势模式。

战略性贸易政策模型在系列加定下，用推理的方式说明了政府是如何通过促进国内产业的发展，提高其在国际市场上的竞争优势，最终增加了国民福利。在新贸易理论的不完全竞争和规模经济的假设前提基础上，他们借助于产业组织理论和博弈论的研究成果，从“利润转移”和“外部经济”的角度探讨了不完全竞争和规模经济条件下政府的补贴、关税保护等政策对出口生产和贸易的影响，建立了战略性贸易政策研究的基本框架。它认为，对本国战略性工业成长有益的保护措施，可以巩固、增强其在国际市场

① Brander, J. A. and Spencer, B. J., (1985), "Export subsidies and international market share rivalry", Journal of International Economics, vol. 18, p85.

② Brander, J. A. and Spencer, B. J., (1985), "Export subsidies and international market share rivalry", Journal of International Economics, vol. 18, p89.

③ Brander, J. A., "Rationales for strategic trade and industrial policy" in Krugman (ed.) "Strategic trade policy and the new international economics, Cambridge, MIT Press, p30.

的竞争优势，从而最大限度地获取国际贸易的利益。通过政府的干预，可以提高本国的竞争优势，在国际贸易中获得垄断租金或额外的利益，而这些额外利益的获得正是以牺牲其他国家的利益为代价或者是避免他国借此牺牲本国的利益。这种干预性的贸易政策之所以被称为“战略性贸易政策”，是因为政府政策实际上起到了寡头竞争模型中的战略性行为的作用。其中的“战略”二字就是从博弈论中引用过来的。

但在战略性贸易政策理论中又有两种不同的取向，也有人称之为狭义战略性贸易政策和广义战略性贸易政策。

狭义战略性贸易政策又称为“利润转移理论”（布兰德—斯宾塞模型），是指在不完全竞争的条件下，特别是在寡头垄断德国际市场结构中，存在国际超额垄断利润，一国政府通过贸易政策和产业政策来扶持本国企业，使本国企业在国际市场竞争中获得垄断的优势地位，实现利润由外国向本国的转移，提高本国的国民福利。狭义战略性贸易政策是凭借政府的干预使单个厂商通过比竞争对手更早地在企业内部实现生产的规模效应，进而在国际市场中或通过高于边际成本的定价获取超额利润，或通过低价销售冲击现有竞争对手、阻碍潜在竞争对手，长期获得垄断利润。实施狭义战略性贸易政策的国家通常会对本国所选择的扶持产业采取补贴；对国外竞争企业收取高额关税或采取各种贸易限制手段控制进口，为本国企业的发展争取时间和市场空间。

布兰德—斯宾塞模型描述了政府的出口补贴如何将垄断利润从外国生产者转移到国内生产者手中的。他们假定，一个行业中只有两个位于不同国家、生产相同产品、同时向第三国出口的企业。由于事先假设所有销售和利润都是在第三国产生的，就可以认为，一国生产者的利润增长等同于该国国民福利的增长。模型中的每个企业都被设定为依照古诺双头垄断行事，即每个厂商都假定另一个厂商的产量是既定的，然后据此来选择自己的最优产量水平，这样，在没有政府干预的条件下，模型的均衡状态就取决于古诺的结论。一旦“政府认识到了产业的结构，并且能够事先为企业决定出口的数量提供一个有保障的补贴”①，均衡就被打破。“事实上，政府事先制定补贴的行动改变了国内企业行为的模式”②，即当政府承诺了对行业的干预行为时，各国的生产者将按照领导地位进行生产，其结果是：总产量将会由于政府的介入而提高，单位利润会下跌，但是，由于追随者为领导者提供了空间，领导者一方的国家在市场中的份额会上升，并提高其利润水平，同时，由于对方政府的介入，追随者的利润会随销售量减少而下降，单位利润也随之下跌。由此可以看出，布兰德和斯宾塞的三种政策主张：一是采取积极的政策主动给出口企业补贴；二是当一国提供出口补贴时，另一国报复性地采取同样的做法；三是实施一种双方都同意的出口限制政策，以利用双方所握有的市场力量获取最大利润。布兰德和斯宾塞都承认利润转移模型的政策内涵在假设条件改变的时候会有很大的变动，但他们仍然相信这个模型的基本要点的意义：“这一要点是政府的行动能够改

① Krugman, P. (1984), “Import protection as export promotion: international competition in the presence of oligopoly and economics of scale”, in Kierzkowski, p181.

② Krugman, P. (1984), “Import protection as export promotion: international competition in the presence of oligopoly and economics of scale”, in Kierzkowski, p185.

变由国内外企业参加的战略性游戏。在可盈利的市场上，国内企业由于外国企业的收缩（或者比他们所希望采取的速度较慢的扩张）而受益”①。

广义的战略性贸易政策又被称为“克鲁格曼动态模型”，与狭义战略性贸易政策相比，它更强调：被干预产业的竞争优势是指在政府干预之后，产业真正具备了自我强化的外部效应，而不再需要国家的干预就能够在国际经济环境中取得竞争优势。

广义的战略性贸易政策不仅包括了“利润转移理论”，还包括了“外部经济理论”，外部经济理论强调国际分工体系中外部经济性的重要意义，主张政府对于存在巨大外部经济溢出效应的产业给予扶持。存在外部经济溢出效应的产业往往是属于高研发风险、高投入、回收周期长、存在外部正效应的产业，单独依靠私人投资发展的可能性较小，因此需要国家的扶持来降低投入风险和提高市场收益。

克鲁格曼（1984）在市场有寡头垄断并可有效分割以及存在规模经济效应两个前提下，论证了一国可以通过限制进口的战略部署来提高整体福利水平。当本国企业处于追随者地位，生产规模远没有达到规模经济的要求，边际生产成本很高时，本国政府通过贸易保护，全部或局部地封闭本国市场，阻止国外产品进入国内市场，使得国内市场需求逐渐扩大，这类产业的规模经济收益开始出现，生产成本得以降低。“这种规模上的优势在没有保护的市场上也将转化为较低的边际成本和较高的市场份额”②。同时，国外竞争对手由于市场份额的缩小而达不到规模经济，边际成本上升。此消彼长，国内企业就可能占有国外市场更大的份额。销售的扩大又进一步降低了边际生产成本，提高了企业的国际竞争力。这个模型的基本特征是形成了从边际成本到产量再到边际成本的循环的因果联系链条，这是这一循环过程“形成了进口保护和出口促进机制”③。干预国的福利提高不仅来源于额外出口所带来的利润，还加上了在国内销售时的较低成本。在由于政府干预而形成的新的均衡点上，国内企业由于较低的边际成本和外国企业的退让而获得了一个较高的市场份额；而外国企业在竞争者有支持的扩展和自身较高的边际成本的情况下只能选择退却。克鲁格曼在模型中区分了规模经济的不同形式，并导出了他的一般模型的多种版本：“干中学”引起的急速下滑的学习曲线，由于其所具有的战略效果，成为政府干预行为的动机；相对于规模的“动态”收益，则不依赖于“干中学”的外部效应或任何其他国内扭曲因素同样激励政府采取干预的行动，克鲁格曼强调了动态规模经济和政府政策“滞后作用”的意义。

由于外部经济溢出效应的存在，当在政府的扶持下某一产业得到发展时，同一产业或相关度较高的产业就会出现聚集效应，整体的产业成本下降，整个产业在国际市场中的竞争力提高，成为具有相对优势的出口产业，在国际分工体系中，该国在这一领域的专业化地位也将得到强化。实施广义的战略性贸易政策手段与狭义的战略性贸易政策不同，不是将政府扶持的重点放在生产补贴、关税限制进口等方面，更多的是强调在企业

---

① Brander, “Shaping comparative advantage: trade policy, industrial policy and economic performance” in Lipsey, R. S. and Dobson, W. (eds), “Shaping comparative advantage (policy study no. 2)”, Toronto: C. D. Howe Institute, p12.

② Krugman, 1993, “The current case for industry policy”, in D. Salvatore (ed.):” Protection and world welfare”, Cambridge University Press.

③ 保罗·克鲁格曼. 战略性贸易政策与新国际经济学. 北京：中国人民大学出版社，2000.

研究和开发阶段的政府扶持，通过建立信贷支持、信息提供、风险管理和控制、减少政府在行业中的制约等方式来实现政府的干预。

总之，战略性贸易政策模型的共同点在于，都认为如果去掉传统的规模收益不变和完全竞争的假定，贸易方式及从贸易中获得的潜在利益对政府的干预行为就更为敏感。"尤其是动态的收入增长，使现行的政策因短期的学习优势所带来长期比较优势，而对贸易产生永久的重要影响"①。战略性贸易政策鼓励特定产品的出口、限制外国产品进口，主要是为了提高本国福利，扩大出口产品的国际市场份额，促进产业成长与结构优化。

克鲁格曼（1993）认为："如果某产业研制成功具有很大的社会利益，并且仅靠单个厂商的努力不能维持或取胜，但它又依赖于各个厂商获得成功的相互强化效应，那么，这一产业就可能是需要引起（政府）特别重视的'战略性'产业。"② 他认为，半导体、软件、微型计算机、科学仪器产业都符合这一战略性产业的定义，金融服务等也可以包括在内③。尽管学者们在所列举的具体产业上略有差异，但他们都一致将目标集中于高科技产业。目前，日本和韩国是在实践中运用战略性贸易政策比较成功的范例。政府的干预政策在帮助这两个国家的私人企业乃至整个产业的壮大方面起了重要的作用。实际上，也正是日、韩等国实践的成功，使战略性贸易政策本身受到了更大的关注。

（二）新贸易理论关于南北贸易问题的论述

克鲁格曼（1979）首先把产品周期理论引入到南北贸易模型中，认为北方国家的技术变迁是外生的，而且技术从北方向南方的扩散也是外生的。Dollar（1986）根据克鲁格曼的框架讨论了资本流动对南北贸易的影响，而他的文章中技术仍然是外生的。直到1990年Segerstrom等人才开始在内生技术变迁的基础上讨论产品周期和南北贸易问题，针对等人Segerstrom（1990）的缺陷，Grossman和Helpman（1991）提出了一个内生产品周期的模型，随后他们又将产品质量阶梯引入对南北贸易的分析。

1. Segerstrom（1990）模型

在Segerstrom（1990）的模型中，产品创新是依次发生在现存的各个产品上，每一次新产品的发明就会淘汰一种旧产品。同时，一种新产品在专利期限到期之后会变成一种标准化的常规产品而在发展中国家生产，因而北方国家也由以前该产品的出口国变为进口国。但是，现实中产品的创新并非像Segerstrom等人所描述的是一种产品一种产品那样依次进行的，产品的创新是同时随机发生在各个产业。此外，由于他们假定专利的期限是外生给定的，即技术从北方向南方的扩散是外生给定的，这样他们的文章也不能说明南方国家内生的技术变化问题。

---

① Romer P. (1986), "Increasing returns and long run growth", Journal of Political Economy, vol. 94, 5, p1002 - 1037.

② Lucas, R. (1988), "On the mechanics of economic development", Journal of Monetary Economics, 22, 3 - 42.

③ Stokey N. (1988), "Learning by doing and the introduction of New Goods", Journal of Political Economy, vol. 96, p701 - 717.

2. 内生产品周期模型和产品质量阶梯

Grossman 和 Helpman（1991）认为北方国家的先进技术向南方国家扩散的主要途径是南方国家有意的技术模仿。在他们的模型中，不但北方国家的技术创新是内生的，南方国家的技术模仿也被内生化了。它们将“产品质量阶梯”引入到南北贸易的分析中，认为创新首先开始于北方国家，南方国家通过技术外溢模仿到了北方国家的技术，最后利用自己劳动力成本低廉的优势进行大量的生产，速扩大产品规模，并同北方国家进行竞争，这样北方国家就不得不寻求新的优势，进行新的创新研发出质量更好的产品，来同南方国家的企业竞争。这样就形成了创新——模仿——再创新——再模仿的形式，在这个进程中，产品的质量也在不断地提高。

3. 发展中国家的动态学习效应

南方国家的创新能力和模仿能力随着经验的增长而增长，发展中国家不断向发达国家垄断的产业渗透（Glass，1977），产品的创新也出现了北方向南方转移的现象。起初，北方国家完全掌握产品的发明创造，对于发展中国家来说缺乏经验和资金，技术的门槛比较高。但是南方国家不断地在模仿——再模仿中学习到了一些创新的经验，边干边学，边模仿边学习如何创新，R&D 使发展中国家的模仿能力和创新能力也在不断提高，渐渐地自己也开始做一些简单的创新，技术的门槛就慢慢降低，而北方国家的创新慢慢被南方国家掌握，甚至南方国家已经可以拥有与北方国家相同的技术水平，此时，北方国家就完全退出这一行业，该产业的创新和制造完全转移到了南方。

（三）新增长理论的贸易发展观

20 世纪 80 年代中期以来，受新贸易理论的启发，以罗默（Romer）、卢卡斯（Lucas）、斯科特（Stokey）为代表的经济学家把内生创新模式扩展到包括商品、资本、管理经验和思想观念的国际流动，提出了新增长理论。

罗默（Romer，1986）① 的新经济增长理论（知识溢出模型）把知识积累看作是现代经济增长的重要源泉。他在分析国际经济增长问题时，认为知识积累率的高低和由此带来的要素收益率的差异是发达国家和发展中国家经济增长率和收入水平存在巨大差异的主要原因。而国际贸易可以促使知识在世界范围内加速传播和积累，使世界总产出水平提高，进而促使落后国家经济迅速发展，缩小与发达国家之间的差距。

卢卡斯（Lucas，1988）② 的新经济增长理论（人力资本溢出模型）以人力资本为核心，认为各国收入水平和经济增长率的差异源于各国人力资本的差异，扩大经济的开放度特别是对外贸易，可以使发展中国家吸收新技术和人力资本，从而更快地实现经济发展，缩小与发达国家的收入和经济差距。卢卡斯（1988）认为，国际资本从发展中国家向发达国家倒流的现象是由于知识和人力资本可以产生递增收益，因而高人力资本的发达国家资本利用率高，能够吸收较多的国际资本而产生的。卢卡斯还把人力资本的作用区分为内在效应和外在效应两种，内在效应是指人力资本只影响本人的劳动生产

---

① H·钱纳里，等．工业化和经济增长的比较研究．吴奇，等，译．上海：上海三联出版社，1989.

② Krueger, A. O. (1977), “Growth, distortions and patterns of trade among many countries”, Princeton Studies in International Finance, No. 40.

率，外在效应是指人力资本对其他人的劳动生产率的影响。卢卡斯认为，正是各国在人力资本方面的差异，导致了各国在收入和经济增长率方面的差异。

斯科特（Stokey，1988）① 的经济增长理论（干中学模型）强调了国际贸易在经济增长中的重要作用，认为发展中国家通过国际贸易可以吸收外国的先进技术和人力资本，从而减少失误，形成一种特殊的赶超，迅速发展本国经济。

由此可见，新增长理论认为，知识、技术、人力资本是经济实现持续增长的决定因素，而国际贸易又是实现技术外溢、知识溢出、人力资本溢出，进而促进经济增长的重要途径。国际贸易一方面可以通过引进新技术来提高劳动生产率，一方面还可以节省研究与开发费用，避免许多重复劳动，间接地增加国内的资本积累。因此，新增长理论所揭示的经济增长机制表明，在开放的条件下，通过国际贸易产生的知识和技术溢出效应，不仅可以加速技术、知识和人力资本在世界范围内的传播，使知识和专业化人力资本能够在贸易伙伴国内迅速积累，而且通过新技术的引进可以提高不发达国家的生产效率，使贸易各国的总产出水平提高，加速经济增长，促进各国经济发展。

新增长理论一方面强调各国经济发展水平和收入水平的差异源于各国研究与开发投入、知识积累、技术积累以及人力资本禀赋方面的差异，另一方面也强调国际贸易可以使技术知识与人力资本加速积累，推动贸易各国经济持续增长和经济发展。新增长理论的这一贸易发展观对于欠发达国家或一个国家的欠发达地区而言具有重要的意义。欠发达国家或地区可以通过对外贸易、引进技术，加速知识、专业化人力资本积累，使经济走上快速增长和发展的道路。

（四）关于发展中国家的对外贸易发展战略的争论

无论是对贸易条件的研究，还是对贸易利益的探讨，最根本的目的只有一个：寻找最适合发展中国家的外贸政策。由于发展经济学在研究一国发展时，把对外贸易作为影响经济发展的重要因素，因此贸易战略问题也是经济发展战略。经济学家和国际组织依据各自不同的研究目的和研究方法，对发展中国家实行的贸易战略进行了归类和总结。比较有影响的分类方法有三种：

（1）钱纳里②的分类方法。钱纳里等人基于多国计量经济模型的分析和比较，总结出准工业化国家有三种贸易战略，即出口促进战略、进口促进战略和平衡战略。

（2）克鲁格（1977）③ 的分类方法。克鲁格根据统计数据对战后 10 个发展中国家制造业的有效保护率进行了测算，并归纳出发展中国家实际执行的贸易战略主要有三种类型，即出口促进战略、进口替代战略和温和的进口替代战略。

（3）1987 年世界银行根据 1963 - 1985 年 41 个国家和地区的资料，将贸易战略分为坚定外向型、一般外向型和坚定内向型。

发展中国家大多确定了工业化的目标，而其实现方式有进口替代战略、出口导向战略和平衡发展战略三种。

---

① 世界银行 . 1987 年世界发展报告 . 北京：中国财政经济出版社，1987.

② 基恩・格里芬 . 可供选择的经济发展战略 . 北京：经济科学出版社，1992.

③ 发展经济学先驱 . 北京：经济科学出版社，1988：179.

① 进口替代战略

刘易斯认为："通过出口制成品开始工业化是困难的。通常是通过在熟悉的和受保护的国内市场销售产品作为工业化的起始，只有在一国使产品成本具有竞争力之后，再转向出口。"① 普雷维什针对拉丁美洲主要经济问题提出了具体的解决方法："由有节制、有选择地保护政策刺激起来的进口替代，是取得某些合意效果、经济上明智及稳妥的好办法。"② 他的理论为拉丁美洲和其他许多发展中国家的官员和学者所接受，使进口替代政策自20世纪50年代开始在许多发展中国家流行。进口替代战略的优点体现在以下三方面：(1) 工业产品市场已经存在，这已被进口商品所证明，从而降低了建立工业取代进口的风险；(2) 对发展中国家来说，保护国内市场以抵制外国竞争，比迫使发达国家降低贸易壁垒以允许他们出口制造品更容易些；(3) 国外公司建立了所谓的"关税工厂"以对付发展中国家的关税壁垒。

由于发展中国家在进口替代战略的实施过程中，各国都出现了不少问题，因此，一些经济学家，包括发展经济学家，从该战略的机制和效应上对进口替代提出批评。发展经济学家黑伦纳的批评是：进口替代政策对消费品强调太过，而对潜在的长期比较利益，即资源蕴藏和学习能力，却没有给予充分的注意。进口替代对异已的和不合适的，即资本密集的技术的采用，达到了异乎寻常而又毫无必要的程度，其结果难免是：建立起来的工业部门效率不高而且开工不足，创造就业机会很少，外汇很少盈余，生产率的进一步增长缺乏前景。

② 出口导向战略

20世纪60年代起，发展中国家的出口迅速增长，一些新型工业化国家在制成品的出口方面同样具有了竞争优势，推动了出口替代战略理论的发展和实施。1970年，里特尔、斯考特（Leader 和 Scott,）③ 在《一些发展中国家的工业和贸易》一书中对贸易和经济发展的关系进行了分析。他们认为：在没有贸易歧视的情况下，仍可有效地进行工业化。对出口的鼓励就能起促进作用，从初级产品的出口转变为制成品的出口，从替代进口战略变为推动出口的战略，无疑地会带来巨大的经济效益。总体看来，出口导向战略的优点是：(1) 它克服了国内市场狭小的缺陷，允许发展中国家利用规模经济的优势，这对于许多既贫穷又弱小的发展中国家尤为重要；(2) 为出口而进行的工业品生产需要并刺激了整个经济的高效率，这在一种工业的产出是另一种国内工业的投入时尤为重要；(3) 随着国内市场的成长，出口制成品的扩张是无限的，而进口替代下则是受限制的；(4) 从战后情况看，外向型的经济更能经受住外来冲击。

③ 平衡发展战略

美国经济学家金德尔伯格在《经济发展》一书中指出，除了出口导向型、进口替

---

① 查尔斯·P·金德尔伯格．经济发展．上海：上海译文出版社，1986：333.

② Grossman G., Kreuger A.（1991），"Environmental impacts of the North American Free Trade Agreement", NBER working paper 3914.

③ Grossman G., Kreuger A.（1993），"Environmental impacts of a North American Free Trade Agreement: the US-Mexico Free Trade Agreement", Cambridge, MA, The MIT Press.

代型经济发展战略之外，还存在第三种经济发展的战略，即通过外贸达到平衡发展的战略。这是一种既不歧视出口、又不贬低进口替代，既不过度补贴出口产业、又不过度保护进口替代产业的生产体制和政策体系，是要建立一个中性的开放经济。金德尔伯格指出："出口领先国家的动力来自外国对其出口的需求以及出口国生产技术的变革。替代进口主导的国家的动力来自国内的投资，这种投资将使得进口比出口增长得更快。相反，平衡模型强调由供应的推动引起出口增长，即通过国内生产成本的降低得以有效地发展出口。"① 他认为，日本是通过外贸达到平衡发展的典范。钱纳里的实证分析证明：实行平衡发展战略不仅比出口扩张和进口替代所花费的外资成本都低，而且有助于克服内向发展引起的工业低效率病态。他指出，实行开放，积极参加国际竞争，会使国内效益增加。存在着一种由国际竞争引入的、暗中起作用的"挑战—应战"机制，根据这种观点，扩大出口是好的，进口自由也是好的。尽管增加进口的政策会限制国内商品的市场，但它却加强了竞争，从而产生更大的效率。

坚定的外向型战略　坚定的外向型战略是由于进口壁垒而产生对出口的抑制在不同程度上为对出口的奖励所抵消。从这个意义上讲，不存在对贸易的控制，或者控制程度很轻微。不采用或很少采用直接控制和许可证办法，维持一定的汇率使可能的进口和出口贸易的实际汇率大体相等。

这些理论还可以划分为：

（1）一般外向型战略：一般外向型战略的奖励制度总的结构具有偏向性，注重为内销生产不注重为外销生产，但对本国市场的实际平均保护率较低，实际保护率的高低幅度也较小。使用直接控制和许可证办法是有限度的，虽然对出口贸易有某些直接奖励，但它们并不抵消对进口的保护。对进口贸易的实际汇率高于对出口贸易的汇率，但差别很小。

（2）一般内向型战略：一般内向型战略的奖励制度总的结构明显地对内销的生产有利。对本国市场的平均实际保护率较高，实际保护率的高低幅度较宽。广泛实行对进口的直接控制和许可证办法。虽然对出口可能给予一些直接奖励，很有明显的反进口偏向，汇率也明显定值过高。

（3）坚定内向型战略：坚定内向型战略的奖励制度总的结构强烈地保护为内销的生产，对本国市场的平均实际保护率很高，实际保护率的高低幅度较宽，普遍实行直接控制和许可证制度以限制传统的出口部门，对非传统的可出口商品很少或没有积极的奖励，汇率定值高出很多。

根据钱纳里等人和世界银行对贸易战略的定义，可以大致认为贸易自由化战略、出口导向型战略都属于坚定的外向型战略，平衡性战略等同于一般外向型战略，进口替代型战略包括了一般内向型战略和坚定内向型战略。

---

① Runge C. (1993), "Economic trade and environmental protection" in J. Braden, H. Folmer and T. Ulen (eds.), "Environmental policy with economic and political integration: the European Community and the United States", Edward Elgar, 1993.

（五）国际贸易的环境效应

Grossman 和 Krueger（1991）首次实证考察了环境——收入倒 U 型关系的存在，理论和实证研究的结果都证实国际贸易是解释环境库兹涅茨曲线的重要变量。

1. 环境——收入倒 U 型曲线

受库兹涅滋收入分配曲线的启发，20 世纪 90 年代以来，很多经济学家认为环境的恶化路径也和收入分配差别的依赖性是相似的。如克罗斯曼和克鲁格（Grossman 和 Krueger，1991）在其论文《北美自由贸易区的环境后果》① 中就提到，在一个国家经济发展初期，其污染水平会随着经济增长而导致收入提高而扩大；当收入增长到一定水平后，其污染程度或者说环境质量逐渐得到改善，这种现象倒转的英文字母 U 字形状，因而被称作环境污染的倒 U 型曲线。克罗斯曼和克鲁格（Grossman 和 Krueger，1991）首次实证考察了环境——收入倒 U 型关系的存在，从环境角度评估了《北美自由贸易区协议》，通过对区域内有关国家跨部门空气质量的研究表明，SO_2 和烟雾的排放量在某一个临界值水平下会随着收入的增长而提高，一旦超过这一临界值，污染排放水平开始减少，用图形表示的污染排放与收入的关系呈现倒 U 型曲线。他们强调，对这种倒 U 型关系需要特别注意，因为实际上它取决于污染物的类型。这一倒 U 型曲线的发现激发了许多学者采用不同的样本、污染物和环境质量指标，运用计量回归分析技术去验证它的存在。总体而言，现有文献基本上支持“倒 U 型曲线”假说，即贸易自由化在提高资源配置效率的同时造成了污染，人均收入水平的提高会使环境保护需求增加，同时也促进产出结构和生产技术的变化，反过来降低污染物的排放量。但是，对于一些污染排放物，尤其是对本国环境有重要损害的，如与酸雨有关的 SO_2 和 NO_2，倒 U 型曲线也许存在，但就全球范围的污染排放，如 CO_2 和温室气体而言，倒 U 型曲线是否存在还存在较大的争议。

2. 贸易——环境影响效应

Grossman 和 Krueger（1991，1993）在分析《北美自由贸易区协议》（NAFTA）的贸易环境影响的研究中，最早使用了贸易——环境一般均衡分析模型，他们将自由贸易对环境的影响分解为三种效应：规模效应、结构效应和技术效应。他们认为，贸易自由化过程中环境质量的变化是这三种效应共同作用的结果。首先，贸易自由化扩大了经济活动的规模，随着经济规模的扩大会使生产者从贸易自由化的过程中获得利益；其次，在开放的贸易条件下，由于要素会随着价格的相对变化在产业间重新配置，贸易引起具有比较优势部门的生产扩张和其他部门生产规模收缩，由这种产出结构变化所引起的污染变化即为结构效应，一般而言，一国在经济发展早期和起飞阶段，贸易自由化将导致其经济结构的调整向污染加重的方向转移，而在经济发展的后期，经济发展水平越高，贸易自由化将使经济结构向污染降低的方向转移，如果经济规模和技术水平不变，经济结构作用的效果是使污染先上升后下降，环境质量出现“先恶化、后改善”的趋势；再次，开放贸易和对外投资很可能改变生产过程中的技术应用，进而改变单位产出的环

① Panayotou T.（2000），“Globalization and environment”，Center for International Development，Harvard University，CID working paper No. 53，July 2000.

境损害。总体而言，规模经济无疑会引起环境恶化，而结构效应对环境的影响取决于一国的比较优势以及技术效应对环境的积极作用，贸易对环境是否有益似乎并不明确，但当收入达到某个水平以后，上述结构效应和技术效应的总和将会超过规模效应。也就是说，贸易自由化从长期讲对环境质量的改善是有利的。按照这种假说的观点，随着一国收入水平的提高（这被认为是贸易自由化的结果），那么环境终将得到改善。

以 Grossman 和 Krueger（1991，1993）①、Stevens（1993）、Runge（1993）② 和 Panayotou（2000）③ 为代表的一批学者就贸易的环境效应进行了比较深入的理论研究，他们的研究认为，尽管贸易自由化在短期内的环境效应是消极的，但随着时间的推移，贸易自由化将对环境产生长期的积极的影响。正如众多学者所指出的，国际贸易是解释环境库兹涅茨曲线的重要变量（Birdsall 和 Wheeler，1993；Lee 和 Ronald-Holst，1997；Jones 和 Rodolfo，1995）。首先，贸易开展将扩大经济规模，因而直接增加了污染经济活动；其次，国际贸易也具有结构效应、技术效应。值得注意的是，国际贸易的结构效应具有双重性：一国污染密集型产品生产活动的减少必然意味着贸易国此类产品产量的上升，即"替代效应"或是"污染天堂假设"（Pollution Haven Hypothesis）。根据比较优势原理，国际贸易对环境质量的影响是污染密集型产业将由发达国家转移到发展中国家，或是由环境管制较强的国家转移到管制较弱的国家。因此，贸易对环境的影响实际上反映的是专业化分工模式的不同：发达国家专业化生产污染较低的产品，而发展中国家则专业化生产资源、能源密集型产品。一旦发达国家执行了严格的环境管制措施，经济开放、贸易自由化的结果是加速了污染型产业由发达国家向发展中国家转移的速度。

基于 Grossman 和 Krueger 的贸易对环境影响的三种效应的研究思路，Stevens（1993）④ 把贸易的环境效应归结为产品、规模和结构三个方面，贯穿于出口生产和交换的每个环节。Stevens 认为，贸易活动不是环境问题的根源，相反，自由贸易可以为环境保护增加资金投入、提高技术水平以及促进资源的有效配置，为了强化贸易的正面效应，减少负面效应，环境政策是必须的。Runge（1993）⑤ 把贸易自由化的环境影响分为五个方面：资源配置效率、经济活动的规模、产出结构、生产技术以及环境政策。Runge（1993）认为，贸易改变了国际间的分工模式，也扩大了经济活动的规模。经济活动规模与污染的非线性关系说明，除贸易之外，产出结构、技术和环境政策也起着重要作用。GDP 增加使得生产从污染严重的部门向服务业部门转移，产出结构的变化减少了污染总水平，抵消了由于贸易活动带来的部分污染。同时，人均 GDP 的增加会引

① 彭水军，赖明勇，包群．环境、贸易与经济增长——理论、模型与实证．上海：上海三联书店，2006.

② Runge C.（1993），"Economic trade and environmental protection" in J. Braden, H. Folmer and T. Ulen (eds.), "Environmental policy with economic and political integration: the European Community and the United States", Edward Elgar, 1993.

③ Panayotou T.（2000），"Globalization and environment", Center for International Development, Harvard University, CID working paper No. 53, July 2000.

④ Copelan B, Taylor M.（1995），"Trade and trans-boundary pollution", American Economic Review, vol. 85, p716 – 737.

⑤ Robinson H.（1998），"International pollution abatement: the impact on the balance of trade", Canadian Journal of Economics, 21, p187 – 199.

起对环境保护政策的需求上升，因此，经济增长规模对环境造成的负面影响在一定程度上会被抵消。Panayotou（2000）① 将自由贸易对环境的影响归纳为六种效应，即规模效应、结构效应、收入效应、产出效应、技术效应以及政策效应。格雷西纳·屈奇林斯基（Graciela Chichilnisky，1994）从资源管理体制差异形成的比较优势角度分析了贸易对环境的影响。他发现，与发达国家相比，发展中国家对自然资源的产权界定是不清晰的特别是有些自然资源是共有的，任何人都可以自由使用。这样就会出现“公地的悲剧”现象，资源被过度开发和利用。双方间的贸易流动会加剧这种现象，因为在产权不清晰的情况下，资源的使用费用很低甚或免费，发展中国家在资源密集型产品的生产方面具有比较优势，当世界市场对它们的产品的需求增加时，就会使环境进一步恶化。虽然这时环境恶化的根源是不完善的产权制度和资源的过度开发，但贸易活动加剧了这种扭曲作用。但是，上述结论是建立在各国贸易比较优势取决于不同的环境标准和资源管理体制前提下，然而在现实中比较优势完全取决于环境标准的差异的假设是不能成立的。

3. 南北贸易关系与“污染天堂”假说

理论研究文献表明，随着国家间生产要素流动和贸易规模的不断扩大，环境密集型产业（资源消耗性型产业和污染密集型产业）有从北方发达国家向南方发展中国家迁移的趋势。出于对收入和政治经济的考虑，特别是在经济发展的早期阶段，丰富的环境资源常常诱使发展中国家放松环境保护标准，因此，发展中国家更多地从事“肮脏行业”的生产，出口也多属于污染密集型和资源消耗型产品，出现所谓的“产业迁移”和“污染天堂”现象。当发达国家加强环境管制时可能引起这种产业“置换”，即发展中国家将倾向于更多地生产和出口环境密集型产品或者清洁产品。另外，由于发展中国家环境管制的缺失，也将导致污染产业向发展中国家转移。

科普兰德和泰勒（Copeland 和 Taylor，1995）② 构建了一个包含多商品、多国家的一个一般均衡模型——南北贸易模型，模型中所有国家都被划分为南方发展中国家和北方发达国家两种类型，产品根据污染程度不同分类。模型研究结果表明：一方面，南方和北方国家贸易的结构效应是南方国家污染产业的规模将扩大，北方国家的清洁产业规模也将扩大。自由贸易减轻了北方国家的环境污染，但是增加了南方国家的污染水平。由于污染水平较低的产业对污染许可证的需求不旺盛，因此北方国家许可证市场价格下降而南方国家价格上升。北方国家的反应是减少许可证的发放以减少对全球环境的影响，而南方国家为了适应产业结构的变化，将增加污染许可证的发放数量。除非南北双方增加和收回的污染许可证的数量能够完全抵消，否则贸易自由化将会导致全球环境质量的恶化。另一方面，就收入对贸易和全球污染水平的影响效应而言，贸易前的收入分配决定了自由贸易将如何影响环境。如果世界收入分配是高度扭曲的，则自由贸易将增加全球污染，如果世界各国间的收入水平较为接近，则自由贸易对环境污染不会带来负

① Lucas R, Wheeler D. and Hettige H.（1992），“Economic development, environmental regulation and international migration of toxic industrial pollution: 1960 – 1988” in P. Low ed. “International trade and the environment”, World Bank discussion paper, 159, p67 – 87.

② Lee H. and Roland Holst D.（1994）.“The environment and welfare implications of trade and tax policy”, Journal of Development Economics, vol. 52, 1, p65 – 82.

面影响。

虽然理论研究似乎支持“产业转移”和“污染天堂”假说，实证分析的结果却不尽一致。Robinson（1998）① 为“污染天堂”假说提供的经验支持显示，在 1973 - 1982 年间，美国进口产品的污染含量增长率高于出口产品，这意味着，美国在这一时期的贸易活动趋于更多地进口污染密集型产品。Lucas、Wheeler 和 Hettige（1992）②、Lee 和 Roland Holst（1994）③ 等研究发现，发展中国家更多的是生产和出口污染密集型和资源消耗型产品，而发达国家更多的是出口清洁产品。Low 和 Yeats（1992）④ 以出口产品的国际市场占有率为指标来验证“污染天堂”假说的存在，通过选取 1967 - 1968 年和 1987 - 1988 年间两组世界贸易数据，根据美国环境保护署有害物品详细目录资料，对钢铁、非铁金属、精炼石油、冶金制造和造纸 5 个最具污染性的行业进行研究发现，在 1965 - 1988 年期间，作为发达国家的美国的污染密集型产业出口市场占有率下降，而东南亚国家污染密集型产品的出口市场占有率却有上升的趋势，因此他们认为污染产业确实存在迁移现象。Lucas、Wheeler 和 Hettige（1992）利用 1987 年美国环境保护署有害物品详细目录资料和产业统计数据进行两个回归分析后发现，在 1970 - 1980 年间，发展中国家有害物污染排放增长较快，但这种快速增长的趋势在封闭经济下表现得更加明显，于是他们认为，如果“产业迁移”假说成立，则发展中国家在开放经济条件下应该呈现出更快的有害物污染排放增长，而他们的研究证明事实并非如此。Birdsall and Wheeler（1993）⑤ 利用相关数据对拉丁美洲的污染密集型产业进行了类似的实证研究，对产业污染强度与收入增长、贸易开放政策以及其他控制变量间的相关关系进行回归分析，获得了与 Lucas、Wheeler 和 Hettige（1992）十分相似的研究结果，即贸易开放并不会引起污染产业转移。Beghin 和 Potier（1997）⑥ 通过经验分析发现，贸易自由化并没有引起发展中国家专门从事“肮脏行业”的生产。Wheeler（2000）⑦ 的研究选取美国以及接受外资最多的三个发展中国家即中国、巴西和墨西哥的空气质量的变动趋势为分析样本，其分析结果表明，在上述 4 个吸收了世界对外直接投资最多的国家，城市空气污染水平都呈现出下降的趋势，提供了与“污染天堂”假说完全相反的证据。

4.“向（环境标准）底线赛跑”假说

基于“囚徒困境”博弈原理，“向（环境标准）底线赛跑”（race to the bottom）假

---

① Low P. and Yeats A.（1992），“Do dirty industries migrate?” in P. Low ed. “International trade and the environment”, World Bank, Washington D. C.

② Birdsall N. and Wheeler D.（1993），“Trade policy and industrial pollution in Latin America: where are the pollution havens?”, Journal of Environment and Development, 2, p137 - 149.

③ Beghin J. and Portier M.（1997），“Effects of trade liberalization on the environment in the manufacturing sector”, World Economy, 20, p435 - 456.

④ Wheeler D.（2000），“Racing to the bottom? Foreign investment and air pollution in developing countries”, Journal of Environment and Development, 10, p225 - 246.

⑤ Esty D. and Geradin D.（1997），“Market access, competitiveness and harmonization: environmental protection in regional trade agreements”, The Haruard Environmental Law Review, 21, p265 - 336.

⑥ Dua A. and Esty D.（1997），“Sustaining the Asia pacific miracle”, Institute for International Economics.

⑦ Barret S.（1994），“Strategic environmental policy and international trade”, Journal of Public Economics, 54, p325 - 338.

说认为，自由贸易造成了全球范围内的环境标准下降，在某些情况下，可能出现环境标准“竞次现象”，从而使得环境标准低于有效标准。如 Esty 和 Geradin（1997）① 和 Dua 和 Esty（1997）② 等的研究指出，作为全球贸易自由化的结果，各国会竞相降低各自的环境质量标准，以维持或增强本国产业的国际竞争力，出现向底线赛跑的现象。Barret（1994）③ 提出，当环境政策规定的环境边际损害很低时，生态倾销（ecological dumping）会由于某些策略性原因而产生。Ropke（1994）④、Daly 和 Goodland（1994）⑤ 等自由贸易的批评者指出，贸易自由化所引致的“向底线赛跑”会令某些国家的环境标准崩溃，因为污染者有可能将其生产设备转移到发展中国家的“污染天堂”，因此从环境保护的角度来看，发展中国家的贸易收益是值得怀疑的。

但 Eliste 和 Fredriksson（1998）⑥ 等学者指出，“向底线赛跑”的论断缺乏足够的证据。他们考察出口竞争国家的贸易自由化和战略性贸易政策对环境管制标准的影响，在对农业部门的分析中，并没有发现有充分的证据支持“向底线赛跑”的结论。Wheeler（2000）⑦ 的研究也为“向底线赛跑”的论断提供了否定的证据。Wheeler 通过实证检验指出，那些吸收了世界对外直接投资最多的国家（如巴西、墨西哥和中国）的城市空气污染水平都呈现出下降的趋势。Wheeler 还通过引证其他文献，强调“向底线赛跑”的假说是有瑕疵的，因为这一假说并没有准确地反映发展中国家污染控制的政治经济状况。事实上，由于缺乏足够的证据，“向底线赛跑”假说迄今为止在国际上并没有形成比较统一的看法。

5. 环境成本内部化理论

传统的自由贸易理论没有考虑到外部性造成的市场失灵，使得国际商品价格不体现环境成本，而环境成本内部化理论正好弥补了比较优势理论的缺陷，将环境成本纳入生产成本，体现资源的稀缺性，消除其外部性，即为环境成本内部化。一般说来，环境成本（E）由两部分组成，即 E = E0 + E1。其中，E0 是环境要素的价格，它的大小直接受到环境要素禀赋的影响；E1 是外部成本，它的大小主要是受一国环境政策的影响，而环境政策的核心又是环境标准。在环境标准较宽松的国家，对环境的破坏投入较小的费用治理，E1 较低；相反，严格的环境标准会使生产者提高环保意识，加大治理投入，E1 较高。

---

① RopkeI. (1994), “Trade, development and sustainability: a critical assessment of the free trade dogma”, Ecological Economics, 9, p13 - 22.

② Daly H. and Goolland R. (1994), “An ecological assessment of deregulation of international commerce under GATT”, Ecological Economics, 9, p73 - 92.

③ Eliste P. and Fredriksson P. (1998), “Does open trade result in a pace to the bottom? Cross-country evidence”, Washington, D. C., the World Bank.

④ Wheeler D. (2000), “Racing to the bottom? Foreign investment and air pollution in developing countries”, Journal of Environment and Development, 10, p225 - 246.

⑤ Pigou A. C. (1917), “The value of money”, Quarterly Journal of Economics, vol. 32, 11, p38 - 56.

⑥ Coase R. (1960), “The problem of social cost”, Journal of Law and Economics, 3, p1 - 44.

⑦ Grossman G. M. and Krugeger A. B. (1991), “Environmental impacts of a North American free trade agreement”, NBER working paper.

环境成本内部化理论大致经过了三个发展阶段：（1）内部化理论的最早提出者是庇古（Pigou，1917），他在20世纪初关于福利经济学的分析中指出，由于环境的重要经济根源是外部效应，那么为了消除这种外部效应，就应该对产生负外部效应的单位收费或征税，对产生正外部效应的单位给以补贴①，其核心思想是由政府给外部效应确定一个合理的价格，由外部不经济性的制造者承担全部费用；（2）随着20世纪60年代著名学者科斯（Coase，1960）的“产权理论”的兴起，运用“科斯定理”来创新环境经济制度在理论和实践上都得到了很大的发展，逐渐形成了以自愿协商、排污权交易为代表的“内部化手段”②。只要把外部效应作为一种产权明确下来，而且谈判费用不大，那么外部效应问题可以通过当事人之间的资源交易而达到内部化；（3）进入20世纪90年代后，随着市场主体由“经济人”向“生态人”的转变，环境成本内部化理论的内容由此得到了全面扩充，环境内部化手段发展到诸如实施环境标志制度、推广ISO14000环境认证等新型经济手段③。

第四节　国际贸易与经济增长和发展关系的实证研究方法及结论

一、早期关于对外贸易与经济增长和发展关系的经验研究

有关贸易促进经济增长的实证分析在20世纪60年代以前，主要是收集一些典型国家的有关数据进行简单的比较。从20世纪60年代末开始，以埃默里为代表的经济学家开始采用计量经济学的方法展开对贸易促进经济增长课题的研究，这些实证研究主要集中于对出口导向经济增长假设（export-led economic growth，ELG）的检验，使用的实证研究方法多是普通最小二乘法、简单回归分析法。

埃默里（R. F. Emery，1967）④ 首先收集了50个国家的1953－1963年的数据，建立了最简单的出口与GNP线性关系的模型，经过普通最小二乘法回归分析，结果表明，各国出口贸易额与GNP呈正相关关系，而贸易差额与GNP的关系则不显著。由此，埃默里得出一国出口贸易可以促进GNP增长的结论。

麦哲尔（A. Maizels，1968）采用了埃默里的基本模型，但是去掉了贸易差额这一与GNP关系不显著的变量，分别对9个国家1950－1962年的时间序列数据进行了回归，回归结果与埃默里的结论大致相同。

二、20世纪70年代以来的出口贸易与经济增长和发展关系的经验研究

进入20世纪70年代，原来采用进口替代战略的大多数发展中国家在进一步发展的

① Emery, R., “The relation of exports and economic growth”, Kyklos, 1967, vol. 20 (2), p470－486.

② Balassa, B. (1978), “Exports and economic growth: further evidence”, Journal of Development Economics, 5, p181－189.

③ Tyler, W. G. (1981), “Growth and export expansion in developing countries”, Journal of Development Economics, 9, p121－130.

④ Feder, G. (1982), “On exports and economic growth”, Journal of Development Economics, 12, p59－73.

过程中纷纷遇到阻力，许多国家转向出口替代战略或出口导向型战略。在这一过程中，发展中国家的经济政策转型引起了经济学家对贸易在经济增长中所发挥的作用的极大兴趣。作为占主导地位的观点，自由贸易理论认为，发展对外贸易是增加国民财富、改善资源配置从而促进经济增长的重要途径。对外贸易能够积极促进经济增长的观点得到了一大批实证研究的有力支持。众多经济学家根据相关的理论纷纷建立了各自的贸易促进增长的数学模型，并应用这些模型分别对各个时期、多个国家的横截面数据或时间序列数据进行了大量的回归分析，得出了一些比较客观的结论，其中颇具代表性的有巴拉萨（Balassa，1978）、泰勒（Tyler，1981）、费德（Feder，1982）、世界银行（World Bank，1993）等。学者们针对不同国家和地区，运用不同的模型与分析方法进行了大量研究，例如克鲁格（1978）、Barro 和 Sala IMartin（1995）、Young（1991）、Van 和 Wan（1997）、World Bank（1998，2000）、Johes 和 Manuelli（1990）、Fisher（1995）等。尽管多数文献表明出口和经济增长具有高度相关性，但是分歧依然存在。

对贸易与经济增长关系在理论认识上的分歧，引发学者们试图从实证的角度去寻找答案。近年来，在这方面最有影响力的一篇论文来自哈佛大学的杰弗里·萨赫和安德鲁·华纳，国际货币基金组织、世界银行、OECD 及其他一些机构经常引用这篇论文来支持他们关于让发展中国家开放其经济的建议。杰弗里·萨赫和安德鲁·华纳的研究发现，实行开放经济的发展中国家在 20 世纪 70 - 80 年代每年的经济增长率达到了 4.5%，而实行封闭经济的发展中国家每年只能达到 0.7%；同时，研究发现，实行开放经济的发达国家的年经济增长率可达 2.3%，而封闭经济的发达国家只有 0.7%。世界银行对包括东亚地区在内的 41 个发展中国家和地区的调查结果也支持这一观点。他们的调查表明，从 GDP 的年平均增长率来看，实行强烈外向型的国家，1963 - 1973 年为 9.5%，1973 - 1985 年为 7.7%，而实行强烈内向型的国家分别为 4.1% 和 2.5%。各种统计分析表明，发展中国家的出口增长和总体 GDP 增长明显密切相关。

学者们针对不同国家和地区，运用不同的模型与分析方法进行了大量研究，本文以关于出口贸易与经济增长关系的实证研究为例，列举学者们在这一时期所使用的有代表性的实证研究方法。

（一）实证研究方法

1. 相关分析

米开里 1977 年首次采用了斯闭门范围相关方法（Spearman rank correlation）来分析贸易对经济增长的影响，选取了 41 个发展中国家 1956 - 1967 年有关数据的平均值，通过相关分析，得出的结论是：出口速度快的国家，经济增长速度也快。

2. 出口扩展型总量生产函数

巴拉萨（Balassa，1978）① 将传统的生产函数扩展为适用于开放经济条件下的出口扩展型总量生产函数，使用线性回归模型，分别选取 1960 - 1966 年以及 1967 - 1973 年两个时期 10 个国家的横截面数据进行实证分析，得出了出口促进经济增长的基本

① Edwards, S. (1993), "Openness, trade liberalization and growth in developing countries", Journal of Economic Literature, vol. 31, September, p1358 - 1393.

结论。巴拉萨的出口扩展型总量生产函数被广泛用作评估贸易对经济增长促进作用的模型。

泰勒（Tyler，1981）① 在研究了出口、劳动和资本对总产出的作用的同时，进一步研究了制造业出口的作用。在建立出口扩展型总量生产函数时，直接在指数形式的道格拉斯生产函数上加入了出口变量，使用对数形式的线性回归模型，与巴拉萨采用的生产率形式的线性回归模型基本上是一致的。

3. 外部经济效益模型

前面有关贸易促进经济增长的实证分析模型，将出口直接作为总产出的一个解释变量，而并没有具体反映出口促进增长的机制。费德（1982）② 的研究集中分析了出口部门对非出口部门的外部经济效益，由此推导出了一个著名的费德模型。费德模型将国家的产业部门分为出口部门和非出口部门，将出口贸易的相关作用纳入模型中，把出口看作影响技术进步或其他影响经济效率的因素，说明出口对经济增长的促进机制，即出口可以通过两个途径来影响经济增长率：出口部门由于与国外生产者和消费者发生更多的联系，从而具有较高的相对要素生产率；出口部门对其他经济部门的正向外溢效应。费德（1982）的实证研究表明，出口部门与非出口部门之间要素生产效率的确存在显著差别，将资源从非出口部门重新分配到出口部门有助于经济发展。

4. 技术吸收增长模型

爱德华（Edwards，1993）③ 的研究提出了一个内生增长模型，重点强调了发展中国家通过贸易自由化，吸收国外先进知识和技术，从而促进经济增长的机制。爱德华模型的设定和推导主要是对生产函数中的内生技术变量做了独特的解释，即与“知识差距”正相关，与贸易扭曲负相关，也就是说，总产出的解释变量在劳动和资本的基础上，再加入贸易扭曲程度和该国与世界之间的知识差距，从而体现知识与技术对总产出的作用及其受制约的因素。

5. 贸易扩大与经济增长的因果关系检验

20 世纪 80 年代后期，部分学者对以往的实证研究方法提出了之一，其中一个重要的冲击是协整分析方法的兴起和广泛应用。20 世纪 70 年代以前的计量分析都是以“经济时间序列平稳”为假设前提的，格兰杰（1987）首先提出“伪回归”的问题并引起关注，后来的学者提出了 ADF 检验法、向量自回归模型等计量方法。

庄格和马歇尔（Jung，Woo S 和 Peyton J. Marshall，1985）④ 运用了格兰杰因果关系检验，对 37 个国家的有关数据进行分析，只有 4 个国家完全满足因果检验条件，

① Engle, Robert F. and C. W. J. Granger (1987), “Co-integration and error correction: representation, estimation and testing”, Econometrica, vol. 55, 2, p251 – 276.

② Jung, Woo S. and Peyton J. Marshall (1985), “Exports, growth and causality in developing countries”, Journal of Development Economics, vol. 18, 1, p1 – 12.

③ [美] 皮特 C·Y·周. 出口增长和工业发展之间的因果关系——来自新工业国的经验证明. 经济译文，1988 (2).

④ Aquino, A. (1981), “Changes over time in the pattern of comparative advantage in manufactured goods: an empirical analysis of the period 1962 – 74”, European Economic Review, 15.

因此无法得出出口扩大促进了经济增长的一致结论。此后，达瑞特在 1986 年以及皮特周在 1987 年的研究都没有得出出口扩大促进经济增长的一致结论①。森格普塔（Jati K. Sengupta，1994）② 运用“新增长理论”对亚洲新兴工业化国家的增长源泉进行了一项实证研究，其中得出的一个结论是：新增长理论所强调的递增规模收益在成功的亚洲新型工业化国家的增长中的作用是非常显著的，在出口导向的部门更是如此。

6. 显示性比较优势

阿奎诺（Aquino，1981）③ 在产品生命周期模型的正统框架内，研究了制造业的比较优势随时间推移从技术先进的国家向技术落后的国家转移的情形。他使用了试图解释特定国家在特定的时间段和指定产品中“显示出来的比较优势”的巴拉萨指数，研究包括特定国家的技术条件和国内市场规模以及物质资本条件。阿奎诺在过去的科研开支、人均创新数目以及单位工作小时的总工资成本的基础上，测算了 26 个国家样本中的 15 个国家的技术条件，发现了一个原始尺度，如人均国民生产总值，可以作为技术条件的一个近似的描述。随考察的时间和跨行业的技术系数的变化被阿奎诺看作是各类产品比较优势向技术落后的国家中转移的证明。

（二）出口导向经济增长（ELG）假设命题的实证研究分析方法

关于对外贸易与经济增长关系的经验研究主要集中于对出口导向经济增长假设命题的检验。出口导向经济增长（ELG）假设命题的实证研究在近二十年来引起了研究者的广泛兴趣，研究者们从实证的角度针对不同国家和地区、运用不同的模型与分析方法对该命题做了大量的研究，尽管多数研究表明，出口增长和出口水平与 GNP 增长具有较高的相关性，但是迄今为止，经济学家们在其因果关系（即到底是一国高速的经济增长引发了更多出口还是更多的出口导致了更快的经济增长）方面一直存在着严重的分歧。

总的说来，已有的研究从实证分析方法上可以分为三类：第一类利用跨国（地区）数据运用相关系数来检验 ELG 假设；第二类研究是采用基于回归分析的普通最小二乘法，利用跨国（地区）数据检验 ELG 假设；第三类是近期的研究工作，应用不同的时间序列分析技术来检验出口与经济增长的关系。研究的对象主要是 OECD 的发达国家以及一些新型工业化国家或地区，其中也包括发展中国家。

1. 对跨国（地区）截面数据的研究

这类研究就是前述按分析方法区分的第一类及第二类，都是利用跨国（地区）的截面数据，运用秩相关检验和 OLS 回归方法直接分析出口与产出之间的关系，或者加入劳动、资本和投资等要素连同出口要素，在总体生产函数中采用 OLS 回归分析方法分析出口对经济增长的影响。如果发现出口变量与经济增长变量之间存在积极的和统计

① Maizels, A. (1963), “Industrial growth and world trade”, Cambridge: Cambridge University Press.

② Balassa, B. (1978), “Exports and economic growth: further evidence”, Journal of Agricultural Economics, 46, 174 - 186.

③ Feder, G. (1982), “On exports and economic growth”, Journal of development Economics, 12, 59 - 73.

上的显著相关性，则支持 ELG 假设；或者用经济增长变量对出口等变量进行回归，如果出口变量前的回归系数是正的和统计显著的，则支持 ELG 假设。

Maizels（1963）① 运用秩相关（RC）检验方法分析了 7 个发达国家 1899 - 1959 年制造业出口平均增长与产出增长的关系，得出了支持 ELG 假设的结论；Balassa（1978）② 运用秩相关（RC）检验方法分析了 11 个半工业化国家在 1960 - 1966 年和 1966 - 1973 年期间的实际 GDP 平均增长与实际出口平均增长之间的关系，得到了支持 ELG 假设的结论；同时对上述 11 个国家在同样的时期内运用 OLS 回归分析方法，在考虑了劳动力平均增长、国内投资占产出的平均比例、外资占产出的平均比例等变量的基础上，分析了实际 GNP 平均增长与实际出口平均增长之间的关系，得到了支持 ELG 假设的结论；Feder（1982）③ 运用 OLS 方法，连同投资占 GDP 的平均比重、人口平均增长、外资占 GDP 的比例等变量，在一个总体生产函数中分析了实际 GDP 平均增长与出口占 GDP 比重的平均变化率之间的关系，得到了支持 ELG 假设的结论；Dollar（1992）④ 运用 OLS 方法分析了 92 个国家在 1976 - 1985 年间的数据，得到了支持 ELG 假设的结论；世界银行（World Bank，1993）⑤ 的一项研究表明，像高储蓄率、高投资率、充分的人力资本积累和恰当的政府干预等因素一样，强调扩大出口是东亚诸经济体的发展战略的基本要素和高速增长的重要源泉。该项研究通过衡量全要素生产率（TFP）的决定因子从而得出结论：在东亚高速增长经济中，“开放一直伴随着全要素生产率增长的卓越表现”，“两个出口表现的代表性指标（制成品出口在总出口中的份额和制成品出口在国内生产总值中的份额）也始终与全要素生产率的高增长率呈正相关”。道吉斯和瑞德尔（1977）⑥ 使用 20 世纪 50—60 年代发展中国家的出口实际检验了有关发达国家和发展中国家存在稳定的出口和生产联系的假说。他们发现，出口增长与国内刺激性财政金融政策是相关的，由此可见，供给因素对出口扩展起了积极的作用。即使撇开供给因素，发达国家对发展中国家进口品的平均收入弹性仍然很高，而关税减让对其实际影响是有限的。McNab 和 Moore（1998）⑦ 运用 OLS 和三阶段回归（3SLS）方法分析了 41 个发展中国家 1963 - 1973 年和 1973 - 1985 年两个时期的数据，得出了支持 ELG 假设的结论。

---

① Dollar, D. (1992), “Outward-oriented developing economies really do grow more rapidly: evidence for 95 LDCs, 1976 - 1985”, Economic Development and Cultural Change, 40, p523 - 544.

② World Bank (1993), “The East Asian miracle: economic growth and public policy”, a World Bank policy research report, Oxford University Press, p316 - 326.

③ Donges, J and Riedal, J. (1977), “The expansion of manufactured exports in developing countries: an empirical assessment of supply and demand issues”, Weltvirtschaftliches Arrchive, vol. 113, p75.

④ McNab, R. M. and R. E. Moore (1998), “Trade policy, export expansion, human capital and growth”, Journal of International Trade and Economic Development, 7, 237 - 256.

⑤ Michaely, M. (1977), “Exports and economic growth: an empirical investigation”, Journal of Development Economics, 4, 49 - 53.

⑥ Moschos, D. (1989), “Export expansion, growth and the level of economic development: an empirical analysis”, Journal of Development Economics, 30, 93 - 102.

⑦ Jung, S. W. and P. J. Marshall (1985), “Exports, growth and causality in developing countries”, Journal of Development Economics, 18, 1 - 12.

总的说来，这类经验研究结论一般都支持 ELG 假设，但是也有少数例外。例如，Michaely（1977）① 在他的研究中，把所分析的 41 个国家按人均收入分成两组，运用秩相关（RC）检验方法，发现 23 个高收入水平国家组成的一组国家的出口增长与经济增长之间在 1% 的显著水平下存在显著的相关性，而低收入国家一组相关性几乎为零，从而得出结论：出口对经济增长的影响只有在这些国家达到了某个最低发达水平时才会发生；Moschos（1989）② 在一个用截面数据的生产函数分析中发现了一个临界点，得出的结论是：存在这样一个临界点，在"欠发达"的国家或地区，产出增长主要受出口增长和资本形成的影响；而在"较发达"的国家或地区，劳动增长也很重要，即存在一个临界发达水平效应问题。这意味着，出口对经济增长的导向作用是有条件的。

2. 对单个国家（地区）的时间序列研究

近年来基于单个国家数据的时间序列分析成为这一研究领域的主流，其中使用最广泛的分析手段是根据 Granger 因果检验从统计上判断变量之间因果关系的方向和强度，只有小部分研究利用时间序列数据通过 OLS 方法估计回归模型来检验 ELS 假设。

这类研究所采用的方法主要有三种：（1）利用有限价的向量自回归模型（Vector autoregressive，VAR），包括基于水平数据的 VAR（即 VARL）模型、基于一阶差分数据的 VAR（即 VARD）模型以及向量误差修正模型（vector error correction model，VECM），使用 LR 统计量、Wald 统计量、F 统计量进行检验；（2）脉冲响应函数法（Impulse response functions，IRFs）；（3）预测误差方差分解法（Forecast error variance decompositions，FEVDs）。实际上，当向量自回归（VAR）模型可逆时，VAR 模型可写成向量移动平均模型（VMA），而 IRFs 和 FEVDs 可由移动平均模型直接导出，因此，由 VAR 模型及 IRFs 与 FEVDs 分析得出的结论在一定情况下是相同的。

Jung 和 Marshall（1985）③ 利用年度数据运用双变量系统 VARD 模型的 Granger（F 统计量）因果检验技术分析了 37 个发展中国家和地区 1950－1981 年实际 GDP（GNP）增长与出口增长的关系，发现只有 5 个国家支持 ELG 假设，有 11 个国家和地区存在 GLE（Growth-led Export 现象），只有以色列一个国家存在双向的因果关系，而有 20 个国家的出口增长与经济增长之间不存在因果关系；Chow（1987）④ 利用年度数据，运用双变量系统 VAR 模型的 Sims（F 统计量）检验方法分析了 8 个新兴工业化国家和地区 1960－1984 年实际的制造业出口与实际制造业产出之间的关系，发现墨西哥支持 ELG 假设，巴西、中国香港、以色列、韩国、新加坡、中国台湾存在双向的因果关系，

---

① Chow, P. C. Y (1987), "Causality between export growth and industrial development: empirical evidence from the NICs", Journal of Development Economics, 26, 55－63.

② Oxley, L. (1993), "Cointegration, causality and export-led growth in Portugal: 1865－1985", Economics Letters, 43, 163－166.

③ Donges, J and Riedal, J. (1977), "The expansion of manufactured exports in developing countries: an empirical assessment of supply and demand issues", Weltvirtschaftliches Arrchive, vol. 113, p75.

④ Karunaratne, N. D. (1994), "Growth and trade liberalization in Australia: a VAR analysis", International Review of Economics and Business, 41, 625－643.

而阿根廷不存在因果关系。

Oxley（1993）① 采用年度数据，运用双变量系统的 VECM 的 Granger（Wald 统计量）检验方法，利用 ADF（Augmented Dickey-Fuller）单位根检验和 Johanson 和 Juselius（JJ）协整检验技术以及 FPE（final prediction error）准则分析了葡萄牙 1865 - 1991 年实际 GDP 与出口的关系，发现存在 GLE 现象；瑞德尔（1977）② 通过模拟香港出口产品的供给和需求曲线进一步否定了需求决定论。香港作为八十年代发展中地区最大的出口者，其出口增长非常迅速。它所出口的制成品面对的需求收入弹性几乎是完全充分的。发达国家或地区经济增长放宽并没有影响其出扩增长的势头，即使世界市场的价格有超常的波动，香港能够调整生产投入以保证出口扩张。由此可见，供给而非需求因素决定了出口实绩。

Karunaratne（1994）③ 运用双变量系统 VARD 模型的 Granger（F 统计量）检验以及 6 变量的 IRFs（脉冲响应函数法，impulse response functions）和 FEVDs（预测误差方差分解法，forecast error variance decompositions）方法，利用 ADF 单位根检验和 AIC（Akaike information criterion）准则，采用澳大利亚 1959 年第三季度至 1992 年第一季度的数据分析了实际 GDP 和出口的关系，发现运用双变量的 Granger 检验方法支持 ELG，而运用 IRFs 和 FEVDs 方法不支持 ELG；Ghatak（1998）④ 采用对数后的年度数据，运用 7 变量系统 VARL 模型（基于水平数据的 VAR 模型）、贝叶斯 VAR 模型（BVAR 模型）以及 VECM 的 Granger 检验方法，利用 ADF 单位根检验、带常数和时间趋势的 EG - ADF 协整分析技术与 FPE 准则，在考虑了实际的人均投资、政府支出、货币供给、利率和汇率等 5 个变量的基础上，分析了韩国实际人均 GDP 与出口的关系，发现如果运用 VARL 模型则不支持 ELG 假设，如果采用 VECM 和 BVAR 模型则支持 ELG 假设；Dhawan 和 Biswal（1999）⑤ 利用 VAR 模型及 JJ 协整分析技术在考虑了贸易条件变量的基础上分析了印度 1961 - 1963 年实际 GDP 与实际出口的关系，发现 ELG 只是一个短期现象。Liu，Song 和 Romilly（1997）⑥ 运用双变量系统的 VANRD 模型的 Granger 检验方法采用 ADF 单位根检验以及 EG - ADF 协整分析技术分析了中国 1983 年第三季度至 1995 年第一季度实际 GNP 与出口及实际进出口总额之间的关系，发现运用 Granger 方法支持出口导向经济增长假设；1981 年使用 Sims 方法检验发现支持 GLE；1984 年使

① Ghatak, A. (1998), "Vector-auto regression modeling and forecasting growth of South Korea", Journal of Applied Statistics, 25, 579 - 592.

② Dhawan, U. and B. Biswal (1999), "Re-examining export-led growth hypothesis: a multivariate co-integration analysis for India", Applied Economics, 31, 525 - 530.

③ Liu, X., H. Song and P. Romilly (1997), "An empirical investigation of the causal relationship between openness and economic growth in China", Applied Economics, 29, p1679 - 1686.

④ Rodrik, Dani. (1999), "The new global economy and developing countries: making openness work", Washington, D. C.: Overseas development council.

⑤ Clerides, S. K., S. Lach, and J. R. Tybout (1998), "Is learning by exporting important? Micro-dynamic evidence from Colombia, Mexico and Morocco", Quarterly Journal of Economics, vol. 113, August: p903 - 947.

⑥ Bernard, A. B., and J. B. Jensen (1999), "Exceptional exporter performance: cause, effect or both?", Journal of International Economics, vol. 47, 1, p1 - 25.

用 Geweke 方法发现不支持 GLE 假设。

3. 微观经验实证研究

由于宏观研究的困境，近年来一些研究者开始将目光转向微观领域，试图在产业或企业层次上探索出口与生产率增长之间的因果关系，其研究的主题是：企业是因为效率高而出口还是因为出口导致效率变得更高。微观层面上的出口与生产率因果关系研究由于研究方法以及选取国家的差异而给出不同的结果，总体而言，否定“出口学习效应”的假说的证据居多。

罗德里克（Rodrik，1999）① 通过对大量文献卓有成效的研究得出结论：即使没有任何证据说明，出口所得的一美元对经济增长的贡献大于或小于其他生产行为创造的一美元，也就是说，出口崇拜论是没有根据的。Clerides（1998）② 利用一个双方程模型对来自哥伦比亚、墨西哥以及摩洛哥的企业数据进行了仔细研究，发现企业的出口属于“自选”行为，没有证据显示出口对企业具有学习效应。具体而言，其研究表明，效率相对较高的企业往往成为出口企业，但企业的单位成本却不会因企业参与出口市场而受到影响。虽然他们发现一些证据表明出口商在国外市场上与其他企业的竞争中降低了成本，但却无助于这些企业提高效率。Bernard 和 Jensen（1999）③ 利用截面数据回归方法对美国和德国的一些制造业企业进行研究，他们发现，具有较高劳动率水平的企业成为出口商，但是出口对企业生产率的增长却毫无积极作用，在一些案例中甚至起负作用。Aw 等（1998）④ 对中国台湾和韩国企业的组平均生产率截面数据进行研究后发现，在中国台湾企业中，“自选行为”的证据居多，也有部分支持“出口学习效应”假说；而在韩国企业中，不仅“自选行为”的证据较弱，而且也没有找到支持“出口学习效应”假说的证据。

Kraay（1999）⑤ 利用一个一元动态截面方程对中国企业样本进行检验时发现支持“出口学习效应”假说。Castellani（2002）⑥ 利用意大利 1989－1994 年制造业企业数据，对劳动生产率增长与出口行为进行了回归分析，发现如果出口行为是以出口密度（出口占总销售的比重）来衡量，那么出口对生产率增长有显著的促进作用，而如果出口行为是直接以出口与否来衡量，那么出口对生产率增长毫无影响。因而，Castellani 认为，企业进入出口市场本身并不能产生任何“学习效应”，但是企业显著介入国际活

① Aw, B., S. Chung and Roberts (1998), “Productivity and decision to export: micro evidence from Taiwan and South Korea”, NBER working paper 6558, Cambridge, Mass.

② Kraay, A. (1999), “Exportation and performance economics: an panel data of Chinese enterprises”, Journal of economy and development, 1－2, 183－207.

③ Castellani, D. (2002), “Export behavior and productivity growth: evidence from Italian manufacturing firms”, Weltwirtschaftliches Archiv. 138 (4), p605－628.

④ Lawrence, Robert Z. (2000), “Trade and growth: experience from Japan and Korea”, in Joseph E., Stiglitz, eds, “Rethinking the East Asian Miracle”, World Bank, p259－283.

⑤ Lawrence, Robert Z. (1999), “Does a kick in the pants get you going or does it just hurt? Impact of international competition on technological change in U.S. manufacturing”, in Robert Feenstra ed., “Globalization and wages”, Chicago: University of Chicago Press.

⑥ Barro, Robert and Xavier Sala-I-Martin (1992), “Convergence”, Journal of Political Economy, vol. 100, April, p223－251.

动，进行国际投资并长期进行对外交往就能够产生"学习效应"，也就是说，"学习效应"的产生有一定的涉外程度"门槛"。劳伦斯等（Lawrence，R. Z.，2000）① 则是在部门的层次上检验了日本、韩国以及美国的出口与劳动生产率的关系。他们利用1964－1985年日本的数据，对产出和出口产出比的对数形式相对于劳动生产率水平和上一年的因变量进行了回归，发现同期的全要素生产率与产出和出口密切相关，而且上一年的全要素生产率与出口的相关关系更为紧密，由此得出结论：是更高水平的劳动生产率导致了更高水平的出口，"而决非相反的因果关系"。在对韩国1963－1983年数据的分析中，他们发现了出口导向增长的反面效果：以出口开始发展的部门，劳动生产率较少。劳伦斯（Lawrence，R. Z.，1999）② 在对20世纪80年代美国100多个制造业产业中国际竞争对其全要素生产率的影响进行了研究，也未发现在出口占国内生产的比重同劳动生产率增长之间存在任何正向相关关系的证据。

可见，关于出口与经济增长的因果关系的微观经验研究更倾向于给出否定的结论。出口企业的"出口学习效应"假说与"出口导向经济增长"假说之间的关系实际上是非常间接的。迄今为止的经验研究尚未解决出口与经济增长之间的因果关系问题。

三、进口与经济增长和发展关系的经验研究结论

传统观念倾向于认为，进口会挤占国内市场从而不利于本国的经济发展。因此，长期以来关于对外贸易与经济增长关系的研究文献往往只关注和分析出口与经济增长之间的关系，这种情况直到近几年才开始有所改变。也就是说，近年来人们开始意识到，进口也可能对经济增长产生积极的促进作用，所以相关的经验研究也陆续出现。20世纪90年代以来的文献都认为进口（特别是资本品的进口）通过其生及溢出效应，使进口国更快地接近国外技术水平。

（一）关于贸易保护与经济增长的实证研究

巴罗等人（Barro，1992③；Sala-I-Martin，1992；Dollar，1992④；Edwards，1992⑤）研究了各国的GNP数据后发现，研究范围内的国家中那些采用典型贸易保护政策的国家都增长得比较慢。Romer（1993⑥）利用76个发展中国家1960年的截面数据分析了机器和设备进口对生产的影响，Lee（1995）⑦ 利用一组国家1960－1985年的截面数据

---

① Dollar, D. (1992), "Outward-oriented developing economies really do grow more rapidly: evidence for 95 LDCs, 1976－1985", Economic Development and Cultural Change, 40, p523－544.

② Edwards, Sebastian (1992), "Trade orientation, distortions and growth in developing countries", Journal of Development Economics, vol. 39, July: 31－57.

③ Romer, P. (1993), "Idea gaps and object gaps in economic development", Journal of Monetary Economics, vol. 32, 3, p547－573.

④ Lee, J. W. (1995), "Capital goods imports and long-run growth", Journal of Development Economics, vol. 48, 1, 91－110.

⑤ Beason, Richard. and David Weinstein, (1996), "Growth, economies of scale and targeting in Japan (1955－1990)", Review of Economics and Statistics, May, 286－295.

⑥ Krishna, Prayin and Devashish Mitra (1998), "Trade liberalization, market discipline and productivity growth: new evidence from India", Journal of Development Economics, vol. 56, 2, p447－462.

⑦ Coe, D., Helpman, E. (1995), "International R&D spillovers", European Economic Review, vol. 39, 5, 859－887.

分析了投资中进口资本品与国内资本品比例对单位资本产出率的影响，贝森和温斯坦（Beason and Weintein，1996）① 研究了日本的案例，克里西纳和米切（Krishna and Mitra，1998）② 研究了印度的情况，他们发现，在不同的产业中都没有表现出贸易保护与劳动生产率增长之间的正相关关系。

（二）进口与技术扩散

一些文献探讨了普通进口与技术扩散之间的可能联系（Coe 和 Helpman，1995③；Keller，1997④，2001⑤），Wang 和 Xu（2000）⑥ 考察了工业化国家间通过资本品贸易和外商投资而产生的 R&D 溢出效应，这些文献都认为，进口（特别是资本品进口）通过其生产率及其技术溢出，使得进口国更快地接近国外技术水平。Coe（1997）⑦ 等考察了通过机器和设备进口而流向欠发达国家的 R&D 溢出效应。

Coe 和 Helpman（1995）⑧ 基于 Grossman 和 Helpman（1991）的“创新驱动”增长理论模型，首次实证考察了进口贸易对国际技术溢出和全要素生产率（TFP）增长的影响。他们使用双边进口份额作为权重来构造国外 R&D 存量，分析贸易伙伴国的 R&D 如何通过进口贸易这一国际技术外溢渠道影响本国的技术进步。他们采用了 21 个 OECD 国家以及以色列的面板数据，实证检验了工业化国家之间的进口贸易的技术溢出效应，结果表明，贸易伙伴国的研发投入能够显著地提升本国的全要素生产率，即刺激本国的经济增长。劳伦斯（Lawrence，R. Z.，1999）⑨ 对 20 世纪 80 年代美国 100 多个制造业产业中国际竞争对其全要素生产率的影响进行了研究，发现进口竞争刺激了全要素生产率的提高。劳伦斯（Lawrence，R. Z.，2000）⑩ 等人还在部门的层次上检验了日本（1964 - 1985 年数据）和韩国（1963 - 1983 年数据）的进口和产业政策与劳动生产率的关系，发现进口是促进劳动生产率增长的一个重要因素，而且进口对竞争的贡献大于

① Keller W.（1997），“Trade patterns, technology flows and productivity growth”, University of Wisconsin Madison working paper.

② Keller, W.（2001），“Knowledge spillovers at the world's technology frontier”, NBER working paper 8150, Cambridge, Mass.

③ Wang, J., Xu, B.（2000），“Trade, FDI and R&D spillovers in the OECD”, Journal of Economic Integration, vol. 15, 4, 586 - 601.

④ Coe, D., Helpman, E., Hoffmaister, A.（1997），“North-south R&D spillovers”, Economic Journal, vol. 107, 134 - 149.

⑤ Coe, D. and Helpman, E.（1995），“International R&D spillover”, European Economic Review, 39, 859 - 887.

⑥ Lawrence, Robert Z.（1999），“Does a kick in the pants get you going or does it just hurt? Impact of international competition on technological change in U. S. manufacturing”, in Robert Feenstra ed., “Globalization and wages”, Chicago: University of Chicago Press.

⑦ Lawrence, Robert Z.（2000），“Trade and growth: experience from Japan and Korea”, in Joseph E., Stiglitz, eds, “Rethinking the East Asian Miracle”, World Bank, p259 - 283.

⑧ Jakob Brochner Madsen（2005），“Technology spillover through trade and TFP convergence: 120 years of evidence for the OECD countries”, EPRU working paper series.

⑨ Falvey R., Foster N. and Greenaway D.（2002），“North-South trade, knowledge spillovers and growth”, Journal of Economic Integration, 17, 650 - 670.

⑩ Falvey R., Foster N. and Greenaway D.（2004），“Import, export, knowledge spillovers and growth”, Economic Letters, 85, 209 - 213.

其对中间投入的贡献。Jakob（2005）① 将国内技术存量运用国内的人口数量进行标准化，将国外的技术存量用国外实际 GDP 进行平减，以人均进口量作为权重对国外 R&D 进行加权，采用 1983－2002 年 13 个 OECD 国家的面板数据，实证检验结果表明，进口贸易的技术溢出能够给 OECD 国家带来 200% 的 TFP 增长，但进口贸易的溢出效应在不同国家之间的分布极不平衡，而且导致了 OECD 国家 TFP 增长出现了收敛现象。

Falvey、Foster 和 Greenaway（2002②，2004）③ 在模型中考虑到了技术或知识对溢出国和移入国来说是公共物品还是私有物品的特性，从而对国外 R&D 加权权数赋予新信息，使权数的构造能够更全面地反映进口贸易作为国际技术外溢渠道的作用。研究结果表明，对技术溢出国而言，技术是公共物品或私有物品并不重要，但对技术的移入国而言，如果存在进口贸易的溢出效应，则移入的技术必须是公共物品。

Connolly（2003）④ 利用 75 个国家 1965－1990 年的专利数据来代表这些国家的模仿和创新，量化了高科技产品进口对进口国（发展中国家）模仿与创新的溢出效应，发现：（1）进口国（发展中国家）模仿与创新都显著而一致地依赖于来自发达国家的高科技进口；（2）在技术扩散中，相对发达国家而言，进口对于发展中国家的意义更大；（3）来自发达国家的外来技术对进口国单位资本 GDP 增长的贡献大于其国内的创新；（4）相对发达国家而言，高技术进口在发展中国家生产中的重要性更大。显然，这些发现与上述关于从发达国家的进口通过静态效应（生产）和动态外部性（技术溢出）使发展中国家受益的观点一致。

（三）关于进口贸易技术外溢效应的影响因素的实证分析

尽管进口贸易作为技术溢出的一个渠道得到了一定的认同，进口贸易的技术外溢效应也为大量实证研究所证实，但是发展中国家通过国际进口贸易提升技术从而促进经济增长还是受到了一定的限制，即进口贸易技术溢出效应的产生要受到一些因素的影响：如进口渗透率、人力资本、贸易开放度、政府管制和国家的经济发展水平等。国内外学者在其贸易溢出模型中加入某些影响因素的相关变量，分析上述因素对进口贸易溢出效应产生及其对经济增长作用的影响因素。

Coe、Helpman 和 Hoffmaister（1997）⑤ 在 Coe 和 Helpman（1995）模型的基础上加入出口渗透率和人力资本变量，采用 77 个欠发达国家的面板数据，进一步检验出口贸易的技术外溢对发展中国家全要素生产率的影响。检验结果表明，发展中国家的全要素生产率与其工业化的贸易伙伴国的 R&D 和来自工业化国家的机械设备的进口以及本国的人力资本存量呈显著的正相关关系，即人力资本较充裕的发展中国家通过进口贸易也

① Connolly, M.（2003），"The dual nature of trade: measuring its impact on imitation and growth", Journal of Development Economics, vol. 72, p31－55.

② Coe, D., Helpman, E., Hoffmaister, A.（1997），"North-south R&D spillovers", Economic Journal, vol. 107, 134－149.

③ Gouranga（2000），"Embodied technology transfer via international trade and dis-aggregation of labor payments by skill level: a quantitative analysis in GTAP Framework", The 3rd Annual GTAP Conference working paper.

④ Schiff M. and Wang Y.（2004），"Education, governance and trade related technology diffusion in Latin America", World Bank and Carleton University discussion paper.

⑤ Ben David（1996），"Trade and convergence among countries", Journal of International Economics, 40, 279－298.

可以分享发达国家的 R&D 成果。Jorge、Carmela 和 Francisco（2002）通过增加进口渗透率变量，使用 OECD 国家的面板数据，证实了引入进口渗透率以后进口贸易作为技术溢出渠道对 OECD 国家经济增长的重要性。

Gouranga（2000）① 构造了一个包括 3 个地区、6 种贸易商品的 GTAP 模型，考察了影响进口贸易这种物化型技术溢出效应产生的因素，结论表明，技术移入国的技术吸纳能力、进口贸易量和其产业结构是否与技术溢出国相似等因素共同决定了此国能够成功地获得国外先进技术。

Schiff 和 Wang（2004）② 在 Coe 和 Helpman（1995）模型的基础上加入教育和政府管制水平的相关变量，实证检验了拉丁美洲的贸易技术扩散效应，认为教育和政府管制水平的提高可以提升国内 R&D 密集型产业的 TFP，从而增强国外技术扩散的吸纳能力。TFP 的提升又提高了对教育和政府管制水平的要求，以更进一步提升国内的 TFP，即教育和政府管制可以形成国内 TFP 增长的良性循环。

Ben David（1993）③ 的分析结论表明，在欧洲的几个贸易自由化时期，实行贸易自由化国家的人均收入出现了收敛，即出现了经济增长收敛现象。Sachs 和 Warner（1995）采用不同的标准将 20 世纪 70 年代的各个国家分为“贸易开放型”和“贸易封闭型”两类，实证检验结果表明，1970－1989 年间，只有属于“贸易开放型”的国家经济出现了收敛。因此，他们认为，开放的经济表现出了强烈的收敛趋势。Falvey、Foster 和 Greenaway（2002）④ 在模型中引入了 Sachs 和 Warner（1995）开放度指标考察其对进口贸易技术溢出效应的影响作用，结果发现，贸易开放度通过技术外溢以外的途径影响技术移入国的技术进步和经济增长。

20 世纪 90 年代中期以来，一些西方学者开始关注价格贸易条件的波动性。美国经济学家 Razin（1995）⑤、Mendoza（1995）⑥ 等人通过计量分析和研究发现，过去的 30 年中，发展中国家价格贸易条件的波动性远远大于发达国家（例如“七国集团”），这使发展中国家的经济福利颇为不稳定。其他学者也陆续证实了这一结论，并对引起价格贸易条件波动的原因进行了深入探讨，如 Marianne Baxter 和 Michael A. Kouparitsas（2000）⑦ 认为，发展中国家的价格贸易条件平均每年波动的幅度是发达国家价格贸易

---

① Falvey R., Foster N. and Greenaway D.（2002），“North-South trade, knowledge spillovers and growth”，Journal of Economic Integration，17，650－670.

② Assaf Razin（1995），“The dynamic-optimizing approach to the current account: theory and evidence”，Understanding Interdependence: The Macroeconomics of the Open Economy，Princeton University Press.

③ Mendoza，Enrique G.（1995），“The terms of trade，the real exchange rate and economic fluctuations”，International Economic Review，vol. 36，1.

④ Marianne Baxter，Michael A. Kouparitsas（2000），“What causes fluctuations in the terms of trade?”，NBER working paper，Nov.

⑤ Assaf Razin，Efraim Sadka，Tarek Coury（2002），“Trade openness，investment instability and terms of trade volatility”，NBER working paper，Dec.

⑥ Christopher Blattman，Jason Hwang，Jeffrey G. Williamson（2003），“The terms of trade and economic growth in the periphery 1870－1983”，NBER working paper，Aug.

⑦ Paul Krugman，(1986)，Strategic Trade Policy and the New International Economics，Cambridge，MA: MIT. Press

条件波动幅度的两倍多。Razin、Sadka 和 Coury（2002）① 将价格贸易条件的波动性与贸易开放和投资不稳定性联系起来，认为开放经济条件下，国家中是在“乐观预期、好的贸易条件、投资扩张”和“悲观预期、差的贸易条件、投资收缩”之间波动，而这种波动，发展中国家比发达国家要突出得多。Blattman、Hwang 和 Williamson（2003）② 以35个国家的数据为基础，分析1870－1938年“外围”和“中心”国家价格贸易条件波动性及其长期变动趋势与经济增长之间的关系，他们通过回归分析得出的结论是，价格贸易条件的波动性及其长期变动趋势都会影响到“外围”国家的经济增长（“中心”国家则几乎不受影响），相比之下，价格贸易条件的波动性影响更大，因而也更重要。

可以说，关于贸易与经济增长和发展关系的研究目前处于这样的状况：理论上阐述的贸易促进经济增长和发展的观点已被广泛接受，但实证方面的结果却尚未一致，还没有人能够以充分的证据表明贸易在多大程度上促进了经济增长和发展。在这个意义上讲，贸易促进经济增长和发展的说法仍然是一个有待证明的命题。

参考文献：

[1] Alwyn Yougne (1991), “Learning by doing and dynamic effects of international trade”, Journal of Political Economy, 106, 369－405.

[2] Aquino, A. (1981), “Changes over time in the pattern of comparative advantage in manufactured goods: an empirical analysis of the period 1962－74”, European Economic Review, 15.

[3] Assaf Razin (1995), “The dynamic-optimizing approach to the current account: theory and evidence”, Understanding Interdependence: The Macroeconomics of the Open Economy, Princeton University Press.

[4] Assaf Razin, Efraim Sadka, Tarek Coury (2002), “Trade openness, investment instability and terms of trade volatility”, NBER working paper, Dec.

[5] Aw, B., S. Chung and Roberts (1998), “Productivity and decision to export: micro evidence from Taiwan and South Korea”, NBER working paper 6558, Cambridge, Mass.

[6] Balassa, 1981, “A ‘stage’ approach to comparative advantage” in “The newly industrializing countries in the world economy”, Pergamon Press, New York, p165.

[7] Balassa, B. (1978), “Exports and economic growth: further evidence”, Journal of Development Economics, 5, p181－189.

[8] Balassa, B. (1978), “Exports and economic growth: further evidence”, Journal of Agricultural Economics, 46, 174－186.

[9] Barret S. (1994), “Strategic environmental policy and international trade”, Journal of Public Economics, 54, p325－338.

[10] Barro, Robert and Xavier Sala-I-Martin (1992), “Convergence”, Journal of Political Economy, vol. 100, April, p223－251.

---

① Helpman, E. and P. Krugman, (1989), Trade Policy and Market Structure, (Cambridge, MA, and London, The MIT Press

② Brander J A and Spencer, (1981), “Tariffs and the Extractionof Foreign Monopoly Rents under Potential Entry”, Canadian Jou-rnal of Eonomics, 14 (3): 371－389

[11] Beason, Richard. and David Weinstein, (1996), "Growth, economies of scale and targeting in Japan (1955 - 1990)", Review of Economics and Statistics, May, 286 - 295.

[12] Beghin J. and Portier M. (1997), "Effects of trade liberalization on the environment in the manufacturing sector", World Economy, 20, p435 - 456.

[13] Ben David (1996), "Trade and convergence among countries", Journal of International Economics, 40, 279 - 298.

[14] Bernard, A. B., and J. B. Jensen (1999), "Exceptional exporter performance: cause, effect or both?", Journal of International Economics, vol. 47, 1, p1 - 25.

[15] Birdsall N. and Wheeler D. (1993), "Trade policy and industrial pollution in Latin America: where are the pollution havens?", Journal of Environment and Development, 2, p137 - 149.

[16] Brander, "Shaping comparative advantage: trade policy, industrial policy and economic performance" in Lipsey, R. S. and Dobson, W. (eds), "Shaping comparative advantage (policy study no. 2)", Toronto: C. D. Howe Institute, p12.

[17] Brander, J. A. and Spencer, B. J. (1984), "Trade warfare: tariff and cartels", Journal of International Economics.

[18] Brander, J. A. and Spencer, B. J. (1985), "Export subsidies and international market share rivalry", Journal of International Economics, 18, 83 - 100.

[19] Brander, J. A. and Krugman P. (1983), "A reciprocal dumping model of international trade", Journal of International Economics, 13.

[20] Brander, J. A., "Rationales for strategic trade and industrial policy" in Krugman (ed.) "Strategic trade policy and the new international economics, Cambridge, MIT Press, p30.

[21] Brander, James A. (1981), "Intra-industry trade in identical commodities", Journal of International Economic, vol. 11, 1 - 14.

[22] Castellani, D. (2002), "Export behavior and productivity growth: evidence from Italian manufacturing firms", Weltwirtschaftliches Archiv. 138 (4), p605 - 628.

[23] Cheng, W., Sachs, J. and Yang, X. (1999), "An inramarginal analysis of the Heckscb-Ohlin Model with transaction costs and technological comparative advantage", Harvard Center for International Development, working paper, No. 9.

[24] Chow, P. C. Y (1987), "Causality between export growth and industrial development: empirical evidence from the NICs", Journal of Development Economics, 26, 55 - 63.

[25] Christopher Blattman, Jason Hwang, Jeffrey G. Williamson (2003), "The terms of trade and economic growth in the periphery 1870 - 1983", NBER working paper, Aug.

[26] Clerides, S. K., S. Lach, and J. R. Tybout (1998), "Is learning by exporting important? Micro-dynamic evidence from Colombia, Mexico and Morocco", Quarterly Journal of Economics, vol. 113, August: p903 - 947.

[27] Coase R. (1960), "The problem of social cost", Journal of Law and Economics, 3, p1 - 44.

[28] Coe, D. and Helpman, E. (1995), "International R&D spillover", European Economic Review, 39, 859 - 887.

[29] Coe, D., Helpman, E., Hoffmaister, A. (1997), "North-south R&D spillovers", Economic Journal, vol. 107, 134 - 149.

[30] Connolly, M. (2003), "The dual nature of trade: measuring its impact on imitation and growth", Journal of Development Economics, vol. 72, p31 - 55.

[31] Copelan B, Taylor M. (1995), "Trade and trans-boundary pollution", American Economic Review, vol. 85, p716 - 737.

[32] Daly H. and Goolland R. (1994), "An ecological assessment of deregulation of international commerce under GATT", Ecological Economics, 9, p73 - 92.

[33] Davis, D. R. (1998), "Technology, unemployment and relative wages in a global economy", European Economic Review, 42, 1613 - 1633.

[34] Dhawan, U. and B. Biswal (1999), "Re-examining export-led growth hypothesis: a multivariate co-integration analysis for India", Applied Economics, 31, 525 - 530.

[35] Dixit, Avinash and Stiglitz, Joseph F. (1977), "Monopolistic competition and optimum product diversity", American Economic Review, vol. 67, 297 - 308.

[36] Dollar, D. (1992), "Outward-oriented developing economies really do grow more rapidly: evidence for 95 LDCs, 1976 - 1985", Economic Development and Cultural Change, 40, p523 - 544.

[37] Donges, J and Riedal, J. (1977), "The expansion of manufactured exports in developing countries: an empirical assessment of supply and demand issues", Weltvirtschaftliches Arrchive, vol. 113, p75.

[38] Dua A. and Esty D. (1997), "Sustaining the Asia pacific miracle", Institute for International Economics.

[39] E·哈根．发展经济学．英文版，1980：111 - 116.

[40] Eaton B. C. and Grossman, G. (1986), "Optimal trade and industrial policy under oligopoly", Quarterly Journal of Economics, 101, 383 - 406.

[41] Edwards, S. (1993), "Openness, trade liberalization and growth in developing countries", Journal of Economic Literature, vol. 31, September, p1358 - 1393.

[42] Edwards, Sebastian (1992), "Trade orientation, distortions and growth in developing countries", Journal of Development Economics, vol. 39, July: 31 - 57.

[43] Either, Wilfred J. (1982), "National and international returns to scale in the modern theory of international trade", American Economic Review, vol. 72, 388 - 405.

[44] Eliste P. and Fredriksson P. (1998), "Does open trade result in a pace to the bottom? Cross-country evidence", Washington, D. C., the World Bank.

[45] Emery, R., "The relation of exports and economic growth", Kyklos, 1967, vol. 20 (2), p470 - 486.

[46] Engle, Robert F. and C. W. J. Granger (1987), "Co-integration and error correction: representation, estimation and testing", Econometrica, vol. 55, 2, p251 - 276.

[47] Esty D. and Geradin D. (1997), "Market access, competitiveness and harmonization: environmental protection in regional trade agreements", The Haruard Environmental Law Review, 21, p265 - 336.

[48] Falvey R., Foster N. and Greenaway D. (2002), "North-South trade, knowledge spillovers and growth", Journal of Economic Integration, 17, 650 - 670.

[49] Falvey R., Foster N. and Greenaway D. (2004), "Import, export, knowledge spillovers and growth", Economic Letters, 85, 209 - 213.

[50] Feder, G. (1982), "On exports and economic growth", Journal of development Economics, 12, 59 - 73.

[51] Frankel, J. and Romer, D. (1999), "Does trade cause growth", American Economic Review, 89, 379 - 399.

[52] Ghatak, A. (1998), "Vector-auto regression modeling and forecasting growth of South Korea", Journal of Applied Statistics, 25, 579 - 592.

[53] Gouranga (2000), "Embodied technology transfer via international trade and dis-aggregation of labor

payments by skill level: a quantitative analysis in GTAP Framework", The 3rd Annual GTAP Conference working paper.

[54] Grossman G. M. and Krugeger A. B. (1991), "Environmental impacts of a North American free trade agreement", NBER working paper.

[55] Grossman G., Kreuger A. (1993), "Environmental impacts of a North American Free Trade Agreement: the US-Mexico Free Trade Agreement", Cambridge, MA, The MIT Press.

[56] Grossman, Gene M. and Elhanan Helpman (1990), "The new growth theory: trade, innovation and growth", The American Economic Review, vol. 80, 2, p86 – 91.

[57] Grubel, H. G. and Lloyd, P. J. (1975), "Intra industry trade", London: Macmillan.

[58] Heckscher, E. (1919), "The effect of foreign trade on the distribution of income", reprinted in AEA Readings in the Theory of International Trade, Philadelphia: Blackiston, 1949.

[59] Jakob Brochner Madsen (2005), "Technology spillover through trade and TFP convergence: 120 years of evidence for the OECD countries", EPRU working paper series.

[60] Jung, Woo S. and Peyton J. Marshall (1985), "Exports, growth and causality in developing countries", Journal of Development Economics, vol. 18, 1, p1 – 12.

[61] Karunaratne, N. D. (1994), "Growth and trade liberalization in Australia: a VAR analysis", International Review of Economics and Business, 41, 625 – 643.

[62] Keller W. (1997), "Trade patterns, technology flows and productivity growth", University of Wisconsin Madison working paper.

[63] Keller, W. (2001), "Knowledge spillovers at the world's technology frontier", NBER working paper 8150, Cambridge, Mass.

[64] Kohli, U. (2001), "Sanyal and Jones on trade in middle products", Journal of International Trade & Development, vol. 10, 1, p39 – 63.

[65] Kraay, A. (1999), "Exportation and performance economics: an panel data of Chinese enterprises", Journal of economy and development, 1 – 2, 183 – 207.

[66] Kravis, (1970), "Trade as the handmaiden of growth: similarities between the nineteen and twentieth centuries", The Economic Journal, vol. 80, p850.

[67] Krishna, Prayin and Devashish Mitra (1998), "Trade liberalization, market discipline and productivity growth: new evidence from India", Journal of Development Economics, vol. 56, 2, p447 – 462.

[68] Krueger, A. O. (1977), "Growth, distortions and patterns of trade among many countries", Princeton Studies in International Finance, No. 40.

[69] Krugman, 1993, "The current case for industry policy", in D. Salvatore (ed.):" Protection and world welfare", Cambridge University Press.

[70] Krugman, P. (1984), "Import protection as export promotion: international competition in the presence of oligopoly and economics of scale", in Kierzkowski, p181.

[71] Krugman, P. (1984), "Import protection as export promotion: international competition in the presence of oligopoly and economics of scale", in Kierzkowski, p185.

[72] Krugman, P. (1994), "Competitiveness: a dangerous obsession", Foreign Affairs, vol. 73, 2, 28 – 44.

[73] Krugman, P. (1995), "Growing world trade: causes and consequences", Brookings Papers on Economic Activity, 1, p327 – 262.

[74] Krugman, P. (1984), "Import protection as export promotion: international competition" in the

presence of oligopoly and economies of scale, Kierzkowski.

[75] Krugman, P. R. (1987), "The narrow moving band, the Dutch disease, and the competitive consequences of Mrs. Thatcher: notes on trade in the presence of dynamic scale economies", Journal of Development Economics, 27, 41 - 55.

[76] Lancaster, K. (1980), "Intra-industry trade under perfect monopolistic competition", Journal of International Economics, 10.

[77] Lawrence, Robert Z. (1999), "Does a kick in the pants get you going or does it just hurt? Impact of international competition on technological change in U. S. manufacturing", in Robert Feenstra ed., "Globalization and wages", Chicago: University of Chicago Press.

[78] Lawrence, Robert Z. (2000), "Trade and growth: experience from Japan and Korea", in Joseph E., Stiglitz, eds, "Rethinking the East Asian Miracle", World Bank, p259 - 283.

[79] Lee H. and Roland Holst D. (1994). "The environment and welfare implications of trade and tax policy", Journal of Development Economics, vol. 52, 1, p65 - 82.

[80] Lee, J. W. (1995), "Capital goods imports and long-run growth", Journal of Development Economics, vol. 48, 1, 91 - 110.

[81] Leontief, W. W. (1956), "An international comparison of factor cost and factor use", American Economic Review, 54, p335 - 345.

[82] Linder, S. B. (1961), "An essay on trade and transformation", New York: Wiley.

[83] Liu, X., H. Song and P. Romilly (1997), "An empirical investigation of the causal relationship between openness and economic growth in China", Applied Economics, 29, p1679 - 1686.

[84] Low P. and Yeats A. (1992), "Do dirty industries migrate?" in P. Low ed. "International trade and the environment", World Bank, Washington D. C.

[85] Lucas R, Wheeler D. and Hettige H. (1992), "Economic development, environmental regulation and international migration of toxic industrial pollution: 1960 - 1988" in P. Low ed. "International trade and the environment", World Bank discussion paper, 159, p67 - 87.

[86] Lucas, R. (1988), "On the mechanics of economic development", Journal of Monetary Economics, 22, 3 - 42.

[87] Lucas, R. (1993), "Making a miracle", Econometrica, 61, 251 - 272.

[88] Lucas, R. (2002), Lecture on Economic Growth, Harvard University Press, 中译本：卢卡斯：《经济发展讲座》，罗汉等译，江苏人民出版社，2003 年版。

[89] Maizels, A. (1963), "Industrial growth and world trade", Cambridge: Cambridge University Press.

[90] Marianne Baxter, Michael A. Kouparitsas (2000), "What causes fluctuations in the terms of trade?", NBER working paper, Nov.

[91] Markusen and Svenson (1985), "Explaining the volume of trade: an eclectic approach", American Economic Review, 76, 1002 - 1011.

[92] McNab, R. M. and R. E. Moore (1998), "Trade policy, export expansion, human capital and growth", Journal of International Trade and Economic Development, 7, 237 - 256.

[93] Mendoza, Enrique G. (1995), "The terms of trade, the real exchange rate and economic fluctuations", International Economic Review, vol. 36, 1.

[94] Michaely, M. (1977), "Exports and economic growth: an empirical investigation", Journal of Development Economics, 4, 49 - 53.

[95] Minhas, B. A. (1962), "An international comparison of factor costs and factor use", Amsterdam:

Noorth-Holland.

[96] Moschos, D. (1989), "Export expansion, growth and the level of economic development: an empirical analysis", Journal of Development Economics, 30, 93 - 102.

[97] Ohlin, B. (1933), "Inter-region and intern nation trade", Cambridge: Harvard University Press.

[98] Oxley, L. (1993), "Cointegration, causality and export-led growth in Portugal: 1865 - 1985", Economics Letters, 43, 163 - 166.

[99] Panayotou T. (2000), "Globalization and environment", Center for International Development, Harvard University, CID working paper No. 53, July 2000.

[100] Paul Krugman (1979), "Increasing returns, monopolistic competition and international trade", Journal of International Economics, 9, 469 - 479.

[101] Pigou A. C. (1917), "The value of money", Quarterly Journal of Economics, vol. 32, 11, p38 - 56.

[102] Posner, M. V. (1961), "International trade and technical change", Oxford Economic Effects in the EEC', European Economic Review, 5, p379 - 405.

[103] Robinson H. (1998), "International pollution abatement: the impact on the balance of trade", Canadian Journal of Economics, 21, p187 - 199.

[104] Rodrik, Dani. (1999), "The new global economy and developing countries: making openness work", Washington, D. C.: Overseas development council.

[105] Romer P. (1986), "Increasing returns and long run growth", Journal of Political Economy, vol. 94, 5, p1002 - 1037.

[106] Romer, P. (1993), "Idea gaps and object gaps in economic development", Journal of Monetary Economics, vol. 32, 3, p547 - 573.

[107] Ropkel. (1994), "Trade, development and sustainability: a critical assessment of the free trade dogma", Ecological Economics, 9, p13 - 22.

[108] Runge C. (1993), "Economic trade and environmental protection" in J. Braden, H. Folmer and T. Ulen (eds.), "Environmental policy with economic and political integration: the European Community and the United States", Edward Elgar, 1993.

[109] Sachs, J. (1996), "The tankers are turning-Sachs on Competitiveness", World Link, September/October.

[110] Sanyal, K. and Jones R. (1982), "The theory of trade in middle products", American Economic Review, vol. 72, 1, p16 - 311.

[111] Schiff M. and Wang Y. (2004), "Education, governance and trade related technology diffusion in Latin America", World Bank and CarletonUniversity discussion paper.

[112] Stokey N. (1988), "Learning by doing and the introduction of New Goods", Journal of Political Economy, vol. 96, p701 - 717.

[113] Stokey, N. (1991), "The volume and composition of trade between rich and poor countries", Review of Economics Studies, 58, 63 - 80.

[114] Trefler, Daniel (1995), "International factor price differences Leontief was right!", Journal of Political Economy, vol. 101, Dec, p961 - 987.

[115] Tyler, W. G. (1981), "Growth and export expansion in developing countries", Journal of Development Economics, 9, p121 - 130.

[116] Vernon, R. (1966), "International investment and international trade in the product cycle", Quarterly Journal of Economics, vol. 80, p190 - 207.

[117] Wang, J. , Xu, B. (2000), "Trade, FDI and R&D spillovers in the OECD", Journal of Economic Integration, vol. 15, 4, 586 – 601.

[118] Wheeler D. (2000), "Racing to the bottom? Foreign investment and air pollution in developing countries", Journal of Environment and Development, 10, p225 – 246.

[119] World Bank (1993), "The East Asian miracle: economic growth and public policy", a World Bank policy research report, Oxford University Press, p316 – 326.

第九章　战略性贸易政策

新贸易理论在理论上为贸易政策提供了支持，战略性贸易政策是新贸易理论的政策结论。新贸易理论建立在不完全竞争和规模收益递增基础上，强调了需求偏好的相似性与多样性导致的产品异质性以及动态的规模经济和外部经济效应。不完全竞争贸易理论为贸易政策的实施提供了某些可能性，任何一个国家的政府又有单独进行贸易干预的潜在动机，所以贸易理论家们和许多政府就借助新贸易理论所提供的分析工具或局部结论，努力寻找那些适合于不完全竞争的新的贸易政策。在这种努力中，最引人注目的和最具争议性的贸易政策就是20世纪70年代末出现的战略性贸易政策。

战略性贸易政策，是指一国政府在不完全竞争和规模经济前提下，凭借生产补贴、出口补贴或保护国内市场等措施和手段，扶持本国战略性产业的成长，获取规模经济收益，增强本国在国际市场上的竞争能力，夺取他国的市场份额。支持实施战略性贸易政策的理论观点有两个：一个是利润转移的论点；另一个是外部经济的论点。无论是利润转移理论还是外部经济理论，都认为在充满不完全竞争和贸易壁垒的世界里，单个国家有理由从本国利益出发，实行偏离自由贸易的政策，并使贸易政策发挥促进本国产品竞争力提高和经济增长的战略性作用。

Brander和Spencer（1981）题为《潜在进入条件下的关税与外国垄断租金的提取》的论文率先提出在古诺（Cournot）双头垄断市场中，进口国政府可以利用征收关税的方法，从外国寡头厂商那里提取部分垄断租金的观点，这篇论文被认为是战略性贸易政策理论的开端。在其后的一系列论文中，Brander和Spencer（1983，1984，1985）分析了在古诺双头垄断市场中，政府采用积极干预的政策手段如研发补贴、出口补贴或保护国内市场等方式扶持本国战略性产业，将改变企业竞争行为和获利结果，从而使本国企业在国际市场竞争中获得战略性优势并使整个国家获益，对战略性贸易政策做了完善和补充。Krugman（1987）开创性地将博弈论运用于对战略性贸易政策的分析，创立了经典的飞机制造行业中美国波音公司与欧洲空中客车公司的案例，这一模型说明，战略性贸易政策的实施效果取决于几个关键因素，其中最主要的是市场信息以及对于竞争对手将要采取的对策的估计，还有寡头垄断的形式，波音与空客的模型采用了古诺产量竞争模型，而在伯特兰价格竞争模型中战略性贸易政策的效果又将有所改变。新贸易理论的集大成之作是1989年出版的Helpman和Krugman所著《贸易政策和市场结构》（Trade Policy and Market Structure）一书，书中结合产业组织理论和博弈论将寡头市场分为伯特兰竞争（Bertrand）和古诺竞争（Cournot）对新的贸易现象进行理论分析及建立战略性贸易政策的实证模型。实证方面，Krugman和Smith（1994）主编的《战略性贸易政策实证研究》（Empirical Studies of Strategic Trade Policy）汇集了战略贸易政策在实证研究领域的优秀成果。战略性贸易政策的进展还表现在产业组织理论、信息经济学、企业理论、博弈论等与战略性贸易政策研究的融合。

第一节　战略性贸易政策概述

新贸易理论对国际贸易的形成、格局等方面作出了新的解释，并提出了新的贸易政策主张。现实经济中，由于不完全竞争和规模经济的存在，使一国经济运行并非处于最佳状态，适当的政策干预可改善经济运行。战略性贸易政策（Strategic Trade Policy）便是干预性政策之一，主张对存在规模经济递增和垄断性的行业，在同国外厂商竞争时，采取关税或对本国厂商补贴等措施，使本国厂商企业获得“垄断租”（rent）。它之所以称作“战略性的”，是因为这种干预政策把市场竞争看作一场竞赛成博弈，双方的反应都具有“战略性”。另一方面，像通信产品、计算机、飞机制造等知识密集性的高技术产业，存在外部经济，若一国对其扶持，将有利于这些产业在国际上的竞争。这种国家干预性的政策也被认为具有“战略”意义，但这种干预政策基本上属于国内产业政策，在多大程度上与贸易政策相关还存在很大争论。值得注意的是，战略性贸易政策主张的干预是以市场不完全竞争和产业规模经济递增为前提的条件的，不同于传统贸易理论的干预政策主张。

一、战略性贸易政策的理论渊源

从理论渊源来看，颇有创意的战略性贸易政策理论是以20世纪80年代发展起来的不完全竞争贸易理论和规模经济贸易理论为基础的，它是新贸易理论在国际贸易政策领域中的反映和体现，是新贸易理论政策涵义的深化和拓展。作为独立于正统的自由贸易政策理论之外的学说，战略性贸易政策理论精巧地论证了一国可以在不完全竞争条件下实行贸易干预政策，通过抽取和转移他人经济利润来提高自身的福利水平。它背离自由贸易传统，不惜采取进攻性的保护措施，掠夺别国市场份额与经济利益，这使它成为新保护主义的又一代名词。战略性贸易政策理论是建立在不完全竞争和规模经济的前提假定的基础上的。这个假定基本符合现实经济特征。在市场结构方面，垄断竞争和寡头垄断这两种非完全竞争形式在现实中是普遍存在的，这种市场结构又和规模经济的行业性质紧密结合在一起。规模经济有内部和外部之分。内部规模经济指的是边际收益递增取决于单个厂商的规模，外部规模经济（又叫外部经济或外部性）则取决于行业规模而非厂商内部规模。外部经济存在于各类市场结构中，而内部规模经济更多地和不完全竞争市场联系在一起。因为在存在内部经济时，大厂商比小厂商更具成本优势，这种状态不能保证潜在收益的实现，适当的政府干预就能使市场运行的结果对己有利。

二、战略性贸易政策的时代背景

从战略性贸易政策提出的时代背景来看，适逢20世纪80年代美国国内就竞争力下降和高技术竞争优势部分丧失问题展开大论战之时。战略性贸易政策理论针对外部经济、规模经济的存在，认为美国对高技术目标产业进行保护是有“战略”意义的，政府应当制定正确的产业政策和贸易政策，帮助高技术企业发挥优势，对付日本等国的“不公平竞争”，这使战略性贸易政策在高技术产业风行一时。20 世纪 80 年代初，战略性贸易政策理论在美国兴起不是偶然的。

首先，它与同时代美国经济形势发生的深刻变化有着密切联系。随着欧洲的复兴、日本的崛起，美国逐渐丧失了在世界经济中的绝对优势地位，特别是日本作为经济、科技和金融大国的崛起，成为在国际竞争中对美国具有较大威胁的经济大国。在过去几十年中，美国在世界经济中地位的最重要变化是贸易的重要性日益提高。统计显示，从 1960－1980 年，美国制造业中进出口的份额增加了一倍以上。在 1960 年，美国制造业的厂商基本上是面对本国消费者销售并与本国厂商竞争，出口通常是次要的活动，并且面临外国竞争的压力很小。而到了 80 年代，大多数厂商要么严重依赖出口销售，要么在国内市场上遇到外国竞争者的有力竞争，因而国际考虑就成为一个重要因素。20 世纪 80 年代，日本国民生产总值已相当于美国的 60%，在高科技方面，日本已在不少领域明显超过西欧而对美国构成巨大挑战，日本的对外贸易发展速度惊人，1979 年日本的进出口总额较 1955 年增长了 46.5 倍，占世界贸易总量的比重随之从 2.3% 提高到 6.5%，而美国在同期则从 14% 下降到 12%。当时美国各界正在为国际竞争力开始下降而担忧，日本和欧共体国家却通过政府补贴或保护等手段对高科技产业实行扶持政策，由此，在美国引发了一场关于美国是否也应该对自己的目标产业进行扶持的争论。欧共体对农产品的长期补贴政策，使得美国有时也考虑运用补贴或其他优惠政策促使其他国家购买美国而非其竞争对手欧共体的农产品。而日本、韩国的汽车和家电业的发展主要得益于政府的产业政策。为了重建美国在世界经济中的绝对优势，美国经济学家开始考虑要么采取对抗性的贸易政策，在政府保护下发展一些支柱产业同日本和欧共体竞争，要么，对日本和韩国等新兴工业化国家和地区施加政治压力或展开贸易谈判，迫使他们降低在经济领域的国家介入程度。在这种背景下，里根和布什两届政府在贸易理论、贸易思想上逐步背离了自由贸易原则，开始转向所谓公平贸易和管理贸易。

其次，贸易政策在美国经济政策中的地位日益上升。直到 1960 年，美国制造业仍然主要是向国内消费者提供产品，企业的竞争对手基本上局限于来自国内的厂商。此后，贸易的重要性开始上升，据统计，1960－1980 年期间，进出口占美国制造业增加值的比重增长了一倍多，这表明国际因素对美国经济的重要性日益上升，伴随着企业竞争由纯国内性质的问题转变为国际性质的问题，贸易政策也不再被视为仅仅是美国的国内政策，而成为对外经济政策的一部分。美国对国际贸易的依赖性越来越强，提高了国家贸易政策对国内经济变量的影响力，贸易政策作为达到国内目标和反击外国企业的不公平贸易的手段也越来越具有吸引力。

再次，20 世纪 70 年代末以来，产业内贸易和发达国家之间的贸易发展迅速，以比较优势和要素禀赋为基础的传统国际贸易理论已难以对此作出合理解释。主要表现在发达国家间贸易和产业内贸易发展迅速，这对新自由主义的经济理论提出了挑战，古典理论的比较优势说和新古典理论所秉持的要素禀赋论的解释力降低，国际政治经济学需要发展新的分析框架。20 世纪 80 年代的种种事态发展，已经对国际政治经济学的性质产生了深刻的影响。这在客观上要求理论界重新思考国际贸易理论，创立新学说，对战后以来尤其是20世纪80年代以来的国际贸易新模式作出科学解释。

在这种背景下，经济学家们试图解释战后发达国家间贸易和产业内贸易迅速增长这一国际贸易领域的新现象，于是出现了战略性贸易政策的理论。该理论的核心是卖方寡头公司在国际贸易和对外投资中的日益重要性，这种公司可能利用越来越多的利润、实践经验和阻碍竞争对手的壁垒加强自己的地位。在国际竞争日益加剧的时代，各国政府有可能代表本国公司执行战略性贸易政策，即通过财政补贴或国内市场保护等手段增强本国公司的国际竞争优势，使超额利润从外国厂商转移给本国厂商。

三、战略性贸易政策的政策主张

战略性贸易政策包括两种不同的贸易政策理论，一种是主要以内部规模经济为基础的“利润转移”理论，另一种是主要以外部规模经济为基础的“外部经济”理论。

（一）“利润转移”理论主要包括三个观点

（1）用出口补贴为本国寡头厂商夺取市场份额。这种论点认为，向在第三国市场上同外国竞争者进行古诺双头博弈的国内厂商提供补贴，可以帮助国内厂商扩大国际市场份额，增加本国福利。古诺博弈的特征是，均衡产量水平由两个厂商反应曲线的交叉点所决定，这一水平对这两个厂商来说是最优的，而在国家层次来说是次优的。因此，政府可通过补贴降低国内厂商的边际成本，使其有更高的反应曲线，获得更大的国际市场份额，增加国内利润而减少国外利润。由于利润更高，国家福利在减去补贴后也有所增加，而补贴本身只不过是一种转移支付。这一论点的关键在于这样一种信念：补贴使国内厂商采取进攻性市场战略，从而迫使外国竞争对手作出相应让步。

（2）用关税来抽取外国寡头厂商垄断利润。这种论点认为，在存在潜在进入的情况下，使用关税来抽取一家外国寡头厂商正在享受的垄断利润是合理的。如果没有任何潜在的进入，关税只会扩大国内价格与外国价格的差距，是一项使福利恶化的措施。但如果存在国内厂商的潜在进入，则这种进入的威胁限制了外国厂商的定价反应，使它们执行一种吸收掉部分关税的定价，以此来阻止国内厂商的进入。只要关税被部分地吸收，价格上涨的幅度就会低于关税的幅度，消费者剩余的损失就会被征收到的关税抵消而有余。在特殊情况下，如果外国公司将关税全部吸收掉，则本国既可以拿走经济租金，又不会造成额外的扭曲。

（3）以进口保护作为出口促进的手段。这种论点认为，一个受保护的国内市场，为具有规模经济特征的本国厂商提供了一种相对于外国厂商的规模优势，使其能够增加在国内市场和没有保护的外国市场的份额，从而把利润从外国厂商转移到本国厂商，使本国福利增加。这一理论以静态的规模经济为依据，将暂时的进口保护变成了出口促进的机制，它的一个重要前提是国内市场应当大到足以实现所需要的规模经济。

（二）“外部经济”理论

认为某些产业或厂商能够产生巨大的外部经济，促进相关产业的发展和出口扩张，但由于这些外部经济不能够完全被有关厂商所占有，这些产业或厂商就不能发展到社会最优状态，如果政府能够对这些产业或厂商提供适当的支持和保护，则能够促进这些产业和相关产业的发展，提高其国际竞争优势，获得长远的战略利益。

战略性贸易政策理论认为：在规模经济和不完全竞争条件下，一国政府可以借助研发补贴、生产补贴、出口补贴、进口征税、保护国内市场等政策手段，扶植本国战略性产业的增长，增强其国际竞争能力，带动相关产业发展，从而谋取规模经济之类的额外收益，并可抢占国际竞争对手的市场份额，转移其垄断利润，即在规模经济和不完全竞争条件下，实施战略性贸易政策的国家不但无损于其经济福利，反而有可能提高自身的福利水平。

四、战略性贸易政策的分析方法

贸易政策分析变化的一个重要原因是将经济学其他领域的新思想应用到国际经济学中来。产业组织理论、博弈论和信息经济学的迅速发展，为战略性贸易政策提供了有利的分析方法。产业组织理论的发展在不完全竞争中的厂商行为和竞争绩效方面为战略性贸易政策奠定了坚实基础，博弈论和信息经济学为经济学引入了全新的分析工具，在包括贸易政策的各领域都得到广泛应用。

在20世纪70年代，由于发现了对少数厂商相互竞争的寡头产业的新分析方法，产业组织理论取得重大创新。许多传统经济分析都是以市场近似于完全竞争为假设的，有许多生产者，每个生产者都很小以至于不能影响价格，也不能影响其竞争对手的未来行为。但新的分析中，许多贸易都是由大规模生产的优势、积累经验的优势以及由创新带来的短期优势所引起的。在许多这些因素起重要作用的产业中，我们看不到许多小厂商间进行的原子状竞争。像波音（Boeing）或Catepillar这样的大出口商以及许多较小的厂商，它们面临着与小麦农场主或服装制造商不同的竞争，即面临着与少数相同的竞争对手。它们拥有某种直接影响价格的能力，它们会采取战略性行动以便影响其竞争对手的行为。这种不完全竞争市场并不意味着竞争不激烈，或是厂商是采取某种错误的行动，而意味着这些市场所发生的情况是完全不同和更为复杂的。厂商的战略性选择受到市场结构的影响，反过来它又影响市场结构。新的研究考虑了诸如反托拉斯、管制和创新政策等国内问题。这证明，国内与国际问题之间的界限已经被打破。由于在不完全竞争产业方面研究的贡献，国际经济学家已经能够借助一组扩大了的工具来分析由变化着的环境所产生的各种贸易政策问题。就方法论而言，国际贸易学者在建立战略性贸易政策的理论模型过程中，广泛借鉴和运用了产业组织理论与博弈论的分析方法和研究成果，在这方面还是收获颇丰的。

战略性贸易政策的效果分析建立在对寡头厂商行为分析的基础之上，具体运用了博弈论和信息经济学的分析方法。1944年冯·诺依曼与奥斯卡·摩根斯特恩合著的《博弈论与经济行为》标志着现代系统博弈理论的初步形成。在此之前的1838年古诺（Curnot）模型、1883年伯特兰（Bertrand）模型都为博弈论和对不完全竞争市场中的经济行为的研究奠定了基础。伯特兰模型和古诺模型是博弈论中的经典模型。伯特兰竞争中，每个厂商都在它对另一厂商选择的价格预测既定的情况下作出自己的价格选择，为获得利润最大化，每一厂商都会把价格定得低于对方，厂商进行价格博弈，直到价格等于边际成本为止；古诺竞争中，每个厂商预测对方的产量，在假定对方产量不变的基础上确定使自己利润最大化的产量，厂商进行产量博弈。

1950年和1951年纳什的两篇关于非合作博弈论的重要论文彻底改变了人们对竞争和市场的看法，他证明了非合作博弈及其均衡解，即著名的纳什均衡，从而揭示了博弈均衡与经济均衡的内在联系。纳什的研究奠定了现代非合作博弈论的基石。囚徒困境便描述了经典的纳什非合作博弈均衡，在现实中非合作的情况要比合作情况普遍。战略性贸易政策建立在寡头垄断市场竞争的基础之上，寡头厂商的决策问题正是博弈问题，博弈的特点在于参与者之间存在相互依赖性，一个参与者的利益不仅与自己的决策有关，很大程度上还依赖其他所有参与者的决策，寡头厂商之间的竞争行为正是相互博弈最终达成均衡的过程。在寡头厂商的博弈中，帕累托最优产生于该产业达到某种共谋的结果（无论是否协议的共谋），并且产生利润最大化之时，而这对于整个社会来说却并非最优。多数情况下寡头厂商间将达到一种非合作均衡。战略性贸易政策正是国家通过干预手段使得本国寡头厂商和外国寡头厂商通过非合作博弈最终达到一种有利于本国利益的贸易均衡。

20世纪90年代，博弈论研究方法的进展使得战略性贸易政策的研究大大受益。Kreps提出的序贯理性和序贯均衡，Cho-kin Koo提出的信号博弈的知觉准则，Kolberg提出非合作博弈的战略稳定性问题，Mailath证明了连续统和并行信号条件下信号解存在的条件。这些博弈方法都为国际经济学尤其是出口竞争与协同问题提供了新的分析工具和手段，研究者开始尝试用关税、出口补贴和R&D补贴等贸易政策作为信号来降低不确定因素对市场的影响。

在寡头厂商博弈过程中，信息将影响和改变博弈的结果。在战略性贸易政策的实施过程中，当一家寡头厂商对自己的价格或产量作出决策时，可能已经知道了其对手所做的选择，先行选择产量的寡头厂商称为斯塔克尔伯格领导者，先行选择价格的寡头厂商称为价格领导者；如果一家寡头厂商作出决策时不知道其对手所做的选择，寡头厂商将猜测对方的决策并同时选择价格或产量，因此将出现产量领导、价格领导、联合定产和联合定价四种可能性。战略性贸易政策意味着政府比寡头厂商先行，政府通过政策干预使寡头厂商改变决策，从而产生完全不同的效果。一国的战略性贸易政策的承诺或威胁将影响参与竞争的寡头厂商的决策，进而影响到其他寡头厂商的决策；同时，一国政府的政策承诺或威胁也可能同时影响本国寡头厂商和外国寡头厂商的行为，从而使他们同时作出决策。

信息经济学分析方法的应用，可以体现出战略性贸易政策优于传统贸易保护的地方，传统的贸易保护只考虑到了事后反应，而战略性贸易政策则认识到了事前的威慑作用，这也正是信息经济学在战略性贸易政策中运用的成功之处。从国家的角度来看，如果两国都不停地采取以邻为壑的贸易政策，将使双方利益受损。但是在一个缺乏超国家权威的世界里，国家之间进行合作或者相互作出可信的承诺是十分困难的，因此即便是经过协议也很不稳定。而战略性贸易政策的结果总是能够达到一种国家之间非合作博弈的均衡。

五、战略性贸易政策的主要文献

战略性贸易政策理论诞生以Brander和Spencer（1981），Spencer & Brander（1983）、Krugman（1984）、Brander & Spencer（1985）的四篇开创性的论文为标志。

1981 年，Brander 和 Spencer 发表了一篇题为《潜在进入条件下的关税与外国垄断租金的提取》的论文，率先提出了在面临外国寡头垄断的条件下，进口国政府可以利用征收关税的方法，从外国寡头厂商那里提取部分垄断租金的观点。这篇论文被多数学者认为是战略性贸易政策理论的开端。

1983 年，Brander 和 Spencer 针对许多国家为争夺国际市场而对国内厂商的研究与开发进行补贴的情况，提出了一种解释在不完全竞争国际市场上用研究与开发补贴、或出口补贴等“产业战略”政策进行政策干预的论点。他们认为，一个谋求使国内福利最大化目标的政府，拥有使用这些补贴的刺激；由于直接的出口补贴受到关贸总协定的严格限制，政府倾向于补贴研究与开发；如果在私人企业作出研究与开发补贴的决策之前政府能够可信地承诺给予研究与开发（或产量）补贴的话，则政府政策就可产生效力，在这里，政府成为一个多阶段博弈（multi-stage game）中的第一个参与者，并能够通过改变其对厂商的补贴，来影响由私人机构参与的博弈的均衡结果；尽管这种补贴支持的非合作国际均衡都是次优选择，但通过掠取租金获得产业的更大产量份额，是能够改进本国净福利的。

1984 年，Krugman 提出了在市场由寡头垄断并可分隔，存在规模经济效应的前提下，一国政府通过贸易保护（关税或配额）全部或部分地关闭本国市场，赋予本国厂商在特定市场上的特权地位，受保护厂商的销售会增加，边际成本会下降，而外国企业的销售会减少，边际成本会上升，这样本国的保护措施会增强本国厂商在第三国市场上的竞争力，从而扩大本国出口的论点。Krugman 的模型在战略性贸易政策发生作用的条件、机理和后果等方面，进一步丰富和发展了战略性贸易政策理论。

1985 年，Brander 和 Spencer 发表另一篇有影响的论文，对不完全竞争条件下出口补贴为什么会成为一种有吸引力的政策进行了分析。文章认为，由于出口补贴能够改善本国厂商在同外国厂商的非合作竞争中的相对地位，从而能够扩大它的市场份额，尽管这样可能使贸易条件会向补贴国不利方向变动，但由于这时的价格仍然超过出口的边际资源成本，从而使出口的扩大能提高本国福利水平。

这些论文分别从不同的角度证明，在规模经济和不完全竞争市场的某些条件下，一国政府可以通过关税、配额等进口保护政策和出口补贴、研究与开发补贴等出口促进政策来加强本国厂商的竞争地位，扩大本国厂商的国际市场份额，从而实现垄断利润由外国向本国的转移，增加本国的国民净福利。在上述情况下，是政府的贸易政策影响了本国厂商及其外国竞争对手的决策行动，从而改变了竞争格局，使不完全竞争产业特别是寡头产业中的超额利润向本国发生了转移，政府的贸易政策起到了与寡头厂商的战略性行动（如投资于超额生产能力或研究与开发等）相同的作用，故被称之为战略性贸易政策理论。由于在这里贸易政策的直接目的是为了从外国向本国转移利润，故又被称为“利润转移”理论。

1986 年，Krugman（1986）① 主编了论文集《战略性贸易政策和新国际经济学》

① Brander, J. A. and B. J. Spencer, (1984), “Tariff Protection and Imperfect Competition”, in Kierzkowski ed., Monopolistic Competition and International Trade, Oxford University Press.

(*Strategic Trade Policy and the New International Economics*)，该书是美国商务部在20世纪80年代初召开的一次研讨会的理论成果，初版于1986年，由麻省理工学院出版发行，该书共收录了15位经济学家撰写的12篇有关国际贸易新理论的力作，从不同角度探讨了国际贸易理论的“新思路”。《战略性贸易政策和新国际经济学》汇集了20世纪80年代美国学者关于战略性贸易政策及新贸易理论的主要研究成果。该书结集发表的是经济学家们对新理论的探讨，反映了美国学术研究的实用传统。可以说，所有这些研究成果都有着极强的现实针对性，它们试图解释战后国际贸易的三个基本事实：一是战后60%的贸易是在发达国家之间进行的，“北北”贸易压倒了“南北”贸易；二是它解释了产业内贸易迅速扩大的原因；三是它说明，在不完全竞争市场下，在由卖方寡头公司相互竞争的经济中，政府干预有可能改变战略博弈的基本结构，从而为本国厂商赢得国际竞争优势，把超额利润从外国厂商转移给本国厂商。不少学者将战后日本在一些重要的经济部门所取得的成就归之于日本政府的战略性贸易政策和产业政策。Krugman 为本论文集撰写的“导论”中提出了国际贸易理论的“新思路”。他重在提出问题，比如，国际贸易新理论的经济依据是什么？企业家和经济学家怎样识别战略性产业？政府能否成功地实施战略性政策？日本的经济成就与战略性政策有何联系？日本的产业政策值得美国仿效吗？假定美国根据新贸易理论采取更积极的、掠夺性的贸易政策，外国政府将做何反应？等等。论文集的其他14位学者则见仁见智，分别从不同角度给予了不同程度的回答。该论文集并没有就新贸易理论和战略性贸易政策达成共识。从政策建议角度来看，多数学者不赞成美国政府采取战略性贸易政策，也不赞成政府对任何特定产业进行扶持。美国有着相当发达的资本市场和劳务市场，各种生产要素都是高度流动性的，市场导向仍是资源配置的主要手段，市场在引导资本和劳务向高技术部门转移过程中仍将发挥重要作用。因此，学者们建议，美国政府应对实行干预主义的产业政策抱慎重态度。部分学者指出，战略性政策只有在缺乏其他更好的政策时才能应用，而且只能是临时性的。Krugman 主编的这部《战略性贸易政策和新国际经济学》是关于新贸易理论的权威文献之一，它正式确立了战略性贸易政策所倡导的政府干预可使经济福利最大化的论断的学术地位，不仅反映了经济学知识的新进展，而且从实际出发，比较合理地解释了战后国际贸易的新模式。

根据 Krugman 本人的说法，“本书中收集的论文是为一个很不寻常的研讨会准备的。在那个研讨会上，两部分平时很少直接联系的人坐到一起来了。一边是政府官员和私人企业的代表，他们对贸易政策的关心完全是从日常事务的实际问题出发的；另一边则是学术界的经济学家和政治学家，他们思考而不是制定贸易政策或处理有关政策上的问题。虽然一些‘关心实际问题’的与会者们与学术研究也有联系，一些学术界的人士也从事商业与政府工作，然而从总体上讲，这次会议的组织者发起的是一次来自两个截然不同的领域的人进行的研讨会”。该论文集主要论及四个主要方面：贸易政策变化的理论基础；新贸易政策的内容；对实际贸易政策的评价；有关贸易政策的新思路对未来政策形成和贸易实践的意义。以 Krugman 和 Romer 等人为代表的“新贸易理论”主要强调以不完全竞争和规模经济为基础的战略性贸易政策，近年来的许多研究工作已经有助于揭示企业的战略选择是如何受产业结构影响，并且这些战略选择是如何反过来决定产业结构的。这些工作的最初目的是研究诸如反垄断、政府管制以及技术创新政策等方面的国内问题，然而，当今世界国内与国际问题的区别已经日趋缩小，正是由于这些研究不完全竞争以及规模经济的工作，才使得国际经济学家获得更多的工具来分析在国际贸易环境不断变化中所出现的问题。Krugman 在题为“贸易政策的新思路”的导论中指出，许多从事实际工作的人往往怀疑经济理论的实际作用，然而近年来我们不难发现，经济政策在很大程度上受到源于学术界理论文献和思想的影响。理论在日常的政策制定中的影响远远超出人们的想象，虽然政府的决策经常受到各种利益集团和政治因素的影响，但是经济理论对政策形成的实际影响是不可忽视的。

尽管战略性贸易政策难以付诸政策实践，单从理论上来说，它注重把有关公司和工业组织的理论应用于贸易关系，强调学习曲线、规模经济和外部性，是对古典和新古典经济理论的重大突破。古典经济理论把重点放在解释“南北”贸易上，而新理论着重解释“北北”贸易；古典理论认为贸易只是在公司之间进行，新理论认为存在着政府与公司合谋以攫取“租”（超额利润）的可能性；古典理论假定市场是完全竞争的，“租”是不存在的，新理论假定市场竞争是不完全或垄断的，在某些产业中存在着大量的“租”；古典理论假定资本和劳动是不流动的，比较优势是静态的，新理论假定资本和劳务都是流动的，比较优势是动态的和人为的。

1989 年，Helpman 和 Krugman（1989）出版了《贸易政策与市场结构》（Trade Policy and Market Structure）① 一书，这是 Helpman 和 Krugman 继 1985 年出版《市场结构与对外贸易》之后，另一部分析不完全竞争市场结构下新贸易理论的系统性著作。该书提供了新贸易理论的应用分析视角，对不完全竞争市场结构下贸易政策的效应提供了简洁的模型，并对很多文献进行了及时梳理，并使用图标、文字描述和简单的代数使全书论点更容易被理解。该书综合了当代很多贸易学家的研究成果：巴格瓦蒂（Jagdish Bhagwati），James Brander，Avinash Dixit，Jonathan Eaton，Gene Grossman，Richard Harris，Barbara Spencer，以及 Anthony Venables 等。Helpman 和 Krugman 总结了贯穿全书的三个主题：贸易市场对市场支配力的影响（the effects of trade policy on market power），贸易政策对竞争的战略效应（the strategic effect of trade policy on competition）以及贸易政策对消费者选择的影响（the effect of trade policy on consumer choice），并将这些贸易学家关于贸易政策的思想用模型表达出来。

1994 年，Krugman 和 Smith 主编的《战略性贸易政策实证研究》（Empirical Studies of Strategic Trade Policy）由芝加哥大学出版社出版，该书是 1989 年 NBER 关于战略性贸易政策研讨会的论文集，汇集了战略贸易政策在实证研究领域的优秀成果。Krishna，Hogan 和 Swagel 对美国汽车产业 1979 - 1985 年间的最优贸易政策进行了考察；Venables 回顾了不完全竞争下的贸易政策；Smith 分析了欧洲汽车市场的战略贸易政策；Norman 和 Strandenes 研究了斯堪的纳维亚航空业的放松管制；Klepper 分析了航空运输业的产业政策；Harris 分析了美国钢铁业的产业政策和贸易政策；Ulphand 和 Winters 分析了国

① Brander J. A. and Spencer, B. J.,（1985），“Export subsidies and Internatienal Market Share Rivalry”, Journal of Internationol Economics, 18: 83 - 100.

际人力资本政策与国际贸易的关系；Rodrik 以韩国和中国台湾地区为例，分析了出口产品质量和产业组织的关系；Winters 研究了进口监管作为战略贸易政策的可行性。文集中的九篇文章涉及美国和欧盟的汽车产业、钢铁产业、商用飞机产业，北欧航空业的放松管制，韩国和中国台湾地区的出口质量，各国（地区）人力资本政策与产业政策等，作者们使用动态模型进行了实证检验，得出一系列有关战略性贸易政策的重要结论：一国可以通过采取出口补贴或设置进口壁垒等战略性贸易政策提高本国收入，保护本国企业免受外来竞争以及促进新兴产业的成长。该书的出版，无论为理论界还是政界乃至商界都提供了提高国际竞争力的新的研究视角。

第二节 利润转移理论与外部经济理论

战略性贸易政策有两大基本内容：利润转移理论和外部经济理论。

利润转移论是战略性贸易政策的主体内容，指的是在寡头竞争的国际市场上，存在着因产品价格高于边际成本而形成的租金或超额垄断利润。一国政府可以通过对出口或进口的贸易干预，影响本国企业及其国外竞争者的行为，改变国际竞争的格局，从而从国外寡头厂商抽取租金或向本国企业转移利润，达到增加本国净福利，并促进本国企业和产业发展的目的。利润转移论包括战略性出口政策、进口政策和以进口保护促进出口的政策。利润转移理论认为由于厂商水平上的规模经济的限制，在许多市场上的国际竞争都具有寡头竞争的性质，在某些市场上甚至只允许一个有利润的厂商进入，如果有两个厂商同时进入就都要亏损，这类寡头竞争产业的一个关键特征是产品价格高于产品生产的边际成本，通过政府政策扶持这类产业出口，使国家获得较大份额的“租”，它对市场结构和厂商（包括政府）行为性质有着较严格的限制，能够应用的情况有限。以内部规模经济为基础，提出政府对外贸易进行干预，可以剥夺外国厂商的出口利润。在这里，政府政策起着实现超额利润由外国向本国转移的“战略性”作用。

外部经济包括技术性外部经济和收益性外部经济。技术性外部经济是指厂商通过同一产业或相关产业中其他厂商的技术外溢获得技术和知识；收益性外部经济是指厂商从同一产业或相关产业厂商的集聚中获得市场规模效应（包括获得便利而低价的原材料、中间产品、技术工人、专业化服务等），两者都能使厂商提高生产率和降低成本。技术性外部经济与政策干预的内容是，在 R&D 投入强度大的产业（一般为技术密集型产业，特别是高技术产业）中，技术外溢效应使厂商不可能完全获得 RD 投资的收益，由此导致的私人投资不足使这些产业不能发展到社会最佳状态，因而需要贸易政策的扶持。如果政府采取保护或补贴的政策，将能够促进这些产业的发展，并增加国民福利；而外国政府对这些部门的支持和保护，可能使本国丧失或减少这些有益的技术外溢，因此本国必须采取对应或反击的行动。由于这些包括高技术产业在内的技术密集型产业对国家利益来说具有战略性意义，政府的积极干预政策对于本国产业的国际竞争具有战略性作用。收益性外部经济与政策干预的内容是，一个国家产业规模的大小反映了厂商所获得的市场规模效应（相当于产业集聚效应）的大小，产业规模大的国家的厂商将具有较高的收益性外部经济，因而产业规模小的国家的厂商在国际竞争中处于不利地位。

如果一个国家中处于发展初期而规模小的产业属于战略性产业，政府可以通过保护和扶持的贸易政策，支持这些产业的厂商扩张产量，提高产业的市场规模效应和厂商的收益性外部经济，从而促进这些产业较快地增强国际竞争力。

一、利润转移理论

利润转移理论的基本思想是由于寡占存在着超额垄断利润或租金，一国政府可以通过贸易干预来影响本国企业及其国外竞争对手的行动，以改变竞争格局，从而达到从国外寡头企业向本国转移利润，提高本国福利的目的。利润转移论点是以内部规模经济为基础的。

（一）政策目标：争夺垄断租金

租金的概念最早起源于亚当·斯密《国富论》中的地租，现代经济学将其定义为某种要素所得到的高于该要素用于其他用途所获得的收益，它可以是某一产业的工人所获得的高于其他产业相同熟练程度的工人所能获得的工资，或是某一产业高于其他产业相同资本投入所获得的利润，或两者兼而有之。通常情况下，垄断将带来较高的租金。1967年图洛克首先在研究垄断的社会成本时提出了寻租的概念，1974年克鲁格在《寻租社会的政治经济学》一文中正式阐述了寻租理论（rent-seeking theory），建立了在进口关税和配额制下进行寻租的福利分析模型，“租”开始演化为凭借政府干预政策而带来的超额利润，为了争夺租金，利益集团通过竞争性地投入资源来影响政府的决策以实现财富的再分配。1982年巴格瓦蒂提出了直接非生产性寻利（directly unproductive profit-seeking，DUP）的概念，DUP即人们为维护既得经济利益或对既得利益进行再分配的非生产性活动，进一步将寻租与现代国际贸易理论的福利经济学分析结合在了一起。在传统国际贸易理论的基础完全竞争条件下，如果某一产业存在经济租，资本和劳动立即会涌入这一产业，不过如果存在大规模生产的优势、比较陡峭的学习曲线，新进入的企业就难保证有利可图。而在现实的不完全竞争市场，显然更有让租金大量聚集于某一产业的土壤。从产业层次来说，租金的存在使国内利益集团动用资源来进行争取政府政策的活动，从而产生对于战略性贸易政策的需求；从国家层次来说，在不同国家间，战略性贸易政策的实施会使租金从一国流向另外一国。因此租金不仅是战略性贸易政策产生的重要原因，也是战略性贸易政策的目标所在。在一些产业里，只由几家大公司垄断和控制，它们获取的利润远高于存在充分竞争情况下的利润，即存在垄断租金。在一个开放的世界经济中，各国都竞相角逐垄断租金。假定目前该垄断租金由国外公司所有，那么，从理论上讲，本国政府可以采取战略性贸易政策，诸如征收关税，对本国企业进行补贴等，把垄断租金从国外企业转移到国内企业，从而使本国总福利水平改善（当补贴或关税额低于垄断租金时）。

（二）利润转移理论的主要内容

1. 战略性关税

所谓“战略性关税政策”，其中心思想是：在不完全竞争条件下，一国政府利用关税可以限制外国厂商在本国市场进行销售的垄断高价，迫使其自动吸收部分压低下来的价格；可以激励本国潜在的生产者进入外国厂商业已占领的国内市场，打破后者对该市场一统天下的垄断局面。在上述两种情况下，该国都能运用关税从外国垄断者手里提取其享有的部分垄断利润或租金，从而减少这种垄断租金的向外流失。更有甚者，如果新进入者的本国企业不仅在关税庇护下夺回了本国市场，而且进一步渗透到国外市场，那么，它们还能够直接地在外国市场上从外国厂商那里攫取垄断租金。

Brander 和 Spencer（1981）① 题为《潜在进入条件下的关税与外国垄断租金的提取》的论文，率先提出在古诺（Cournot）双头垄断市场中，进口国政府可以利用征收关税的方法，从外国寡头厂商那里提取部分垄断租金的观点，这篇论文被认为是战略性贸易政策理论的开端。Brander 和 Spencer（1981）构建的模型表明，从国外厂商手中夺取垄断租金的最简单方式是，当国内厂商是垄断市场一个潜在的进入者时，对国外厂商征收关税。这与最佳关税论采取的措施结果相同。但二者在本质上有所区别：最佳关税论要求一国是“大国”，以便能影响贸易双方的贸易条件。而垄断租金转移没有这种限制，这就为小国对处于寡占结构下的国外供应厂商征收关税提供了理论依据。

Brander 和 Spencer（1984）② 在《关税保护与不完全竞争》一文中进一步论证了战略性关税政策的基本思想。他们认为，在不完全竞争市场上，垄断生产者的价格高于边际成本，因而能够赚取垄断利润。每当一个国家进口这类商品时，就等于向外国出口商支付了一笔垄断租金。外国厂商为了能够长期独享这份垄断租金，必然会千方百计地阻止当地新厂商进入该市场。外国垄断厂商首先考虑的策略是选择一定的出口量，占领住一大块市场，使当地新进入厂商的产量达不到足以覆盖成本的程度，即让进入者无利可图，自行放弃进入，从而达到有效阻遏本国厂商进入之目的。在本国新厂商受阻而尚未进入市场的情况下，本国政府可以先运用关税工具抽取外国垄断厂商的部分垄断租金。只要该国的需求曲线富有弹性，关税的提高必然会迫使外国厂商自行降低其原先制定的高额垄断价格，而且这部分压价造成的损失由外商自己承担吸收。当然，还有一部分关税通过提高进口商品价格的方式转嫁到国内消费者身上，从而部分抵销转移利润的效果。此外，整个世界也会有净损失。但仅就本国利益而言，关税作为增加收入的手段在无潜在进入者的情况下不失为一种颇具吸引力的政策措施，因为收入的这种增加是从外国人那里而不是从本国居民身上提取的。进一步说，如果本国政府将关税收入全部用于补贴本国消费者，则关税能够在不损害消费者利益的前提下实现部分垄断利润的转移，从而提高本国的国民收入水平。

上述研究表明，旨在改善贸易条件的关税战略，实与传统的最优关税理论的政策主张如出一辙。两者的区别在于，战略性关税政策并不苛求征收关税的国家必须是经济学意义上的大国（即世界市场上的价格制定者）。只要外国垄断厂商索要的价格高于其边际成本，只要能够在国内市场和其他市场间采取歧视性价格并杜绝套购现象，那么，通过制定适当的关税政策就有可能降低价格，这种运用压价战略抽取垄断租金的低度关税

---

① Dixit, A. K. and G. M. Grossman, (1986), “Targeted Export Promotion with Several Oligopolistic Industries”, Journal of International Economy, 21, 233 - 250.

② Gruenspecht, H. K., (188), “Export subsidies for differentiated products”, Journal of International Economy, 24, 331 - 344.

可望被外国企业完全吸收掉。

随着一国政府运用关税政策的力度增强，吸引该国新厂商进入的潜在可能性不断增大。当国内新厂商欲进入市场时，本国政府运用关税政策的着眼点在于诱使外国厂商放弃阻止本国厂商进入的竞争战略，为本国厂商打入被外商占领的国内市场创造条件，使之能开展经营并获利，以便从外商手中夺回部分垄断利润，减少垄断租金外流。政府可以先将关税从较低的水平提高到略低于使外商放弃阻止本国厂商进入的最低边际关税，然后，相机地分期提高关税税率，随着关税的不断提高，本国关税收入将渐渐增多，加之商品价格提高，吸引本国厂商进入的战略也逐渐奏效。形势的演变对外商越来越不利，直至关税升至某一水平，外商放弃阻止进入战略，让渡部分市场，据守作为价格领导者的产量之上。

只要新厂商进入的成本（尤其是固定成本）不是太大，其利润可能会很高，因此，本国政府分期增加关税到一定量，使本国厂商能与外国厂商分享市场份额，则本国福利水平的提高是完全可能的。当然，本国新厂商进入市场后，总消费量要减少，关税收入也会随进口减少而下降，只有当国内厂商所获的利润（从外国厂商的垄断租金转移而来）足以抵偿上述损失有余时，本国方能获得净收益。实际上，本国厂商一旦在与外商的激烈竞争中生存下来，站稳脚跟，就极可能转而向外国出口，直接与外国垄断厂商较量，分享外国市场上的垄断利润，在本国市场演出的那一幕就很可能在外国市场上重演。新厂商可以利用从国内外两个市场上获得的利润来弥补最初投下的固定成本，同时弥补提高关税造成的本国进口萎缩与消费者剩余方面的福利损失。由此可见，新厂商在两个市场上伺机进入的潜在可能性，对本国政府关税政策的运用产生了重大的影响。

Brander 和 Spencer 的战略性关税政策理论表明，在不完全竞争条件下，一国可以利用关税来刺激国内生产和提取外国垄断租金。尽管这两位学者一再声明，他们只是指出关税在一定条件下加以战略性运用的可行性，而实际上并不赞成付诸实践。

利用关税抽取外国垄断厂商的垄断利润这一论点，也被认为是战略进口政策，它突出利用国际市场的垄断力量，作为政府实施政策和从对外贸易中获得垄断租金的依据，它包括对垄断关税的论述，用出口税和出口卡特尔鼓励来削弱国外厂商的垄断力量，和将关税运用到从国外不完全竞争厂商中获取超额利润，这一思想的基本思路是，只存在一个国外厂商供应产品，但存在潜在的国内厂商进入，所以国外厂商将价格定在阻止本国厂商进入的水平，此时，该国征收关税可以从国外厂商那里抽取垄断租金，只要关税不超过诱使本国厂商进入的水平，本国的该产品价格不会上升，利润从外国厂商转移到本国财政收入上。如果本国该产品价格上升，本国厂商利用相当低的成本进入，利润也会从本国厂商转移到新进入的本国厂商。此时的关税对外国厂商来说实际上是一种税。这一理论与幼稚产业论的不同之处是强调了外部性和非完全竞争的市场，而幼稚产业论则是在完全竞争和不存在规模收益递增的情况下提出来的。

2. 以进口竞争产业的保护来促进出口

1984 年，Krugman 指出，在寡头垄断市场和存在规模经济的条件下，对国内市场的保护可以发挥促进出口的作用。Krugman（1984）提出保护幼稚产业也能转移垄断租金。其基本思想是：假定存在规模经济，全部产业都存在动态的外部经济，那么政府可以对其未达到规模经济的行业进行保护，直至该行业达到最佳规模，并与国外竞争对手竞争时拥有优势为止，同时转向对下一个行业进行保护。这样，可使本国厂商拥有更大的市场份额，从而达到转移垄断租金的目的。在这里，国内必须有足够大的市场容量以便使被保护产业达到最佳规模。Krugman 论述了进口保护能促进出口，从而干预性贸易政策能行之有效。在不完全竞争和规模收益递增的条件下，一个在受到保护的国内市场上从事生产的企业能够通过扩大生产获得静态的规模经济效益，不断降低自己的边际生产成本；能够通过大量销售积累经验使成本沿着学习曲线不断下降，利润足以覆盖和补偿研究与开发的成本；能够通过歧视性价格的做法，在国内市场上索取高价，在国外市场实行倾销，使自己低成本的商品潮水般地涌向国外市场。Krugman 关于“以进口保护促进出口”的模型进一步丰富和发展了战略性贸易政策的理论，使得人们对战略性贸易政策发生作用的机理、条件及其后果看得更清。

Krugman 的模型有两个基本假定：其一，市场由寡头垄断并可分隔。各国寡头厂商的行为可以主宰价格的浮沉，且能在不同的市场上索要不同的价格，它们通过相互倾销向对方市场渗透，并在第三国市场上展开竞争。其二，存在着规模经济效应，即厂商的边际生产成本随产出的增加而下降，边际成本曲线向下倾斜。在上述假定下，一国政府通过贸易保护（关税或配额）全部或局部封闭本国市场，赋予本国企业在特定市场上的特权地位，受到保护的企业的销售会增加，其边际成本将随着生产扩大而递减，而外国企业的销售会减少，其边际成本将随着生产缩小而递增，直言之，该国的进口保护措施为本国企业提供了超过其国外竞争者的规模经济优势，这种规模经营优势将转化为更低的边际成本和更高的市场份额。其结果，贸易障碍的设立进一步增强了本国厂商在对方国家及第三国市场上的竞争力，同时削弱了外国厂商在本国及第三国市场上的竞争力。正是由于产量——边际成本——产量之间存在着交互馈赠、相互强化的作用机制，政府通过保护某一个市场可以为本国企业带来滚动增大的规模经济效益，并会波及其余未受保护的市场，该国将能在所有市场上扩大本国的销售量和减少外国的销售量。

在动态规模经济条件下，进口保护也能达到促进出口之目的。当某产业处于研究开发牵引增长或边干边学的动态发展过程时，规模经济表现为生产的边际成本随研究开发支出的增加或生产销售经验的积累而趋于下降。因此，为本国厂商保护或保留国内市场将有助于实现本国厂商边际成本的相对降低和外国厂商边际成本的相对增加，而本国厂商一旦在边际生产成本的竞争中处于优势地位，便可达到出口促销的目的。

Krugman（1984）考虑存在国际双寡头的世界，由于规模经济和干中学的作用，如果本国市场对外国厂商是封闭的，对于本国厂商可以增加其在国内市场上的产出，此时规模经济可以引起边际成本下降，或者干中学而使厂商更有效地从事进一步的生产，这会使本国厂商在出口市场上能更成功地参与竞争并获得更高的利润。Venables（1984）考察了更复杂的情况，假设市场足够大，能容纳相当多的厂商，边际成本不是递减而是不变的，但固定成本相当大，每个厂商面对的是一条向下倾斜的需求曲线。他运用了古尔诺的思想，即在给定市场中其他厂商的产出水平的情况下，当每个厂商都在利润最大化的目标下选择各自的产出水平时，便会达到产业均衡。在这种情况下，他分别考察了进口关税和出口补贴都能改善国家福利，关税最直接的效应能增加收入，另外，由于关税和运费等原因妨碍了本国市场上外国厂商的进入，补贴使本国厂商出口增加，本国厂商的平均成本曲线下降，这使国内价格下跌，国内福利增加。

Krugman 的理论体系也是传统的幼稚产业保护理论和新产业组织理论结合的产物。众所周知，传统的幼稚产业保护理论是没有考虑政策干预的战略性因素的，即不存在双方政府的政策博弈，也不期望这种政策干预行为能够影响对方的竞争企业可以选择的策略集合。传统的幼稚产业保护理论和其他传统国际贸易模型一样是建立在完全竞争假设上的：存在着若干已经完成“干中学”过程的外国竞争对手和一个本国新兴的幼稚产业，对本国幼稚产业的暂时保护可以使其实现学习曲线下移从而导致本国生产可能性边界外移，从而用同样的资源可以生产出更多的产品，最终本国福利得到增长。可以看出，在传统的幼稚产业保护理论中，没有垄断租金可以转移，本国的干预政策也不会对外国竞争对手的竞争策略造成任何影响。Krugman 建立的模型则是假定该幼稚产业是寡头竞争和规模递增的，并在传统理论体系中融入了新产业组织理论的部分研究成果，充分考虑了进口限制政策的战略性效应。在 Krugman 的理论体系中，存在着一家本国企业和一家外国企业，双方在包括本国市场在内的若干相互独立的分割市场上进行产量竞争。通过对本国市场的进口限制，本国企业获得了一个更大的市场份额。从而得以扩大生产降低成本。与此相反，外国企业的市场份额减少，产量收缩，成本上升。本国企业取得优势地位并将这种优势扩展到其他分割市场上。本国企业的市场份额进一步扩大，生产进一步扩张，成本进一步降低，同时外国企业的相反效应也将进一步加剧。如此周而复始，最终本国企业把外国竞争企业彻底逐出该行业，实现利润和本国福利的最大化。

3. 战略性补贴

Brander 和 Spencer（1985）认为，传统贸易理论建立在完全竞争的市场结构之上，与之相应的自由贸易顺理成章成为最优政策。然而在当代世界的现实经济生活中，不完全竞争和规模经济却是最大量、最普遍存在的现象，在许多产业领域，贸易由数目有限的企业所控制，这些企业相当强大，足以左右市场价格。他们根据产业组织理论和博弈论的研究成果，创造性地探讨了不完全竞争、规模经济条件下政府的补贴政策对出口生产和贸易的影响，建立了战略性贸易政策研究的基本框架。

以完全竞争和规模收益不变为基础的传统贸易理论历来反对政府补贴，一国无论实行生产补贴还是出口补贴，该国的社会福利状况反而恶化，唯一的收益者是可以买到更便宜的进口品的外国消费者。但是，如果存在着规模经济和不完全竞争，上述结论可能要进行重新考察。

Brander 和 Spencer（1985）① 考察了一个三阶段博弈的“第三市场模型”，在第一阶段，本国政府和外国政府确定研究与开发的补贴水平；第二阶段，在两个不同的出口

① Collie, D, (1993), “Profit-shifting export subsidies and sustainability of free trade”, Scottish Journal of Political Economy, 40, 408 -419.

国家的两个厂商同时选择研究与开发水平；第三阶段，两厂商同时进行 Cournot 产量博弈。假设研究与开发具有降低成本的效应，在这个模型汇总，研究与开发的竞争是非合作国际均衡，如果对本国厂商进行 R&D 补贴，则是以牺牲外国利益为代价来增加本国利益。产业政策的第一个工具是 R&D 补贴，第二个工具是出口补贴，从时间上看，出口补贴可以在 R&D 补贴发生之前或之后，从组合使用的方式上看，出口补贴可以与 R&D 补贴组合使用。假如外国政府不报复，这个非合作国际均衡结果使两个国家的出口补贴与 R&D 补贴具有总体生产效率。

Brander 和 Spencer（1985）提出的第三市场模型和 Brander（1981）提出的相互市场模型从理论上证明了政府可以通过为处于不完全竞争产业中的贸易品出口厂商提供出口补贴来使国家获得较大份额的超额利润，成为战略性贸易政策的两个基本理论模型。在第三国市场模型中，Brander 假设两个国家生产一种同质产品向第三国出口，即生产国并不消费该种商品，这就是“第三市场”的含义。在这一假设下，Brander 以古诺模型为基础构筑了一个完全信息两阶段动态博弈：由政府去定所提供出口补贴的数量，之后本国企业则根据政府提供补贴数量来确定自己的产量。由于信息完全，政府可以根据企业的利润最大化原则用逆向归纳法证明出口补贴有助于本国企业在竞争中获取优势，并以此为基础确定子博弈精炼纳什均衡，即最优出口补贴量。

Brander 和 Spencer 的基本思想是通过出口补贴要把“超额利润”或“超常利润”从国外厂商转移给国内厂商。Spencer 和 Brander 描述了政府介入的理论，给在不完全竞争的国际市场上，诸如 R&D 或出口补贴的“产业战略”政策提供了合理的解释。每一个生产国的目的是通过补贴获取更大的份额，在这里，政府政策是有效率的。政府在多阶段博弈中是第一参与人，可以影响博弈结果，通过改变一组向私人代理提供的贷款行动提出了政府政策的动机，是获得更大份额的产量和在不完全竞争的国际市场中获得租金。在描述寡头行为时，存在“战略性博弈”的情形，即厂商们采取的行动部分地依赖于竞争对手的行为。出口补贴在大多数产业是不适用的，而且人们越来越相信外国对其出口厂商实行补贴对进口国是一件不公平的事情，容易得到竞争对手的报复。虽然在完全竞争和规模收益不变的条件下，一国不论实行生产补贴还是出口补贴，该国的社会福利状况都会恶化，唯一的受益者是可以买到便宜的进口品的外国消费者，但是出口补贴为本国寡头厂商夺取市场份额论认为在不完全竞争条件下出口补贴对本国是一个具有吸引力的政策。

Brander 和 Spencer 战略性贸易政策理论说明：一个实行轻微补贴这样一种贸易干预政策的政府，可以使本国厂商在世界竞争中获得更大的垄断利润份额。而本国所得乃是外国所失，实际上，这不过是世界范围内垄断利润的抽取和转移罢了。只要世界市场上某项经济活动存在大于零的纯经济利润，就有可能刺激、驱使政府在这类产业和市场上带有战略意图地补贴本国企业，以便帮助它们攫取世界利润中的较大份额。

根据 Brander 的定义，战略性贸易政策是指基于或者可以改变不同国家竞争企业之间战略性互动形成的均衡的贸易政策。通过这个定义，可以看出，其理论体系与新产业组织理论紧密结合，即：战略性贸易政策理论立论的重要条件是竞争对手认识到策略行为的相互依赖性。换言之，战略性贸易政策理论不能存在于完全竞争的市场结构中，因为在完全竞争假设下，众多厂商的策略行为是独立的。它只能建立在垄断竞争的假设之上。因为在这种市场结构中，相互竞争的厂商数目非常少，策略行为彼此依赖，外部的干预足以改变初始博弈结果并形成对本方有利的均衡。

Brander & Spencer 假定在一个寡头垄断产业中，存在两家不同国家的竞争企业同时生产一种同质产品并都出口到一个第三国市场。也就是说，对两个国家而言，这种产品都是无国内消费的。两家相互竞争的企业都是在第三国市场完成销售和实现利润的。这个精巧的假设使得国家福利简单等同于本国企业除去所享受补贴后的净利润。换言之，在构建理论模型时不用考虑本国的消费者剩余因素，从而大大简化了分析内容。在 Brander & Spencer 的理论体系中，两家企业在同一市场上进行数量竞争，即：每一家企业都假定对方的产量是固定不变的，在此基础上选择自身的产量。在没有外部干预的情况下，这种博弈格局形成的结果就是著名的 Cournot—Nash 均衡。然而在数量竞争的前提下，还存在着另外一种均衡可能，这就是 Stackelberg 非对称均衡，即：其中一家企业不把对方产量视为给定的，而是作为自己策略的反应函数。于是这家企业可以通过取得先行优势的途径改变 Cournot—Nash 均衡，实现有利于已的结果。在 Brander & Spencer 的理论体系中，吸收了 Stackelberg 均衡的思想，并设定其中一国政府是博弈规则的制定者。也就是该国政府对本国企业提供补贴，诱致其生产 Stackelberg 领先者（Stackelberg leader）产量，取得 Stackelberg 领先者优势地位。其博弈结局与 Stackelberg 非对称均衡结果完全一致：总产量增加，价格下降，但领先者由于竞争对手的退让而取得更大的市场份额，足以保证自身利润增长。战略性贸易政策理论的一个重要基石在于政府了解该产业的寡头竞争特征，并具有政策先行能力。这是战略性贸易政策理论区别于一般的非对称 Stackelberg 均衡的地方。在没有政府干预的情况下，企业当然也有取得 Stackelberg 领先者的激励，只是此时两个竞争对手处于对等的地位。每家企业都知道在对方扩大产量时，如果自己不相应减小产量，将导致总体产量增大，价格下降，结果这种单方面扩大产量的行为对追求利润最大化的双方都是非理性的。因此这种威胁是不可信的。在战略性贸易政策理论体系中，政府的干预改变了被干预者的地位。被干预者单方面扩大产量的威胁不再是不可信的。因为此时即使竞争对手不退缩，被干预一方也将实现正利润。由此可见，政府的干预改变了本国企业可信策略的集合，导致了本国企业反应曲线的外移，其最终均衡结果就是：本国企业市场份额的扩大和外国竞争企业市场份额的缩小。值得特别说明的是，政府干预形式不仅仅限于补贴，只要能导致企业作出不可逆转（从而博弈策略是可信的）的扩大投资和生产行为并为外国竞争对手所了解，任何干预手段都具有同样的效果。

（三）利润转移理论的拓展

Brander 和 Spencer（1985）提出第三市场模型后，引起国际贸易学界广泛关注，许多贸易学家在此基础上进行了后续拓展。Dixit 和 Grossman（1986）① 放宽了模型假定，将第三市场模型从一个行业拓展为多个寡头行业同时竞争；Eaton 和 Grsoosman（1986）

① Qiu, L. D. ,(1994),“Optimal Strategic Trade Policy under asymmetric information”, Journal of International Economy, 36, 333 -354.

将模型从同质性产品分析转向异质性产品分析；Carmichael（1987）和 Gruenspecht（1988）① 改变了模型的博弈次序进行研究；Lee（1990）和 Dick（1993）在模型中加入了政府支出的出口补贴的机会成本并进行实证检验；Collie（1993）② 在第三市场模型基础上引入了政府间长期动态博弈；Qiu（1994）③ 则在政府和企业间加入了信息不对称的条件对模型进行拓展，另外，还有很多贸易学家以此模型为基础进行了相关产业的实证研究。

Dixit 和 Grossman（1986）④ 对以局部均衡为分析基础的战略性贸易政策理论提出了批评，他们认为，Brander-Spencer 模型中的出口补贴通过降低的边际成本来发挥作用，面对这种降低了的边际成本，外国厂商就被无法出口原料打算出口的书来南国，这就是导致利润转移的原因。但在一般均衡模型中，一个出口产业只能从国内其他产业那里获得资源来扩大。尽管出口补贴会降低目标产业的边际成本，但是它却因此而提高其他产业的边际成本，这对目标产业将产生负面影响。Dixit 和 Grossman（1986）证明当所有的出口产业都是平衡的，即在出口市场面临相同的需求条件，又同样的生产技术和面对类似的外国竞争的时候，把任何一个或几个产业作为补贴目标的损失都显然会超过所得，要依国内产业扩张过程中适用的每一单位稀缺资源有多少额外利润转移给了国内产业而定，这反过来又取决于国内国外的生产技术、它们产品的相互替代程度、出口市场需求度对价格的反应以及寡头竞争的性质。这意味着要选择目标产业需要大量的信息，但在现实中这很难做到，因此忽略生产要素的跨部门转移和要素价格相应变化等一般问题是战略性贸易政策理论的严重缺陷。当国内出口行业面临共同的外部环境，又具有相同生产能力时，对其中一两个行业进行补贴，会把国内资源从其他行转移到受补贴的行业，从而受补贴行业的扩大和出口增加是以其他行业规模缩小及出口减少为代价的，而且，这种情况下，代价往往要高于转移的垄断租，所以，自由贸易仍是最佳选择。若各出口行业面临的条件不相同时，一国之福利确实有可能得到改善，这要取决于国内稀缺资源用于出口行业扩张后每一单位资源取得的额外垄断利润大小，而这又取决于国内外技术条件对比、国内外产品替代程度、出口市场需求弹性及寡头竞争性质等因素。这样，要选择一个目标行业对其进行补贴就需大量的信息，而这往往又是难以办到的。总之，若忽视了国内产业间要素转移及要素价格变化的影响，会使战略贸易政策模型的说明力大受影响。

Eaton 和 Grosaman（1986）⑤ 揭示，Brander 和 Spencer 的“利润转移理论”非常依

① Dixit, A. and G. Grossman, (1986), “Targeted Export Promotion with Several Oligopolistic Industries”, Jounral of International Economics 21: 223 - 250.

② Eaton, J. and G. M. Grossman, (1986), “Optimal trade and industries policy under oligopoly”, Quarterly Journal of Economics Vol. 101, No. 2, 383 - 406.

③ Spencer, B., (1986), “What should Trade Policy Target”, in Krugman ed. Strategic Trade Policy and the New International Ecnomics, The MIT Press.

④ Grossman, G. M., (1986), “Strategic Export Promotion: a Cirtique”, in Krugman ed. Strategic Trade Policy and the New International Ecnomics, The MIT Press.

⑤ Horstman, J. and Markusen, R., (1986), “Up the Average Cost Curve: Ineffecient Entry and the New Protectionism”, Jounral of International Ecnomics, 20: 225 - 247.

赖于古诺竞争（Cournot Competition）这一假设，在古诺竞争中，每一个厂商都假定另一个厂商的产量是给定的，然后据此来选择自己的最优产量水平。如果换成 Bertrand 竞争假设，即每个厂商都假定另一个厂商的价格是给定的，然后据此来选择自己的价格水平，战略变量是价格而不是产量，则模型的结果会发生很大的变化甚至产生相反的结果。他们同时指出，当厂商的行为特征是与事实一致的猜测，国内厂商数量不止一家时，出口税总是最优的。一致性的猜测消除了任何利润转移的可能，因此，游戏中唯一剩余的因素就是国内厂商在第三国市场的竞争，在第三国市场的竞争会产生负面的外部经济，福利最优化战略应适用出口税限制出口和更充分地利用国家在贸易中的垄断权力，这是最有关税理论的重复。Eaton 和 Grossman（1986）指出，据战略贸易模型的古诺寡头竞争假定，每一厂商的最佳产出是假定对手的产量给定而推测出来的。但是，当对手采取的是贝尔兰特（Bertrand）战略，即以价格而非产出竞争时，得出的结论就成了出口税是最佳选择，这与战略贸易措施正好相反。这一批评，几乎动摇了战略贸易模型的基础。

对此，Spencer（1986）作出了回应。Spencer（1986）① 进一步提出厂商竞争分为三个阶段——R&D 阶段、生产能力阶段和市场营销阶段，认为只有在最后一个阶段竞争才有可能是价格竞争，在头两个阶段，竞争是产量方面的竞争，所以在竞争的早期阶段仍有确定政策目标的机会。

Grossman（1986）② 对寡头垄断厂商赚得的超额利润的大小提出了怀疑，他认为，如果利润不大，那么作为增加国家福利手段的利润转移利润的适用范围就要大打折扣，在这种情况下，除偶补贴只会造成资源误置。Grossman（1986）认为，获得高利润率的厂商都是产品研究和开发、市场调查等早期做了大量风险投资的企业，它们的失败率较高。平时所观察到的企业，仅仅是幸存的取得成功的企业，失败的高风险投资则没被估算在内，从而在总体上高估了这些厂商的行业总利润率。而政府给予补贴的又恰恰是这些存在风险的寡头垄断企业。因此，被转移垄断租没有考虑到行业总风险成本而被夸大了，政府补贴方式的效果也就不如原先估计的大。

Horstman 和 Markusen（1986）③ 指出，即便是出口补贴可以使国际市场份额扩大，增加额外租金也可能不切实际。Dixit（1984）④ 曾提出过一个更具一般性的古诺寡占模型，在该模型中，出口补贴只有在厂商数目很少的情况下才可行。随着国内厂商数量的增加，出口补贴作为最优政策的结论可能完全颠倒过来。因为国内厂商的竞争会产生负面的外部经济，每一个厂商都不会考虑其行为对国内其他竞争者的利润产生的影响，并生产出超过合谋所确定的产量，这就会减少它们共同为国家带来的世界租金的份额。如果厂商的数量相当大，负面外部经济征税的动机就会超过补贴的利润转移动动机。

① Dixit, Avinash, (1984), International Trade Policies for Oligopolistic Industries, Economic Journal, (94), supplement: 1 - 16.

② Krugman, P., (1987), "Is Free TradePass", Economic Perspectives 1 (2): 131 - 144.

③ Dixit, R. K., (1989), "Entry and exit decisions under uncertainty", Journal of Political Economy, 97: 20 - 638.

④ Bagwell, K. and R. Staiger, (1992), "The Sensitivity of Strategic and Corrective R&D Policy in Battles for Monopoly", International Economic Review, 33, 795 - 816.

Horstman 和 Markusen 指出，因为出口补贴会导致无效率的进入，这种进入会减少单个厂商的产量，使厂商的成本增加，平均成本曲线上升，租金变为零。因为补贴得不到回报，更不用说使厂商获得额外收益了。得到补贴的国内厂商，其效率原本就很低，进入市场之后，其平均成本曲线不是下降，反而会上升，从而会使向国内转移的垄断租金越来越少。此时，从国内厂商得到的回报远小于期望值，国内总福利水平就会低于不采取补贴时的情况。

Krugman（1987）① 指出，考虑到战略性贸易政策是以获取更多的利润为首要目标，通常举例时是以只容纳一个盈利厂商存在为条件。但如果设想这个市场事实上能容纳 4～5 个厂商，从而使所有限制条件都不起作用，那么自由进入就可以完全消除垄断利润，在这种情况下，即使某种补贴能成功地排斥外国竞争者，也只是转移给了外国消费者，而不能保证本国生产者获取差额利润。

Dixit（1989）② 建立了不确定条件下厂商进入与退出策略的选择机制，提出了对上述问题的动态看法，他注意到，在以技术不确定为特征的产业中有赢家也有输家，赢家看上去赚得超正常利润，但这不能真正表明超额报酬的情况。在 R&D 的投资上要么是输家，要么是赢家，对那些没有投资的厂商的成本也应考虑进来。Dixit 发展了一个单一产业国际竞争的技术竞争模型，该模型表明，在这种产业中，竞争赢家的高利润并不提供成功施行战略性贸易政策的可能性。

Bagwell 和 Staiger（1992③，1994④）把产品成本减少的不确定性引入到 Spencer-Brander 研发补贴模型中，证明了研发补贴的最优性与产品市场竞争的战略变量的选择无关。Bagwell 和 Staiger（1992）在"承诺"框架内分析了争夺垄断地位模型，他们假定每个厂商在发明出新技术之前获得零利润，只有专利比赛的获胜者才能获得正的发明后利润，并得出结论，在承诺模型中垄断大战的最优研究与开发政策是 R&D 补贴。Bagwell 和 Staiger（1992，1994）证明了产品市场竞争的厂商不论选择什么战略变量，R&D 补贴都是最优有政策。

Ngo Van Longa 和 An-toine Soubeyrar（1997）⑤ 认为在古诺竞争中出口补贴可以提高国家福利，然而如果本国厂商相对于外国厂而言数目足够多，本国需求曲线足够凸，那么本国的最优政策就是出口税。

David Colliea 和 David de Mezab（2003）⑥ 在《竞争优势以及对战略贸易政策的追

① Bagwell, K. and R. Staiger, (1994), "The Sensitivity of Strategic and Corrective R&D Policy in Oligopolistic Industries", Jounral of International Economics, 36, 133－150.

② Ngo Van Longa, Antoine Soubeyrar, (1997), "Cost Heterogeneity, Industry Concentration and Strategic Trade Policies", Journal of International Economics 43, 207－220.

③ David Colliea, David de Mezab, (2003), "Comparative Advantage and The Pursuit of Strategic Trade Policy", Economics Letters 81, 279－283.

④ J. Peter Neary, Dermot Leahy, (2004), "Revenue-Constrained Strategic Trade and Industrial Policy", Economics Letters 82, 409－414.

⑤ Krugman, P., (1987), "Is Free TradePass", Economic Perspectives 1 (2): 131－144.

⑥ Xinshen Diao, Terry Roe, Erinc Yeldan, (1999) "Strategic Policies and Growth: an Applied Model of R&D-Driven Endogenous Growth," Journal of Development Economics Vol. 60, 343－380.

逐》中扩展了著名的 Meza（1986），Neary（1994）和 Bandyopadhyay（1997）的研究结果，指出 Brander-Spencer（1985）的模型表明，低成本的国家给予企业的出口补贴/出口税的绝对值比高成本国家所给予企业的要多。在传统贸易模型中，各国采取自由贸易政策是最优的。但是在不招致报复的情况下，很多国家热心于放弃自由贸易政策，战略贸易政策对此给予了合理的解释。存在寡头垄断就会存在租，因此创造一个有所偏倚的竞争环境是符合国家的利益的。既然政府的动机是将利润转移给本国厂商，那么分配给最有利可图的厂商的补贴就是最高的，低成本国家给与本国企业的补贴因此就更高。战略互补意味着当一个企业削减产量时另一个企业也会这样做，由此产生更高价格带来收益。这表明低成本的企业产出最大，所以政府设立最高出口税。作者认为低成本国家更有可能从政府干预中获利，无论该国政府采取何种方式的政策，低成本国家的政策的绝对价值都要大于高成本的对手国。

J. Peter Neary 和 Dermot Leahy（2004）① 考察了存在和不存在收入约束条件下的战略贸易和产业政策，指出最优总的净补贴支出与基金的边际社会成本相比是反方向变化的，当基金的边际社会成本上升时，总的最优净补贴支出是下降的。战略贸易政策理论强调了公司和政府之间承诺能力的不同，这种不同正是干预寡头市场的关键因素或者动机之一。不同学者在扩展该理论时，虽然不仅考虑了产业政策同时也考虑到了贸易政策，但是都是基于这样的假设：补贴可以无成本地通过没有扭曲的税收筹集，1 美元公共基金的边际社会成本为 1。但在实际中，筹集补贴会给经济带来扭曲的成本，这就意味着 1 美元公共基金的机会成本大于 t_0。Neary 和 Leahy（2004）则是考虑了公司利润的社会价值和前期补贴之间的不同，刻画了动态寡头竞争情形下的贸易和产业政策，指出在种种不同情况下，基金的边际社会成本有可能大于 1 或者小于 1。例如，当存在通过扭曲税收募集补贴所带来的自我损失或者本国公司部分股权为外国人所有时，基金的边际社会成本就大于 1；而当没有收入约束的条件下本国公司的最优利润不足以达到吸引本国公司进入该市场，并且对固定成本的没有扭曲的补贴不存在时，基金的边际社会成本就小于 1。

二、外部经济理论

外部经济理论认为，某些产业或厂商能够产生巨大的外部经济，促进相关产业的发展和出口扩张，但由于这些外部经济不能够完全被有关厂商所占有，这些产业或厂商就不能发展到社会最优状态，如果政府能够对这些产业或厂商提供适当的支持和保护，则能够促进这些产业和相关产业的发展，提高其国际竞争优势，获得长远的战略利益。出于对贸易政策基础的重新思考，不完全竞争使得租金会在某一垄断行业大量聚集，而规模经济会在产业内甚至产业间由外部经济效应而扩散，战略性贸易政策作为一种积极的贸易保护政策，不仅可以通过政府政策使国家获得较大份额的垄断租金，还可以通过这些政策使国家获得更多的外部经济，并且获取垄断租金与获取外部经济利益的两个目标

① Barbara J. Spencer, (1986), "What Should Trade Policy Target", in Krugman eds. Strategic Trade Policy and the New International Economics, MIT Press 69 - 90.

并不冲突，战略性贸易政策选取的新兴战略性产业通常聚集大量的垄断租金并能产生巨大的外部经济效应。

（一）外部经济

外部经济就是厂商（或个人、社会）从某种社会经济活动中所获得的有利影响，受益者原则上不必为此而付费。对厂商来说，外部经济来源于厂商间的物质流动，特别是创新厂商不能完全占有它所创造的知识财富。一般说来，任何经济活动都可能产生外部经济，但有大有小。对政府来说，背离自由贸易原则，以鼓励产生显著外部经济的产业，就是符合社会需要和合理的。因此，外部经济提供了政府干预贸易活动的依据。以外部经济为基础进行贸易干预是一种较老的观点，它至少在格雷厄姆（Graham）时代就已出现，并被用来作为保护幼稚产业的依据。然而，由于传统的完全竞争贸易理论既没有认识到市场规模的作用，也没有认识到国际间的外部经济的重要性，因此也就不能对以外部经济为基础的贸易政策有充分的认识。直到20世纪80年代，随着新贸易理论的产生，在不完全竞争贸易模型中才可以较好地考虑市场规模和收益递增的作用，才较好地从理论上证明了外部经济在国际专业化分工中的重要性和针对外部经济的贸易政策的合理性。尽管以外部经济为依据进行干预的论点产生较早，但它真正得到理论上的支持则是在新贸易理论产生之后。新贸易理论所支持的“外部经济”政策理论认为，政府应当对那些能够产生巨大外部经济的产业给予适当的保护和促进，使之能够在外部经济的作用下迅速形成国际竞争能力并带动相关产业的发展。由于那些能够产生巨大外部经济的产业主要是人们通常所说的“战略性产业”（如高科技产业），促进这些产业发展的贸易政策也是发挥着战略性变量的作用，故本书将这种贸易政策也归入战略性贸易政策理论的范畴。由于实行这种贸易政策的产业对象和约束条件比在“利润转移”理论那里宽泛一些，本书又将其称为“广义战略性贸易政策理论”。

外部经济有两个来源，一个是技术外部经济，即厂商通过同一产业或相关产业中其他厂商的技术外溢和从干中学获得技术和知识，从而带来生产率提高和成本下降。厂商获得这种技术外部经济的途径主要有直接的技术信息传播、技术工人的流动、模仿和“反向设计”；另一个是收益外部经济，即厂商从同一产业或相关产业厂商的聚集中获得的市场规模效应，包括从这些产业的集中和扩展中便捷、廉价、可靠地获得原材料、中间产品、技术工人和专门化的服务，从而获得生产率的提高和成本降低。一般来说，狭义的外部经济仅指技术外部经济，广义的外部经济则既包括技术外部经济，又包括收益外部经济，新国际贸易理论的重要贡献之一是将广义的外部经济引入国际贸易的分析中。

（二）外部经济论理论

外部经济理论以外部规模经济为基础，该论点认为某些产业或厂商能够产生巨大的外部经济，促进相关产业的发展和出口扩张，但由于这些外部经济不能完全被该厂商占有，因此，这些产业或厂商就不能发展到社会最优状态。如果政府能够对他们提供适当的支持和保护，就能促进其发展，提高其国际竞争优势，获得长远的战略利益。外部经济可分为技术性外部经济和货币性外部经济。技术性外部经济是厂商的技术外溢（Spillover）和从干中学（Learning-by-doing）获得技术和知识，从而带来生产率提高和成本下降。货币性外部经济是指厂商从同一产业或相关产业厂商的聚集中获得的市场规模效应，包括从这些产业的集中和扩展中便捷、廉价、可靠地获得原材料、中间品、技术工人和专门化的服务，从而获得生产率提高和成本降低。

由马歇尔（A·Marshal）的外部经济概念发展而来的是以外部规模经济为基础的外部经济理论，或者称之为广义战略性贸易政策理论。某些产业（例如知识技术密集的高新技术产业）或企业能产生积极的外部经济效应，促进相关产业的发展和出口的扩张，但由于知识和技术的外溢性，这些外部经济不能完全被企业所占有，企业可能不愿意投入资金用于研究和开发，这些产业也就不能发展到社会最优状态。如果政府能对这些产业或企业给予适当的保护和扶持，则能促进这些产业和相关产业的发展，提高其国际竞争能力，获得长远的战略利益。在这里，产业政策与贸易干预的要旨就在于从国家的整体利益出发，保护和促进这类行业的发展。外部经济理论强调外部经济在国际专业化分工中的重要性。

技术外溢是外部性的一种表现形式，是市场失灵（市场经济没有达到经济效率的状况）的一种情形。"技术外溢"理论认为，一国在普遍存在市场失灵的情况下，各类企业特别是高技术企业不能获得外溢到其他企业的知识所带来的收益，产生技术外溢。这时国家给予这些企业补贴就可以有效激励企业的技术创新，从而使它拥有更强的国际竞争力。这种技术外溢对国家来说，意义更大，因为技术外溢可以通过产业的关联效应把技术进步扩散到国民经济的各个层面，从而提高整个国家的经济实力。可见，国家给予那些外溢效应强的产业及企业补贴，既能激励企业技术创新从而提高其国际市场竞争实力，又能提高整个国家的综合竞争力。这就为国家扶植这类产业作为战略产业提供了充分的依据。

Krugman（1987）① 认为，外部经济来源于厂商对其研究与开发成果的不完全占有，所以外部经济最有可能出现在研究与开发占厂商成本相当大比重的产业。Krugman 认为，在过去几十年中，美国在世界经济中地位的最重要的变化是贸易重要性的稳步上升，尤其是在处理市场控制能力、超额回报率以及创新和技术变革等问题时，我们都不能不慎重地考虑贸易政策。Krugman 尤其强调的是，必须关注贸易特征的变化。在导致国际分工的各种力量中，技术显得越来越重要。在许多产业中，竞争优势好像既不是由一个国家潜在的贸易特征决定的，也不是由大规模生产的静态优势所决定的，而是由企业研发活动所产生的知识和经验所决定的。技术革新可能对其他产业部门产生外溢效应，因此它在国际贸易中的重要作用需要予以重新估价。国际贸易可以被看作是一个生产过程，在此过程中，一国相对便宜的商品被转化为较昂贵的商品。因此，对外贸易与其他经济活动一样，完全可以由分散化的市场机制去最有效地完成。人们对市场效率的信念部分地反映了国际经济的现实状况，然而极端的自由贸易观点同样是有缺陷的。对于贸易政策基础的重新思考，提出了两种认为积极的贸易政策可以比自由贸易更能使一国受益的方法，其一是通过政府政策使国家获得较大份额的"租"；其二是通过这些政策使得国家获得更多的外部正效应。在经济学中，"租"是指"某种要素所得到的高于

① Krugman P. eds. Strategic Trade Policy and the New International Economics, Cambridge, MA: MIT Press.

该要素用于其他用途所获得的收益”。它可以是某个产业所获得的高于其他部门相同熟练程度的工人所能获得的工资。如果在某些部门中有重要的“租”存在，则贸易政策可以通过让该国在产生“租”的产业部门获得更大份额来增加国民收入。主要的贸易部门就是那些“租”不会轻易因竞争而消失的部门。比如说如果存在大规模生产的优势、比较陡峭的学习曲线，即使该产业中现有企业能获得高额利润，支付高工资，或二者兼而有之，新进入的企业也难保证有利可图。新的贸易分析还认为，一国各产业之间为争夺有限的资本、劳动等资源而竞争，同时也与外国企业争夺市场，这意味着对国内某一部门的扶持或保护，将以牺牲其他部门的利益为代价。同时新的观点提出了战略性部门存在的可能性。这是由于当今规模经济、经验优势以及创新在解释贸易模式中的作用日益重要，租越来越不可能因为竞争而消失。亦即在有些产业，资本或劳动有时会获得比在其他产业部门高得多的收益。Krugman 特别提到确认战略部门的标准之一是，看这一部门是否有大量的租存在，即该部门的资本或劳动的回报率是否特别高。

Xinshen Diao，Terry Roe 和 Erinc Yeldan（1999）① 构建了一个由 R&D 导致的内生增长的一般均衡模型，（它的先行模型是 Romer1990 年建立的）。该模型详细说明并校准了来自日本的数据，获得了过渡状态以及稳定状态的均衡，研究了贸易促进和 R&D 促进政策对长期经济增长和社会福利的影响。作者发现，尽管贸易自由化在短期促进了福利，但是就长期而言会导致增长率下降并使社会福利损失。模型的研究结果表明当战略贸易政策对国内 R&D 活动资源再分配的作用很小时，对跨国界技术知识外溢却有着重要作用，反过来，这种重要作用进一步刺激了经济增长。

三、目标产业选择

Spencer（1986）② 指出战略性贸易政策扶持的产业应具有以下特点：一是产业或潜在产业所获得的收益必须超过补贴支出；二是必须是面临外国厂商激烈竞争或潜在竞争的产业，对本国产业的补贴要能迫使外国竞争对手削减计划生产能力和产出；三是与出口相关的国内产业应比外国竞争产业更集中或同样集中；四是国内的扶持政策不会引起要素价格上升过高；五是本国产业相对于外国竞争者有较大的成本优势，增加生产会带来较大的规模经济或学习经济；六是具有 RD 补贴和扶持效果的产业，即该产业国内新技术向外国竞争厂商的外溢很少，而政府干预政策有利于将外国技术转移给本国厂商；七是 RD 投入和资本投入比重高的产业（实际上就是技术和资本密集型产业），政府的补贴和扶持政策能够有效增强本国厂商的国际竞争力或提高外国厂商进入该产业的壁垒。

Krugman 认为（1986）③，贸易政策扶持的战略性产业必须具有两方面要求：一方

---

① Geoffrey Carliner，(1986)，“Industrial Policy for Emerging Industries”, in Krugman eds. Strategic Trade Policy and the New International Economics, MIT Press 147 - 168.

② George C. Lodge，(1990)，Perestroika for America: Restructuring Business-Government Relations for World Competitiveness, Harvard Business School Press.

③ Lester Thurow，(1992)，Head to Head: the Coming Economic Battle among Japan, Europe and America, New York, Morrow Books.

面，要有大量的“租”存在，即这一产业的资本或劳动的回报率很高；另一方面，有较强的外部经济效应，从而一旦这个产业获得国际竞争优势，就能有自我加强趋势。

Carline（1986）的文章①涉及了有关新兴产业的产业政策争论，关于产业政策的争论可以归结为两个基本的问题：一是在发展高技术产业方面，什么样的政府政策是最有效的？二是对这些产业的支持，是提高了经济绩效，或是只不过在各产业之间进行再分配而已？该文通过对美国、日本和法国产业政策的分析和比较，认为政府的产业政策确实能够促进高技术产业的发展。主要因素是掌握必要技术的工人、愿意向风险行业投资的私人企业以及生产者之间的激烈竞争等。此外，政府对基础研究及应用研究开发的补贴也起一定的作用。无论是通过政府采购，还是通过正式或非正式的进口壁垒，保证国内企业可以获得一定的市场，可能对推动国内新兴产业的成长也是必要的举措，至少对于技术追随型的国家来说尤其是这样。但是实行产业政策中也存在着某些隐患，比如说政府官员趋向于选择那些政治上有利，看起来可以增强国家声誉却缺少潜在顾客，或对不发达的国内产业来说过于先进的产业或项目。保护新兴产业可能伤害购买其产品的下游产业，如果下游产业的产品大量出口或者与进口品竞争，从长期角度看，强制它们为投入品支付更高的价格一定会伤害它们。此外在经济中其他产业没有能力支持时就发展新兴产业也会带来很多问题。一般而论，成功的计算机产业需要有先进的半导体产业支持，成功的飞机制造业需要有能够生产技术复杂的金属产业的支持等等。

Lodge（1990）②认为，到2000年以后，政府产业重点应是那些高附加值、高利润、高收入的产业，如电子、电信、生物工程、先进仪器设备等，它们是国际经济实力的源泉。

Lester Thurow（1992）③ 认为，政府在推行国家战略时，应将目标集中在那些需求弹性大、劳动生产增长速度高、每个雇员增值大的产业。在20世纪90年代，有多种产业达到这些标准，它们是微电子、计算机、新材料、生物技术、电讯、民用飞机制造、机器人和机床、计算机和软件。

Krugman（1993）④ 认为，如果某个产业的成功具有很大的社会意义，并且仅靠单个厂商的努力不能维持或取胜，但它又依赖于各个厂商获得成功的互相强化效应，那么这一产业就可能是需要引起政府特别重视的战略性产业。半导体、软件、微型计算机、科学仪器等产业都符合战略产业的定义。

Kotler 等（1997）⑤ 的产业吸引力因素理论对于选择贸易政策扶持的战略性产业也有参考作用。他们认为，一个国家现在或未来的产业吸引力反映在下面几个因素上：一

---

① Krugman, P. , (1993), “The Current Case for Industrial Policy”, in D. Salvatore, ed. , Protection and World Welfare, Cambridge University, 161 – 179.

② Kotler P, Jatusripitak S, Maesincee S. , (1997), The Marketing of Nations: A Strategic Approach to Building National Wealth, New York: The Free Press.

③ Paul Krugman, Alasdair Smith eds. , (1994), Empirical Studies of Strategic Trade Policy, University Of Chicago Press.

④ Dixit, A. K. , (1988), “Optimal Trade and Industrial Policy for the U. S. Automobile Industry”, in Feenstra ed. , Empirical Method for Indsutrial Trade, Cambridge MA, MIT Press.

⑤ Laussel, D. , C. Montet and A. Peguin-Feissolle, (1988), “Optimal trade policy under oligopoly: A calibrated model of the Europe-Japan rivalry in the EEC car market”, European Economic Review, Vol. 31: 1574 – 1565.

是高附加值；二是产业关联度高；三是具有未来竞争力；四是产业专门化强；五是出口潜力大；六是本国需求前景良好。

综上所述，战略性贸易政策的目标产业应具备以下特征：搞生产率、高附加值、R&D 成本占总成本比重大；产品需求的收入弹性大；与其他产业的关联性强；会产生明显的外溢效应；容易形成自然垄断等。在技术、知识密集程度最高、与国家利益和声望关系最大的高新技术产业中，战略性贸易政策最有用武之地，而这与高技术产业特有的积极的外部经济效应密不可分。所谓外部经济效应（Externalities），是指一个经济单位的经济活动对其他经济单位产生的有利影响，即该项经济活动产生的收益不仅限于自身，还惠及其他经济单位的经济活动，从而产生额外的收益，而该单位并未根据这种影响从其他单位获得相应的报酬。新兴的高技术产业就往往具有这种积极的外部经济效果，它们一旦成长为战略性支柱工业，其创造的知识、技术和创新产品将对全社会的科技进步与经济增长起到不可估量的推动作用。然而，这些高技术先行企业在创建新兴产业的过程中，通常要花费研究开发的巨额支出，承担投资失败的巨大风险，而它们的一部分知识贡献及其产生的利润却无偿地外溢到别的厂商，也就是说，这些企业的私人成本与社会成本、私人效益与社会效益相偏离，这意味着价格机制受到严重扭曲，甚至造成市场失灵。如果这些企业得不到政府某种形式的补偿或扶持，它们就会丧失投资于高技术产业的原动力和积极性，而这将有损于整个国家的长期发展前景和未来战略地位。在高技术产业（如计算机、电子和航空工业）中，许多公司的中心职能便是以多种方式生产知识，它们将大量资源用于提高技术水平，或直接地在研究开发活动上支出，或愿意承担开发新产品、新工艺最初的损失以获得经验。尽管别的产业也有诸如此类的活动，但高技术部门在知识方面的投资是其经营活动中压倒一切的核心部分。高技术部门一方面能够从知识投资中获得部分利益（否则它们不会投资），但另一方面又无力捕获全部利益，一部分利益将通过摹仿、盗用创新者的知识、技术而落入其他厂商之手。由于专利法对创新者提供的保护十分微弱，所以，自由放任环境中的高技术企业对创新缺乏应有的冲动和力度。针对上述情况，产业政策和贸易干预的要旨就在于将那些颇具潜在竞争优势且有深远外部影响的高技术产业列为目标产业，进行适当的扶持和保护，以便从国家战略利益出发，在宏观范围内追寻和谋求可观的外部经济利益。

第三节 战略性贸易政策研究的最新进展

战略性贸易政策理论的基本内涵提出以后引起了许多学者的兴趣，学者们从不同的角度，或者放宽了原基本理论的假设条件来验证基本结论仍然成立，或者考虑了更多情况，将战略性贸易政策引申到基本理论没有涉及的领域，如考察差异产品的情况、在战略出口政策的第三国市场模型中加入本国的消费效应、把出口补贴和进口关税的政策效果结合起来考虑，加入不完全竞争的劳动力市场，假定企业并非以利润最大化为目标以及考察贸易政策对产品质量的影响等，从而充实了战略性贸易政策理论的基本内涵，也促进了这一理论的发展。战略性贸易政策理论的发展和扩展，丰富了这一理论，并使这一理论更接近现实世界，也使这一理论的应用更加的广阔。同时这些扩展和发展研究也给战略性贸易政策提出了挑战，战略性贸易政策理论对于特定假设条件的约束十分严格，如果这些条件发生变化，那么就会引起政策实施的效果发生很大偏差，这也引发了战略性贸易政策的批评和对其实用性的争论。

一、战略性贸易政策在具体产业中的实证研究

对战略性贸易政策的实证研究，20 世纪 80 年代主要集中在汽车、半导体及飞机制造领域。20 世纪 90 年代以来其他行业也受到了关注，有关的研究成果集中体现在《战略性贸易政策的实证研究》一书中（Krugman 和 Smith，1994①）。该书收入了一系列论文，其中比较共同的结论为：一些国际性公司的行为确实带有战略性，至少涉及国际贸易时，其行为受到市场结构的影响；一般来说，单方面的关税或补贴确实使本国受益，但幅度有限；战略性贸易政策的有效程度与各自模型的特殊限制条件相关，一旦改变其假定条件，其有效性便大打折扣，甚至结论完全相反。

Dixit（1988）② 采用校准（Calibration）模型对战略性贸易政策进行实证分析，考察了在仅实施关税措施以及同时对进口实施关税和对本国生产实施补贴两种情况下的战略进口政策在美国汽车行业实施的效果。Dixit 的基本模型是美国和日本汽车双向倾销模型，对 1979 年、1980 年和 1983 年的美国市场进行了刻度校正，他将美国的实际贸易政策与最优政策相比较，使用的两种政策工具是从量税和从量生产补贴（或税收）。Dixit 假定美国有 n 个厂商生产同质汽车产品，日本有 n^* 个厂商生产同质汽车产品，但美国生产的企业和日本生产的汽车异质，日本汽车是美国汽车的不完全替代品。Dixit 考虑了三种政策运用情况，即只使用从量关税、只使用从量生产补贴（或税收）以及从量关税与从量生产补贴同时使用。Dixit 发现，无论有无生产补贴的情况下，对进口的日本汽车施加比实际更高的关税都有利于改善美国的福利。另外，Dixit 在不考虑劳动组的基础上分析了扭曲税制的影响，认为税制存在扭曲对一个产业的最优政策具有很大的影响。Dixit 同时指出，因为有关数据的任何偏差都会影响极为重要的行为参数，所以行为参数的校准刻度要谨慎对待。

Laussel，Montet 和 Peguin-Feissolle（1988）③ 以类似的方法和模型考察了欧洲对日本进口汽车的最佳政策。他们选择了荷兰、英国、法国三个对日本进口限制程度不同的国家进行政策分析，得出的结论与 Dixit（1988）基本一致：欧洲应实行的最佳关税要高于日本进口汽车实际实行的关税，这一关税可以使福利提高，尽管提高的幅度并不大。他们还在 Dixit（1988）模型的基础上进行了两方面的扩展，一是分析了配额和自愿出口限制的效果，说明了配额与关税相比的低效率；二是考察了欧洲与日本同时采取政策干预的情况，验证了两个政府同时采取非合作行动会使双方的福利降低。

① Baldwin，R. E. and P. R. Krugman，(1988a)，"Industrial Policy and International Competition in Wide-Bodied Jet Aircraft"，in R. E. Baldwin ed.，Trade Policy and Empirical Analysis，University of Chicago Press，45 - 71.

② Baldwin，R. E. and P. R. Krugman，(1988b)，"Market Access and International Competition：A Simulation Study of 16K Random Access Memories"，in Feenstra ed. Empirical Methords for Internatinal Trade，Cambridge：MIT Press.

③ Venables，Anthony J.，(1985)，"Trade and trade policy with imperfect competition：The case of identical products and free entry"，Journal of International Economics，19 (1 - 2)，1 - 19.

Baldwin 和 Krugman（1988a）① 根据波音 767 和空客 A300 竞争的实际条件进行了模拟分析，并研究了 A300 进入的政策效果及对美国、欧洲和世界其他国家福利的影响。在中远程宽体喷气式飞机市场上，欧洲四国通过补贴支持空客 A300，A300 是空客进入世界市场的第一种飞机，其在市场上的地位是不明确的。一方面空客在整体机运输市场上是一个新进入者，要面临已有企业的竞争；另一方面，在某个分市场上空客 A300 具有垄断地位，波音 767 在六年之后才进入该分市场。Baldwin 和 Krugman 首先分析了补贴使本国市场成为垄断生产者和市场已有生产企业同时并存的双头垄断市场结构，在这种情况下，他们以一个量化模型考虑出了空客 A300 与波音 767 之间的竞争并得出结论，空客每年由欧洲政府提供约 15 亿美元（按 1974 年价格计算）的暗补，而这些补贴带来的投资收益率要低于波音的投资收益率，但仍然使空客得以生存和发展，并占有了相当的市场份额。

Baldwin 和 Krugman（1988b）② 采用校正模型对日本 16K 动态随机存储器（RAM）以进口保护促进出口的战略性贸易措施进行了实证分析，认为如果日本政府不对国内市场进行保护，在美国企业的强大竞争下将没有日本企业的成功存在。他们采用了校准模型，针对自由贸易和贸易战这两种贸易政策对生产、贸易流向和福利的影响进行了分析。他们发现，日本对半导体芯片的保护尽管扩大了其市场份额，但日本国内使用芯片的产业由于支付较高价格而受到损失。所以，从整体上看，日本经济的净福利并未得到改善。他们对战略性贸易政策分析结果为：虽然能通过转移垄断租金提高一国的福利水平，但其幅度并不太大。但他们的研究没有考虑动态随机存储器行业对其他行业巨大的外部经济效应，对福利的分析只限于静态。

Smith 和 Venables 对战略贸易政策进行了一系列实证研究。Venables（1985）③ 针对同质产品和厂商的自由进入，对不完全竞争条件下的贸易与贸易政策进行了研究；Venables（1987）④ 针对张伯伦—李嘉图模型（Chamberlinian-Ricardian Model）中差异化产品的贸易与贸易政策进行了分析；Smith 和 Venables（1988）⑤ 通过对某些产业模拟，分析了欧共体市场内部的竞争情况；Gasiorek，Smith 和 Venables（1989）⑥ 对关税、补贴和贸易报复进行了深入分析；Venables（1990）⑦ 分析了寡占市场条件下的经济一

① Venables, Anthony J, (1987), "Trade and Trade Policy with Differentiated Products: A Chamberlinian-Ricardian Model," Economic Journal, Royal Economic Society, vol. 97 (387), pages 700 - 717.

② Smith, Alasdair & Venables, Anthony J., (1988), "Completing the internal market in the European Community: Some industry simulations", European Economic Review, 32 (7), 1501 - 1525.

③ Gasiorek, Michael & Smith, Alasdair & Venables, Anthony J., (1989), "Tariffs, subsidies and retaliation", European Economic Review, 33 (2 - 3), 480 - 489.

④ Venables, Anthony J., (1990), "The economic integration of oligopolistic markets", European Economic Review, 34 (4), 753 - 769.

⑤ Venables, Anthony J, (1994a), "Tariffs and Subsidies with Price Competition and Integrated Markets: The Mixed Strategy Equilibria", Oxford Economic Papers, 46 (1), 30 - 44.

⑥ Anthony J Venables, (1994b), "Trade Policy under Imperfect Competition: A Numerical Assessment", in Paul Krugman, Alasdair Smith eds., Empirical Studies of Strategic Trade Policy, University of Chicago Press.

⑦ Alasdair Smith, (1994), "Strategic Trade Policy in the European Car Market", in Paul Krugman, Alasdair Smith eds., Empirical Studies of Strategic Trade Policy, University of Chicago Press.

体化；Venables（1994a）① 分析了价格竞争中的关税与补贴的混合战略均衡；Venables（1994b）② 分析了不完全竞争条件下的贸易政策，Venables（1994b）考察的九个行业中，只有一个行业最优关税超过了基期消费值，出口补贴对其福利影响更小得多。因此Venables认为，最优战略贸易政策不如我们从文献预期的那样对模型的特性有很强的敏感度。Smith（1994）③ 分析了欧洲小汽车市场的战略贸易政策。这些研究既有对同质产品等分析，也有对异质产品的分析，考虑的市场需求结构也更为复杂。在Smith和Venables的分析中，很多市场都隐含有不可以直接度量的贸易壁垒，因此他们设定了特殊的竞争形式，并利用这种竞争形势帮助解决贸易壁垒和关税的等值性以及产品差异度问题。他们重复利用厂商竞争假设，因此能够区分具有敏感性的结果和稳健的结果。Smith和Venables的研究结论是，使用战略性贸易政策的福利改善是非常小的，相对于自由贸易，战略性贸易政策造成了福利恶化，但是战略性贸易政策的实施对一国的专业化格局和分工格局有较强烈的影响；行业的集中度越高，政府干预的收获就越大，这表明战略性贸易政策不宜扩大范围推进，最好只是针对个别厂商进行短期行为；尽管战略性贸易政策的福利收益很小，但是其收入再分配效应却非常大，因此一国要成功实施战略性贸易政策，该国政府的效率应该相当高，相关法律法规比较健全，特别是用于弥补收入再分配负面效应的转移支付体系比较完善；而在寡头垄断市场结构下，实施战略性贸易政策的可能性总是存在的。

Carbaugh（1993）④ 引入日本作为第三国市场，模拟了空客由于接受补贴而掠夺了原本属于波音的日本市场份额。Carbaugh（1993）详细地分了美国和欧洲的飞机市场结构，指出美国和欧洲以两种不同方式来获得某一产业的市场地位。一种方式，它可以鼓励某一特定产业中厂商间的竞争，如波音公司和麦道公司的竞争；另一种方式，促进多个国家和公司联合和组建合资企业，如空中客车公司，并以各种形式对厂商实行补贴以使其能够获得市场成功。补贴一直是欧洲国家产业政策中的一个重要部分，常被用来对R&D、夕阳产业、新兴产业、地区发展和出口促进等目标的支持。Carbaugh（1993）指出，欧洲的产业补贴典型地高于日本或美国的产业补贴，通常采取补贴和直接税见面的形式。空客公司的政策受到各成员国的影响，依赖于这些成员国政府对它的补贴。根据美国商务部的估计，到1991年底，欧洲政府对空客的补贴额超过135亿美元，这些补贴包括开办援助和证券投资、非特定计划的营业贷款、R&D融资、生产补贴等。空客的成功主要得益于大量的政府补贴。

---

① Carbaugh, Robert J., (1993), "Strategic Trade Policy and Commercial Jet Aircarft", The International Trade Journal, 8 (4).

② Krishna, K., Hogan, K., and Swagel, P., (1994), "The nonoptimality of optimal trade policies", in Krugman, Paul and Alasdair Smith eds., Empirical studies of strategic trade policy, Chicago: The University of Chicago Press, 11 – 40.

③ Gernot Klepper, (1994), "Industrial Policy in the Transport Aircraft Industry", in Krugman, Paul and Alasdair Smith eds., Empirical studies of strategic trade policy, Chicago: The University of Chicago Press.

④ Richard G. Harris, (1994), "Trade and Industrial Policy for a 'Declining?' Industry: The Case of the U.S. Steel Industry", in Krugman, Paul and Alasdair Smith eds., Empirical studies of strategic trade policy, Chicago: The University of Chicago Press.

Krishna，Hogan 和 Swagel（1994）① 在 Dixit（1988）模型的基础上进行了拓展，简称 KHS 模型。KHS 模型采用了与 Dixit 模型截然不同的假设，即允许日本厂商生产的产品存在差异，美国厂商生产大产品存在差异，他们估计了 1979－1985 年间的美国汽车市场，并得出与 Dixit 截然不同的结论，美国产业行为比 Bertrand 竞争更加激烈，同时也比古诺竞争激烈得多。对于同质产品的美国产业，Bertrand 行为意味着边际成本定价。因此，任何超过边际成本的价格都表示厂商行为不如 Bertrand 竞争激烈。然而对于异质产品的美国产业来说，Bertrand 竞争意味着价格超过边际成本，竞争比 Bertrand 更积累。另外，KHS 模型的结论是美国的最优政策是对进口产品实行补贴而不是征税，因为在不完全竞争条件下，价格下降使消费者剩余增加，相对于补贴成本来说，这种增加的收益较大，所以进口补贴成为最优政策。KHS 模型是否经得起实证检验尚不可知。

Klepper（1994）② 考虑了补贴是否为欧洲国家带来利益。由于美国是净出口国，它必然受到因空客公司进入导致的竞争损失。美国因为销售量减少而损失租金，欧洲国家将获得由于扩展市场而获得的消费者剩余的利益和从波音公司掠夺的垄断租金。而整个世界从空客的进入中得益还是受损取决于由于降价而增加的销售中获得的消费者剩余和空客相对于波音低效率损失的相对大小。Klepper（1994）假设客机产业是古诺双寡头产业，考察了空客在补贴支持下进入客机市场的整体效果，认为较大的效率损失可能是因为包含了范围经济（Economies of scope）。Klepper 的实证结果与其他学者相类似，与波音垄断市场的情况相比，空客的进入使世界整体福利下降，欧洲的补贴并没有使欧洲本身获利，世界其他地区的消费者是唯一的受益者，同时报复的可能性减少了一国政府通过补贴支持本国企业进入的意图。

Harris（1994）③ 从动态的角度分析了在一个面临国际竞争的转型产业中贸易政策的作用。在美国钢铁制造业，大规模的生产者正在被低成本的小厂商所取代，与此同时，进口的增长也给国内生产者造成很大压力。Harris（1994）的研究表明，美国对钢铁业的保护在静态模型中与在动态模型中是截然不同的，但是他仍验证了战略性贸易政策作用，在钢铁业不完全竞争的市场结构下，一定程度的进口限制有可能提高福利。而且保护所带来的福利效果较大。

Winters（1994）④ 提出进口监管也可以作为战略性贸易政策的一种形式。对外国进口商进行监管，而实际上并不对进口采取任何限制，在完全竞争下这没有任何作用，但是在不完全竞争条件下却又可能使进口量减少。Winters 的研究证实了企业与政策制定者之间战略互动行为的存在。

---

① L. Alan Winters，(1994)，“Import Surveillance as a Strategic Trade Policy”，in Krugman，Paul and Alasdair Smith eds.，Empirical studies of strategic trade policy，Chicago：The University of Chicago Press.

② David Ulphand and L. Alan Winters，(1994)，“Strategic Manpower Policy and International Trade”，in Krugman，Paul and Alasdair Smith eds.，Empirical studies of strategic trade policy，Chicago：The university of Chicago Press.

③ Kar-yiu Wong，(1991)，incentive compatible immiserizing export subsidies，mimeo，University of Washington.

④ S. Lael Brainard and David Martimort，(1992)，strategic trade policy with incompletely informed plocymaker，NBER working paper No. 4069.

Ulph 和 Winters（1994）① 对战略人才政策的效果进行了评估，在他们的模型中，各国试图通过人才政策和产业政策从国际市场上获得更大份额的租金。他们的研究说明，人才政策是很有效的，人才在国际间的流动是一个非常重要的问题，各国在制定支持高技术部门发展的贸易政策和产业政策时应该把人才问题考虑进去。

从 1980 年代至今，还有诸多的国际经济学家对战略性贸易政策的理论和实践进行了各方面的研究和拓展。但是，战略性贸易政策的研究较多集中于针对发达国家的产业，对在发展中国家实施战略性贸易政策的相关研究较少，Krugman 曾指出，贸易理论的新发展并非只与发达国家有关，在某些情形下发展中国家也存在应用战略性贸易政策的条件。

二、不完全信息与战略性贸易政策

不完全信息和信息不对称的引入是战略性贸易政策研究的一个重要扩展方向，战略性贸易政策的实施需要政府掌握有关行业成本、需求和企业行为等方面的大量信息，而实际上政府对这些情况可能比企业了解得更少，因此，在战略性贸易政策模型中研究信息不完全和信息不对称的问题显得尤为重要。

Wong（1991）② 指出，企业为了获得更多的出口补贴，总是试图使政府相信它具有一个比实际成本更低的成本。当然，政府对于企业的这种动机也会有预期，在制定政策时会将其考虑在内。Qiu（1994）对这种情况做了考察。他假定本国企业可以分为高成本与低成本两类，本国企业知道自己属于哪类，但本国政府和外国企业并不知道，而外国企业的成本是共知的。

Brainard 和 Martimort（1992）③ 分析了一个与此类似的模型，但他们假定外国企业对本国企业的成本很了解，只有本国政府对本国企业的成本一无所知。不同的假定导致了不同的模型结果，在 Brainard 和 Martimort（1992）中，由于外国企业清楚地掌握本国企业的成本状况，所以补贴向外国企业揭示本国企业成本状况的作用就不存在，因而在非完全信息下，政府使用补贴的动机就会减弱，而且最佳补贴的数值相对于完全信息下的情况也要更低一些；而在 Qiu（1994）④ 中，如果本国企业认为向外国企业显示自己的真实成本是有利可图的，补贴就可以为本国企业的这种动机提供一种可信的实行方式。

Collie 和 Hviid（1993）⑤ 考虑了外国企业不知道本国企业成本，而本国企业和本国

① Larry, Qiu, (1994), "optimal strategic trade policy under asymmetric information", Journal of international Economics, 36: 333 - 354.

② Collie, D. R., Hviid, M., (1993), "Export subsidies as signals of competitiveness", Scandinavian Journal of Economics, 95: 327 - 339.

③ Bagwell, K., Staiger, R. W., (1992), The sensitivity of strategic and corrective R&D policy in battles for monopoly, International Economic Review, (33): 795 - 816.

④ Bagwell, K., Staiger, R. W., (1994), The sensitivity of strategic and corrective R&D policy in oligopolistic industries, Journal of International Economics, (36): 133 - 150.

⑤ Maggi, G., (1996), Stategic trade policies with endogenous mode of competition, American Economic Review, (86): 237 - 258.

政府都知道的情况，他们发现本国很乐于对出口施加补贴，因为出口补贴可以向外国企业表明本国企业是一个低成本企业，从而起到抑制外国企业竞争，向本国企业转移利润的作用。

Bagwell 和 Staiger（1992①，1994②）指出 Spencer 和 Brander（1983）的一个疏漏，即没有考虑到研究开发和技术创新活动自身所具有的不确定性。研发活动有可能没有达到降低生产成本的目的并给企业带来了额外费用，也就是研发活动的风险效应超过了成本效应，反而降低了企业的竞争力。此时本国企业的研究开发和技术创新对外国竞争企业具有正外部性。因此，Bagwell 和 Staiger 认为，政府的最优 R&D 政策与企业的垄断竞争行为无关，它取决于研究开发活动两种效应的平衡。如果成本效应压倒了风险效应，此时 R&D 投资具有负外部性，政府应进行 R&D 补贴并对由此可能导致的过度投资征税进行矫正。反之，如果风险效应超过成本效应，此时 R&D 投资具有正外部性，政府应征收投资税，征税弱化了企业的 R&D 投资倾向，政府随后应实施矫正性补贴激励其恢复到社会最优水平。如果市场的规模经济效应足够大，应只采用 R&D 补贴支持本国企业成为垄断者（无论哪种效应占上风）。只有在本国有多家企业参与市场竞争时，才考虑征收投资税矫正过度投资。

Maggi（1996）③引入了产业组织理论的研究成果并做了适度的修正：产业组织理论认为，数量竞争实质是企业先对生产规模进行承诺，从而决定其成本函数和进行价格竞争的条件。预先设定的生产规模对企业的限制是刚性的，即超出生产能力后企业将面临无限高的追加生产成本（Kreps 和 Scheinkman，1983④）。Maggi 则采取了一种更为灵活的方法，把生产规模作为不完全承诺的手段进行建模。企业预先投资 C_0 的沉淀成本建设生产规模 K。在生产规模 K 的范围以内，企业的生产成本为一个不变值 C。如果企业扩大生产超出预设的生产能力将发生追加成本 θ，此时企业的生产成本为 $C+\theta$。*Maggi* 通过分析发现，存在一种简单有效的政策独立于垄断竞争行为。换言之，政府在不了解企业采用数量竞争还是价格竞争的情况下，只需对企业的产能投资进行补贴即可达到增进本国福利的结果。

Miyagiwa 和 Ohno（1997）⑤从两个方向对 Bagwell 和 Staiger 的结论进行了扩展研究。Bagwell 和 Staiger 假定企业在博弈的第一阶段（T_0 期）只对研发费用进行承诺。Miyagiwa 和 Ohno 在此基础上进一步考虑了 T_0 期实际发生研发费用的情况。此外 Bagwell-Staiger 模型一个隐含的假定就是创新者可以拥有新技术的排他性权利。

---

① Kreps, D. M., Scheinkman, J. A., (1983), Quantity recommitment and Bertrand competition yield Cournot outcomes, Bell Journal of Economics, (14): 326 - 337.

② Miyagiwa, K., Ohno, Y., (1997), Strategic R&D policy and appropriability, Journal of International Economics, (42): 125 - 148.

③ David Collie, Morten Hviid., (1999), "Tariffs as Signals of Uncompetitiveness", Review of International Economics, 7 (4), 571 - 579.

④ Kolev, D. R., Prusa, T. J., (1999), "Tariff policy for a monopolist under incomplete information", Journal of International Economics, 49, 51 - 76.

⑤ Xenia Matschke, (2003), "Tariff and quota equivalence in the presence of asymmetric information", Journal of International Economics, 61, 209 - 223.

Miyagiwa 和 Ohno 认为这在现实生活中显然是不存在的。实际经济运行系统中，专利保护从来就不是完美和永久的。因此 Miyagiwa 和 Ohno 考察了专利保护水平与政府最优 R&D 政策的联系，并得出结论：在两个极端水平，也就是专利保护水平很高和很低时，政府的最优政策都是征收 R&D 税。当专利保护水平很高时，如果企业在与国外对手的创新竞赛中失败，将意味着丧失优先使用新技术的机会，并由此导致巨大损失。因此，企业必然存在过度投资的倾向，必须用税收加以抑制，使其恢复到社会最优水平。当专利保护水平很低时，本国企业可以在不承担 R&D 投资费用的情况下享有新技术的使用权。此时投资税对企业投资激励的弱化显然有利于本国福利的增进。只有专利保护水平处于中间值时，政府的最优政策才对 R&D 进行补贴。可以看出，Bagwell 和 Staiger、Miyagiwa 和 Ohno 的结论从本质上看，与 Maggi 是殊途同归的：政府的最优战略性贸易政策独立于企业的垄断竞争行为。

Collie 和 Haviid（1999）① 分析了在贸易竞争双方信息不对称情况下，政府使用关税或者出口补贴作为企业成本或者市场规模的信号传递给竞争企业，从而形成在不同贸易格局下的混同均衡（Pooling Equilibrium）、分离均衡（Separated Equilibrium）和准分离均衡（Hybrid Equilibrium）。Collie 发现：在以出口补贴为信号的博弈中，信号效应强化了补贴的利润转移效果（在不完全信息条件下出口补贴总量达到完全信息条件下的两倍）；同时，在信号作用下的生产利润优于在无政府干预且成本信息不完全条件下直接竞争的均衡水平。在以关税为信号的博弈中，发出信号的本国政府在分离均衡中通过低关税显示自身企业的低竞争力，诱导国外企业出口更多的产品，改善了本国的福利水平；出口企业通过这个均衡解获得的利润水平也高于无政府介入下的利润所得。

Kolev 和 Prusa（1999②）使用双头垄断分析框架研究了出口企业通过自愿出口限制提供自身低生产效率的信号，以避免出口反倾销约束；Kolev 等认为在完全信息状态下基于成本的出口反倾销手段所具备的有效性，在非对称信息条件下将完全丧失。Matschke（2003）③ 讨论了关税和配额政策在非对称信息状态下对出口战略的影响以及对生产者、消费者和政府收益的改变。

总之，信息不对称下的市场与完全信息市场是截然不同的，大量文献对不完全信息的问题进行了研究，从中我们有可能得到一些共同的结论，那就是信息揭示对于政府制定和执行贸易政策的重要性。

三、决策时序与战略性贸易政策

政府在企业决策之前还是之后采取战略行动，对战略性贸易政策有重要影响。

① Carmichael, C., (1987), "The control of export credit subsidies and its welfare consequences", Journal of International Economics, (23): 1-19.

② Wong, K., (1991), Incentive incompatible, immiserizing export subsidies, University of Washington Discussion Paper No. 9020.

③ Collie, D. R., Hviid, M., (1993), Export subsidies as signals of competitiveness, Scandinavian Journal of Economics, (95): 327-339.

Carnmichael (1987)[①] 假定本国和外国寡头厂商在第三国市场上出售差异产品，企业间进行 Bertrand（价格）竞争，并且在政府决定补贴或税收之前制定价格。结果表明，决策的时序对于政府最终对企业是补贴还是征税以及本国福利均有影响。在给定外国企业价格情况下，只有一个结果能使本国企业利润和国民福利最大化，如果本国企业制定的价格高于该价格，政府就会给企业以补贴，但这补贴并没有多大意义；政府之所以会采取补贴是因为企业预期到政府会这么做，所以把价格确定在最佳水平之上。这样，与政府先于企业行动的情况不同，在 Bertrand 竞争方式下最佳决策有出口税变成了出口补贴。

实际经济运行过程中，政府对生产和市场状况方面信息的掌握总是不如企业。Wong (1991)[②] 指出：如果政府在选择合适的战略性贸易政策时，不了解企业的真实成本，本国福利反而有可能受损。此时企业将有充分的激励谎报其成本以获取国家的补贴，实现利润最大化。因此企业的生产决策将不可避免地被扭曲，国家的福利将低于实行自由贸易时。

Hwang 和 Shulman (1992) 考察了一个两国企业争夺第三国市场的三阶段寡头竞争模型。在第一阶段，两个生产国政府同时决定对本国企业实行出口补贴、进行出口限制或者根本不进行干预；如果政府决定干预，在第二个阶段，政府会确定适当的干预水平；第三阶段再考察两个寡头企业间的竞争。这一模型最主要的结论是当不干预成为第一阶段一个明确的政策选择时，比起不把政府决策分为若干阶段的模型来说，更容易得到政府不干预是最佳选择的结果。

Collie 和 Hviid (1993)[③] 的分析也是基于信号博弈的。他们认为：不完全信息反而提供给了政府扭曲成本信号的机会。政府通过提供给本国企业比完全信息环境下更高的补贴诱致外国竞争对手相信本国企业具有低成本优势。从而外国竞争企业会收缩生产，本国企业于是获得更大的市场份额，利润增加。政府也可以选择不去获取企业成本的信息，此时将实现混同均衡，相对信号博弈而言，本国福利更高。

Qiu (1994)[④] 在充分考虑了政府政策的信号作用后，设计了一个两阶段模型：在第一阶段，政府解决政策选择问题，既可以制定一揽子补贴方案供企业选择，也可以制定一个统一的补贴政策。在第二阶段，外国竞争企业在观察到本国企业的政策选择后在第三国市场上展开竞争。此时政府面临政策困境：一方面，它希望能够甄别企业的类型以制定合适的补贴政策；另一方面，它又希望扭曲企业的成本信号，以达到迷惑国外竞争对手，实现利润转移的目的。通过分析，Qiu 发现：如果企业进行数量竞争，则一揽子方

---

① Qiu, L. D., (1994), Optimal strategic trade policy under asymmetric information, Journal of International Economics, (36): 333 - 354.

② Grossman, G. M., Maggi, G., (1999), Free trade vs. strategic trade: A peek into Pandora′s Box, In: Sato, R., Ramachandran, R. V., Mino, K. (Eds.), Global Competition and Integration, Boston: Kluwer Academic Publishers, 1999: 9 - 32.

③ Maggi, G., (1999), Strategic trade policy under incomplete information, International Economic Review, (40): 571 - 594.

④ Brainard, S. L., Martimort, D., (1996), Strategic trade policy design with asymmetric information and public contracts, Review of Economic Studies, (63): 81 - 105.

案更优，此时达到分离均衡；如果企业进行价格竞争，则统一的补贴政策实现的社会福利更高，此时达到混同均衡。

Grossman 和 Maggi（1999）① 认为由于信息不对称，政府无法甄别出高效率公司，这给了企业操纵政府政策制定的机会。为了获取补贴支持，高效率公司用过度投资的激励来向政府发送信号。当投资成本很高时，过度投资将不会发生。如果投资成本很低，过度投资不会有太大的负面效应。而当投资成本位于中间值时，过度投资将发生，且将导致本国福利受损。Maggi（1999）② 则认为：这种信息不对称将导致贸易政策的扭曲效应更加恶化，两国之间博弈的“囚徒困境”的负面作用被放大。最终双方获取“租”的机会都将完全丧失。

Brainard 和 Martimort（1996③，1997④）将管制经济学与不完全信息进行了结合。他们假定用于出口补贴的公共基金是有使用成本的，并把参与约束概念引入到 BS 模型的框架之中。在不完全信息环境下，存在着两种扭曲效应：战略性贸易政策的扭曲效应和企业利用信息优势寻租的扭曲效应。此时政府政策的制定要考虑对两种效应的平衡，既要利用战略性贸易政策增进本国福利，同时考虑到公共基金的机会成本，也要防止企业利用信息优势寻租。他们的主要结论是：不完全信息弱化了战略性贸易政策的事前承诺效应（Precommitment effect），最优补贴低于完全信息下的情况，对于生产效率较低的企业，甚至应该征收出口税。在两国对等使用战略性贸易政策时，由于企业谎报成本的激励减弱，战略性贸易政策的事前承诺效应重新得到强化。最优补贴水平回升，但相对完全信息下的情况而言仍然较低。可以看出 Brainard-Martimort 模型一个隐含的政策建议就是给予企业充分的剩余控制权，从而可以杜绝企业的寻租行为，确保政策干预的有效性。另一方面，由于存在不完全信息，竞争对手的报复行为反而加强了政策干预的效果（因为弱化了企业的机会主义倾向），也就是说通常认为的“囚徒困境“现象将不会出现。

Furusawa 等人（2003）⑤ 把研究重点放在国内市场和进口政策上。他们假定政府对需求和成本结构只具备有限信息。通过比较关税、产能投资补贴、进口补贴、消费税等多种政策工具，他们发现：即使政府对相关参数一无所知，依然可以简单使用产能投资补贴增进本国福利（从另一角度吻合了 Maggi 的结论）。如果政府了解到本国市场需求函数的形状不是特别凸，则适当的关税将实现福利优化。其他类型政策的制定则需要更

---

① Brainard, S. L., Martimort, D., (1997), Strategic trade policy with incompletely informed policymakers, Journal of International Economics, (42): 33 - 65.

② Furusawa, T., Higashida, K., Ishikawa, J., (2003), What information is needed for welfare-enhancing policies under international oligopoly, Japan and the World Economy, (15): 31 - 46.

③ Cooper, R., Riezman, R., (1989), Uncertainty and the choice of trade policy in oligopolistic industries, Review of Economic Studies, (56): 129 - 140.

④ Arvan, L., (1991), Flexibility versus commitment in strategic trade policy under uncertainty. A model of endogenous policy leadership, Journal of International Economics, (31): 341 - 355.

⑤ Shivakumar, R., (1993), Strategic trade policy. Choosing between export subsidies and export quotas under uncertainty, Journal of International Economics, (35): 169 - 183.

多的信息。

四、需求市场扰动与战略性贸易政策

为了剔除消费者剩余因素，BS 模型假定在一个寡头垄断产业中存在两家不同国家的竞争企业，同时生产一种同质产品并都出口到一个第三国市场。也就是说，对两个国家而言，这种产品都是无国内消费的。两家相互竞争的企业均在第三国市场完成销售和实现利润。这个精巧的假设使得国家福利简单地等同于本国企业除去所享受补贴后的净利润。为简化分析，BS 模型一般假定本国政府了解第三国市场的需求结构。

Cooper 和 Riezman（1989）① 首先把需求市场的不确定性引入到 BS 模型分析中。他们用符号 θ 代表需求市场的随机扰动。G（θ）为其累积分布概率函数。Cooper-Riezman 模型由四个阶段和两种政策工具构成。政府首先选择干预方式（补贴或者出口设限），再设定政策干预的力度。此时 θ 处于未知状态。在第三阶段，企业了解到 θ 的具体数值并在第四阶段规划具体的出口规模。他们的主要结论是：如果市场需求易波动，政府选用补贴政策更优。企业数量较多的一方应对本国企业征税（也就是补贴值为负），企业数量较少的一方应对本国企业进行补贴。此时总产量相对自由贸易时的状况更高，前者福利恶化，而后者福利得到增进。如果市场需求稳定，政府选用出口设限更优。此时总产量相对自由贸易时的状况较低，两国的福利都得到增进。

Arvan（1991）② 沿着 Cooper 和 Riezman 的思路考虑了一个类似的模型，引进了行动时序因素，但排除了政府进行数量限制的可能性。政府只面临两种选择：在观察到需求的随机扰动前就宣布补贴政策（CS，Commitment subsidy），或是推迟到市场不确定因素消除之后（DS，Delay subsidy）。这种假设下的次优均衡涉及两国政府行动时序的不对称性。企业数量较少的一方将倾向采用 CS，并取得 Stackelberg 领先者地位。企业数量较多的一方则采用 DS，成为 Stackelberg 跟随者。

Shivakumar（1993）③ 综合了 Cooper、Riezman 和 Arvan 的研究成果，政府有四种政策选择：CS、DS、CQ（Commitment quantity control）、DQ（Delay quantity control）。其主要结论是：政策选择取决于随机扰动和企业数量。如果随机扰动值小，选择 CQ 较优；如果随机扰动值大，选择 DQ 较优；如果随机扰动值中等，政府在 CS 和 DQ 之间选择。由于后者引致的福利更高，因此为一个占优策略。此时出口配额与企业实际愿意出口的数量相吻合，也就是事实上执行的是自由贸易政策。

Hwang 和 Schulman（1993）④ 则把非干预（Non-intervention）作为一个政策选择，

---

① Hwang, H., Schulman, C., (1993) Strategic non-intervention and the choice of trade policy for international oligopoly, Journal of International Economics, (34): 73－93.

② Fujimoto, H. Park, E., (1997), Optimal export subsidy when demand is uncertain, Economics Letters, (55): 383－390.

③ Farrel, J and E. Maskin, (1989), "Renegotiation in Repeated Games", Games and Economic Behavior, (4): 327－360

④ Kogut, B., (1989), "The stability of joint ventures: Recip rocity and competitive rivalry.", Journal of Industrial Economics, 38: 183－198.

对 Cooper-Riezman 模型进行了深化。值得注意的是，非干预在这里并不能简单地等同于最优补贴值为零的情况。非干预和积极干预措施一样，都涉及到博弈第一阶段的政策承诺问题。事实上，一旦承诺进行补贴，补贴值为零的情况是不可能出现的。另外一个重要区别在于垄断竞争的市场结构。如果处于竞争状态的两国各只有一家企业具体参与市场竞争，那么非干预不是纳什均衡。Hwang 和 Schulman 认为：如果两国企业数量相等，那么 BS 模型的主要结论不变。如果两国企业数量不等，征收投资税将是单边干预下的最优政策。在双边干预假定下，非干预的政策承诺更优。政策不对称的情况（一方补贴而另一方采取出口控制）是纳什均衡的前提是至少一方只有一家企业参与竞争。可以看出，Hwang-Schulman 模型认为，政府的政策偏好与需求市场的不确定性无关，而只取决于两国企业数量的相对值。Fujimoto 和 Park（1997）①对需求不确定性进行了动态化的建模。他们通过一个价格竞争的双寡头模型表明补贴政策在对称均衡中是最优选择。

从现有文献中我们可以发现：学者们力图发现一种简单、不受不完全信息限制的干预手段，而投资补贴就是这样一种符合条件的政策措施。这也可以解释为什么实际经济运行系统中，各国政府对 R&D 的补贴已经是一种普遍的现象。其次战略性贸易政策不应该只局限在对补贴的研究上。政府政策菜单的多样性将有助于克服不完全信息的制约。

五、战略联盟与战略性贸易政策

传统的贸易理论研究中，联盟被视为一种通过合作获得更大收益的组织方式。事实上，贸易联盟的本质在于加强企业的市场竞争力，尤其是战略联盟和 R&D 联盟通过联盟内企业的资源、技术的共享使得联盟成员在市场中更具有战略灵活性和协调性，可以获得较之单独出口竞争更大的收益，从而对联盟外成员形成更强的竞争力。当前各国出口企业正在寻求改变传统的竞争关系和组织结构，塑造一种新型的“竞争中合作”的市场机制，贸易联盟的体系存在两种合作形式，一种是 Cartel 联盟类结构，联盟内企业通过在价格和产品数量上的控制来获取利益的最大化，这种类型的联盟由于改变了贸易国的消费边际而通常受到反垄断法的限制，但由于各国对跨国 Cartel 联盟的立法尚未完善，故国际贸易中的 Cartel 联盟仍然是常见的现象；另一类联盟是战略联盟和 R&D 联盟，联盟成员之间并未完全消除相互竞争的关系，它们可能在技术和销售网络上形成协作体系，但仍然在产品和价格上通过竞争分割市场。

Farrel 和 Maskin（1989）② 利用重复博弈的研究方法分析了企业串谋的可能性，说明了长期利润和短期利润对串谋稳定性的影响。Kogut（1989）③ 提出了国际战略联盟对内的互惠性和对外的竞争性，认为国际战略联盟的形成往往具有明显的市场竞争对

---

① Fung, K. C., (1991), “Collusive intra-industry trade”, Canadian Journal of Economics, 24 (2), 391-404.

② Lei, D. & Slocum, J. W., (1992), “Global strategy, competence building and strategic alliances”, California Management Review, 35 (1): 81-97.

③ Hagedoorn, J., (1993), “Understanding the rationale of strategic technology partnering: inter-organizationalmodes of cooperation and sectoral differences”, Strategic Management Journal.

象。Fung (1991)① 分析了在企业串谋的背景下产业内贸易的状态，研究表明在同质产品条件下，不存在串谋的产业内贸易发生的动机，而在产品差异化条件下，企业将通过出口达成在相互市场的垄断利润。Fung 的推论认为在串谋的双边产业内贸易条件下各国福利水平仍然高于无贸易（Autarky）条件下的福利水平，同时，在企业成本趋同的情况下串谋贸易更加具有持续性。Lei 和 Slocum (1992)② 讨论了国际战略联盟和企业国际经营战略的协调性准则，并提出联盟可以帮助企业塑造核心竞争能力，赢得更加广泛的国际市场。Hagedoorn (1993)③，Archibuigi 和 Michie (1994)④，Narula (1996)⑤ 等讨论了跨国技术合作与 R&D 联盟的可能性，并且分析了这种技术协作对市场的影响。Glaister 和 Buckley (1996)⑥ 等对国际战略联盟形成的利润动机和市场战略均衡之间进行了关联研究 Saxton (1997)⑦ 考察了国际战略联盟形成的条件和由此而产生的国际市场产出以及成员间的利益分配问题。Cheng 和 Ross (2000)⑧ 提出一个基于多阶段博弈的国际战略联盟模型，并讨论了战略联盟与直接出口相比较，可以提高企业利润但是会以消费者剩余的减少为代价。

Karl Morasch (2000)⑨ 考察战略联盟情形下松散的竞争政策是否可以作为战略贸易政策的替代。联盟就是构建战略合同以改变市场产出。一般条件下战略贸易政策实施的效果取决于以下因素：国内消费份额、产品市场的竞争性质、产业内最初的厂商数目以及国际联盟的可行性。Karl Morasch (2000) 认为如果国际联盟是可行的，在不考虑产品市场竞争性质的情况下，联盟对于中低份额的国内消费以及对少数寡头会特别的好。如果联盟内的企业可以比它的竞争对手获得战略优势，战略联盟可以起到同战略贸易政策一样的政策效果，战略联盟的松散竞争政策就有可能代替战略贸易政策。战略联盟的松散竞争政策的明显优势是：政府不需要掌握有关企业成本构成或者市场管理的完全信息，而且不容易招致外国的报复，因为与补贴政策相比竞争政策不算太引人注意。

通常对于国际竞争中战略联盟作用的讨论也仅限于寡头竞争者之间的合资研发的溢出效应，对产品市场上竞争的影响以及对福利的影响并不是他们讨论的重点，Karl

① Archibuigi, D. andMichie, J., (1994), "The globalisation of technology: myths and realities", Cambridge Journal of Economics, 33, 112 - 124.

② Narula, R., (1996), "Forms of international cooperation between corporations", in C. Jepma and A. Rhoen (eds) International Trade: A Business Perspective, Longman, Harlow, 98 - 122.

③ Glaister, K. and P. Buckley, (1996), "Strategic motives for international alliance formation", Journal of Management Studies, 33, 301 - 332.

④ Saxton, T., (1997), "The effects of partner and relationship characteristics on alliance outcome", Academy of Management Journal, 40 (2): 443 - 461.

⑤ Chen, Zhiqi and Thomas Ross., (2000), "Strategic Alliances, Shared Facilities and Entry Deterrence", Rand Journal of Economics, 31: 326 - 44.

⑥ Karl Morasch, (2000), "Strategic Alliances: a Substitute for Strategic Trade Policy", Journal of International Economics 52, 37 - 67.

⑦ Susan Athey and Kyle Bagwell, (2001), "Optimal collusion with private information", Rand Journal of Economics, 32 (3): 428 - 465.

⑧ Margaret Levenstein and Valerie Suslow, (2003), What Determines Cartel Success? University of Michigan Business School Working Paper No. 02 - 001.

⑨ David Collie, (2004), "Collusion and the elasticity of demand", Economics Bulletin, 12 (3), 1 - 6.

Morasch（2000）的讨论焦点则在于厂商和政府战略行为的福利效应。考虑到囚徒困境，Karl Morasch（2000）认为建立一个国际政策合作博弈模型应当更合适。该模型包括：第一阶段策略选择阶段，生产国决定采用何种干预形式，战略联盟、战略贸易政策或者不干预。如果一个国家采取积极的干预策略，在第二阶段战略行动阶段，政府或者设置关税/补贴的幅度或者组成战略联盟构建战略合作合同。第三阶段产出阶段，各企业在产品市场上竞争。最终的结果取决于策略合作程度，如果各国能够在第一、二阶段合作，他们就会选择战略贸易政策并制定联合的最优关税或补贴幅度。Karl Morasch（2000）认为在战略行动阶段合作是不可能的，因此最好的情况往往不会出现。基于这样的考虑，Karl Morasch（2000）考察了策略选择阶段不同的决定对于后两阶段的影响。Karl Morasch（2000）对联盟结构情况下的福利与贸易政策和不干预情况下的福利进行了比较，认为在政策选择阶段，不干涉不能产生非合作博弈均衡。如果每个国家的产业由多于两个的公司组成，囚徒困境的结果是：每个国家将实施联盟方案，福利低于双方政府采用战略贸易政策时的福利。

Karl Morasch（2000）的主要结论是：只要出口份额足够大，战略联盟策略就会胜过战略贸易政策给本国带来更大福利。产品市场竞争性质的改变并不影响联盟和战略贸易政策的相对效果。与战略联盟和战略贸易政策相比，不干预政策的福利效果更糟，至少对于国内消费份额相对较低的国家是这样的。国内不消费该产品时，实施战略贸易政策通常比战略联盟更好。只要其他国家选择不干预，对于实施积极干预政策的国家，战略联盟通常会导致比战略贸易政策更低的福利。

Athen 和 Bagwell（2001）① 使用重复博弈方法分析了成本信息不对称条件下的企业串谋行为。Levenstein 和 Suslow（2003）② 研究了发展中国家国际 cartel 联盟的模式以及对市场产生的影响，用实证数据阐释国际 cartel 联盟可以帮助企业摆脱各种贸易壁垒，有助于出口企业获得更大利润，但是，也会损害本国消费者的利益。Collie（2004）③ 研究了在完全信息条件下企业串谋的可能性、串谋利润与市场需求弹性之间的关系，这个结果也可以帮助解释国际市场上的相关串谋问题。

Miller 和 Pazgal（2005）④ 应用双头垄断理论的结果，提出政府选择补贴、所有人选择经理人的激励机制以及由此产生的经理人在产品市场竞争的三阶段博弈，认为假如所有人具有充分的控制经理人行为的权力，那么最优战略贸易政策就不依赖于产品市场竞争的模式，例如公司是否采用价格或者产量竞争。Miller 和 Pazgal（2005）将产业组织文献中关于两阶段双寡头垄断博弈中的所有人与经理人的策略应用于战略贸易问题中关于委托竞争的讨论。作者构造了一个三阶段的博弈，政府提供补贴，所有者设计激励机

① Nolan H. Miller, Amit Pazgal, (2005) "Strategic Trade and Delegated Competition," Journal of International Economics 66, 215 - 231.

② Steffen Huck, Kai A. Konrad, (2003) "Strategic Trade Policy and the Home Bias in Firm Ownership Structure," Japan and the World Economy 15, 299 - 305.

③ Jaerang Lee, Kar-yiu Wong, (2005) "Vertical Integration and Strategic Trade Policies," North American Journal of Economics and Finance 16, 93 - 117.

④ Fershtman and K. Judd, (1987), "Equilibrium Incentives in Oligopoly," American Economic Review, 77, 927 - 940.

制，经理人在第三国家竞争。作者认为一旦考虑所有者与经理人关系中的委托作用，最优贸易政策仅仅由诸如公司成本、需求函数等因素决定，如果所有人有足够的控制其经理人动机的权利，那么最优/均衡的贸易干涉就不会依赖于产品市场竞争性质。在Miller和Pazgal（2005）的模型里，只要给定所有人的激励机制，经理人的行为就是最优的，同时只要给定政府所要采取的贸易政策，所有人的激励机制就是最优的。因此，经理人的推测就是所有人和政府的最优战略的理由，而这些战略本身就是最优的。作者的见解是：在这个三阶段博弈中，均衡建立在经理人的行为上而不是建立在这种行为是否来自于委托价格或者产量设定上。Miller和Pazgal（2005）还提出，在解决战略贸易问题时，最基本的观点应该是产品市场的行为，而不是产品市场模型。也就是说，困难并不在于如何决定正确模型，关键在于决定正确的政策及考察政策变化的潜在效果。

进入21世纪，研究重心的转移表明在国际市场上“竞争中合作”时代的到来，出口企业在追求自身利益最大化过程中，必须考虑到行为的战略反应，而合作则可以创造更大的收益。同时，合作的诞生也是竞争加剧的一种体现，即当出口企业面对一个贸易联盟时，它必须组成自己的联盟才可以在激烈竞争的市场中获得生存的机会。

六、公司所有权结构与战略贸易政策

Dick（1993）和Welzel（1995）研究两个厂商两个国家的模型，表明存在多国所有权时各国补贴本国公司的动机可能减少。假设A国所有的公司都完全由本国所有，A国一个A公司从B国募集了资金，会产生以下影响：B国补贴本国公司的动机减少，对A公司有利；A国补贴A公司的动机减少（因为A公司的利润现在要流入B国），对A公司不利。Steffen Huck和Kai A. Konrad（2003）构建了更具一般性的n个厂商n个国家的模型。在各厂商采取古诺寡头垄断竞争并且各国实施战略贸易政策的情况下，各厂商偏好于本国所有权，均衡结果是公司的完全本土化。

因为厂商的目标是利益最大化，而且厂商能够影响本公司股东的构成，即股东中外国人的比例。私有公司在决定股东构成方面比公有公司更具灵活性或者说更容易使本公司的股东都为本国人。由于各国政府补贴多国公司的动机有可能减少，所以私有公司的投资人宁可向外国投资人支付额外费用，以使本国公司本土化。作者的研究表明，减少本国补贴的直接影响超过减少所有其他国家补贴所带来的利益，因此公司完全本国所有就出现在均衡中。这一结论似乎为公有公司走向私有化提供了理由。

Steffen Huck和Konrad（2003）① 考察了应用战略贸易政策在国际古诺垄断竞争时对多国所有权企业利益最大化的参数选择的影响，发现厂商更偏好拥有本国所有权，因此均衡当中会出现完全的企业所有权本土化。

七、中间投入品与战略性贸易政策

在Brander和Spencer（1985）模型中，只考虑到了最终产品，而且生产过程中也只

① Sklivas, S. D., (1987), “The strategic choice of managerial incentives”, RAND Journal of Economics, 18, 452 –458.

使用初级要素，这种简化虽然可以使理论研究顺利进行，但与现实世界相距甚远。现实中的许多生产不仅使用初级要素，而且也有中间要素投入。

Ishikawa 和 Spencer（1996）把中间产品引入了战略性贸易政策的考虑。他们指出，如果本国为生产某一产品而从国外进口中间产品，那么当一个国家使用出口补贴从国外最终产品生产企业转移利润的同时，本国企业的部分利润也会转移到国外中间产品的生产厂商，这样本国使用出口补贴的动机就会被削弱。但是，以古诺方式进行竞争，对最终产品施加出口补贴提高国民福利的可能性就更大，当最终产品生产者进行价格竞争时，最佳政策也可能为出口补贴。Ishikawa 和 Spencer（1996）还考察了对中间产品直接施以政策干预的情况。他们发现，对本国中间产品生产和进口中间产品给予同等的补贴，其政策效果相当于对本国最终产品施加等额的出口补贴。但是，本国政府总能找到一种同时对本国中间产品生产和对进口中间产品进行补贴的最佳政策组合（通常对前者的补贴要高于后者），在这一组合下，本国的国民福利要高于只对本国最终产品施以出口补贴的情形。韩国 Jaerang Lee 和美国 Kar-yiu Wong（2005）[①] 在两个国家、自由竞争的模型下，分析了用于促进国内中间产品和最终产品生产的战略贸易政策（如政府补贴）的作用，还对不同情况下实施补贴和税收政策的结果进行了分析。作者研究认为补贴是否促进福利增加取决于企业间是否是垂直整合的，只要模型中至少有一个国家的企业是垂直整合的，对最终产品的最佳补贴就是有效的。例如，假设韩国政府以通过促进贸易的方式来增加福利。根据 Brander 和 Spencer 的模型，对计算机的补贴很可能会引起对芯片需求的增长，从而使国外芯片制造商从中获取利润而损害了国内芯片制造商利益。于是，这种可选择的补贴对国内企业的积极作用变得十分模糊。同理，如果对国内电脑芯片进行补贴，芯片价格下降，这又最终使国外电脑厂商从中获利，而使国内生产商利益受损。那么，如何来确定最佳补贴呢？Jaerang Lee 和 Kar-yiu Wong（2005）认为这种联系和最佳的补贴政策取决于同一国家的最终产品和中间产品产业是否是垂直整合的。

假设外国政府是被动的政策制定者，如果两个国家的产业都不存在整合，即使最佳补贴政策中有些效果是积极的，补贴的总体结果也不一定产生积极的效果。如果有一个国家或两个国家的产业存在整合，那么最佳补贴对最终产品会产生积极的效果，而对中间产品则不一定。对于中间产品，只有当国内产业存在整合时，补贴才会产生积极效果。

Jaerang Lee 和 Kar-yiu Wong（2005）指出，生产存在中间产品投入的情况下，著名的利润转移效用仍然存在，而垂直整合则阻止了前面提到的连锁效应的负面主导作用。这是因为有内部垂直整合的企业会考虑最终产品补贴会给本企业的中间产品带来的影响。于是，如果国内的产业是整合的，当国家补贴最终产品生产时，国内企业就会生产更多的中间产品，由于规模经济，中间产品的成本下降，企业的利润增加。与此同时，如果国外的企业也是整合的，当它的最终产品的生产受到本国补贴的负面影响时，国外

① Das, S. P.,(1997),“Strategic Managerial Delegation and Trade Policy”, Journal of International Economics, 43, 173-188.

企业就会趋向于降低中间产品的产出。最终，补贴使得本国的最终产品和中间产品的生产商都受益。

国际贸易经常包括许多耐用商品，例如飞机、重型机器和电子产品等等，这些贸易商品的耐用属性一直被忽视，最近的研究显示，战略性贸易政策经常受到商品的耐用性影响，尤其是 Driskill 和 Horowitz（1996）发现，当垄断厂商出售耐用出口商品时，最优出口政策是关税。Goering 和 Pippenger（2000）在一个 n 个厂商的垄断产业内贸易框架下，分析了在自由市场中，国内产品的耐用性保护了国内出口商免受于外国进口关税的影响。Goering 和 Pippenger（2002）进一步分析了伴随产品耐用性的内生调节，在未来一段时间关税或补贴可能是最优的。他们发现当产品耐用性是内生决定的最优时，未来补贴可能为零。这些研究认为产品的耐用性对于厂商行为和贸易政策起到重要决定作用，战略性贸易政策将对改变厂商产品的耐用性或质量起到非自愿的作用。在任何时期当国内补贴增加时会降低厂商产品的耐用性，同时会增加非耐用产品的数量，相反，本国出口补贴增加将引起外国厂商生产更多的非耐用品，以期待在未来通过出售更加耐用产品锁住未来市场。这种耐用性将减少由国内政策引起的任何潜在国内利益。有关产品耐用性和国际贸易的近期研究，在国际贸易模型中引入产品耐用性给最优贸易政策选择提供了更广泛的视角。

八、激励——竞争与战略性贸易政策

从过去的 GATT 到现在的 WTO，都规定政府不得以任何形式参与国际竞争，那么除了类似出口补贴式的贸易政策以外，还有什么因素能够改变本国企业随后的激励。Fershtman 和 Judd（1987）①，Sklivas（1987）② 考虑了所有权与经营权分离的企业进行寡头竞争的情况。结论是，企业的所有权与经营权分离式的所有者有机会操纵经营者的激励，影响经营者竞争的结果。一般而言，一个企业的所有者会改变自己经营者的激励，使得竞争对手的经营者作出有利于自己企业的选择。Das（1997）③ 将 Fershtman 和 Judd（1987）以及 Sklivas（1987）的模型运用到国际市场竞争的情况中，给定现行市场需求和 CRS 生产技术，在战略性出口贸易政策的框架下，不论企业进行 Cournot 数量竞争还是 Bertrand 价格竞争，双边的战略性经营激励都会部分地替代政府的贸易干预，即与不考虑战略性经营激励的情况相比，最优的出口补贴或出口税都降低了。

Miller 和 Pazgal（2001）④ 考虑了一个两阶段博弈模型：首先由企业的所有者制定对其经营者的激励方案，在博弈的第二阶段，经营者把该激励方案和竞争对手的行为视为

① Miller, N., Pazgal, A., (2001), The equivalence of price and quantity competition with delegation, Rand Journal of economics, (32): 284 - 301.

② Miller, N., Pazgal, A., (2005), Strategic trade and delegated competition [J]. Journal of International Economics, (66): 215 - 231.

③ Auquier, A. A., Caves, R. E., (1979), Monopolistic export industries, trade taxes, and optimal competition policy, Economic Journal, (89): 559 - 581.

④ Dixit, A., (1984), International trade policy for oligopolistic industries, Economic Journal, (94), supplement: 1 - 16.

给定，选择合适的市场战略以最大化其自身的效用。因此，企业的所有者可以用不同的激励方案影响经营者的行为，再进一步影响最终的均衡结果。只要所有者对经营者的激励保持足够的控制，均衡结果便不依赖于经营者选择数量竞争还是价格竞争。Miller 和 Pazgal（2005）①的文献沿着这个方向进行了扩展研究：在一个三阶段博弈模型里，政府首先选择合适的补贴政策，然后企业所有者制定激励方案，最后经营者在第三国市场上与外国竞争对手争夺市场份额。Miller-Pazgal 模型显示：最优贸易政策只依赖于所有者制定的对经营者的最优激励方案，而与企业的垄断竞争行为无关。

除了以上提到的各种政策选择，Auquier 和 Caves（1979）②、Dixit（1984）③还从理论和实证方面研究了适度放松反托拉斯限制的政策效果。美国政府在 1984 年和 1994 年分别通过的国家合作研究法案（NCRA）和国家合作研究和生产法案（NCRPA）、欧盟 1985 年引入的对《罗马条约》第 85 款的一个修正法案都是这种思想的政策体现。从前文不难看出，战略性贸易政策的均衡结果与两国企业数量息息相关。因此研究企业进入、退出的不确定性是今后一个可能的发展方向。已有的战略性贸易政策的文献大都假定市场结构是内生的，因此基本忽略了对这个问题的研究，Schulman（1997）④在这方面做了初步的工作，但还远远不够。

九、战略性贸易政策小结

战略性贸易政策在理论和实践两方面都已成功地描述了当今国际贸易的最新发展。战略性贸易政策理论用规模经济效应的非常数性和市场的非完全竞争性的敏锐发现弥补了传统贸易理论在假设前提和基础上的缺陷；强调技术对贸易的内生变量性质，认为技术进步是企业动态规模经济效应的来源之一；在国际竞争都具有寡头竞争性质的前提下，提出了利润转移的论点，即把垄断利润从外国公司转移到国内，从而在牺牲外国福利的情况下增加本国福利；对政府作用进行了重新定位，强调信息完备、决策独立、干预有力的政府对创造规模经济的巨大作用。

战略性贸易政策的实施是有诸多限制条件的，不完全竞争和规模经济只是战略性贸易政策实施的必要条件。战略性贸易政策的适用，面临着一系列产业条件约束和制度条件约束，除此以外，战略性贸易政策的实施还有诸多限制条件，只有当各种条件都满足时，战略性贸易政策才能行之有效。信息不完全引起政府决策失误，自由进入会导致垄断利润消失，争夺资源有损于其他工业部门发展，轮番报复引致两败俱伤，所有这些，均构成了战略性贸易政策付诸实施的充分条件，其中任何一个方面出现偏差，都有可能削弱战略性贸易政策的实施绩效，甚至抵消这一政策的功效或带来相反的结果。

---

① Schulman, C., (1997), Free entry, quasi-free trade, and strategic export policy, Review of International Economics, (5): 83 - 100.

② （美）艾尔.L. 希尔曼，贸易保护的政治经济学/理论与应用经济学基础译丛．北京：北京大学出版社，2005 年 10 月．

③ 权利与经济增长——美国贸易政策的国际政治经济学．

④ ［日］迁中丰．利益集团［M］．北京：经济日报出版社，1989：13.

参考文献：

[1] BAGWELL K, STA IGER R W. The Sensitivity of Strategic and Corrective R&D Policy in Oligopolistic Industries, Journal of International Economics, 1994, 36: 133 - 150.

[2] BAGWELL K, STA IGER RW. The Sensitivity of Strategic and Corrective R&D Policy in Battles forMonopoly [J]. International Economic Review, 1992, 33: 795 - 816.

[3] Baldwin R. "Are Economists Traditional Trade Policy View still Valid?". Journal of Economic Literature. 1992: 30, 804 - 829.

[4] Baldwin, Krugman. Market access and international competition: a simulation study of 16K RAM's [A], Empirical methods for international trade [C]. Cambridge: MIT Press, 1988.

[5] Bhagwati J N. "Directly Unproductive, Profitsecking (D-UP) Activities", Journal of Political Economy, 90, 988 - 1002.

[6] Bhagwati J N. "The Generalized Theory of Distortion sand Welfare". in J. Bhagwnti et al (eds), Trade, Growth and the Balance of Payments: Essays in Honour of GottfriedHaberler, Chicago and Amsterdam: Rand-McNally and North Holland. 1991.

[7] Bhgawati, J. N. "Is Free Trade Passe'After All?" W-eltwirtschaftlicks Archiv. 1989: 125, 17 - 44.

[8] Bhgawati, J. N. "The Threat, to the world Trade System" . The World Economy. 1992: 15, 433 - 456.

[9] Bhgawati, J. N. Ramaswami Vand Srinivasan T N. "Domestic Distortions, Tariffs and the Theory of Political Subsidy: Some Future Results" . Journal of Political Economy. 1969: 77, 1005 - 1010.

[10] Bliss, christropher, Economic Theory and Policy forTrade Blocks. (Manchester : Manchester University Press) 1994.

[11] Brander J A and Spencer. "Export subsidies andInternatienal Market Share Rivalry" . Journal of International Economics. 1985: 18, 83 - 100.

[12] Brander J A, Krugman P R. A Reciprocal Dumping' Model of International Trade [J]. Journal of International Economics, 1983 (15): 313 - 321.

[13] Brander J A, Spencer B J. Tariff and the Extraction of Foreign Monopoly Rents under Potential Entry [J]. Canadian Journal of Economics, 1981, 14 (3): 371 - 389.

[14] Brander J A. Intra2 Industry Trade in Identical Commodities [J]. Journal of International Economics, 1981 (11): 1 - 14.

[15] Brander J A. Strategic Trade Policy: Volume Ⅲ [M]. Handbook of International Economics, 1995: 1395 - 1455.

[16] Brander J A. Strategic Trade Policy [M] //in Handbook of International Eeonomics. Amsterdam : North—Holland, 1995.

[17] Brander, J. A. : "Strategic Trade Policy" . NBER Working Paper, No. 5020, 1995.

[18] Brander, J. A. and B. J. Spencer, 1985, Export subsidies and international market share rivalry, Journal of international Economics 18.

[19] Carmiehael, C. M. , 1987, The control of export credit subsidies and its welfare consequences, Journal of international Economies, 23.

[20] Collie, D. (1993), "Profit-shifting export subsidies and the sustainability of free trade", Scottish. J. of Political Economy, 40, 408 - 419.

[21] Competition and International Trade. Oxford: Clarendon Press. 1984.

[22] David Colliea, David de Mezab, (2003) "Comparative Advantage and The Pursuit of Strategic Trade Policy," Economics Letters 81, 279 - 283.

[23] de Meza, 1986, Export subsidies and high productivity. Cause or effect?, Canadian Journal of Economics 19.

[24] Dixit A K "Trade Policy for oligopolitic Industries" . Economic Journal, Supplement. 1984: 94, 1 - 16.

[25] Dixit A K and Grossman G. M. "Targeted Export Promotionwith several Oligopolitic Industries", Journal of International Economic s. 1986: 21, 233 - 249.

[26] Dixit A K. Optimal Trade and Industrial Policies for the U. S. Automobile Industry [M ~//Empirical Methods for International Trade. MIT Press, Cambridge, 1988.

[27] Dixit, A, K, and Grossman, 1986, Targeted export promotion with several oligopolistic industries, Journal of international Economies 21.

[28] Dixit, A. K. and G. M. Grossman, (1986), "Targeted Export Promotion with Several Oligopolistic Industries", Journal of International Economy, 21, 233 - 250.

[29] Dixit, A., Optimal trade and industrial policy under oligopoly [A]. Empirical methods for international trade [C]. Cambridge: MIT Press, 1988: 141 - 169.

[30] Dongsheng Zhou, Barbara J. Spencer, Ilan Vertinsky, (2002) "Strategic Trade Policy With Endogenous Choice of Quality and Asym-metric Costs," Journal of International Economics 56: 205 - 232.

[31] Eaton J, Grossman G M. Optimal Trade and Industrial Policy under Oligopoly [J]. Quarterly Journal of Economics, 1986, 101: 383 - 406.

[32] Eaton J. and Grossman G. M "Optimal Trade and Industrral Policy Vnder Oligopoly," Quarterly Journal of Economics 1986: 2, 283 - 406.

[33] Eaton, Jonathan, and Grossman, Gene M., (1983), "Optimal Trade and Industrial Policy under Oligopoly", NBER Working Paper No. 1236.

[34] Gorden W M. (1990), "Strategic trade policy: How New? How Sensible?", Working Paper Series, 1992 (396) (Washingon D. C: The World Bank)

[35] Grossman G M. "Strategic Export Promotion: A Critique," inP Krugman (ed.), Strategic Trade Policy and the New Internat-ional Economics, (Cambridge: MIT Press) 1986

[36] Gruenspecht, H. K. (1988), "Export subsidies for differentiated products", J. of International Economy, 24, 331 - 344.

[37] Helpman E, Krugman P R. Trade Policy and Market Strueture. Cambridge: MIT Press, 1989.

[38] Helpman, E. and P. Krugman: "Market Structure and Foreign Trade", The MIT Press, 1985.

[39] Helpman, E, and Krugman P. "Market Structure and Foreign: Increasing Returns, imperfect Competition and International E-conomy" . Cambridge, Mass: MIT Press, 1985.

[40] Helpman, Krugman. Trade policy and market structure [M]. Cambridge: MIT press, 1989.

[41] Horstman I J and J. R. Markusen, "Up the Average cost Curve: In efficient Entry and the New Protection", Journal of International Economics, 1986: 20, 225 - 247.

[42] Ishikawa, Spencer. Rent-shifting export subsides with an imported intermediate product, NBER working paper No. 5458, 1996.

[43] J. Peter Neary, Dermot Leahy, (2004) "Revenue-Constrained Strategic Trade and Industrial Policy," Economics Letters 82, 409 - 414.

[44] J. Markusen, J. Venables. Trade policy with increasing returns and imperfect competition [J]. Journal of international Economics, 1988, 24.

[45] Jaerang Lee, Kar-yiu Wong, (2005) "Vertical Integration and Strategic Trade Policies," North American Journal of Economics and Finance 16, 93 - 117.

[46] James A. Brander and B. J. Spencer, (1984), "Trade warfare: Tarriffs and Cartel", J. of International Economy, 16, 227 - 242.

[47] James A. Brander and B. J. Spencer, (1985), "Export Subsidies and Market Share Rivalry", Journal of International Economy, 18, 83 - 100.

[48] James A. Brander, "Strategic TradePolicy". Working paper No. 5020, Notional Bureau of Economic Research, 1983.

[49] Karl Morasch, (2000) "Strategic Alliances: a Substitute for Strategic Trade Policy?", Journal of International Economics 52, 37 - 67.

[50] Krishna, Hogan, Swagel. The nonoptimality of optimal trade policies [A], Empirical studies of strategic trade policy [C]. Chicago: The university of Chicago Press, 1994. 11 - 40.

[51] Krishna, Itoh. Content protection and oligopolistic interations [J]. Review of Economics Studies, 1988, 55: 107 - 125.

[52] Krueger A O. The Political Economy of the Rent—Seeking Society [J]. American Economic Review, June 1974, 64: 291 - 303.

[53] Krugman P R, "Import Protection as Export Promotion: International Competition in the Presence of Oligopoly and Economics of scale", in H. Kierzkowski (ed.), Monopolistic Comp-etition and International Trade (Oxford: clarend Press). 1984

[54] Krugman P R. Is Free Trade Passe? [J]. Journal of Economic Perspectives, 1987, 1: 131 - 144.

[55] Krugman P R. Import Protection as Export Promotion: International Competition in the Presence of oligopoly and Economies of Scale [M] // in H. Kierzkowski ed. Monopolistic.

[56] Krugman, P. R: "Rethinking The International Trade", The MIT Press, 1990.

[57] Krugman, P and Baldwin R, "Market Access and International Competition: A Simulation Study of 16K Random Access Memories", in Feenstra, R. C. (ed.) Empirical Methods in International Trade, MIT Press, 1988

[58] Krugman, P. R. "The U. S Response to Foreign Industrial Targeting and the U. S Economy," Brookings Paper on Economic Activity, 1984, 1.

[59] Krugman. P R. and Lasdair Smith A. (ed.), Empirical Studies of Strategic Trade Policy, (Chicago: University of Chicago Press). 1994.

[60] Maggi, G., (1999), "Strategic trade policy under incomplete information", International Economic Review, 40, 571 - 594.

[61] Markusen, J. R. AND A. J. Venables, 1988, Trade policy with increasing returns and imperfect competition: contradictory results from competing assumptions, Journal of international Economics 24.

[62] Neary, J, P, 1991, Export subsidies and price competition, in: E, Helpman and A, Razin, eds, international trade and trade policy (MIT Press, Cambridge, MA).

[63] Neary, J, P, 1994, Cost asymmetries in international sunsidies games: Should government help winners or losers?, Journal of international Economies 37,

[64] Ngo Van Longa, Antoine Soubeyrar, (1997) "Cost Heterogeneity, Industry Concentration and Strategic Trade Policies," Journal of International Economics 43, 207 - 220.

[65] Nolan H. Miller, Amit Pazgal, (2005) "Strategic Trade and Delegated Competition," Journal of International Economics 66, 215 - 231.

[66] Qiu, L. D., (1994), "Optimal Strategic Trade Policy under asymmetric information", Journal of International Economy, 36, 333 - 354

[67] Shi Young Lee and Sung Hee Jun, 2004, On the Investigation Effects of United States Antidumping Petitions, Journal of World Trade 38 (3): 425 - 439.

[68] Spencer, B "What should Trade Policy Target?", in P. Krugman (ed.), Strategic Trade Policy and the New International Economic (MIT Press) . 1986.

[69] Spencer, B. J. and Brander J A. "International R&D Rivalry and Industrial Strategy", Review of Economic Studies 1983: 50, 707 - 722.

[70] Steffen Huck, Kai A. Konrad, (2003) "Strategic Trade Policy and the Home Bias in Firm Ownership Structure," Japan and the World Economy 15, 299 - 305.

[71] Swagel, Ling Hui Tan. Unionization and strategic trade policy [J]. International trade journal, 2002, 4: 345 - 366.

[72] Xinshen Diao, Terry Roe, Erinc Yeldan, (1999) "Strategic Policies and Growth: an Applied Model of R&D-Driven Endogenous Growth," Journal of Development Economics Vol. 60, 343 - 380.

第十章　贸易政策的政治经济学分析

第一节　贸易政策的政治经济学概述

一、贸易政策的政治经济学理论背景

国际贸易理论中的福利原则暗示了在一定条件下，自由贸易可以将一个国家的国民收入最大化，并且能够使之达到最大可能的总消费水平。在主流的贸易理论中，贸易政策一直被视为提高经济效率的手段。然而，众所周知的是建立在自由贸易理想之上的效率原则并没有一直引导政府进行贸易政策的制定。相反，贸易保护主义却比比皆是，而纯贸易理论难以对这种现实加以合理的解释。Baldwin 认为，采用自由贸易政策实现经济上的帕累托最优必须满足如下几个条件：市场是完全竞争的；规模收益不变；收入再分配可行且再分配成本为零；以直接投票的简单多数原则确定当选且投票成本为零；政策的决策采取全民公决制；信息是完全的；社会中个人的偏好完全一致；生产要素的存量一定且在部门之间自由流动。显然这些理论假设过于理想化，与现实存在巨大的差距，因此现实中保护贸易政策常会替代自由贸易政策。

传统经济学方面的解释存在着一个巨大的缺陷，即缺乏一种独立的政治决策理论，政府在制定和执行公共政策时表现为外生的行动者或者说更像“慈祥的独裁者”，为了社会福利而选择“最优”的政策并不遗余力地加以实施。这样，社会科学中两个最重要的领域——政治学和经济学的关系被割裂和忽视了。而现实中政府并不是抽象的机构和组织，它往往通过采用经济政策来追求其政治利益（如政治生存性和政治稳定性）。这类“政治利益激励”的微观政策由于经济学家偏重于宏观政策而没有得到足够的重视，而政策干预的逻辑恰恰是以社会中存在的利益多样性为基础的。20 世纪 60 年代以来，学者们改变了以前将政治学与经济学分开来研究的方法，将二者结合起来加以研究，也就是说把强调社会中价格系统和市场作用的经济学与关注经济、政治和心理力量作用以及社会、政治和经济方面的结果的政治学结合起来，这就是现代意义上所谓的政治经济学。现代政治经济学探究了与用于分析市场行为相类似的政治行为的解释。通过理论基础中的三个构成要素——方法论上的个人主义、经济人假说以及作为交换的政治（布坎南，1986），公共选择理论将经济市场分析推广到政治市场分析，从而在经济学和政治学的边缘建立了相通的关联。按照它的观点，政策决策者（政治家）成为政治经济体系中的内生行动者，他们将根据自己的利益和目标而行动（未必与国家的利益

相一致），并使公共政策最终成为社会中各种缺乏同质性的利益在“博弈规则”下达成的自愿协议制度。

贸易政策的政治经济学是现代政治经济学在贸易政策研究方面的一个分支。它把贸易政策的制定和实施作为公共决策的具体形式之一，将公共选择分析方法引入传统贸易理论，从收入分配和利益冲突的角度去探寻贸易扭曲政策存在的真正原因，这一贸易政策内生化的理论增强了人们对作为公共政策形式之一的贸易政策的认识。国际贸易政治经济学与传统贸易理论的具体区别在于：（1）传统贸易理论研究的结论与现实之间存在着差距，比如从福利效果上讲，自由贸易比保护贸易好，关税比配额和自动出口限制要好，但在实际中贸易保护主义的势力经久不衰，贸易政策形式的设置往往也反其道而行之，这是新古典贸易理论所难以解释的；（2）传统的贸易理论分析将贸易政策视为政府为追求国家福利最大化而作出的最优战略（如最优关税理论），即贸易政策是“外生”的，而忽视了将贸易政策作为一种公共物品、公共政策和制度安排的分析，其本质意味着贸易政策是“内生”的，这也是理论和现实之间矛盾的根本所在，因此十分有必要从公共选择的角度去解释贸易政策的政府行为和政治过程，包括政府的目标、利益集团的影响和社会的价值观念等因素；（3）新贸易理论和战略性贸易政策的兴起使贸易政策取向具有了“合理地”偏离自由贸易的理由，但从另一方面说也恰恰增加了贸易政策政治经济分析的必要性，因为不完全竞争市场结构下对垄断租金的争夺使利益冲突和政府干预更加明显化，由此造成的国民福利净损失可以成为有力维护自由贸易体制的辩词；（4）新古典贸易理论强调的是无论是为实现收入分配，还是贯彻产业发展战略，贸易政策在大多数条件下都不是最直接的有效工具，而是“次优”的扭曲手段，但为什么政府对贸易政策如此青睐？因此需要分析和研究它“优于”其他政策的真正原因；（5）新古典贸易理论和新贸易理论也都未能提供分析和解释贸易体制改革的框架和范式，特别是对于许多发展中国家来说，它们始终处在动态的贸易政策和体制的变革中，包括改革的时序、范围和手段等。

二、贸易政策政治经济学的研究特点

传统贸易政策的研究主要采用一般的经济学分析模式，而贸易政策的政治经济学作为一门介于经济学、政治学、国际经济学、国际政治学之间的交叉学说，因此在研究上也结合了经济学与政治学这两大学科的优点。贸易政策的政治经济学研究的特点为：

（一）公共选择

公共选择被称为研究政治学的经济分析方法，主要是运用现代经济学的分析方法对政治过程或彼此之间的相互关系进行研究。它一方面研究政治运作机制，对政府、政党、选民、利益集团、厂商及政客行为进行实证分析；另一方面又从规范的角度建立了一套有效的分配制度。将自立行为或利己行为的原则应用于政策的制定者（或潜在的政策制定者）是公共选择理论的一个重要假定。另外通过将个人作为基本的分析单位，同时假设个人是理性的，行为过程是经过选择的以及个人所面临的选择是可比较的等等假定建立起了一个严谨的模型。

（二）博弈论

博弈论作为研究多方决策的理论，在经济学特别是产业组织、国际贸易竞争的研究中得到了广泛的应用。很多学者都认为博弈论提供了一个研究政治与经济问题的桥梁。贸易政策的政治经济学中采用的博弈模型具有自己的特点：首先，一国贸易政策形成过程的博弈不仅仅是一次的静态博弈，而是多层次、多次的动态博弈；其次，在考察贸易政策制定过程中面临的国内政治约束时，多采用非合作博弈，而在国家间贸易政策的协调等方面，则不仅仅强调非合作博弈，很多情况下会存在相互合作的可能性；最后，一般情况下，在多边贸易谈判及贸易体制的研究中的博弈为“非零和博弈”，即不是“所得必有所失”的结局，而是双方或多方都可以从中获益的局面。

（三）政治学研究方法的影响

政治学家对贸易政策也进行了政治经济分析，他们一般把贸易政策置于“国际政治经济学”的框架中进行考察，主要分为三个方面——“国家中心论”、“社会中心论”、“价值中心论”，其中国家中心论又可以分为两个层次。对一国来说，国家中心论强调政府应通过对贸易政策的控制来维护国家的政治、经济及文化的利益；而在国际层面，国家中心论则承认国家的独立性以及强权国家对国际经济体系所起的巨大作用。社会中心论则主张通过分析国内政治力量的冲突来考察贸易政策的制定过程及影响。价值中心论则是以历史制度、文化传统等为中心来看待贸易政策问题。虽然政治学对贸易政策的政治经济分析被认为是缺乏微观基础，仅仅将国家作为抽象的主体来进行研究，忽略了贸易政策的影响，但是他们的分析角度及方法对经济学家提出及理解贸易政策的政治经济学模型是有帮助的。Baldwin 就指出政治学研究中的“制度、理念、机构”的研究方法非常有价值，是经济学研究所不能替代的。

（四）利益集团的影响

西方代议民主制国家中，利益集团是影响政治过程的重要力量。贸易政策的政治经济学则是用经济模型来刻画利益集团对贸易政策决策过程的影响，它可以被视为公共选择理论的发展，它纠正了公共选择理论只注重选民和政策制定者的缺陷，把利益集团看作是个人与政治的中介。在贸易政策的政治经济学中，利益集团的形成和发展是个人理性选择的结果，利益集团的政治活动会对贸易政策产生重要影响。

三、贸易政策政治经济学中的公共选择理论

20 世纪 60 年代初发展起来的公共选择理论为公共政策的决策和分析提供了独特和具有启发性的视角，公共选择理论被称之为“政治学的经济理论（Economics of Politics）”。它运用新古典经济学的分析工具来研究（非市场）集体决策的政治过程，并被用来直接研究政治市场上的政府、党派、官僚、选民和利益集团等活动者的行为。贸易的政治经济学正是抓住了贸易政策作为社会“公共物品”的这一非市场集体决策的特征（Baldwin，1976），利用公共选择的政治经济分析方法在纯贸易理论与政治学框架之间搭起连接的桥梁来分析贸易政策的“内生”过程。

公共选择在方法上的特点是将经济学理论中的“经济人”假设移植到政治市场上，从而使政治学理论的分析建立在比较完善的基础上。这主要表现为三个方面：

第一是“个人主义”的方法。公共选择理论认为，客观的政治、经济关系，例如政府的对外政治、经济政策，并不像表面看来那样抽象和孤立，而认为是行动的结果。个人所以要在这些关系中采取行动，是因为自己要在这种关系的约束下去寻求自己的利益。因此该理论将个人作为分析的基础，无论是普通消费者、利益集团还是政治家，都要从个体的偏好、动机和约束条件出发来考虑非市场决策问题，区别于传统政治学将集团或者国家作为分析主体的“整体论”方法。

第二是“理性方法”。公共选择理论假设个人可以在对那些可供选择的关系中比较他可能获得的利益和为此付出的代价，并最终作出自己的理性选择。人类是以谋取最大切身利益为目的而进行合理行动的，个体总是根据对自己效用的满足并经过成本和收益的计算来选择产生最大净收益的行为，它反映了人自私自利的本性，从而区别于传统政治学中追求理想中的“仁慈和博爱”的利他主义主体的假说。

第三是“制度导向方法”，即经济学不应是研究资源合理配置的“选择的科学”，而应是研究人与人之间相互交换、冲突和合作等关系的“契约的科学”，因此对经济决策过程和制度规则的剖析才是经济学的主要任务。例如，关税决策可以被认为是由政府机构和官僚通过一系列程序而生产出的一种非市场决定的公共物品。

总之，公共选择理论将经济市场分析方法推广到了政治市场分析，从而在经济学和政治学之间建立了关联。在公共选择理论中，政策决策者（政治家）成为了政治经济体系中的内生行动者，他们将根据自己的利益和目标而行动，并使公共政策最终成为社会中各种利益博弈后的结果。而贸易政策的政治经济学则利用了公共选择的分析范式，从收入分配问题出发来研究贸易政策决策中参与者的政治活动，为现实中种种缺乏效率的贸易政策措施提供了一个很好的解释。

四、贸易政策政治经济学视角下的利益集团及其影响

（一）利益集团的概念及分类

“利益集团”一词最初源自于政治学的研究。Bentley（1908）指出社会的政治常态是集团间的压力均衡。Truman（1952）、Wilson（1973）以及 Moe（1981）等人则论证了集团是连接社会与政治的中介体。然而政治学家们没能真正解释利益集团形成的原因，只是简单地假设参加集团是人的本性，认为集团利益最为重要，个人利益是第二位的。他们把集团简单地看成一个整体，其结论缺乏微观基础。但是经济学家们将这一概念应用于分析经济政策的制定及影响等问题上，用经济模型来刻画利益集团对政治决策的影响，使得关于利益集团的研究有了微观基础，从而更加充实与丰富。经济学家 Hillman① 指出，与以自由贸易主义为理论基础的新古典贸易理论不同，贸易政策的政治经济学强调了收入分配关系在贸易政策形成过程中的作用，并强调在许多明显偏离自由贸易的实例中，很少利用最优关税、幼稚产业、次优、贸易壁垒及战略性垄断等想法，而更多地是通过国内在贸易保护中受益者（或集团）和受损者（或集团）之间冲突的政治机制来作出决定。

① 张宇，刘伟忠．利益集团与公共政策制定．学习与探索，2006（6）．

“利益集团”，通常也被称为利益集团、利益团体、压力集团及院外活动集团等。对于利益集团一词，不同的学者有着不同的理解。戴维－杜鲁门将利益集团定义为“任何建立在享有一个或更多共同看法基础上，并且向社会其他集团或组织提出某种要求的组织”。他强调了利益集团的核心要素是共同的利益诉求，集团成员一致认同某些社会经济政策目标符合他们共同持有的利益或价值观念。① 日本学者迁中丰则认为，利益集团是指那些具有特定的共同的立场、观点和利益的人们的“集合体”。② 这些定义均强调利益集团是在物质利益或经济利益上地位相近的人所构成的群体。归结起来，利益集团是指具有共同利益并试图对公共政策施加影响的个人或企业组成的集团。利益集团通过游说政治家、向公众提供相关信息、参加公众游行、进行政治捐助、鼓励选民参与投票等方式影响政策，以增加其成员的利益。它必须具备三个基本要素：首先，集团成员具有共同的利益与价值认同；其次，集团成员必须有组织地通过某种方式进行活动；最后，集团成员为了共同的利益介入政治过程，影响公共政策的制定。③

从总体上说来，可以将利益集团归结为四种类型：非正规的利益集团、非社团性利益集团、机构性利益集团和社团性利益集团。

1. 非正规的利益集团

非正规的利益集团主要指无组织的暴徒和骚乱，其或多或少是不满或抗议的自发表现形式。生活中一个偶然的事件或一个领袖的出现都可能触发人们心中蓄积的不满，并以难以预料和难以控制的方式突然爆发。

2. 非社团性利益集团

非社团性利益集团是指没有专门的组织，仅建立在共同意识到的种族、语言、宗教、地区、职业利益或家族关系和血统基础之上的团体。

3. 机构性利益集团

机构性利益集团主要存在于诸如政党、政府行政机构、立法部门、军队、公司之中。它们因其组织基础为其提供了许多资源和接近权力中心的机会而显示出强有力的特征。在西方，它们的建立是为了执行利益表达之外的功能；在中国，这些机构也起着重要的利益表达作用。

4. 社团性利益集团

社团性利益集团，即通常所说的利益集团，是指那些专门从事利益表达并组织化了的利益集团，它是利益集团中最活跃的部分。

在我国工会、妇联、共青团是介于机构性利益集团和社团性利益集团之间的特殊集团，有双重功能。④

为实现其目的，利益集团总是企图对政府的各项决定和执行施加影响，起到了所谓“压力集团”的作用。在欧美各国，人们通常把利益集团将本集团利益直接转达给政策

---

① 王玉琼．利益集团与政策决策．探索，2001（2）．

② 宋玉波．西方国家利益集团的政治功能分析．求实，2004．

③ Austen-Smith, D. “Voluntarg Pressure Group.” Economica 48, 1981, pp. 143－153.

④ （美）曼瑟尔·奥尔森．集体行动的逻辑．上海：上海人民出版社，1995．

决定、尤其是法案制定过程的活动称为“院外活动”，将专门从事这类活动的集团和个人称为“院外活动集团和院外活动家”。

（二）利益集团与贸易的政策制定

1. 贸易的收入效应和利益集团的形成

自由贸易给贸易国带来贸易利益，但是不同贸易国的收入存在差异；对一国内部不同地区、不同部门和不同个体的利益影响也可能不同。例如，在只有一个生产要素（即劳动）的古典贸易模型中，因为所有个体的收入来源只有一个（从劳动的供给中来），所以所有人都会在自由贸易中获益而在贸易保护中受损。在新古典贸易模型（H－O模型）中，存在两种要素（劳动力和资本），根据斯托尔帕—萨缪尔森定理，对进口进行限制，会提高稀缺要素所有者的收入，而降低丰裕要素所有者的收入，因此，在对待贸易政策的问题上，已经形成了有着利益冲突的集团，并对贸易政策有着不同的偏好。

虽然新古典贸易理论认为，在信息充分的条件下，补偿性的总额转移支付可以确保自由贸易政策符合经济中每一个个体的自利原则。但是当补偿性转移支付并不充分时，这个问题依然很突出。如果某些个体因贸易而受损严重，就会对自由贸易产生不满，保护的倾向也就不言而喻。这些个体的倾向汇总起来就会对政府的决策产生影响，继而使得政府在贸易政策的选择上偏离自由贸易的轨道。

政府对于利益集团的游说也不是无动于衷。在公共选择理论中，公共部门的决策者也被认为是在一系列条件下追求效用最大化，而影响政府决策者效用水平的因素有：政治思想意识、个人财富、决策者的历史地位等。如果我们假定，决定决策者效用最大化的因素是期望继续当选，那么政府决策者不得不重视多数公众的愿望，并以此作为制定政策的依据。至于制定的政策是否增进社会福利则为其次。如果某个给政治家提供了大量竞选经费的团体要求该政治家采取某种立场，即使该立场违背了大多数选民的利益，他（她）也得照办。因为与提出不受欢迎的政策而失去的选票相比，用这些竞选经费所赢得的选票也许更多。因为任何成功的竞选都需要大量的资金来进行广告宣传、民意调查和其他活动。

2. 利益集团影响贸易政策的手段

利益集团为争取有利于自己的分配政策，在一定的资源投入下，通过自己或代理人的行为，以可行的方式去影响政策制定者决策的行为。在贸易政策的形成及执行过程中，利益集团使用的手段可以说是多种多样。他们主要是通过参与立法、疏通政府、影响司法、开展公关（例如通过媒介与技术如报刊、电视、广播和网络等影响舆论）等途径来实现其维护本集团成员利益的目的。因此行政系统中做决定的各个环节，从行政首脑到各部门无一不受利益集团的关注和压力。不仅如此，政治家、行政部门和利益集团之间的互动关系是双向的，政治家们也允许或者鼓励利益集团参与到他们的活动中。因此利益集团除了游说、施压之外，更多是通过提供意见咨询和信息情报之类的服务来影响政府的决策；政府也可以利用利益集团来推销自己的政策，甚至向利益集团争取支持。存在于美国的院外活动就是利益集团影响贸易政策的典型例子。在美国议会讨论相关贸易议案的过程中，利益集团不仅会通过其在国会山办事处的常驻人员游说相关议员，而且经常会向有关的议员递送各种材料和情报。特别是在参众两院的小组委员会、委员会或全院会议审议法案的过程中，有关的利益集团及其院外活动人员要及时向那些与自己合作的议员提供各种辩论用的论据，甚至还要与这些议员在审议一个法案的过程中制定共同的议会战略和策略，建立临时的立法联盟。利益集团不仅给议员出主意，甚至还帮助议员起草法案。从议员方面来说，利益集团及其院外活动人员是他们获得所需的知识、情报和材料的重要来源。

3. 利益集团在贸易政策制定过程中的沟通功能

利益集团是贸易政策形成中的信息传导平台。公共选择理论证明政治决策是由个人行为决定的，而利益集团理论则进一步表明个人行为是受集团影响的。现实中，人类行为总是有其社会（集团）特征，集团也有助于解决普遍的信息不完全问题。由于政府的政策决策机制将个人与政治联系在一起，其间的信息传导往往不充分。就政治家或政策制定者来说，面对的是人数众多的选民，不可能详细了解每个人的偏好；就个人来说，也不可能详细了解每个候选人或每项政策对自身利益的影响；此时集团便成为个人和政治间低成本传递信息的中介。集团不仅提供有关利益的信息，还影响利益本身。除了缺少信息外，个人与政治间的第二个问题是缺少控制。政治家或政府官员难以控制人数众多的选民，单个选民更不可能控制政治家或官员。控制因素加强了集团的重要性。无论是选举还是具体的政策制定，由于缺乏信息和控制，利益集团都起着重要的中介作用。

4. 利益集团对政府贸易政策的监督功能

（1）基金会与智囊团的监督

西方的各种基金会都是民间机构，但智囊团可以分为半官方的和纯民间的。无论是基金会还是智囊团都既受利益集团的影响并为之服务，也与政府保持着密切的联系，通过为政府提供研究报告、贸易政策建议、资料情报或者对已经或将要实施的贸易政策进行评价，以影响政府的决策及执行。众多的基金会所资助的研究者都在向政府决策者推销自己的研究成果和新思想，这一方面使得政府的选择贸易政策的余地增加了；但是另一方面如果政府的选择影响了某些利益集团的利益，它们也会利用自己所掌握的情报和资源揭露政府行为的失误，而当政者出于政绩的需要往往会乐于参考来自各方面的情报和意见。

（2）社会监督团体的监督

西方国家众多的社会监督团体也密切注视着政府的一举一动，例如美国一个名为“社会廉政中心”的社会团体，主要是监督政府各项政策，特别是选举活动。例如为了防止总统被政治献金所收买，该中心和其他一些社会团体长期监视着总统候选人政治献金的来源，并向选民公开捐款的情况。①

（三）贸易政策政治经济学框架下的利益集团理论

贸易政策的政治经学框架下的利益集团理论研究的是在社会各利益集团（也包括自利的政府）冲突背景下的贸易政策的形成问题。虽然并不是所有的贸易政策政治经济学模型都假定政府是自利的，但政府自利的假设是贸易政策政治经济学研究

① Mayer Wolfgang, 1984, Endogenous Tariff Formation, American Economic Review, V. 74, 1984 P970 - 985.

的主线。在理论模型，利益集团通过政治选票或政治献金来游说政府决策部门，政策就是在这种博弈过程中形成的。因此贸易政策是内生的，而不像新古典贸易理论中那样假定贸易政策是外生给定的或者是在个人偏好基础上（以种种方式）加总个人偏好得出的。

从总体上来看，贸易政策政治经济学对利益集团的分析主要是从经济学而非政治学的角度来进行的，揭示了理性的个人为什么会产生追求集团产品的团体行为。与传统经济学的研究从经济人这一“个体”出发展开研究的方法一样，有关利益集团的研究也同样从对它个体成员的研究开始。Austen-Smith（1981）建立了解释利益集团成员基本行为的模型①。在模型中，个人为了追求福利最大化，把时间分配于生产、闲暇和集团政治活动。在“确定”的条件下，利益集团每个成员都知道其他成员的行为，且在作出经济决策的过程中认为其他成员行为不变。此时，成员有很强的“搭便车”倾向，其政治努力程度总是小于最优水平。而且收入水平越高，替代效应使得个人的政治努力程度越低。不确定性也影响着集团成员的政治投入，当不了解其他成员用于集团政治活动的时间时，风险厌恶的集团成员会减少自己的政治活动时间。工资水平的不确定则带来了相反的效果，当经济领域的收入不确定时，理性的个人便会把更多的时间投向政治领域，更多地参与集团政治活动以提高自身福利水平。

而贸易政策政治经济学框架下，在对利益集团形成及作用方面影响最为广泛的是Olson（1965）② 的研究。Olson理论表明了现实中贸易保护主义以少胜多的一个重要原因——“搭便车”现象。他认为政治中的公共物品性质（贸易政策便具有这种性质）导致集团成员的免费搭车，由此引起集体行动的困难，只有小集团、组织良好的集团才能有效地克服这种困难。这是因为在小集团中，成员人数很少，每个成员都能从有利的政策中获得较大的收益，所以通过集团成员自发、自利的行为就可获得有利于自己而牺牲大多数人利益的政策。在组织严密的集团内，每个成员都能认识到集团行动的利益所在，并存在有力的约束和奖惩机制阻止其成员成为免费搭车者，从而集体行动极易取得成功。也就是说小集团在集体行动时有优势，代表少数人利益的“特殊利益集团”往往可以攫取大多数人的利益。Olson的研究表明，正是这个原因使得贸易政策通常会偏向于小型的、人口比较集中的利益集团。贸易政策的实践中，最终消费品被征收的关税之所以会高于中间品和原材料，是因为人数众多但却十分分散的消费者集团与小的特殊利益集团相比，信息、成本和搭便车问题均使其处于劣势，难以向政府施加足够的压力。因此有些贸易政策的结果虽然得不偿失，甚至会出现受损选民远超过受益选民但仍被采纳的现象。我们不仅可以利用Olson的这些观点来解释很多贸易中的保护主义现象，而且关于利益集团的形成等问题也可以从他的研究中找到答案，后来的很多贸易政策政治经济学的模型都是建立在Olson的关于利益集团理论的假设之上。

---

① Becker, G. “A Theory of Competition Among Pressure Groups for Political Influence.” Quarterly Journal of Economics 98, 1983, pp. 371 – 400.

② Coughlin, P.; Mueller, D. andMurrel, P. “Electoral Politics, Interests Groups, and the Size of Government.” Economic Inquiry 29, 1990, pp. 682 – 705.

第二节　贸易政策政治经济学的理论研究

经过几十年的累积和研究，经济学家们已经发展出了许多贸易政策的政治经济学的理论模型。一般说来，在理论模型中政府可以支配和选择的政策工具主要是关税水平的高低。政府和（或）利益集团是决定和影响贸易政策的主要社会力量，根据它们在贸易政策的决定过程中的地位及作用，大致可以将贸易政策的政治经济学的理论模型归结如下。

一、政府主导型的贸易政策决策机制

在政府主导型的贸易政策决策机制下，政府受政治因素的影响而最终决定背离最优效率的自由贸易政策而选择保护贸易措施，一般会基于以下目的：

（一）社会公平目标

由于贸易会给社会中的某一部分成员带来诸如失业、收入下降等严重损失，重视国民福利的政府会处于社会公平目标而对这些成员集中的行业加以保护。尤其是近几十年来的贸易实践表明，最容易受到贸易冲击的是那些受教育程度较低、技能较差的蓝领工人，在发达国家中，很多夕阳产业中的工人就受到经济全球化的极大冲击，从而政府会对这些行业提供贸易保护。

而试图对这种形式的贸易保护政策进行解释的是 Corden（1974）提出的“社会关注”模型。他提出了解释贸易政策的社会福利函数即“保守的社会福利函数”(conservative social welfare function）的概念，其主旨是应“避免某个重要的社会组成部分因贸易而出现实际收入绝对大幅下降的情形。”该模型假定人们对收入增长赋以较低的福利权重，而对收入下降赋以特别高的权重。Corden 认为这种特殊的社会价值观有利于解释因进口迅速增长而受损的国内产业很容易得到贸易保护的情形。Deardorff (1987) 在 Corden（1974）的基础上，提出了解释保障措施的理论模型。Deardorff 认为当进口品的价格下降时，虽然社会无差异曲线达到了一个较高的效用水平，但在一国内部价格下降对要素所有者的影响并不相同。其中一个部门的效用水平下降，另一个部门的效用水平上升，所以自由贸易条件下实现的社会总福利水平点位于政府约束之外，政府必然要采取某些干预措施，贸易保护措施则是可以满足上述约束的次优选择。

Cheh（1974），Lavergne（1983）提出，政府制定贸易政策的动因是最小化因贸易而带来的社会转换成本，对普通工人来说尤其重要。通过对肯尼迪回合的多边贸易谈判的研究，cheh 认为那些年长工人占较高比例、失业率上升以及进口渗透率增加的产业，其关税削减普遍偏低。另外，Constantopoulos（1974），Fieleke（1976）提出政府制定贸易政策不仅仅为了维持现状，而且还要保证最低收入团体的相对生活水平。Anderson，Baldwin（1985）的实证研究表明，在美国纺织、服装、皮革、家具、玩具等行业中，由于非熟练工人或低收入者占了很大比例，因此这些产业在历次贸易谈判中都维持着较高的保护水平以及较低的关税削减率。

（二）选举目标

政府（或政党）在执政过程中的一个重要目标是争取选民的支持。政府在选择贸易政策的过程中，即使没有利益集团的游说活动，仍会将选民的预期反应考虑在内。对这种现象加以解释的重要模型便是中间选民模型及政治支持函数模型。

1. 中间选民模型

它是由 Mayer（1984）① 提出的，该模型是直接民主制度下最有影响力的贸易政策的政治经济学模型。在直接民主制度下，个体的投票直接决定了政策的结果。假定一国要对特定的关税税率作出选择，而最终的政策是由大多数选民投票决定的。由于个体对经济中的要素禀赋存在着不同的要求，而且不存在允许个体多样化其所拥有的投资组合的市场。于是对于每个要素所有者都有一个最优的贸易政策，使其福利最大化；只有那些拥有比经济中要素禀赋平均比例高的个体才能在支持自由贸易政策中受益。当选民对备选政策的偏好满足“单峰”偏好的条件下（即每个选民有唯一的最大偏好）而且不存在投票费用时，一个国家将会选择最大化中间选民效用的关税水平。

Mayer 在 2×2 H－O 生产结构下模型的主要内容是假设每个个人的效用函数是拟线性的，$V^h=c_0^h+U(c^h)$，其中 c_0^h 为单位出口商品的消费，c^h 为消费者 $h=1,\cdots,L$ 为对进口商品的消费。消费者拥有相同且递增、严格拟凹的效用函数，最优消费均为 $c^h=d(p)$，而其余的收入用于单位商品的消费。无论出口品还是进口品均是利用劳动和资本制造出来的。劳动和资本的总秉赋分别用 L、K 表示。进口品的世界价格是固定的，用 p^* 表示，该商品的特定关税为 t，因此国内价格为 $p=p^*+t$，用 $y(p)$ 代表进口竞争品的供给，进口量为 $m(p)=d(p)L-y(p)$，征收的总关税收入为 $T=tm(p)$，该收入是被按照人口数补贴给每个人。我们另假定每个人 h 拥有一单位的劳动和 K^h 单位的资本，每个人的收入为 $I^h=w+rK^h+T/L$，则 $I^h=\frac{1}{L}(wL+rK\rho^h+T)$，其中 $\rho^h=K^h/(T/L)$ 为个人的资本－劳动比率占经济中全部资本－劳动比率的相对比例。经济中的全部 GDP 为 $G=y_0(p)+py(p)=wL+rk$。将个人间接效用函数对关税求微分，得：$\frac{\mathrm{d}V^h}{\mathrm{d}t}=(\rho^h-1)\frac{\mathrm{d}r}{\mathrm{d}p}\frac{K}{L}+\frac{t}{L}m'(p)$

如果关税是由多数选民投票决定，则根据中间投票人定理，使中间选民效用最大化的关税将会胜出。用 m 来代表中间选民，其效用为 $V^m=V(p,I^m)$，得到均衡的关税为：$t^m=(1-\rho^m)\frac{\mathrm{d}r}{\mathrm{d}p}\frac{K}{m'(p)}$。Alesina and Rodrik（1994）的研究表明，对所有国家来说 $\rho^m<1$，因此当进口品是劳动密集型产品时，关税 $t^m>0$；而当进口品是资本密集型产品时，关税 $t^m<0$。其引申出来的政策含义是资本丰富的工业化国家应该征收进口关税，而劳动丰富的发展中国家应该提供进口补贴。

① 伊特韦尔．直接非生产性寻利活动词条．新帕尔格雷夫经济学大词典．北京：经济科学出版社，1996.

2. 政治支持函数模型

Hillman（1989）提出了政治支持函数模型，考虑了政府在从利益集团中获得的政治支持和消费者的不满之间进行的权衡。Hillman 借鉴了 Stigler（1971）、Peltzman（1976）发展出来的经济管制理论，将关税率的选择看作最优化问题的解——即关税越高，利益集团的支持就越多，但从消费者那里得到的支持就越少，最终政府将选择一个最大化总支持的关税水平。Hillman 认为政府对衰退产业的保护不是为了寻求社会福利目标，而是为了政治支持最大化的自利动机。虽然政府最终要对选民负责，但是消费者并不能直接对价格作出政治上的反应，因为选举是一系列问题的结果，而且消费者组织起来影响价格和产业组织影响价格的交易成本相差悬殊。

Hillman 提出关税税率的选择可以看作是一个最优化问题的解，政府在制定政策时要权衡从工业利益集团中获得的政治支持和由于消费者的不满而失去的选票。工业利益集团能够获得的利润越多，它们能够提供的贡献也就越多；而消费者的价格越低，消费者就能够给政府以更多的选票支持。因此如果为了对某些衰退产业提供保护而提高关税水平，这就会引起国内价格的上升，虽然能从工业利益集团那里得到更多的支持，但从消费者那里得到的支持就会下降，因此最终政府要从二者之间进行权衡来决定最优的贸易政策。

他提出了一个简化的政治支持函数：

$M(p,p^*)=M[\pi(p,p^*),V(p,p^*)]$，其中，$p$ 表示征税后的国内价格；p^* 为国际市场价格；$\pi(p,p^*)$ 表示征税前后受保护产业的利润变化；$V(p,p^*)$ 表示征税前后消费者福利的变化。在政治支持函数取极大值时，便可以得到该产业的关税水平。在此基础上，Hillman 研究表明国际价格变化是，国内价格将与国际价格同方向变化。他的结论表明，出于政治支持动机对衰退产业的保护只是暂时的，不是永久性的。虽然处于衰退境地的产业最希望得到政府的支持，但最终结果可能不是延缓而是加速了他们的衰退。

二、利益集团推动型的贸易政策决策机制

利益集团之间相互竞争，通过投票、捐献或游说等行动来影响选票从而影响贸易政策的制定。

（一）关税形成函数模型

该模型由 Findlay-Wellisz（1982）提出，在这个模型中，进口产业集团为进口关税而游说，出口产业集团为自由贸易而游说，保护水平反映了相互对立的双方之间竞争的结果。根据 Helpman（1997）对关税形成函数模型的总结，最终部门 i 中利益集团之间非合作博弈的内部均衡结果为：

$$\frac{t}{1+t}=\frac{(1-\alpha)(\beta-1)}{\alpha\beta+(1-\alpha)}\frac{X}{e}$$

其中 t 为关税率；α 为利益集团所占人口的比例；β 为支持和反对贸易保护的利益集团游说支出的边际替代率；y 为产出水平，m 为进口额，$X=y/m$ 为进口渗透率的倒数；e 为进口需求弹性（绝对值）。当 $\beta>1$，即支持保护的利益集团游说支出增加一美

元所提高的关税大于反对保护的利益集团游说支出增加一美元降低的关税，此时该部门是受到保护的；反之，该部门便不受政府的保护；若 $\beta=1$，那么结果就应是自由贸易。

（二）影响函数模型

Becker（1983）[①] 建立了有关影响函数的一般均衡模型，刻画了利益集团主导型下政府的贸易政策决策机制。在影响函数模型中，利益集团配置资源的同时也决定了具体的贸易措施和分配政策。在一个经济体中有两个利益集团，各集团内成员同质。利益集团通过捐款等政治活动对政府施加压力，争取对自己有利的再分配政策，提高成员福利。利益集团的政治压力及其政治投入与成员人数正相关。利益集团对政治产出的影响取决于由集团政治活动的相对效率决定的政治压力对比。政治活动效率相对较高的利益集团政治影响也较大。影响函数模型在个人理性决策的基础上，描述了利益集团间的竞争，得出了利益集团最佳规模的建议。他同时证明，集团间的政治压力竞争均衡不是帕累托最优。如果每个利益集团都减少政治投入，各自的福利水平都会提高，因为利益集团间的合作可以减少政治竞争中的无谓支出。现实中许多法律和政治规则的出现正是这种合作的结果。但是利益集团间的合作是困难的，每个利益集团都希望其他集团减少政治压力而保持甚至增加自己的压力，以提高自身的政治影响，从而获得更多的收益。在随后的研究中，Becker 指出大部分利益集团的要求是合理的，由于政府不可能知道所有的信息，因此利益集团数目越多，它们之间的竞争和制衡会使得制定出的贸易政策更加有效率。

（三）或然选举模型

Coughlin 等（1990）建立了或然选举模型（probabilistic voting model）。执政党为了即将到来的选举制定贸易政策。选民分为若干个利益集团，每个集团有一定的成员及相同的效用函数。集团成员会对某一政党有独立的政治偏好。政党的目标是最大化其预期支持率。政党选择具体政策使当选概率最大化。在该模型中利益集团的政治影响受两个因素决定：（1）集团人数集团成员越多，政治影响权重越大；（2）成员政治偏好的同质性集团成员偏好越接近（也可理解为集团越团结），权重也就越大。在 Coughlin 等人的模型中，除了投票，利益集团没有其他方式影响政治。利益集团之所以重要，是因为它提供了一部分选民的系统偏好，可作为政党制定贸易政策的依据。

由于关税形成函数、影响函数模型、或然选举模型抽象设定了利益集团对贸易政策的影响机制，没有涉及政府（政治家或官员）的反应及影响，不能保证政府会像模型的设定那样行动。接下来我们进一步研究利益集团与政治家和政府官员间的互动关系。

三、利益集团与政府互动型的贸易政策决策机制

很多贸易政策政治经济学模型都涉及了利益集团与政府的交互作用，在这方面的模型有很多，比较重要的模型有：

（一）政党竞争模型

Magee，Brock 等人很早就开始研究贸易保护政策形成中的政党支持问题。他们假

① （美）大卫·柯兰德．新古典政治经济学．//寻租和 DUP 行动分析/新政治经济学译丛，长春出版社，2005.

设存在两个政党，在选举前对关税政策持有不同态度，其中一个支持自由贸易，另一个支持保护贸易，两个政党的目标都是为了赢得选举。支持高关税的政党为了最大化当选的可能性，就会不断提高保护水平，直到它们能够从支持贸易保护的利益集团获得的选民和资源增加恰好等于失去的选民和资源。同时，支持自由贸易的政党会选择相反的主张，以使支持贸易保护的政党当选的可能性最小化。这样，它就会采取较低的关税，直到自由贸易者提供的选票和资源数量的边际增加恰好等于失去的选票和资源量。如果支持自由贸易的政党得到的捐献和选民支持较少，它也可能采取与另一个政党相同的政策。每个政党作出自己的决策时，都会考虑对方政党的反应，其均衡结果就是古诺—纳什均衡解。而 Hillman and Ursprung（1988）在政治竞争中引入了外国利益集团的影响。他们认为，外国利益集团和国内利益集团一样都通过政治运动捐献对候选人表达支持，候选人为了最大化当选的可能性也会对外国利益集团的游说活动作出反应。他们研究认为作为贸易保护工具，由于关税可能会引起两国的冲突，而自动出口限制可能对双方更为有利。因此如果自动出口限制是可行的，候选人一般不使用关税作为贸易政策工具。

Magee，Brock 和 Young（1989）等提出了正式的政党竞争模型。假设经济为两部门、两种生产要素的 H－O－S 模型。在政治市场上有两个政党和两个利益集团，两个政党在不同的利益集团进行捐献之前就表明自己的政策偏好。不同利益集团的政治捐献不影响其政策立场，而只影响不同政党当选的可能性。政党的目标是争取选举概率的最大化以便取得执政机会。政党当选的可能性取决于自己和对方能够得到的捐献数量和双方的贸易政策，而能够得到的捐献数量又受到双方贸易政策的影响。因此一个政党能够当选的可能性主要取决于双方选择的贸易政策。假定不同的利益集团从不同的贸易政策中得到的收益不同，他们的目标就是最大化其净收益（概率收益与成本之差）的期望值，它最终取决于不同的政党所采取的贸易政策。而公众由于信息成本和免费搭车等问题被视为“理性无知者”，他们知道保护贸易有损于自己的利益，但同时也容易受到政党宣传的影响。因此只须求解两个利益集团最大化期望收益和两个政党最大化当选的可能性的均衡解，即利益集团游说的边际成本等于收益时，其捐献量达到最优水平，当关税上升造成的扭曲效应减少的选票等于政治捐献增加赢得的选票时，政党提供的关税水平达到最优，这样就能得出两个政党选择的贸易政策。

Magee，Brock 和 Young（1989）的模型分析了利益集团和政党的行为。利益集团的捐献影响政府制定的关税水平，政府能够提供的关税水平直接影响利益集团的收益，进而影响捐献。同时支持贸易保护的政党还要考虑选民和其他政党、利益集团的捐献。但在这些方面，他们并没有进行深入地分析。另外，对于 Magee，Brock 和 Young（1989）的模型，Austin-Smith（1991）批评指出，它将每个政党限制在要么支持出口，要么支持保护，并且使用了概率投票，而没有使用理性选择基础。Grossman 和 Helpman（1994）则认为，在通常情况下，利益集团的政治献金影响的是执政党的政策选择，例如选择不同的关税保护水平，而不影响政党当选的可能性。

（二）代理模型

Grossman 和 Helpman（1994）应用代理理论研究了产业利益集团对政府贸易政策

的影响，提出了"保护待售"模型，同时得出了有关利益集团影响贸易政策的结论。"保护待售"模型实质上是政府作为"公共代理人"将不同的贸易政策进行"菜单拍卖"，以换取政治捐献，并尽可能维护普通选民的利益。模型假设，在一个多部门专用要素经济体内，有些部门组织起来进行游说，有些则没有。组织起来的部门通过政治献金来影响政府的贸易政策，当权政府追求的是目标函数最大化，其线性目标函数为政治捐献与全社会福利之和：$G = aW + C$，其中，C 是游说集团的政治献金，W 是社会总福利，a 则是政府目标函数中赋予社会福利与政治献金权重的相对比例。通过"菜单拍卖"的形式，组织起来的利益集团向政府提供一个不同价格向量（关税水平）下的政治献金表，其目标函数为净收益（总收益与政治献金之差）最大化。

在"保护待售"模型中，利益集团和政策制定者间的非合作博弈包含了两个阶段：第一阶段，假设其他游说集团提供的政治献金已知，利益集团按照成员总净收益最大化提供政治献金菜单；第二阶段，政府考察所有游说集团政治献金表后选择一个最优关税。部门间的保护程度由 n 种产品的进出口关税率以及补贴来衡量。利用 Bernheim 和 Whinston（1986）的菜单拍卖理论，Grossman 和 Helpman（1994）给出了博弈的真实纳什解（truthful Nash equilibria）。模型推导出的结果为：

解出均衡的关税水平为：$\frac{t_j}{p_j} = \left(\frac{\delta_j - \lambda_o}{\alpha + \lambda_o}\right)\left(\frac{y_j}{m_j}\right)\left(\frac{\partial m_j}{\partial p_j}\frac{p_j}{m_j}\right)^{-1}$ 其中 α 为政府目标函数中赋予社会福利权重；δ_j 为政治组织变量，即如果部门 j 中组成了利益集团则 $\delta_j > 0$，反之 $\delta_j < 0$。λ_o 为组织起来的行业中拥有特定要素的人口比例。从"保护待售"模型中，Grossman 和 Helpman 得出的结论是：（1）由于 $0 < \lambda_o < 1$；因此对未组织起来的行业来说，其面临的关税为负（也即进口补贴或出口税），但对组织起来进行游说的行业来说，其关税为正（也即进口关税或出口补贴）。另一方面，如果 $\lambda = o$ 或 $\lambda = 1$（也即没有人或人人属于游说集团），最优关税则为零，因此在政治上自由贸易是最优结果。因此未组织起来的行业的关税为负（进口补贴或出口税），而组织起来进行游说的行业关税为正（进口关税或出口补贴）。（2）如果没有任何游说集团或人人属于游说集团的话，在政治上自由贸易是最优结果。（3）保护程度也受到进口需求弹性的影响，因为根据 Ramsey 的定价规则——对产品征税且使福利损失最小化的最好办法是对低需求弹性产品征收高关税，对高需求弹性产品征收低关税。（4）政府目标函数中利益集团的效用函数为加总的效用函数，因此利益集团成员越多，其值就越大，表明了利益集团规模与其对政府制定贸易政策的影响力呈现出正向的关系。

Grossman 和 Helpman 的模型从贸易政策的供给方（政府）和需求方（利益集团）分析了贸易政策的形成过程。在这个过程中，政府和利益集团都是按照自身利益最大化原则行事。Grossman 和 Helpman 还将"保护待售"模型扩展到国际层次。他们认为国际贸易政策不仅仅是国内利益集团和政府之间博弈的结果，还涉及两个国家之间的关系，特别是大国的贸易政策的制定，会导致他国的反应。

（三）寻租模型

"寻租"亦被称为"直接非生产性寻利活动"（DUP），Bhagwati（1982）将它定义为通过从事直接非生产性活动寻求利润（收入）。也就是说，它们产生货币收益，却不生产直接或间接进入通常效用函数中的产品与劳务，也不生产投入这些产品与劳务的投入品。寻求关税好处的院外游说活动，即通过改变关税及要素收入来获得金钱收入就是一种典型直接非生产性活动。[①] 贸易政策的政治经济学模型中有不少是关于影响贸易政策的寻租活动的。

Krueger（1974）使用"寻租"一词研究了进口权力带来的垄断租金问题，从而引发了大量的关于国际贸易中寻租问题的文献。此后 Magee、Brock（1978）开始用博弈论的方法对关税的政治经济学做一般分析。他们认为关税是内生决定的，内生关税的各种成本使生产可能性边界向内移动。Bhagwati、Srinivasan（1980）从不同角度讨论了这一问题：假定关税是独立确定的，但收益不是按照最初确定的规则分割，在收益分配出现资源使用的寻租活动。而 Feenstra、Bhagwati（1982）进一步改进了这一模型，提出内生关税的一般均衡模型，把政府与利益集团的游说活动模型化了。Feenstra、Bhagwati 的模型描述的是一个经济行动者（受进口竞争损害）在 2×2 的 H－O－S 模型中从事游说活动。他们假定存在着两个层次（two-layer）的政府：游说过程与另一个政府部门（例如立法部门）互动，实施一种游说关税；另一个政府部门（例如美国总统）用其后的关税收益收买游说者，使之接受一种不同的、更高福利的有效率关税。收益收买加上在有效率的关税下从市场上挣得的收入使游说者获得了与游说关税相等的收入。[②]

四、内生关税模型的比较

除了上述关于贸易政策政治经济学理论的分类以外，由于早期多数研究集中于贸易保护主义，特别是关于关税税率的水平和结构的政治经济决定因素以及决策机制方面，因此也将这部分的贸易政治经济学理论称为"内生关税"理论（endogenous tariff theory）。内生关税理论是贸易政治经济学理论中发展最为成熟的部分，盛斌（2002）对此做了很好的总结，具体参见表 10. 2. 1。

表 10. 2. 1　　内生关税模型的比较

模　型	需求分析		供给分析		均　衡
	收入分配效应	利益表达方式	政府目标	制度约束	
芬德雷—威尔茨模型（Findlay and Wellisz，1982）	特殊要素模型	利益集团院外游说	—	—	非合作博弈纳什均衡

① 该变量代表着产业克服搭便车问题组成利益集团的能力，数目越少，组成利益集团的可能性越高。

② 政府拥有 NTB 的租金情况取决于不同的措施：VER 条件下，租金落入外国人手中；进口许可证如果是通过公平拍卖的方式分配的，则政府掌握全部租金，否则政府只能掌握部分租金。FBW 利用极大似然估计和最小距离估计法，得出美国政府只拥有了 72% ~75% 的贸易政策租金的估计。

续表

模型	需求分析		供给分析		均衡
	收入分配效应	利益表达方式	政府目标	制度约束	
施蒂格勒—帕尔兹曼模型(Stigler, 1971; Peltzman, 1976)	特殊要素模型	—	政治支持函数（取决于绝对收入）	—	求解政治支持函数最大化
希尔曼模型(Hillman, 1982)	特殊要素模型	—	政治支持函数（取决于与自由贸易相比的收入）	—	求解政治支持函数最大化
朗和伍斯登模型(Long and Vousden, 1991)	特殊要素模型	—	政治支持函数（取决于与最近政治均衡相比的收入）	—	求解政治支持函数最大化
梅耶模型(Mayer, 1984)	H-O-S模型特殊要素模型	投票	全民公决	投票制度	中间选民票数占优均衡
马吉—布洛克—扬模型(Magee, Brock and Young, 1989)	H-O-S模型	利益集团政治资金捐助	选举概率函数	两党制	两阶段非合作博弈纳什均衡
一般均衡模型(Pant, 1997)	特殊要素模型	利益集团院外游说	合作与非合作博弈相比净收入最大化	集权政府民主政府	合作博弈的一般均衡
芬斯特—巴格瓦蒂模型(Feenstra and Bhagwati, 1984)	H-O-S模型	利益集团院外游说	社会福利最大化	—	政府与利益集团斯塔克伯格博弈均衡
格罗斯曼—赫尔普曼模型(Grossman and Helpman, 1994)	特殊要素模型	利益集团政治资金捐助	政治资金收入与社会福利之和最大化	公共代理制国际贸易制度	两阶段非合作博弈纳什均衡或合作博弈均衡

五、总结

归结起来，贸易政策的政治经济学研究有两个重要原则：个人主义的方法论以及效用最大化的目标函数。贸易政策的政治经济学也可看作是公共选择理论的发展，它纠正了公共选择理论只注重选民和政策制定者的缺陷，把利益集团看作是个人与政治的中介，利益集团的形成和发展是个人理性选择的结果，而利益集团的游说或捐献活动会对贸易政策的决定产生重要影响。

虽然有政治学家（Mitchell and Muger, 1991）批评利益集团的经济学研究过于抽象化，复杂数学计算得到的结论很多只不过重复了政治学家们的论点，但事实上，正是经济学的模型为这些论点提供了微观基础，使其逻辑更加严密。当然抽象的经济学模型在解释复杂多样的现实时总会遇到许多困难，例如现实中利益集团影响贸易政策的途径和方式是多种多样的，但在现有模型中，利益集团影响方式往往是单一的（提供金钱或信息），而没有综合研究不同方式。此外现有研究对一些基本的问题还没有清楚的解释或存在巨大分歧。例如个人如何组成（或被分成）不同的利益集团、个人行为怎样受利益集团的影响等等；另外模型中设定了许多抽象的函数。作为一个新兴的研究领域，贸易政策的政治经济学的理论研究还有很长的路要走。

第三节　其他贸易政策形式的政治经济学分析

关税保护是作为贸易政策的主要形式来进行研究的，但在现实中贸易干预手段是多种多样的，例如配额、进口许可证、自动出口限制和政府采购等。新古典贸易理论大都侧重于分析这些不同贸易政策之间的福利差别，例如巴格瓦蒂（Bhagwati，1965）比较了在不同市场结构下关税与进口配额之间的福利效应，从而推翻了两者对经济效率具有“相同性”影响的早期论断。但是从贸易的政治经济学的角度考察，传统分析存在两个重要的缺陷：一个是这些非关税壁垒是如何“内生”出来的，而不是事先就假定已经存在了这些手段；同时在关税和不同形式的非关税壁垒之间有福利效果的排序，例如一般认为关税的福利效果优于配额，而后者又好于自动出口限制，但为什么有时政府偏偏要选择自动出口限制或配额这些更“次优”的方式呢？另一个问题是通过贸易政策进行收入分配显然是十分低效的（Dixit，1985）。一次性收入转移或者税收—补贴政策（就像“一般扭曲理论”所分析的那样）都是更直接和有效的手段，但政府却为什么不使用呢？传统的分析只是以简单的前提假设方式排除了政府利用直接手段的可能性，这无疑是缺乏说服力的。贸易的政治经济学为解答这些问题提供了部分答案。

一、非关税壁垒的内生化过程

无论政府是出于社会福利函数的考虑还是出于寻求政治支持的考虑，关税的功能都在于抵消外部冲击的竞争——进口品价格的下降。因此制定具体的关税率就要准确地了解国际市场价格变动的情况，但这既需要高昂的信息成本，也需要政策实施者动态的追踪和监控以随时调整税率。相比之下，配额和许可证制度只需将进口额限制在进口冲击之前的水平上即可（Deardorff，1987）。另外，就算政府准确地设定了抵消性关税，只要外国企业进一步提高生产技术和效率或者国内生产厂商继续衰退，生产进口竞争品的部门仍然可能面临潜在的冲击。所以对于风险厌恶者来说，数量限制是比关税（价格机制）更为保险的手段，因为它进一步减少了市场的不确定性。罗利、索贝克和瓦格纳（Rowley、Thorbecke 和 Wagner，1995）还指出，由于关税保护具有公共物品的性质，如果行业的进入壁垒较低，现有厂商将不能阻止新厂商进入受保护的行业，于是预期的利润或租金会被耗散。而在数量限制下那些厂商数目少、集中度高和组织严密的行业能够更持久地从政府的配额分配中获益，而将新厂商挡在大门之外。最后，在一个金融抑制的经济中，排他性的配额和许可证可以作为一种附属担保品，使它的拥有者更容易在资本市场发育不成熟的金融系统中获得资金，而对于政府来说配额又是“一种实行社会主义或干预主义指令的间接的方法”（麦金农，1997）。

二、自动出口限制的政治经济学分析

自动出口限制（VER）在 20 世纪 70、80 年代以来成为了最受欢迎的保障措施（Kostecki，1987），它长久以来作为“灰色区域”被广泛应用于制成品的国际贸易中（如纺织品和服装、钢铁、汽车等）。尽管 GATT 规定政府如果实施或谈判这种措施即为非法（GATT，1994b：434），但是自动出口限制未引起任何正式的这个扭断解决案件（Kostecki，1999）。第三国出口商，包括与其已经结束有关产品最初关税减让谈判的“主要供应商”也都没有兴趣反对限制竞争者的自动出口限制。

从经济学的角度看，受影响的出口商倾向于接受自动出口限制，这要比另外一种选择——通常为反倾销税要好得多。因为自动出口限制能使出口商自愿地削减其对市场的供应，而不是多交关税使收益被征税国政府获得。而从政治经济学的角度来说，这是国际贸易制度约束的结果。由于出口限制是“自愿”的，它并不违反贸易中的歧视原则和非数量限制原则。同时它把那些“市场扰乱”的出口供应商作为目标而有针对性地进行贸易限制，而不必担心其他供应商所在国家政府的贸易报复（弗雷，1984）。Krishna（1989）证明了自动出口限制实质上是国内外垄断厂商的合谋行为的表现，因为出口商可以通过限制出口来提高国际价格并实现“质量升级”（quality upgrading）以及享有出口配额的垄断权以阻止国内新出口商的进入，对于外国进口竞争厂商来说，也能借此机会削减产量并提高国内垄断价格。因此自动出口限制对国内外垄断厂商是一种双赢战略，但消费者却为此付出高昂的福利代价。自动出口限制与配额相比，垄断租金将由进口国政府或厂商转移到出口国政府或厂商手中，所以出口商将向本国政府进行游说以希望达成自动出口限制协定，它表明在影响贸易政策决策的利益集团中外国政府或厂商也是一支不容忽视的力量（Hillman 和 Ursprung，1988）。另外 Rosendorff（1996）建立了一个描述从关税保护转变到自动出口限制保护的政策内生过程的模型。该模型假设政府的目标函数由消费者剩余、利润和关税收入构成，其中利润代表利益集团的收益，其他两部分代表公众（消费者）的利益，它们在政府目标函数中分别占有不同的权重。政府在受到来自院外活动和选民支持的双重政治压力下寻求选举概率的最大化。当公众利益权重在目标函数中占有较大比重时，最佳关税率是政府选择的贸易政策，但随着利润权重在目标函数中所占的比例逐渐提高，关税率也相应上升，最后当其权重超过一定的门槛值时，自动出口限制将变为政府最优的贸易政策。

三、保障措施的政治经济学分析

保障措施作为国际贸易政府管理的决策，又是国内利益集团政治过程的决策机制的产物。各国利益集团可分为两种：一是面对进口竞争，要求得到国内贸易保护；另一种是要求更多地进入国外市场，以利于出口竞争。如果贸易保护的利益集团在政治上占据上风，那么实施保障措施的机会将会增加。政治决策者顺应院外活动力量的变化来确定政策取向，消费品产业等进口所占比例较高的产业、纺织业等就业人数多的产业和钢铁、汽车等寡头竞争产业易于得到更多的保护。利益集团决定关税结构，各种产业对贸易保护的游说活动有着不同的收益和成本。对最终消费品征收的关税一般高于中间产品和原料，这归结为分散的消费者利益集团受困于免费搭车而缺乏政治组织力量；也可解释美国和加拿大的保护格局，即政府存在偏袒组织得好的、与进口竞争集团的倾向。由于收入再分配效应的存在，保障措施的实施所带来的是收入从本国丰裕的要素向该国的稀缺的生产进口竞争产品的生产要素的再分配，会带来不同的经济利益集团之间的矛盾。贸易政策的政治经济学分析可以解释保障措施作为政策工具的运用。Krueger（1974）认为，政府的关税政策旨在保护民族工业的发展，但是当国内市场被少数企业垄断时，这些企业可能就没有强的激励去改进技术，增强市场竞争力，从而使关税政策成为对寻租行为的保护。在贸易政策工具选择上，各国之所以选择直接让国外承担保护成本的保障措施等造成更大福利损失的，而不运用最优或次优的政策工具，是因为贸易政策的决策者更多地从政治上考虑其影响，政府政策焦点本应是国民经济宏观管理，但实际却偏向单个产业部门。

Deardoff（1987）认为政治现实，特别在处于从高度扭曲的贸易体制向更为自由的政策立场转变的过程中的国家，往往决定了要有一种机制的存在，以允许在来自进口产品的竞争过于激烈而使得结构调整超出社会承受能力的情况下再度实行临时保护。事实上，这种保障机制很可能是使深远的贸易自由化在政治上能够通得过的前提条件。社会倾向于同情那些受到来自外部巨大冲击影响的集团，这种保险的动机与被称为保守的社会福利职能互为补充，即政府倾向于反对使社会的任何重要组成部分的实际收入大量减少。一般说来，采取保障措施的程序是由生产有关产品并受到进口不利影响的国内产业部门或利益集团启动的。政治影响力以及利益集团从保护中所获得的潜在利益的大小，往往决定了美国现实贸易政策的选择。在美国由于纺织服装、汽车和钢铁工业的劳动力人数众多，这些产业都享受着贸易的保护，欧洲的经验也倾向于证实这种判断。产业政策似在延长受到进口竞争的面临淘汰的产业部门的痛苦，而不是促使他们转变为新产业部门。如果得到与进口相关的补救的标准太严格的话，保障措施机制就不能成为一个释放保护主义压力的有效的减震器；但如果标准太低，国内任何产业在面对进口压力时都有资格获得暂时的保护，政策制定者面临的挑战是如何实施保障措施又不危及开放的市场中实现平衡。

另外由于存在旨在延长和再次实施保障措施的政治压力，保障措施妨碍产业结构调整的可能性正在上升。以美国为例，从 20 世纪 70 年代起根据《贸易法案》201 条授权，数次对钢铁业实行保障措施。在长期实行保障措施的情况下，高度组织化的美国钢铁业雇员的工资水平远远超过了制造业的平均水平，其结果是美国钢铁业因其价格竞争力一直无法回升而陷入恶性循环。这种慢性保护措施对于美国钢铁业来说，非但没有形成迅速调整结构进行改革的压力和刺激，反而造就了它苟延残喘的外部环境。实施保障措施是为了给产业重建争取时间，但一旦保障措施被反复使用，就很可能使被保护产业和产品的队伍日益扩大。

四、出口补贴的政治经济学分析

Garder（1996）对美国小麦的出口补贴政策进行了分析。在里根政府时期，美国为了与欧共体的农业补贴政策相抗衡及提高本国小麦的出口竞争力，于1983年实施了补贴小麦出口的出口促进计划（Export Enhancement Program，EEP）。Garder对出口促进计划（EEP）实行后各种利益集团的损益情况进行了分析，研究表明：（1）最大的受损方是小麦的购买方（包括面粉厂主、牲畜饲养者及消费者等），每年的损失约为2.5～6亿美元，但是这些购买方对该计划并没有在政治方面提出有影响的反对意见。因为虽然从数量上讲小麦购买方的损失十分巨大，但是分摊到每个消费者身上，每年因此而造成的损失只有1～3美元。（2）EEP计划的受益方是美国的小麦生产者，他们在政治上的立场十分一致，通过各种有效途径来影响美国国会农业委员会的决策，加之购买方没有提交反对意见，最终出口促进计划得以通过。上述实证研究支持了利益集团模型（Olson，1965）的推断，即由于大集团很难克服搭便车问题，因而大集团（比如消费者集团）中存在着任何集体物品也无法提供的倾向；而小集团（例如几大小麦生产商）则能够通过成员自发和理性的行动而组织起来，向政府游说，使政策偏向于利益集团成员的利益。

五、政府使用低效的贸易政策作为收入分配的手段的原因

Rodrik（1995）认为，较低的信息成本和收入再分配的政治成本是促成政府更青睐于贸易政策的最主要原因。具体地说，在信息成本方面，一次性收入转移和税收—补贴方式虽然符合“特效法则”并能够实现帕累托最优，但这样做将使财政资金的来源和使用非常透明地展现在公众面前（比如通过国家的预算计划），因此也就更容易受到某些人的反对和攻击。而贸易政策则是一种比较隐蔽的、通过相对价格变化来进行收入分配的途径，缺乏专业知识的人不易明显地觉察到福利变化和成本负担（Baldwin，1982，1989；Hillman，1989；Rowley、Thorbecke 和 Wagner，1995）。马吉、布洛克和扬（Magee，Brock 和 Young，1989）将这种情况称作“最优模糊准则”（principle of optimal obfuscation）。使用直接收入分配政策还必须搞清哪些人需要进口竞争的补偿及其确切的补贴数额，因此要建立专门的行政机构来估算、决定和实施补贴（Baldwin，1982），同时政府还要知道厂商和个人的生产和消费水平的大量微观信息（Feenstra 和 Lewis，1991）。相比之下，贸易政策只需掌握进口价格的变动（关税）或确定一个事前的进口限制量（配额和许可证）即可。在收入再分配的政治成本方面，贸易政策比直接政策也要更低一些。比如采取税收—补贴方式必须首先向那些从自由贸易中直接受益的人征税，然后再以补贴方式转移到从贸易中受损的人手里，在累进制税收体系下高收入阶层（往往也是一些利益集团）将付出更多的税款。相比之下，关税变相地向所有使用进口

品的人征所得税以补贴进口竞争行业，成本的社会负担变得更平均，故而受到利益集团的欢迎（Baldwin，1982；Mayer 和 Riezman，1990）。

此外对于那些财政状况不佳或财政制度运转不好的政府来说，国内征税和补贴政策的敏感性很高，而贸易保护相比之下无疑是“廉价”的。Grossman 和 Helpman（1994）认为，当院外集团竞争非常激烈时，采取低效的贸易政策进行收入分配可以减少每个集团需要捐助的政治资金，即为了实现收入分配的目的，向政府购买关税保护政策的“价格”要低于直接收入转移政策。此外 Rodrik（1986）还建立了一个比较关税和补贴内生化选择的政治经济模型，它表明关税保护导致的隐含的收入转移额和补贴政策下显现的补贴额本应是相同的，但考虑到在寻求关税活动中的“搭便车”难题，将使最终的关税率要更低些，这意味着关税方式下的收入转移成本较低。总的说来，对贸易政策形式的选择以及它们与直接收入转移政策之间的比较研究仍然是贸易政治经济学领域的一个弱点，这表明对不同贸易政策形式内生化的政治过程还没有充分的认识。许多分析还是以只能够获得唯一的贸易政策为前提假设，认为不同政策形式之间的效果是等价的，并简单地排除了政府使用其他直接性收入分配政策的可能性。因此贸易的政治经济学对现实中间接（低效的）分配政策优于直接（高效的）分配政策、福利水平低的贸易政策（如自动出口限制）优于福利水平高的贸易政策（如关税）的“奥秘”尚有待于进一步研究。

第四节 区域经济一体化及多边贸易体系的政治经济学

一、区域经济一体化的形成理论

（一）完全竞争的两国模型

Grossman 和 Helpman（1995）把他们的“保护待售”的分析框架运用到两国的自由贸易协定领域。最初每个国家都遵守 GATT 的最惠国条款，不考虑产品的来源地，对所有的商品征收相同的关税。现在考虑两个国家达成自由贸易协定（FTA）的情况。假设两国相对于其他国家来说，规模较小且每一个国家都生产单位商品和 n 种其他商品，所有出口商品的最初国内价格被标准化为 1。假设单位商品只使用劳动一种要素，而其他商品则使用劳动与部门特定要素通过不变的规模收益生产出来。另外假定特定要素的所有权在人口中是高度集中的，这样就可以保证部门 i 中的特定要素所有者组成一个特殊利益集团，他们将积极参与最大化联合福利的政治行动。政府的目标函数是利益集团的政治献金与全社会的福利之和。每个游说集团都代表一个拥有特定要素的部门，并寻求自身福利的最大化。在博弈中，游说集团先行动，政府后行动。利益集团的捐献是政府选择的关税向量的函数。当权政府选择是同意（F）还是反对（N）签署自由贸易协定。利益集团不会对两个政策结果都许诺正的捐献，而是提供给政府当其偏好的政策被选择后的政治献金。利益集团非合作地制定捐献，而政府则面对一系列的捐献，按照贸易情况决定自己的立场，研究分为两部分进行。

首先是考虑一国内部的政治关系，即国家的单边姿态，得出的结论为：一方面，对于 F、N 两种体制来说，只要产生相对较高福利的体制所带来的收益超过单一部门的最大损失时，政府将不受利益集团的影响，从而选择最优体制。而利益集团也意识到其不能改变政府的选择，因此提供的政治献金为0。另一方面，在利益集团之间存在着最低协调的情况下，政府将选择使组织起来的利益集团和政府的联合福利最大化的体制，并且能得到至少一个利益集团的捐献支持。接下来考虑已经单边决定签署自由贸易的两国能够达成自由贸易协定（FTA）的限制条件。一是两国的潜在贸易量要接近平衡。因为一国对自由贸易区的出口就是另一个国家的进口，要达成自由贸易协定（FTA），必须克服相对立的政治压力。因此每个国家必须存在足够数量的潜在出口者，他们通过游说支持政府达成自由贸易协定（FTA），从而抵消贸易转移的潜在损失。另外一个重要的限制条件就是将某些政治上敏感的部门排除在自由贸易协定之外。

（二）单部门局部均衡模型

Krishna（1998）通过单部门的局部均衡模型对不完全竞争情况（古诺模型）进行了分析。在模型中，不同国家的公司在市场上展开竞争。假定政府制定政策时以国内公司的利润为出发点，从而生产者决定了政策的结果。最初每个国家都遵守GATT的最惠国条款。有两个国家需要决定是否达成一个自由贸易协定（FTA）。这样为了使两国政府都同意建立一个FTA，每个潜在的成员国国内公司的利润必须提高。Krishna（1998）的研究表明，贸易转移的程度越大，FTA协定被接受的可能性也就越大。因为当一个FTA达成以后，每个成员国都因为能进入伙伴国市场的关税优惠而获益（从公司利润的角度来说），但也会因为给予对方进入本国市场的优惠待遇而受损。如果没有贸易转移，这就如同一个零和博弈的情形。因此如果成员国能够在同盟外的市场份额没有受损的情况下，获取同盟外国家在同盟内的市场份额（贸易转移），他们就能够得到正的净收益，从而FTA就可能被接受。

二、多边贸易体系的政治经济学

（一）多边贸易谈判

伯纳德·霍克曼，迈克尔·考斯泰基（1999）将多边贸易谈判的过程分解成催化、谈判前、谈判、谈判后等四个阶段，分析了利益集团对不同阶段的影响。在催化阶段，各国政府、企业家和官僚机构进行国内协商以确定兴趣所在、优先事项和可能的妥协；在谈判前阶段，各方对正式谈判的议程进行讨论，商定的议程将对正式谈判的参数加以约束；在谈判阶段，政府对政府间的讨价还价开始，同时利益集团也参加进来，他们根据议程设置的隐含参数，游说谈判者，使他们对不同政策的偏向发生变化，最后根据谈判的策略、战术和时间限制产生协议的正式草案；在谈判后和实施阶段，常见的情形是执行和谈判的内容并不吻合，因此监督机制和争端解决程序的优先性、正式协议文本的用词的精确性便显得很重要。由此可以看出在谈判整个过程中政府不得不考虑利益集团提供的政治约束，而政府完全追求国家福利最大化的情形很少见。另外对一国来说，与其议题想法相似的国家结成同盟或俱乐部，这个策略不论对大国还是小国来说，都很有用。对大国来说，结盟可以有效避免搭便车问题及降低谈判交易的成本；对小国来说，结盟有助于提高潜在的谈判力量。

（二）多边贸易体系的形成

Bagwell 和 Staiger（2002）利用大国模型对多边贸易体系的形成进行了政治经济学分析。大国条件下，一国可以改善自己的贸易条件，但由于大国通过进口关税以改善自身的贸易条件是以其他国家福利损失（以及无谓损失）为代价的，所以从世界效率的角度来说，各国应竭力避免采取这种措施。Bagwell 和 Staiger 据此认为这种结果的出现将使国际机构如 GATT/WTO 的角色显得十分重要——它们可以抵消或减少操控贸易条件的动机。此外关税变动的效应可以分为成本转移效应和贸易条件改善效应。如果关税的提高不改变国内消费者的负担，那么关税的成本全部由国外出口商承担，此时世界价格的变动依然能够提高高关税国家的福利。在此基础上，只要存在成本转移效应，那么无论小国还是大国以及关税是否对世界价格造成影响，政府出于国民福利最大化的目标都会通过选择单边关税来追求政治上（或收入分配上）的目标，因此一国的单边贸易政策必将背离自由贸易的原则。另外在关税转移效应存在的情况下，一国贸易政策的外部性就成了另一国市场价格扭曲的根源。而政策的外部性所造成的内部市场的价格扭曲是一国国内政策无法解决的，这使得贸易领域中国际经济协调机制也有存在的必要。另外在关税领域中，两国的关税减让虽然克服了一国关税政策的外部性对另一国经济的影响，但与此同时，关税提高所带来的贸易条件改变的利益也会因此而消失，因此 Bagwell 和 Staiger 强调世界贸易体制带来的是互惠的自由贸易利益。

第五节　贸易政策政治经济学的实证研究

一、贸易政策政治经济学的早期实证研究

早期的实证研究大多数限于推断贸易政策和各种根据理论模型得出的影响变量之间关系的回归分析。由于计量技术手段的落后，早期的实证研究成果往往并不令人信服；它的贡献在于表明了保护水平与政策和经济变量之间存在着某种联系，为内生贸易保护理论提供了相应的证据支持。这些实证模型的理论来源见表 10.5.1。

（一）理论模型及假设推断

表 10.5.1　　实证模型的理论来源

模型名称	代表性研究	基本思想	假设、推断
利益集团模型	Olson（1965，1983），Stigler（1971）Peltzman（1976）Pincus（1975）	资本家受到利益驱动而游说政客，以使政策向利于其自身利益的方向变动。例如进口部门的资本家回去游说政府采取贸易保护措施。	一个行业里有少数几家公司、较高的地理和卖方集中度、在收入和就业水平受到冲击时组成利益集团的可能性较高；某一行业的保护水平与该行业产出增长率负相关、进口渗透率及抵抗自由化的能力正相关。
选举最大化模型	Cave（1976）	选举力量的强弱是决定保护程度的关键因素。	当选的官员倾向于支持那些拥有大量选民的行业，保护水平与该行业的就业人数成正比。

续表

模型名称	代表性研究	基本思想	假设、推断
维持现状模型	Corden（1974） Lavergne（1983） Deardorff（1987）	强调政府的目标是避免某个重要的社会组成部分因贸易而出现实际收入绝对大幅下降的情形，贸易保护措施则是可以满足上述约束的次优选择。	目前的保护水平依赖于过去的保护水平、且与进口渗透率正相关；关税水平的变化与该行业工人适应关税削减能力的情况（如年老、低技术、郊区工人所占的比例）正相关。
社会公平（正）模型	Ball（1967） Constantopoulos（1974） Fieleke（1976）	出于社会公平的动机，政府还通过保证最低收入团体的相对生活水平的方式来减少不平等的程度。	在那些年长、低技术工人占较高比例、失业率上升以及进口渗透率增加的产业，应该有较高的保护水平和较低的关税削减。
外交政策模型	Helleiner（1977）	一国在贸易中的讨价还价能力是贸易保护政策的重要决定因素。	一国将易对它有着巨大直接投资的贸易伙伴国降低其关税壁垒，因为讨价还价能力可以由一国限制投资收益的回流或降低投资收益来代表。

（二）实证研究的成果

在早期的实证研究中，最具代表性的研究是 Baldwin（1985），他利用截面数据分析了 1976 年美国工业的关税水平情况。但是这类研究被认为是存在计量方法上的巨大缺陷，其中最主要的两个问题是回归的内生性（regressor endogeneity）和缺少稳固的敏感性分析，这使得人们很难相信得出的结论，只能说为保护水平和政策、经济变量之间存在着某种联系提供了初步的证明，而比较好地解决了这两个问题的研究是 Trefler（1993）关于非关税壁垒保护的研究。下面以表 10.5.2 的形式详细介绍 Baldwin（1985）、Trefler（1993）的研究成果。

表 10.5.2 实证研究成果

	变量关税关税削减非关税壁垒				
	Baldwin (1)	Baldwin (2)	Baldwin (3)	Baldwin (4)	Trefler (5)
集中度					
卖方集中度	0.000 2		-0.65		0.53**
卖方公司的数目	-0.46**		-0.32	-0.14	-0.22*
规模（产出/公司）				-1.83**	
买方集中度				1.13**	
买方公司的数目				-0.06**	

续表

	变量关税关税削减非关税壁垒				
	Baldwin	Baldwin	Baldwin	Baldwin	Trefler
	(1)	(2)	(3)	(4)	(5)
集中度					
地理集中度				0.11	
贸易					
进口渗透率		-0.02		0.17	
进口渗透率变化		0.26	0.03 **		
ln（进口渗透率）①			0.54	-0.03 **	
出口/增加值				-1.82 **	
出口/出货量	0.34				
资本					
资本存量			0.62		-0.27 **
劳动力					
工资	-0.16 **			-0.13 **	
低技术工人/全体工人		0.14 *	0.97 ***		
生产工人/增加值		0.03 **			
工会			0.1		
就业	0.94 *			0.51 ***	0.08
所有权（tenure）					-0.01
就业变化比例	0.84			-0.11	
工程师、科学家比例					1.63 *
白领比例					0.4
技术工人比例					-0.31
中等技术工人比例					0.15
低技术工人比例					0.9
失业率					1.22 *
劳动密集度	0.19				
其他变量					
产业增长				0.03	
外国税收信誉/资产（foreign tax credit /assets）			1.1	9.9 **	
关税水平				-0.13	
非关税壁垒频数比（coverage ratio）	0.46 **	0.61 *	0.03 *		
常数	0.26	0.15	-0.81	-0.14	
观测值个数	292	292	292	292	322

说明：Baldwin 研究中，（1）（2）栏的因变量是东京回合之前的关税水平；（3）（4）栏的因变量是东京回合之后的平均关税削减水平，用负数表示；在（5）栏 Trefler 的因变量是 1983 年的非关税壁垒情况；* 代表显著水平为 10%、** 代表显著水平为 5%、*** 代表显著水平为 1%。

① 潜变量（latent variable）为无法直接测量的变量。

从表 10. 5. 2 中 Baldwin 关于关税水平的研究中可以看出，“工资”变量的系数为 -0. 16，显著水平为 5%；这意味工资较低的行业倾向于受到较高的保护；“低技术工人/全体工人”变量的系数为 0. 14（显著水平为 10%）、“生产工人/增加值”变量的系数为 0. 03（显著水平为 5%），这意味在低技术工人所占比例较高以及劳动在单位产出中的比重较高行业倾向于受到较高的保护，这支持了“社会公平”模型的推断。另外，从某种程度上来讲这也同样支持了“维持现状模型”。“选举最大化”模型的推断也得到了验证：保护水平与“就业”变量正相关（系数为 0. 94）。由于“卖方公司数目”变量①的系数为 -0. 46，又符合了“利益集团”模型的推断。在关于关税削减水平的研究中，上述模型均能找到支持因素；且“外国税收信誉/资产”变量的系数为 9. 9，所以“外交政策”模型也得到了支持。

虽然 Baldwin 的研究表明内生贸易政策理论的几个模型都有可取之处，但是由于计量方法方面的缺陷，使得结果并不令人信服。Trefler（1993）之前的实证研究大多与 Baldwin（1985）类似，都是将非关税壁垒方程与进口方程分别加以考察，忽略了单方程估计中存在的解释变量（如政治经济指标）的内生性问题。而根据贸易政策政治经济学理论，进口水平也会影响保护的程度。因为一旦削减关税和非关税壁垒，受影响的进口竞争行业的游说活动就会增强。如果这一游说努力获得成功并因此出台了新的贸易保护主义措施，进口可能就不会有多大的增长。因此解释变量是有内生性问题的。Trefler（1993）根据贸易政策的政治经济学理论建立了非关税壁垒（NTB）方程和进口方程的联立方程组来克服单方程估计的缺陷。从表 1 中可以看出，总体上他与 Baldwin（1985）的研究是很类似的，同时还可以看到由于“出口/增加值”变量的系数显著为负，这表明传统的比较优势理论也是成立的。Trefler（1993）估计出 1983 年美国非关税壁垒大约限制了 500 亿美元的进口、相当于增加了 20% ~40% 的从价税，这一数字大大超过了单方程估计的结果。Lee-Swagel（1997）也通过类似的研究得出了大致相同的结论。此后的实证研究中，很多学者如 Goldberg & Maggi（1999）、Gawande & Bandyopadhyay（2000）、Faccini、Biesebroeck、Willmann（2005）等均采用 Trefler 的这种方法来处理解释变量的内生性问题。

早期实证研究表明内生贸易政策的几个模型均有合理性，有没有优劣之分呢？Gawande（1998）对这几个模型进行了比较，他的结论是包含了所有由内生贸易政策理论推出的变量的计量模型的解释力最高。但是具体模型的比较则由于存在着缺陷，即变量的“重叠替代”问题，（overlap proxy），即一个变量同时成为多个理论模型的“代理”指标，例如利益集团模型和社会公平模型都认为保护水平与“进口渗透率”变量相关联；“低技术工人比例”变量与保持现状和社会公平两个模型的推断有关；所以仅仅依据这些变量系数是否显著很难具体分离出各个模型的独立影响，因此 Trefler 的研究结论只能是为贸易政策的政治经济学理论提供了一定的实证支持，而最近几年针对“保护待售”模型的实证研究则很好地解决了变量的重叠替代问题，实证结论的说服力也大大提高了。

---

① 雅各布·瓦伊纳．倾销：国际贸易中的一个问题．北京：商务印书馆，2003.

二、后期实证研究的发展

在克服了变量重叠替代问题，分离出对应于贸易政策结果的特定的和能用于实证检验的变量时，理论模型才能得到更好地验证。在后期的实证研究中，被检验最多的是中间选民模型和保护待售模型。

（一）中间选民模型（Median-Voter Model）

Mayer（1984）将公共选择理论中的中间选民定理应用到贸易政策的决定中，提出了中间选民模型。该模型将贸易政策即关税税率的确定看作是全民投票结果，当没有投票成本时，中间选民的最优关税率就是国家的关税税率。在两部门、两要素的 H－O 模型的基础上，Mayer 分析了消费者偏好、要素分布以及关税收益分配都给定的条件下，个人以及中间选民的最优关税税率，得出了资本丰富的工业化国家应该征收进口关税，而劳动丰富的发展中国家应该提供进口补贴的结论。

与中间选民模型的这个预测相反，实践中进口补贴非常少见。而 Dutt & Mitra（2002）则巧妙地将不平等的程度与中间选民的资本—劳动比率联系起来，用中间选民模型来比较各种收入不平等国家的状况。由中间选民模型推出的结论是——对进口劳动密集型产品的资本丰富的国家，不平等程度的增加将会导致较高的关税；反之，对进口资本密集型产品的劳动丰富的国家，不平等程度的增加将会导致较低的关税或补贴增加。该结论的一种不很严格的表达则是，在工业化国家中不平等程度的增加将会导致贸易政策更加保守，而发展中国家中不平等程度的增加将会导致贸易政策更趋开放。

Dutt & Mitra 通过对下式进行回归检验了这一预测：

$$TR = \alpha_0 + \alpha_1 \mathrm{INEQ} + \alpha_2 \mathrm{INEQ} \times (K/L) + \alpha_3 (K/L) + \varepsilon \tag{10.5.1}$$

其中 TR 为贸易限制措施；INEQ 为国家中的收入不平等状况；K/L 为一国的资本—劳动比率。中间选民模型的预测为：对于较低的资本—劳动比率（K/L），导数 $\frac{\partial \mathrm{TR}}{\partial \mathrm{INEQ}}$ 应为负；反之为正。这需要 $\alpha_1 < 0$，$\alpha_2 > 0$，且拐点处满足 $(K/L) = -\alpha_1/\alpha_2$。Dutt & Mitra 的研究表明：（1）对于几种不同的贸易限制措施 TR，α_1、α_2 的符号符合预期，即证实了 $\alpha_1 < 0$，$\alpha_2 > 0$。（2）对于样本中的发展中国家来说，收入不平等的拉大导致了较低的关税税率；而发达国家中，收入不平等的拉大导致了较高的关税税率。（3）在样本（韩国）中，其拐点处的 K/L 非常接近中间选民的 K/L。因此该研究可以视为在 H－O 模型里为中间选民框架提供了有力的支持。此外，Dutt & Mitra 还发现上述结论在民主社会比独裁社会更加有效。

但这一结论似乎与中间选民模型最初的预测——进口劳动密集型产品的发达国家的关税应为正，而进口资本密集型产品的发展中国家的关税为负相矛盾。对此 Fernandez & Rodrik（1991）为几乎所有国家中均存在的“反贸易”偏向提供了一种解释。具体说来，他们认为即使政策真的是由多数票决定，当人们并不清楚自己究竟会成为赢家或输家的时候，他们倾向于维持现状。这种情形甚至在个人对每个行业的总收入和损失均完全知晓，但是却不能预估自己所得的模型里也会出现。因此，现实中存在着这样一种倾向——通过征收关税以抵消进口竞争的压力，并保持现有的收入分配状况。这种观点有助于弥补中间选民模型不能解释大多数国家中出现正关税现象的缺憾。

（二）"保护待售"模型

"保护待售"模型的主要结论为：（1）未组织起来的行业的关税为负（进口补贴或出口税），而组织起来进行游说的行业关税为正（进口关税或出口补贴）；（2）如果没有任何游说集团或人人属于游说集团的话，在政治上自由贸易是最优结果。

1. 对美国的实证检验

Goldberg & Maggi（1999）最早利用美国的数据对"保护待售"模型进行了实证检验，他们对下式进行了回归检验：

$$\frac{t_j}{p_j}=\beta_0+\beta_1\left(\frac{y_i}{m_j}\right)+\beta_2 I_j\left(\frac{y_i}{m_j}\right)+\varepsilon_j \tag{10.5.2}$$

其中 t 为关税率；I 为集团化变量，即如果部门 i 中组织起利益集团则 I 为 1 否则为 0；$\left(\frac{y_i}{m_j}\right)$为进口渗透率的倒数；e 为进口需求弹性（绝对值）；$\beta_1=-\left(\frac{\alpha}{\alpha+a}\right)$，$\beta_2=\left(\frac{1}{\alpha+a}\right)$，$\beta_0$ 是常数项，α 为利益集团占总人口的比例；a 为政府目标函数中赋予社会福利与政治献金权重的相对比例（$1/a$ 则为政府赋予政治献金与社会福利权重的相对比例）。因此可以将"保护待售"模型的结论表示为未组织起来行业的进口与产出之比的变动对贸易壁垒的影响 $\beta_1<0$，而组织起来行业对贸易壁垒的影响（$\beta_1+\beta_2$）>0。

Goldberg & Maggi 用美国的非关税壁垒"覆盖率"来衡量贸易壁垒$\frac{t_j}{p_j}$；使用 1981—1982 年美国国会选举中各行业捐献的一个门限值来衡量 I；而产出与进口之比则被视为内生的，采用了 Trefler（1993）的处理方法。他们利用美国 107 个行业的跨部门数据，估计了式 10.5.2。Goldberg & Maggi 估计出 β_1 为 $-0.009\,3$（0.004 0），β_2 为 0.010 6（0.005 3）。这些系数的符号均符合期望，且$(\beta_1+\beta_2)=0.001\,3>0$（但其并没有显著地不等于 0），据此求出 $\alpha=0.88$、$a=93$。在另外的估计法中，他们得出 $\alpha=0.83$、$a=53$。由此可以看出政府目标函数中消费者福利的权重 a 非常高，要比政府赋予政治捐献权重高出 50 到 100 倍左右。

Gawande & Bandyopadhyay（2000）将"保护待售"模型延展到中间投入品贸易。对中间投入品征税使得最终产品行业遭受损失，因此最终产品行业的关税应该要高一些。换句话说，就是在 10.5.2 的右端增加反应中间投入品关税的控制变量，估计方程是类似的，期望的符号也为 $\beta_1<0$，$\beta_2>0$，$(\beta_1+0_2)>0$。Gawande & Bandyopadhyay 使用了美国 242 个行业的数据库，并且同样使用了非关税壁垒作为因变量。与 Goldberg & Maggi 相比，Gawande & Bandyopadhyay 的实证研究主要改进之处在对集团化变量 I 的赋值方法方面。他们认为公司的全部政治献金并不等同于它们在贸易问题上的捐献，因此他们先运用普通最小二乘法，考察政治献金与进口额等变量之间的相关关系；然后再将那些捐献支出与贸易额呈正向关系行业的组织化变量的值定为 1。他们估计出的 β_1 为 $-0.000\,309$（0.000 15），β_2 为 0.000 315（0.000 16），这两个系数均拥有期望的符号，而计算出的政府对消费者福利的权重则非常高（$a=3\,175$，$\alpha=0.98$）。

Faccini、Biesebroeck、Willmann（2005）同样利用美国的数据对”保护待售”模型进行了实证检验。与之前的研究直接将非关税壁垒作为因变量的做法不同的是，FBW认为”保护待售”模型的本意在于分析关税的形成过程，同时关税作为政策工具也是有优点的，政府能完全掌握保护租金（rents from protection），NTB 则不行①，因此用 NTB 作为因变量得到的参数估计是有偏的。他们将因变量调整为 $ntb^* = \frac{NTB^*}{1+NTB^*}e$，

其中，$NTB = \begin{cases} \frac{1}{\mu}NTB^* & 0 < NTB^* < \mu \\ 0 & NTB^* \leqslant 0 \\ 1 & NTB^* \geqslant \mu \end{cases}$，$NTB^*$ 是反映真实保护水平的潜变量②、μ 为某一 NTB 频数比、e 为进口需求弹性（绝对值）。为了克服进口渗透率变量和集团化变量的内生性问题，Faccini、Biesebroeck、Willmann（2005）采用了 Trefler（1993）的处理方法，引入工具变量来解决这个问题。

研究的结果表明 $\beta_2 > 0$（显著水平达到了 1%），十分肯定地支持了“保护待售”模型的推断。另外 Goldberg & Maggi 模型估计出的 α 的值超过 80%，这意味着人口中有超过 80% 的人在进行贸易游说，明显与现实不符；而 Faccini、Biesebroeck、Willmann（2005）得出的估计值约为 34%，与组织起来的行业中雇用的人数比例（略低于 50%）接近，因此更符合实际情况。与 Goldberg & Maggi、Gawande & Bandyopadhyay 的研究相同的是，政府对社会福利赋予的比重依旧很高。FBW 提供了两点解释：一是政府对社会福利赋予的比重高，意味着平均保护水平低，但具体到某一个部门，实际的保护水平很高；二是由于政府只拥有了 72% ~75% 的贸易政策租金，所以漏掉的 25% ~28% 租金可能会造成实际的保护水平偏低。总的说来，Faccini、Biesebroeck、Willmann（2005）的研究支持了“保护待售”模型的推断。

2. 对其他国家的实证研究

Esfahani、Leaphart（2000）对土耳其 1998 年 23 个行业的贸易保护结构进行了分析，强调国营企业有助于行业获取政府的贸易保护支持。除了使用与 Goldberg & Maggi 相同的变量之外，他们还增加了国营企业个数在行业中的比重、国营企出投入及产业在行业中的比重等变量来衡量国营企业在获取政治支持能力的作用。他们的实证研究发现，那些面临更多进口竞争的国营企业和国营企业职工数比较多的企业，其行业贸易保护水平相对较高。

盛斌（2002）将“保护待售”模型应用于中国工业的贸易保护结构分析，他构造了特殊的政府目标函数——即政府要在价格变动对生产者的收入影响与对消费者的福利影响之间进行权衡。他将名义关税率/非关税壁垒覆盖率/实际保护率作为因变量，选取一些代表行业的政治经济指标，例如厂家数目、出口外销比、进口渗透率、资本密集

① 约翰·J·杰克逊．世界贸易体制——国际经济关系的法律与政策．上海：复旦大学出版社：284.

② 据研究，美国商务部在整个 90 年代的近 400 起反倾销调查中，只有三起被认定为不存在倾销，而且被认定的平均倾销幅度高达 60%。见 Bruce A. Blonigen, Antidumping, NBER working paper 8398. p23.

度、利税总额、地区集中度、中外方股权比、最终消费的比重等作为解释变量，运用普通最小二乘法进行估计对利益集团模型加以验证。实证结果表明，利益集团模型的解释变量估计系数显著性普遍较差，表明该模型对中国贸易政策的解释力很低，并不适用于中国。

Cadot、Grether、Olarreaga（2003）在《印度保护是否待售？卖多少？谁买？》一文中，利用印度的数据估算行业政治献金水平，并通过把估算出来的政治献金数据返回到“保护待售”模型进行检验，其检验的结果的显著水平比以往文献对美国研究的结果还要好。他们研究发现，印度政府对社会福利的关注程度是政治献金的5倍，而行业的平均捐献水平为3 300万美元，即在印度，改变行业贸易保护水平需要花费3 300万美元来游说政府。

McCalman（2004）利用“保护待售”模型对澳大利亚1968－1969年和1991－1992年两个区间内贸易自由化进程的政治经济力量进行了分析。研究发现，无论是1968－1969年的数据还是1991－1992年的数据以及两者区间内的数据，都支持了“保护待售”模型：形成游说组织的行业获得了更高的保护水平。与此同时，他还分析了模型中的结构参数：政府对社会福利的关注程度（a）和游说所代表的选民人数占总人口的比值 α，结果表明澳大利亚的贸易自由化程度随着a和 α 的增大而加深，而且 α 比a发挥着更为显著的作用。

Afontsov（2005）利用扩展了的“保护待售”模型对俄罗斯的贸易保护情况进行了实证研究。假设政府的目标函数由预算收益、关税收益、社会公众福利、政治献金所组成，对俄罗斯2002年制造行业的数据进行了研究。结果表明，俄罗斯的贸易保护水平与行业产出、就业增长率负相关，与进口渗透率正相关，而且历史关税水平高的行业会继续保持较高的保护水平。同时，对俄罗斯的研究表明，俄罗斯政府关注的首先是预算收益和关税收益，其次是社会公众福利，而政治献金则被排在最后。

总之，对“保护待售”模型的实证研究表明了政治集团确实影响了行业的贸易保护水平，在其他条件不变的情况下（ceteris paribus），组织起来的利益集团所代表的行业的关税水平，比其他行业要高。但应注意的是从“保护待售”模型中可以推出一个在进口需求弹性及进口额既定的情况下，行业的产出越高受到的保护程度就越高，换句话说进口渗透率与保护水平成反比，而这个的结论是备受争议的。Baldwin 和 Andson（1987）、Hansen（1990）等的实证研究都得出了相反的结果。Bradford（2003）则发现贸易保护水平与产业的失业状况相关，而与产出水平无关，与“保护待售”模型的推断也不符。为此，Maggi、Rodriguez、Clare（2000）对“保护待售”模型作出了修正，他们通过允许使用配额和自动出口限制（VER），同时假设税收的征收过程是有成本等得出了保护水平与进口渗透率呈正比的结论，但Maggi等修正后的“保护待售”模型的准确性还有待于进一步的实证检验。

三、其他方面的实证研究

（一）保障措施的实证研究

Corden（1974）提出了社会关注模型，Deardorff（1987）认为可以用它来解释贸易保障措施。社会关注模型的基本思想是贸易政策可以解释为政府对特定社会和经济团体福利的关注。该模型假定人们对收入增长赋以较低的福利权重，而对收入下降赋以特别高的权重。Corden 认为这种特殊的社会价值观有利于解释因进口迅速增长而受损的国内产业很容易得到贸易保护的情形。Takacs（1981）对向美国国际贸易委员会申请“保障措施”成功的案例进行了实证分析，他得出的结论是贸易保护措施受到宏观经济状况变化的显著影响，当经济增长率下降、失业率上升、设备利用率下降、进口渗透率提高、贸易收支恶化等时，保障措施被用来实施保护的可能性就会增加，证实了社会关注模型的部分推断。此外，还有一些针对保障措施的案例研究。

Read（2005）分析了美国 2002 年钢铁保障措施的决定因素及其影响。Read 将主要的决定因素归结为美国国内钢铁行业在国际竞争中处于劣势、九十年代末期美国经济下滑、钢铁行业的游说及国内政治形势的需要。他分析了钢铁保障措施对美国钢铁制造业者的直接影响（导致钢铁业的合并案增加、产量和投资增加、资本利用率提高及劳动合同方面的灵活性增加）与间接影响（根据美国国际贸易委员会的估计，造成的总福利损失为 4 160 万美元，其中政府关税收入增加了 6 499 万美元；受损最严重的部门是汽车零部件和一些配件行业）。

（二）反倾销的实证研究

Evenett、Vermulst（2005）对欧盟的反倾销政策及其演变做了分析，他们认为在欧盟的反倾销决策过程中，一国经济利益集团通过国内的政治机构施加的影响将决定该国对反倾销案的态度及投票。通过对 1991 – 2003 年间欧盟成员国在反倾销问题上投票信息的总结，Evenett、Vermulst 将欧盟内部分为两个集团：倾向于征收反倾销税集团，成员包括葡萄牙、法国、意大利、瑞士、西班牙等 5 国；倾向于不征收或较少地征收反倾销税集团，成员有卢森堡、荷兰、德国、芬兰、瑞典、丹麦等 6 国；其余的国家如比利时、英国、爱尔兰、奥地利则属于中间派。如果属于中间派的一两个国家被游说投了弃权票的话，按照简单多数的规则，征收反倾销税提案被通过的可能性就很低。这与欧盟 1999 – 2003 年间反倾销案件数目不断下降的现象是吻合的。2004 年 8 月欧盟新的反倾销投票规则，弃权票被计入赞成票中，以前那种为了避免发生矛盾而投弃权票的变通做法已经行不通了。对那些小国来说，他们将很难反对由大国集团提出的征收反倾销税提案，因此预计以后反倾销提案通过的可能性将会大大提高。

（三）外国直接投资的实证研究

Bhagwati（1985）提出了一个解释 FDI 与贸易政策关系的理论（quid pro quo FDI），指出在东道国进行的直接投资，可能是由那些将当地市场作为出口市场的外国公司进行的。为了预防当地的政客出于保护本地企业目的而采取贸易保护措施，外国公司就在东道国进行直接投资，增加当地就业，从而减少当地的威胁感。这一理论表明为了吸引到更多的外国直接投资，政客应该投票支持贸易保护。Blonigen-Figlio（1998）在实证方面进行了两项研究：一是利用 1984 – 1994 年间美国参议院在贸易问题上的投票数据，研究了 FDI 的影响；二是利用众议院在汽车、纺织服装业贸易保护问题上的投票情况，研究了 FDI 的影响。实证表明结论是不确定的，立法者们的确受到了 FDI 的影响，结果是一分为二的：FDI 的影响使得有保护倾向的立法者未来更加倾向于支持保护，而通常赞成自由贸易的立法者则更不愿支持贸易保护。

Branstter、Feenstra（2002）在 Bhagwati 理论的基础上，利用”保护待售”模型（1995）分析了中国对跨国公司的政策问题。由于中国的进口关税很少变动，因此他们利用一些与外资相关的政策如外国公司进入不同省份的情况来验证政府目标函数中的权重。

消费者的偏好可以分为两部分——一种可分的单位商品 d_0 和一个固定替代弹性（CES）加总商品 D，效用函数为 $U = d_0 + \left(\frac{\gamma}{\gamma - 1}\right) D^{(\gamma - 1)/\gamma}$，$\gamma > 0$，$\gamma \neq 1$，其中 $D = [N_h d_h^{(o-1)/\sigma} + (N_f - M)\ d_f^{(\zeta-1)/\sigma} + M d_M^{(\sigma-1)/\sigma}]^{\sigma/(\sigma-1)}$，$\sigma > 1$；$d_j$ 代表不同来源的商品——$j = h$（本国公司），数目为 N_h；$j = f$（外国进口产品），数目为（$N_f - M$）；$j = m$（在中国的跨国公司），数目为 M。σ 为各种商品之间的替代弹性，γ 为对加总商品 D 的需求弹性，$\sigma > \gamma$。假设国内产业归政府所有，国有公司的利润在政府的目标函授中占有特殊的权重。而在产品市场上跨国公司则是国有企业的潜在威胁。于是外国公司的进入与国企的利润之间就产生了冲突，而这个矛盾只有通过政府的外资引进政策才能解决。

假设各省之间根本不存在贸易，效用函数适用于各个省份中不同类型的公司。另外假设劳动是唯一的生产要素，而且一单位的劳动可以生产一单位的单位商品，因此工资是标准化的。跨国公司要支付一个工资溢价，（$w - 1$）> 0。当地生产的成本为 c_j，$j = h$，m。外国生产的成本为 c_f，但要面临一个特定的关税 t，因此成本为 $c_f + t$。价格为弹性 σ 对成本的一个标准加成。假设 $c_m < c_f + t$，这保证了跨国公司的价格 p_m 要低于进口的价格 p_f。因此当更多的跨国公司进入，价格 $p_m < p_f$ 时，由于产品替代的原因对国有企业产品的需求将会下降，这就是跨国公司与国内企业之间的产品市场竞争。政府对跨国公司征收利润税 $\tau \geq 0$，当地生产的净利润为$(1 - \tau)\pi_m - F \geq \pi_f$。跨国公司也可直接向本国出口，利润为 π_f。因此当且仅当$(1 - \tau)\pi_m - F \geq \pi_f$ 时，跨国公司才会考虑进入。另外进入也受利润税 τ 和关税 t 的影响，因此跨国公司数目可以表示为函数 M（τ，t）。

本国国企的利润为 $N_n \pi_h$，在政府的目标函数中对国企的收入赋予权重 β。政府从跨国公司收取 $M\tau\pi_m$ 的租金，关税收入为（$N_f - M$）td_f。这两个来源的收入的权重均为 1，因此政府的目标函数可以表示为：$G(m, T, \tau) = \alpha U + \beta n_h \pi_h + m\lambda\pi_m + \tau(n_f - m) td_f$。其中跨国公司进入每个省份是由内生决定的。

使用中国各省 1984－1995 年间面板数据估计得出的部分结果参见表 10. 5. 3。

表 10. 5. 3　　Branstter、Feenstra（2002）得出的估计系数

系数	样本期间观测数目		
1984－1995 年	280	0. 24 （0. 07）	1. 66 （0. 48）

续表

系数	样本期间观测数目		
1988 - 1995 年	210	0.24 (0.13)	1.32 (0.50)
1990 - 1995 年	132	0.20 (0.15)	1.04 (0.49)

注：括号内的值为标准差。

Branstter、Feenstra 利用中国各省 1984 - 1995 年间面板数据，使用了最小二乘法以及加权两阶段最小二乘法等估计方法（权重为将各省的 GDP），得出的主要结果为：(1) 中国政府赋予消费者福利的权重远低于国企，大约仅为国企权重的七分之一。这从一个侧面说明了中国政府对消费者福利的重视程度还是不够。(2) 随着时间的推移，中国对国有企业的保护程度逐渐降低，从而使中国能越来越多地享受外国投资所带来的促进增长和竞争的收益。盛斌（2001）认为该研究的一个缺陷是假设"中国内部市场几乎是完全割裂的，这表现在政府的目标函数是地方的而非中央的，而现实中贸易政策决策是中央政府所拥有的权力职责"。

四、多边贸易体制的政治经济学实证研究

在前面提到的中间选民模型以及 Grossman & Helpman（1994）的"保护待售"模型中，政府将国际价格视为给定。Bagwell & Staiger（1999，2002）则引入大国模型，对世界贸易体制进行了政治经济学分析。他们假定关税可以改善贸易条件及提高一国的福利状况，而一国通过进口关税以改善自身的贸易条件是以其他国家福利损失（以及无谓损失）为代价的，因此从世界效率的角度来说，各国应竭力避免采取这种措施。Bagwell & Staiger 认为这种结果的出现将使国际机构如 GATT/WTO 的角色显得十分重要：它们可以抵消或减少操控贸易条件的动机。由于 GATT 的多边协议达成的频率很低，从实证角度来说很难加以研究，因此目前还缺乏针对相关理论模型的验证工作，但仍有一些相关的实证研究值得一提，例如 Guzman（2003）对 WTO 的立法模式及争端解决机制进行的研究。Guzman 认为一国内部的立法及争端解决是建立在信息对称的基础之上，而在 WTO 的立法模式及争端解决机制下，信息对称的假设是不现实的。一国参与到 WTO 的立法活动中是有一定的政治成本和利益，得益的一方不可能与另一方均摊这些成本。因此政治成本和利益——尤其是一国在决定在是否将纠纷提交 WTO 专家小组裁决时及提交之后的采取拖延政策所带来的政治成本及好处是影响决策的关键因素，Guzman 研究了这些政治方面的权衡如何影响那些提交到专家小组裁决的纠纷的解决，结果表明在所有的 82 个案例中，90% 的案子最终是原告得到胜诉。Guzman 认为如此高的原告胜诉率的原因是对于被告来说，其将纠纷提交专家小组裁决及其后的延迟解决造成的政治成本要低于原告的相应得益。

五、时间序列研究及案例研究

除了跨部门截面数据研究这种实证研究方法外，盛斌（2001）、Gawande（2003）等还总结了其他类型的实证研究方法，这些方法包括时间序列研究、管理保护的案例研究等。时间序列研究突破了截面数据只能研究某一时段贸易保护结构的政治经济决定因素的界限，能够在一个足够长的时期内考察保护水平和保护结构变化的政治经济因素，从而对贸易保护的周期和趋势进行解释。Magee & Young（1987）考察了1905－1980年间16届总统任期内美国的平均保护水平。他们发现：（1）平均关税税率与失业率之间存在着很强的正相关关系。很显然在萧条时期，由于工人们相信较高的关税会带来更多的就业机会及更大的工资保障，因而要求提高关税的政治压力会大一些。（2）平均关税税率与美国制造业产品出口价格/进口价格的比率之间存在着显著的正相关关系。在假定美国进口劳动密集型制造业产品的前提下，进口商品相对价格的下降会导致劳工方面提出更多的保护要求。（3）在美国通胀率与平均关税税率间存在着负相关关系。尽管一般可能认为，由通胀引起的大量进口会刺激保护主义压力的增长。但是Magee & Young认为消费者受到高通胀的影响更大，他们在通胀期间维持低进口壁垒方面的努力更能奏效，加之通胀期间美元可能贬值，这会提高进口产品价格，可以部分缓和国内进口厂商的保护压力。Irwin（1998）则分析了美国20世纪的名义从价关税的时间序列数据，得出如下趋势：1900年时的名义从价税率为0.5；然后逐渐下降到1910年的0.4的水平；此后部分由于1913年的Underwood关税法案的原因，1920年降至0.16；随着1922年Fordney & McCumber关税法案的执行，税率开始逐年上升，在1930年Smooth-Hawley关税法案通过后，最高曾达到0.6；此后税率开始下降，至1950年，已经迅速降至0.12；东京回合之后，1980年时关税税率逐渐降至0.04的水平。

案例分析法是将贸易政策置于一个制度的时空背景框架下来展现立法机构、行政部门、利益集团以及公众的角色、行为和他们之间的关系，是计量回归分析的重要补充。在案例研究中，代表性的研究是由Krueger（1996）主持的美国国家经济研究局（NBER）关于7个部门——纺织品、服装、半导体、钢铁、汽车、木材、农业的贸易政策的政治经济分析的一组报告，其基本的结论为：（1）没有有力的证据证明，贸易保护从经济意义上说在扭转一个行业的局势中起到了重要作用；（2）由于未考虑到受影响行业之外的波及效应，贸易保护的负面影响或成本通常都被低估；（3）当行业全体一致地要求保护，并且有一个组织良好且行动有效的利益集团来游说时，保护将较容易获得批准；（4）有明显的证据表明，在一个既定的行业中，现有的保护要维持下去是很容易的。

Irwin、Krozner（1996）研究了美国参议院通过臭名昭著的Smooth-Hawley关税法案（1930）的投票过程。之前的研究均表明，使得Smooth-Hawley关税法案通过的因素中，执政党性质至关重要；但Irwin、Krozner则认为参议员选区的经济利益在决定投票方式上起了关键作用。Noland（1997）则对美国贸易代表（USTR）的注意力及决策作了政治经济学分析，他的研究发现1984－1995年间，美国贸易代表的注意力与贸易伙伴国的规模大小密切相关，而且在贸易政策的形成过程中双边贸易不平衡的影响要比利益集团大得多。

六、双边贸易谈判的实证研究

Lavergne（1983）最早研究了政府之间讨价还价因素与美国贸易政策的关系。他发现当加拿大生产者占美国市场的份额最大时，美国的关税减让最大。他的解释是这一现象反映了代表相关产业利益的加拿大政府所受压力和美国政府针对出口者的让步而妥协的结果。

Grossman、Helpman（1995）将 GH（1994）模型应用到贸易谈判的解释中，研究了具有政治激励的政府之间进行贸易谈判的均衡状况。GH（1995）的研究表明，由于政府之间的讨价还价，贸易谈判中的均衡保护率不能反映国内特殊利益集团的政治力量，而应反映外国相同产业利益集团的政治力量；在国内利益集团强大而国外相同产业利益集团弱小的情况下，保护水平应该特别高，在两方同样强大的情况下，其政治影响将不起作用，国际价格与完全自由贸易条件下的价格相等。由 GH 模型推导出的谈判关税满足：

$$\tau^h - \tau^f = (I^h \times X^h/e^h) - \beta(I^f \times X^f/e^f) \tag{10.5.3}$$

其中，上标 h 代表本国，f 代表外国，t 为关税率，$\tau = 1 + t$；a 为政府目标函数中赋予社会福利权重，$\beta = \min(a^h, a^f)$；I 为集团化变量，即如果部门 i 中组成了利益集团则 $I > 0$，反之 $I < 0$；X 为进口渗透率的倒数；e 为进口需求弹性（绝对值）。

Gawande、li（2006）则利用 20 世纪 90 年代美日、美欧的双边贸易壁垒数据验证了 GH 模型（1995）的推断，计量方程为：

如果本国进口产品 i，　$\ln(\tau^h/\tau^f) = \beta^h(I^h \times X^h/e^h_d) - \beta^f(I^f \times |X^f|/e^f_s) + \varepsilon_1$

$$\tag{10.5.4}$$

如果外国进口产品 i，　$\ln(\tau^h/\tau^f) = \beta^h(I^h \times |X^h|/e^h_s) - \beta^f(I^f \times X^f/e^f_d) + \varepsilon_2$

$$\tag{10.5.5}$$

其中　e^h_d 为本国进口需求弹性（绝对值）；e^h_s 为本国出口供给弹性（绝对值）；e^f_s 为外国进口需求弹性（绝对值）；e^f_d 为外国出口供给弹性（绝对值）；$\beta^h = 1/a^h$；$\beta^f = 1/a^f$；a^h 为本国政府赋予社会福利的权重，a^f 为外国政府赋予社会福利的权重。需要指出的是 Gawande-li 认为，在大多数情况下关税是由多边谈判所决定，研究双边贸易谈判时，选择关税作为因变量，意义不大，因此他们将非关税壁垒覆盖率作为因变量（具体实证结果参见表 10.5.4）。

表 10.5.4　　Gawande、li（2006）对 GH（1995）模型的估计结果

	美－日 NTBs			美－欧 NTBs		
	1994－1998			1993		
因变量：	关税反倾销产品	特征产品	产品关税配额	配额	要求标签	检验
β^h	1.877×10^{-4}	1.393×10^{-4}	2.600×10^{-3}	8.386×10^{-4}	5.437×10^{-4}	1.020×10^{-4}
	(1.47)*	(1.85)**	(6.34)***	(4.58)***	(2.52)***	(3.52)***
β^f	3.741×10^{-4}	2.282×10^{-4}	2.530×10^{-3}	4.625×10^{-4}	1.030×10^{-3}	4.199×10^{-4}
	(2.28)***	(2.36)***	(4.79)***	(1.96)***	(3.73)***	(1.56)***

续表

R^2	0.229	0.017	0.179	0.079	0.406	0.152
a^h	5.33×10^3	7.18×10^3	3.85×10^2	1.19×10^3	1.84×10^3	9.80×10^2
a^f	2.67×10^3	4.38×10^3	3.95×10^2	2.16×10^3	9.71×10^2	2.38×10^3
N	1 245	1 245	1 245	1 245	1 245	295

说明：$a^h=1/\beta^h$；$a^f=1/\beta^f$；括号内的值为 t 值；* 代表显著水平为 10%、** 代表显著水平为 5%、***代表显著水平为 1%。

从表 10.5.4 中可以看出，Gawande、li 发现在美日之间的非关税壁垒中，关税配额、反倾销、产品特征要求、产品标签、产品检验等作为因变量的估计结果都达到了一定的显著水平，而美欧之间的非关税壁垒中只有关税配额这一个因变量的估计是显著的，而其他因变量的估计结果都是不显著的。这表明 GH 模型（1995）在解释美日之间的非关税壁垒方面的效果要比美欧间的效果要好一些。同时与前面介绍过的实证研究类似，他们得出的关键的政治经济变量 a^h、a^f 值普遍都很高（其值在 385－7180 之间），可以认为在美日、美欧间贸易谈判中政府的目标都是社会福利最大化的。

七、区域经济一体化实证研究

Grossman、Helpman（1995）将 GH（1994）模型应用于自由贸易区（free trade area，FTA）的政治经济学分析，考察政府在决定是否加入 FTA 时的政治压力以及在这些压力下政府之间讨价还价均衡结果出现的条件。首先，两国政府最终达成 FTA 的条件是贸易伙伴国之间的潜在贸易相对平衡并且 FTA 要给多数部门提供更高的保护。其次，产业例外最可能给予那些出口国获得市场准入的政治收益和进口国（可能的）进口竞争的政治成本加权和为负数的产业，即

$$\omega^A g_i^A + \omega^B g_i^B < 0 \qquad (10.5.6)$$

其中 ω^J（$J=A$，B）反映了 J 国政府的谈判能力；g_i^J（$J=A$，B）为 J 国 i 部门的政治影响，它是 FTA 对利润和总福利之和（赋予后者一个权重 a）。Grossman-Helpman 的研究表明，一国进口竞争部门的生产者倾向于排在例外名单之内或至少保持现状，而出口部门则希望达成 FTA。因此如果把一国的比较优势情况做成指数，则一国政府理想的例外产业名单应该是另一国比较优势指数中偏低的部分，而谈判能力相对较高的国家能取得较多的例外产业数目。Gawande、Sanguinetti、Bohara（2001）利用了巴西、阿根廷、巴拉圭、乌拉圭等南方共同市场（MERCOSUR）国家间的数据进行了实证研究，结果证实了 Grossman-Helpman（1995）模型的上述推断。

Vaillant、Ons（2002）对欧盟和南美洲国家间的优惠贸易安排（preferential trade arrangements，PTA）进行了实证研究。他们在“显示比较优势（RCA）”的基础上构造了贸易互补指数，利用关税指标（根据欧盟从这些国家的进口关税的大小）计算出了贸易机会指数；然后用欧盟对南美洲国家的出口替代了原本在这些国家之间的贸易情况，计算出贸易困难（peril）指数；最后分集团（智利、安第斯共同体国家、南方共同市场）比较了 PTA 对集团内各国以及集团外其他国家造成的贸易机会和困难情况。

Vaillant-Ons 的研究表明：（1）欧盟与安第斯共同体国家达成 PTA 后造成的贸易困难指数比较高，其中玻利维亚和哥伦比亚的贸易困难指数最高。玻利维亚农业部门的利益将受损，而哥伦比亚制造业产品的出口将减少。在 PTA 对其他南美洲国家的影响方面，阿根廷、巴西、智利受损比较严重，因为巴西、智利向安第斯共同体国家出口的制成品比例较高，阿根廷则向该地区输出较多的农产品，他们都将因欧盟的出口扩大而受损。（2）欧盟与南方共同市场达成 PTA 后造成的贸易困难指数最高，其中乌拉圭的贸易困难指数超过 20%，次之是阿根廷，这两个国家对巴西的农产品（包括奶制品、谷物、肉类和鱼等）出口将因欧盟的竞争而严重受损。巴西则因欧盟在制造业部门的竞争而受损，巴拉圭的受损情况与乌拉圭和阿根廷很类似。而 PTA 对其他南美洲国家的贸易困难指数则比较小。

八、结论

从以上的实证文献综述中，我们可以得到如下结论：

第一，实证研究印证了贸易政策政治经济学的基本观点，即政策制定者之所以会背离最优的自由贸易政策，背后是政治因素在起作用，因此贸易政策问题既是一个经济政策的范畴，又与政府在政治方面的考量密切相关。

第二，影响政府决策的各种政治因素有很多，如利益集团的游说、选举最大化的目标以及社会福利、公平（正）的动机等等，其中利益集团的解释力和影响最大。这种实证结果表明在双边和多边的贸易关系中，利益集团因素既可能是贸易摩擦的“系铃”之因，同时也可能是“解铃”之匙。

第三，由于实证数据的可得性问题，很多理论模型如关税形成函数、政治支持函数模型等在目前的条件下很难加以验证；加之相关政策投票数据有一定的政治敏感性，因此相当多的实证研究对象集中在美国。

参考文献：

[1] Arye Hillman (1989): The political economy of protection. NY: Harwood Academic Publishers.

[2] Afontsev S. Political Economy of Tariff Unification: The Case of Russia // Economics Education and Research Consortium, Working Paper Series, Moscow, 2005.

[3] Robert E. Baldwin (1985): The political economy of US import policy. Cambridge, MA: MIT press.

[4] Branstetter and Feenstra, (2002): Trade and foreign direct investment in china: a political economy approach, Journal of International Economics, 58 (2), p335.

[5] Bagwell and Staiger (2002): The Economics of the World Trading System.

[6] Corden W. M. Trade Policy and Economic Welfare. Oxford: Oxford University Press, 1974.

[7] Simon J. Evenett & Edwin Vermulst, 2005. “The Politicisation of EC Anti-dumping Policy: Member States, Their Votes and the European Commission,” The World Economy, Blackwell Publishing, vol. 28 (5), pages 701 - 717.

[8] Findlay, Ronald and Stanislaw Wellisz (1982): Endogenous tariffs and political economy of trade restrictions and welfare. In Jagdish Bhagwati (ed.) Import competition and response, Chicago: University of Chicago.

[9] Bohara, Alok K. & Gawande, Kishore & Sanguinetti, Pablo, 2004. "Trade diversion and declining tariffs: evidence from Mercosur," Journal of International Economics, Elsevier, vol. 64 (1), pages 65 – 88.

[10] Hadi Salehi Esfahani, Stephanie Leaphart, (2000), "Estimating Trade Policy Models: An Empirical Study of Protection Policy in Turkey", University of Illinois, Paper provided by Econometric Society in its series Econometric Society World Congress 2000 Contributed Papers.

[11] Giovanni Facchini & Johannes Van Biesebroeck & Gerald Willmann, 2005. "Protection for Sale with Imperfect Rent Capturing," NBER Working Papers 11269, National Bureau of Economic Research, Inc.

[12] Kishore Gawande & Hui Li, 2006. "Trade Barriers as Bargaining Outcomes," The World Economy, Blackwell Publishing, vol. 29 (4), pages 437 – 457.

[13] Gawande K. and BandyopadhyayU. Is Protection for Sale? Evidence on the Grossman-Helpman Theory of Endogenous Protection // The Review of Economics and Statistics, February 2000, v. 82, no. 1, p. 139 – 152.

[14] Goldberg P. K. and Maggi G. Protection for Sale: An Empirical Investigation // American Economic Review, 1999, v. 89, no. 5, p. 1135 – 1155.

[15] Gene M. Grossman and Elhanan Helpman (1994): Protection for Sale. American Economic Review 84, pp. 833 – 850.

[16] Gene M. Grossman and Elhanan Helpman: Interest Groups and Trade Policy, Princeton and Oxford UK: Princeton University Press, (2002).

[17] Irwin, Douglas, and Randall Krozner. 1996. Log-rolling and Economic Interests in the Passage of the. Smoot-Hawley Tariff. NBER Working Paper 5510. Cambridge, Mass.: National Bureau of Economic. Research.

[18] Irwin, Douglas A. "Changes in U. S. Tariffs: The Role of Import Prices and Commercial. Policies," American Economic Review 88 (September 1998): 1015 – 1026.

[19] Phillip McCalman, 2004. "Protection for Sale and Trade Liberalization: an Empirical Investigation," Review of International Economics, Blackwell Publishing, vol. 12 (1), pages 81 – 94.

[20] Magee, S. P., W. A. Brock, and L. Young (1989). Black Hole Tariffs and Endogenous Policy Theory. Cambridge and New York: Cambridge University Press.

[21] Magee, S. P. and Young, L. (1987). "Endogenous Protection in the United States, 1900 – 1984". In R. M. Stern, ed., U. S. Trade Policies in A Changing World Economy. Cambridge: MIT Press.

[22] Marcus Noland, 1997. "Public Policy, Private Preferences, And The Japanese Trade Pattern," The Review of Economics and Statistics, MIT Press, vol. 79 (2), pages 259 – 266.

[23] Jagdish Bhagwati, "protectionism", Cambridge, Mass: MIT press, (1988).

[24] Robert C. Feenstra, (2003), "Advanced International Trade: Theory and Evidence", Princeton University Press.

[25] Olarreaga, M., 1998: Foreign-owned Capital and Endogenous Tariff. *World Bank On-line Working Paper.*

[26] Olarreaga, M. and I. Soloaga, (1997) Endogenous Tariff Formation: The Case of MERCOSUR. *Staff Working Paper*, ERAD – 97 – 003, WTO.

[27] Pant, H. M., (1997), *Tariff Determination in the General Equilibrium of a Political Economy.* Aldershot: Ashgate Publishing Company.

[28] Pincus, J. J., (1975), Pressure Groups and the Pattern of Tariffs. *Journal of Political Economics* 83: pp. 757 – 778.

[29] Ray, E. J., (1990), Empirical Research on the Political Economy of Trade. In C. A. Carter, A. F. McCalla, and J. Sharples, eds., *Imperfect Competition and Political Economy*. London: Macmillan.

[30] Rodrik (1995): Political economy of trade policy. In G. M. Grossman and K. Rogoff (eds.), Handbook of international Economics, vol3, Amsterdam: North-Holland.

[31] Rosendorff, B. P., 1996: Endogenous Trade Restrictions and Domestic Political Pressure. In R. C.

[32] Takacs, Wendy E. Pressures for Protectionism: An Empirical Analysis. Economic Inquiry, Oxford University Press, 1981, vol. 19 (4): 687 - 693.

[33] Trefler, D., 1993: Trade Liberalization and the Theory of Endogenous Protection: An Econometric Study of U. S. Import Policy. *Journal of Political Economy* 101, No. 1: pp. 138 - 160.

[34] Vaillant, M.; Ons, A. (2002): Preferential Trading Arrangements between the European Union and South America: The Political Economy of Free Trade Zones in Practice. World Economy, November 2002, v. 25, iss. 10, pp. 1433 - 1468.

[35] World Bank, 1993: *China Foreign Trade Reform: Meeting the Challenge of the* 1990*s*. Washington D. C..

[36] World Bank, 1998: World Development Indicators, CD-ROM.

[37] W. M. Corden, 1974: *Trade Policy and Economic Welfare*. Oxford: Clarendon Press.

[38] W. Mayer, (1984): Endogenous Tariff Formation. American Economic Review 74: p970.

[39] Yoon Jung-ho, 1993: The Political Economy of Protection Structure in Korea. In Takatoshi Ito and A. O. Krueger eds., *Trade and Protectionism*. Chicago: The University of Chicago Press.

[40] The Political Economy of Trade Policy, Feenstra, G. M. Grossman, and D. A. Irwin, eds., Cambridge: MIT Press.

[41] The Political Economy of American Trade Policy (National Bureau of Economic Research Project Reports), Edited by Anne O. Krueger, University of Chicago Press: March, 1996.

[42] 伯纳德·霍克曼，迈克尔·考斯泰基．世界贸易体制的政治经济学——从关贸总协定到世界贸易组织．刘平，等，译．北京：法律出版社，1999.

[43] 科依勒·贝格威尔，罗伯特·W·斯泰格尔．世界贸易体制经济学．雷达，等，译．北京：人民大学出版社，2005.

[44] 曼瑟尔·奥尔森．集体行动的逻辑．陈郁，郭峰宇，李崇新，译．上海：上海三联书店，上海人民出版社，1995.

[45] 盛斌．中国对外贸易政策的政治经济分析．上海：上海三联书店，上海人民出版社，2002.

第十一章　管理贸易政策

一、引言

追根溯源，管理贸易由20世纪60年代末、70年代初的国际相互依存、相互协调理论演变而来。

战后，随着美国与西欧、日本在政治和经济上的相互融合和渗透，一些西方学者开始研究国际相互依存关系。美国经济学家理查德·库柏（Richard Cooper，1968）首次提出，国际相互依存对各国决策的影响越来越大，并使各国为达到各自的经济目标的决策过程减缓了；在相互依存的国际环境下，应加强国际合作，以缓和国际规则与本国自主权的矛盾和冲突。次年，库柏（Richard Cooper，1969）建立了一个具有固定汇率和价格、经济相互依存的两国模型，分析了相互依存经济中的政策调整问题。

现任哈佛大学肯尼迪学院院长的J. 奈伊与现为美国杜克大学政治学教授的R. 基欧汉（Nye，Joseph S. 和 Robert Keohane，1970）阐述并完善了R. 库柏所提出的"相互依存"理论，还进一步提出了"相互协调"理论。他们认为，相互依存是指国家之间或者不同国家之间的行为主体相互影响的情形。当今世界，传媒覆盖面的扩大、跨国公司及非政府组织的发展使政府的控制力下降，国家间的超国界互动和依存愈加显著。因此，现在需要的不是强化各国政府的权力，而是增进全球性的协调与理解。

此后，国际相互依存和相互协调理论在世界各国政界和学术界得到了广泛认可。基于相互依存和相互协调理论，为协调相互依存的各工业发达国家贸易政策，法国前总统德斯坦和密特朗分别于1977年和1982年提出了"有组织的自由贸易"和"全球性协调保护主义"的观点。一些学者就战后新的国际政治经济格局和贸易政策展开了更深入探讨。库柏（1985）"作出了这样的诊断：各国经济通过金融和商品市场一体化越来越相互依存，价格和利率之间的联系得到加强以及信息流动增加等等，已经导致发达国家之间政策上高度相互依存"。美国著名的国际政治经济学家R. 吉尔平（Robert Gilpin，1987）进一步指出，在这种相互依存的战略格局中，美国、西欧和日本等"每个国家的决策会影响其他国家的决策和实施结果。每一国政府在制定它自己的经济政策时，不得不考虑其他国家的行动以及可能作出的反应；其目标能否实现取决于其他国家的行动和反应。在这样的形势下，只有通过国际协调才能避免政策竞争，取得最佳效果。"这一时期，法国两位前总统的观点和国际上有关国际相互依存、相互协调的讨论成了管理贸易的最初基础。

实际上，"管理贸易"一词最早由美国学者J. E. 斯贝茹博士提出。J. E. 斯贝茹（1984）认为，20世纪70年代和80年代两次世界性经济危机的爆发、国际货币金融体系的不确定性和美国贸易逆差的扩大等成为新贸易保护主义高涨的原因，使许多决策者和分析家不再讨论自由贸易制度，而开始讨论公平贸易或有管理的贸易制度问题，管理贸易由此产生并发展。或许限于当时经济学分析工具的局限及当时决策者和分析家对管理贸易的认识并不一致的影响，尽管 J. E. 斯贝茹简要分析了管理贸易产生的原因，但并未明确、清晰界定管理贸易的范畴和特征，也未提出具体、完整的管理贸易模式和手段。

此后，有关管理贸易的讨论不断涌现，既有赞同者，也不乏认为管理贸易会阻碍贸易自由化进程，甚至降低预期福利者的观点。

二、赞同管理贸易的西方学者的文献综述

世界上第一部较为系统论述管理贸易的专著是美国经济学家 Raymond J. Waldmann 于 1986 年出版的《管理贸易：国家间新竞争》。Waldmann 采用案例分析的方法较全面地阐述了管理贸易现象，认为管理贸易不同于任何传统的国际贸易模式；管理贸易模式既不是依赖于自由市场机制的自由贸易模式，也不是政府出于保护国内工业的目的采取的纯粹的保护贸易模式，而是受政府控制和指导的贸易模式。Waldmann 还比较和分析了传统的贸易管理模式和管理贸易模式的不同。传统的政府对贸易管理和控制模式主要是：出于保证国内需要、惩罚贸易伙伴或国家安全目的的贸易禁运；运用禁止进口、配额、关税等措施达到限制进口的目的。这些传统的管理和控制贸易的模式总的来说还属于一国所固有的主权，是一国国内的独立性事务。而管理贸易模式主要通过出口资助、国家间双边有秩序的销售安排（OMAs）或自愿出口限制（VERs）谈判、自由贸易区、商品分类协议等达到其目的。贸易日益受到政治、国家安全、经济发展及其他因素的影响而被政府管理。而经济学家 Lawrence B. Krause（1992）认为，由于战后技术更新速度加快、规模经济、FDI 的扩展等原因，贸易不仅受政府的控制，更多的可能还会受厂商的影响和控制。也正是由于政府指导和厂商行为对贸易的影响，管理贸易会促进市场的有序化，而不会像许多经济学家所指责的那样，管理贸易会导致市场的僵化。由此可见，Krause 不但推崇管理贸易政策，而且将厂商行为引入到管理贸易的分析中来。如果将厂商代表一种利益集团，则 Krause 实际上有意无意间运用了新国际政治经济学的方法，阐述了利益集团对管理贸易政策的推进作用，从而深化了管理贸易命题的研究。

尽管 Waldmann 的著作阐述了管理贸易的内涵、性质和手段，然而对管理贸易的产生背景、原因、理论依据和政策效果挖掘不够，该书甚至并未就管理贸易是一种理论还是一种政策这一问题给出答案。不过，从该书的阐述中可以看出，管理贸易命题本身是从战后的贸易实践中总结提炼出来的，而不是实验室的产物，作者试图通过对管理贸易现象的分析提醒并促使决策者及时应对。另外，正是由于 Waldmann 的长篇阐述，有关管理贸易的探讨才开始浮出水面，受到了从学界到政界的广泛关注，甚至有的学术研究机构还为此展开了专门的讨论。

1989 年，美国布鲁克林研究所（Brookings Institution）举办了一场主题为“美国贸易战略——90 年代的选择”研讨会。由于美国经济学家 L. Tyson 提交的一篇题为“管理贸易：次优成为最优”的论文引起与会者如 Avinash K. Dixit、Robert E. Baldwin、Robert Reich、Robert Kuttner 等经济学家和学者的极大兴趣并展开了讨论，使得管理贸

易成为该研讨会最重要的议题之一。Tyson 认为，当今世界上没有一个简单的理论（比如自由贸易理论）能指导一国贸易政策的制定；管理贸易不是一种理论，管理贸易制度安排只是一个实际的、现实的问题，是一种政策；只要世界由各主权国家组成，管理贸易制度安排就会决定国际贸易的特点。Tyson 首先界定了管理贸易的形式和目标，然后以高技术产业为例，分析了管理贸易的政策原因和基本原理，并基于高技术产业的溢出利益（Spillover Benefits）证明了管理贸易政策的正当性，进而提出了鉴于 GATT 运行得并不有力，美国政府在贸易“战术”上应采取竞争政策、反倾销法、公平贸易等管理贸易政策的建议。Tyson 还认为，通过 VIEs（自愿进口扩展）的管理贸易措施会增加市场中的竞争者数量。值得注意的是，也许顾虑到一些学者（比如居于主流的自由贸易拥护者）的误解或反对，尽管 Tyson 在该文中明确赞成采取管理贸易政策，但此后在提及管理贸易政策时却既低调又谨慎。这可从她 1993 年出版的著作中得到印证。Tyson 在该书中选取电讯产业、电子产业、半导体产业、商用飞机等高技术产业较为全面地分析了美国的贸易政策，显然是对前篇论文的深化阐述，但通篇未明确提出管理贸易的政策建议。

Tyson 关于管理贸易是一种贸易政策而不是贸易理论的观点得到了 Robert Reich（1989）的赞同。Robert Reich 在肯定管理贸易政策的有效性的同时，又进一步指出了 Tyson 的观点有矛盾之处。比如，Tyson 一方面认为管理贸易是一种能达到某种规则体系（A System of Rules）的短期战术，另一方面又强调管理贸易也会导致在国家间的零和博弈中的“动态学习效应（Dynamic Learning Effects）”。Reich 指出，既然管理贸易会导致“动态学习效应”，那么它应该是一种长期的解决方案。

Susan W. Liebeler 和 Michael S. Knoll（1990）则进一步从贸易政策的角度，以美日贸易摩擦为背景，介绍了管理贸易政策的讨论进展，分析了管理贸易政策可能的效果。比如，ACTPN（The Advisory Committee for Trade Policy and Negotiations）认为管理贸易政策应该是，美国谈判者首先应计算出美国国内那些具有竞争性、无壁垒市场的份额，然后用政策引导日本在这些市场份额中进行生产。美国前国务卿 Henry Kissinger 和 Cyrus Vance 认为管理贸易政策实质是，美国和日本应该达成一个双方都满意的总的贸易平衡协议，其主要内容就是日本应同意在某些产业对美国的减少出口或增加进口以及减少或增加的量。涉案产业应该是那些日本公司能在美国市场获得最大垄断利润从而最可能损害美国消费者利益的产业。Liebeler 和 Knoll 则指出管理贸易政策是市场不完全竞争条件下的贸易政策，在这种市场结构中，管理贸易的“利润转移（Profit Shifting）”或“租（Rents）”的效果，使其成为国家政策的手段具有一定的合理性；政府可以采取管理贸易政策手段将这种“租”从他国的卖方垄断产业转移到本国。Liebeler 和 Knoll 进一步得出结论，在理论上，管理贸易使得政府干预以获得国家利益有了理论依据；但在实践上，政策制定者将发现要保持决策的独立性比较困难，因为难以确定什么时候采取管理贸易政策或者采取什么形式的管理贸易手段使得政府干预能获得国家利益，而不仅仅是受到影响的产业获益。

从上述观点可见，这些经济学家和学者在阐述管理贸易政策时，有意无意间已开始运用产业组织等理论进行分析。这一现象表明，经过近十年的讨论，源自于实践而提出的“管理贸易”命题已突破政策分析的局限而开始向理论化迈进。

管理贸易真正作为一种贸易理论而被规范论证应该归功于著名经济学家 Kyle Bagwell 和 Robert W. Staiger（1990）。Bagwell 和 Staiger 明确指出管理贸易不仅是一种贸易政策，也是一种贸易理论，并通过建立 Bagwell-Staiger 模型把管理贸易理论一般化。而在管理贸易政策的分析方面，他们认为战后工业发达国家的管理贸易政策受两个趋势的控制，一是 GATT 框架下有关关税减让的多边谈判；二是在工业发达国家经济日益一体化过程中的“特别保护”趋势。这种“特别保护”包括有秩序的销售安排（OMAs）、自愿出口限制（VERs）以及低基线关税（Low Baseline Tariffs）措施等。故“管理贸易”通常又被用来描述当代国际贸易环境。若干年后，Robert W. Staiger（1994）又将管理贸易的“特别保护”形式从 3 种增加到 4 种，即增加了自愿进口扩展（VIEs）形式，并进一步指出，管理贸易是一种利用 GATT“灰色区域”的“特别保护”，其功能就是所涉国家利用达成的协议来达到行政共享和寻租的目的。这种“特别保护”的期限取决于被保护的产业（一般为进口竞争性产业）在享受到“特别保护”后能否调整到足以应付来自进口的竞争。这就存在一种政府与进口竞争性产业间的博弈。Matsuyama（1990）曾经演示过这种博弈过程：在 t 时期，政府的选择有贸易自由化和贸易的特别保护两种。如果政府选择自由化，则博弈结束。如果政府选择临时的特别保护，则进口竞争性产业就须选择是否要为 $t+1$ 时期的自由化做好“准备”——这种博弈在以后的时期会不断重复直到政府选择自由化，博弈结束。问题在于，如果政府发现自己在 t 时期提供了临时的特别保护，而进口竞争性产业并未选择为 t+1 时期的自由化做好“准备”，那么，谁能确保政府不会在 $t+1$ 时期继续选择临时的特别保护呢？而且，如果该产业相信，若在 t 时期不选择“准备”，政府在 $t+1$ 时期仍会继续选择临时的特别保护时，则该产业将永远不会选择“准备”，政府临时的特别保护计划也就不再“临时”了。

Bagwell 和 Staiger 对管理贸易的理论分析佐证了 Krause（1992）的观点，即管理贸易不仅受政府的指导和控制，还受厂商（利益集团）行为的影响。而且进口竞争性产业这一利益集团从自身利益的角度考虑，对贸易政策的偏好更多地是倾向贸易的特别保护。我们可从中得出结论，管理贸易具有长期存在的趋势。但是，Bagwell 和 Staiger 建立的模型及对管理贸易的理论推导尽管精巧，但并未进行检验。

Thomas J. Prusa 和 Susan Skeath（2002）将 Bagwell-Staiger 模型的两个假定扩展成 4 个假定，采用案例分析法论证了管理贸易理论。他们研究了 1980－1998 年全世界反倾销（AD）案例，以测定和解释一国为什么采取管理贸易政策。作者认为现代商业政策已经明显地受到全球贸易自由化和经济开放运动的影响，关税和配额曾经被政策制定者广泛运用，而现在反倾销和反补贴（尤其是反倾销）等手段却成为 WTO 框架下合法的也是最重要的管理贸易手段。在该文中，作者比较了 4 个主要的假定，其中“大厂商（Big Supplier）”和“进口激增（Big Change in Imports）”两个假定来自于 Bagwell-Staiger 模型，另两个假定是“针尖对麦芒（Tit-for-Tat）”和“俱乐部效应（Club Effect）”。Prusa 和 Skeath 证明了一国之所以采取反倾销这种管理贸易手段是受到“大厂商”（或者代表进口竞争性产业的利益集团）的影响的，但没有足够的证据表明反倾销是用来抵御进口激增的厂商的。Prusa 和 Skeath 还证明了反倾销手段的运用是为了阻止反倾销在以后的运用，或者说是对使用了反倾销手段的贸易伙伴的报复，而且这种“针尖对麦芒”式的报复会形成一种“俱乐部效应”。该文的结论否定了以往将反倾销行为的增多仅仅解释为源于不公平贸易的增加，或者说反倾销行为最初是用来对付不公平贸易的观点。我们从中还可得知，在工业发达国家，表面上看反倾销等管理贸易手段是用来对付不公平贸易，但实质上是利益集团维护集团利益、政府维护国家利益的重要政策工具。而这种“自利性”政策工具的广泛使用又会促进世界范围的公平贸易。

实际上，一些学者早先就意识到了管理贸易现象的利益冲突本质，故而从政治的角度分析了管理贸易政策。美国学者 Robert Kuttner（1989a）从美国国家利益的角度出发赞成 Tyson 关于美国政府应在半导体等高技术产业部门实行管理贸易的观点。Kuttner（1989b）又从世界经济体系的演变、国家利益和政治的角度，并以纺织品、钢材、半导体为例，分析了管理贸易和经济主权关系。他指出，现实中是不存在所谓“最优”的“自由贸易”的，只有“次优”的“较自由的贸易”；管理贸易就是现实世界实际运行的“次优”贸易模式。他提醒到，不同的国家会采用不同的规则，如果美国政府在自由主义的世界中继续执着地抱有美国霸权的幻想，只会削弱本国经济和全球经济秩序。因此出于国家和全球利益，应该采取管理贸易政策，以促进竞争、创新和较自由的贸易。

以上关于管理贸易理论和政策的研究均是以美国或日本等最发达西方工业国家为背景的。加拿大经济学家 Jill E. Hobbs 和 William A. Kerr（2000）建立了一个在某产业领域为生产和贸易的小国如何应对管理贸易的模型。他们以加拿大特种牲畜产业为例，运用新制度经济学交易成本的范畴和分析方法，分析并提出了小国在产品出口起始阶段，政府应采取管理贸易政策进行有效干预的论点。作者认为，作为一个特种牲畜产业发展较弱的小国，应重视特种牲畜产品的多样化和国际市场的开拓，以分摊产业发展的风险。达到这个目标有两个约束：小国组织国际交易的高交易成本（包括信息成本、谈判成本和监控/执行成本）；在现有国际贸易格局下的高进入成本。要达到这个目标，单靠该产业个别企业是比较困难的，应发挥产业协会的重要作用。政府也应采取管理贸易的干预手段，以保证国际市场进入成本保持尽可能低的水平。Hobbs 和 Kerr 的分析实际上强调了加拿大政府一贯忽视的产业政策的重要性，将管理贸易与产业政策结合了起来，并且提出了一个管理贸易政策对一国幼稚产业的保护问题。

三、对管理贸易有所保留的西方学者的文献综述

在处于经济“滞胀”时期的 20 世纪 80 年代，一些西方经济学家开始反思传统自由贸易的现实性，但又小心避免贸易保护的“合理回潮”。管理贸易命题的适时提出搭建了一个缓冲空间，却由于其效果、作用机理、发展趋势至今为止还有待深入研究和实践检验，一些学者仍对管理贸易持保留态度。他们或对管理贸易的效果持表示怀疑，或对管理贸易的政治化表示担忧。

美国著名经济学家 Avinash K. Dixit（1989）同样认为传统自由贸易教条可能不再是可行的政策选择，所以对管理贸易深表关注。他在理论上提出假设命题，认为管理贸

易通常会导致卡特尔化，而不是Tyson所认为的反而会增加市场中的竞争者数量，因此对管理贸易的福利效果有所怀疑。另一美国著名经济学家Robert E. Baldwin（1989）也认为Tyson所提出的管理贸易建议也许比精心设计的GATT框架更具有现实意义，但同时担忧，管理贸易政策若和政治集团的主张或政策组合在一起会形成一种国际经济关系，即每一个国家或政治集团通过打压其他国家或政治集团的经济势力来增强自身经济势力。这样一种零和博弈将构成世界贸易甚至世界和平的严重威胁。

Dixit和Baldwin分别从经济和政治的角度提出了对管理贸易的怀疑和担忧，但他们都未推导和证明各自提出的命题。

Joshua Aizenman（1992）以管理贸易体制（Regime）作为背景，建立了一个两国、两时期、两种商品的模型。推导出的结论是管理贸易将会减少预期的福利，故一国建立管理贸易体制的可能性不大。原因在于，在管理贸易体制下，国际商业的型式决定于对成本讨价还价的结果，管理贸易体制就是一种讨价还价的体制。而管理贸易将会减少预期的福利，故一国从自由贸易体制转换到管理贸易体制的动机不充分。但Aizenman同时提出外国直接投资（FDI）是一种管理贸易体制下的承诺机制，即在宗主国和跨国公司事先出于管理贸易的压力而对他国的一种承诺，并证明了FDI的资本流动和产品多样化却会降低这种由于一国向管理贸易转换的可能动机不足导致的时间上的不协调，从而消除预期福利的减少。

Andrew R. Dick（1995）采用经济动态学的方法，采集了1965年和1970年的216个美国制造业企业的关税与非关税壁垒的动态数据，建立了一个理性欺骗模型（Rational Cheating Model）进行经验证明，得出管理贸易政策是一种理性的“欺骗”的结论。Dick认为，战后管理贸易是一种低基线关税与有选择的非关税保护相结合的贸易政策。在缺乏可信的外部力量情况下，管理贸易是一种破坏贸易自由化的理性战略。贸易自由化协议如同一种囚徒困境，所有国家都信奉低关税会带来更高的社会福利，但是每个国家又都能从单方面采取非关税措施从而抵消关税减让中获益。因此，每一个国家都有一种理性的“欺骗”动机，当非关税保护的短期收益超过外国报复的长期惩罚所失时，最终采取有选择的非关税保护这一管理贸易政策从而破坏关税减让的成果。由Dick的研究可见，他与Aizenman的观点有异有同。不同点是，Dick认为一国还是有采取管理贸易政策的动机的；相同点是，都认为管理贸易会减少预期福利。

从新国际政治经济学角度提出保留看法的是美国著名国际政治经济学家R. 吉尔平。吉尔平（1987）意识到了贸易政策和产业政策相结合的重要性。他尽管对管理贸易政策有所保留，认为它是世界贸易进一步自由化的重大障碍，但也承认管理贸易与产业政策的有效组合会提升一国的经济竞争力。吉尔平指出，“旧保护主义的主要目的是保护受威胁的产业，……而新保护主义和产业政策的主要目的是建立比较利益和在国际上有竞争力的产业，特别是‘高附加价值’的部门。”“产业政策和贸易政策更加紧密地结合在一起了。……正在被用于建立特殊类型的产业结构。……这种新政策通常是有选择、确定具体部门的，而不是包揽一切的。……他们的主要目的在于，保护和促进政治领导人认为同国内福利和国家的政治雄心非常有关的那些经济部门。”

Claude E. Barfield（1997）从政策的角度分析了管理贸易和传统保护贸易的共同特

征及区别。他认为，管理贸易和传统保护贸易相比较，区别在于管理贸易更侧重于操作过程而不是结果。但两者具有4个共同特征：官僚体制更愿意由个人或企业作出交易决策；特殊的利益集团谋求政府管理贸易而不是开放市场，从而从中获益；政府的控制限制了个人和企业的贸易自由；两种政策都导致自由市场与有限政府（Limited Goverment）间的不协调。

四、小结

西方学者从管理贸易的内涵、实质到其形式、期限，从理论、制度（Regime）到政策都展开了较为广泛的研究。

他们尽管对管理贸易有不同看法，但总体是赞成管理贸易的，认为纯自由贸易尽管是最优的模式，但现实中却是不可能存在的，而管理贸易是一种在不完全竞争条件下的次优模式，甚至能够增加市场中的竞争者数量（Tyson，1989）、促进市场的有序化（Clruse，1992）和贸易的自由化（Kuttner，1989）。当然也有部分学者对此持有保留看法，认为管理贸易反而会导致卡特尔化（Dixit，1989），是世界贸易自由化的重大障碍（吉尔平，1987），而且若管理贸易政策与政治集团利益相结合，将对世界贸易甚至世界和平造成严重威胁（Baldwin，1989）。

大多学者认为管理贸易是受政府干预、控制和影响的，但另有少数学者指出管理贸易不仅仅受政府控制，还会受厂商影响（Krause，1992）。

在管理贸易的实质方面，大多学者认为管理贸易既不是自由贸易也不是保护贸易；但也有少数学者认为管理贸易就是新保护主义，是公平贸易问题（吉尔平，1987）。

在管理贸易理论研究方面有学者认为，管理贸易不是理论问题而是现实中的实际操作问题（Tyson，1989），有一些学者侧重于从政治、政策、制度的角度去探讨管理贸易问题（Kuttner，1989；吉尔平，1987；Liebeler和Knoll，1990）；另有一些学者更多地是侧重于管理贸易理论研究（Dick，1989），并建立了一些理论模型，如Bagwell-Staiger模型（Bagwell and Staiger，1990）、Bagwell-Staiger扩展模型（Prusa和Skeath，2002）、MT-FDI模型（Aizenman，1992）、理性欺骗模型（Dick，1995）、小国管理贸易模型（Hobbs和Kerr，2000）、政府与进口竞争性产业的博弈模型（Matsuyama，1990）等。

在管理贸易的形式与手段方面，一些学者认为主要是VERs、VIEs、OMAs为一些特殊部门度身定做的低基线关税措施（Bagwell和Staiger，1990；Staiger，1994，Dick，1995），另有部分学者认为除此之外还有出口资助、自由贸易区、商品分类协议（Waldmann，1986）以及反倾销和反贴补措施（Pruse和Skeath，2002）等。

从管理贸易保护对象看，或者是生产能力过剩的部门（斯贝茹，1984），或者是高技术产业（Tyson，1989），或者是进口竞争产业（Staiger，1994），或者是幼稚产业（Hobbs和Kerr，2000）。

关于管理贸易的观点还有，管理贸易更侧重于过程而非结果（Barfield，1997）；管理贸易政策与产业政策相结合将会提升一国经济竞争力（吉尔平，1987）；管理贸易是一种对成本的讨价还价体制（Aizenman，1992）。

我们认为，管理贸易理论的产生是战后世界经济发展的必然结果。战后国际贸易体制和金融货币体系一建立，就隐含着管理贸易的影子；国际相互依存和相互协调理论的提出和发展促成了管理贸易理论的形成；美国、日本、欧共体（欧盟）贸易摩擦引起了西方学者研究管理贸易理论和政策的兴趣与热情；西方各国政府也更热中于管理贸易，并且开始重视贸易政策和产业政策的结合，其重要原因之一就是，一方面要继续高举贸易自由化的大旗以昭示自己顺应世界潮流的态度，另一方面不得不采取新的贸易保护措施而又不致引起贸易伙伴的强烈反感和报复。比如，19811993 年的美国里根和（老）布什政府在舆论上支持自由贸易，实际上在汽车、钢材、半导体等产业都采用了"临时"的管理贸易措施；而 1993 - 2001 年的克林顿政府则开始重视产业政策，并将贸易政策和产业政策相结合，在"公平贸易"的前提下，强化政府对经济及贸易的干预作用，增强美国战略性产业的国际竞争力。

中国学者尽管较早地跟踪到了西方学者对管理贸易的研究动态，但对管理贸易理论和政策的研究仍显零散、薄弱和单一。从 1989 年到 20 世纪 90 年代中期，基本上停留在对管理贸易的一般性评述上；20 世纪 90 年代末期后才开始出现一些研究较为深入的文献。而在经济全球化及国家间各种利益摩擦和冲突中，如何正确理解入世后我国的国家经济利益，尤其在关系经济命脉和国家安全的领域，保持国家的独立性，并利用国际惯例，站在国家利益的角度制定贸易政策和产业政策，不仅紧迫而且必要。因此，深化对管理贸易理论和政策的研究，对制定入世后我国的贸易政策和产业政策具有重大的理论和现实意义。

参考文献：

[1] Aizenman, Joshua (1992), Foreign Direct Investment as a Commitment Mechanism in the Presence of Managed Trade, *NBER Working Paper*, No. 4102.

[2] Bagwell, Kyle, and Robert W. Staiger (1990), A Theory of Managed Trade, *Amrican Economic Review*, Vol. 80, pp. 779 - 795.

[3] Barfield, Claude E. (1997), (Mis) managed Trade, in *Freedom to Trade: Refuting the New Protectionism*, Washington, D. C.: the Cato Institute.

[4] Cooper, Richard (1968), *The Economics of Interdependence: Economic Policy in the Atlantic Community*, New York: The McGraw-Hill Companies, Inc.

[5] Cooper, Richard (1969), Macroeconomic Policy Adjustments in Interdependent Economies, *Quarterly Journal of Economics*.

[6] Dick, Andrew R. (1995), Explaining Managed Trade as Rational Cheating, *University of California Working Paper*, No. 730.

[7] Hobbs, Jill E., and William A. Kerr (2000), Managed Trade in Non-Traditional Products: Emerging Issues for Canada's Specialized Livestock Sectors, *Prepared for: The CATRN Invited Paper Session at Canadian Agricultural Economics Society Meetings*, Vancouver, June 1 - 3.

[8] Krause, Lawrence B. (1992), Managed Trade: The Regime of Today and Tomorrow, *Journal of Asian Economics*, Vol. 3, No. 2, pp. 301 - 313.

[9] Kuttner, Robert (1989), *Managed Trade and Economic Sovereignty*, Washington, D. C.: Economic Policy Institute.

[10] Lawrence, Robert Z., and Charles Schultze, eds. (1990), *An American Trade Strategy: Options for the*

1990*s*, Washington, D. C. : Brookings Institution.

[11] Liebeler, Susan W. , and Michael S. Knoll (1990), The Perils of Managed Trade, *Policy Analysis*, Washington, D. C. : the Cato Institute, No. 138, August 29.

[12] Matsuyama, k. (1990), Perfect Equilibria in a Trade Liberalization Game, American Economic Review, June.

[13] Nye, Joseph S. , and Robert Keohane (1970), *Transnational Relations and World Politics.* Cambridge: Harvard University Press.

[14] Prusa, Thomas J. , and Susan Skeath (2002), Modern Commercial Policy: Managed Trade or Retaliation?, Wellesley College Working Paper, Massachusetts: Wellesley College.

[15] Staiger, Robert W. (1994), International Rules and Institutions for Trade Policy, *NBER Working Paper*, No. 4962.

[16] Tyson, Laura D'Andrea (1990), Managed Trade: Making the Best of the SecondBest, in *An American Trade Strategy*: *Options for the*1990*s*, Robert Z. Lawrence and Charles Schultze, eds. , Washington, D. C. : Brookings Institution, pp. 142 – 194.

[17] Waldmann, Raymond John (1986), *Managed Trade*: *The New Competition Between Nations*, Harper Information.

[18] [美] J. E. 斯贝茹. 国际经济关系学. 中译本. 北京: 对外贸易教育出版社, 1989.

[19] [美] 罗伯特·吉尔平. 国际关系政治经济学. 中译本. 北京: 经济科学出版社, 1994.

[20] [美] 罗拉·D'安生·迪森. 鹿死谁手——高技术产业中的贸易冲突. 中译本. 北京: 中国经济出版社, 1996.

[21] 刘志彪. 全面理解经济全球化中的国家经济利益. 新华日报（思想界版）, 2003.

[22] 刘志彪, 石奇. 产业经济学的研究方法和流派. 产业经济研究, 2003 (3).

[23] 杨纪东. 克林顿政府对外贸易政策趋向初探. 国际贸易问题, 1993 (6).

第十二章 国际贸易壁垒
——反倾销的经济效应

反倾销是多边贸易体制允许的一种进口限制措施，但法律上的正当性并不保证其在经济上的合理性。自这一贸易政策工具产生以来，经济学家便从多个角度对其进行了研究。瓦伊纳早在 1923 年就对倾销及反倾销法的有关问题进行了系统研究①，不过当时反倾销还没有成为国际贸易政策中一个重要工具，相反，倾销正是垄断资本主义时期常用的竞争手段而成为一个“问题”。而在 1970 年代后，随着关税的不断降低以及美国等不断降低反倾销实施标准，反倾销的使用数量迅速增长，对国际贸易增长及有关国家的消极影响也日益显现。学者们开始把它作为一种重要的贸易壁垒进行更全面、更深入的研究，大量文献纷纷涌现，其中法学领域的研究文献主要对反倾销国际规则和国内法律的实施、发展进行研究，而经济学领域的文献则侧重分析反倾销的福利效应、贸易影响、经济合理性等。

本章将首先概要分析反倾销在世界范围内的扩散和使用情况，然后对经济学领域的反倾销文献根据其不同的研究内容分别进行综述，文献范围主要限于 1990 年以后国外公开发表的英文学术论文。

一、反倾销的扩散

（一）反倾销的产生

倾销及作为对立面的反倾销不是新生事物。从第一次科技和产业革命开始，工业化大生产的出现使生产力水平迅速提高，商品的成本和价格大幅下降，而少数掌握了先进生产力的国家可以以极低的价格在世界市场上销售其生产的大量商品，但这种低价竞争给许多落后国家的国内工业和手工业造成了严重的生存压力，并进而产生了贸易保护的需求。比如面对英国工业品的源源涌入，1791 年美国国务卿亚历山大·汉密尔顿声称，需要阻止这种也许是依靠政府帮助的低价竞争，美国 1816 年《关税法》可以被认为是对来自英国的倾销的直接反应②。因此，倾销实际上就是低价进口竞争（低于进口国国内价格），但是这并不足以成为限制进口的正当理由。于是，把低价出口假定为低于“正常价值”（出口国国内价格）之后，就可以为反倾销创造一个存在的理由。但事实上，进口国的生产商（反倾销的发起者）并不关心出口商的出口价格是否低于出口国国内价格或低于成本，而只关心进口竞争产品价格是否低于自己的销售价格，而要证明

---

① J. Michael Finger, Antidumping: how it works and who gets hurt, The University of Michigan Press, 1993. p16.

② Bruce A. Blonigen, *Antidumping*, NBER working paper 8398, July 2001.

出口价格低于国内价格实际上并不难①。

最初应对低价进口竞争（倾销）的主要方式是高关税，但普通关税受到最惠国待遇的约束，不能专门针对造成最大“危害”的国家，而且修改关税需要一个比较复杂的过程。加拿大于1904年制定的世界上第一部反倾销法正是为了更有力、更简便地限制低价进口产品冲击而出现的，它产生的理由和过去的高关税并没有区别，变化的只是保护的手段。反倾销相对于高关税的一个重要优点在于，它不需要得到立法机关的批准，而是由行政机关根据自己的判断对特定的对象征收高关税，使行政机关获得了很大的自由裁量权。加拿大反倾销法制定之后，美国钢铁出口商随即抬高了出口加拿大的价格，使大家意识到反倾销立竿见影的效果②。随后不久，澳大利亚、新西兰、美国、法国、英国及其他英联邦国家都相继制定了自己的反倾销法。但由于两次大战期间世界高关税贸易保护主义不断升温，已经大大抑制了世界贸易，所以反倾销并没有成为一个重要的工具。

（二）GATT与反倾销的成长

由于反倾销已在美国、英国、法国、加拿大等被广泛采用，1947年制定《关贸总协定》时反倾销也被作为一个重要的内容。GATT第6条“反倾销税和反补贴税”对倾销作出了一个定义，即以低于正常价值的价格出口，当倾销对进口国国内产业造成实质损害或实质损害威胁或实质阻碍一国产业的新建，则倾销应予以谴责，因此缔约方可以对倾销产品征收反倾销税以抵消或防止倾销。该条意味着GATT承认各缔约方征收反倾销税的合理性，而且它对缔约方国内反倾销法的约束很有限，只是粗略规定了倾销幅度的计算和要求反倾销税不得超过倾销幅度。

尽管如此，从GATT生效一直到20世纪70年代中期，反倾销并没有被频繁使用。美国在20世纪50年代没有发起一次反倾销，其他缔约方也大致如此。在20世纪70年代以前，GATT缔约方只有5%的反倾销案最终导致了反倾销税的征收，美国从1921年到1967年间发起的706次调查只有75次被最终裁定征收反倾销税③。在1980年以前，关于反倾销税的贸易争端只有两起，也从一个方面说明了反倾销的不受重视。

然而从20世纪70年代中期世界性的经济危机开始，反倾销作为一种贸易保护工具的重要性开始显现出来。经过1963－1967年的肯尼迪回合之后，发达国家工业品平均关税已经降到10%以下，而关税减让一旦作出就无法随意调整。但经济衰退又必然导致贸易保护压力的增强，于是反倾销等非关税措施成为限制进口的主要工具。1975－1979年被认为是反倾销苏醒的时期。1979年结束的东京回合达成了新的《反倾销守则》，对肯尼迪回合《反倾销守则》进行了较大的修改，而修改的目的和结果是使反倾销更加便于使用。一个重大的修改是在计算出口国的正常价值时，低于成本（是平均成本而不是边际成本）销售的商品不在计算范围内，这无疑就抬高了正常价值的数额，使倾销发生的可能性增加；另一个重要的修改是，肯尼迪回合守则要求倾销是造成实质

① 而实际上，由于美国国会的阻挠，美国最终并未接受这一条件，它也从未产生过现实作用。

② 伯纳德·霍克曼．世界贸易体制的政治经济学．北京：法律出版社，1999.

③ 高永富．WTO与反倾销、反补贴争端．上海：上海人民出版社，2001.

损害的主要原因（demonstrably the principal cause of material injury），而东京回合守则取消了这一要求①。

东京回合《反倾销守则》的达成使反倾销迅速填补了关税削减后贸易保护的空缺，在随后的三年中发起的反倾销调查相当于20世纪70年代的总和，而20世纪80年代全世界共发生了1 600多次反倾销，至少是20世纪70年代的两倍。显然，这并不是倾销突然变得流行了，而是反倾销变得更容易了。从20世纪70年代中期尤其是20世纪80年代后的情况来看，反倾销还只是少数国家的“专利”。美国、欧盟、加拿大和澳大利亚在1980年至1985年的反倾销案件中占到99%。但逐渐有更多的国家开始运用反倾销，而其中主要是发展中国家。在1990年前，传统使用者（指美、欧、澳、加、新）一直占据主要份额，但在1990年之后，新使用者开始密集使用反倾销，并在世界反倾销总量中有了越来越大的比重。到1993年，新使用者的比重猛然上升到54.2%，而且相对传统使用者略有收敛相比，新使用者的反倾销数量持稳定的上升趋势，并成为世界反倾销数量不断上升的主要贡献者。

1990－1994年间全世界共发生1 254起反倾销调查，比20世纪80年代更加频繁。而实际上，美、欧、澳、加、新的反倾销数量与20世纪80年代基本持平，共为832起。而新使用者特别如墨西哥、阿根廷、巴西等国家，在建立反倾销制度的初期，都成为反倾销的积极使用者。如巴西1988年第一次使用反倾销，到1993年就达到34起；墨西哥在1987年签署《反倾销守则》后就发起了多次反倾销，在1993年更达到70起的高峰，从1987－1997年间，其发动反倾销的数量已经与加拿大相当。

（三）WTO《反倾销协议》与反倾销的扩散

乌拉圭回合谈判是针对20世纪70年代中期后出现的贸易保护浪潮的一次反动，并且取得了出人意料的巨大成果。尽管反倾销在回合发动之初并未成为主要议题，但随着20世纪80年代反倾销的泛滥以及GATT第6条在实践中暴露的不足，《反倾销协议》就成为各缔约方希望规范反倾销的一个成果。

和GATT第6条和东京回合守则相比，协议的有关规定要详尽得多。对相同产品、倾销的认定、调查程序、损害的认定、损害与倾销的因果关系认定等核心问题上，都作出更加明确、具体的规定，并且增加了“日落复审”和“忽略不计”等新的规则，在一定程度减轻了反倾销的贸易保护色彩，并降低了反倾销被滥用的可能性。

但协议并没有根本解决反倾销引起争议的真正原因，即反倾销本身的合理性，在实体性问题没有得到解决的情况下，再严密的程序也只能是减弱争议的程度，而不能避免争议。最主要的问题在于，反倾销一般是由进口国的相应行政部门依据本国的反倾销法来执行的（也有部分成员直接援用反倾销协议）。尽管《WTO协定》第16条要求各成员保证其法律、法规和行政程序与所附协议对其规定的义务相一致，但实际上这种一致并不是完全一样，而最多是不相冲突。而法律上的不冲突反映到现实中则很可能存在冲突，比如在1989－1994年共有5起反倾销争端案被提交专家小组，专家小组的结论都

① 该法要求只有发生掠夺性倾销（经济学意义上的不公平竞争），国内产业才能获得补救。由于要求过高，该法从未被有效地运用过。约翰·J·杰克逊. 世界贸易体制——国际经济关系的法律与政策：p288.

是认定反倾销的一方不符合 GATT 的规定①。WTO 成立后，专家小组就反倾销争端作出的报告，绝大多数也都认定反倾销的一方存在违反《反倾销协议》的做法②。但除了欧盟和日本诉美国《1916 年反倾销法》③案中，专家小组裁定要求美国修改其法律外，其他的裁决均只针对相应的反倾销案件本身所包含的具体做法，并没有对其所依据的法律或法规提出异议，也就是说，反倾销的一方是合法地做了错事，而今后合法地反倾销是否是错的，并不取决于法律本身，而是由执法者的执法水平或倾向所决定。

值得注意的是，以上这些裁决是在一个特殊的争端解决机制下产生的，即《反倾销协议》第 17.6 条。该条要求专家小组接受反倾销机构作出的合理解释，尽管它可以找到它认为更合理的另一种解释，并且不能依据自己找到的而反倾销机构未掌握（或不想掌握）的信息来推翻反倾销裁决④。即便如此，专家小组仍然依据自己受到限制的权力，推翻了绝大多数的被起诉的反倾销裁决。

和肯尼迪回合守则和东京回合守则一样，《反倾销协议》的达成不但没能有效控制反倾销的泛滥，反而是起到了助推器的作用。1991 - 1995 年中 5 年间，共发生反倾销 1 229 次，比前 5 年的 1 254 次略有下降，但从 1995 年起，世界反倾销总量转呈增长的态势，扭转了 1995 年前的下降趋势。从 1990 - 1999 年，世界共发生反倾销调查 2 483 起，而 20 世纪 80 年代则为 1 558 起，增长了近 60%，显示了 GATT/WTO 反倾销制度的完善与反倾销增长之间的正相关性。更重要的是，《反倾销协议》使越来越多的成员认识到反倾销的重要性，截止到 2000 年 10 月 26 日，有 65 个成员通知 WTO 已经制定了自己的反倾销法规，到 2002 年底，其中的 38 个成员已经发动过反倾销调查，而在 1993 年，仅有 12 个国家（或地区）使用过反倾销⑤。

二、反倾销的原因和动机分析

反倾销的拥护者一贯声称，反倾销的原因是由于出口国企业存在低于正常价值的销售行为，将其界定为一种反不公平竞争的微观政策。下面的文献将从宏观角度对反倾销的原因和动机进行深入分析，它们发现，反倾销除了在一定程度上确实是针对进口竞争的政策之外，也往往还有许多其他宏观动机，而这些动机与反倾销支持者所声称的目的并不一致。

Prusa and Skeath（2001）试图分析 20 世纪 80 年代后反倾销迅速增长的深层原因，即各国政府究竟是出于应对所谓不公平竞争来维护本国产业的经济利益，还是出于战略的动机（即报复那些之前对其采取反倾销措施的国家）而频繁运用反倾销措施的。为

① 这被认为是美国产业部门为限制专家小组推翻国内反倾销决定的权力而作出的努力。《世界贸易体制的政治经济学》，P182。

② Brink Lindsey, *Coming home to roost: proliferating antidumping laws and the growing threat to US exports.* CATO Institute 2001. 12. p6.

③ GTAP 总部网站为：https://www.gtap.agecon.purdue.edu。

④ Asif H. Qureshi,（1996）, *The World Trade Organization: Implementing International Trade Norms*, Manchester: Manchester University Press, pp118 - 119.

⑤ Robert Wolfe,（1999）, "The World Trade Organization", in Brain Hocking and Steven Mcguire eds., *Trade Politics: International, Domestic and Regional Perspective*, London: Routledge, 1999, pp208 - 223.

此，他们对 1980－1998 年间的反倾销调查进行了系统分析，并运用二项式检验等非参数检验方式，来判断各国发动反倾销的经济动机和战略动机。其结论是这两个动机都显著存在，特别是战略动机的普遍存在表明，反倾销不是一种单纯维护公平贸易的工具，而被广泛滥用以达到其他目的。Feinberg 和 Reynolds（2006）也认为报复是反倾销的一个重要动机，他们运用 WTO 的反倾销数据库，并建立了一个 Probit 模型。在控制了其他影响因素（如宏观经济、政治、产业、贸易自由化等）之后，他们发现报复仍然是反倾销的一个重要原因，也就是说，发起反倾销调查的企业可能要考虑他们的出口将来要面临反倾销时所付出的成本。不过，在传统使用者之间，这种报复策略较少被使用，可能是由于他们已经知道这种策略并不能奏效。Knetter 和 Prusa（2000）利用 4 个反倾销主要使用国家和组织——美国、欧盟、澳大利亚和加拿大在 1980 至 1998 年间的反倾销调查数据，分析了汇率波动、GDP 增长率等宏观因素对反倾销调查的影响，并认为进口国货币升值将导致反倾销调查数量增加，而 GDP 增长率与反倾销调查数量有显著的负相关关系。这一研究表明，反倾销调查的发起往往并不受被调查企业控制的宏观经济因素的变化的影响，因此反倾销并不是一种针对反竞争行为的公平做法。

Reynolds（2006）运用一个随机系数的 Probit 模型，验证不同国家在损害裁定上的差异。其研究认为，尽管有 WTO《反倾销协议》的规定，但实际上各国在损害调查和裁定上有很大的差异。如有些国家的生产增长或 GDP 增长出现衰退与肯定性损害裁定存在正相关关系，但有些国家则恰恰相反；进口增长导致肯定性损害裁定的可能性在富裕国家要比发展中国家高得多。不过，在某些指标上也有共同性，如起诉产业占 GDP 的比重普遍不是一个显著因素。Irwin（2005）分析了美国反倾销的历史发展过程，指出与过去的认识相反，美国在 1970 年代之前的反倾销起诉数量也相当大，特别是在 1950 年代末和 1960 年代初，但这些起诉并没有导致最终的反倾销措施。1970 年代前财政部负责确定倾销幅度，它往往以缺乏“低于正常价值”（LTFV）为由拒绝反倾销申请。从历史分析来看，反倾销调查数量的多少与失业率和汇率有显著的相关性，在 1970 年代后，进口渗透率和反倾销政策的变化也影响到反倾销的发起数量。1980 年代后反倾销数量的增长与企业往往就同一产品发起多次反倾销调查有关。Feinberg（2005）分别分析了 1981－1998 年间美国对 15 个国家反倾销诉讼的国别数据和总共 473 个案件的结果，以验证宏观经济指标对反倾销调查结果的影响。从美国的实践来看，商务部几乎总是发现倾销的存在，从而起诉企业更关注宏观经济指标如汇率和 GDP 增长率对 ITC 损害裁定的影响。因此，尽管反倾销理应是针对具体行业或企业的竞争或定价行为，但在实践中特别是损害裁定中，宏观经济指标的好坏也会产生显著的影响，因为 ITC 很难区分宏观经济指标与进口竞争对国内产业的影响，从而使反倾销并未真实反映产业竞争的实际情况。

Sadni-Jallab 等人（2006）就反倾销调查与宏观经济因素之间的因果关系在欧盟和美国之间进行了比较研究。他们运用二项式模型和伽马分布进行了计量分析，其结论认为，汇率在影响反倾销调查方面，美欧显示出相同的特征，即货币升值导致更多的反倾销调查。而实际 GDP 增长的波动只对美国的反倾销行为产生影响，工业产量的变化只对欧盟的反倾销行为产生影响，国际竞争的加强显著刺激美国反倾销数量的增长，而对欧盟的作用则不大。Sadni-Jallab（2007）对欧盟和美国的反倾销调查进行了进一步的研究，通过建立一个 Probit 模型，论文验证了经济因素和政治因素对一国反倾销调查当局决策的影响，特别验证了中国和钢铁业作为两个代表性的政治变量在美国和欧盟反倾销调查中的肯定性影响，即中国作为反倾销的对象国和钢铁业作为反倾销的保护对象在频率上显著超过其他国家和行业，背后有明显的政治因素。

Bown（2007）则对发展中国家发起反倾销调查的原因进行了研究，通过对 9 个主要发展中国家 28 个 ISIC－3 产业数据和 HS－6 进口数据及反倾销调查数据的分析，认为应对宏观经济冲击是发展中国家相关产业寻求反倾销保护的主要原因，并基本符合 WTO《反倾销协议》的规则。但是，各国之间在反倾销的决定因素上也存在很大的差异性，表明反倾销作为一种保护工具，很容易被用来应对各种不同的政治和经济冲击，从而背离 WTO 的原则。

三、倾销与损害的存在：反倾销决策的政治经济学

如果说反倾销在逻辑上还有一定合理性的话，各国反倾销实施程序往往使这种合理性被进一步侵蚀，从而使反倾销规则表面上的公正性大打折扣。

Lindsey and Ikenson（2002）详细分析了美国商务部对倾销的认定和倾销幅度的计算过程，通过对 18 个反倾销案例的研究他们发现，许多武断做法有助于大大提高倾销幅度，如计算价值法、生产成本测试、归零等。Moore（2005B）对美国商务部所采用的“可获得事实”（FA）方法进行了系统分析，指出 WTO《反倾销协议》对 FA 方法的使用所进行的改革并未对美国商务部的决策产生影响，相反从总体上商务部越来越偏好使用最佳可获得信息的方法，从而获得更高的倾销幅度。而结果是被起诉的企业也越来越不积极应诉，因为他们知道即使与商务部认真合作，也不会获得理想的倾销幅度裁定结果。Blonigen（2006）再次证明，美国商务部在倾销幅度的计算上滥用其自由裁量权，通过各种计算方法，尽可能地获得更高的倾销幅度，如最佳可获得信息法、计算价格法、归零法、非市场经济地位、生产成本测试等等。甚至乌拉圭回合《反倾销协议》在降低了倾销幅度的平均水平之后，商务部很快通过更广泛、更密集地运用这些任意、武断的方法来获得更高的倾销幅度，以此来抵消《反倾销协议》所产生的积极效果。Blonigen and Bown（2001）通过对 1980 年至 1998 年间美国反倾销案例的分析，认为美国的产业在决定起诉哪个国家时，受到外国产业运用反倾销报复威胁的影响，而美国政府的决定则受到外国在 GATT/WTO 争端解决机制下提出诉讼的威胁的影响。但是这种报复威胁的有效性取决于该外国的经济实力和规模，或者说是实施报复的能力。

Liebman（2004）对美国国际贸易委员会（ITC）在日落复审中的裁定结果进行了实证研究，指出 ITC 在日落复审中基本按照法律规定的经济标准来作出决策，而不是出于政治考虑，但是也有一些非经济因素影响委员的决定，如对穷国产业的歧视、对中国的偏见以及对负责管理 ITC 的参议院监督委员会成员所在地区产业的特殊照顾等。而从结果上看，ITC 仍然更乐于维持反倾销措施。Moore（2002）则对美国商务部在日落复审中的做法进行分析，他发现日落复审并未真正实现其在一定期限后终止反倾销措施的初衷，商务部的日落复审只是机械地履行了 WTO《反倾销协议》的要求，但并未落实

其精神。商务部没有基于倾销不再发生或持续的原因而取消一个反倾销措施，而且在94%的案例中，假定倾销可能继续或再次发生情况下所实施的反倾销税率和最初的税率相同。而且，商务部得出这样的结论并不是出于故意维护国内起诉厂商的利益或经过精心的设计，而只是随意地假定倾销总会再次发生并且倾销幅度和原来的幅度是相同的，尤其对中国和巴西进行的日落复审有80%以上都继续实施反倾销措施。Lindsey（1999）考察了1995－1998年间美国商务部在141项反倾销诉讼中的倾销裁定情况，在商务部所采用的5种倾销幅度计算方法中，只有一种确实反映了市场扭曲的情况，但只有2项肯定性裁决使用了这一方法。许多美国企业在国内市场常用的市场竞争手段，在反倾销中往往被认定为不公平贸易。因此，反倾销的实践已经脱离了它所鼓吹的原则。

McGee和Yoon（1998）分析了美国对中国的5个反倾销案件，指出中国之所以成为反倾销案件的首要目标，一个根本的原因是反倾销本身不是一种经济上合理的贸易政策。而中国作为成本最低的生产国，很自然地成为贸易保护的主要目标。此外，美国商务部在计算正常价值时使用非市场经济标准也是导致中国屡屡败诉的主要原因。但是由于WTO规则难以在近期作出改变，中国还将长期面临反倾销保护主义的困扰。

Bown（2002）分析了GATT/WTO争端解决机制如何影响一国反倾销调查的结果以及被调查国的报复威胁对调查国反倾销决定的影响。他假设一国政府的反倾销税决定考虑到错误使用的后果，并建立了三国、三阶段博弈模型，认为报复威胁的存在影响到起诉国的决策，因此对报复能力较弱的国家可能更容易作出肯定性的反倾销决定。而GATT/WTO争端解决机制的存在使这种威胁的可信度有所提高，因而有助于抑制反倾销的发生或者促成双方的协商。

四、反倾销的福利效应和贸易影响

从经济学的角度来看，扩大贸易是有利于贸易各国福利增进的，而任何限制贸易的措施都是损害国民福利的，因为它必然使贸易量低于未实施贸易限制措施的情况。Mastel（1998）是少数为反倾销辩护的系统论述之一，他通过多个反倾销案例，重点论证倾销对美国产业的伤害以及反倾销实施后对美国产业的帮助。他认为，那些对反倾销的福利效果作出负面评价的研究只考虑了短期效应，而没有考虑反倾销的保护对美国产业长期发展所带来的收益。事实上，他假设保护某些产业对美国经济具有长期的战略价值，即使付出短期的福利成本也是值得的，从这个角度来说，他将反倾销作为一种产业政策来支持。

Vandenbussche和Zanardi（2006）则从全球角度分析了反倾销的贸易影响，他们运用引力模型的估算表明，反倾销对贸易流量的限制作用要大于预期，尽管反倾销措施所导致的直接进口减少会被来自其他国家的进口增长所部分抵消。在1980－2000年间，新的反倾销使用者（包括印度、巴西、墨西哥等）使得他们的总进口缩减了157亿美元（6.7%），而传统反倾销使用者使年度进口额缩减了320亿美元（3%），其中美国就达200亿美元。对一些国家来说（如印度），大量运用反倾销措施几乎使得其从贸易自由化中获得的收益损失殆尽。Prusa（1999）对反倾销扩散的贸易影响作出了估计，他认为肯定性反倾销裁决将使来自受调查国家的进口在三年内每年减少50%～70%，而来自其他未受调查国家的进口将每年增加6%左右。即使最终未采取反倾销措施，来自受调查国家的进口也会减少15%～20%。Gulati，Malhotra 和 Malhotra（2005）对反倾销税所实现的保护程度进行了案例研究，通过对印度维C产业的研究，他们发现，反倾销税的实施确实有效限制了来自对象国的进口，但是，来自其他国家的进口很快填补了空缺，而这些新进入者又被新的反倾销调查所限制，随后又有新的进入者占领市场。而这种新进入者的不断进入，也增加了印度反倾销调查的数量。因此，从总体上看，反倾销在印度常常被作为一种贸易保护的手段。

Prusa（1996）对美国反倾销措施的效果进行了评估，他发现，反倾销税特别是高额反倾销税对被诉国家的出口有很显著的限制作用，即使是未获得肯定性裁决的反倾销诉讼也会对被诉国家产生重要影响。但是，反倾销的实施带来很强的贸易转移效应，进口从被诉国家转移到其他国家，而反倾销税越高，转移效应就越大。对起诉的企业来说，反倾销仍然有重要的价值，因为它在提高进口价格的同时也会提高国内市场价格。同时，反倾销的一个副效应是有利于其他未被起诉的国家。Blonigen 和 Prusa（2003）认为，反倾销对经济的影响不止于反倾销税，因此用关税的福利分析不足以评估反倾销的福利效应。反倾销法的存在会使出口企业由于担心反倾销保护而主动限制自己的出口，或者拥有市场力量的出口企业可以通过提高价格来规避反倾销，这些行为都将导致出口国和进口国额外的福利损失。Lindsey 和 Ikensen（2001）分析了美国作为一个反倾销起诉大国所遭受的反倾销调查不断增长的情况，他们批评了美国过去数十年特别是20世纪80年代后对反倾销措施的滥用，而进入90年代后，发展中国家对反倾销措施的广泛应用已经影响到越来越多的美国出口商，美国已经事实上成为反倾销的主要受害者之一。因此他们呼吁美国尽快带头要求修改和完善WTO《反倾销协议》，以防止反倾销的滥用。

Staiger 和 Wolak（1994）根据1980－1985年的数据分析了美国反倾销调查的贸易影响。他们发现，反倾销调查过程和反倾销税一样，对进口以及国内进口竞争产业会产生重要影响。他们将反倾销调查对贸易的效应分为三种：调查效应、中止效应和撤销效应，其中中止效应是起诉企业和应诉企业之间达成中止协议。调查效应和中止效应对进口的限制作用很强，特别是中止效应几乎与反倾销税的效果相当，而撤销效应则对进口没有影响。由于反倾销调查本身就可以达到限制进口的目的，因此并非所有的起诉企业都期望实施最终反倾销税，有些企业只是追求反倾销调查过程所带来的进口限制效果。Lee 和 Jun（2004）也分析了反倾销调查（而非反倾销措施）对贸易的影响，他们认为反倾销调查已经足以产生对被诉国家的限制作用，并将导致贸易转移效应，即来自被诉国家的进口会被未被诉国家所取代。但是，他们运用心理学的理论分析认为，在某些产业（如钢铁行业），反倾销调查不仅对被诉国家产生限制作用，对未被诉国家也产生了威慑作用，从而并未发生显著的贸易转移情况。

Lima-Camposand Vito（2004）研究了反倾销和反补贴对巴西对美出口的影响，通过对1989到2002年间美国对巴西21种产品33项反倾销和反补贴调查的分析，他们发现，反倾销调查无论是否有最终的反倾销措施，都会对巴西的出口产生很大的负面影响。美国商务部主要受到保护主义的驱使，使得巴西企业在倾销裁定的阶段实际上胜诉的几率为零，而美国法律所提供的上诉和复审渠道基本也没有帮助，因为其时间和金钱成本都很高。Vandenbussche，Koenigs，和 Springael（1999）分析了欧盟实施反倾销所产生的进口转移现象，他们发现与美国不同，欧盟的反倾销调查并未导致明显的进口转移，也就是说，反倾销确实起到了更为显著的限制进口、保护国内产业的作用，特别是在那些产业集中度低的竞争性行业中。不过，较小的进口转移效应也可能是由于欧盟的反倾销税相对较低，从而使未被诉国家的受益相对较小。Chad 和 Crowley（2006）考察了反倾销的国际外部性，即对进口国市场之外的影响。通过分析 1992－2001 年期间美国对日本的反倾销措施和日本对美国和欧盟出口之间的关系，他们发现，在由于美国的反倾销措施而减少的日本出口额中，大约有 1/4 到 1/3 被转移到欧盟。事实上，美国的反倾销措施对其他国家产生了贸易条件的外部性影响，即日本对欧盟的出口价格伴随着美国的反倾销措施显著降低。

Kolev，Dobrin 和 Thomas Prusa（2002）验证了反倾销税和自愿出口限制（VER）之间的关系，倾销幅度的计算往往基于成本而不是市场价格，而进口国调查当局对出口企业的成本只拥有不完全信息，此时出口企业倾向于主动实施自愿出口限制，以证明自己不是竞争威胁。但这种自愿出口限制反而加大了进口国调查当局对出口企业竞争效率的担忧，从而会实施更高的反倾销税率。而无论是 VER 还是反倾销税，都会对消费者的福利产生负面影响。

五、反倾销对企业行为的影响

反倾销不仅对贸易总量和国民福利有影响，对被起诉和其他相关企业的定价行为和经营决策也会产生重大影响。

Theuringer 和 Wei（2001）研究了反倾销对市场结构所产生的影响，他们建立了一个两阶段完全信息的 Dixit 模型，一个支配性的 Stackelberg 领先企业运用反倾销作为一种市场进入阻碍的手段，而新进入者则受到最低价格规则和不可逆进入成本的制约，因此反倾销提高了市场进入的障碍，限制了新进入者，从而帮助现有市场支配者垄断权利的滥用，损害了消费者的利益。

Moore（2005A）研究了外国企业在面临反倾销起诉时是否应诉的决策模式，在一个 Bertrand Nash 竞争者之间的博弈模型中，国内起诉者和外国被诉者以及调查当局构成了博弈三方。被诉者可能由于应诉成本太高而放弃合作，而宁愿接受调查当局基于最佳可获得信息的惩罚性关税，而调查当局如果对消费者利益漠不关心的话，往往会设置较高的应诉成本以征收更高的反倾销税，如要求应诉企业填写大量的调查问卷、设置很短的应诉时间、实地调查等。Blonigen 和 Park（2001）分析了出口企业在面临反倾销税的情况下不同的定价决策行为。在反倾销税实施之后，出口企业一般会定期要求调查当局重新审议倾销幅度，此时出口企业面临一个动态最优化问题，即当期的高定价所带来的收益会被下一期的反倾销税所抵消。动态规划分析的结果表明，在反倾销税已经既定的情况下，出口企业会继续实施倾销，即以越来越低的价格出口，从而导致反倾销税越来越高。而在反倾销税不确定的情况下，出口企业会对反倾销调查结果有几种不同的事前预期，当肯定性裁决的概率较低时，出口企业会倾向于提高出口价格。

Blonigen（2004）对反倾销中的学习效应进行了实证研究，其结果表明，以往经验（学习）显著提高了一个企业发起反倾销诉讼的可能性，即曾经发起过反倾销诉讼的企业会积极地再次提起此类诉讼请求，其原因在于过去的经验可以降低发起新诉讼的成本和难度，并且与调查机关、律师等已经建立起来的联系也增强了企业的信心。事实还表明，有经验的诉讼企业获得肯定性裁决的可能也会显著提高。不过这种经验所带来的诉讼成本降低也影响了反倾销调查的结果，即倾销幅度往往要小于以往的诉讼，因为诉讼企业诉讼成本降低，从而对倾销幅度的要求也相应降低。

Cassing 和 To（1999）分析了一种较为罕见的现象，即一个国家的一个产业在发起反倾销调查后，产业内的某些企业却对调查表示反对或不支持。他们运用打信号理论（Signaling Theory）发展了一个不完全竞争模型，并运用博弈论方法分析了企业行为。其结论认为，这些反对反倾销的企业是出于向市场发送某个信号，即它才是拥有更低成本从而不怕国际竞争的企业，来吸引市场的注意并获得更大的市场份额。

反倾销所导致的贸易壁垒的升高往往迫使出口企业对进口国进行直接投资，以绕开或跳过关税壁垒（Tariff-jumping）。Blonigen，Tomlin 和 Wilson（2002）研究了这种 FDI 对国内企业利润的影响，他们运用事件研究方法（event study methodology）分析了反倾销对国内企业利润的积极影响和跳过关税型 FDI 的抵消影响，从结果看肯定性的反倾销裁定确实对国内企业利润有一定刺激作用，但跳过关税型 FDI 将部分甚至全部抵消这种作用，其中绿地投资比并购的抵消作用更为显著。Blonigen（2000）分析了被诉企业以 FDI 方式避开反倾销措施的可能性及约束条件，其研究发现，被诉企业的跨国投资经验和其所在国家的经济发展水平是影响其是否采取 FDI 来应对反倾销税的主要因素。1980－1990 年间美国反倾销措施所导致的跳过关税型 FDI 有一半以上来自日本企业，正证明了这一点。同时，这也表明反倾销措施对发展中国家产生的负面影响要大于发达国家，因为发达国家的企业可以通过 FDI 等方式来规避反倾销税，而发展中国家则缺乏这种能力和条件。

Blonigen 和 Haynes（1999）研究了反倾销调查对汇率传递和反倾销税传递的影响，即企业在面临反倾销调查时如何定价，以应对汇率变化和反倾销税的征收。因为反倾销税实施后出口企业可以要求调查当局进行年度性复议，所以出口企业在国内和外国市场的定价行为直接影响到反倾销税的高低。他们利用 1989－1995 年间美国和加拿大钢铁贸易的数据，发现受到反倾销税制裁的企业会显著提高汇率传递效应，而没有反倾销税的企业则会维持其汇率传递效应，而反倾销税的传递效应高达 160%。

六、反倾销规则的发展

反倾销尽管从最初的设计来看是为了防止倾销可能带来的不公平竞争，但各国实施的普遍结果却是反倾销成为一种有碍公平竞争的贸易保护措施。GATT/WTO 尽管制定了反倾销规则，但其积极意义有限，特别是在部分成员的操纵下，反倾销规则的修改往往不是限制了反倾销的不合理使用，反而是助长了这种趋势。因此，对 WTO《反倾销协议》的修改和完善便成为解决上述问题的重要手段。

Lindsey 和 Ikensen（2002）对多哈回合中反倾销规则谈判提出了新的设想，首先他们指出各国必须就反倾销的基本原则、目标和理念达成共识，即反倾销究竟想达到怎样的公平贸易，只有这样才能防止反倾销被滥用。他们还提出了21条修改WTO《反倾销协议》的具体意见，包括要求国内产业证明市场扭曲的存在、要求正常价值的计算应考虑被诉企业国内市场的销售等等。UNCTAD（2000）对1990－1999年间世界反倾销和反补贴的广泛使用进行了归纳和总结，分析了反倾销和反补贴的发展趋势以及受到影响较多的部门和国家，并特别指出，对发展中国家出口企业来说，应对反倾销和反补贴有很大的难度和成本。报告还对WTO《反倾销协议》具体条款提出了修改建议，如正常价值和出口价格的比较、忽略不计等的标准。Kerr和Loppacher（2004）对WTO多哈回合反倾销规则的谈判进行了研究，指出反倾销在经济学逻辑上的缺陷，批评美国在多哈回合反倾销规则谈判上施加的严格限制，并对《反倾销协议》中若干条款的谈判前景进行了分析，呼吁对协议进行根本性的修改，以大大削弱反倾销的保护主义性质和作用。Moore（2005C）分析了多哈回合中反倾销规则谈判的前景，指出反倾销规则的修改体现了多数WTO成员的要求，但是由于WTO成立后更多的国家制定并实施了反倾销法，使得抵制改革的理论得到加强。而美国对反倾销规则改革的强烈反对以及对《反倾销协议》很不彻底的实施，决定了多哈回合很难在反倾销规则上取得明显的突破。

参考文献：

[1] Blonigen, Bruce A (2006). "Evolving Discretionary Practices of U. S. Antidumping Activity," Canadian Journal of Economics, 39, 874－900.

[2] Blonigen, Bruce A (2004). "Working the System: Firm Learning and the Antidumping Process", NBER Working Paper 10783.

[3] Blonigen, Bruce A, KaSaundra Tomlin, and Wesley W. Wilson (2002), "Tariff-jumping and Domestic Firms' Profits", NBER Working Paper 9027.

[4] Blonigen, Bruce A, and Thomas J. Prusa (2003), "The Cost of Antidumping: The Devil is in the Details", *Journal of Policy Reform*, December 2003, Vol. 6 (4): 233－246.

[5] Blonigen, Bruce A, and Chad P. Bown (2001), "Antidumping and Retaliation Threats", NBER Working Paper 8576.

[6] Blonigen, Bruce A, and Jee-Hyeong Park (2001), "Dynamic Pricing in the Presence of Antidumping Policy: Theory and Evidence", NBER Working Paper 8477.

[7] Blonigen, Bruce A (2000), "Tariff-jumping Antidumping Duties", NBER Working Paper 7776.

[8] Blonigen, Bruce A, and Stephen Haynes (1999), "Antidumping Investigations and the Pass-Through of Exchange Rates and Antidumping Duties", NBER Working Paper 7378.

[9] Bown, Chad P. (2002), "Antidumping Against the Backdrop of Disputes in the GATT/WTO System", A paper presented at the Midwest International Economics Group Meetings, June 2002.

[10] Bown, Chad P. and Crowley, Meredith A. (2006), "Policy externalities: How US antidumping affects Japanese exports to the EU," *European Journal of Political Economy* 22 (3), pages 696－714, September.

[11] Bown, Chad P. (2007), "The WTO and Antidumping in Developing Countries", manuscript. Available from http: //people. brandeis. edu/ ~ cbown/

[12] Cassing, James and Ted To (1999), "When and Why do Domestic Respondents Oppose AD etitions?", CSGR Working Paper No. 37/99, July 1999.

[13] Feinberg, Robert M. (2005)," U. S. Antidumping Enforcement and Macroeconomic Indicators: What Do Petitioners Expect, and Are They Correct?", *Review of World Economics.* 141 (4), pp 612 - 622.

[14] Feinberg, Robert M. and Kara M. Reynolds (2006), "The spread of antidumping regimes and the role of retaliation in filings", *Southern Economic Journal*, *April* 2006.

[15] Gulati, Sumeet, Nisha Malhotra and Shavin Malhotra (2005), "Extent of protection via anti-dumping law: a case study of the Vitamin C industry in India", *Journal of World Trade* 39 (5): 925 - 936.

[16] Ikenson, Daniel (2005), "Nonmarket Nonsense U. S. Antidumping Policy toward China", CATO Institute Center for Trade Policy Studies Working Paper No. 22. March 7, 2005.

[17] Irwin, Douglas (2005), "The Rise of U. S. Antidumping Actions in Historical Perspective" NBER Working Paper 10582.

[18] Kerr, William A., and Laura J. Loppacher (2004), "Anti-dumping in the Doha negotiations: fairy tales at the World Trade Organization", *Journal of World Trade* 38 (2): 211 - 244.

[19] Knetter, Michael M. and Thomas J. Prusa (2000), "Macroeconomic Factors and Antidumping Filings: Evidence from Four Countries", NBER Working Paper 8010.

[20] Kolev, Dobrin and Thomas Prusa (2002), "Dumping and Double Crossing: The (In) Effectiveness of Cost-Based Trade Policy Under Incomplete Information", NBER Working Paper 6986.

[21] Lee, Shi Yound and Sung Hee Jun (2004), "On the investigation effects of United States antidumping petitions", *Journal of World Trade* 38 (3): 425 - 439.

[22] Liebman, Benjamin H. (2004), "ITC Voting Behavior on Sunset Reviews", *Weltwirtschaftliches Archiv*, 2004, Vol. 140 (3): 446 - 475.

[23] Lima-Campos, Aluisio de and Adriana Vito (2004), "Abuse and discretion: the impact of anti-dumping and countervailing duty proceedings on Brazilian exports to the United States", *Journal of World Trade* 38 (1): 37 - 68.

[24] Lindsey, Brink (1999), "The US Antidumping Law: Rhetoric versus Reality," CATO Institute Center for Trade Policy Studies Working Paper No. 7.

[25] Lindsey, Brink, and Dan Ikenson (2001), "Coming Home to Roost: Proliferating Antidumping Laws and the Growing Threat to US Exports", . CATO Institute Center for Trade Policy Studies Working Paper No. 14.

[26] Lindsey, Brink, and Dan Ikenson (2002), "Antidumping 101: the devilish details of 'unfair trade' law", CATO Institute Center for Trade Policy Studies Working Paper No. 20.

[27] Lindsey, Brink, and Dan Ikenson (2002), "Reforming the Antidumping Agreement: A Road Map for WTO Negotiations," CATO Institute Center for Trade Policy Studies Working Paper No. 21

[28] McGee, Robert W., and Yeomin Yoon (1998), "Antidumping and the People's Republic of China: five case studies", The Dumont Institute for Public Policy Research Working Paper 98. 2.

[29] Mastel, Greg (1998), *Antidumping: Laws and the US Economy*, New York: M. E. Sharpe.

[30] Moore, Michael O. (2002) "Commerce Department Antidumping Sunset Reviews: A Major Disappointment", *Journal of World Trade*, Vol. 36, No. 2, pp. 675 - 698, August 2002.

[31] Moore, Michael O. (2005A), "'Facts Available' Dumping Allegations: When Will Foreign Firms Cooperate in Antidumping Petitions?", *European Journal of Political Economy*, vol. 21, no. 1, pp. 185 - 204, March 2005.

[32] Moore, Michael O. (2005B), "U. S. 'Facts Available' Antidumping Decisions: An Empirical Analysis", *European Journal of Political Economy*, September 2005, Vol. 22 (3): 639 – 652.

[33] Moore, Michael O. (2005C), "Antidumping Reform in the Doha Round: A Pessimistic Appraisal", Paper prepared for "The Economics of the Doha Round and the WTO", University of Hong Kong December 16 – 17, 2005.

[34] Prusa, Thomas J. and Susan Skeath (2001), . : "The Economic and Strategic Motives for Antidumping Filings", NBER Working Paper 8424.

[35] Prusa, Thomas J. and Susan Skeath (1999), "On the Spread and Impact of Antidumping", NBER Working Paper 7404.

[36] Prusa, Thomas J. and Susan Skeath (1996), "The Trade Effects of U. S. Antidumping Actions," NBER Working Paper 5440.

[37] Reynolds, Kara M. (2006), "From Agreement to Application A Cross-Country Analysis of Injury Determinations Under the WTO Antidumping Agreement", Paper submitted to Southern Economic Association Meetings.

[38] Sandi-Jallab, Mustapha (2007) "The Political influence of European and Amercian antidumping decisions: some empirical evidence", *Economics Bulletin*, Vol. 6, No. 18 pp. 1 – 8.

[39] Sandi-Jallab, Mustapha, Patrick Monnet, and GbakouRené Sandretto (2006), "Antidumping Procedures and Macroeconomic Factors: A Comparison between the United States and the European Union", *Global Economy Journal*, vol. 6, issue 3.

[40] Staiger, Robert W. and Frank A. Wolak (1994), "Measuring Industry Specific Protection: Antidumping in the United States", NBER Working Paper No. 4696.

[41] Theuringer, Martin and Pia Wei (2001), "Do Anti-Dumping Rules Facilitate the Abuse of Market Dominance?", IWP Discussion Paper Series 03/2001, Institute for Economic Policy, Cologne, Germany.

[42] UNCTAD (2000), "Impact of anti-dumping and countervailing duty actions: background note by the UNCTAD secretariat: executive summary", UNCTAD TD/B/COM. 1/EM. 14/2.

[43] Vandenbussche, Hylke Jozef Koenigs, and Linda Springael (1999), "Import Diversion under European Antidumping Policy", NBER Working Paper 7340.

[44] Vandenbussche, Hylke Jozef Koenigs, and Linda Springael, and Maurizio Zanardi (2006), "The Global Chilling Effects of Antidumping Proliferation," CEPR Paper 5597.

第十三章 CGE模型在贸易政策分析中的应用——以GTAP模型为例

一、GTAP模型简介

GTAP模型由美国普渡（Purdue）大学教授 Thomas W. Hertel 所领导的全球贸易分析计划（Global Trade Analysis Project，GTAP）发展出来的多国多部门可计算一般均衡模型（CGE模型）而来。此模型依据澳洲 Impact 计划以及 SALTER 计划的基本模型架构演化而来，目前被广泛应用于贸易政策分析。模型中共有五种不同类别要素：土地、资本、技术劳动力、非技术劳动力以及自然资源；三个代表性的行为主体：私人家庭部门、政府部门及厂商。

GTAP（全球贸易分析项目）于1993年设立，它主要提供世界经济数据库、实用型一般均衡世界贸易模型、软件等的开发和改良。由于可以通过共同的数据和模型作为基础进行研究，所以能够减轻每个独立研究人员的研究时间和工作强度，比较容易出成果，对提高国际经济问题定量分析的质量起到了很大作用。目前，作为贸易投资自由化等方面的经济效果分析的工具得到世界各国广泛使用，成为全球性标准。

在GTAP模型开发方面，美国普渡大学全球贸易分析中心是GTAP模型研究总部，①包括学界、主要的国际机构（WTO、UNCTAD、OECD、世界银行等）以及日本、美国、欧洲、澳大利亚各国的政府和研究机构的代表所组成的理事会，对研究活动给予了大力支持。GTAP已经成为拥有众多国际机构会员的世界性组织。

二、GTAP模型结构

在GTAP模型结构中，首先建立可细致描述对每个国家（或地区）生产、消费、政府支出等行为的子模型，然后由国际间商品贸易的关系，将各子模型连结成一个多国多部门的一般均衡模型。在此模型结构中进行政策模拟时，可以同时探讨该政策对各国各部门生产、进出口、商品价格、要素供需、要素报酬、国内生产总值及社会福利水平的变化。

GTAP子模型主要架构如图13.1所示。在模型中共有五种不同类别之要素：土地、资本、技术劳动力、非技术劳动力以及自然资源等；及三个代表性的行为主体：私人家庭部门、政府部门及厂商。图最上方为一国或地区家庭单位部门（包含私人家庭与政府

---

① John Gerard Ruggie，“International Response to Technology：Concepts and Trends”，International Organization（Summer 1975），p570.

部门)。GTAP 模型假设这个地区家庭单位决定该国或地区私人家庭与政府部门的消费行为及其储蓄行为。该模型可分为封闭体系及开放体系。在封闭体系且没有政府干预的情况下，区域家庭单位的收入来自于向生产部门（厂商）出售其所拥有要素资源禀赋的报酬。厂商的收入来自于各个家庭部门的购买支出，而厂商彼此间也相互买卖其生产中间产品。所有经济行为者的支出与收入相等。由会计恒等式与市场均衡式构成了单国封闭体系下的均衡。在一开放体系，由于国外部门的加入，区域家庭部门中的政府支出与私人支出将分为购买国内产品与进口产品两部分，且厂商中间原材料有些部分亦可能来自进口，而其产品销售也区分为内销及外销。GTAP 模型假设来自不同地区的产品（国产品及进口品）非同质，因此不能完全相互替代（此即所谓 Armington 假设)。假设一国或地区的储蓄进入一虚拟的全球银行（global bank)，由此银行决定投资资金的流向。

（一）区域家庭单位行为

区域家庭单位的行为基本上是由一个包含了政府支出、私人支出以及储蓄的总效用函数（Aggregate Utility Function）所决定。假定其为 Cobb-Douglas 效用函数。假设这个地区家庭单位追求效用极大化。由于采用 C－D 效用函数，使得可支配所得分配于前述三大类当期消费的比例固定。

1. 私人家庭部门行为

在私人支出方面，考虑私人家庭单位消费支出非齐次的本质，且须计入人口成长的影响，私人家庭单位采用 CDE 效用函数（Constant Difference of Elasticity）的假设，以每人平均为基础。其主要优点在于，这种函数容许个别产品消费型态的所得弹性以及价格弹性计量估计的空间，因此可以运用文献上现有需求所得弹性及价格弹性数据来进行校准，较能符合实际状况。

2. 政府部门行为

政府部门的总支出在各种商品之间的分配采用 Cobb-Douglas 效用函数来处理。这使得政府对各项商品支出占其总支出的比例维持固定。在开放体系下，政府对各种产品的需求可分为国内产品及进口品，而此两者通过 CES（constant elasticity of substitution）函数组成综合商品。

（二）厂商行为

GTAP 模型中厂商的生产函数采取树状结构的设定。假设生产函数具可分性及固定规模报酬特性。厂商的主要投入可以分为原始投入与中间投入两大部分。在可分性的假设下，厂商对原始投入的最适使用量决策不受中间投入价格变动的影响，反之亦然。同时，在固定规模报酬的假设下，厂商要素投入使用比例也不会因为生产数量的变动而改变。

树状结构的顶层描述厂商对中间投入与综合原始投入需求决策。在 Leontief 函数的假设下，厂商中间投入与综合原始投入与总产出呈现固定比例关系。这种做法常见于一般 CGE 模型的设计中，其主要优点在于可以大幅降低模型中需要估计之参数数量。

树状结构底层左半部描述了原始投入与生产之关系。假定原始投入与生产之关系为 CES 函数，不同原始要素之间的替代弹性相等。据此对原始投入进行加总，以得到总和原始投入。树状结构底层右半部描述中间投入与生产之关系，其中包含两层，第一层为国产品与综合进口品之替换关系，假设两者透过 CES 函数组合成一综合中间财；第二层为不同来源进口中间品替换关系，假设也是通过 CES 函数组合成综合进口品。

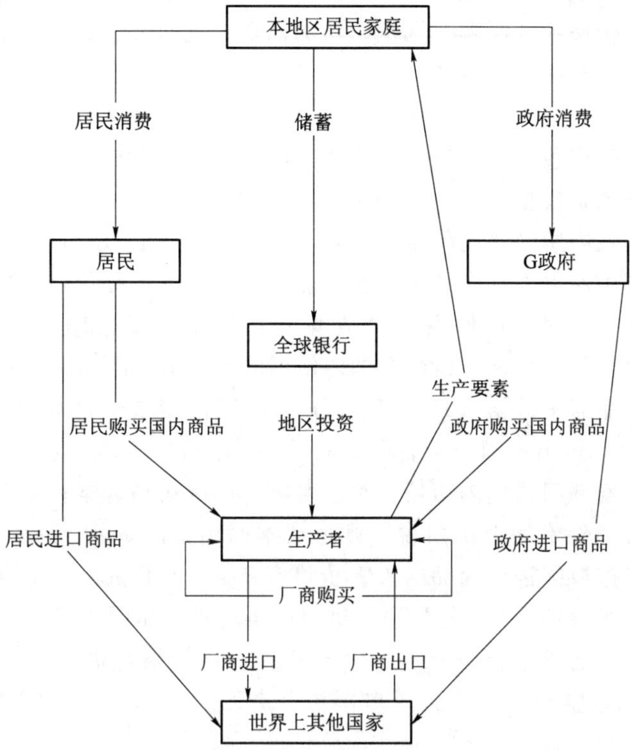

图 13.1　GTAP 模型的基本结构

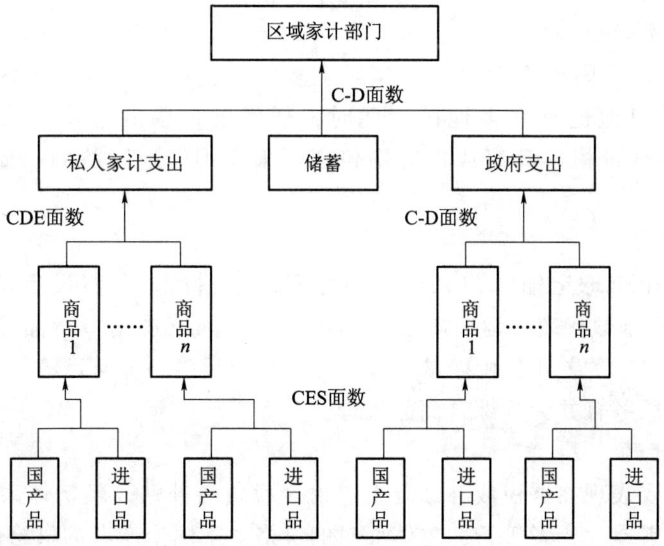

图 13.2　区域家庭单位行为结构

（三）价格系统

模型都以价值形式来计算，但假定数量不变，仅用价格来讨论时，模型的互动关系更为明晰。此外，就模型的模拟以及政策评估而言，价格系统是最重要的中介：例如关税税率的变化通过价格系统影响一国消费者的消费，进而影响其进口量，并更进一步影响其生产结构、资源分配、所得变化以及他国的出口等等。在模型中，非关税障碍的模拟也大多通过由关税等量来加以模拟，其效果也是通过价格体系体现。生产与消费的补贴、保护也都通过生产税、间接税等在价格体系中产生影响，使整个经济体系产生变动。因此，价格体系是模型政策模拟的主干。

现将本模型体系内所隐含的价格体系简要说明如下：图 13.4 是以两国模型为例的价格关系图。从图中左上方开始，本国生产者生产出来的产品价格为生产者的供给价格（P_s）。在完全竞争、零利润的假设下 P_s应等于平均成本。P_s加上生产税后形成该产品在国内的市场价格（P_m）。首先，留在国内使用的产品加上国内的货物税可得出本国消费者面对的国内产品需求价格（P_{rd}、P_{gd}，P_{fd}）。国内需求价格和进口品的需求价格，经过 *CES* 函数整合后得出本国消费者面对的最后需求价格（P_p、P_g、P_f）；其次，部分产品输出到虚拟运输部门，国内市场价格会影响其国际运输成本；第三，余下的产品用于出口。当国内市场价格加上出口税，则形成本国出口品 FOB 价格（P_{fob}），P_{fob}加上单位运输成本可得进口国进口商品的 *CIF* 价格（P_{cif}）。CIF 价格加上进口税，则得进口国进口品国内的市场价格（P_{ms}或 P_{im}）。进口国再对进口品课以进口品货物税，可得进口国消费者的进口品需求价格（P_{pm}、P_{gm}，P_{fm}）。该价格与进口国国产品消费者需求价格，通过 CES 函数整合，可得到进口国消费者面对的综合商品需求价格（P_p、P_g、P_f）。

贸易在模型中是双向的，原来的进口国也将有部分商品出口，形成原出口国的进口品。同理，模型可得出原出口国进口品的需求价格，结合该国国产品需求价格，可得前述该国综合商品需求价格。

以上说明是以两国模型为例。但实际上多国模型中，国家或地区的进口来源有许多地区，而出口地也有许多地区。此时，任何进口国的进口品需求价格也是由 CES 组合成的综合价格，其组成内容则包含了来自不同地区的同一商品的不同价格的组合。

（四）运输部门

模型中以一个全球运输部门来处理国际间的运输活动。假设运输部门生产可用 Cobb-Douglas 生产函数代表。运输需求呈现在每一个国家进出口货品到岸价格（CIF）与离岸价格（FOB）的差距。由于缺乏能够连结特定运输路径与运输服务的数据，因此将各区域的运输服务合并为一综合商品处理。

（五）政府干预

政府干预主要表现在课税或补贴之上。由于税负与补贴，经济体系中有两类价格：市场价格与消费者或生产者等行为主体面对的价格。本国生产者的供给价格加上生产税（或减去生产补贴），等于产品在国内市场的市场价格。此时产品有三种可能的去处：（1）国内使用：此时，国内市场价格加上国内货物税等于本国消费者面对的国产品价格。(2) 输出到一个虚拟的运输部门：此时，运输国内市场价格决定一国国际运输成本。(3) 出口：此时，国内市场价格加上出口税（或减去出口补贴），等于本国出口品的 FOB 价格。

此外，本国出口品 FOB 价格加上单位运输成本，等于进口国进口品 CIF 价格。进口国进口品 CIF 价格加上进口税，等于进口国进口品的市场价格。进口国进口品的市场价格加上货物税，等于进口品消费者价格。若进口国进口有许多不同来源国，不同来源之进口可以组成综合进口品，该综合进口品平均价格即其平均进口价格。综合进口品与进口国国产品可以组合成综合商品，该综合商品平均价格即消费者面对的综合商品价格。

（六）国内产品市场、要素市场以及国际贸易市场均衡

国家或地区的收入即要素所得，GTAP 模型假设地区收入通过效用函数（CD 函数形式）表示，追求效用极大化。假定国家或地区的支出按固定的比例分摊到家庭消费支出、储蓄和政府支出。

从图 13.4 中左上方开始，本国生产者生产出来的产品价格为生产者的供给价格（P_s），在完全竞争、零利润的假设下，P_s应等于单位产品成本。P_s加上生产税等于产品的国内市场价格（P_m）。留在国内的产品加上国内货物税可得出本国消费者面对的国内产品需求价格：（P_{pd}、P_{gd}，P_{fd}）。该假设与一般 CGE 模型以家庭消费衡量社会福利大小的方法不同，除了家庭消费支出的大小可以影响一个社会的福利外，储蓄（减少现期消费）和政府支出（如公共支出）的大小也可以影响一个社会的福利大小。在实证分析中，地区收入来源除了各种要素所得外，还包含各种政府间接税和关税。在扣除资本折旧以后，国家或地区收入即国内生产净额的概念。

在均衡时，国民收入等于家庭支出、储蓄、政府支出的总和，其中家庭支出和政府支出方面分别包含了在国产品与进口品的支出上。储蓄则通过虚拟全球银行提供各国或各地区生产者的投资资金，因此储蓄部分只有金融性的金额流动，没有实质物品的回流。在均衡时，全球总储蓄等于全球投资总额，而各地区生产者的产品分别用于国内和国际市场。假定服务部门的产出有一固定比例输出到虚拟运输部门中，作为国际间的运输服务，因此，模型中企业产出将分别用于国内、国际和提供运输服务。用于国内产品市场的产品包含了三个不同机构的需求：家庭的消费需求、政府的需求以及国内厂商作为中间投入的需求。家庭、政府的最终需求以及厂商中间投入的需求，其来源除了国产品外，还有进口品。在均衡时，进口品的总量（或金额）等于三个机构进口量（或金额）加总。在国际间的贸易流量上，一国或地区某产品的进口总额等于此产品由不同地区来源进口金额总和。即不同地区或国家出口到同一地区或国家的某一产品金额总和必须等于该进口地区或国家该产品的进口总金额，使世界各地区或国家贸易往来达到均衡。

在地区与世界要素市场的均衡上，假设各国或地区当期各要素存量不能互相流通。但在同一地区或国家内，则部分要素（如资本、劳动）可以在部门间流通，对于部分特定要素（如农业土地）则假设不能在部门间移动。因此，对于地区或国家中可以在部门间移动的要素，均衡时地区某要素的总供给应等于各部门对该要素需求加总。对于

不可在部门间转移的要素，某部门该要素的供给应等于同一部门该要素的需求。供给可以决定某地区内同一要素在部门间的共同价格，但各部门间所面对的要素需求价格各自不同。

在完全竞争、充分就业下，以上各市场供需都相等。在模型中同时采用了不同的松弛变量（slack）加于等式后方，以便在改变假设的情况下，能够使供需均等的条件可以有弹性的变化（例如，在要素等式中，加入松弛变数，并使其值不为零时，则充分就业的假设就被打破了）。

假定各地区的资本存量固定不变，资本累积通过投资（固定资本形成）来加以进行。资本存量在各国间虽然是固定，但投资是通过上述虚拟全球银行来加以分配。因此，投资可以跨国进行，但因 GTAP 模型是比较静态模型，虽然投资可以跨国进行并影响国家或地区的期末资本存量。期末资本存量并没有进入生产过程，故跨国投资对于产出的直接影响并不大。不过投资行为将影响到各国产品的分配，也因此可以通过产品分配过程影响整个经济体系及生产结构。

（七）GTAP 求解过程

GTAP 属澳洲 ORANI 模型的系列，均以 Johansen 法及澳洲 MONASH 大学的政策研究中心所发展的 GEMPACK 软件程序求解。求解过程是依据封闭准则，选取外生变数，并设定外生变数冲击的幅度，并运用多步骤插补法求解，以节省模型校准求解的时间及降低线性化的误差，最后结果以百分比变动的形式呈现。

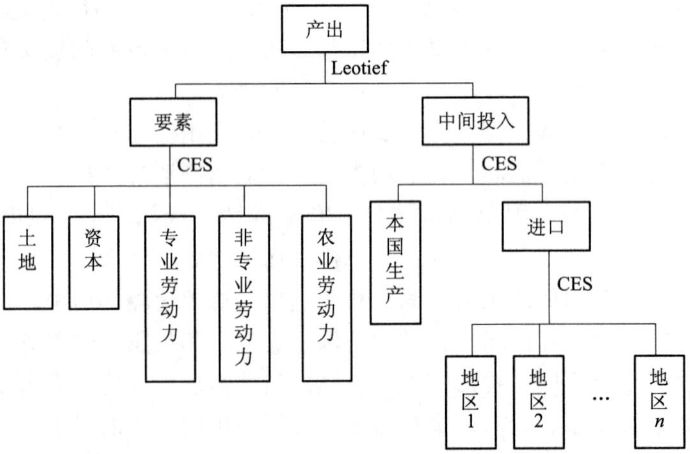

图 13.3 生产结构图

三、GTAP 模型数据库

GTAP 数据库可分为投入产出数据、能源数据与时间序列数据，其中投入产出数据又可区分为总体数据与部门间的个体数据，因此，首先说明数据库的档案，再依序说明总体、个体及所包含的各种有关贸易保护、支持等数据，最后，观察能源数据与时间序列数据。

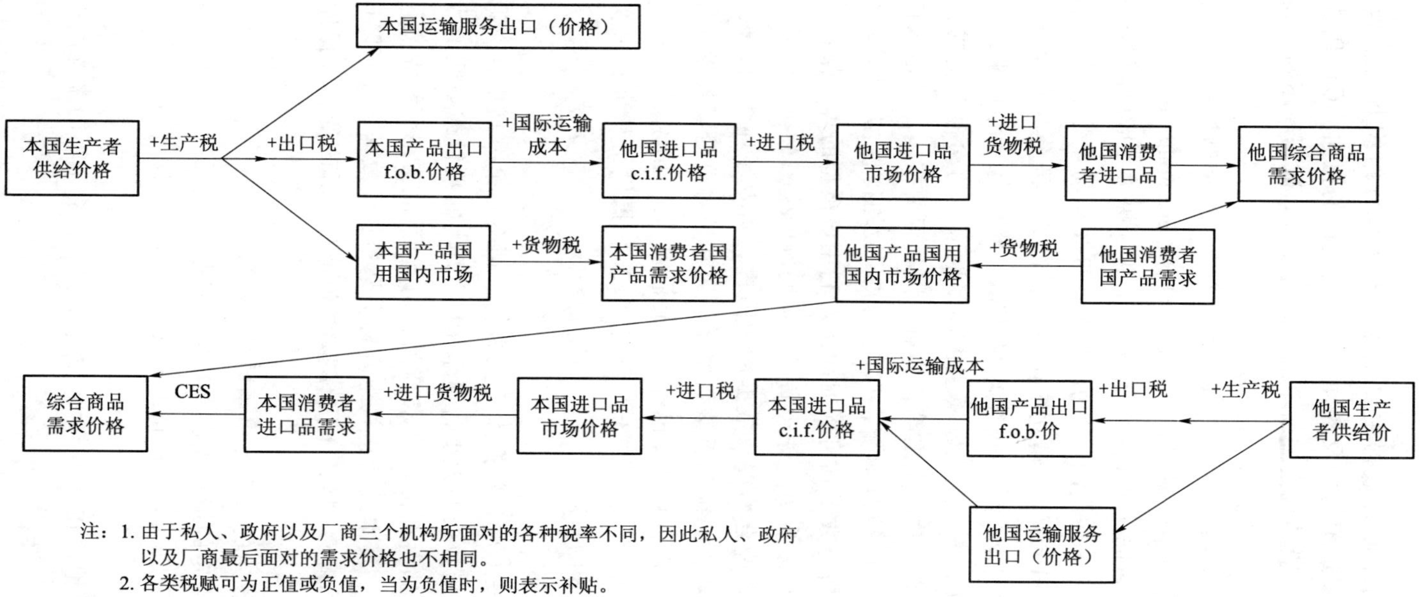

注：1. 由于私人、政府以及厂商三个机构所面对的各种税率不同，因此私人、政府以及厂商最后面对的需求价格也不相同。
2. 各类税赋可为正值或负值，当为负值时，则表示补贴。

图13.4　价格关系图（以两国为例）

（一）数据库简介

GTAP 模型数据库所用原始数据主要来源于有关国际组织收集整理的贸易统计数据，其中包括国家间的双边贸易额及各种干预措施造成的扭曲。GTAP 数据库中农业部门的数据分类细致，为一般其他模型所不及；并且 GTAP 数据库不断更新数据修正整合与平衡各国数据的方法，大大推动其持续进步。GTAP 数据库发展迄今已至第六版，平均两年更新一次的频率，甚至高于一般国家投入产出表的编制周期。

GTAP 第一版数据库原始数据部分引用 SALTER（Sectoral Analysis of Liberalization of Trade in the East Asian Region）数据库，由澳洲工业局提供 1980 年代至 1990 年初投入产出表所构成；因此，GTAP 模型前身为澳洲 SALTER 贸易模型，其为纪念澳洲经济学家 Wilfred Salter（1929 – 1963）所建立多国模型，将世界区分为 9 个地区以及 34 个部门，该模型承袭 1985 年 John Whalley 全球可计算一般均衡分析的理念，由 OECD 所研发的 WALRAS 模型修改而来。此全球模型由许多地区性的次模型组成，这些次模型对各国家地区的生产、消费、政府支出等行为有不同程度的描述。由地区性的次模型再通过双边与多边国际贸易的联结与均衡，形成全球一般均衡模型，模型中国内、国际商品、生产要素的供需价格与数量均可同时决定。利用该模型的理论架构，配合其数据库及应用软件，可以进行许多有关全球经贸及环境问题的模拟分析。

由于 GTAP 模型必须配合 GTAP 数据库的演进，两者环环相扣，缺一不可；因此，使用 GTAP 模型的研究者，必须熟悉该数据库，尤其是对数据库各版的异同更应深入了解与比较。目前 GTAP 第六版数据库已经扩充到涵盖 78 个国家地区以及 57 个商品分类的一个庞大全球经贸数据库（见表 13.1 和表 13.2），提供给从事相关实证分析的研究者，掌握更加完整与精确的资料。

（二）数据库构成

除时间序列数据外，GTAP 数据库可分为三个档案：第一是集合，第二是参数，第三是资料。所谓集合是指数据的大小，显示 10 种类型的数目或空间的大小，其分别是地区、贸易商品、不可储蓄商品、需求商品、制造商品、原赋商品、不完全移动性原赋、完全可移动性原赋、资本及运销差距。其次是参数及数据，在 GTAP 模型中，数据是可以更新的，而参数却不一样，不因模拟的不同而有所改变；数据库中的参数共有 10 个，分别为：

（1）以 CDE 形式设定的最小支出函数替代参数。

（2）以 CDE 形式设定的最小支出函数扩张参数。

（3）对所有单位及地区在 Armington 加总结构下，国产品与进口品之间的替代弹性。

（4）对所有单位及地区在 Armington 加总结构下，对于不同来源的进口品彼此之间的替代弹性。

（5）在生产某商品的附加价值上，资本、劳动及土地之间的替代弹性

（6）在生产某商品的各项中间生产投入要素之间的替代弹性。

（7）不完全移动性原赋原始要素之间的转换弹性。

（8）不完全移动性变量的参数。

(9) 某地区相对于投资所引发的资本存量预期净投资报酬率的改变。

(10) 决定不同地区投资资金分配机制的一个二元变量。

GTAP 投入产出数据在数据文件中以矩阵形式陈列，可用 VIEWHAR 阅读内容，由资料文件可观察 2001 年世界经济情况，而以货币价值衡量的货物与服务，即是 GTAP 模型作为主要分析的主体。

(三) 总体资料

GTAP 数据库利用简明的 $Y=C+I+G+(X-M)$ 支出恒等式，计算各区域国家的国内生产总值（GDP）；首先将居民消费、政府消费、加上资本形成总额后，再利用投入产出表计算国家或地区的总 GDP，于是总的 GDP 包含家庭消费、政府总支出、国内固定投资总额、存货与贸易余额。至于所得则由工资收入、资本利息、地租、自然资源收入与税收组合而成，最后总支出的 GDP 等于总所得面的 GDP。

一般而言，GTAP 只要由世界银行 DAD 数据库（Development Economics Analytical Database）即可取得 GDP 与人口资料，因为 DAD 包含最多区域国家，而且资料的整理也经过统计的调整，在各方面都非常符合 GTAP 数据库的需要；不过，有些国家地区的数据在 DAD 上却非常不完整甚至遗漏，于是 GTAP 只好寻求其他方法解决前述类似问题。其解决方法分为四种，第一种是由其他途径获得数据，包括联合国人口统计年报、国际金融统计与世界发展报告；第二种是假若只能获得每人国民所得，则以每人国民所得乘以人口总数来推估；第三种是如果只有人口数据而无其他资料时，则以与其相近国家的每人 GDP 乘以此国家地区人口推估 GDP；最后，特别针对被 DAD 加总合并的比利时与卢森堡两国，GTAP 使用两国的人口数作为权数，以拆解这两国的资料。由此可知，GTAP 数据库的总体数据应是目前世界上较完备的数据库。

(四) 个体资料

所谓个体数据系针对某一特定部门的数据，也就是 GTAP 数据库中 57 个部门之间的产业间经济流量；其中比较值得关注的部分有：(1) 各部门如何处置所生产的商品，即各部门的产品销售去路；(2) 各部门产业为生产这些商品需要投入多少成本。GTAP 为处理这些问题将销售部分依照购买用途分成 5 类，而成本支出也依照支付的对象划分出 7 项，这些等式如下：

总产出 = 中间投入 + 民间消费 + 投资 + 政府消费 + 出口

总成本 = 中间投入 + 非技术劳工工资 + 技术劳工工资 + 资本 + 土地 + 自然资源 + 其他税赋

(五) 双边贸易资料

上式在生产后所消费的部分有一项是出口；相对的，甲国有出口，乙国就一定有进口，因此，在 GTAP 开放体系架构下，已涵盖厂商的进出口行为，其实不止厂商有进口行为，家庭单位与政府虽然无法生产出口品，一样会购买进口品进行消费，这样的交易行为就构成 GTAP 双边贸易的资料。

GTAP 为取得双边贸易资料，必须向各国海关或掌管进出口的单位搜集各国进出口的资料，有了进出口资料，整个全球贸易与运输的状况即可一目了然，不过，实务上仍存在一些问题，首先是数据不齐一，因为往往甲国记录输往乙国货物的值或量与乙国记载的不同，这种情况可能是这两国中的某一国有意或无意的错报，也可能是度量方式的不同，更可能是两国所使用的商品分类不一样，即使两国的资料差异不大，也并不能代表两国间的贸易记载没有问题，最重要是资料的可信度。

因此，在整合各国贸易数据的差异时，若甲国对于某些特定商品的记录非常详细，具有相当高的可信度，则使用甲国的数据，而若乙国在另外一些商品记载较可靠，则采用乙国的数据，此种方式同样使用发达国家和发展中国家，事实上，发达国家数据不一定比发展中国家具有较高的可信度；但问题是如果每一个国家的数据都要一一去探讨孰是孰非，恐怕执行上并不切实际；目前 GTAP 数据库所使用的方法是采用联合国、世界银行、联合国粮农组织等较具有公信力的世界贸易资料，来调整各国家地区资料上的差异，以获得最精确与最可信的数值，供使用者进行模拟分析。

贸易数据的整合尚有一个非常重要的问题是复出口，系指一个商品进口到某一国家地区后，直接又出口到其他国家地区，除提供服务之外并没有经过任何创造附加价值的生产与投入过程；这些复出口的价值，除了贸易复出口服务应属于交通运输服务部门收入外，其余的价值应该扣除，这种情形最好的例子就是香港。

台湾与大陆之间的贸易大部分是经过香港进行，由香港政府向联合国提供的贸易进出口资料观察，可知复出口的确占香港整个出口相当大的比重，但是，在香港纯复出口的贸易值究竟多大，香港进口的货物商品中境内实际运用的部分是多少，这些数值都无法直接从联合国的数据获得，因此，GTAP 为推估香港这部分数据必须做一些数学的计算。

（六）政府保护及补贴资料

GTAP 利用这些数据可计算出各国对每种产业的保护程度，将这些扭曲障碍去除，就可以经由模拟得到自由贸易下的经贸情况；因此，以下将说明进口关税及生产补贴这两个议题中数据的处理过程。

在 GTAP 数据库中，商品的关税资料来源分为两部分，第一部分是世界银行 TRAIN 提供，第二部分则是由第三版的 GTAP 数据库（IDB）进行补充工作。世界银行的数据在使用前必须先经过两道手续，第一步是从其中抽取 GTAP 数据库所需的数据加以处理修整，因为全世界有 268 个贸易国，配合 42 种货物就产生 268 ×42 个矩阵，如此庞大的矩阵难免会遗失一些重要信息，如果关税数据遗漏的话，就要用贸易量加权平均的方法求得；接下来的第二步骤，是把原本 268 ×42 的数据转成 GTAP 数据库所使用的 45 ×42 矩阵；此时就要用到 GTAP 第三版数据库进行修补的工作，同时采用以下的准则：

（1）这笔关税资料只有世界银行有而 IDB 没有，则采用 TRAIN 资料。

（2）这笔关税资料只有 IDB 有而世界银行没有，则采用 IDB 资料。

（3）这笔关税数据两者皆有，则采用 TRAIN 的数据。但尽量使用 IDB 资料来补充 TRAIN 遗漏且无法得知的关税资料。

在农产品的贸易保护方面，非关税壁垒占了很大比重，因此，数据的搜集不完全相同于其他产品，由于数据取得的关系，必须分为 OECD 国家与非 OECD 国家来探讨；首先在 OECD 国家方面，使用 1995 年由 OECD 完成的 PSE（Producer Subsidy Equivalent）

之计算来获取农业关税、出口补贴与生产者补贴资料；接着非 OECD 国家的数据取得必须经过以下四个步骤：

（1）计算第三版 GTAP 数据库之关税与补贴率；

（2）第三版数据库中 OECD 国家的保护率与新的 OECD 税率比较，然后以比较的结果调整其他非 OECD 国家的保护率；

（3）修饰这些数据，使调整后的保护率符合第四版数据库的产品分类；

（4）将 OECD 与非 OECD 的数据整合。

综合以上，GTAP 模型及数据库中政府保护支持的方式有 7 种手段：2 种进口、4 种出口、1 种生产补贴；其细项与资料来源如图 13.5 所示。

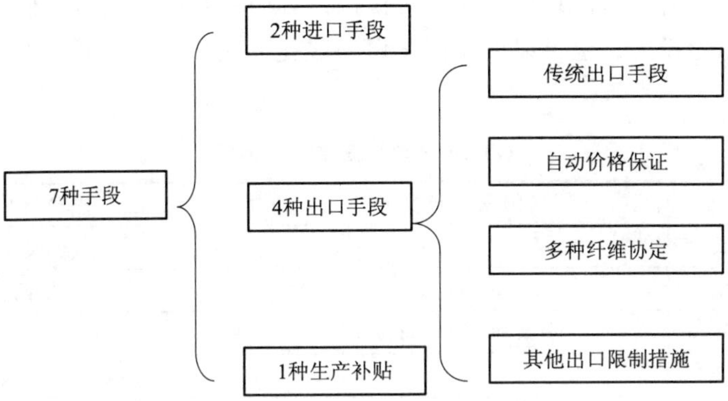

图 13.5　政府保护及补贴简图

（七）劳务贸易资料

GTAP 数据库包括的服务部门有：电力、自来水、贸易、其他运输、水上运输、空中运输、邮政电信、金融、保险、工商服务、个人服务、政府服务等；不过这些部门的数据过于分散，且可靠性较低，GTAP 数据库只能使用仅得的可用数据，配合数学的计算，尽量使这些服务部门的资料齐一，因此，目前仍显不足，此部分尚留待以后加以更新。

（八）时间序列数据

GTAP 数据库中时间序列数据系以基期年（1997 年）数据为主，由此往前延伸的一个双边贸易之记录，其中包含 1965 至 1997 年的商品数据记录，这样的资料可提供研究有关时间序列者，获得充分的资源；但同于一般数据的问题也发生在 GTAP 时间序列数据中；首先是国家区分的问题，因为有些国家是最近才建立的，又有些国家以前是分裂的（如东西德），亦有些国家则反之（如前苏联）；在数据整理上必须依照各国的环境给予适当的处理，另外有关香港复出口的问题，GTAP 时间序列数据并不包括到这种复出口，故必须如同复出口的国外商品价值一样，加以计算扣除，而调整数据时也会遇到有些国家的数据有时好时坏的问题，必须仔细评估其可靠度逐一审核。最后，分类法的问题也须解决，虽然大部分国家已采用 HS 分类法，但仍有一些国家才刚开始使用，故仍需采用国际贸易标准分类（SITC）统一标准，不过在 SITC 经过历次改版后，已可成为所有 HS、SITC 与 GTAP 数据分类的转换桥梁。

(九) 其他数据

最后，尚有几项较重要的 GTAP 其他数据：首先，GTAP 数据库中资本存货与折旧的数据来源为 DAD，并以 1997 年百万美元为计算基础；惟数据难免有疏漏之处，面对此问题，GTAP 采用的方法是，如果某一国家数据遗漏的话，就使用在其附近有完整数据的国家平均资本存货与 GDP 的比率推算该国的资料；如果没有任何邻国的资料可以提供，就设定其资本存货与 GDP 的比率为 2.5，而折旧资料为 1997 年资本货物的 4%，如此所有国家的数据就完备，并且这些数据是将来 GTAP 模型发展成动态模型的重要工具。

另外，GTAP 数据库亦包含投入产出乘数，如果探讨某一商品最终需求增加 1 百万美元将导致投入的各生产要素会增加多少这种乘数的问题，就可以用 GTAP 数据库的系数数据算出，而不需要 GTAP 模型的正式模拟；其中系数的采用可以假定某些产业只能使用某些要素作为投入，也可以放宽假设做一般化的设定，这些都可以单独使用 GTAP 数据库即可分析。

表 13.1　　GTAP 模型数据库国家地区

序号	代码	国家（英文）	国家（中文）
1	AUS	Australia	澳大利亚
2	NZL	New Zealand	新西兰
3	XOC	Rest of Oceania	大洋洲其他国家
4	CHN	China	中国
5	HKG	Hong Kong	香港
6	JPN	Japan	日本
7	KOR	Korea	韩国
8	TWN	Taiwan	台湾
9	XEA	Rest of East Asia	东亚其他地区
10	IDN	Indonesia	印度尼西亚
11	MYS	Malaysia	马来西亚
12	PHL	Philippines	菲律宾
13	SGP	Singapore	新加坡
14	THA	Thailand	泰国
15	VNM	Vietnam	越南
16	XSE	Rest of Southeast Asia	南亚其他地区
17	BGD	Bangladesh	孟加拉国
18	IND	India	印度
19	LKA	Sri Lanka	斯里兰卡
20	XSA	Rest of South Asia	南亚其他国家
21	CAN	Canada	加拿大
22	USA	United States	美国
23	MEX	Mexico	墨西哥
24	XNA	Rest of North America	北美其他地区

续表

序号	代码	国家（英文）	国家（中文）
25	COL	Colombia	哥伦比亚
26	PER	Peru	秘鲁
27	VEN	Venezuela	委内瑞拉
28	XAP	Rest of Andean Pact	安地斯其他国家
29	ARG	Argentina	阿根廷
30	BRA	Brazil	巴西
31	CHL	Chile	智利
32	URY	Uruguay	乌拉圭
33	XSM	Rest of South America	南美其他地区
34	XCA	Central America	中美洲
35	XFA	Rest of FTAA	美洲自由贸易区其他地区
36	XCB	Rest of the Caribbean	加勒比海其他地区
37	AUT	Austria	奥地利
38	BEL	Belgium	比利时
39	DNK	Denmark	丹麦
40	FIN	Finland	芬兰
41	FRA	France	法国
42	DEU	Germany	德国
43	GBR	United Kingdom	英国
44	GRC	Greece	希腊
45	IRL	Ireland	爱尔兰
46	ITA	Italy	意大利
47	LUX	Luxembourg	卢森堡
48	NLD	Netherlands	荷兰
49	PRT	Portugal	葡萄牙
50	ESP	Spain	西班牙
51	SWE	Sweden	瑞典
52	CHE	Switzerland	瑞士
53	XEF	Rest of EFTA	欧洲自由贸易其他地区
54	XER	Rest of Europe	欧洲其他地区
55	ALB	Albania	阿尔巴尼亚
56	BGR	Bulgaria	保加利亚
57	HRV	Croatia	克罗地亚
58	CYP	Cyprus	塞浦路斯
59	CZE	CzechRepublic	捷克

续表

序号	代码	国家（英文）	国家（中文）
60	HUN	Hungary	匈牙利
61	MLT	Malta	马耳他
62	POL	Poland	波兰
63	ROM	Romania	罗马尼亚
64	SVK	Slovakia	斯洛伐克
65	SVN	Slovenia	斯洛文尼亚
66	EST	Estonia	爱沙尼亚
67	LVA	Latvia	拉脱维亚
68	LTU	Lithuania	立陶宛
69	RUS	Russian Federation	俄罗斯联邦
70	XSU	Rest of Former Soviet Union	前苏联其他地区
71	TUR	Turkey	土耳其
72	XME	Rest of Middle East	中东其他国家
73	MAR	Morocco	摩洛哥
74	TUN	Tunisia	突尼斯
75	XNF	Rest of North Africa	北非其他国家
76	BWA	Botswana	博茨瓦纳
77	ZAF	South Africa	南非
78	XSC	Rest of South African Customs Union	南非联盟其他地区
79	MWI	Malawi	马拉维
80	MOZ	Mozambique	莫桑比克
81	TZA	Tanzania	坦桑尼亚
82	ZMB	Zambia	赞比亚
83	ZWE	Zimbabwe	津巴布韦
84	XSD	Rest of SADC	南部非洲发展共同体其他地区
85	MDG	Madagascar	马达加斯加
86	UGA	Uganda	乌干达
87	XSS	Rest of Sub Saharan Africa	撒哈拉沙漠其他地区

表 13.2　　GTAP 模型数据库商品分类

序号	代码	商品名称（英文）	商品名称（中文）
1	PDR	Paddy rice	稻谷
2	WHT	Wheat	小麦
3	GRO	Cereal grains nec	其他谷类作物
4	V_F	Vegetables, fruit, nuts	蔬菜及水果

续表

序号	代码	商品名称（英文）	商品名称（中文）
5	OSD	Oil seeds	油脂作物
6	C_B	Sugar cane，sugar beet	甘蔗
7	PFB	Plant-based fibers	纤维作物
8	OCR	Crops nec	其他农作物
9	CTL	Bovine cattle，sheep and goats，horses	畜产
10	OAP	Animal products nec	畜产品
11	RMK	Raw milk	生乳
12	WOL	Wool，silk-worm cocoons	羊毛
13	FRS	Forestry	林产
14	FSH	Fishing	渔产
15	COA	Coal	煤
16	OIL	Oil	原油
17	GAS	Gas	天然气
18	OMN	Minerals nec	其他矿产
19	CMT	Bovine meat products	屠宰生肉
20	OMT	Meat products nec	肉类产品
21	VOL	Vegetable oils and fats	食用油脂
22	MIL	Dairy products	乳制品
23	PCR	Processed rice	米及制粉
24	SGR	Sugar	糖
25	OFD	Food products nec	其他食品
26	B_T	Beverages and tobacco products	饮料及烟
27	TEX	Textiles	纺织
28	WAP	Wearing apparel	成衣
29	LEA	Leather products	皮革及其制品
30	LUM	Wood products	木材制品
31	PPP	Paper products，publishing	纸及制品
32	P_C	Petroleum，coal products	石油及煤产品
33	CRP	Chemical，rubber，plastic products	化学及塑胶橡胶制品
34	NMM	Mineral products nec	非金属矿物制品
35	I_S	Ferrous metals	钢铁
36	NFM	Metals nec	非铁金属
37	FMP	Metal products	金属制品
38	MVH	Motor vehicles and parts	汽车及零件
39	OTN	Transport equipment nec	其他运输工具

续表

序号	代码	商品名称（英文）	商品名称（中文）
40	ELE	Electronic equipment	电机及电子产品
41	OME	Machinery and equipment nec	机械
42	OMF	Manufactures nec	其他制品
43	ELY	Electricity	电力
44	GDT	Gas manufacture, distribution	燃气
45	WTR	Water	自来水
46	CNS	Construction	建筑工程
47	TRD	Trade	贸易
48	OTP	Transport nec	其他运输
49	WTP	Water transport	水上运输
50	ATP	Air transport	空中运输
51	CMN	Communication	邮政电信
52	OFI	Financial services nec	金融服务
53	ISR	Insurance	保险
54	OBS	Business services nec	工商服务
55	ROS	Recreational and other services	娱乐及其他服务
56	OSG	Public Administration, Defense, Education, Health	公共行政教育及医疗
57	DWE	Dwellings	其他分类

四、GTAP 模型的应用

GTAP 模型目前在国际上被广泛应用于贸易政策分析，作为贸易投资自由化等方面的经济效果分析的工具得到世界各国广泛使用，日益成为全球性标准。美国普渡大学全球贸易分析中心作为 GTAP 模型研究总部，不断引领着全球 GTAP 模型的应用与发展。

在国外，过去 GTAP 模型与数据库多数应用于农业政策与贸易相关分析，主要有：Hertel et al（1991）、Hertel（1999）、Blake et al（1999）等；此外，尚有从事非农业部门贸易与环境政策分析，主要有：Darwin（1999）、Elbehri et al（2003）、Urata et al（2003）等；此外还有 GTAP 模型研修改进，主要有：Hertel et al（1996）、Francois et al（1996）、Diao et al（1996）、Francois（1998）、Diao et al（1998）、Ianchovichina et al（2000）、Walmsley et al（2000）、Diao et al（2001）等。而欧洲地区亦多数以 GTAP 模型与数据库进行乌拉圭回合相关议题探讨，近来随着模型及数据库的扩充，更延伸至有关能源使用与全球气候变迁对经济影响之议题。

Hertel et al（1991）及 Hertel（1999）先后以 GTAP 模型与数据库探讨美国农业与资源分配政策，Blake et al（1999）也在乌拉圭回合及农业协定中进行有关农业自由化的探讨。Darwin（1999）以 Ricardian Approach 衡量全球气候变迁对农业的影响效果，Elbehri et al（2003）探讨 WTO 对于印度棉花与纺织产业的冲击影响，Urata et al（2003）则探讨东亚国家自由贸易协议下对外贸易的影响效果。

在 GTAP 模型改进方面，Hertel et al（1996）将垄断性竞争特性引入 GTAP 模型，Francois et al（1996）将规模经济与市场不完全竞争性导入模型中。虽然 GTAP 模型为比较静态模型，不过，Diao et al（1996）以新成长理论进行有关美国 R&D 动态一般钧衡分析，Francois（1998）探讨 GTAP 模型有关自由化与资本累积议题，Diao et al（1998）进行美国西半部整合动态分析，Ianchovichina et al（2000）探讨动态 GTAP 模型理论及架构，Walmsley et al（2000）进行动态 GTAP 模型情境分析，Diao et al（2001）则进行美国自由贸易区跨期评估。

在国内，GTAP 模型的应用才刚刚开始，仅有为数极少学者使用 GTAP 模型从事经济问题分析。2006 年 2 月，中国科学院预测科学研究中心黄季焜和杨军发表《中国经济崛起对中国食物和能源安全及世界经济影响的预测》研究报告。在报告中，作者在预测未来 20 年中国经济增长的基础上，采用改进的 GTAP 模型模拟了中国经济不同增长方案所产生的影响。研究结果表明：虽然中国经济增长速度会有所下降，但未来 20 年经济还将保持快速的增长；中国经济增长不会对本国的粮食和食物安全带来威胁，但中国农业的持续发展需要国家在农业科技不断创新的基础上，积极稳步地调整本国的农业生产结构；中国经济的快速增长也不会对世界食物安全带来威胁，相反它将提高世界的粮食和食物的总供给量，中国在油料作物、糖、棉花和玉米等农产品上进口的增加将为其他国家扩大生产和出口提供机遇；中国经济的快速增长将进一步促进对能源、矿产品和林产品等资源型产品的需求增加，虽然进口的依赖性提高会影响中国未来经济增长的可持续性，但中国进口占世界能源贸易的比例并不大，如果国家能继续推进资源节约型技术创新和产业结构调整，能源等资源型产品进口还能显著地减少；中国经济的崛起对其他国家发展既是机遇又是挑战，中国经济的高速发展将促进世界经济的增长，大部分国家也将从中国的经济发展中受益，对那些经济结构和中国互补型的国家，他们将会从中国增长的进口中受益，对那些和中国有相似出口结构并且产品竞争的国家而言，他们需要调整本国的经济结构，以把握中国经济的发展所提供的市场机遇。

在我国台湾，GTAP 模型的应用相对比较成熟，应用 GTAP 模型与数据库进行贸易与环境政策分析的相关研究主要有：林幸君、刘瑞文、徐世勋（1998）；李慕真、徐世勋（1999）；徐世勋、许鈵鑫（1999）；徐世勋、许鈵鑫、许光中（1999）；翁永和、许光中、徐世勋（2001）；徐世勋、蔡名书（2001）；徐世勋、吴秉叡（2002）；杜芳秋、吴佳勋、杨子江、张国益、徐世勋（2003）；杜芳秋、翁永和、吴佳勋、徐世勋（2003）等。

首先，林幸君、刘瑞文、徐世勋（1998）利用 GTAP 模型及第四版数据库探讨台湾加入 WTO，在大陆是否同时加入情况下，台湾采取关税减让、解除非关税壁垒以及实施全面贸易自由化政策，对台湾总体经济及两岸产业竞争力消长的影响。根据实证结果显示，在两岸同时加入 WTO 并与各国相互实施全面贸易自由化政策情况下，可带动各国提高其产出，全球实质 GDP（Gross Domestic Product）平均增幅达 3.1%，总福利水准提升 647 亿美元，且台湾和大陆产出分别增 6.0% 及 3.8%，实质 GDP 分别增长 7.3% 及 2.2%，均较两岸单独加入 WTO 情况为高，故可创造双赢局面。

徐世勋、许鈵鑫（1999）运用数据库按其经济特性及地理位置将全球加总成10个地区和6种商品，针对APEC农业自由化议题，比较全面自由化和稻米自由化弹性处理之间的差异。模拟结果显示，在全面自由化后，大部分国家地区社会福利提高，验证了贸易自由化在促进地区间生产与资源配置效率的提升是必然的趋势。

徐世勋、许鈵鑫、许光中（1999）运用第四版数据库中45个国家地区加总成以APEC国家为主的12个地区，并将50个商品部门加总成以提前部门自由化EVSL（Early Voluntary Sectoral Liberalization）清单为主的15个商品类别，做APEC EVSL的关税减让跨国分析。翁永和、许光中、徐世勋（2001）也运用GTAP模型及数据库参考EVSL提案内容，进行APEC各成员国相关减让清单的关税减让，藉由模拟分析EVSL关税减让对台湾与APEC主要成员国间贸易的影响及对台湾总体经济及主要相关产业的影响。

GTAP模型及数据库的应用除在贸易相关议题之外，更扩及环境经济领域，而且跨国的分析更为一般方法所不能及。徐世勋、李慕真（1999）运用第四版数据库探讨气候变迁对亚太地区经贸的影响。

第五版数据库面世后，徐世勋、蔡名书（2001）运用第五版数据库探讨区域贸易协议演变对APEC与台湾经贸的影响。徐世勋、吴秉叡（2002）应用GTAP数据库探讨WTO架构下开放对大陆投资对台湾经贸的影响；杜芳秋、吴佳勋、杨子江、张国益、徐世勋（2003）采用GTAP模型与新版数据库，仿真分析新回合的农业谈判对台湾农业所可能带来的影响。

杜芳秋、翁永和、吴佳勋、徐世勋（2003）运用新版数据库，就“是否应进一步开放台湾与中国大陆直航”议题对台湾农业所带来的经济影响进行实证研究，研究结果认为，台湾大部分的农产品在开放与中国大陆直航后，产量都会下降，且在开放直航后，台湾与中国大陆之间农产品进出口依存关系将有上升的趋势。

第十四章　多边贸易体制

第一节　多边贸易体制的概述

20 世纪 30 年代世界经济大萧条导致世界各国纷纷采取贸易保护政策奖出限入，以邻为壑的贸易手段不仅使国际经济秩序陷入混乱，也导致各国贸易政策失灵。通过达成多边贸易协定，用更高层次的国际贸易管理手段代替单边的贸易管理手段势在必行。1948 年关税及贸易总协定（以下简称 GATT）的正式生效催生了多边贸易体制的诞生。多边贸易体制是由成员政府创立的、处理政府间相互关系的贸易体制，是一种对各国（地区）之间采取的贸易政策进行国际协调的制度安排。国际上一种观点认为“多边贸易体制”等同于“多边贸易法律体制”，也就是国际多边贸易的原则、规则和制度；另一种观点则认为“多边贸易体制应是国际贸易关系上的一种事实上的健康状态”①。多边贸易体制过去的载体是 GATT，而现在的载体是“世界贸易组织”（以下简称 WTO）这个正式的国际法人组织（Wolfe，1999）②。

一、多边贸易体制的概念

对于何为多边贸易体制，至今人们尚未作出一个明确且规范的解释。作为分析国际合作问题和国际组织的通行方法，体制理论为国际合作问题提供了最普遍认同的答案。

（一）国际体制的概念

约翰·鲁杰（John Ruggie）第一个创造了国际体制的概念，他将体制定义为“一套已为一组国家所接受的共同的期望、规则、规章、计划、组织能量和经济承诺”。③他认为，体制不只包括行为主体的言论和行为，还包括了它们在一个行为主体间的理念框架中所理解和发现可接受的东西。这种理念框架不能从经济能力的分布推演出来，而必须从国家—社会关系的结构中去探求，这种关系是建立体制的国际特性。④

在罗伯特·基欧汉（Robert Keohane）和约瑟夫·奈（Josph Nye）对相互依存问题的研究中，他们对体制概念的解释更广泛地为人所接受，他们的定义与鲁杰的定义有所

---

① John Gerard Ruggie，“International Regimes，Transactions and Change：embedded liberalism in the Postwar Economic Order”，International Organization（Spring 1982），p379 – 415.

② Robert Keohane，Josph Nye：“Power and Interdependence”，Boston：Little，Brown，1977.

③ Robert Keohane and Lisa L. Martin，（1995），“The Promise of Institutionalist Theory，” International Security，Vol. 20，No. 1，Summer 1995，pp. 39 – 51.

④ Robert Keohane，After Hegemony（1984），*Cooperation and Discord in the World Political Economy*，Princeton：Princeton University Press，1984，pp52.

不同。根据他们的观点，体制由“规范行为和控制其效果的规则、规范和程序组成的网络”构成。也就是说，体制是影响相互依存关系的管理安排。国际体制是“一种政府的安排——政府通过制订或采用某些活动的程序、规则或组织制度来调节和控制跨国的和国家间的关系”。① 可以说在国际关系中，国家行为的选择实际上就是制度的选择。国际体制是一种独立性变量，有时可以起到非常重要的作用②，甚至可以直接影响国家利益的形成③。

1983 年，斯蒂芬·克拉斯纳（Stephen Kransner）和一群理论家提出了一个已经成为标准的定义。他认为，国际体制是“围绕行为主体在一定的国际关系领域中的期望而形成的含蓄或明确的原则、规范、规则和决策程序的集合。原则是指对事实、因果关系和公正的信念。规范是指按权利和义务定义的行为标准。规则是指对行动的明确规定或排斥。决策程序是指制定和执行集体选择的通行做法。”④

尽管上述对国际体制的定义有所不同，但国际体制理论者都强调了国际体制的四个组成要素——原则、规则、规范和决策程序，并认为体制就是用这四个要素来定义的社会制度。于是，体制就是这样一个过程：在这个过程中，各行为主体的个别的和汇集的意向被归纳成规范、规则和决策程序。⑤

可以说，在国际关系中，国家行为的选择实际上就是制度的选择。国际体制是一种独立性变量，有时可以起到非常重要的作用⑥，甚至可以直接影响国家利益的形成⑦。国际体制在影响国家行为和国际合作中发挥着重要作用：（1）国家行为主体期望与其他行为主体未来的关系具有确定性；体制提高了对未来的稳定性的期望；（2）体制提供了影响行为主体协调政策或制止政策协调的动机的信息；（3）体制通过将互利原则制度化，减弱了不平等的权利关系破坏稳定的作用。⑧

（二）多边贸易体制的概念

“多边”作为限定“贸易体制”的形容词，其基本含义是在给定的国际领域以基本的规则来对成员进行规范和约束。在普遍化行动原则的基础上协调三个或三个以上国家

---

① Stephen Kransner, "Structural Causes and Regime Consequences: Regimes as Intervening Variables", International Organization (Spring 1982), p186.

② ［英］马克·威廉姆斯．国际经济组织与第三世界．张汉林，等，译．北京：经济科学出版社，2000：31.

③ Robert Keohane and Lisa L. Martin, "The Promise of Institutionalist Theory", International Security, Vol. 20, No. 1, (Summer 1995), p39 - 51.

④ Robert Keohane, " After Hegemony, Cooperation and Discord in the World Political Economy", Princeton: Princeton University Press, 1984, p52.

⑤ James Rosenau, "Before Cooperation: Hegemons, Regimes and Habit—driven Actors in World Politics", International Organization (Autumn 1986), p849 - 894.

⑥ James A. Caporaso, (1993), "International Relations Theory and Multilateralism: The Search for Foundations", in John, G. Ruggie, ed, *Multilateralism Matters: The Theory and Praxis of An Institutional Form*, New York: Columbia University Press, 1993, pp51 - 90.

⑦ John, G. Ruggie, (1993), " Multilateralism: The Anatomy of an Institution", in John, G. Ruggie, ed, *Multilateralism Matters: The Theory and Praxis of An Institutional Form*, New York: Columbia University Press, 1993, pp1 - 50.

⑧ James A. Caporaso, (1993), "International Relations Theory and Multilateralism: The Search for Foundations", in John, G. Ruggie, ed, *Multilateralism Matters: The Theory and Praxis of An Institutional Form*, New York: Columbia University Press, 1993, pp51 - 90.

的行为，使多边主义与其他形式区别开来。“多边”在逻辑上并不以特定的国家数量为先决条件，与单边、双边、三边有确切数目不同，多边指统一体内的一个范围，其定义意味着合作，虽然并非所有的合作都是多边的，但是所有的多边活动都包含着合作①。

约翰·鲁杰认为，作为一种制度，多边主义制度与其他制度安排形式相比有三个不同的特征：不可分割性、普遍的行为准则和扩散的互惠性（*diffuse of reciprocity*）。这三个体征是一致的（Ruggie，1993）②。不可分割可以理解为，一项行动一旦在多边主义框架内开始执行，其成本和收益在地理和功能上都会扩散；普遍的行为准则是指以规范的形式促进国家间更广泛的联系，而不是根据单个国家的偏好或先验的排他主义立场，以个案的方式区别对待国家间关系；扩散的互惠性则抑制目光短浅的功利主义者，使行为者关注长远的收益，而不是注重眼前的短暂利益（Caporaso，1993）③。在国际贸易中，对最惠国待遇等非歧视原则的遵守使得多边贸易体制对所有成员在总体上具有了不可分割的特性。一个成功的多边贸易体制可以使成员与其他成员所达成的协定随着时间的推移给他们带来大致平等的收益④，相反，双边主义则是以特定的互惠性为前提，一方与另一方特定行动的收益一直处在动荡不定的状态中。

道格拉斯·埃尔文（Douglas Irwin，2000）⑤ 指出：多边贸易体制之所以有用是因为它将贸易自由化作为结果从而改变了贸易政策的政治经济学。多边贸易体制提供的是国际公共品，具有非排他性和非竞争性特征，这种国际公共品是单个成员市场无法提供的，必须借助于多边的制度安排才能实现，并且每个成员都可以通过参与多边贸易体制享受这个国际公共品带来的收益，分享世界市场扩大的好处。

有学者认为多边贸易体制是规范性原则和现实性信念的混合产物，其规范框架被定义为“附着的自由主义”（Ruggie，1983）⑥，它是开放的国际市场与实现国内福利最大化目标之间的一种妥协，这种妥协反映出对世界经济进行管理的一种可供选择的形式。在这种附着的自由主义的规范框架里，非歧视、多边贸易自由化、给予发展中成员的特殊和差别待遇这些规范被融合在一起，因此多边贸易体制是有管理的自由化体制而非自由贸易体制。多边贸易体制的核心原则是体现为“最惠国待遇”和“国民待遇”的非歧视原则，对这些原则的遵守并不能成为实现贸易自由化的必要条件（Woolcock，1999）⑦。同时，GATT 缔约方或 WTO 成员通过“互惠原则”来平衡各自的收益和让

① Robert，O. Keohane，“Reciprocity in International Relations”，*International Organization*，Winter 1986，Vol 40，pp1 – 27.

② Douglas A. Irwin. “Do we need the WTO?” *Cato Journal*，Winter 2000，pp353.

③ John Gerard Ruggie，(1983)，“International regimes，transactions and change，embedded liberalism in the postwar economic order”，in Stephen D. Krasner ed.，*International Regimes*，Ithaca，NY：Cornell University Press，1983.

④ Stephen Woolcock，(1999)，“The Multilateral Trading System into the new millennium”，in Brain Hocking and Steven McGuire eds.，Trade Politics：International，Domestic and Regional Perspectives，London：Routledge，1999，，pp25 – 39.

⑤ Gilbert Winham，(1998)，“The World Trade Organization：institutional-building in the multilateral trade system”，*Journal of World Trade* 32，1998，pp53.

⑥ Duncan Snidal，“The Limits of Hegemonic Stabolity Theory”，International Organization (Spring 1982)，p186.

⑦ Robert Keohane，“ International Institutions and State Power：Essay in International Relations Theory”，Boulder：Westview，1989.

步，因此多边贸易体制才成为一定的原则和准则下达成多边协约的场所，也成为进行贸易自由化谈判的场所（Winham，1998）①。

二、多边贸易体制的形成

关于多边体制的形成、维护和改革这个问题，已有不同的答案，不过这些答案可被简单归为两种主要类型，即霸权和互利。尽管作为一个解释变量的霸权和霸权稳定理论可被作为体制和体制理论的对立面，但仍可考虑将霸权和霸权稳定理论作为体制理论的一个变形，即它为多边体制的创立、维护和最终走向消亡提供了一种解释。

（一）多边体制形成的理论解释

霸权稳定理论深深扎根于政治现实主义的传统中，因而与其有共同的关键假设。现实主义者长期以来信奉权力。现实主义观点普遍认为：国际关系中的权力就是一个或多个霸权国拥有的政治和军事力量。国际秩序不过是这些国家确保权力均势的副产品。霸权理论基于这样的前提：在国际体系中唯一的支配行为主体的存在产生了所有国家集体期望的结果。它还认为，没有一个霸权国家将导致全球体系的无序并对个别国家造成损害。霸权理论基于这样一个假设：权力集中更有可能促进国际合作；相反，权力分散提高了交易成本，并妨碍一致的达成。②

19 世纪的英国和 1945 年后国际体制中的美国经验为霸权理论提供了实证支持。作为 19 世纪霸权国家的英国有能力强制推行一种自由贸易体制，使其符合自身的基本利益，同时又确保政治市场失灵不会发生。相似地，美国凭借其霸权地位，在二战后强制推行一种自由贸易秩序。相反，二战期间国际政治合作的失败正是因为缺少一个霸权国家。

互利理论基于这样一个假设：行为主体是理性的，即它们是根据自身利益来创造安排的效用最大化者。③ 这种功利主义的体制观结合了实用观点和理性利己行为假设，体制是国家对国际相互依存关系的日益复杂化所作出的有目的的理性回应的结果。复杂的相互依存关系使问题之间有了更多的关联性，而相互作用的过程则为各行为主体寻求一致开辟了清晰的区域。基欧汉认为，这种建立在行为主体自我理性利益基础上的一致不仅减少了谈判的交易成本，而且还减少了不确定性。④

因此，无论何种国际体制，其目的都是通过权威式或约束性制度安排或规范以促进全球福利和提高交往效率。这样，尽管国际社会具有无政府性，但是国际行为主体的相互依赖及其建立的基于共同利益和愿望的国际机制可以减少纷争与冲突，从而增强合作。国际体制反映的正是一段时间内国际行为主体合作和纷争的模式，即国际行为主体政策调整与否及其趋同程度。在国际体制中，合作与冲突应该是并存的，合作是对冲突或潜在冲突的反映，没有冲突或解决冲突的要求，也就没有合作的必要，而国际体制也

---

① Robert Keohane，“ After Hegemony，Cooperation and Discord in the World Political Economy”，Princeton University Press，1984，p115.

② Robert Keohane，Josph Nye：“Power and Interdependence”，Boston：Little，Brown，1977，p38 －60.

③ 张向晨．发展中国家与 WTO 的政治经济关系．北京：法律出版社，2002：8.

④ ［英］马克·威廉姆斯．国际经济组织与第三世界．张汉林，等，译．北京：经济科学出版社，2000：39.

正是在冲突和合作中演进并得到加强。

（二）国际组织与国际体制

为了解释体制变化的原因，基欧汉和奈描述了体制变化的四种模式——经济过程、总体权力结构、问题结构和国际组织。① 其中，国际组织模式将国际组织看作一种干预变量，在体制被创立之后，它有能力对其进行修改。体制的创立反映了国家的权力资源，但一旦创立，体制变化将不能被简化为国际行为的能力。国际组织具备一套规则、规范和制度，正是这一套规则、规范和制度决定了行为主体改变现存体制的能力。也就是说，体制变化源于国家行为主体调动有关制度资源的能力。从这一角度来看，如果认为国际组织仅仅是反映了国际体制，无疑是错误的。

事实上，国际组织和国际体制并不是简单的相互可以替代的概念。国际组织和国际体制可以相互独立存在。国际组织不一定必须是国际体制，尽管事实上它以体制为载体而存在。两者的最大区别在于，国际体制是一套国际接受的原则、规范、规则和决策程序，不具备行为能力；而国际组织可以对发生的事件作出反应。两者之间的实质性联系是"国际组织总是隐含在国际体制之中",② "国际组织往往在体制的创立和维护中发挥重要作用。从这个意义上，国际组织对体制成果的形成可能是重要的"。③

国际经济组织被看作重要的多边工具，体制通过它们得以创建和维持。二战以后，世界各国希望建立一个保障和平的制度结构，因此建立有权威的国际经济组织成为众望所归。在此背景下，世界银行（WB）、国际货币基金组织（IMF）、关贸总协定（GATT）、联合国贸发会议（UNCTAD）、联合国工业发展组织（UNIDO）等国际组织相继诞生。这些国际组织为保障成员国利益、降低交易成本、维持国际和平和发展起到了积极的作用。

（三）多边贸易体制：现实中的世界贸易体制

根据国际体制理论，世界贸易体制可以理解为"各国处理贸易关系时必须遵守的一系列国际规则的集合"。④ 但从真正的全球意义上说，并不存在一个国际贸易体制。旨在建立一个国际贸易组织的《哈瓦那宪章》，由于未能获得足够数量国家批准，没有生效，否则这种体制可能出现。⑤ 在国际上只有一个以法律形式调整国际贸易与贸易关系的规则与程序并体现成员之间权利与义务的体制，这一体制就是由这些年来达成的特别协定所补充的关税与贸易总协定。⑥

彼得-托比亚斯·施托尔和弗兰克·溯尔科普夫认为，1995年1月1日，世界贸

① UNCTAD/WTO. WTO企业指南. 中国（海南）改革发展研究院，译. 北京：企业管理出版社，2001：1.

② ［瑞士］奥利佛·隆. 关贸总协定多边贸易体制的法律及其局限性. 童守云，译. 北京：中国社会科学出版社，1985：1.

③ ［瑞士］奥利佛·隆. 关贸总协定多边贸易体制的法律及其局限性. 童守云，译. 北京：中国社会科学出版社，1985：5.

④ ［德］彼得-托比亚斯·施托尔，弗兰克·溯尔科普夫. 世界贸易制度和世界贸易法. 南京大学中德法学研究所，译. 北京：法律出版社，2004：1.

⑤ Kyle Bagwell and Robert Staiger, " The economics of the World trading system", The MIS Press, 2002, p xi.

⑥ Asif H. Qureshi, "TheWorld Trade Organization: Implementing International Trade Norms", Manchester University Press, p118-119.

易组织（WTO）成立及其法律规则生效是国际经济关系发展中的一个里程碑。国际经济制度在经过很长一段无所建树之后，出现了令人惊诧的制度的确定和规则的增加，这使得 WTO 成为国际经济关系中至关重要的机构和基本的规则框架。在此意义上。人们可将作为国际组织和法律制度存在的 WTO 称为世界贸易体制。①

由此可见，以 GATT/ WTO 为代表的多边贸易体制则成为了现实中的世界贸易体制。正如贝格威尔和思泰格尔所言："如果世界贸易体制有一部完整法典的话，这部法典的内容会体现在'关税与贸易总协定'以及他的继承者——世界贸易组织的条文中。"②

多边贸易体制是世界贸易体制一种事实上的健康状态③。它过去的载体是 GATT，而现在的载体是 WTO 这个正式的国际法人组织（Wolfe，1999）④。因而，它既是一个国际组织，又是一种国际体制。斯蒂芬·克莱斯勒认为，⑤ 这种由成员政府创立的、处理政府间相互关系的贸易体制是一种对各国（地区）之间采取的贸易政策进行国际协调的制度安排。它是以自由贸易理念为导向、以务实主义为基点、以折中兼容为方式构建起来的贸易协调体系。它放弃了把不切实际的自由放任贸易体制作为现实贸易体制目标的主张，强调追求"次优中的最优"。国际体制的四个组成要素在这种体制中体现为：基本原则是自由贸易可以实现全球福利最大化，基本规范是关税和非关税壁垒应降低并最终消除，具体的规则和决策程序则包含在详细的条款之中。

三、多边贸易体制的特点

在理解 WTO 的作用时，有两点是非常有帮助的。首先是把这个机构看作是一种行为准则；其次是把它看作一个市场。WTO 是一个市场。贸易谈判的目的是削减贸易壁垒、达成行为规范、解决争端。这里贸易谈判好比是一个市场，通过这个市场各国建立并修改规范成员行为的准则，互相给予对方自由化承诺。在这方面，有两个基本要素：达成协议并且付诸实施。WTO 这套制度安排的最大特点即在于此。

（一）规则基础上的多边贸易体制

多边贸易体制是一个规则基础上的贸易体制，体现在由所有成员方通过协商一致原则制定的多边贸易规则来管理全球贸易。罗伯特·哈德克（Robert E. Hudec）认为，⑥

---

① Robert Wolfe, "The World Trade Organization", in Brain Hocking and Steven Mcguire eds., Trade Politics: International, Domestic and Regional Perspective, London: Routledge, 1999, p208 - 223.

② ［美］斯蒂芬·克莱斯勒．结构冲突：第三世界对抗全球自由主义．李小华，译．杭州：浙江人民出版社，2001：2.

③ Robert E. Hudec, (1993), *Enforcing International Trade Law: The Evolution of the Modern GATT Legal System*, SalemNH: Butterworth legal Publication.

④ Joost Pauwelyn, (2003), *Conflict of Norms in Public International Law: How WTO Law Relates to Other Rules of International Law*, New York: Cambridge University Press, 2003. pp. 184.

⑤ Gary P. Sampson. (2001), "Overview", in Gary P. Sampson (ed.), *The Role of the World Trade Organization in Global Governance* (New York: The United Nation University Press). pp6.

⑥ Martin Wolf, " What the world needs from the multilateral trading system", in Gary P. Sampson (ed.), *The Role of the World Trade Organization in Global Governance* (New York: The United Nation University Press). pp182.

GATT 的历史可以看作是一个在确立多边贸易体制中构造和发展规则的持久历程，在早期 GATT 里，受实用主义驱动的具有政治外交风格的谈判方法占据主导，使多边贸易体制具有一定的权力导向，但是在多轮回合中，随着缔约方数量的增多和覆盖政策领域的扩大，一个以规则为导向的多边贸易体制逐步形成。WTO 延续了基于规则的多边贸易体制的基础，以规则为基础使整个多边贸易体制具有了稳定性、可靠性、安全性和可预见性。

规则通常具有命令功能（使一国承担义务，作出一定的行为）、禁止功能（使一国承担义务，不作出一定的行为）、免责功能（使一国享有权利，可以不作出一定的行为）和授权功能（使一国享有权利，可以作出一定的行为）①。在规则之下，一个成员政府被赋予一定的权利，同时承担一定的义务。这么多大大小小的政府支持多边贸易体制，其原因在于多边贸易规则为多边贸易体制提供了可预见性和稳定性，遵守多边贸易规则——而不是服从政治强权或经济强权，符合各成员的国家利益②。

多边贸易体制的规则以准国际法的效力治理世界各国（包括世界上最强大的国家），保护世界经济免受政治独裁和狭隘的局部利益的干预。多边贸易体制的决策机制是相对民主的制度安排，各国贸易谈判代表同意制定新的规则或修改现行的规则，要经各国国内立法机构的批准才能正式生效。多边贸易体制的决策机制实行协商一致原则，如果达不成协商一致，则采取投票的办法，以多数票通过。世界贸易组织的投票实行一方一票制，并且任何成员都没有否决权，这一机制从根本上保证了世界贸易组织的决策不受少数国家特别是大国意志的左右。这些规则使得多边贸易体制的运行非常有效，并使多边贸易体制成为国际治理的成功范例③。

多边贸易体制的规则明确了成员要履行的义务，多边贸易谈判需要通过这组规则来进行，贸易政策的合理性也通过这组规则来裁定④。罗德瑞克（Dani Rodrik）将这种规则导向的过程归之于“制度趋同”范畴，即一国“有意识地采取某种政策使其经济社会制度与其伙伴国的相协调”。WTO 就起着一种推动制度趋同的作用，WTO“要求其成员国接受一套固定的制度规范，包括在贸易和工业政策领域互不歧视、贸易法规的公开出版以保持透明度以及在版权和专利保护方面与 WTO 的要求保持一致性等”。而“WTO 在关税约束、数量限制、服务、补贴、与贸易相关的投资以及知识产权保护等方面给发展中国家定下一些新规则，……应视为是帮助发展中国家政府克服其治理方式上的传统弱点，……使发展中国家在那些原来缺乏连续性和受寻租干扰的政策上确立一定

① Keneth W. Dam, (1970), The GATT: Law and International Economic Organization, Chicago: University of Chicago Press, 1970.

② [美] 丹尼·罗德瑞克. 让开放发挥作用——新的全球经济与发展中国家. 熊贤良，等，译. 北京：中国发展出版社，2000：23-25.

③ [英] 伯纳德·霍克曼，迈克尔·考斯泰基. 世界贸易体制的政治经济学. 刘平，等，译. 北京：法律出版社，1999：7.

④ John Gerard Ruggie, “International Regimes, Transactions and Change: embedded liberalism in the Postwar Economic Order”, International Organization (Spring 1982), p379-415.

程度的可预见性、透明度、受规则约束的行为以及非歧视性的原则”。①

（二）有节制的自由贸易体制

世界贸易体制的理论基础是自由贸易，但 GATT/WTO 中没有任何地方提过要将自由贸易作为其最终目标。② 鲁杰把战后国际贸易体制巧妙地描述成镶嵌着自由主义的贸易体制。③ 正确的理解是，WTO 的主要任务在于减少国家设置的、与自由贸易相对立的贸易壁垒。④ 马克·威廉姆斯指出，GATT 从来就没建立过一个自由的贸易体制，GATT 存在于一个既有自由、又致力于控制国家政策的保护主义利益集团的世界里，所以它总是背离教科书中的自由放任、而走向管理贸易。在实践中，只是为了一些经选择的部门带来了有限的贸易自由。⑤ 在规则上，一方面，WTO 在有关的文件中反复表明，接受《1947 年关贸总协定》所实现的贸易自由化成果。把贸易自由化作为实现 WTO 目标的重要途径。⑥ 有关 WTO 建立和负责实施管理的贸易协定与协议中的基本原则体现了自由贸易的思想。另一方面，贸易自由化的范围局限在货物与服务领域。而与贸易有关的知识产权，因是私权，不列入贸易自由化范围。国际货物和服务贸易基本上是指跨越国界而形成的交易，而知识产权的保护受到一定的地域限制。⑦，所以，“WTO 有时被称为‘自由贸易’组织，但这并不完全准确。更确切地说，这是一个致力于公开、公平和无扭曲竞争的规则体制。”⑧

建立在 GATT 下的自由贸易体制是双边主义和多边主义的混合体。GATT 规则是两方面妥协的结果，一方面是全球经济一体化、多边主义以及依赖市场的力量；另一方面是对国内稳定、经济私利以及双边主义的要求，⑨ 这种折中的选择决定了 GATT/WTO 体制的走向既非贸易保护，亦非自由（放任）贸易，而是贸易自由化与正当保护并存。诸多的例外措施和对发展中国家的差别优惠待遇是这种正当保护的最好表现。由此可见，WTO 反映的是一种不同于传统的自由放任自由主义的新自由主义精神，体现的是一种追求效率同时兼顾公平的原则。正如苏珊·斯特兰奇指出的，“国家政策应该或甚至能够基于效率最大化这一唯一标准的基本前提……显然是错误的。效率从来不是、永远不可能是国家政策选择的唯一考虑。”⑩

WTO 框架下有节制的自由贸易体制是法律方法和实用主义之间的一种平衡。成员方在处理贸易问题时所采用的方法是多边贸易体制有效发挥作用的基础。这就要求法律

---

① ［德］彼得－托比亚斯·施托尔，弗兰克·溯尔科普夫．世界贸易制度和世界贸易法．南京大学中德法学研究所，译．北京：法律出版社，2004：38.

② ［英］马克·威廉姆斯．北京：国际经济组织与第三世界．张汉林，等，译．北京：经济科学出版社，2000：158.

③ GATT1994 在序言中提到其追求的目标是“以提高生活水平、保证充分就业、保证实际收入和有效需求的大幅度增长以及、实现世界资源的充分利用以及扩大货物和服务贸易为目的”。

④ 薛荣久，陈泰锋．世界贸易组织概论．高等教育出版社，2006：6－7.

⑤ 世界贸易组织秘书处．贸易走向未来．张江波，索必成，译．北京：法律出版社，1999：7.

⑥ ［英］马克·威廉姆斯．国际经济组织与第三世界．张汉林，等，译．北京：经济科学出版社，2000：155.

⑦ Susan Strange, “Protectionism and World Price”, International Organization (Spring 1985), p236.

⑧ ［瑞士］奥利佛·隆．关贸总协定多边贸易体制的法律及其局限性．童守云，译．北京：中国社会科学出版社，1985：79.

⑨ ［英］马克·威廉姆斯．国际经济组织与第三世界．张汉林，等，译．北京：经济科学出版社，2000：9.

⑩ ［英］马克·威廉姆斯．国际经济组织与第三世界．张汉林，等，译．北京：经济科学出版社，2000：112.

方法与实用主义之间——多边法律秩序与国内贸易利益之间——的密切联系和平衡。正如杰克逊所指出的："在一个法律制度中，不同程度的违法行为屡有发生。GATT 或国际准则出现这种情况是不足为奇的。然而，普遍存在的违反法律义务的做法通常是要付出代价的。"① 所以，法律对 WTO 成员间的博弈仍然是至关重要的。与其他大部分国际组织不同的是，WTO 体现了法律上的权利、义务以及在惯例上对这些规定的支持，对于普遍无视这些规定而对其他国家的经济贸易利益造成不利影响的国家，受损的国家可以通过争端解决机制行使向 WTO 的申诉权利。

马克·威廉姆斯指出："从自由主义立场看，国家合作能够帮助穷国获得资金、技术和相关的技能以促进发展。发展合作的目标是消除那些阻碍商品和服务在国内和国际上自由流动的壁垒。首先，政府间协议应该增强对市场机制和私人企业的依赖。IMF、GATT 和世界银行就是建立在自由主义原则基础上的。"② 在谈到世界银行时，他指出："新自由主义的理念坚持认为，经济增长的最基本方式是通过市场机制，政府对经济放松管制是增加效率和促进经济增长的最好方法。通行的办法是一套旨在对国内经济自由化并增强与外部环境联系的政策。这些政策包括削减价格和取消进口控制，改善外商投资和国内投资的投资环境，保持经济稳定和刺激出口。"③ 这种强调市场机制的新自由主义理念同样主导着 GATT/WTO 的走向，目标是建立一个开放、完整、健全和持久的多边自由贸易体制，促进世界货物和服务贸易的发展以及有效合理地利用世界资源来改善生活质量、扩大就业、确保实际收益和有效需求的稳定增长。而具体实施这一基本宗旨的原则是：多边主义（最惠国待遇和国民待遇）、非歧视（市场准入）、透明度以及对发展中国家的特殊和差别待遇等。

（三）成员驱动下的多边贸易体制

多边贸易体制更多着眼于成员进入他国市场的互惠利益，着眼于建立在互惠基础上就市场准入进行具体谈判和规范的机制。④ 道格拉斯·A·欧文指出，作为一个国际组织，WTO 同 GATT 一样，它没有独立的权力，没有权力制定贸易政策，或是定下管理成员政府补贴的规则，例如，WTO 的总干事没有权利制定政策，并且不能直接对成员制定的政策发表评论。在世界贸易体制的实际运行过程中，WTO 只是提供了一个磋商和谈判的论坛，帮助解释法律文本，安排对争端进行仲裁，对成员国政策实地考察后的监督评论，但最终协议还是政府间的，WTO 没有权力迫使各国遵守协议或是必须按规则办事。⑤ 这决定了 WTO 不是一个自由贸易组织，而仅仅是一个现实贸易体制的管理机构和论坛。在发挥职能的过程中，它只有三类可执行使命的资源：驻日内瓦的代表

---

① ［德］彼得－托比亚斯·施托尔，弗兰克·溯尔科普夫．世界贸易制度和世界贸易法．南京大学中德法学研究所，译．北京：法律出版社，2004：43.

② ［美］道格拉斯·A·欧文．备受非议的自由贸易．陈树文，译．北京：中信出版社，2003：204.

③ ［美］安妮·O·克鲁格．作为国际组织的 WTO. 黄理平，等，译．上海：上海世纪出版集团，2002：46.

④ ［英］布瑞恩·麦克唐纳．世界贸易体制——从乌拉圭回合谈起．叶兴国，等，译．上海：上海人民出版社，2002：28.

⑤ ［美］安妮·O·克鲁格．作为国际组织的 WTO. 黄理平，等，译．上海：上海世纪出版集团，2002：43.

团、国内政府的协助人员、秘书处职员。①

WTO是通过成员谈判作出相互之间平衡的让步来运作的，而不是通过降低和放宽单边贸易壁垒来推动的，所以，基于这点认识，WTO具有重商主义的色彩。② WTO所有理事会和委员会都向全体成员开放，事实上其成员在决定所有重大问题时是平等。③ WTO所有重大的决定都是由全体成员共同作出的，或是由各国部长在每两年一次的会议上，或是由各国官员在日内瓦定期召开的会议上。决定通常是经协商一致作出的。在这方面，WTO不同于世界银行和国际货币基金组织等其他国际组织。在WTO中，权力并没有授予董事会，秘书处对各国的政策没有影响。如果说，WTO的规则将纪律强加于各国政策之上，那就是指WTO成员间通过谈判达成的结果。成员自己根据谈判议定的程序执行WTO规则，有时执行还包括威胁采取贸易制裁。但这些制裁是由有关成员实施的，而不是WTO本身。④

从WTO的组织特征可以看出，WTO本质上是一个成员驱动的国际组织，WTO属于其成员。尽管WTO是一个具有国际法地位的国际组织，但WTO仍然作为政府间合同而出现的。⑤ 因此，WTO只拥有有限的领导权、研究和解释能力，并没有一种一般的由董事会通过对成员实施管理的组织程序。而从根本上看，由于WTO所涉及的问题领域——贸易政策仍然在很大程度上是各成员政府的主权，WTO只能是一个政府间组织，其独立性受到其成员的极大牵制，而IMF和世界银行拥有自己的资源可以独立地处理其授权范围内的事务，是一个真正的国际性机构。在回答什么是世界银行或IMF的时候，答案是它的职员或执行董事会，而在回答什么是WTO的时候，一位WTO代表说："WTO就是一个由秘书处提供服务的各代表团拥有平等权利的社团组织"（亨德森，1998）。

正如马克·威廉姆斯所言，国际经济组织不是中立的、非政治性的。它们被创造出来履行特定的社会目标，它们的章程和决策过程反映了互相冲突的利益方之间斗争的结果。⑥ 而在一个世界银行、国际货币基金组织和关贸总协定所体现的开放的国际经济秩序中，对国际体系中最大最先进的国家来说是有利可图的。霸权国可以在一个开放体系内更有效竞争。⑦ 在多边贸易体制中，由于冲突利益方实力对比上的差异，极少数贸易大国操纵贸易体制决策过程的现象仍然存在。大国人为地扩大WTO的协调范围，有选择地扩大贸易自由化的新领域，使贸易自由化进程脱离了许多发展中国家现阶段的发展

---

① 世界贸易组织秘书处．贸易走向未来．张江波，索必成，译．北京：法律出版社，1999：111.

② 屠新泉．中国在WTO中的定位、作用和策略．北京：对外经济贸易大学出版社，2005.

③ ［英］马克·威廉姆斯．国际经济组织与第三世界．张汉林，等，译．北京：经济科学出版社，2000：62.

④ ［美］斯蒂芬·克莱斯勒．结构冲突：第三世界对抗全球自由主义．北京：李小华，译．杭州：浙江人民出版社，2001：2.

⑤ Anne O. Krueger, (1974), "The Political Economy of the Rent—Seeking Society", *American Economic Review*, 64, 1974, pp1180－1187.

⑥ Magee, S. P, (1980), "Three Simple Tests of the Stopler—Samuelson Theorem", in P. Oppenheimer ed., *Issues in International Economics*, London: Routledge & Kegan Paul.

⑦ Baldwin R. E. (1982), "The Political Economy of Protectionism", in J. N. Bhagwati ed., *Import Competition and Response*, Chicago: The University of Chicago Press.

水平。WTO 许多协议并没有充分体现长期以来业已形成的对发展中国家提供差别和更优惠待遇的基本思想，并在达成协议的领域和实施协议的进度上存在着使发展中国家实际上在许多方面付出了沉重的代价，得益甚少。因此，我们不得不认为，WTO 在促进世界经济发展的同时，其规则的“片面性”和“扶强抑弱”倾向导致整个世界出现了一系列新的矛盾。

第二节　多边贸易体制的政治经济学分析

贸易政策的新政治经济学分析兴起于 20 世纪 70 年代，主要代表人物有 Krueger (1974)①、Magee（1980)②、Baldwin（1982③、1985④、1989⑤)、Mayer（1984)⑥、Feenstra 和 Bhagwati（1982)⑦、Grossman 和 Helpman（1994)⑧ 等。这些学者将政治学研究范式引入经济理论，将贸易政策的制定和实施作为公共政策选择的具体形式，从国家非经济效率的目标或社会利益分配的视角探寻贸易政策形成的政治过程，从而更好地诠释了现实中贸易政策扭曲的原因。大多数贸易政策政治经济学的研究集中在贸易保护主义特别是关税的研究上，将关税水平内生化，说明政治市场的各类参与者通过对贸易政策的需求和供给，达到贸易政策“价格”在政治市场上的出清并达到均衡状态，从而解释了为什么现实中贸易干预政策比自由贸易政策更为盛行。从政治经济学角度来对多边贸易体制进行解释，其代表人物是英国经济学家霍克曼（Hoekman）和考斯泰基(Kostecki)。1995 年，两人合著《世界贸易体制的政治经济学——从 GATT 到 WTO》由英国牛津大学出版社出版。⑨ 1999 年，该书中文版由法律出版社出版。⑩ 对于 1995 年创建的 WTO 所包含的世界贸易体制的组织机制、经济学和政治学问题，本书用非技术的语言做了综合性的介绍。在讨论 WTO 时，作者采取了一种以政治经济学为基础的方法，这种方法能够解释“真实”世界的这些基本方面。反过来，这样又能帮助解释国际合作中的成功与失败、谈判中解决方法的首要问题以及在未来几年中为了扩展多边

---

① Baldwin R. E. (1985), *The Political Economy of U. S. Import Policy*, Cambridge: MIT Press.

② Baldwin R. E. (1989), “The Political Economy of Trade Policy”, Journal of Economic Perspective, 3 (4), Fall 1989, pp119 - 135.

③ Mayer, W., (1984), “Endogenous Tariff Formation”, American Economic Review, 74 1984, pp970 - 985.

④ Feenstra, R. C. and J. N. Bhagwati, (1982), “Tariff Seeking and Efficient Tariff”, in Bhagwati ed., *Import Competition and Response*, Chicago: The University of Chicago Press.

⑤ Grossman, G. M. and E. Helpman, (1994), “Protection for Sale”, American Economic Review, 84 (4), 1994, pp833 - 850.

⑥ Bernard M. Hoekman, Michel M. Kostecki, “The Political Economy of the World Trading System-From GATT to WTO”, Oxford University Press, 1995.

⑦ [英] 伯纳德·霍克曼、迈克尔·考斯泰基．世界贸易体制的政治经济学——从 GATT 到 WTO. 刘平，等，译．北京：法律出版社，1999.

⑧ Kyle Bagwell, Robert W. Staiger, “An economic theory of GATT”, The American Economic Review; Mar 1999; Vol. 89 No. 1, p215 - 248.

⑨ Kyle Bagwell, Robert W. Staiger, “Economic theory and the interpretation of GATT/WTO”, American Economist (Fall 2002), Vol 46, NO. 2, p3 - 19.

⑩ Kyle Bagwell, Robert W. Staiger, “The Economics of the World Trading System”, The MIT Press, 2003.

政策规则的适用范围而采取进一步努力时 WTO 所面临的挑战。该书全面和通俗地介绍了体现在 WTO 中的经济学和政治学，为我们理解多边贸易体制提供了一个崭新的视角。此外，1999 年 3 月，美国经济学家贝格威尔（Bagwell）和思泰格尔（Staiger）在《美国经济评论》杂志上发表题为《GATT 经济理论》一文，为用经济学原理来解释和研究 GATT/WTO 开创了先河。① 2002 年秋，两人再度在《美国经济学家》杂志上发表题为《GATT/WTO 的经济理论与解释》一文，为用经济理论系统研究 GATT/WTO 确立和存在的基础正式奠定了基础。② 2003 年 1 月，两人合著《世界贸易体制经济学》由美国麻省理工学院出版社正式出版。③ 2005 年，该书中文版由中国人民大学出版社出版。该书是用经济学理论系统研究以 GATT/WTO 为代表的世界贸易体制的奠基之作。④在书中，作者对 GATT/WTO 确立和存在的目的及其初衷进行了经济学分析和解释。他们对自己的研究工作进行了概括，对 GATT 协定的主要特征进行了讨论。他们对贸易条件外部性的关注尤为独特并贯穿本书的始终。这部优秀的著作揭示了一个精彩而实用的基本观点：国际贸易协定是用来解决贸易条件外部性的。这个观点解释了 GATT 和 WTO 的许多特性，并使我们理解了在当今国际贸易议程中出现的许多问题。通过对 GATT/WTO 体制的主要特征进行严格的分析，作者给我们提供了令人耳目一新并且非常实用的见解，使我们能够了解隐藏在国际贸易准则背后的真实含义。

一、互惠贸易协定的经济学模型解释

互惠贸易协定的作用在于避免单边贸易政策博弈所陷入的“囚徒困境”，解决单边贸易政策的低效率问题。问题存在于两个方面：一是一国政府单独贸易政策决策所带来的外部性，例如，一国为扩大出口降低出口产品价格，导致该产品的世界价格下跌，使其他出口该产品的国家福利受损；二是一国政府对本国私人部门无法保证信誉。互惠性贸易协定的作用就在于能解决单边政府行动的外部性和政府对私人部门的信誉问题。

贝格威尔和思泰格尔（Bagwell 和 Staiger）建立了一个一般均衡模型对互惠贸易协定的这一作用进行了阐述。⑤ 假设两个国家，国内和国外（用 * 号表示），在完全竞争且机会成本递增的情况下生产两种商品 x 和 y（均为正常品），x 是国内进口的商品，y 是国外进口的商品，并且假定不管关税率如何变化，贸易模式都保持不变。定义 $p = \frac{p_x}{p_y}$

① ［美］科依勒·贝格威尔、罗伯特·W·思泰格尔．世界贸易体系经济学．雷达，詹宏毅，等，译．北京：中国人民大学出版社，2005.

② Kyle Bagwell Robert W. Staiger, “An economic theory of GATT”, The American Economic Review; Mar 1999; Vol. 89 No. 1, p215 - 248. “Economic theory and the interpretation of GATT/WTO”, American Economist (Fall 2002), Vol 46, NO. 2, p3 - 19.

③ 盛斌．WTO 体制、规则与谈判：一个博弈论的经济分析．世界经济，2001（12）.

④ Winters L. Alan, “Reciprocity” in J. Michael Finger and Andrzej Olechoswski (eds), “The Uruguay Round: A Handbook on the Multilateral Trade Negotiations”, WashingtonD. C.: The World Bank, 1987.

⑤ Finger J. Michael and L. Alan Winters: “Reciprocity in the WTO”, In Bernard Hoekman Aaditya Mattoo and Philip English (eds), “Development Trade and the WTO: A Handbook”, WashingtonD. C.: The World Bank, 2002.

$\left(p^{*}=\frac{p_x^{*}}{p_y^{*}}\right)$表示国内（国外）“当地相对价格”，$t$ 和 t^{*} 分别表示国内和国外的非禁止性进口关税率，令 $\tau=(1+t),\tau^{*}=(1+t^{*})$，则有 $p=\tau p^{w}=p(\tau,p^{w}),p^{*}=p^{w}/\tau^{*}=p^{*}(\tau^{*},p^{w})$，其中 $p^{w}=\frac{p_x^{*}}{p_y}$表示世界相对价格，那么国外和国内的贸易条件分别为 p^{w} 和$1/p^{w}$。

对于每个国家而言，它的生产可能性边界上有一个点决定了它的产量水平，在这个点上，x 和 y 之间的边际转换率等于当地的相对价格。这也就是说国内和国外的生产函数可以分别表示为 $Q_i=Q_i(p)$，$Q_i^{*}=Q_i^{*}(p^{*})$，$i\in(x,y)$。消费是由当地的相对价格和关税收入 R（或 R^{*}）决定的。当地相对价格表示的是消费者在两种商品上的取舍选择，以及社会经济中要素收入的分配水平；而关税收入指的是分配给国内（国外）消费者的关税总量，它是用每单位当地出口产品的当地价格来衡量的。因此，国内和国外的消费可以表示为 $D_i=D_i(p,R)$和 $D_i^{*}=D_i^{*}(p^{*},R^{*})$，$i\in(x,y)$。在这里，国内关税收入被隐含地定义为：$R=[D_x(p,R)-Q_x(p)][p-p^{w}]$，或 $R=R(p-p^{w})$，国外关税收入也可以相应地用 $R^{*}=[D_x^{*}(p^{*},R^{*})-Q_x^{*}(p^{*})][1/p^{*}-1/p^{w}]$，或 $R^{*}=R^{*}(p^{*}-p^{w})$来表示。在正常品的假设前提下，每个国家的关税收入是其贸易条件的增函数。由于关税收入可以用当地价格和世界价格的函数形式来表示，因而每个国家的国民消费也可以写成如下形式：$C_i(p,p^{w})=D_i(p,R(p,p^{w}))$和 $C_i^{*}(p^{*},p^{w})=D_i^{*}(p^{*},R^{*}(p^{*},p^{w}))$。

下面，我们引入进出口符号来表示贸易平衡和贸易均衡的条件。对于本国来说，x 商品的进口量可表示为：$M_x(p,p^{w})=C_x(p,p^{w})-Q(p)$，$y$ 商品的出口量可表示为：$E_y(p,p^{w})=Q_y(p)-C_y(p,p^{w})$。同理，对于外国来说，它进口的 y 商品和出口的 x 商品可以分别用 $M^{*}(p^{*},p^{w})$和 $E^{*}(p^{*},p^{w})$来表示。在任何世界价格水平下，本国和外国的预算约束都意味着贸易的平衡，因此，它们可以表示为：

$$p^{w}M(p,p^{w})=E(p,p^{w}) \tag{14.2.1}$$

$$M_y^{*}(p^{*}(\tau^{*},p^{w}),p^{w})=p^{w}E_x^{*}(p^{*}(\tau^{*},p^{w}),p^{w}) \tag{14.2.2}$$

由于当地价格可以由关税和世界价格来明确地表示出来，因此，我们可以通过满足 y 商品的市场出清条件来决定均衡的世界价格 $\bar{p}^{w}(\tau,\tau^{*})$。

$$E_y(p(\tau,\bar{p}^{w}),\bar{p}^{w})=M_y^{*}(p^{*}(\tau^{*},\bar{p}^{w}),\bar{p}^{w}) \tag{14.2.3}$$

上述（14.2.1）、（14.2.2）、（14.2.3）式暗含着 x 商品的市场必然出清。这样，我们就可以通过（3）式来确定均衡的世界市场价格水平和两个国家的关税水平，进而确定当地价格水平、产量、消费、进出口量和关税收入。假设不存在梅茨勒—勒纳之谜，因此，$dp/d\tau>0>dp^{*}/d\tau^{*}$，并且有$\partial\bar{p}^{w}/\partial\tau<0<\partial\bar{p}^{w}/\partial\tau^{*}$，表示对本国进口品征收关税提高本国商品相对价格，但使世界商品价格下降。

假设政府的福利是当地和世界价格的函数，以剔除追求贸易条件改善造成的外部性影响，即 $W(p(\tau,\bar{p}^{w}),\bar{p}^{w})$，$W^{*}(p^{*}(\tau^{*},\bar{p}^{w}),\bar{p}^{w})$。如果当地价格固定，则贸易条件改善时，该国政府的福利水平会提高：

$$W_{\bar{p}^w}(p,\bar{p}^w)<0,\text{且 } W^*_{\bar{p}^w}(p^*,\bar{p}^w)>0 \tag{14.2.4}$$

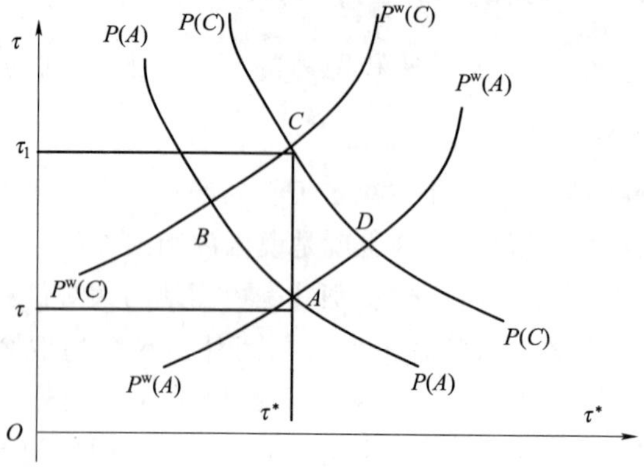

图 14.2.1 贸易条件与社会福利

这一假设内容可以借助图 14.2.1 来解释，图中点 $A=(\tau,\tau^*)$ 表示一对原始的关税组合，这一关税组合点是本国国内当地等价格线 $P(A)$ 和世界等价格曲线 $P^w(A)$ 的交点。另外，还画了第二条世界等价格线 $P^w(C)$，这条线上所有点的价格都比 A 点要低，这表明本国的贸易条件得到了改善。当本国国内价格不变而世界价格下降时，A 点就会向 B 点移动，与此相应，就会有更高的国内关税或者是更低的国外关税。

下面，我们首先考虑两国非合作博弈均衡（即每个国家单独制定贸易政策）。两国社会福利函数分别对 τ 和 τ^* 求导，得到反应函数：

$$\text{国内：} W_p\left[\frac{\mathrm{d}p}{\mathrm{d}\tau}\right]+W_{\bar{p}^w}\left[\frac{\partial\bar{p}^w}{\partial\tau}\right]=0 \tag{14.2.5}$$

$$\text{国外：} W^*_{p^*}\left[\frac{\mathrm{d}p^*}{\mathrm{d}\tau^*}\right]+W^*_{\bar{p}^w}\left[\frac{\partial\bar{p}^w}{\partial\tau^*}\right]=0 \tag{14.2.6}$$

令 $\lambda=[\partial\bar{p}^w/\partial\tau]/[\partial p/\partial\tau]<0$，$\lambda^*=[\partial\bar{p}^w/\partial\tau^*]/[\partial p^*/\partial\tau^*]<0$，我们可将 14.2.5 和 14.2.6 式改写为：

$$\text{国内：} W_p+\lambda W_{\bar{p}^w}=0 \tag{14.2.7}$$

$$\text{国外：} W^*_{p^*}+\lambda^* W^*_{\bar{p}^*}=0 \tag{14.2.8}$$

就像式（14.2.7）、式（14.2.8）所显示的那样，每个政府的最优反应关税是由当地价格和世界价格变动对福利的综合影响所决定的。反应函数的左边由两部分构成，以国内为例，W_p 是征税对国内生产和消费造成的扭曲成本与政府获得的政治支持收益之间的净差；而 $\lambda W_{\bar{p}}$ 体现了通过征税改善贸易条件而获得的福利增加，因此它一定为正数。国内和国外都按照两种福利效果的边际原则制定最优关税，从而得到静态博弈的纳什均衡关税为（τ^N，τ^{*N}），即图 14.2.2 中的点 N，它是两国等福利函数线在最高处的交点。

接下来，我们需要证明纳什均衡关税是非效率的，换句话说，通过贸易协定，政府是可以寻求关税改变来沿帕累托路径改进的，其结果应该优于单边关税时所实现的纳什均衡下的福利水平。如果两国的关税都低于纳什均衡关税水平，那么一个贸易协定就实现了互惠的贸易自由化。由帕累托标准可知，有效率的贸易协定必须在有效边界上，这一点可以用下列相切的条件来表示：

$$\left[\frac{\mathrm{d}\tau}{\mathrm{d}\tau^*}\right]_{\mathrm{d}w=0}=\left[\frac{\mathrm{d}\tau}{\mathrm{d}\tau^*}\right]_{\mathrm{d}w^*=0} \tag{14.2.9}$$

$$\text{而}\left.\frac{d\tau}{d\tau^*}\right|_{dw=0} = -\left[\frac{\partial\bar{p}^w/\partial\tau^*}{dp/d\tau}\right]\left[\frac{\tau W_p + W_{\bar{p}^w}}{W_p + \lambda W_{\bar{p}^w}}\right] \tag{14.2.10}$$

$$\text{及}\left.\frac{d\tau}{d\tau^*}\right|_{dw^*=0} = -\left[\frac{dp^*/d\tau^*}{\partial\bar{p}^w/\partial\tau}\right]\left[\frac{W^*_{p^*} + \lambda^* W^*_{\bar{p}^w}}{W^*_{p^*}/\tau^* + W^*_{\bar{p}^w}}\right] \tag{14.2.11}$$

故而（14.2.9）式的等价命题为：

$$(1 - AW_p) = \frac{1}{(1 - A^* W^*_{p^*})} \tag{14.2.12}$$

其中，$A = (1-\tau\lambda)/(W_p + \lambda W_{\bar{p}^w})$，$A^* = (1-\lambda^*/\tau^*)/(W^*_{p^*} + \lambda^* W^*_{\bar{p}^w})$。

由（14.2.4）、（14.2.7）、（14.2.8）、（14.2.10）和（14.2.11）式可知，在非合作博弈情况下，在纳什均衡关税点有：$d\tau/d\tau^*|_{dw=0} = \infty > 0 = d\tau/d\tau^*|_{dw^*=0}$。因此不满足等式（14.2.9）的条件，所以纳什均衡关税是缺乏效率的。在图 14.2.2 中，我们可以看到纳什均衡的关税组合（N 点）不在曲线 EE 所表示的效率轨迹上。

如果两国均能在此基础上互惠性地削减关税，福利水平将提高。我们首先考虑一国的关税对另一国政府的福利水平所产生的影响。观察下式：

$$\frac{dW}{d\tau^*} = [\tau W_p + W_{\bar{p}^w}]\left[\frac{\partial\bar{p}^w}{\partial\tau^*}\right] \tag{14.2.13}$$

$$\frac{dW^*}{d\tau} = [W^*_{p^*}/\tau^* + W^*_{\bar{p}^w}]\left[\frac{\partial\bar{p}^w}{\partial\tau}\right] \tag{14.2.14}$$

将式（14.2.7）、式（14.2.8）分别表示为 $\tau^R(\tau^*)$ 和 $\tau^{*R}(\tau)$，再利用式（14.2.7）、式（14.2.8）、式（14.2.13）、式（14.2.14）来考察当另一国政府的福利处在其最佳反应函数上时，一国的关税对它所产生的影响：

$$\left.\frac{dW}{d\tau^*}\right|_{\tau=\tau^R(\tau^*)} = [1-\tau^R(\tau^*)\lambda]W_{\bar{p}^w}\left[\frac{\partial\bar{p}^w}{\partial\tau^*}\right] < 0 \tag{14.2.15}$$

$$\left.\frac{dW}{d\tau^*}\right|_{\tau^*=\tau^{*R}(\tau)} = \left[1 - \frac{\lambda^*}{\tau^{*R}(\tau)}\right]W^*_{\bar{p}^w}\left[\frac{\partial\bar{p}^w}{\partial\tau}\right] < 0 \tag{14.2.16}$$

由此可见，根据一国政府的最佳反应曲线，该国的福利水平是随他国所选择的关税水平严格递减的。所以，如果两国都能够从纳什均衡水平（τ^N）处互惠地削减各自关税，将会使得各自福利水平的提高。于是，互惠贸易协定能够减少每个国家的保护水平，对每个国家都是有益的。如图 14.2.2 所示，只要贸易协议能使两国的关税下降，它就能使两国政府的福利提高到超过纳什均衡时的水平。

再来考虑一种极端情况：两国通过有约束力的协定完全取消为获得贸易条件效应而征收的关税，贸易限制的外部性因而得到彻底消除。此时两国的反应函数式（14.2.7）及式（14.2.8）简化为：本国 $W_p = 0$；外国 $W^*_{p^*} = 0$，从而解得合作博弈情况下的关税均衡，将其称作“政治最优关税”（τ^{po}，τ^{*po}），即图 14.2.2 中的点 PO。代入式（14.2.10）、式（14.2.11），可知它满足式（14.2.9）的最优均衡条件，因此是有效率的。

如图 14.2.2 所示，PO 点有四个重要的特征：首先，它是两国等社会福利线的切

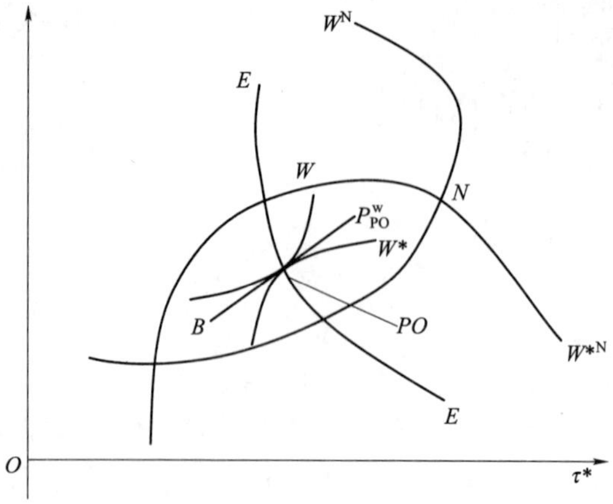

图 14.2.2 关税模型图解

点，反映了效率最优，因此政治最优关税下的福利水平与纳什关税相比有帕累托改进；其次，根据式（14.2.12）可知点 PO 一定在契约线上；再次，它是两条新的反应曲线 $W_p=0$ 和 $W^*_{p^*}=0$ 的交点，反映了社会福利目标函数最大化；最后，它还是两国等福利线与世界价格的切点，反映了贸易条件外部性的消除。特别值得注意的是，点 PO 不一定是自由贸易点，这是由模型中考虑了收入分配和政治支持因素的目标函数的特性决定的。也就是说，在合作博弈下，政府只是放弃了利用市场垄断力量的优势，但仍要服从于政治经济目标，从这个意义上说互惠关税是“政治上最优的”。①

以上分析证明，只有当两国通过贸易协定进行互惠性的关税减让，才能使博弈均衡从非合作、无效率的纳什均衡点向合作、有效率的政治最优点移动，消除贸易条件效应是帕累托福利改进的关键。在不断重复的世界贸易博弈中，各个国家应充分认识到自由贸易或减少干预能产生更大的社会福利，意识到在贸易政策博弈中采取合作行为能给自己和对方带来更大的利益。因此，WTO 应运而生，加入 WTO 并签订多边贸易协议是世界贸易发展的必然结果，它是权利和义务的统一，它在使各国分享自由贸易带来好处的同时，又让各国承担对等义务。博弈的结果表明，只有积极合作、加强谈判、消除贸易壁垒、进行平等的自由贸易，才能给整个世界带来更多的福利，这是各国积极加入 WTO 的真正原因所在。

二、互惠原则的政治经济学

互惠原则的理论基础是“权利平等与交易公平”的法律观念以及与此相适应的相互主义的原则。在以国家主权平等为基础的国际经济中，这种原则是必不可少的，体现了国家经济交往中的平等性、公平性与相互性。《联合国宪章》和联大《各国经济权利和义务宪章》均主张，所有国家不论经济及社会制度如何，一律公平、主权平等。互惠原则要实现的是待遇上的平衡，其核心是优惠和待遇交换关系的均衡观念。

（一）互惠原则的定义

互惠原则并没有一个准确的定义。温特斯（Winters，1987）引用一位重商主义者的话说：“互惠会以多种形式出现，它可以定量或定性的形式表现，也可以适用于保护的水平或保护的变化。互惠的含义是模糊的和主观的，归根到底就是在政治上可接受

---

① Goldstein Judith，“Ideas Interests and American Trade Policy”，Cornell University Press，1993.

的”。[①] 而 GATT 的第三任总干事阿瑟·邓克尔说：“互惠无法被准确界定，而只能被认定。”[②] 哥尔斯坦（Goldstein，1993）从美国贸易政策的特征角度，指出“美国的互惠实际上是一种报复的形式，是一种重商主义的工具。”[③] 巴格瓦蒂（Bhagwati，1991）将关税谈判中的互惠定义为涉及贸易量变化之间的价值平衡，并称这一过程为“一阶差别互惠”[④]。

不过，在世界贸易中，我们可以在政治经济学领域找到互惠的理论基础。现实表明，每个国家的贸易政策纲领或多或少都受到所处社会中个别利益的影响，从而在不同程度上偏离整体经济增长的导向。简单地说，每个国家的利益集团都可以分为两种，一种要求得到国内贸易保护，一种要求更多地进入外国市场。自由化的代价一般总是集中于某些具体产业，降低对这些产业的保护会遭到组织良好产业的反对。虽然自由化的总收益会超过损失，但由于其受益者是广大群体，没有人愿意从政治上出面组织支持自由化。据此，我们不能将政治机构甚至政府设想为只服从抽象理性的独立角色。[⑤] 毋庸说那些政治机构，支撑那些政治机构的群体和个人，都深深扎根于社会且不仅仅在选举中获得拥护。这样，机构中的群体和个人自身利益因此渗透进了决策程序。

在这种情况下，政府面临两种选择：要么刺激其他集团支持自由化，要么给政治上强大的要求保护的集团提供补偿。谈判者需要指出互惠的具体部门出口获益来换取政治上的自由化。为了以降低国内贸易限制来换取外国进口壁垒的削减，因自由化而会获利的某些国内出口导向利益集团就会在政治舞台上支持谈判者。[⑥] 对于一个要谈判的国家来说，当谈判是互惠的时候，该国的出口商的利益会使其支持达成协定并且使得这个协定在政治上比该国进行单方面的关税减让更具可接受性。[⑦] 因此，互惠原则就是要动员起那些在自由贸易中获利的集团去抗衡那些在自由贸易中吃亏的利益集团，[⑧] 尽可能减轻国内的政治压力，使生产者利益和消费者利益能够得到尽可能的平衡，从而使有利于国家利益的贸易自由化能够得到更多利益集团的支持。

希尔曼和摩瑟指出，关于互惠的讨论应该以进口竞争产业在本国市场上获得的

---

① ［美］贾格迪什·巴格瓦蒂．今日自由贸易．海闻，译．北京：中国人民大学出版社，2004：99.

② ［德］彼得－托比亚斯·施托尔，弗兰克·溯尔科普夫．世界贸易制度和世界贸易法．南京大学中德法学研究所，译．北京：法律出版社，2004：49.

③ ［英］伯纳德·霍克曼，迈克尔·考斯泰基．世界贸易体制的政治经济学．刘平，等，译．北京：法律出版社，1999：21－22.

④ ［美］安妮·O·克鲁格．作为国际组织的 WTO. 黄理平，等，译．北京：上海世纪出版集团，2002：6.

⑤ ［美］约翰·O·麦金尼斯，马克·L·莫维塞西恩．世界贸易宪法．张保生，满运龙，译．北京：中国人民大学出版社，2004：60.

⑥ ［英］伯纳德·霍克曼，迈克尔·考斯泰基．世界贸易体制的政治经济学．刘平，等，译．北京：法律出版社，1999：23.

⑦ “The GATT as International Discipline Over Trade Restriction: A Public Choice Approach”, in R. Vaubel and T. Willett (eds), “The Political Economy of International Organization: A Public Choice Approach”, (Boulder, Colo: Westview Press).

⑧ ［美］约翰·O·麦金尼斯，马克·L·莫维塞西恩．世界贸易宪法．张保生，满运龙，译．北京：中国人民大学出版社，2004：60.

“产权”为前提，这种权利是通过以往的游说或政治支持获得的。① 保护主义也可以被认为是政府寻求政治支持最大化的政治过程的产物。同样道理，互惠的自由化也可以被认为是政治过程的产物。这样，国内产权拥有者（进口竞争产业集团）与致力于在海外市场寻求相当权利的其他国内产业（出口导向利益集团）就取得了平衡。假定后者拥有足够的政治力量，对前者集团权利的侵蚀就可以被认为是具有政治合理性。

可见，出口导向利益集团在支持多边贸易谈判的自由化过程中起了主导作，同时，其他支持自由化的集团也起到了一定作用，比如，消费者或经济发展游说集团。要调动这些集团的积极性，就要使他们意识到现行政策对其目标的不利影响。如果支持自由化政策的消费者或其他集团没有动员起来并拥有政治影响力，他们一般就不会起什么作用。此外，要使互惠发挥作用，重要的是支持自由化的利益集团没有其他办法实现他们的目的。否则，大国越来越多地通过双边谈判为其出口企业获得市场准入量的增加。这样的双边谈判削弱了互惠在多边谈判中的政治经济学理论基础，因为双边谈判降低了出口企业要求在多边谈判中取消贸易限制的积极性。②

（二）WTO 中的互惠原则

WTO 政体的引擎是互惠，互惠的关税减让对每一个国家的自由贸易造成压力。③ 如果说 WTO 本身是以规则为基础的，那么达成这一规则的过程却并没有任何规则，而只有互惠原则。最惠国待遇通常被认为是 WTO 的基石，并在规则中得以明示，但并未直接体现在规则中的互惠原则才是建立共同行为准则过程中的核心要素。④

互惠原则是多边贸易谈判，也就是建立行为准则过程中的一项基本要素，它的制定也是缩小因最惠国待遇而引起的免费搭车的范围。所以，贸易自由化应在互惠的基础实行。虽然 WTO 没有规定互惠这一法律概念的含义，但它是一项在 WTO 处于中心地位的基本原则。在关于互惠互利基础上通过关税谈判大幅度地、普遍地降低关税方面规定了互惠，在关于税率表修改的谈判方面提出了互惠，在关于新成员加入的规定方面亦包含了该原则，新成员可以根据该国政府与缔约国全体议定的条件加入，目的之一是通过关税及其他问题的谈判保证参加国提供互惠。⑤

WTO 管理的协议是以权利与义务的综合平衡为原则的，这种平衡是通过互惠互利的开放市场的承诺而获得的。⑥ 互惠互利是多边贸易谈判，也是建立世界贸易体制共同行为规范、准则过程中的基本要求。尽管在 WTO 协定、协议中没有十分明确地规定

① ［美］约翰·O·麦金尼斯，马克·L·莫维塞西恩．世界贸易宪法．张保生，满运龙，译．北京：中国人民大学出版社，2004：59.

② ［瑞士］奥利佛·隆．关贸总协定多边贸易体制的法律及其局限性．童守云，译．北京：中国社会科学出版社，1985：14.

③ ［英］伯纳德·霍克曼，迈克尔·考斯泰基．世界贸易体制的政治经济学．刘平，等，译．北京：法律出版社，1999：20.

④ ［德］彼得－托比亚斯·施托尔，弗兰克·溯尔科普夫．世界贸易制度和世界贸易法．北京：南京大学中德法学研究所，译．北京：法律出版社，2004：50.

⑤ ［美］安妮·O·克鲁格．作为国际组织的 WTO. 黄理平，等，译．上海：上海世纪出版集团，2002：94.

⑥ ［美］约翰·O·麦金尼斯，马克·L·莫维塞西恩．世界贸易宪法．张保生，满运龙，译．北京：中国人民大学出版社，2004：61.

“互惠贸易原则”，但在实践中，只有平等互惠互利的减让安排才可能在成员间达成协议。

互惠原则是WTO以及各种多边谈判、双边谈判的重要基础。它一方面明确了各成员在关税谈判中相互之间应采取的基本立场，并制约着各成员之间应建立的贸易关系；另一方面，从GATT多轮谈判来看，互惠原则是谈判的基础，GATT以及其他协议的作用也是在互惠互利原则的基础上得以实现的。因此，WTO谈判过程和程序设计主要是考虑尽可能促进和推动成员在另一成员就进一步自由化作出承诺的框架内也能作出相应的自由化承诺。①

（三）互惠原则的作用

利用建立在互惠原则基础上谈判以达到修改“最佳关税”对单边自由化的抵制大致上是简单的，它仅仅需要扩大足够的谈判国的数量和足够的贸易自由化议程，以使所有单个国家能够获得充分的净利润，抵消任何剩余的贸易恶化条款。同样，在国家层次上利用互惠谈判以修正寻租现象对自由化的抵制总体上也是简单的，它只是要求扩大足够多的国家数量和自由化议程以使寻租人从国外的市场准入看到充裕的额外经济收益，从而使他们不再反对自由化。②

乌拉圭回合向自由贸易的扩展提供了以互惠原则动员利益集团争取自由贸易的生动实例。发达国家中那些肯定会从服务出口和知识产权中获利的产业对自己的政府施加压力，使其同意削减纺织品和农产品关税。它们之所以这样做，是因为发展中国家要求以这种削减作为其降低自身服务关税和为知识产权提供更大保护的交换条件。这样，互惠原则为世界贸易巨大而有益的扩张创造了动力。

通过互惠原则的承诺而削弱贸易保护主义集团的影响，在促进自由贸易的同时还增强了国内民主。如果没有互惠原则的压力，即使消费者拥有数量上的优势，贸易保护主义集团仍会对贸易政策施加比消费者更大的影响。贸易保护主义集团仍会有更大的能量，通过扭曲政治过程而达到提高关税的结果，即使大多数选民很可能并不赞成这样的结果。因此互惠原则增强了民众在民主协商中的声音。③

除了实现国内的政治经济利益均衡之外，互惠原则更重要的价值在于它维系了多边贸易体制的存在和发展。WTO的本质不是别的，而是基于互惠或平衡的协议。④ 作为一种基于谈判的自由接受的国际制度，世界贸易体制必须为参加者提供获得利益的机会，而同时又要求它向其他成员提供对等的机会，互惠实际上就是达成双方都能接受的一个合同或交易。它的存在可以鼓励弱小的国家克服被强大的贸易伙伴剥削的恐惧感并参加多边贸易体制。

最后，通过要求互惠，各方可以把免费搭车现象减少至最少。在双边谈判中，通过

① Finger J. Michael and L. Alan Winters: “Reciprocity in the WTO”, In Bernard Hoekman Aaditya Mattoo and Philip English (eds), “Development Trade and the WTO: A Handbook”, Washington D. C.: The World Bank, 2002.

② ［英］伯纳德·霍克曼，迈克尔·考斯泰基．世界贸易体制的政治经济学．刘平，等，译．北京：法律出版社，1999：21.

③ 世界贸易组织——走向未来的贸易．师生合译．北京：对外经济贸易大学出版社，1996：2.

④ Bryan. Garner, “Black’ s Law Dictionary, edition 7”, West Group, 1999, P1031.

适当选择某些商品的减让避免“搭便车”；在一刀切形式的多边谈判中，通过适当选择某些商品不受自由化豁免来避免“搭便车”。一般来说，在避免“搭便车”方面各国还是相当成功的。① 通过研究肯尼迪回合谈判，艾伦（Allen）指出，在产品关税减让大小和一个国家对其主要贸易伙伴的谈判能力之间存在着一种联系。所以，互惠性在某种程度上具有在谈判中用来讨价还价的功能。

三、非歧视性原则的政治经济学

非歧视待遇又称无差别待遇，是针对歧视待遇的一项缔约原则，它要求缔约双方在实施某种优惠和限制措施时，不要对缔约对方实施歧视待遇。根据非歧视原则，一成员方对另一成员不采用任何其他所同样不适用的优惠和限制措施。在 WTO 制度安排下，非歧视原则由最惠国待遇和国民待遇条款体现出来。最惠国待遇是指各成员对于其他成员的产品必须给予不低于其给予任何其他国家产品的优惠待遇。于是，任何国家不能给其他成员以特殊的贸易特权或对它进行歧视，所有成员都处于平等的基础上，并且所有成员都分享降低贸易壁垒所带来的利益。② 国民待遇是指对其他成员方的产品、服务或服务提供者及知识产权所有者和持有者所提供的待遇不低于本国同类产品、服务或服务提供者及知识产权所有者和持有者所享有的待遇。

（一）非歧视原则的定义与实质

纵然最惠国待遇的产生和发展具有悠久的历史，但是至今人们尚未对其有一个标准规范的定义。美国著名的《布莱克法律词典》对最惠国待遇的定义为：“通常指在国际贸易领域中，一国因是某条约的成员国而从该条约的其他成员国处获得的享有一定特权的条约性的地位。”③ 1978 年 7 月，联合国国际法委员会汇集十余年心血编纂的《关于最惠国条款的草案》第五条规定：“最惠国待遇是指给惠国给予受惠国或与之有确定关系的人或物的待遇不低于给惠国给予第三国或与之有确定关系的人或物的待遇。”第四条认为最惠国待遇条款是“一国据以对另一国承诺在约定关系范围内给予最惠国待遇的一种条约规定。”④ 法国学者巴斯德芒（S. Basdevant）认为，一般说最惠国条款指“一种条约规定，甲和乙两个缔约方据此约定，如果他们当中的一个后来与第三国丙订的贸易条约中给丙国以特别贸易好处，这件事情本身就把这些好处给了早先（条约）的缔约方。”⑤ 美国杰克逊教授更有独到见解，他认为：“最惠国实质上至少是指一国以

① UNDOC A133/192（1978）草案有关“最惠国待遇”，“Most – Favored-Nation Treatment” is accorded by the granting State to the beneficiary State, or to persons or things in a determined relationship with that State, not less favorable than treatment extended by the granting State to a third State or to persons or things in the same relationship with that third State.

② A. G. de Lapradelle et J – P. Niboyet, Repertoire de droit International . Paris, Sirey, 1929, Vol. Ⅲ, p464.

③ 赵维田．世贸组织（WTO）的法律制度．长春：吉林人民出版社，2000：180.

④ 《美国对外关系法重述（第三版）》，第 801 节第 1 款（1987）。

⑤ Mitsuo Matsushita, Thomas J. Schoenbaum, Petros C. Mavroidis, “the World Trade Organization Law—Practice and Policy”, Oxford University Press, 2003. p143.

对待任何其他国家的优惠方式来对待特定外国及其公民行为的一种义务。”①《美国对外关系法重述》规定最惠国待遇为“一项给予某国、其国民或货物不低于任何其他国家、其国民或货物的待遇的义务。”②“不低于”不意味着同等待遇，因为在很多时候不可能给本国产品（服务）和外国产品（服务）同样的政策。③

最惠国待遇条款被认为是GATT及世界贸易体制的核心规则。④彼得－托比亚斯·施托尔和弗兰克·溯尔科普夫指出，⑤在多边贸易体制下多边最惠国待遇的效力是稳定的、可靠的，而且没有任何时间限制。经多边谈判达成的关税减让协议和其他市场开放承诺在减让表中固定下来，所有成员不经法定程序协商或修正，不得单方面撤销或提高它所承诺的减让。这种规定实际上使得一国不可能对最惠国待遇要求条件，因为一缔约方所施加的不合理条件或待遇，必然使其处于违反WTO原则的不利地位，遭到其他成员的控告和谴责。而且，除了成员援用第35条“互不适用条款”，避免实施最惠国待遇的唯一“合法途径”是退出WTO，这是任何理智的政府都不会作出的决定。这样，最惠国待遇的多边实施使其有了相当稳定的保证，双边最惠国条款中的歧视性规定和附加限制条件也得到比较彻底的克服。一个国家只要加入WTO并且还处在该体制之内，不需要直接就每个产品项目与每个成员谈判即可以享受任何成员同任何第三国（包括成员和非成员）通过谈判所达成的各种优惠利益。同时，一个非成员也可以通过与某个WTO成员的双边条约要求得到该成员根据WTO给予其他成员同类产品的相同待遇，除非在双边最惠国条款中存在保留规定。这样，通过成员与非成员之间的双边协定，使WTO体制内的利益、优惠、特权和豁免扩大到成员范围之外，从而保障了多边贸易体制的可预见性，否则，多边贸易体制将分化成无法估量的、各种各样的双边贸易谈判。

WTO第一次以国际多边条约的形式将国民待遇引入国际投资领域。与传统的双边条约和国内法中的国民待遇条款相比，WTO中的国民待遇规定及条款在形式、内容、适用范围和方法等方面都有诸多重要发展和突破，它具有双边条约中所不具备的多边化、广泛性、灵活性、制度化等独特法律特点。就其性质来看，WTO中国民待遇原则的核心不在于保证市场准入，而是保护免遭保护性措施。⑥

① WTO总干事顾问委员会．WTO的未来——应对新千年的体制性挑战．商务部世界贸易组织司，译．北京：中国商务出版社，2005：25.

② ［德］彼得－托比亚斯·施托尔，弗兰克·溯尔科普夫．世界贸易制度和世界贸易法．南京大学中德法学研究所，译．北京：法律出版社，2004：54.

③ ［德］彼得－托比亚斯·施托尔，弗兰克·溯尔科普夫．世界贸易制度和世界贸易法．南京大学中德法学研究所，译．北京：法律出版社，2004：58.

④ Culbert, Jay, “War-time, Anglo-American Talks and the Making of GATT”, World Economy, December 1987, Vol. 10, No. 4, p381－407.

⑤ Caplin, Andrew and Kala Krisha, “Tariffs and the Most-Favored-Nation Clause: A Game Theoretic Approach”, Seoul Journal of Economics, 1988, p267－289.

⑥ Kyle Bagwell Robert W. Staiger, “An economic theory of GATT”, The American Economic Review; Mar 1999; Vol. 89 No. 1, p215－248. “Economic theory and the interpretation of GATT/WTO”, American Economist (Fall 2002), Vol 46, No. 2, p3－19.

（二）非歧视原则的作用

1987年，卡尔伯特（Culbert）指出，“非歧视性原则可以降低贸易战的风险。”①1988年，卡普林（Caplin）、安德鲁（Andrew）和克里莎（Krisha）三位学者的共同研究指出，“最惠国待遇可以减少谈判中‘免费搭车’所带来的潜在成本，‘免费搭车’会阻止政府的决策处于效率边界，最惠国待遇可以提高政府决策的效率。”② 1999年，贝格威尔和思泰格尔（Bagwell and Staiger）建立了一个一般均衡模型指出最惠国待遇保证政治最优关税组合是有效率的。③

为了研究最惠国待遇，我们首先将两国模型拓展到多国情况下。假设有三个外国国家，国内进口商品 x，国外进口 y。如果有关税歧视，贸易商品结构不改变。三个外国国家只与国内开展贸易，国内是唯一有机会设定歧视关税的国家。三个外国国家由 $N^* \in \{1,2,3\}$ 组成，用 $j \in N^*$ 表示国 j。像前面一样，我们定义 $p = p_x/p_y$ 为国内当地相对价格，外国 j 的当地相对价格 $p^{*j} = p_x^{*j}/p_y^{*j}$，国内从外国 j 进口 x 的从价关税为 t^j，同样的，外国 j 从国内进口 y 的从价关税为 t^{*j}，在国内与外国 j 之间贸易的世界相对价格（未征税）表示为 $p^{wj} = p_x^{*j}/p_y$。接下来，假设 $\tau^j = (1 + t^j)$，$\tau^{*j} = (1 + t^{*j})$，我们可以根据世界价格和关税把本地价格表示为 $p = \tau^j p^{wj} = p(\tau^j, p^{wj})$，$p^{*j} = p^{wj}/\tau^{*j} = p^{*j}(\tau^{*j}, p^{wj})$，通过

$$p^{wj} = [\tau^k/\tau^j]p^{wk}, \ j, \ k \in N^* \tag{14.2.17}$$

双边贸易跟世界价格联系起来。则国内的非歧视性政策体现为最惠国待遇（$\tau^1 = \tau^2 = \tau^3$）意味着单一世界价格（$p^{wj} = p^w$），关税歧视（$\tau^j \neq \tau^k$）则意味着不同的世界价格（$p^{wj} \neq p^{wk}$）。

由于每个外国 j 只有一个贸易伙伴，所以外国 j 的贸易条件为 p^{wj}，生产、消费分别为 $Q_i^{*j} = Q_i^{*j}(p^{*j})$，$C_i^{*j} = C_i^{*j}(p^{*j}, p^{wj})$，$i \in \{x, y\}$，出口量、进口量分别为 $E_x^{*j}[p^{*j}(\tau^{*j}, p^{wj}), p^{wj}]$ 和 $M_y^{*j}[p^{*j}(\tau^{*j}, p^{wj}), p^{wj}]$。国内生产、消费为 $Q_i = Q_i(p)$，$D_i = D_i(p, R)$，$i \in \{x, y\}$。为确定关税收入 R，先定义双边贸易份额：$S_x^{*j}(\{p^{*j}\}, \{p^{wj}\}) = E_x^{*j}(p^{*j}, p^{wj})/[\sum_{i \in N^*} E_x^{*i}(p^{*i}, p^{wi})]$，这里，$E_x^{*i}(p^{*i}, p^{wi})$ 是对外国 i 的出口供给函数。运用这一函数，我们接下来可以用双边世界价格下的贸易加权平均值来定义国内的多边贸易条件：$T(\{p^{*j}\}, \{p^{wj}\}) = \sum_{i \in N^*} S_x^{*i}(\{p^{*i}\}, \{p^{wi}\})p^{wj}$，其中 $\{p^{*j}\}, \{p^{wj}\}$ 表示国外当地和世界价格，则关税收入可以用隐函数表示为：$R = [D_x(p,R) - Q_x(p)]\sum_{i \in N^*} s_s^{*i}(\{p^{*i}\}, \{p^{wj}\})[p - p^{wi}] = [D_x(p,R) - Q_x(p)][p - T]$，或者是 $R = R(p,R)$。现在我们可以把国内消费量表示为 $C_i(p,T) = D_i[p, R(p,T)]$。国内对商品 x

① ［英］伯纳德·霍克曼迈克尔·考斯泰基．世界贸易体制的政治经济学．刘平，等，译．北京：法律出版社，1999：19.

② Hellenier, GK (1987), “The New Global Economy”, *Journal of Development Planning*, No. 17, pp. 19 – 35.

③ Kyle Bagwell, Robert W. Staiger, (1999), “Multilateral Trade Negotiations, Bilateral Opportunism and the Rules of GATT”, NBER Working Paper 7071, www. nber. org/papers/w7071.

的进口量可以表示为 $M(p,T)=C_x(p,T)-Q_x(p)$。同样，国内商品 y 的出口量可以表示为 $E(p,T)=Q_y(p)-C_y(p,T)$。如（14.2.17）式所示，国内实行最惠国待遇，则 $T=p^{wj}=p^w$，歧视性的贸易政策则意味着 $T\neq p^{wj}$，$j\in N^*$。

接下来，我们定义贸易平衡和市场出清条件。我们知道，在任何世界价格水平上，国内和外国的预算约束线意味着贸易是平衡的，所以有：

$$T(\{p^{*j}\},\{p^{wj}\})M_x[p,T(\{p^{*j}\},\{p^{wj}\})]=E_y[p,T(\{p^{*j}\},p^{wj})]$$

并且

$$M_y^{*j}(p^{*j},p^{wj})=p^{wj}E_x^{*j}(p^{*j},p^{wj}),j\in N^* \tag{14.2.18}$$

对于给定的国内和外国的关税 $\tau=\{\tau^1,\tau^2,\tau^{*1},\tau^{*2}\}$，则国内与外国 j 之间市场出清时的世界均衡价格 $\bar{p}^{w1}(\tau)$ 和 $\bar{p}^{w2}(\tau)$ 是由式（14.2.17）和商品 x 的市场出清要求来决定：

$$M_x[p,T(\{p^{*j}\},\{\bar{p}^{wj}\})]=\sum_{i\in N^*}E_x^{*i}(p^{*i},\bar{p}^{wi}) \tag{14.2.19}$$

而商品 y 的市场出清则由（14.2.18）式和（14.2.19）式来决定。总之，各国政府通过它们的关税选择决定了均衡的世界价格，然后再由关税和世界价格确定所有本地价格和各种数量的均衡值。

与前文一样，每个政府的社会福利函数都是当地价格和贸易条件的函数，国内政府的福利函数为 $W(p,T)$，外国 j 为 $W^{*j}(p^{*j},\bar{p}^{wj})$。假设本地价格固定，每个政府都有改善贸易条件的偏好，即 $W_T(p,T)<0$ 且 $W^{*j}_{p^{wj}}(p^{*j},\bar{p}^{wj})>0$。也就是说，每个政府都更喜欢一种能从其他国家获取收入的国际收入的重新分配。

当外国 j 达到福利水平 W^{*j} 并将其关税设定为 τ^{*j} 时，我们可以把 $\bar{p}^{wj}(\tau^{*j},\overline{W}^{*j})$ 定义为国内与外国 j 之间所隐含的世界价格。这个价格用隐函数定义为 $W^{*j}[p^{*j},(\tau^{*j},\bar{p}^{wj})]=\overline{W}^{*j}$。为了简化起见，我们假设 $\bar{p}^{wj}(\tau^{*j},\overline{W}^{*j})$ 是一个由 τ^{*j} 所定义的函数。则有：

$$\frac{\partial\bar{p}^{wj}(\tau^{*j},\overline{W}^{*j})}{\partial\tau^{*j}}=\frac{p^{*j}W^{*j}_{p^{*j}}}{W^{*j}_{p^{*j}}+\tau^{*j}W^{*j}_{\bar{p}^{wj}}},j\in N^* \tag{14.2.20}$$

三个国外的关税和福利决定了三个双边世界价格和三个国外当地价格，同时也决定了国内的贸易条件：

$$\overline{T}(\{\tau^{*j}\},\{\overline{W}^{*j}\})=T(\{p^{*j}(\tau^{*j},\bar{p}^{wj}(\tau^{*j},\overline{W}^{*j}))\},\{\bar{p}^{wj}(\tau^{*j},\overline{W}^{*j})\})$$

有了以这种方式定义的世界价格和国外的当地价格之后，接下来我们利用市场出清必要条件，即式（14.2.19），其中隐含有本国的当地价格。我们将这一价格表示为 $\bar{p}(\{\tau^{*j}\},\{\overline{W}^{*j}\})$。均衡的国内福利水平因而可以写成由三个国外关税和福利的函数 $W(\bar{p},\overline{T})$。固定国外的福利水平，使国内福利最大化的关税在效率曲线上，一阶条件为：

$$W_p+\bar{\lambda}^{*j}W_T=0,j\in N^* \tag{14.2.21}$$

其中 $\overline{\lambda}^{*j}=\left[\frac{\partial \overline{T}}{\partial \tau^{*j}}\right]/\left[\frac{\partial \overline{p}}{\partial \tau^{*j}}\right]$，$\frac{\partial \overline{p}}{\partial \tau^{*j}}$非零且有界。从式（14.2.21）可以看出纳什均衡关税是无效率的。假设有一组关税是政治最优关税，则由式（14.2.21）可知，当且仅当 $\frac{\partial \overline{T}}{\partial \tau^{*j}}=0$，政治最优关税才是有效率的。从 $\overline{T}$ 的定义可以发现：

$$\frac{\partial \overline{T}}{\partial \tau^{*j}}=\frac{1}{M_x}\left[\left(\frac{\partial E_x^{*j}}{\partial p^{*j}}\frac{dp^{*j}}{d\tau^{*j}}+\frac{\partial E_x^{*j}}{\partial p^{wj}}\frac{\partial \overline{p}^{wj}(\tau^{*j},\overline{W}^{*j})}{\partial \tau^{*j}}\right)(\overline{p}^{wj}-\overline{T})+E_x^{*j}\frac{\partial \overline{p}^{wj}(\tau^{*j},\overline{W}^{*j})}{\partial \tau^{*j}}\right]$$

根据（14.2.20）式，政治上最优意味着$\frac{\partial \overline{p}^{wj}}{\partial \tau^{*j}}=0$。因此，根据上式，只有在满足下式的条件下，政治最优关税才是有效率的：

$$\frac{\partial \overline{T}}{\partial \tau^{*j}}=\frac{1}{M_x}\left[\frac{\partial E_x^{*j}}{dp^{*j}}\frac{\partial p_x^{*j}}{d\tau^{*j}}\right](\overline{p}^{wj}-\overline{T}) \tag{14.2.22}$$

由于政治最优关税意味着$\frac{\partial \overline{p}^{wj}}{\partial \tau^{*j}}=0$，这样在政治最优关税处就有 $dp^{*j}/d\tau^{*j}=\partial p^{*j}/\partial \tau^{*j}=-p^{*j}/\tau^{*j}$，因此，只有在关税组合也遵循最惠国待遇原则的条件下，（14.2.22）式的右边才为零。

该结论显示了政治最优关税和非歧视性原则之间的密切关系。很明显，一国贸易政策的外部性如果只通过世界价格转移到其他国家，政治最优关税才是有效率的，在存在多个国家时，当且仅当关税设立符合最惠国待遇时，贸易政策的外部性才通过这种途径传递。

（三）互惠原则和非歧视原则的共同作用

首先把两国条件下的互惠性模型扩展到多个国家。如果一组关税变化 $\Delta\tau^j=(\tau^{j1}-\tau^{j0})$，$\Delta\tau^{*j}=(\tau^{*j1}-\tau^{*j0})$满足下列等式时，则关税变化符合互惠性原则：

$$\begin{aligned}&\overline{p}^{wj0}\{E_x^{*j}[p^{*j}(\tau^{*j1},\overline{p}^{wj1}),\overline{p}^{wj1}]-E_x^{*j}[p^{*j}(\tau^{*j0},\overline{p}^{wj0}),\overline{p}^{wj0}]\}\\&=M_y^{*j}[p^{*j}(\tau^{*j1},\overline{p}^{wj1}),\overline{p}^{wj1}]-M_y^{*j}[p^{*j}(\tau^{*j0},\overline{p}^{wj0}),\overline{p}^{wj0}]\end{aligned}$$

其中当地价格取决于关税和世界均衡价格。根据贸易平衡约束条件（14.2.18）式，上式可简化为：$[\overline{p}^{wj1}-\overline{p}^{wj0}]E_x^{*j}[p^{*j}(\tau^{*j1},\overline{p}^{wj1}),\overline{p}^{wj1}]=0, j\in N^*$。由此可以看出，遵守互惠性原则的多边关税变化不会改变世界价格。可以仿照双边贸易谈判模式把多边谈判分为三个阶段：

第一阶段：政府就关税进行谈判，并决定一组双边世界价格$\{\overline{p}^{wj1}\}$；

第二阶段：重新谈判阶段。国内政府提出一组国内关税$\{\hat{\tau}^j\}$和进口份额$\{s_x^{*j}\}$。同时每个外国国家 j 也提出一个关税 $\hat{\tau}^{*j}$，如果国内外就各自提出的关税能达成一致，则执行的为各国提出的关税。

第三阶段：如果没就关税达成一致，则实施的是使多边贸易量最大化而不违背互惠性和不超过自身提出关税所暗含进口量的关税组合。

在第二阶段，国内提出建议$\{\hat{\tau}^j\}$和进口份额$\{s_x^{*j}\}$，根据互惠性原则，暗含国外关

税 $\tau^{*j}=(\{\hat{\tau}^{j}\},\{s_x^{*j}\},\{\bar{p}^{wj}\})$，简化为 $\hat{\tau}^{*j}=(*)$。国外提出关税 $\hat{\tau}^{*j}$，暗含着每个外国的进口量和一组国内关税，$\tau^{j}=\tau(\hat{\tau}^{*j},\bar{p}^{wj})$，简化为 $\tau^{j}=(\cdot)$。如果关税组合 $(\{\hat{\tau}^{j}\},\{\tau^{*j}(\cdot)\})$ 和 $(\{\tau^{j}(\cdot)\},\{\hat{\tau}^{*j}\})$ 相等，则双方能达成协议。如果没有达成协议，则第三阶段实施的关税组合使各方的进口量不超过自身提出关税所暗含的进口量。互惠性原则下可执行关税有下面的规律：当且仅当多边关税设定在政治最优关税水平上且遵守最惠国待遇原则时，有效率的多边贸易协定才能在互惠性原则下实施。

综上，最惠国待遇原则确保了国际贸易中外部性通过世界价格转移，互惠性则有效地消除这种外部性。最惠国待遇与互惠联系在一起能够有效克服“双边机会主义”对WTO体系的侵蚀。如果没有最惠国原则，虽然三国达成了互惠贸易协定，但本国依然可以通过与外国1达成更优惠的协议而损害外国2的利益，因为它恶化了外国2的贸易条件，三国之间的世界相对价格（$\bar{p}^{w1}$ 和 $\bar{p}^{w2}$）变得不等，政治经济最优的条件也被破坏。因此，在这种所谓“双边机会主义”的威胁下，外国2不会愿意加入贸易协定。如果本国按照最惠国原则使三国达成协议，但它并不要求外国2提供互惠，能实现最优吗？不一定。因为当本国和外国1达成双边协定时，本国向外国2提供了最惠国优惠关税会改善后者的贸易条件，但外国1向本国提供的优惠关税会恶化外国2的贸易条件。所以，如果外国1的关税减让比本国最惠国待遇关税低，外国2就会由于贸易条件恶化而遭受福利损失。总之，只有当最惠国与互惠同时存在时，多边贸易协定才是长期稳定的。正如伯纳德·霍克曼和迈克尔·考斯泰基所言，① 非歧视性是WTO最根本的原则。与此相反，互惠是在国际多边谈判中使用的一种为取得自由化和就进一步细化多边行为准则达成一致的工具。市场准入和公平竞争则被认为是通过执行非歧视原则和其他互惠性行为准则而追求的目标。

四、多边贸易谈判的经济学分析

多边贸易规则并不是一个超国家的国际权力机构制订的，GATT/WTO只是为各成员提供一个进行多边贸易谈判的场所。Hellenier等（1987）② 用国际谈判模型解释了战后通过多边贸易谈判达成协议要比单方面实施减税肯定要容易得多，因为单方面的贸易自由化行动往往容易引起国内的强烈反对，而多边贸易协议可以得到那些因关税减让而受益的利益集团的支持；而且政府间的协议达成之后，各自承担并履行相应的国家义务，有助于避免贸易战的发生。

（一）多边贸易谈判的一般均衡分析

在Bhagwell和Staiger（1999）名为《多边贸易谈判、双边机会主义及GATT规则》（*Multilateral Trade Negotiations, Bilateral Opportunism and the Rules of GATT*）的文章中，作者通过一般均衡分析，阐释了多边贸易谈判优于双边贸易谈判的原因。

一国一旦确定了自己的贸易政策目标，接下来就是寻求实现目标的谈判方式：双边

① Jackson, John, (1997), *The World Trading System*, 2nd Edition, CambridgeMA: MIT Press, pp109 - 112.

② Kyle Bagwell, Robert W. Staiger, (2004), "Backward Stealing and Forward Manipulation in the WTO", NBER Working Paper 10420, http://www.nber.org/papers/w10420.

方式、区域方式或是多边方式。历史上不同国家政府之间进行双边贸易谈判是司空见惯的事情，关键的问题在于在此次谈判中通过让步所获得的收益，有可能在下一轮双边谈判中因谈判主体发生变化而被侵蚀。因为在缺乏对双边谈判进行规则约束的前提下，双边贸易谈判中的机会主义是非常严重的，而“互惠的市场准入”得到保障的前提必须是每次参与双边谈判的国家都不发生变化。通过多边贸易谈判“非歧视原则”和“互惠原则”的规则约束，双边贸易谈判中存在的机会主义就会受到遏制，这就是多边贸易谈判受到青睐的原因（Bagwell 和 Staiger，1999）①。

模型：多国模型（以三国为例）

本国从外国 1＊和外国 2＊进口商品 x，并向这两个国家出口商品 y，为简化讨论，假设外国 1＊和外国 2＊之间不进行任何贸易。

本国相对价格用 $p=p_x/p_y$ 表示，外国 i 的相对价格用 $p^{i*}=p_x^{i*}/p_y^{i*}\ for i=1,2$，本国对从 i 国所进口的 x 商品征收进口从价税率为 t^i，外国 i 对从本国进口的 y 商品征收进口从价税率为 t^{t*}，本国与外国 i 之间贸易的世界价格比率为 $p^{wi}=p_x^{i*}/p_y$。假设 $\tau^i=(1+t^i)$ 且 $\tau^{i*}=(1+t^{i*})$，则本地价格可以表示为 $p=\tau^i p^{wt}=p(\tau^i,p^{wt})$，外国价格可以表示为 $p^{i*}=p^{wi}/\tau^{i*}=p^{i*}(\tau^{i*},p^{wi})$，一旦关税和世界价格确定了，本地价格也就确定了。

$$p=\tau^1 p^{w1}=\tau^2 p^{w2} \tag{14.2.23}$$

（14.2.23）式是通过本国价格联系的世界价格，由于在多边贸易谈判中要求实行 MFN 税率，意味着对于同一类类型的进口商品 x，无论从哪个国家进口 $\tau_1=\tau_2$，因此 $p^w=p^{w1}=p^{w2}$，这里 p^{wt}代表外国 i 的贸易条件，则 $1/p^{wi}$表示本国与外国 i 的双边贸易条件，定义双边贸易份额为：

$$s^{*i}(p^{1*},p^{2*},p^{w1},p^{w2})=\frac{E^{i*}(p^{i*},p^{wi})}{\sum\limits_{j=1,2}E^{j*}(p^{j*},p^{wj})} \tag{14.2.24}$$

用世界价格下的贸易加权平均值定义本国的多边贸易条件为：

$$T(p^{1*},p^{2*},p^{w1},p^{w2})=\sum_{i=1,2}s^{i*}(p^{1*},p^{1*},p^{w1},p^{w2})\cdot p^{wi} \tag{14.2.25}$$

利用式（14.2.23）和（14.2.25）可以在最惠国待遇和多边贸易条件之间确定一个重要的关系，多边贸易协定中，由于 $T=p^{wi}=p^w$，最惠国原则下的多边贸易条件就是单一世界价格给定的；而在歧视性关税政策下，存在两个世界价格，对于所有的 i 都有 $T\neq p^{wi}$，这意味着多边贸易条件的外部性来自各个双边贸易条件以及各自的出口份额。

对于任何给定价格，本国和外国的预算约束决定了贸易是平衡的：

$$T(p^{1*},p^{2*},p^{w1},p^{w2})\cdot M(p,(p^{1*},p^{2*},p^{1w},p^{2w}))=E(p,T(p^{1*},p^{2*},p^{1w},p^{2w})) \tag{14.2.26}$$

① Tibor Scitovsky，“A Reconsideration of the Theory of Tariffs”，RES，1942.

并且 $M^{i*}(p^{i*},p^{wi})=p^{wi}E^{i*}(p^{i*},p^{wi})$，$i=1,2$　(14.2.27)

对于给定的本国和外国关税，$\tau=\{\tau^1,\tau^2,\tau^{w1},\tau^{w2}\}$，市场出清时，世界价格 $\tilde{p}^{w1}(\tau)$ 和 $\tilde{p}^{w2}(\tau)$ 是由式（14.2.23）和商品 x 的市场出清条件所决定的。

$$M(p,T(p^{1*},p^{2*},\tilde{p}^{w1},\tilde{p}^{w2}))=\sum_{i=1,2}E^{i*}(p^{i*},\tilde{p}^{wi}) \quad (14.2.28)$$

商品 y 的市场出清由式（14.2.26）、式（14.2.27）、式（14.2.28）共同保证，这样，各国政府通过其关税选择决定了均衡的世界市场价格，然后再由关税和世界市场价格确定本国价格和数量的均衡值。

当本国相对价格保持不变时，各国政府都更愿意改善自身的贸易条件：即每个政府都更喜欢一种能从其他国家获得更多国际收入的再分配。

$$W_T(p,T)<0 \text{ 且 } W^{i*}_{\tilde{p}^{wi}}(p^{i*},\tilde{p}^{wi}) \quad (14.2.29)$$

多边贸易谈判的非歧视原则排除了外国国内价格的外部性，因为在多边贸易体制的非歧视原则下，政府不再关注贸易量的构成，本国福利也不再受外国国内价格的影响，同时非歧视原则保证了各国政府之间产生外部性的因素只有世界价格。

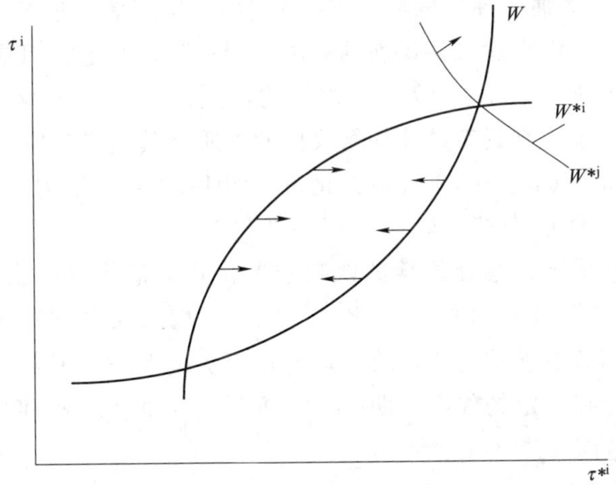

图 14.2.3　多国（三国）政府的等福利曲线（*iso-welfare curves*）

图 14.2.3 描述了三国政府的等福利曲线，三个政府已经达成了有效率的贸易协定，两个坐标轴分别代表经过谈判的关税 τ^i 和 τ^{i*}，分别代表本国和外国 i 的政府用于对方出口的关税。未参加双边谈判的外国 j 政府等福利曲线是向下倾斜的，因为该国政府在任何一个谈判国政府提高对方出口关税时都可以获利；参加谈判政府的等福利曲线是向上倾斜的，因为只有本国提高关税带来的收益与贸易伙伴提高关税带来的成本相平衡时，才能保持福利不变。在 W 和 W^{i*} 围成的图形区域，参加谈判的两国通过降低相互之间的关税都能获益；这样外国 j 的贸易条件就恶化了，所以在双边谈判中，有效的关税减让很容易受到双边机会主义的冲击，而在多边贸易谈判中，以最惠国待遇为基础的非歧视原则可以很好地解决双边机会主义的问题。

当然，单单依靠最惠国待遇并不能完全消除双边机会主义的可能性，因为最惠国待遇仅仅保证了单一的世界市场价格，所以必须同时借助多边贸易体制的另一个原则——互惠原则，来保证这一单一世界市场价格是稳定的，这样最惠国待遇和互惠原则结合在一起，保证了参加各成员的贸易条件不会受到不利影响，从而避免了双边机会主义带来的利益侵蚀。

（二）多边贸易谈判中的贸易大国

进行多边贸易谈判并达成贸易协定的初衷是为了避免贸易条件所导致的囚徒困境，那么政府之间是如何进行谈判的？无论契约线上各国政府的最优关税点在哪里，最终的结果要取决于多边贸易谈判是怎么进行的。多边贸易谈判的方法有两种：规则基础上（*rule-based*）的多边贸易谈判和权力基础上（*power-based*）的多边贸易谈判①。通常，贸易大国在多边贸易谈判中可以运用自己的权力影响谈判过程和谈判结果，但需要强调的是，多边贸易体制的本质特征仍然是一个规则基础上的多边贸易体制。

1. 权力基础上的多边贸易谈判

在权力基础上的多边贸易谈判中，政府通过直接讨价还价使关税水平从为达成协定的非有效点向契约点移动，这种方法不受协议规则的约束。在图 14.2.4 中，将契约线置于纵轴用 W 表示、横轴用 W^* 表示的福利空间中，W 代表本国政府福利，W^* 代表外国政府福利，原点表示没有达成协议前的各国福利水平，假定它们是纳什均衡时的福利水平，分别用 W^N 和 W^{N*} 表示，PO 表示政治均衡点，用 W^{PO} 和 W^{PO*} 表示与政治均衡相应的福利水平。如果谈判具有纳什均衡议价的性质，其结果对应当是契约线上的某一点，能使 $B\equiv(W-W^N)(W^*-W^{N*})$ 最大化，在图 14.2.4 中是用 NBS 来表示的，在契约线上对应这点的斜率是 $-(W-W^N)/(W^*-W^{N*})$。

在权力对称的情况下，纳什均衡的谈判结果将政治最优点的出现在这种对称情况下，$(W^{PO}-W^N)/(-W_{\tilde{P}w})=(W^{PO*}-W^{N*})/W^*_{\tilde{P}w}$；如果权力非对称，假设本国具有较强的权力，那么本国政府能获得比在政治均衡点更大的利益，其结果仍处于契约线上，但是与政治最优点存在一定的偏离，即 $(W^{PO}-W^N)/(-W_{\tilde{P}w})<(W^{PO*}-W^{N*})/W^*_{\tilde{P}w}$。

2. 规则基础上的多边贸易谈判

从图 14.2.4 可以看出，谈判结果与政治最优点的任何差别都反映谈判对手之间的“权力不对称”，显然如果贸易大国选择以规则为基础而非权力为基础的多边贸易谈判方式，他们的谈判优势将会被削弱，那么贸易大国为什么要支持一个以规则为基础的多边贸易体制呢？其原因在于，如果是以权力为基础而不是以规则为基础进行多边贸易谈判，弱小的贸易国家就会预计到可能被大国“剥削”（*exploitation*）而不敢参与多边贸易谈判，使得贸易大国从多边贸易谈判中得到的潜在效益也未能实现最大化，因此，多边贸易体制预先承诺一套规则，并使后续的谈判都必须遵守着一个规则，将能够提供效率收益，从而鼓励小国与贸易大国进行多边谈判，以实现所有国家的目标。

① Harry Gordon Johnson, “Optimum Tariffs and Retaliation”, Review of Economic Studies, Vol 21, No. 2, 1953, p142 - 153.

(三) 多边贸易谈判中的贸易小国

在传统的竞争性均衡框架下，最惠国待遇使弱小国家受益是因为小国可以通过搭便车享受大国在多边贸易谈判中达成的减让，在一个非合作的纳什均衡中，最惠国待遇限制了贸易报复的行为；在一个合作的多边讨价还价框架中，贸易政策是共同制定的，MFN 改变了威胁点，从而也改变了均衡解，因此在多边贸易谈判中，小国能获得比双边谈判更多的收益。

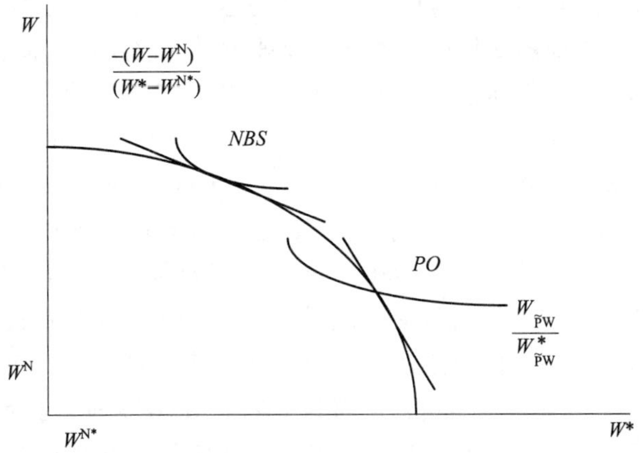

图 14.2.4　权利基础上的贸易谈判

搭便车问题是一个前瞻性问题，潜在的搭便车行为并不必然导致多边贸易谈判的无效率，多边贸易谈判的无效率更多地来自早期谈判各方为争取未来谈判地位的策略运用。在多边贸易谈判中，谈判各方可以通过操纵关税减让平衡，以达到在未来谈判中加强谈判能力，所以一国政府在贸易自由化谈判中给予早期的谈判对手以较少的关税减让，是为了在后续谈判中提升自身的地位。运用这种谈判策略，早期与对手达成的协议可以减少未来参加谈判国家的市场准入机会，使后来者更渴望与该国达成协议，该国在未来谈判中的地位因而得以巩固，而付出的代价则是放弃多边贸易谈判中更富有效率的谈判成果。

此外，在以序贯方式进行的多边贸易谈判中，存在着后向迂回和前向操纵问题，这阻碍了各成员政府达到"多边效率边界"，而解决的办法是对多边谈判进行更严厉的规则约束。WTO 的重新谈判条款及其互惠规范提供了解决上述问题的方法，因此多边贸易谈判规则可以达成有效的多边贸易协定，并且不断吸引新的成员加入到多边贸易谈判中来（Bagwell 和 Staiger，2004）①。

第三节　多边贸易体制的博弈论分析

最早将博弈论引入宏观决策分析和国际经济政策协调领域的是施希托夫斯基（Scitovsky）② 和哈里·约翰逊（Harry Johnson）③，他们于 1942 年和 1953 年分别撰写的有关贸易关税与报复的文章，是较早从博弈论的角度对国际贸易冲突进行的一种探索性

① Hamada Koichi, "A Strategic Analysis of Monetary Interdependence", Journal of Political Economy, No. 84, 1976, p677 - 700.

② Krugman, "The illusion of conflict in international trade", Peace Economics, Peace Science and Public Policy, No. 2, 1995, p9 - 18.

③ Grossman, "Trade wars and trade talks", Journal of Political Economy, No. 103, 1995, p675 - 708.

分析，库伯在其1968年发表的专著中也对欧共体的经济政策协调做了策略性的分析。20世纪70年代日本经济学家哈马达（Hamada）对货币领域的国际协调进行了策略分析。① 在他的著作里，协调博弈被定义为政府使其福利函数最大化。非合作博弈是政府在假定他国政府行为已知的条件下使自己的福利函数最优化。此外，20世纪90年代，美国经济学家克鲁格曼（Krugman）对国际贸易冲突进行了较好的分析，对贸易冲突的协商机制进行过研究；② 格罗斯曼（Grossman）进一步分析认为加强贸易协商和合作有利于减少贸易冲突。③ 然而，真正从博弈论角度研究GATT/WTO的开端起源于美国学者约翰·麦克米伦。1986年，他出版专著《国际经济学的博弈论》。④ 2004年，该书中文版由北京大学出版社出版。⑤ 该书虽然并没有直接以GATT/WTO为研究对象，但却用数理经济学的方法建立关税博弈模型，证明了“互惠贸易协定（关税削减）能增进国民福利”这一命题，从而为GATT/WTO这种最典型互惠贸易协定的确立和存在奠定了理论基础。于是，进入20世纪90年代，逐渐有学者开始有针对性地运用博弈论试图来解释GATT/WTO体制的规则体系，其代表人物有托马斯·亨格福德（Thomas Hungerford）。1991年，他在《国际经济学杂志》发表了题为“GATT：在非合作贸易制度下的合作均衡?”一文，将关税博弈研究扩大至非关税博弈领域，从而得出与关税博弈相类似的结论，即“非关税壁垒的削减也会增加双方的福利。”⑥ 此外，贝格威尔（Bagwell）、思泰格尔（Staiger）和霍克曼（Hoekman）、考斯泰基（Kostecki）这两对经济学家也为将博弈论应用于世界贸易体制的研究作出了不可磨灭的贡献。在《世界贸易体制经济学》一书中，作者虽然主要是从经济学角度来论述世界贸易体制的运作原理和理论基础，但在实际行文过程中，却利用博弈论和贸易的政治经济学研究方法，解得合作博弈情况下的关税均衡，将其称作“政治最优关税”，进而说明了包括互惠与最惠国待遇原则以及争端解决机制、贸易政策审议机制和保障机制在内的WTO体制和规则框架的经济原理。在《世界贸易体制的政治经济学》一书中，作者在论述多边贸易自由化概念时，指出“在WTO支持下的多边贸易谈判可以被认为是制定国际贸易博弈规则的努力”，“多边贸易谈判是多阶段、多议题、多方的博弈”，进而从博弈论的视角论述了WTO多边贸易谈判的互惠性和机制。

一、多边贸易谈判博弈

所谓谈判，可以定义为谈判者提出合作战略、各自的要求和条件、建议和反建议，

① J. McMillan, “Game Theory in International Economics”, Harwood Academic Publisher, 1986.

② ［美］约翰·麦克米伦．国际经济学中的博弈论．高明，译．北京：北京大学出版社，2004.

③ Thomas Hungerford, “GATT: A cooperative equilibrium in a noncooperative trading regime?”, Journal of International Economics, No. 30, 1991, p357 - 369.

④ ［奥］维克托·克里蒙克．国际谈判——分析、方法和问题．屈李坤，赵围，樊海军，译．北京：华夏出版社，2004：38.

⑤ 同①，第144页。

⑥ ［英］伯纳德·霍克曼，迈克尔·考斯泰基．世界贸易体制的政治经济学．刘平，等，译．北京：法律出版社，1999：50.

在相互作出让步之后达成一致的一系列活动。[①] 从法律的角度来看，国际谈判的结果可以表述为一份阐述相互承诺的协议，这份协议往往规定了协议方的权利和义务，或者确定了某种体制。[②] 谈判机制是多边贸易体制的驱动力量。谈判被用来确定规则和程序，定期降低贸易壁垒，或用于新的国家加入世界贸易体制，还被用来解决贸易摩擦。从本质上来说，WTO 是一个永久的谈判论坛，在此可以讨论贸易问题并可以在已经达成的各种协议条款的背景下取得一致。[③]

（一）多边贸易体制中的谈判：驱动因素

1991 年，佩顿·扬在为《谈判分析》一书所写的导读中指出："博弈论是分析谈判的基本理论工具。"[④] 无独有偶，伯纳德·霍克曼和迈克尔·考斯泰基也指出："谈判可以借助博弈论与博弈理论的概念进行有益的观察和分析。"[⑤] 在多边贸易体制中，博弈论不仅可以解释 WTO 成员之间谈判何以能够达成协议，而且还可以解释 WTO 成员之间的谈判模式及其内在影响因素。

谈判过程始于谈判者公开的行动和战略，结束于谈判的某些结果。[⑥] 谈判的实质是索取价值，即在一定量资源中，你能得到多少资源，另一方又能得到多少资源。成功的价值索取型谈判产生的是分配性结果，即一定量资源的分配能满足你谈判立场的利益或需要。但谈判的实质也可以是创造价值：你和另一方如何才能增加可用来分配的资源总量。成功的价值创造型谈判产生的结果是达成一份既是整合性又是分配性的协议，这份协议把增加了的资源总量分配给谈判双方。[⑦] 因此，谈判实际上就是在稳定和不稳定之间进行相互转换、诸多因素相互影响的调整过程。经过调整，一连串的因素就会进入到谈判局势中来。如图 14. 3. 1 所示，[⑧] 从中心到外围，这些因素相互各自渗透，包括严格意义上的谈判形势、实用领域（例如生产、销售、金融和法律）、谈判机制（谈判所要寻求的共同利益、进行谈判的互相冲突的利益、折中和妥协以及"决定成功基础"的标准和目标）、环境（被谈判各方看作直接影响谈判方法的政治、经济、社会和文化因素）以及时代背景。

（二）多边贸易体制中的谈判：理想点与利益结构

所谓谈判方的理想点是指，在不存在外力阻止情况下，谈判者在某项谈判中最想达成的目标。当此目标达成时，会给谈判方带来最高的效用，而谈判结果离此点越远，则

---

① ［奥］维克托·克里蒙克．国际谈判——分析、方法和问题．屈李坤，赵围，樊海军，译．北京：华夏出版社，2004：199.

② ［英］伯纳德·霍克曼，迈克尔·考斯泰基．世界贸易体制的政治经济学．刘平，等，译．北京：法律出版社，1999：21－22.

③ ［美］约翰·奥德尔．世界经济谈判．孙英春，译．北京：世界知识出版社，2003：21.

④ ［美］珍尼·M·布雷特．全球谈判：跨文化交易谈判、争端解决与决策制定．范徵，王风华，杨豪树，朱丹虹，等，译．北京：中国人民大学出版社，2005：2－3.

⑤ ［奥］维克托·克里蒙克．国际谈判——分析、方法和问题．屈李坤，赵围，樊海军，译．北京：华夏出版社，2004：363.

⑥ Riker, W H: Liberalism Against Populism, San Francisco: W. H. Freeman, 1982, p127.

⑦ ［美］道格拉斯·C·诺斯．制度、制度变迁与经济绩效．刘守英，等，译．上海：上海三联书店，1994：70－89.

⑧ ［美］G·M·格罗斯曼，E·赫尔普曼．利益集团与贸易政策．李增刚，译．北京：中国人民大学出版社，2005：8.

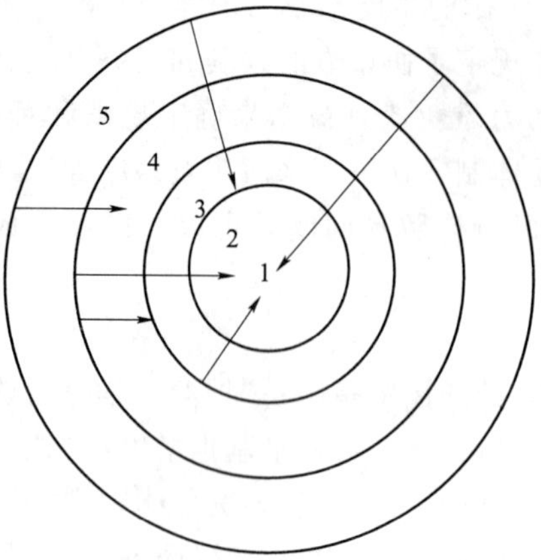

图 14.3.1 国际谈判中涉及的因素：一种简化的方法

对其效用越低。① 这种调整和变化最集中地体现发达成员与发展中成员之间在农业、纺织品、知识产权、投资措施等焦点议题上，发达成员没有充分考虑发展中成员的具体国情，不断加码的高要价决定了双方利益结构类似“囚徒困境”博弈的高冲突性，这在无形中阻碍了贸易自由化的进程。新制度主义学派的代表任务诺斯（Douglass C. North）认为，要摆脱这种高冲突性，除了要求博弈的人数具有确定性和博弈次数的重复性这两个条件之外，最重要的条件是谈判博弈者应该超越集体理性“经济人”的假设，双方在谈判中的要价与出价，都必须考虑放弃合作的机会成本问题，克服短视与狭隘，做到“知己知彼”，努力发现存在于相互依赖关系中的利益均衡点。②

（三）多边贸易体制中的谈判：博弈阶段划分

关税税率的选择可以看作是一个最优化问题的解，政府在制定政策的时候要权衡从工业集团中获得的政治支持和由于消费者的不满而失去的选票。③ 因此，利益集团提供的政治约束和驱动在制订议题的谈判和谈判期间都起着重要作用。从这个意义上说，政府贸易政策的目标函数是出口利益集团和进口利益集团之间利益相互交换和平衡的“混合物”。所以，WTO 体制内的博弈在实践中又被分为许多不同的小阶段。④

1. 确定正式谈判议题的前期博弈

由于 WTO 成员的资源禀赋和经济发展水平不同，所以各国所关心的议题就各不相同，不同的国家希望将不同的议题纳入多边贸易谈判议程。而在实际谈判中具有类似利益的国家往往会对相同的议题感兴趣，这类国家很容易形成谈判同盟，这种结盟往往导致谈判是在各国家集团之间进行的。在多边贸易谈判过程中，可能出现的各种类型的同盟中，可以区分为议程变动型、提出建议型、阻挠型和谈判型。前三种在多边贸易谈判中最普遍，因为它们只需要在同盟成员之间进行有限的协调而不需要达成共同的立场。⑤

2. 正式谈判阶段的博弈

在确定多边谈判议题后，各成员可能会根据本国的利益再次组成各种谈判同

① ［英］伯纳德·霍克曼，迈克尔·考斯泰基．世界贸易体制的政治经济学．刘平，等，译．北京：法律出版社，1999：60－63.

② ［英］伯纳德·霍克曼，迈克尔·考斯泰基．世界贸易体制的政治经济学．刘平，等，译．北京：法律出版社，1999：61.

③ Robert D. Putnam, “Diplomacy and Domestic Politics: The Logic of Two－Level Games”, International Organization, 1988, 42－4, p427－460.

④ 代表性人物有：安德鲁·莫拉维什克（Andrew Moravcsik）、杰弗里·S·兰提斯（Jeffrey . S. Lantis）、海伦·V·米尔纳（Helen. V. Milner）、迈克尔·朱恩（Mickael Zurn）、肯尼斯·汉夫（Kenneth Hanf）和阿里尔德·昂德达尔（Arild Underdal）等。

⑤ 王传兴．“双层次博弈”理论的兴起和发展．世界经济与政治，2001（5）.

盟，就有关议题展开实质性的谈判。谈判可以仅限于某一议题内，也可以跨议题进行。

（1）同一议题内的谈判博弈

这一阶段的博弈与前期谈判博弈区别在于：在前期谈判博弈中，各国提出的议题往往是可以并存的，即各国所提的备选议题是可以被同时纳入多边贸易谈判议程的；但在同一议题内的博弈中，各国的出价往往是相互排斥的，最终被接受的方案只有一个。在本阶段博弈中各方往往会不断改进自己的方案以使其被接受，因此，本阶段的博弈更明显地表现为一个讨价还价的动态过程。如果在同一议题内的讨价还价博弈中存在使双方得益都比不合作时有改进（帕累托改进）的方案，则成员就可能通过合作在此方案的基础上达成协议，形成 WTO 规则。当然，不是所有方案都是可行的。所有博弈方都接受方案的一个必要条件是，它对现状或者如果谈判失败情况下的任何预期的状态都有所改进。

借助图 14.3.2 的模型对此加以进一步说明。在图 14.3.2 中，为了分析简化起见，假设只有两个博弈方，X 轴和 Y 轴分别表示双方的福利（暂时不考虑游说集团的影响）。XSQ 表示现状。所有位于由 XSQ 出发的虚线左边和下边可能的方案都是不可行的，因为这些方案至少对其中一方来说要变得比现状差。从 X2 到 X5 的方案构成一个帕累托最优“方案前沿”，即“前沿”上的点都是帕累托最优：如果这些点中的任何一个被选中，就不存在别的方案会使双方变得更好。可能的结果越多，“方案前沿”将越具有连续性。一个极端的例子是，如果谈判的议题是完全可分的，则“方案前沿”是由无数个帕累托最优结果构成的线，沿着这条线的移动意味着从一个帕累托最优点到另一个帕累托最优点的不连续跳跃。

“方案前沿”并非是固定的，游说集团的压力会影响最终驱动谈判的有效偏好。在不存在游说集团的情况下，即在特定区域里不存在政治约束，大多数政府的国民偏好假定可以代表社会福利。然而，游说集团一般会传递给谈判者关于采取哪些立场意味着政治代价的信息。一旦这种信息被领会，政府了解了有关集团的相对政治重要性，那么，满足他们愿望的现有选择、这些选择的成本、政府有效偏好可能会与声称的偏好（没有游说的情况下）不同。结果，可行的政策方案会减少。

（2）跨议题的谈判博弈

如果 WTO 成员在某一议题内不能达成任何协议，在这种情况下，就需要成员进行跨议题谈判。原则上来说，如果有足够多的议题，且议题内的妥协不足以使各方的现状得以改进，一个可行的做法是将不同的谈判议题进行“挂钩”，跨议题的谈判更能达成协议。当然这种议题“挂钩”需要成员之间有一种有效的合作机制，且必须有足够多的议题，且挂钩是富有成效。例如，关于补贴问题的协议要取决于是否达成对进口紧急保障实行更严格的约束而定。

在跨议题的谈判博弈过程中，“挂钩”可以在谈判中潜在地起到两个作用。第一，它可以用于获得互惠性，即满足了分配上的限制而达到利益和减让的平衡，“挂钩”常被用于多边贸易谈判以获得互惠；第二，“挂钩”可以用于提高由贸易产生的潜在获利，可以创造一种过去不曾存在的相互有利的区域或扩展相互有益的协议集合。例如，

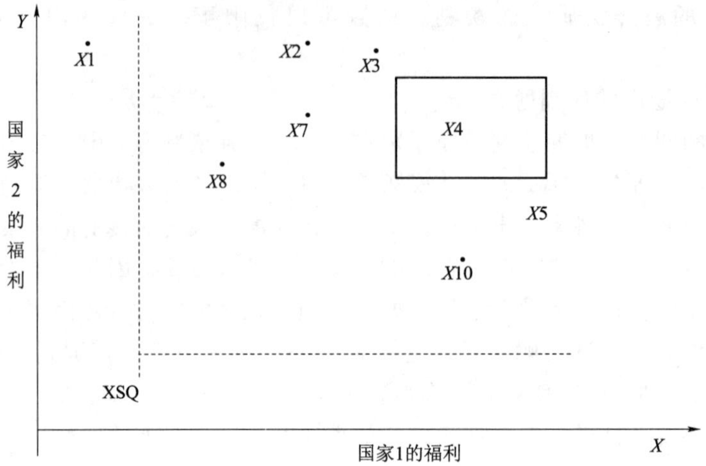

图 14.3.2 谈判空间和可行的结果集合

在图 14.3.2 中所示的所有可能的政策方案集合（X1，……X10）中，假定 X4 是表示现状的点，如果没有议题挂钩，就没有达成协议的任何余地。然而，通过议题“挂钩”，可以产生一个新的可能政策方案，在其他条件不变的情况下，该方案对谈判者的价值必定严格落在连接相“挂钩”的政策方案的虚线框内。例如，将 X3 和 X5 相“挂钩”，那么“挂钩”后的政策方案可能落在 X4。如果这样，议题“挂钩”使达成协议成为了可能。

然而，问题是在什么时候“挂钩”以及在什么议题之间挂钩。挂钩的必要性依赖于通过在所定议题范围的合作是否能够获得足够的相互利益以及这些利益是否能够相对对称的分配。如果获利太小或分配不对称，跨议题“挂钩”则会显得毫无必要。富有成效的议题“挂钩”的必要条件是不同议题的边际估价因国家的不同而不同，所建议的“挂钩”将导致所有参与博弈方比现状有所改善。为使“挂钩”可行，博弈方必须对帕累托最优结果的本质达成一致。

（四）多边贸易体制中的谈判：双层博弈的较量

双层博弈最早起源于人们对国际关系问题的研究。1988 年，美国学者罗伯特·帕特南（Putnam）在《外交和国内政治：双层博弈的逻辑》一文中第一次提出并系统阐述了有关“双层博弈”的思想。① 此后，其他学者对此做了进一步的运用和发展。②

双层博弈理论认为，许多国际谈判的政治学被构想为“双层博弈”是有益的。这两个博弈层次为：国际层次（Level 1 或 L1）的博弈和国内层次（Level 2 或 L2）的博弈（如图 14.3.3 所示）。国际层次的博弈是指“谈判者讨价还价后达成暂时协议”的过程；国内层次的博弈是指“在选民团体中讨论是否要批准这一协议”的过程。因此，从纵向的角度来说，国际谈判的进程可以分为两个阶段：即谈判阶段和批准阶段。在第一个阶段，政治家之间谈判达成一项暂时的国际协议。在第二

① 薄燕．双层次博弈理论：内在逻辑及其评价．现代国际关系，2003（6）．

② 刘光溪，查贵勇．双层博弈与入世谈判．世界贸易组织动态与研究，2003（8）．

个阶段，每个国家内部的选民通过正式或者非正式的方式来决定是否批准或者实施这项协议。在第一个层次上达成的协议必须在第二个层次上得到批准，这一点成为两个层次博弈之间的理论联系。

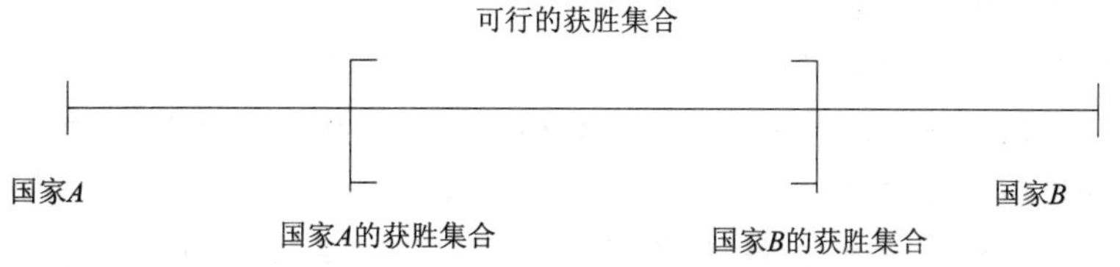

图 14.3.3　双层博弈图解

在国际层次的博弈中，一国政府总是力求使自己的利益最大化，以随时应对来自于国内的压力，从而使不利的外交后果最小化。在国内层次的博弈中，利益集团不断向政府施加压力，迫使其采取符合自己偏好的政策进而为自己谋取利益；政治领导人则通过建立与集团间的联盟来追求自己的权利。在现代社会中，国家或地区之间，既相互依存，又普遍重视自己的主权，因此核心决策者在制定政策时必须两者兼顾。如此，国际谈判的领导人实际上是坐在两个棋盘前——在国际棋盘前面对国外谈判对手；在国内棋盘前面对国内政党、国会议员、机构代言人、利益集团代表以及领导人自己的政治顾问等。在此两个棋盘上同时进行的对弈中，对弈者如不满前一棋盘上的结果，可以拒绝承认结果，即谈判破裂；但在后一棋盘上，如果其不能满足国内博弈对手的要求，则只有丧失信誉、地位、甚至既得权力。“双层博弈”论认为，把握好了国内对手能接受的最低妥协限度和外国谈判者的“获胜集合”，就能较准确地预测谈判结果。①

“获胜集合”是“双层博弈”理论中最核心的概念，其含义是：“对于所有可能在国际层次上达成的、在进行表决时能够得到国内层次必要多数支持的协议范围。”从这一含义出发我们可知，获胜集合是在一定层次上的有关各方（第一层次上的国家和第二层次上不同的选民团体）可以接受的协议范围。具体来说，在国际层次上，各谈判参与国的国内获胜集合的重叠区域就构成了各国都可以接受的协议范围。在国内层次上，各选民团体的获胜集合的重叠区就构成了选民团体都可接受的协议范围，也就是国内的获胜集合。国际协议的达成和生效的条件是：第一，它要处于各国国内获胜集合的重叠区域之内；第二，它又必须处于国内不同的选民团体的获胜集合的重叠区域范围内。也就是说，一个国家的政府首脑在国际上能够接受的协议必须代表了该国国内的获胜集合。

“获胜集合”对于理解双层博弈非常重要，主要缘于：第一，在其他条件相同的情况下，较大的国内获胜集合使得国际层次上达成协议的可能性更大，反之，谈判破裂的风险就越大。这种情况使人们必须区分导致协议批准失败的两种不同原因：有意违约——缺乏强制性合同时理性自利者的毁约行为；非有意违约——谈判代表在国际层次达成的协议因未获得国内层次的批准而无法兑现其承诺的行为。这两种违约行为对国际

① J. McMillan, “Game Theory in International Economics”, Harwood Academic Publisher, 1986.

合作都有重大的影响。第二，各谈判方国内获胜集合的相对规模会影响从国际谈判中所得到的共同收益的分配。也就是说，如果某一谈判方已知的“获胜集合”越大，他就越容易为其他谈判方所利用，从而处于不利的地位。“获胜集合”的规模大小取决于以下三个决定因素：国内层次选民间的权力分布、偏好和可能的联盟，国内层次的政治制度和国际层次谈判代表所采取的策略。①

双层博弈理论为国际谈判确立了一个总体框架，即将谈判过程分为谈判以达成协议和国内批准并贯彻实施协议两个过程。为了使国际谈判达成的协议能在国内得到更好的贯彻实施，更好地履行承诺的国际义务和树立良好的国际形象和国际声誉，一国的谈判代表在国际谈判桌前进行讨价还价和博弈之时，必须同时与国内相关利益集团进行博弈、沟通、交流，以逐步了解自己面对的“获胜集合”，以使达成的国际协议在国内能得到顺利批准、贯彻实施和最大限度地实现自身利益，否则将劳而无功。因此，从本质意义和内在联系上讲，这两个过程是相互交织和同时发生的，双层博弈有可能是反复进行的，因为谈判代表会不断考察可能达成的协议是否会得到批准。

与几乎所有的国际谈判一样，在多边贸易体制内，通过谈判达成的协定或协议，往往需要在获得国内批准后才能投入实施。谈判的结果既可以指一项由谈判者签署的但未能获得国内首脑批准的协议，也可以指一个获得批准的协议。从本质上来说，WTO 协定就是各国（地区）间双层博弈的产物，即各国（地区）在国内层次博弈桌上的行为促成了其在国际层次博弈桌上的联盟。②

二、互惠贸易协定：博弈模型分析

从博弈论角度研究 GATT/WTO 的开端起源于美国学者约翰·麦克米伦。1986 年，他出版专著《国际经济学的博弈论》。③ 2004 年，该书中文版由北京大学出版社出版。④该书虽然并没有直接以 GATT/WTO 为研究对象，但却用数理经济学的方法建立关税博弈模型，证明了“互惠贸易协定（关税削减）能增进国民福利”这一命题，从而为 GATT/WTO 这种最典型互惠贸易协定的确立和存在奠定了理论基础。

（一）关税博弈的图解分析

在国际贸易的博弈局中，博弈的参与方为各个国家，博弈的策略选择是对关税壁垒和非关税壁垒的削减和取消，每个国家都在寻求本国社会福利的最大化。为了分析的方便起见，我们在此仅考虑两个国家，标为 1 和 2；仅有两种商品，标为 1 和 2。⑤ 假定各国的初始比较优势是这样的：对于所有非负关税率，国家 1 出口商品 1，国家 2 出口商品 2，而且无论关税率如何变化，这种贸易模式保持不变。令 p_i^j 表示商品 i 在国家 j 的国内价格，p_i 表示商品 i 的世界价格，t^j 表示国家 j 对其进

① ［美］约翰·麦克米伦．国际经济学中的博弈论．高明，译．北京：北京大学出版社，2004.

② 二维的限制是经济学上的一种常用处理方法，在关税博弈问题的分析中，并不会影响分析结论的科学性和合理性，相反，其结论可以推广到有任意个数商品和国家的情况。

③ ［美］约翰·麦克拉伦．国际经济学中的博弈论．高明，译．北京：北京大学出版社，2004：34.

④ 式中 H_i^j 表示函数 H^j 对第 i 个分量求偏导。

⑤ 用上标 N 表示“纳什均衡”。

口商品所征收的从价关税。国家 j 寻求其间接效用函数 $u^j = V^j\ (p_1{}^j,\ p_2{}^j,\ m^j)$ 的最大化，其中 m^j 表示可支配的收入。

图 14. 3. 4 描述了两国关税博弈达到纳什均衡的过程。图中 u^1 表示国家 1 的无差异曲线。无差异曲线向下移动表示效用的增加。① 国家 1 的效用部分地取决于国家 2 的关税选择，这是国家 1 所无法控制的。如图中所示，在给定国家 2 的特定关税 t^2 的情况下，国家 1 通过选择适当的关税 t^1 使得过点（t^1，t^2）的无差异曲线在该点的斜率为 0（或者呈现水平直线），此时，国家 1 的效用最大化。对于给定的国家 2 的不同关税 t^2，国家 1 有不同的最佳反应 t^1，所有的（t^1，t^2）构成了国家 1 的最佳反应关税轨迹，在图中用 R^1 表示。同理，对于国家 1 的任何给定的关税水平 t^1，国家 2 的最佳反应轨迹由国家 2 的无差异曲线上具有垂直斜率的点构成，在图中用 R^2 表示。

关税博弈的纳什均衡体现了一种相互一致性要求：国家 1 的关税选择是在给定国家 2 关税的基础上使自己的效用最大化，而国家 2 的关税选择是在给定国家 1 关税的情况下选择最大化自身效用的关税水平。显然，图中的点 E（t^{1*}，t^{2*}）是同时满足上述要求的纳什均衡点。在该点，两国的最佳反应轨迹相交，此时，国家 1 的无差异曲线具有水平斜率，税率水平为 t^{1*}；而国家 2 的无差异曲线具有垂直斜率，税率水平为 t^{2*}。

由图中可以看出，与自由贸易状态（图中的原点）相比，在关税保护状态下的纳什均衡并非是帕累托最优的，存在着效率的损失。因为当国家 1 的关税选择为 0 时，国家 2 可以通过将自己的关税增至大于 0 而移动到一条更好的无差异曲线上。国家 1 也可以用类似的方式改进自己的福利水平。然而，在非合作博弈下，这一改进是难以完成的，各国由于个体理性而往往导致陷入“囚徒困境”。倘若此时没有外部强制约束力，相互征收关税必然构成一个关税博弈的“纳什均衡”。

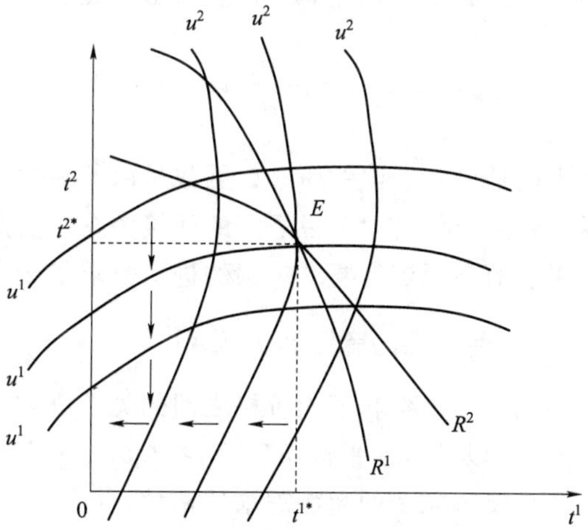

图 14. 3. 4　关税博弈的纳什均衡

资料来源：

（二）纳什均衡关税的求解

在上述两国关税博弈的模型中，可以证明，每个国家处于纳什均衡的关税水平都等于其出口产品需求弹性的倒数。

在关税博弈中易知，国内价格与世界价格之间的关系为：

① ［美］科依勒·贝格威尔，罗伯特·W·思泰格尔．世界贸易体系经济学．雷达，詹宏毅，等，译．北京：中国人民大学出版社，2005：105.

$$\begin{cases} p_1^1 = p_1 \\ p_2^1 = p_2(1+t^1) \\ p_1^2 = p_1(1+t^2) \end{cases}$$
$$p_2^2 = p_2 \tag{14.3.1}$$

令 $q_i^j(p_1^j, p_2^j)$ 表示国家 j 在给定国内价格水平下商品 i 的产量。令 $e_i^j(p_1, p_2, t^j)$ 表示国家 j 内部对商品 i 的超额需求，是世界价格和本国关税的函数。e_i^j 实际上也就是国家 j 出口或进口商品 i 的数量。由于国家 1（或 2）进口商品 2（或 1），因此，对于 $j \neq i$，$e_i^j > 0$，国家 j 的关税收入为：

$$r^j = p_i t^j e_i^j(p_1, p_2, t^j), j \neq i, i, j = 2 \tag{14.3.2}$$

国家 j 消费者收入是生产收入和关税收入之和：

$$m^j = p_1^j q_1^j(p_1^j, p_2^j) + p_2^j q_2^j(p_1^j + p_2^j) + r^j \tag{14.3.3}$$

利用（14.3.3）式，国家 j 的间接效用函数可重写为 $u^j = H^j(p_1^j, p_2^j, r^j)$，$H^j$ 是一个连续的贸易效用的间接效用函数，关于 p_1^j、p_2^j 拟凸，关于 p_1^j、p_2^j、r^j 零次齐次，关于 r^j 弱递增。进而用 H 的下标表示偏导数，则：

$$e_1^1(p_1, p_2, t^1) = -\frac{H_i^j}{H_3^j}, i \neq j, i, j = 1, 2 \text{①} \tag{14.3.4}$$

也就是说，一国的净进口函数是由贸易效用的间接函数 H^j 来求导得到的。由于 H^j 表示了效用与价格、关税之间的间接关系，由此成为分析关税博弈的合适基础。

平衡的国际贸易要求一国的进口需求等于另一国的出口供给，即：

$$e_i^j = -e_i^k, j \neq k, i, j, k = 1, 2 \tag{14.3.5}$$

利用世界价格和国内价格之间的关系（14.3.1），国家收入的表达式（14.3.2）和（14.3.3）以及贸易平衡条件（14.3.5），可以将国家 1 的效用表示为世界价格、国家 1 的关税率及国家 2 的超额需求的函数：

$$u^1 = H^1[p_1, (1+t^1)p_2, -p_2 t^1 e_2^2(p_1, p_2, t^2)] \tag{14.3.6}$$

为求国家 1 在给定国家 2 关税 t^2 的条件下的最优关税，也就是求使（14.3.6）式中 u^1 最大化的 t^1 值，故将（14.3.6）式对 t^1 求偏导，并令其等于 0，则：

$$\frac{\partial u^1}{dt^1} = \left[p_2 + (1+t^1)\frac{\partial p_2}{\partial t^1}\right]H_2^1 - \left[\frac{\partial p_2}{\partial t^1}t^1 e_2^2 + p_2 e_2^2 + p_2 t^1 \frac{\partial e_2^2}{\partial p_2}\frac{\partial p_2}{\partial t^1}\right]H_3^1 = 0 \tag{14.3.7}$$

利用（14.3.4）和（14.3.5）式化简（14.3.7），可得：

---

① ［美］科依勒·贝格威尔，罗伯特·W·思泰格尔．世界贸易体系经济学．雷达，詹宏毅，等，译．北京：中国人民大学出版社，2005：118.

$$t^1 = \frac{e_2^2}{p_2 \dfrac{\partial e_2^2}{\partial p_2}} \tag{14.3.8}$$

用 ξ_i^i 表示国家 i 出口商品的需求弹性：

$$\xi_i^i = \frac{\partial e_i^i}{\partial p_i} \cdot \frac{p_i}{e_i^i},\ i = 1, 2 \tag{14.3.9}$$

则得到国家 1 的纳什均衡解：①

$$t^{1N} = \frac{1}{\xi_2^2} \tag{14.3.10}$$

同理可得，国家 2 的最佳关税反应函数为：

$$t^{2N} = \frac{1}{\xi_1^1} \tag{14.3.11}$$

由此可见，(14.3.10) 式定义了图 14.3.4 中的最佳反应曲线 R^1，(14.3.11) 式定义了 R^2。当 (14.3.10) 和 (14.3.11) 同时达到满足时，即达到了此博弈模型的纳什均衡，也即对于给定国家 2 的关税，国家 1 的关税为最优，并且对于给定国家 1 的关税，国家 2 的关税同时也是最优关税。

（三）互惠的关税削减与福利改进

假定两国达成互惠贸易协定，从各自纳什均衡时的关税水平开始共同削减关税，并以 $\frac{\partial t^1}{\partial t^2} > 0$ 表示关税的削减程度。已知 $\frac{\partial t^1}{\partial t^2} > 0$，对 (14.3.6) 求导数得：

$$\frac{\partial H^1}{dt^1} = \left[p_2 + (1 + t^1)\frac{\partial p_2}{\partial t^1}\right]H_2^1 - \left[\frac{\partial p_2}{\partial t^1}t^1 e_2^2 + p_2 e_2^2 + p_2 t^1 \frac{\partial e_2^2}{\partial p_2}\frac{\partial p_2}{\partial t^1} + p_2 t^1 \frac{\partial e_2^2}{\partial t^2}\frac{\partial t^2}{\partial t^1}\right]H_3^1 \tag{14.3.12}$$

由于是从纳什均衡时的关税水平开始削减关税，所以 (14.3.7) 式肯定成立。那么，(14.3.12) 式可化简为：

$$\frac{\partial H^1}{dt^1} = -p_2 t^1 \frac{\partial e_2^2}{\partial t^2}\frac{\partial t^2}{\partial t^1}H_3^1 \tag{14.3.13}$$

H_3^1 是收入对福利的影响，为正数。由于是共同削减关税，故 $\frac{\partial t^2}{\partial t^1} > 0$。如果商品是正常品，则国家 2 削减关税 t^2 会产生两个效果，第一，它降低了进口商品 1 的价格，使进口商品 1 更便宜，从而刺激了对进口商品 1 的消费，反过来对本国商品 2 的需求减少，出口供给量增加；第二，t^2 的减少意味着总收入的减少，使得对本国商品 2 的需求

① 滕维藻，陈荫枋．跨国公司概论．北京：人民出版社，1991；江小涓，杜玲．国外跨国投资理论研究的最新进展．世界经济，2001 (6).

减少，而出口供给量增加。故国家 2 削减关税 t^2 的对应结果是 e_2^2 减少，用公式表示即为：$\frac{\partial e_2^2}{\partial t^2}>0$。因此，在（13）式中，$\frac{\partial H^1}{\partial t^1}<0$。同理，$\frac{\partial H^2}{\partial t^2}<0$。这样，从两国各自纳什均衡点的任何共同关税减让都将增加双方福利。

由此得证，在非合作博弈情况下，纳什均衡同时具有个体理性与集体非理性的性质，没有哪个国家可以仅仅通过自己的行动来得到改善。但是，如果可以通过互惠贸易协定实现一定程度的合作，两国都可以从同时的关税削减中得到好处。

三、贸易协定的强制执行与重复博弈

在上文的博弈模型中，要使双方福利水平改进，关键取决于博弈的双方是否能够信守承诺。如果没有外在的强制执行机制，协定达成后，并不能保证每一个成员方自觉执行，成员方有偏离协定关税的倾向，短期偏离协定关税可以获得短期利益，长期偏离则可招致报复的危险而使长期成本增加，最后重新回到非合作状态下的纳什均衡关税水平。因此，一项贸易协定除了突出可能与互惠和非歧视原则相关的效率特性，贸易协定的强制执行也具有根本上的重要性。如果一项贸易协定是可信的，那么它必须能够自我实施，并且在开放的市场中要使一项协定能够自我实施，只有协定本身能够指定可靠的报复手段来应对任何国家对该协定的偏离以及额外设置的贸易障碍。①

为了分析的方便，我们使用一个标准的两国之间无限重复的关税博弈模型。两国在无限循环过程中的每个阶段都是相互影响的，在这里环境是不随时间的变化而变化的，而且（加入了政治因素）贸易条件理论中的静态关税博弈被看作为相关的阶段性博弈。因此，在每个阶段中两国政府都可以根据所观察到的先前进口关税水平来选择当期的关税。为了突出与贸易协定的强制执行相关的关键问题，我们进一步假设两国是对称的，我们考虑对称的静态子博弈完美均衡，这种状态下两国政府在每个阶段都选择相同的关税。如果偏离了这一共同关税，则会爆发报复性的贸易战，因此，在下一个以及所有将来的阶段中，两国将回归到静态博弈下的纳什均衡的关税，用 τ^N 表示。各个阶段的贴现因子表示为 $\delta\in(0,1)$。

假定在重复关税博弈中，各国政府可以强制执行一个合作关税 τ^c，且 $\tau^c<\tau^N$。此时，通过偏离合作关税而获得的短期利益与可能招致报复所引起的长期损失相互平衡，因此，任何一国都有将当期关税提高到合作关税之上而获取短期利益的倾向。直观地看，如果短期利益的激励相对于为避免将来可能引发的贸易战而带来的贴现后的未来价值足够小，合作关税 τ^c 的协定将会被强制执行。不过，我们假设各国政府不能强制执行政治最优关税 τ^{po}，这种假设保证了各国政府可以达到的合作水平确实由强制执行约束来决定，否则，各国政府有可能从 τ^{po} 偏离而获得短期利益。

现在，我们来分析一国短期偏离合作关税的情况。假定一国政府偏离并选择 $\tau\neq\tau^c$，那么它将偏离到其最佳反应关税 $\tau^R(\tau^C)$，则该国政府违反协定的激励为：

① 这里说的传统理论，是指比较成本理论和生产要素禀赋理论。

$$\Omega(\tau^{C}) \equiv \int_{\tau^{C}}^{\tau^{R}(\tau^{C})} \frac{dW(p,\tilde{p}^{w})}{d\tau}d\tau = \int_{\tau^{C}}^{\tau^{R}(\tau^{C})} W_{p}(p,\tilde{p}^{w})\frac{dp}{d\tau}d\tau + \int_{\tau^{C}}^{\tau^{R}(\tau^{C})} W_{\tilde{p}^{w}}(p,\tilde{p}^{w})\frac{\partial \tilde{p}^{w}}{\partial \tau}$$

其中，$\tilde{p}^{w} = \tilde{p}^{w}(\tau,\tau^{c})$。

从违反中获得的短期利益分为两部分：第一部分为关税偏离通过国内价格变化所带来的福利影响；第二部分为关税偏离通过贸易条件的变化所带来的福利影响。第一部分为负值，因为在整个积分区域内都有 $W_p<0$，而且它反映了实现最佳反应关税所暗含的国内价格变化带来的收益与成本之间存在不稳定均衡；第二部分为正值，它反映了贸易条件的变化所带来的收益，该项收益是本国政府从其他贸易伙伴得来的（因为将贸易政策改变的成本转嫁给了贸易伙伴）。当 $\tau^{C}<\tau^{R}(\tau^{C})$ 时，这两部分之和为正；当 $\tau^{C}=\tau^{R}(\tau^{C})$ 时，这两部分之和为零。从而，对于 $\tau^{C}<\tau^{N}$，$\Omega(\tau^{C})$ 严格为正。

但是，当一国政府选择违反协定，它就引发了一个报复阶段，而且这种报复阶段的长期成本也一定会被考虑。假定本国政府为避免贸易战而执行合作关税获得的收益为：

$$w(\tau^{C}) \equiv -\int_{\tau^{C}}^{\tau^{N}} \frac{dW(p,\tilde{p}^{w})}{d\tau}d\tau = -\int_{\tau^{C}}^{\tau^{N}} W_{p}(p,\tilde{p}^{w})\,\tilde{p}^{w}d\tau$$

其中，$\tilde{p}^{w}=\tilde{p}^{w}$（$\tau$，$\tau^{C}$）。该价值由于执行较低的合作关税而导致贸易量的扩大而获得。上文已经假定 $\tau^{c}>\tau^{po}$，$W_p<0$，$\tau\in(\tau^{c},\tau^{N})$，因此，对于 $\tau^{c}<\tau^{N}$，有 $w(\tau^{C})>0$；对于 $\tau^{c}=\tau^{N}$，有 $\omega(\tau^{C})=0$。那么，如果偏离合作关税，本国政府损失的贴现价值为：$V(\tau^{C})\equiv[\delta/(1-\delta)]w(\tau^{C})$。因而，一国政府偏离合作关税的激励约束为：

$$\Omega(\tau^{C}) \leqslant V(\tau^{C})$$

任何满足这个激励约束的合作关税 τ^{C} 都能够作为重复关税博弈的完美子博弈均衡而被强制实施。

现在考虑最大合作关税 $\bar{\tau}^{C}$，可定义为满足上述激励约束的最小关税。由于 τ^{po} 不可能被强制执行（也就是说，τ^{po} 不满足上述激励约束），可知 $\bar{\tau}^{C}>\tau^{po}$。如图 4.15 所示，当 $\tau^{C}<\tau^{N}$ 时，$\Omega(\tau^{C})$ 单调递增减；当 $\tau^{C}=\tau^{N}$ 时，$\Omega(\tau^{C})$ 位于水平线上并等于零。τ^{C} 越接近 τ^{N}，一国政府偏离协定的收益就越小；当 $\tau^{C}=\tau^{N}$ 时，偏离协定没有任何收益。从图中还可以看到，在 $\tau^{C}=\tau^{N}$ 处，$V(\tau^{C})$ 为零，并且当 $\tau^{C}<\tau^{N}$ 时，$V(\tau^{C})$ 单调递减，当 $\tau^{C}=\tau^{po}$，$V(\tau^{C})$ 基本呈现水平直线状。之所以具有这些特性，是因为在关税从协定规定的 τ^{C} 上升到纳什均衡水平的过程中，避免贸易战而得到的收益会一直减少直至为零，当处于纳什均衡水平时无论如何政府都将选择贸易战。此外，在 τ^{po} 处，一个微小的合作关税的增长对政府福利没有冲击。因此，能够被强制执行的关税范围可以表示为区间 $[\tilde{\tau}^{C},\tau^{n}]$ 内，且最大合作关税 $\bar{\tau}^{C}$ 是满足约束激励约束的关税。

强制执行一项贸易协定的目标实际上就是实现并维持以下两者之间的平衡：第一，单方面背离协定的贸易政策以获取贸易条件改善的短期利益诱惑；第二，失去未来合作所带来的长期成本。在图 14.3.5 中，这一平衡可以通过最大合作关税的确定来反映。

假如世界各国都如我们所描述的那样表现为静态，那么争端解决机制会使各国政府永远在最大合作关税水平上进行合作，并监督协定不被违反。然而，事实上，贸易协定的执行是一个不断重复的动态博弈，只要短期激励和长期激励之间的均衡被打破，就存在潜在的违约行为，就会有新的博弈出现。因此，合作协定的可执行力度随着潜在市场环境的变化而变化。这就表明，一项可自我实施协定中如果设计是恰当和充分的，除了有争端解决机制外，还应该为其成员提供足够的弹性以根据潜在的环境变化来提高或降低关税水平。这正是WTO规则体系中除了有争端解决机制外，还实行有节制的贸易自由化、规定诸多例外措施、定期进行贸易政策审议的根本原因之所在。其中，争端解决程序的监控和信息传播作用是多边贸易协定推动更广泛合作的一个关键因素。① 政策审议机制表现为WTO收集并传播与其成员贸易政策相关信息的一个过程，这种透明度意味着可以使各国政府互相监督并遵守达成的协定，反过来也能够提高相互合作的水平，这种合作水平将高于不存在这种多边机制的情形下的合作水平。

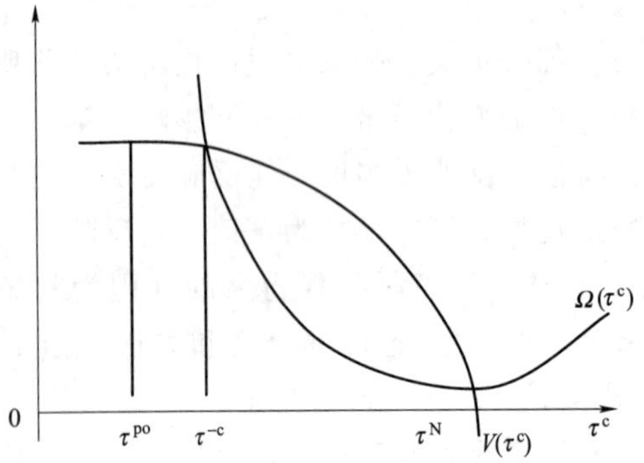

图 14.3.5 强制执行与合作关税

① 此部分主要来自于小岛清．对外贸易论．天津：南开大学出版社，1987.

第十五章　区域经济一体化理论

第一节　区域经济一体化的内涵和形式

20世纪80年代以来，经济全球化和区域化成为世界经济发展中重要的现象，尤其是区域化以不可阻挡之势影响了许多国家或地区的政策选择。截止到2005年底，WTO成员中99%的国家或地区参加了区域经济组织，而且不止参加一个区域组织。发达国家对区域经济合作表现出了更大的“热情”，平均每个发达国家参加了13个协定，45个发展中国家或经济转型国家与发达工业国家签订了双边优惠贸易协定，主要包括东欧、北非和拉丁美洲国家（World Bank Report，2005）。区域经济一体化的迅猛发展对区域经济一体化理论提出了更高的要求，需要对其内涵和理论的演变进行一定的梳理。

一、西方学者关于区域经济一体化内涵的表述

自从1834年世界上第一个区域性国际经济一体化组织——德国关税同盟产生，国家间的经济一体化趋势开始逐步明显。区域经济一体化（Regional Economic Integration）又可称为国际区域一体化，这里的区域过去常常有三种意义：一是一个国家的一部分；二是多个国家，两个或三个但少于世界；三是一个国家的多个地区或多个国家。维纳（Viner）① 论述中采用的是第一种含义，奥林（Ohlin）② 采用的是第二种含义，近二三十年来，大多学者采用的是第三种含义（Machlup，1977）。总之，近年来，“区域一体化”中的“区域”不是地理学中一般所指的区别于邻近地区或其他在自然条件

① 维纳（Viner）：1950年，美国普林斯顿大学经济学家维纳（Viner）最早研究了区域经济一体化贸易影响，并且提出了著名的关税同盟理论，分析了“贸易创造”（trade creation）和“贸易转移”（trade diversion）两种效应。维纳认为，贸易创造效应是指由于关税同盟内部取消关税，一成员国国内生产成本高的产品或原先从同盟外高价购买的产品为另一成员国成本低的产品所替代，从而导致从成员国的进口增加，提高了资源配置效率，增加了消费者福利；而贸易转移效应是指原来从同盟外非成员国成本较低的产品进口转向另一成员国成本较高的产品进口，其结果恶化了资源配置，减少了社会福利。

② 奥林（Bertil Ohlin，1899－1979，诺贝尔经济奖获得者）瑞典经济学家和政治领袖，以创建贸易动态学的现代理论而知名。1977年与英国米德（James Meade）共同获得诺贝尔经济学奖。15岁入大学，受教于隆德（Lund）大学和斯德哥尔摩大学，导师为赫克谢尔（Eli Heckscher）。很早就对国际贸易感兴趣，1922年写成一篇有关贸易原理的论文。赫克舍在1919年就提出了以要素构成论取代李嘉图的劳动成本论，作为比较利益理论的基础。但是在当时并没有引起人们的重视。1935年，奥林出版了《区际与国际贸易》一书，系统地表述了其老师的观点。

方面具有某些同质性的地理范围，或者是作为一个政府或行政单位的区域，世界经济中的区域常常包括了两个或两个以上的经济体，因某些经济的共同特性或政治的共同利益而联合在一起，它并不必然要有内陆接壤，也可以跨越洲际。从当今区域经济一体化组织的特征更明显地体现出，地理邻近已经不是区域一体化的重要组成要素，跨区域的贸易协定已经成为现代区域一体化的重要特点。关于区域经济一体化的内涵，理论界至今尚未形成明确而统一的说法。一方面主要因为区域经济一体化涵盖的内容实在太宽广，所以每种定义往往只指出了区域经济一体化的某一个或某些特征，无法概括出整个经济一体化的全景；另一方面区域经济组织是一个不断发展的过程，实践的深入必然带来对理论更高的要求，因此，区域经济一体化的内涵也随着在现实中的扩展而不断地补充、完善。

（一）“区域经济一体化”的来源

“一体化”（Integration）一词，根据美国经济学家弗里茨·马克卢普（Fritz. Machlup）① 的研究，来自于拉丁文“integrotio”，原本主要涵义是“更新”、“修复”（renovation）。另外据《牛津英语辞典》（Oxford English Dictionary）记载，“一体化”最早是在1620年的出版物中被赋予“将各部分结合成一个整体”的涵义。在经济学中，“integration”起初应用于产业组织领域，主要指企业之间通过协定，比如卡特尔、康采恩，托拉斯、兼并等方式联合而成的产业组织。厂商之间合并形成“水平一体化”（horizontal integration）和互补性厂商之间结合的“垂直一体化”（vertical integration）形成一个大的区域组织（Machilup，1977）。

“区域一体化”最先并不是出现在20世纪40年代前的国际贸易领域和50年代前的国际经济研究领域，而是在1937年出版的“The Encyclopaedia of the Social Sciences”一书的引文中，出现了关于“一体化”是一种区域内企业联合形成在区域内的一体化的解释。在1968年出版的《The New Encyclopaedia of the Social Sciences》一书中包含了关于“国际一体化”的四篇文章，其中三篇是关于“区域一体化”，一篇是关于“全球一体化”，这是第一次在社会科学出版物中用“区域一体化”的概念（Machilup，1977）。对于“区域经济一体化”的概念，一些学者的研究表明，最早在“将各个独立的经济结合成为一个更大的经济区域”这一意义上，即“经济一体化”意义上使用“integration”一词的是两本相互独立的著作，它们分别是由瑞典经济学家埃利·F·赫克歇尔（Heckscher Eli F）于1931年出版的关于重商主义的著作和由两位德国人于1933年出版的关于贸易统计的著作。20世纪40年代，“经济一体化“一词传入美国，最早出现于1947年美国政府的秘密文件之中。在1949年10月召开的欧洲经济合作组织大会（The Council of the Organization of European Economic Cooperation）上，美国经济合作署长保罗·霍夫曼（Hoffmann Paul）公开使用了“regional integration”，并鼓动西欧经济走向一体化。20世纪50年代先后成立的欧洲煤钢共同体及欧洲经济共同体，把区域经济一体化的理想变成活生生的现实，

① 弗里茨·马克卢普（Fritz. Machlup，1902－1983），澳大利亚和美国经济学家，最重要的成就是知识在美国的生产和分配，把信息社会的概念推广开来。是最初把知识看作是经济资源的经济学家之一。

也成为日后经济学界研究的一个主要方向。

（二）20世纪五六十年代的“过程”、“状态”论

随着欧洲煤钢共同体的建立，区域一体化成为了现实。学者们开始更多地关注这一领域。艾尔·阿格拉（Ali M . El —Agraa）认为，“到了1950年，专门研究国际贸易的经济学家们赋予这一名词（国际经济一体化，International Economic Integration）明确的定义，具体指将不同经济实体通过消除歧视性贸易工具结合成较大经济区的一种事物状态或一种过程（Ali M. EI - Agraa，1988）。”另一位著名的美国学者巴拉萨主要强调了区域经济一体化是一种状态、是一种过程。1961年，巴拉萨在其名著《经济一体化理论》（The Theory of Economic Integration）一书中提出：“建议将经济一体化定义为既是一个过程（a process），又是一种状态（a state of affairs），就过程而言，它包括旨在消除各国经济单位之间差别待遇的种种措施；就状态而言，则表现为各国间各种形式差别待遇的消失（Bela Balassa，1962）。”巴拉萨的以上表述具有经典意义。权威的《新帕尔格雷夫经济学大辞典》中的“经济一体化”条目就是由他撰写的。此后，许多学者对国际区域经济一体化的解释大都是围绕着“过程”与“状态”的观点展开。例如，1968年约翰·平德（John Pinder）指出：“一体化是达到一种联盟状态的过程”，“不仅要消除各成员国经济单位之间的歧视，而且要形成、实施和协调共同的政策，其范围应足以保证实现主要的经济与福利目标（John Pinder，1968）”。1974年，维多利亚·柯森（Victoria Curson）从生产要素配置的角度揭示了国际区域经济一体化，他把一体化“过程”理解为趋向全面一体化的成员国之间生产要素的再配置，而把一体化“状态”理解为一体化的成员国生产要素的最佳配置（Victoria Curson，1974）。罗伯特·J·凯伯（Robert J. Carbaugh）认为，经济一体化是对国际贸易、支付和要素流动取消限制的一个过程，因此，往往会使两个或更多的经济体通过区域贸易协定联合起来（Robert. J. Carbaugh，2002）。

（三）20世纪七八十年代的“工具”论

进入20世纪七八十年代后，学者们对区域经济一体化的认识进一步深入，开始从最初的过程和状态的看法转为实现共同经济发展的手段。以彼得·罗布森（Peter Robson）为代表，他在1980年强调：“国际经济一体化是一种手段，而不是目的。”并认为国际经济一体化的安排应该体现三个方面的特征：（1）在某种条件下，成员国之间歧视的消失；（2）维持对非成员国的歧视；（3）成员国之间在企图用有持久的共同特性和限制经济政策工具的单边使用上有一致的结论（Peter Robson，1980）。彼得·H·林德特（Peter H Lindert）给经济一体化下的定义是：“通过共同的商品市场、共同的生产要素市场，或两者的结合，达到生产要素价格的均等”，“可以是指宏观经济政策的一体化和生产要素的自由移动以及成员国之间的自由贸易”（Dominick Salvatore，1995）。多米尼克·萨瓦托尔（Dominick Salvatore）认为，区域经济一体化是指仅在成员之间减少或消除歧视性贸易壁垒的商业政策。

(四) 20世纪80年代后的“政策”论

著名的一体化经济学家丁伯根 (Jan Tinbergen)① 把经济一体化分为“消极一体化”(negative integration) 和“积极一体化”(positive integration)。前者指消除各成员国在一体化前就已经存在的各种限制产品自由贸易和生产要素自由流动的歧视；后者指建立新的规章制度去纠正自由市场的错误信号，强化自由市场的正确信号，从而加强自由市场的经济一体化力量。丁伯根阐述的意义在于它强调了区域一体化是政府推动经济发展的一种区域政策。1968年，约翰·平德 (John Pinder) 借用丁伯根的术语而作出了自己的解释：“消极一体化”系取消差别，“积极一体化”即形成和运用协调的、共同的政策以实现取消差别以外的经济和福利目标。平德认为自己的解释与丁伯根的不同之处在于：平德本人就是按目标（即按取消差别与实现经济和福利目标）来区分的，而丁伯根则按政府的行为及取消既存规章制度抑或制定新制度、新政策来区分 (John Pinder, 1968)。也有学者认为区域经济一体化是数个国家在货物、资本、劳务等生产要素方面的联合过程，通过一体化使成员国之间实行政策协调，采取措施加强它们之间的相互依赖，取得共同的利益。还有学者认为，区域经济一体化是指若干国家联合成一个更大的经济体，在成员之间保持着特殊的关系。

二、区域经济一体化的形式

对区域经济一体化组织形态的研究上，有几位代表性的学者表达了自己的看法。巴拉萨②在1961年于《经济一体化理论》著作中，将其划分为自由贸易区、关税同盟、共同市场、经济联盟和完全经济一体化五种形态；李普西 (Lipsey) ③在1968年《国际一体化：经济联盟》一文中，在巴拉萨的基础上加入特惠关税制度为第一种分类，将区域经济一体化划分为六种组织形态；阿格拉 (Ei - Agraa) 在1980年的《欧洲共同经济学》一书中划分了六种形态，即单一商品上的经济一体化、自由贸易区、关税同盟、

① 简 - 丁伯根 (Jan Tinbergen) 1903年生于海牙。主要从事于把统计应用于动态经济理论。丁伯根对西方经济学的贡献主要是创建或参与创建了现代动态经济学、经济计量学、经验宏观经济学、发展计划的理论以及国际经济合作和一体化的政策和理论。由于他50多年来在经济计量学方面，特别是在“发展和应用动态模式于经济过程分析”中的贡献，1969年，同弗里希一道荣获首届诺贝尔经济学奖。丁伯根1967年获埃拉斯穆斯奖金，还曾获得20余个大学授予的荣誉学位。丁伯根的主要著作有：《商业循环理论的统计检验》(1939年)、《1921 - 1933年美国的经济周期》(1939年)、《经济计量学》(1959年)、《经济政策论》(1952年)、《经济政策的集中和分散》(1954年)、《经济政策：原理和设计》(1959年)、《1870 - 1914年英国的经济周期》(1956年)、《论文选集》(1959年)、《改造世界经济》(1962年)、《经济增长数字模型》(与博斯合著，1962年)、《国际经济一体化》(1965年)、《发展计划》(1968年)、《收入分配》1975年) 等。

② 贝拉·巴拉萨 (Bela Balassa, 1928 - 1991)，匈牙利经济学家，霍普金斯大学 (Johns Hopkins University) 教授。以巴拉萨 - 萨缪尔森效应著名，是以贝拉·巴拉萨和诺贝尔奖得主保罗·萨缪尔森的名字命名的，他们二人分别发现了这一理论。巴拉萨—萨缪尔森效应（简称巴萨效应）是指在经济增长率越高的国家，工资实际增长率也越高，实际汇率的上升也越快的现象。

③ 李普西. R. G. (LIPsey, RiebardG · 1928 -)，英国经济学家，生于加拿大不列颠哥伦比亚省维多利亚市。获不列颠哥伦比亚大学学士学位，多伦多大学硕士学位，1957年以论文《关税同盟理论：一般均衡分析》获伦敦经济学院博士学位，1961年任伦敦经济学院教授。他在经济学上的贡献有三：编写教科书、次优概论、对菲利普斯曲线的分析。

共同市场、全面的经济联盟和完全政治一体化；林德特在2001年出版的《国际经济学》中，分区域经济一体化为自由贸易区、关税同盟、共同市场、全面的经济联盟四种组织形态。人们普遍赞同巴拉萨的组织形态划分，下面就按照他的分类进行描述。

（一）自由贸易区

自由贸易区（Free trade area）是指两个或两个以上的经济体，依据谈判达成协议而建立的成员之间相互取消贸易壁垒的区域经济一体化组织形态。

自由贸易区的一个重要特征是在该一体化组织参加者之间取消了商品贸易的障碍，非成员不能享受同等待遇，从而形成了自由贸易区下的对内自由、对外保护的差别。自由贸易区的内外差别待遇很容易造成竞争优势的扭曲。当一国与其选定的国家之间建立了自由贸易区，如果在某种产品上具有比较优势的国家并未包括在其中，具有比较优势的国家就因区域经济一体化不能形成竞争优势。

自由贸易区的另一个重要特点是成员经济体之间没有共同对外关税。各成员体仍各自保留与各非成员体之间原有的贸易歧视。随之而来的问题是，在执行自由贸易政策时很难分清某种产品是来自成员国，还是来自非成员国，会因为成员对非成员产品的贸易壁垒不一致而导致区外产品选择低关税率口岸进口却在高关税率国家销售，即“贸易偏转（trade deflection）”。为了解决这一问题，通常采取“原产地原则（rules of origin）”，当商品在区内成员国之间移动时，必须接受海关严格的原产地检查，只有当进口商有充分的文件证明该商品确实是地道的区内成员国制造商而非由非成员国转运而来时，才能免关税进入。因此，严格的边境检查以及一套详尽完备的“原产地规则”乃自由贸易区之必须。故一般认为，尽管原则上是自由贸易，但现实中的自由贸易区却存在着因自由贸易而导致的沉重的日常文书工作负担，管理成本太高，又成为了自由贸易的巨大障碍。

（二）关税同盟

关税同盟（Customs union）是指在自由贸易区的基础上，所有成员统一对非成员国实行的进口关税或其他贸易政策措施。

共同关税的建立使成员国之间的产品流动无需再附加原产地证明，还标志着各成员国放弃了自己对外关税的制定权，形成了统一的排他性政策。关税同盟不像自由贸易区那样，只是相互之间取消关税，关税同盟使区域内的成员国让渡贸易政策制定权，因此它对成员经济体的约束力比自由贸易区大。

关税同盟一旦建立，关税的征收与管理就因此而变得十分容易。因区内各成员国的对外关税率是一致的，所以无论区外货物是在关税同盟区边界的任何地方，其缴纳的关税都是相同；然后货物就可以在同盟区内各成员国之间自由运输。事实上，对于任何一个成员国来说，把自己的关税控制权拱手让给任何超国家的组织并非易事，这意味着在享受一体化的同时，成员国也必须承担相应的义务。

同时，关税同盟只解决了成员国之间边境上的商品流动自由化问题。当某一成员国商品进入另一个成员国境内后，为保护本国的某些产业所采取的各种国内限制措施仍然构成了自由贸易的障碍。

（三）共同市场

共同市场（Common market）是成员国在实现了关税同盟目标的基础上进一步实行服务、资本和人员自由流动的国际区域经济一体化组织形态。

这意味着成员之间不仅实现了商品和服务的完全自由流动，还因实现了生产要素的区内自由流动，而使内部市场达到统一。共同市场是区域内成员国在微观层面达到最高一体化程度的体现，区内厂商可以根据生产需要最大限度地使用共同市场内的生产要素，充分发挥资源优势，提高区域内资源配置的效率。共同市场的建立能够发挥一体化带来的最大经济效益，但也需要成员国让渡更多的权利，经济一体化组织干预经济的权利需要增强，超国家组织的建立变得非常必要。

（四）经济联盟

经济联盟（Economic Union）是指不但成员国之间废除贸易壁垒，统一对外贸易政策，允许生产要素的自由流动，而且在协调的基础上，各成员国采取统一的经济政策。

经济联盟的特点是成员国之间在形成共同市场的基础上，进一步协调它们之间的财政政策、货币政策和汇率政策。当汇率政策的协调达到一定的程度以致建立了成员国共同使用的货币或统一货币时，这种经济联盟成为经济货币联盟，这时，给成员带来的贸易便利几乎如同一国内部贸易，从而使交易成本大大降低。在内部市场足够大的情况下，成员之间经济贸易关系的加强会导致其对外部市场依赖性的减弱，从而进一步强化了内部市场的封闭性。

（五）完全经济一体化

完全经济一体化（Perfect Economic Integration）是指成员国在实现了经济联盟目标的基础上，进一步实现经济制度、政治制度和法律制度等方面的协调乃至统一的经济一体化形式。它是区域经济一体化的最高组织形态。

完全经济一体化意味着在区域内最终形成了一套超国家的管理机构享有相当的国家主权，在超国家层面，各成员国的宏观决策让渡给了超国家组织，整个区域的管理模式类似于联邦制国家，从而拥有为区内各成员国认可的经济、政治、社会等领域的立法、行政及司法权。

自由贸易区、关税同盟、共同市场、经济联盟和完全经济一体化是处在不同层次上的国际经济一体化组织，根据它们让渡国家主权程度的不同，一体化组织也是从低级向高级排列，但不同的区域组织的发展路径不一定完全按照这样的逻辑顺序，可能会总是停留在某一层次，或采用超越发展方式——直接从低级跃向高级。各成员国可以根据自身的具体情况决定经过一段时期的发展是停留在原有的形式上，还是向高一级经济一体化组织过渡，关键的问题是各成员国需要权衡自己的利弊得失。

第二节　区域经济一体化的传统静态理论

一、区域经济一体化传统静态理论产生的背景

关于关税同盟可以给参与国带来经济利益的主张在二战前就已存在，这些早期的关

税同盟理论认为：以比较利益为基础的自由贸易可扩大各国的经济利益，带来生产和消费的有益变化。关税同盟在区域内实行关税减免，从而趋向于自由贸易，这必然使得成员国的福利增加，而对于整个世界来讲，福利也是增加的。真正开始系统地对关税同盟进行的研究是在战后，其早期代表人物是美国经济学家雅各布·维纳。1950年，维纳在其代表性著作《关税同盟理论》中系统地提出了关税同盟理论。传统理论认为，关税同盟一定可以增加成员国的福利。维纳指出了这些早期关税同盟理论的不准确性，提出了贸易创造和贸易转向概念，认为建立关税同盟得益与否取决于这二者的实际成果，从而将定量分析用于对关税同盟的经济效应的研究，奠定了关税同盟理论的坚实基础。在维纳以后，很多经济学家对关税理论不断进行研究，使之日益成为一种较为成熟的经济理论。

从静态角度看，关税同盟最突出的效应是生产效应，包括贸易的创造效应和贸易的转向效应。贸易创造效应是指在关税同盟内部取消关税壁垒后，国内生产成本高的商品被成员国中生产成本低的商品替代，来自关税同盟国的较低廉进口品取代了昂贵的国内生产，新的贸易得以创造。原来国内用于生产成本高的商品的资源转向成本低的商品生产。这就是比较利益原则所揭示的自由贸易所带来的经济利益。贸易转向效应是指关税同盟对外实行统一的保护关税，使得一国原来以外部进口（来自非同盟国的进口）的商品变为来自关税同盟国的较昂贵的进口，贸易从外部世界转向关税同盟成员国，从而达到一种贸易转向的效应。

维那效应的3×2模型过于简单化，无论是在关税同盟形成前还是在形成同盟后，一个国家只拥有两种商品，一种必须是出口，另一种必须是进口。形成关税同盟后一国出口必须是另一国的进口，贸易模式是非对称性的。这些假定与现实距离遥远，不利于分析较为复杂的变化。从米德（Meade）开始，先后有维那克（Vanek）、利普赛、科登（Corden）、瑞泽曼（Riezman）等提出3×3模型，并由麦克米兰（Mcmil-lan）和麦克兰（Mclann）和劳埃德（Lloyd）加以总结归纳，这些学者分别是提出了在3×3情况下可能出现的各种贸易模式，并对这些贸易模式中关税同盟的福利效应加以分析。

然而，20世纪50年代在西方出现的“次优理论”（Theory of Second Best）却证明，在不能全部满足完全竞争模型所要求的假设条件的情况下，即使微观经济政策成功地弥补了现实和假设条件之间的差异，那么政策的执行仍然不能保证帕累托最优状态的实现。

1956年，经济学家李普西（R. G. Lipsey）和兰卡斯特（K. Lancaster）总结前人的理论分析，创立了次优理论。简单地说，次优理论包含的内容是：“如果在一般均衡体系中存在着某些情况，使得帕累托最优的某个条件遭到破坏，那么即使其他所有帕累托最优条件得到满足，结果也未见得是令人满意的，换句话说，假设帕累托最优所要求的一系列条件中有某些条件没有得到满足，那么，帕累托最优状态只有在清除了所有这些得不到满足的条件之后才能达到。” （Lipsey，R. G. and Lancaster. K. （1956）. The General theory of second best. Review of Economic Studies 24 （1），October，p119）由于原有意义上的帕累托最优因为受到某些条件的破坏而未能实现，因而实现的某些条件被破坏后的最优结果通常冠以“次优”。相应地，上述结论也被西方经济学界称为“次优定理”或“次优理论”。

随着区域经济一体化实践的发展，其理论研究逐渐深入。最初的区域经济一体化理论是从传统的静态理论为主，而后通过假设条件的逐步放松、研究方法的变化，发展成现代静态理论，到当今的动态理论。传统的静态理论主要以维纳的贸易创造和贸易转移理论为基础，米德、约翰逊和李普西在不同的方面进行了扩展，形成了比较系统和完整的传统静态理论。

二、关税同盟成立的前提研究——科登（W. M. Corden）非统一关税的关税同盟理论

许多学者都熟知科登把规模经济因素加入了关税同盟理论的分析中，构成了区域一体化现代动态理论重要的部分，但很少有人了解他在传统静态理论中作出的贡献。他在1975年分析了组成关税同盟以前，成员国之间关税水平的统一程度与关税同盟福利效应的关系，弥补了以前没有考虑成员国初始关税差异的不足（W. M. Corden，1975）。

（一）模型的假定

如果允许成员国在加入关税同盟前存在初始的非统一关税，那么减少这种非统一关税是福利所得的可能来源，它和通常的贸易创造和贸易转移效应是不同的。当国家的总贸易量保持不变且与同盟外的贸易都停止时，关税同盟仍能带来净福利所得。用三种产品的小国模型来分析国内生产和消费在两种可进口产品间的替代产生的进口模式效应，该效应能产生可能的所得。构成关税同盟的国家开始时可能是非统一的从价关税结构，这样关税不仅会通过减少国家的总贸易量来扭曲贸易，还会通过扭曲进口品的模式来扭曲贸易。关税同盟能减少这两种扭曲，从而会产生至少两种福利所得的可能来源。即使关税同盟的建立没有带来贸易总量的增加，还是会有净福利所得的产生。对于给定的增加总贸易量的效应（贸易创造）和给定的贸易转移效应（任一给定的商品都转向由较昂贵的资源来供给），初始关税的非统一性越高，净福利所得就越有可能。以下两种假定消除了标准的贸易创造效应，从而只是强调贸易转移和进口模式效应的相互作用：（1）出口品的供给弹性为零；（2）出口品没有国内消费。因此A国出口的数量和进出口价值固定不变。

（二）模型

科登应用传统的分析单边歧视的方法来分析小国（A）的情况，A 国能从 B 国（伙伴国）或 C 国（外部）进口商品。除了出口品外，有两种进口商品替代了 A 国的生产和消费。如果由于同盟的建立，一种进口商品在 A 国的价格比另一种进口商品在 A 国的价格低很多，从而使得 A 国进口商品的模式发生改变，这就是进口模式效应。

从描述自由贸易的均衡开始。在图15.2.1中，纵轴表示一种进口品的数量 M_1，横轴表示另一种进口品的数量 M_2，TT'是生产固定数量的出口品的转换曲线，直线 RR'的斜率表示自由贸易下 M_1 和 M_2 的价格比例，P_f是自由贸易下的生产点。假定两种进口商品都是由最便宜的资源供给。出口固定数量的 M_1 的价值是 RQ，出口固定数量的 M_2 的价值时 $R'Q'$，这样 QQ'是预算线。总的进口品的消费将超过生产的出口品的价值，实际消费点 C_f 位于收入——消费线 OZ 上，过 C_f点的无差异曲线表示潜在福利所得的水平。

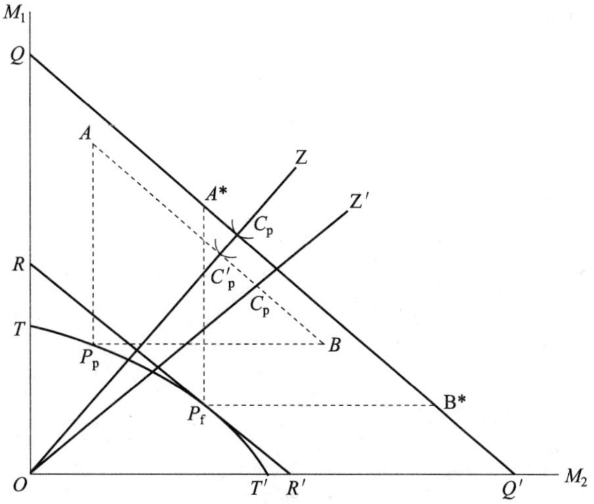

图 15.2.1　非统一关税同盟理论

资料来源：

在这一阶段，资源的供给是非歧视性的。如果征收统一的从价关税，情况不会发生变化。如果假定 M_1 的关税率 t_1 大于 M_2 的关税率 t_2，生产就会移到 P_p 点，收入——消费线移到 OZ'，新的消费点是 C_P。进口品的总价值相对于出口来说是不变的，如两个大小相同的三角形 $P_fA^*B^*$ 和 P_pAB 所示。

非统一关税结构包括生产扭曲的成本和消费扭曲的成本。生产成本由生产可能性边界从 A^*B^* 向内移到 AB 表示，消费成本由新的生产边界上的最优点 C'_P 移到 C_p 表示。

（三）贸易转移效应

现在让我们引入贸易转移效应。假定生产和消费都没有替代效应。当关税同盟建立时，生产点位于 P_p（图 15.2.2），收入——消费线是 OZ'。但是由于需求的收入弹性不同，两种进口商品的比例仍是可变的。

假定对任何仍从 C 国进口的商品 i（$i=1$，2），征收的初始关税率为 ti，无能力率为 ai，无能力率是指从 B 国（除外责任）进口的成本超过从 C 国（除外责任）的进口的成本的比例。如果 ai 是正的，进口品一开始就来自 C 国，如果 $0<ai<ti$，关税同盟就会产生贸易转移。

在图 15.2.2 中，假定两种商品都存在贸易转移，那么生产固定在 P_p，新消费边界是 $A'B'$。贸易转移使得消费边界向内移。如果所有的进口品由产品 $M1$ 构成，贸易转移就会按 $A'A/P_PA$ 的比例减少进口的数量，这意味着 $a_1=AA'/P_PA'$，同样 $a_2=B'B/P_PB'$。如果产品 M_2 没有贸易转移，B' 就会和 B 重合，因此，消费会沿着 OZ' 移至 C_U。在这种情况下，显然存在着福利损失。

（四）进口模式效应

现在模型中引入替代效应，但是首先必须注意的是：当生产和消费的替代弹性不是零时，可能根本没有替代，既没有进口模式效应。如果在加入同盟后国内的相对价格不变，就会发生这种情况。如果两种产品都存在贸易转移，当 $a_1/a_2=t_1/t_2$ 时，相对价格

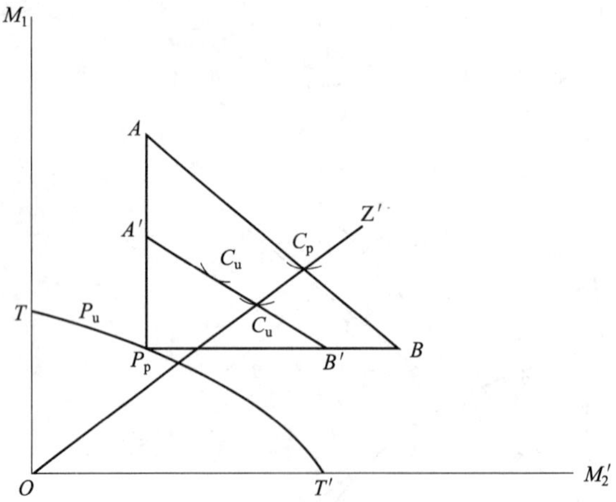

图 15.2.2 贸易转移效应

就会保持不变。当然，无能力率和关税率相等是纯粹巧合。

1. 关税同盟后所有的进口都来自伙伴国

如果两种商品都存在贸易转移，或者如果一种商品存在贸易转移，而另一种商品在一开始就来自伙伴国 B，那么在加入同盟后进口品不支付关税。若两种进口品的价格比由他们在 B 国的生产成本决定，将会得到最优的生产点和消费点。如图 15.2.2 所示，用图来说明当进口模式效应不包含生产的移动（产出保持在 P_p），仅包含着消费移动时的情况，消费模式会移至点 C_u'，该点是消费边界 $A'B'$上的最优点。从 C_u 到 C_u'的移动产生了福利所得。如果也没有生产效应，生产点就会移到 P_u，与 $A'B'$斜率相同的过该点的线是转换曲线的切线，消费边界 $A'B'$于是向外移。

科登的研究得到如下结论：在从同盟外进口停滞的情况下，如果有任一种进口模式效应，就必然产生所得。为取得平衡，这种所得会超过贸易转移效应带来的损失（在图 15.2.2 中，如果过 C_u'的无差异曲线高于过 C_p 的无差异曲线，就会发生这种情况），因此甚至当所有的进口都从较便宜的外界资源转向伙伴国的高价资源，并且总贸易量没有增加时，仍然会有来自关税同盟的福利所得。标准分析告诉们，如果总贸易量有所增加（出口增加），即使存在贸易转移时，净福利仍会有可能。这种简单分析还说明另一点，那就是初始非统一关税越高，净所得就越有可能。

2. 加入关税同盟后仍从同盟外国家进口

假定只有产品 M_1 存在贸易转移，M_2 继续从 C 国进口，如图 15.2.3 所示。

同样由于图形方便，用图形来说明当生产保持不变，只强调消费的变化时，由于 M_1 发生了贸易转移，消费可能性边界从 AB 移到 $A'B$。

如果从关税同盟外部（C 国）进口商品的有效关税率 t_2 为零，同盟就会选择位于新的边界上的最优消费点 C_u。但是如果对从 C 国进口的商品征收正的关税，将使得该国处于该边界线上的非最优点 C''_u，关税越高，C''_u 越左移，福利水平就会越低。如果允许来自 B 国的进口品自由进入，那么对来自 C 国的产品征收正的关税就会在关税同盟的情况创造非统一性，从而产生福利损失。如果同盟的建立意味着固定的共同对外关

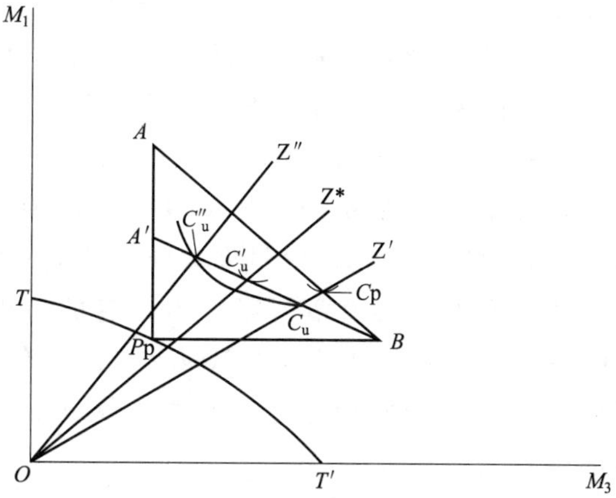

图 15.2.3　进口模式效应

税，并且这和 A 国在加入同盟前对进口 M_2 施加的关税不一定相同，那么这种共同对外关税就是目前所分析的相关关税率。

在加入同盟前，该国处于一个更高的消费边界线 AB 上的一个非最优点。而在加入同盟后，该国处于一个更低的消费可能性边界 $A'B$ 上的一个非最优点。那么就可以认为进口模式效应自身能产生福利效应吗？在没有进口模式效应时，贸易转移效应自身会使得消费到达 C'_u，进口模式效应会将其移到 C''_u，显然这另外的移动会增加会或减少福利。在图 15.2.3 中福利保持不变。

可以得出结论：(1) 初始非统一关税越高，所得就越有可能；(2) 在同盟中非统一关税越小，即 t_2 越小，所得就越有可能。但是当 t_2 既是进口 M_2 的初始关税又是同盟对外部征收的进口关税时，这两种情形就会相互作用。如果开始时 $t_1 > t_2$，那么 t_2 越小，所得就越有可能。但是如果开始时 $t_1 < t_2$，在 t_1 给定的情况下，一个较小的 t_2 一般并不必然有利于福利所得或损失。

（五）结论

(1) 在发生贸易转移的情况下，关税率差异越大，来自关税同盟的可能的福利损失就越大。该结论在关税同盟理论中是常见的；(2) 对仍从外部进口的商品征收的外部关税越高，损失越大或所得越少。如果对同一商品的共同外部关税超过了同盟前对其征收的关税，那效应可能实际上是贸易的减少。这种增加外部关税对贸易的不利效应，即对在进口品和出口品间的替代品增加的外部关税的不利效应是常见的。这种分析强调的是较高的外部关税的非统一关税效应，甚至当它作为同盟的结果保持不变时，仍会引起从同盟外进口和从伙伴国进口的那些商品间的扭曲。因为这种结果和贸易转移效应是类似的，而事实上贸易转移效应经常被广泛地定义以至于它包含这种效应（尽管本文并非如此），即并不是仅在给定的商品内，而且还在商品间产生扭曲一样；(3) 初始非统一关税越多，来自同盟的可能所得就越多（或损失就越少），这种效应是来自关税同盟的可能所得的新来源。

该分析和量度 EEC 效应的实证工作相关，目标通常是计算 EEC 对成员国的总贸易占总消费的份额（如果份额增加，就产生了贸易创造）和外部进行贸易的份额（如果该份额减少，就产生了贸易转移）的效应，这通常由商品联合会做。控制该结果的贸易创造通常被认为是所得的象征（尽管不是衡量的标准）。科登的分析认为该方法并不能包含进口模式效应，这种效应（a）可在商品组合内发生作用，（b）会影响不同商品组合在总消费中的比例变化，这种变化通常用非关税同盟来解释。理想的是在量度初始关税的同时量度共同对外关税的非统一效应。由于主要贸易结构分散，特别是由于有效税率（影响生产者的所得）的分散，这些效应很重要。关税分散的福利效应的计算最早由 Magee 在他的有关美国关税的著作中开始。在没有对福利成本进行完全的计算时，关税分散数据（名义税率和有效税率）至少和关税同盟的估计效应有关。

三、首要原则（First Principle）——维纳（Viner）①的关税同盟理论

维纳关于关税同盟理论的分析采用了局部均衡的分析方法，避免了一些实证研究，在当代来看，这是他分析的一种缺陷，但在当时他的分析内容是非常丰富和有洞察力的，其中包括了规模经济、差异产品、不完全竞争和国际贸易条件的变化对关税同盟经济的影响。

维纳首先确定了关税同盟的主要特征：（1）对从成员国的进口免征关税；（2）对从世界其余地区的进口征收共同对外关税；（3）根据一致同意的准则分配关税收入。他开创性地提出了“贸易创造”和“贸易转移”这两个用来衡量关税同盟实际效果的新概念，从而使战后关税同盟理论从定性分析发展到定量分析。人们一致认为这本书的诞生标志着国际经济一体化理论的正式形成。

（一）关税同盟理论的假设条件

古典理论的研究都是假定技术进步是外生的而且生产是通过技术上有效的工艺进行的。（1）商品和要素市场是完全竞争的；（2）要素只在各国国内而不在国家间自由流动；（3）运输成本忽略不计；（4）关税是贸易管制的唯一形式——通常只考虑从量关税，而非从价关税；（5）价格能准确反映生产的机会成本；（6）贸易收支平衡；（7）资源被充分利用。

（二）关税同盟的经济效应分析

维纳的关税同盟（Customs Union，CU）理论之所以受到人们的高度评价，最主要的原因在于他第一次通过设立一个 1×3CU 模型将经济一体化的定性分析发展为定量分析，明确了关税互惠给两国带来的所谓“利益”和“损失”的具体涵义，并首次提出了贸易创造（Trade Creation）效应和贸易转移（Trade Diversion）效应之间的对比，并以此建立了作为评价关税同盟资源配置效果和福利作用的唯一准则——维纳原则，这对

① 维纳（Jacob Viner）（1892－1970）出生于加拿大，曾任芝加哥大学，普林斯顿大学教授，在经济学说史和国际贸易理论方面成就卓越，1950 年在标准经济理论中加入了贸易创造和贸易转向理论。在大萧条时期他反对凯恩斯的主张，认为凯恩斯理论有缺陷，在长期分析中站不住脚。

国际一体化经济学的建立和迅速发展无疑起到了不可估量的作用。

西方经济学家一般认为，自由贸易可以使全世界的经济福利达到最大化，而关税同盟至少在伙伴国之间取消彼此之间的贸易限制，在区域内实行自由贸易，使世界经济福利增加，因此，建立关税同盟对经济发展有利。但是，维纳在《关税同盟问题》一书认为，关税同盟并不一定等于向自由贸易过渡，因为它在伙伴国之间实行自由贸易，而对伙伴国以外的第三国实行贸易保护。这种自由贸易和保护贸易相接和的结构会产生两种效果，即“贸易创造”和“贸易转移”。贸易创造是指世界上有A、B、C三国，A与B结成关税同盟，C代表同盟外的其他国家，由于关税结构变化，造成A国内受高关税保护的低效率的国内产品在建立关税同盟后被B国高效率的产品所代替，造成生产耗费的资源成本下降，社会福利增加；贸易转移则指如B与C同时提供一种产品，C生产成本低于B，形成同盟前A从C进口，形成同盟后C国产品税后价格高于B免征关税的产品价格，A改从B进口，导致生产耗费资源成本上升，社会福利减少。

于是，维纳得出结论，组成关税同盟的总福利效应要看贸易创造效应和贸易转移效应对比之后的净福利，参加区域经济组织的福利效应是不确定的；区域经济一体化的范围越大、包含的成员国越多时，总的贸易创造超过贸易转移的可能越大，在经济上越是有效益的。

维纳是运用局部均衡分析方法作出解释。从静态角度看，关税同盟的效应是贸易创造效应和贸易转移效应。贸易创造效应是指在关税同盟内部取消关税壁垒后，国内生产成本高的商品被成员国中生产成本低的商品替代，来自关税同盟国的较低廉价进口品取代了昂贵的国内生产，区域内的贸易量扩大，新的贸易得以创造。贸易转移效应是指关税同盟对外实行统一的保护关税，使得成员国原来从外部进口（来自非同盟国的进口）的商品变为来自关税同盟国的较昂贵的进口，贸易从外部世界转向关税同盟成员国，从而达到一种贸易转向的效应。”贸易创造效应不仅扩大了区域内的贸易量，而且从比较优势原则的指导下优化了区域内的资源配置。贸易转移效应是区域自由化、对外保护的结果，从世界范围来讲，贸易转移效应导致了资源配置效率的降低，世界整体福利水平的下降。下面用图示方法进一步说明关税同盟的经济效应。

图15.2.4中$S_{甲}$和$D_{甲}$分别表示甲国的供求曲线，$S_{乙}$和$S_{丙}$分别表示乙国和丙国的出口供给曲线。在关税同盟建立以前，设甲国进口关税为P_1P_3，则甲国所需某种商品全部由国内供给，均衡点为A，供给量为Q_1，价格为P_1。假定现在甲、乙两国组成关税同盟，这样，丙国产品仍被高关税阻拦在甲国大门之外，但乙国产品则由于被免税而自由进入甲国市场，由于进口增加，价格从P_1降至P_2，国内需求从Q_1增加到Q_2，其中甲国国内供给为Q_3，从乙国进口为Q_3Q_2。

图15.2.4描述的是一种贸易创造效应，它给甲国带来多方面的好处：从生产角度看，由于同盟国低成本产品部分替代了国内高成本产品的生产（相当于Q_3Q_1部分）使甲国节约资源相当于a的面积。由于价格下降，国内生产者的价格损失为ABP_2P_1的面积，从国际总利益看，关税同盟使甲国增加的净利益为ABC部分。

图15.2.4表明，在建立关税同盟后，同盟内部实行自由贸易，对外则建立统一的关税壁垒，按照比较优势原则提高了区域内专业化的程度，提高了资源配置的效率。这

样，关税同盟某一成员国国内生产的部分产品会被同盟内部其他生产该产品成本又较低的生产者所替代，其结果就是以前受到歧视的成本相对较低的生产者将会成为同盟内部该产品的供应商，那么贸易就会被创造出来。

图 15.2.5 是将图 15.2.4 中 S 甲消去后的情形。在图 15.2.5 中，甲国国内需求只面对乙国和丙国的供给。假定甲国进口关税为 P_1P_3，这样甲国的全部需求均依赖于丙国供给，甲国国内价格为 P_1，进口量为 Q_1。如果甲、乙两国结成关税同盟，则丙国产品将退出甲国市场，而由乙国产品来进行替换。这时，甲国国内价格为 P_2，进口量为 Q_2。

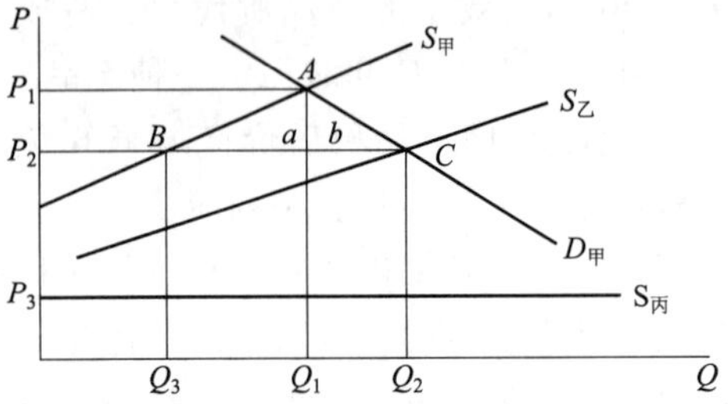

图 15.2.4

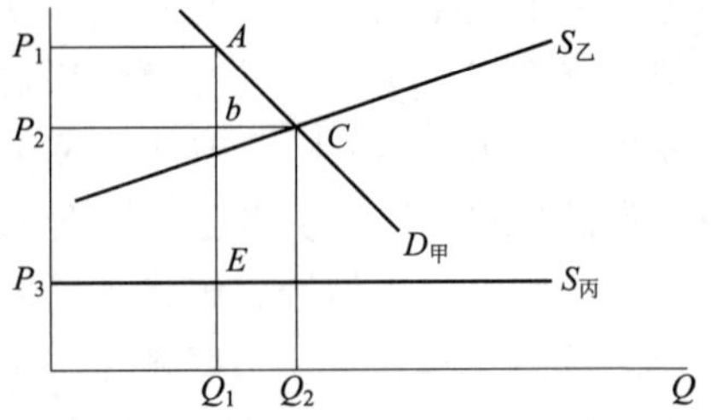

图 15.2.5

图 15.2.4 可用来简单描述贸易转移情形，由于关税同盟建成，关税取消，价格由 P_1 降为 P_2，进口量由 Q_1 增至 Q_2。这样，从消费者角度看，由于价格下降增加了消费者剩余，其大小相当于 ACP_2P_1 部分面积。从国民总利益看，由于进口增加和国内价格的下降，AbC 面积部分为甲国新增进口部分的消费者剩余，应视为福利的增加，但与此同时，P_2P_3Eb 面积部分原为政府关税收入的部分（也可视为在关税保护条件下的国内生产部分现在受损。如果 $P_2P_3Eb > AbC$，则甲国出现贸易转移带来的净损失。

按照维纳的观点，关税同盟一旦形成，高生产效率的成员国产品会大量涌入低生产效率成员国国内市场，这对于低生产效率成员国会产生以下利益：该国会减少或停止其低效率的生产，从而节约在某生产领域的生产资源，并把节省的资源配置到具有比较优势的生产领域，于是产生贸易创造效应。但是，贸易创造效应的大小与各成员国国内产品的供给需求弹性有关，本国的供给弹性越大，就越利于本国贸易创造的取得。另一方面，维纳认为，低效率成员国也会遭受福利损失，即低效率成员体加入关税同盟后不得不用伙伴国较高成本的进口替代其原来从世界市场上的低成本进口，由于用伙伴国相对成本较高的进口来源替代了同盟外成本更低的进口来源，低效国进口的产品相对增加；另外，由于用成本相对较高的伙伴国的产品替代了同盟外成本更低的产品，低效率国消费者剩余相对减少，于是贸易转移效应也就产生了。贸易转移效应的大小与伙伴国同非伙伴国产品之间的成本差异有关，差距越小，贸易转移效应就越小。

维纳还认为，各成员国从关税同盟中得到的潜在利益不仅来自各成员国之间实行自由贸易的比较优势利益，而且也来自于利用他们的联合力量来对付非同盟体的消极关税政策而得到的好处。

上述分析得到的结论，在生产成本不变的条件下，小国之间建立的关税同盟或自由贸易区不能影响贸易条件，整个区域被贸易创造控制，区域的福利水平得到提高。效率低的成员国将在对非成员国产生的贸易转移中获得利益，效率高的成员国从区域中获得的贸易创造效应将大于贸易转移效应，从总体上，区域将会获得利益。

四、维纳的成本递增条件下的关税同盟理论

维纳分析了在成本递增的条件下，由于受资源禀赋条件的限制而组成的一些小联盟国家，特别是相对于世界外的国家而言。基础的关税同盟理论是假设非成员国的成本是不变的，组成关税同盟的国家在世界市场上是价格的制定者。在成本递增的条件下，母国和伙伴国之间组成关税同盟后的福利效应是这样的。从母国的观点看，关税同盟将产生贸易转移，将不会对单个的生产者和单个消费者产生影响。因为伙伴国在商品 1 的出口不足以满足母国在商品 1 上的需求，商品 1 在母国的价格不变，对于母国的福利水平是逆向效果。母国损失了关税收入，而伙伴国因为扩大出口获得了额外的收益，建立关税同盟以前的母国和伙伴国之间贸易额越大，伙伴国获得的收益越大。

通过分析，在成本递增的条件下，由小国组成的关税同盟或自由贸易区将不会影响贸易条件，只要非成员国持续供给成员国。虽然成员国的生产者出口增加，但由于放弃了关税收入，不能享受进口提高带来的效益，贸易区和世界经济也将会下降，成本递增条件下，福利水平整体下降。

五、米德（Meade）①对关税同盟理论的扩展

（一）维纳关税同盟理论的缺陷

维纳理论问世以后，米德、约翰逊、科登等众多学者在肯定其重要意义的基础上，也指出了维纳关税同盟理论的缺陷。田青教授曾在《国际经济一体化理论与实证研究》

① 詹姆斯·爱德华·米德（James Edward Meade）1907 年 6 月出生于英格兰。1926 年考入牛津大学的莫尔文和奥尔里学院，攻读古典文学。毕业后于 1930 年到剑桥大学攻读哲学和经济学，获硕士学位。此后又取得巴塞尔和哈尔荣誉博士学位。1931 - 1937 年，在牛津大学的哈特福德郡学院任教。20 世纪 40 年代初离开学校走向实际经济部门，曾担任英国内阁经济小组委员会的主任。1947 年回到学校从事教学和科研工作。1947 - 1957 在伦敦经济学院任教授。1957 - 1969，任教于剑桥大学。1970 年退休，任剑桥大学高级研究员。米德被视为西方国际经济宏观理论和国际政策领域的开拓者。1977 年，与瑞典经济学家俄林一同获得了当年的诺贝尔经济学奖。评选委员会认为他们“对于国际贸易理论和国际资本运动理论作出了开拓性的贡献”。米德的主要著作有：《国民收入与支出》（合著，1944）、《国际经济政策理论：支付平衡》（1951）、《贸易与福利》（1955）、《国际贸易几何学》（1952）、《关税同盟理论》（1955）、《通货膨胀的控制》（1958）、《经济增长的古典理论》（1965）、《静止经济》（1965）、《增长经济》（1968）、《管制经济》（1971）、《混合经济》（1975）、《政治经济学原理》（4 卷，1965 - 1976）等。获得奖项：1977 年诺贝尔经济学奖，获奖原因：与戈特哈德·贝蒂·俄林（BERTIL OHLIN）共同对国际贸易理论和国际资本流动作出了开创性研究。米德的为经济学作出的主要贡献：米德的主要贡献是其两卷本的《国际经济政策理论》，其第一卷《国际收支》讨论经济政策对国际贸易的影响，深入涉及了一个“开放经济”（指大量依存于国际贸易的社会经济）的社会如何制订政策稳定经济的问题。该书主要提出了一国双重的政策目标，即国内平衡和国外平衡，分析了实现双重目标的政策手段，并用大量篇幅阐明了两大平衡及其政策手段经常会发生尖锐的冲突，和如何协调才能同时保持两大平衡。《国际经济政策理论》第二卷《贸易和福利》，是在假定各国已经实现了内部平衡和外部平衡的前提上，以福利经济学为理论基础，以实现世界经济福利的最大化为价值尺度，讨论在实现世界实际收入的合理分配和促进世界经济效率时，是否要实行直接控制的问题。他在书中用了相当大的篇幅批判了为保护主义辩护的主论点，主张以自由的国际经济秩序来实现世界经济效率，以各国政府间的直接援助来实现世界实际收入在国际上的合理分配。

一书中总结了上述几位教授的观点：(1) 维纳的CU理论只是一种静态分析，其得出的种种关税同盟产生的影响也都只是静态或短期效果，没有考虑一体化后高效率成员体因为获得了大部分一体化内部市场而产生规模经济效应，也没有考虑高效率成员体的技术、管理经验和资金等在一体化后带给低效率成员体的长远、动态的影响，因此维纳把贸易创造和贸易转移之差的正负作为评价一体化效果的唯一准则是不完整的。(2) 维纳的CU理论是一种局部均衡理论，不能说明多产品市场的一般均衡情况，所以维纳的以单一产品为对象来衡量一体化效果的准则也就没有多少实际意义。(3) 维纳的CU理论只适用于完全由发达国家组成的经济一体化组织，而对由非市场经济或不完全市场经济国家组成的经济一体化组织则不适用，其理论的实际指导意义受到了限制。(4) 维纳的CU理论建立在一系列严格的假设条件之上，而这些假设条件与现实状况相差甚远，因而其适用范围非常狭窄。为此，后来的这些学者对维纳的理论进行了扩展与完善。本节主要是分析米德对关税同盟理论的扩展。

（二）米德对维纳CU理论假设条件的放宽

维纳的CU理论是建立在一系列严格的假设条件之上，现实中商品市场与要素市场相互作用，成员国不只是小国，为了使维纳CU理论对现实更具有指导性，米德、科登等学者对CU理论的假设条件进行了放宽和拓展，主要包括以下几方面：

(1) 非关税措施对关税同盟产生的各种效应的影响。CU理论的假设条件之一是关税是各国采取的唯一的贸易限制措施，为了简化分析，还假设关税是从量税而非从价税。所以，关税同盟只要求各成员体对非同盟体实行共同的对外关税CET，而允许它们依然维持着各自对非成员体的不同配额限制，而这些非关税限制对关税同盟的影响和与关税的影响是不一样的。这种不同就表现在：只要低效率成员体国内市场价格与世界市场的价格之间存在着差额，关税同盟就无法阻止该国继续从世界市场上进口其规定的配额。换句话说，在这种情况下，该国将不再如前面假设的那样只能从关税同盟内的高效伙伴国进口，它可以仍从世界市场上以较伙伴国价格更低的价格进口其规定的配额部分，进口配额不能满足国内市场时才从伙伴国进口。

关税同盟取消配额限制与取消关税限制所产生的福利效应也是不同的。两种方式都会产生大小相同的贸易创造效应和贸易扩张效应，但取消配额限制会产生负面效应（即该国会遭受贸易转移效应）。因此，关税同盟不取消其成员体对非成员体的配额限制有利于关税同盟贸易利益的较公平分配。

(2) 非生产性因素对关税同盟各种效应的影响。CU理论的另一假设条件是不考虑运费等非生产性因素，米德等学者放松了这一假设条件，对考虑非生产性成本因素后的CU理论进行了修正。按照他们的总结，现实世界存在很多影响关税同盟各种效应的非生产性因素，主要包括：

① 生产结构。即成员体一体化前的生产结构是相互补充还是相互竞争。互补型生产结构可以使两国在生产某产品时形成程度很高的专业分工，在这种情况下，关税同盟的优势便不是很大。相反，如果两国在某种产品的生产上一开始就是竞争性的，在生产上是潜在的竞争对手，那么在专业分工时，两国在这种产品的生产上都会以最低成本进行生产，由生产结构互为竞争性的国家组建关税同盟的优势就大一些。

② 关税水平。各成员体未加入同盟前的关税越高，结盟后由于关税的取消而产生的福利就会越多。但另一方面，关税同盟的共同对外关税越高，也会增加负面效应。

③ 运输费用和交易成本。维纳的 CU 理论不考虑运输费用。但现实中，运输费用往往是产品价格不可忽略的重要因素。

米德的分析框架包含了很多国家和多种商品，充分体现了当今的研究趋势。米德强调宏观经济政策与国际收支平衡的作用，他分析的目的是整个世界的经济福利，而不是仅仅分析区域组织的福利效应。

（三）米德对关税同盟一般均衡理论的探索（Meade，1955）

为了通过维纳的 CU 理论找到适应所有经济一体化都适用的普遍规律，学者们进行了大量的研究工作。米德试图把维纳的 1×3 模型扩展为 M×N 模型。他建立了一个 3×3 模型，对一体化的局部均衡分析不违背或不影响一般均衡分析的条件以及一般均衡市场对各国的影响等进行了探索。

1. 贸易扩张效应的提出

维纳提出的贸易创造效应和贸易转移效应都只是针对低效率成员体而言的，而对于高效率成员体，这两种效应并不适用。高效率成员体在一体化后，其低价产品会占领整个一体化市场，其贸易量会大大增加，从而获得一个贸易扩张效应（Trade Expansion Effect）。米德提出的贸易扩张效应对低效率成员体是适用的，因为低效率高成本成员体加入关税同盟后，国内市场价格降低以及通过对外贸易可以不断得到满足的供给会刺激国内需求的增加，从而获得贸易扩张效应。显然，经济一体化的利益除了贸易创造效应外，还应加上贸易扩张效应。

2. 米德总结出了一些适用所有经济一体化组织增加贸易创造、减少贸易转移的规律性结论

关税同盟的经济区域越大，成员越多，贸易创造超过贸易转移的量就越大。

关税同盟的统一对外关税 CET 与一体化前各成员体的平均关税水平相比越低，贸易创造越大。

成员体之间产品贸易的比例越低越好。

同盟体之间未结盟前的贸易比例越高，则与外部世界的贸易比例越低越好。

成员体之间经济竞争性越大、互补性越少，形成贸易创造的机会就越大。

这些结论显然可以用 CU 模型得到证明，而且也可以作为衡量关税同盟效果的补充准则，同时也可作为各国政府制定贸易政策的理论依据。

六、李普西（Lipsey）和兰凯斯特（Lancheste）的次优理论

（一）产生的背景

200 多年前，英国经济学家亚当·斯密（Adam Smith）出版了经典著作《国富论》，书中提出了著名论断，市场是“一只看不见的手”，每个人在追求私利最大化时，推动了公共利益的发展。书中充分论证了完全竞争的市场能够提高资源配置的效率。后来，帕累托又进一步深入分析了资源配置达到最优配置的问题，提出了完全竞争的市场结构能够实现资源配置的帕累托最优。但是，完全竞争的市场结构需要具备很多的买者和卖

者、市场的信息完全透明等条件，现实中很难实现完全竞争的市场结构。西方学者认为，诸如垄断、外在性、公共物品等若干因素将导致市场失灵，在这种情况下，通过适当的微观经济政策可以修正市场失灵的不足之处。例如，美国经济学家萨缪尔森写道：“现实中存在着许多情况，使市场达不到完全竞争的状态。其中三种最重要的是不完全竞争，如垄断、外部效应，污染以及公共物品（如国防和公路）。在每一种情况下，市场失灵都会导致生产或消费缺乏效率，而政府则可以起到医治疾病的有用作用。”国家制定的宏观经济政策和对微观经济政策的执行可以弥补现实经济和完全竞争模型的假设条件之间的差距，因而能使经济达到或接近于帕累托最优状态。

然而，20 世纪 50 年代在西方出现的“次优理论”（Theory of Second Best）却证明，在不能全部满足完全竞争模型所要求的假设条件的情况下，即使微观经济政策成功地弥补了现实和假设条件之间的差异，政策的执行仍然不能保证帕累托最优状态的实现。米德对于关税同盟理论的发展激发了李普西和兰卡斯特对次优理论的发展。

（二）李普西对维纳关税同盟理论的评价及次优理论的提出

1. 维纳理论的缺陷

李普西（R. G. Lipsey，1960）在 1960 年对关税同盟理论进行了评述。他首先定义关税理论是必要的，一般地，任何国家的关税体系都是把不同的商品和国家区别对待，当对于不同的商品征收不同的税率，商品区别对待就产生了；当同样的产品征收不同的税率，这个税率根据原产地的不同而不同，国家区别对待就产生了。关税同盟理论可以被定义为关税理论的一个分支，关税理论研究在贸易壁垒中地理上的区别对待的改变所产生的影响。但是，维纳的理论已经被局限在主要研究关税同盟的福利效应上，而不是经济活动的水平、国际收支平衡和通货膨胀，其中福利的所得和损失是这个理论的研究对象。由于以下一些不同原因使关税同盟存在一些局限：（1）根据比较优势进行专业化生产，比较优势是古典贸易理论的基础，古典贸易理论强调能从贸易中获利；（2）规模经济；（3）贸易条件的改变；（4）由于外国竞争的加强，本国生产效率的被迫改变；（5）经济增长率的改变。关税同盟理论已经几乎完全局限在对（1）的研究，对（2）和（3）很少涉及，（5）根本没有涉及到，而（4）由于传统理论的假设（经常和实际矛盾）而被排除在外，传统的假设认为产品的生产在技术上是有效率的。

2. 李普西对维纳理论的分析

（1）维纳对自由贸易区能够增进福利的模糊分析

关税同盟理论体现在两种观点之间有一个摆动，其中一个观点认为：得出这样一个大体的结论是可能的，即：关税同盟总是或者几乎总是可以提高福利的。另一个观点认为：依靠特定的情况，关税同盟可能对福利产生一个可以想象到的效应。早期的关税同盟理论大部分被体现在口头的传统上，是一个试图产生第一个结论的例子。自由贸易使世界福利最大化，由于关税同盟减少关税，所以它是趋向自由贸易的一个趋势。因此，关税同盟即使没有导致世界福利最大化，也将增加世界福利。

维纳认为这个观点是不正确的，他引入了贸易创造和贸易转移的概念。这两个概念可以通过一个例子证明。如表 15. 2. 1 所示。

表 15.2.1　　三个国家在固定汇率下的单一商品 X 的价格

国家	A	B	C
价格	35	26	20

A 国对 X 商品征收 100% 的关税，这将对 A 国国内生产商品 X 的产业起到一个有效的保护。如果 A 国和 B 国或 C 国建立关税同盟，它将从中收益，如果和 B 国建立关税同盟，A 国将以 26 先令价格从 B 国进口商品 X，取代国内 X 商品的生产，因为国内商品 X 的生产价格是 35 先令。这就是贸易创造的一个例子。如果 A 国对商品 X 征收一个比较低的关税，比如说是 50% 。在组建任何关税同盟之前，A 国可能已经从国外购买商品 X。如果 A 国将要从国外购买一种商品，并且该国的关税是非歧视性的，那么，该国将从价格最低的国家购买，比如 C 国。现在考虑和 B 国组建关税同盟，B 国的 X 商品去除关税，售价是 26 先令。而 C 国的 X 商品在被征收 50% 的关税后，其售价是 30 先令。A 国现在将根据 26 先令的进口价格从 B 国进口商品 X。然而，A 国在此之前是仅以 20 先令的价格从 C 国购买商品 X，这就是维纳的贸易转移情形。由于贸易转移使该国的进口从一个非关税同盟的低成本国家被另一关税同盟国的高成本国家所代替，并且引发从一个高效率的资源配置转向一个低效率的资源配置。

（2）两个国家组成关税同盟的条件

维纳的分析得出了以下在两个国家之间（比如 A 国和 B 国）产生关税同盟的条件：

① A 国和 B 国都不生产一种给定的产品。在这种情况下，他们都将从第三方国家进口此种产品。A、B 两国贸易关税的消除不会引起此种产品贸易模式的改变，两个国家都继续以最低的价格从同盟外的国家进口该种产品。

② 其中一个国家在关税的保护下以低效率生产该种产品，而第二个国家不生产该种产品。如果 A 国在关税保护下生产商品 X，这就意味着关税可以很充分地把来自于低成本的产品竞争排除在外。因此，如果 A 国对商品 X 的关税被同盟采用，那么，这个关税将对 A 国无效率的生产在 B 国的市场起到一个足够高的保护。

③ 两个国家在关税的保护下都将生产无效率的商品。在这种情况下，关税同盟将取消 A 国和 B 国之间的关税，以便使两个国家中效率稍高的国家占领同盟市场。

在第二种情况下，任何改变必定是贸易转移；在第三种情况下，任何的改变必定是贸易创造。如果一个国家想预测关税同盟的福利效应，预测引起贸易创造和贸易转移的相对力量的强度是必要的。

从分析中可以得到这个结论，即：当关税同盟中的国家生产的商品是和被关税保护的产品相互补充时，关税同盟很可能导致福利的损失。考虑两个国家中任何一个国家在关税保护下的商品的类别，如果这些类别在很大程度上是重叠的，那么两个国家中最有效率的国家将占领整个同盟市场，资源配置将朝着一个更有效率的方向重新配置。如果这些类别在很大程度上是不重叠的，那么，当同盟组建时，一个国家中受保护的产业可能占领整个同盟的市场，资源配置将朝着一个缺乏效率的方向重新配置。维纳的这个观点经常被误解，也就是说，在一般意义下，两个国家的经济应当是竞争的而不是互补的。一个更精确地说明这个观点的表述是：在两个国家中被关税保护的商品生产的类别重叠度越大，关税同盟越可能带来收益。

通过贸易创造和贸易转移影响同盟收益条件的随后分析是麦克渥（Makower）和莫顿（Morton）。他们指出：假定贸易创造正在发生，在两个国家中成本比率差异越大，收益也越大。（如果两个国家有相同的成本比率，收益是小的）那么他们解释竞争经济具有相似的成本比率，互补的经济具有不同成本比率，由此他们也可以得出，同盟中两个国家是互补，如果它们能够从中收益，那么收益是大的。毫无疑问，维纳的观点和Dr. 麦克渥（Makower）和莫顿（Morton）的观点是矛盾的。维纳认为，如果同盟中的两个国家生产同样的商品，它们将从同盟中获益；麦克渥（Makower）和莫顿（Morton）认为：在两个国家中，生产同样商品的成本的差异越大，获得的收益也越大。

（3）关税同盟理论中的第二个主要的发展阶段——替代商品福利效应的分析

这个分析由相对价格的改变而产生（是和同盟相伴着），维纳的分析暗含着假定商品以一个固定的比例消费，它独立于相对价格的结构。维纳把两种商品的替代关系排除在外，仅仅分析了贸易从一个国家完全转移到另一个国家，维纳用这种方法得出结论：依赖于他暗含的需求假设，贸易转移降低了福利。用图 15.2.6 来解释说明。

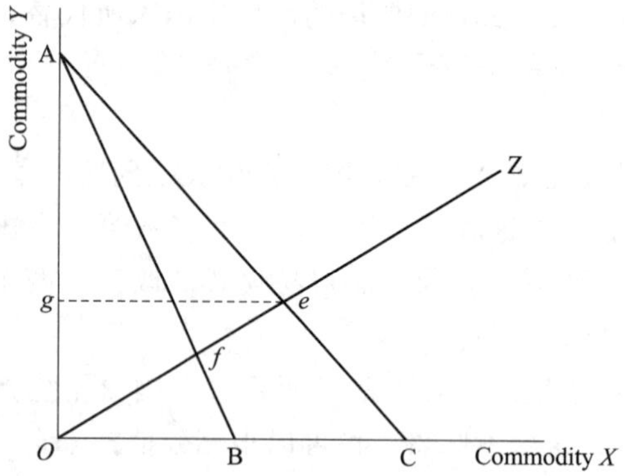

图 15.2.6

考虑一个小国 A 的情况，A 国专门生产单一商品 Y，进口商品 X，贸易条件独立于任何税收或关税在 A 国被征收，商品消费的固定比例被反映在直线 OZ 的斜率上，对于所有的价格和收入，OZ 是一条收入和价格消费线，OA 表示 A 国商品 Y 的总产出，直线 AC 的斜率表示 C 国的贸易条件，C 国是生产商品 X 成本最低的国家。在自由贸易的条件下，A 国的均衡点在 e 点，OZ 和 AC 两条直线的交点。A 国将消费 Og 数量的 X，出口 Ag 数量的 Y。现在关税不能满足 A 国的贸易条件，也没有形成足够高的对国内商品 Y 的产业的保护。因此，均衡点没有改变仍然在 e 点。关税改变了相对价格，但是，消费者的购买对于这个改变是完全不敏感的。如果国外的贸易在这种条件下继续，表现在直线 AC 的斜率上，社会的生产和消费必须保持在 e 点。现在考虑这样一种情况，A 国和 B 国组成一个贸易转移关税同盟，这就意味着，A 国必须根据商品 Y 的情况以高于同盟被组建之前的价格购买进口商品 X，在图 1 中表现在直线 AB 上，A 国的均衡点现在在 f 点，是直线 AB 和 OZ 的交点。两种商品的消费都减少了，A 国的福利非常清晰地降低了。因此，们得出结论：在假定的需求条件下，贸易转移（使 A 国承受了贸易条件恶化的后果）确实降低了 A 国的福利。

维纳暗含的假设商品以一个固定的比例被消费，并且独立于相对价格的结构，实际上是一个特殊情况，关税同盟必定会改变相对价格，并且一般地，这会导致两种商品之间的替代，购买更多的廉价商品，减少昂贵商品的购买，这往往会增加从同盟伙伴国进口商品的数量，减少从同盟外进口商品的数量和减少国内生产商品的数量，在消费中替代作用的重要性被米德（Meade）、格雷斯（Gehrels）和李普西（Lipsey）发现。

为了显示在消费中替代作用的重要性，把商品以一个固定比例消费这个假设去掉，应当采取格雷斯（Gehrels）的分析，因为，他用图解释了一些重要的因素，在图 15.2.7 中，OA 还是 A 国生产商品 Y 的总产量，直线 AC 表明当 A 国和 C 国进行贸易时，商品 X 和 Y 的贸易条件，自由贸易的均衡位置仍然在 e 点。E 点是无差异曲线和 AC 相切时的切点，然而，在这种情况下，对商品 X 征收一个强迫性关税，即使不会改变 A 国进口的资源，也会引起进口数量的减少和消费国内商品 Y 的增加，关税会改变 A 国的国内市场的相对价格，也就是说，以 $A'C'$的斜率把 A 国的均衡点移动到 h，在这点，一条无差异曲线以 $A'C'$的斜率与 AC 相交，消费者因此把他们的购买调整到市场的转换率，关税已经对减少进口商品 X 和增长国内商品 Y 的消费产生了影响。在这种情况下，对 A 国来说组建一个贸易转移关税同盟并且还能增加福利是非常明确和可能的。为了表示这种情况，构建一条通过 A 并和无差异曲线相切与 X 轴交于 B 的一条直线，如果 A 国和 B 国组建一个贸易转移关税同盟，以直线 AB 的斜率为贸易条件来从 B 国购买进口商品 X，那么，A 国的福利将是不变的。所以，如果和 B 国的贸易条件比给定的 C 国变坏，但比直线 AB 的斜率所表示的更好，那么，A 国通过贸易转移关税同盟的福利是增加的。只有当 B 国的贸易条件比直线 AB 的斜率所表示的更坏时，A 国和 B 国组成贸易转移同盟将使 A 国的福利减少。

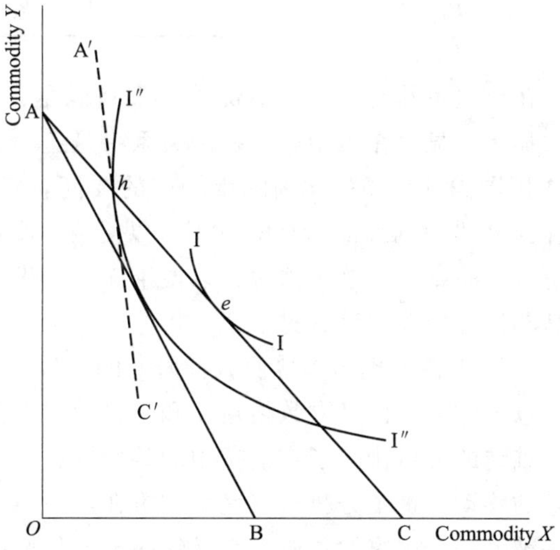

图 15.2.7

对于这个结论的一般性原因表述如下：产生这个事实的可能性是无论何时对进口征收关税，均衡位置必定位于一条无差异曲线和国际价格线的交点处（而非切点）。从这点能得出，存在一个区域，在这个区域无差异曲线比位于国际价格线下面的均衡点的位置更高，在图 15.2.7 中就是在 I''曲线上 AC 线下面，只要最终的均衡位置位于这个区域，贸易在没有关税的情况下进行，贸易条件比 AC 表示的还要坏，那么，将会增加福利，这个可能性可以通过阐述贸易转移关税同盟的两个相反的作用来解释。首先，购买从一个低成本的商品转移到一个高成本的商品，为了获得任何给定数量的进口，出口更多数量的商品变成了必须的事情。第二，当同盟被组建以后，国内价格和国际价格之间的分析被排除了，关税的去除允许在 A 国的消费把购买调整到一个国内价格比率，国内价格比率等于商品 Y 可能通过国际贸易的方式转化为商品 X 的比率的效果，最终贸易转移关税同盟的福利效果必定是这两个相反趋势共同作用的净效果。

对于这一点有一个基本的一致，然而，格雷斯（Gehrels）认为：他的分析建立了一个基本的假设，赞同从关税中能获利而非损失。他指出：正如维纳所提出的按照生产效应来检测关税同盟，将对加入同盟的国家的效应产生一个有偏见的评价，而且他认为这个分析是以上面建立的能从同盟中获利的一般假设所给定的。关键是 Gehrels 的模型仅仅包含两种商品：一种是国内商品，一种是进口商品，因此，对于消费者也仅有一种最优条件，商品 X 和 Y 之间的相对价格等于这两种商品之间真实的转换率，（在国内生产或国际贸易，无论哪一个都是成比例的）然而，由关税同盟所产生的一般问题必须以一个最少包含三种产品类型的模型来分析：国内（A）产品，从同盟伙伴国（B）进口的产品和从同盟外国家（C）进口的产品；这个时候，被 Gehrels 指出的能从同盟获利的一般性假定的这个改变将消失。表 15.2.2 表明国内价格和国际价格的三个最优条件应当对于三组产品 A、B 和 C 的每一种提供相同的关系。

表 15.2.2

自由贸易	对所有进口实行统一关税	与 B 国结盟
$\frac{P_{Ad}}{P_{Bd}}=\frac{P_{Ai}}{P_{Bi}}$	$\frac{P_{Ad}}{P_{Bd}}<\frac{P_{Ai}}{P_{Bi}}$	$\frac{P_{Ad}}{P_{Bd}}=\frac{P_{Ai}}{P_{Bi}}$
$\frac{P_{Ad}}{P_{Cd}}=\frac{P_{Ai}}{P_{Ci}}$	$\frac{P_{Ad}}{P_{Cd}}<\frac{P_{Ai}}{P_{Ci}}$	$\frac{P_{Ad}}{P_{Cd}}<\frac{P_{Ai}}{P_{Ci}}$
$\frac{P_{Bd}}{P_{Cd}}=\frac{P_{Bi}}{P_{Ci}}$	$\frac{P_{Bd}}{P_{Cd}}=\frac{P_{Bi}}{P_{Ci}}$	$\frac{P_{Bd}}{P_{Cd}}<\frac{P_{Bi}}{P_{Ci}}$

在自由贸易时，三个最优条件都被满足，如果对两种进口产品征收一个统一的关税，那么，显示在表中第二栏的关系将是适用的，对于来自于 B 国和 C 国商品的价格，在 A 国国内的市场中比国际市场中的要高。然而，当一个关税同盟被组建时，从同盟伙伴国 B 进口的商品价格降低了，以便第一个最优条件被满足，但是对来自于同盟外 C 的进口产品则保持这个关税，以便第三个最优条件不能被满足。因此，关税同盟将使 A 国从非最优位置转移到另一个。

（4）米德教授与李普西教授研究的比较

以上的分析已经导致格雷斯和李普西本人把关税同盟的生产效应和消费效应区分开来，维纳的分析排除了在消费中的替代性，寻求作为在关税同盟中引起福利改变的生产区域的移动，这个分析仅仅完全注重在消费中的替代性。当一个国家作为某一产品的供应国被另一个国家取代时，交叉性国家替代可能是维纳的贸易创造和贸易转移。当一种产品由于相对价格的改变被另一种产品至少在边际上被取代时，交叉性替代就产生了，这是他们已经正在分析的替代类型。一般地说，任何一种改变都将引起在消费和生产中的移动。

对于米德教授的关税同盟分析，李普西认为米德采用的是分类法，米德试图把大量可能的原因分类，表明当一个关税同盟被组建时，哪一个因素将趋向于引起福利的增加，把导致福利减少的因素隔离开来。

图 15.2.8 表示了对于任何进口商品的一条需求曲线和供给曲线，在新的均衡点，由于关税的数量，需求价格不同于供给价格。如果供给价格表示对于供给者的商品的效

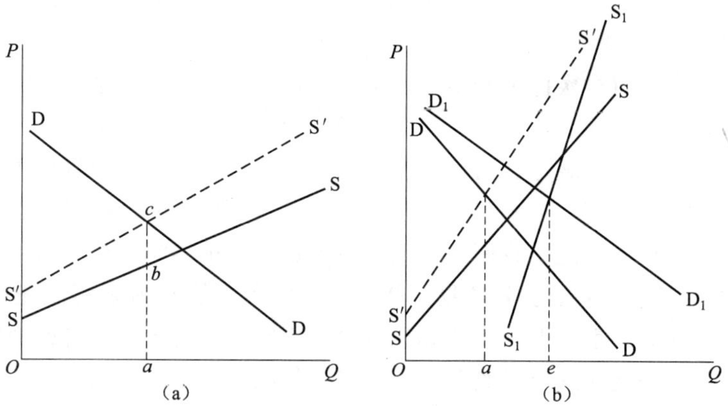

图 15.2.8　米德和李普西研究比较

用，需求价格表示对于购买者的商品的效用。那么，对进口征税的效用，购买者比供给者要高，在效用中这个区别的货币价值是关税的价值。现在假定货币的边际效用等于买者和卖者的边际效用，如果有额外一单位的支出用来购买这种产品，那么对社会来说将有一个净获利，等于包含了关税的这种商品的卖价的一个比例。在图 2－4－3 中，关税的比率是$\frac{cb}{ab}\%$，供给价格是 ab，需求价格是 ac，对于社会来说，获利的货币价值来自于这种商品在支出上的边际增加，就是 bc。

现在假定对所有的进口品征收相同的从价税，以便关税与每一种进口品的市场价格的比例相等。那么，对社会来说，来自于在支出上（也就是花费另外一美元）的边际增加所获得的利益，每一种进口品的是和所有的进口品相等的。这个获得利益等于由于在支出上（少花费一美元）的边际减少所带来的损失。现在考虑对一种产品来说关税的边际减少，这将引起支出的重新调整。米德采用了各种各样的分析方法，以便总的来说，一些进口品将被更多地购买，另一些进口产品将被更少地购买，由于对任一进口品额外一单位的边际支出的购买所得等于对任一进口品减少一单位的边际支出的购买所得。这个有区别的关税降低的福利结果可以通过把进口数量的增加（贸易扩张）和进口数量的减少（贸易紧缩）相比较得到。如果贸易量有一个净的增加，那么关税同盟将提高经济的福利。所以，对于关税同盟的福利结果的研究可能致力于增加或减少国际贸易量的因素。如果往往引起贸易扩张的这个影响被发现占据了主体地位，那么，可以预言关税同盟将增加福利。实际上，米德的主要分析致力于那些引起贸易量增加或减少的因素。当然，更为复杂的分析可以被介绍，但是这并不影响这个论断的主要思想。

米德利用需求和供给曲线的分析造成了一个非常严重的缺陷，那就是仅仅考虑在关税中的边际减少，对于这个变化米德的分析毫无疑问是正确的。然而，当在很多关税中有大量改变时，正如我们可能被介绍的大多数关税同盟，它不再假设需求曲线和供给曲线保持不变；它们将不再保持以假定其他情况都相同为基础的假定，以便需求和供给曲线可以移动。当这个发生时，对于在贸易量中（尽管对于利用这种古典的分析方法，我们准备使所有其他的假定成为必须）任何特定的改变，福利权重应当被给予多少已经不再明确了。

米德教授和李普西在次优理论中有共同的观点。次优理论中是一个完全一般性的部分，它被应用到所有次优的位置，关税同盟理论仅仅提供了它应用中的一个特殊例子。根据关税同盟得到这样的观点：当仅仅有一些关税将被改变，如果这些关税仅仅是减少而不是被完全消除，那么，福利很可能是增加的。这个理论的证据可以在米德、李普西和兰开斯特中被发现。在这儿我们应当满足对于这个理论用它的最一般的前后联系得到一个直观的观点。假定存在很多税收、补贴、垄断等，这些因素将阻止最优条件的满足。进一步假定这些因素只有一个比如说税收是固定的，对于被允许改变的税收推求其次优水平。最后，假定对这个税收存在一个唯一的次优水平。现在这个税收的一个改变将引起经济要么朝向、要么背离次优位置。如果经济朝向远离次优位置的方向移动，那么不论在税收方面的变化有多大，福利将是降低的。如果经济朝着次优的方向移动，它可能部分地沿着、完全沿着或超过这条路径，如果经济足够远到超过次优位置，那么这个改变将使福利降低。从这个分析们得到，对于税收的改变，如果有一个单一的次优水平，那么，一个微小的变化比一个大量的改变更能提高福利。

（三）次优理论的基本内容

次优理论认为：如果福利最大化或帕累托最优（在所有的相对价格等于所有生产的增长率的情况下）所需要的条件不能全部满足，那么尽量满足尽可能多的条件是没有必要的，并且这样做通常会导致次优理论的发生。

1956 年，经济学家李普西（R. G. Lipsey）和兰凯斯特（K. Lancaster）总结前人的理论分析，创立了次优理论。简单地说，次优理论包含的内容是：如果在一般均衡体系中存在着某些情况，使得帕累托最优的某个条件遭到破坏，那么即使其他所有帕累托最优条件得到满足，结果也未见得是令人满意的。换句话说，假设帕累托最优所要求的一系列条件中有某些条件没有得到满足，那么，帕累托最优状态只有在清除了所有这些得不到满足的条件之后才能达到。通俗而言，次优理论的含义是：假设达到帕累托最优状态需要满足十个假设条件，如果这些条件至少有一个不能满足，那么，满足全部剩下来的九个条件而得到的次优状态，未必比满足剩下来的九个条件中一部分（如满足四个或五个）而得到的次优状态更加接近于十个条件都得到满足的帕累托最优状态。次优理论的基本思想可以用一个简单的图形来说明。如图 15.2.9 所示。

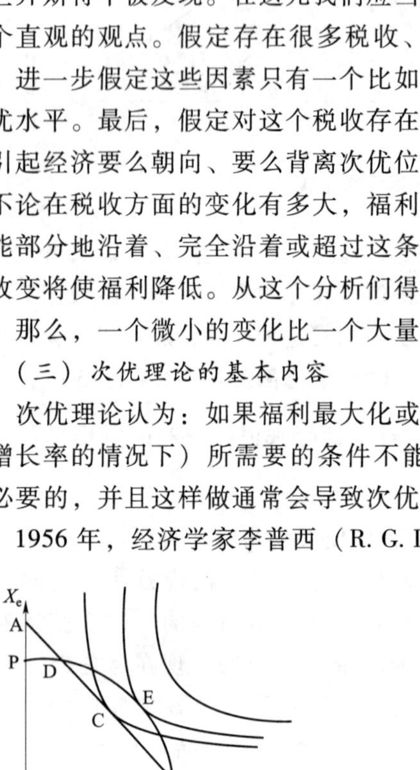

图 15.2.9

图 15.2.9 假设社会的生产可能性曲线由图中的 PP 表示，偏好由无差异曲线给定。又假定经济系统中存在一个约束条件，使得最优点 E 无法达到。设这个约束条件由直线 AB 表示。由于存在着这一约束，经济难以达到直线 AB 右上方的商品组合。社会最优化问题是在 AB 线的约束下争取（由无差异曲线表示的）福利最大化。图 15.2.9 清

楚地显示这一最优点不一定在生产可能性边界 PP 线上。点 C 明显地比技术上有效的点 D 更优。这显然否定了这样的论点，即如果帕累托最优的所有条件不能全部满足，则满足某一部分就是最好的政策。

由于原有意义上的帕累托最优因为受到某些条件的破坏而未能实现，因而实现的某些条件被破坏后的最优结果通常冠以“次优”。相应地，上述结论也被西方经济学界称为“次优定理”或“次优理论”。

第三节　区域经济一体化的现代静态理论

一、米德模型

米德放弃了维纳的关于在贸易国家的生产成本不变的假定，并且认识到确保国际收支平衡的必要性。因此，米德对国际和国内市场价格作出了相应的调整来达到在地区一体化安排下的均衡。这些对区域主义静态理论的调整引入了一些可能性，不仅引入了地区一体化安排对非成员国家的溢出效应，并且引入了对于成员国家的区域化形成的反馈效应。

（一）小联盟模型

在小联盟模型中，国际收支均衡的情形是在成本递增的条件下观察的，但是在这个模型中，国际贸易条件被假定为不变，图 15. 3. 1 解释了由两个小国结成的基本的小联盟，两个小国形成一个最惠贸易协定，只贸易两种商品。图 15. 3. 1 所描述的是一般均衡的贸易提供曲线而不是局部均衡的需求和供给曲线，提供曲线，O_H 和 O_p，表示东道国和伙伴国为了相应的进口量而愿意提供的出口量在一般的需求和供给条件下同时保持国际收支的均衡。最初，两个国家被假定对进口征收关税，他们在自由贸易条件下的贸易提供曲线沿着 O_N 这条线，这条线代表了非成员国的提供曲线，该线的斜率不变，反映了商品 1 和商品 2 的国际贸易条件不受东道国或者伙伴国的贸易量的影响。

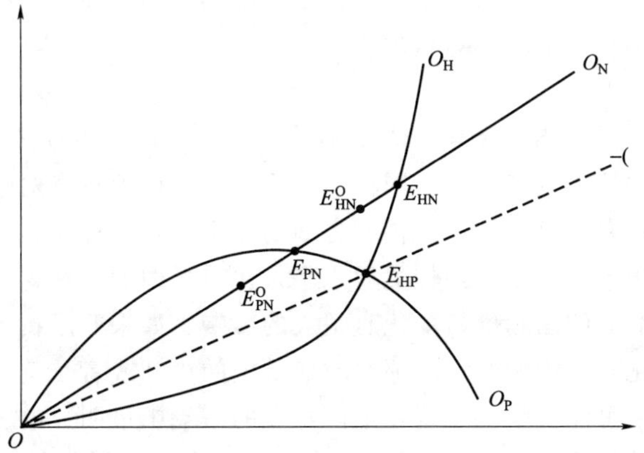

图 15. 3. 1　米德小联盟图解

在关税同盟或者是自由贸易区的条件下，外部关税和其他的贸易限制如此高以致东道国和伙伴国只能与各自贸易，就是说区域贸易协定完全是贸易转移的，对于两个国家贸易和集团内的支付平衡在 E 点达到。对于区域一体化协定的成员来说，这个均衡决定了国内和集团内的贸易条件，这一点通过上图的虚线可以看出，从伙伴国的角度来看，在 E 点的均衡要优于在贸易保护和自由贸易的条件下。然而从东道国的角度来看，在 E 点的均衡要劣于在贸易保护和自由贸易的条件下，首先，东道国的收入贸易条件比较低，相应的，它的进口贸易量比较小，在自由贸易条件下而不是区域一体化协定之下，东道国将与所有的国家在零关税的基础上进行更大量的贸易，在这样做的过程中，沿着更有利的国际贸易条件扩张出口 O_N，由于非成员国家的提供，直到均衡在 EHN 达到，与 E_{HP}点比较起来达到更高的福利水平。因此，在米德的小联盟模型中，区域一体化协定内的成员国之间的收益分配是非常重要的。事实上，在一个强调贸易提供曲线的两种商品的简单模型中，一个国家总是在区域一体化协定中受损失，相对于一体化组织成立之前或者是在单边非歧视的情况下，一国为了提高自己的经济福利而作出的努力方面，就像在维纳的分析框架中，补偿机制包括总金额或者其他的成员国之间的转移支付对于确保所有的区域一体化组织的成员都收益是非常重要的。同样，从图中所描述的东道国和成员国的福利变化来看，贸易集团作为一个整体是否从区域一体化协定中收益是不清楚的。

最后，关于世界上其他国家的福利状况。在图中，我们假定世界上其他国家的贸易提供曲线是完全弹性的，这就意味着，即使成员国和非成员国之间的贸易完全停止，区域一体化协定的全球溢出效应将是负的，不像在维纳的分析框架下那样。

此模型对于区域一体化协定的福利效应主要是通过强调对贸易商品的集体偏好来考虑的，没有参考维纳的贸易创造和贸易转移，这种评价区域贸易安排的方法和现代国际贸易理论是一致的。

区域一体化成员国的贸易数据表明与非成员国的贸易没有停止，即使是在区域一体化组织成立之后，和图中表明的结果相反。同样的分析可以使用基本的小联盟模型，贸易数据同时表明，由于生产地点的不同而使贸易商品不同，在区域一体化协定之下的不完全的贸易转移是小联盟下的必然结果。

（二）大联盟模型

大联盟模型包含了可能的区域一体化协定的溢出效应，不仅通过贸易转移来进行，也通过国际贸易条件的改变来进行。同样它也可以用于评价自身对于其他的区域一体化组织的防范程度和在提高自身的经济福利方面的效果。宽泛地说，大联盟模型提出的分析和政治争论和对于单个国家的最佳关税水平是比较相似的。在这一点上，区内和区外贸易变化对于贸易商品的国际价格变化有很大的影响，如果非成员国的出口或者国际贸易条件被区域一体化协定影响的话，那么非成员国的福利或者是整个世界的福利都要受到严重的影响。这个可能性是关于现在地区主义的争端中最明显的一个。基于米德早期的分析成果，凯姆普（Kemp）和旺（Wan）关于这个争论提供了一个视角，在被称为凯姆普—旺的定理中，这些经济分析表明，对于任何特定的关税同盟或者是自由贸易区而言，都存在一套关税水平使得新贸易集团和非成员国的贸易不发生改变，因此非成员国家的福利不会受到任何影响，并且一体化组织国家的福利的提高都有助于整个世界福利水平的提高。

近来，凯姆普—旺定理已经开始被作为对现存的区域一体化安排的合意度进行测试的工具，具体来说，一些分析家认为，如果区域一体化安排提高了来自非成员国的出口，那么这个安排一定能够提高非成员国的福利和整个世界经济的福利水平。理查德森（Richardson，1995）和温特斯（Winters，1997）反对这样理解凯姆普—旺定理，理查德森（Richardson）认为，在世界上，国家都实行自己的最优关税水平，关税同盟成员的任何设置他们的共同的对外关税使非成员国不受损害的举动，都将遭受到非成员国的关税报复，这样非但不会提高关税同盟成员国的福利，反而会比以前更遭。温特斯（Winters）认为在区域贸易协定之下的任何非成员国到成员国的进口的增加是对凯姆普—旺定理的不恰当使用，这是因为非成员国的福利水平和它与成员国之间的出口量没有多大的联系，本质上来说，区域一体化协定对非成员国的福利效应分析需要更直接的分析，例如，在非成员国进口量改变的基础上，因为非成员国的居民就像其他国家的居民一样，根本上是需要消费来达到满足而不是去生产。

二、不完全竞争条件下的关税同盟理论

维纳博（Anthony J. Venables，1987）在1987年写了一篇文章，分析了在不完全竞争条件下的关税同盟理论；波利斯（Bliss）在1994年分析了在寡头垄断市场结构下，关税同盟理论的价格和利润效应，这些分析使关税同盟理论越来越接近现实。这里主要以维纳博的分析为例来说明。

（一）模型的假设

关税同盟形成在一定程度上是由于它能提供足够大的市场，从而可以使经济规模不断扩大，并使足够多的企业保持垄断权。传统的贸易理论假定规模收益的稳定和市场的完全竞争，需要在规模收益增长和不完全竞争的前提下用一个模型来分析此问题。

该模型的着眼点是所有企业都生产相同的产品，并遵循诺特行为，所以这属于行业内贸易。每一国家企业数量是由自由进入的情况决定的（Veables，1985a），规模收益递增确保企业的数量是有限的。税收和关税政策影响了企业的盈利程度，从而改变每个国家企业的数量；这反过来又影响竞争的程度，改变企业的价格边际成本的构成、企业规模及平均成本。

（二）模型

国家的数量为 m，其变量从 1 到 m，每一国家使用自己的要素来生产贸易商品，其前提条件为稳定的规模收益和完全竞争。此商品是免税的，且被记入有关账户中。此外，在规模收益增长的前提下，每一国家都存在一个不完全竞争行业来生产一种贸易商品。此商品价格由 p_j 表示，销售数量 q_j；假定其需求函数是线性的。

$$q_j = a_j - p_j, \ j = 1, \cdots, m \tag{15.3.1}$$

注意：所有国家需求函数的斜率相同，选择的数量单位一致，截距各国不同。每一

国家的企业来生产此商品，i 国的企业生产的产品有固定的边际成本 c_i，固定成本 f_i。他们可以在任何国家销售该商品，每一单位商品在市场 j 出售税收为 t_{ij}，单位交通成本为 s_{ij}（$s_{ij}>0\ i\neq j$，$s_{ij}=0$），假如某企业从 i 国到 j 市场销售其商品，销量为 x_{ij}，其收益为 r_i 由下式表示：

$$r_i = \sum_{j=1}^{m} (p_j - c_i - s_{ij} - t_{ij}) x_{ij} - f_{i,\ i=1,\cdots,m} \tag{15.3.2}$$

每一市场都是国际市场的一个组成部分，并且企业遵循诺特行为，从而企业认为其他企业的销售量是既定的，都生产 x_{ij} 个数量。根据利益最大化区别，用平均边际收益减去所需的边际成本，可以得出以下销售水平：

$$x_j \cdot x_{ij} = p_j - (c_j + s_{ij} + t_{ij}), i,\ j = 1,\cdots,m \tag{15.3.3}$$

等式（15.3.3）代入等式（15.3.2）中，每一国家企业最大收由下面价格函数表示：

$$r_i^* = \sum_{j=1}^{m} [p_j(c_i + s_{ij} + t_{ij})]^2 - f_i = 0,\ i = 1,\cdots,m \tag{15.3.4}$$

如果允许企业自由进出，且假定每一国家企业的均衡数量是确定的。产业均衡要求利润为零，所以均衡价格可以由等式（15.3.4）得出。每一国家的企业数量按供求均衡要求应满足下式：

$$q_j = \sum_{i=1}^{m} x_{ij} n_i,\ j = 1,\cdots,m \tag{15.3.5}$$

等式（15.3.1）到（15.3.5）描述了模型的均衡。我们必须考虑税收变化对均衡产出及福利的影响。模型中有 m^2 税收工具，但在下列方法中所研究的税收将受到限制：首先，我们仅考虑税收对消费的影响，所以销售增加后收入也增加。第二，税收变化围绕着一个点估量，对于任一国家来说，进口税等于国内销售的关税，即任一国家 j，$t_{ij}=t_{jj}$，最后我们假定所有的税收都变化一个相同的量，即，dt_{ij}或等于 0 或等于一个常值 dt。

我们用来估测税收变化对每一国家影响效果的福利指数是消费者盈余和政府收入的总和（生产都盈余为零）。国家 j 福利的变化可由下式表示：

$$dw_j = -q_j dp_j + \sum_{i=1}^{m} n_i x_{ij} dt_{ij} + t_j dp_j,\ j = 1,\cdots,m \tag{15.3.6}$$

等式（15.3.6）右边的第一个部分指消费者盈余按一个较小价格变化，第二个部分指国家 j 税收变化的直接效果。dt_{ij}是国家 j 政府收入的变化情况。最后一个部分指政策对政府收入的非直接效果。通过国内生产量的变化，用常值税率 t_j 的效果表示。

为了研究均衡政策的效果，用矩阵进行分析是很方便的。用定义矩阵 X 由要素 x_{ij} 构成，X'表示它的转置矩阵，q 和 n 表示列向量，从（15.3.5）式得：

$$q = X'n \quad \text{and} \quad n = X^{t-1}q \tag{15.3.7}$$

由税收变化引起的变化可由（15.3.4）变为：

$$(1/2)\mathrm{d}r^* = X\mathrm{d}p - \widehat{X}\mathrm{d}t = 0, \quad \text{so} \quad \mathrm{d}p = X^{-}1\widehat{X}\mathrm{d}t \tag{15.3.8}$$

而且，由等式（15.3.1）可得：$\mathrm{d}p = -\mathrm{d}q$

把此式代入（15.3.6）中，影响每一个国家税收变化结果向量是：

$$\mathrm{d}w/\mathrm{d}t = \{[\hat{q}X^{-1}\widehat{X}]' - (I + \hat{t}\hat{q}^{-1})\hat{q}X^{-1}\widehat{X}\}1 \tag{15.3.9}$$

I代表总向量，︿代表相关向量形成的矩阵。等式（15.3.9）描述了税收变化对每一个国家福利的影响。以下将对此式进行具体分析。

（三）关税改革

税收变化的福利效应在公式（15.3.9）中已有说明，首先假如税基 $t=0$，公式（15.3.9）中矩阵是 $\hat{q}X^{-1}\widehat{X}$ 和其转置矩阵的差额。不同的所有要素之和为0，所以所有行要素之和为正。

定理1，假如税收或关税等于0，导致帕累托福利改善的税收和关税变化不能确定。

定理2，假如限制国家1保持税收与关税相同，它们最低税是0，其税收和关税政策不会影响其他国家的福利。

条件1和2（i）都要求假定需求曲线是线性的，其值主要作为基点。尽管存在不完全竞争，如果考虑到税收工具是合适的，自由贸易是有效的，而且如果国家不征收进口关税，税率的民族化选择会有利于帕雷托效率的国际均衡。

要对进口税和不同税率下国内产量进行分析，就要研究矩阵 X 和 X^{-1}的结构。X 说明 j 国某一企业在一市场的销量。运输成本意味着企业一般在国内市场的销售量比国外市场要大，这种观点可以从 X 的逆矩阵结构中得出：对角线以上的元素全部为正值，以下为负值。

如果所有国家有相同的边际生产成本和运输成本，上述条件可以得到满足。若这些成本各国之间存在差异，则满足上述矩阵标志性结构的条件为 $m \leqq 3$，边际成本差异小于交通成本，$c_i < c_j + c_{ji}$。通过对 X^{-1}的假定，我们现在考虑关税变化的影响，并推导出定理3。

定理3，国家2对国家1进口关税的小幅上涨，(1) 增加了国家1的福利，(2) 减少了国家2的福利，(3) 增加了国家3的福利。

假定 $\tilde{x}$ 要素 x_{21}为正，其他要素为0，并运用公式15.3.9，可以证明上述定理。定理3表明如果进口关税略高于国内生产消费品税，一国就会盈利。对国家2的企业征收关税，相应商品的价格就会发生变化，这对所有国家的企业而言，就达到了利润最大化的均衡条件。如果在X逆矩阵结构中价格变化包含 p_2 的增长，则被征税国家的价格水平上升，其他国家价格水平下降。价格变化机制是通过企业在国家2的进出实现的。除了国家2，其他国家商品价格的下降是和企业规模相联系的（因为平均成本下降，价格等于平均成本），并且由于消费者剩余的增加，使福利水平上升。此外，国家1获取关税收益。

（四）关税同盟

关税同盟形成的福利结果可以通过对一系列国家互惠关税的变化进行研究。如果我们把研究领域只局限于那些具有的相同技术和初始税率、相同商品1均衡价格国家的贸易环境，那么这种分析就会变的过于简单。矩阵X和它的逆矩阵就变为：

$$X=(p-c-t-s)\begin{pmatrix}1+u & \cdots & 1\\ 1 & \cdots & 1+u\end{pmatrix}$$

$$X^{-1}=\frac{1}{(p-c-t-s)u(m+u)}\begin{pmatrix}m+u-1 & \cdots & -1\\ -1 & \cdots & m+u-1\end{pmatrix}$$

$u=s/(p-c-t-s)$。注意到如果 u 是正值，则 X 的逆矩阵则具有上述讨论过的标志性结构特征。假定首先 k 个国家形成了关税同盟，并在内部消减关税，并对同盟外的国家保持不变的关税水平，则矩阵 $\tilde{x}$ 由要素 x_{ij} 构成，对于 i，$j\leq k$，$i\neq j$，从公式（15.3.9）中可以得到。对于成员国，$i\leq k$，

$$-(\mathrm{d}w_i/\mathrm{d}t)u(m+u)/(k-1)=t_i(m-k+u)+(m-k+u-1)(q_i-q_{-i})+\sum_{j=k+1}^{m}q_j \tag{15.3.10}$$

q_i 代表在关税同盟中除了 i 以外所有国家 q 的平均值。关税同盟的形成对同盟以外的国家的影响可以通过以下公式表示：

$$-(\mathrm{d}w_j/dt)u(m+u)/(k-1)=-k(q_j+t_j) \tag{15.3.11}$$

通过公式（15.3.10）和（15.3.11）可以得到定理4。

定理4：(1) 只有 $t<0$，或者完全竞争产业生产的产品的消费水平低于同盟内部的平均水平，那么成员国的福利水平将会下降；(2) 关税同盟的形成使得非成员国的福利水平下降。

关税同盟的形成通过消减最初 k 个国家的关税而发挥作用，这使得这些国家商品价格的下降，但对于保持零利润的商品领域而言，会提高同盟外部国家的相应价格，显然，非成员国的福利水平会下降。在关税同盟内部，企业的数量和规模都在不断扩大，平均成本在不断下降，但福利效应却是不确定的。其中有两个原因：第一，产业规模有可能比关税消减以前的规模要大（如果 $t\geqslant 0$，情况例外）；第二，如果一国国内该产品的消费水平相对较低，则国家 i 是该产品的纯进口国，关税消减的税收成本则相对大于国内产品的受益，这说明了公式（15.3.10）的第二个条件。最后，考虑到关税同盟获取受益的主要原因是同盟外消费的存在（公式（15.3.10）的第三个条件），非常员国商品价格的增长将会提高成员国企业的受益，并进一步促使成员国商品价格的下降。因此，加入关税同盟比世界范围内的消减关税更具吸引力。

关税同盟对福利的影响取决于同盟规模的大小，这可以通过同盟的不断扩大做进一步的分析。假定所有国家在同一产品上具有相等的支出水平，同时第 $k+1$ 个国家加入该同盟，从公式（15.3.10）中可以看出，现有成员国的福利水平发生 $\triangle Wi$ 数量的变化：

$$(\Delta w_i)u(m+u)=t(m-2k+u)+q(m-2k) \tag{15.3.12}$$

同时，刚加入国福利水平的变化通过以下公式来表示：

$$(\Delta w_{k+1})u(m+u)=k\{t(m-2+u)+q(m-2)\} \tag{15.3.13}$$

定理5：如果所有的国家在某产品上具有相同的支出水平，(1) 如果 k 相对小于 m，则关税同盟的扩大将会增加现有成员国的福利效应，但如果 k 值相对较大，福利水平也有可能下降；(2) 如果 $t \geqq 0$，则新加入国则会从中受益；(3) 如果进行单边转移支付，新加入国家可以向现有成员国提供补偿，这种补偿对于第 $k+1$ 国来说是一种帕累托改进。

定理5表明，当新加入国家从中受益时，现有成员国希望限制同盟体的扩张。原因如下：刚进入国的企业自由进入 k 个国家的市场，这理所当然会增加他们的受益，降低平均成本和价格。但是，现有成员国进入的传统市场，由于商品价格不断下降，在此领域他们的净受益是不确定的，而且在 k 值非常大的情况下有可能是负值。对于现有成员国来说，这有可能出现企业向外迁移和商品价格上涨的现象。

(五) 结论

通过对这篇论文的分析，证明了以下观点：关税同盟可能引起成员国企业规模的扩大和竞争的激化，关税消减使企业的产量增加，自由进入使商品的边际成本下降。但如果不管是对成员国还是对其他国家收益是不确定的，情况却不是如此。完全竞争商品的纯进口国家的福利会因为加入同盟体而受损，关税同盟的扩张会使新进入国家从中受益。对同盟形成过程的最初研究表明，关税同盟可以在某种意义上非常相似的国家之间形成。

三、新贸易理论与新地区主义

地区主义并不新鲜，其存在的历史可以追溯至18世纪，但学术界对地区主义分出新旧来，却是针对20世纪出现的两次世界经济区域集团化浪潮：旧地区主义是指20世纪50－60年代盛行于全球的区域性经济贸易安排；而新地区主义则是指出现于20世纪80年代、盛行于90年代的另一轮全球经济区域集团化浪潮。它以欧共体统一大市场计划为先导，以美加、北美协议和亚太经合组织为两翼，以拉美加勒比联盟和南方共同市场、东盟自由贸易协议、中欧自由贸易协议、中西亚经济合作组织、南亚区域合作联盟和“马格里布”(阿尔及利亚、突尼斯、摩洛哥) 与“马什里克”(埃及、约旦、黎巴嫩、叙利亚) 共同市场以及东南非洲共同体等中小区域集团为后续，在世界范围内掀起了第二次区域集团化的浪潮，而且这一次区域集团化的强劲发展伴随着以世界贸易组织 (WTO) 取代关贸总协定 (GATT) 为标志的世界多边贸易体制的同时加强，第一次出现了二者共存共荣的“共生现象”，说明新、旧地区主义的区别绝不止于发生的历史顺序不同，还有着更深刻的背景、动因及作用的差别。如果旧地区主义的动机是为了经济自立自强而主动避开多边贸易自由化的进程，那么新地区主义就是出于完全相反的动机——要加入世界多边贸易自由化的进程。

根据 Wilfred J. Ethier 的总结，新地区主义具有以下特点：(1) 新地区主义通常表现为一个或几个小国与至少一个大国的组合；（2）一般而言，新地区主义中较小的成员国都已经或正在进行显著的单边改革；（3）新地区主义并不以实现成员国间显著的贸易自由化为特征；（4）新地区主义中自由化的实现主要是靠小国作出单边让步；（5）新地区主义一般均包括比贸易自由化程度更深的经济一体化。

（一）旧贸易理论和新地区主义

旧的贸易理论仍在被广泛地使用来分析区域一体化协定的影响，在这个传统理论之下的一些工作尝试扩展维纳—米德模型来发现一些新区域主义的成分，这些研究主要集中于贸易创造和贸易转移和价格，并且忽略了潜在的贸易生产力联系和其他的新贸易理论的主要成分。

巴格瓦蒂（Bhagwati）和潘纳加里亚（Panagariya）由于他们的贸易转移效应，反对区域一体化协定，相反，他们支持多边改革，主要依赖于一个特殊的例子。一个区域协定被认为是纯粹的贸易转移效应，在这个例子中，他们称之为小联盟，东道国没有贸易商品的生产，区域贸易协定的伙伴国不能提供所有的进口所需，一些进口来自于非成员国，这是一个大国和价格制定者，这里可能有一个福利损失，由于进口国的消费者没有从低的进口价格收益，并且由于区域贸易协定的存在损失了关税收益。与区域贸易协定伙伴国的初始贸易额越大，和关税收益转移有关的损失就越大，他们称之为贸易条件损失。

维纳—米德框架的一般性结论就是，区域贸易协定是否有助于福利提高将是一个实证性的问题，需要实际的数据来检验。不同的理论模型都指向了重要的方面，但仅从理论方面得不出任何结论。

（二）新贸易理论和新地区主义

20 世纪 90 年代以来，全球区域经济合作出现了一种新的趋势，即大国与小国缔结区域贸易协定，小国将会向大国提供单方面支付。这种现象被称为新区域主义。传统的区域经济合作理论有一系列隐含的假定。一是缔结区域贸易协定是一种纯粹的国际商业行为，参加者的目标函数是单一的经济因素。二是所有参加国的规模是相同的。在区域贸易协定的谈判中，所有参加国的谈判交易能力是等同的，不会出现一方利用自身的较高谈判交易能力作出损害另一方的行为。三是谈判的结果是互惠的。埃思尔（Ethier）认为新区域主义具备以下几个特点：一是多边的自由化更加完全；二是一个或更多小国家把自己与一个大国联系在一起；三是小国正式或者已经实施了重大的单边改革；四是区域协定很少只强调贸易壁垒，通常涉及深层次一体化问题；四是成员国之间的自由贸易不是全部，自由化的程度是适度的；五是所达到的自由化基本上是因小国的让步而实现的。从 20 世纪 90 年代开始，在不完全竞争和规模报酬递增的框架下对区域经济合作进行了理论研究。

迪克斯特与斯蒂格利茨在《美国经济评论》上发表了一篇“垄断竞争与最优产品多样性”（Monopolistic Competition and Optimum Product Diversity）标志着新贸易理论及新经济地理理论的产生。新经济地理理论把运输成本放入区域贸易模型中，研究其对产品价格和福利水平的影响。克鲁格曼建立了一个不完全竞争的市场结构，研究运输距离的远近对产业分工的影响。通过模型分析，他得出结论：一个经济规模较大区域，由于前向和后向联系，会出现一种持续的制造业集中现象，经济规模越大，集中越明显，运输成本越低，制造业在经济中所占的份额越大；在厂商水平上的规模经济越明显，越有利于集聚。沃纳斯伯尔（Venables）把新经济地理学模型作为区际贸易新类型的基础，他假定生产要素不能自由流动，如果中间性商品受到规模经济和运费的影响，生产过程中所引起的区际经济分化必然出现。瓦尔兹（Waltz）认为区域经济一体化会导致规模收益递增的生产和创新产品的区域性集中，区域经济增长源于产业部门的地理集中以及由此产生的持续的生产率提高。马丁探讨了存在积聚经济条件序列区位竞争的结果，通过模型得出结论，在存在聚集经济时，赢得第一次的区位竞争使得一个区域对下面企业更具吸引力。所以，第一个企业可能获得较高的财政激励，而第二个企业可能获得的补贴较少，但却从产业的积聚的外部经济中获益。Perroni、Whally 建立了新区域主义模型，由于大小国参加区域经济合作的目标函数存在差异，他们的成本收益体现在不同的领域。以自由贸易协定为例，大国在向小国开放市场的同时，也放弃了对小国报复的机会。为了补偿大国的损失，小国需要提供单方面支付。

四、关于自由贸易区的一般均衡分析

在区域经济一体化理论中，大部分文献是关于关税同盟的分析，少量的文献是关于自由贸易区的理论研究。在 2000 年以后，关于自由贸易区的分析从以前的静态分析逐渐加入了经济规模、运输成本、要素禀赋的变化等因素，使自由贸易区进入动态研究阶段。

（一）对此问题的研究文献进行了总结

自从维纳提出关税同盟理论以来，国际经济学家们开始质疑 FTAs 是否能够净增加还是降低参与国的福利。大多数的文献集中分析理论上成员国的福利所得和损失，但是没有文献研究试着解释或预测在各国家地区间的 FTAs。根据引用的资料，FTAs 很有可能存在四个内生变量。大量的文献利用截面数据实证分析 FTAs 的关税和非关税壁垒，但是没有研究是从经济学的角度分析 FTAs 的截面决定因素的，或者很少基于一个正式的经济模型。什么经济因素影响一个自由贸易区的可能性？在 Lipsey 的关税同盟理论的调查中，他说："如果想要预测一个关税同盟的福利效应，非常有必要预测引起贸易创造和贸易转移的各自的力量对比。"根据以前的研究，贸易创造和贸易转移的经济特征很大程度上解释了 FTA 的可能性。FTAs 双方国家易于有特定的经济特征，就像理论上表明的那样，能够增加净的贸易创造和福利。由于发现了国家间成立 FTA 的足够证据：（1）国家的距离越接近；（2）两个国家间与外部世界的距离越远；（3）贸易双方间的经济规模越相似越大；（4）两个国家间的 K－L 比间的差异越大；（5）成员国与 ROW 相比两国的 K－L 比越小。

贸易集团的纯经济理论必然是宽泛的优惠贸易安排理论的一部分。这个理论是一个与生俱来的复杂和有歧义的主题；在理论上，这个理论阐明了主要的力量，但是却很少提供关于在实践中将要发生的推定。克鲁格曼（Krugman）①划定了 20 世纪 90 年代关

① 克鲁格曼（Paul Robin Krugman）生于 1953 年，美国经济学家，专栏作家，知识分子，以其在国际贸易理论的成就而著称。为公司和国家提供了基于规模经济的国际贸易模型，解释了货币曲线和希贸易理论。20 世纪 90 年代的新经济评论家。

于区域 FTAs 的相对优点的讨论。在他的论文中，他将讨论分为关于贸易集团和 FTAs 的政治经济学，后来关于 FTAs 的分析都是沿着这样的轨迹。贸易集团文献的作者把 FTAS 作为一个竞争的框架，既有完全竞争又有垄断竞争。鲍德温（Baldwin）和维纳布尔斯（Venables）在竞争的条件下讨论，Rodrisk 的调查在政治经济学的框架上进行。

处理 FTAs，Krugman 在静态垄断竞争的框架下进行，但是强调经济地理。在没有运输费用的条件下，大陆内的 FTAs 一定会降低福利。在带有大陆间的运输费用的条件下，那些协定会增加福利。Krugman 得出结论，大多数 FTAs 在自然的贸易伙伴间，会对成员国有好处，但是，有的学者在实证上证明 Krugman 是不正确的。

Krugman 的研究引发了 Frankel（1997）的研究。他调查了没有和有国际运输费用之间的连续。第一，由于高的大陆间运输费用，FTAs 国家间地理接近——大陆内的或自然的 FTAs——能够增加福利，会使该国家政府接受 FTAs，由于巨大的贸易创造大于大陆间的贸易转移。然而由于大陆内运输费用降低，FTAs 会降低福利水平。第二，对于任何水平的运输费用，国家间的地理越远或在分离的大陆，都会降低福利水平，因为贸易转移大于贸易创造。

在质量选择框架下的政府，分析有两条假设，第一，大陆内的贸易伙伴离 ROW 越远，FTA 越有可能形成，由于潜在的极小的贸易转移。第二，贸易伙伴越自然，也越可能形成 FTA，由于潜在的贸易创造。

杰佛瑞·柏斯（Jeffrey H. Bergstrand）总结了 Krugman—FSW 的模型，允许具有绝对和相对要素禀赋，大陆间和大陆内部的运输费用的经济体存在。在这个框架下，假设政府的目标是使社会成员福利最大化。形成自由贸易区的国家间净福利的增加或减少取决于车成员的贸易转移和创造。贸易转移和创造的经济决定因素可以分为三组。第一，经济地理因素；第二，产业内贸易决定因素。贸易创造易于在经济规模很大和相近的经济体间形成，反之，贸易转移。第三，产业间贸易的决定在于成员国要素禀赋的差异。在实证上也证明了这些原因。

首先，作为说明，对于 FTAs 的纯经济体的路径选择是关于其政治经济学的文献。后面的文献基本上关注于理论上解释贸易自由的水平。或者一个贸易自由区作为特例，基于相应的经济参与者在不完全竞争的市场上。在没有特殊的偏好和分配的条件下，政府作为一个社会的计划者，使该国的社会成员福利最大化。

杰佛瑞·柏斯（Jeffrey H. Bergstrand）第一次从实证方面解释 FTAs 的经济决定因素的尝试，他们假设每个国家的政府使消费者福利最大化。政治习惯和分配的偏好可以影响 FTAs 的决定，他们故意忽略限制范围和加强分析路径的因素，后来增加政治经济学的文献在贸易保护的实证因素。本文打算为经济因素发展一个实证的平台，希望未来的研究能够在实证上解决政治经济学的因素。

其次，假设政府成立自由贸易区的是能否提高成员国间的福利，而不顾非成员国的福利水平的提高与下降。成员国政府并不是世界的。

再次，假设加入自由贸易区是双边的，而不是多边的。和欧盟形成自由贸易区的决定，例如，可以出现多边的一个，欧盟的每个国家都有权利投票与非成员国形成自由贸易区。事实上，欧盟的每个国家是否能够与非成员国形成自由贸易区是一个双边决定。

最后，由于对 FTAs 的既定年份 1996 的截面变量感兴趣，他们假设每对国家做了个决定：形成或不形成一个自由贸易区，加强或不加强 1996 年前形成的自由贸易区。在理论上，在一个给定的年份是否加入或不加入自由贸易区，取决于那一年的经济特点，内省贸易政策的截面实证研究也是如此。

（二）模型

在两个垄断竞争的部门的国际贸易被归结为消费者对差异产品的偏好和具有规模经济特征的生产的相互作用。假设两种生产要素的生产——资本和劳动——在部门间能够自由流动，而在国际间不能自由流动。设定两部门为商品和服务部门。事实上，这些设定是随意的。沿着 Balassa-Samuelson 的路线区分这两个部门：商品（服务）是资本（劳动）密集型的在生产中和更多（更少）可贸易的。在每个部门内部，对多样化的偏好可以由真实的 Dixit - Stiglitz 偏好获得。内部规模经济对于企业的获得是由固定成本和线性成本方程。

为了获取区域主义的对称效应，假定三个大陆（由 1、2、3 代表），每个大陆上有两个国家（由 A、B 代表）。每个国家允许有不同的绝对和相对的要素禀赋——劳动和资本。这两个部门被潜在认为在相对要素密集度、对多样化的偏好、贸易壁垒上不同。早期的 CGE 模型解决区域主义的相对福利受益，他们没有开发这些效应，由于存在内在的大陆内与大陆间的运输费用，强调—Krugman 和 FSW 的框架——世界地理。

（三）数据分析和实证结果

数据分析和实证结果表明：

（1）随着两个国家距离的减少，形成自由贸易区，他们的净福利会增加；

（2）两个大陆间的贸易伙伴随着与 ROW 的距离增大，形成自由贸易区的净福利会增加；

（3）形成自由贸易区的两个国家经济规模越大，净福利也会越大；

（4）形成自由贸易区的国家间经济规模越接近，净福利也会越大；

（5）具有丰富的相对要素禀赋的国家形成自由贸易区会增加净福利；但是会随着专业化分工下降；

（6）净福利会下降，由于两个国家间的相对要素禀赋很大程度上的不同。

第四节　区域经济一体化的动态理论

仅仅分析关税同盟的静态效应是不够的，还应进一步分析关税同盟的动态效果。关税同盟的动态分析是指讨论关税同盟对成员国就业、产出、国民收入、国际收支和物价水平会造成什么影响。从动态角度看，关税同盟首先有利于形成规模经济效应，竞争促进效应、投资刺激效应，进而影响到一国国民经济的发展。规模经济效应是指关税同盟建立后由于成员国生产规模扩大而产生的效应。一些研究表明，许多欧洲小国的国内市场容量连维持最低生产成本所需的规模经济都不能达到。只有当市场扩大时，公司才能拓展生产规模，从而获得规模经济效益。关税同盟的建立，使成员国之间有可能进行高度专业化的分工和协作，这会使劳动力和生产设备的使用效率提高。竞争促进效应是指关税同盟成员国相互取消关税后迫使企业参与竞争而产生的效果。由于关税这一保护因素的取消，为了生存，原来被保护的企业面对竞争，将愿意投资进行研究和开发，促进科技进步，革新旧产品，开发新产品，加强内部管理，优化企业组织结构，直至联合或合并，以增加竞争力。投资刺激效应是指关税同盟的建立引起投资增长而产生的效应。关税同盟的建立，会迫使企业实行专业化生产、改进技术、提高竞争能力。同时，由于资本和劳动等生产要素的流动性大大增强，这有利于生产要素更加合理而有效的配置。所有这些会促进投资的增长，这一方面表现在本国资本的投资增加，另一方面也可以吸引其他成员国和非成员国的资本进入。从上面的分析中可以看出，由关税同盟等形式而形成的经济一体化，事实上是创造了一个类似于国民市场的内部市场，在这个市场中，商品、劳动力、资本自由流动，使价值形成和价值规律的作用无异于一国国民市场。它通过人为的力量来代替市场调节资本和劳动力的流动，从而实现较优生产配置，实现集团内劳动生产率的提高和在外部市场上的竞争力的提高。它导致了生产力的国际间再配置和国际专业化的加深，从而表现为国际贸易量的增长。由于这一过程是一国专业化程度提高的过程，这就使得在发展水平差异大，经济结构差异大的国家间的一体化，对后进国家的不利面较大。

区域经济一体化的动态效应主要包括规模经济效应或市场扩大效应、促进竞争效应、吸引外资等。区域经济一体化不仅给成员国带来静态效应，还会带来某些动态效应。有的经济学家认为，动态的经济效应远比静态经济效应重要得多。关于区域经济一体化的动态效应的理论有四个理论：区域规模与市场力理论、规模经济条件下的一体化理论、产业集聚的一体化理论。

一、区域规模与市场力理论

进入20世纪80年代以后，关于区域经济一体化的研究从理论上强调了区域规模与市场扩大带来的动态效果，从研究方法上逐渐由局部均衡向一般均衡和博弈论的方法演进。Eric W. Bond，Constantinos Syropoulos，西托夫斯基（Tibor Scitovsky）和德纽（Denieu）对区域规模与市场力量的理论进行了比较有代表性的研究。

（一）Eric W. Bond，Constantinos Syropoulos对区域规模与市场力的研究

他们构建了N个国家N种商品的贸易分析模型来分析集团规模（纳什）均衡关税及福利的影响。对称的贸易集团的绝对规模和它们的市场力量之间的关系是不确定的，试图利用模型中的参数来说明这种关系的变化。相比之下，相对规模集团的扩大会提高其相对市场力量和事业的福利，并且会超过自由贸易的水平。他们确立了存在最优集团规模，并利用模型中的参数研究最优规模的独立性。

一方面，这将形成一个“欧洲堡垒”，就是集团将增加其对外贸易壁垒以限制非成员国的市场准入。另一种观点是，区域贸易集团将推动全球自由贸易，因为它们很可能使削减关税以及与非成员国之间谈判更加容易。克鲁格曼（1991）对此作出了重要贡献，他构造了一个区域贸易协定的模型，该模型将世界分为两个同样大小的贸易集团，成员国之间进行自由贸易，但对其他的国家征收最优关税。他研究了贸易集团规模扩大的影响，并指出它会引起的市场力量的扩大，因此它们的对外关税将会增加。这种关税

的增加将降低世界福利，并由此得出结论：从世界福利的角度看，大型的贸易集团的建立是不利的。在克鲁格曼的模型中，当存三个贸易集团时，世界福利将会减少。

研究贸易集团征收共同对外关税时，集团规模和“市场力量”之间将会产生较大的影响。克鲁格曼的分析是限于集团规模成比例增加的情况，并假定集团间的相对规模不变。从某种意义来说，集团绝对规模的增加，将使市场力量得以增强，同时其他贸易集团的规模也有所增加。因此，他们的第一个目标是研究绝对集团规模和税率之间的敏感性关系。第二个目标是考虑一个贸易集团规模的扩大相对于其他贸易集团的影响，并找出这种贸易集团规模的变化对关税和世界的福利的影响，并对这些效应加以比较。

他们提出一个简单的贸易要素禀赋模型并利用一些参数代表比较优势，然后采用这种模式分析贸易集团成比例扩张的影响。

结果显示，贸易集团纳什均衡关税的增加所产生的影响对关于要素禀赋所作出的假设是很敏感的。当进口份额为零时（如克鲁格曼的模型提到的），均衡关税必须随集团规模的增加而增加。相反，如果进口份额是在不断增加的，替代弹性也相对较低，平衡关税必然随集团规模的增加而降低。

对于中间值的替代弹性，如果贸易集团规模较小时，关税将增加，但集团规模较大时，关税将减少。他们利用这些均衡关税说明贸易集团的数量，在此世界福利被视为要素禀赋和替代弹性的函数。可以看到，如果存在 4 个或更多的贸易集团，替代弹性很低，并且进口量较小，那么世界福利将会减少。如果进口量相对较高，那么在只有两个贸易集团的情况下，世界福利会减少。

模型中用要素禀赋模式来说明集团规模相对变动所带来的影响，研究了一种情况，一个贸易集团通过从其他的贸易集团中吸收成员的方式得以扩充，通过贸易集团规模的扩大，最优关税变得任意大，当集团内的成员数量增加时，其内部价格接近自由贸易水平。利用这些结果得出，扩大集团可以保证自己的福利水平超过自由贸易水平。

如果集团包括所有国家，集团的扩大将使福利下降，通过以上分析，这一结论得以确立。然后利用这一结论阐述了规模适中的集团扩张对世界福利的影响，并说明了最优规模是如何受偏好和禀赋影响的。

通过分析，作者集中考察决定市场力量的因素，在此情况下，集团内的关税的选择试图使一定时期内的世界福利最大化。这样，他们假定贸易集团采取的结构是外部强加的。

（二）大市场理论

大市场理论是经济学家西托夫斯基（Scitovsky）①和德纽（Deniau）在对欧洲经济共同体经济一体化进行研究时提出的。这一理论以共同市场为分析基础，主要论及了国际区域一体化的竞争效应。德纽指出，大市场的建立引发机器设备的充分利用、大批量生产、专业化、最新技术的应用和竞争的恢复，所有这些因素都将使生产成本和销售价格下降，再加上取消关税所引起的价格下降，必将导致购买力的增加和消费水平的提

① 西托夫斯基（Scitovsky）（1910 - 2002），美国经济学家，成名观点是与消费相关的人类幸福，对福利经济学作出了突出的贡献。

高，而消费的增加又引起投资的进一步增加。西托夫斯基则以“小市场与保守企业家态度的恶性循环”的命题出发论述大市场理论，他指出：在建立共同市场之前，由于市场狭小，竞争趋于消失，价格居高不下，市场陷入高利润率、高价格、低资本周转率、小规模生产的恶性循环之中。建立共同市场之后，取消了各种贸易和投资限制，成员国之间的竞争加剧和价格下降，这迫使企业不得不停止过去的小规模生产方式而转向大规模生产，随着生产成本和价格的降低，人们的收入水平和消费水平得到提高，市场随之进一步扩大，出现大市场—大规模生产—生产成本和价格下降—大众的大量消费—市场进一步扩大的良性循环。

二、规模经济条件下的一体化理论

内部规模经济已经被纳入了系统的关税同盟理论。我们所熟悉的贸易创造和贸易转移的概念对关税同盟的效应仍是相关的，但增加了两个新的概念，成本降低效应和贸易抑制效应，每一个效应都由生产和消费部分组成。假设两个联盟国家面临给定的世界市场价格，主要的分析是直接的局部均衡分析，考虑三种情况：可进口商品起初在两个国家都生产；只在一个国家生产；两个国家都不生产。分析中考虑到了寡头垄断、产品差异化、多商品模型的一般均衡。

——W. M. Corden

科登在 1972 年发表一篇文章，把规模经济因素放入关税同盟理论的分析中，成为现在一些学者对区域经济一体化分析的重要基础（W. M. Corden，1972）。传统的关税同盟理论假定各国成本不变或成本递增，经常因为忽略规模经济被人批评，科登研究的目的是把规模经济系统地引入关税同盟理论。尤其应该看到我们所熟悉的贸易创造和贸易转移的概念对关税同盟的效应是否仍是相关的。

（一）简单的模型假设

首先假设存在单一产品，这种产品在 C 国生产，而且至少能够被两个联盟国家之一生产。每个同盟国都有一个实际或潜在的生产者，并且面临一个下降的平均成本曲线（代表私人和社会平均成本），他假定无论生产规模、产量，都为生产要素支付不变价格，因此不存在要素租金。假设平均成本曲线包括正常利润，联盟中每个国家面临 C 国确定的进口 CIF 价格和出口 FOB 价格；由于运输成本和 C 国关税，出口价格低于进口价格。假设平均成本曲线在每个国家都达到高于出口价格的最低值，使产品不可能被出口到 C 国。他们还假设，因为关税和相对较高的成本，最初所有国家都不互相出口。

有两个简单的假设：（1）假定两国结盟前具有相同的关税税率。它隐含在许多传统关税同盟的理论和方法中，这意味着一国可以关注关税同盟对贸易自由化的影响，并不需要关注共同对外关税的实施，因为关税在同盟建立前已经存在。（2）假定税率是旨在使含关税进口价格等于平均成本，包括正常利润，从而避免任何超额利润。如果目前国内没有生产，则不会有任何关税。

在每一个国家，国内价格是由从 C 国进口成本加关税决定。在这个价格上有特定数量内需，而在这个数量上有一个实际或潜在的生产的平均成本。如果这一平均成本低于国内价格，将有国内生产，没有进口；如果在这个数量上潜在国内生产平均成本者超过国内价格，就会只有进口，国内没有生产。从 C 国的进口含税价格仅仅决定了国内生产者可以索取的价格上限，可能使追求利润最大化的生产者要价更低。假定在这个阶段，为了利润最大化而收取进口限制价格，一旦同盟建立，进行同样的分析，假定同盟没有运输成本。要么联盟的需求将全部靠从 C 国进口，或者在联盟内部有一个单一的国内生产者。在后一种情况下，可能价格低于 C 国制定的价格，但是要假定在这个阶段按照价格低限要价。下面按照三种情况进行分析：

1. 最初在两个国家都有生产

当联盟成立后，两个生产者之一，国家 A 的生产者将占领整个联盟市场，另一国退出市场，因此 A 国生产者的平均成本下降，由于分工，同盟国的总生产成本下降。这个效应可以分解成两部分：（1）B 国高成本的国内生产被来自 A 国低价的进口替代，因此，从某种意义上说，通过 A 和 B 之间的贸易向更便宜的供应来源转移，因此传统的贸易创造产生。但必须记住，假定在这个阶段，B 国的国内价格是给定的，B 国得不到任何收益，超额利润都归 A 国，事实上，B 国可能会损失，因为其驱逐的生产者可能已经赚取超额利润。（2）A 国以较低的生产成本获得国内供给。这可以说是成本下降效应。这是与 B 国建立贸易的结果，它不是一个传统的贸易创造效应，因为它并不是转向更便宜的供应来源，而是对现有的供应源价格的降低。国家 A 的消费者将一无所获（因为他们同从前面对相同价格）所有利益将归生产者。

2. 起初只在 A 国生产

有两种可能性，最有可能的是，A 国的生产者占领整个联盟市场，其影响还可以分解为：B 国用从 A 国进口取代从 C 国进口，从 A 国比 C 国进口昂贵，因为非但如此 A 国就没有必要成立联盟以打入 B 的市场，因此 B 国从贸易转移中受损，一个昂贵的进口来源地代替了更便宜的进口来源地。贸易转移损失在 B 国将等于丧失了进口关税收入，该联盟作为一个整体的贸易转移的损失可能较少，由于 A 国的生产者可以从 B 国的进口中赚取超额利润。

另一种可能性生产逆转似乎不太可能。当联盟成立后，B 国开始生产，B 的生产者可能会把 A 国的生产者驱除出市场，占领整个联盟市场。其成本将低于同盟成立前 A 国的成本，所以，通过 A 国从比较便宜的来源进口而获得利益，这一次出现了贸易创造，（虽然收益会完全归 B 国）而 B 国由于用较昂贵的国内生产取代了从 C 国进口较廉价的商品而遭受了损失。新建立的生产者在供给整个联盟市场时成本必须高于从 C 国进口的成本。当国内生产取代了从 C 国进口时，产生了贸易抑制效应，他和贸易转移效应性质相同，因为都是国内生产取代了廉价的进口来源，但这次的昂贵的供给来源是一个新建立的国内生产者，而不是伙伴国。

3. 起初在两个国家都没有生产

当联盟的成立时，一个国家 A 可能在第一时间开始生产，因为其平均成本可能低于给定的国内价格，他们仍然会高于从 C 进口的不含关税的成本，否则，即使没有联盟，A 很可能已进入了 B 的市场，并且取得了联合市场的利益。在这一例子中，对 A 有一个贸易抑制效应（国内高成本生产替代从低价的 C 国进口）对 B 国有贸易转移效应（从较昂贵的伙伴国进口，取代从较便宜的 C 进口），在这两个国家，总体的损失由关税利益的损失反映。

研究的结论是，贸易创造和贸易转移观念仍然相关，但它们必须辅以两个其他概念——“成本降低效应”和“贸易抑制效应”，这是论文主要的结论，（即使有些限制假设被抛弃）成本降低效应可能是更重要的。

（二）经济效应

假设关税在A国和B国最初都是一样的，共同对外关税已经存在，而国内生产总价格达到含关税价格，消除了消费效应。通过B国从低价来源进口而产生的贸易创造效应的利益现在都归A国所有。假设关税的目的是保护，而不是收益，并且关税将够高，使国内生产产生，（进口完全排除）否则关税将不被实施。此外假设如果征收关税，它只是足以让国内生产者来支付成本加正常利润。这两个组成部分可称为量身制作的关税。因此，目前没有任何关税收入和超额利润，一切得失，将全部由消费者承担。下面是两种情况下的经济效应：

1. 最初在两个国家都生产

A国在供应整个联盟市场时，平均成本低于只能供应其国内市场时的价格，且低于B国只供应国内市场时的成本，因此，每个同盟国的国内价格可以低于初期的国内物价。鉴于量身制作关税，共同对外关税将因此会低于起初的两国的关税，两国将从成立的联盟中受益。(1) 在B国贸易创造由两个部分组成：生产效应主要来源于用从A国廉价进口代替高价国内生产，消费效应主要来源于消费量的不断增加引起的国内的较低价格。(2) 在A国消费者存在降低成本的收益；这亦由生产和消费部分组成。生产效应是原来的国内生产现已获得了较低的价格，而消费效应是在较低的价格上消费一个额外的数量，获得消费者剩余。

事实上，量身政策规定的共同对外关税将低于初始关税，量身订制关税也许并不是一个完全现实的假定。实际上，至少在一个国家关税可能下降，收益将多数或全部归消费者，而在其他国家超额利润归联盟的生产者（可能不属于这个国家）。

2. 初期只有A国生产

该量身订制模型应用于本例子是很容易的，一点需要指出的是，如果B国起初没有生产，那么它的关税已经为零，如果国家A想占领B的市场，（也就是说之前并没有占领）这产生于B国征收关税，产生于建立共同对外关税。B国的国内消费者面临的价格会上升，其损失可分为生产效应和消费效应两部分，较低价的消费现在成本比以前高，这是转向一种昂贵的供应来源——贸易转移效应，此外消费者剩余的减少缘于价格提高引起的消费量的减少，贸易转移的消费效应并未出现在传统的局部均衡的关税同盟理论中。

科登总结出四种效应：贸易创造效应、贸易转移效应、成本降低效应、贸易抑制效应，各有一个生产和消费部分。在极限情况下（第一部分模型）消费部分消失。在另一个极限情况下（目前的部分），无论是生产还是消费效应，所有收益和损失都有消费者获得。可以设想一种情况，存在消费效应和超额利润，并且由于关税收入的损失，政府承受了一些损失，消费效应和超额利润的程度取决于关税体系允许哪种程度的垄断形式，又取决于他们是否选择这样做。

（三）寡头垄断市场和产品差别化

现在偏离在联盟国家只有一个单一的生产者的假设，并允许寡头垄断市场和产品差别化。

1. 初期各国都生产

假设最初在每一个国家都有两个生产者。如果起初每个国家的两家公司不合并，或其中一方并不试图把另一方竞争出局，假定兼并或竞争会在大地区形成。可以想象，四个寡头厂商同时存在，瓜分同盟的市场，他们可以通过产品差异化来做到这一点，这将会有四种商品而不是两种呈现在消费者面前，就会获得福利。实际上这是个贸易创造效应。需要没有成本降低效应，因为差异产品贸易的增加不需要与每个公司产量增加相结合。

起初在每个国家可能有不止一个厂商，因为潜在优势生产者不敢吞噬小厂商，因为害怕引起对垄断的公开的政治敌意，有可能导致公共干预。当关税同盟成立，消除了一个以外的其他生产者，维持起码的竞争成为可能，事实上，政府可能要求本国企业合并，以加强竞争力。剩下的两个公司——每个国家一个，都可以不合并，因为害怕反垄断行动或者因为难以控制跨国公司，甚至立法禁止收购外国公司。生产者数量的减少便使得成本降低。此外，由于产品差别化，跨国贸易可能增加，或者刚刚开始建立。这可能产生或不产生贸易创造收益。在一方面，消费者可选择的企业的数量和从前是一样的，因此，他可能不能选择各种不同的产品，但是，在另一方面，他现在可以在不同的国家选择产品。

2. 起初只有 A 国生产

A 国可能有几个厂商，当联盟成立后，他们全部进入 B 的市场。B 国产生了成本降低收益和贸易转移的损失，两种都可以看出：（1）如果各个厂商产量的扩大给他们带来了产出规模，这些厂商要扩大产量，所有接近产出规模的平均成本是最低的，因没有联合遭受的总损失降低了，寡头垄断局面还会持续下去。（2）部分降低成本的收益可能会失去，因为现在有一个较大的潜在市场，B 国生产者可能会首先进入。

（四）一般均衡

建立一个在规模经济基础上的一般均衡关税同盟模型是很困难的。一些关税同盟传统理论已经通过两个很好的模型阐述出来，这导致的结果同局部均衡的论述相同。更多商品的模型变得相当复杂，而且往往以零散的方式加以阐述。发展两商品模型的规模经济理论似乎没有什么意义。

有许多进口竞争品，每一种产品在每个国家只被一个公司生产或可能被生产。每种产品的平均成本曲线先是下降到一个点，最终向上，以排除向 C 国的出口，此外，存在成本不变的出口生产。有一个流动的生产要素——劳动，其货币工资已给定。每个产品的成本曲线都是相互独立的，因为他们只取决于给定的货币工资和有关生产函数。在最初的情况下，每个国家都有一个量身而制的关税体系，这就引发了国内生产一部分产品，进口另一部分。局部均衡分析现在可以直接适用。当时该联盟成立后，占领了伙伴国的市场，生产将扩大（成本降低效应），其他产品的生产将会停止，因为国内市场可能被伙伴国占领。（贸易创造）从 C 国的进口将停止，因为或者被从伙伴国的进口所代替（贸易转移），或被国内生产（贸易抑制）所代替。

与一般均衡相比，首先，不同产品需求曲线可能转向，因为实际收入作为一个整体与收入分配会变化，或由于有交叉弹性，一种产品价格下降将使另一种产品的需求曲线左移。某特定产品的需求水平，或者决定维持国内产业的关税税率，或者决定国内产业是否能在某一特定关税税率下存在。此外，它决定着实际产出量。由于这些需求关系，不能把每一个产品分开来看，就好像一般均衡是各个局部均衡的集合一样，但它仍然是真实存在的四大效应。

第二个一般均衡的情况是通过汇率调整保持国际收支平衡（固定货币工资）。首先，在某个特定的汇率下，许多 A 国的产业可能扩大到 B 的市场，许多 B 国的产业倒闭。这种情况会引起 A 国货币升值，B 国的货币贬值。（以各国的货币表示）这会导致一些 A 国产业退出市场，也会使一些 B 国的产业振兴。考虑一般均衡模型影响，我们应该比较同盟建立前后的情况，每一种情况有自己的均衡汇率。

（五）动态考虑

没有本质上的“动态”的规模经济，整个分析迄今一直比较静态。但事实上，在一个比较静态模型中，当有规模经济时，它是不可能准确地说明关税同盟均衡的。如果起初产品是由两个伙伴国生产，可以说，联盟建立后，一个国家将占领整个同盟市场。但是，不能说哪一个国家会这样：要依靠动态考量——关于寡头竞争本质，两国投资总额的相对比率等等。在比较静态模型有一点是很清楚的，这就是如果只有一个厂商存活下来，将有贸易创造和成本降低的效应，而两者皆代表收益。但谁也不能说哪个国家将获得的贸易创造，那个国家降低成本。

第五节 区域经济一体化的实证研究

首先介绍区域经济一体化的实证研究的背景。

对于政策制定者来讲，区域一体化静态理论没有太大的实用价值，因为该理论有很严格的假设前提。但对于政策制定者在考虑国家之间的合作、区域内的贸易、投资和劳动力的自由流动等方面，可以提供参考性的建议。对于自由贸易区和关税同盟的形成，不能从理论上给予准确的预期，因此推动了针对具体区域经济组织的数量实证研究。

区域一体化的数量实证研究主要是基于当代或历史的数据，对于来源于这些数据的参数进行经济检测和假设检验。实证研究主要是对于参与区域经济组织后的国家之间贸易量、商品价格、国家收入等数量进行检测，以表明区域一体化的效果。目前，对于区域一体化效果的研究主要采用可计算一般均衡模型（CGE）。CGE 模型可以使经济学家能够更广泛地分析区域经济安排的各种具体效果，在静态模型中可以解决以前模糊的问题。

随着数量实证研究的增多，一些问题开始出现。虽然，区域一体化的数量研究可以测量区域贸易安排的收益和成本，但是不能非常接近任何一种理论模式。数量研究的结果非常宽泛，主要针对关税同盟中的贸易创造和贸易转向。有些学者也强调其他变量，如国内生产总值、工资和汇率水平和国内的贸易条件。后来的研究逐渐侧重区域经济组织的福利效应，尤其是在20世纪末，一些学者采用引力模型研究各种形式的区域经济组织的经济效果，主要包括欧盟、北美自由贸易区、亚太经合组织和拉丁美洲的相关自由贸易区。

一、区域一体化的早期实证研究

区域一体化的早期实证主要是针对早期形成的区域经济组织的经验进行数据分析，采用国际贸易流量对价格和进出口需求弹性进行实证研究。在这些早期实证研究中，主要针对区域经济组织内部贸易模式的影响。以欧共体为例，从1960年到1970年的扩张过程中，区域内部的贸易额从35%增长到49%；从1975到1981年的扩张过程中，区域内部的贸易额从49%增长到52%。从实证研究的结果可以看出，区域经济组织的形成能够推动区域内部贸易的扩张。相对应地，针对不发达国家组成的区域组织的早期调查发现，区域内部的贸易增长非常有限。在南亚，早期的南亚优惠区域安排经过实证发现，区域内的贸易从15%增长到20%。对于安第斯条约的区域组织，内部的GDP从0.1%增长到0.6%。

相对比较复杂的实证研究是针对欧共体的贸易，尤其是工业品的贸易。最成功的实证研究是杜鲁门（Truman，1969）和Prewo（1974）采用了贸易指数方法；Balassa（1967，1975）采用进出口需求弹性分析了收入弹性的高低将会影响贸易创造和贸易转移；Aitken（1973）采用引力模型分析了双边的贸易流动对贸易创造和贸易转移的影响。虽然，他们采用的研究方法有所不同，但实证结果都是欧共体的贸易创造效应高于贸易转移效应。值得关注的是Balassa（1975）开始研究欧共体的福利水平。他采用制造业的平均关税水平，证明欧共体的福利水平提高了0.15%。

对于欧共体的早期实证研究主要是在成员国之间的收益分配问题。有两位学者的研究非常重要。一是Balassa（1966）证明欧共体内部的贸易扩张主要是产业内贸易的扩张而不是产业间的贸易，他提出需要通过竞争使公司实现规模经济效果，提高区域的收益。第二位学者是Owen（1983），他检测了规模经济对欧共体产业的影响，研究得出结论，在1980年欧共体的规模经济有利于整体区域的GDP提高，从3%提高到了6%。

二、发达国家之间区域一体化的实证研究

欧盟是迄今为止进程最快、范围最广、层次最高、成绩最大的区域经济一体化组织。下面将选取它为北北型区域经济一体化的代表，简单分析这一类型区域经济一体化的实践效果。

欧盟的前身是欧洲经济共同体，1957年建立时的成员国只有比利时、荷兰、卢森堡、原联邦德国、法国和意大利6国。1973年，英国、丹麦和爱尔兰加入欧共体。1981年，希腊成为欧共体第10个成员。1986年，葡萄牙和西班牙加入后，欧共体的成员国总数达到了12个。在欧共体阶段，欧盟所取得的主要成就有：自1962年起实行共同农业政策；自1968年7月1日起取消内部关税，建立关税同盟，在这一时期还进行各国财政政策的协调，建立了欧洲货币体系；1992年底，正式结成“内部统一大市

场”，实现了货物、服务、人员和资金的自由流动；1991 年 12 月，欧共体 12 国签署了建立经济与货币联盟和政治联盟的《马斯特里赫特条约》，该条约于 1993 年 11 月正式生效，欧共体为其更高阶段欧盟所取代；1995 年 1 月 1 日，随着芬兰、瑞典和奥地利三国的正式加入，欧盟成员国增加到 15 国；1998 年 5 月，欧盟决定比利时、荷兰、卢森堡、德国、西班牙、法国、爱尔兰、意大利、奥地利、葡萄牙和芬兰等 11 国成为欧洲统一货币——欧元的创始国，自 1999 年 1 月 1 日起，欧元正式流通；2002 年 1 月 1 日，欧元 12 国的货币终止流通，完全由欧元取代，标志着欧洲经济与货币联盟的基本完成。欧盟经过六次扩大拥有了 27 个成员。对于欧盟的实证研究主要在 2000 年以前。

欧盟成员国之间的区域经济一体化有利地促进了成员国贸易和经济的发展，其积极效应远远大于消极效应。

（一）静态效应

从静态效应来看，欧盟的贸易创造效应较为明显，而同时贸易转移效应要小得多。如图 15. 5. 1 所示，欧盟自建立以后，区内贸易发展迅速，占成员国贸易总额的比重由 1960 年的 34. 5% 上升到 1998 年的 55. 2% 。杜恩（Verdoom）和舒瓦兹在 1972 年的估算中认为，1969 年欧洲共同体的贸易创造为 100. 64 亿美元，贸易转移为 10. 68 亿美元。另一项研究也表明，欧共体的贸易创造远远超过了贸易转移，二者之差额估计为 2% ~15% 。

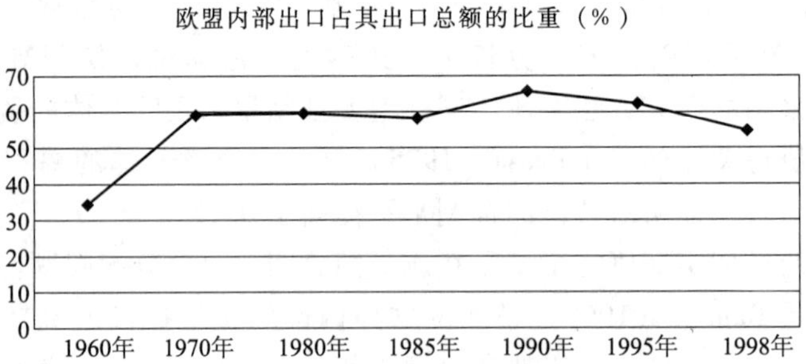

图 15. 5. 1 欧盟内部贸易

资料来源：世界银行 . 2000 年世界发展指标 . 北京：中国财政经济出版社，2001：327.

尽管存在一定的贸易转移效应，但根据大多数学者的研究，其贸易创造效应要明显超过贸易转移效应。例如：一些学者在对欧共体早期影响进行研究后认为，欧共体起初的贸易创造效应很小，但建立关税同盟后，欧共体对于扩大成员国的贸易和提高福利水平作出了重大贡献。切基尼（Cecchini）的一项关于欧共体 1992 年内部统一大市场的影响的研究报告指出，由于取消贸易壁垒而获得的利益要占国内生产总值的 2. 2% （见表 15. 5. 1）。

（二）动态效应

其次，一般的研究结果表明，欧盟的动态效应也是积极的。例如：切基尼估计，1992 年统一大市场建成后，由于更充分地利用规模经济而获得的利益占欧共体国内生产总值的 2. 1% ，由于竞争加剧而获得的利益占国内生产总值的 1. 6% （见表 15. 5. 1）。

表 15.5.1　　1992 年统一大市场对欧共体经济福利影响的估计

	占国内生产总值的百分比
由于取消贸易壁垒而获益	0.2%
由于取消影响生产的壁垒而获益	2.2%
由于更充分地利用规模经济而获益	2.1%
由于竞争加剧、减少企业的低效率、垄断利润而获益	1.6%
合计	6.1%

资料来源：彼得·林德特：《国际经济学》，中国经济出版社 1992 年版，第 223 页

另外，Gaiorek，Smith 和 Vemables（1992），Haaland 和 Norman（1992）分析了不完全竞争结构下的欧盟的福利水平。他们的研究都考虑了具有共同市场的特征，并且在欧盟公司相同的产品在不同的国家制定相同的价格。后来，Harrison，Rutherford 和 Tarr（1994）建立了更广泛和复杂的模型，分析了欧盟公司之间的竞争效应。

总体来说，欧盟、欧洲自由贸易联盟、美加自由贸易区等发达国家之间的北北型区域经济一体化是相当成功的，在当代世界区域经济一体化的实践中具有很重要的示范效应，成为其他国家积极投入区域经济一体化的重要“动力源泉”。

三、南一北区域经济组织的实证研究

（一）南—北区域一体化的兴起和发展

20 世纪 80 年代中期，世界经济发展出现了具有现代意义的全球化现象，各国经济相互依赖、相互渗透日益加深，阻碍生产要素在全球自由流动的各种壁垒逐步削减。80 年代中期以来，尤其是冷战结束以来，世界经济全球化加速发展，成为世界经济发展的一股不可逆转的潮流。

在经济全球化的大背景下，地区经济一体化进程明显加快，程度明显加深。80 年代中期以来，地区经济一体化组织数量大增，发达国家经济一体化程度日益加深、规模不断扩大，发展中国家也再次掀起了区域经济一体化高潮——成立或复活了许多南南型区域经济一体化组织。更引人注目的是，在世界各主要地区，出现了由经济发展水平悬殊的发达国家与发展中国家共同组建的各种类型、不同层次的区域经济一体化集团或组织。“世界上第一个最典型的南北型区域经济一体化集团——北美自由贸易区（NAFTA）已于 1994 年 1 月在美洲正式启动；在亚洲、太平洋地区一带有区域经济一体化性质的亚太经合组织（AFEC）已在运行，并向一个南北型区域经济一体化方向发展。”

（二）南—北区域一体化的实证效应

南—北区域经济组织中，北美自由贸易区是最具代表性的经济组织，所以，关于南—北区域经济组织的实证研究主要是以北美自由贸易区为案例。“北美自由贸易区（NAFTA）是迄今为止已经建成的第一个南北型区域经济一体化组织。总的来说，NAFTA 是成功的，较大地促进了该地区贸易、投资和经济的增长，并且正在扩大它的

范围，逐步向近乎覆盖整个西半球国家的美洲自由贸易区（FTAA）演进。”值得关注的是，墨西哥作为发展中国家成员从 NAFTA 中获益颇多，为发展中国家参与区域经济一体化提供了许多经验和启示。

关于 NAFTA 的实证研究主要体现在三个方面。两个方面是由 Brown，Deardorff 和 Stern（1992），Roland-Horst，Reinert 和 Shiells（1992）采用 CGE 模型研究在不完全竞争条件下，规模收益递增时区域内公司的行为。其中 Brown，Deardorff 和 Stern（1992）假定公司制定价格高于平均价格，而 Roland-Horst，Reinert 和 Shiells（1992）假定公司制定价格等于平均价格。第三方面的研究是由 Bachrach 和 Mizrahi（1992）采用比较简单的模型，假定完全竞争和规模收益恒定。所有这些研究都证明 NAFTA 对成员国都有益处，但是收益的程度非常宽泛。Bachrach and Mizrahi 模型得到最小的收益，其中，加拿大的收益不显著，美国和墨西哥的 GDP 提高了 0.32%；Roland-Horst，Reinert and Shiells 模型得到最大的收益，美国是 2%～3%，加拿大为 10.57%。最大的收益者是墨西哥，它作为小国通过开放市场、出口农产品和劳动密集型产品获得很大的益处。而且通过建立自由贸易区，锁定了墨西哥改革开放的经济制度，这对于墨西哥来讲，非传统经济收益是难以计算的。

关于北美自由贸易区对区域内贸易额、吸引外资、就业的影响，研究机构和学者都进行了一定的实证研究。从 1994 年 1 月北美自由贸易协定开始实施到 1998 年三国间贸易额至少增长了 2 倍，1997 年，墨西哥超过日本成为美国货物和服务的第二大市场，仅次于加拿大。至此，形成了完整的三角贸易区，墨西哥和加拿大彼此成为第三大贸易伙伴，列美国和欧盟之后（Naomi Adelson，1999）。加利福尼亚大学洛杉矶校区的学者同时还对北美自由贸易协定对就业的影响进行了实证研究。他们采用一个局部均衡模型对平均就业进行分析，该模型假设需求与生产力固定不变，有意夸大了对就业的负面影响。分析报告指出，在 1990 年至 1997 年间，由于自墨西哥的进口，美国 30 万人失业；同期，由于自加拿大的进口，美国 45.8 万人失业，平均每年 9.4 万人失业；尽管如此，在造成大批失业的同时，90 年代每月仍能创造大约 20 万的就业机会（Raul Hinojosa et al.，2000）。有些学者对北美自由贸易协定对外资的影响也采用计量经济模型进行了实证研究。研究发现，从 1990 年到 1998 年，投入到墨西哥的外国投资增长了 3 倍，从 299 亿美元增长到 833 亿美元。向美国的投资份额从 64.2% 下降到 61.8%；从 1994 年到 1998 年期间，每年流入墨西哥的外资达到 102 亿美元，比 1990 年增加 127%（Edward W. Graham 和 Erika Wada，2000）。

1. 南—北区域一体化对墨西哥的经济影响

评估北美自由贸易协定的总体影响方面，墨西哥可能受的影响最大。20 世纪 90 年代以后，墨西哥保持了平均 5% 的经济增长，贸易与投资也迅速增长。墨西哥对贸易的依赖度从 1983 年的 19.7% 上升到 1999 年的 58.7%，墨西哥从石油生产为主的国家成为以制造品出口为主的国家。劳动力以高速从农村流出。1960 年，超过一半的墨西哥劳动力是农业人口，产出约占 GDP 的 16%；到 1999 年，墨西哥的农业人员约占 22%，产出仅占 5%（Michele Veeman，2001）。

首先，NAFTA 对墨西哥贸易的影响。在出口方面，加入 NAFTA 以后，随着美国和加拿大对从墨西哥进口产品的限制逐步取消，墨西哥向这两个国家的出口不断增加。如表15.5.2所示，1993－2000年，墨西哥对美国和加拿大的出口均有不同程度的增加，特别是对美国的出口增长十分明显，由431亿美元增加到1 476亿美元，7年里增长了2.4倍。同期，对美国的出口占墨西哥总出口比重也由83%上升到89%，增加了6个百分点。目前，墨西哥成为了仅次于加拿大和日本的美国第三大供应商。同期，墨西哥对加拿大的出口也由15亿美元增加到33亿美元，也增长了两倍多。目前，加拿大已成为墨西哥的第二大出口市场。

表15.5.2　　墨西哥对美国和加拿大的出口

10亿美元,%

年份	总出口	对美国出口		对加拿大出口	
		金额	比重	金额	比重
1993	51.9	43.1	83.0	1.5	3.0
1994	60.9	51.9	85.3	1.5	2.4
1995	79.5	66.5	83.6	2.0	2.5
1996	96.0	80.7	84.0	2.2	2.3
1997	110.4	94.5	85.6	2.2	2.0
1998	117.5	103.3	87.9	1.5	1.3
1999	136.4	120.4	88.3	2.5	1.8
2000	166.4	147.6	88.7	3.3	2.0

资料来源：国际货币基金组织：《贸易方向统计》有关各年

在进口方面，按照北美自由贸易协定的要求，墨西哥的国内市场也要逐步向美国和加拿大开放。随着墨西哥国内市场的开放，来自美国和加拿大的进口也在增加。如表15.5.3所示，1993－2000年，墨西哥来自美国和加拿大的进口均有不同程度的增加，特别是来自美国的进口增加迅猛，由465亿美元增加到1 276亿美元，增幅接近2倍。同期墨西哥来自加拿大的进口由约12亿美元增加到40亿美元，占墨西哥总进口的比重也有所上升。

表15.5.3　　墨西哥来自美国和加拿大的进口

10亿美元,%

年份	总进口	美国		加拿大	
		金额	比重	金额	比重
1993	65.4	46.5	71.2	1.2	1.8
1994	79.3	47.0	71.8	1.6	2.0
1995	72.4	54.0	74.5	1.4	1.9
1996	89.5	67.6	75.6	1.7	1.9

续表

年份	总进口	美国		加拿大	
		金额	比重	金额	比重
1997	109.8	82.2	74.8	2.0	1.8
1998	125.4	93.4	74.5	2.3	1.8
1999	142.0	105.2	74.1	3.0	2.1
2000	174.5	127.6	73.1	4.0	2.3

资料来源：国际货币基金组织：《贸易方向统计》有关各年。

其次，NAFTA 对墨西哥利用外资的影响。任何区域经济一体化都可能带来一定的投资效应，NAFTA 也不例外。根据有关学者的研究结果，NAFTA 的成立吸引大量的外资涌入墨西哥，其对墨西哥吸引外资的影响是积极的。迈哥斯·布姆斯姆（Magnus Blomstrom）和（Ari Kokko）通过研究后，发现北美自由贸易区成立前后流入的外国直接投资增长很快，对墨西哥的经济影响显著。亚历克斯·E·费尔南德斯通过研究也发现北美自由贸易区给墨西哥带来巨大的外资效应。加入 NAFTA 给墨西哥带来的外资流入效应可分为两个方面：首先是区内外资的增加，即来自美国和加拿大资本的增加。随着 NAFTA 投资自由化规则的实施和服务业的开放，为占领墨西哥的国内市场，大量的美国和加拿大的资本涌入墨西哥。墨西哥的廉价劳动力对这两个国家的资本有很大的吸引力。另外是区外资本的进入。由于墨西哥与美国和加拿大市场的逐步一体化，NAFTA 以外的企业为分享北美统一大市场的好处，避开北美自由贸易区原产地原则所设立的贸易壁垒，便把墨西哥作为进入北美统一大市场的“切入点”，而在墨西哥大量投资设厂。这便是所谓的“关税工厂”。

在墨西哥利用的外资中，绝大部分来自于美国和加拿大，特别是美国。根据墨西哥驻美国使馆“贸易与 NAFTA”办公室的统计，1994－2000 年来自美国和加拿大的外资占墨西哥外资总额的 68% 以上。随着外资流入规模的不断扩大，外资在墨西哥经济发展中起到了很重要的作用。

2. 南—北区域一体化对发达国家经济的影响

南北型区域经济一体化虽然使参加国都不同程度地受益，但因现有的和可预料的时期内形成的南北型区域经济一体化集团普遍以发达国家为主导和核心，他们对集团的运行机制和规则具有更多的发言权和影响力，因而，发达国家受益的程度更大。具体而言，参加南北型区域经济一体化集团会使发达国家获得如下好处：

第一，发展中国家成员贸易壁垒的削减或拆除，有利于发达国家成员获得更稳定、可靠的商品销售市场，从而减轻发达国家之间日益加重的市场竞争和保护主义压力。

第二，发展中国家投资壁垒的削减或拆除，使发达国家成员获得更可靠的资本和技术输出市场，进而支持其相对疲软的经济增长率，缓解日益加剧的结构性失业压力。

第三，随着发达国家之间经济摩擦和竞争的加剧，与发展中国家组建区域经济集团，有助于发达国家凭借集团力量增强竞争实力。

第四，南北型区域经济一体化为发达国家跨国公司的发展提供更为广阔的空间和更为有利的条件，从而成为发达国家经济发展的重要推动因素。

以 NAFTA 为例，Roland-Horst 和 Reiner，Shiells 通过实证得出结论，美国与两个相对小国结成关税同盟，虽然会由于减少从区域外的国家进口而产生贸易转移，但是，这种贸易转移效应相对于区域带来的竞争效应要小的多；Brown，Dearorff 和 Stern 通过实证得出，NAFTA 带来的规模经济效应将扩大区域的贸易量和提高福利水平。

南北型区域经济一体化在总体上推动发达国家经济发展的同时，也必然促使发达国家进一步分化。发达国家分别参加不同的区域集团以及发达国家在所参加的经济集团中获得利益的不均衡，均会使他们的经济发展条件差别扩大。

3. 南—北区域一体化对世界经济的影响

Brown，Dearorff 和 Stern 采用模型证明 NAFTA 将会对区域外国家产生溢出效应，贸易转移效应非常小，可以忽略不计。从理论上看，南北型区域经济一体化这种新型的国际经济合作组织形式符合世界范围生产力发展的客观要求，因而必将大大推动世界经济的发展。首先，由经济发展水平、资源条件、经济结构不同的发达国家和发展中国家组成的南北型区域经济一体化组织或集团的发展，有利于各类国家实现优势互补，使国际分工合理化，进而促进世界经济的发展。其次，区域内各种贸易壁垒的拆除，商品流动的自由程度大大提高，贸易创造与贸易转移效应使区域内部贸易量增大，区域内成员国的经济增长速度提高，必然导致对原料、资本、技术及劳务的需求增加，从而推动集团内外贸易的增长，使国际贸易量增加。国际贸易的发展，又将成为推动世界经济繁荣的重要因素。第三，发达国家的商品、资本和技术流向发展中国家的数量将会不断扩大，从而进一步推动发展中国家经济成长，从而使整个世界经济更富活力。第四，南北型区域经济一体化的发展将促使世界不同发展层次的国家之间进行宏观经济政策协调，进一步加大国家之间的融合程度，使世界和平共处。南北型区域经济一体化的出现，标志着世界经济一体化发展进入新阶段，必将推动世界经济一体化和全球化的进程，从而促进世界各国、各民族的联系与合作，促进世界的和平与发展。

四、南—南区域一体化的实证研究

从 20 世纪 50 年代起，发展中国家之间就酝酿发展区域经济一体化。1960 年，最早的两个南南型区域经济一体化组织——中美洲共同市场和拉丁美洲自由贸易联盟——正式诞生。到目前为止，发展中国家间已经建立起 100 多个区域性经济集团。其中，比较著名的有：拉丁美洲的中美洲共同市场、南方共同市场、加勒比共同体、安第斯条约集团、非洲的西非经济共同体、南部非洲发展共同体、亚洲的东南亚国家联盟等。

发展中国家最初组建区域性经济集团时，企图通过发展区域内贸易和经济合作来实现工业化和经济发展。但是，近半个世纪的实践证明，发展中国家的区域经济一体化并没有达到预期的目标，更没有取得像发达国家区域经济一体化那样的成功。正如兰厄默和谢默之所总结的，“至今还找不到一个发展中国家的区域一体化促进了发展的例子”。罗布森在总结非洲区域经济一体化的效果时也指出：“事实上情况就是如此，非洲的贸易集团几乎没有一个是成功的。从发展贸易和加快增长看，大多数集团都未能产生立竿见影的、重大的效果"。

（一）南南型区域经济一体化的静态效应

关于不发达国家之间组成的区域经济组织的数量实证研究，其假设是完全竞争条件和规模收益恒定的条件，消费者在不同的国家消费差异产品。Deaton 和 Muellbauer 采用了理想的需求系统（AIDS），Armington（1969）采用恒定弹性替代函数对区域经济组织对成员国的影响进行了研究。

衡量区域经济一体化实际效果最基本的标志是其贸易创造效应和贸易转移效应。表 15.5.4 反映的是主要发展中国家区域性经济集团内部贸易额的变动情况，从该表可以看出，即使不扣除贸易转移效应，各个发展中国家区域性经济集团的内部贸易增加值也是微不足道的，有的甚至还有一定程度的下降。

表 15.5.4　　南南型区域性经济集团的区内出口占该区总出口的比重

%

年份 区域性经济集团	1970	1980	1985	1990	1994	1995	1996	1997	1998
拉丁美洲									
中美洲共同市场	26.0	24.4	14.4	15.3	16.7	14.1	15.7	13.0	14.5
南方共同市场	9.4	11.6	5.5	8.9	19.2	20.3	22.7	25.4	25.1
加勒比共同体	4.2	5.3	6.4	8.1	4.1	4.5	13.2	13.8	17.1
安第斯条约集团	1.8	3.8	3.2	3.8	10.5	11.8	10.4	10.1	11.9
非洲									
西非经济共同体	2.9	10.1	5.5	7.8	8.7	9.4	8.9	9.7	10.8
南部非洲发展共同体	4.2	0.4	1.4	3.1	8.5	10.9	11.4	11.4	10.2
亚洲									
东南亚国家联盟	19.7	16.9	18.4	18.7	22.7	23.1	22.9	22.2	20.4

资料来源：世界银行．1999 世界发展指标．北京：中国财政经济出版社，2000.

南南型区域经济集团的区内贸易比重增长有限，有些甚至是下降的。如上表 15.5.4 所示，在 20 个主要的南南型区域经济集团中，1970－1998 年增长幅度最大的是南方共同市场，为 15.7%，另两家为加勒比共同市场和安第斯集团，分别增长了 12.9% 和 10.1%；区内贸易比重增长幅度超过 10% 的只有 3 家，占南南型区域经济集团总数的 15%。其中，区内贸易比重增长幅度在 1%～10% 之间的只有 4 家，占 20%；区内贸易比重增长幅度在 1%～5% 之间的也只有 5 家，占 25%。也就是说，在 20 个主要的南南型区域经济集团中，有近一半的区内贸易比重几乎没有增长甚至下降，区内贸易比重增长幅度在 5% 以下的达到了 65%，区内贸易比重增长幅度在 10% 以下的达到了 85%。显然，就一般而言，南南型区域经济一体化并没有带来区内贸易的较大增长，有 25% 的南南型区域经济集团的区内贸易比重甚至是下降的。

Dorose（1995），Lewis 和 Robinson（1996）进行实证得出，AFTA 的贸易创造效应超过贸易转移效应，区域的整体福利水平将会提高。Dorose 设计的模型没有考虑多边贸易体系给 AFTA 带来的效果，而 Lewis 和 Robinson 考虑了乌拉圭回合对区域的影响，并采用 AIDS 需求体系和内生模型进行了研究。他们的研究结论是建议 AFTA 推动多边贸易自由化替代区域自由化。Lewis，Robinson 和 Wang（1995）实证了亚太自由贸易区，发现贸易转移效应相对下降。其中，东亚国家和日本能够获得实质性效应，四个小国享受的福利少于 0.5%。Hinojosa-Ojeda，Lewis 和 Robinson（1995）使用了当初研究 NAFTA 的模型，主要集中研究农产品和劳工移动问题。结果表明，成员国将会得到很大的经济利益，但对于福利水平的影响不能确定。Years（1997）对南锥体市场进行了实证研究，通过采用比较优势指数方法分析，区域内的贸易模式需要调整。Amjadi 和 Winters（1997）采用 CGE 模型证明成员国将会从区域中获得利益。

尽管一些南南型区域经济一体化的内部贸易有所增长，但有关的研究结果表明，这种内部贸易的增加一般不是贸易创造效应带来的，而是来自于贸易转移。例如：1976 年，威尔默分析了中美洲共同市场的一体化效应，他发现中美洲共同市场对非耐用品有明显的贸易转移作用。

（二）南南型区域经济一体化的动态效应

国外许多学者对发展中国家区域经济一体化的动态效应，如规模经济效应等，也进行了量化分析，比较一致的看法是，发展中国家区域经济一体化的动态效应同静态效应一样不明显。例如：1979 年，威尔默在分析中美洲共同市场的动态效应时指出，中美洲共同市场鼓励寡头垄断行为（如瓜分市场），而不鼓励专业化和规模经济。1979 年卡诺伊探讨了拉美区域经济一体化的动态效应，1980 年皮尔逊和英格拉姆分析了加纳和科特迪瓦的动态效果，他们分析得出的结论是南南区域一体化未能增加规模经济的预期效果。

总之，无论从静态收益还是从动态收益来讲，发展中国家区域经济一体化的实践都不是十分成功的。这是国际学术界关于南南型区域经济一体化实践的普遍结论。正如罗布森在考察南南型区域经济一体化时所指出的："对第一次区域经济一体化浪潮（系指传统南南型区域经济一体化）中一体化运作进行的详细研究显示的是一派失败景象，只有少数区域化动议完全兑现了贸易自由化和财政与关税协调的承诺。即使是成功实施了一体化计划的例子，大多数也都未能在集团内贸易扩展、区域内专业化分工和提高增长率这三个方面有很大提高。"

五、发达国家为主的区域经济一体化比发展中国家为主的区域经济一体化成功的原因

在区域经济一体化组织蓬勃发展的今天，并不是所有的区域组织都取得了预期的理想效果。根据实践的效果发现，北—北区域合作与南—北区域合作运行的比较成功，而南—南合作发展比较缓慢，效果不太理想。究其成功的原因和失败的教训，可以从以下几个方面进行分析：

(一) 以发达国家为主的区域一体化组织运行成功的原因

以发达国家为主的区域一体化组织运行成功的原因主要在于以下三点。(1) 成员国之间的发展水平比较接近，并且发展水平较高。发展水平接近的成员国组成区域组织，彼此都不会成为负担，而且由于发展水平较高，可以在某些产业可以通过生产差异性产品，在重叠需求的推动下，实现规模经济，彼此都在规模经济决定下的贸易结构下获得利益。(2) 发达国家之间易于在宏观经济政策领域实现协调。由于成员国之间发展水平接近，在宏观经济政策目标的设定上易于取得一致，成员国政府在相互谈判协调贸易政策、汇率政策等方面容易取得满意的成果。这不仅有利于降低合作的成本，还有利于成员国之间实现微观层面的合作，推动一体化的深化。(3) 发达国家之间的一体化容易形成共同市场。亚当·斯密曾说过，市场的大小决定了分工的程度，分工的程度决定了效率的高低。发达国家一般都具有完善的市场体制，政府对经济的干预程度较低，如果成员国之间降低了关税壁垒，商品在区域内完全自由地流动，就会自然形成共同的市场，而市场激发出的效力，是任何政府决策所不能替代的。因此，共同的市场将会对一体化的发展起到巨大的推动作用。

(二) 发展中国家之间进行区域合作发展缓慢的原因

发展中国家之间的合作相对不太成功，主要在于三个方面的原因。(1) 发展水平较低，缺乏贸易合作的基础。作为反映一国各产业部门之间相互关联、相互依存的产业结构方式，不仅显示了一国的经济发展水平，而且也是一国对外贸易的主要影响因素。发展中国家之间的合作，由于彼此发展水平较低，产业结构存在类似性，难以形成产业间贸易，同时，又由于发展水平低，难以生产差异产品，成员国间不能形成产业内贸易。(2) 发展中国家市场狭小，难以形成紧密的国际分工。发展中国家常常采用封闭经济体制，长期压抑形成了狭小的市场，即使从封闭转向开放，难以很快实现规模经济，分工的程度受到限制。发展中国家往往主要以劳动密集型、资源密集型产品为主，受技术和资本的限制难以实现深加工，成员国之间不能形成紧密的分工模式。(3) 成员国对区域的依赖度较低。成员国发展水平较低，缺乏合作的空间，贸易创造效应降低；大多发展中国家从发达国家寻求广泛的市场，形成垂直产业分工和水平产业分工综合的贸易分工模式，因此，发展中国家之间的合作贸易创造效应较小，贸易转移效应加大，整体的经济效应不明显。

第六节 区域经济一体化与多边贸易体系的关系

关于区域经济一体化与多边贸易体系的关系是一个需要长期进行探讨的问题，国外学者对此问题的研究在于两个方面：一是自由贸易区对多边贸易体系的影响；二是多边贸易体系对自由贸易区的影响。下面分别从这两个方面对国外学者的研究进行了梳理。

一、自由贸易区对多边贸易体系的影响

现在已有超过150个区域贸易协定正在实施，世界上绝大多数国家至少参加了其中之一。决策者往往认为这些贸易措施对一个更加“全球化”的世界起到了积极效果。但在经济学界，仍存在关于区域主义后果的重大分歧。目前关于区域主义的争论有两个

方面。一个是关于特惠贸易集团对世界贸易流向和福利的直接影响；另一方面是在非歧视的基础上，他们对激励进一步自由化的影响。巴格瓦蒂（Bhagwati，1993）也分别提到这些作为“静态”和“动态”的时间路径问题。以往的研究表明自由化首先影响对外关税。肯南和 Riezman（1990）发现在进入一个自由贸易区后国家倾向于减少其对外关税。理查德森（1993）表明，由于进口从外部转移到自由贸易区伙伴，各国政府可能会降低对外关税，以减轻关税收入的负面影响。巴格维尔和 Staiger（1999）表明，贸易条件的变化构成了一个降低对外关税的额外力量。

其他作者认为，国家进入自由贸易区，也有理由提高他们的非优惠关税。Cadot et al.（1999）用一个政治经济模型分析这个问题，葛罗斯曼和 Helpman（1994）认为，在形成一个双边自由贸易协定中，一个成员国可能会减少它的对外关税。但是，如果一般均衡效应通过工资率起作用时非常强，其他成员国的对外关税可能上升。然而，葛罗斯曼和 Helpman 和 Krishna 认为对外关税是由外部确定的。因此，他们需要一个自由贸易协定的政治可行性——实际的贸易转向，但是在这里并不可行，所以对外关税是内生的。Levy（1997）使用了一个框架，其中选民对于决定贸易体制非常重要。他表明，一个双边协定对于成员国的选民可提供不成比例的收益，因此削弱了它们对一个可行的多边贸易协定的支持。麦克拉伦（McLaren，2002）集中于谈判成本和特定行业的投资效益的作用。他发现，一个预期的贸易集团通过诱导其成员国彼此的专业化，往往减少成员国源自多边自由贸易的出口收益。结果，区域优先权可能就削弱了成员国对于多边自由化的优先权。克利（1998），是另外一个研究区域主义的“静态”和“动态”问题的学者。在一个相同的环境下，他认为贸易转向自由贸易协定能够促使生产者破坏可行的多边贸易协定的政治可行性，因为生产对于决定贸易体制很重要，原因是，后者会破坏贸易、转移自由贸易区却创造的租金。

二、内生自由贸易协定与多边贸易体系的关系

Emanuel Ornelas 在 2005 年对内生自由贸易协定与多边贸易体系的关系进行了深入的分析。在他发表的论文中，主要评价了自由贸易区（FTAs）对世界贸易体系的影响。他使用了寡头政治经济模型，其中自由贸易区成员国的外部关税和形成自由贸易区的决定都是内生决定的。在这种情况下，他指出自由贸易区主要是有利于多边贸易体系。首先，这一结论基于自由贸易区促使其成员国政府降低外部关税，并非常重视自由贸易区成员国之间乃至与非成员国的贸易。然而，他指出在不考虑其政治动机的情况下，政府将只赞同福利改进协定，结果，自由贸易区的成员同样受益于批准的协定。最后，发现通过减少特殊利益准则在政府的贸易体制决定中的作用，自由贸易区也倾向于加强在多边水平上的进一步自由化。

（一）分析框架

1. 基本框架

假设有 $n \geqslant 3$ 个国家和两个部门，一个竞争者（X）和一个寡头（Q）。所有商品都是同质的，生产规模报酬不变，并规定只有劳动（L）作为投入。假设生产一单位的 X 需要一单位劳动力，而生产一单位 Q 需要 $c>0$ 单位劳动力。然后，选择 X 作为基数，

任何多元化生产达到均衡需要工资设定为一。各国技术水平相同，并且劳动供给是缺乏弹性的。因此，贸易的结果只能来源于 Q 部门的垄断行为。

在每一个国家有 $n \geqslant 1$ 个寡头厂商。他们在每个国内市场中竞争，假定各国市场是被分割的。在每一个市场，国内和国外公司的唯一的区别是由于存在着特定的进口关税，后者面对一个额外成本。进口关税应以一个无歧视的方式设定，除非该国在一个自由贸易区中。这里没有一般性的损失，因为在不存在自由贸易区时，跨国公司的成本对称性意味非歧视政策是这个模型的均衡结果。因此，成本对称性使得世贸组织要求的非歧视包含在这个模型中。

在每一个国家有一个代表性的消费者，他的偏好可以被表示为一个拟效用函数 u 和二次非直线部分。这会产生一个对寡头垄断商品的线性需求，表示为 $P(Q) = A - Q$，其中 Q 表示加总的消费，$P(Q)$ 表示对于寡头垄断商品的市场的逆需求，并且 $A > c$。该国对于平衡贸易的竞争品的需求由消费者的预算约束决定：$X = L - QP(Q) = L - (AQ - Q_2)$。

这个结构在区域主义著作中是相对标准的，它最近已经被采用，例如：克利（1998 年）和弗瑞德（2000）。不过，在这里对使用的框架进行的一个基本的讨论是合适的。在目前的背景下，从寡头垄断的角度来看是有益的，因为它避免了极端的结果，这种结果往往出现在对完全竞争条件下的自由贸易协定的分析中。在完全竞争条件下，在内部自由贸易和原产地规则下消费价格的差异可能导致一些部门的生产者把它所有的产出运往自由贸易区的其他成员国（如格罗斯曼和 helpman 1995）。反过来，这又可以刺激自由贸易区成员彻底消除他们的一些对外关税（理查德森 1993）。这些极端结果不会出现在这里。

从寡头垄断的角度来看，也符合最近的实证。在世界市场上即使是较小的贸易集团也能明显地影响外界。这个事实虽然不符合完全竞争的情况，但是与国际市场中流行的寡头行为和市场分割完全一致。

此外，市场细分和不变的边际成本意味着每个公司的销售决定都是独立的。这将确保在没有贸易协定时每个政府选定的关税是不受其他地方关税影响的，使 N 国市场的均衡相互独立。这使从“母国”角度处理的整体分析有实际效果。

2. 所得（Payoffs）

假设国民福利（W）定义为消费者剩余（CS），关税收入（TR）和生产者利润（π）的总和。后者加总了国内厂商在当地市场（Πl）与国外市场（ΠROW）的利润之和。同样定义当地福利也是有用的，它是国民福利和出口利润之差：$Wl = W - \Pi ROW = CS + TR + \Pi l$，当地福利完全由国内关税确定。相反，出口利润则完全依赖于外国的关税。

像 Grossman 和 Helpman（1994）定义政府的偏好是政府收到价值一美元的“贡献”就会增加多于一美元的国民福利。用一个常数 $b \geqslant 0$ 代表政府对于捐款的偏好程度，相对于国民福利，政府的支出可以表示为：

$$G(t, \{tj\}, C) = W(t, \{tj\}) + bC$$

其中，t 代表该国的非歧视特定关税，忽视自由贸易协定的可能性，并且 $\{tj\}$ 表示对世界其他地方采用的关税水平。

反过来，寡头垄断行业的净报酬相当于其跨市场的利润总额减去给当地政府的贡献：

$$V(t,\ \{tj\},C) = \Pi(t,\ \{tj\}) - C$$

因此在 N 国的每个市场的均衡都不受其他市场均衡的影响，每个国家的关税都是给定的。简单表示为：

$$G(t,C) = W(t) + bC \text{ 和 } V(t,C) = \Pi(t) - C$$

3. 均衡关税和贡献

寡头垄断行业将贡献作为一种工具来影响政府的关税选择。为避免不必要的并发症，马吉和罗德里格—克莱尔（1998）模型将这个游说过程表现得就像一个在行业和政府之间的简单的讨价还价问题。

图 15.6.1 说明了这个问题。它显示行业和政府的无差异曲线在面 $t \times C$ 中。如果 t 增加或者 C 下降，行业收入增加。相反，当 C 增加或者 t 接近 t^*，政府的收入增加。t^* 是使国民福利最大化的关税，即该国的最优关税。讨价过程的分歧点对应于不存在游说的均衡点。在这种情况下，没有贡献（$C = 0$），政府设置的关税为 t^*，同时政府和行业获得他们的保留收入：$G_0 \equiv G(t^*, 0) = W(t^*)$ 和 $V0 \equiv V(t^*, 0) = \prod(t^*)$。如图 15.6.1，无差异曲线上的任何一点记为 G_0（V_0）使政府（行业）在他的保留效应上。

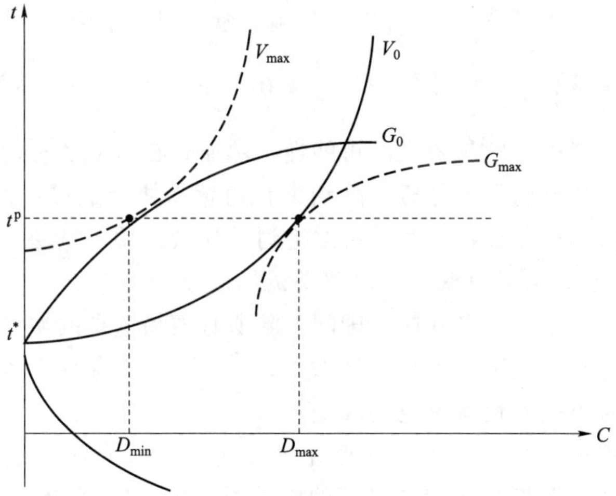

图 15.6.1 行业和政府之间的讨价还价

自然地，双方的收益都会增加，除非他们的无差异曲线是相切的。在谈判过程中为了获得效率，固定行业收益为 V，可得 $G(t, -V) = W(t) + b[\Pi(t) - V]$。当关税这个表达或等量时，效率可以获得。此时满足：

$$Max Wl\ (t) + b\Pi l\ (t)$$

因此 V 是常数，并且出口利润受到当地关税选择的影响。称这样一个关税为“政治关税”，把他表示为 tp。

在图 15.6.1 中，有一个内部解决隐含假设—政治关税的一阶条件为：

$$\frac{dCS(t)}{dt}+\frac{dTR(t)}{dt}+(1+b)\frac{d\prod^{l}(t)}{dt}=0$$

在这种情况下，政治关税是严格增加的。但是，由于这个情况没有提供进一步真知灼见，为明确起见，限制分析的情况，在此政治关税是非禁止的，这个等式需要 $b<1/2n$。

注意政治关税只保证讨价还价过程的效率。相反，贡献简单的重新分配行业和政府之间的讨价还价剩余。当政府没有获得讨价还价剩余时，就只能获得它的保留收益 G_0，C 可以表示为：

$$C_{\min}=[W^{l}(t^{*})-W^{l}(r^{p})]/b$$

在这种情况下，游说只是一种工具，为寡头垄断行业从消费者那里提取盈余，此时均衡贡献仅仅补偿政府的福利成本，这个成本是由次最优关税创造的。相反，当政府获得谈判过程中整个盈余，寡头垄断行业只能获得其保留效用 V_0，C 就表示为：

$$C_{\max}=\prod^{l}(t^{p})-\prod^{l}(t^{*})$$

在这种情况下，游说只是一种手段，为政府从消费者那里提取盈余。

更加一般的情况是，均衡贡献在两个极端值之间。让 α 和 $1-\alpha$ 分别表示政府和行业的讨价还价力量，对于任意 $\alpha\in[0,1]$，均衡贡献可以表示为：

$$\hat{C}(\alpha)=\alpha[\prod^{l}(t^{p})-\prod^{l}(t^{*})]+(1-\alpha)[W^{l}(t^{*})-W^{l}(t^{p})]/b$$

到现在为止，已忽视了贸易协定的可能性。然而，在自由贸易协定中政治关税和均衡贡献的决定完全类似于前面的分析，除约束自由贸易协定成员国间关税为零。因此，在这种情况下，政府和行业会在对外关税之上讨价还价适用于从协定之外的国家进口。

（二）自由贸易区，对外关税和世界贸易流

一个自由贸易区就是一个在其成员国间消除所有贸易壁垒的协定。在这节中，分析了一个一般的自由贸易区的影响，它包括 $M\geqslant 2$ 个成员，影响涉及其成员国均衡对外关税以及随之而来的对于世界贸易流通的改变。

随后，M 表示根据自由贸易协定均衡评价的变量。为了方便分析，将国家分为两组：$M\in[2,N-1]$ 表示预期的自由贸易区的成员国，$N-M$ 为没有加入自由贸易区的国家。让 t_{int} 和 t_e 分别表示政府对于来自预期的 $M-1$ 个贸易伙伴国的进口关税和来自 $N-M$ 个外部国家的进口关税。当不存在自由贸易区时，政府选择 t_{int} 和 t_e，在这种情况下，成本的对称性意味着均衡时 $t_{int}=t_e=t^p$。相反，在自由贸易协定下 $t_{int}=0$ 而 t_c 是自由选择的，在这种情况下，均衡时 $t_c=t_M^p$。因此，由于自由贸易协定的改变对应于约束为 $t_{int}=0$ 的均衡调整。

每个公司 j 在本国的销售量 $q^j(t_c,t_{int})$ 由 t_{int} 和 t_c 同时决定，在 q 中采用的 h，m 和 f

分别确定以国内公司在本国市场的销售量，贸易伙伴国的公司在本国市场的销售量和外部国家公司在本国市场的销售量。简化符号，让 $q_M^j(t_c)=q^j(t_c,0)$ 和 $q^j(t_c)\equiv q^j(t_c,t_c)$ 分别表示在实施和不实施自由贸易协定情况下公司 j 的在本国市场的均衡销售量。[为滥用符号道歉，没有自由贸易协定时，指一种“外部”关税 t_c]。其他变量采用的类似符号还取决于关税。

命题 1 表明在形成一个自由贸易协定时成员国如何改变其对外关税。

命题 1

一个自由贸易协定促使其每一个成员国对非成员国降低对外关税，降低得越多，自由贸易区就越大。

证明

对于 t_c 的一阶条件是：

$$\left(\frac{dU}{dQ}\frac{dQ(t_c,\ t_{int})}{dt_c}-P(t_c,t_{int})\frac{dQ(t_c,t_{int})}{dt_c}-\frac{dP(t_c,t_{int})}{dt_c}Q(t_c,t_{int})\right)+n$$

$$\left[(N-M)\left(q^f(t_c,t_{int})+t_c\frac{dq^f(t_c,\ t_{int})}{dt_c}\right)+(M-1)t_{int}\frac{dq^m(t_c,\ t_{int})}{dt_c}\right]+n(1+b)$$

$$\left[(P(t_c,\ t_{int})-c)\frac{dq^h(t_c,\ t_{int})}{dt_c}+q^h(t_c,t_{int})\frac{dP(t_c,\ t_{int})}{dt_c}\right]=0$$

使用来自附录 A 的表达（A1）（A2）（A3），由于 $dU/dQ=P$，这个表达式可以重写为：

$$\left[(N-M)[q^h(t_c,\ t_{int})-t_c]\left(1-\frac{n(N-M)}{1+nN}\right)-(M-1)[q^h(t_c,\ t_{int})-t_{int}]\frac{n(N-M)}{1+nN}\right]+$$

$$\left[-t_c(N-M)\frac{(1+nM)}{1+nN}+t_{int}(M-1)\frac{n(N-M)}{1+nN}\right]+\left[(1+b)q^h(t_c,\ t_{int})\frac{n(N-M)}{1+nN}\right]+$$

$$\left[bq^h(t_c,\ t_{int})\frac{n(N-M)}{1+nN}\right]=0$$

发展这个表达式，经过一些巧妙变化，可以得到：

$$[1/2+n(1+b)]q^h(t_c,t_{int})+n(M-1)t_{int}-(1+nM)t_c=0 \tag{15.6.1}$$

接下来，由于内部关税的外生下降导致外部关税下降，当且仅当：

$$\frac{dt_c}{dt_i}=\frac{n(M-1)+[1/2+n(1+b)]\partial q^h(t_c,\ t_{int})/\partial t_{int}}{(1+nM)-[1/2+n(1+b)]\partial q^h(t_c,\ t_{int})/\partial t_{int}}>0 \tag{15.6.2}$$

从表达式（a3）看，如果

$$(1+nN)(1+nM)>[1/2+n(1+b)]n(N-M) \tag{15.6.3}$$

则（15.6.2）公式中的分子是正的，因而其分母是正的。

因为 $b<1/2n$，不等式（15.6.3）认为，因此如果 t_{int} 降低，对外关税将下降。

为了证明假设中的第二个观点，并以此作为将来的参考，把整治关税作为 t_{int} 的一个函数。在没有自由贸易协定时，$t_{int}=t_e$ 和（15.6.1）变成：

$$t^p=[1/2+n(1+b)]q^k(t^p)/(1+n) \tag{15.6.4}$$

相比之下，在自由贸易协定条件下，$t_{int}=0$ 和（15.6.1）变成：

$$t_M^p=[1/2+n(1+b)]q_M^h(t_M^p)/(1+nM) \tag{15.6.5}$$

理查德森（1993）和巴格维尔用一个完全竞争的框架获得了类似命题 1 的结果。他们强调，在一个自由贸易区条件下，分别是关税收入和职权贸易条件促使政府降低对外关税。弗瑞德（2000）和 Saggi（2003）也获得了类似的结果，在一个寡占市场设定线性需求，但政府福利最大。这里，在一个类似的模型中，当涉及到政治经济时，认为其结果是可以保留的。

其实，政治经济势力实际上加强了命题 1 中提到的互补性关税。那是什么原因呢？第一，t_c 的提高把市场份额从国外公司转向国内生产者，增加后者的利润。然而，对于给定的 t_c 贸易增加国内竞争并降低当地物价，从而减少国内公司的标价。因此，相对于其他条件，在自由贸易协定条件下，那些取决于从国外市场到国内市场的市场份额都会使国内企业产生较少利润。那就是，当利润从国外市场向国内工业转移时，自由贸易区降低了对外关税效益。这削弱了政府的边际激励，以提高 t_e。

此外，注意，这个"战略效应"被政府的政治经济观点所夸大，因为较高的政治偏见促进作用获利，在确定关税时，加强了利润转移的动机。

进一步指出，增加当地物价，更高的 t_c 使得消费者盈余转向生产者盈余，只要 $b>0$ 在确定关税时他们起了更重要的作用；但对任意给定的 t_c 时，自由贸易协定降低的国内本地销售，却不能更有效地提高国内公司利润。因此，自由贸易协定也会降低对外关税由消费者的盈余转给国内生产者盈余的效率。从而软化以及政府的边际"贡献"来刺激 t_c 的提高。

在一般需求状况下，这个原因不值得考虑。特别是当 $[P(t_c)-c]dq^k(t_c)/dt_c>[P_M(t_c)-c]dq_M^k(t_c)/dt_c$ 成立时，削弱贸易战略，在稳定条件下，$P(t_c)>P_M(t_c)$ 成立，独特的需求结构相对于 $dq^k(t_c)/dt_c$ 来说 $dq_M^h(t_e)/dt_c$ 不是太大，相似的，如果 $q^h(t_c)dP(t_c)/dt_c>q_M^k(t_c)dP_M(t_c)/dt_c$ 成立时，自由贸易区弱化了分配效应，在稳定条件下 $q^h(t_c)>q_M^k(t_c)$ 成立时，特殊需求结构条件下，相对于 $dP(t_c)/dt_c$ 来说，$iP_M(t_c)/dt_c$ 不是太大。

现在，因为这两个战略和分配的动机与政治参数 b 成比例，削弱这些保护主义势力下的一个自贸协定表明，在对外关税下降应该与参数 b 成正比等。命题 2 证实了这一点。

命题 2：自由贸易区成员政府政治动机越强时，降低对外关税的程度较深。

证明：

这个命题的观点可以用 $d(t_M^p-t^p)/db<0$ 来表示。设表达式（15.6.1）的左边为 $FOC(t_c,t_{int})$，让 $FOC(t_c)\equiv FOC(t_c,t_e)$ 和 $FOC_M(t_e)\equiv FOC(t_e,0)$。求得 $FOC_M(t_M^p)=0$ 的微分，可以得到：

$$\frac{dt_M^p}{db} = -\frac{dFOC_M(t_M^p)/db}{dFOC_M(t_M^p)/dt_c} = -\frac{d\prod_M^l(t_M^p)/dt_c}{SOC_M(t_M^p)}$$

其中 $SOC_M(t_M^p) \equiv dFOC_M(t_M^p)/dt_c$ 对于 dt^p/db. 有类似的表达式。用这些表达式可以得到：

$$\frac{d(t_M^p - t^p)}{db} = -\frac{1}{SOC_M(t_M^p)}\frac{d\prod_M^l(t_M^p)}{dt_c} + \frac{1}{SOC(t^p)}\frac{d\prod^2(t^p)}{dt_c} \tag{15.6.6}$$

对于已经给定的 t，从（15.6.1）A3 可以得到 $SOC_M(t_c) = SOC(t_c) = -k$，其中，$k>0$ 是不变的。更重要的是，可以从企业的一阶条件得到 $q^j(t_c, t_{int}) = [P(t_c, t_{int}) - c - t_i]$，因此，个体企业利润 j 可以用 $\pi^j(t_e, t_{int}) = [q^j(t_e, t_{int})]^2$ 表示。因此，用（A3），（15.6.6）可以重新写成：

$$\frac{d(t_M^p - t^p)}{db} = \frac{2}{k}\frac{n(N-M)}{1+nN}[q^k(t_M^p, 0) - q^k(t^p, t^p)] \tag{15.6.6′}$$

$q^k(t_e, t_{int})$是增长的。然后，根据定理 1 中的 $t_M^p < t^p$，由（15.6.6′）得到 $d(t_M^p - t^p)/db < 0$。

命题 2 意味着，在一个自由贸易区下，尽管更容易受到特殊利益影响，但政府是倾向保护主义，他们更倾向于降低对外关税。

发生这种情况，是因为在增加国内市场利润时，自由贸易区使得对外关税的增长成效较小。同时，战略和分配方面也暗示出了这一点。所以，政府和寡头市场发现相对于以前，自由贸易区环境制定较低的关税是最佳的，但是，因为战略和分配方面的软化和政治参数 b 是成比例的，对外关税下降的幅度比 b 上升的幅度要大。

征收对外关税是影响自由贸易区贸易流的关键因素。从非成员国出口商的角度来分析，由两个相反方向的驱动因素：一个是可以免除政治集团关税的自由贸易区的严厉竞争；另一个是取决于对外关税减少的夸大市场。命题 3 表示后者是支配前者的。因此，自由贸易区产生了总体贸易创造。

命题 3

自由贸易区产生了全球贸易创造：世界贸易扩大和非双边贸易流是减少的。更特别的是，自由贸易区对贸易流的影响有以下几方面的影响：自由贸易区的贸易流严格增长、自由贸易区成员和非贸易成员之间贸易流严格增长、自由贸易区非贸易成员的贸易流保持不变。

任意选区两个自由贸易区成员国家，一个国家向另一个国家的销售量从 $nq^h(t^p)$ 变为 $nq_M^h(t_M^p)$。因为关税在以前和自由贸易区成立以后都是严格正的，从（A3′）（A3″）中，我们可以得到结论。

选取一个成员国家和一个非成员国家。因为自由贸易区外的关税不变，前者也不会向后者出口寡头市场商品。另一方面，从非成员国向成员国的出口量从 $nq^f(t^p)$ 变为 $nq_M^f(t_M^p)$。用（A.3′）和（A.3″），可以得到：

$$q_M^f(t_M^p) - q^f(t^p) = [(n+1)t^p - (1+nM)t_M^p]/(1+nN) \tag{15.6.7}$$

这个可以从 $nq_M^f(t_M^p) > nq^f(t^p): t_M^p/t^p < (1+n)/(1+nM)$ 中得到。用（15.6.4）和（15.6.5）下面的这个不等式成立

$$\frac{(1+n)q_M^k(t_M^p)}{(1+nM)q^k(t^p)} < \frac{1+n}{1+nM} \Leftrightarrow q_M^h(t_M^p) < q^h(t^p)$$

可以把不等式重新写为 $q_M^k(t_{MO}^p) > q^h(t^p)$，因为在上述观点中 $q^k(t_e, t_{int})$ 是在增长的，这个不等式成立。因此 $nq_M^f(t_M^p) > nq^f(t^p)$。

因为关税在自由贸易区外是不变的，所以这个结果一般情况下是成立的。

命题3中（i）（iii）是相对直接的，但是（ii）不同，（ii）支持一个假设，那就是自由贸易区可以组成一个贸易理论的可靠形式，尽管有不公平的特点。如果重新写（15.6.7）：

$$q_M^f(t_c^p) - q^f(t^p) = [(1+n)(t^p - t_M^p) - n(M-1)t_M^p]/(1+nN) \qquad (15.6.7')$$

影响非成员国进口的两个相对驱动因素变得更加清晰。第一个因素是（15.6.7′）中方括号的平方是正效应，而这个效应取决于对外关税，然而第二个因素是取决于不公平的负效应。在目前环境下，前者比后者更重要。总之，把对外关税看成外生定量，把自由贸易区转向其他领域。但是从（15.6.7′）中看到这些是一样的：如果保持对外关税定量。

（三）自由贸易形成的内生因素

迄今为止，考虑了自由贸易区的外生因素，现在讨论一下政府愿意执行自由贸易协定的条件。

一个自由贸易区影响政府两个因素：国家财富和政治贡献。在财富上面的影响是模糊的。另一方面，自由贸易增加消费者剩余，这是因为对内关税的消除和对外关税的降低。另一方面，较低的贸易壁垒趋于降低关税收入。自由贸易区对国内市场利润影响也是模糊的：在当地市场，贸易保护的降低产生了低利润；相比之下，对其他国家的免税则增加了出口利润。

这个模糊的优惠自由化的财富首先是被 Viner（1950）提出来的，是一个很知名的理论。文中特别指出，给定自由贸易区的外生变量的影响需要建立在一个一个实例基础之上，就像在下面指出的，一旦我们严格分析那些潜在成员国政府想要执行的自由贸易协定，那个模糊影响就会消失。

在指出这些之前，让 $Y_{\Delta M} \equiv Y_M - Y$ 表示自由贸易区形成的随机变量 Y 的均衡变化。因为自由贸易区的政治关税的变化由政府政治偏见 b 决定，$Y_{\Delta M}$ 将取决于 b。这个期望值就是在最优关税的时候 Y 的估计值。在那个特殊情况下，定义这个变化为 $Y_{\Delta M}^* \equiv Y_M(t_M^*) - Y(t^*)$。

现在，就像 Maggi 和 Rodriguez-Clare（1998）提出的一样，假定政府可以选择是否进入自由贸易区。在没有自由贸易协定的情况下，政府的均衡支出是 $G(t^p, \hat{C}) = W^I(t^p) + \prod^{ROW} + bC$。类似的，在给定自由贸易区的情况下，国家政府的均衡支出是 $G_M(t_M^p, \hat{C}_M) = W_M^I(t_M^p) + \prod_M^{ROW} + b\hat{C}_M$。假定政府支持参与自由贸易区，则：

$$G_{\Delta M} \equiv G_M(t_M^p, \hat{C}_M) - G(t^p, \hat{C}) = W_{\Delta M}^I + \prod_{\Delta M}^{ROW} + b\hat{C}_{\Delta M} > 0 \tag{15.6.8}$$

相比之下，自由贸易区促进财富增长，则：

$$W_{\Delta M}^I + \prod_{\Delta M}^{ROW} > 0 \tag{15.6.9}$$

式（15.6.8）、式（15.6.9）的特点表明了当政府决定是否同意进入自由贸易区的时候，政府的政治性投机没有作出合适的动机。因为它不仅考虑了自由贸易区的财富影响，还考虑了由于协定而产生的贡献的变化。为了更准确地查明政治偏见是如何影响政府，从而使他有意加入自由贸易区的，一方面需要分析自由贸易区对贡献均衡的影响，$\hat{C}_{\Delta M}$。在自由贸易区下用表达式（2.5）和它类似的表达式可以得到

$$\hat{C}_{\Delta M} = \alpha[\prod_{\Delta M}^{l} - \prod_{\Delta M}^{l*}] + (1-\alpha)[W_{\Delta M}^{l*} - W_{\Delta M}^{l}]/b. \tag{15.6.10}$$

首先，考虑到那些由自由贸易区决定的寡头工业的当地利润的下降是如何受到参数 b 影响的。

定理 1：自由贸易区使得国内工业当地利润减少的程度越大，政府的政治偏见就越大。

证明：定理中的观点可以写成 $d\prod_{\Delta M}^{l}/db \equiv d(\prod_{M}^{l} - \prod^{l})/db < 0$。因为参数 b 只是通过对政治关税的影响而影响当地利润的，我们可以得到：

$$\frac{d\prod_{\Delta M}^{l}}{db} = \frac{d\prod_{M}^{l}(t_M^p)}{dt_e}\frac{dt_M^p}{db} - \frac{d\prod^{l}(t^p)}{dt_e}\frac{dt^p}{db} \tag{15.6.11}$$

可以从命题 2 得到：$dt^p/db > dt_M^p/db$ 和 $d\prod^{l}(t^p)/dt_e > d\prod_{M}^{l}(t_M^p)/dt_e$。从（15.6.11）们可以得到 $d\prod_{\Delta M}^{l}(b)/db < 0$。

继续分析政府的政治偏见 b 通过对政治关税的决定的影响从而改变财富对自由贸易区的影响。

命题 4：自由贸易区使得成员国的财富增长的越多，政府的政治偏见越大。

证明：自由贸易区对成员国的财富影响是 $W_{\Delta M} = W_{\Delta M}^{l} + \prod_{\Delta M}^{ROW}$。因为自由贸易区没有改变本国在国外市场的国内利润，所以 $\prod_{\Delta M}^{ROW} > 0$ 总是成立，但是，在同伴的市场的利润是增长的。然而，$\prod_{\Delta M}^{ROW}$ 只取决于国外政治条件。因此，命题中都要求 $W_{\Delta M}^{I}$ 应该随着 b 的增长而增长。参数 b 通过对政府关税的影响而影响当地财富。因此，没有自由贸易区时，我们可以得到：

$$\frac{dW^l(t^p)}{db} = \frac{dW^l(t^p)}{dt_e}\frac{dt^p}{db} \tag{15.6.12}$$

根据定义，政治关税满足一阶条件 $t_c, dW^I(t^p)/dt_c + b[d\prod^{l}(t^p)/dt_e] = 0$，可以重新写（15.6.12）

$$\frac{dW^l(t^p)}{db} = -b\frac{d\prod^l(t^p)}{dt_e}\frac{dt^p}{db}$$

一个类似的表达式在自由贸易区存在的情况下成立，因此得到：

$$\frac{dW^l_{\Delta M}}{db} \equiv \frac{dW^l_M(t^p_M)}{db} - \frac{dW^l(t^p)}{db} = b\left[\frac{d\prod^l(t^p)}{dt_c}\frac{dt^p}{db} - \frac{d\prod^l_M(t^p_M)}{dt_c}\frac{dt^p_M}{db}\right]$$

$$= -b\frac{d\prod^l_{\Delta M}}{db} > 0 \qquad (15.6.13)$$

其中，不等式从推论 1 可以得到。

命题 4 指出，当初的贸易扭曲程度越大时，自由贸易区的成员国的净财富利益就越大，因为在那种情况下，协定在调解这些扭曲中起的作用是很重要的。在自由贸易区下，这个效应是从策略软化和分配动机两方面来影响的，并且这两个方面都是与参数 b 成比例的。它组成了财富获得的一方面，不论是否 $b>0$ 这个财富又增加了协议的模糊的财富影响。

现在估计 $\hat{C}_{\Delta M}$是可能的，同时，分析政府参与自由贸易区的意愿。

命题 5：自由贸易区减少了政府的收入。这导致了政府将不会支持减少财富的自由贸易区。然而，他会组织增长财富的自由贸易区的产生；任何 $W_{\Delta M} \in (0, -b\hat{C}_{\Delta M})$，这个都会发生。

证明：推论 1 指出，$d\prod^l_{\Delta M}/db < 0$。所以，对于任何 $b>0$，$\Pi^l_{\Delta M} < \Pi^l_{\Delta M}$ 和 (15.6.10) 中第一个方括号一定是负的。相似的，命题 4 中指出，$dW^l_{\Delta M}/db>0$。所以，对于任何$b>0$，$W^{l*}_{\Delta M} < W^l_{\Delta M}f$。(15.6.10) 中第二个方扩号一定也是负的。因此 $\hat{C}_{\Delta M}<0$。这个隐含着 (15.6.9) 左边比 (15.6.8) 左边的要大；因此，$not-(15.6.9) \Rightarrow not-(15.6.8)$。因为只有 (15.6.8) 成立时政府才支持自由贸易区，但是只有满足 (15.6.9) 自由贸易区才能产生财富增长，政府绝对不会支持那些减少财富的自由贸易区。

另一方面，即使自由贸易区会增长国家的财富，政府也会反对。在 $W_{\Delta M} \in (0, -b\hat{C}_{\Delta M})$时，这个才会发生，在这种条件下，(15.6.9) 成立，但是 (15.6.8) 不会成立，因此，这个造成的损失足以让政府反对那些能产生财富增长的自由贸易区。

命题 5 指出，相比于社会最佳选择的情况，很少有环境使得自由贸易区受到支持。这取决于政治：因为政府总会补偿那些它创造的政策扭曲，不会内化这些扭曲。所以，政府忽视那些有关贸易扭曲软化的自由贸易的积极作用。

然而，政治不能把那些减少财富的自由贸易区转变为可实施的策略。那些潜在的贡献损失已经使政府留神小心，使得政府避免形成这种在减少财富的自由贸易区。实际上，$\hat{C}_{\Delta M}<0$，对于形成一个自由贸易区来说，提升财富不只是一个动机，也是一个必要条件。

命题 5 的一个潜在限制是在政府同意自由贸易区时 $G_{\Delta M}>0$，它通过游说支持或反对自由贸易区而避免了寡头市场，那就是，只有在给定贸易政权条件下政府才能游说市场。然而，即使工业游说支持或反对自由贸易区，命题的主要信息也是不会改变的。原因是，不论寡头市场是否可以从财富减少的自由贸易区内有所收益，它发现使得政府同意这个贸易协定的成本也太大了。在那种情况下，企业还得支付额外的$(-G_{\Delta M}/b)$来使得政府同意自由贸易区。但是，这将使得企业有净支出（$W_{\Delta M}/b+\prod_{\Delta M}$），当$W_{\Delta M}<0$它是负的。因此，减少财富的自由贸易区是不易执行的。相似的，当自由贸易区增加了国家的财富，对于寡头市场来说，劝说政府改变它的位置也不占优势。因此，增长财富的自由贸易区不是在所有场合而是某些场合才可执行的。因此，在命题5中允许寡头市场游说政府反对自由贸易区不会造成任何基本改变。对于这一点，把具体条件和证明留在附录里解释。

命题5，联合推论1，给我们一个完整执行自由贸易区的财富理论。命题5指出，政府只会同意那些能使本国财富增长的协议。推论1肯定自由贸易区授益了外部国家。因此，如果自由贸易区是有效的形成的，那么它将授益所有国家。

推论2：当自由贸易区形成后，所有国家都受益。

在目前这样的情况下，政府可以影响贸易条件，可以针对策略利用关税，由于受政治的影响，推论2看起来有点差异。然而，它是推论1中对外关税的减少的结果，这个推论使命题3得以产生，它也是对于保护的策略和分配动机的弱化，命题5的动力。

特别的，与 Grossman 和 Helpman（1995）和 Krishna（1998）开始讨论推论2。然而，那些作者都暗示自由贸易的有害性趋于升高，推论2指出，当对外关税的内生量被考虑时，有政治动机的政府只是从每个国家的财富为立足点选择那些有用的自由贸易区。

（四）自由贸易区和多边自由化

推论2指出，只要考虑到自由贸易区的稳定效应，建立多边贸易区应该被认为是有益的。如果他们损害了多边自由贸易协定，那么这些协定对世界贸易系统就构成了一个威胁。现在，来解释一些这种可能，分析自由贸易区成员国是怎么改变政府的意愿而支持多边贸易区的。

接下来的理论，定义多边贸易协定为一项在世界范围内消除贸易壁垒的协议。在多边贸易区就不会再有贸易政策的决定。所以，在全球自由贸易条件先也不会有政治贡献。因此，用字母“FT”表示在这种情况下的变量，在多边贸易区下政府的支出变成$G_{FT}=W_{FI}^{l}+\prod_{FT}^{ROW}$。

就像在自由贸易区中的分析那样，政府在决定是不是支持多边贸易区的时候考虑国家财富和政治贡献。那就是说，政府当且仅当全球自由贸易促进自己均衡支出时才支持多边贸易区。

当国家不是自由贸易区的成员国时，这个条件可以写成：$G_{FT}>G(t^{p},\hat{C})$，或者

$$W_{FT}^{l}+\prod_{FT}^{ROW}-W^{I}(t^{p})-\prod^{ROW}-b\hat{C}>0 \tag{15.6.14}$$

在这种情况下，多边贸易区增加国家的财富：

$$W_{FT}^{l} + \prod_{FT}^{ROW} - W^{l}(t^{p}) - \prod^{ROW} > 0 \tag{15.6.15}$$

因此，就像分析自由贸易区一样，当分析多边贸易区时政府不会选择正确的激励。所以，不论自由贸易是否会促进国家财富都会有一个没有效率的决定。但是政府并不想自由多边化。这两项限制在

$$W^{l}(t^{p}) + \prod^{ROW} + b\hat{C} \geqslant W_{FT}^{l} + \prod_{FT}^{ROW} > W^{l}(t^{p}) + \prod^{ROW} \tag{15.6.16}$$

情况下成立。

(15.6.16) 条件能够成立是因为左边和右边不同，$b\hat{C}$ 是严格正的。因此，这只是因为政治贡献上的损失，这个损失也是政府没有作出支持多边贸易这个有效决定而造成的。

一个自由贸易区影响了政治贡献和国家财富。所以，它改变了政府制定关于多边贸易无效的决定的条件之一。在自由贸易区，这个条件变为：

$$W_{M}^{l}(t_{M}^{p}) + \prod_{M}^{ROW} + b\hat{C}_{M} \geqslant W_{FT}^{l} + \prod_{FT}^{ROW} > W_{M}^{l}(t_{M}^{p}) + \prod_{M}^{ROW} \tag{15.6.17}$$

条件 (15.6.17) 能够成立是因为左边和右边的不同，$b\hat{C}_{M}$ 是严格正的。

虽然有自由贸易协定，但政治经济因素构成了阻碍才不增长的多边贸易区执行的原因。然而，就像下一个命题表示的，自由贸易区降低了那些无效决定发生的范围。

命题 6 自由贸易区降低了政府阻碍通过多边贸易增长财富的这一参数的范围。

证明：在没有自由贸易区的情况下，政府阻碍了有利于增长财富的多边贸易区，所以，(15.6.16) 条件成立；在自由贸易区下，则条件 (15.6.17) 成立。在任何一种情况下，每个条件的左边和右边的不同给出了政府作出这个无效决定的范围。因此，在没有自由贸易区情况下，无效的范围用 $b\hat{C}$,表示，然而在自由贸易区下变为 $b\hat{C}_{M}$。因此，当且仅当 $\hat{C}_{M} - \hat{C} = \hat{C}_{\Delta M} < 0$ 时，自由贸易区缩小了无效范围，而这个条件在命题 5 中已被证明。

命题 6 指的是，当评估一个贸易协定时，政府认为，其对国家的福利和政治捐款中，后者是引发低效的首要决定因素。不过，根据自由贸易区的战略和分配效应，可以通过诱导更低捐款来削弱“政治”在贸易政权中的决定作用。因此，为支持一个商会，在政府的标准中，福利增益相对于特殊利益更受到重视，政府努力使之达到更接近效率的标准。

命题 6 描述的规模效应取决于模型的参数，特别是政府的政治偏见 (b) 和议价 (α)。假定 $N=(A-c)=10$，$M=2$ 和 $n=1$，$C\triangle M$ 作为 b 的一个函数，对三种不同的值 α (0，½ 1)。正如数字显示其在减少政治捐款方面的作用，从而为决定支持 mta 在减少效率低下，当 b 很低时几乎是不太相关，但随着 b 上升而增加。原因是贸易扭曲的减少和因此捐款的减少，形成一个自由贸易区后，是成正比的参数 b (命题 2)。此外，政府自份额讨价还价的盈余所得与其讨价还价的能力成正比，贡献减少与 α 呈正相关。

命题 6 描述的结果与所谓的“自行车理论”说明相似，这表明，今天的部分贸易

自由化有利于将来的进一步自由化。据 Staiger（1995）——理论初步形成——最初自由化是一个逐步的诱导具有特定行业技能的工人远离保护产业的过程。事后，这些工人失去特定行业技能，因此，他们在保护部门失去获得租金的能力，从而减少阻力，以进一步自由化。这里，在一个截然不同的背景下，可得到非常相似的推理：局部自由化（自贸区形式）降低特殊利益和作为实现进一步自由化的重要装置。

命题6也与马吉和罗德里格斯克莱尔（1998）改进的理论相关。他们确定在何种情况下，政府可寻求一项贸易协定，以避免低效投资决定，而政府不赔偿。在这里，贸易协议（自贸区形式）可阻止经济效益决定以及不就投资选择、但就阻挠福利完善商会。

相比之下，其他作者像征（1997）和克利（1998），在对进一步的多边自由化政治生存能力的优惠协定的效果评价时，发现结果与命题6呈鲜明对比。两种方法论因素可以解释这种差距。第一是优惠安排的对外关税效应，在这里它发挥了重要作用但并不在其框架内。此外，在征和克利的模式，私人代理（中位数选民在前者，垄断行业在后者）唯一负责确定贸易制度，但没有为政府留下任何的积极作用。在这里，相比之下，政府和垄断行业的互动用以确定每一个贸易体制下的政治平衡，在考虑贸易协定会如何影响政治平衡以后，政府将决定自己的命运。

Emanuel Ornelas 通过分析得出这样的结论：政府加入自由贸易区后将降低其对外关税。关税减少促进了自由贸易区成员和外界之间更大的贸易流动，对后者的歧视体现在自由贸易区，这一创造的贸易一定对外部国家有好处，但成员国的福利在原则上、在一般性的安排上会降低。不过，尽管按其政治动机，政府只支持该自由贸易协定提高本国的福利，因此，当一个自由贸易区真正实施，每一个国家从中都有所得。此外，在多边基础上，在减少障碍以促进自由化方面，自由贸易区也能发挥作用，从而有助于铺平全球自由贸易。因此，自由贸易协议往往会在很大程度上有利于世界贸易体系，就像他们的“静”与“动”的效果一样。

然而，应当指出，在所提框架内，在地域文学的标准上，几个方面是程式化的。尤其在成本和需求中，该功效构成了公认的重要限制。举例来说，如果呈现显著非线性，对外关税可能不会随着自由贸易协定而降低。然而线性情况构成一个简单而自然的基准，它对建立一种假设是有用的。此外，对外关税随着自由贸易区的崛起，它也将受到制度规则的制约。毕竟，世界贸易组织会利用这些安排绕过以前关税约束和提高对外关税来排除成员自由贸易区。

三、多边贸易体系对区域一体化的影响

（一）相关的文献综述

自从关贸总协定1947年成立以来，世界贸易系统经历了重大的自由化进程，例如，制造业商品的平均从价关税已经从那时的40%降到现在的不到5%。近年来，世界各国通过持续的谈判保持了在多边水平上的合作——现在是在世界贸易组织的帮助下，世界贸易组织于1995年创立，并把关贸总协定扩展到了新的领域——一些国家已经越来越主动地参加到区域水平或者特惠水平的贸易自由化中了。结果，现在有超过200个的区

域贸易协定在执行，其中一些目前正在进行全球范围内谈判。

就像 Grossman 和 Helpman（1995a），Bagwell 和 Staiger（1999a）所指出的，这些分配的动机倾向于使得全球自由贸易——会最大化世界总的效率——不能够达到，即使是在一个充分合作的世界，原因很简单，因为一个在政治上有动机的政府不会仅仅把经济效率作为他们唯一的目标。在这样一个背景下，对于一个协定，这些国家之中的子集国家之间相互取消进口关税，就像它们参加特惠贸易协定中所做的一样，那么这个协定将会降低总的贸易壁垒，同时又会提高贸易歧视，前者的效应往往会提高总的效率，而后者则会降低总的效率。这两重相反的作用已经成为关于特惠自由化的未解决争议的核心。

一些作者认为，把一些组成特惠贸易协定的国家的对外关税作为内生给出看作一个习惯是不足的。毕竟，这些关税运用到各种不同产品的进口上的收益和成本一般是相互依赖的，并且这些相互依赖是很显著的。Richardson（1993）第一个指出了一个自由贸易协定将会诱使成员国降低他们的对外关税。Bagwell 和 Staiger（1999）把这种运用到不同产品进口的关税之间的积极的关系称为“关税互补”。Bond et al（2004）和 Ornelas（2005）指出自由贸易区成员的对外关税的降低的幅度足以增强区域内国家和区域外国家之间的贸易。其他一些作者如，Krugman（1991），Cadotetal（1999），认为也可能存在促使对外关税更高的力量，特别是当一体化采取关税同盟形式时。Levy（1997）和 Krishna（1998）分析了特惠贸易协定的成立是倾向于推动还是阻碍全球自由化的前景。有趣的是，Levy 和 Krishna 运用的是很不同的分析框架，却得出了基本上一样的结论：特惠贸易协定会使得全球自由贸易不可行。因此，他们认为区域主义是多边自由贸易进程的“绊脚石”。

表面上看，这个结果看起来与 Bagwell 和 Staiger 的结论是不一致的。关于关贸总协定谈判规则效率的特点，他们认为遵循互惠原则的贸易谈判会得到一个有效率的多边贸易协定，从各国谈判政府的观点来看，只有在谈判遵循非歧视原则时才会得到。但是因特惠贸易协定本质上是歧视的，根据 Bagwell 和 Staiger（1999a），“特惠贸易协定会对现存的多边系统的效率特点产生一个威胁”。

（二）Emanuel Ornelas 关于多边贸易体系与自由贸易区的关系分析模型

大多数对于区域主义的分析是在没有多边合作的背景设置下进行的。这里则相反，考虑另一个极端，其中区域主义是政府在多边水平上充分的合作。这意味着将考虑这样一种背景设置，即多边关税用来最大化各国政府的联合收益。当不存在特惠贸易协定时，这条规则可以运用到所有关税；当有其中一部分国家参加一个特惠贸易协定时，这条规则则运用到仍然不受特惠贸易协定约束的国家的关税。

为了强调区域主义在多边合作这么一个背景设置下发生，第一部（它的目标是为了估计由特惠贸易协定引起的对全球福利从而对约束的冲击）只是简单地假设各国政府在给定他们的偏好的情况下，能够谈判出一个有效率的多边协定。在后边的第六部分，我们将研究跨各国的分配问题，在分析中介绍一个特别的谈判过程。

1. 基本结构

考虑一个含有 3 个国家、N 种商品的竞争的模型。为了突出贸易转移的可能性，我们做了一个“自然进口者”假设，在这个假设中，对于在这三个国家中的同一价格，自然进口者国家从另外两个国家进口问题商品。

我们使用 Grossman 和 Helpman（1994）所用的对偏好和技术的假设。消费者有拟线性目标函数，用 $U = x_0 + \sum_{k=1}^{N-1} u_k(x_k)$ 表示。所有的商品在规模报酬不变条件下生产，商品用 $x1, \cdots, xN-1$ 表示，需要劳动力和特定行业要素来生产，而 $x0$ 则只需要劳动力。定义 $x0$ 作为计价物，工资率设置为一个单位。在这种结构下，部门 $x0$ 吸收了所有一般均衡类型的效应，有效地使得剩下的 $N-1$ 个部门相互独立。这就可以使我们仅需集中分析其中的一个部门。假设在这样的一个部门自然进口者是 1 国，称为本国。

在 I 国，在分析中特殊部门所使用要素的所有者所获得的租金用 $\prod_i(p_i)$ 表示 i = 1，2，3，其中 p_i 表示 i 国的国内价格。该商品在 i 国的供给可以这样给出：$S_i(p_i) = \prod'_i(p_i)$，并且具有正的斜率，即 $S'_i(.) > 0$，$i = 1,2,3$。自然进口者假设要求对于任何 p° 有 $S_1(p^\circ) < S_j(p^\circ)$，其中 $j=2$，3。假设需求函数是跨国家对称的，且具有负斜率，即 $D(p_i) = (u')^{-1}(p_i)$，$D'(.) < 0, i = 1,2,3$。本国的进口由 $M(p_1) = D(p_1) - S_1(p_1)$ 决定，而 $E_j(p_j) = S_j(p_j) - D(p_j)$ 定义了 j 国的出口，$j=2$，3。进口函数 $M(.)$ 是递减的，而出口函数 $E_j(.)$ 是递增的，即，$M'(p) = D'(p) - S'_1(p) < 0, M'_j(p_j) = S'_j(p_j) - D'(p_j) > 0$。

2. 贸易政策工具和市场均衡

我们集中在进口关税，除去出口补贴。然而，在这里考虑不考虑出口补贴是不重要的，因为我们考虑的是各个国家合作地选择多边贸易政策。就像 Grossman 和 Helpman（1995a）、Bagwell 和 Staiger（2001）所指出的，只有净关税，即进口关税减去相应的出口补贴，对于谈判才具有重要性。因此，每一个进口关税都能够被简单地解释为它相应的净关税。

本国从 j 国进口的特殊关税用 τ_j 表示，这三个国家的联系价格的套利条件是：

$$p_1 = p_j + \tau_j,\ j = 2,3$$

假设 τ_j 并不是极高。更进一步，市场必须是出清的，所以本地的均衡价格满足（运用套利条件）：

$$M(\hat{p}) = \sum_{j=2,3} E_j(\hat{p} - \tau_j) \tag{15.6.18}$$

其中，$\hat{p}$ 表示本国的本地均衡价格。

在目前的假设中，在理论意义上，没有一个国家是“小国”，并且存在从关税到价格的非完全传递。因此，如果本国增加对其他两个国家的任意一个国家的进口关税，那么它会造成本国的本地价格的上升，但是其增加值低于关税的上升的量。这可以从完全歧视的市场出清条件中得出：

$$M'(\hat{p})\left[\frac{\partial \hat{p}}{\partial \tau_i}d\tau_i + \frac{\partial \hat{p}}{\partial \tau_j}d\tau_j\right] = E'_i(\hat{p} - \tau_i)\left[\left(\frac{\partial \hat{p}}{\partial \tau_i} - 1\right)d\tau_i + \frac{\partial \hat{p}}{\partial \tau_j}d\tau_j\right] +$$

$$E'_j(\hat{p}-\tau_j)\left[\frac{\partial\hat{p}}{\partial\tau_i}d\tau_i+\left(\frac{\partial\hat{p}}{\partial\tau_j}-1\right)d\tau_j\right],\ i,\ j=2,3 \tag{15.6.19}$$

使得 $d\tau_i=0$，则该表达式被重新排列为：

$$\rho_j(\tau_i,\ \tau_j)\equiv\frac{\partial\hat{p}(\tau_i,\ \tau_j)}{\partial\tau_j}=\frac{E'_j(\hat{p}-\tau_j)}{E'_i(\hat{p}-\tau_i)+E'_j(\hat{p}-\tau_j)-M'(\hat{p})}\in(0,1) \tag{15.6.20}$$

因为 $\rho_j(\tau_i,\tau_j)<1$，当它提高 τ_j 时，本国将会改善它对 j 国的贸易条件。一个类似的表达式可以被推导出：$\rho_i(\tau_i,\tau_j)\equiv\partial\hat{p}(\tau_i,\ \tau_j)/\partial\tau_i$。

3. 政府的目标

按照 Grossman 和 Helpman（1994）的意思，我们假设政府同时关心他们本国的国民收入和分配（政治）问题。然而，我们不像 Grossman 和 Helpman 所作的那样，建立模型来清楚地表示政府和游说集团的相互影响，而是采取一个降低了的形式来代表政府对于总福利和生产者剩余的权重的偏好。通过这样做，我们可以得到这样的解释，即对于生产着剩余额外的权重反映了政府对于来自于国内企业的游说活动的偏好。我们之所以采取这种更为简化的方式，是因为我们的研究不是集中在政治动机的来源，而是集中在产生的政策。

因此，政府的收益可以这样表示：

$$G_1(\tau_2,\tau_3)\ =\ W_1(\tau_2,\tau_3)\ +\ (\gamma_m\ -\ 1)\prod\nolimits_1(\tau_2,\ \tau_3) \tag{15.6.21a}$$

$$G_j(\tau_2,\tau_3)\ =\ W_j(\tau_2,\tau_3)\ +\ (\gamma_e\ -\ 1)\prod\nolimits_j(\tau_2,\ \tau_3),\ j\ =\ 2,3 \tag{15.6.21b}$$

其中，W_i 代表 I 国的国民收入，$i=1$，2，3，连续地，定义国民收入为本国的消费者剩余、关税收入和生产者剩余之和：

$$W_1(\tau_2,\ \tau_3)\ =\ \int_{\hat{p}(\tau_2,\ \tau_3)}^{\infty}D(p)dp\ +\sum_{j=2,3}\tau_jE_j(\hat{p}\ -\ \tau_j)\ +\ \prod\nolimits_1(\hat{p}(\tau_2,\ \tau_3))$$

$$W_j(\tau_2,\ \tau_3)\ =\ \int_{\hat{p}(\tau_2,\ \tau_3)-\tau_j}^{\infty}D(p)dp\ +\ \prod\nolimits_j(\hat{p}(\tau_2,\ \tau_3)\ -\ \tau_3),\ j\ =\ 2,3.$$

注意到分配同样的额外权重给生产者剩余，$\gamma_e-1\geqslant0$，与两个出口国家政府收益一致。这不是重要的，这种假设主要是用来减少符号标志。相反，这些权重是明显不同于用 $\gamma_m-1\geqslant0$ 表示的本国对于生产者剩余的额外的权重的。这就允许了出口者和进口者的政治影响，从而使得权重各自都不相同。

（三）多边合作

在缺乏多边合作时，每个国家的政府实行的贸易政策从不考虑其给世界各地造成的后果。现在，在对国民福利的定义中，收入分配不发挥任何作用。在此背景下，全球自由贸易的世界最大福利，界定为各国福利之和，并因此充当我们的效率基准。就另一方面，因为政府有政治动机，其联合赔率不是最大限度的自由贸易。因此，即使成本转嫁低效率的单边政策压制多边合作，自由贸易将仍然无法实现。因此，从这个角度上讲将有改进国家（和世界）福利的余地，即使政府在多边层次上完全配合对方。在这方面，有一种潜在的“退而求其次”的角色，为优惠贸易协定。

这一讨论表明，政府的成本转嫁动机驱动效率是重要的，从而制作自己的政治动机，而不能压制多边合作，可以消除多边贸易协定。这样做，非合作均衡为基准是有用的。

1. 非合作贸易均衡

在非合作均衡时，民间政府选择关税，以最大限度地增加其个人支出：

$$\Omega(\tau'_2,\tau_2^{pc}(\tau'_2)) = \Omega(\tau''_2,\ \tau_2^{pc}(\tau''_2)) + \int_{T''_2}^{T_2}\frac{d\Omega(\tau_2,\tau_3^{pc}(\tau_2))}{d\tau_2}d\tau_2 \qquad (15.6.22)$$

评价时，在平衡点，一阶必要条件（FONC）τ_3^n特点，dG_1（τ_2，τ_3）/$d\tau_3$ = 0，相当于

$$-D(\hat{p})\rho_3+\gamma_m S_1(\hat{p})\rho_3+\tau_2 E'_2(\hat{p}-\tau_2)\rho_3+\tau_3 E'_3(\hat{p}-\tau_3)(\rho_3-1)+E_3(\hat{p}-\tau_3)=0$$

用方程（15.6.18）和市场结算条件，这个表达式可以写成：

$$\begin{aligned}&(\gamma_m-1)S_1(\hat{p})\rho_3+\tau_3 M'(\hat{p})\rho_3-(\tau_3-\tau_2)E'_2(\hat{p}-\tau_2)\rho_3+\\&[(1-\rho_3)E_3(\hat{p}-\tau_3)-\rho_3 E_2(\hat{p}-\tau_2)]=0\end{aligned} \qquad (15.6.23)$$

假定二阶条件得到满足，（15.6.22）式隐含国家的非合作关税在给定 τ_2 时从第三国进口，记作 $\tau_3 n$（τ_2）。

四个不同因素形成 τ_3^n（τ_2）。第一是政治，由于较高 τ_3引起国内物价上涨，有利于国内生产者。因此，如果国内生产者的政治影响力比消费者大，如果 $\gamma_m > 1$ 将有更多的保护针对第三国。这种影响反映在（15.6.23）式还说明，由于 γ_m的给出，于是国内能够更有效地诱导其输出的保护作用较大。

2. 合作贸易均衡

现在描述一个多边合作的贸易均衡。正如 Grossman 和 Helpman（1995）假设政府可以讨价还价，效率超过其贸易政策。这说明各国收入分配与关税无关，由于随后的合作平衡带来一套只是最大限度的关税政府的联合这套政治效率关税，从而满足

$$\{\tau_2^{pe},\ \tau_3^{pe}\} = \arg\max_{\{\tau_2,\tau_3\}}\sum_{i=1,2,3}G_i(\tau_2,\tau_3)$$

（15.6.22）式中，FONC 特点 τ3pe 可以书面评价时，均衡价格为 $\hat{p}$。

$$\begin{aligned}&[(\gamma_m-1)S_1(\hat{p})\rho_3+(\gamma_e-1)S_2(\hat{p}-\tau_2)\rho_3-(\gamma_e-1)S_3(\hat{p}-\tau_3)(1-\rho_3)]+\\&\tau_3 M^1(\hat{p})\rho_3-(\tau_3-\tau_2)E'_2(\hat{p}-\tau_2)\rho_3=0\end{aligned} \qquad (15.6.24)$$

假定二阶条件是满足（在下一节我们提供了条件，以确保它），（15.6.24）式含蓄地界定了对于任何给 τ_2 政治效率关税对第三国的影响 τ_2，$\tau_3 pe$（τ_2）。

（四）多边合作条件下的区域一体化

完全的贸易协定限制了其成员可利用的贸易资源，从而影响到多边谈判的结果以及其福利。现在可以分析这些影响。首先说明如何在一个多边合作平衡的条件下，改变一

种产品的进口关税如何影响替代资源的进口关税。从此，指定国家 2 为本国的潜在伙伴，国家 3 代表在外的国家。因此，研究 $\tau_3^{pe}(\tau_2)$ 的作用。

命题 1 如果本国对进口国 2 的关税（τ_2）下降，其对进口国 3（τ_3）的关税也下降，尽管程度较轻。具体来说，$\rho/(1-\rho) < d\tau_3^{pe}(\tau_2)/d\tau_2 < 1$。

命题 1 概括总结了在非合作和合作环境中表现出来的关税互补效应。首先假定，其他的一切都为常数，τ_2 下降，S_2 增大，同时降低 s_1 和 s_3。较低的 τ_2 使得在政治上得到了从全国 2 生产者的支持，较高 τ_3 则更有效，同时减少了 3 国生产者的反对。最后这两种效应相结合。

τ_3 所产生的对进口货量低效率是不受 τ_2 变化影响的。相比之下，由于贸易歧视使得 τ_2 的变化改变了效率。在 τ_2 较低时，增加 τ_3 促进供应者的成本从低到高的变化，放大了贸易转移效应。

总结优惠贸易协定的福利影响，命题 1 表明，如果替代进口来源适用的关税保持固定，进口将减少，世界福利下降，这是消除关税的原因之一。命题 2 表示，在多边合作的环境下，对替代进口品适用关税引起进口减少，这是消除关税的原因之一。下一命题表明，这确实是如此。

命题 2 当国家选择多边贸易政策合作，与国家 2 形成 PTA，$\tau_2=0$，其针对进口国 3 的对外关税降至 $\tau_3^{pe}(0)$，根据这一套新的关税表明，全球福利的提高：$\Omega(0, \tau_3^{pe}(0)) > (\Omega)(\tau_2^{pe}, \tau_3^{pe}(\tau_)^{pe})$

$$\frac{d\tau_3^{pe}(\tau_2)}{d\tau_2} > \frac{b+d}{2b+c+d} = \frac{\rho}{1-\rho} \tag{15.6.25}$$

从命题 2 中看到，通过 PTA，全球福利水平得到提高。

因此，而具有固定对外关税的 PTA 降低了总体福利，命题 3 表明，关税互补下产生的多边合作扭转了这一局面：在满足不等式 15.6.26 的条件下，PTA 的产生使得对外关税下降从而提高了全球效率。结果如下：通过降低关税并对外开放，贸易歧视得到缓和，同时促进贸易自由化的水平，这种贸易自由化的水平在政治上是不可行的。在此期间，贸易多样化使得这种低效率有所缓解，贸易创造带来的利益有所增加。结果，在严格的非歧视条件下所不能得到的全球福利水平在区域一体化的条件下得到满足。

从规范的角度来看，这个结果支持了关贸总协定的第二十四条，这一条款要求 PTA 中的国家逐渐降低关税，以下的命题表明，在内部自由化程度更高的情况下，PTA 的形成对世界福利更为有利。

命题 3 当这些国家选择多边贸易政策合作并与国家 2 形成了 PTA 组织，则在这个组织中，随着内部自由化程度的提高，总体效率是增加的。

对于任意的 τ'_2，$\Omega(\tau''_2, \tau_3^{pe}(\tau''_2)) > \Omega(\tau'_2, \tau_3^{pe}(\tau'_2))$，例如：$\tau'_2 > \tau''_2 \geq 0$。

(15.6.26)

命题 3 表明，一旦考虑到对外关税大的变动，任何内部自由化都是有利的，并且内部的自由化程度越高，其总体效果越大。因此，如同关贸总协定的 24 条建议的一样，如果贸易集团被完全放开，那么区域一体化将最大程度上有助于经济效率的提高。

政治经济因素是如何影响前面的结果的，这也值得分析。毕竟，全球的自由贸易是不可能通过多边合作实现的，正是因为政府对保护主义压力的回应。但正如命题 5 所看出的，政府对进口竞争部门的反应越大，关税互补效应的效果越大，反过来说，更有效的区域一体化会更好地促进经济效率的提高。

命题 4　当国家选择多边贸易政策的协调，在进口品竞争的产业决策中影响得到加强，如 γ_m 所表示的：提高政治效率的关税、深化关税互补效应、强化 PTA 对总体经济效率的积极影响。

近几年，在政策圈中的新闻评论中常听到的保护主义的影响力越来越大，从而阻止了政府为提高全球贸易自由化的程度而进行的多边贸易谈判的趋势，这不利于多边贸易体系的发展。不过，即使这种评价是正确的，这种趋势带来的不利后果将至少部分抵销区域一体化的效果。正如命题 5 所表明的，当政府对于进口竞争国家的利益反应比较强烈时，优惠贸易协定的正面效果更大。

在这种情况下，去除 τ_2，意味着政府将要降低 τ_3，这不仅是因为互补性关税，而且还因为最惠国规则要求对进口国 3 的商品征收比政府预期更高的关税，这将增强优惠集团政策对全球福利的有利影响。如果 $S_2(\hat{p}_2)\rho_3 > S_3(\hat{p}_3)\rho_2$，我们得到 $\tau_2^{pe} < \tau_m fn < \tau_3^{pe}$。在这种情况下，因为互补性关税，虽然政府仍然想降低 τ_3，对于 *PTA* 来说，他们将不受最惠国待遇要求，τ_3 降得低于政府预期的约束。最后这一力量将减少政府降低 τ_3 的动力，因此也有利影响贸易区对全球福利。总体而言，本次论述表明，从全球经济的角度来看，当在不存在 PTA，最惠国待遇的规定具有约束力和强制执行的情况下，一个集团的成员可提供重要信息。

就另一方面，PTA，自由贸易区或关税同盟，是关键性的最终结果。关税同盟不同于自由贸易区，从自由贸易协议中，关税同盟的成员必须统一对外关税，而自由贸易区的成员必须执行原产地规则。但是，在目前的模式下，每一商品都是从其他两个进口国进口的，所以无论是自由贸易区或关税同盟下的对外关税均等都是多余的。也许正因为统一的对外关税，往往假定自由贸易区成员中比关税同盟更容易设定对外关税。这个问题对于分析 PTA 对全球福利的影响无关紧要，因为这里的多边合作意味着对外关税的设定都如同等式 15.6.24 中所描述的一样。PTA 的类别影响了跨国区域一体化在政治上的可行性和福利分配，针对这一点在下一段讨论。

（五）区域一体化的分配效应

如果研究区域贸易集团如何跨越国家影响福利的分配，首先应注意到一个区域贸易集团可能改变在多边谈判中该地区的平衡。改变国家的谈判立场，没有对平衡分配和福利总额产生影响，但它们对影响福利跨越国家分配具有重要的决定作用。

首先研究在哪些条件下优惠协议“在政治上是可行的”。（即在何种条件下的潜在成员国政府将愿意组成集团）为了简便起见，我们只考虑二元的情况下，国家要么以内部零关税形成 PTA，要么不形成 PTA。然后，我们分析在政治上可行的优惠贸易协定对分配的影响。最后，本部分从更广的角度讨论这一结果。

1. PTA 的政治可行性

为了表明如何形成一个跨国家影响福利收益分配的多边合作，我们作出了一个政府的多边谈判纳什讨价还价模型，政府从合作分配盈余。PTA 影响报酬分配有两种方式：首先，它强加给成员国内部关税约束改变了政府的能力；第二，优惠协定改变政府所保留的报酬。也就是说，如果获得多边谈判破裂，他们将采取什么行动。

以代表在没有贸易协定的情况下，国内对来自 *country j* 的关税。同样，让 τ_3^{sqr} 表示对来自进口国别 3 的进口品的关税，国别 3 与国别 2 建立了 *PTA* 组织，但没有多边合作。因此，政府 i 在形成或不形成 PTA 组织情况下的保留盈余可以用 G_i（0，τ_3^{sqr}）和 G_i（τ_2^{sq}，τ_3^{sq}）分别表示，i = 1，2，3。反过来，在形成或不形成 *PTA* 组织情况下的总盈余可以分别表示为：

$$SC^R = \sum_{i=1,2,3} [G_i(0,\tau_3^{pe}(0)) - G_i(0,\tau_3^{spr})] \tag{15.6.27a}$$

$$SC = \sum_{i=1,2,3} [G_i(\tau_2^{pe}, \tau_3^{pe}(\tau_2^{pe})) - G_i(\tau_2^{sq}, \tau_3^{sq})] \tag{15.6.27a}$$

下面重点研究对称议价能力的情况。因此，在形成或不形成 PTA 组织情况下政府 i 的总盈余分别为：

$$TG_i^R = G_i(0,\tau_3^{sqr}) + \frac{1}{3}SC^R \tag{15.6.28a}$$

$$TG_i = G_i(\tau_2^{sq}, \tau_3^{sq}) + \frac{1}{3}SC \tag{15.6.28b}$$

i = 1，2，3

在形成 PTA 组织的情况下政府 i 的净增益是 $\Delta TG_i^R \equiv TG_i^R - TG_i^{12}$。将 $\Delta G_i^R \equiv G_i(0, \tau_3^{pe}(0)) - Gi(\tau_2^{pe}, \tau_3^{pe}(\tau_2^{pe}))$ 定义为 G_i 形成 PTA 组织后的变化。最后，将 $\Delta BP_i^R \equiv \Delta TG_i^R - \Delta G_i^R$ 定义为政府 i 的变化，并不是源于 ΔG_i^R。

我们认为如果国家 1 和 2 之间的关联收益增加，那么一个 PTA 组织在两国之间是具有政治上可行性的：

$$\sum_{j=1,2} \Delta TG_j^R - \sum_{j=1,2} (\Delta G_j^R + \Delta BP_j^R) \geq 0 \tag{15.6.29}$$

通过方程 15.6.27 和 15.6.28 的表述，不等式可以重新写为：

$$\frac{1}{2}\sum_{j=1,2} [G_j(0,\tau_3^{sqr}) - G_j(\tau_2^{sq}, \tau_3^{sq}))] - [G_3(0,\tau_3^{sqr}) - G_3(\tau_2^{sq},\tau_3^{sq})] \geq$$
$$\sum_{j=1,2} [G_i(\tau_2^{pe}, \tau_3^{pe}(\tau_2^{pe})) - G_j(0,\tau_2^{pe}))] \tag{15.6.30}$$

上式表明只有当国家 1 和 2 之间的平均的关联收益增加，那么一个 PTA 组织在两国之间才有可能。

为了知道这在哪些条件下是可能的，我们首先需要描述在有无 PTA 组织情况下的政权现状特点。一种自然的做法是假设：在没有贸易协定的情况下，政府遵循他们的最佳单边政策，也就是说，他们选择“纳什”多边关税。根据这一办法，必须界定如果多边谈判破裂，PTA 政府将如何选择对外关税。起初，人们认为他们会选择共同的对外关税。我们假设在整个分析中，只有在 PTA 组织存在的情况下，这种协调贸易政策才是可能的。

PTA 政府选择纳什均衡下外部独立关税时的情况是非常不同的。在这种情况下，模拟表明，对于 PTA，满足条件时的任何设定参数都是政治上不可行的。

因此，在缺乏多边合作的情况下，如果成员国政府选择对外共同关税，优惠协议可以提高其成员在多边舞台中的谈判地位，使其足以在政治上可行，客观地来看，在关税联盟，而不是在自由贸易区中，各国政府协调对外关税，那么这一结果表明，在环境与深层次的多边合作中，我们希望看到国家主要形成关税联盟。

2. 一个政治上可行的 PTA 的分配效应

现在，可以分析一个政治上可行的 PTA 对社会福利的影响。我们首先注意到的是，如果政治的可行性标准得到满足，那么贸易集团必然损害其外部的政府的利益。在不等式 16 的两边加上 $\Delta G_3 R + \Delta BP_3 R$，得到：

$$\sum_{j=1,2,3}(\Delta G_j^R + \Delta BP_j^R) \geqslant \Delta G_3^R + \Delta BP_3^R$$

从表达式 14 和 15 中 $\sum j = 1,2,3\ \Delta BP_j^R = 0$。由于 PTA 偏离政治效率均衡，得到，$\sum j = 1,2,3\ \Delta G_j^R < 0$。因此，这意味着：

$$0 > \sum_{j=1,2,3}\Delta G_j^R \geqslant \Delta G_3^R + \Delta BP_3^R = \Delta TG_3^R \tag{15.6.31}$$

尽管有了这些明确的影响，但对一个政治上可行的 PTA 对国家福利的影响没有那么简单。为分析这些影响，我们首先说明，$\Delta G_1^R + \Delta G_2^R < 0$，其中 $\Delta^R G_3 > 0$。

根据多边合作，在政治上可行的 PTA 增加其成员国的联合福利，降低了组织之外国家的社会福利。这说明任何政治上可行的优惠贸易协定引起组织内福利增加，但减少组织之外国家的福利。推理如下：

新的关税水平导致 PTA 增加 3 国政府的福利，所以 $\Delta G_3^R > 0$。如果这些国家的政府都愿意组成 PTA，那么这项安排对增加其在多边谈判中的谈判立场是不够的，所以 $\Delta BP_1^R + \Delta BP_2^R \geqslant \Delta G_3^R + Z$。现在，从引理3中可以得到（或直接从证明命题6），由于新的关税不大于 ΔG_3^R，才改变了国家3的福利。在结果中加入 ΔBP_3^R，并回顾 $\sum j = 1,2,3\Delta BP_j^R = 0$，那么，我们觉得在其他的国家中福利变化是

$$\Delta G_3^R + \Delta BP_3^R = \Delta G_3^R - (\Delta BP_1^R + \Delta BP_2^R) \leqslant \Delta G_3^R - (\Delta G_3^R + Z) = -Z < 0$$

相比之下，自世界福利扩大（命题三），国家 1 和 2 的联合福利因 PTA 而导致的改变不少于的 $Z > 0$。

这一结果表明，因为他们的政治动机，政府不会将自己的国家置于有害协议。正好相反，尽管政府的偏好和国家的福利不同，当政府加入 PTA 时，有利于整个国家，政府才有意愿加入 PTA 组织。但是，这种好处牺牲了协议外国家的利益。

第七节 区域经济一体化的政治经济理论

首先介绍一下区域经济一体化的政治经济理论的产生背景。20 世纪 80 年代后，许多发展中国家开始重视参与区域经济组织，但由于发展中国家之间存在产业结构同质、经济发展水平低等问题，发展中国家之间的合作在注重经济收益的同时，还注重政治收益。一些经济学者开始从政治角度研究区域经济一体化，主要提出的理论有特殊利益集团理论。

一、特殊利益集团理论的概述

任何一个国家都存在特殊利益集团，这些集团对国家的贸易政策往往产生很大的影响。无论是对于区域组织的建立还是次区域经济组织的建立，特殊利益集团都起到了重大的推动作用。在一个比较大的自由贸易区内，成员国之间的结构分散程度较高，经济发展程度差异较大。因此，在区域内每个国家都有自己相对更加紧密的经济伙伴。假定把一个国家内部首先实现规模经济产品的生产者称为特殊利益集团，他们将制定战略把产品出口到拥有重叠需求的国家，进一步实现规模经济。所以，特殊利益集团将在区域内选择与其临近、人均收入水平相近的成员国作为他们重要的贸易对象。为了使双方的经济合作更加成功，特殊利益集团将会游说政府建立次自由贸易区，在原来区域自由贸易区模版的基础上，制定更具有针对性、更具体和更详细的自由贸易协议，使特殊利益集团首先在次区域内通过规模经济增强竞争力，再进一步在区域内和区域外的国际市场上参与竞争。这种为了追求规模经济效应导致的层层区域经济组织的建立称为“螺旋式区域上升”现象。政府决定是否建立次区域经济组织并不是一件容易的事情，需要经历艰难的谈判和平衡过程。美国与以色列、加拿大和墨西哥等国的谈判就是如此。如果从政治经济的角度分析成员国之间最终达成的协议必定是一个纳什均衡。所以，次区域经济组织是一种稳定区域合作制度，特殊利益集团的激励作用是至关重要的。

理查森（Martin Richardson，1993）考虑了自由贸易区在不同阶段的效果，在强调进、出口竞争的条件下，政府最大化政治支持函数。在他的模型中，母国有两个伙伴，一个是区域外的伙伴，以完全替代弹性低价格提供产品；另一个是区域内的伙伴，以高价格的完全替代弹性供给产品。如果要使区域外的伙伴供给产品的价格等于区域内伙伴国的价格，Richardson 提出需要区域降低对外的关税水平，母国将从降低的价格中获得利益。自由贸易区这种机制将会导致区域集团之间的更大保护（Panagariya，Ronald Findlay，1994）在他们设计的模型中，把特殊利益集团放入模型，证明劳工将因为工资的下降，推动特殊利益集团反对自由贸易区的建立，最终导致区域对外的关税水平上升。Levy（1996）采用了另一种机制，把自由贸易区外生引入模型，说明自由贸易区将会提高或降低成员国的关税水平。自由贸易区通过转换出口产业或进口竞争产业的支付水平，调整支持或反对自由贸易区建立的压力。（Gene Grossman，Elhanna Helpman，1994），Philip I. Levy（1997）采用完全信息动态博弈分析了自由贸易区的效果，证明类似要素禀赋的国家之间组成的区域组织，更加支持多边贸易体系的发展。所有的分析中，Grossman 和 Helpman 的分析非常具有代表性，重点介绍他们的分析模型和观点。

Grossman 和 Helpman 把政治利益带入国际经济的领域。传统上，政治科学和经济学对国际关系的研究已经采用了统计学模型分析。在这种方法下，国家们被看作是联合起来的追逐某些明确目标的理性角色。经济学上分析，例如，一般假设国家都寻求国家总福利最大化。接着分析关注于政府间竞争的本质，比如 Robert Putnam（1988），他们更愿意将国际关系看作世界两个不同阶段的战略互动。第一，在第一个阶段，每个国家中不同利益间的政治竞争决定政府的政策偏好。然后，下一阶段的相互忍让决定国际均衡。进而，他们将称任一阶段在不以另一阶段为参考的前提下都不能作出有意义的分析。国际间相互依存为国内政治竞争设定必要的参数，然而国内政治环境迫使政府采取国际间的措施。对于伙伴方，他们通过将两个阶段的战略互动结合于一个单独的连续的活动中来贯彻这个观点，这里伙伴方已经发现多边谈判超出了非歧视关税水平（Grossman 和 Helpman，1995）。

对待单独一个国家中不同利益的竞争，使用 Grossman 和 Helpmam（1994a）研究出的分析框架。这个框架强调代表行业特殊利益的游说团体和现任政府间的相互作用。在模型中，游说团体向政治家提供政策建议，政治家再为他们自己的政策目标作出最后的决策。在这一背景下，一个国家的政治立场反映有组织的特殊利益的相关政治力量，也反映政府对普通选民的困境的进一步关注。

二、格罗斯曼（Gene M. Grossman）和赫尔普曼（Elhanan Helpman）[①] 的模型分析框架

（一）具体模型

检测国家之间及与世界其他国家进行经济活动的两个小国的贸易政策，每个国家生产并交换许多产品，所有这些产品的世界交换价格全都标准化为 1，最初每个国家不考虑进口商品的来源，对所有进口商品都征收相同的关税，以保持 GATT 条款中的最惠国待遇（MFN），现在两个国家有机会讨论建立 FTA，目标是分辨这两个国家的政治和经济条件，使有政治头脑的政府有可能签订这样一些协定。

模型中假设商品 0 和其他 N 种商品在每个国家中是免税的。这些商品中的一些被一个或同时两个小国在初始均衡时进口，其他的同时被出口，他们排除国家给予出口补贴的可能性，也忽略出口税，出口税在美国是违宪的，在其他国家也很少被使用。因此，他们假设最初的任何国家任何商品的国内出口价格为 1，对进口商品强制征收进口关税。用 T_i^j 代表 1 加上国家 j 中商品 i 的初始关税税率（$j=A$，B）。这种标准化了的国际价格也是国家 j 中进口商品的国内价格。

关贸总协定条款的第二十四条对于最惠国待遇（MFN）允许有些例外。如果国家间对所有贸易在本质上消除了义务和其他贸易法规，国家可能达成双边或区域协议。关贸总协定规则适合关税同盟（成员国在贸易中对同盟以外的国家征收共同的外部关税）

① Elhanan Helpman，1946 年生于前苏联，国际贸易，政治经济学，经济增长领域的经济学家。新贸易理论的创始人之一，着重强调规模经济和不完全竞争。在政治经济学领域注重研究游说集团和政客是怎样影响经济政策的。最近他主要研究国际贸易和公司结构组织之间的关系。

和自由贸易区（成员国对区域外国家保持各国本来有差别的外部关税并执行各国原有的规则）。这里他们只研究自由贸易协议。GATT 规则进一步规定了达成 FTA 后征收的外部关税要低于事先的水平。然而这个要求的实际意义还不能确定（见 John McMillan, 1993）。假设初始关税 T_i^j 继续对形成 FTA 后的区域外国家的进口适用。

1. 政治经济主体的目标

两个小经济体在性质上是相似的。模型中描述了其中一个国家的结构，但是暂时忽视绝对依附于每一个函数和变量上的区别国家的标志。

国家有一定数量的选举投票人，用 1 表示。国家内个体具有相同的偏好：$u(c) = c_0 + \sum_{i=1}^{n} u_i(c_i)$，$c_i$ 代表商品 i 的消费量，u_i（·）是个递增的凹函数。这些偏好产生了需求 $D_i(q_i), i = 1, \cdots, n$，和商品 0 的需求 $y - \sum_{i=}^{n} q_i D_i(q_i)$，$q_i$ 是商品 i 的国内消费价格，y 是个人消费。相同的需求函数适用于总体需求，只是个人消费被需求商品 0 的总体消费取代。

生产商品 0 仅需要劳动，且每一单位劳动获得一单位产出，其他每种商品的生产都是规模收益不变的，且投入了劳动和一种部门特定要素。由于商品 0 的国内价格标准化为 1，在商品有国内生产的均衡条件下，相对工资也为 1，因此使用特定要素的工厂 i 的收入为 $\prod_i(p_i)$，p_i 为国内生产价格，商品 i 的总供应量为 $X_i(p_i) = \prod'_i,(p_i) > 0, i = 1, \cdots, n$。

假设特定要素的所有权高度集中于全部人口上。其中要素所有权集中在数量上微不足道的，这部分全部在选举投票人手中。特定要素所有者对他们生产的并受到贸易保护的商品的国内价格有共同的利益。假设所有者能克服由 Mancur Olson（1965）描述的集体行动弊端，而且他们能为共同政治目标在一起工作，这项假设的成立要归因于所有者数量很少。在部门 i 中使用的要素的所有者形成了为最大化其共同福利而采取政治行动的特殊利益集团。

Grossman 和 Helpmam（1994a，1995）认为，由现任政府负责制订贸易政策意味着政府既能努力达成自由贸易协议，也能终止这方面的讨论。政治家们能从希望影响他们决策的不同利益集团中得到好处。政治家之所以会衡量这些好处，因为这些好处能帮助他们重获被选举的机会，或者另有其他的原因，但是他们可能也会关心普通选民的福利。每单位资本带来的福利将加入现任政府的目标函数，例如如果一些选举投票者被告知贸易政策的影响，选民的生活水平也能部分地影响选票的方向。他们假设政府目标是线性的。$G \equiv \sum_i C_i\, taw$，其中 C_i 是代表行业的游说团体的贡献，W 是每一资本的总福利，a 是反映政府对普通投票人福利的敏感度的参数（可能为 0）。

每个个体从消费商品 $i(i = 1, \cdots\cdots, n)$ 中得到剩余 $S_i(q_i) \equiv u_i[D_i(q_i)] - q_i D_i(q_i)$。个体也得到从政府转移来的一部分资金，它代表了全部税收收入的一部分，也可作为给公众基于平均每资本的部分退款。投票人总福利表现为

$$W = L + \sum_{i=1}^{n} \prod_i(p_i) + \sum_{i=1}^{n} (T_i - 1) M_i + \sum_{i=1}^{n} S_i(q_i) \tag{15.7.1}$$

L 是总工人，右边代表工人收入、收益、关税收入和总消费者剩余。在初始最惠国

待遇条款关税下，$p_i = q_i = T_i$ 和 $M_i = D_i - X_i$，所以当 $T_i = 1$ 时，W 得到其最大值，所以当小国的政策偏离自由贸易时，其将遭受总福利损失。

在行业 i 中投入要素的所有者，以其很少的人数从经济中获得的微小的一部分消费者剩余，也收获了仅仅很少的一部分关税收入退回。因此，行业所有者的目标接近于 $\prod_i(p_i) - C_i$，这是他们除去给予的政治贡献的净利润。他们用 $\prod_{iN}$ 代表行业总收益，（在没有协议达成继续出售产品的情况下）此时 $p_i = T_i$，同时，他们用 $\prod_{iF}$ 代表在 FTA 条件下的行业收益，它的大小取决于生产者价格，这个价格将高于指定中的价格，接下来，他们将考虑这些价格为多少，但是要首先描述一下政治活动的本质。

2. 政治活动

利益集团会在政治活动中先采取行动，他们对政治家提供财政上的支持，但要在政府采取的贸易协定活动中加上他们的意见。Grossman 和 Helpmam（1994）应用了 Douglas B. Bernheim 和 Michael D. Whinston 提出的关税信息问题的项目单拍卖。在早期的研究中，利益集团会设计出贡献清单。这里政府只有两种选择：遵守或不遵守，这里指政治团体贡献清单仅由两个数组成，即 C_{iF} 或 C_{iN}。他们各自分别是实现 FTA 继续维持现状的有利因素。

事实上，允许同时用两个积极因素作用于政治结果的游说不是最佳的，因为那会使在不影响政治决策的情况下削减出价。而且游说不希望在给政府提供好处之后，政府还作出与其利益相悖的选择结果。因此，每一个游说应仅仅从中选出一个数字，这将使事情的结果变得更为有利。他们将使每次的游说资金限制在不超过政府接受出价后的行业利润增加的水平上。

游说组织间对这种出资采取不合作态度（虽然他们有时会事先交流）。而面对一系列报价，政府在达成贸易条款上处于重要地位。政府当且仅当 $\sum_i C_{iF} + aW_F \geqslant \sum_i C_{iN} + aW_N$ 时，会遵守 FTA 协议。（W_R 是政体 R 下的总福利，$R = F$，N），否则，政府将不遵守协议。

3. FTA 下的均衡

在着手描绘政治活动结果之前，先要讨论 FTA 对每个国家的选民和特殊利益集团的不同作用。他们的经济分析建立在 Martin Richoudson（1992）的研究上。

先看产品 i，如果两个国家在均衡的状态下同时出口这种商品，每个国家国内价格为 1，FTA 对产出、收益或消费水平无影响。当国家中至少有一国首先进口依附于最惠国关税下的商品时，将发生一些更有趣的现象。考虑 $T_i^A > T_i^B \geqslant 1$ 的工业。

图 15.7.1 描述了 A 国进口需求和 3 条 B 国总供给曲线。

假设 B 国的特殊要素禀赋很小，为 X_i^B [1]，因此 B 国家总供给在价格 T_i^A 不能满足 A 国的进口需求。在 FTA 下，A 国将继续从其他国家进口该商品，其国内价格仍为 T_i^A. B 国生产者偏好于在 A 国市场上以 T_i^A 的高价出售商品，而不愿以 T_i^B 的低价在国内出售。这种倾向使生产者将所有商品转向 A 国。B 国消费者将从其他国家进口来满足需求。FTA 对 A 国生产者、消费者价格和 B 国消费者价格都无影响，仅提高了低关税国家的生产价格，他们实际上获得了高关税国的保护（见 Anne O. Krueger（1993），他们将此称之为增强的贸易保护。

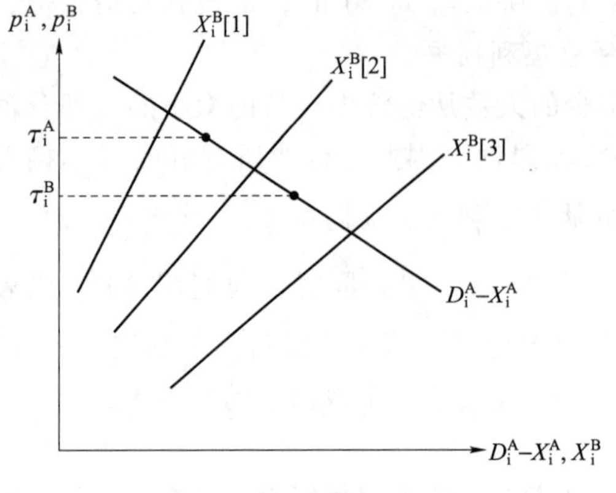

图 15.7.1

相反，若 B 国特殊要素禀赋很大，产出能满足 A 国进口需求，并以低价 T_i^B 出口。这种情况下在图 15.7.1 中以 X_i^B［3］表示，A 国的国内价格降至 T_i^B，同时，B 国是 A 国的所有进口来源，B 国生产者同时也在国内市场销售。B 国消费者支付 T_i^B 买商品，这与协定前是一致的，生产者继续收益原来的水平，但 A 国将获得的比以前少，这种情况称为削弱的贸易保护。

最后，X_i^B［2］代表折中的情况，B 国供给曲线与 A 国进口需求曲线相交于 T_i^A 和 T_i^B 价格之间，B 国在 T_i^A 和 T_i^B 价格之间出口商品。此时，当 B 国厂商将产品出口转向更高价的市场，产出将正好满足进口需求，其余国家无剩余需求。B 国厂商将在 A 国市场上得到均衡价格，这个价格高于 T_i^B，低于 T_i^A。B 国消费者将从其他国家进口，支付他们在参加协定之前同样的价格 T_i^B。

4. FTA 的经济利益的效果

他们已经描述了 FTA 怎样影响特殊要素所有者的收益和每个国家普通选民的福利。他们继续关注在 $T_i^A > T_i^B \geqslant 1$ 下的单个行业，当然协议关于福利的效应反映了不同类型行业财产总合，这里的行业保证 $T_i^A > T_i^B \geqslant 1$。

先考虑这个增强了贸易保护的行业，B 国生产者将从 A 国高保护市场中获利，所得为 $\Delta\prod_i^B = \prod_i^B(T_i^A) - \prod_i^B(T_i^B)$，A 国厂商无影响，因为国内价格无改变，A 国唯一的影响就是税收收入减少。这个国家在最惠国待遇关税下从这个国内行业的所有进口中获得关税，为 $X_i^B(T_i^A)$，但是在 FTA 下，国家没有从伙伴国中获得任何进口关税。A 国福利减少为 $\Delta W_i^A = -(T_i^A - 1)X_i^B(T_i^A)$。这个福利损失符合贸易转移带来不利效应的结论，这可以从关税同盟文献中找到。

B 国总福利增加。第一，行业收益增加；第二，从其他国家的进口代替了国内厂商的生产，假如 $T_i^B > 1$ 大于 1，国家将从进口中得到更多的关税收入。福利变化为 $\Delta W_i^B = \Delta\prod_i^B + (T_i^B - 1)X_i^B(T_i^B)$。A 的损失将超过 B 的所得，反映了与贸易转移相关的全球化的效率成本。

对于在较弱的保护下的行业，低关税国的生产者价格不变，出口从协议中将无所获。而 A 国生产者经受着进口竞争的加强。A 国生产者收益的改变为 $\Delta\prod_i^A = \prod_i^A(T_i^B) - \prod_i^A(T_i^A) < 0$，A 国此行业关税降为 0，所有进口来源于伙伴国，但是选民作为消费者获得了商品国内价格的下调。总福利变化为 $\Delta W_i^A = \prod_i^A - (T_i^A - 1)M_i^A(T_i^A) + S_i^A(T_i^B) - S_i^A(T_i^A)$，结果可正可负，这取决于贸易创造收益规模和贸易转移损失规模的比对。B 国得到额外的关税收入［$\Delta W_i^B = (T_i^B - 1)M_i^A(T_i^B)$］，但两国的

共同福利是确定的。

折中的情况结合另外两个元素。B 国生产者获益，A 国生产者受损。总福利在 B 国增加，在 A 国增加或减少。两国的总福利效应不能确定。这种情况下没有需要阐明的新内容，他们不将进一步考察。

总之，经济贸易区可以有几种组合影响特殊产业经济活动者的利益。在 FTA 下，一国生产者出口商品到他的伙伴国，有时获得收益且从不受损。这些生产者是给予政治家支持以达成协议的一个潜在资源。另一方面，从伙伴国进口的本国生产者在协议下从不获益，有时受损。这里他们发现了潜在的抵制力量。一般市民在自由贸易区的投资没那么清晰。如果大部分货物将被出口到伙伴国，总福利必然增加，因为消费者剩余在出口国不会下降，而且关税收入一般会增加。如果大部分货物将被进口，总福利效应取决于贸易创造和贸易转移的相对力量。这由非歧视关税理论而知名。

（二）单方面立场

这里将研究均衡的结果。首先关注单个国家的政治活动，这决定了一个国家的单方面立场。如果政府相信它的决策将决定协议，政府会采取这种立场。研究目的是描述一个国家的政治立场，作为最佳的政府行为就是使国家利益集团可以得到均衡的行动。最后他们提出以下定义：

定义 1：在存在政治贡献 $\{C_{in}, C_{iF}\}$ 时，政体的一个选择 R 属于 $\{N,F\}$ 是一个单方面立场。

(a) $C_{ik} \geqslant 0$，$K = N,F$ 且对于所有的 i

(b) $C_{ik} \leqslant \max(0, \prod_{iK} - \prod_{iJ})$，$J = N,F; K = N,F; J \neq K$

(C) $\sum_i C_{iR} + aW_R \geqslant \sum_i C_{ik} + aW_k$，$K = N,F$

(d) 对于所有游说者 i，这里不存在 $\hat{C}_{iN\geqslant 0}$ 和 $\hat{C}_{iF\geqslant 0}$ 也不存在 $\hat{R} \in \{N,F\}$ 因此，有

(i) $$\hat{C}_{i\hat{R}_i} \sum_{j\neq i} C_{j\hat{R}_i} + aW_{\hat{R}_i}$$

$$\geqslant \hat{C}_{iK} + \sum_{j\neq i} C_{j\hat{R}_i} + aW_k$$

(ⅱ) $\prod_{i\hat{R}_i} - \hat{C}_{i\hat{R}_i} > \prod_{iR}$

这些定义规定了支持单方面立场的政治意见是非负的，也不大于每个游说者在偏好的范围的所得，这些支付引起政府考虑自身的政治目标采取 R 的政治立场而非其他。这里没有另外合适的报价提供给任何游说者，给予其他议员的支付清单和政治家预先的优选将使所有游说者得到更多净福利。

通过上述分析可以发现，单方面立场有两个通用的类型，有压力的和没有压力的。这里单方立场可能存在某一设定参数值，如果政府在没有收到期望某种结果的捐款时作出决策为无压力的单方立场，相反，如果政府决策是部分出于对利益集团资金支持的回应，则为有压力的单方立场。接下去我们将分离这不同的结果。

结果 1：当且仅当 $$a(W_R - W_{\bar{R}}) \geqslant \max[0, \max_i \prod_{i\bar{R}} - \prod_{iR}] \tag{15.7.2}$$

在 R 内存在无压力的单方立场，$\bar{R}$ 为 R 的补集。

结果告诉我们,在一个没有压力的立场,政府在区域 R 会考虑公众福利,而不是在其他的区域。而且,在 R 不会有一个的游说者放松立场选择其他的政策,而会影响政府对普通选民的困境的关注。

上述可以直接证明。首先假设提供的政治资金支持为 0,(对于所有 $i, C_{iR} = C_{i\bar{R}} = 0$)。政府在上述式子满足的情况下选择公众偏好的立场,没有一个游说者发现若在 0 支持下政府改变立场会使其获益,这证明(15.7.2)式满足无压力状态下有利于 R 的选择。很明显,政府在没有任何支持下将作出选择 R 下的有利立场,必须满足 $W_R - W_{\bar{R}} \geqslant 0$。如果对任意 i 有 $a(W_{R-}W_{\bar{R}}) < \prod_{i\bar{R}} - \prod_{iR}$,那么在出价大于 $a(W_{R-}W_{\bar{R}})$ 但小于 $\prod_{i\bar{R}} - \prod_{iR}$ 时,游说者 i 能作出有利的偏离,导致政府选择 $\bar{R}$。

下面研究立场预期收益者如何选择政权。当至少一个游说者 i 满足 $C_{iR} > 0$ 政府再不能对两个政策选择无动于衷,例如 $\sum_i C_{iR} + aW_R \geqslant \sum_i C_{i\bar{R}} + aW_{\bar{R}}$ 否则,支持 R 并提供支持的一个游说者能在不影响最后结果的情况下减少提供来增加他的净收益。一旦他们知道政府不再无动于衷,他们也就知道损失方的每个游说者为 $\bar{R}$ 出价,他们认为在 R 下会受损;否则这种游说者将找到为 $\bar{R}$ 增加支持的一些益处,从而平衡其政策。当然,在盈利方,没有游说者会付出比 R 下的额外获利更多的支持。而且如果政府的选择与游说者的利益相悖,游说者将不会支持。这些共同建立了第二个结果。

结果 2:假如选择 R 的政策是有压力的,则有

$$\sum \prod_{iR} + aW_R \geqslant \sum \prod_{i\bar{R}} + aW_{\bar{R}} \tag{15.7.3}$$

条件(15.7.3)这说明了有压力的选择能最大化总福利和 a 倍的平均福利。如果这种选择存在,则政府的选择的结果是唯一的,其存在性要求 $aW_R < aW_{\bar{R}} + \sum_{i \in S\bar{R}} (\prod_{i\bar{R}} - \prod_{iR})$,$S\bar{R}$ 是选择 $\bar{R}$ 的一群游说者,R 是满足(15.7.3)的选择。换句话说,有压力的立场存在于支持 R 的人不愿政府采取其他选择的时候,如果这个不等式不成立,政府将放弃选择 R 而选择自己的偏好。

当满足一些参数价值时,压力和非压力选择同时存在,这时两个立场可能得到同一个政策结果。在非压力下,政府选择公众偏好;而在压力下,政府选择损害普通公众的政策。这将发生在选择 R 的总利润获得超过选择 $\bar{R}$ 的 a 倍社会损失时。

当有压力和没有压力的立场同时存在,可能会有一些强制的原因使政府首先关注有压力的立场。当允许游说者间存在有限的协调度时,没有压力的立场不会形成均衡,特别是考虑 Douglas B. Bernheim et al.(1987)研究的防联盟均衡时。纳什均衡拒绝这里存在的一系列联盟行动产生的任何结果,这种行动使联盟内每个成员从非成员获得和纳什均衡一样高或比其更高的收益,每个联盟成员建议的行动是其他行动的最好回应。纳什均衡适用于参与者间能相互交流而不是盲目达成一致的情况。交流能被用来阐明联盟成员所建议的活动的全部清单,以至于每个成员在建议下会获得收益,在假设所有成员

都遵循建议时，他们就没有欺骗的必要了。

当没有压力的立场选择的政权与有压力的立场不同时，没有压力的立场将不成为联盟。原因如下，假设 R 满足（15.7.2），而 $\bar{R}$ 满足（15.7.3），在没有压力的立场下，R 的所有支持者不会作出任何支付。那些被 R 损害的工业会建议形成一个由所有这类工业组成的联盟。联盟能够建议成员支付足够的资金，以使全部支付能克服政府对选民反对时反馈的灵敏度，其中不会要求成员支付超过其所得，而且联盟非成员给予零支付，这导致政府选择 $\bar{R}$。联盟中的每个成员将从这种偏差中收益，由于他们各自将自己看作为联盟的重要中心，所以不会发生欺骗。因为们假设 $\bar{R}$ 满足（15.7.3），联盟成员的集体收益会大到接受这种建议。显然这种情况下，无压力的立场会基于反对方的不作为而调整政府的政策活动。

Bernheim 和 Whinston（1986）表明所有的联盟均衡从最大化共同的福利的一系列行动中选择一个行动，而且其中任何一个行动都可以作为防联盟均衡的支持。这里政府为许多利益集团行动，条件（15.7.3）描述了最大化共同福利的要求。因为最大化共同福利的政权的存在，可以证明以下结论。

结果 3：往往存在着联盟立场。这要求在 R 下当且仅当满足条件（15.7.3）时。结果 2 和结果 3 意味着所有有压力的立场是防联盟的。

以上完成了在单一政策下均衡相互作用的讨论总值，一般会存在至少一个单一立场。这个立场可能是有压力的或是无压力的。有压力的立场会支持最大化游说者和政治家的联合福利的唯一政策。无压力的立场会作出对普通选民有利的决策。当这两种政策相互作用时，不一定导致同样的政策结果，反之，仅仅使有压力的立场作为防联盟。在这些情形下，压力下的选择会占上风，而无压力下的政策活动将会最小化。

（三）均衡协议

现在分析国际谈判。原则上，在潜在的协议条款下他们可以讨论从一个国库转移到另一个国库以提取补偿支付。这种补偿计划在一些地区贸易协议上发挥部分作用，例如欧洲共同市场。但是转移仍是作为例外而不是规则，例如北美自由贸易协议没有包括此条款，甚至在达成这项条款的地方，其也被限制了使用范围。在分析 FTA 时可以有限或全部包含补偿的机会，然而为了避免繁琐的分类学，选择关注不存在此类机会的情况。

因为缺乏转移，FTA 需要两国政府的单方向支持。如果本国的有游说者预期另一国的政府将有意达成协议，他们将期待由自己国家的政治协商来决定协议的命运。之后政府将以在第二部分中分析的单方立场来作出行动。在完美的子博弈纳什均衡里，另一国家会履行本国所期待的所有行动，这可由下面定义解释：

定义 1：当且仅当对于双方国家中的单方立场，$R=F$ 时，FTA 是一个均衡协议。

这部分的目的是将 FTA 下两国经济政治条件描述为一个均衡结果。

假设 A 国出口的所有商品与 B 国相同，但 A 国所有进口竞争部门的最惠国待遇关税较高，因此在协议中，A 国不会向 B 国出口。这意味着没有一个 A 国的游说者会支持该条款。如果大部分工业增强了贸易保护，A 国的福利可能会减少，也不会建立支持

FTA 的单方面立场。另一方面大多数工厂贸易保护削弱，特殊利益集团反对协议的呼声会越来越高。在贸易不均衡的极端例子中达成 FTA 的唯一机会是福利增加，利益集团反对者对他们游说活动的协调失败，或他们不能激发阻止协议的足够的反对力量。如果 MFN 关税是政治过程的结果，最后一种可能将不会发生。

为了更精确地说明他们的意思，也为了看到工业条件如何去影响政治结果，他们将用一个由特殊函数式表示的特别例子（极端度略低）。他们假设两个国家的居民分享同一效用函数，那里所有的商品每一个形成函数 $u_i(\ )$，是二次且对称的。J 国的 I 商品的总需求具有线性形式：

$$D_i^j(q_i^j) = D - b(q_i^j),\ i = 1,\ 2\cdots...,\ n,\ j = AB \tag{15.7.4}$$

同样，世界的总供给是相同的，每个国家的供给无弹性。他们再假设 $X_i^A = \theta X$ 和 $X_i^B = (1-\theta)X$ 是行业中的 S 部门，$X_i^A = (1-\theta)X$ 和 $X_i^B = \theta X$ 是其他 $1-S$ 部门。换句话说，A 国在某些部门供给大，B 国在其他部门供给大。S 衡量着潜在出口数量的不平衡，θ 衡量产出的不平衡。当 $\theta > 1/2$ 和 $s \geqslant 1/2$ 时不会有进一步的损失。

FTA 的可行性也依靠最初 MFN 关税的结构，至今为止，他们一直主张实施这些关税，但是认为它们是政治过程中的均衡结果是合理的。下面举例说明他们的意图。他们假设每个国家用于保护进口竞争工业的 MFN 关税与这里所描述的相似。接着，假设政治家将总福利放在他们的政治目标上，以权重 a 来衡量，Grossman 和 Heplmen（1994a）提出：

$$T_i^j = 1 + \frac{X_i^j}{ab},\ j = A,\ B \tag{15.7.5}$$

所有 i 部门在最初均衡时都有正的进口量。

在这个例子中，不同的参数限制导致不同的结果。将考虑 3 种不同的参数限制。然而这些可能不会包含全部的参数空间，他们将举例说明所有可能会发生的情况。

限制 1：$\dfrac{D-b}{X} > 1 + \dfrac{\theta}{a}$

此时，所有商品在两个国家内部在最初均衡状态下都以（15.7.5）式的关税进口。A 国在 S 部门有较高的进口关税，其供给为 θX，B 国在 1 - S 部门有较高关税。这是两国的政治过程相似，每国的特殊利益集团在获得更多产出的情况下，为得到 MFN 保护，有意支付比最初更高的出价。

在自由贸易协定里，每一个国家都会从它的伙伴国进口所有它的最惠国待遇关税比较高的商品。这意味着 A 国将从 B 国进口非计价物商品的 s 部分，B 国将从 A 国进口所有商品剩下的 1 - s 部分。更进一步，在限制条件 1 下，低关税国家的产出将不能以后一个国家的协定前国内价格来充分满足高关税国家的需求。因此，回想一下图表 15.7.1，所有的产业都会经历加强的保护在提议的自由贸易协定下，运用 I - D 小节的等式，可以很容易计算出 i 部门对于一个国家总的福利变化的贡献。可以得到：

$$\Delta W/ = \begin{cases} -\dfrac{\theta(1-\theta)X^2}{ab} & \text{如果 } X/ = \theta X \\ \dfrac{\theta(1-\theta)X^2}{ab} & \text{如果 } X/ = (1-\theta)X \end{cases} \tag{15.7.6}$$

可以看到一个国家总的福利的收益是另外一个国家的损失。

从模型中也可以计算出自由贸易协定所带来的利润变化。在所有产业都给与加强的保护条件下，各种高关税部门的进口竞争利益不会遭受任何利润损失。同时，在自由贸易协定下出口部门的要素所有者将都会受益。有：

$$\Delta \Pi/ = \begin{cases} 0 & \text{如果 } X/ = \theta X \\ \dfrac{(2\theta-1)(1-\theta)X^2}{ab} & \text{如果 } X/ = (1-\theta)X \end{cases} \tag{15.7.7}$$

现在他们准备检验单边立场。从式子（15.7.6）可以看到，只有在 s = 1/2（即每一个国家潜在出口产业数目正好完全相等）时一个无压力的立场在 A 国能够支持一个自由贸易协定。如果 s = 1/2，那么自由贸易协定是福利中性的，A 国政府能够支持协定而没有任何利益集团游说。但是如果 s > 1/2，A 国 s 部分的高关税产业的福利损失将会超过 1 - s 部分的低关税产业的收益。受益者方的一些政治活动对于自由贸易协定的实现是必要的。

那么对于有压力的立场呢？运用式子（15.7.6）和（15.7.7）发现条件（15.7.3）显示 B 国对于所有 s ≧ 1/2 会有压力支持自由贸易协定，并且 A 国的政府将会被诱导来支持如果并只有在：

$$\leqslant \frac{1}{2} + \frac{\theta - \dfrac{1}{2}}{2\theta - 1 + 2a\theta} < 1 \tag{15.7.8}$$

式子（15.7.8）的不等式将能够满足，如果 s 足够接近 1/2，那么 1 - s 部分具体要素的所有者的潜在利润获得在总福利中将会足够大，其会超过普通选民的损失。另一方面，如果 s 接近于 1，那么自由贸易协定支持者的力量不会足够大到以动摇政府来支持而损害普通选民。给定 s 一个值，A 国的有压力的态度则更可能来支持自由贸易协定，并且政府的总福利 a 的比重会更小，因为在自由贸易协定下 A 国的福利是肯定会下降的。最后，一个潜在的协定在政治上的可能性会随着一个代表性的产业供给失衡的幅度的增加而增加，这因为潜在的出口者利润获得会随着增加而且要比进口部门社会福利的损失增加得更快。

约束条件 2：

$$1 + \frac{1-\theta}{a} > \frac{D-b}{X} > \theta + \frac{\theta}{a}$$

当这个约束条件成立时，所有非计价物商品的再一次以协定前的均衡状态被两个国家进口。但是现在，运用关税等式（15.7.5），发现低关税国家的所有产业的产出供应能够以低关税国家的价格来满足其他国家的需要。这意味着所有的产业在协定下都经历了保护的降低。

再一次计算一个国家每一个部门对总福利变化的影响。发现，对于高关税的部门，同时存在着贸易创造和贸易转移两种相互抵消的影响，因此其对总福利的影响取决于参数值。同时，每个国家的低关税部门当它们都成为出口部门时，在自由贸易协定下能够增加社会福利。

总和所有产业，发现自由贸易协定可能会增加A国的总福利，也可能降低其福利。如果潜在出口产业能够平分，即 $s=1/2$，那么总福利会增加。那么只要单独的进口竞争产业没有足够的理由来阻止协定，这两个国家无压力的态度就会支持自由贸易协定，对于这个，特别要素的数目超过4是足够的。另一方面，如果 $s=1$，那么只有在进口竞争部门的贸易创造效应的收益足够大时，A国的总福利才会增加。因此，即使受到自由贸易协定损害的特殊利益集团不能够结成一个非合作的同盟，自由贸易协定的命运仍然未卜。

但是如果特殊利益集团确实积极地对自由贸易协定阻击会怎样呢？在这种降低了保护的情况下，每个国家中将会受到自由贸易协定损害的厂商在政治上最为有力，更进一步，潜在的出口者将没有什么获得。当们计算进口竞争部门的利润损失时，对于 $s=1/2$，$n/2$ 的高关税部门的利润损失将会超过 a 倍的总福利所得，因此，每个国家有压力的态度会反对自由贸易协定。当 s 增加时，产业对自由贸易协的反对会增加，而自由贸易协定的潜在的社会收益可能增加也可能减少，但是即便它是增加的，在 s 下利润的损失的增加会超过 a 倍的福利所得。因此，不仅在所有产业平均的分配在两个国家时，而且对于所有 s 在［1/2，1］区间上的所有值时，A 国的有压力的态度会反对自由贸易协定。如果 A 国的特殊益集团诱导出一个防共谋立场，那么国际谈判的结果必然是现状的继续。

限制条件3：

$$\theta>\frac{D-b}{X}>(1-\theta)\left(1+\frac{1}{a}\right)$$

在这种情况下每个国家的生产者以起始均衡状态出口他们x数量的产品。因为禁止了出口补贴，他们只能以国际市场价格出售他们的产品。同时，生产者以包含关税的国内价格出售的 $(1-\theta)X$ 数量的产品将不能满足国内的需求，当关税以式子（15.7.5）给出时，这些部门被保护在起始的均衡状态。可以看到在自由贸易协定下所有的产业都经历了保护的降低，所以在一个贸易协定下所有部门都将使用国际价格。

再一次，出口部门从自由贸易协定中没有任何所得，但是这一次，这些部门也没有对总福利造成任何影响，因为没有对替代转移的销售的进口征收关税收入。在协定下进口竞争部门的要素所有者将会牺牲他们的利润，而这些部门对总福利的贡献增大。必须像通常一样来计算的 $\Delta\prod_i^j$ 和 $a\Delta W_i^j$ 之和，但是现在只需要把和建立在j国进口竞争产业之上。在每一个这样的产业，关税收入因为贸易转移而减少，并且出于政治考虑的关税被消除。因为式子（15.7.5）中的最惠国待遇关税被制定用来最大化政治目标函数，它们的去除必然会降低游说集团和政府的联合福利，因此，这两个国家有压力的态度会拒绝自由贸易协定。

总结一下从这些例子中的获得的认识，并且论述如何把这些知识应用到更为一般的情况。第一，他们发现一个自由贸易协定在政治上可行要求 s 接近 1/2。这意味着两个国家之间潜在的贸易是平衡的，即每一个国家必须有足够数量的潜在出口者来为自由贸易协定游说，或者是有足够数量的部门将会有确定的福利受益，来抵消由贸易转移带来的潜在的损失。这个结论并不依赖于他们例子的特别情况。只要一个自由贸易协定带来大多数贸易的单向流动，那么在进口国实行自由贸易协定在政治上是不太可行的。然后自由贸易协定的可行要求占主导地位的产业面对的保护降低，并且也要求大多的这些产业的贸易创造超过贸易转移，从而使得自由贸易协定能够产生总的收益。更进一步，因为降低了的保护意味着进口竞争部门会有损失，所以对于将要受到利益损失它会阻击协定通过的游说集团进行协调。例如，贸易不平衡可以解释为什么美国与一些亚洲伙伴结成协定要比同北美伙伴更为困难。

第二，例子显示出自由贸易协定的政治可行性要求有足够数量面对经过增强了的保护与面对降低了的保护的产业相比较。在这个例子中，一个自由贸易协定对于满足约束条件 1 的参数以不受结盟影响的均衡出现，但是对于满足约束条件 2 或 3 的参数，它则不会。在这些情况的第一个中，增强了的保护准备包含所有产业，且未来的出口者代表了支持协定的潜在的力量。在第二，三个情况中，进口竞争产业面临着将要降低保护的前景，所以将会阻击自由贸易协定的通过。回想起加强的保护一般意味着由于贸易转移所带来的联合福利的损失，而保护的降低意味着由于贸易创造所带来的联合福利的增加。因此这个事例揭示出一个意义深远的结论：一个自由贸易协定在政治上可行所需要的条件可能会与保证社会理想的情况的条件相抵触。

这个事例很明显地传递了这个结论。甚至在他们的模型中，如果需求曲线是非线性的，可以通过政治的阻力有增强效率的协定。他们的模型省略了一些联合福利增加而产生的额外的力量，但隐含着出口者额外利润的缺失。例如他们假设所有的市场是全球一体化的，并且国际价格决定所有协定的贸易条件。相反如果他们允许一些商品有着很高的运输成本，那么 A 国和 B 国的市场是与世界上其他市场分割的，那么即便对于另外一个国家的消费者面临下降的价格，一个国家的出口者也可以从双边关税下降中获得好处。相似地，如果通过原产地国来区分产品，那么当其出口者的利润增加时，进口国也可以看到福利的增加。这里也有一个通用的重要的结论。无论什么时候一个贸易协定如果产生贸易转移，那么总会有一小部分利益集团能够得到利益的增加，而损失会让所有的纳税者来分担。在政治运作过程中产业部门的利益可以比纳税者的利益得到更好的代表，因此贸易转移可以加强协定的政治可行性，但是会造成资源在这两个伙伴国中无效率的配置。

（四）结论

在一定条件下，一个自由贸易协定会以出于政治考虑的政府之间谈判的均衡结果来出现。他们能想象到，政府不但会对来自特殊利益集团的政治压力作出回应，也会关心普通选民的困苦。

如果一个自由贸易协定必须是完全的自由化国家之间的贸易，那么一个特别的政府可能会在两种情况下赞成自由贸易协定：第一个情况是，当自由贸易协定能够带给普通选民产生重要的福利收益，并且将被损害的利益集团又不能够协调好它们的努力来让协定通不过。第二个是，当自由贸易协定所能对潜在出口者创造的利润收益超过进口竞争部门所遭受的损失和对于可能普通选民造成福利损失的政治成本。

一个自由贸易协定需要两个政府都赞成。他们发现这种结果最有可能在这种情况下产生，即当伙伴国家之间的潜在贸易相对平衡和当协定能够对于大多数行业提供增强的保护而不是降低的保护时。在保护增强时，出口部门会获得其伙伴国的高国内价格的好处。在保护降低时，进口竞争部门可以看到随着其伙伴国免税产品的进入它的国内价格下降。而降低的保护可能又包含了贸易创造，增强的保护只产生贸易转移，因此，增强了潜在的自由贸易协定可行性的条件也会增加一个协定会降低总的社会福利的可能性。

如果一些行业可以被自由贸易协定豁免，那么一个协定通过的前景更好。每个政府都希望豁免这样一些部门，即如果这些部门包含在协定内，会造成最大的政治成本。政治成本反映了进口竞争利益集团的强烈的反对，或反映了在面对无效率的贸易转移时普通选民所遭受的损害。通过把这些敏感的部门排除在外，政府就可能能够分散对自由贸易协定的反对。

在一个讨价还价情形中，均衡的协定反映了两个谈判政府所感受到的政治压力。他们检验纳什谈判解，并发现豁免会给与这些部门，即出口国在市场进入上获得的收益和进口国的更为激烈的进口竞争的政治代价加权平均和最大负值（绝对值最大）的部门。政治收益和政治损失用从现状到双边自由贸易时行业利润的变化和平均福利的变化的加权平均值来测量。一个国家的收益和另一个国家的损失在加权中的比重反映了两个政府的谈判能力，并且也反映了如果他们完全地拒绝自由贸易协定，两个政府政治福利的增加。

在政府不能提供直接的转移支付作为补偿任何与自由贸易协定相联系的政治代价的限制性假设下，他们进行完了所有的分析。对于如果这种转移支付是被允许的情况，是很容易分析出的。更为有趣的和困难的问题是在国家关系的政治经济上为什么补偿性转移支付在大多数的贸易谈判中起的作用是有限的。

参考文献：

[1] Ali M. EI-Agraa, International Economic Integration, Macmilian Press, 1988, pp1.

[2] Anthony J. Venables, Customs Union and Tariff Reform Under Imperfect Competition, European Economic Review31 (1987) 103 – 110. North-Holland.

[3] Bagwell and Staiger, 1999a K. Bagwell and R. Staiger, An economic theory of GATT, American Economic Review 89 (1999), pp. 215 – 248. View Record in Scopus Cited By in Scopus (81).

[4] Bagwell and Staiger, 1999b K. Bagwell and R. Staiger, Regionalism and multilateral tariff cooperation. In: J. Piggott and A. Woodland, Editors, International Trade Policy and the Pacific Rim, Macmillan, London (1999).

[5] Bagwell and Staiger, 2001 K. Bagwell and R. Staiger, Reciprocity, non-discrimination and preferential agreements in the multilateral trading system, European Journal of Political Economy 17 (2001), pp. 281 – 325. Summary Plus | Full Text + Links | PDF (285 K) | View Record in Scopus | Cited By in Scopus (14).

[6] Baldwin, 1987 R. Baldwin, Politically realistic objective functions and trade policy, Economics Letters 24

(1987), pp. 287 – 290. Abstract.

[7] Bela Balassa. The Theory of Economic Integration [M]. London: Allen Unwin, 1962, pp1. 转引自樊莹,《国际区域一体化的经济效应》, 第 12 页。

[8] Bohara et al. , 2004 A. Bohara, K. Gawande and P. Sanguinetti, Trade diversion and declining tariffs: evidence from Mercosur, Journal of International Economics 64 (2004), pp. 65 – 88. Summary Plus | Full Text + Links | PDF (331 K) | View Record in Scopus | Cited By in Scopus (6).

[9] Bond et al. , 2001 E. Bond, C. Syropoulos and L. A. Winters, Deepening of regional integration and multilateral trade agreements, Journal of International Economics 53 (2001), pp. 335 – 361. Summary Plus | Full Text + Links | PDF (177 K) | View Record in Scopus | Cited By in Scopus (20).

[10] Bondetal. , 2004 E. Bond, R. Riezman and C. Syropoulos, A strategic and welfare theoretic analysis of free trade areas, Journal of International Economics 64 (2004), pp. 1 – 27. Summary Plus | Full Text + Links | PDF (281 K) | View Record in Scopus | Cited By in Scopus (4).

[11] Cadot et al. , 1999 O. Cadot, J. de Melo and M. Olarreaga, Regional integration and lobbying for tariffs against non-members, International Economic Review 40 (1999), pp. 635 – 657. View Record in Scopus | Cited By in Scopus (15).

[12] Coden, W (1972): Monetary Integration, Essays in International Finance, International Finance Section, No. 93, April, Princeton University.

[13] Dean A. DeRosa, Regional Integration Arrangements—Static Economic Theory, Quantitative Findings, and Policy Guidelines, Policy Research Working Paper WPS2007, PP19.

[14] Dean A. DeRosa, Regional Integration Arrangements, Policy Research Working Paper WSP2007, pp66.

[15] Dean A. DeRosa, Regional Integration Arrangements, Policy Research Working Paper WSP2007, pp70.

[16] Dean A. DeRosa, Regional Integration Arrangements, Policy Research Working Paper WSP2007, pp72.

[17] Dean A. DeRosa, Regional Integration Arrangements, Policy Research Working Paper WSP2007, pp74.

[18] Dean A. DeRosa, Regional Integration Arrangements-Static Economic Theory, Quantitative Findings, and Policy Guidelines, pp21.

[19] Dominick Salvatore: International Economics (5th ed.)[M]. Prentice-Hall International, Inc. 1995. 299. 转引自樊莹. 国际区域一体化的经济效应: 16.

[20] Dr. Makower and Morton, A Contribution Towards a Theory of Custom Unions, The Economic Journal, Vol. 63, No. 249. pp. 33 – 49.

[21] Edward W. Graham and Erika Wada," Domestic Reform, Trade and Investment Liberalization, financial Crisis, and Foreign Direct Investment in Mexico," The World Economy23, no. 6 (June 2000). 转引自罗伯特・A・帕斯特. 走向北美共同体. 北京: 中国商务出版社, 2003: 79.

[22] Eric W. Bond, Constantinos Syropoulos, The Size of Trading Blocs Market Power and World Welfare Effects, Journal of International Economics 40 (1996) 411 – 437.

[23] Estevadeordal et al. , 2007 Estevadeordal, A. , Freund, C. , Ornelas, E. , 2007. Does Regionalism Affect Trade Liberalization towards Non-members? Mimeo.

[24] Fernandez and Portes, 1998 R. Fernandez and J. Portes, Returns to regionalism: an analysis of nontraditional gains from regional trade agreements, The World Bank Economic Review 12 (1998), pp. 197 – 220. View Record in Scopus | Cited By in Scopus (21).

[25] Foroutan, 1998 F. Foroutan, Does membership in a regional preferential trade arrangement make a country more or less protectionist?, World Economy 21 (1998), pp. 305 – 336.

[26] Frankel, J (1995): No Single Currency Regime Is Right for All Countries for All Countries or at All

Time, NBER Working Paper, No. 7338.

[27] Fred J. Ether: Regionalsm in a Multilateral World. Journal of Political Economy, 1998, 106 (6).

[28] Freund, 2000 C. Freund, Multilateralism and the endogenous formation of preferential trade agreements, Journal of International Economics 52 (2000), pp. 359 - 376. Summary Plus | Full Text + Links | PDF (299 K) | View Record in Scopus | Cited By in Scopus (19).

[29] Friedman, M (1953): The Case for Flexible Exchange Rates, In M. Friedman, Essays in Positive Economics, University of Chicago Press.

[30] Gene Grossman and Elhanna Helpman," The Politics of Free Trade Agreements", The American Economic Review, Sep 1995. pp667 - 690.

[31] Global Economic Prospects, 2005, World Bank Report, pp. 28.

[32] Grossman and Helpman, 1994 G. Grossman and E. Helpman, Protection for sale, American Economic Review 84 (1994), pp. 833 - 850.

[33] Grossman and Helpman, 1995a G. Grossman and E. Helpman, Trade wars and trade talks, Journal of Political Economy 103 (1995), pp. 675 - 708. Full Text via CrossRef | View Record in Scopus | Cited By in Scopus (83).

[34] Grossman and Helpman, 1995b G. Grossman and E. Helpman, The politics of free-trade agreements, American Economic Review 85 (1995), pp. 667 - 690. View Record in Scopus | Cited By in Scopus (88).

[35] John Pinder, Positive Integration and Negative Integration: Some Problems of Economic Union in the EEC [J]. World Today, 1968 (24).

[36] John Pinder, Positive Integration and Negative Integration: Some Problems of Economic Union in the EEC [J]. World Today, 1968 (36), 转引樊莹著,《国际区域一体化的经济效应》, 中国经济出版社, 2005 年, 第 15 页。

[37] Johnson, 1953 - 4 Johnson, H. , 1953 - 4. Optimum Tariffs and Retaliation. Review of Economic Studies 21, 142 - 153.

[38] Krishna, 1998 P. Krishna, Regionalism and multilateralism: a political economy approach, Quarterly Journal of Economics 113 (1998), pp. 227 - 252.

[39] Krueger, 2000 A. Krueger, NAFTA's effects: a preliminary assessment, World Economy 23 (2000), pp. 761 - 775. View Record in Scopus | Cited By in Scopus (20).

[40] Krugman, 1991 P. Krugman, Is bilateralism bad? . In: E. Helpman and A. Razin, Editors, International Trade and Trade Policy, MIT Press, Cambridge (1991).

[41] Krugman, . P. , 1991a. Is Bilateralism Bad. In: Helpman, E. , Razin, A. International Trade and Trade Policy MIT Press, Cambridge, pp. 9 - 23.

[42] Levy, 1997 P. Levy, A political-economic analysis of free-trade agreements, American Economic Review 87 (1997), pp. 506 - 519. View Record in Scopus | Cited By in Scopus (57).

[43] Levy, 1999 P. Levy, Lobbying and international cooperation in tariff setting, Journal of International Economics 47 (1999), pp. 345 - 370. Abstract | PDF (154 K) | View Record in Scopus | Cited By in Scopus (15).

[44] Levy, Philip I." Free Trade Agreements and Inter-Bloc Tariffs" Mimeo, Yale University, 1996.

[45] Limão, 2006 N. Limão, Preferential Trade Agreements as Stumbling Blocks for Multilateral Trade Liberalization: Evidence for the U. S. American Economic Review 96 (2006), pp. 896 - 914. Full Text

via CrossRef | View Record in Scopus | Cited By in Scopus (4)

[46] Limão, 2007 N. Limão, Are Preferential Trade Agreements with Non-trade Objectives a Stumbling Block for Multilateral Liberalization?, Review of Economic Studies 74 (2007), pp. 821 - 855. View Record in Scopus | Cited By in Scopus (0).

[47] Lipsey, R. G., 1960. The Theory of Customs Unions: a General Survey. Economic Journal 70 (3), 496 - 513.

[48] Machilup, A History of Thought on Economic Integration, Columbia University Press, New York 1977. pp44.

[49] Machilup, A History of Thought on Economic Integration, Columbia University Press, New York 1977. pp3.

[50] Machlup, A History of Thought on Economic Integration, Columbia University Press, New York 1977, pp32.

[51] Maggi and Rodríguez-Clare, 1998 G. Maggi and A. Rodríguez-Clare, The value of trade agreements in the presence of political pressures, Journal of Political Economy 106 (1998), pp. 574 - 601. Full Text via CrossRef | View Record in Scopus | Cited By in Scopus (26).

[52] Magnus Blomstrom and Ari Kokko, Regional Integration and Foreign Direct Invest, National Bureau of Economic Research, Working Paper No, 6019, 1997.

[53] Martin Richardson," Endogenous Protection and Trade Diversion", Journal of International Economics, May 1993, 34 (3 - 4), pp. 309 - 24.

[54] McLaren, 2002 J. McLaren, A theory of insidious regionalism, Quarterly Journal of Economics 117 (2002), pp. 571 - 608. Full Text via CrossRef | View Record in Scopus | Cited By in Scopus (9).

[55] Meade, E: Trade and Welfare, Oxford University Press, 1955, 转引田青．国际经济一体化理论与实证研究．北京：中国经济出版社，2005：35.

[56] James Edward Meade, A Geometry of International Trade. 1969.

[57] James Edward Meade, The Theory of International Economic Policy. Vol. 1, The Balance of Payments, 1951; Vol. 2, Trade and Welfare, with "Mathematical Supplements."

[58] Paul Krugman, Geography and Trade (Gaston Eyskens Lecture Series) (August 1991).

[59] Paul Krugman, *Rethinking International Trade* (1 April 1990).

[60] Paul Krugman, *Market Structure and Foreign Trade: Increasing Returns, Imperfect Competition, and the International Economy* (1 May 1985).

[61] Tibor Scitovsky, Economic Theory and Western European Integration, 1958.

[62] Tibor Scitovsky, Money and the Balance of Payments, 1969.

[63] Tibor Scitovsky, Industry and Trade in Some Developing Countries, with I. M. D. Little and M. F. G. Scott, 1970.

[64] Tibor Scitovsky, "What's Wrong with the Arts is What's Wrong with Society", 1972, AER.

[65] Tibor Scitovsky, "The Producer Society", 1972, De Economist.

[66] Tibor Scitovsky, "The Place of Economic Welfare in Human Welfare", 1973, QJE.

[67] Tibor Scitovsky, "Inequalities: Open and hidden, measured and immeasurable", 1974, Annals of AAPSS.

[68] Tibor Scitovsky, "Are Men Rational or Economists Wrong?", 1974, in Nations and Households in Economic Growth.

[69] Tibor Scitovsky, The Joyless Economy: An inquiry into human satisfaction and consumer dissatisfaction,

1976.

[70] Tibor Scitovsky, "Market Power and Inflation", 1978, Economica.

[71] Tibor Scitovsky, "Asymmetries in Economics", 1978, Scottish Journal of PE.

[72] Tibor Scitovsky, "Can Changing Consumer Tastes Save Resources?", 1979, in Economic Growth and Resources.

[73] Elhanan Helpman, Market Structure and Foreign Trade, with Paul Krugman, MIT Press, 1985.

[74] Elhanan Helpman, Innovation and Growth in the Global Economy, with Gene Grossman, MIT Press, 1991.

[75] Elhanan Helpman, Special Interest Politics, with Gene Grossman, MIT Press, 2001.

[76] Elhanan Helpman, The Mystery of Economic Growth, MIT Press, 2004.

[77] Lipsey, R. G. and Lancaster. K. (1956). The General theory of second best. Review of Economic Studies 24 (1), October, p119.

[78] Michele Veeman, Terrence Veeman, and Ryan Hoskins," NAFTA in the Next Ten Years: Issues and Chanllenges for Agricultural Trade and Policy," University of Allberta, Edmonton, Photocopy (May 2001).

[79] Mitra, 2002 D. Mitra, Endogenous political organization and the value of trade agreements, Journal of International Economics 57 (2002), pp. 473 – 485. Summary Plus | Full Text + Links | PDF (99 K) | View Record in Scopus | Cited By in Scopus (3).

[80] Mordechai. E. Krenin. Trade Relations of EEC: An Empirical Approach [M]. New York: Praeger, 1974. Chapter 3.

[81] Naomi Adelson," About Face: the Move to Export-Led Growth," El Financiero International Edition, 14 June 1999, 3.

[82] Ornelas, 2005a E. Ornelas, Trade creating free trade areas and the undermining of multilateralism, European Economic Review 49 (2005), pp. 1717 – 1735. Summary Plus | Full Text + Links | PDF (352 K) | View Record in Scopus | Cited By in Scopus (3).

[83] Ornelas, 2005b E. Ornelas, Endogenous free trade agreements and the multilateral trading system, Journal of International Economics 67 (2005), pp. 471 – 497. Summary Plus | Full Text + Links | PDF (304 K) | View Record in Scopus | Cited By in Scopus (2).

[84] Ornelas, 2007 Ornelas, E., 2007. Political Competition and the Strategic Adoption of Free Trade Agreements. Mimeo.

[85] Panagariya and Ronald Findlay," A Political-Economy Analysis of Free Trade Areas and Customs Union". World Bank Policy Research Working Paper No. 1261, March 1994.

[86] Paris (1962), Leamer and Stern (1970), and Goldstein and Khan (1985).

[87] Paul Krugman. Increasing Returns and Economic Geography. Journal of Political Economy, 1997. 99 (3).

[88] Perroni, C., John Whally," the New Regionalism: Trade Liberalization or Insurance?" Canadian Journal of Economics, Vo33. No. 1.

[89] Perroni, C., John Whally," the New Regionalism: Trade Liberalization or Insurance?" Canadian Journal of Economics, Vo33, No. 1, 2000, PP1 – 24.

[90] Peter Robson. The Economics of International Integration [M]. london: Geoger Allen and Unwin (Publishers) Lid., 1980. 2.

[91] Peter Robson. The Economics of International Integration [M]. london: Geoger Allen and Unwin (Publishers) Lid., 1980. pp16.

[92] Philip I. Levy," A Political-Economic Analysis of Free Trade Agreements", The American Economic Review, sep. 1997; pp506 - 517.

[93] R. G. Lipsey, The Theory of Customs Union: A General Survey, The Economic Journal, Vol. 70, No. 279. (Sep., 1960), pp. 496 - 513.

[94] Raul Hinojosa et al., The U. S. Employment Impacts of North American Integration After NAFTA: A Psrtial Equilibrium Approach, Los Angeles: University of Califormia at Los Angeles, 2000, http: // naids. sppsr. ucla. edu.

[95] Richard G. Lipsey, The Theory of Customs Unions: Trade Diversion and Welfare, Economica, New Series, Vol. 24, No. 93, pp40 - 46.

[96] Richardson, 1993 M. Richardson, Endogenous protection and trade diversion, Journal of International Economics 34 (1993), pp. 309 - 324. Abstract | View Record in Scopus | Cited By in Scopus (32).

[97] Rodrik, 1995 D. Rodrik, Political economy of trade policy. In: G. Grossman and K. Rogoff, Editors, Handbook of International Economics vol. 3, North-Holland, Amsterdam (1995).

[98] Saggi, 2004 K. Saggi, Tariffs and the most favored nation clause, Journal of International Economics 63 (2004), pp. 341 - 368. Abstract | Abstract + References | PDF (210 K) | View Record in Scopus | Cited By in Scopus (7).

[99] Schiff and Winters, 1998 M. Schiff and L. A. Winters, Regional integration as diplomacy, World Bank Economic Review 12 (1998), pp. 271 - 295. View Record in Scopus | Cited By in Scopus (9).

[100] Scott L. Baier, Jeffrey H. Bergstrand, Economic Determinants of Free Trade Agreements, Journal of International Economics 64 (2004) 29 - 63.

[101] Victoria Curson. The Essentials of Economic Integration [M]. New York: St. Martin's Press, 1974. 转引自樊莹:《国际区域一体化的经济效应》,第 13 页。

[102] Viner, 1950 J. Viner, The customs union issue, Carnegie Endowment for International Peace, New York (1950).

[103] Viner, J. (1950), The Custom Union Issue (New York: Carnegie Endowment for International Peace; London: Stevens MYM Sons), pp41.

[104] Viner, J. (1950), The Custom Union Issue (New York: Carnegie Endowment for International Peace; London: Stevens MYM Sons), pp50.

[105] W. M. Corden, Customs Union Theory and the Nonuniformity of Tariffs, Journal of International Economics 6 (1976) 99 - 106.

[106] W. M. Corden, Economies of Scale and Customs Union Theory, The Journal of Political Economy, Vol. 80, No. 3, Part1, pp. 465 - 475.

[107] 彼得·罗布森. 国际一体化经济学. 上海: 上海译文出版社, 2001: 259.

[108] 彼德·林德特. 国际经济学. 北京: 中国经济出版社, 1992: 225.

[109] 罗伯特·J·凯伯. 国际经济学. [M]. 原毅军, 等, 译. 北京: 机械工业出版社, 2002: 237 - 238.

[110] 萨缪尔森. 经济学. 2 版. 北京: 中国人民大学出版社, 2002.

[111] 托利, 等. 区域性贸易协定. 2 版. 北京: 国际货币基金组织出版物第 93 期.

[112] 亚历克斯·E·费尔南德斯, 等. 发展中国家的自由化. 北京: 经济科学出版社, 2000: 170.

第十六章　国际贸易与国际资本

第一节　国际贸易和国际投资相互关系的理论述评

传统的国际贸易理论和国际直接投资理论是建立在完全不同的分析框架之内的，两者之间存在着天然的隔阂。传统的国际贸易理论是以国家为基本分析单位，在新古典分析框架内，在国际间资本不流动的非现实性假定中，利用比较优势来解释国际贸易的原因、结构和结果，并建立了一个完美的自由贸易理论模型。而国际直接投资理论则以公司为基本分析单位，以市场不完全竞争为前提，解释公司为什么投资、凭什么投资、向哪儿投资等问题。显然，由于理论前提的截然不同，传统的国际贸易理论和国际直接投资理论是完全不相容的。但随着现实经济的发展和经济理论研究的深入人们发现，国际贸易和国际直接投资实际上是同一行为主体的不同选择，两者之间应有共同的决定基础。在这种形势下，国际贸易理论和国际直接投资理论开始由分歧走向交叉和融合。

一、传统视野中的贸易和投资

（一）传统国际贸易理论和国际直接投资理论的分歧

国际贸易理论的发展经历古典贸易理论、新古典贸易理论和新贸易理论三个发展阶段。但不管是亚当·斯密和大卫·李嘉图的古典理论，还是赫克歇尔－俄林的新古典理论，不仅分析逻辑和政策主张是一脉相承的，而且理论的前提也是基本一致的。这些前提假设包括：（1）生产要素在各国内部是自由移动的；（2）国与国之间的贸易没有障碍；（3）没有运输成本；（4）没有规模经济的利益；（5）资本和劳动这两种生产要素在生产中可以相互替代；（6）在同一范围内，商品市场和要素市场都是完全竞争的；（7）没有要素密集型转变的情况，生产同一商品时，各国的生产技术一样，生产函数相同；（8）经济总是处于均衡状态的，出口恰恰足以支付进口。通过这一系列前提的假定，H－O模型的推理简单明了：国际贸易产生的直接原因在于各国生产同种商品的价格差异，而价格差异是由成本差异造成的，成本的不同是由各国生产要素的价格不同造成的，生产要素的价格则是由生产要素的丰裕程度决定的。正是由于各国生产要素丰裕程度的不同，决定了各国在生产不同产品时所具有的比较优势或价格优势。所以一国将出口较密集地使用其丰裕生产要素制造的商品，进口较密集地使用其稀缺的生产要素制造的商品。在这一框架内，市场是完全的市场，许多具有重要意义的变量被严格的前提假设省略了，因而贸易是一个企业或国家的最明智的选择，对外直接投资则不被考虑。

由于在早期的国际贸易理论的框架下，国际直接投资既无必要也无可能，所以早期的国际直接投资理论不可能在国际贸易的框架内衍生出来，只能另辟蹊径，寻求一种完全不同的解释。一般认为，20 世纪 60 年代初海默（S. H. Hymer）在其博士论文《国内企业的国际化经营：一项对外直接投资的研究》中首先提出的垄断优势理论，标志着国际直接投资理论的兴起。垄断优势理论以产业组织理论为基础，对跨国公司行为的解释是建立在市场不完全的前提之上。认为，不仅是国际市场，而且国内市场都是不完全的，跨国公司对外直接投资正是市场不完全的产物。跨国公司可以凭借特有的优势，如规模经济、专有技术、管理经验、融资和销售能力等，排斥东道国企业的竞争，维持较高的垄断价格和利润，导致不完全竞争和寡占局面，这就是跨国公司从事国际直接投资的主要原因。这个理论强调的是市场的不完全性，注重微观层次的企业行为分析和行业组织结构特征的分析①。可见，传统国际直接投资理论的分析框架与传统国际贸易理论的分析框架是完全不相容的，而且传统的国际直接投资理论中也没有考虑国际贸易的因素，也无法容纳和解释国际贸易。

传统国际贸易理论和国际直接投资理论间分歧的原因，必须追溯到传统国际贸易理论的经济学基础，即与之一脉相承的新古典经济学要素生产理论。新古典经济学的生产理论对生产过程的分析是建立在线性方法基础之上的。一方面，等产量线与等成本线切点唯一，即最优生产方式是要素的等比例投入；另一方面，要素投入与产出同比例变化，不存在规模经济。可见，达到一般均衡时，要素的结合方式是固定和线性的，生产方式是唯一和最优的。在线性系统下考察国际分工，可以发现要素价格的差异将直接叠加到产品上，要素的禀赋优势必然完全表现为产品的价格优势。所以，在线性系统的前提下，传统贸易模型的推导和结论是正确的。而且在线性系统下，厂商生产的技术过程是无差别的，国家间要素禀赋上的差异可以通过国际贸易进行充分的利用，由于要素价格均等化的作用，所以国际直接投资就没有存在的必要，也不可能发生。而传统国际直接投资理论的基础是市场不完全下的公司垄断优势，其所隐含的假设是厂商之间的生产技术过程是有差别的，即当要素相对价格唯一确定时，不同厂商之间的要素投入组合是不同的，这个隐含假设所表达的含义是要素的非同质性、要素间存在互动的非线性作用以及生产过程的非线性。因此，理论前提和隐含假设的差异决定了传统国际贸易理论和国际直接投资理论之间的分歧。

（二）国际贸易理论和国际直接投资理论在发展中的交叉与融合

战后，随着经济的发展，无论从全球角度还是一国角度，国际贸易和国际直接投资都基本保持了不断增长的态势，而且两国之间的贸易越大，直接投资的规模也就越大，这一事实与传统理论的推导相距甚远。而“里昂剔夫之谜”的出现，产业内贸易和公

① Robert Wallace, *Various Prospects of Mankind, Nature and Providence*, New York, Augustus M. Kelley Publishers, 1969.

司内贸易的快速发展，国际贸易结构的巨大变化，又使传统国际贸易理论①局限性暴露无遗。面对这些新变化和新问题，一些经济学家开始用新的方法来研究国际贸易和国际直接投资，并且开始重视国际贸易和国际直接投资之间的相互关系，进而推动了国际贸易理论和国际直接投资理论的交叉与融合。从理论发展历程看，这种交叉与融合的主线有四条：一是在不断放开假设前提的基础上，在国际贸易理论框架中引入企业行为、国际直接投资等因素；二是在国际直接投资理论框架中讨论企业的国际贸易行为；三是对国际贸易和国际直接投资之间相互关系的探讨；四是尝试在同一基石上建立国际贸易和国际直接投资一体化的一般理论。

1. 国际直接投资理论对国际贸易的融合

就国际直接投资理论而言，按照不同的分析方法或理论依据大致可分为四类：以产业组织理论为基础的理论、贸易理论和工业区位理论相结合的产品生命周期理论、市场内部化理论以及以国际生产折衷理论为代表的综合理论。这些理论都或多或少的对国际贸易进行了包容。

海默的垄断优势理论认为，国际直接投资与国际贸易有着密切的联系，贸易是投资的先导。出口向企业表明有一个有盈利的海外市场，国际直接投资很可能出现在原有的出口市场所在国家；反之，进口也可能引致随后而来的直接投资。约翰逊（H. Johnson，1970）进一步发展了海默的垄断优势理论，他认为垄断优势的核心是知识资本，知识资本的转移过程就是跨国公司走向海外的过程。而跨国公司利用这种技术或知识的方式有：（1）生产出包含这种技术或知识的产品，出口到需要这种产品但没有能力生产的地区；（2）出售这种技术或知识给那些需要它但没有能力自行开发的地区；（3）通过国际直接投资利用这种技术或知识。跨国公司需要在产品贸易、技术贸易和国际直接投资之间进行选择。

较早地把国际贸易与国际直接投资纳入一体化分析框架的是弗农（R. Venon）的产品生命周期理论（吴先明，1999）。该理论最初是作为一种国际贸易理论问世的，而后由弗农和其他学者推广至国际投资领域。该理论以产品生命周期作为横坐标，将垄断优势与区位优势结合起来进行动态分析，系统地解释了企业在出口、国外子公司生产和许可证之间的选择。弗农认为，新产品的技术发展大致要经过三个阶段：新产品阶段、成熟阶段、标准化阶段，并经历在发达国家创新生产、出口，转移到不发达国家，再向发达国家出口的阶段。在新产品阶段，企业具有选择在国内生产的倾向，因为这一阶段产品的需求价格弹性很低，企业具有垄断优势，在国内生产可以不断改进产品并保持同顾客和供应商之间的密切联系，对国外市场的需求主要采取出口贸易的形式；在产品的成熟阶段，由于生产技术趋于成熟，产品基本定型，产品出口量开始急剧增加，导致生产技术扩散到国外竞争者手中，仿制品开始出现，出口产品的边际生产成本加上运输成本逐渐接近并超过进口市场的预期平均生产成本，竞争开始转向了生产成本方面，因此，创新国家的企业需到与本国需求类型相近的国家投资设厂，以降低生产成本，维护其已占有的市场份额；当产品进入标准化阶段以后，企业所拥有的垄断优势已经消失，竞争

① ［英］马尔萨斯．人口原理．朱泱，胡企林，朱和中，译．北京：商务印书馆，2001.

的基础仅是价格的竞争，其结果是产品的生产或装配业务逐渐转移到劳动成本低的发展中国家，原来的发明国则转为从国外进口该产品。产品生命周期理论对贸易，对外直接投资与企业增长之间的紧密关系的描述，使得将国际贸易理论和国际直接投资理论纳入一个分析框架成为可能。

巴克利（P. J. Buckley）、卡森（M. Casson）和拉格曼（A. Rugman）等人提出的内部化理论从交易费用的角度对国际经济活动进行了研究。内部化指把市场建立在公司内部的过程，以内部市场取代原来的外部市场，公司内部的转移价格起着润滑内部市场的作用，使之像外部市场一样有效地发挥作用。内部化理论认为，许多商品的世界市场常常是不完全、有缺陷的，当国际市场存在缺陷从而市场交易费用过大时，追求利润最大化的企业就会将国际市场内部化，将中间产品在企业内部进行生产和交易，建立企业的内部市场，利用企业管理手段协调资源的配置，企业内部化国际市场的过程就是企业对外直接投资的过程，同时也就是跨国公司形成的过程，实际上，内部化理论在解释企业对外直接投资决定因素的同时也说明了企业选择国际生产方式的标准。企业是选择国际贸易还是选择对外直接投资，关键在于比较通过世界市场进行贸易的交易费用与企业将外部市场内部化所增加的管理费用孰大孰小。如果交易费用小于管理费用则选择国际贸易，反之则选择对外直接投资。必须指出的是这里的中间产品是广义上的，它不仅指用来制造其他产品的半成品，还包括技术、诀窍、营销技巧以及管理技能等。

邓宁（Dunning）提出的国际生产折衷理论综合了以往各个学派的成就，力图对企业开展国际活动的三种主要形式（国际直接投资、出口贸易、合约性无形资产转让）进行统一的解释。该理论的核心思想由三项优势构成，其一继承了海默为代表的垄断优势说，其二继承吸收了巴克利和卡森的内部化优势说，其三借用了俄林的区位优势理论的研究方法。他在《国际生产与跨国公司》一书中将这三项优势分别命名为“所有权特定优势（Ownership Specific Advantage）”、“内部化优势（Internalization Advantage）”和“区位特定优势（Location Specific Advantage）”，这就是所谓的 OIL 模式（OIL Paradigm）。企业根据拥有三项优势的情况，采取不同的国际经济活动的方式。企业拥有全部三项优势，将进行国际直接投资；拥有所有权特定优势和内部化优势，将进行出口贸易；只拥有所有权特定优势，将进行合约性无形资产转让。

2. 国际贸易理论对国际直接投资因素的吸纳

国际贸易理论对国际直接投资因素的引入源于“里昂剔夫之谜”的出现和当代国际贸易格局发生的新变化，使得人们开始审视传统贸易理论的局限性，进而突破新古典理论的前提假设，试图从更宽的角度解释国际贸易。国际贸易新要素理论、新贸易理论等国际贸易“新”理论都是如此。

国际贸易新要素理论认为，应赋予生产要素以新含义，扩展生产要素的范围。生产要素不仅是比较成本理论所说的劳动，也不仅仅是生产要素禀赋理论所说的劳动、资本和土地，技术、人力资本、研究与开发、信息以及管理等等都是生产要素。在国际贸易新要素理论中，强调人力资本的学说认为人力资本是独立于通常的资本和劳动而影响比较优势的一个重要因素，在人力资本上的投资可使一国建立在技术密集型产品出口的基础上。由于技术密集型产品的国际市场往往是不完全的，拥有人力资本优势的企业便有动机直接到目标市场国投资设厂，以充分利用其占优势的人力资本。因此，人力资本与贸易、许可证和国际投资有着密切的关系，国际投资实际包括人力资本在各国间的转移，贸易是建立在技能密集型（人力资本）基础上的产品出口，许可证的转移也往往产生于人力资本的优势。

国际贸易新要素理论强调技术要素的重要性。这一理论认为，作为生产过程中的知识、技巧和熟练程度的积累的技术有双重作用。第一，技术进步会对各国生产要素禀赋的比率产生影响，从而影响各国产品的相对优势，对贸易格局的变动产生作用，这是对要素禀赋理论的发展，使贸易理论向现实世界靠近了一大步。第二，技术作为生产要素可以生产创新产品并改造已有产品。美国经济学家波斯纳在 1959 年提出了技术差距论，用以解释这种创新技术对国际贸易的影响。他认为，技术创新和新技术的运用在各国间的不平衡导致国家间技术差距的存在，技术差距使技术领先的国家享有出口技术密集型产品的优势。时滞的存在使创新国的技术优势进而垄断地位得以在一段时间内保持，国际贸易恰好发生在这段时滞期内。随着模仿的发生、技术的传播及标准化，动态的技术优势就会逐渐丧失，国家间的生产函数逐渐接近，比较利益将偏向劳动成本较低的地区。从上述理论分析看，它与垄断优势理论的各种解释极为近似，国际贸易和国际直接投资的理论分析方法开始走向交叉。

20 世纪 70 年代末 80 年代初，以克鲁格曼（P. Krugman）、兰卡斯特（K. Lancaster）、迪卡西特（A. Dixit）等为代表的西方学者突破传统贸易理论中市场完全竞争、规模报酬不变的假设，强调市场结构、规模经济对国际贸易的影响，他们的思想被称为“新贸易理论”。新贸易理论强调市场的不完全竞争，而跨国公司从特定意义上来说正是世界市场不完全竞争的产物和体现，因此新贸易理论与传统贸易理论相比，更加注重跨国公司的作用。赫尔普曼（Helpman. E）与克鲁格曼曾试图用要素禀赋差异来解释跨国公司的产生，他们假设贸易的目标是要使两国要素价格实现均等化，并认为国际贸易可以分为三种模式：产业间贸易，产业内贸易和公司内贸易。贸易模式反映了“比较优势再加上用以实现规模经济的专业化”。要素禀赋差异较大的国家间主要进行产业间贸易，而要素禀赋相似的国家间主要进行产业内贸易，但是如果要素禀赋差异太大且公平的市场交易无法使要素价格均等化时，跨国公司就会产生，公司内贸易就会发生，且各国要素禀赋构成的差异越大，公司内贸易的份额也就越大。例如，当本国相对外国资本更丰富时，企业便可将技术密集型的中间产品放在本国总部生产，而将部分相对劳动密集型的制成品设于国外工厂中。这样就出现了跨国公司和跨国行为。在本国总部生产中间产品之后出口到国外加工制成品，在规模经济递增的条件下，就有可能使资本丰裕的本国和劳动力丰裕的外国最终达到要素报酬均等化。

将纵向和横向一体化国际直接投资理论纳入国际贸易的分析框架使国际贸易理论又向前迈出了一大步。国际贸易理论开始明确地放弃企业必须是国内企业的假定，允许企业拥有和使用不同国家的生产要素，企业的增值活动可以在不同的区位进行，不同的国家也可以进行完全相同的生产活动。这实际上是将跨国公司纵向一体化生产和横向一体化生产纳入国际贸易的分析之中。在这一理论中，企业行为被分为总部行为和实际生产行为两大类型，总部行为包括研究与开发及其相关的信誉、商标以及工程、管理、金融等服务；实际生产行为则包括上游生产（中间产品）和下游产品（最终产品）。将纵向一体化国际直接投资纳入国际贸易理论的分析前提包括三个方面：（1）假定差别行业、差别产品、同类产品的总部服务具有最资本密集、一般资本密集和最劳动密集三种类型；（2）假定规模收益递增；（3）假定运输成本为零。在这些前提下，纵向国际直接投资可以看作是国家间要素比例不对称的产物，企业总部行为和生产行为的区位选择取决于要素价格。在国家间相对要素禀赋差异较大的条件下，企业可以将总部行为安排在资本禀赋丰裕的国家进行，而将一般生产行为安排在其他国家进行，以利用要素价格中存在的差异。要素禀赋和要素价格的差异，在企业可以进行国际投资的条件下，将导致国家间贸易格局的变化：资本密集型国家将主要出口总部服务，以交换差别和同质最终产品；母公司对国外子公司转让总部服务和国外子公司对母公司的成品出口构成跨国公司的直接贸易。在纵向一体化条件下，国际投资和国际贸易的关系表现为跨国公司母公司与子公司之间的中间产品出口和进口。要素禀赋的差异越大，这种出口和进口的规模越大，跨国公司在投资和贸易中的作用也越大。这一理论在一定程度上解释了发达国家与发展中国家之间的垂直投资与贸易。

将横向一体化国际直接投资纳入国际贸易理论的研究，源于对发达国家之间相互投资条件下国际贸易的分析。这一理论认为，企业对外投资的动机之一是研究与开发及其他总部行为的固定成本太高，因而多区位生产将给企业带来规模经济。研究与开发等总部行为既是国际投资的基石，也是国际贸易的基石，国家间的市场规模和要素禀赋的技术效率的差异，使得企业在拥有优势的国家生产经营更为有利。国家间的相似性越高，其市场规模、要素禀赋和技术效率的优势就越大，就越能吸引跨国公司的国际直接投资，产业内贸易、公司内贸易也就越频繁。因此，对外直接投资与国际贸易可以共存。这一理论比较成功地解释了20世纪80年代中期发达国家之间直接投资和国际贸易同时增长的现象。

二、贸易投资关系分析的主要模型及有关经验研究

实际上，在相当多的国际贸易理论和国际直接投资理论中都隐含了对国际贸易与国际直接投资关系的判断。但对贸易和投资的关系进行正式研究，最初是由蒙代尔（Robert. A. Mundell，1957）提出并进行论述的。迄今为止，关于国际贸易和国际直接投资之间关系的理论研究都集中在考察两个问题上：一是国际直接投资与国际贸易之间到底是替代还是互补关系，二是两者何为因果。有关的实证研究也多集中于此，并偏向于验证国际贸易与国际直接投资之间的替代和互补关系。

（一）贸易投资关系分析的主要模型

1. 蒙代尔的贸易和投资替代模型

1957年，蒙代尔提出了贸易与投资替代模型。蒙代尔模型的基本含义是：在要素可以自由流动、生产函数相同的前提下，一国对另一国的直接投资，可以缩小自己的生产可能性边界，扩大对方的生产可能性边界，形成对国际贸易的完全替代。

蒙代尔对贸易与投资之间相互替代关系的研究是建立在两个国家、两个产品和两种生产要素的标准国际贸易模型基础之上的。在蒙代尔模型中包含着以下基本假设：

（1）只存在两个国家 X 与 Y，两种产品 A 和 B，两种要素资本 K 和劳动 L。

（2）假定 Y 国是一个小国，不会对国际商品生产产生任何影响。要素禀赋在两个国家之间的相对充裕程度不会产生完全的专业化生产。X 国是资本相对充裕的国家，而 Y 国劳动力相对丰富。

（3）无论要素价格如何，一种商品生产中所使用的资本的数量都要高于另一种商品生产中所使用的的资本的数量，因此在所生产的两种产品中，一种是资本密集型商品，而另一种是劳动密集型商品。设商品 A 为资本密集型商品，商品 B 为劳动密集型商品。

（4）X、Y 两国具有相同的生产函数，并且生产函数符合基本的新古典解释，即生产函数是一次齐次函数，具有边际收益递减和规模报酬不变的性质。这意味着资本和劳动的边际生产率，无论是从绝对数看还是从相对数看，都唯一地依赖于生产中所使用的两个要素的配置比率，同时商品产量与要素投入量按相同比例变动。

蒙代尔首先假定了一种情形，生产要素不能在两个国家之间相互流动，同时也不存在任何贸易障碍。在这种情况下，由于两个国家之间资源禀赋的差异，按照 H－O 模型，两国间必然会发生国际贸易，其中 X 国出口资本密集型商品 A，进口劳动密集型商品 B，Y 国则正好相反。在贸易均衡的状态下，两国间的商品和要素价格均等。这时如果由于某种外部原因，资本在两个国家间的流动障碍全部消除，在这种情况下，由于两个国家间资本的价格相同，资本要素流动障碍的消除不会引起资本的国际流动，原来的贸易均衡也不会被打破。

然而，当两个国家之间存在关税壁垒、产业进入壁垒等贸易障碍时，情况就不一样了。假设 Y 国现在对从 X 国进口的资本密集型商品 A 征收关税，征税的结果是 X 国的 A 商品在 Y 国的价格提高，由此带动 Y 国所有 A 商品价格的提高，使得 Y 国的厂商即使以较高的成本生产 A 也能盈利，从而引起 Y 国资源的重新配置。Y 国 A 商品生产部门的生产规模扩大，资本和劳动从 B 商品生产部门流向 A 商品生产部门。伴随而来的是生产 A 商品所需的、原来在 Y 国就相对稀缺的资本要素的国内需求量的上升，进而推动了 Y 国的资本要素价格的上涨，从而提高了 Y 国的资本要素报酬率。在 Y 国资本要素高利润回报的刺激下，X 国的资本势必通过直接投资或间接投资等各种方式流入 Y 国，从而进一步扩大了 Y 国 A 商品的生产规模。资本的不断流入会使得 Y 国资本的要素报酬不断下降，X 国资本的要素报酬不断上升，最终会实现两国之间要素价格的重新均等。当关税引致的要素流动使要素价格在两国之间均等时，资本流动就会停止，关税也不再发生作用。从整体上看，资本要素的流动并没有增加 A 商品的总产量，只不过是以 Y 国进口商品 A 的国内产量的增加替代了 X 国出口商品 A 产量的减少。在 Y 国对 A 商品的需求保持不变的情况下，Y 国从 X 国进口的 A 商品的数量自然就下降了。也就是说，国际资本流动的结果最终取代了国际贸易。从上述过程我们可以看出，关税或者说贸易障碍之所以会引致投资（有时将其称为关税引致投资 tariff-induced investment），是因为其可以改变两个国家之间的资本要素报酬率，而资本要素报酬率的差异最终导致资本的国际流动。

由此，蒙代尔得出的结论是：在存在国际贸易壁垒的情况下，如果直接投资厂商始终沿着特定的轨迹（即所谓的罗勃津斯基（Rybczynski）线）实施跨国直接投资，那么这种跨国直接投资就能够在相对最佳的效率或最低的生产要素转换成本基础上实现对商品贸易的完全替代。

2. 马库森和斯文森的互补关系模型

马库森（Markusen，1983）认为，蒙代尔关于要素流动与国际商品贸易的替代性的结论，是在H－O模型中两国只有要素比例不同，其他因素完全相同的严格假设条件下得出的。如果改变H－O模型中的假设条件，则会导致要素贸易与商品贸易之间的互补性，而非替代性。

马库森和斯文森（1985）关于贸易与投资互补模型的基本假设是：

（1）要素流动之前A、B两个国家所拥有的要素禀赋的数量完全相同，而且世界资源禀赋总量固定不变。因此不论什么原因导致资本在两个国家之间的流动都会引起两个国家要素禀赋数量的相对变化从而产生贸易。

（2）在所有情况下两个国家之间的要素价格存在差异，至少在一个国家完全从事专业化生产之前是如此。实现要素价格均等化的条件是每个国家必须拥有相对多的出口产品中密集使用的那种要素资源。这在H－O定理中是商品贸易产生的原因，但在这里是要素流动的结果。也就是说只要允许要素的流动就会产生禀赋的相对差异。

（3）两个国家的需求偏好完全相同，并可以用相似的社会无差异曲线来表示。

在这些假设的基础上，他们利用要素比例模型阐述了要素流动与商品贸易之间的相互关系，指出它们之间表现为替代性还是互补性，依赖于贸易和非贸易要素之间是“合作的”还是“非合作的”。如果贸易和非贸易要素是合作的，那么商品的贸易和生产要素的流动将互相促进，从而表现为一种互补关系；如果两者之间是不合作的，则商品贸易和非贸易要素的流动就会表现为一种替代关系。为了对要素流动和商品贸易之间的互补性做进一步的论证，Markuson 和 Svensson（1985）考察了技术差异、对生产征税、垄断、外部规模经济和要素市场扭曲等导致二者互补性的五种因素，在这里选择技术差异一种情况进行分析。此模型的基本思想是：两个国家之间的技术差异因素会导致彼此的要素生产率和要素价格的差异，这种要素价格的差异决定商品贸易要素流动方向。当由于任何一种因素导致商品贸易，而生产贸易产品需要的要素和非贸易要素又表现为合作状态时，商品的贸易必然带动非贸易要素的流动，从而使贸易和要素流动表现为一种互补性。所谓的合作状态是指贸易要素和非贸易要素的价格差异关系。如果劳动是贸易要素，而资本是非贸易要素，两者之间的合作性表现为劳动边际生产率的相对较高和资本边际生产率的相对较低，这样就会同时产生劳动密集型产品的出口和资本要素的流出，也即同时形成了对外贸易和直接投资，两者之间是一种互补关系。

马库森最直观的证明是假设中国和美国的要素禀赋相同，但是美国在钢铁行业中的技术比中国的高，那么美国具有生产钢铁的比较优势。当两国进行贸易时，美国将出口钢铁。而美国资本密集型的钢铁生产的增加将导致对资本的需求的增加，因此，美国的资本收益率增加，工资率下降。当中国专门生产服装时，中国的工资率增加，资本收益率下降。马库森证明，当达到贸易均衡时，美国的资本收益率较高，而中国的工资率较高。现在考虑由于要素价格差异使得要素发生国际流动，则资本将流向美国，而劳动将流向中国。按照罗勃津斯基定理，美国将扩大钢铁生产，减少服装生产，而中国情况正好相反。这将进一步扩大美国钢铁的出口和服装的进口。要素流动增加了贸易，因此国际贸易与要素流动是互补的。

3. 贸易和投资关系的不确定性

Neary 的研究发现，在特定要素模型中，贸易与要素流动的关系则是不确定的（Neary，1995）。他假设有两个国家：美国和日本，三种要素：劳动、资本和土地。假设美国和日本的劳动和资本禀赋相同，只有土地禀赋不同：美国有更多的土地。那么，美国的要素价格与日本相比会有什么不同呢？一方面，由于有较多的土地，美国农业的边际劳动生产率增加，劳动向农业部门流动，两个部门的劳动工资上升，资本和土地的收益率下降。另一方面，较多的土地会增加粮食的相对供给。这将降低粮食的相对价格，从而进一步降低土地的收益率，但增加了资本的收益率。因此，与日本相比，美国的土地收益率较低，工资较高；但是美国的资本收益率既可能高于日本，也可能比日本低。美国的资本收益率是否比日本高，要看其制造部门的劳动力和产出是否比日本多。更多的土地和更高的收入意味着对制成品的更多需求，而相对较低的粮食价格因替代效应减少对制成品的需求。因此，土地增加对资本收益率的净效应依赖于收入效应和替代效应的相对大小。因此，存在两种可能性。一种情况是：美国的土地和资本都比日本便宜（而劳动较贵）；另一种情况是：美国的土地便宜，而资本和劳动较贵（双要素稀缺）。在第一种情况下，美国的资本流向日本，同时日本的劳动流向美国。在第二种情况下，存在激励使日本的劳动和资本都流向美国。当美日两国由封闭转入自由贸易时会发生什么情况呢？美国出口粮食，使美国的粮食价格上升，从而增加土地收益率并降低资本收益率。与此同时，日本出口制成品，增加资本收益率并降低土地收益率。在第一种情况下（美国的土地和资本都较日本便宜），美国资本流向日本的激励增加。这时，贸易与资本要素流动是互补的。在第二种情况下（美国土地便宜，但资本较贵），贸易使得日本的资本流向美国的激励减少。这时，贸易与资本要素流动是替代的。因此，贸易与资本要素流动的关系是不确定的。对于劳动而言，相对价格的变化使得劳动的实际工资的变化不确定，贸易与劳动流动的关系既可能是互补的，也可能是替代的。

帕特瑞（A. Patrie，1994）的研究表明，由于激发直接投资的动机不同，贸易与投资的关系也不同。帕特瑞根据投资的不同动机，将国际直接投资划分为三大类：市场导向型直接投资、生产导向型直接投资和贸易促进型直接投资。其中，市场导向型直接投资容易成为贸易的替代，生产导向型直接投资和贸易促进型直接投资一般可以增加投资国和接受投资国之间的国际贸易。

4. 补偿投资模型

Bhagwati 和 Dinopoulos 的补偿投资模型主要是从政治经济学的角度来分析贸易和投资的关系，也是在标准的两国家、两产品、两要素的一般均衡国际贸易模型中进行分析。贸易和投资之间的关系不仅仅取决于要素价格差异等纯经济因素及现实的贸易障碍，在存在贸易保护威胁的条件下，不同利益集团之间的博弈也会产生贸易和投资之间的替代及互补，这就是补偿投资。补偿投资描述的是贸易和投资之间的一种跨时期关系，即厂商从一个时期利润最大化角度看投资虽然不是一种最优选择，甚至可能会带来损失，但投资本身会减少或者避免在下一个时期东道国政府采取贸易保护所带来的损失，因此，从贸易和投资的相互联系角度看会实现第二期的利润最大化。由于对第一期损失的补偿可以在预计的第二期改善，因而将这种投资称为补偿投资。这种补偿投资不同于蒙代尔模型中的关税引致投资，关税引致投资是为了绕过高关税而用投资来替代出口，而补偿投资的目的在于减少东道国采取贸易保护措施的可能性，是为了化解关税，因此也称为化解关税投资（Tariff-defusing Investment）。这是从政治经济学的角度来解释贸易和投资之间的相互关系，这种理论模型对于20世纪80年代中期日本对美国直接投资的大规模增加做了较好解释。

（二）有关国际贸易和国际直接投资关系的实证研究

Hein（1992）建立了基于拉丁美洲和东亚地区的数据的对内对外政策模型。Hein的分析指出：这两个地区的出口导向策略吸引了大批外国直接投资（FDI），所以他认为是出口早于或者说引致了FDI。而Lucas（1993）通过对东亚地区的迅速发展的原因的研究也得出大量出口引致了FDI的结论。他发现在所研究的东亚国家中，流入的FDI相对于出口的弹性要高于不断扩大的内需。Lucas认为，这些国家的出口导向的私营企业进入竞争激烈的国际市场以后，为了生存不得不努力创新以及不断提高管理效率，它们的良好表现吸引了大批国外投资。因此，一个地区的出口表现、开放程度以及基础设施情况的共同作用，特别是出口表现决定了吸引FDI的程度。这两位学者的研究视角的不同在于，Hein是从政府政策的角度，而Lucas更多地基于市场的有效性的角度，但是得出了共同结论：发展中国家如果成功地实现出口导向政策可以引致外资的大量流入。

Porter（1990）从外资供给角度分析了出口和FDI的因果关系。他认为，对于国外投资者来说，低成本也就意味着高收益，世界价格是一致的，在发展中国家进行低成本生产再出口到世界市场，意味着比本土生产更高的回报，因此这种高回报的出口吸引了大量FDI。

Jun和Singh（1996）研究了1969－1993年间11个世界最大引资国的出口和FDI的关系。其中有四个国家，泰国、厄瓜多尔、葡萄牙和希腊显示出口是FDI的格兰杰原因，而只有一个国家，即新加坡显示FDI是出口的格兰杰原因。其余六国分别是：哥伦比亚、哥斯达黎加、埃及、马来西亚、墨西哥以及尼日利亚显示出口和FDI之间不存在显著的格兰杰因果关系。中国没有被包括在样本里。

Pfaffermayr（1994）运用格兰杰因果关系模型，对奥地利制造业从1980－1990年的季度数据做回归分析，发现FDI和出口之间存在着显著的互补关系。

Bayoumi和Lipworth（1997）运用日本和其20个主要贸易伙伴1982－1995年的数据，对贸易和FDI做回归分析。发现FDI的存量对贸易有长期影响，FDI的流量对贸易有短期影响，并得出了从日本流出的直接投资对日本的出口有短期影响、对进口有长期影响的结论。

Goldberg和Klein（1998）研究了日本和美国的对外直接投资对拉美国家和东南亚国家进出口的影响。他们发现资本流动与双边贸易之间存在互补性。特别在亚洲国家，日本对东南亚国家的直接投资显著地增加了双边进口和出口。但是，拉美国家与日本之间、拉美国家与美国之间以及美国与南亚国家之间的贸易与投资不存在显著的关系。

Pain 和 Wakelin（1998）对 11 个 OECD 国家自 1971－1992 年的面板数据做回归，发现 FDI 对出口有不同影响。总的来说，就是 FDI 流出会减少出口，而 FDI 流入会扩大出口。

Gopinath，Pick 和 Vasavada（1999）用 1982－1994 年美国食品业跨国公司的海外销售额、出口量、海外雇员数和 FDI 作为内生变量研究 FDI 和贸易的关系，得出了海外销售额和出口之间有着显著的互补关系的结论。

Stone 和 Jeon（1999）以引力模型检测亚太地区双边外国直接投资流量主要受何种原因影响，探讨 FDI 是受母国因素还是东道国因素所影响、FDI 是因贸易而产生的吗、地理上的距离是影响 FDI 流量的主要因素之一吗。并同时检验亚太地区区域集团如东盟（ASEAN）、亚太经合组织（APEC）等是否亦为影响因素之一。这项研究采用了 200 个观测值，观测时间是 1987－1993 年。他们在引力模型中加入海外直接投资变量，检验变量 FDI 是否受两国 GDP、人口、距离、贸易与区域集团影响。检测结果显示，母国之 GDP、人口与贸易三变量对海外直接投资有显著影响；而东道国的 GDP、人口对海外直接投资影响则不显著，表明东道国因素对 FDI 为非主要影响因素；而区域集团效果在此亦不显著。此后，Stone 和 Jeon（2000）更进一步探讨贸易与海外直接投资两者之间的关系，探讨两者之间为互补还是替代关系。经由实证检验得出贸易与海外直接投资之间为互补关系而非替代关系；距离变量与贸易之间为反向关系，与 FDI 却不显著；区域集团对贸易的影响较为显著，对 FDI 不明显。依据残差数据显示引力模型适用于解释双边贸易关系多于 FDI；而贸易与投资两者之间，贸易更倾向于为主导因素。

联合国贸易和发展委员会为研究 FDI 流入量和出口效果的关系，就 52 个发达国家和发展中国家的 1995 年断面数据进行了回归分析。被解释变量为制成品出口量（按总量与技术含量分类、按所在国人均美元量衡量）。解释变量是人均 FDI 流入量，研究与开发（R&D，制造企业所投入并按 GDP 的百分比衡量），制造业人均附加值（MVA）。所有变量按自然对数表示，因此，回归系数为相应的弹性值。回归结果表明，从整个样本来看，FDI 与制成品出口有显著的正相关关系。FDI 与中等技术含量产品出口关系的显著性水平低，FDI 的影响随出口产品的技术含量而增大。人均 FDI 流入量每增加 1%，高、中、低技术含量产品出口分别上升 0.55%、0.31% 和 0.28%。如将不同技术构成的出口品作为被解释变量，影响最大且显著性最强的是 R&D，然而 FDI 仍然具有正的显著影响。在发展中国家样本中，FDI 对高技术含量出口具有很高的显著性，其弹性为 0.78，对低技术含量产品出口也有较高的显著性（10%），但对中等技术含量产品出口影响不显著。

Zhang（2001）将中国分为 HFDI（高 FDI）、MFDI、LFDI 进行研究。结果表明，在高 FDI 的沿海地区，FDI 与出口有着显著的双向因果关系，而在中 FDI 地区，显示出口或者出口潜力引起了 FDI，而在低 FDI 地区，FDI 对于出口发展起决定作用。

Liu（2001）采用中国和 19 个贸易伙伴从 1984－1998 年的贸易和投资的面板数据考察 FDI 和贸易的关系，该研究是采用建立于标准向量自回归（VAR）模型基础之上的格兰杰检验的方法，采用的是 ADF 检验。得出以下结论：进口增加引致了进口国的 FDI，而 FDI 又引致了出口的增加，出口增加又引致进口的进一步增加。同时进口增加引致出口增加，FDI 增加引致进口增加，但不显著。

（三）建立融合国际贸易和国际直接投资的一般理论的相关尝试

将国际直接投资建立在国际贸易理论的同一基石之上的尝试，首推日本一桥大学教授小岛清（K. Kojima）①。20 世纪 70 年代后期到 80 年代中期，小岛清发表了大量的国际直接投资方面的论著，他特别批评早期的国际直接投资理论忽略了对宏观经济因素的分析，尤其是忽略了国际分工的原则。小岛清认为，国际分工原则和比较成本原则是一致的，国际分工既能解释对外贸易，又能解释对外直接投资。因此，可以将国际贸易和国际直接投资的综合理论建立在“比较优势（成本）原理”的基础之上。

小岛清的边际产业扩张理论（也称切合比较优势原理）首先是从对国际直接投资的特殊性分析开始的。他强调了国际直接投资的两个特点：（1）直接投资不单是资本的流动，而是包括资本、技术、经营知识的总体转移。直接投资是以两国存在着不同的生产函数为前提的，可以把直接投资视为包括销售问题的先进生产函数的转移、移植。接受投资国的生产函数，因接受直接投资而由先进生产函数所代替，并得到提高。（2）直接投资是资本、技术、经营管理知识的综合体由投资国的特定部门的特定企业向接受投资国的同一部门的特定企业（子公司、合办企业）的转移，由于技术的外溢作用，直接投资将带动接受投资国整个产业的生产函数发生改变。在此小岛清提出了基于直接投资的“生产函数改变后的比较优势”的概念，并认为既然以投资国资本丰富为前提，那么接受投资国的商品越是劳动密集的就越容易具有比较优势，而且投资国与接受投资国的技术差距越小，技术就越容易移植、普及和固定下来。

以上述直接投资的两个特点为前提，小岛清建立了他的模型。在两个国家、两种商品、两个要素的模型中，假定同 B 国相比，A 国资本丰富，X 商品（劳动密集型商品）与 Y 商品（资本密集型商品）均采用比较先进的生产函数（一次齐次的），而且 Y 商品的优势程度大大超过 X 商品（技术差距很大）。并假定 A 国对 B 国 X 商品进行直接投资时，新的生产函数比较容易普及，而对 B 国 Y 商品进行直接投资时，新的生产函数普及比较困难。由于 A 国 Y 商品（资本密集）、B 国 X 商品（劳动密集）分别具有比较优势，按照 H－O－S 定理，将发生 A 国出口 Y 商品、进口 X 商品的贸易。贸易的作用使得 A 国发生缩小 X 产业、扩大 Y 产业的结构调整，X 产业的企业必须转向 Y 产业或者转向对外直接投资。假如 A 国对 B 国的 X 产业进行直接投资，由于小岛清把直接投资定义为先进生产函数的转移和普及，并且不考虑货币资本流动，因此 A 国的生产可能性曲线不发生变化，改变的只是 A 国的 Y 产品更具比较优势；而接受投资的 B 国由于采用了先进的生产函数，生产率提高，生产可能性曲线外移。由此达到的新的更高的贸易平衡点，对外直接投资创造出了贸易。在这个模型中，要使直接投资导致贸易发展，必须要由投资国潜在的比较劣势产业（在这里是 A 国劳动密集的 X 产业）进行直接投资，提高接受投资国有潜在比较优势的 X 产业的生产函数，并使之成为显在的比较优势产业。由此，小岛清提出了他的“切合比较优势原理”或称“边际产业扩张

① 庇古于 1920 年出版《福利经济学》一书，提出用税收的办法解决环境成本外部化的问题，即著名的“庇古税”。

理论”的基本主张：对外直接投资应该从本国（投资国）已经处于或即将处于比较劣势的产业——可称为边际产业——（这也是对方国家具有显在或潜在比较优势的产业）依次进行。

小岛清的理论提出，可以将国际贸易和对外直接投资的综合理论建立在“比较优势（成本）原理”的基础之上。这是因为，在贸易方面，按照既定的比较成本，一国通过对比较优势产业实行专业化，并出口该种产品，同时缩小比较劣势产业并进口该种产品，就可以获得贸易利益。在对外直接投资方面，投资国从趋于比较劣势的边际产业开始进行投资，这样做可以使对方国家因为缺少资本、技术、经营技能等而没有显现出来的潜在比较优势产业，由于采用先进的生产函数而显现出来。由此，可以扩大两国间的比较成本差距，为进行有更大贸易利益的贸易创造条件。在此，对外直接投资的利益是从把这种更先进的生产函数移植给对方国家（这在单纯进行贸易的情况下是不可能的）的动态原因产生出来的。贸易是按照既定的比较成本进行的，而直接投资可以创造新的比较成本。虽然有这种差别，但两者都是以比较成本原则为判断标准的，从这一点说，可以把两者建立在同一个综合理论基础上。

尽管小岛清的理论不具备普遍的解释能力，而且与20世纪80年代以来全球范围内国际直接投资实践相去甚远，但他为建立一个融合国际贸易和国际直接投资的一体化的一般理论进行了有益的尝试。

三、简要的评论

传统的国际贸易理论是以国家为分析单位，以国际市场是完全竞争市场、生产要素在国际间不能自由流动为分析的前提，认为在国际贸易分工中，只要各个国家发挥自己的比较优势，生产成本相对低的产品参与国际分工，就会获得比较利益，不仅其自身而且整个世界都会从中受益。而国际直接投资理论是以公司为研究对象，以不完全竞争和要素流动为理论前提，所研究的问题正如邓宁所说的，是回答 Why、How 和 Where 三个问题，即为什么要去国外投资，怎样去国外投资以及到那里投资。因此，传统的国际贸易理论和国际直接投资理论是建立在完全不同的分析框架之内的，理论前提与研究对象都截然不同，两者是完全不相容的。在国际贸易理论中无法容纳国际直接投资，国际直接投资理论也不能解释国际贸易。

事实上，从国际贸易和国际直接投资发展的时间关系上，传统的国际贸易理论也没有必要对国际直接投资进行理论解释。从经济国际化的历史来看，国际贸易的出现早于国际资本的形成，国际贸易在经历了一个多世纪的繁荣后才出现了国际直接投资，并表现为国际直接投资的先导。从自由资本主义初期一直到第二次世界大战前，受生产力水平的制约，各国间的经济关系主要表现为国与国之间的货物交换。当时国际贸易的目的在于追求比较利益，贸易在经济生活国际化中占据主导地位。贸易规模成为衡量各国生产力水平和国际竞争力的主要标志。直到资本主义发展到垄断阶段，发达国家的资本积累的规模扩大了，形成了大量过剩资本，以货币资本输出为主要形式的资本国际运动开始了。与此同时，以国际直接投资为表现形式的生产资本的运动亦显现出来。二战以后，随着科学技术的迅猛发展，生产力水平获得了人类历史上前所未有的提高，从而为资本的跨国界流动提供了必要的物质前提和基础。资本的国际运动进入了一个新的历史阶段，即由流通领域发展到生产领域，全部资本增值过程延伸到国界以外。虽然这时国际贸易、间接资本输出也在继续发展，但生产资本国际化的规模和速度更为突出，成为资本国际运动的主要动向。这时国际直接投资理论才得以迅速发展起来。

国际直接投资的发展和要素跨国界流动的不断增多，使经济学家开始关注国际贸易与国际直接投资的关系。人们发现，事实上国际贸易仅是在世界市场竞争不完全的条件下替代生产要素流动，实现世界资源合理配置和有效利用的次佳方法，因此世界经济和科技发展到一定阶段后必然会出现以生产资本流动为形式的国际直接投资。蒙代尔在要素可以自由流动、生产函数相同假定下提出了国际贸易和国际直接投资相互替代的假说。然而，随着国际分工日益深化、各国的经济联系不断加强，更多的观察发现国际贸易和国际直接投资是互补的，马库森和斯文森为此进行了理论解释。

正是由于国际贸易与国际直接投资之间的密切联系以及战后国际经济领域中出现的一些新变化和新问题，更多的国际经济学家开始重视对国际贸易和国际直接投资联系方面的研究，都试图把对方拉入自身的理论框架之中。国际贸易理论越来越接近现实，许多传统的假定被放宽或放弃，开始用不完全竞争、规模报酬递增、产品差异化等概念和思想来构造新的贸易理论模型，并设想从公司（跨国公司）的角度来研究国际贸易。而对公司行为和公司特定优势的分析，由于其连接市场结构的不完全、公司的垄断优势和新产品新技术，被认为是更能说明当代贸易格局的演变，更能解释产业内贸易，同时也是解释对外直接投资的重要思路。国际直接投资理论也更多地从产业和国家与跨国公司行为的结合上考察国际直接投资与国际贸易的关系。以邓宁的国际生产折中理论为代表的国际直接投资理论，利用 OIL 模式力图对企业开展国际活动的三种主要形式（国际直接投资、出口贸易、合约性无形资产转让）进行统一的解释。

20 世纪 80 年代以来，世界经济自由化、全球化趋势增强，国际商务环境也随之发生了巨大变化，最为明显的变化是商品、服务、生产要素和企业国际流动的技术、政策壁垒减少了。具体来说，技术进步使商品、服务、无形资产和人员的流动变得更为便捷，企业可以远距离完成企业组织和管理；政策自由化意味着技术进步对全球的贡献从可能性变成现实性，从而使得国际化生产扩大，其多企业发展成为名副其实的跨国公司。跨国公司的决策对贸易格局、投资格局的影响已不可忽视，越来越多的国际贸易和国际直接投资开始在跨国公司的主导下进行，跨国公司的国际一体化生产和公司内贸易逐步成为推动国际经济和贸易发展的重要力量。国际贸易和国际直接投资表现出高度的一致性，不仅在地理区域与产业分布上呈现高度的一致性，而且在国际贸易流动与国际直接投资决策上也具有同步性。现在的问题已不是贸易导致投资还是投资导致贸易，也不是投资替代贸易还是贸易替代投资或两者互为补充，而是国际贸易和国际直接投资日益融为一体，显现为贸易投资一体化。

现实经济的变化促使人们开始致力于建立一种国际贸易分工和国际直接投资的一般理论，以取代传统国际贸易分工理论的地位。尽管不少经济学家对此进行了一定的尝试，如小岛清的边际产业扩张理论，但迄今为止，尚未出现具有重大影响而又为理论界广泛承认的贸易投资一体化理论，这是当代国际贸易和国际直接投资理论发展的趋势。

我们认为，国际贸易和国际直接投资的基础是国际分工，当代贸易投资一体化的发展是国际分工深化的产物，对贸易投资一体化的研究必须建立在国际分工研究的基础上。跨国公司应该作为研究的主体。跨国公司的内部分工是企业内部分工的历史延伸，当企业内部分工跨越国界、扩展到国际范围时，便形成跨国公司的内部国际分工。正是跨国公司内部国际分工的发展，推动了跨国公司所“经营”的贸易与投资活动的一体化。对贸易投资一体化理论的研究离不开对跨国公司行为的分析。

第二节 发展中国家对外直接投资理论综述

传统观点认为，在对外直接投资活动中发达国家是资本输出的一方，发展中国家则是资本输入的一方。因此，现有的描述和解释跨国公司行为的理论都将发达国家的跨国公司作为研究对象，并将从中得到的结论和规律推广到所有的跨国公司。但是，根据世界投资报告的资料表明：许多发展中国家正在或已经成为资本输出国。

既然发展中国家对外直接投资是一个不容忽视的经济事实，那么这些发展中国家对外直接投资的目的是什么？它们的竞争优势何在？他们的投资原因是什么？它们的行为有何特点？这些都有待于经济学家提供相应的答案。为了寻求发展中国家对外直接投资的理论依据，国际经济学界从上述四个方面进行了多角度、多侧面地探索，创立了一些新的理论学说，但能形成较系统、较成熟的理论的却不多。这些理论成就远远逊于发达国家跨国公司方面的成就。这些理论虽然在西方国际直接投资理论中不属于主流理论，但其影响越来越大。研究这些不同理论流派的思想，可以为发展中国家对外直接投资提供有益的借鉴。

一、发展中国家对外直接投资的基本情况

在新一轮全球外商直接投资的增长浪潮中，发展中国家正发挥着越来越重要的推动作用。历年联合国贸发会议发表的《世界投资报告》相关数据表明：越来越多的发展中国家跨国公司也正在开展对外投资。它们占全球外国直接投资流量的比例从20世纪80年代中期的不到6%，增加到90年代后五年的约11%，2002－2003年期间则降到7%（年平均为460亿美元）。它们约占全球外国直接投资外流存量的十分之一，该存量2003年增长了8%，达到8 590亿美元。按占固定资本形成总额比例衡量，某些发展中国家和地区的对外投资已超过了部分发达国家：例如，与美国（7%）、德国（4%）和日本（3%）相比，新加坡（2001－2003年）为36%，中国香港为28.2%，中国台湾省为10.5%，智利为7%，马来西亚为5%，中国为0.8%，印度为1%，巴西为0.2%。

随着经济复苏的稳定，这些国家和其他发展中国家的外国直接投资可望恢复增长。中国以及其他发展中国家已成为全球FDI自2004年以来进入新一轮增长浪潮的重要推动力，而南南之间的FDI流动继续保持上升趋势，成为发展中国家对外直接投资的重要流向。2006年是全球外商直接投资连续正增长的第三年，当年的全球FDI流量超过了1.2万亿美元，同比高增34%。2006年，来自发展中经济体和转型期经济体的跨国公

司继续进行海外拓展，发达国家、发展中国家以及转型经济体的FDI流量均出现了显著增长。

亚洲已成为全球FDI最重要的来源地。发展中经济体中中国香港居首位，而转型期经济体中俄罗斯联邦领先。两类经济体的外国直接投资流出总量达到1 930亿美元，占世界外资总流出量的16%。2005－2006年，中国和印度的对外投资几乎增长了一倍。来自新兴经济体的大型跨国公司正在国际化，而且尤其迅速。2005年，发展中经济体非金融跨国公司100强的国外销售额和国外雇员总数分别增长48%和73%。亚洲占了发展中国家最大的100家跨国公司榜中的大多数，共计有78家公司，其后是非洲和拉丁美洲，各占11家公司。

二、发展中国家对外直接投资的基本类型

根据跨国公司理论、外国直接投资理论和各个国家对外直接投资的实际情况来看，发展中国家对外直接投资的类型主要有：

（一）资源寻找型投资

这类投资主要是为了获取母国根本就得不到或只能以高价取得的某些特定资源。这类投资的特点是开发出的当地矿产资源或者加工后的产品，绝大部分或全部都出口到国际或母国市场。根据所追求资源的不同可以进一步将这类投资分为三个小类：（1）自然资源寻找型投资。为了保证原料供应和实现成本最小，初级产品生产企业或者制造企业均可能从事这种投资。这类自然资源包括绝大部分的矿产品、农产品以及初级原材料等。（2）劳动力寻找型投资。这类投资主要是为了利用当地廉价的劳动力，完成劳动密集型的产品生产或生产阶段，然后将产品出口。通常，为了吸引这类投资，东道国需要建立起自由贸易区或出口加工区。与此同时，母国政府也要通过关税减免的形式鼓励本国跨国公司的这种投资，如对海外加工后的产品重新进口免除或减让关税等。

（二）市场寻找型投资

这类投资的主要目的是进入当地或临近市场，开辟和保护国外市场。因此，当地市场规模的扩大以及快速增长会自发引致这类投资的迅速进入。这类投资可分为以下四种情况：（1）开辟新市场，企业通过对外直接投资在过去没有出口市场的东道国占有一定的市场；（2）保护和扩大原有市场，企业在对出口市场的开辟进行到某种程度之后，通过对外直接投资在当地进行生产和销售更为有利；（3）克服贸易限制和保障，企业可通过向进口国或第三国直接投资，在进口国当地生产或在第三国生产再出口到进口国，以避开进口国的贸易限制和其他进口障碍。

（三）效率寻找型投资

这类投资是对已经建立的资源或市场寻找型投资进行有效整合，使同属一个企业所有和领导的、分散在不同地区的投资能够有机地结合起来。这类投资所带来的效益提高主要来自对各国不同资源禀赋、文化、制度安排、经济体制和政策以及市场结构等因素的充分利用。从本质上讲，它们来自规模经济、空间经济和风险分散等三个方面。这三种收益主要通过在不同国家和地区之间的产品和过程专业化分工、在不同文化和经济体制环境中的学习经历以及在不同汇率区中对成本和价格差别的套利机会的利用来实现。

在经济区域一体化和全球化的推动下，这类投资越来越活跃。这类投资也直接推动了全球经济由贸易所推动的浅层一体化向由直接投资所推动的深层一体化发展。

效率寻找型投资有三大类型：（1）降低生产成本。如果企业在国内生产出口产品，其生产成本高于在国外生产时，可通过对外直接投资方式在国外设厂生产、以降低生产成本以及运输成本等，提高生产效率。（2）获得规模经济效益。当企业的发展受到国内市场容量的限制而难以达到规模经济效益时，企业可通过对外直接投资将其相对闲置的生产力转移到国外，以提高生产效率，实现规模经济效益。（3）获得空间经济效益。由于不同国家传统的资源禀赋在成本和可得性方面具有差别以及各国消费者之间口味和生产能力方面具有差别，在不同的国家进行投资，可以获得空间经济效益。（4）获得风险收益。有些产品长距离运输很不经济或很不安全，临近主要消费中心投资设厂因此成为自然选择。

（四）战略型投资

这类投资主要通过获取外国公司的资产来推动本公司长期战略目标——保持或提高国际竞争力的实现。通过购并或合资等形式所进行的战略资源寻找型投资，主要目的并不是为了利用成本或市场机会，而是为了给该企业的其他部门带来更多的间接收益。这些收益包括：开辟新的市场、创造 R&D 整体效应和生产上的协作效应、形成影响甚至主宰市场的力量、降低交易成本、分散管理费用、提高战略灵活性和分散风险等。如效率寻找型投资一样，战略资源寻找型的投资也是为了在市场失效条件下获取“内部化”的收益。

（五）追求优惠政策型投资

许多国家为了吸引外资，促进本国产业结构调整和产业升级，往往在政策上推出一系列优惠措施。例如，东道国政府特别是一些发展中国家政府为了吸引外国投资者，往往会承诺在工业厂房与设施、保险、税收、贷款、外汇的汇回等方面给予优惠。例如，当中兴通讯完成了为巴基斯坦建设电信网的合同之后，巴基斯坦为了让中兴通讯能在巴基斯坦投资建厂，巴基斯坦政府承诺今后如果巴基斯坦其他所有城市电信扩容，将率先采用中兴通讯在巴基斯坦的工厂生产的产品。

（六）政府鼓励型投资

中国政府为了刺激国内企业到海外某个国家或地区进行国际化经营往往也会给予一系列优惠政策，如出口退税、补贴、低息贷款以及外交保护等。这些优惠条件减少了企业投资风险，降低投资成本、增加了投资利润。这些优惠措施加上东道国特别是一些发展中国家东道国的优惠政策，对中国企业直接投资产生了强烈的吸引力，促进了企业对外直接投资的发展。

（七）技术转移和产业转移型投资

这种投资行为可以借用弗农的产品生命周期理论来解释。在产品的“成熟”阶段，由于技术的扩散和竞争者的加入，成本因素变得越来越重要，对外直接投资比产品出口更为有利，因而企业倾向于海外需求类型相同的地区投资设厂，以增强产品的竞争能力；在产品的“标准化”阶段，技术因素已退居次要地位，竞争的基础变成了价格竞争，因此企业倾向于把生产或装配业务转移到劳动成本低的发展中国家，原来的发明国逐渐变成了产品的进口国。这样通过向发展中国家转移适用技术和产业，延长了技术寿命，弥补了技术获得时的投资，促进了产业结构升级。这种动机原先只是用来解释发达国家的对外直接投资，后来经过推广，也可以用来解释发展中国家的对外直接投资。特别是像经济发展特别迅速的中国，一些已经发展成熟的产业可以向次发展中国家转移产业，一些在国际上具有领先地位的产业还可以在发达国家进行直接投资。

（八）技术寻求型投资

在知识经济时代，这种类型的对外直接投资方式可以缩短新产品的开发周期，降低成本，获取最新技术。这种国外研发、国内生产、国内外销售的方式，将促进东道国产品的升级换代，填补东道国某些高新技术产品的空白，缩短与发达国家的差距。这种类型的投资通常集中在发达国家和地区的资本技术密集型产业。现在中国有很多高新技术企业都有这种投资，如联想、中兴通讯、华为、丽珠、方正等。这种类型的对外投资通常是在发达国家投资设立合资或全资高新技术研发中心或高新技术产品开发公司，将开发出来的产品交由国内母公司的企业进行生产，然后再将产品销往国内外。

（九）追随顾客型投资

这种投资主要有两种情况：（1）由于国内主要供应商或主要顾客已经在国外某市场建立起工厂，为了保持业务上的联系，母国市场上相互协作的企业也被迫进入海外市场进行投资。（2）为了使产品和服务更好地满足当地消费者的口味、习惯以及当地的资源和生产能力条件，同时也为了更好地熟悉当地的语言、环境、商业习惯、法律要求和市场规则等，需要在当地进行投资。这类投资主要发生在洗衣机、音箱设备等家用电器以及食品、饮料等最终消费品上，同时在建筑机械、石化产品和木制品以及金融和职业服务领域也比较多。中国高新技术企业对外直接投资中很大一部分是为了更好地服务顾客，如中国通讯企业在发展中国家做了很多交钥匙工程，由于发展中国家本身技术水平有限，这些企业为了维护系统的正常运行，一般就在这些国家设立销售部，以做好顾客服务工作。

（十）全球战略型投资

20 世纪 80 年代以来．为适应国际环境的变化，跨国公司在海外市场上采取新的主动态势——地区战略转变为全球战略，单一的战略转变为复杂的战略，投资形式也相应转变为全球化战略追求型投资。在全球战略指导下，决策者视野已不再受民族和国家的限制，不计较于某一个地区市场的得失，而是着眼于公司发展的长远利益，将海外子公司所从事的活动作为其整体价值链的组成部分来看待，在全球范围内实行资源的优化配置，以谋求在多国基础上的利益最大化。相应地，公司总部的区位概念逐步液化，跨国公司的各业务部门纷纷脱离母国，在世界范围内选择能提供技术、市场、资源与现有资产相整合的优势区位进行布局。

作为全球生产和营销战略的一部分，跨国公司在其竞争对手的主要市场进行投资是非常必要的。因此，在国际寡头支配的产业中，大型跨国公司均在进行交叉投资，这既可能是一种防御型投资，也可能是一种进攻型投资。它是以维持跨国公司在地区性市场或全球性市场创新能力和生产竞争力、获得新的生产线和市场为战略目标的对外直接投资、为对外直接投资的最高形态。其投资主体一般为资本雄厚、技术水平高、规模大的跨国公司，所适应的行业多为一些固定费用比例高或者能够产生巨大规模的综合性行业。

（十一）追求高额利润型投资

追求高额利润也就是以追求利润最大化为目标，这是对外直接投资最根本的决定性动机。不管是发展中国家的资本，还是发达国家的资本，追求高额利润是资本的天然属性。因此，当在国外投资比在国内投资更有利可图时，资本必然流向国外。发达国家的对外直接投资特别是在发展小国家的直接投资所获利润要远远高于在国内投资的利润。例如，据有关资料表明，在20世纪70年代末，美国国内制造业平均利润率为13%左右，而1979年美国在发达国家直接投资的利润率为19.2%，在发展中国家直接投资的利润率高达32%。一些先进的发展中国家在次发展中国家进行投资所获得投资利润也比在本国获得的投资利润多得多。

（十二）分散风险型投资

企业在进行对外直接投资过程中面临着种种风险、主要有经济风险（如汇率风险、利率风险，通货膨胀风险等）和政治风险（如政治动荡风险、国有化风险、政策变动风险等)。对于政治风险，企业通常采用谨慎的方式对待，尽可能避免在政治风险较大的国家投资；对于经济风险、企业主要采用多样化投资方式来分散或减少风险，通过对外直接投资在世界各地建立子公司．将投资分散于不同的国家和产业，以便安全稳妥地获得较高的利润。

（十三）环境污染转移型投资

随着各国对环境保护的关注，转移环境污染成为一些国家特别是发达国家进行对外直接投资的重要动机之一。环境污染是威胁人类生存和经济发展的世界性问题。一些发达资本主义国家十分注重环境污染问题，严格限制企业在国内从事易造成污染的产品生产，从而促使企业通过对外直接投资、将污染产业向国外转移。在发达国家对外直接投资中，尤其是化工产品、石油和煤炭产品、冶金、纸浆造纸这四大易污染行业所占比重相当大的。这种类型的对外直接投资多数出现在发达国家对发展中国的对外直接投资中。

三、发展中国家对外直接投资理论综述

（一）基于对外直接投资目的视角的理论

基于对外直接投资目的视角的理论只有长期战略理论。长期战略理论是鲁伯等人根据对发展中国家跨国公司的调查而总结提出的。他们的调查涉及80多个跨国公司，描述了三种不同类型的对外直接投资，发现对外直接投资最重要的决定因素是厂商的长期战略考虑。

三种不同类型的对外直接投资分别是：第一种是以出口导向的投资（10%的产品用于出口)。该种投资旨在使一个跨国公司容易接近新的投入来源地，即原材料、零部件以及最终产品的来源地。第二种是市场拓展投资，产品主要在东道国内销售，其经济方面的兴趣在于当地市场的规模及长期的潜力以及当地的生产成本。第三种是政府倡导的投资，该投资主要是东道国各种补贴所引致的。不同种类的对外直接投资是由不同的

因素决定的。例如，较之注重于东道国市场的投资，以出口导向的投资通常需要较短的回收期或较高的收益率。但是，如果把各种外国直接投资一并考虑，预期的投资利润率（而不是当前的利润率）对投资水平有着根本的影响。另外，该研究还认为，最为重要的决定因素是长期的战略考虑，其中包括长期利润率、市场规模和潜力以及生产成本，投资刺激对以出口定向的投资选址有一些影响，并会增加市场拓展和政府倡导型对外直接投资向发展中国家的流量。

鲁伯等人的研究是实证性的。他们把不同类型的对外直接投资归因于不同的因素，这有助于我们对问题的理解。长期战略理论对于发展中国家的指导意义在于：开展对外直接投资应着眼于企业的未来长期发展战略，短期的利润率不应占有绝对重要的位置；同时，在投资的选址上，也应把企业未来的发展考虑在内。

（二）基于对外直接投资可能性视角的理论

1. 小规模技术理论

美国哈佛大学教授刘易斯·威尔斯在 1977 年发表的“发展中国家企业的国际化”一文中提出小规模技术理论，在 1983 年出版的《第三世界跨国公司》专著中对该理论作了较系统的阐述。刘易斯·威尔斯是美国哈佛大学商学院和法学院教授，他是西方公认的关于第三世界跨国企业问题研究的开拓者和权威。《第三世界跨国企业》是他 20 世纪 60 年代中以来研究跨国企业，特别是 70 年代中以来研究第三世界跨国企业的重要成果。这也是西方第一本较为系统地阐述发展中国家跨国企业的专著，该书于 1983 年发行于美国，中文版于 1986 年由上海翻译出版公司出版。

威尔斯认为，与发达国家相比，发展中国家的经济技术相对落后，在对外直接投资中难以依赖绝对的竞争优势，这种优势在企业对外直接投资中起着重要作用。威尔斯主要从三个方面分析了发展中国家对外直接投资的相对优势：

（1）小规模制造。大多数发展中国家的国内市场远远小于发达国家企业在当地建厂所需达到规模经济的起点值。水平较高的发展中国家使用已被发达国家抛弃的过时技术往往能满足这种需求。为了适应小规模市场的需要常常采用劳动密集型的技术，而这种技术又适合于当地劳动力丰裕、资本短缺的实情。因此，由于发展中国家国内市场规模的原因，其他发展中国家跨国公司就有了生存空间，并且有了抗衡发达国家跨国公司的武器。

（2）当地采购和特殊产品。发展中国家的跨国公司较多地吸收和利用东道国的技术、设备、人才和研究开发能力，这既可能是出于成本的考虑，也可能是因为两国经济发展水平相近以及当地有能力提供跨国公司所需的有关设备。这种与发达国家跨国公司截然相反的做法往往赢得东道国的真诚合作。发展中国家跨国企业有一部分是为了满足东道国与投资来源国有血缘联系的种族社区需要的。

（3）接近市场。发展中国家的跨国公司与发达国家的企业有一个显著的不同之处，即它们不是依靠商标优势或营销网络优势，而是通过低价格的方式销售产品。发展中国家形成低成本优势的原因有三条：一是雇员工资较低，二是基本建设费用较低，三是广告费用较低。

上述发展中国家跨国公司所具有的竞争优势表明它们有能力进行对外直接投资，但没有解释它们为什么会这么做。威尔斯根据有关资料分析了发展中国家跨国公司走出国门的几点动因：（1）保护出口市场；（2）突破配额限制；（3）寻求低成本；（4）种族纽带；（5）分散资产；（6）其他动因。除上述原因外，本国、东道国政府或国际机构的倡议和帮助、企业主为亲朋好友寻找职业、在海外培训人才等都是发展中国家企业向外扩张的动因。

威尔斯的小规模技术理论被西方理论界认为是该领域研究的具有代表性的作品之一。小规模技术理论的最大特点就是摒弃了那种只能仰赖垄断的技术优势打入国际市场的传统观点，将发展中国家对外直接投资竞争优势的产生与这些国家自身的市场特征有机结合起来，从而为经济落后国家发展对外直接投资提供了理论依据。由于世界市场是多元化、多层次的，即使对于那些技术不够先进、经营范围和生产规模不够庞大的小企业而言，参与对外直接投资仍有很强的经济动力和较大的市场空间。当然，该理论也有某些局限性和片面性。它将发展中国家跨国公司的竞争优势仅仅局限于小规模生产技术的继承和使用，可能会导致这些国家在国际生产体系中的位置永远处于边缘地带和产品生命周期的最后阶段。同时，该理论很难解释一些发展中国家的高新技术企业的对外直接投资行为，也无法解释当今发展中国家对发达国家直接投资日趋增长的现象。

2. 技术地方化理论

英国经济学家拉奥（Sanjaya Lall）是一位多产的研究者，他在外国直接投资、合作发展、工业化和贸易等方面有突出的贡献。他在各国政府和国际金融和发展机构任职，例如在联合国和欧盟、牛津大学等任职。他 1999 - 2005 年在牛津大学任教。

拉奥在 1983 年出版了《新跨国公司：第三世界企业的发展》一书，提出用技术地方化理论来解释发展中国家对外直接投资行为。拉奥深入研究了印度跨国公司的竞争优势和投资动机，认为发展中国家跨国公司的技术特征尽管表现为规模小、使用标准化技术和劳动密集型技术，但这种技术的形成却包含着企业内在的创新活动。在拉奥看来，发展中国家能够形成和发展自己独特优势的诱因主要有以下四个因素：

（1）发展中国家技术知识的当地化是在不同于发达国家的环境中进行的，这种新的环境往往与一国的要素价格及其质量相联系。

（2）发展中国家通过对进口的技术和产品进行某些改造，使得他们的产品能更好地满足当地或邻国市场的需求，这种创新活动必然形成竞争优势。

（3）发展中国家企业竞争优势不仅来自于其生产过程和产品与当地的供给条件和需求条件紧密结合，而且来自创新活动中所产生的技术在小规模生产条件下具有更高的经济效益。

（4）从产品特征看，发展中国家企业往往能开发出与名牌产品不同的消费品，特别是当东道国市场较大、消费者的品位和购买能力有很大差别时，来自发展中国家的产品仍有一定的竞争能力。

拉奥的技术地方化理论不仅分析了发展中国家企业的国际竞争优势是什么，而且更重要的是强调了形成竞争优势所特有的企业创新活动。在拉奥看来，企业的技术吸收过程是一种不可逆的创新活动，这种创新活动受当地的生产供给、需求条件和企业特有的学习活动的直接影响。与威尔斯相比，拉奥更强调企业技术引进的再生过程，即欠发达国家的对外国技术的改进、消化和吸收不是一种被动的模仿和复制，而是技术的改进和创新，正是这种创新活动给企业带来了新的竞争优势。虽然拉奥的技术当地化理论对企业技术创新活动的描述是粗线条的，但它把对发展中国家的企业跨国经营研究的注意力引向微观层次，以证明落后国家企业以比较优势参与国际生产和经营活动的可能性。

技术地方化理论以发展中国家跨国公司为研究对象，为发展中国家进行对外直接投资提供了新的理论支持。该理论的重要意义在于，它不仅指出了发展中国家技术及其产品对于当地市场的适应性，而且强调技术创新对增强企业的国际竞争能力的重要作用。此外，该理论还强调根据东道国市场特征不同开发出不同产品，以便形成独特的竞争优势，这对我们发展对外直接投资是有启迪意义的。

（三）基于对外直接投资原因视角的理论

1. 竞争优势发展论

竞争优势发展论是由美国哈佛大学商学院教授、著名企业战略专家迈克尔·波特于1990年提出的。迈克尔·波特（Michael E. Porter）是哈佛大学商学研究院著名教授，迈克尔·波特32岁即获哈佛商学院终身教授之职，是当今世界上最有影响的管理学家之一，是当今世界上竞争战略和竞争力方面公认的第一权威。他毕业于普林斯顿大学，后获哈佛大学商学院企业经济学博士学位。他曾在1983年被任命为美国总统里根的产业竞争委员会主席，开创了企业竞争战略理论并引发了美国乃至世界的竞争力讨论。他先后获得过威尔兹经济学奖、亚当·斯密奖，三次获得麦肯锡奖。到现在为止，波特已有14本著作，其中最有影响的有《品牌间选择、战略及双边市场力量》（1976）、《竞争战略》（1980）、《竞争优势》（1985）、《国家竞争力》（1990）等。其中，《竞争战略》一书已经再版了53次，被译为17种文字；另一本著作《竞争优势》也已再版32次。

根据波特的观点，竞争优势是动态变化的，一国要想在全球竞争中打胜对手，国内需要激烈的竞争。激烈的竞争，一方面促使企业向海外发展直接投资，另一方面又为企业在国际竞争中获胜创造了条件。由此可见，国家竞争优势的获取是与激烈的市场竞争紧密相连的，激烈的竞争是国家竞争优势不断提高的动因。波特认为激烈的国内竞争导致对外投资的发生，在激烈的竞争中获得竞争优势并确保对外直接投资的成功的观点具有重要的现实指导意义，它指出了国际投资应“先内后外”的发展顺序。

根据波特的观点，一个国家竞争优势的力量、组成以及可持续发展会显示在该国的国民生产总值中，或显示在相对于该国主要竞争对手而言的增长中。因此，波特的竞争优势发展论与邓宁的投资阶段论在一定程度上是一致的。每一个国家都有对外直接投资的时期和能力，只不过是国家的经济总体水平还没有达到可以对外投资的程度。同时，波特的观点还隐含着另外一层含义，就是一个国家的对外投资行为有可能是自发的，也有可能是被动的，也就是说，自发的外来直接投资刺激了本国的对外直接投资。由此，就可以解释为什么国际直接投资日益增加了。

2. 投资诱发要素组合理论

近年来，国际经济学者为了克服以往对外直接投资理论的片面性和局限性，西方学者提出了投资诱发要素组合理论。该理论的核心观点是：任何形式的对外直接投资都是在投资直接诱发要素和间接诱发要素的组合作用下而发生的。

所谓直接诱发要素主要是指各类生产要素，包括劳动力、资本、资源、技术、管理及信息知识等。直接诱发要素既可存在于投资国，也可存在于东道国。如果投资国拥有技术上的相对优势，可以诱发其对外直接投资，将该要素转移出去。反之，如果投资国没有直接诱发要素的优势，而东道国却有这种要素的优势，那么投资国可以通过对外直接投资方式来利用东道国的这种要素。

所谓间接诱发要素是指除直接诱发要素以外的其他诱发对外直接投资的因素，主要包括三个方面：(1) 投资国政府诱发和影响对外直接投资的因素，如鼓励性投资政策和法规、政府与东道国的协议和合作关系等。(2) 东道国诱发和影响对外直接投资的因素，如东道国政局稳定、吸引外资政策优惠、基础设施完善、涉外法规健全等。(3) 全球性诱发和影响对外直接投资的因素，如经济生活国际化以及经济一体化、区域化、集团化的发展、科技革命的发展及影响、国际金融市场利率和汇率波动等。

投资诱发要素组合理论试图从新的角度阐释对外直接投资的动因和条件，其创新之处在于强调间接诱发要素包括经济政策、法规、投资环境以及宏观经济对国际直接投资起着重要作用，而以往诸多理论都仅从直接、诱发要素单方面来解释对外直接投资的产生，从而导致某些片面性和局限性。事实上，一国企业对外直接投资往往是建立在直接诱发要素和间接诱发要素的共同作用之上的，两类因素作用大小与投资者自身情况及其投资目的有关。诚然，在一般情况下．直接诱发要素是对外直接投资的主要诱发因素，因为对外直接投资本身就是资本、技术、管理和信息等生产要素的跨国流动。但是，单纯的直接诱发要素不可能全面地解释对外直接投资的动机和条件。尤其是对大多数发展中国家的企业而言，在资本、技术等直接诱发要素方面往往并不处于优势地位，其对外直接投资在很大程度上是间接诱发要素作用的结果。从这个意义上说，投资诱发要素组合理论为发展中国家开展对外直接投资提供了新的理论支持。但这一理论只是对对外直接投资决定因素分析，并没有对对外直接投资发展过程及发展规律进行分析。

（四）基于对外直接投资阶段视角的理论

1. 技术创新产业升级理论

20 世纪 80 年代中期以后，发展中国家对外直接投资出现了加速增长的趋势，特别是一些新兴工业化国家和地区的对外直接投资投向了发达国家，并成为当地企业有力的竞争对手。如何解释发展中国家对外直接投资的新趋势，是国际直接投资理论界面临的重要挑战。英国学者坎特韦尔（John A. Cantwell）和其学生托兰惕诺（Paz Estrella Tolentino）在 20 世纪 90 年代初期共同编著了《技术创新和跨国公司》，提出了“技术创新产业升级理论”，用以解释 20 世纪 80 年代以来发展中国家和地区对经济发达国家的直接投资加速增长的趋势。

坎特韦尔和托兰惕诺主要从技术累积论出发，解释发展中国家的对外直接投资活动，从而把这一过程动态化和阶段化了。他们提出了两个基本命题：(1) 发展中国家产业结构的升级，说明了发展中国家企业技术自身的稳定提高和扩大，这种技术能力的提高是一个不断积累的结果。(2) 发展中国家企业技术能力的提高是与其对外直接投资的增长直接相关的。现有的技术能力水平是影响其国际生产活动的决定因素，同时也影响发展中国家跨国公司对外投资的形式和增长速度。

在上述两个命题的基础上，该理论的基本结论是：发展中国家对外直接投资的产业分布和地理分布是随着时间的推移而逐渐变化的，并且是可以预测的。根据坎持维尔等人的研究，发展中国家跨国公司的海外直接投资遵循下面的发展顺序：首先是在周边国家进行直接投资，充分利用种族联系；随着海外投资经验的积累，种族因素重要性下降，逐步从周边国家向其他发展中国家扩展直接投资；最后，在经验积累的基础之上，为获取更先进的复杂制造业技术开始向发达国家投资。由此可见，坎特维尔等人的阶段发展模式是以地域扩展为基础，以技术累积为内在动力的，随着技术累积固有的能量的扩展，FDI 逐步从低级阶段向高级阶段发展——从资源依赖型到技术依赖型投资。

对外直接投资技术创新产业升级理论是以技术积累为内在动力，以地域扩展为基础的。随着技术积累固有的能量的扩展，对外直接投资逐步从资源依赖型向技术依赖型发展，而且对外投资的产业也逐步升级，其构成与地区分布的变化密切相关。该理论由于比较全面地解释了 20 世纪 80 年代以后发展中国家，特别是新兴工业化国家和地区对外直接投资的现象，得到了西方经济理论界的高度评价。

2. 投资发展周期理论

约翰·邓宁（John Dunning）教授自 20 世纪 50 年代以来一直致力于跨国公司和外国直接投资领域研究，出版和编辑了 42 部有关专题的著作，是当今世界最著名的跨国公司理论专家，现任英国瑞丁大学、美国罗杰斯大学国际商务荣誉退休教授、多所国际著名大学的名誉教授，并担任联合国贸发会议《世界投资报告》首席顾问。2002 年，邓宁教授在美国丹佛举行的管理研究院年会上荣获国际管理杰出学者称号；2004 年 12 月，在卢布尔雅那举行的欧洲国际工商管理学院年会上被授予终身成就奖。

投资发展周期理论是由英国经济学家邓宁在 20 世纪 80 年代初提出来的，旨在从动态的角度解释发展中国家对外直接投资行为，进一步发展和完善其国际生产折中理论。邓宁实证分析了 67 个国家 1967 - 1978 年间直接投资流量与人均国民生产总值的联系，结果发现：一个国家对外直接投资与该国经济发展水平密切相关。换句话说，一个国家对外直接投资的动力和能力大小，直接取决于人均国民生产总值的高低。因为处于不同经济发展阶段的国家，企业所有权优势、内部化优势和区位优势都有较大差别，从而对直接投资流量产生重大影响。

邓宁根据人均国民生产总值大小划分了四个经济发展阶段，处于不同阶段的国家对外直接投资的地位也不同：（1）处于第一阶段的是人均 GNP 低于 400 美元的最贫穷的发展中国家，这些国家几乎没有对外直接投资，同时引进外资规模也很小，因此该国对外直接投资净额为负值；（2）处于第二阶段的是人均 GNP 在 400 ~ 2 000 美元之间的发展中国家，这些国家的对外直接投资只能维持在一个较低的水平上，随着本国投资环境的改善，吸引的外商直接投资越来越多，这一阶段对外直接投资净额仍为负值，且负数值有增加的趋势；（3）处于第三阶段的是人均 GNP 在 2 000 ~ 4 750 美元之间的国家，这些国家的对外直接投资迅速增长，其发展速度可能超过引进国外直接投资的发展速度，但对外直接投资净额仍为负值，不过数额日益减少；（4）处于第四阶段的是人均

GNP在4 750美元以上的国家，这些国家的对外直接投资额明显大于引进外资额，且差额不断扩大。因此对外直接投资净额为正值，并呈现逐步扩大的趋势。

投资发展周期理论以人均GNP为尺度，来衡量一国对外直接投资的动力和能力，这在某种程度上反映了国际投资活动中带有规律性的发展趋势，即经济实力最雄厚、生产力最发达的国家往往是资本输出最多、对外直接投资最活跃的国家。但是，该理论仅用人均GNP单一指标来划分经济发展阶段和对外直接投资水平，难免带有片面性和局限性，难免与现代国际投资实践相悖。

3. 一体化国际投资发展论

一体化国际投资发展论是日本学者小泽辉智（Ozawa）提出的。作为日本学派的主要代表，小泽辉智在对FDI进行分析时，竭力把跨国公司对经济增长的推动作用与开放的经济发展理论结合在一起，试图用一种一体化的理论解释当经济发展到一定阶段时，发展中国家如何建立自己的跨国公司去促进经济转型以及这一过程的实现机制。在小泽辉智的分析框架中，各国经济发展水平具有科层等级结构，这种科层等级对各国经济都十分重要，它为欠发达国家提供赶超的机会；而对发达国家来说则创造了一个转移知识与技术的机会。小泽辉智以日本经济为例，提出了FDI模式选择的问题，他认为FDI模式选择应能使国家现有的潜在的比较优势激发出来，并达到最大程度，因而发展中国家的FDI模式必须与工业化战略结合起来。

他始终把经济发展、比较优势和FDI作为相互作用的三种因素结合于一体分析。不断使本国比较优势增强，从而保持经济竞争力的动机，是发展中国家从纯吸引外资进入的国家演变为向海外投资的国家的基本原因。小泽辉智把这一过程分为以下四个阶段：（1）第一阶段为吸引外国直接投资阶段；（2）第二阶段为输入FDI到输出FDI的转型阶段；（3）第三阶段是从劳动力导向的FDI向技术导向、贸易支持型FDI过渡；（4）第四阶段是资本密集型输入的FDI和资源导向型输出的FDI交叉发生阶段。

在小泽辉智对动态的比较优势增强的FDI范式中，FDI的发生及模式选择完全遵照动态的比较优势。这个理论最大的优点在于它不仅强调了发展中国家FDI模式选择的必要性，且还提出了选择的原则和实现模式的条件——以增强比较优势为基准，以出口导向战略为条件。

与邓宁不同，小泽辉智更多地强调国与国之间经济发展阶段的对应性及各国动态比较优势的互补性，并作为FDI流动的原因，主要分析国家层次和产业层次上的变量对FDI流动及各国投资地位的影响，并没有更多地关注FDI发生的微观基础。然而一个现实的FDI发展模式，必须考虑到处于后发阶段国家在FDI选择时所面临的结构性障碍，在考虑“后发优势”的同时，“后发劣势”也不可忽略。

除上述理论外，近年来还有一些国际经济学者从不同的角度，就发展中国家对外直接投资的某一个方面进行论述，进而形成一些理论，如风险分散理论、企业管理理论、规模经济理论、市场控制理论、国家利益优先取得论、提高公司形象论等。这些理论的基本特征是各自强调某种因素对发展中国家对外直接投资的影响，分析的手法较为单一，缺乏理论分析应有的系统性和完整性，因而也就无法充分解释纷繁复杂的国际直接投资实践活动。

总的来说，随着发展中国家在对外直接投资舞台上扮演着越来越活跃的角色，许多经济学家和管理学家将目光转向这些新兴的跨国公司，也取得了许多成就。尽管这些成果不免带有发达国家跨国公司理论的痕迹，而且也不够成熟和完善，但毕竟迈出了可贵的一步。这些丰富多彩的理论对发展中国家（包括中国）的实践有一定的指导作用。同时，我们也必须认识到，随着世界经济一体化进程的加剧，发展中国家参与跨国投资的程度也越来越高，跨国直接投资理论随着国际直接投资的发展，也将会越来越完善。建立发展中国家跨国公司的理论是包括中国在内的发展中国家经济学家责无旁贷的任务。

参考文献：

[1] A. Patrie: The Regional Clustering of Foreign Direct Investment and Trade, Transnational Corporation, DEC (1994).

[2] Buckley, Peter J., and Casson, Mark C., *The Future of the Multinational enterprise*, London, Macmillan, 1976, p. 167 – 172.

[3] Buckley, Peter J., and Casson, Mark C., "Models of the Multinational Enterprise," *Journal of International Business Studies*, Washington, Vol. 29, Iss. 1, 1998, p. 21 – 24.

[4] Buckley. Peter. J, Casson Mark: The Future of the Multinational Enterprise, New York Hoimes and Meiers, 1976.

[5] Cantwell, John & Tolentino, paz estrelia e. technological accumulation and third world multinationals discussion paper in international investment and bussiness studies, no. 139, university of reading, 1990.

[6] Dunning, John H., *International Production and the Multinational Enterprise*, George Allen and Unwin, London, 1981, p. 109 – 142.

[7] Dunning, John H., *Multinational Enterprises and the Global Economy*, Addison-Wesley Publishing Company, 1993, p. 66 – 95.

[8] Dunning, John H., *The Theory of Transnational Corporations*, London, Routledge, 1993, p16 – 18.

[9] Dunning, John H., "The Eclectic Paradigm as an Envelope for Economic and Business Theories of MNE Activity," *International Business Review*, 9, 2000, p. 163 – 190.

[10] Fahy, John, 2002. "A Resource-based Analysis of Sustainable Competitive Advantage in a Global Environment." International Business Review, 11.

[11] Goldberg, Linda S., and Michael W. Klein, (1999), "International Trade and Factor Mobility: An Empirical Investigation", NBER Working Paper W7196.

[12] Hymer S. H.: The international Operations of National Firm: A study of Direct Investment doctoral dissertation, Massachusetts Institute of Technology, Press: 1976.

[13] Hymer, S., *The International Operations of National Firms: A Study of Direct Investment*, Gambridge, MIT press, 1976, p. 260 – 264.

[14] Johnson, H. G. (1970). "The Efficiency and Welfare Implications of the Multinational Corporation," in C. P. Kindleberger (ed.) The International Corporation. Cambridge, MA: MIT Press.

[15] Kindleberger, C. P: International Economics, Homewood, Illinois, 1973.

[16] Kindleberger, C. P., 1969. American Business Abroad, Yale University Press.

[17] Knickerbocker, F. T., 1973. Oligopolistic Reaction and the Multinational Enterprise. Cambridge,

M. A. : Harvard University Press.

[18] Kojima, Kiyoshi, "A Macroeconomic Approach to Foreign Direct Investment," *Hitotsmbash Journal of Economics*, June 1973, p. 156 - 187.

[19] Kojima, Kiyoshi, 1978. Direct Foreign Investment: A Japanese Model of Multinational Business Operation. London: Croom Helm.

[20] Kojima, Kiyoshi, 1982. "Macroeconomic Versus International Business Approach to Foreign Direct Investment." Hitosubashi Journal of Economics, 23.

[21] Kojima, Kiyoshi, 1985. "Japanese and American Direct Investment in Asia: A Comparative Analysis." Hitosubashi Journal of Economics, Vol. 26 (2).

[22] Lall, Sanjaya, 1983. The New Multinationals. New York: Chichester and New York, John Wiley.

[23] Markusen, James R., and Lars E. O. Svensson, "Trade in Goods and Factors with International Differences in Technology", International Economic Review, volume 26, 1985, pp. 175 - 192.

[24] Markusen, James R., "Factor Movements and Commodity Trade as Complements", Journal of International Economics, vol. 13, 1983, pp. 341 - 356.

[25] Markuson, James R. and Svensson, Lars E. O. (1985), "Trade in goods and factor with international differences in technology", International Economic Review, Vol. 26, No. 1, p175 - 192.

[26] Mundell, R. A. (1957), "International trade and factor mobility", American Economic Review, June, p. 321 - 335.

[27] Neary, J. P. (1995), "Factor Mobilityand International Trade", Canadian Journal of Economics 28, Special Issue: pp. 4 - 23.

[28] Porter Michael E. : Compertitive Advantage: Creating and Sustaining Superior Performance, New York: The Free Press, 1980.

[29] Qing Zhang, Bruce Felmingham: The relationship between inward direct foreign investment and China's provincial export trade, China Economic Review 12 (2001) P. 82 - 89.

[30] Rugman, Alan M., and Verbeke, Alain, "Extending the Theory of the multinational enterprise: Internalization and Strategic Management Perspectives," *Journal of International Business Studies*, Vol. 34, Iss. 2, 2003, p. 125.

[31] Rugman, A. M., "New Theories of the Multinational Enterprise: An Assessment of Internalisation Theory," *Bulletin of Economic Research*, 1986, p. 23 - 56.

[32] R. A. Mudell: Intenational Trade and Factor Mobility, American Economic Review, 47, 321 - 335 (1957).

[33] Stone, S. F. and Jeon, B. N. (1999), "Gravity-Model Specification for Foreign Direct Investment: A Case of the Asia-Pacific Economies," Journal of Business and Economic Studies, Vol. 5, No. 1, Spring, pp. 33 - 42.

[34] Stone, S. F. and Jeon, B. N. (2000), "Foreign Direct Investment and Trade in the Asia-Pacific Region: Complementary, Distance and Regional Economic Integration," Journal of Economic Integration, Vol. 15, No. 3, September, pp. 460 - 485.

[35] Vernon, Raymond, "International Investment and International Trade in the Product Cycle," *Quarterly Journal of Economics* 41, May 1966, p. 191 - 207.

[36] Xiaming Liu, Chengang Wang, Yingqi Wei: Causal links between foreign direct investment and trade in China, China Economic Review 12 (2001) P. 190 - 202.

第十七章 贸易与环境问题的理论与政策

第一节 贸易与环境问题研究的起源与发展

一、对贸易与环境问题最早的关注

贸易与环境问题的产生是经济发展到一定程度的产物。贸易与环境问题研究的初始与发展来自经济与环境问题研究，并且是经济与环境问题研究发展深入和细化的产物。贸易与环境问题研究中的争论是经济与环境问题研究中争论双方意见相左的理论分支，前者问题研究中的争论是后者在长时间的研究中争论的进一步深化和细化的结果。所以说，经济与环境问题的研究是贸易与环境问题研究的渊源。

经济与环境问题最早可以追溯到 Robert. Wallace（1697－1771），他于 1761 年就在《人类、自然和上帝保佑的各种前景》中提出，人口如果不受限制将会呈几何级数增长，而土地、气候、贫困、战争等问题会随之而生，[①] 限制人口增长。英国经济学家 Thomas R. Malthus（1766－1834）沿袭了 Wallace 的观点，他在 1798 年发表了《人口原理》，该著作是西方近代史上提出的经济与环境关系研究的较早且影响深远的著作。在此基础上逐渐发展起来的马尔萨斯主义与由之演变而来的新马尔萨斯主义均被视为对人类未来发展持悲观主义论调的理论。马尔萨斯主义的悲观论调是基于三个基本假定之上的：（1）资源是绝对有限的，因此增加人口必然受到资源的限制；（2）除非受到某种抑制，否则人口必然会发生几何级数增长；（3）依靠科技水平的发展是无法逃脱资源匮乏的现实的[②]。马尔萨斯主义认为，人口增长和自然资源的短缺是限制经济发展的根本，除非人口增长率和资源使用率被有效控制，否则难以期待经济持续增长。该理论一经问世，就遭到了大量的质疑和批判，并从此拉开了人口与环境关系长期论争的序幕。反对者认为马尔萨斯主义忽视了人类具有的社会性所带来的社会生产方式、社会制度、社会文化等因素对人口发展的制约作用。而且，马尔萨斯主义否定了技术对于改进资源短缺状态的积极意义。尽管马尔萨斯主义存在一定的局限性，但马尔萨斯主义关于人口和资源对于长期人类经济发展的悲观影响论至今仍是经济与环境关系争论的焦点，并催发了贸易与环境问题研究中的悲观论调，即“贸易有害论”的产生。

（一）华莱士·罗伯特

华莱士·罗伯特（Robert Wallace，1697－1771）博士是历史上重要的苏格兰学者，以其关于人口数量的著述和建立苏格兰牧师遗孀基金的努力而闻名。1697 年 1 月 7 日出生于佩思郡的金卡丁教区，父亲华莱士・马太是这个地区的牧师。由于他是独生子，他的早期教育被给予了高度重视。他在斯特林文法学校学习拉丁文。1711 年，他被送到爱丁堡大学学习。他是 Rankenian 俱乐部的最初成员之一，这是一个社会文学联谊会，之后出现的许多名人都是源于此俱乐部。此俱乐部很明显与苏格兰文学史有关联。华莱士将他的研究方向限定为苏格兰教派的研究。1722 年，他被 Dumblane 长老会授权传教。1723 年 8 月，安南达尔的侯爵授予他在 Moffat 任职。

华莱士博士在读大学时对数学产生了兴趣并将其精力集中于数学。在做牧师期间，他花了许多业余时间用于研究数学，并留下了大量研究成果的手稿。1733 年，华莱士被任命为爱丁堡的 Greyfriars 教堂中的一位牧师。在 1736 年，由于拒绝在他的教堂中诵读一项为对 Porteous 的杀人犯更有效的审判法案，而这项法案又是牧师和贵族家族已经约定要在讲道坛上宣读的法案，因此他以前得到的政府资助被取消了。在沃波尔牧师的短期统治中，他并不受欢迎。但是，在他们的继承者中，他被委托指导教会事务。当华莱士博士能够通过促进苏格兰牧师遗孀基金方案实质性服务于他的国家时，牧师中的革命突然间爆发。

1744 年，华莱士博士被任命为苏格兰皇家牧师。他已经学习了爱丁堡哲学社会学，他是这个学科的最初成员和积极提倡者。他在 1752 年修改并发表了“关于远古和现代人类数量的论文”。他提出，存在于地球任何地方的人口数量一定与食物的供给量成比例。华莱士博士对于事实的解释已被 Malthus 所认可。由于作者的知识给著作注入了大量严谨的统计信息，所以，他的著作获得了应有的知名度；但是在他努力建立的伟大的理论中，他的推论通常是可能是失败的。作为一个对上述提到事实的推论，他认为，在农业最受重视的地方能养活最大的人口数量；而且，古代人比现代人更加注重技术，古代的世界比现代的世界想必人口更稠密。如果所有用于消费的食物在其生产地被消费，则这个观点是正确的；但是，在一个商人的世界中，一种相反的观点可能是正确的，即为：在那个地球上最少人口从事农业工作的时期，世界将会是人口最稠密的。原因是：对于每一个存在的人来说，必须获得大量的食物足以生存；对于获得这些食物，最简单的方法总是受欢迎。因此，我们可以认为，当从事农业的人口比重越少，不但生产的并不少，而且随之而来的是提供总量所用的方法越来越简单。最大的促进生产简化的发动机是商业。商业用一个地方的充足供应另一个地方的缺乏，交换那些必需品和奢侈品。正如如果在富饶地的居住者花更多的时间被迫为自己提供这些东西，他们就能够花更多的时间用于耕耘。因此，明显的是，人口稠密的增长已经伴随着现代商业。在这篇论文发表以前，Hume 已经创作出了关于古代国家人口密集的珍贵的批判性论文。这篇论文运用政治经济原理，对于那些关于古代人口密集的真实性表示质疑，而华莱士则采用了许多这些被 Hume 质疑的资料。在出版这本书时，华莱士博士增加了很长的附录，用许多知识和严谨的信息讨论 Hume 的理论，但都是以怀疑论者怀疑未被驳倒的作者的虔诚的信仰为基础。在孟德斯鸠的审查下，华莱士的论文被翻译成法文，并于 1809 年出版。华莱士博士 1758 年发表了《英国当代政府特征》，1761 年发表了《人类、自然和上帝的不同前景》。

华莱士博士在暴风雪天气散步中，因突发感冒于1771年7月29日逝世。

（二）马尔萨斯

马尔萨斯（Thomas Robert Malthus，1766－1834年），出生于英国工业革命开始的年代，他1784年进入剑桥大学学习历史、英语、拉丁语和希腊语，并专攻数学。1788年毕业，并获得神职。1805年担任伦敦附近的东印度学院（East India College）的历史与经济学教授。1791年获得硕士学位，1793年成为耶稣学院的一名牧师，1798年出版了他的著作《人口原理》。1799年他到瑞典、挪威、芬兰和俄国调查土地、粮食与人口的关系。1802年，访问了法国和瑞士。次年，对其著作做了修改补充，出了第二版。

马尔萨斯的名著第一版本最初发表时没有署名，但是由于拥有广泛的读者，使他一鸣惊人。这部名著的较长版本发表于五年后的1803年。这部书经过反复修订和增补，1826年出版问世。

1804年马尔萨斯结婚，当时他已经38岁了。1805年他被任为海利伯利东印度公司学院历史和政治经济学教授，他在余生中一直担任此职。马尔萨斯还写过几本经济学论著，其中最重要的是《政治经济学原理》（1820年）。该书影响了后来的经济学家，特别是20世纪的重要人物约翰·海纳德·凯恩斯。马尔萨斯晚年享有很多荣誉。1834年他在美国巴斯去世，终年68岁。

《人口原理》是西方近代史上提出的经济与环境关系研究的较早且影响深远的著作。尽管马尔萨斯主义存在一定的局限性，但马尔萨斯主义关于人口和资源对于长期人类经济发展的悲观影响论至今仍是经济与环境关系争论的焦点，并催发了贸易与环境问题研究中的悲观论调，即“贸易有害论”的产生。

马尔萨斯的基本论题是人口增长有超过食物供应增长趋势的思想。马尔萨斯在他最初发表的论著中，用相当严格的形式表述了这种思想，认为人口有几何增长的趋势（即按指数增长的趋势，如级数1，2，4，8，16……），而食物供应只有算术增长的趋势（即按直线性增长的趋势，如级数1，2，3，4，5……）。马尔萨斯在他后来的几种版本的书中，用不那么严格的形式重述了他的主题，只指出人口会有无限增长的趋势，直至到食物供应的极限为止。马尔萨斯从他这部论著的两种形式中得出结论：大多数人注定要在贫困中和在饥饿的边缘上生活。从长远的观点来看，任何技术进展也不能改变这种趋势，因为食品供应增加必然要受到限制，而“人口指数无限地大于地球为人类生产物质的指数”。

马尔萨斯有三个主要的观点，就是“两个公理”、“两个级数”和“两种抑制”。

“两个公理”：第一是“食物是人类生活所必需的”；第二是“两性间的情欲是必然的，在将来也是如此”。

“两个级数”：“人口在没有阻碍的条件下是以几何级数增加，而生活资料只能以算术级数增加。稍微熟悉数量的人就会知道，前一量比后一量要大得多”；“根据自然规律，食物是生活所必需，这两个不相等的量就必须保持平衡”。

“两种抑制”：当人口增长超过生活资料增长，二者出现不平衡时，自然规律就强使二者恢复平衡。恢复平衡的手段，一种是战争、灾荒、瘟疫等，对此，马尔萨斯称其为“积极抑制”；另一种是要那些无力赡养子女的人不要结婚，马氏称其为

"道德抑制"。

马尔萨斯人口论是根据农业社会与工业社会初期的人口现象提出来的，当时，对他的理论存在着不同看法，在马尔萨斯的两个公理中，把人与自然界的动物等同起来，当作超社会的自然规律，从而忽视了人口问题的社会性。至于"两个级数"，虽然他说是在"没有限制的条件下"的增长规律，但是，从整个人类历史看，没有限制的条件是不存在的，所以从总的情况来说，"几何级数"增长也是不存在的。最后"两种抑制"的办法中，"积极抑制"的战争、灾荒和瘟疫其实质都是社会原因为主而引起的；"道德抑制"更是不切实际的。

虽然马尔萨斯的人口论存在一些问题，但是作为第一部较为系统的人口学著作，长期以来吸引着各方面学者的注意。

马尔萨斯学者对经济学也有着重要的影响。受马尔萨斯影响的经济学家断定：在正常的环境下，人口过剩使工资不会大大地高于维持生计的水平。著名的英国经济学家大卫·李嘉图（他是马尔萨斯的亲密朋友）说："劳动的自然价格就是必须使劳动者能够共同生存，即使人类不增不减永世长存的价格"。这个学说一般被称为"工资钢铁定律"，为马克思所接受，成为他剩余价值学说的一个主要成分。

二、20世纪对贸易与环境问题研究的深入

到了20世纪，庇古（1920）、科斯（1960）① 等著名的经济学家也提出了一些关于解决环境成本外部化和市场失灵的办法，但由于受到当时社会经济发展的限制，并没有形成系统的理论体系，也没有成为经济领域关注的焦点。

随着各国经济的发展和国际贸易规模的扩大，日益扩大的非持续性的生产和消费活动逐渐超出了自然环境的承受能力，造成了自然环境的退化，甚至威胁到了人类的生存和发展；另外，收入和生活水平的提高使人们更加关心环境的质量，增强了人们对洁净环境的偏好，人们对"洁净环境"这种特殊产品的需求增加。因此，环境问题日益得到人们的重视，逐渐成为国际社会关注的焦点问题。

20世纪60年代末70年代初，出现了环境保护的第一次浪潮，环境问题被提到了国际社会和各国政府的议事日程，当时关注的重点主要是与发达国家的工业污染相关的国内和地区环境问题。当时，贸易、投资与环境的关系问题也被提了出来。这一时期关注的主要问题集中在两个方面：一个是国家通过征收污染税、制定排放标准来对环境进行保护，其国际竞争地位会受到影响，这也就是所谓的竞争力问题。主要是发达国家的企业主和产业工人认为本国实施的严格的环境标准将会降低他们产品的国际竞争力，因此寻求补贴或进口保护政策以抵消这种影响。另一个问题是与环境相关的产品标准可能成为非关税贸易壁垒的问题。

1972年6月5日，在瑞典斯德哥尔摩召开了联合国第一次人类环境会议，113个国家的代表参加了这次会议，共同讨论解决人类面临的环境问题。大会通过了《联合国

① 科斯于1960年发表论文《社会成本问题》，提出用界定产权的方法来解决环境成本外部化和市场失灵的问题，即著名的"科斯定理"。

人类环境会议宣言》(简称《人类环境宣言》)。宣言向当时世界上的40多亿人口发出了郑重告诫:“如果人类继续增殖人口、掠夺式地开发自然资源、肆意污染和破坏环境,人类赖以生存的地球必将出现资源匮乏、污染泛滥、生态破坏的灾难”,并呼吁各国政府和人民,为保护和改善人类环境、造福全体人民、造福后代而共同努力。

为了给1972年的斯德哥尔摩人类环境会议准备文件及出于自身责任的需要,GATT(关税与贸易总协定,WTO的前身)于1971年成立了“环境措施和国际贸易工作组”(Group on Environmental Measures and International Trade, EMIT),其任务是应缔约方的请求对与贸易政策相关的控制污染和保护环境的措施进行审查,特别是涉及总协定的一些规定的应用问题,其中要考虑到发展中国家的特殊问题。

随后,1973年资本主义国家爆发了大规模的经济危机,经济危机转移了人们的注意力,环境以及贸易与环境问题被暂时搁置了下来。经济危机过后,各国经济复苏,20世纪80年代末90年代初,环境问题再次得到公众的关注,出现了环境保护的第二次浪潮。与第一次浪潮相比,这次环境保护浪潮更多地具有全球性倾向。这是因为许多的环境污染问题具有跨境转移的性质具有全球性影响,如臭氧层破坏、全球气候变暖等。另外,经济全球化也使环境问题更多地具有国际性的特点,当各国人民意识到他们相互影响、紧密联系的时候,他们对彼此的活动,包括环境方面的活动,也更加关注。为了寻求解决各国共同面临的环境问题的措施,联合国1992年6月在巴西里约热内卢召开了联合国环境与发展大会,183个国家代表团和70个国际组织的代表出席了会议。会议通过了《里约环境与发展宣言》、《二十一世纪议程》和《关于森林问题的原则声明》等三项文件,《气候变化框架公约》和《生物多样性公约》在会议期间也开放签字,153个国家和欧共体签了字。会议制定的文件和公约有利于保护全球环境和资源,要求发达国家承担更多的义务,同时也照顾到发展中国家的特殊情况和利益。

(一) 庇古

庇古(Arthur Cecil Pigou, 1877-1959)是英国资产阶级庸俗经济学家,剑桥学派的主要代表之一。出生在英国一个军人家庭,是这个家庭的长子。青年时代入剑桥大学学习,最初的专业是历史,后来受当时英国著名经济学家马歇尔的影响,并在其鼓励下转学经济学。毕业后投身于教书生涯,成为宣传他的老师马歇尔的经济学说的一位学者。他先后担任过英国伦敦大学杰文斯纪念讲座讲师和剑桥大学经济学讲座教授,被认为是剑桥学派领袖马歇尔的继承人。当时他年仅31岁,是剑桥大学历来担任这个职务最年轻的人。他任期长达35年,一直到1943年退休为止。退休后仍留剑桥大学从事著述研究工作。另外他还担任英国皇家科学院院士、国际经济学会名誉会长、英国通货外汇委员会委员和所得税委员会委员等职。他的著作很多,比较著名的有《财富与福利》(1912)、《福利经济学》(1920)、《产业波动》(1926)、《失业论》(1933)、《社会主义和资本主义的比较》(1938)、《就业与均衡》(1941)等。

《福利经济学》是庇古最著名的代表作。该书是西方资产阶级经济学中影响较大的著作之一。它将资产阶级福利经济学系统化,标志着其完整理论体系的建立。它对福利经济学的解释一直被视为“经典性”的。庇古也因此被称为“福利经济学之父”。

庇古提出环保市场化的思想。针对英国工业化过程中环境污染日益严重的状况,庇古论述了环境外部性问题，提出用税收解决环境外部性问题的基本政策思路。

庇古（A. C. Pigou）提出了“边际私人纯产品”和“边际社会纯产品”这两个概念，他把生产者个人从追加一个单位的投资所获得的纯产品叫做“边际私人纯产品”，而从整个社会来看，该投资给社会带来的纯产品（不论这些纯产品归谁所有）叫做“边际社会纯产品”。他指出，一种经济活动给个人带来的利益，与社会从这项活动中获得的利益有时可能是不一样的，即“边际私人纯产值”和“边际社会纯产值”不一致。在这种场合，提高国家干预，主要是采取课税的办法来抑制“边际私人纯产值”大于“边际社会纯产值”的投资，用补贴的办法来促进“边际社会纯产值”大于“边际私人纯产值”的投资。对消极的外部性的产生者征收相当于外部成本的税收，这样，利润最大的原则就会迫使生产者将其产出水平限制在价格等于社会边际成本之外，这正好符合有效配置的条件。另一方面，对“积极的”或“正的”外部性的生产者，政府提供相当于外部效益的财政补贴，鼓励产出量扩大到社会最大效率的水平。

他认为：市场经济运行中，因为自然环境提供的服务不能由市场进行交易，所以市场机制无法对经济运行主体在生产和消费过程中可能产生的副产品——环境污染和生态破坏作用。这种以危害自然为表现形式的外部性成本发生在市场之外，庇古称之为“负的外部性”。经济活动的外部性产生了但没有反映社会成本和未来成本，价格也不能真正反映使用环境资源的社会边际成本。为了克服这种“负的外部性”所导致的边际私人成本和边际社会成本之间的差异，政府应当实行干预措施，从而把污染者的外部性成本内在化，迫使其面临真实的私人成本和收益，以达到控制其污染量，实现资源优化配置的目的。

庇古提出征收环境税的建议。他建议，应当根据污染所造成的危害对排污者征税，用税收来弥补私人成本和社会成本之间的差距，这种税收被称为“庇古税”。他认为，企业生产排放的污染物无法在市场上自动消除，政府可采取行动，以征税或收费的形式将污染成本加到造成污染的产品的价格上，这可以使企业根据各自的技术创新能力来选择纳税还是技术创新，每个经济主体便具有了更大的选择空间。

鲍莫尔等人继承了庇古的观点，并运用一般均衡分析方法寻求污染控制的最优途径，认为要使企业排污的外部成本内部化，需要对企业的污染物排放征税，以实现帕累托最优。

“庇古税”方案的前提条件是政府能够准确掌握私人边际成本与社会边际成本，但环境外部性具有外延扩散性的特点，其作用范围及受益程度难以进行准确界定。即使受益范围能够明确界定，也由于不同的受益者所处社会经济条件不同，而对同样的生态产品形成不同的效用评价。因此准确计量生态环境外部效用的大小是困难的。而且，在存在信息不对称、监督不力等情况下，政府自身也可能多征税，并将税负转嫁给消费者。因此，“庇古税”方案的实施必须有相关配套政策。

“庇古税”方案在实践中得到广泛应用，如我国目前征收的排污收费，国外一些国家征收的环境税、碳税等。

庇古去世已经很多年了，但庇古税（对污染征收的税）仍然是现代经济学中使用频率极高的名词。这说明一代大师的智慧已成为人类思想宝库的一部分。人类知识大厦正是由这一代又一代大师构建起来的。

（二）科斯

科斯（1910－）出生于英国威尔斯登，早年就读于英国伦敦经济学院，并分获商学学士学位（1932 年）和理学博士学位（1957 年），曾在敦迪经济学校（1932－1934 年）、利物浦大学（1934－1935 年）、伦敦经济学院（1935－1951 年）任教，后移居美国，先后任教于布法罗大学（1951－1958 年）、弗吉尼亚大学（1958－1964 年）和芝加哥大学（1964 年至今）。他的主要作品有《英国广播：垄断的研究》（1950 年）、《企业的性质》（1937 年）、《边际成本争论》（1946 年）、《社会成本问题》（1960 年）、《经济学的灯塔》（1974 年）、《马歇尔方法论》（1975 年），其中《企业的性质》和《社会成本问题》均已成为经典性作品，广为引用，而且成为他的新制度经济学的两块基石。前者提出了被后人概括为"交易成本"的概念，并用它分析了企业与市场的差别与联系；后者则强调了"产权"在经济问题中的重要地位。这些概念和理论不仅已被经济学家们普遍接受，而且在此基础上，发展起了"产权学派"和"交易成本经济学"，并以它们为主要内容，形成了现代的"新制度经济学"。1991 年，科斯获得了诺贝尔经济学奖。

针对环境污染的外部性问题，庇古提出征收环境税的建议。科斯正是在批判庇古方法的基础上，提出了用界定产权的方法来解决在外部性问题上的低效率。科斯认为采用庇古税的方法严格确定责任的方式是没有必要的，而且衡量污染的货币化损失非常困难，在确定排污税的收费标准时，信息非常关键，但环境污染的信息往往难以获得或者获得的成本很高。他指出外部不经济具有相互性，制止甲对乙的损害行为会对甲造成损害。真正要解决的问题是允许甲损害乙还是允许乙损害甲，避免较为严重的损害。在《社会成本问题》一文中，科斯论述了这一解决外部性的方法，即著名的"科斯定理"：外部性可以通过明确界定和保护产权，并通过市场的自愿交易来解决，即当交易谈判涉及的当事人较少、市场交易费用小于政府干预的成本时，市场机制比政府干预效率更高。科斯定理告诉我们，在市场中可以通过初始产权的界定来提高资源配置的效率，实现外部效应的内部化。其引申结论是，通过适当的产权安排，市场运作能有效地解决生态环境这类公共物品的供求平衡和收费问题。

科斯定理为某些公共产品的有效供给提供了解决途径，在解决外部性问题上卓有成效，但是科斯定理的实现在现实中有许多条件的限制。首先科斯定理的前提是界定产权，而这是相当困难的。其次科斯定理需要交易成本为零，过高的交易成本会使得交易无法进行。现实中当交易各方众多时就使得交易成本不能忽略。最后，产权的界定是在产权主体存在的前提下进行的，所以产权在代际进行界定是不可能实现的。代际公共品的产权只能界定给当代人，产权在当代人和后代人之间进行交易，却没有对等的产权交易对象，中间存在着时间这个巨大的交易成本，因此科斯定理对于解决代际性问题也是无能为力的。

科斯方案在实践中也得到不断应用，最典型的就是排污权交易制度的建立及不断完善。但科斯定理的成立也是有一定假设条件的：一是谈判的费用（交易成本）要较低；二是产权必须明确的；三是外部性影响涉及的范围较小。而在实际中，完全满足这些条件是比较困难的。

由于环境资源具有无形性、流动性、受益范围广泛性等特点，在大多数情况下，其产权保护和产权界定成本很高，而且受益者往往会隐瞒自己的真实需求，市场主体与众多受益者之间进行直接磋商达成交易的可能性很小，科斯方案往往失效，税收干预是必要的。所以，尽管排污权交易等制度发展很快，但环境税收仍然是当前各国保护环境的主要手段。

三、贸易与环境问题系统理论的出现

关于贸易与环境问题系统理论的形成是在20世纪90年代，这是贸易与环境问题的第二次浪潮。这次浪潮的形成，一方面是因为贸易和投资使经济一体化的程度大大加深，另一方面是因为国际社会对全球性以及越境转移的环境污染问题的关注加强，可持续发展的问题被越来越多的国家和地区所重视。与20世纪70年代第一次浪潮不同，这次是环境保护对贸易体制的发难，除了竞争力和产品标准上有一些新变化以外，还出现了如何为保护环境采取相应的贸易措施以及贸易自由化对环境的效应等方面的发展与讨论。

在这个时期，美国与墨西哥之间的“金枪鱼—海豚”争端以及GATT争端解决专家小组对该争端案的处理①，使贸易与环境问题成为公众关注的焦点。贸易与环境问题、二者的关系以及是否可以为了环境保护目的而使用贸易措施等，成为国际政治、经济领域的焦点问题之一，并一直延续至今。

本部分以下的内容主要是针对这一阶段。

第二节 贸易与环境关系的论述

贸易与环境的关系问题是当今国际经济学界的一个重要问题。贸易与环境相互关系的经济学研究最早始于20世纪70年代，从单一的研究自由贸易的环境效应和环境政策对贸易的影响逐渐发展到环境规制对国际竞争力和产业选址的影响。

在贸易与环境的实证研究领域有大量的文献，Levinson（1996）②、Xing和Kolstad（1996）③ 和Beghin和Potier（1997）④ 对此做了出色的回顾和综述。总的来说，已有的实证研究多数是对贸易与环境理论研究领域存在的各种争论进行检验。从研究的主要技术手段看，主要以CGE模型和回归分析为主；从研究对象来看，发达国家占了绝大多数，也有部分针对发展中国家，如对中国、越南、印尼等的研究。这些实证研究表明，

---

① 该案例的具体内容可参考WTO网站。

② Levinson, A (1996), “Environmental regulation and manufacturers' location choices: Evidence from the Census of Manufactures”, Journal of Public Economics, 62: 5-29.

③ Xing, Y and C. Kolstad (1996), “Environment and Trade: A Review of Theory and Issues”, University of California, Santa Barbara, WP 02/96.

④ Beghin, John, Potier, M. (1997), “Effects of trade liberalization on the environment in the manufacturing sector, World Economy, 20 (4), 435-456.

如果将环境规制视为外生变量，贸易模式、投资和企业选址很少或没有影响，“污染避难所假说”无法证实，不必担心竞争力问题。若将环境规制作为内生变量，则其对贸易流和产业选址就有显著影响。

一、贸易自由化对环境的影响

归纳起来，关于贸易自由化对环境的影响问题目前主要有以下三种观点：

（一）贸易有害论

环保主义者认为国际贸易对环境保护有消极影响。经济学家哈丁著名的“公地的悲剧”可谓是环保主义者观点最有力的实证。美国学者威廉·福格特和生态学家保罗·R·埃利希等以罗马俱乐部为思想库，在 1972 年发表的《增长的极限》一书中，提出了“零增长论”。他们预测，如果经济增长持续下去，自然资源，尤其是不可再生资源将面临耗竭的危险。如果污染得不到控制，环境将难以承受重负，除非人类的经济活动受到约束，短期内经济增长和环境是矛盾的两个方面。在“零增长论”的基础上，又有的学者提出了“环境保护第一主义”、“人类返回到大自然里去”等主张。

贸易有害论持有者普遍认为，在缺乏有效环境保护政策的情况下，贸易活动促进了生产和消费的非持续性增长，通过不断扩大的生产和消费活动以及污染贸易品的运输，加剧了环境的恶化。其主要表现在以下几个方面：

1. 贸易增长并不利于环境保护

环保主义者提出了规模效应假说，认为贸易扩大了经济规模，从而对环境产生更大的压力：随着经济规模的扩大，自然资源，如能源、木材及水资源的使用增加，并带来空气和水污染排放的上升，因为有更多废物或有毒物质从大规模生产活动中释放出来。而且，贸易自由化通过专业化生产和规模经济改变了生产资源的再配置，集中的生产活动对环境产生了更大的压力。

贸易增长带来收入水平提高，进一步也增加了消费活动，全球资源使用量和废弃物都随之上升。因此，在很多情况下，贸易自由化所带来的经济增长，本身可能导致污染的上升与自然资源的非可持续性利用。

2. 贸易扩散了污染

佩西格 1975 年研究了没有环境政策的条件下贸易的福利效应。他引入环境要素，扩展了 H－O 模型，甲国分工生产污染密集型产品 A，乙国专门生产清洁产品 B。即使甲国生产产品 A 造成的污染局限在当地，污染还是可间接出口出去。由于贸易增进的福利为环境的退化所抵消，甲国倾向于限制贸易、减少生产，乙国从贸易中受惠多而希望扩大贸易和生产。其研究认为甲国生产下降和乙国生产扩大的结果，污染从甲国转移到乙国。

3. 自由贸易对环境的直接损害

自由贸易也有助于有害物质跨境转移，从而损害输入国的生态环境和健康；自由贸易还助长了濒危物种贸易，导致生物多样性丧失等。

环保主义学者认为国民福利优先于经济发展，应寻求社会政策来扭转环境退化，强调需要用贸易保护措施支持国内环境目标。为此强调以政府干预和贸易壁垒来保护环境，对全球自由市场和自由贸易提出了挑战。

（二）贸易有益论

自由贸易主义者认为，贸易不是产生环境问题的根源，自由贸易不但不与环境相冲突，还可以促进环境保护。他们提出了“经济发展决定论”，认为从福利经济学的角度来看，自由贸易有助于实现环境资源在全球范围内的最优配置，从而保证生产活动能够按照最有效的方式进行。自由贸易通过提高收入使人们有更多的资源和技术来改善环境，还有助于增加有利于环保的清洁产品、服务和技术的交换。

1. 贸易通过提高收入而改善环境

根据比较优势理论，贸易是各国利用其具有比较优势的资源从事商品和劳务的专业化生产，每个国家都以既定的投入生产出最大化产量，或者说既定产量的资源消耗最小化，这有利于环境保护。贸易的增长和收入水平的提高，最终带来环境的改善。高水平的国民收入为治理环境污染、节约能源及采用环境技术等提供了必要的资金保障。而且收入的提高，一般还伴随着对环境质量的关注上升和环保意识的增强，这也有利于环境保护。

2. 自由贸易促进资源的有效配置

当产品价格能正确反映生产和流通中各要素的真实成本时，资源就会得到有效的配置；相反，价格扭曲则可能导致资源的过度开发和过早的枯竭。但是只有通过自由贸易才能使价格反映其真实成本。因此，开放的贸易体制与自由化政策相结合，可以减少价格扭曲。

3. 贸易推动清洁技术的传播

实行开放贸易体制的国家才可能是对清洁技术的传播开放的国家，从而更有利于开展环境保护。例如，世界银行一项研究发明，木浆生产采用清洁技术，在十多年里将污染降低了 10% ~20%，这说明贸易开放与环境保护是一致的。

自由贸易主义者和环保主义者对贸易与环境的关系看法不一，往往都只强调了问题的一个方面。环保主义学者对自由贸易的批判集中于自由贸易的负效应，而忽视了自由贸易提供的福利增加和环境改善。另一方面，自由贸易推崇者则集中强调自由贸易带来的效率提高和社会福利上升，认为生产的扩大使收入上升、从而提高人们对环境产品的需求，并且贸易增加了“清洁”产品扩散的机会。二者都偏向于某个极端。一般而言，贸易对环境有正负两方面效应，由于各国环境资源禀赋千差万别，自由贸易促进资源在世界范围内的有效配置，形成生产和消费活动的重新配置，从而使实现环境目标所付出的代价低于各国自给自足的情形，进而能促进一国经济发展和福利增进。同时，由于市场失灵和政府干预的失败，贸易的扩大仍可能产生不利于环境的负效应。此外，自由贸易主义者与环保主义者之间观点的对立，反映的深层次是发达国家与发展中国家之间利益的对立。发达国家制定的环境保护措施和高的环境标准，很容易成为贸易保护主义的工具，严重地影响发展中国家的出口。发达国家与发展中国家的分歧，一方面是发达国家要维护在贸易中的既得利益和日趋衰弱的夕阳产业；另一方面是发展中国家要走一条可持续的发展道路，在发展中保护环境，提升在国际市场上的竞争实力。

（三）复杂关系论

这也是目前主流的经济学观点，认为贸易与环境之间是一种复杂的关系。

1. 贸易的环境效应的理论分析

目前较为权威的和具有代表性的关于贸易的环境效应的分析框架是 Grossman 和 Krueger（1991）① 提出的，他们在对 NAFTA 的环境效应的分析和研究中，把贸易对环境的影响分解为相互关联的三个效应：结构效应（composition effect）、规模效应（scale effect）和技术效应（technique effect）。

结构效应产生于贸易活动所导致的全球范围内的专业化分工。也就是说，开展贸易活动之后，原来自给自足的国家会专业化生产其具有比较优势的产品并出口，而进口其他产品。专业化分工和生产提高了生产活动的效率和规模效应，提高了各国的福利水平。而对于一国的环境来说，如果扩大的出口部门的生产活动的平均污染程度低于规模缩小的进口竞争部门，则该国的结构效应就是正的，反之则是负的②。因为一个国家的出口就是另一个国家的进口，不可能所有的国家都专业化于相对“清洁”的产业。因此，不管各国比较优势的基础是什么，国际贸易在世界范围内对污染产业进行了重新分配，将污染问题从在“清洁”产业方面具有比较优势的国家转移到比较优势为较污染的产业的国家。

第二个是规模效应。在生产活动的污染系数一定和产业结构的布局一定的情况下，国际贸易促进了经济活动规模的扩大，增加了对环境的污染。因此，在污染系数和生产布局一定的情况下，贸易的发展对环境影响的规模效应是负的，也就是说对环境是有害的。

贸易对环境的影响的技术效应指的是，随着人均收入水平的提高，生产单位产品所造成的环境污染程度降低。随着收入的提高，人们对洁净环境的偏好增加，对“洁净环境”这种特殊产品的需求也增加了，人们愿意支付更多的钱购买以对环境负责的方式生产的产品。在不存在“政治失灵”的情况下，随着收入水平的提高，各国将实施更加严格的环境标准与法规，使生产单位产品对环境的污染程度下降，促使环境改善。

贸易活动对环境状况的影响是三种效应之和，而不是单独某一种效应。

OECD（1994）③ 将贸易的环境影响分为：产品影响、技术影响、结构影响与规模影响四个方面，补充了有关贸易产品的环境影响分析。Panayotou（2000）④ 则将贸易的环境效应归纳为五种：规模效应、结构效应、技术效应、收入效应以及法规效应等，其中关于收入效应的分析是对规模效应分析的补充与完善，并进一步提出了规模协定对环境的影响问题。

---

① Grossman, G. M. and A. B. Krueger (1991). “Environmental Impacts of North American Free Trade Agreement”, NBER Working Paper No. 3914, November.

② 由于有些环境指标得到改善，而另外一些环境指标恶化，所以有时很难判断净效应如何。

③ OECD (1994), The Environmental Effects of Trade, Paris, OECD.

④ Panayotou, T. (2000). ” Globalization and the Environment, CID Working Paper No. 53, 2000.

最早用贸易模型对贸易对环境的影响进行研究的是 Copeland 和 Taylor（1994）①。他们在模型里将国家分为两组：北方国家（发达国家）和南方国方（发展中国家），将产品根据污染程度的不同进行分类，假设污染只局限在本国，也就是说，国内生产造成的污染问题只局限在国内，不具有全球性，也不会跨境转移。同时假设两种类型国家的政府都使用征收污染税的方式来控制污染，所不同的只是北方国家的税率高而南方国家的税率低。随着南方国家和北方国家进行贸易，双方国内都会发生一系列的调整过程。首先，各国的工业布局将发生变化。由于收入水平的不同，各国工业布局的调整方向也不一样，北方国家的污染工业规模缩小而南方国家的污染工业规模将扩大②。布局效应使北方国家的污染减轻而南方国家的污染加重。而从规模效应的角度来说，由于贸易促使经济活动扩张，对各国的环境都是不利的。同时，贸易提高了各国的福利水平，人们的收入增加，提高了人们对环境清洁产品支付的意愿；政府将会提高污染税率（假设政府代表全体人民的共同利益），企业出于自身利益的考虑就会在生产过程中采用更多的污染控制设备和措施。这样，从技术效应的角度看，单位产品生产造成的污染下降。

他们的研究表明：如果对洁净环境需求的增长速度超过收入的增长速度，从理论上讲，技术效应有可能抵消规模效应对环境的影响。但是，对于南方国家来说，环境标准低使它们在污染产业方面具有比较优势，而且因为它们的环境标准相对较低，规模效应和结构效应对环境的负面影响将会超过技术效应对环境的正面影响。因此，他们的研究结论是：贸易自由化减轻了发达国家（北方国家）的环境污染，加剧了发展中国家（南方国家）的环境污染。

这个模型分析另一个与贸易有关系的结论是：南方国家与北方国家之间平衡的贸易增长不会增加世界范围内的环境污染，原因是南方和北方国家的环境标准先后都会提高，不会改变世界范围内的工业布局。但是如果北方国家增长得比南方国家快，双方的污染排放标准之间的差距就会拉大，使北方国家的污染产业缩小而南方国家污染产业规模扩大，因为单位产出的平均污染排放增加了，结果世界整体污染加剧。如果南方国家比北方国家增长得快，就会出现相反的结果：南方国家的污染排放标准将与北方国家趋于一致，从而全球环境状况整体趋于好转③。从这个结论我们可以推出：如果贸易自由化具有推进南、北国家的收入趋于一致的趋势，那么，贸易就有助于解决全球环境污染问题。一般来说，开放经济比封闭经济发展得快，而且发展中国家的贸易壁垒整体上高于发达国家（也有一些例外，如农业、纺织品和服装等），所以，进一步贸易自由化可能有益于全球环境。

在另一篇论文中，Copeland 和 Taylor（1995）④ 进行了一个类似的研究。与以上模型的区别是，这次，他们假设环境污染问题是全球性而不是地区性的。由于 CO_2 的排放

---

① Copeland, B. and S. Taylor (1994). "North-South Trade and the Environment", Quarterly Journal of Economics, August, pp. 755 – 87.

② 有些模型考虑了传统的比较优势的决定因素，也就是劳动力和资本的丰裕程度，得出了与本模型相反的结论。

③ 只有在技术效应正好抵消规模效应的严格的假设条件下，这些结论才会成立。

④ Copeland, B., and S. Taylor (1995). "Trade and Transboundary Pollution", American Economic Review, Vol. 85, pp. 716 – 37.

造成的全球变暖就是一个这样的例子。他们假设各国对污染排放的控制措施是实行排放许可证制度，并且允许许可证的交易。南方和北方国家进行贸易后，结构效应的结果是：南方国家的污染产业规模扩大而北方国家“清洁”产业的规模扩大。这样，北方国家污染许可证的市场价格下降而南方国家污染许可证的价格上升。南方国家就会发现，为了适应产业结构的改变，最好的办法是增加污染许可证的发放；而北方国家的反应是：为了减少对全球环境的影响，它应该回收一些国内的污染许可证。但是，除非双方的增减能够100%的抵消（看来这不太可能），与贸易自由化前相比，贸易发展将会导致更多的污染排放①。

Chichilnisky（1994）② 发表过一篇相关的论文，他发现，与北方国家（发达国家）相比，南方国家（发展中国家）对自然资源的产权界定是不清晰的，特别是有些自然资源是共有的，任何人都可以自由使用。在这种情况下，因为任何人都没有保护资源的动机，就会导致资源的过度开发和使用，出现所谓的“公地的悲剧”（the tragedy of commons）的现象。南、北方之间的贸易将会加剧这种现象，这是因为在产权不明晰的情况下，资源的使用费用很低甚至免费，南方国家在资源密集型产品的生产方面具有比较优势，与资源产权明晰和以可持续方式管理的情况相比，南方国家会更加专业化于资源密集型产品。当世界市场对它们的产品的需求增加时，这种情况会变得更糟，促使环境进一步恶化。当然，在这种情况下，环境恶化的根源并不是国际贸易，而是不完善的产权制度以及与之相关的资源的过度开发，但是贸易活动加剧了这种扭曲作用。

Dean（1997）③ 通过建立一个联立方程模型，从静态和动态两个方面考察了贸易的环境效应。有趣的是，Dean在做模型估计工作时，使用了中国各省的统计数据，她发现贸易自由化对环境质量既有直接的、短期的负面影响，又有间接的、长期的积极影响，这两者之间呈现着相反的特性。具体地说，国内贸易条件的改善将会直接导致环境污染的增加，短期内贸易自由化将令环境质量恶化；但长期来看，对外开放度的提高会极大地促进收入的增长，收入的增长又会推动对环境质量的需求从而起到遏制环境质量恶化的作用，贸易自由化的间接影响是减轻了对环境的损害。

以上的结论是建立在严格的假设基础上的：假设各国的比较优势取决于各国不同的环境标准和资源管理体制，这又与各国的人均收入相关；一般而言，富国倾向于实施更严格的环境标准和更好的资源管理体制。如果情况的确如此，贸易自由化将使发达国家的环境改善而发展中国家的环境恶化，同时，全球环境也将进一步恶化。从这个意义来说，贸易自由化应该伴随有以保护全球环境为目标的多边环境协定④。

但是，比较优势仅仅取决于环境标准的差异的假设是靠不住的。即使是世界上最富

① 在这个模型中，只有在贸易能够消除南方国家和北方国家之间的收入差距的情况下，全球的污染排放才会保持贸易前的水平，而这在现实中是不太可能的。

② Chichilnisky, G.（1994）. “North-South Trade and the Global Environment”, American Economic Review, September, pp. 851 - 74.

③ Dean, J.（1997）“Testing the Impact of Trade Liberalization on the Environment: Theory and Evidence”, Mimeo, 1997.

④ 这也是为什么有些环境团体认为只有在建立了合理的环境保障体制的情况下，才可以推进进一步的贸易自由化的原因之一。

有的国家——美国，环境成本占生产成本的比例也非常低。对全部工业来说，环境成本占生产成本的比例平均为1%，污染程度最大的工业的比例大约为5%。假设发展中国家的环境标准是发达国家的二分之一，那么发达国家工业的成本劣势只占生产成本的0.5%，污染最严重的工业也只占2.5%。其他因素对比较优势的影响很容易超过环境标准对比较优势的影响。

古典贸易理论认为，比较优势取决于各国要素的禀赋情况。在其他条件相同的情况下，劳动力丰富的国家在劳动密集型产品上具有比较优势，而资本丰富的国家在资本密集型产品方面具有比较优势。因为发达国家的资本相对来说比发展中国家丰富，所以，发达国家在资本密集型产品上具有比较优势，而发展中国家的比较优势是劳动密集型产品。我们看一下美国污染治理成本最高，也就是污染程度最高的工业部门（包括纸浆和造纸、有色金属、化工和农药、钢铁、石油冶炼等工业部门）。这些部门是资本密集度最高的部门，按照古典贸易理论，这些工业应该集中在资本丰富的发达国家。发达国家由于污染治理成本高而导致的1%或2%的成本劣势是否可以将比较优势扭转过来是值得怀疑的。

如果1%或2%的成本劣势不能改变传统的比较优势模式，我们就会得出与以上结论相反的结论。正如Antweiler，Copeland和Taylor（1998）① 所指出的，发达国家和发展中国家之间的贸易将恶化发达国家的环境（因为贸易提高了它们在资本密集型产品方面的专业化程度），而使发展中国家的环境改善（因为贸易提高了它们在劳动密集型产品方面的专业化程度），全球环境也将得到改善（因为更多的污染性产品将在环境标准更严格的发达国家生产）。

以上理论分析表明，贸易与环境的关系不是简单的一对一的关系。当然，各个模型所得出的结论受模型的假设的影响。但是，我们可得出以下结论：贸易自由化可以改善比较优势为相对“清洁”的工业的国家的环境，而使另外的国家的环境恶化；从全球角度来说，如果环境标准的差异对比较优势有决定作用，全球环境污染问题将加剧，如果比较优势决定于传统的要素禀赋差异，贸易自由化将改善全球环境。应该说后一种情况的可能性更大，因为污染治理成本占生产成本的比例很低。当然，这是一个实证的问题，需要通过实证分析才能得出结论。

需要说明的是，贸易与环境关系的一般均衡模型目前还不太完善，因为这还是一个相对比较新的问题。当我们在模型中加入更多的影响比较优势的变量后，如自然资源禀赋、劳动力熟练程度之间的区别等，也许会得出其他的结论。因此，在进一步分析研究之前，对于贸易与环境的关系，我们尚不能得出更明确的结论。

2. 贸易的环境效应的实证分析

对于贸易的环境效应，学者们也进行了许多实证分析，但是相对于理论分析，实证方面的研究却相对滞后。

---

① Antweiler, W., B. Copeland, and S. Taylor (1998). “Is Free Trade Good for the Environment?” Discussion Paper No. 98 – 11, Department of Economics, University of British Columbia, Canada.

Tobey (1990)① 对此做过研究，他发现，没有迹象表明不同的环境标准对国际贸易格局有很大的影响，贸易格局取决于由传统的要素禀赋所决定的比较优势，如资本、劳动和自然资源禀赋情况等。与此相似，Sorsa (1994)② 考察过 1970 - 1990 年间国际贸易格局的变化。他发现，工业化国家制造业产品的出口在世界市场上所占的份额从 91% 下降到 81%，但是，份额下降的绝大多数是劳动密集型产品，如纺织品、服装、鞋类和其他轻工业产品，这些制造部门已经向劳动力成本低的发展中国家转移，与之相比，发达国家"环境敏感部门"(污染工业) 的产品的世界市场份额基本上没有大的变动 (1990 年为 81.1%，1970 年为 81.3%)，而这些部门都是资本密集型的产业部门。同样，Xu③ (1998) 研究了 1965 - 1995 年的情况，他也发现没有证据表明在此期间发展中国家在"污染"产业方面获得了竞争优势。

但是，Low 和 Yeats (1992)④ 的研究，至少从表面来看，却是另外一种结论。他们分析了 1965 - 1988 年间发达国家与发展中国家之间污染密集型产品贸易的实际发展情况，在此期间，发达国家的环境标准逐渐提高。他们把污染产业界定为在美国污染控制成本最高的产业，包括化工、有色金属、钢铁、纸浆和造纸、石油产业以及其他一些原材料加工业。研究发现，发展中国家的这些产业部门的产品在世界市场上所占的份额从 22% 上升到 26%，东欧、拉丁美洲和西亚的国家此类产品的出口份额上升，东南亚国家的出口份额下降。这些数据表明：在此期间，污染密集型产品的比较优势已在某种程度上向发展中国家转移，虽然作者并没有说明在这个过程中环境标准所起的作用。作者同时指出，许多发展中国家污染产业规模的扩大与处于工业化的早期阶段有关系，即使不存在由于宽松的环境标准而获得的 1% 或 2% 的成本优势 (相对于工业化国家而言)，污染产业密集的现象也会随着工业化的发展而出现。

根据世界银行的研究⑤，在 20 世纪 90 年代，Low 和 Yeats 研究报告中所表明的趋势颠倒了过来。图 17.2.1 给我们提供了 1986 - 1995 年间不同国家污染密集型产品出口与进口的比值。这些数据表明，它们进口的污染密集型产品多于出口 (因为它们出口与进口的比值小于 1)，而对发达国家来说正好相反。世界银行的报告得出结论认为，污染密集型的生产活动更多地发生在环境管制较严格的国家。

通过以上对污染密集型产品贸易流向的研究，我们发现，没有证据表明发展中国家由于环境标准低而在污染密集型产品生产方面具有比较优势。至少过去十年的趋势是：发达国家在污染工业方面的地位得到了加强，这说明传统的生产要素禀赋的差异对比较优势的决定作用超过了环境标准的不同对比较优势的影响。这个结论并不奇怪，正如前

① Tobey, J. (1990). "The Impact of Domestic Environmental Policies on Patterns of World Trade: An Empirical Test", Kyklos, Vol. 43, pp. 191 - 209.

② Sorsa, P. (1994). "Competitiveness and Environmental Standards", Policy Research Working Paper No. 1249, the World Bank, Washington, D. C., USA.

③ Xu, X. (1998). "Export Performance of Environmentally Sensitive Goods: A Global Perspective", Pacific Economic Paper No. 278, April, Australia-Japan Research Centre, the Australian National University, Australia.

④ Low, P. and A. Yeats (1992). "Do Dirty Industries Migrate?", in P. Low (ed.) International Trade and the Environment, World Bank Discussion Paper 159, the World Bank, Washington, D. C., USA.

⑤ World Bank (1998). World Development Indicators, Washington D. C., USA.

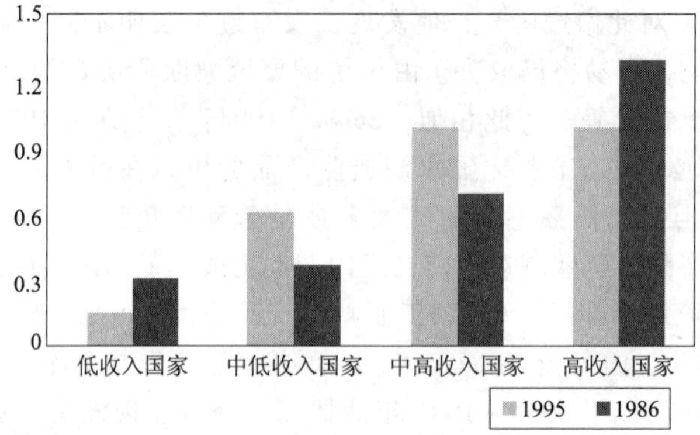

图 17.2.1 不同国家污染密集性产品的出口与进口的比值

资料来源：世界银行（1998）

面曾经指出的，污染产业的资本密集度非常高，而即使是在环境管制最严格的国家里，环境成本在生产成本中所占的比例也非常低。

理论分析过程中曾经指出，如果传统的要素禀赋差异对比较优势的影响超过了环境标准的差异对比较优势的影响（从实证分析来看，好像的确如此），进一步贸易自由化的结构效应应该是正的，因为平均单位产出的污染降低了，也就是说，贸易自由化使更多的污染密集型产品的生产转移到发达国家，因为发达国家的环境标准相对较高，而使单位平均产出的污染程度降低。但是，如果规模效应对环境的影响超过了技术效应，即生产活动规模的扩大超过了单位产出污染程度的下降，总的污染排放仍然有增加的可能性。

Antweiler，Copeland 和 Taylor（1998）① 对这个问题进行了研究。他们对国际贸易与地面 SO_2的浓度之间的关系进行了实证分析，认为总的污染排放数量应该是下降的。他们收集了从 1971 年到 1996 年 44 个国家的数据，根据惯例，将贸易的影响分解为结构效应、规模效应和技术效应。他们的发现表明贸易的结构效应使资本丰富的国家的产出更具有污染性，这说明传统的生产要素禀赋对比较优势的影响非常重要；但最贫穷的国家的平均产出的污染程度也增加了，这说明对它们来说，宽松的环境管制也可能有一定的影响。这样看来，SO_2排放密集的生产活动从中等收入的国家转移到了更富和更穷的国家。从全球范围来看，国际贸易的结构效应是正是负并不清楚，需要进行进一步的分析研究才能得出明确的结论。同时，技术效应（为正）看起来应该超过规模效应（为负）。他们发现，在其他条件相同的情况下，经济活动规模每扩大 1%，SO_2的浓度就增加 0.3%，而由此导致的收入的增加带来的技术效应使 SO_2的浓度下降 1.4%，二者的共同作用使 SO_2的浓度下降 1.1%。这样看来，贸易活动的扩大减少了中等收入国家的 SO_2排放量，而由于吸纳了更多的污染工业，资本丰富的国家和贫穷的国家的 SO_2排放量增加了。

① Antweiler, W., B. Copeland, and S. Taylor (1998). "Is Free Trade Good for the Environment?" Discussion Paper No. 98 - 11, Department of Economics, University of British Columbia, Canada.

Cole，Rayner 和 Bates（1998）① 做过一项研究，对乌拉圭回合对 5 种空气污染物的影响进行了估计，包括 NO_2，SO_2，CO，悬浮颗粒物（SPM）和 CO_2。他们的研究以 Francois，McDonald 和 Nordstrom（1996）对乌拉圭回合对不同地区和部门的生产活动的影响的研究结果为起点，与美国不同部门的污染密集度的估计相结合。因为他们没有找到别的国家各部门的污染数据，所以根据美国的污染系数进行了调整，以便与总的污染排放数据相吻合。为了说明由收入所推动的技术效应的大小，他们估计了世界人均收入水平与污染物排放量的关系，也就是 EKC 曲线（the Environment Kuznet Curve）。表 17.2.1 是他们的研究结果，说明了乌拉圭回合对不同空气污染物排放的影响的估计值。

表 17.2.1　　乌拉圭回合对空气中污染物浓度的影响

	NO_2		SO_2		CO		SPM		CO_2	
结构	总结构	总结构	总结构	总结构	总效应	效应	效应	效应	效应	效应
欧盟	0.1	0.2	0.3	-0.4	0.2	-0.3	0.2	-0.3	…	0.4
美国	0.1	0.1	0.4	-0.7	0.1	-0.6	0.2	-0.8	…	0.3
日本	0.3	0.1	2.0	2.0	0.3	-1.0	0.3	-0.5	…	0.4
中国	-0.3	1.6	-1.8	2.1	-0.1	1.8	-0.9	2.0	…	1.4
东亚	-0.1	2.0	-3.1	1.8	-1.9	1.9	-3.0	1.7	…	1.7
南亚	-0.5	1.0	-0.6	1.3	-0.5	1.3	-0.4	1.4	…	1.7
非洲	0.2	2.0	-0.1	2.8	-0.1	2.4	0.0	2.7	…	1.8
拉丁美洲	0.6	0.9	0.5	0.7	0.2	0.8	0.4	0.6	…	1.0
东欧	0.2	0.1	-0.1	0.0	0.1	0.2	0.1	0.0	…	0.1
全球	0.04	0.5	-0.3	0.2	-0.05	0.1	-0.1	0.1	…	0.5

首先来看一下结构效应。乌拉圭回合使发达国家（包括欧盟、美国和日本）的生产活动向污染密集型的方向发展，而使发展中国家（拉丁美洲国家例外）向相反的方向发展。这反映了发达国家在资本密集型产品方面的比较优势。但是，即使结构效应使发达国家的污染增加，但从总的效应来看，有些空气污染物的浓度却是下降的。原因是收入增加带来的技术效应超过了规模效应和结构效应之和。对于亚洲发展中国家来说，总的空气污染加重了，这是因为这些国家经济活动规模扩张非常快，规模效应比较大。非洲、拉丁美洲和东欧的发展中国家的空气污染恶化是因为负的结构效应和规模效应超过了技术效应。最后，我们注意到所有国家的 NO_2 的排放量都增加了，原因是 NO_2 的 EKC 的转折点（污染排放开始下降的人均收入水平）比 SO_2、SPM 和 CO 的转折点高，同样，各国 CO_2 排放量上升的原因与此相同。

乌拉圭回合使空气污染上升的估计值是其基期排放量的 0.1% ~0.5%，与之相比

① Cole, M. A., A. J. Rayner and J. M. Bates (1998). "Trade Liberalization and the Environment: The Case of the Uruguay Round", World Economy, Vol. 21 (3), May, pp. 337-347.

乌拉圭回合使各国收入的增加值估计为2 000亿~5 000亿美元，如果不存在严重的政治失灵，只要拿出收益的很少一部分来治理环境污染，就足以消除对环境的负面影响。

Lee和Roland-Holst（1997）① 的研究进一步说明，从理论上来说，贸易带来的收益除了用于治理环境污染、抵消贸易对环境的负面影响外还可能有剩余。他们利用三个地区的模拟模型进行了案例研究，这三个地区是：印度尼西亚、日本和世界其他地区。假设印尼单方面地取消了所有的贸易壁垒，这将使印尼的产业结构发生深刻的变化：资源密集型和污染产业（如石油、木材、采矿、化工和有色金属等产业部门）扩张而其他"清洁"产业部门规模将缩小。研究表明：如果在贸易自由化的同时伴以更严格的环境管制，自由贸易带来的收益增加除了用来消除对环境的不利影响外，还能带来净的经济收益。

Strutt和Anderson（1999）② 对印尼的贸易自由化的环境影响进行了预测分析。作者首先预测了无贸易改革情况下的印尼经济增长的环境效应，进而与乌拉圭回合的贸易开放条件的预测结果进行比较。该研究的结论是：印尼的贸易改革将有利于改善环境，贸易自由化将极大地增加社会福利。

Lucas等（1992）③ 发现，1960－1988年发展中国家的污染排放量和污染密集型产业扩张迅速，而当其中的一些国家达到了较高的收入水平后，污染物排放出现了下降的趋势。对此现象的解释是，由于制造业在这些国家GDP构成中所占份额的下降，而并非是由于这些国家采用了更为清洁的生产技术。另外，环境管制对投资动机的影响甚微，因为由环境管制措施所推动的生产成本的上升并不显著。Anderson（1992）④ 对世界粮食和煤炭工业的类似研究也表明，如果食物和煤炭实现全球贸易自由化，那么与食物和煤炭生产相关的全球污染物排放有可能降低。Birdsall和Wheeler（1992）⑤ 对拉丁美洲国家进行的研究则显示，一国的开放程度（以该国的贸易制度和外国投资来衡量）与其污染密集型产业发展的关系密切。在贸易自由化（如取消对新技术进口和外资进入的限制等）的前提下，工业化国家较高的环境标准将被传递到发展中国家，于是经济越开放的国家，在清洁生产技术方面的进步也就越快。Antweiler等（2001）⑥ 也研究

---

① Lee, H. and D. Roland-Holst (1997). "Trade and the Environment," in J. Francois and K. Reinert (eds.) Applied Methods for Trade Policy Analysis, Cambridge University Press, Cambridge, UK.

② Strutt, A. K. Anderson (1999), "Estimating Environmental Effects of Trade Agreements with Global CGE Models: A GTAP Application to Indonesia, CIES Discussion Paper, No. 99/26, Center of International Economic Studies, University of Adelaide.

③ Lucas, R. E. B.; Hettige, H. and Wheeler, D. (1992) "Economic Development, Environmental Regulation, and the International Migration of Toxic Industrial Pollution: 1960 – 1988," in P. Low, ed., International Trade and the Environm ent. Washington, DC: World Bank.

④ Anderson, K. (1992) "Effects on the Environment and Welfare of Liberalizing World Trade: The Cases of Coal and Food," in K. Anderson and R. Blackhurst, eds., The Greening of World Trade Issues. Ann Arbor: University of Michigan Press.

⑤ Birdsall, N. and Wheeler, D. "Trade Policy and Industrial Pollution in Latin America: Where Are the Pollution Havens?" in P. Low, ed., International Trade and the Environment. Washington, DC: World Bank, 1992.

⑥ Antweiler, W.; Copeland, B. R. and Taylor, M. S. "Is Free Trade Good for the Environment?" American Economic Review, 91, 2001, pp. 877 –907.

了一国对外贸易开放度对环境质量的影响，得出的结论是贸易自由化有益于环境保护，一国的贸易限制越少，环境污染也就越少。需要指出的是，上述实证研究的一个共同点是对于贸易自由化在短期内所引起的负面的环境后果持默认的态度。

近年来，国内学者对贸易的实证效应也进行了大量的实证分析。李秀香、张婷(2004)① 以 CO_2排放量为污染指标，分析了 1981 - 1999 年期间我国出口增长的环境效应。得出的结论是，随着出口不断扩大，贸易自由化以及效应环境规制措施的实施，最终 CO_2排放量的增幅下降，总规模效应为正效应；进而通过比较劳动密集型与出口密集型出口增长的差异是前者快于后者，得出我国出口较为清洁的产业，而进口较为污染的产业，因此贸易的结构效应是正的；最后作者通过比较随出口规模扩大出口企业的污染处理量增大这一趋势，认为出口创汇有助于增强进口污染处理设备的能力，因而得出贸易的技术效应是正的。沈荣珊等（2006)② 以水体有机物为污染指标，采用了 34 个发展中国家 1980 - 1997 年的相关数据，分析了发展中国家贸易开放的环境效应，发现贸易自由化的规模效应是负面的，但在技术效应和结构效应的共同作用下，环境污染将减少。

（四）环境竞次和污染避难所假说

环境竞次假说（race to the bottom）的主要观点是：每个国家都担心他国采取比本国更低的环境标准而使本国的工业处于竞争劣势，为避免遭受竞争损害，国家间会竞相采取比他国更低的环境标准，不约而同的，各国均会采取次优的环境政策，最后的结果是每个国家都会采取比没有国际经济竞争时更低的环境标准，并最终使全球的环境恶化加剧。

Daly（1993）③、Esty（1994）④、Dua 和 Esty（1997）⑤ 以及 Esty 和 Geradin (1997)⑥ 都指出，作为全球贸易自由化的结果，各国会纷纷降低各自的环境质量以维持或增强竞争力，甚至会出现阻挠环境立法等漠视环境管制的现象。其他学者如 Barrett (1994)⑦、Kennedy（1994)⑧ 以及 Rauscher（1994)⑨ 也指出，当环境政策制定的环境边际损害很低时，生态倾销会由于某些策略性原因而出现。

---

① 张秀香，张婷．出口增长对我国环境影响的实证分析［J］．国际贸易问题，2004（7）.

② 沈荣珊、任荣明．贸易自由化环境效应的实证研究［J］．国际贸易问题，2006（7）.

③ Daly, H. "Debate: Does Free Trade Harm the Environment?" Scientific American, November 1993, pp. 17 - 29.

④ Esty, D. C. Greening the GATT: Trade, Environment, and the Future. Washington, DC: Institute for International Economics, 1994.

⑤ Dua, A. and Esty, D. C. "Sustaining theAsia PacificMiracle". Washington, DC: Institute for International Economics, 1997.

⑥ Esty, D. C., and Geradin, D. "Market Access, Competitiveness, and Harmonization: Environmental Protection in Regional Trade Agreements." The Harvard Environmental Law Review, 21, 1997, pp. 265 - 336.

⑦ Barrett, S. "Strategic Environmental Policy and International Trade", Journal of Public Economics, 54, 1994, pp. 325 - 338.

⑧ Kennedy, P. W. "Equilibrium Pollution Taxes in Open Economies with Imperfect Competition". Journal of Environmental Economics and Management, 1994, 27, pp. 49 - 63.

⑨ Rauscher, J. D. and Mutti, J. H. "International Competitive Displacement from Environmental Control", Journal of Environmental Economics and Management, 1997, 4, pp135 - 152.

自由贸易的批评者担心"环境竞次假说"会令某些国家的环境标准崩溃。但也有学者指出,"环境竞次假说"的论调缺乏足够的证据。Eliste 和 Fredriksson (1998)① 考察了出口竞争国家的贸易自由化和策略性贸易政策对环境管制批准的影响。在对农业部门的经验分析中,他们没有发现充分的证据支持"环境竞次假说"的论断,这可能是由于农业部门的具体特点,如食品安全标准以及这种标准建立的科学基础等都意味着某些标准的底线不可突破。Wheeler (2001)② 为验证"环境竞次假说",选取了美国以及发展中国家中三个最大的外国投资接受国,即中国、巴西和墨西哥的空气质量的变动趋势为分析样本,其分析结论清楚地表明,在全球化的浪潮中,空气质量在上述四个国家的主要大城市中都呈下降的趋势。Wheeler 又引证了其他最近的文献,强调"环境竞次假说"并没有准确地反映发展中国家污染控制状况的政治经济状况。

从现有的研究文献来看,"环境竞次假说"并没有得到实证研究结论的支持。

除此之外,关于贸易自由化对环境影响的实证研究还很多,表 17.2.2 总结了 20 世纪 90 年代以来学者们对贸易自由化对环境污染影响的一些实证研究结果。

表 17.2.2 贸易自由化对环境污染影响的一些实证研究结论

研究者	研究对象	政策变化	规模效应	结构效应	技术效应	总污染
Grossman 和 Krueger, 1992	墨西哥 美国 加拿大	NAFTA 贸易自由化	+ + +	— + +	无	略微下降 上升 上升
Grossman 和 Krueger, 1992	墨西哥 美国 加拿大	NAFTA 贸易自由化以及投资自由化	+ + +	+ + +	无	上升 上升 上升
Behin 和 van der Mensbrugghe, 1995	墨西哥	贸易自由化	2.8% ~ 3.7%	-4.3% ~ 2.6%	-0.7% ~ 3.5%	-0.2% ~ 6.4%
Dessus 和 Bussolo, 1998	哥斯达黎加	贸易自由化	9.4%	5.6% ~ 10.6%	+很小	15% ~ 20%
Dessus 和 van der Mensbrugghe	越南	贸易自由化	5% ~ 8.8%	-6.3% ~ 8%	1.1% ~ 7.5%	0.8% ~ 23.1%
Lee 和 Roland Host, 1997	印尼	对日贸易自由化	0.87%	-3.6% ~ 2.86%	—	0.51% ~ 3.73%

① Eliste, P. and Fredriksson, P. G. "Does Open Trade Result in a Race to the Bottom? Cross-Country Evidence." Mimeo, Washington, DC: The World Bank, 1998.

② Wheeler, D. "Racing to the Bottom? Foreign Investment and Air Pollution in Developing Countries." Journal of Environment & Development, 10, 2001, pp. 225-246.

续表

研究者	研究对象	政策变化	规模效应	结构效应	技术效应	总污染
Lee 和 Host, 1997	日本	对印尼贸易自由化	0	-0.09% ~ 0.02%	—	-0.09% ~ 0.02%
Ferrantion 和 L inkins, 1999	全球	多边贸易自由化	—	—	-0.02% ~ 0%	-4.32% ~ 0%
Strutt 和 Anderson, 1999	印尼	贸易自由化	1.4%	-2.0% ~ 2.3%	—	-0.6% ~ 1%
Dean, 2000	中国（水污染）	贸易自由化	+	—	+	下降
Antweiler、Copeland 和 Taylor（2001）	44 个国家	多边贸易自由化（生产规模变化 1% 对环境的影响）	0.3%	+	-1.4%	下降

资料来源：陆菁．贸易与环境经济分析的实证研究述评．浙江社会科学，2006（2）．

二、环境保护对国际贸易的影响

贸易自由化所引起的环境后果不容忽视，但同时环境保护对贸易的影响也不应该低估。环境因素的影响不仅体现在一国环境政策对其国际竞争力的影响，而且还涉及外国直接投资，进而影响到一国的贸易类型和产业布局等诸多方面。不过，国际学术界对这些问题尚未形成一致的观点，迄今为止的理论研究和实证研究都未能对此问题提供经得起推敲的结论。

（一）环境管制与产业国际竞争力

由于各国处于不同的经济发展阶段和对环境保护重视程度的不同，各国的环境标准也存在很大的差异，由此引发了贸易与环境领域关于环境标准、贸易与竞争力问题的争论。环境标准高的国家（发达国家）的企业认为，环境标准低的国家（发展中国家）生产的产品由于包含的环境成本低而在国际市场上具有成本优势，构成“生态倾销”（Eco-dumping）是一种不公平竞争，应采取措施限制它们产品的进口；另一方面，由于担心严格的环境管制会削弱国内产品在国际市场上的竞争力，也给高环境标准国家的政府施加了降低国内环境标准的压力。

就环境管制对产业国际竞争力的影响而言，国际学术界已经分成了两大阵营，形成了两派截然不同的观点。传统学派（Conventional School）声称环境管制的实施和环境标准的提高会降低本国企业的国际竞争力，因为较高的环境标准将导致国内厂商生产成本的上升，进而损害其在国际市场上的竞争力，而且严格的环境标准和严厉的环境管制所产生的环境收益（如环境质量的改善等）有可能低于将本国市场让给国外竞争者所遭受的损失，因此采用较高的环境标准可能是得不偿失的做法。另一派修正学派（Revisionist School）则主张新的较严厉的环境管制将会带来更多的创新活动，引起生产成本的下降，于是较高的环境标准反而提高了国际竞争力。这是因为，只要新的环境管制标准是建立在动机基础上的（Incentive-Based），且受管制的厂商能够适应新的环境标准积极进行创新活动，那么较严厉的环境管制就能够提升厂商的国际竞争力。需要注意的是，这种主张并不包括与环境质量改善相关的收益，而是仅仅考虑厂商的竞争力。

应该说，就理论分析而言，根深蒂固的传统派似乎更有说服力，如 Pething（1976）①、Siebert（1977）②、Yohe（1979）、McGuire（1982）③、Palmer. Oates 和 Portney（1995）④以及 Simpson 和 Bradford（1996）⑤ 都对此有深刻的理论分析。总体而言，这一组文献大都建立在寻求一个最优化模型的解的基础之上，于是新的环境管制将意味着增加厂商利润最大化问题的约束条件，而含有更多约束条件的同一个最大化问题通常情况下只能带来更少而不是更多的利润（至多是相等）。Simpson 和 Bradford（1996）发现环境管制的影响取决于被管制行业的具体特点，行业不同影响也不同，而且理论上不太可能精确估计这种影响。两位作者认为，尽管环境管制措施实施前后受管制产业竞争力的变化可以在现实中观察得到，但事实证明，估计这种变化的理论模型是很难建立的，因此，以环境管制诱发竞争优势的政策主张缺乏理论证据的支持。

新兴的修正学派的观点自 Porter（1991）⑥ 后引起了学术界的广泛注意，并迅速形成一个可以与传统学派分庭抗礼的学术阵营。Porter（1991）认为有效的环境政策将刺激企业的技术创新和管理创新（部分学者认为是消除 X—非效率的影响）。从短期来看，严厉的环境保护政策会使企业的成本有所提高，影响企业的竞争力。但从长期来看，由于环境压力的刺激，企业在进行环境投资改造的同时，也在进行技术创新和管理创新等活动，这些因素的共同作用，反而会使企业的竞争力有所提高。这一观点被称为波特假说（Porter hypothesis）。这一观点随后又被欧共体（1992）、世界银行（1992）⑦、Barbera 和 McConnell（1990）、Jaffe（1995）⑧ 等的研究所支持。Jaffe 认为那些有远见

① Pethig, R.（1976）. "Pollution, Welfare and Environmental Policy in the Theory of Comparative Advantages", Journal of Environmental Economics and Management, Vol. 2, pp. 160.

② Siebert, H.（1977）. "Environmental Quality and the Gains from Trade", Kyklos, Vol. 30, pp. 657 – 73.

③ McGuire, M.（1982）. "Regulation, Factor Rewards, and International Trade", Journal of Public Economics, Vol. 17, pp. 335 – 54.

④ Palmer, K. P.; Otates, W. E. and Portney, P. R. "Tightening Environmental Standards: The Benefit-Cost or No-Cost Paradigm." Journal of Economic Perspectives, 9, 1995, pp. 119 – 132.

⑤ Simpson, R. D. and Bradford, R. L. "Taxing Variable Cost: Environmental Regulation as Industrial Policy." Journal of Environmental Economics and Management, 30, 1996, pp. 282 – 300.

⑥ Porter, M.（1991）. "America's Green strategy", Scientific American, April, p. 68.

⑦ World Bank（1992）. World development Report 1992: Development and the Environment, Oxford University Press, Oxford, UK.

⑧ Jaffe, A., S. Peterson, P. Portney, and R. Stavins（1995）. "Environmental Regulation and the Competitiveness of U. S. Manufacturing: What does the Evidence Tell Us?", Journal of Economic Literature, Vol. XXXIII（March）, pp. 132 – 63.

的企业主会看到未来与环境有关的需求在不断增加，从而增加新设备的投资，以提高生产效率。同时，环境压力也促使企业主扩大了视野，增加在 R&D 上的投资。Barbera 和 McConnell 认为环境条件改善后，会使当地居民工作的积极性提高，对新投资企业和熟练工人更具有吸引力，可以在市场上以相对较低的价格雇请工人，疾病的减少和工人健康状况的改善，企业的生产成本也会相应降低。这些积极因素的作用会抵消成本增加的不利影响。

按照 Porter 和 Van der Linder（1995）① 的归纳，环境管制的严厉程度与国际竞争力表面上的此消彼长的关系源于我们观察问题时所采取的静态方法。实际上，如果我们将分析置于一个动态的框架，也就是包含了技术、产品以及生产过程等方面可能出现的创新，那么严厉的环境管制是完全有可能提升一国产业的国际竞争力的。尽管环境管制增加了厂商所面对的约束条件，但这也会促使厂商为降低成本而加快创新的步伐，最终抵消新标准所带来的成本上升。Eliste 和 Frediksson（1998）为修正派提供了理论支持，他们发展了一个模型，现实环境质量需求的增加将导致两个政策变量即污染税和生产补贴的同时增加。通过游说，污染者可能受到补偿，以弥补其在新管制标准下增加的支出。结果，由于税收和补贴政策的变化，环境质量需求的增加可能导致出口的增加和进口的减少，该国的国际竞争力不降反升。

环境管制对产业国际竞争力影响的研究很多是从环境控制成本（Environmental Control Costs，ECC）的角度出发，寻求环境管制对行业价格和产出以及贸易平衡等的影响，其中经典的分析包括有 Magee 和 Ford（1972）②、Walter（1973、1982）③、D'Arge（1974）④、Richardson 和 Mutti（1977）⑤、OECD（1978）、Ugelow（1982）⑥、Pasurka（1985）⑦ 以及 Robinson（1988）⑧ 等。尽管这些研究所采用的方法存在一些差异，但结论却大同小异，如行业的 ECC 的估计值是很低的，减污成本通常并不构成行业成本的主要部分，除去个别产业部门，由 ECC 所引起的产量下降是微不足道的。

就现有的文献来看，修正学派是通过对个别厂商的案例研究来为其观点提供经验支

① Porter, M., and C. Van der Linde (1995). "Toward a New Conception of the Environment-Competitiveness Relationship," Journal of Economic Perspectives, Vol. 9 (4), pp. 97-118.

② Magee, S., and Ford, W. F. "Environmental Pollution, the Terms of Trade, and the Balance of Payments." Kyklos, 25, 1972, pp. 101-118.

③ Walter, I. "The Pollution Content of American Trade." Western Economic Journal, 11, 1973, pp. 61-70.
—. "Environmentally Induced Industrial Relocation to Developing Countries," in S. Rubin, ed., Environment and Trade. New Jersey: Allanheld, Osmun, and Co., 1982.

④ D'Arge, R. "International Trade, Domestic Income, and Environmental Controls" in A. Kneese. ed Managing the Environment. New York: Praeger, 1974.

⑤ Richardson, J. D. and Mutti, J. H. "International Competitive Displacement from Environmental Control." Journal of Environmental Economics and Management, 1977, 4, pp. 135-152.

⑥ Ugelow, J. "A Survey of Recent Studies on Costs of Pollution Control and the the Effects on Trade". in Rubin, . ed. Environment and Trade, New Jersey: Allanheld, Osmun and Co., 1982.

⑦ Pasurka, C. A. "Environmental Control Costs and U. S. Effective Rates of Protection." Public Finance Quarterly, 1985, 13, pp. 161-182.

⑧ Robinson, H. D. "International Pollution Abatement: The Impact on the Balance of Trade." Canadian Journal of Economics, 21, 1988, pp. 187-199.

持的。例如，Dorfman et. al. (1992)① 发现在新的环境标准下，位于新泽西州的Ciba-Geigy染料厂重新检查了其废水系统，结果为生产过程带来了两项革新，并节约了大量费用。一个名为INFORM的环境组织调查了29座化工厂减污的举措，在181项减污行动中，只有一项导致净成本的上升。70个研究案例中有68个的产出收益在新的更严厉的环境标准下是增加的（Porter和Van der Linde，1995②）。但是这些研究都采用了较为苛刻的假设。例如，修正派的观点认为在严厉的环境管制下，引致创新将为受到管制的厂商带来长久的比较优势，但前提条件是其他国家最终也采用同样严格的环境标准。Gardiner (1994)③ 发现，如果率先接受环境标准而采取创新行动的厂商拥有先下手为强（First-Mover's-Advantages）的优势，那么严厉管制措施对创新活动的促进活动就会更加明显。由Jaffe et. al (1995)④ 等人所做的一项广为引用的权威性文献综述中，就指出没有足够的证据显示传统派与修正派孰对孰非。就美国而言，环境管制标准国际间的差异并未对美国产业的国际竞争力构成足够的威胁以至于必须降低美国的环境标准，也没有证据显示需要采取更为严格的环境措施以提升美国的国际竞争力。

从管制类型的影响和受管制市场的结构来看，Sartzetakis和Constantatos (1995)⑤ 以及Wang (2001)⑥ 研究了一国环境政策对其厂商国际竞争力的影响，发现国际竞争力的高低不仅与环境管制的松弛程度有关，而且还取决于环境管制的形式。例如，受管制厂商在可转让排污许可（Tradable Emission Permits）的环境管理制度下的市场份额通常高于在命令和控制（Command and Control）管制下的市场份额。这是由于建立在动机基础上的可转让的排污许可证将会令社会总的减污能力在各厂商间得到更好的配置。另一方面，Ulph (1990)⑦ 证明，如果将贸易模型视为一个单回合的Cournot博弈均衡，那么有关国家就不会对环境政策的类型有特殊的偏好，而将贸易模型建立在Stackelberg博弈均衡上，那么从生产者剩余来看，有关国家的福利就都能得到改进。

环境规制对产业国际竞争力影响的实证研究有些是从国际贸易的角度进行的，因为产业的国际竞争力通常与国际贸易的表现有着密切的关系。从国际贸易角度的实证研究主要有两种类型：

---

① Dorfman, M. H.; Muir, W. r. and Miller. G. G. "Environmental Dividends: Cutting More Chemical Wastes." New York: INFORM, 1992.

② Porter, M. A. and van der Linde, C. "Towards a New Conception of the Environment Competitiveness Relationship." Journal of Economics Perspectives, 1995, 9, pp. 97 – 118.

③ Gardiner, D. "Does Environmental Policy Conflict with Economic Growth?" Resources, 1994, pp. 20 – 21.

④ Jaffe, A. B.; Peterson, S. B.; Portney, P. R. and Stavins, R. N. "Environmental Regulation and the Competitiveness of US Manufacturing: What Does Evidence Tell Us." Journal of Economic Literature, 33, 1995, pp. 132 – 163.

⑤ Sartzetakis, E. S. and Constantatos, C. "Environmental Regulation and International Trade." Journal of Regulatory Economics, 8, 1995, pp. 61 – 72.

⑥ Wang, J. "Environmental Regulations and International Competitiveness: A Theoretical Model." Mimeo, 2001.

⑦ Ulph, A. "The Choice of Environmental Policy Instruments and Strategic International Trade." University of Southampton discussion paper in economics and econometrics, No. 9012, 1990.

1. 考察国际贸易的整体模式

Ugelow (1982)① 对20世纪70年有关环境规制成本及其国际贸易效应的10项实证研究进行了回顾。他认为这一问题没有得到一致的结论。到20世纪90年代，Tobey (1990)② 运用了HOV的界面数据模型检验环境规制强度与污染产业产品的出口呈现负相关的假设，得出了环境管规制对污染产业出口的影响不显著的结论。Sorsa (1994)③ 分析了七个高环境标准的OECD国家环境敏感产品的贸易流量和环保费用，比较了这些国家1970年和1990年环境敏感产品的世界贸易份额，认为在这20年中，尽管大部分工业化国家采取了较高的环境标准，但这些国家的环境敏感产品在世界市场中的份额并没有下降。Van Beers和Van den Bergh (1997) 使用全球贸易模型对21个OECD国家1992年的三种双边贸易流进行了分析，发现从出口来看，如果用总体贸易数据进行分析，环境规制强度与出口之间具有负相关。但是，如果单独用污染密集型产业的贸易数据进行分析，则负相关关系立即消失。他们认为这是由环境管制强度较高的国家实行"绿色壁垒"造成的。Xu (2000) 基于对34个国家污染密集型产业的研究，认为尽管大多数的发达国家在20世纪70年代到80年代引入了严格的环境规制，但从20世纪60年代到90年代，大多数国家污染密集型产品的出口绩效没有改变。Grether (2002) 研究了1980-1998年期间52个国家，涉及世界范围内污染产品的生产与贸易的大部分份额，认为，如果环境确实是消费品中的正常品，那么从全球的角度看，发展中国家污染产品的显性比较优势是下降的。Busse (2004)④ 运用了相对较大的样本容量和两个衡量环境规制严格度的新指标对119个国家的5个高污染产业进行了全面的检验。得出了环境标准的差异并没有使5个污染产业出现环境质量趋向于低标准或流向污染避难所。唯一的例外是钢铁业。

2. 考察单个国家进出口污染密集度

这一类型的研究多数以美国为例。Kalt (1988)⑤ 发现，在20世纪60年代末至70年代末的这段时期，由于美国的环境标准不断提高，美国污染密集型产业的国际竞争力有逐步丧失的倾向。Robison (1988)⑥ 也发现，在70年代末和80年代初期，美国污染密集产业的进口增长要快于其出口的增长，认为美国实施的较高环境规制似乎对污染密

① Ugelow, J. "A Survey of Recent Studies on Costs of Pollution Control and the the Effects on Trade". in Rubin, . ed. Environment and Trade, New Jersey: Allanheld, Osmun and Co. , 1982.

② Tobey, J. "The Effects of Domestic Environmental Policies on Patterns of World Trade: An Empirical Test." Kyk-los, 43, 1990, pp. 191-209.

③ Sorsa, P. (1994). "Competitiveness and Environmental Standards", Policy Research Working Paper No. 1249, the World Bank, Washington, D. C. , USA.

④ Busse, M. "Trade, Environmental Regulations and the World Trade Organization: New Empirical Evidence." World Bank Policy Research Working Paper 3361, 2004.

⑤ Kalt, J. P. "The Impact of Domestic Environmental Regulatory Policies on U. S. International Competitiveness," in A. M. Spence and H. A. Hazard, eds. , International Competitiveness. Cambridge: Bellinger, 1988.

⑥ Robinson, H. D. "International Pollution Abatement: The Impact on the Balance of Trade." Canadian Journal of Economics, 21, 1988, pp. 187-199.

集产业的国际市场表现有着不利的影响。Low（1992）① 发现，虽然墨西哥污染密集产业对美国的出口在整个20世纪80年代有所增长，但污染密集产业出口额占墨西哥总出额的比重并不高。Grossman和Krueger（1992）则发现，虽然美国污染密集产业的环境成本较高，但是美国污染密集产业的国际竞争力在美墨的双边贸易中只有轻微的降低作用。Levinson和Taylor（2002）对Grossman和Krueger（1992）对单等式模型加以修正，得出的结论为：减污成本增加最多的产业是从墨西哥、加拿大、拉美等国家的进口增长最多的产业。而Sorsa（1994）② 发现，1970－1990年，美国环境敏感性商品的RCA从1.2下降为0.6。

以其他国家为对象的研究相对较少，其结果也不尽一致。

随着可持续发展问题的逐步被认同，环境保护的问题在我国也受到了越来越多的关注。我国关于环境规制对产业国际竞争力影响的研究也逐渐受到人们的关注。

赵细康（2003）③ 按照产业国际竞争力的研究范式，在理论上对环境保护与产业国际竞争力的关系进行了系统梳理，并从微观、中观和宏观三个层次分别探讨了环境保护对产业国际竞争力的影响机制，构建了综合分析模型，为全面和准确把握二者的关系提供了一套可行的分析框架。傅京燕（2006）④ 针对目前环境成本内部化与产业国际竞争力关系所做的实证分析存在的许多困难和缺陷，从成本分析和差异化两方面对决定环境规制与竞争力关系的各个因素进行分析，并在对一些污染密集型产业进行实证分析的基础上，对发达国家和发展中国家各相关产业的国际竞争力受环境成本内部化影响的不同程度进行了比较研究。肖红、郭丽娟（2006）⑤ 建立了一个环境保护强度的综合评价指标体系，对中国环境保护对产业国际竞争力的影响进行了分析。她们通过对不同污染程度产业的国际竞争力分析，将环境保护强度与产业国际竞争力的相关关系进行实证检验，指出环境保护强度与产业国际竞争力并不具备规律性相关关系。

（二）环境标准与污染企业转移

各国环境标准的差异除了引发各国对竞争力问题的关注外，污染产业转移也是一个重要的问题。有些人认为，由于各国环境标准存在差异，会导致污染产业从环境标准高的国家转移到环境标准低的国家。特别是在经济全球化的今天，各国经济日益融合在一起，国际贸易和国际投资蓬勃发展，生产要素的跨国界流动日益频繁。在这样的国际经济大背景下，环境标准高低与污染产业转移问题更引起了公众的关注。

针对这个问题，国际学术界提出了污染避难所假说（Hypothesis of pollution haven）

---

① Low, P.. "Trade Measures and Environmental Quality: The Implication for Mexico's Exports," in P. Low (ed.) International Trade and the Environment, World Bank Discussion Paper 159, the World Bank, Washington, D.C., USA. 1992.

② Sorsa, P. "Competitiveness and Environmental Standards", Policy Research Working Paper No. 1249, the World Bank, Washington, D.C., USA. 1994.

③ 赵细康．环境保护与产业国际竞争力．北京：中国社会科学出版社，2003.

④ 傅京燕．环境规制与产业国际竞争力．北京：经济科学出版社，2006.

⑤ 肖红，郭丽娟．中国环境保护对产业国际竞争力的影响分析，2006（12）.

和污染产业转移假说（Hpothesis of polluted industries transfer）。这一学说的支持者认为一国环境规制的严格化会显著增加国内污染密集产业的成本，减少产品出口，从而损害其竞争力（Walter 和 Ugelow，1979①）。Ulph（1999）②，Markusen（1999）③ 认为环境成本差异所产生的“拉力”，无疑会吸引国外的企业到该国安家落户，尤其是对于环境敏感型产业（企业）和那些“区位敏感型”（foot-loose）的企业，这种影响会更加明显。Cropper 和 Oates（1992）④ 进一步研究表明：目前，发展中国家的环境保护强度或环境标准相对于要低于发达国家，依据该假说的推论，发展中国家也就因此成为了污染者的“乐园”，是世界污染和污染密集产业的“避难所”。

为了验证这个问题，国际学术界进行了大量的实证分析。表 17.2.3 归纳了环境规制对企业竞争力、FDI 流量和企业选址的不同影响。1995 前的实证工作表明：环境政策的差异对贸易模式、投资和企业选址很少或没有影响；“污染避难所”假说无法证实，不必担心竞争力问题。1995 年之后的实证工作将环境规制作为内生变量，主要文献包括有 Levinson（1999）、Levinson 和 Taylor（2001）⑤、Ederington 和 Minier（2003）、Becker 和 Henderson（2000）、Kahn（1997）、Greenston（2002）、List 等人（2002）、Keller 和 Levinson（2002）以及 List 和 Millimet（2004），他们的研究结果是相似的，即，环境规制对贸易流和工厂选址就有显著影响。

表 17.2.3　环境规制对产业国际竞争力影响的一些实证研究

研究方法	研究者	结　论
跨部门赫克歇尔－俄林模型	Kalt 1988	环保规制削弱美国出口产品的竞争力
	Tobey 1990	污染行业商品的世界贸易额没有受到环境规制的影响
	Han 1996	环保规制轻微削弱竞争力，但影响逐渐减小
	Valluru Peterson 1997	谷物贸易未受影响
	Diakosauvas 1994	5 种污染最为严重的种植物的出口竞争力逐渐减小
	Xu 1999	在 34 个国家中，环境敏感型产品的出口竞争力未受影响
FDI 流动调查	Albrecht 1998	在重污染产业，美国的进口量大于出口量
	Eskeland & Harrison 1997	法国和美国向发展中国家进行对外投资时，未表现出对严重污染产业的投资偏好
	Xing & Kolatad 1996	在美国的 FDI 中，只有化学行业受到较微弱的环境规制的影响

① Walter, I. and Ugelow, J. “Environmental Policies in Developing Countries”, Ambio. Vol 8 no: 2 – 3. page: 102 – 109. 1979.

② Ulph, A. “Strategic Environmental Policy and Foreign Trade”, 1999.

③ Markusen, J. R, “Location Choice, Environmental Quality and Public Policy”, in Edward Elgar (ed) Handbook of Environmental and Resource Economics, 1999.

④ Cropper, M. and Oates, W. “Environmental Economics: A Survey”, Journal of Economic Literature, Vol. 30 No. 2 (Jun. 1992), pp. 675 – 740.

⑤ Levinson, A. and Taylor, S. “Trade and the Environment: Unmasking the Pollution Haven Effect”, Manuscript, 2001.

续表

研究方法	研究者	结论
工厂选址——企业调研法	Runge, 1994 UNCTAD 1993	环境规制对企业选址有负面的影响
	Levinson 1996	在美国，污染行业外的其他行业，影响很小
工厂选址——计量方法	Levinson 1996	无影响
	Bartik 1989	有较小的负效应
	Mani, Pargal 和 Huq1997	在印度，某种严格的环境规制对企业选址有正面影响
	Metcalfe, 1997	严格的环境规制对美国小型家畜饲养场有负面影响，但对大型封闭化养殖企业没有影响
	List 和 Co, 2000	具有较低控制成本和对污染者管理不严厉的国家都表现出对外国工厂具有较强的吸引力
	Grether & Melo, 2003	污染行业通常有着较高的贸易壁垒，未发现发达国家的污染产业会迁移到发展中国家

出于对“污染避难所假说”和“污染产业转移假说”的特别关注，20 世纪七八十年代产生了早期的实证研究成果。Walter (1973)① 对 1968－1970 年的数据分析显示，环境控制成本仅占出口商品总成本的 1.75%。Robinson (1988)② 检验了 1973－1982 年美国进出口商品的污染含量，结果表明，进口商品污染含量的增长率高于出口产品，即，美国趋于进口污染密集型产品，Robinson 的研究为“污染避难所假说”提供了经验支持。Low 和 Yeats (1992)③ 运用显示性比较优势 (RCA) 对污染密集产业向发展中国家的转移进行了定量分析，相对于非污染工业，发展中国家在污染密集型产业方面的 RCA 具有很强的倾向性。Wheeler (2000) 却证明“污染避难所假说”不成立，他指出全球接受 FD I 最多的发展中国家，如中国、墨西哥和巴西，近年来的城市空气污染水平都呈下降趋势。

Low (1992)④ 对美国和墨西哥确定了 123 项“肮脏”工业的菜单，发现这些工业的污染治理和控制开支以及出口收入占其总产出的比重很小。他研究了执行污染治理和控制开支等价税措施能否纠正污染密集型产品进口的影响，得出结论认为这是一项不明智的环境与贸易政策。Main 和 Wheeler (1999) 检验了 1960－1995 年期间 OECD 国家、亚洲（不包括日本）和拉丁美洲国家的污染与非污染产业产出比率，发现 OECD 国家

① Walter, “The Pollution Content of American Trade”, Western Economic Journal, 1973.

② Robinson, H. D. “International Pollution Abatement: The Impact on the Balance of Trade.” Canadian Journal of Economics, 21, 1988, pp. 187－199.

③ Low, P. and A. Yeats (1992). “Do Dirty Industries Migrate?”, in P. Low (ed.) International Trade and the Environment, World Bank Discussion Paper 159, the World Bank, Washington, D. C., USA.

④ Low, P.. “Trade Measures and Environmental Quality: The Implication for Mexico's Exports,” in P. Low (ed.) International Trade and the Environment, World Bank Discussion Paper 159, the World Bank, Washington, D. C., USA. 1992.

的污染与非污染产业的产出比率持续下降、污染产业的进口出口比率却逐年上升。与此同时，拉丁美洲和亚洲国家的污染与非污染产业的产出比率上升，而污染产业产品进口出口比率下降。这一结果充分说明污染产业转移是事实存在，但 Main 和 Wheeler (1999) 没有进一步解释这种产业重新定位的直接原因是否与环境规制有关。

Repetto (1995)① 分析了 1992 年美国的对外投资。他指出，虽然发展中国家和经济转型国家接受了美国对外投资的 45%，但其中环境敏感产业（石油和天然气、化工及相关产业、金属制造及装配业）所占的比例非常低。发展中国家和经济转型国家接受的外来投资中只有 5% 投向了这些产业，而发达国家接受的投资中有 24% 投向了这些产业。因此，他的结论是，就发达国家输出污染产业的范围来说，"它们似乎是相互输出污染产业，而不是把它们输出到不发达国家"。

Albrecht (1998)② 证实了这个结论。他的研究是为了弄清是否美国的对外投资集中在污染产业而流入美国的投资集中在清洁产业。事实上，情况正好相反。美国的对外投资中对清洁产业的投资增长得比较快，而美国吸收的外资中对污染产业的投资增长得比较快。也就是说，美国好像在"进口"而不是"出口"污染产业。那么，发展中国家接受的外来投资是否集中在污染产业呢？Eskeland 和 Harrison (1997)③ 对这个问题进行了调查。他调查了 4 个国家 20 世纪 80 年代吸收外资的情况，包括墨西哥、委内瑞拉、哥斯达黎加和摩洛哥，其中前两个国家的外资主要来自美国，后两个国家的外资主要来自法国。他的研究没有发现证据说明这些国家的外来投资倾向于污染产业。他们为了再次核对调查结果，对污染治理成本对美国对外投资的影响进行了分析。他们发现，在美国，环境治理成本高的产业并不比一般产业更倾向于对外投资。

但是，也有些研究的结论与此相反。例如 Xing 和 Kolstad (1998)④ 的研究发现，美国化工产业对外投资投向的决定受东道国环境管制是否宽松的影响，而其他污染性较轻的产业并不如此。但是，他们估计这种影响很小。如果一个东道国允许 SO_2 排放量增加 1%，美国化工行业的投资将增加 27 万美元，而美国化工行业每年对外总投资为 40 亿美元。Bouman 对德国的对外投资进行了研究，得出了相似的结论。

Duerksen & Leonard (1980)⑤ 发现，在化工、造纸、冶金和石化等污染密集型领域吸引海外投资资金最多的并不是那些环境管制标准较低的欠发达国家，而是一些环境标

① Repetto, R.. "Jobs, Competitiveness and Environmental Regulation: What Are the Real Issues?", World Resources Institute, WashingtonD. C., May. 1995.

② Albrecht, J.. "Environmental Policy and Inward Investment Position of US Dirty Industries", Intereconomics, July/August, 1998, pp. 186 - 194.

③ Eskeland, G., and A. Harrison (1997). "Moving to Greener Pasture? Multinationals and the Pollution-Haven Hypothesis", Policy Research Working Paper No. 1744, the World Bank, Washington, D. C.

④ Xing, Y. and C. Kolstad. "Do Lax Environmental Regulations Attract Foreign Investment?", Mimeograph, May, University of California, Santa Barbara, USA. 1998.

⑤ Duerksen, C. andLeonard, H. J. "Environmental Regulations and the Location of Industries: An International Perspective." Columbia Journal of World Business, 15, 1980, pp. 52 - 68.

准较高的工业化国家。Walter（1982）① 考察了1970－1978年西欧、日本以及美国FDI的发展趋势。尽管大部分污染密集型产业已经转移到海外生产，但几乎没有证据显示这是由环境规制的差异引起的。Bartik（1988）②、Friedman 等（1992）③ 以及 Levinson（1992）④ 研究了制造业的情况，未发现环境管制和工厂选址之间存在重大联系。Xing & Kolstad（2002）⑤ 分析了美国的若干产业，发现环境管制较为宽松的其他国家的确吸引着美国的直接投资，但这种吸引力仅限于美国的污染密集型行业，对污染不大的行业影响甚微。Grether&Melo（2003）⑥ 考察了1981－1998年52个国家的5个重污染产业，发现污染行业通常有着较高的贸易壁垒，有关的计量分析并不支持发达国家的污染密集型产业会迁移到欠发达国家的论断。

Markusen（1997）和 Venables（1998）将环境政策引入到对外直接投资模型中，他们分析了在环境政策趋严的情况下企业的迁址问题。研究发现，对跨国公司而言，环境政策趋严对企业迁址的影响很小，而国内企业则会趋向跨国生产。Venables（1999）则运用经济地理模型来模拟企业对环境政策的反应，发现环境政策会导致企业选址的滞后效应，放弃环境政策可能不会恢复原先的均衡，理由是模型具有潜在的多重均衡状态，环境政策可能使工业区位从一个均衡态提升到另一个均衡态。该模型还通过化学工业的数据进行了校正，量化了环境政策对企业迁移的影响。

Levinson（1996）⑦ 选择了48个具有典型的影响工厂选址因素的国家（如市场规模、基础设施、工资和能源成本等），应用 Logit 模型解释美国公司的工厂设置。在引入不同的环境管制程度指标后，结果变得更加复杂，但对可再生能源和环境敏感型产业控制成本这两项指标与产业区预选呈负相关关系。List 和 Co（2000）运用同样方法测试了进入美国的外国工厂选址问题，结果显示，具有较低控制成本和对污染者管理不严厉的国家都表现出对外国工厂具有较强的吸引力。

国内学者近年来也致力该领域的实证研究。夏友富（1999）⑧ 研究了20世纪90年代外商投资中国污染密集型产业的情况，在印染、染料、火力发电和制革四大污染产业

---

① Walter, I. "Environmentally Induced Industrial Relocation to Developing Countries," in S. Rubin, ed., Environment and Trade. New Jersey: Allanheld, Osmun, andCo., 1982.

② Bartik, T. J. "The Effects of Environmental Regulation on Business Location in the United States." Growth and Change, 19, 1988, pp. 22－44.

③ Friedman, J.; Gerlowski, D. A. and Silberman, J. "What Attracts Foreign Multinational Corporations? Evidence from Branch Plant Location in the United States." Journal of Regional Science, 32, 1992, pp. 403－418.

④ Levinson, A. "Environmental Regulations and Manufacturers' Location Choices: Evidence from the Census of Manufactures". New York: Columbia University, 1992.

⑤ Xing, Y. and Kolstad, C. "Do Lax Environmental Regulations Attract Foreign Investment?" Environmental and Resource Econoics, 21, 2002, pp. 1－22.

⑥ Grehter, J. M. and Melo, J. D. "Globalization and Dirty Industries: Do Pollution Havens Matter?" CEPR discussion paper N o. 3932, 2003.

⑦ Levinson, A.. "Environmental Regulations and Industry Locations: International and Domestic Evidence", in J. Bhagwati and R. Hudec (eds.) Fair Trade and Harmonization, The MIT Press, Cambridge, Massachusetts, USA, and London, UK. 1996.

⑧ 夏友富.外商投资中国污染密集型产业现状、后果及其对策.管理世界，1999（3）.

外商投资企业比重较高；赵细康（2003）① 的研究表明，在中国，FDI 并未呈现出大规模的污染产业转移现象，但部分污染密集型产业，外资的相对规模超过了外资企业平均水平；杨涛（2003）② 检验了环境规制与 FDI 流入之间的关系，结果表明中国环境规制的严格化对吸收 FDI 存在影响，但并非主要因素。

除上述环境管制对 FDI 的影响外，环境对贸易结构也会施加影响。一般认为，在 Heckscher-Ohlin-Vanek 模型中，严厉的环境标准会引起污染行业所生产物品的贸易类型发生偏离，但 Tobey（1990）③ 的研究没有发现环境政策影响贸易类型的证据。在一个 Heckscher-Ohlin 国际贸易模型中，Kalt（1988）④ 发现在美国 78 种工业门类中，净出口与环境控制成本之间存在一种负相关关系。尽管从统计意义上讲这种关系非常微不足道，但如果将样本数据适当调整，如限制在制造业，那么环境控制成本（ECC）对净出口的负面影响就不再是微不足道，而是变得很显著了。但 Kalt 模型的一个缺陷是，无法解释为何在样本中剔除化学工业的数据后，上述影响会变得更为显著，因为相对说来化学工业的环境控制成本是较高的。在一个墨西哥—美国的模型中，Grossman 和 Krueger（1993）⑤ 也获得了类似结果，即环境控制成本对贸易的影响较小，在统计上无关紧要。van Beers 和 Van den Bergh（1997）⑥ 也发现在经合组织成员国中，严厉的环境管制对某些非资源密集部门出口的负面影响显著。

三、小结

原则上说，贸易自由化和环境保护之间并不存在根本的冲突，二者的目标是共同的，即以最高效的方式分配和使用可利用的资源。如果环境成本能够完全内在化，那么贸易活动本身不会带来任何问题。但在现实中，由于环境成本完全内在化至少在短期内是不太可能的，因此，贸易活动对环境会产生一定的影响。

评价贸易自由化对环境影响的困难之一是发展中国家环境数据的缺乏。但已有许多模型证实了以下理论分析的结果：贸易自由化将损害在污染工业部门具有比较优势的国家的国内环境而改善另外一些国家的环境。同时，模型模拟的结果表明，在理论上，贸易自由化带来的收益增加除了支付环境治理成本以消除对环境的不利影响外还有剩余。也就是说，如果在贸易自由化的同时伴以更严格的环境管制，我们可以找到经济发展和环境保护相协调的道路，在不损害环境的条件下提高国民收入。至少从这个意义上来说，贸易自由化和环境保护是不存在冲突的。贸易和环境之所以发生冲突在很多情况下

---

① 赵细康．环境保护与产业国际竞争力．北京：中国社会科学出版社，2003．

② 杨涛．环境规制对中国 FDI 影响的实证分析．世界经济研究，2003（5）．

③ Tobey, J.. "The Effects of Domestic Environmental Policies on Patterns of World Trade: An Empirical Test", Kyklos, Vol. 43, pp. 191 –209. 1990

④ Kalt, J. P. "The Impact of Domestic Environmental Regulatory Policies on U. S. International Competitiveness," in A. M. Spence and H. A. Hazard, eds., International Competitiveness. Cambridge: Bellinger, 1988.

⑤ Grossman, G. M. and A. B. Krueger. "Environmental Impacts of a North American Free Trade Agreement", in P. Garder (ed.), The U. S. –Mexico Free Trade Agreement, MIT Press, Cambridge, Massachusetts, USA. 1993.

⑥ van Beers, C. and van den Bergh J. C. J. M. "An Empirical Multi-Country Analysis of the Impact of Environmental Policy on Foreign Trade Flows", Kyklos, 50, 1997, pp. 29 –46.

是政府机构没有充分重视环境问题的结果。特别是对于一些全球性的环境污染问题，由于存在“免费搭车”的动机，各国都不主动进行治理，需要国际合作才能够解决这类环境问题。当然，政治决策的滞后及存在的不足也与经济全球化有关系，它使资本流动性增加，使单个国家难以对资本进行有效的管理。

环境管制对贸易活动的影响主要体现在环境管制对产业国际竞争力的影响以及环境标准对污染企业跨境转移的影响方面，进而影响一国的贸易结构和产业布局。不过，国际学术界对这些问题尚未形成一致的观点，迄今为止的理论研究和实证研究都未能对此问题提供经得起推敲的结论。

第三节 贸易限制与环境保护

贸易与环境问题争论的焦点之一是：是否应该为了环境保护而使用贸易限制措施。环境问题的根源是造成环境退化的经济活动，包括生产和消费活动。从经济理论上说，治理环境问题，最优的政策是针对污染源（对环境造成污染的生产活动或消费活动）的环境政策，如对污染活动征税，使环境成本内在化。贸易限制措施可以在一定程度上改善环境，但以牺牲经济福利为代价，为次优选择。

为了更好地理解和比较贸易措施和环境措施的效果，我们将用经济学理论和局部均衡的静态分析方法分析贸易措施和环境措施对贸易、环境和经济福利的影响。在经济全球化的大背景下，各国经济日益融合在一起，一国的环境和贸易政策的改变也会影响其他国家的贸易、环境和经济福利。因此，我们也将对一国贸易和环境政策的变动对他国贸易、环境和经济福利的影响进行分析。

在一系列假设的基础上，我们将着重考察以下几个问题：

（1）一国开放贸易后对环境和经济福利有何影响？

（2）如果这个国家在贸易自由化的同时也实施了适当的环境政策，对环境和经济福利有何影响？

（3）在解决环境污染问题方面，次优的贸易政策措施能够在多大程度上替代最优的环境政策措施？

（4）他国贸易和环境政策的改变如何影响一经济开放国家的环境和福利？

一、基本假设

我们考虑这样一种情况：在一个经济体内部，一个群体（生产者或消费者）对一种商品的生产或消费活动会产生环境外部性，对环境造成污染，从而影响到其他人。也就是说，在存在环境外部性的情况下，生产活动的私人成本和社会成本、消费活动的私人效益和社会效益是不一致的，存在差距。差距的产生可能是随着对环境问题关注程度的提高，人们对经济活动的环境影响有了进一步的认识；或是随着收入水平的提高，人们对洁净环境的偏好提高了；或是随着经济活动规模的扩大，污染水平超过了环境所能承受的临界值。同时假设环境资产的产权不明确，而且由于交易成本太高，很难将外部成本完全内在化。

为了简化起见，假设不论是征税或是提供补贴都不存在管理成本，政策的改变所带来的收入分配效应也可以忽略不计。同时假设生产者、消费者和政策制定者信息完全充分，并能够正确地评估环境外部性所带来的物质和精神方面的影响（正面或负面）。假设环境外部性来自于产品的生产或消费活动本身，而与使用某一特定的生产方法无关，这意味着对生产或消费活动征税或提供补贴的环境政策也就是对污染源征税或提供补贴，因此也是消除环境外部性的最优环境政策工具。同时假设环境外部性只产生于一种产品的生产或消费活动，在所分析经济体内没有其他影响产品市场的扭曲的政策（这两项假设在分析的过程中会逐渐放宽）。

为了便于分析和说明，我们在本部分中所指的负的外部效应仅仅是环境污染，但同样的分析方法可以应用于分析其他的外部效应。我们从分析小国模型开始，对于小国来说，国际市场价格是给定的，本国政策的变动对世界其他国家的影响可以忽略不计，然后再分析大国模型。在下面的分析中，由于使用的是比较静态的分析方法，我们没有考虑消费者偏好的改变和技术进步，也没有考虑生产要素的国际流动。

二、小国模型

如图 17. 3. 1 所示，D 曲线代表消费者消费一种特定商品的私人边际收益曲线，S 曲线代表生产者的私人边际成本曲线。假设对所考察商品来说，造成环境污染的是生产活动而不是消费活动，S'曲线是生产活动的社会边际成本曲线。在实际生产活动中，只有生产活动超过了环境所能承受的临界点之后，社会成本和私人成本之间才会产生差异，而且差异也并不一定是随着生产数量的上升而上升。为了简化起见，我们假设从生产第一单位产品起，私人成本和社会成本就存在差异，差异的大小和生产数量存在线性关系，这种分析并不失一般性。在图中，价格轴的价格指的是该种商品相对于经济体中所有其他商品的价格（假设其他商品的价格在整个分析过程中是不变的）。

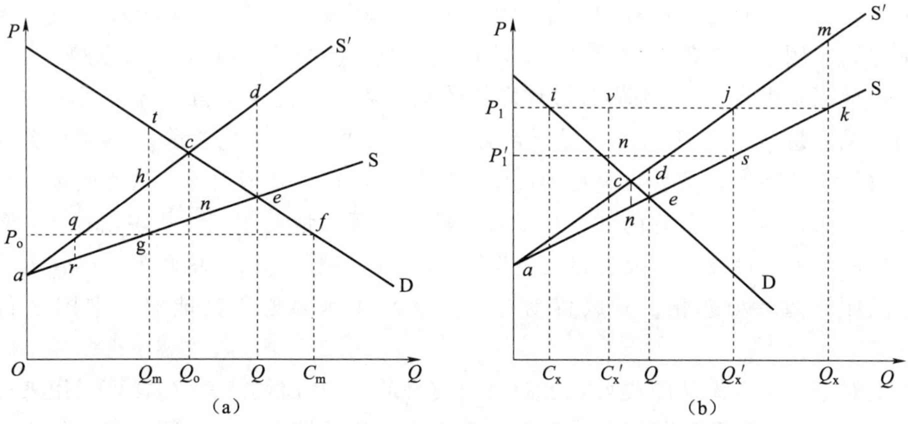

图 17. 3. 1　小国开放生产活动具有污染性的产品的贸易的效应分析

（a）进口；（b）出口

在给定以上假设的情况下，如果对生产活动不征收污染税，也不存在国际贸易，生产和消费将在 e 点达到均衡，生产和消费量为 OQ，净社会福利为 $abe—ade$ 的面积。假设这个经济体调整了贸易政策，从封闭走向开放，从闭关自守走向自由贸易。如图 17.3.1（a）所示，如果这种产品的国际市场价格为 OP_o，生产量将降低到 OQ_m，消费量增加到 OC_m，进口 Q_mC_m 数量的产品，净社会福利为 $abfg—ahg$，得自开放贸易的收益是 $defgh$，开放贸易的利益是正的，而且比不存在生产的负环境外部性的情况下还要多 $degh$ 所表示的面积（国内生产 Q_mQ 单位产品私人成本和社会成本之间的差异）。另一方面，如果产品的国际市场价格为 OP_1，如图 17.3.1（b）所示，开放贸易后，该国将出口 C_xQ_x 单位的产品，在这种情况下，净社会福利为 $abik—amk$，开放贸易的福利效应为 $eik—demk$，可能为正，也可能为负，正负取决于在不存在环境外部性的情况下得自贸易的利益（eik）与生产 QQ_x 单位产品所产生的环境外部性（$demk$）孰大孰小。

通过以上分析，我们知道，对一个经济小国来说，如果一种产品的生产活动会对环境造成污染，通过调整贸易政策，使该产品从自给自足走向自由贸易，那么，开放贸易后，如果该国进口这种产品，将会提高该国的福利水平并改善环境；如果出口这种产品，将导致环境恶化，在不对污染征税的情况下，该国的福利水平可能提高，也可能降低。这与第一章理论分析的结论是一致的。

如果在贸易自由化前后，该国都制定并实行了最优的环境政策措施，情况会有什么不同呢？在这种情况下，最优的环境政策应该是使生产的边际社会成本等于边际社会收益，对生产活动征收污染税，数额应等于在每个产出水平上 S 曲线和 S' 曲线之间的垂直距离。在自给自足的情况下，最优的环境税应该是对每单位产品征收 cn 的税收，使生产量从 OQ 减少到 OQ_o，如图 17.3.1（a）所示，这样，增加的福利水平为 cde，为生产 Q_oQ 单位产品社会成本和社会收益之间的差距。在自由贸易的情况下，如果国际市场价格为 OP_o，最优的污染税应该是每单位产品征收 qr 数量的税，如图 17.3.1（a）所示；如果国际市场价格为 OP_1，则最优税收应为 js，如图 17.3.1（b）所示。在这两种情况下，相对于不对污染征税的时候，生产量不同程度地减少，环境状况得到改善，福利水平提高。例如，在出口的情况下，生产量将从 OQ_x 降低到 OQ_x'，如图 17.3.1（b）所示，社会福利提高 jkm。在实行最优环境政策措施的情况下，得自开放贸易的利益在进口的情况下是 qcf，在出口的情况下是 cij。如果在贸易自由化之前该国没有实行最优的环境政策，而在实行贸易自由化的同时又实行了最优的环境政策，这种改革带来的福利增加会更大，与开展贸易前就实行了最优环境政策的情况相比，将多增加 cde 面积的福利。也就是说，即使在产品出口的情况下，如果引进最优的环境政策，尽管为了生产出口产品而导致环境恶化，开放贸易对一个贸易小国来说仍然能够使本国福利水平提高。

以上对于贸易政策从闭关自守走向自由贸易的效应分析方法，同样可以用来分析降低或消除非禁止性关税的效应。在存在非禁止性关税的情况下，与闭关自守相比，初始国内价格与自由贸易时的价格比较接近，国内生产与国内消费并不相等（因为存在进出口）。通过分析能够得出相同的结论：对于进口来说，不管有没有最优污染税的存在，降低进口关税都会改善该国的环境并提高福利；在产品出口的情况下，降低出口关税会导致环境恶化，但只要存在接近于最优的环境政策，就可以提高福利水平。

假设由于管理成本太高，使最优环境政策——比如说对生产活动征收污染税——无法实施，在这种情况下，如果该国出口这种产品，可以通过征收出口关税来减少对环境的污染，但其效率却不如对生产活动征收污染税。下面我们进行分析。如图 17.3.1（b）所示，征收单位金额为 *js* 的出口税会使生产者的单位销售收入和国内消费者支付的价格降低 $P_1'P_1$，使出口数量从 C_xQ_x 减少到 $C_x'Q_x'$，这使生产的边际社会成本低于边际社会收益（国际市场价格 OP_1）。对于生产活动来说，与征收同样数额的生产税带来的福利增加是一样的，为 *jkm*。但是征收出口税扭曲了产品市场上的消费者行为，通过消费者支付的价格低于机会成本 *OP*，使消费数量增加了 C_xC_x'单位，所带来的福利损失为 *iuv*。因此，作为次优的政策工具，出口关税改善了环境，这与对生产活动征收同样税率的污染税的效果相同，但付出了更高的代价。如果 *iuv* 的面积超过了 *jkm* 的面积，尽管通过削减产量改善了环境，但从福利水平来讲，使用次优的政策工具还不如不进行干预。因此，为追求最好的政策效果，作为次优选择的出口税税率应该低于最优选择的生产税的税率。随着出口税率从 $P_1'P_1$ 逐渐下降，*iuv* 的面积减少得比 *jmk* 多。从一般意义上讲，使用征收关税或进行补贴的贸易措施可以用来一定程度地改善环境，但其在提高国民福利水平方面却不如直接对污染源征税的政策措施，甚至有时候还会导致福利水平降低。

下面我们分析产品的消费活动具有环境外部性的情况，如烧煤或石油等，可以用上面同样的方法进行分析。假设一国不对污染征税，开放贸易后，该国出口该产品，那么它的环境和福利水平都会得到改善，因为该产品国内价格的上涨导致国内消费数量的减少；另一方面，如果该国进口该产品，在缺乏最优环境政策的情况下，消费者剩余的增加会超过生产者剩余的减少，但污染会加剧，因此纯福利水平可能增加，也可能减少。我们利用图 17.3.2 进行分析。在自给自足的情况下，生产和消费量为 *Q* 单位，如果不征收污染税，纯社会福利为 *abj* − *abg*；开放贸易后，国际市场价格是 *OP*，该国将进口 $Q'C'$ 单位该产品，净社会福利为 *acej* − *ack*，得自贸易的利益是 *deh* − *bckg*，可能为负。但是，如果实施了最优环境政策，即使开放贸易后该国是进口国，社会福利水平肯定也会提高。最优的消费水平在闭关自守的情况下是 OQ_o，在开放贸易的情况下是 OC_o，进口数量为 $Q'C_o$，纯社会福利水平提高了 *deh*。也就是说，如果一种产品的消费活动污染环境，开放贸易后，如果该国出口这种产品，该国的环境得到改善，福利水平提高；但是，如果该国进口这种产品，而且没有实施最优税率的污染税，将会导致该国环境恶化，福利水平降低。

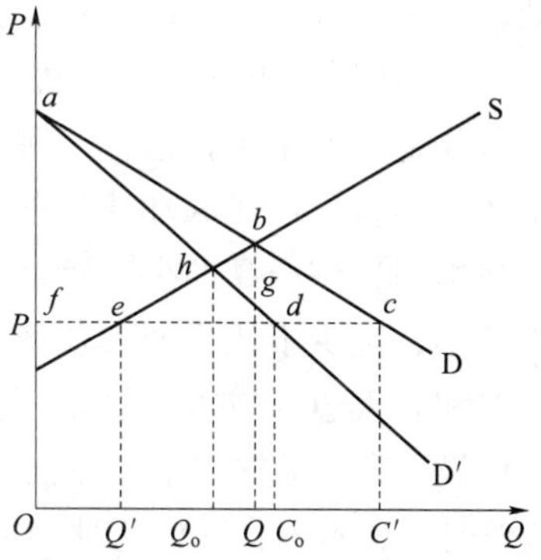

图 17.3.2　小国开放生产活动具有污染性的产品的贸易的效应分析

现在我们来分析另外一种情况：对于同一种产品，在消费时，国产品比进口品更污染环境。我们以煤为例，假设与进口煤相比，当地的煤含有更多的硫，燃烧时对空气造成更大的污染（欧洲就是一个现实的例子）。我们假设一种极端的情况，世界其他国家不关心酸雨问题，因此在烧煤时不关心煤中的硫含量。但是对于我们所考察的小国来说，偏好消费进口煤（为了便于分析，假设进口煤不含硫，也不会对环境产生其他损害）。在这种情况下，即使在没有适当的环境政策的情况下，进口贸易自由化也有可能在改善该国环境的同时提高国民福利水平。因为在自由贸易的情况下，如图 17.3.1 所示，该国所需的煤将按照 OP 的价格全部从国外进口，同样以 OP 的价格将本国产的煤全部出口（假设国外消费者不关心他们所烧煤的硫含量）。消费者剩余为 acf，生产者剩余为 jfe，社会净福利为 $acej$。我们可以看出，开放贸易既改善了环境又带来了社会福利的增加，福利增加为 $aceh + hgb$。如果进口煤也含硫，但硫含量比国产煤低（燃烧时对环境的损害小），或开放贸易前存在对硫的排放征税的环境政策，开放贸易也会带来净福利的增加，增加量会小于 $ache + jpb$。我们用这个例子是要说明，如果一种商品的消费活动污染环境，放开该种商品的进口并不一定会使进口国的环境状况恶化。换一种说法就是，相对于国内替代品来说，如果进口品消费时带来的环境污染更少，对该国来说，实施进口壁垒比不考虑环境效应的情况下付出的代价更多。

三、大国模型

现在我们来分析大国的情况。贸易大国（或多个小国组成的集团）的生产与消费活动能够影响国际市场的价格，进而影响其他国家的生产、消费和环境状况。贸易大国（或小国集团）的政策变化可能会导致其他国家的政策发生变化。

首先，我们来考察这样一种产品，该产品的生产和消费活动都不具有环境外溢性，即生产和消费所造成的环境外部性局限在本国，不会跨境转移，影响其他国家的环境状况。在本国，该产品的生产活动会导致环境污染，而在国外，该产品的生产活动产生的污染较小，至少不比生产其他产品造成的污染多。因此，在本国，该产品的社会边际成本曲线和私人边际成本曲线是两条不同的曲线，而在国外，它们是重合的。

假设不存在运输成本，在没有贸易的情况下，国内价格（P_h）高于国外价格（P_f），开放贸易后，本国将进口这种产品。我们用图 17.3.3 来分析本国开放贸易的效应。如果本国实施了最优的环境政策措施，在国际均衡价格为 OP 时，本国将进口 Q_mC_m 单位该产品。用与小国模型类似的分析方法进行分析，开放贸易将提高该国的福利水平。开放贸易的利益为 $defh$，比小国模型的贸易利益小 $fkmh$，因为进口引起国际市场价格上涨；如果开放贸易不会引起外国环境恶化，外国同样可以从贸易中得益，即使外国因为扩大产品生产而给当地和全球环境造成了更大的污染，如果本国减少进口关税和非关税壁垒，两国仍可以从贸易中得益。

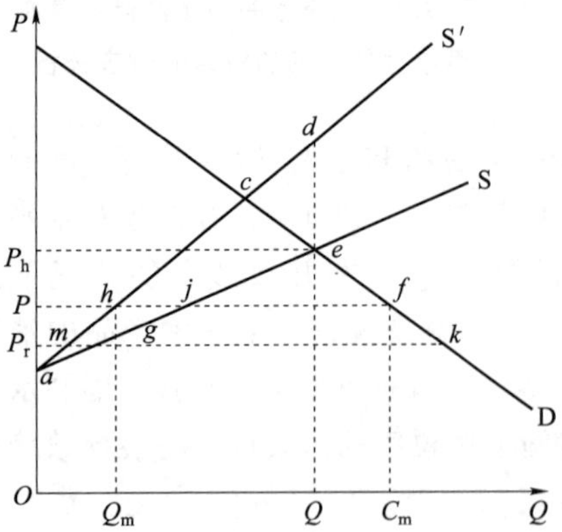

图 17.3.3　大国进口生产活动具有污染性的产品的效应分析

现在，我们考察一个开放贸易后出口产品的例子，而且生产和消费活动导致的环境污染具有外溢性，能够跨境转移。图 17.3.4 描述了这样一种产品的市场情况，这种产品（如钢铁）在进口国和出口国进行生产会产生同样的环境外部性，在一个国家生产排放的污染物会部分地外溢到另一个国家，本国将这些排放视为污染，而较穷的外国并不将之视为污染。如果本国开放贸易，对生产活动征税将刺激外国增加生产，从而使边际社会成本曲线降低为 S'。我们考察一下开放贸易的影响。开放贸易后，本国出口这种产品，如果本国实施了最优的环境政策措施，本国得自贸易的利益是 *def*，与小国情况下的贸易利益 *abc* 相比，孰大孰小并不清楚。另外，开放贸易是否能使大国的环境改善也不清楚，因为与小国相比，产出增加量可能多，也可能少，即使产出增加很小，也就是说国内的污染排放增加很少，来自国外的污染也许会抵消这个影响。

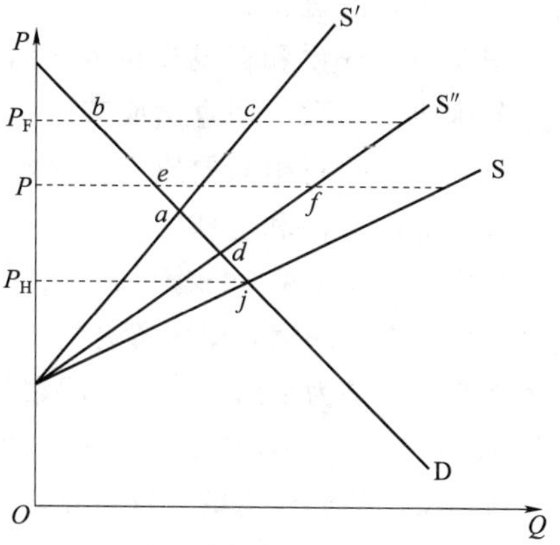

图 17.3.4　大国出口生产活动具有污染性的产品的效应分析

在不考虑环境污染的情况下，外国能够从贸易中获益：在本国不对污染征税的情况下外国的贸易利益大于本国征收最优税率的污染税的情况下的贸易利益，也就是说，本国征收污染税降低了外国的福利水平。

这个结果揭示了一个相反的可能性，即对一个大国（或小国集团）来说，如果本国出口产品的生产具有环境外部性，而且本国不考虑这种外部性的话，对生产活动征收污染税能够提高本国的福利，同时也可能提高对全球环境比较关注的贸易伙伴的福利水平。当“绿色”国家或国家集团得自全球环境改善的福利增加多于由于消费减少而导致的全球福利的降低，而且全球净福利的增加（以上两种效应的差额）在进口国和出口国之间进行分配时，这种可能性就会发生。例如，在生产环节对石油的碳含量征税，或对伐木活动征税以补偿所减少森林的已知的碳吸收能力等，就属于这种情况。

为了简便起见，我们考察一个极端的例子，即出口国光生产不消费，进口国光消费不生产，图 17.3.5 描述了这种产品的市场情况。*MD* 和 *XS* 分别代表进口国的需求曲线和出口国的供给曲线，*XS* 和 *XS′* 之间的垂直距离是多生产一单位该产品产生的环境外部性（从进口国的角度）。如果进口国成功地游说出口国对该产品征收每单位 *bd* 的污染税，价格将从 *OP* 上升到 *OP′*。进口国的消费者福利损失是 *bcgh*，但得自环境改善的福利是 *bdcj*，有可能超过 *bcgh*，这样进口国的整体福利水平提高。对出口国来说，只要污染税收 *bdfh* 超过生产者剩余的损失 *cdfg*，其整体福利水平也会得到提高。在这种情况下，对污染活动征税带来的总收益为 *bcj*，将在进口

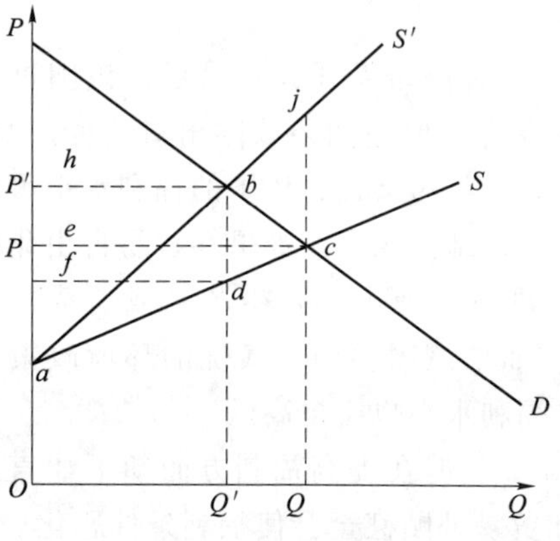

图 17.3.5　为了改善全球环境而对生产或消费活动征税的效应分析

国和出口国之间进行分配。

很明显，征税和将税收在生产国之间进行分配存在管理上的问题。*OPEC* 采取的方法是各国协商一致，同意达成某一生产配额。但是因为存在生产量超过配额量的搭便车的动机，政策执行也需要成本，而且进口国也有可能征收消费税，有可能以出口国的损失为代价提高本国和全球的福利水平。

我们只考虑了两个国家的情况，当考虑三个或更多的国家时，情况更为复杂。以象牙贸易为例，不同国家对象牙贸易的看法是不同的。我们还是用图 17.3.4 来说明。非洲的象牙生产纯粹是为了出口，东亚国家是象牙的主要需求者，而且国内没有供给。图 17.3.5 中的 *XS* 和 *MD* 分别代表象牙的供给和需求曲线。但是还存在第三方，主要是西欧和北美的一些国家。他们认为象牙贸易导致大象数量减少，减少到低于他们认为合适的水平。图 17.3.5 中的 *XS* 与 *XS′*之间的距离代表为了供应象牙而屠杀大象给第三方带来的成本。

在这种情况下，非洲供给者得自象牙贸易的利益是 *ceg*，东亚消费者得到的利益是 *cag*，但环保团体利益受损，为 *cej*，*cej* 与 *cea* 相比，孰大孰小不明确。环保团体成功地禁止了象牙贸易，从生产者和消费者的角度看是一个次优的选择。如果征税和将税收进行分配的成本为 0，最优的解决方法应该对象牙贸易征收 *bd* 的进口或出口税，使象牙贸易的整体边际收益等于边际成本。对贸易征税使东亚消费者剩余减少 *bcgh*，非洲生产者剩余减少 *cdfg*，但是同时带来 *bdfg* 的税收。如果非洲征收出口税，税收将归非洲；如果东亚征收进口税，税收将由东亚获得；如果双方各征一定比例的关税，税收将在两国之间进行分配。环保团体的福利提高了 *cdbj*，征税的整体收益为 *cbj*，*OQ′*为最优的生产和消费量。但是环保团体坚持应该禁止象牙贸易，因为他们不必为生产者和消费者所受的损失进行补偿。如果要求他们作出补偿的话，他们需要支付 *cea*，即使禁止贸易给他们带来的收益（*cej*）超过生产者和消费者的损失（*cea*），也许不足以抵消对环保支持者征税和将税收分配给消费者和生产者的管理成本，同时也无法解决搭便车现象。

四、小结

从以上对贸易和环境措施对贸易、环境和福利影响的分析中，我们可以得出以下几点结论：

（1）对小国来说，当一种产品的生产会带来污染时，如果开放贸易后，该国进口这种产品，则开放贸易能够使环境改善，福利水平提高；但是如果该国出口这种产品，贸易的扩大会导致该国环境恶化，如果不对生产活动征收污染税，该国的福利水平可能增加，也可能降低。如果污染来自产品的消费活动，则结论相反。如果在贸易自由化的同时实施了接近于最优的环境政策，即使是小国，进口（或出口）生产（或消费）活动污染环境的产品也肯定能提高本国的福利水平。如果该国实施了最优的环境政策措施，尽管在自由贸易体制下环境有可能恶化，但是福利水平也会提高。

（2）关税和贸易补贴可以在一定程度上改善环境，但在提高福利方面却不如直接对污染源（生产和消费活动）征税，有时候关税和贸易补贴甚至会使福利条件恶化。

（3）如果因为国外实施了对污染活动征税（或贸易自由化）的政策，使一种生产过程污染环境的产品的国际市场价格上升，对出口这种产品的贸易小国来说，只要对生产者征收接近最优水平的污染税，尽管由于扩大生产会导致环境恶化，但可以提高该国的福利水平。但是，如果该国是这种产品的进口国，国际市场价格的上涨也许不一定使该国情况恶化。如果价格上升后该国从进口国变成出口国，并实施了接近最优水平的污染税政策，该国的情况会变好。即使价格上升后该国仍然是进口国，在以下两种情况下仍可以从价格上涨中获益：① 由于政策资助其他产业的发展，国内该种产品的生产减少；② 其他产业产品生产过程的污染程度超过该产品，因此将资源吸引到该行业部门能够改善该国的环境。对于消费过程具有污染性的产品来说，情况正好相反。

（4）国家越大，它的经济活动对国际市场价格的影响就越大，从而对其他国家的生产、消费和环境的影响也就越大。但是因为以下因素的存在，结论具有不确定性：① 各种污染问题是否会跨境转移以及程度如何；② 各国对污染的负效用评价不同；③ 由于消费所导致的污染程度的不同，本国产品与进口品之间不能完全替代；④ 所考察国家的政策变化后，其他国家有可能相应地改变本国的环境和贸易政策。即便如此，基本结论是：相对于直接针对污染源的环境政措施策，通过贸易限制达到环境目的是一种次优的选择；在存在最优环境政策措施的情况下，有贸易比没有贸易要好。

以上的结论是在严格的假设条件下推理出来的，因此存在一些限制条件。但是，放宽某些假设条件进行更全面的分析后我们发现，一些主要的结论并没有被削弱，反而更强化了。例如，我们放宽造成环境污染的是生产或消费活动本身而与特定的生产过程无关的假设后，在实施最优环境环境政策措施的情况下，贸易自由化将带来更大的利益。这是因为针对所用资源的最优政策工具比生产或消费税的成本更低。放宽上述假设还会提高使用贸易措施解决环境外部性问题的成本（相对于最优环境政策而言），因此各国将倾向于减少使用贸易措施来解决环境问题，趋于更加开放。更加开放后，一方面进口或开发环境友好技术的成本降低，另一方面也有利于根据各国环境政策的变化进出口生产要素，这样，开放贸易一方面有利于促进经济发展，同时也有利于环境保护。当多个小国同时对它们出口品的生产活动实施征收污染税的环境政策时，由于以下原因，它们各自改善国内环境的成本降低：① 采取共同的多边行动改善了它们的贸易条件；② 由于别的国家也实施了污染税政策，来自别国的污染减少。它们的环境得不到改善的唯一可能性是：其他国家（没有实施污染税政策）由于某种原因造成了更大的环境污染且污染具有外溢性，对征税国家的影响超过了由于征税而减少的污染排放量。

我们可以利用以上的结论分析一些现实问题。例如，发展中国家担心，如果提高环境标准，会影响它们的经济发展。如果发达国家进口的是在生产过程中相对污染环境的产品，这种担心就没有必要；但是如果继续进口生产活动相对污染环境的产品的是发展中国家，这种担心就有必要了。这是因为发达国家提高污染税使发展中国家的贸易条件恶化，同时由于进口替代行业的扩张，国内的污染排放也会增加。如果发展中国家的反应是实施或提高自己的污染税，它们的贸易条件会更加恶化，在一定程度上抵消了实施污染税对社会福利的正面影响。

我们再来分析一下对洁净环境的需求和扭曲的激励机制的关系。在一个经济政策扭曲的国家，对决策者来说，为了满足社会不断增长的对洁净环境的需求，成本最低的方法不是实施对污染征税的环境政策，而是减少政府对污染密集型产业的扶持。如果污染密集型产业是政府扶持最多的产业，这种办法足以解决问题；但如果污染密集型产业是受到政府扶持最少的产业，在减少政策扭曲的同时还需实施或提高污染税，这样才能保证改革能够提高国民福利水平。

通过以上分析我们认为，解决环境问题，最优政策是针对污染源的环境政策措施，贸易限制措施是次优选择；贸易措施可以在一定程度上改善环境，但其成本高于环境政策措施，以牺牲经济福利为代价。环境问题非常重要，但并不是我们追求的唯一目标，我们的目标是协调经济发展和环境保护，以实现可持续发展。所以在环境措施可行的情况下，不应该为了达到环境保护目的使用贸易限制措施。随着经济的发展，越来越多的环境问题具有国际性，如臭氧层破坏、全球变暖等，同时一国的生产和消费活动也会影响到其他国家的环境。一方面，在治理具有国际性的环境污染问题时，各国存在"搭便车"的动机；另外，根据博弈理论，最终的均衡将是各个国家都不采取治理环境（此处指具有全球性的环境污染问题）的措施，出现类似于"囚徒的困境"的问题。所以，为了解决全球性的环境问题，有效的方法是走国际合作的道路。

在一定时期内，贸易限制措施由于具有影响他国的政策制定和经济活动的性质，在一定范围内，特别是在一些多边环境协议中还会使用，但要防止滥用。如何区分为了环保而使用贸易措施和以环保为借口的保护主义，防止新的贸易壁垒的产生，是国际社会亟待解决的一个问题，也是世贸组织新一轮谈判贸易与环境议题要解决的问题之一。

第四节　贸易、经济增长与环境保护

经济增长与环境状况之间是否存在必然的联系？经济增长会导致环境状况改善还是恶化？这都是贸易与环境领域争论的热点问题。

许多人认为，经济增长和环境保护是相矛盾的，经济增长导致环境恶化，而环境保护会阻碍经济增长，贸易在促进经济增长的同时也将导致环境恶化。因此，环境保护主义者提出，为了保护环境，应保持经济零增长。还有人认为，环境状况与经济发展的阶段有关系，在经济发展到较高阶段以后，环境状况将趋于改善。

许多研究表明，贫穷与环境恶化之间有紧密的联系。在许多国家，环境保护行动滞后的原因之一是因为收入水平低。有些国家仅仅是因为支付不起用于环境保护的费用，或者它们认为不应该为了解决主要是由发达国家的生产和消费方式所引起的全球环境问题而牺牲自己的经济发展。

如果贫穷是问题的症结所在，那么经济发展至少可以部分地解决环境问题，它使一些国家从仅仅关注于当前的问题转向考虑长远的可持续发展问题。的确，至少一些实证分析表明，在经济发展的初级阶段，经济发展导致环境恶化；当经济增长和人均收入水平提高到一定水平后，经济增长将伴随着环境改善，这也是 EKC①（The Environmental

① EKC 假说是由 Simon Kuznets（1995）命名的，由于他对收入水平与收入分配之间的关系的研究作出的突出贡献，Simon Kuznets1 获得了 1971 年诺贝尔经济学奖。

Kuznets Curve）的含义。EKC 曲线是倒“U”型曲线（见图 17.4.1），描述的是一国人均收入和环境状况的关系：在人均收入水平比较低的情况下，随着人均收入的提高，环境污染加剧；在人均收入达到一定水平以后，人均收入的提高将伴随着环境状况的改善。

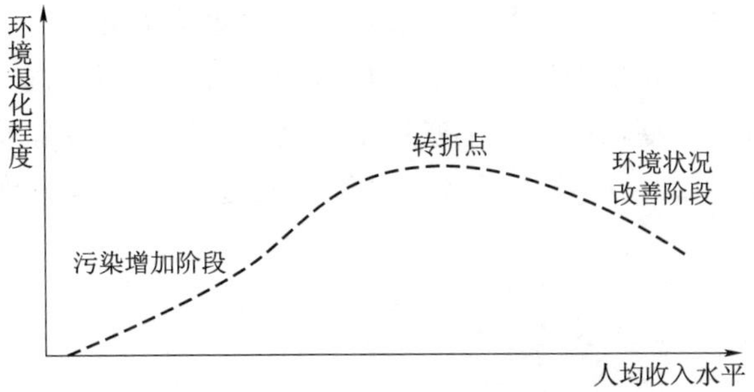

图 17.4.1 EKC 曲线的形状

但是，虽然有些证据支持 EKC 假说，但有些证据并不与 EKC 相符。分析表明，对于有些环境问题，EKC 假说是正确的，原因各不相同；但另外一些环境问题并不符合 EKC 假说。与 EKC 假说相符的环境问题是一些国内的环境问题，如城市环境问题、空气污染以及一些淡水污染问题。相对来说，全球性的环境污染问题似乎并不与 EKC 假说相符，特别是 CO_2 排放问题。从本质上来说，各国倾向于更关注本国的环境，也更愿意采取措施解决本国的污染问题，而对影响全球环境的一些污染问题重视不够。这也说明了在解决全球共同面临的环境问题时，进行国际合作的必要性和重要性。

在经济增长与环境状况的关系中，贸易起什么作用呢？也就是说，为什么要引入国际贸易呢？最直接的原因是，“贸易是经济增长的发动机”，贸易能够促进经济的增长。当然，在经济增长中有许多因素在起作用，如完善的法律体系、合理的分配政策、稳定的宏观经济环境、协调的财政和货币政策、完善的基础设施、高素质的人才队伍等等，但开放的贸易体制也是一个非常重要的因素。

贸易体制和经济增长的关系主要体现在以下几个方面：（1）贸易促进资源的有效配置，提高社会福利水平；（2）贸易壁垒使商品的价格扭曲，对投资起到错误的引导作用；（3）封闭的经济体制不利于技术的发展和革新，在其他条件相同的条件下，经济开放国家的发展速度往往明显超过经济封闭的国家。

在经济增长与环境状况的关系中引入贸易的第二个原因是：许多人认为，国际竞争的压力引起或加剧了环境领域的政策失灵。特别是在贸易和投资壁垒大幅度削减的情况下，国际范围内生产要素的流动性增强，许多人认为这是导致政府更不情愿提高环境标准的一个重要原因。因此，世界经济的一体化与贸易的自由化引致的经济增长使 EKC 无效，因为竞争的压力阻止了环境标准的提高，环境状况没有随着经济的增长而改善。事实上，经济增长本身并不会减少环境污染，问题的本质是，随着收入的增加，环境标准更加严格，从而环境状况得到改善。

另一个与之相关的看法是，经济全球化可能会影响 EKC 的形状和关联度。有人认为，发达国家 EKC 转折点的出现部分原因是由于将污染产业转移到了发展中国家，虽然有关的分析结果并不支持这个论断。如果这个观点部分成立的话，中等收入水平的国家越过 EKC 的顶点将更加困难；而对于最不发达的国家来说，困难将更大，因为对于这些国家来说，污染产业将无处转移。总而言之，倒“U”型的污染曲线对于落后的发展中国家来说并不成立，对于全球性的环境污染问题也是如此。

但是，也有人得出了相反的结论。随着技术的发展，发展中国家能够采用发达国家处于同一发展阶段时尚不存在的新的生产技术，这样，发展中国家将比发达国家更容易地达到和越过 EKC 的顶点。从这个意义上来说，通过促进技术的普及，贸易可以降低 EKC 的顶点。

一、理论分析

EKC 假说的提出是受 Simon Kuznets 的研究工作的启发。他研究了经济增长与收入分配的关系，发现随着一国摆脱贫穷和落后，收入差距逐渐增大，稳定在某一中等收入水平，然后随着经济增长，收入差距将逐步缩小。20 世纪 90 年代初期，几位经济学家经过研究，作出了环境状况与收入水平的关系与之类似的论断。这些经济学家包括 Grossman 和 Krueger（1991）①，研究了 NAFTA 对环境的影响；Shafik 和 Bandyopadhyay（1992）②为了给《1992 年世界发展报告》准备材料，研究了经济增长和环境状况之间的联系；Panayotou（1993）在为国际劳工组织（ILO）所写的关于不同经济发展阶段环境退化状况的论文中也作出了相似的论断。之后 Arrow 等（1995）③提出了环境污染与经济增长之间呈现倒 U 形关系的假说，称为环境库兹涅茨曲线假说（或 EKC 假说）。早期的研究主要是一些实证性的研究，后来经济学家们才开始分析 EKC 的理论基础。

按照世界银行（1992）④和 Grossman 和 Krueger（1995）⑤的估计，对于一般污染物而言，污染排放的转折点大约出现在人均收入 8 000 美元左右。而按照多数研究对不同国家或地区横截面数据回归分析的结果，空气和水污染在人均收入达到 5 000 ~ 8 000 美元之前会不断增加。但是超过收入水平后，污染水平开始回落，环境质量逐步好转。

随着人均收入水平的提高，EKC 曲线开始上升，最终下降。在这个过程中，有不同的因素单独或共同在起作用。这些因素包括随着人均收入水平的提高，人们增

① Grossman, G. M. and A. B. Krueger. “Environmental Impacts of North American Free Trade Agreement”, NBER Working Paper No. 3914, November. 1991.

② Shafik, N. and S. Bandyopadhyay. “Economic Growth and Environmental Quality: Time Series and Cross-section Evidence”, Policy Research Working Paper No. WPS904, the World Bank, Washington, D. C., USA. 1992.

③ Arrow, K., B. Bohlin, R. Costanza, P. Dasgupta, C. Folke, C. S. Holling, B. O. Jansson, S. Levin, K. G. Maler, C. Perrings, and D. Pimentel. “Economic Growth, Carrying Capacity, and the Environment”, Science, 1995, April 18, pp. 520 - 21.

④ World Bank (1992). World development Report 1992: Development and the Environment, Oxford University Press, Oxford, UK.

⑤ Grossman, G. M. and A. B. Krueger. “Economic Growth and the Environment”, Quarterly Journal of Economics, 1995. Vol. 110 (2), pp. 353 - 77.

加了对洁净环境的需求、污染治理活动具有规模经济效应、在经济增长过程中经济结构的调整等。

对于 EKC 的形状，最普通的解释也许是，随着收入的增加，人们对环境质量的要求提高了。特别是如果随着收入的增加，人们对洁净环境的需求的增加超过了对其他商品和服务的需求的增加，倒"U"型的污染曲线就有可能出现。例如，可能存在一个收入的下限，低于这个收入水平，没有资源可用于环境保护，这就是我们刚才说的那种情况，在温饱尚未解决的时候，在人们生活中占据主导地位的是如何解决眼前的问题：如何获得食物、如何能够遮风避雨等等一些基本的生活需要，的确，在这种时候，很难拿出有限的资源用于环境保护①。收入提高以后，人们将更愿意也更有能力为了保护环境而减少消费。因此，与收入相关的对洁净环境的需求是导致污染曲线最终下降的原因之一。

以微观经济分析为基础的一些研究表明，对洁净环境的需求的确随着收入水平的提高而增加。但是，需要说明的是，对不同的环境问题，人们的支付意愿并不相同，这也是经济学家们对不同的污染问题的转折点的估计值相差很大的原因之一。在其他条件相同的情况下，直接影响人们的健康和生活质量的污染问题的转折点相对要低一些，例如饮用水问题，而其他环境问题的转折点要相对高一些。如果某一污染问题既影响人们的健康又影响生产活动，其污染曲线就会下降得更快，SO_2的排放会导致酸雨对林业、渔业和农业都会造成严重的危害就是一个这样的例子。如果不对这类排放进行控制，还可能会危害到经济增长本身，这也是在较低的收入水平就采取控制此类排放的措施的原因之一（SO_2排放的转折点的估计值为 4 000 ~ 5 000 美元）。

污染治理技术的发展是影响 EKC 形状的另一个因素。Andreoni 和 Levinson （1998）②对这个问题进行过研究。为了将污染治理技术的作用分离出来以便于研究，他们假设对洁净环境的需求与收入之间没有联系。在这个假设条件下，他们发现只有在污染治理技术规模效益递增的情况下，也就是说，单位污染治理成本随着生产规模的扩大而下降的情况下，EKC 的形状才会是倒"U"型的。与之相对，在规模效应递减的情况下，EKC 是"U"型的；在规模收益不变的情况下，EKC 在所有的人均收入水平上都是上升的曲线。

以古典微观经济理论为基础，Andreoni 和 Levinson 的研究得出以下结论：就像其他大多数经济活动一样，污染治理活动也是规模效益递增的。如果我们接受这个观点，为什么污染曲线在人均收入达到一定水平后会下降也就很清楚了。原因就是，随着经济的增长，企业的规模越来越大，分摊到单位产品上的污染治理设备的成本很少，占生产成本和利润的比例很低，使更多的单位支付得起安装污染治理设备的成本，因此，安装污染治理设备的企业将越来越多，环境状况也将得到改善。

---

① 在这个问题上，我们需要说明的是：并不是说穷人不喜欢洁净的环境或者说环境状况的好坏对穷人不重要。事实正相反，因为穷人的生活更直接地依靠自然资源。只是对于生活在温饱线上的人们来说，为了保护环境而放弃消费的机会成本太高了。

② Andreoni, J. and A. Levinson. "The Simple Analytics of the Environmental Kuznets Curve", NBER Working Paper No. 6739, September. 1998.

更进一步，我们认为贸易活动对环境有积极的影响。因为贸易导致了世界范围内的专业化分工，企业的平均生产规模扩大，使生产活动和污染治理活动都具有规模效益递增的特征。从这个意义上来说，专业化分工和国际贸易是治理污染问题的方法之一。

可以解释 EKC 的形状的另一个因素是经济发展过程中固有的经济结构调整。经济发展过程是一个经济结构不断调整的过程，在这个过程中，一些产业部门规模缩小，而另一些产业部门规模扩大。经济发展过程中的结构调整一般是按照以下顺序进行的；起初，国家的经济结构以农业经济为主；如果这个国家拥有丰富的自然资源，接下来就会进行资源开发，同时进行简单的加工，国际市场的需求和外来投资促进了第一次产业结构转变；随后，该国逐渐进入工业社会，社会经济结构以加工业为主，开始是一些简单的加工业，如纺织品和服装业，其规模不断扩大，随着经验的积累和国民教育水平的提高，先进的高附加值的加工业开始发展壮大；最后国民经济进入后工业化社会，经济结构以高科技的生产制造业和服务业为主。在这个发展过程中，生产活动的污染程度和国民产出的结构逐渐发生变化，因此，有一些环境问题（并不是所有的）逐步得到改善。

人均收入水平与环境状况之间看起来好像存在一定的关系，但这个关系与收入本身无关，它反映的是一国经济发展过程中潜在的经济结构调整。我们以 1960 - 1994 年间美国的经济结构调整为例进行说明。在此期间，农业、矿业和制造业在美国 GDP 中所占的份额逐步下降，而服务业（包括公用事业和行政服务业）所占的比例则相对上升。这种结构调整应该有助于美国生产活动的整体污染密集度的降低。与之相对，在此期间，其他国家（如亚洲和拉丁美洲的新兴工业化国家）的产业结构调整方向则与之相反，虽然这有可能只是一个暂时的现象。Hettige et al.（1998）提出，在一个国家达到中等收入水平前，制造业产值在 GDP 中所占的比例是逐渐上升的，在人均收入水平为 \$1 000 ~ \$6 000 时该比例达到最高，为 25% 左右；然后逐渐下降，在人均收入为 \$20 000 或更多时，下降到大约为 20%。

经济结构调整是由许多因素引起的，包括贸易自由化所引致的根据比较优势而进行的专业化分工。贸易自由化改变了世界范围内生产活动的布局，从而间接地改变了污染活动的布局。从单个国家的角度来看，如果规模扩大的出口部门的平均污染程度低于规模缩小的进口部门的平均污染程度，该国国内的环境将得到改善；否则国内环境将进一步恶化。因为一个国家的出口是另一个国家的进口，不可能所有的国家都专业化于清洁工业。因此，国际贸易将使各国国内的污染问题在全世界范围内重新分配，将污染从比较优势为清洁工业的国家转移到比较优势为污染工业的国家。对有些国家来说，即使由于收入水平提高而使环境管制更加严格从而可以抵消负的结构效应，但结构效应和规模效应之和仍有可能超过技术效应。

从以上的分析我们可以看出，发达国家某些环境问题的 EKC 转折点的出现，至少部分原因是由于污染产业规模的缩小，而收入水平较高的发展中国家是否可以从同样的有助于降低污染的结构变化中获益，我们并不能确定，更不用说最不发达国家了，因为它们有可能成为最后生产此类产品的国家。总而言之，倒“U”型的污染曲线对于落后的国家不一定成立，或者说，由于国内生产活动的污染性较大，转折点应该在更高的收入水平上。同样，由于单个国家的结构效应不可能在全世界重复，对于世界整体而言，EKC 可能也不成立。只要市场对污染产品有需求，有些国家就会生产，虽然随着比较优势的变化，生产活动会从一些国家转移到另外一些国家。但是，另一方面，由于技术的发展，发展中国家可以使用发达国家处于同一发展阶段时没有的清洁生产技术，从而有可能更容易地越过 EKC 的顶点。

二、实证分析

EKC 假说提出以后，许多经济学家对环境保护与经济发展的关系进行了实证分析，对 EKC 假说进行验证。实证研究表明，经济发展与环境保护并不存在单一的关系。

从数据来源来说，EKC 研究尤其是跨国的 EKC 研究，其数据主要来源于全球环境监控系统（GEMS）。此系统是由联合国发起创建的，囊括了发达国家和发展中国家的大量污染数据，涵盖了除 CO_2 外的所有通常受监控的空气和水中污染物信息。至于 CO2，世界上大多数国家的 CO_2 排放数据可从美国 Oak Ridge 国家实验室（ORNL）的 CO_2 信息分析中心（CD IAC）获得。此外还有数不清的其他数据来源渠道，如世界资源研究所（WRI）、美国环保署（US EPA）、世界银行和国际能源机构（IEA）等。

EKC 研究范围有三个层次：跨国的、一个国家和一个国家的某个地区。研究结果表明，针对不同的研究对象和研究范围，经济增长与环境保护的关系也并不相同。

许多学者发现，并非所有的污染物排放与经济增长之间都具有倒 U 型的关系。例如城市垃圾、噪音和一些有毒物，甚至包括温室气体的 CO_2 排放，都不具有典型的倒 U 形态，这些污染物随着收入的提高反而有所上升。即使是被认为具有典型倒 U 特征的 SO_2 排放也有例外。例如，Stern 等（1998）① 学者发现，一些国家 SO_2 排放在达到或者超过“临界”水平后仍继续增长。水污染的排放也有一些例外。有趣的是，Panayotou 等人（2000）② 的研究发现，即使是通常被认为不具有典型倒 U 形态的 CO_2 排放，也具有倒 U 型的类似变化特征。在 Panayotou 等人的研究中，他们采用 17 个 OECD 国家时间跨度长达 124 年（1870－1994）的数据，经统计检验证明，CO_2 排放的收入弹性在 0.4～2 之间，呈现一种下降的趋势。但是，他们也发现，如果把有关的数据按 40 年分为 3 个时间段来分析，则显著性不明显。

以上分析表明，污染排放与收入增长之间并不存在单一的关系。当然，随着研究数据质量的不断提高和补充，有关的结论会更加清晰。表 17.4.1 总结了经济增长与环境保护关系研究的部分实证分析，表 17.4.2 总结了对一些实证研究结论的理论解释。

---

① Stern, D. (1998). “Progress on the Environmental Kuznets Curve?”, Environment and Development Economics, Vol. 3, pp. 173－96.

② Panayotou, Theodore (2000) “Economic Growth and the Environment”, Working Paper 56, Cambridge, MA; Center for International Development at Harvard University.

表 17.4.1　　经济增长与环境保护关系的部分实证分析

曲线形状		环境指标	年份	国家或地区	作者
EKC	倒 U 型	森林采伐率	1972 – 1991	66 个国家	Madhusudan 等（2001）
EKC 变异	正 U 型	SO_2浓度	1974 – 1989	23 个国家	Kaufma 等（1998）
	正 N 型①	人均 CO_2排放量	1950 – 1992	16 个发达国家	Mooma 等（1997）
	倒 N 型②	工业废水排放量	1988 – 2002	山东省	邢秀凤（2005）
	倒 S 型③	人均废气排放量	1985 – 2003	中国	王瑞玲等（2005）
	单调递增	CO_2排放量	1951 – 1986	130 个国家	Holtz 等（1995）
	单调递减	未垦地剩余	1988 – 1994	18 个国家	Skonhof 等（2001）
	无规律	烟尘	1977 – 1991	19 – 42 个国家	Torras 等（1998）

资料来源：

表 17.4.2　　经济增长与环境保护关系的部分理论解释

关系	理论解释	实例研究
倒 U 关系	技术与产业结构 环境质量需求的收入弹性 国际贸易 市场机制 环境政策	Bruyn 等（1998）；Lindmark（2002）；Pasche（2002） Dinda（2004） Taskin 等（2001）；Roldan 等（2001）；Cole（2004） Unruh，Moomaw（1998）；Xuemei Liu（2005） Dinda（2004）；Magnani（2001）；Sun（1999）；Roca 等（2001）
同步关系④	经济不能解决环境问题 EKC 假说不适于全球指标 经济发展尚未到分离阶段	Roca 等（2001）；Kwon（2005） Stern（2001）；Ansuategi，Escapa（2002） Richard York 等（2003）；Khanna（2004）
U 形关系	特殊指标 经济活动与政策	Stern（1996）；Bulte，Soest（2001） Kaufmann 等（1998）；Ariaster（2005）
N 形关系	政策因素 经济因素	Friedl，Getzner（2003） deBruyn，Opschoor（1997）

资料来源：

三、经济增长与环境改善

如果 EKC 假说是正确的话，随着经济增长，人均收入水平提高，污染曲线最终下

---

① 正 N 型指环境污染随人均收入的增加首先上升，然后下降，最后又上升。

② 倒 N 型指环境污染随人均收入的增加首先下降，然后上升，最后又下降。

③ 倒 S 型指环境污染随人均收入的增加首先上升，然后变得平缓，最后又上升。

④ 同步关系指环境污染随经济发展同步增加。

降，也就是说，经济增长能够使环境改善。那么，在实际经济发展过程中，经济增长是否真的可以促进环境改善呢？这就给我们带来了另一个问题；EKC 的出现是一个自动的过程还是要依赖于特定的政策措施？也许两方面的因素都有。正常的市场机制可以自动解决部分环境问题。例如，如果随着收入水平的提高，人们愿意以较高的价格购买以对环境负责的生产方式生产的产品，为了占领绿色产品市场，生产者就会相应地改变生产技术，采用“绿色”生产技术，降低生产活动对环境的影响。但是，只有最主张自由放任的经济学家才会认为，可以把可持续发展的问题全部留给市场机制来解决。大多数经济学家认为，为了将市场力量引导到可持续发展的方向上来，政府有必要进行一些干预。

Jones 和 Manuelli（1995）① 的论文是研究政策措施对 EKC 的影响的起点。他们假设在一个国家内部，有一系列的生产技术可供选择，但使用不同的生产技术，产品的生产成本和对环境的影响存在差别；政府可以使用适当的税收政策或环境规章制度影响企业对技术的选择，引导企业选择环境友好的生产技术或方法（政策的执行也有一定的成本，包括由于投资的税后收益下降而导致经济增长的放慢）。在这个模型中，决定污染曲线的形状的是政治决策过程。一般来说，政治决策过程有两种：一是由开明的政府制定计划，通过征收环境税或实施环境管制来控制污染；二是由公众对环境政策直接投票，这样，大多数投票者的偏好将决定决策的结果。

有意思的是，由开明的政府制定的政策的执行结果是：污染曲线是标准的倒“U”型曲线。当一国还很贫穷时，对经济增长的关心优于对环境问题的关注；但是，当该国摆脱贫穷之后，对环境问题的关注开始上升，政府开始制定并实施环境管理法规，征收污染税。当收入水平提高到足够高的水平以后，严格的环境标准和管制促使企业投资于清洁生产技术，从而整体污染水平开始下降。简而言之，如果环境政策是由开明的政府制定的，在每个时点上在环境质量和产品生产之间都能达到最优的均衡，而且随着收入的提高，人们对洁净环境的需求增加，均衡水平随之发生调整，那么，标准的倒“U”型的污染曲线就会自然出现。

如果环境政策的制订依赖于公众的投票，则污染由线将会呈现不同的形状。在这种情况下，随着一国经济摆脱贫困，污染曲线首先上升，达到中等收入水平后开始下降，在收入达到较高水平之后又开始上升。也就是说，污染曲线为“N”形的。一些实证研究也发现，在实际经济生活中，存在“N”形的污染曲线。但到底是直接选举制度中的什么因素使污染曲线形状如此，我们尚不清楚。

在这里，我们重点要说明的是，政治机构的作用非常重要，污染曲线不会自动地随着收入水平的提高而下降。只有政治决策过程反映了广大人民的利益，污染曲线才会下降。而在现实中，由于缺乏民主的决策机制，或者在政治决策过程中更多地考虑了生产者的利益而不是消费者的利益，决策过程往往没有充分反映广大人民的利益。更确切地说，如果政府对自己的行动不负责任，或者在决策中更多地考虑了生产部门的利益而不

---

① Jones, L. and R. Manuelli. “A Positive Model of Growth and Pollution Control”, NBER Working Paper No. 5205, August. 1995.

关心广大人民的利益，环境污染不会仅仅由于收入水平提高而下降。不幸的是，在过去，这种情况经常发生。问题的关键是，为了能够制定或实施适当的环境政策，污染的受害者必须获得平等的参与政治决策的权力。可喜的是，随着收入水平的提高，政治决策逐渐趋于民主化（虽然并不是各国都如此），也许这就是 EKC 的最终解释。但是处于单个国家影响之外（最大的国家或排放者也许能够在一定程度上影响全球污染问题）的全球性的环境污染问题，其污染曲线并不太符合 EKC 的倒“U”型的曲线形状。许多实证研究也得出了相同的结论。Copeland 和 Taylor（1995）指出，在动态的多边贸易模型中，如果各国拥有自主制定本国环境政策的权力，全球性的污染问题不会仅仅由于收入水平提高而得到解决。全球性污染问题的解决需要多边的国际合作，但由于各国都存在“搭便车”的动机，国际合作同样存在困难，但也并不是没有可能，最近几十年来越来越多的多边环境协议的出现就是一个例证。无论如何，为什么全球性的环境污染问题的转折点比地区性的环境污染问题的转折点高得多，在国际范围内缺乏制定和执行共同决策的强有力的国际组织是其中一个重要的原因，也可能是最根本的原因。

四、国际贸易与 EKC

国际贸易和专业化分工改变了世界范围内的生产布局，使一些国家的生产活动变得比较“清洁”，而另一些国家的生产活动则更加污染环境。但是因为比较优势不是静态的、一成不变的，而是动态的、不断发展变化的，这使面向长期的分析变得比较复杂。这意味着国民产出的污染布局随着时间而发生变化，并不完全依赖于国内和国际贸易壁垒的变化。例如，如果一国非常重视教育，投入大量资源用于发展教育事业，随着时间的推移，该国的比较优势将会从初级产品转变为高科技产品，从而可以改变本国生产活动的污染密集度和结构，与同一时期内贸易体制的变化并没有必然的联系。同样，如果一国的储蓄率为 40%，而世界平均水平只有 20%，那么随着时间的推移，该国的比较优势将从劳动密集型产品转变为资本密集型产品，从而生产活动的污染密集度也会发生相应的变化。因为贸易只是影响经济发展过程的因素之一，很难将贸易对污染曲线的影响隔离出来单独进行分析。

自然科学能够在一个可控的试验环境中，使其他变量保持不变，而对单个变量进行研究，而社会科学很难做到这一点。与之相比，经济学家们为了研究在不断变化的动态体系中单个变量的效应，不得不对历史数据进行分析，有时这些历史数据的真实性也值得怀疑。在研究贸易对环境状况的影响这个问题上，与可控的试验最接近的是，找两个国家，这两个国家开始时具有同样的自然资源禀赋、人口密度和技术水平，但一个国家实施的是自给自足或内向型的发展战略，而另一个国家实施的是外向型的发展战略，然后比较这两个国家的污染情况。为了进行深入的分析找到合适的、符合要求的两个国家是不太容易的，但类似的例子也可以找到，如北朝鲜和韩国、东德和西德，从更一般的意义上来说，东欧和西欧。但是，由于历史数据的缺乏，目前还没有人进行这方面的研究。大多数经济学家在研究中引入了“开放度”指标，用以说明一个国家的贸易政策对污染曲线的影响。

较早利用这个方法进行研究的经济学家，包括 Grossman 和 Krueger（1991）①，Shafik 和 Bandyopadhyay（1992）②，都没有发现贸易政策本身对环境有很大的影响。例如，Grossman 和 Krueger 发现，开放度较大的国家的城市的 SO_2 浓度比较低，而其他的空气质量指标，如空气中悬浮颗粒物的浓度和黑子污染等，与贸易并没有明显的联系。

Rock（1996）③ 的研究发现，即使考虑了制造业在 GDP 中所占份额各国存在差异这个因素，对外开放的国家也比封闭的国家污染情况更严重。也就是说，把收入水平和 GDP 中制造业所占比例相同的国家进行比较，发现开放度越大的国家，环境污染就越严重。在此基础上，Rock 认为，世界银行和其他国际组织所提倡的经济发展战略（建立在贸易和经济一体化基础上的发展）从环境退化角度来说代价很大，即使这种现象不是永久的，但是也有很长的过渡期，要等到发展中国家越过 EKC 的顶点为止。所以，经济发展战略必须考虑环境因素，这样的经济发展在长期内才是可持续的。

Suri 和 Chapman（1998）④ 分析了经济增长、国际贸易和经济结构调整对能源消费的 EKC 的顶点的影响，也就是对与能源消费有关的污染问题的影响，包括 CO_2 的排放等。他们发现在东亚和拉丁美洲正处于快速的工业化发展过程中的国家里，最主要的能源消费是不断增长的出口制成品的生产活动；而在发达国家，制成品进口的增加减少了对能源的需求。简而言之，贸易使正处于快速的工业化发展过程中的发展中国家的生产结构更趋于资源密集型，而使成熟的工业化国家的生产活动的资源密集型程度下降。因此，他们指出，对于正处于工业化过程中的发展中国家来说，能源消费的 EKC 的转折点被抬高了，整个世界也是如此。原因是发展中国家所使用的生产技术能源利用效率比较低，一般征收的环境税也比较低，在某些情况下，为了促进工业的发展，政府还提供一定的能源补贴。

Antweiler，Copeland 和 Taylor（1998）⑤ 的研究虽然并没有试图对 EKC 本身进行估计，但他们的研究也与这个问题有关。他们的目标是量化贸易对环境的影响。他们集中研究了贸易开放度与 SO_2 的密集度之间的关系，使用了从 1971－1996 年间 44 个国家的数据。他们发现，进出口贸易额占 GDP 的份额每提高 1%，全国平均的 SO_2 密集度就降低 0.7%。同时，如果某些产品的生产活动排放 SO_2 比较多，专业化生产该产品的国家的 SO_2 的排放仍然很高。因此，从这里同样可以看出，国际贸易改变了生产活动的分布，从而也间接地改变了世界范围内污染活动的分布。

总之，以上的实证分析说明，贸易的结构效应能够改变 EKC 的形状和关联性。在

① Grossman, G. M. and A. B. Krueger. "Environmental Impacts of North American Free Trade Agreement", NBER Working Paper No. 3914, November. 1991.

② Shafik, N. and S. Bandyopadhyay. "Economic Growth and Environmental Quality: Time Series and Cross-section Evidence", Policy Research Working Paper No. WPS904, the World Bank, Washington, D. C., USA. 1992.

③ Rock, M.. "Pollution Intensity of GDP and Trade Policy: Can the World Bank be Wrong?", World Development, 1996, Vol. 24, pp. 471－79.

④ Suri, V. and D. Chapman. "Economic Growth, Trade and Energy: Implications for the Environmental Kuznets Curve", Ecological Economics, 1998, Vol. 25, pp. 195－208.

⑤ Antweiler, W., B. Copeland, and S. Taylor. "Is Free Trade Good for the Environment?" Discussion Paper No. 98－11, Department of Economics, University of British Columbia, Canada. 1998.

过去的几十年中，全球经济结构调整使一些制造业从发达国家转移到发展中国家，从而影响了两类国家的污染曲线。因为一般情况下传统的制造业比高科技产业和服务业更污染环境，结构调整也许对发达国家越过 EKC 的顶点起了一定的作用，虽然并不是对于所有的环境问题都是如此。同时，由于发展中国家的生产结构更具有污染性，EKC 上升部分将变得更陡，顶点也被拔高。简而言之，贸易能够促进经济增长，提高收入水平，促使适当的环境政策及时得到实施，贸易的结构效应使一些国家更容易越过 EKC 的顶点，而使另外一些国家越过 EKC 的顶点更加困难。

但是，我们也不应该过分夸大贸易的结构效应。例如，Bruyn（1997）① 对 1980 年到 1990 年间东德和荷兰的工业生产活动 SO_2 排放减少的原因进行了分析，发现较高的环境税收和严厉的环境管制引发的技术革新是环境状况改善的根本原因。国内的生产结构调整进一步降低了德国的空气污染，而使荷兰空气污染增加，部分抵消了技术革新带来的污染的下降。因此，在缺乏合适的环境政策的情况下，环境退化也许与贸易的关系并不大，而扭曲的经济刺激使生产者和消费者不必承担他们的生产活动或消费活动的全部社会成本才是问题的关键所在。这些政策缺陷并不是经济开放的国家所独有的，而是政治决策中的一般问题。同时，经济全球化降低了一国制定政策的自主性，因此除非是各国协调一致，否则提高环境标准将更加困难。

五、环境政策的作用

需要强调指出的是，相关的文献研究表明：污染曲线并不会随着收入的提高而自动下降。如果随着收入的提高，生产者和消费者所面对的经济激励机制并不改变，随着经济活动规模的扩大，污染情况会进一步恶化。Grossman 和 Krueger 认为，收入的增长自身可以解决全球的环境问题这个结论过于简单，甚至在有些情况下是不正确的。他们在 1995 年的论文中写道，“收入水平和环境状况之间的联系是通过政策调整得以发挥作用的……富国的城市比较干净，河流盆地也比较洁净，同时，与中等收入国家和穷国相比，它们的环境标准更高，环境法规的执行也严格得多”。

换言之，收入水平提高虽然可能是使公众关注的焦点从眼前的经济和社会问题转向更长远的可持续发展问题的必要条件，但收入提高本身并不足以扭转环境退化，必须需要环境政策发生相应的改变。在这个问题上，民主决策机构的重要性是不可低估的。对自身行为不负责任的政府可能也制定不出能够使污染曲线下降的合适的环境政策。Torras 和 Boyce（1998）② 对这个问题作出了令人信服的说明。通过将人均收入相似的国家进行比较，他们发现收入分配扭曲、文盲率高、政策制定和执法过程缺乏民主的国家的污染水平明显地比别的国家高。此外，如果在模型中引入以上这些变量，虽然人均收入和环境状况之间的联系并没有完全消失，但它们之间的联系明显弱化。这说明，与

① de Bruyn, S.. “Explaining the Environmental Kuznets Curve: Structural Change and International Agreements in Reducing Sulphur Emissions,” Environment and Development Economics, 1997, Vol. 2 (4), pp. 485 – 503.

② Torras, M. and J. Boyce. “Income, Inequality, and Pollution: A Reassessment of the Environmental Kuznets Curve”, Ecological Economics, 1998, Vol. 25, pp. 147 – 160.

人均收入本身相比，EKC 更依赖于体制和民主改革。随着收入水平的提高，体制和民主改革将逐步进行，而这对于普通大众清楚地表达他们对环境质量的偏好和以平等的身份影响政治决策过程是非常必要的。

这个结论不但适用于国内的环境问题，也适用于全球性的环境问题。实证分析得出的结论之一就是；全球性的环境问题（如由于 CO_2 排放和其他温室气体而导致的全球变暖问题）的转折点预计要比国内的环境问题高得多。对这个现象的解释之一是，人们并不太关心全球变暖和气候变化问题。他们宁愿接受全球变暖带来的后果而不愿为了减少温室气体排放而付出一定的成本。另一个对政治决策缓慢而滞后的解释是，一方面，在全球性环境问题方面存在着强烈的“搭便车”动机；另一方面，在国际范围内缺乏强有力的国际机构制定共同的决策，包括缺乏有效的执行机制。的确，为什么 WTO 好像成了解决环境争端的焦点（虽然除了一些与贸易有关的环境问题外，大部分环境问题都不属于 WTO 的管辖范围），原因之一就是 WTO 有一个强有力的争端解决机制，同时以贸易制裁作为保障，能够保证其决策得到执行。

需要指出的是，全球变暖和臭氧层变薄是最近几十年引起公众关注的问题。随着各种具体的环境问题日益得到关注和重视，它们的 EKC 顶点的估计值具有降低的趋势。例如，CFC_S的 EKC 的转折点为 12 000 ~ 18 000 美元，这并不是自然产生的，也不是特定的，只是碰巧在 1987 年签署《蒙特利尔议定书》时发达国家的收入正处于这个水平。相应地，虽然有些研究对 CO_2 排放的 EKC 的顶点的估计值高达人均收入几十万美元，几乎反映了过去能源消费和收入之间的线性关系，但是现在全球变暖问题已成为公众关注的焦点，这意味着各国可能会更早地采取措施对 CO_2的排放进行控制。当然，这需要各国遵守在《京都议定书》中的承诺，以避免和控制“搭便车”的问题。需要说明的是，EKC 并不存在“自然”的转折点，在任何时候，只要制定可以扭转环境退化的适当的环境政策的政治条件成熟，EKC 的转折点就会出现。

另一点需要强调的是，到目前为止，经济学家对 EKC 的分析都集中在污染排放问题的转折点上面，这可能会造成一些误解。问题是有些污染排放（如重金属和有毒化合物等）在自然界不能够自然分解，结果在生态系统中越积越多。因此，即使在某个收入水平存在一个污染排放的转折点，也许在达到 EKC 的转折点之前累积的污染破坏就超过了生态系统的承受能力，对生态系统造成很大的破坏，甚至使生态系统无法补救。因此，“预防原则”要求我们在环境污染程度达到生态系统的承受能力之前就要采取行动，特别是有些环境事件会在毫无先兆的情况下突然爆发，造成无法挽救的巨大损失。

最后一点需要说明的是，并不是所有的经济增长都同样有利于环境状况的改善。由节约投入和能够降低单位产品的污染排放的技术革新所推动的经济增长明显地比需要投入更多的自然资源类型的经济增长对环境更有益。当然，技术革新所推动的经济增长不会自然而然地出现，需要有适当的经济激励机制引导经济增长向可持续发展的方向发展。因为国际贸易活动的开展有助于环境友好技术在世界范围内的普及，所以贸易能够在可持续发展过程中发挥积极的作用。

六、小结

我们用 Arrow et al. (1995)① 的权威性的论断来结束对本问题的分析："经济增长不是改善环境状况的灵丹妙药，甚至也不是主要的办法。问题的关键是经济增长的内容一投入（包括环境资源）和产出（包括污染物）的结构。经济增长的内容取决于制定和实施经济政策的经济机构。开明的经济决策机构可以为了保护生态环境而提供适当的激励机制。这些激励机制不但可以在任何收入水平上都能够更有效地配置环境资源，而且还可以保证可持续的经济活动的规模不会超出生态系统的承受能力。保护人类赖以生存的生态系统，使其可以可持续地为人们提供所需的资源，这对穷国和富国来说是同样重要的。"

第五节 贸易与环境问题的国际合作

现有的研究表明，在协调和解决贸易与环境问题方面，特别是解决跨境污染和全球性的环境问题方面，应该走国际合作的道路。

一、国际环境合作

现有文献表明，由于在全球环境保护中存在着难以抑制的来自主权国家的"搭便车"行为，因此，一个由众多国家参与的有效的国际环境公约是很难达成的，因为用来鼓励主权国家积极参与全球环境合作的经济手段十分有限。但如果将国际环境合作与国际贸易方面的问题综合起来考察，那么研究前景是令人鼓舞的，因为当那些协商解决跨国境环境问题的国家彼此之间又是贸易伙伴时，"搭便车"的行为动机便能够得到有效的抑制。也就是说，贸易作为一种手段是可以被用来解决全球环境问题的。

用贸易手段解决环境问题是近年来兴起的一个研究热点。表面上看，贸易似乎与环境问题的解决无关，但实际上跨国境的贸易与跨国境的环境问题有着十分密切的联系。现有的研究显示②，即便没有任何策略性的贸易政策，如关税和补贴等，国家间的贸易往来也同样能够有效地降低某些国家在全球环境保护中采取"搭便车"行为的动机。

Demsetz (1967)③ 为外部性问题的解决提供了一种权威性阐述。他指出，由公共拥有的资源使用者一般不会为资源管理及其使用达成一个协议，即便合作和减少资源的使用量符合所有使用者的利益。这是因为，即便实现了这种较优状态，那么，每个使用者

---

① Arrow, K., B. Bohlin, R. Costanza, P. Dasgupta, C. Folke, C. S. Holling, B. O. Jansson, S. Levin, K. G. Maler, C. Perrings, and D. Pimentel. "Economic Growth, Carrying Capacity, and the Environment", Science, 1995, April 18, pp. 520 - 21.

② Barrett, S. "Strategic Environmental Policy and International Trade." Journal of Public Economics, 1994, 45, pp. 325 - 338; Barrett, S. "The Strategy of Trade Sanctions in International Environmental Agreements" Resource and Energy Economics, 1997, 19, pp. 345 - 361.
Wang, J. "A Static Analysison the Stability of International Environmental Agreements." Mimeo, 2002.

③ Demsetz, H. "Toward a Theory of Property Rights." American EconoicReview, 57, 1967, pp. 347 - 359.

如果采取“搭便车”行为就能获得比合作情形下更高的收益。按照Demsetz的建议，唯一的解决办法就是实施某种程度上的国家干预。以Demsetz的主张为出发点，Barrett(1999)① 指出理论上普遍认同的国际合作很难实现的观点是颇有说服力的，国际环境合作具有不稳定和难以维持的特点。需要注意的是，这种观点并不完全，因为尽管国际环境合作很难实现，但国际环境合作的确以某种形式在现实中存在着，而且还会以一种非常正式的形式确定下来，如国际环境公约，且不论他们是否有效。

Barrett（1994②、1999）发展了国际合作的一个经济理论，结论是，有关国家就全球环境保护所达成的公约是所谓“自我执行的”（selfenforcing），而且这些国家总会采取“搭便车”的行为。最近的文献显示，越来越多的研究者开始关注国际环境合作以及如何抑制主权国家的“搭便车”行为，而博弈理论的方法正在成为研究这些问题的主要的分析工具。一般认为，保护全球环境的国际合作可以通过各主权国家的参与来实现。即便一些国家参与国际环境合作的意愿不高，全球环境保护行动仍然可以通过部分国家的合作并辅以转移支付等手段来实现。这是由于转移支付可以弥补这些国家履行国际公约时所遭遇的损失，因而转移支付能够吸引那些原先不愿参与国际合作的国家签署协议。Carraro和Siniscalco（1993)③ 集中研究了上述情形中的“搭便车”行为，并允许有关国家就各自所承担的减污目标进行讨价还价。Petrakis和Xepapadeas（1996)④ 进一步在一个不完全信息的框架内展开分析，发现每一个减污目标在国际场合都变得非常难以监督，因此必须建立一种抑制“搭便车”行为动机的机制。

与上述研究思路不同，Barrett（1997⑤）认为，有关国家达成的环境公约必须同时具备个体理性和集体理性。给定有关国家的国际贸易往来，考察国际贸易对全球环境保护中的“搭便车”行为的影响是有益的。除去“搭便车”行为以外，决定一个国家参与解决跨国境环境问题的国际合作的因素还有许多，例如，国家间的生产替代、有关国家间的贸易条款的变化等因素都会对一个国家是否参与国际环境合作施加重要影响。因此，仅仅根据国际合作中出现的“搭便车”行为而制定相关对策是一种短视的策略，还应该从贸易等多方面寻找解决问题的途径。沿着这种思路所展开的另一项研究是Merrifield（1988)⑥ 及Piggott等所做的（1991)⑦。Piggott等人在一个减少碳化物排放

---

① Barrett, S. “A Theory of Full International Cooperation.” Journal of Theoretical Politics, 11, 1999, pp. 519 - 541.

② Barrett, S. “Self Enforcing International Environmental Agreements.” Oxford Economic Papers, 46, 1994, pp. 878 - 894.

③ Carraro, C. and Siniscalco, D. “Strategies for the International Protection of the Environment.” Journal of Public Economics, 52, 1993, pp. 309 - 328.

④ Petrakis, E. and Xepapadeas, A. “Environmental Conssciousness and Moral Hazard in International Agreements to Protect the Environment” Journal of Public Economics, 60, 1996, pp. 95 - 110.

⑤ Barrett, S. “Collective Rationality in the Theory of International Cooperation.” Mim eo, London Business School, 1997.

⑥ Merrifield, J. D. “The Impact of Selected Abatement Strategieson Transnational Pollution, the Terms of Trade, and Factor Rewards: A General Equilibrium Approach.” Journal of Environmental Economics and Management, 15, 1988, pp. 259 - 284.

⑦ Piggott, J. ; Whalley, J. and Wigle, R. “International Linkages and Carbon Reduction Initiatives,” in K. Anderson and R. Blackhurst, eds. , The Greening of World Trade Issues. Ann Arbor: University of Michigan Press, 1991.

的贸易模型中，为上述主张提供了经验分析。Blackhurst 和 Subramanian（1992）① 研究了多边的国际合作问题，罗列出通往国际合作路径上的障碍（“搭便车”是主要一个），最后强调贸易政策能够为有关国家参与应对全球环境问题的多边努力提供动机。Barrett（1997②）建立了一个国际贸易和环境合作的模型，集中讨论了贸易制裁在全球环境保护中的作用。其主要结论为，贸易制裁有助于全球环境质量的改善，因为如果没有贸易制裁，从减少全球污染排放量的角度来看，国际合作仅能产生一种次优的结果。Barrett 还讨论了贸易制裁作为一种手段来强化国际环境合作的若干情形，发现贸易制裁在抑制“搭便车”行为的同时还令每个成员国的福利都得到了改善。在一个由两个国家构成的李嘉图模型（Two-Country Ricardian model）中，Hung 和 Richelle（1997）③ 研究了贸易自由化对公共物品供给（如减污的努力等）和国家福利的影响。他们发现，贸易自由化会提高两国公共物品生产的机会成本，于是与自给自足的情形相比，公共物品的总供给将会减少。他们还证明，在专业分工完全的条件下，如果不考虑贸易条款的影响，那么两国公共物品的总产出将少于考虑到贸易条款影响的情形。

Carraro 和 Siniscalco（1998）④ 建立了一个简洁的国际环境协议的政治经济学理论，从理论上探讨了减轻“搭便车”行为影响和增加国家福利的种种办法，例如通过建立转移支付、议题关联、威胁和制裁以及多重公约等等机制来实现上述目的。Carraro（1999）⑤ 具体讨论了消除“搭便车”行为和提高环境公约稳定性的手段，首先是在签字国之间要明确所承担的义务（如减污目标）并作出最低的承诺，同时在参与国际环境合作的“赢家”和“输家”之间建立起相应的财政转移机制即旁支付计划，使得那些处于不利地位的国家即“输家”能够通过内部转移机制从“赢家”处得到适当补偿，以此巩固公约的稳定性。至于“搭便车”行为的抑制，Carraro（1999）给出的解决方案是利用议题关联，就是将一个环境协议与其他非环境协议如贸易或研究与开发等协议挂钩，使得某些国家从履行非环境协议的得益大于其在环境协议中采取“搭便车”行为的获利，于是“搭便车”行为的动机便能够得到有效抑制，环境公约也可得到有效履行。这种机制设计是基于这样一个事实，即一个公约内通常会出现成员国由于利益分享问题而排斥公约外国家的情形，而要使现有公约参与国数目增加，就需要考虑采用议题关联的办法。

① Blackhurst, R. and Subramanian, A. “Promoting Multilateral Cooperation on the Environment,” in K. Anderson, and R. Blackhurst, eds., The Greening of World Trade Issues. Ann Arbor: University of Michigan Press, 1992.

② Barrett, S. “The Strategy of Trade Sanctions in International Environmental Agreements.” Resource and Energy Economics, 19, 1997 pp. 345 - 361.

③ Hung, N. M., and Richelle, Y. “Trade Gains, Paretian Transfer, and the Tragedy of the Commons.” The Jpanese Economic Review, 48, 1997, pp. 213 - 225.

④ Carraro, C. and Siniscalco, D. “International Environmental Agreements: Incentives and Political Economy.” European Economic Review, 42, 1998, pp. 561 - 572.

⑤ Carraro, C. “T he Structu re of International Environmental Agreements,” in Carraro, C. ed., International Environmental Agreements on Clim te Change. KulwEr Academic Publishers, 1999.

二、作为“议题关联”的贸易手段

所谓“议题关联”（Issue Linkage）可以简单定义为影响国际环境公约履行和稳定的一组问题。现在普遍认为，“搭便车”行为可以通过设置议题关联来得到有效抑制。这是因为，现实中的一个国家往往会同时卷入与若干个国家的协商活动之中，而协商的内容既有环境方面的问题，也有其他非环境的问题（如发达国家向欠发达国家的财政援助等）。当这些问题相互交织和冲突时，如果将环境问题与其他非环境问题相互链接起来，那么就有可能使那些在国际环境合作中意愿不高的国家作出适当的让步，从而参加保护全球环境的合作。例如上面所提到的发展中国家参与一项国际环境公约的意愿通常较低，于是从维护全球环境质量的大局出发，发达国家被认为是有责任向发展中国家提供财政援助和技术帮助，以此弥补后者由于采用更高的环境标准所遭遇到的损失和增强后者履行国际义务的能力等。但发达国家这样做的前提是发展中国家签署并履行某项环境公约，采取合作的立场。

议题关联最初是在政治学领域中发展起来的（Sebenius，1983①）。过去10年在经济学尤其是国际贸易领域得到了广泛的应用，被公认是解决国家间由于某些不对称所引起的利益冲突的有效手段（Charnovitz，1998②）。Folmer 等（1993③）、Cesar 和 De Zeeuw（1994）④ 第一次将议题关联的分析理念引入环境经济学领域以解决国家间的差异对国际环境合作的影响。其分析精髓为，假定某些国家在一个问题上赢得利益，而另外一些国家在另一个问题上有利可图，如果将这两个问题连接起来，形成一个所谓的“关联”，那么这两组国家就有可能都采取合作的立场，达成协议，以取得双赢的结果，因为所有国家在这两个问题上都是获益的。关键是要找到并“策略性地”使用各个议题关联，以便激励有关国家参与并巩固现有的国际公约。

在国际环境合作中，最为广泛运用的议题关联就是国际贸易，因为通过国与国之间的贸易往来和相互作用，一个国家的环境保护政策及其意图会策略性地传递到另一个国家，因此，国际贸易会在许多方面对国际环境合作施加影响。国际环境合作绝不是孤立于世界经济和国际政治的，在现实中，环境政策也仅是一个国家诸多政策中的一个方面。如果我们希望对国际环境协议的签署和履行有个正确的理解，就应该对影响国际环境合作的诸多因素尤其政治因素给予足够的注意。

在一个简化的两国模型中，Alpay（2000）⑤ 证明贸易并不总是损害环境质量，有关国家并不总是不愿采取保护全球环境的行动。即使在国家间没有转移支付，当考虑到与

---

① Sebenius, J. “Negotiation Arithmetic: Adding and Subtracting Issues and Parties.” International Organization, 37, 1983, pp. 281 – 316.

② Charnovitz, S. “Linking Topics in Treaties.” University of Pennsylvan ia Journal of International Economic Law, Summer 1998, 19, pp. 329 – 345.

③ Folmer, H. ; vanMouche, P. and Ragland, S. “Interconnected Gamesand International Environmental Problems.” Environmental and Resource Economics, 3, 1993, pp. 313 – 335.

④ Cesar, H. and De Zeeuw, A. “Issue Linkage in Global Environmental Problems.” Paper presented at the FEEM M OP workshop on Market Structure and Environmental Policy, Athens, 14 – 16, January 1994.

⑤ Alpay, S. “Does Trade Always Harm the Global Environment? A Case for Positive Interaction.” Oxford Economic Papers, 2000, 52, pp. 272 – 288.

国际环境合作相关的贸易条款时，有关国家仍会选择参与全球环境合作，而不是采取“搭便车”行为。有趣的是，与传统的智慧相反，这种非合作的情形可能优于每个国家都进行合作时的情形。至于政策含义，Alpay归结为，由于忽略了贸易对环境的潜在影响，政府关于全球环境保护政策的评估可能会引起误导。由于不准确的评估，相应的政策也就会出现错误。

总之，当参与国际环境合作的国家彼此之间也是贸易伙伴时，国际环境合作成功的可能性会增大，因为有可能在贸易和环境之间建立一种议题关联。通过与环境相关的贸易条件的设置和改变，贸易活动本身是能够改善全球的环境质量的。在某些情况下，来自贸易制裁的威慑力量还能够抵御“搭便车”行为的损害，起到鼓励更多国家参与全球环境合作的作用。但基于这种考虑而实施的贸易制裁在世界贸易组织内还是一个受到争议的问题，对此问题还需要做进一步的研究。

三、关于建立世界环境组织的问题

在贸易与环境问题的国际合作方面，GATT/WTO对贸易问题的管理为国际社会解决环境问题提供了一个成功的范例。而且，贸易与环境之所以发展不平衡，很大程度上是因为二者在体制上的不平衡。迄今为止，国际上尚没有一个权威的国际环境组织协调全球环境问题，在国际事务中代表环境保护主义者的利益和要求。在贸易与环境问题的处理上，缺乏一个与GATT/WTO相抗衡的国际组织与GATT/WTO共同协调解决贸易与环境问题。虽然现在已经存在很多国际环境组织和多边环境协议，但它们在管理范围、效力和权威性方面都无法与GATT/WTO相抗衡。因此，应成立一个多边的世界环境组织（World Environment Organization，WEO），一方面为各国在环境成本内在化方面进行国际合作提供组织基础，类似于GATT/WTO对国际贸易的管理；另一方面，与WTO共同协调贸易与环境的发展，从而达到各国共同可持续发展的目的；此外，也将GATT/WTO从环境保护主义者的责难和单独解决贸易与环境问题，即在贸易条款中要包含更多的环境内容的压力下解脱出来，使WTO更多地专注于解决贸易本身的问题，增强WTO在贸易方面的权威性。

1999年3月，在日内瓦召开的世界贸易组织贸易与环境研讨会（Symposium on Trade and Environment）上，世界贸易组织前总干事鲁杰罗再次提出建议，主张成立“世界环境组织”（World Environinent Organization，即WEO）。他认为，通过世界贸易组织及其决策程序讨论环境问题并设定相关规则，只能使世界贸易组织的工作负担更为沉重。因此，需要成立一个在法律和组织性质上与世界贸易组织相近的、以规则为导向的多边环境机制——世界环境组织——作为专门负责全球环境（包括贸易与环境）问题的法律和组织基础①。但这一建议遭了发展中国家的强烈反对，他们认为联合国环境规划署在某种程度上就是国际环境组织，世界贸易组织应当充分利用现有机制，加强与联合国环境规划署之间的合作，解决当前贸易与环境相互冲突的问题，没有必要再成立

① Chrkrvarthi Rghavan: "“Environment” Symposium for Promoting a New Round", Third World Economic, 1－15 April, 1999, No. 206. P 9－11.

一个专门的国际环境组织；同时，世界贸易组织应当把精力更多地放在建立一个更为平等的多边贸易制度方面，以推动发展中国家的贸易增长和经济发展。我们认为，鲁杰罗的建议是有其积极意义的，因为世界贸易组织在处理贸易与环境问题上的确存在着固有的缺陷：第一，世贸组织没有一个成熟的、富有经验的专门机构，也没有一个专门协定；第二，少数发达国家在世贸组织及各种谈判中占主导地位，很难真正贯彻执行联合国环境与发展大会所确立的“共同但有区别的责任”原则；第三，世界贸易组织重在促进贸易的增长，它缺乏处理范围更为广泛的环境与发展问题的管辖权、资格和能力①。成立世界环境组织，作为处理贸易与环境的适当的国际机构，将会在很大程度上弥补这些缺陷。

四、小结

国际合作是促进环境成本内在化和解决环境问题（包括贸易与环境）问题的有效途径，特别是对于一些全球性和跨境转移的环境问题更是如此。当参与国际环境合作的国家彼此之间也是贸易伙伴时，国际环境合作成功的可能性会增大，因为有可能在贸易和环境之间建立一种议题关联。从理论上讲，国际合作解决环境问题的最佳形式是成立一个权威性的世界环境组织 WEO。在 WEO 的管辖下，可以全面有效地解决环境退化问题；与 WTO 合作，可以协调贸易与环境问题。

参考文献：

[1] Albrecht, J.. “Environmental Policy and Inward Investment Position of US Dirty Industries”, Intereconomics, July/August, 1998, pp. 186 - 194.

[2] Alpay, S (2000). “Does Trade Always Harm the Global Environment? A Case for Positive Interaction.” Oxford Economic Papers, 52, pp. 272 - 288.

[3] Anderson, K (1992). “Effects on the Environment and Welfare of Liberalizing World Trade: The Cases of Coal and Food,” in K. Anderson and R. Blackhurst, eds., The Greening of World Trade Issues. Ann Arbor: University of Michigan Press.

[4] Anderson, Kym (1992). The standard welfare economics of policies affecting trade and the environment, in Anderson and Blackhurst (eds.) The Greening of World Trade Issues, Harvester Wheatsheaf, New York.

[5] Anderson, K. and W. McKibbin (1997). “Reducing Coal Subsidies and Trade Barriers: Their Contribution to Greenhouse Gas Abatement”, CEPR Discussion Paper No. 1698, October.

[6] Andreoni, J. and A. Levinson (1998). “The Simple Analytics of the Environmental Kuznets Curve”, NBER Working Paper No. 6739, September.

[7] Antweiler, W.; Copeland, B. R. and Taylor, M. S. “Is Free Trade Good for the Environment?” American Economic Review, 91, 2001, pp. 877 - 907.

[8] Arrow, K., B. Bohlin, R. Costanza, P. Dasgupta, C. Folke, C. S. Holling, B. O. Jansson, S. Levin, K. G. Maler, C. Perrings, and D. Pimentel. “Economic Growth, Carrying Capacity, and the

① 王曦. 国际环境法. 北京：法律出版社，1998：363 - 364.

Environment", Science, April 18, pp. 520 - 21. 1995

[9] Barbier, E. (1997). "Introduction to the Environmental Kuznets Curve Special Issue." Environment and Development Economics (Special Issue: The Environmental Kuznets Curve), Vol. 2 (4), pp. 369 - 81.

[10] Barrett, S. "Self Enforcing International Environmental Agreements." Oxford Economic Papers, 46, 1994, pp. 878 - 894.

[11] Barrett, S. (1994). "Strategic Environmental Policy and International Trade", Journal of Public Economics, Vol. 54 (3), pp. 325 - 338.

[12] Barrett, S. "The Strategy of Trade Sanctions in International Environmental Agreements." Resource and Energy Economics, 19, 1997 pp. 345 - 361.

[13] Barrett, S. "Collective Rationality in the Theory of International Cooperation." Mimeo, London Business School, 1997

[14] Barrett, S. "A Theory of Full International Cooperation." Journal of Theoretical Politics, 11, 1999, pp. 519 - 541.

[15] Bartik, T. J. "The Effects of Environmental Regulation on Business Location in the United States." Growth and Change, 19, 1988, pp. 22 - 44.

[16] Becker, R. and V. Henderson (1997). "Effects of Air Quality Regulation on Decisions of Firms in Polluting Industries," NBER Working Paper No. 6160, September.

[17] Beckerman, W. (1992). "Economic Growth and the Environment: Whose Growth? Whose Environment?", World Development, Vol. 20 (4), pp. 481 - 96.

[18] Beghin, John, Potier, M. (1997), "Effects of trade liberalization on the environment in the manufacturing sector, World Economy, 20 (4), 435 - 456.

[19] Beghin, J., B. Bowland, S. Dessus, D. Roland-Holst, and D. van der Mensbrugghe (1998). Trade, Environment, and Public Health in Chile: Evidence from an Economy-wide Model, Manuscript, OECD, April.

[20] Berman, E. and L. Bui (1998). "Environmental Regulations and Productivity: Evidence from Oil Refineries", NBER Working Paper No. 6776, November.

[21] Bhagwati, J (1993), "The Case for Free Trade", Scientific American, November.

[22] Birdsall, N. and Wheeler, D. "Trade Policy and Industrial Pollution in Latin America: Where Are the Pollution Havens?" in P. Low, ed., International Trade and the Environment. Washington, DC: World Bank, 1992.

[23] Blackhurst, R. and Subramanian, A. "Promoting Multilateral Cooperation on the Environment," in K. Anderson, and R. Blackhurst, eds., The Greening of World Trade Issues. Ann Arbor: University of Michigan Press, 1992.

[24] Bouman, M. (1996). "Do Pollution Abatement Costs Induce Direct Foreign Investments? Evidence from Germany", Mimeograph, University of Amsterdam, the Netherlands.

[25] Brander, J. and S. Taylor (1997). "International Trade between Consumer and Conservationist Countries", NBER Working Paper No. 6006, April.

[26] de Bruyn, S. (1997). "Explaining the Environmental Kuznets Curve: Structural Change and International Agreements in Reducing Sulphur Emissions," Environment and Development Economics, Vol. 2 (4), pp. 485 - 503.

[27] Busse, M. "Trade, Environmental Regulations and the World Trade Organization: New Empirical Evidence." World Bank Policy Research Working Paper 3361, 2004.

[28] Carraro, C. and Siniscalco, D. "Strategies for the International Protection of the Environment." Journal of Public Economics, 52, 1993, pp. 309 - 328.

[29] Carson, R. T., Y. Jeon, and D. R. McCubbin (1997). "The Relationship Between Air Pollution Emissions and Income: US data," Environment and Development Economics (Special Issue: The Environmental Kuznets Curve), Vol. 2 (4), pp. 433 - 450.

[30] Carraro, C. and Siniscalco, D. "International Environmental Agreements: Incentives and Political Economy." European Economic Review, 42, 1998, pp. 561 - 572.

[31] Carraro, C. "The Structure of International Environmental Agreements," in Carraro, C. ed., International Environmental Agreements on Climte Change. KulwEr Academic Publishers, 1999.

[32] Cees van Beers and Jeroen den Bergh (2000), "The Impact of Environmental Policy on Foreign Trade", Tinbergen Institute Discussion Paper, TI2000 - 069/3

[33] Cesar, H. and De Zeeuw, A. "Issue Linkage in Global Environmental Problems." Paper presented at the FEEM M OP workshop on Market Structure and Environmental Policy, Athens, 14 - 16, January 1994.

[34] Charnovitz, S. "Linking Topics in Treaties." University of Pennsylvan ia Journal of International Economic Law, Summer 1998, 19, pp. 329 - 345.

[35] Chichilnisky, G. (1994). "North-South Trade and the Global Environment", American Economic Review, September, pp. 851 - 74.

[36] Chrkrvarthi Rghavan: " 'Environment' Symposium for Promoting a New Round", Third World Economic, 1 - 15 April, 1999, No. 206. P 9 - 11.

[37] Coase, R., (1960) "The Problem of Social Cost", Journal of Law and Economics, Vol. 3, October, pp. 1 - 44.

[38] Cole, M. A., A. J. Rayner, and J. M. Bates (1997). "The Environmental Kuznets Curve: An Empirical Analysis" Environment and Development Economics (Special Issue: The Environmental Kuznets Curve), Vol. 2 (4), pp. 401 - 16.

[39] Cole, M. A., A. J. Rayner and J. M. Bates (1998). "Trade Liberalization and the Environment: The Case of the Uruguay Round", World Economy, Vol. 21 (3), May, pp. 337 - 347.

[40] Conrad, K. (1993). "Taxes and Subsidies for Pollution-Intensive Industries as Trade Policy", Journal of Environmental Economics and Management, Vol. 25, pp. 121 - 135.

[41] Copeland, B. and S. Taylor (1994). "North-South Trade and the Environment", Quarterly Journal of Economics, August, pp. 755 - 87.

[42] Copeland, B., and S. Taylor (1995). "Trade and Transboundary Pollution", American Economic Review, Vol. 85, pp. 716 - 37.

[43] Copeland, B., and S. Taylor (1999). "Trade, Spatial separation and the environment", Journal of International Economics, 47, 137 - 168.

[44] Cropper, M. and W. Oates (1992). "Environmental Economics: A Survey", Journal of Economic Literature, Vol. XXX, June, pp. 675 - 740.

[45] Daly, H. (1993). "Debate: Does Free Trade Harm the Environment?" Scientific American, November pp. 17 - 29.

[46] D'Arge, R. "International Trade, Domestic Income, and Environmental Controls" in A. Kneese. ed Managing the Environment. New York: Praeger, 1974.

[47] Dean, J. (1992). "Trade and the Environment: A Survey of the Literature", WPS 0966.

[48] Dean, J. (1997). "Testing the Impact of Trade Liberalization on the Environment: Theory and Evidence", Mimeo, 1997.

[49] Demsetz, H. "Toward a Theory of Property Rights." American EconoicReview, 57, 1967, pp. 347 - 359.

[50] Dorfman, M. H.; Muir, W. r. and Miller. G. G. "Environmental Dividends: Cutting More Chemical Wastes." New York: INFORM, 1992.

[51] Dua, A. and Esty, D. C. (1997). "Sustaining the Asia Pacific Miracle". Washington, DC: Institute for International Economics.

[52] Duerksen, C. andLeonard, H. J. "Environmental Regulations and the Location of Industries: An International Perspective." Columbia Journal of World Business, 15, 1980, pp. 52 - 68.

[53] Eliste, P. and Fredriksson, P. G. (1998) "Does Open Trade Result in a Race to the Bottom? Cross-Country Evidence." Mimeo, Washington, DC: The World Bank

[54] Ekins, P. (1997). "The Kuznets Curve for the Environment and Economic Growth: Examining the Evidence", Environment and Planning, Vol. 29, pp. 805 - 30.

[55] Eriksson, C., and J. Persson (1998). "Sources of the Environmental Kuznets Curve: Preferences, Technology and Voting", in J. Persson Essays on Growth (doctoral dissertation), Institute for International Economic Studies, University of Stockholm, Sweden.

[56] Eskeland, G., and A. Harrison (1997). "Moving to Greener Pasture? Multinationals and the Pollution-Haven Hypothesis", Policy Research Working Paper No. 1744, the World Bank, Washington, D. C.

[57] Esty, D. (1994). Greening the GATT: Trade, Environment, and the Future, Institute for International Economics, July, Washington DC.

[58] Esty, D. C., and Geradin, D. (1997), "Market Access, Competitiveness, and Harmonization: Environmental Protection in Regional Trade Agreements." The Harvard Environmental Law Review, 21, pp. 265 - 336.

[59] Esty, D. and D. Geradin (1998). "Environmental Protection and International Competitiveness: A Conceptual Framework", Journal of World Trade, Vol. 32 (3), June, pp. 5 - 46.

[60] Folmer, H.; vanMouche, P. and Ragland, S. "Interconnected Gamesand International Environmental Problems." Environmental and Resource Economics, 3, 1993, pp. 313 - 335.

[61] Francois, J., B. McDonald, and H. Nordstr. m (1996). "The Uruguay Round. A Numerical Based Qualitative Assessment", in W. Martin and A. Winters (eds.), The Uruguay Round and the Developing Economies, Cambridge University Press, Cambridge, UK.

[62] Fredriksson, P. (1999). "The Political Economy of Trade Liberalization and Environmental Policy", Southern Economic Journal, Vol. 65 (3), January.

[63] Friedman, J.; Gerlowski, D. A. and Silberman, J. "What Attracts Foreign Multinational Corporations? Evidence from Branch Plant Location in the United States." Journal of Regional Science, 32, 1992, pp. 403 - 418.

[64] Fullerton, D., Hong, I., and G. Metcalf (1999). "A tax on Output of the Polluting Industry is not a Tax on Pollution: The Importance of Hitting the Target," NBER Working Paper No. 7259, July.

[65] Gardiner, D. "Does Environmental Policy Conflict with Economic Growth?" Resources, 1994, pp. 20 - 21

[66] GATT (1971). "Industrial Pollution Control and International Trade," July, Geneva.

[67] GATT (1994). "Report by Ambassador H. Ukawa (Japan), Chairman of the Group on Environmental Measures and International Trade, to the 49th Session of the Contracting Parties," L/7402, 2

February, Geneva.

[68] Gray, W. (1997). "Manufacturing Plant Location: Does State Pollution regulation Matter?", NBER Working Paper No. 5880, January.

[69] Grehter, J. M. andMelo, J. D. "Globalization and Dirty Industries: Do Pollution Havens Matter?" CEPR discussion paper N o. 3932, 2003.

[70] Grossman, G. M. and A. B. Krueger (1991). "Environmental Impacts of North American Free Trade Agreement", NBER Working Paper No. 3914, November.

[71] Grossman, G. M. and A. B. Krueger (1993). "Environmental Impacts of a North American Free Trade Agreement", in P. Garder (ed.), The U. S. - Mexico Free Trade Agreement, MIT Press, Cambridge, Massachusetts, USA.

[72] Grossman, G. M. and A. B. Krueger (1995). "Economic Growth and the Environment", Quarterly Journal of Economics, Vol. 110 (2), pp. 353 - 77.

[73] Hettige, H., R. E. B. Lucas, and D. Wheeler (1992). "The Toxic Intensity of Industrial Production: Global Patterns, Trends and Trade Policy", American Economic Review, Vol. 82 (2), pp. 478 - 81.

[74] Hettige, H., M. Mani, and D. Wheeler (1998). "Industrial Pollution in Economic Development (Kuznets Revisited)", Policy Research Working Paper No. 1876, the World Bank, Washington D. C., USA, January.

[75] Hung, N. M., and Richelle, Y. "Trade Gains, Paretian Transfer, and the Tragedy of the Commons." The Jpanese Economic Review, 48, 1997, pp. 213 - 225.

[76] Jayadevappa, R and S, Chhatre (2000), "International Trade and Environmental Quality: A Survey", Ecological Economics, 32, 175 - 194

[77] Jaffe, A., S. Peterson, P. Portney, and R. Stavins (1995). "Environmental Regulation and the Competitiveness of U. S. Manufacturing: What does the Evidence Tell Us?", Journal of Economic Literature, Vol. XXXIII (March), pp. 132 - 63.

[78] Jones, L. and R. Manuelli (1995). "A Positive Model of Growth and Pollution Control", NBER Working Paper No. 5205, August.

[79] Kalt, J. P. "The Impact of Domestic Environmental Regulatory Policies on U. S. International Competitiveness," in A. M. Spence and H. A. Hazard, eds., International Competitiveness. Cambridge: Bellinger, 1988.

[80] Kanbur, R., M. Keen, and S. Van Wijnbergen (1995). "Industrial Competitiveness, Environmental Regulations and Direct Foreign Investment", in Golden and Winters (eds.), The Economics of Sustainable Development, Cambridge University Press, Cambridge, UK.

[81] Kennedy, P. W. (1994) "Equilibrium Pollution Taxes in Open Economies with Imperfect Competition". Journal of Environmental Economics and Management, 27, pp. 49 - 63

[82] Kim, J. and D. Wilson (1997). "Capital Mobility and Environmental Standards: Racing to the Bottom with Multiple Tax Instruments", Japan and the World Economy, Vol. 9, pp. 537 - 551.

[83] Krugman, P. (1986). Strategic Trade Policy and the New International Economics, The MIT Press, Cambridge, Massachusetts, USA, and London, UK.

[84] Kuznets, S. (1955). "Economic Growth and Income Inequality", American Economic Review, Vol. 45 (1), pp. 1 - 28.

[85] Lee, J. K and G. C. Lim (1983), "Environmental Policies in Developing Countries: A Case of International Movements of Polluting Industries", Journal of Development Economics, 13, 159 - 173

[86] Lee, H. and D. Roland-Holst (1997). "Trade and the Environment," in J. Francois and K. Reinert (eds.) Applied Methods for Trade Policy Analysis, Cambridge University Press, Cambridge, UK.

[87] Levinson, A. "Environmental Regulations and Manufacturers' Location Choices: Evidence from the Census of Manufactures". New York: Columbia University, 1992.

[88] Levinson, A. (1996a). "Environmental Regulations and Industry Locations: International and Domestic Evidence", in J. Bhagwati and R. Hudec (eds.) Fair Trade and Harmonization, The MIT Press, Cambridge, Massachusetts, USA, and London, UK.

[89] Levinson, A. (1996b). "The Missing Pollution Haven Effect: Examining Some Common Explanations", Mimeograph, Economics Department, University of Wisconsin, USA, August.

[90] Levinson, A. (1996c). "Environmental Tax Competition: The Race to the Top in States Hazardous Waste Disposal Taxes", Mimeograph, Economics Department, University of Wisconsin, USA, December.

[91] Levinson, A (1996d), "Environmental regulationand manufacturers' location choices: Evidence from the Census of Manufactures", Journal of Public Economics, 62: 5 – 29

[92] Levinson, A. and Taylor, S. "Trade and the Environment: Unmasking the Pollution Haven Effect", Manuscript, 2001

[93] Long, Bill (1995). "Global Competition: The Environmental Dimension," Business Economics, April, pp. 45 – 50.

[94] Lopez, R. (1994). "The Environment as a Factor of Production: The Effects of Economic Growth and Trade Liberalization", Journal of Environmental Economics and Management, Vol. 27, pp. 163 – 84.

[95] Low, P. (1992). "Trade Measures and Environmental Quality: The Implication for Mexico's Exports," in P. Low (ed.) International Trade and the Environment, World Bank Discussion Paper 159, the World Bank, Washington, D. C., USA.

[96] Low, P. and A. Yeats (1992). "Do Dirty Industries Migrate?", in P. Low (ed.) International Trade and the Environment, World Bank Discussion Paper 159, the World Bank, Washington, D. C., USA.

[97] Lucas, R., D. Wheeler, and H. Hettige (1992). "Economic Development, Environmental regulations and the International Migration of Toxic Industrial Pollution: 1960 – 1988", in P. Low (ed.) International Trade and the Environment, World Bank Discussion Paper No. 159, the World Bank, Washington D. C., USA.

[98] Mastad, O. (1998). "On the Efficiency of Green Trade Policies", Environmental and Resource Economics, Vol. 11 (1), January.

[99] Magee, S., and Ford, W. F. "Environmental Pollution, the Terms of Trade, and the Balance of Payments." Kyklos, 25, 1972, pp. 101 – 118.

[100] Markusen, J. (1975). "International Externalities and Optimal Tax Structures", Journal of International Economics, Vol. 5, pp. 15 – 29.

[101] Markusen, J., E. Morey, and N. Olewiler (1993). "Environmental Policy When Market Structure and Plant Locations are Endogenous", Journal of Environmental Economics and Management, Vol. 24, pp. 69 – 86.

[102] Markusen, J., E. Morey, and N. Olewiler (1995). "Competition in Regional Environmental Policies When Plant Locations are Endogenous", Journal of Public Economics, Vol. 52, pp. 117

[103] Markusen, J. R, "Location Choice, Environmental Quality and Public Policy", in Edward Elgar (ed) Handbook of Environmental and Resource Economics, 1999.

[104] Maler, K - G. (1990). "International Environmental Problems", Oxford Review of Economic Policy, Vol. 6 (1), pp. 80 - 108.

[105] Maler, K - G. (1997). "Environment, Poverty, and Economic Growth" in B. Pleskovic and J. Stiglitz (eds.) Annual World Bank Conference on Development Economics 1997, the World Bank, Washington, D. C., USA.

[106] McConnell, K. (1997). "Income and the Demand for Environmental Quality", Environment and Development Economics, Vol. 4 (2), pp. 383 - 399.

[107] McGuire, M. (1982). "Regulation, Factor Rewards, and International Trade", Journal of Public Economics, Vol. 17, pp. 335 - 54.

[108] Meadows, D. H., D. L. Meadows, J. Randers, and W. H. Behrens (1972). The Limits to Growth, Universe Books, New York, USA.

[109] Merrifield, J. D. "The Impact of Selected Abatement Strategieson Transnational Pollution, the Terms of Trade, and Factor Rewards: A General Equilibrium Approach." Journal of Environmental EconomicsandManagement, 15, 1988, pp. 259 - 284.

[110] Moomaw, W. R., and C. G. Unruh (1997). "Are Environmental Kuznets Curves Misleading Us? The Case of CO_2 Emissions", Environment and Development Economics (Special Issue: The Environmental Kuznets Curve), Vol. 2 (4), pp. 451 - 63.

[111] OECD (1994), The Environmental Effects of Trade, Paris, OECD.

[112] OECD (1997). "The Effects of Government Environmental Policy on Costs and Competitiveness: Iron and Steel Sector", DSTI/SI/SC (97) 46, OECD, Paris, France.

[113] Palmer, K., W. Oates, and P. Portney (1995). "Tightening Environmental Standards: The Benefit-Cost or the No-Cost Paradigm?", Journal of Economic Perspectives, Vol. 9 (4), pp. 119 - 132.

[114] Panayotou, T. (1993). "Empirical Tests and Policy Analysis of Environmental Degradation at Different Stages of Economic Development", Working Paper 238, International Labour Organization, Geneva, Switzerland.

[115] Panayotou, T. (1995). "Environmental Degradation at Different Stages of Economic Development", in I. Ahmed and J. A. Doeleman (eds.) Beyond Rio: The Environmental Crises and Sustainable Livelihoods in the Third World, Macmillan Press, London, UK.

[116] Panayotou, T. (1997). "Demystifying the Environmental Kuznets Curve: Turning a Black Box into a Policy Tool," Environment and Development Economics (Special Issue: The Environmental Kuznets Curve), Vol. 2 (4), pp. 465 - 84.

[117] Panayotou, T. (2000)." Globalization and the Environment, CID Working Paper No. 53, 2000.

[118] Panayotou, Theodore (2000) "Economic Growth and the Environment", Working Paper 56, Cambridge, MA; Center for International Development at Harvard University

[119] Pasurka, C. A. "Environmental Control Costs and U. S. Effective Rates of Protection." Public Finance Quarterly, 1985, 13, pp. 161 - 182

[120] Peltzman, S. and N. Tideman (1972). "Local Versus National Pollution Control", American Economic Review, December.

[121] Petrakis, E. and Xepapadeas, A. "Environmental Conssciousness and Moral Hazard in International Agreements to Protect the Environment" Journal of Public Economics, 60, 1996, pp. 95 - 110.

[122] Pethig, R. (1976). "Pollution, Welfare and Environmental Policy in the Theory of Comparative Advantages", Journal of Environmental Economics and Management, Vol. 2, pp. 160 - 69.

[123] Piggott, J. ; Whalley, J. and Wigle, R. "International Linkages and Carbon Reduction Initiatives," in K. Anderson and R. Blackhurst, eds. , The Greening of World Trade Issues. Ann Arbor: University of Michigan Press, 1991.

[124] Porter, M. (1991). "America's Green strategy", Scientific American, April, p. 68.

[125] Porter, M. , and C. vander Linde (1995). "Toward a New Conception of the Environment-Competitiveness Relationship," Journal of Economic Perspectives, Vol. 9 (4), pp. 97 - 118.

[126] Rauscher, J. D. and Mutti, J. H. (1997). "International Competitive Displacement from Environmental Control", Journal of Environmental Economics and Management, 4, pp135 - 152.

[127] Repetto, R. (1995). "Jobs, Competitiveness and Environmental Regulation: What Are the Real Issues?", World Resources Institute, WashingtonD. C. , May.

[128] Richardson, J. D. and Mutti, J. H. "International Competitive Displacement from Environmental Control." Journal of Environmental Economics and Management, 1977, 4, pp. 135 - 152

[129] Roberts, T. and P. Grimes (1997). "Carbon Intensity and Economic Development 1962 - 1991: A Brief Exploration of the Environmental Kuznets Curve", World Development, Vol. 25 (2), pp. 191 - 98.

[130] Robert Wallace, *Various Prospects of Mankind, Nature and Providence*, New York, Augustus M. Kelley Publishers, 1969.

[131] Robins, N. and S. Roberts (1998). "Environmental Responsibility in World Trade", International Institute for Environment and Development, London, UK.

[132] Robinson, H. D. "International Pollution Abatement: The Impact on the Balance of Trade." Canadian Journal of Economics, 21, 1988, pp. 187 - 199.

[133] Rock, M. (1996). "Pollution Intensity of GDP and Trade Policy: Can the World Bank be Wrong?", World Development, Vol. 24, pp. 471 - 79.

[134] Sartzetakis, E. S. and Constantatos, C. "Environmental Regulation and International Trade." Journal of Regulatory Economics, 8, 1995, pp. 61 - 72.

[135] Schot, J. and K. Fischer (1993). "The Greening of the Industrial Firm", in Fischer and Schot (eds.) Environmental Strategies for Industry, Island Press, Washington D. C. , USA.

[136] Sebenius, J. "Negotiation Arithmetic: Adding and Subtracting Issues and Parties." International Organization, 37, 1983, pp. 281 - 316.

[137] Selden, T. M. and D. Song (1994). "Environmental Quality and Development: Is there a Kuznets Curve for Air Pollution Emissions?", Journal of Environmental Economics and Management, Vol. 27, pp. 147 - 62.

[138] Selden, T. M. and D. Song (1995). "Neoclassical Growth, the J Curve for Abatement, and the Inverted U Curve for Pollution", Journal of Environmental Economics and Management, Vol. 29, pp. 162 - 68.

[139] Shafik, N. and S. Bandyopadhyay (1992). "Economic Growth and Environmental Quality: Time Series and Cross-section Evidence", Policy Research Working Paper No. WPS904, the World Bank, Washington, D. C. , USA.

[140] Shafik, N. (1994). "Economic Development and Environmental Quality: An Econometric Analysis", Oxford Economic Papers, Vol. 46, pp. 757 - 773.

[141] Siebert, H. (1977). "Environmental Quality and the Gains from Trade", Kyklos, Vol. 30, pp. 657 - 73.

[142] Simpson, R. D. and Bradford, R. L. (1996) "Taxing Variable Cost: Environmental Regulation as

Industrial Policy." Journal of Environmental Economics and Management, 30, pp. 282 - 300.

[143] Sorsa, P. (1994). "Competitiveness and Environmental Standards", Policy Research Working Paper No. 1249, the World Bank, Washington, D. C., USA.

[144] Stern, D. (1998). "Progress on the Environmental Kuznets Curve?", Environment and Development Economics, Vol. 3, pp. 173 - 96.

[145] Stern, D. and Common, M (2001). "Is There an Environmental Kuznets Curve for Sulfur", Journal of Environmental Economics and Management 41, 162 - 178

[146] Strutt, A. K. Anderson (1999), "Estimating Environmental Effects of Trade Agreements with Global CGE Models: A GTAP Application to Indonesia, CIES Discussion Paper, No. 99/26, Center of International Economic Studies, University of Adelaide.

[147] Suri, V. and D. Chapman (1998). "Economic Growth, Trade and Energy: Implications for the Environmental Kuznets Curve", Ecological Economics, Vol. 25, pp. 195 - 208.

[148] Swanson, T., and R. Cervigni (1996). "Policy Failures and Resource Degradation", in T. Swanson (ed.) The Economics of Environmental Degradation: Tragedy for the Commons? published for UNEP by Edward Elgar, Cheltenham, UK, and Brookfield, USA.

[149] Tobey, J. (1990). "The Effects of Domestic Environmental Policies on Patterns of World Trade: An Empirical Test", Kyklos, Vol. 43, pp. 191 - 209.

[150] Torras, M. and J. Boyce (1998). "Income, Inequality, and Pollution: A Reassessment of the Environmental Kuznets Curve", Ecological Economics, Vol. 25, pp. 147 - 160.

[151] Ugelow, J. "A Survey of Recent Studies on Costs of Pollution Control and the the Effects on Trade". in Rubin, . ed. Environment and Trade, New Jersey: Allanheld, Osmun and Co., 1982.

[152] Ulph, A. "The Choice of Environmental Policy Instruments and Strategic International Trade." University of Southampton discussion paper in economics and econometrics, No. 9012, 1990.

[153] Ulph, A. (1997). "Environmental Policy and International Trade," in Carraro and Siniscalco (eds.) New Directions in the Economic Theory of the Environment, Cambridge University Press, Cambridge, UK.

[154] Ulph, A. "Strategic Environmental Policy and Foreign Trade", 1999.

[155] United States International Trade Commission (1995). "Trade Liberalization and Pollution in Manufacturing", International Economic Review, Office of Economics, USITC, Washington D. C., March, pp. 17 - 30.

[156] van Beers, C. and van den Bergh J. C. J. M. "An Empirical Multi-Country Analysis of the Impact of Environmental Policy on Foreign Trade Flows", Kyklos, 50, 1997, pp. 29 - 46.

[157] van Beers, C. and van den Bergh J. C. J. M. "The Impact of Environmental Policy on Foreign Trade: Tobey Revisited with a Bilateral Flow Model", Tinbergen Institute Discussion Paper, TI2000 - 069/3

[158] Vincent, J. R. (1997). "Testing for Environmental Kuznets Curves Within a Developing Country", Environment and Development Economics (Special Issue: The Environmental Kuznets Curve), Vol. 2 (4), pp. 417 - 33.

[159] Walter, I. "The Pollution Content of American Trade." Western Economic Journal, 11, 1973, pp. 61 - 70.

[160] Walter, I "Environmentally Induced Industrial Relocation to Developing Countries," in S. Rubin, ed., Environment and Trade. New Jersey: Allanheld, Osmun, andCo., 1982.

[161] Walter, I. and Ugelow, J. "Environmental Policies in Developing Countries", Ambio. 1979, Vol 8

No: 2 - 3. page: 102 - 109.

[162] Wang, J. "Environmental Regulations and International Competitiveness: A Theoretical Model." Mimeo, 2001.

[163] Wang, J. "A Static Analysison the Stability of International Environmental Agreements." Mimeo, 2002

[164] Wheeler, D. (2001) "Racing to the Bottom? Foreign Investment and Air Pollution in Developing Countries." Journal of Environment & Development, 10, pp. 225 - 246.

[165] Wilson, J. D. (1996). "Capital Mobility and Environmental Standards: Is There a Theoretical Basis for a Race to the Bottom?", in Bhagwati and Hudec (eds.) Fair Trade and Harmonization, Vol. 1, the MIT Press, Cambridge, Massachusetts, USA, and London, UK.

[166] World Bank (1992). World development Report 1992: Development and the Environment, Oxford University Press, Oxford, UK.

[167] World Bank (1998). World Development Indicators, Washington D. C., USA.

[168] World Bank (1999). "Trade and Environment: A View from the World Bank", presentation by Ian Johnson, Vice President, Environmentally and Socially Sustainable Development, at the WTO high-level meeting on trade and environment, March 1999.

[169] World Commission on Environment and Development (1987). Our Common Future, Oxford University Press, Oxford, UK.

[170] WTO (1998a). 50th Anniversary of the Multilateral Trading System, Geneva, Switzerland.

[171] WTO (1998b). "The Impact of Investment Incentives and Performance Requirements on International Trade", WT/WGTI/W/56, 30 September.

[172] Xing, Y and C. Kolstad (1996), "Environment and Trade: A Review of Theory and Issues", University of California, Santa Barbara, WP 02/96

[173] Xing, Y. and C. Kolstad (1998). "Do Lax Environmental Regulations Attract Foreign Investment?", Mimeograph, May, University of California, Santa Barbara, USA.

[174] Xing, Y. and Kolstad, C. "Do Lax Environmental Regulations Attract Foreign Investment?" Environmental and Resource Economics, 21, 2002, pp. 1 - 22.

[175] Xu, X. (1998). "Export Performance of Environmentally Sensitive Goods: A Global Perspective", Pacific Economic Paper No. 278, April, Australia-Japan Research Centre, the Australian National University, Australia.

第十八章 国际贸易与收入分配

国际贸易与各国国内的收入分配关系一直是学者关注和研究的重点和热点之一。国际贸易与国内收入分配之间的关系主要表现国际贸易与各要素之间的收入分配上，不论是古典贸易理论、新古典贸易理论、新贸易理论还是最近发展起来的新新贸易理论都对此进行了论述。

第一节 传统贸易理论关于贸易与收入分配的关系

一、基于劳动价值论的贸易与收入分配关系

贸易和收入分配的关系一直是经济学家所关注的问题。早在两百多年前的英国，古典经济学集大成者亚当·斯密（Adam Smith）就在他 1776 年出版的《国民财富的性质和原因研究》中批判了重商主义各种限制贸易的措施，大力提倡自由贸易。斯密在殖民地贸易的独占降低其他生产要素收入的论述中，分别分析了资本、劳动和土地这三个要素收入受影响的具体原因。斯密认为，殖民地贸易的独占固然大大提高了投入这一贸易的资本的利润率，但是，由于资本追逐利润的特性，"迫使过大部分的英国资本，违反自然趋势，流入这种贸易，这似乎就完全破坏了英国一切产业部门间的自然均衡"。①也就是说，资本的这种违反自然趋势的不合理配置会降低资本的生产效率。他顺着上述独占对资本收益影响的分析思路，认为劳动工资的下降是因为这种独占会使得资本"不能维持本来能够维持的那么大的生产性劳动量，并使它不能给劳动大众提供本来能够提供的那么多的收入。由于资本只能由节省收入而增加，所以妨害资本便不能提供本来能够提供的那么多的收入的独占，就必然妨害资本，使不能按本来能够增加的速度增加起来，因而不能维持更大的生产性劳动量，不能给国内劳动大众提供更多的收入。一个很大的收入泉源，即劳动的工资，由于有了这种独占，必定在各个时候都不像没有独占的场合那么富足"。②

李嘉图认为对外贸易如果能够进口到更加便宜的劳动者生活所必需的食品等，那么工资就会降低，利润就能够提高；反之，如果进口的是与劳动者的生活没有关系的奢侈品，例如丝绸、天鹅绒、葡萄酒等，那么工资就不会降低，利润率就不会提高。也就是说，李嘉图是从劳动（者）的自然价格（价值）会不会因为进口而发生

① 亚当·斯密．国民财富的性质和原因研究：下卷．郭大力，王亚南，译．北京：商务印书馆，1974：175.

② 亚当·斯密．国民财富的性质和原因研究：下卷．郭大力，王亚南，译．北京：商务印书馆，1974：181、182.

变化的角度来谈工资和利润之间的反向运动的："在本书中，我始终力图证明的是：工资不跌落，利润率就决不会提高；而工资则除非用它来购买的各种必需品的价格跌落，否则决不会持久地跌落。因此，如果由于对外贸易的扩张，或由于机器的改良，劳动者的食物和必需品能按降低的价格送上市场，利润就会提高。……但如果由于对外贸易的扩张或机器的改良而以更低廉的价格取得的商品完全是富人所消费的商品，那么利润率便不会发生什么变动"。① 因此，对外贸易能不能改变工资和利润之间的分配关系，决定因素是能不能进口到更便宜的工资品。在李嘉图看来，对外贸易的这个作用同机器改良劳动生产率的提高降低劳动者生活必需品自然价格（价值）的作用完全一样。

马克思在《资本论》第三卷论述利润率下降规律时，也把对外贸易列为是一种起反作用的因素，而与"劳动剥削程度的提高"、"工资被压低到劳动力的价值以下"、"不变资本各要素变得便宜"、"相对过剩人口" 等这些会提高利润率的因素并列一起。马克思的结论是："无论如何，李嘉图的下述规律是错误的：利润率按照和工资变动相反的方向变动，一方因另一方降低而提高，或者反过来。这个规律只有对剩余价值率来说才是正确的"，② 而在利润率的计算中还要考虑资本的有机构成。因此，马克思再次强调，与资本有机构成提高一起发生的劳动生产率的提高，一方面在加强对工人的剥削程度即提高剩余价值率时，另一方面因为资本有机构成的扩大而降低了利润率："凡是劳动的生产率较高的地方，使用不变资本就更多。因此，在这里，引起剩余价值率提高或降低的同一情况，必定引起利润率相反的变动，也就是说，必定在剩余价值率提高时引起利润率降低"。③

二、基于 H－O 理论的斯托尔帕—萨谬尔逊定理和要素均等化理论

瑞典经济学家俄林（B. G. Ohlin）及其导师赫克歇尔（Eli F. Heckscher）用不同国家不同的要素禀赋状况来解释国际贸易的产生，学术界把这个突破性的理论称之为 H－O 理论，或者要素禀赋理论，H－O 理论把贸易的发生原因归咎为两国两种要素相对丰裕程度上的差异。H－O 理论中假设两个生产要素，它们或者是资本和劳动、或者是土地和劳动、或者是熟练劳动和非熟练劳动。该理论认为，一个国家在国际分工和国际贸易中，应当专业化生产并出口那些在生产过程中密集使用其丰富要素的商品，进口那些生产过程中密集使用其稀缺要素的商品。这样的分工和贸易符合两国的比较利益，因为资本相对丰富的国家资本和劳动的相对价格比较低，它在资本密集型商品的生产上具有相对低的成本优势；反之，劳动相对丰富国家的资本和劳动的相对价格比较高，因此在劳动密集型商品的生产上具有成本相对低的比较优势。要素的相对价格是决定商品相对价格的直接原因，而要素的相对价格又决定于两国两种要素不同的供给比例，两国两

① 大卫·李嘉图．政治经济学及赋税原理．郭大力，王亚南，译．北京：商务印书馆，1972：111－112.

② 《马克思恩格斯全集》第二十六卷第三册。人民出版社，1974 年版，第 232 页。引文中的黑体字是原文如此——本文作者加注。

③ 《马克思恩格斯全集》第二十六卷第三册。人民出版社，1974 年版，第 232 页。

种要素不同的供给比例又决定于两国两种要素不同的存量比例。因此，要素禀赋理论又被叫做要素比例理论。

H－O 理论本身没有直接讨论收入分配，但是 H－O 理论的推论涉及了要素价格即要素所有者收入的变化。根据上述 H－O 理论所提倡的分工与贸易的格局，一个经济体从封闭到开放，其丰富要素生产的出口商品因为不但要满足本国的需要，也要满足自己贸易伙伴的需要，需求的增加会造成该出口商品价格的上升；相反的情况会出现在该经济体的进口商品上，现在应当大量进口的该商品因为供给增加，其价格必然下跌。经济学家斯托尔帕（W. E. Stolper）和萨谬尔逊（Paul A. Samuelson）在 1941 年发表的“贸易保护和实际工资”（Protection and real wages）一文中提出，从封闭状态走向贸易开放的经济体，在 H－O 理论的假定基础上，该经济体会出口密集使用经济体丰裕要素的商品而进口该经济体相对稀缺要素密集使用的商品，并导致经济体内出口商品价格的上涨和进口价格的下降。出口商品价格的上涨必然会引起出口商品生产的增加，促使该商品生产中密集使用的要素价格上升；进口商品价格的下降，会导致进口商品密集使用要素价格的下降。斯托尔帕和萨谬尔逊关于出口商品中密集使用的丰富要素价格上升而进口商品中密集使用的稀缺要素价格下跌的证明，被称之为斯托尔帕—萨谬尔逊定理（Stolper-Samuelson Theorem），简称为 SS 定理，是学者研究贸易与收入分配关系的一个标志性理论，此后的很多研究贸易与收入分配关系的理论以此为基础或者对照。Jones（1965）对 SS 定理用经典的数学模型进行了描述，下面对 SS 定理的介绍就是以 Jones（1965）的分析为依托。①

斯托尔帕和萨谬尔逊的分析框架是，两个国家（国内与国外）、两种产品（产品 1 和产品 2）、两种要素（劳动 L 和资本 K）的传统 Heckscher-Ohlin 模型。假定：生产过程中报酬不变，既没有规模经济，也没有规模不经济；两种生产要素的总供给数量是个不变的存量，但是它们可以在不同产业不同商品的生产中自由流动，要素市场出清。用 L 和 K 代表国内劳动和资本总量。

$A = \begin{pmatrix} a_{1L} & a_{2L} \\ a_{1K} & a_{2K} \end{pmatrix}$ 代表国内的技术系数矩阵，a_{if}表示单位产品 i 生产所需要的 f 要素的量，Q_1 和 Q_2 分别代表两产品的产量。w 代表劳动的工资，r 代表资本的回报，p_1 和 p_2 分别代表两种产品的价格，用 * 代表国外的相应参数。并假设产品 1 是劳动密集型的，产品 2 是资本密集型，而且本国是劳动丰裕型国家，外国是资本丰裕型国家，即：

$$\frac{a_{1L}}{a_{1K}} > \frac{a_{2L}}{a_{2K}},\ \frac{L}{K} > \frac{L^*}{K^*},\ p_2 > p_2^w > p_2^*,\ p_1 < p_1^w < p_1^* \qquad (18.1.1)$$

其中，p_1^w，p_2^w 分别表示产品 1 和产品 2 的世界价格，根据 H－O 定理的内容可知本国会出口产品 1，进口产品 2。贸易后，本国产品 1 的价格会上升，产品 2 的价格会下

① 见 Jones, Ronald W. “The Structure of Simple General Equilibrium Models”, *Journal of Political Economy*, vol. 73, No. 6, 1965, p557－572. 其后 Feenstra, R. C. : *Advanced International Trade-Theory and Evidence*, Princeton University Press, 2003, p13－16 进行了总结。

降。本国要素市场的均衡条件是：

$$a_{1L}Q_1 + a_{2L}Q_1 = L,\ a_{1K}Q_1 + a_{2K}Q_2 = K$$

产品市场的均衡，利润最大化条件和零利润条件使得产品的单位成本 = 产品价格，即：

$$C_1 = a_{1L}w + a_{1K}r = p_1,\ C_2 = a_{2L}w + a_{2K}r = p_2$$

由上式可知商品价格变化与要素价格变化之间的关系有：

$$dp_i = \frac{\partial C_i}{\partial w}dw + \frac{\partial C_i}{\partial r}dr = a_{iL}dw + a_{iK}dr \tag{18.1.2}$$

假定：$\hat{x} = \frac{dx}{x}$，$\theta_{iL} = \frac{wa_{iL}}{C_i}$，$\theta_{iK} = \frac{ra_{iK}}{C_i}$ $\theta_{iL} + \theta_{iK} = 1$，$\theta_{iL}$ 和 θ_{iK} 分别表示 i 产品生产中劳动力和资本在总成本中所占的比重，则（18.1.2）式可演变为：

$$\frac{dp_i}{p_i} = \frac{wa_{iL}}{C_i}\left(\frac{dw}{w}\right) + \frac{ra_{iK}}{C_i}\left(\frac{dr}{r}\right) \Rightarrow \hat{p_i} = \theta_{iL}\hat{w} + \theta_{iK}\hat{r} \tag{18.1.3}$$

把两种产品两种要素的式（18.1.3）写成矩阵形式如下：

$$\begin{pmatrix}\hat{p}_1\\ \hat{p}_2\end{pmatrix} = \begin{pmatrix}\theta_{1L} & \theta_{1K}\\ \theta_{2L} & \theta_{2K}\end{pmatrix}\begin{pmatrix}\hat{w}\\ \hat{r}\end{pmatrix} \Rightarrow \begin{pmatrix}\hat{w}\\ \hat{r}\end{pmatrix} = \frac{1}{|\theta|}\begin{pmatrix}\theta_{2K} & -\theta_{1K}\\ -\theta_{2L} & \theta_{1L}\end{pmatrix}\begin{pmatrix}\hat{p}_1\\ \hat{p}_2\end{pmatrix}$$

其中 $|\theta| = \theta_{1L} - \theta_{2L} = \theta_{2K} - \theta_{1K}$，$\frac{a_{1L}}{a_{1K}} > \frac{a_{2L}}{a_{2K}}$，因此有 $|\theta| > 0$，而且设贸易之后，产品 1 的价格变化比产品 2 的价格变化大，$\hat{p} = \hat{p}_1 - \hat{p}_2 > 0$，则有：

$$\hat{w} = \frac{\theta_{2K}\hat{p}_1 - \theta_{1K}\hat{p}_2}{|\theta|} = \frac{(\theta_{2K} - \theta_{1K})\hat{p}_1 + \theta_{1K}(\hat{p}_1 - \hat{p}_2)}{\theta_{2K} - \theta_{1K}} > \hat{p}_1$$

$$\hat{r} = \frac{\theta_{1L}\hat{p}_2 - \theta_{2L}\hat{p}_1}{|\theta|} = \frac{(\theta_{1L} - \theta_{2L})\hat{p}_2 - \theta_{2L}(\hat{p}_1 - \hat{p}_2)}{\theta_{1L} - \theta_{2L}} < \hat{p}_2$$

即 $\hat{w} > \hat{p}_1 > \hat{p}_2 > \hat{r}$，这就是著名的 SS 定理。

由此定理可知，如果一国出口劳动密集型的产品进口资本密集型产品，则该国劳动工资就会上升而资本的回报会下降，因此贸易会缩减国内要素间的收入差距；如果把模型中的资本换成熟练劳动力，把模型的劳动看成非技能劳动力，如果出口非熟练劳动力密集的产品，则按照 SS 定理，熟练劳动和非熟练劳动之间的工资差距就会缩减。

从 SS 定理出发，萨缪尔森（1948、1949）对国际贸易导致的要素价格均衡化理论（factor-price equalization Theory/The Factor-Price Equalization Theorem）进行了阐述。萨缪尔森证实按照赫—俄模型，通过国际贸易国家之间产品价格的相等会导致各国同质生产要素的相对价格和绝对价格趋于均等化；要素价格均等化不仅是一种趋势，而且是一种必然，故又被称为赫克歇尔—俄林—萨缪尔森定理（H－O－S 定理）。与要素均等化理论这一长期趋势研究不同，Jones（1971）和 Samuelson（1971）提出了一个两部门三种要素的特定要素模型，分析特定要素模型下贸易对不同要素报酬的影响，其基本的结论是：在特定要素模型中，贸易对一国流动要素的影响是不明确的；贸易将有利于用于国家出口商品的非流动要素，而不利于用于进口商品的非流动要素。在此之后，Neary（1978）则详细分析了贸易自由化后，要素的流动与否对要素价格的影响，指出如果劳动和资本两种要素均不可流动，那么贸易后考虑价格上升因素以后，劳动密集行业的资本和劳动的实际报酬均上升，资本密集行业的要素实际报酬都下降；如果短期内劳动可流动，资本不可流动，但中长期二者均可流动，那么在贸易自由化的短期内，劳动密集商品价格的上升使劳动密集行业的要素实际报酬上升，但劳动的可流动性使其报酬在两个行业间实现均等化，在长期内，由于劳动力密集行业的资本报酬较高，资本密集行业的资本要素就向劳动密集型行业转移，从而引起劳动力市场上的过度需求，使劳动要素的价格进一步上升，资本报酬在两个行业中实现均等化。Eaton（1987）也对动态特定两要素模型下对贸易发生的条件、贸易的类型和贸易后各要素报酬变化进行类似的分析。Baldwin（1989）在资本存量内生的假定下建立了动态模型，则证明了对资本密集型产品的贸易保护短期内将使资本价格上升、工资下降，但在长期内随着资本存量和产出结构的调整，贸易保护对要素价格的短期影响将被消除。

Jones 和 Scheinkman（1977）将传统的两种商品、两种要素理论框架拓展为多种商品、多种要素模型，证明了斯托尔帕—萨缪尔森定理在某些条件下、某种程度上可得以推广和一般化。他们证实只要存在零利润条件，即只要有：$\widehat{p_i} = \sum_{j=1}^{M} \theta_{ij} \widehat{w_j}$，则贸易后，每种商品价格的变化必然导致一些要素价格的上升和另一些要素价格的下降，这是 SS 定理的一般化表示。① 也就是说在 H－O 模型假定下，贸易的发展会导致某些人实际收入的上升而另一些人实际收入的下降。Deardorff（1994）对自 Stolper 和 Samuelson（1941）以来有关斯托尔帕—萨缪尔森定理的研究进行了回顾。Davis（1996）在多个国家、三种产品、两种要素的 H－O 框架下，就国际贸易对发展中国家要素收入分配的影响展开了分析，指出发展中国家贸易自由化的收入分配效果取决于该国在其生产多样化之内（即与该国生产相同产品组合的国家内部）的相对要素禀赋状况。Lloyd 和 Schweinberger（1997）提出了所谓的“归责产出法”（imputed outputapproach），对国际贸易与家庭收入分配的联系进行了理论分析，研究证明斯托尔帕—萨缪尔森定理可以推广到任何有限、相等的商品和要素维度。

在 20 世纪 80 年代之前，关于贸易与收入分配关系的研究主要还是依托于 H－O 理论对要素价格均等化理论和 SS 定理进行发展或丰富；很少学者对基于 H－O 理论的贸易与要素价格关系进行实证的分析。但是 20 世纪 70 年代以后，随着发达国家与发展中国家主要是新兴市场国家贸易量的不断增加，不但发达国家非熟练劳动力的收入不断恶化，熟练劳动者与非熟练劳动者相对工资上升的趋势日益明显，而且不少发展中国家国内的收入差距也在不断加大。为此，从 20 世纪 80 年代后期开始，大量的经济学家开始

① 可参见 Feenstra，R. C. ：*Advanced International Trade-Theory and Evidence*，Princeton University Press，2003，p68－72 的详细表述。

对贸易与发达国家熟练劳动力与非熟练劳动力间的工资差距之间的关系进行实证检验，如 Grossman（1986、1987）、Revenga（1992）、Bhagwati（1991）、Lawrence 和 Slaughter（1993）、Krugman 和 Lawrence（1993）、Wood（1994 等）、Leamer（1996）等等。但是这些实证检验却得出不同的结论，有的检验结果显示进口价格对工资的影响作用很小如 Grossman（1986、1987）、Revenga（1992）等的检验；还有的学者如 Krugman 和 Lawrence（1993）、Lawrence 和 Slaughter（1993）等认为虽然贸易对发达国家熟练劳动者与非熟练劳动者之间的工资差距上升有一定作用，但是技术的作用要更大；而 Wood（1994 等）、Leamer（1996）等则认为贸易的作用更大，是引起发达国家工资差距上升的主要原因。从而引发了一场技术与贸易之争，也引起学者对贸易与收入分配关系的进一步关注和对贸易与收入分配关系的理论探讨热潮，分析角度更加多样化，对 SS 定理的假设也不断放宽，其结论也出现多样化。

第二节 技术进步、贸易与收入分配

一、贸易与技术之争

20 世纪 80 年代到 90 年代初的大量对贸易发展与发达国家熟练劳动力与非熟练劳动力工资差距关系的检验，其结果出现很大分歧。这种分歧主要表现为技术和贸易哪一个是造成收入差距拉大的主要原因上。

（一）贸易是造成收入差距增大的主要原因

许多国际经济学者从 SS 定理出发，利用 H－O 模型分析认为相对要素价格是由外生的产品价格决定的而不是由内生的要素数量决定，所以与发展中国和新兴工业化国家的贸易发展是发达国家国内工资收入差距拉大的主要原因（如 Thurow，1992；Leamer，1996 等）。Leamer（1996）利用 20 世纪 80 年代美国 450 个 4 位数商品分类的行业（4－digit SIC industries）产品价格、TFP 增长和最初的要素比例，计算了由贸易模式变化引起的要素价格变化，发现非熟练劳动者相对工资的下降中贸易的影响作用占到 40%。Sachs 和 Shatz（1994）也利用美国 1978－1989 年的行业数据分析认为贸易通过熟练劳动密集产品相对价格的上升增加了美国的工资差距，他的分析剔除了计算机行业。Haskel 和 Slaughter（2001）也从商品价格的变化和技术变化出发分析英国 20 世纪 80 年代的数据，发现贸易而非技术变化是导致英国收入差距拉大的主要因素。

还有一些学者从贸易要素含量模型（the factor content of trade model）出发首先关注贸易对非熟练劳动与熟练劳动供给的影响，进而分析贸易对其相对工资价格的影响。与发展中国家相比较，美国等发达国家的稀缺要素是非熟练劳动者，进口的是非熟练劳动密集型的产品，这也变相地进口了非熟练劳动。这些国家的对外开放，提高了非熟练劳动者的相对供给，因而对其工资有抑制作用。虽然大部分利用贸易要素含量模型分析的学者得出贸易对收入差距的影响并不是很大，最多只占到 25%，但也有学者如 Wood 认为贸易是主要因素。Wood（1994）在其南北贸易模型分析中认为，南北贸易对北方国家非熟练工人造成了损害，造成他们的工资减少和工作流失，这是导致发达国家收入差距的主要原因。1995 年他还计算了发达国家出口品和进口品中熟练劳动与非熟练劳动的使用量，发现贸易导致发达国家对非熟练劳动者的需求降低了22%。Borjas，Freeman和Katz（1992）认为20世纪80年代美国贸易的发展减少了其对非熟练劳动者的需求，这种贸易的发展还伴随着相对于无贸易增长时非熟练劳动者的相对工资。在其理论分析的条件下，他们还计算出1980－1988年美国非熟练劳动者相对每周工资降低了10%，贸易与劳动者的国际流动因素占到30%～50%。

（二）技术是造成收入差距增大的主要原因。

Krugman和Lawrence（1993）对比了1979到1989年美国制造业部门白领与蓝领工资率变化与就业率变化情况，发现几乎所有的行业都雇用了更多的白领，熟练劳动密集行业白领和蓝领雇用比率的改变并不明显，所以贸易对收入差距的影响很小，但技术的影响则非常明显；Baldwin和Cain（1994）的分析发现1977－1987年美国工资差距的扩大，贸易最多只能解释9%，1987年之后收入差距的扩大，贸易的影响更小，技术的变化是最主要的因素；Brauer和Hickok（1995）的分析也发现贸易量的变化对美国高中毕业与大学毕业劳动者工资差距拉大的影响最多只占到15%。还有一些学者认为贸易对收入差距拉大不起什么作用。Lawrence和Slaughter（1993）认为因为国际贸易交换价格是与SS定理的分析成反方向变化的，所以贸易对解释相对工资变化没有作用，而熟练劳动对非熟练劳动相对工资升水主要是由技术进步引起对非熟练劳动需求下降导致的。Desjonqueres等（1999）举出大量事实指出与发展中国家贸易的发展并不是导致发达国家收入差距的主要原因：第一，熟练劳动对非熟练劳动者工资上升（也称为技术升水skill premia）并不是只发生在密集使用熟练劳动的行业，而是在所有行业都发生；第二，工资升水不仅发生在发达国家而且在发展中国家也存在；还有，非技术密集产品的相对价格并没有因为贸易而有明显的下降。Krugman（2000）认为发达国家与发展中国家的贸易量只占其国民生产总值的2%左右，如此小的贸易量并不会给发达国家收入差距带来很大影响；同时他还指出熟练劳动对非熟练劳动工资的上升是因部门内非熟练劳动向熟练劳动就业转移引起的，而这种转移主要是因为国内技术偏向的技术变化引起的。

二、贸易、技术进步与收入分配的理论探讨

实证中的技术与贸易之争，引起学术界首先放松SS定理中的技术不变和各国技术水平相同的假设，对贸易、技术进步与收入分配关系更广泛的理论探讨。

（一）外生技术进步、贸易与收入分配

其实早在Jones（1965、1971）的分析中，其就已经考虑到了技术进步的作用，只不过她的分析仅考虑外部技术进步。在分析中她把要素投入系数的变化分解成$\widehat{a_{if}}=\widehat{c_{if}}-\widehat{b_{if}}$，这里的$\widehat{c_{if}}$是由要素价格变化引起的要素投入系数的变化，$\widehat{b_{if}}$是外部的技术进步，表示生产单位产出$i$所需$f$要素投入量的缩减。然后沿着第一节对SS定理的分析思路分析进出口商品价格变化、技术变化和要素价格之间的关系，并没有专门研究技术、贸易与收入分配的关系。在这方面专门进行分析并具有开创性的研究是Richardson。

Richardson（1995）用一般均衡模型分析指出导致贸易扩张和经济增长的因素有许

多，其中本国内的因素有五个：第一，开放贸易后，经济沿着给定的生产可能性边界转移，如生产从 c_0转移到 b_0点，如图 18.2.1 所示；第二，经济自然的（内生的）增长，如从 b_0到 b_1的生产扩张；第三，要素偏向的技术进步，比如外生劳动增加的技术进步，导致 PPF_1在纵轴上更向外扩张；第四，外生的部门偏向的技术进步，如投资部门的技术比其他部门技术进步得快；第五是偏好或者需求改变，比如对消费品需求相对下降，使 a_0a_1线向东南方向转变。在这五种因素中，Richardson 认为只有第一和第四个原因与收入分配相关。贸易开放导致国内贸易品相对于其他部门产品的相对价格和其所雇佣的劳动力转向贸易品部门，贸易品部门生产可能性曲线的相对增长（技术进步）会吸收被其他部门释放的劳动力，但要完全吸收所有剩余劳动力则劳动者的工资必须下降。所以贸易开放和部门的特定技术变化的联合作用就会导致收入不平衡加剧。

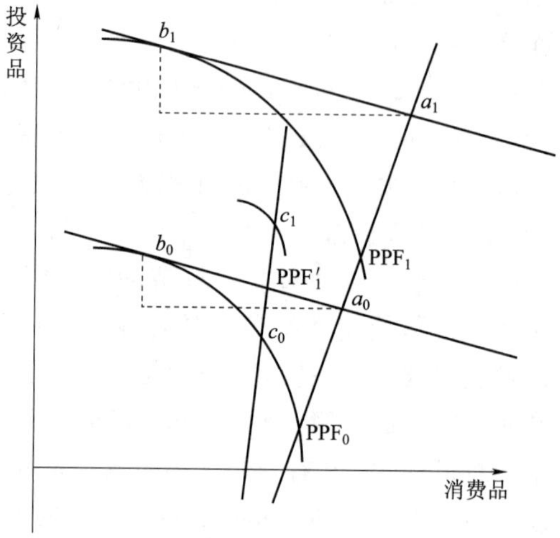

图 18.2.1　Richardson 贸易、增长与收入分配模型

Leamer（1996）年对外生部门偏向的技术进步对要素收入差距之间的关系进行了具体分析。Leamer 的模型是一个开放的小国赫克谢尔—俄林—萨缪尔森（HOS）长期模型，部门偏向的技术进步可以是偏熟练劳动型（skill-biased）、偏非熟练劳动型（labor-biased）和希克斯中性型（Hicks-neutral）。当偏向熟练劳动型技术进步发生时，对熟练工人的相对需求会提高，设 X 产业的偏熟练劳动型技术进步，使 X_0X_0线转移至线 X_1X_1，因为是偏熟练劳动型技术进步，X_1X_1线比 X_0X_0平坦，均衡点从 E_0移到 E_1，因而技术进步使熟练劳动力和非熟练劳动力之间的工资差距上升，如图 18.2.2。如果 X 产业技术进步是偏非熟练劳动型，那么 X_1X_1线会比 X_0X_0线陡峭；如果是希克斯中性型技术进步，则 X_1X_1线是 X_0X_0线的平移，结果均衡点 E_0都向西北方向转移，熟练劳动力和非熟练劳动力之间的工资差距都会上升。

但 Krugman（2000）不同意 Richardson 和 Leamer 的观点，指出 Richardson（1995）第三条要素偏向的技术进步也会导致收入差距拉大，部门偏向的技术进步只有在产品价

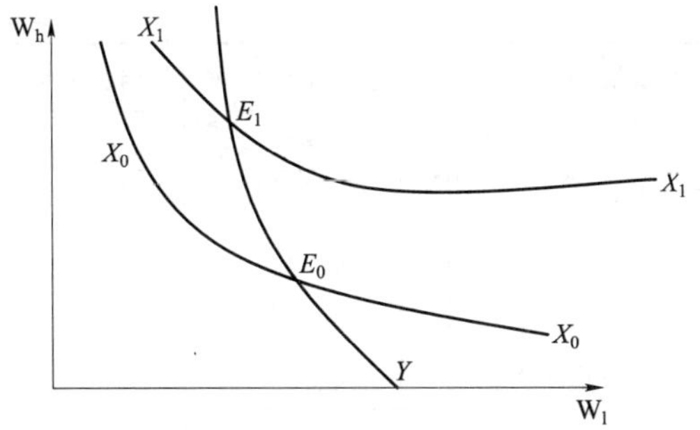

图 18.2.2　产业偏向技术进步对工资的影响（开放小国）

格相对不变也即贸易国是小国并且技术进步是单边，其他国家不存在同等程度的进步条件下才会导致国内收入差距拉大；而要素偏向的技术进步影响收入分配则不受这些条件的限制。Krugman 认为开放小国模型对研究遍及世界的工薪差距上升现象是不合适的，他使用了世界一体化的大国开放模型，假设自由贸易均衡时世界各国如同生活在一个同一国家一样，技术进步会使两种商品的供应量发生变化，从而导致其相对价格的变化，商品相对价格的变化通过 SS 定理渠道影响收入差距。在 Krugman 的大国模型中技术进步不但可以通过影响成本曲线对收入差距有直接效应，而且会通过商品价格的变化对收入差距产生一个间接效应。以 X 产业发生的技术进步为例，它的直接效应是使 XX 曲线上移从而影响收入差距；其间接效应是使 X 的产量相对增加，使 X 的相对价格下降进而使收入差距上升。Krugman 基于完全竞争的零利润条件证明了当技术进步为希克斯中性时，直接效应与间接效应正好相抵，技术进步对收入差距没有影响；当技术进步为熟练劳动力偏向时，直接效应大于间接效应，技术进步造成收入差距上升；当技术进步为地非熟练劳动力偏向时，直接效应小于间接效应，技术进步缩减收入差距，这与技术进步发生在哪个产业无关，仅仅与其要素偏向有关。

Xu（2001）将 Leamer 和 Krugman 的分析纳入到一般化的国际贸易模型中，识别了技术进步产业偏向和技术进步要素偏向发生作用的各种条件，发现除了极端情况外，Krugman 和 Leamer 所揭示的技术进步都是存在的，它们的作用力取决于技术进步是全球性还是区域性以及生产和需求中产品和要素替代性等多种因素，详细可参见表 18.2.1，其中 η 为消费边际替代率。

表 18.2.1　　Xu 技术进步对工资差距的影响

要素偏向	产业偏向	消费边际替代率	开放小国	一体化世界	开放大国
偏高技术工人	熟练劳动密集产业	$\eta=1$	+	+	+
		$\eta>1$	+	+	+
		$\eta<1$	+	+/-	+/-
希克斯中性	熟练劳动密集产业	$\eta=1$	+	0	+
		$\eta>1$	+	+	+
		$\eta<1$	+	-	+/-

续表

要素偏向	产业偏向	消费边际替代率	开放小国	一体化世界	开放大国
偏低技术工人	熟练劳动密集产业	$\eta=1$	+	−	+/−
		$\eta>1$	+	+/−	+/−
		$\eta<1$	+	−	+/−
偏高技术工人	非熟练劳动密集型产业	$\eta=1$	−	+	
		$\eta>1$	−	+/−	+/−
		$\eta<1$	−	+	
希克斯中性	非熟练劳动密集型产业	$\eta=1$	−	0	−
		$\eta>1$	−	−	−
		$\eta<1$	−	+	+/−
偏低技术工人	非熟练劳动密集型产业	$\eta=1$	−	−	−
		$\eta>1$	−	−	−
		$\eta<1$	−	+/−	+/−

在贸易与技术之争以及 Krugman 与 Leamer 对外生技术进步对收入差距的影响作用的讨论后，大部分学者在分析贸易与收入分配时会把技术进步、贸易、收入差距放到同一的模型中。Jones（1997）以简单的 2×2 H－O 模型分析，认为结构性的收入不平等是受以下因素影响：一是国际市场上产品价格的变化；二是技术的变化；三是以成本降低为主的贸易自由化。随着南方国家技术的进步，对于中等技术密集产品，南北两国都可以生产该产品，两国中等技术密集产品关税的降低会导致两国工资不平等向同一方向变化；但是这种变化还依赖于贸易自由化变化的方向。如果北方国家进口的中等技术密集产品并且降低关税，则两国国内工资不平衡会扩大；如果南方国家进口并减少关税，则两国工资不平衡程度会降低。Zhu 和 Trefler（2005）则在比较优势和要素禀赋优势的基础上设立了一个南方国家经济赶超指数。在一般均衡且技术进步是希克斯中性的条件下，若南方国家的赶超指数大于零，则南北两国国内的收入差距都会拉大；若指数小于零，则两国的收入差距都会缩小。若存在技术偏向的技术进步而且技术进步在各国国内所有部门都相同，则北方国家的技术进步会使北方国家收入差距拉大而南方国家的收入差距会缩小；反之，南方的技术进步则缩小北方，加大南方的收入差距。

（二）贸易引发的技术进步与收入分配

贸易存在技术溢出效应。Acemoglu（1998）构建了一个贸易开放与其引发的技术进步的要素偏向与收入差距的模型。在模型中假定最终产品由两个中间产品组装而成，其中一个为非熟练劳动密集型产品（Y_L），另一个为熟练劳动密集型产品（Y_H）。最终产品的生产函数为：

$$Y=(Y_L^{\rho}+Y_H^{\rho})^{\frac{1}{\rho}} \tag{18.2.4}$$

最终产品生产企业利润最大化使得两个中间产品的相对价格必须服从：

$$p = \frac{p_H}{p_L} = \gamma\left(\frac{Y_L}{Y_H}\right)^{1-\rho} \tag{18.2.5}$$

而中间产品生产企业的利润最大化使得工资差距必须服从

$$\omega = \frac{w_H}{w_L} = \gamma\left(\frac{A_H}{A_L}\right)^{\rho}\left(\frac{H}{L}\right)^{-(1-\beta\rho)} \tag{18.2.6}$$

这里 A_H 和 A_L 是熟练劳动和非熟练劳动的劳动生产率，β 和 ρ 都是相关生产函数的导数。Acemoglu 指出上式显示了两个效应：第一，ω 和 H/L 负相关表明替代效应；当熟练劳动和非熟练劳动工资差距上升时，非熟练劳动力变得便宜会替代熟练劳动力；第二 ω 和 A_H/A_L 正相关表明生产率效应，当熟练劳动的生产率上升时，工资差距会扩大；Acemoglu 同时利用内生技术进步模型推导出影响技术进步的函数：

$$\frac{A_H}{A_L} = f\left(p, \frac{H}{L}\right) \tag{18.2.7}$$

（18.2.7）式表明：第一，熟练劳动密集型产品相对价格 p 上升，会促进企业开发与熟练劳动力生产率相关的技术进步；第二，熟练劳动力相对于非熟练劳动力规模的上升会提高用于熟练劳动力的技术开发回报率，从而促进企业开发和熟练劳动力生产率相关的技术进步。第一个效应是价格效应，第二个效应是市场规模效应。Acemoglu 证明在 $p>0$ 条件下，市场效应大于价格效应。运用这个模型，Acemoglu 推导出在知识产权完全受保护的情况下，技术创造者（发达国家）可以充分利用发展中国家的劳动力资源进行生产。因为发展中国家熟练劳动力和非熟练劳动力的比率较低，为了迎合全球一体化的技术开发市场，发达国家的技术创新会是偏非熟练劳动的，因此贸易开放会缩减收入差距；在知识产权得不到有效保护的情况下，发达国家技术开发的市场动力仍然来自于发达国家熟练劳动力的相对规模，因而贸易开放不导致市场规模效应，但会提高熟练劳动力密集型产品的相对价格，从而扩大发达国家的工资差距。由于发展中国家对发达国家的技术模仿，发展中国家也会采用偏熟练劳动力的技术，其国内的收入差距也会上升。

Thoenig 和 Verdier（2003）建立了一个质量梯度动态一般均衡模型（dynamic general-equilibrium quality ladder model）对贸易一体化引发的技术进步与收入分配的关系也进行了分析。他们把生产部门和研发部门分开，生产部门依据其技术水平向研发部门购买专利。这里的技术水平有两种：一种是一般的技术，通过信息溢出可以被其他竞争者模仿，不过在这种技术水平下，生产部门可以通过改进转变成为第二种技术；第二种是熟练劳动偏向的技术，不存在信息溢出而且很难被模仿。

生产函数为：

$$Y_{kt}(l,h) = A_t\left[\left(\frac{1}{k}\right)^{(\sigma-1)/\sigma} + h^{(\sigma-1)/\sigma}\right]^{\sigma/(\sigma-1)} \tag{18.2.8}$$

这里 $k \in \{1, s\}$，$s>1$ 代表两种技术水平，$k=1$ 代表是第一种技术水平，$k=s$ 代表第二种技术水平。l，h 分别为非熟练劳动力和熟练劳动力，A_t 是 t 时的生产率系数。

模型的均衡点由研发部门的资源约束线（STR 线）与无偏向的技术条件（ΓΓ 线）的交点 S 决定。研发部门的预算约束线为：

$$\alpha_t c\theta_t = H_R \tag{18.2.9}$$

这里 H_R 是研发部门特定的熟练劳动力，α_t 代表 $k=1$ 的产品比率，$c\theta$ 为研发的成本，$c>0$，θ 由第一种技术水平跳为第二种技术水平的比率。

无偏向的技术条件线为：$1-\delta\psi(\alpha)\leqslant\frac{1-\delta}{1+\theta/r}$，$\delta>1$ 反映技术进步后，生产率系数变化的幅度；$\psi(\alpha)$是第二种技术水平下与第一种技术水平下生产单位成本比。

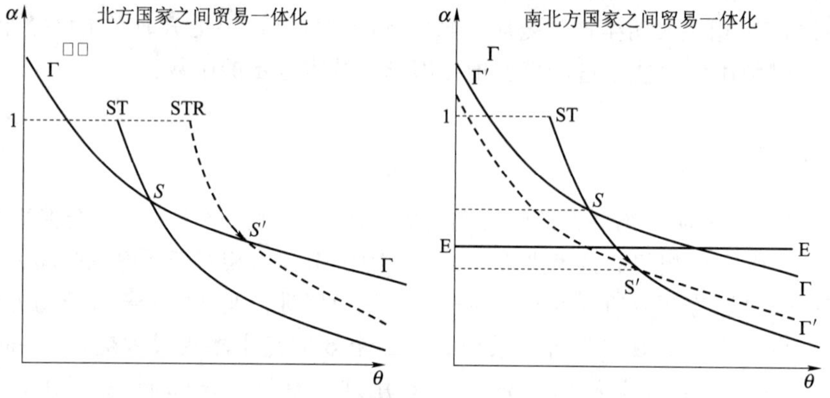

图 18.2.3 贸易一体化、技术进步与收入差距

在给出模型的均衡条件之后，Thoenig 和 Verdier 分别分析了北方国家贸易一体化和南北国家贸易一体化后，其技术变化及对收入差距的影响。在北方国家贸易一体化和动态均衡过程中，贸易首先导致研发人员数目上升，资源约束线右移，到 STR′，在达到新的均衡点过程中会发生技术偏向的技术进步，从而扩大北方国家的收入差距。

在南北国家贸易一体化过程中，根据比较优势南方国家会专业化用第一种技术生产，北方国家会专业化用第二种技术生产。南北国家的专业化程度可以分为南方完全专业化、北方国家不完全专业化也即 EE 线上方部分、北方国家完全专业化、南方国家不完全专业化也即 EE 线下方部分、南北国家完全专业化也即 EE 线。随着南北贸易一体化的发展和南方国家参与数目的上升，由于南方国家专利保护不利，技术模仿增多，导致 ΓΓ 线下移至 Γ′Γ′，新的均衡点变为 S′。在由原来的均衡点向新均衡点移动的过程中，在 EE 线上面，α 下降使北方国家的收入差距上升，南方国家收入差距不变；当移动到 EE 线以下时，南方的收入差距上升而北方国家的收入差距不变。只要一方不完全专业化于第一种或者第二种技术，则贸易导致的技术偏向的技术进步会同时拉大南方国家和北方国家的收入差距。他们认为贸易影响收入分配的方式是：贸易——技术偏向的技术进步——收入差距。

Dinopoulos 和 Segerstrom（1999）发展了一个动态一般均衡模型指出贸易自由化会增加 R&D 的投入。假设 R&D 相对于最终产品的生产是技术密集型的，则贸易自由化会导致对熟练劳动工人需求的增加，从而提高熟练劳动者的相对工资。

Beaulieu 等（2004）则建立了一个既存在科技产品间产业内贸易又存在科技产品与传统产品的产业间贸易的南北模型，考察科技产品贸易壁垒的降低与南北两国国内工资收入差距之间的关系。如果两国在科技产品上贸易壁垒都降低，则两国国内对科技产品的需求都会上升，两国的贸易量会扩大，国内产量会扩大（也即技术进步）。随着两国科技品产量的扩张，两国对熟练劳动的需求会上升，从而使两国国内熟练劳动者的工资上升，而非熟练劳动者的工资下降，收入差距扩大。另外，Beaulieu 等还指出，如果一国贸易壁垒降低的幅度大于另一国的降低幅度，比如南方国家贸易壁垒降幅比北方国家降幅更大，则北方国家收入差距扩大而南方国家内部的收入差距会缩小。

Ekholm 和 Midelfart（2005）以北北贸易模型为基础分析北方国家贸易引起的科技变化与相对工资之间的关系。在他们的模型中存在两种产品：一是传统产品（Y 产品），二是同时使用熟练和非熟练劳动者的新兴产品（X 产品）。X 产品的生产企业有两种进入方式；其一是使用传统工艺，即以低固定成本和较高的可变成本进入；二是使用新技术生产，即以高固定成本和低可变成本进入。随着两国间关税的降低，贸易会引起 X 产品企业类型的变化，由使用传统工艺变为采用新技术，即引起技术的变化，随着新技术企业的进入和关税水平的进一步降低，新技术企业的规模会扩大，对熟练劳动者的需求上升，从而使熟练劳动者的工资上升，收入差距拉大。这样贸易通过引起两国技术水平的提高方式影响国内的收入差距。

第三节　不完全竞争、规模经济、贸易发展与收入差距

二战之后，国际贸易的发展出现了很多新现象，其一是发达国家之间的贸易额大大增加，20 世纪 70 年代以来，发达国家之间的贸易占世界贸易总额的约 4/5，成为国际贸易的主要部分；其二是同类产品之间的贸易额也即产业内贸易大量增加。这是传统贸易理论都无法解释的。这些新贸易现象的出现引发了学者们对国际贸易理论的进一步探索，由此形成了以 Krugman、Helpman 和 Dixit 等为代表新贸易理论，他们通过产品差异、规模报酬递增以及不完全竞争等来解释这些新贸易现象。①

新贸易理论在解释贸易产生原因的同时也指出贸易的发展会给各国带来好处：一是带动劳动实际工资的上升；二是给国内消费带来更多可选择的商品，也即多样化效应。同时，Helpman 和 Krugman（1979，1985 等）认为，规模收益递增的好处对所有的生产要素都有份，因此使得一些稀缺要素也能够从贸易中得到好处，而不是 SS 定理所说的那样，贸易开放会造成进口国稀缺要素价格也即收入的降低。② 其后许多学者在分析贸易与收入分配关系时加入了很多新贸易理论的观点。这一框架为分析商品和要素市场存在不完全竞争时国际贸易对工资的影响提供了理论依据。

① 相关文献可参见 Krugman 著，黄胜强译，《克鲁格曼国际贸易新理论》，中国社会科学出版社，2001。

② Helpman, Elhanan and Paul R, Krugman 1985 Market Structure and Foreign Trade: Increasing Returns, Imperfect Competition, and the International Economy, Cambridge, MA: MIT Press. pp. 190 - 195.

Borjas 和 Ramey（1993）在一般均衡框架之外建立了一个古诺模型，分析不完全竞争下国际贸易与工资的关系。研究指出，进口竞争会导致不完全竞争产业的租金由非熟练劳动向国外生产商转移，从而使非熟练工人收入下降，且产业集中度越高，进口竞争导致非熟练劳动工资下降越大。

Brown，Deardorff 和 Stern（1993）在分析北美自由贸易区的建立对美国、加拿大和墨西哥工资差距影响所提出的分解方法可谓是分解法的先驱。北美自由贸易区成立时，新贸易理论已经发展比较成熟，因此 Brown，Deardorff 和 Stern（1993）在分析北美自由贸易协定（NAFTA）对美国稀缺要素劳动的实际工资会产生什么样的影响时，提出了一个考虑到报酬递增、产品差异和不完全竞争等这些新贸易理论所强调因素的模型。考虑一个简单的 $2\times2\times2$ 贸易模型，两种生产要素（$i=L, K$）和两种商品（$j=1, 2$）的假设，经过一系列的简化和计算之后，可以把工资的变化分解为下式：

$$\begin{aligned}\hat{\omega} = {} & \varepsilon_{L1}\left[\hat{p}_1 + \frac{(m_1-1)}{m_1}\hat{x}_1\right] - (\varepsilon_{L1}-1)\left[\hat{p}_2 + \frac{(m_2-1)}{m_2}\hat{x}_2\right] \\ & - \alpha_1\left[(1-\delta_1)\left(\hat{p}_1 - \frac{\hat{n}_1}{\sigma_1-1}\right) + \delta_1\left(\widehat{p_1^w} + \hat{t}_1 - \frac{\hat{n}_1^*}{\sigma_1-1}\right)\right] \\ & - \alpha_2\left[(1-\delta_2)\left(\hat{p}_2 - \frac{\hat{n}_2}{\sigma_2-1}\right) + \delta_2\left(\widehat{p_2^w} + \hat{t}_2 - \frac{\hat{n}_2^*}{\sigma_2-1}\right)\right] \qquad (18.3.1)\end{aligned}$$

这里 $\sigma_j>1$ 代表商品 j 中略有差异的各品种之间的替代弹性，δ_j 商品 j 占进口商品的比重。n_j 和 n_j^* 是国内生产的和国外进口的产品 j 中不同品种的数量。$\varepsilon_{L1}=\frac{1-\theta_{L2}}{\theta_{L1}-\theta_{L2}}>1$ 是斯托尔帕－萨谬尔逊弹性系数（Stolper-Samuelson elasticity）。θ_{ij}表示某要素在某商品边际可变生产成本中的权重或者比重。x_j 为产出变量，p_j 表示国内生产的商品 j 的价格，p_j^* 表示进口的外国商品 j 在国内市场上的价格，p_j^w 是该商品在世界市场上的价格。式（18.3.1）把 NAFTA 对工资变化的影响分解成五个方面：

① 斯托尔帕－萨谬尔逊效应：$(\varepsilon_{L1}-\alpha_1)\hat{p}_1-(\varepsilon_{L1}-1+\alpha_2)\hat{p}_2$，它反映一个经济体因为相对价格变化而产业部门间资源重新分配所带来的工资变化；

② 贸易条件效应：$a_1\delta_1(\widehat{p_1}-\widehat{p_1^w})+a_2\delta_2(\widehat{p_2}-\widehat{p_2^w})$，它反映国内各种商品的价格相对于进口商品价格上涨而带来的实际工资的提高。国内各种商品价格相对于进口商品价格的上涨，提高了用进口商品数量来表示的劳动的边际产品的价值；

③ 规模经济效应：$\varepsilon_{L1}\frac{m_1-1}{m_1}\widehat{x_1}-(\varepsilon_{L1}-1)\frac{m_2-1}{m_2}\widehat{x_2}$，它反映规模经济所带来的实际工资的提高；

④ 进口关税效应：$-\alpha_1\delta_1\hat{t}_1-\alpha_1\delta_2\hat{t}_2$，它反映因为进口商品消费税的免除而带来的实际工资的提高；

⑤ 产品多样化效应：$\frac{\alpha_1}{\sigma_1-1}[\delta_1\widehat{n_1^*}+(1-\delta_1)\widehat{n_1}]+\frac{\alpha_2}{\sigma_2-1}[\delta_2\widehat{n_2^*}+(1-\delta_2)\widehat{n_2}]$，它反映可获得的差异性品种数量的增加而带来的实际工资的提高。

Dinopoulos，Syropoulos 和 Xu（2001）在 Krugman（1979）模型的基础上分析了产业内贸易发展与收入分配之间的关系。他们在 Krugman（1979）模型中引入两个生产要素，熟练劳动力和非熟练劳动力，生产任何产品都需要这两种要素，且生产具有规模经济。在这样的假定下，其单位生产成本为：

$$c^X = \left[\left(\frac{w_H}{x}\right)^{1-\sigma} + w_L^{1-\sigma}\right]^{\frac{1}{1-\sigma}} \tag{18.3.2}$$

这里 σ 是垄断竞争产品之间的替代弹性，x 是任何一种垄断竞争产品的产量，假定产品是对称的，因此产量都相等。从上式可以求出熟练劳动力与非熟练劳动力的比率为：

$$h_x = \left(\frac{w_H}{w_L}\right)^{-\sigma} x^{\sigma-1} \tag{18.3.3}$$

Neary（2002）建立了一个寡头竞争的一般均衡模型，同样证明发达国家之间贸易开放度的提高会增加对熟练劳动力的相对需求。在他的模型中有一些列连续的产业。企业在所在产业中具有市场力量，但在整个经济中微不足道，企业先在某个产业投资生产。假定所有产业具有相同的结构，而投资是熟练劳动力密集型的活动，生产是非熟练劳动力密集型活动。当两个具有上述产业结构的国家开放贸易时，国内企业会增加战略性投资以达到阻止外国企业进入本国产业的目的。由于投资产出比的提高，投资活动对熟练劳动力的相对需求较大，因而贸易开放会导致工资差距的上升。Neary（2003）对此进行了更深入的分析，证实随着贸易自由化的发展，产品市场的竞争加剧，企业会加大对 R&D 的投入，引起熟练劳动者的相对工资上升。

第四节 生产外包、企业异质性与收入分配

不论是传统贸易理论还是新贸易理论都是研究国家之间的贸易关系，但是 20 世纪 90 年代后，国际贸易中企业的跨国外包、跨国企业内部贸易额和产品内贸易的比重越来越大，这种企业内贸易和外包的发展用传统的贸易理论和新贸易理论都没有办法进行解释，迫切地需要新国际贸易理论的产生。Melitz（2003）提出异质企业贸易模型来解释国际贸易中企业的差异和出口决策行为；Helpman，Melitz 和 Yeaple（2004）拓展了 Melitz 模型，考虑了建立海外分公司的决策，即企业以出口还是 FDI 的形式进行国际化；Antras（2003），Antras 和 Helpman（2004）等探讨企业的异质性对企业边界、外包（out-sourcing）以及内包（in-sourcing）战略的选择的影响，为研究企业全球化和产业组织提供了全新的视角。这些研究使在同一产业内部，从事出口的企业、从事海外生产的企业、进行离岸外包的企业都仅限于一部分，将与全球化活动没有直接关系的企业之间虽然存在生产率的差距却处于并存的状态模型化。学者把这种解释和研究企业异质性、跨国外包和企业内贸易的理论称为“新新贸易理论”（new-new trade）。在贸易与收入分配变化之间的关系方面也有学者开始应用新新贸易的框架进行分析，这种分析主

要是研究跨国外包与工资差距之间的关系以及非贸易企业与贸易企业对员工要求和工资支付上的差距。

一、生产外包与收入差距

第一个把生产外包与收入差距关系引入到模型中进行单独分析的是 Feenstra 和 Hanson（1996）。他们指出，中间产品贸易不仅影响着进口竞争产业的劳动需求，而且影响着中间产品使用部门的劳动需求，中间产品贸易对相对工资的影响比最终产品贸易要大得多，甚至中间产品贸易对相对工资的影响与技术偏向的技术进步的作用一样。在其模型中假设 $z \in [0, 1]$ 是生产产品的工序，按照所有工序中熟练劳动密集程度进行排列，z 越接近于1，产品生产中所需的熟练劳动力的量也越大，z 越接近于0，产品生产中所需的非熟练劳动力的量也越大。设 $x(z)$ 是生产每一 z 的产量，$a_H(z)$，$a_L(z)$ 是生产一单位 $x(z)$ 所用的熟练和非熟练劳动力的数量，$a_H(z)/a_L(z)$ 是关于 z 非递减函数。存在两个国家，国内与国外，加 $*$ 代表国外相应的变量。设生产函数是希克斯中性的生产函数：

$$x(z) = A\left[\min\left\{\frac{L(z)}{a_L(z)},\frac{H(z)}{a_H(z)}\right\}\right]^{\theta}K^{1-\theta}, z \in [0,1] \qquad (18.4.1)$$

$H(z)$ 和 $L(z)$ 是国内用来生产 z 的熟练和非熟练劳动力的总量。θ 代表生产每种 z 过程中劳动投入在总成本中的比重，A 代表生产率。$x(z)$ 的单位生产成本为：

$$c(w,q,r,z) = B[wa_L(z) + qa_H(z)]^{\theta}r^{1-\theta} \qquad (18.4.2)$$

w，q，r 分别代表非熟练劳动力工资、熟练劳动力工资和资本的回报率。最终产品的生产函数是柯布－道格拉斯函数：

$$\ln Y = \int_0^1 a(z)\ln x(z)\,dz, \int_0^1 a(z)\,dz = 1 \qquad (18.4.3)$$

该生产函数表明，最终产品的生产中不存在劳动力的投入，也就是说最终产品的合成没有产生增加值。设：

$\frac{q}{w} < \frac{q^*}{w^*}$，$r < r^*$ 这说明本国熟练劳动力的相对工资比国外便宜，国外的资本收益率要高于国内资本的收益率，也就是说本国是熟练劳动力比较丰裕国家，外国是非熟练劳动力相对丰裕的国家。设本国生产 z 序列的单位成本为 $c(w,q,r,z)$，外国的生产成本为 $c^*(w^*,q^*,r^*,z)$，根据上面的假设可以得到两条成本曲线如下图 18.4.1 所示。

CC 代表 $z \in [0, 1]$ 产品在国内生产的单位成本线，C^*C^* 代表在国外生产的单位成本线。企业基于成本最小化原则把各中间产品的生产外包出去，因为最终产品的加工不需要额外的劳动力投入，因此在哪个国家进行加工都可以。则基于成本最小化原则，国外将专业化生产 $[0, z^*]$ 工序的产品；国内将专业化生产 $[z^*, 1]$ 的产品。这样本国对熟练劳动力和非熟练劳动力的相对需求为：

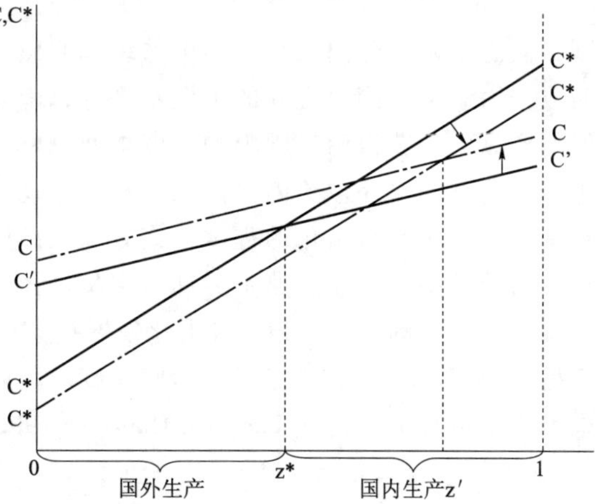

图 18.4.1 中间产品生产国内外成本线

$D(z^*) = \dfrac{\int_{z^*}^{1} \dfrac{\partial c}{\partial q} x(z) d(z)}{\int_{z^*}^{1} \dfrac{\partial c}{\partial w} x(z) d(z)}$，该需求函数是关于熟练劳动力与非熟练劳动力相对工资的减函数。假定各国的熟练劳动力与非熟练劳动力的相对供给不变，则劳动力市场均衡可以由 $D(z^*)$ 曲线与总供给曲线的交点实现，如图 18.4.2。

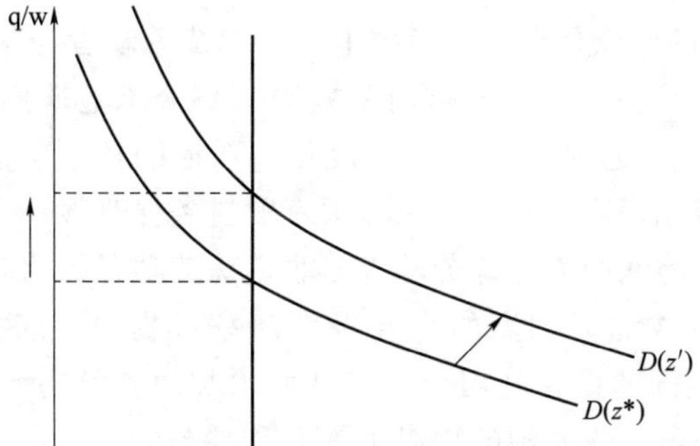

图 18.4.2 劳动力市场均衡

由于 $r<r^*$，在资本可以在国家之间流动的前提下，国内资本会流向国外，引起国内资本收益率上升，从而导致 CC 曲线移至 C′C′，国外的资本收益率下降导致国外的成本线从 C^*C^* 移至 $C^{*\prime}C^{*\prime}$，这样本国会生产 [z', 1] 工序的产品，而国外会生产 [0, z']。由于本国更专业化生产熟练劳动力密集度更高产品，因此对熟练劳动力的需求上升，导致 $D(z^*)$ 移至 $D(z')$，这样本国的熟练劳动力与非熟练劳动力之间的工资差距上升。而国外因为多生产 [z^*, z'] 工序的产品，这些产品相对于国内的原来生产的产品熟练劳动力密集度上升，因此对熟练劳动力的需求上升，其熟练劳动力与非熟练劳动力之间的工资差距也上升。

不同于 Feenstra 和 Hanson（1996）的一种最终产品的假定，Xubin（2000）发展了一个南北一般均衡模型，假定有两个部门最终产品由熟练和非熟练劳动力密集度不同的连续的中间产品组装而成。由于两个国家之间的工资不平等，南方国家会专业化生产熟练劳动力密集程度更低的产品，为获得南方国家的高资本回报率，跨国公司通过 FDI 的形式将部分中间品的生产从北方国家外包给南方国家。分析发现，外包和工资之间的关系依赖于部门设立 FDI 壁垒的大小和自由化的程度；南方国家高壁垒部门吸引非熟练劳动力密集型的外包活动，而低壁垒部门吸引熟练劳动力密集度比较高的外包。FDI 自由化程度决定外包活动的技术密集度的改变，FDI 自由化发展提高该部门外包活动的熟练劳动力密集度，而降低另一个部门外包的熟练劳动力密集度。因此外包和工资差距之间的关系可能是正相关也可能是负相关。发现 Feenstra-Hanson（1996）的分析结果只是他们模型的一个特例。

Selin Sayek 和 Fuat Sener（2006）则发展了一个南北产品生命周期的内生增长模型，不考虑规模经济效应。在他们的模型中技术创新、外包和技术收购（acquisition）是内生决定的。模型认为有两个外生的事件能增加对外直接投资：第一是外包的技术进步，它增加向南方国家转移生产的可能性；第二个是通过税收或者补贴的政策改变，它能改变跨国公司的投资决定。当 FDI 是因技术进步引起的时候，FDI 对南北国家工资差距的影响是含糊不清的，需根据模型中的参数决定；如果 FDI 是由如南方国家的生产补贴或者北方国家的税收引起时，两国国家的工资差距都会扩大。这种工资差距的上升反过来诱使更多的人去提高其技能。

Ethier（2005）则是从全球化条件角度考察贸易、技术与工资之间的关系。在 Ethier 的模型中，核心的假设是在生产函数中，非熟练劳动者与国家之间的外包相互替代而设备与熟练劳动者互补。北方国家向南方国家部分承包非熟练劳动者完成的“中间产品”，而南方国家出口这种中间品进口设备。在他的核心假设条件下，Ethier 分析的结论是：第一，全球化程度上升，使南方国家贸易条件改善，提高南方的设备利用以及北方向南方的外包，南北两方熟练劳动者与非熟练劳动者的相对工资都会上升，收入差距拉大；第二，南方或北方国家的全要素生产率或提供设备服务的相对成本下降（技术进步），则南北两国的设备利用会增加从而增加对熟练劳动者的需求，则存在熟练劳动者偏向的技术进步，使两国的相对工资上升。

Ota Ishikawa 和 Yoshimasa Komoriya（2006）建立了一个两国家两个企业的模型，每个企业生产一个同质的产品供应国内销售，同时还生产另一种产品可以采用外包的形式也可以不采用。两个企业的生产边际成本不同，并把这种边际成本的不同明确地分解为工资率的不同和劳动力投入系数的不同。国外的低工资率和低的贸易成本会使跨国外包更具吸引力，尽管他们会产生不同的效应。当两个企业都进行部分生产外包时，运输成本和交易成本的下降有助于提高国内福利；国外工资率的上升和国内关税的提高会增加国内福利。

在实证方面，Feenstra 和 Hanson（1999）对美国行业的外包和相对工资差距的关系进行回归发现外包的发展扩大了美国的工资差距；Egger，Gugler 和 Pfaffermayr（2000）对澳大利亚外包对其国内劳动力市场的影响进行了分析；Hijzen，Gorg 和 Hine（2003）

对英国的贸易与熟练劳动和非熟练劳动工资差距进行了分析；Heand 和 Ries（2002）对日本的情况进行了分析，发现外包会扩大国内不同劳动者的工资差距；Hsieh 和 Woo（2005）对香港的检验等。

二、企业异质性、贸易与收入差距

Bernard 和 Jensen（1997）利用美国 1980's 制造业非生产工人需求的企业数据分析了企业类型对工资收入的影响，他发现出口企业出口增长几乎可以全部解释美国相对工资的升高；技术进步决定了企业的技术升级但不是导致工资差距拉大的主要因素。Bernard 和 Wagner（1998）分析了德国公司的出口企业发现，用规模和生产率衡量的成功企业更倾向于成为出口企业而这些企业雇佣了更多的熟练劳动。他们的分析都表明不同的企业类型对熟练劳动力与非熟练劳动力工资差距的影响是不同的。自 Melitz（2003）、Helpman，Melitz 和 Yeaple（2004）以及 Antras 和 Helpman（2004）模型提出之后，有些学者也尝试从企业异质性角度研究贸易与收入分配关系，其基本的思想是出口企业对熟练劳动力的需求更高，并且支付员工的工资更高，因此出口的扩大会提高国内工资之间的差距。

Manasse 和 Turrini（2001）从企业层面上分析了全球化对收入不平衡的影响。他们建立的垄断竞争的一般均衡模型表明，在从事产业内贸易的两个同质国家间，贸易自由化导致熟练劳动在非出口企业的收入减少，在出口企业的收益可能上升也可能下降，但是熟练劳动对非熟练劳动的相对工资会上升；另外，出口企业竞争加剧会导致更大范围的技术进步和生产变革，从而要求企业雇佣更多的技术工人，这样熟练劳动者的工资也会上升。

Yeaple（2005）在他的一般均衡模型分析中也指出出口企业规模大、利用更先进的技术、雇佣更熟练的劳动者并且支付较高的工资，同时它们也比非出口企业的生产率高；贸易成本的降低会导致企业技术的变革，导致更大的贸易流量，增加对熟练劳动的需求，拉大熟练劳动与非熟练劳动的工资差距。Eric Verhoogen（2008）通过一个企业的异质性和产品质量差异的新模型主要关注发展中国家贸易发展与工资差距的关系。其分析认为只有生产率更高的企业才会出口，并且为吸引发达国家的丰富有的消费者，发展中国家的出口企业生产的出口产品质量要优于国内销售的产品。生产高质量的产品需要对白领和蓝领支付更高的工资，尤其是对白领。随着生产效率更高企业增加出口和产生更大份额的高品质的商品，而低效率企业仍然关注国内市场，发展中国家出口的扩大会导致行业内存在不同质量的产品，从而使企业之间的工资差距上升，同时同一出口企业内的工资差距也会扩大。之后，Verhoogen 用 20 世纪 90 年代的墨西哥数据对此进行了证明。

第五节　其他关于贸易与收入差距的分析

除了关注贸易发展与要素所有者收入之间的关系外，学者对贸易发展与大国地区之间的收入差距以及贸易与基尼系数之间的关系也进行了一些分析。

一、贸易发展与地区收入差距之间的关系

贸易发展与地区之间差距的理论解释主要从两个方面进行，第一是贸易发展对各地区经济增长的作用方面；第二是从贸易发展、要素收入差距与地区收入差距上面进行分析。在20世纪80年代中期，以罗默、卢卡斯等人为代表的一大批经济学家以“内生技术变化”为核心，探究了长期增长的可能前景，掀起了一股“新增长理论”的研究热潮。罗默修正了阿罗的“边干边学”模型，用“知识”代替“资本”，并将它视为一种具有特殊性质的经济物品，用于说明收益递增。同样在卢卡斯模型、格罗斯曼—赫尔普曼模型都假定生产函数呈现出规模收益递增。新增长理论强调了规模收益递增（规模经济）的作用和重要性，而国际贸易的一个重要作用就是能够使一国在更广阔的范围内实现分工，从而形成规模经济。新增长理论家受“新贸易理论”的启发，将内生创新模型扩展到包括商品、资本、专业化知识和思想观念的国际流动，提出了分析框架——开放性内生增长理论。他们认为国际贸易新原则应转变为“技术或人力资本优势”原则，强调国际贸易可以带来使各国知识、技术和人力资本水平得到提高的“外溢效应”。同时由于知识传播与人力资本的外部效应，各国之间开展贸易还可以节约一部分研究与开发费用、避免重复劳动，这一点对于发展中国家具有特别意义。它们可以借机学习和吸收发达国家的先进技术，形成一种“赶超效应”。新增长理论非常肯定国际贸易对发展的积极作用，但它似乎对解释发达经济的长期增长更有效。

虽然经济学界对贸易能促进经济增长的结论有一定的共识，但是大量的研究也发现各国或者国家内部各地区其对外贸易对经济增长的作用是不同的。Michaely（1977）的研究发现出口对经济增长的促进有一个临界发达水平，在临界发达水平的两侧，出口对经济增长的作用大不相同。经济发达国家的出口对经济增长的作用较为明显。近年来，一些致力于寻找外贸、外资与中国区域经济发展不平衡的关系的研究中得出的较为普遍的结论是：在中国经济发展不平衡的东、中、西部，外贸、外资对经济增长的作用是不同的。Chen 和 Feng（2000）研究了中国经济增长跨省差异的来源，他们的研究肯定了基于跨国实证分析的文献中的结论，并揭示了中国的独特性质，认为集体企业和私人企业对沿海地区的经济增长起着重要作用，而且内陆省市更应该致力于对外贸易并应充分利用与沿海省市的省级贸易，同时他们建议政府的资金应投入到有利于商品和服务在省际间流通的基础设施建设。Sun 和 Parikh（2001）将中国分为沿海、中部和西部三个宏观区域，分别使用不同区域的面板数据检验在中国的不同地区经济增长是否是出口导向的。他们的研究显示出口在不同地区作用不同，但对整体而言出口对经济增长具有正向的促进作用。杨全发（1998）的研究证实了我国各省存在临界发达水平效应，其回归分析结果表明人均 GDP 大于 3 000 元和小于 3 000 元的省份出口增长率与 GDP 增长率的关系不同，人均 GDP 大于 3 000 元的省份其出口增长率与 GDP 增长率呈显著相关关系。

对国际贸易与地区收入差距的另一个解释是从贸易对要素收入的分配关系不同的角度进行，从 H－O 定理知道贸易会改善一国丰裕要素的报酬而不利于一国稀缺要素的报酬，如果一国两地区的贸易量不同，而且地区之间不存在要素流动，则贸易多的地区对丰裕要素的报酬的提升幅度大于贸易少的地区同质要素报酬的提升幅度，从而拉大地区之间的差距。就这一方面国际上已有几个模型进行分析。Krugman 和 Livas Elizondo

(1996)通过新经济地理的分析方法建立了一个三个地区的模型，其中两个国内地区、一个外国、一种要素劳动可以在国内地区自由流动，但在国际间不可流动。该模型分析了发展中国家的城市化和贸易发展对其地区之间差距的影响。如果不存在国际贸易，则一国大都市化的发展受到两种因素的影响：一种是排斥因素，比如大都市中犯罪、污染和高地价等城市的非经济因素，这些因素使一国的工业不会都集中于大都市，而分散于多个地区，从而减少地区之间的差距。另一个是向心因素，包括两个方面，一是前向效应，即与产品市场的接近，城市中人口众多而且消费力强，会吸引大量工业企业的入驻；二是后向效应即投入品和要素供应，随着城市化的发展这种前后向的链接效应发展会更明显，而这种效应的发展又会促进大都城市的形成，从而扩大地区之间的差距。但是如果一国施行对外贸易或者从进口替代模式向出口导向模式转变，这种前后向效应的影响就会减弱，因为更多的投入品从国外进口，而国内生产的产品主要销往国外，会冲淡前后向效应的吸引，同时由于城市发展存在非经济的高成本，因此国际贸易的发展导致国内工业的地区分散化，从而缩减地区之间的差距。Paluzie（2001）对 Krugman 和 Livas Elizondo 的模型进行了扩展却得出与他们完全不同的结论。Paluzie 模型的假定条件与 Krugman 和 Livas Elizondo 的条件基本相似，但有两点不同，她假定农业部门依附于土地且其报酬不变，与工业部门相比，农产品的生产投入要素是不可流动的；再者她还假定农民和工业部门的劳动力各自都是特定的，不可在两部门之间流动，农民在国内地区间也不可流动，而工业部门的工人可以在国内地区间流动，因此农业部门的产出是在三个地区平分的，三地区的差距主要由工业部门的差距引起。当一国进行对外开放时，国内工业比重高的地区出口越多，对工人的需求越低，越有利于吸引工人的流入和提高工人工资，从而拉大与其他地区的差距。Paluzie 的分析实际与 H－O 定理有一定的相似性，依据 H－O 定理，工业部门的出口有利于工业部门劳动力收入上升，因此工业部门越发达的地区收入水平越高。Dapeng Hu（2002）建立了一个适用于中国的特殊模型分析贸易、产业聚集与地区差距之间的关系。在模型中存在沿海地区、内陆地区和国外三地区、每个地区有工业和农业两部门和生产四种产品。模型显示，由于存在运输成本，沿海地区全球化过程中存在区位优势，对外开放首先会使沿海地区收益，从而加剧沿海地区的工业产业聚集，如果地区之间、城乡之间要素流动存在限制，则贸易的发展导致的产业聚集就会拉大地区之间的差距。

对国际贸易与国内地区收入差距的实证研究主要集中在对欧盟、美国、墨西哥、中国、非洲等大国或者地区的分析，由于采用的样本和分析方法不同，其分析的结论差异很大。Silva 和 Leichenko（2004）对美国的分析指出，美国的贸易增长与地区内和地区间收入差距并存。他们利用地区进出口价格和进出口贸易依存度两个指标衡量美国贸易与地区差距的关系。就全部地区来讲，差距主要是受进出口价格的影响，与预期不同的是美国各地区高进口价格和低出口价格导致地区或州内部差距的上升；较贫穷的地区或者州从较低出口价格中获益，但高进口价格受损，较富的州从低进口和出口价格中都获益，这主要是从增加就业方面而不是从增加收入方面体现出来。Serge Coulombe（2007）对加拿大 1981－2000 年的省份数据的分析发现，国际贸易对加拿大人均 GDP 的增长有长期正相关关系，而且自 1981 年来加拿大省份之间收入的收敛主要由国际贸易的收敛引起。Javier Sánchez-Reaza（2002）对墨西哥加入 GATT 和北美自由贸易区后，国际贸易对墨西哥地区收入的影响发现，国际贸易导致墨西哥地区之间的收入更发散。Zhang 和 Zhang（2003）对中国地区差距的分析发现除了国内资本投资，贸易是导致 1986－1998 年地区间收入差距扩大的主要原因。刘力（2005）对中国区域经济差距的描述分析表明，区域要素禀赋差异影响区域产业结构与贸易结构，区域产业结构进一步影响区域贸易规模，贸易规模与贸易结构决定了区域要素收益的相对变化。万广华等（2006）利用新发展起来的夏普里值分解法衡量全球化对地区收入差距的影响，结果发现全球化对我国地区差距有缩小压力，中国地区的差距主要由资本投入和基础设施差距引起的，且私有化有利于缩减地区之间的差距。

二、贸易发展与基尼系数之间的关系

相对于贸易发展与要素所有者间的收入差距以及与国内地区间的收入差距关系，国内外学者对贸易发展与居民间的收入差距主要表现为基尼系数之间的关系研究的还比较少，而且主要以实证检验为主。Bourguignon 和 Morrisson（1990）考察了静态假设下贸易和收入分配的关系，在对发展中国家贸易与收入分配关系进行跨国检验分析中发现，发展中国家的收入分配取决于贸易保护程度、要素禀赋的分配和资源的充裕程度，具体的讲，土地与自然资源丰裕的国家，收入不平等程度较高。Spilimbergo 等（1999）沿用 Bourguignon 和 Morrisson（1990）思路，采用 1965－1992 年世界 108 个国家的面板数据研究了要素禀赋、贸易和个人收入分配之间的关系，研究表明土地和资本丰裕的国家一般具有较小的收入差距，熟练劳动力丰裕的国家的收入差距要大，贸易开放度对不平等的影响有赖于要素禀赋特征，并且在文中他们还采用不同的衡量贸易开放度的指标进行稳健性检验；Isabelle Bensidoun 等（2005）利用净进出口中要素含量的变化与国内收入分配有很大的关系。Gourdon（2007）沿用了 Spilimbergo et al（1999）的研究方法，使用关税水平表示贸易开放程度，另外加入大量的控制变量来提高回归参数的有效性。研究结果表明贸易自由化会使熟练劳动和资本要素丰裕、存在大量受教育程度较高的劳动者和拥有大量矿产和石油资源国家的收入差距扩大。赵莹（2003）检验了我国的基尼系数和贸易开放度之间的关系，发现贸易会扩大我国的收入差距，不过其分析是针对自改革开放以来我国总体的基尼系数，回归自由度过低；王小鲁，樊纲（2005）分析我国收入差距影响因素时也把进出口占 GDP 的比重作为一个解释变量，发现对外依存度与我国收入差距中存在正相关。

在理论方面，Fischer 的分析把贸易、要素禀赋放到宏观经济学对个人收入分配的理论框架中对此做了较大的贡献。Fischer（1992）发表了“动态两要素贸易模型中的收入分配”（Income Distribution in the Dynamic Two-factor Trade Model），把存在动态两要素的贸易模型引入到宏观跨期迭代模型中，分析贸易对居民个体之间收入分配的影响。沿着 H－O 理论惯用的 2×2×2 模型思路，Fischer 把两个国家假定为小国与整个世界，两种商品假定为劳动密集型的消费品和资本密集型的资本品，两种生产要素假定为劳动与资本。Fischer 使用了具有动态性质的迭代模型，即每个经济行为者只存活两时期，每个时期都有上一代的老年与下一代的青年共同存活。这些经济行为者的收入只包括工资与遗产两部分。他们第一时期也即工作时期的工资扣除了消费后，剩下的要进一步分成为自己第二时期退休后去消费的储蓄和留给下一代的遗产两部分。个体之间的工资收入平均分布，但是遗产是非平均分布的，从而造成个体之间的收入差距，而且这一差距会随着世纪迭代不断地进行传递。Fischer 在宏观经济的跨期迭代模型的分析中指出，只要某经济冲击使该国的工资和资本收益率的比率提高，则受冲击后，该国的收入差距会更加公平，如果工资—资本收益率比率下降则该国的收入差距就会上升。也就是说当该小国从封闭转为贸易开放这样的贸易冲击以后，如果该国是劳动力丰裕的，出口消费品进口投资品时，该国贸易会提高该国的工资与租金比率提高，从而在长期使该国的收入分配更加公平。Fischer（2001）沿袭 1992 年跨期迭代的模型分析收入分配，通过严格的数学推导得出：如果一经济体受到某种未预期的经济冲击使该国的利润率降低，则该冲击就会降低该国的收入差距；之后又引入 Eaton（1987）年的动态特定两要素贸易模型分析在不同要素禀赋下，贸易自由化对收入分配的影响。其结论是在自由贸易和资本自由流动条件下，贸易后土地丰裕型国家稳态下的收入差距要比贸易之前小；在特定条件下，贸易自由化会降低稳态下劳动丰裕国家的收入差距，而扩大劳动稀缺国家的收入差距。同时 Fischer（2001）采用面板数据对一国人均要素禀赋与贸易如何影响国内收入差距进行了检验，发现对外开放度会增加国内的收入差距，高人均资本率的国家贸易会增加其收入差距，而人均土地率与收入差距呈负相关。Isabelle Bensidoun 等（2005）在实证分析之前，把劳动进一步细分成受过教育的劳动和未受过教育的劳动两种，然后提出了一个包括资本、受过教育的劳动和未受教育的劳动在内的三要素理论模型，以分析用净出口变化来表示的贸易发展对收入不平等的影响。分析指出，在富裕国家只有一小部分人没有受过任何教育，低收入家庭主要是那些受过基础教育的人群。这一类家庭收入的改善，自然是整个社会收入分配不公平的缩小。相反，在贫穷国家，低收入家庭主要是那些未受过任何教育的人群构成，在这样的情况下，受过教育的家庭的收入早已处于相对高的水平，他们收入的改善不可能表现为社会收入不平等的减少。

总　结

国际贸易与收入分配之间的关系，一直是学者研究的重点和热点。国际贸易与国内收入分配之间的关系主要表现在三个层面上：一是国际贸易与各要素之间的收入分配；二是国际贸易与居民之间的收入分配（主要体现在国际贸易与国内基尼系数之间的关系）；三是国际贸易与国内各地区之间的收入分配。其中对国际贸易与居民之间收入分配的关系主要还是对贸易与要素收入分配关系的延伸研究，学者关注得比较少；国际贸易与国内各地区之间的收入分配关系主要集中于对中国、美国等疆域比较大的国家进行研究；这两方面学者主要还是以实证检验为主，从理论上进行分析的比较少，而且主要是依托于贸易与要素收入间关系的基础上进行研究。国际贸易与各要素之间的收入分配关系是学者研究贸易与收入分配关系的中心。

在国际贸易与各要素之间的收入分配关系上，基于 H－O 理论的斯托尔森—萨缪尔森定理是研究的基石。除了基于劳动价值论的分析外，其他关于国际贸易与各要素之间的收入分配关系的理论分析基本上都是对该理论的发展或者延伸。这种理论的发展主要表现为放松 SS 定理成立的假设条件上，包括放松不存在技术进步的假设，加入技术进步因素；放松商品市场的完全竞争假设，从不完全竞争和规模经济上进行分析或者从企业异质性、产品多样化上进行分析；放松最终产品的交易假设，改成对中间产品贸易的分析。这些理论的发展实际上是随着国际贸易理论的发展而不断推进的，这些理论的发展不是对 SS 定理的否定而是对它的丰富。

综观国际贸易与收入分配关系的研究可以看出其研究方法、研究角度等方面存在如下特点和趋势：

第一，现有的研究基本已经摆脱完全竞争的框架，主要在不完全竞争条件下进行分析，而且在分析时一般会考虑技术进步的作用，分析的思路和假设更加符合现实。比如 Ekholm 和 Midelfart（2005）、Beaulieu 等（2004）、Dinopoulos 和 Segerstrom（1999）、Thoenig 和 Verdier（2003）等都是在不完全竞争的基础上分析技术进步或者 R&D、贸易发展与要素收入之间的关系。

第二，关于贸易与收入分配关系的分析逐步从宏观层面转向微观层面。随着新新贸易理论的发展，基于中间产品贸易（外包）和企业异质性角度来分析国际贸易与要素收入之间关系的理论模型越来越多，已经成为研究贸易与收入分配关系的热点。Feenstra 和 Hanson（1996）的模型虽没有创新，它是 DFS（1980）的改版。但是将 DFS（1980）模型中的最终贸易品替换成中间贸易品具有创新意义。他们的研究引发了后续很多关于中间产品贸易更确切地说是外包与收入分配的理论探讨和实证检验；企业异质性和贸易的发展会出现出口企业和非出口企业，而出口企业的效益高于非出口企业，对员工的要求也高，其支付的工资也高于非出口企业，从而使企业之间的工资差距不断扩大。虽然基于这一角度的研究还比较少，但是随着新新贸易理论模型的不断成熟，学者对这方面的关注会越来越多。而且以企业数据对贸易与收入分配关系进行实证研究的文献越来越多，如 Bernard 和 Jensen（1997）利用美国 20 世纪 80 年代制造业企业数据、Bernard 和 Wagner（1998）利用德国企业数据对企业类型与工资差距的实证检验等；Xu 和 Li（2008）也利用中国 1998－2000 年企业的调查数据对贸易发展与企业生产性工人和非生产性工人工资之间差距变动的影响进行了检验，发现贸易发展对中国工资差距的直接影响是负的，贸易开放导致企业采用偏高技术工人的技术，因而提高了对高技术工人的需求。

第三，近几年对发展中国家贸易发展与收入分配之间关系的实证检验越来越多，已经成为学者未来研究的一大趋势。发展中国家一般是非熟练劳动力比较丰裕而资本、熟练劳动力等要素比较稀缺。如果按照 SS 定理则贸易的发展会缩减发展中国家熟练劳动力与非熟练劳动力之间的工资差距，但是 Robbins（1996）对智利、墨西哥、乌拉圭等 9 国、Beyer 等（1999）对智利、Hanson 和 Harrison 等（1999）对墨西哥、Goldberg 和 Pavicnik（2007）对阿根廷、巴西、智利等国家的实证分析发现贸易的发展同样也是这些国家国内工资差距上升的重要原因之一。另外，乔万尼・A. 科尼亚（2003）指出，随着贸易自由化的发展，大部分发展中国家的收入差距都随着贸易的发展而扩大，拉丁美洲国家，20 世纪 80 年代不平等上升，90 年代进一步上升或维持不变；自 20 世纪 80 年代以来，特别是 90 年代初以来，东亚和东南亚大多数国家的不平等都上升了；南亚后发自由化国家的收入分配比其他地区的变动要小，但是总体不平等显著上升；撒哈拉以南非洲国家的城乡差别下降，但城市之间以及有时农村之间的不平等上升。① 这是与SS定理预测完全相反的。这该如何解释呢？Wood（1998）、Robbins（1996）认为这归因于出口引致的熟练劳动力需求增加；Feenstra 和 Hanson（1996）认为生产外包的存在增加了发展中国家产品的熟练劳动密集，从而扩大了工资差距；Davis（1996）在多个国家、三种产品、两种要素的HO框架下，就国际贸易对发展中国家要素收入分配的影响展开了分析，指出发展中国家贸易自由化的收入分配效果取决于该国在其生产多样化之内（即与该国生产相同产品组合的国家内部）的相对要素禀赋状况。Xu Bin（2003）认为南方国家收入分配差距的扩大与贸易自由化导致的非贸易品和贸易品范围的变化有关；Marjit、Beladi、Chakrabarti（2004）也对发展中小国的贸易与工资差距进行了分析；Trefler 和 Zhu（2005）指出若南方国家的经济赶超较快，则南北两国的收入差距都会拉大；殷德生、唐海燕（2006）认为自由贸易通过促使发展中国家产品种类数增加型的技术进步加剧该国的工资差距。Glazer 和 Ranjan（2003）从消费者偏好差异的角度出发分析了贸易与要素价格的关系。他们认为不论是发展中国家（非熟练劳动丰裕型国家）还是发达国家（熟练劳动丰裕型国家），如果熟练劳动偏好用熟练劳动密集型的产品，则熟练劳动工人人数的增加会增加熟练劳动者的工资。在贸易条件下，若本国是熟练劳动密集型产品的净进口国，则熟练劳动密集产品的进口增加了熟练劳动的禀赋，从而提高了熟练劳动的相对工资，所以贸易自由化会提高发展中国家的收入差距，这在墨西哥、智利等国家的实证分析中已经得到证实。虽然学者已经开始关注发展中国家的贸易与收入分配关系，但是专门基于发展中国家角度进行理论分析的模型还是比较少的，在这方面还需要进行大量的探索，将成为学者未来研究的重点方向之一。

第四，近年来，对贸易发展与收入分配关系的动态研究越来越多。前面所陈述的大量研究都是从静态角度进行，但学者已经开始注重分析贸易与收入分配的长期动态关系。比如 Fischer（2001）的跨期模型、Dinopoulos 和 Segerstrom（1999）发展的动态一般均衡模型、Thoenig 和 Verdier（2003）建立的质量梯度动态一般均衡模型等。

再者，近年来的文章逐步呈现理论加实证一起进行分析的态势，而不像前面的文章理论是理论分析，实证就专门是实证，这也是现在经济学文章分析的一大趋势之一。比如 Fischer（2001）的文章、Isabelle Bensidoun 等（2005）的分析、Eric Verhoogen（2008）的分析等等。

需要指出的是，中国是最大的发展中国家，因为中国数据的可得性和收入分配的复杂性，目前对中国样本的研究还比较少，而且集中于分析贸易与地区收入差距的关系，对此，Wei 和 Wu（2001）对此进行了研究和相关文献的梳理；但是从理论角度和实证角度对我国贸易发展与城乡差距、要素报酬差距和基尼系数之间关系的分析还非常缺乏，还需要学者努力完成关于中国各种收入差距与贸易发展问题的一流水准的研究文章，以弥补这方面文献的不足。

---

① 乔万尼·A. 科尼亚. 经济自由化和全球化对发展中国家和转型国家收入不平等的影响. 世界经济与政治，2003（3）：11-16.

参考文献：

[1] 刘力．对外贸易，收入分配与区域差距—对中国区域经济差距的贸易成因分析．南开经济研究，2005 (4)．

[2] 丘东晓，许斌，等．国际贸易与投资前沿．韩巍，译．上海：上海人民出版社，2008．

[3] 任志成，张二震．开放对发展中国家工资差距的影响：一个文献综述．世界经济研究，2007 (9)：26-31．

[4] 宋玉华，周均．国际收入外包、就业和收入分配之文献综述．国际贸易问题，2006 (3)：5-10．

[5] 王中华，代中强．国际垂直专业化与工资收入差距：一个文献综述．世界经济与政治论坛，2008 (3)：19-26．

[6] 王云飞．国际贸易与国内收入分配关系研究评述．经济学动态，2007 (2)：101-105．

[7] 王小鲁，樊纲．中国收入差距的走势和影响因素分析．经济研究，2005 (10)：35-42．

[8] 殷德生，唐海燕．技能型技术进步、南北贸易与工资不平衡．经济研究，2006 (5)：106-114．

[9] 朱钟棣、王云飞．我国贸易发展与收入分配关系的理论研究和实证检验．北京：人民出版社，2008．

[10] 周申，李春梅，谢娟娟．国际贸易与劳动力市场：研究述评．南开经济研究，2007 (3)：107-123．

[11] Acemoglu, D. (1998). Why do New Technologies Complement Skills? Directed Technical Change and Wage Inequality. *Quarterly Journal of Economics*, 113, 1055-1090.

[12] Acemoglu, D. (2003). Patterns of Skill Premium. *The Review of Economic Studies*, 70, 199-230 (32).

[13] Brown, Drusilla K., Deardorff, Alan V. and Stern, Robert M. (1993). Protection and Real Wages: Old and New Trade Theories and Their Empirical Counterparts. Paper prepared for the CEPR/CESPRI Conference, "New Trade Theories: A Look at the Empirical Evidence".

[14] BensidounI., Jean S, Sztulman A. (2005). International trade and income distribution: reconsidering the evidence. *CEPII Working Papers Number* 2005-17.

[15] Bernard, A., Jensen, J. B. (1997). Exporters, skill upgrading, and the wage gap. *Journal of International Economics*, 42, 3-31.

[16] Beyer H.; Rojas P. and Vergara R. (1999). Trade Liberalization and Wage Inequality. *Journal of Development Economics*, 59, 103-123.

[17] Dapeng Hu (2002). Trade, rural-urban migration, and regional income disparity in developing countries: a spatial general equilibrium model inspired by the case of China. *Regional Science and Urban Economics*, 32 (3), 311-338.

[18] Eaton, J. (1987). A Dynamic Specific-Factors Model of International Trade. *Review of Economic Studies*, 54, 323-338.

[19] Ekholm K., Midelfart K. H. (2005). Relative Wages and Trade-Induced Changes in Technology. *European Economic Review*, 49, 1637-1663.

[20] Eric A. Verhoogen, (2008). Trade, Quality Upgrading, and Wage Inequality in the Mexican Manufacturing Sector. *The Quarterly Journal of Economics*, 123, 489-530.

[21] Feenstra. R. C. and Hanson. G. H. (1996). Foreign Investment, Outsourcing and Relative Wages. *NBER Working Paper No. W*5121.

[22] Feenstra, Robert C. and Gordon H. Hanson (1999). The Impact of Outsourcing and High-Technology Capital on Wages: Estimates for the United States, 1979-1990. *Quarterly Journal of Economics*, 114

(3), 907 - 40.

[23] Fischer, R. (1992). Income distribution in the dynamic two factor trade model. *Economica*, 59 (234), 221 - 233.

[24] Fischer, R. (2001). The Evolution of Inequality after Trade Liberalization. *Journal of Development Economics*, 66, 555 - 579.

[25] Goldberg P. K. and Pavicnik N. (2007). Distributional Effects of Globalization in Developing. Countries. *Journal of Economic Literature*, 45 (1), 39 - 82.

[26] Haskel, J. and Slaughter, M. J. (2001). Trade, Technology and U. K. Wage Inequality. *The Economic Journal*, 111, 163 - 187.

[27] Javier Sánchez-Reaza. (2002). The Impact of Trade Liberalization on Regional Disparities in Mexico. *Growth and Change*, *Gatton College of Business and Economics*, University of Kentucky, 33 (1), 72 - 90.

[28] Jones, R. W. (1965). The Structure of Simple General Equilibrium Models. *The Journal of Political Economy*, 73 (6), 557 - 572.

[29] Jones, R. W. (1971). A Three Factor Model in Theory, Trade and History. in J. Bhagwati et. al. (eds.), Trade, Balance of Payments and Growth, Amsterdam: North-Holland, 3 - 21.

[30] Jones, R. W. (1997). Trade, Technology and Income Distribution. *Indian Economic Review*, 32, 129 - 140.

[31] Krugman, P. R. (2000). Technology, trade and factor prices. *Journal of International Economics*, 50, 51 - 71.

[32] Krugman, P. R., Raul Livas Elizondo (1996). Trade policy and the Third World metropolis. *Journal of Development Economics*, 49, 137 - 150

[33] Leamer, E. (1996). Wage Inequality from International Competition and Technological Change: Theory and Country Experience. *American Economic Review Papers and Proceedings*, 86 (2), 309 - 314

[34] Manasse P. And Turrini A. (2001). Trade, Wages, and superstars. *Journal of International Economics*, 54, 97 - 117.

[35] Marjit S., Beladi H., Chakrabarti A. (2004). Trade and Wage Inequality in Developing Countries. *Economic Inquiry*, 42, 295 - 303.

[36] Mathias Thoenig and Thierry Verdie, (2003). A Theory of Defensive Skill-Biased Innovation and International Trade. *Amercian Economic Review*, 93 (3), 709 - 728.

[37] Michaely, Michael. (1977). Exports and Growth: An Empirical Investigation. *Journal of Development Economics*, 4 (1), 49 - 53.

[38] Neary, J. P. (1978). Dynamic Stability and the Theory of Factor-Market Distortions. *The American Economic Review*, 68 (4), 671 - 682.

[39] Paluzie E. (2001). Trade policy and regional inequalities. *Papers in Regional Science*, 80, 67 - 85.

[40] Richardson, J. D. (1995). Income Inequality and Trade: How to Think, What to Conclude. *Journal of Economic Perspectives*, 9, 33 - 35.

[41] Sachs, Jeffrey D. and Shatz, Howard J. (1994). Trade and Jobs in U. S Manufacturing. *Brookings Papers on Economic Activity*, 25 (1), 1 - 84.

[42] Serge Coulombe. (2007). Economic Integration and the Diversification of Regional Exports: Evidence from the Canadian-U. S. Free Trade Agreement. *Journal of Economic Geography*, 7 (1), 93 - 111.

[43] Silva, J. A. and Leichenko, R. M. (2004). Regional income inequality and international trade. *Economic Geography*, 80 (3), 261 - 286.

[44] Spilimbergo, A., Londo ~ no, L., and Sk' ezely, M. (1999). Income distribution, factor endowments and trade openness. *Journal of Develpment Economics*, 59, 77 - 101.

[45] Sun, H. and Parikh, A. (2001). Exports, Inward Foreign Direct Investment (FDI) and Regional Economic Growth in China. *Regional Studies*, 35 (3), 187 - 196.

[46] Stolper, Wolfgang and Paul A. Samuelson. (1941). Protection and Real Wages. *Review of Economic Studies*, November, 51 - 68.

[47] Selin Sayek, Fuat Sener. (2006). Outsourcing and Wage Inequality in a Dynamic Product Cycle Model. *Review of Development Economics*, 10, 1 - 19.

[48] Trefler, Daniel and Zhu, Susan Chun. (2005). Trade and inequality in developing countries: a general equilibrium analysis. *Journal of International Economics*, 65 (1), 21 - 48.

[49] Wilfred J. Ethier (2005). Globalization, Globalisation: Trade, Technology and Wages, *International Review of Economics and Finance*, 14, 237 - 258.

[50] Wood, A. (1995). How Trade Hurt Unskilled Workers. *The Journal of Economic Perspectives*, 9 (3), 57 - 80.

[51] Wood, A. (1998). Globalization and the Rise in Labour Market Inequalities. *Economic Journal*, 108, 1463 - 1482.

[52] Xu, Bin (2001). Factor Bias, Sector Bias, and the Effects of Technical Progress on Relative Factor Prices. *Journal of International Economics*, 54 (1), 5 - 25.

[53] Xu, Bin (2003). Trade Liberalization, Wage Inequality and Endogenously Determined Non-traded Goods. *Journal of International Economics*, 60, 417 - 431.

[54] Yeaple S. R. (2005). A Simple Model of Firm Heterogeneity, International Trade, and Wages. *Journal of International Economics*, 65, 1 - 20.

[55] Zhang, X. and Zhang, K. H. (2003). How Does Globalisation Affect Regional Inequality Within a Developing Country? Evidence from China. *Journal of Development Studies*, 39 (4), 47 - 67.

[56] Feenstra:加州大学（戴维斯）经济学教授，美国国家经济研究局国际贸易与投资部主任，曾长期担任《国际经济学杂志》(Journal of International Economics) 主编，也是国家经济研究局国际贸易和投资计划部的主任。所编教材“Advanced International Trade: Theory and Evidence”(Princeton University Press) 是一本成熟的研究生教材，已被世界一流高校广泛采用。

个人主页：http://www.econ.ucdavis.edu/faculty/fzfeens/

[57] Edward E. Leamer，加州大学洛杉矶分校安德森预测研究院的主任，著名的计量经济学家，对国家贸易中的许多问题都有研究。

个人主页：http://www.anderson.ucla.edu/faculty/edward.leamer/homepage_index/index.html

[58] Bin Xu（许斌）是中欧国际工商学院经济学及金融学教授。在加入中欧之前，是美国佛罗里达大学 Warrington 商学院终身教职副教授，弗吉尼亚大学 Darden 商学院访问教授，并为国际货币基金组织和世界银行提供咨询。毕业于美国哥伦比亚大学，获经济学博士学位，在《经济学期刊》、《国际经济学期刊》、《发展经济学期刊》、《经济一体化期刊》、《政策改革期刊》、《加拿大经济学期刊》等国际刊物发表文章多篇。

主页以及相关文章参照：http://www.ceibs.edu/faculty/xubin/xubin.html

[59] Adrian Wood：为英国国际发展部的首席经济学家，剑桥国际发展系教授，曾在剑桥大学和哈佛大学就读。1969 年到 1977 年，为剑桥国王学院经济学系的讲师；1977 - 1985 年，在世界银行工作；1985 年到 2000 年，在英国萨塞克斯大学教授。主要关注发展中国家的不平等现象。相关资料：http://ideas.repec.org/e/pwo106.html

第十九章　知识产权与国际贸易、FDI 文献综述

一、引言

技术对于解释国家之间的收入水平非常重要，虽然实物资本和人力资本同样重要，但是这并不能完全解释国家之间的收入水平的不同。美国的信息技术发展很快，这可以解释为什么美国的人均收入领先于日本从 1990 年的 10% 增加到 1999 年的 20% 。Eaton 和 Kortum（1999）和 Keller（2001a）发现导致 OECD 国家生产率增长的技术变迁的主要来源不在国内，而是在国外。国际技术扩散因此成为决定世界人均收入的主要因素。创新主要集中于 OECD 少数先进国家，其企业 R&D 的投资份额在 20 世纪 80 年代占整个世界的98%，90 年代占到 94%。（UNIDO，2002），而大多数发展中国家在 R&D 上的投资较少，这意味着穷国比发达国家更依赖于国外的生产力的增长。国家之间的收入收敛转变为国际技术扩散的程度，国际技术扩散可以使得国家之间的技术差距减少，因为技术扩散使得后进国家的厂商通过模仿和后继创新来跟踪前沿技术。

加强 IPR 保护对国际技术扩散的影响如何呢？它的效果可能是双重的：一方面加强 IPR 保护会限制技术扩散，因为专利阻止其他人自由使用有所有权的知识，专利造成的垄断效应也潜在地减少了知识的扩散。另一方面 IPR 保护会促进技术扩散，因为专利要求披露的信息对其他潜在的发明者会有帮助。此外，加强 IPR 保护会鼓励通过贸易，FDI，技术许可和合资企业途径的技术转让，TRIPS 协议的一个主要收益是发展中国家可以获得处于技术前沿国家的技术扩散。

二、技术扩散的途径及衡量的方法

技术扩散的途径主要有贸易，通过反向工程模仿进口产品，同时也可以学到生产方法、产品设计、组织结构等。资本品和中间产品的贸易是技术扩散的主要来源。第二种途径为 FDI，跨国公司在子公司使用先进技术会使技术扩散到东道国。第三种途径为技术许可，购买产品的生产和销售权，有效使用的相关方法都会导致技术扩散。合资企业混合了 FDI 和技术许可的特征因而也会伴随技术扩散。第四种为专利在他国的申请注册也会导致技术扩散。其他像技术工人的跨国界流动，学者的跨国访问等等一些非正式的途径也可能导致技术扩散。

由于技术和知识的无形的特征，所以衡量的方法并不是直接的。因为 R&D 支出费用是创新活动的主要投入，通常采用 R&D 支出费用来衡量。但是其缺点是没有考虑创新活动风险很大，相当的 R&D 项目都不成功。专利的数量作为创新活动的产出也常被使用，但是可能相当多的专利价值很小，而很多的创新没有申请专利。更广泛使用的是

TFP，即全要素生产率。TFP 是技术的派生衡量方法。

衡量技术扩散的方法第一种为一国的 R&D 是否对其他国家的 TFP 产生影响。一国的知识存量用过去的 R&D 支出表示，文献中使用的权重（weight）包括进口（Coe 和 Helpman，1995；Coe，Helpman 和 Hoffmaister，1997）、资本品进口（Xu 和 Wang，1999），向内和向外的 FDI（Xu 和 Wang，2000）和出口（Funk，2001；Falvey，Foster 和 Greenaway，2004b）。一种思路为比较国内外 R&D 的 TFP 弹性。Coe 和 Helpman（1995）估计了 22 个工业化国家的对 15 个小国的国内 R&D 的弹性为 8%，对 7 个工业国为 23%，对应的国外 R&D 的弹性分别为 12% 和 6%。因此对于 15 个小国而言，来自国外 R&D 的影响要大于来自国内的 R&D 的影响，因数为 1.5。Park（1995）在他分析的 OECD 十个国家的总数据中（包括 G－7）估计在 R&D 对生产率的总影响中外国 R&D 占三分之二（国内 R&D 的弹性为 7%，国外 R&D 的弹性为 17%）。第二种思路为：Eaton 和 Kortum（1997，1999），Eaton，Gutierrez 和 Kortum（1998）发展了生产率的增长和中间产品的质量提高相关的一般均衡模型。Eaton 和 Kortum（1997）不仅研究了 R&D 和生产率的简化型（reduced-form）关系，而且模型预测了长期均衡的变迁调整路径。他们也考察了经济政策变化的影响。在 Eaton 和 Kortum（1999）模型中研究了 R&D 和知识的扩散以及伴随的相关的国际专利活动。考虑到来自国外技术扩散的相对重要性，他们考察了 1988 年的 G－5 国数据，估计部分生产率的增长由于国内相对于国外（domestic as opposed to foreign）的 R&D 在德、法、英在 11% 到 16% 之间，日本 35%，美国 60%。Keller（2001a，b）提供了第三种思路。他在单方程局部均衡的框架下研究了生产率和外国 R&D 的关系。Keller（2001a）估计了 1983－1995 年G－5 国的技术扩散对其他 9 个 OECD 国家的贡献为这些国家几乎高达 90% R&D 对生产率的影响来源于此。我们可以看出，不管采用哪种方法，我们都可以得出结论，国外技术活动对国内的生产率的贡献是相当大的，而且国际技术扩散对国内生产率的相对贡献和经济规模以及发展水平是呈反比的。（Keller（2001））

第二种为专利的数量。Eaton 和 Kortum（1996）认为发明者决定在哪里申请专利可以提供他们的思想在哪里运用的信息。专利法以国家为范围，而且专利保护成本很高，因此专利申请只局限在很少的国家。他们认为选择在哪里申请专利由市场规模和发明在那里是否有用决定。他们使用 19 个 OECD 国家的数据来解释专利的目的国而发明者在另一国（来源国）。结果发现两国距离越短，目的国吸收技术的能力越强，目的国的相对生产率越高，技术扩散越大。进口依存度越高并不意味着便利知识扩散。

第三种为技术差距。Nelson 和 Phelps（1966），他们认为技术吸收率依赖于技术差距，常用一国的人均 GDP 与技术领先国（美国）的比率来衡量。Benhabib 和 Spiegel（1994）对 GDP 的增长率对标准变量包括技术差距和人力资本的相互作用进行回归分析，他们发现在相互作用的条件下有一个正相关的系数，人力资本可加速外国技术吸收。

三、知识产权与国际贸易

（一）国际贸易与技术扩散

实证分析国际贸易的 R&D 溢出时一般采用国际 R&D 溢出回归方法，该分析框架假定国内全要素生产率和国内外 R&D 存量相关：

$$\ln TFP_i = \alpha_i + \beta_{1i}\ln S_i^d + \beta_{2i}\ln S_i^f + \varepsilon_i \cdots \quad (19.1)$$

其中，i 代表国家；α_i 代表国家的特殊固定截距项；S_i^d 和 S_i^f 分别是国内、国外的 R&D 存量；β_{1i} 和 β_{2i} 分别是对应的国内外 R&D 存量的系数；ε_i 是误差项。Coe 和 Helpman（1995）用如下公式构建国外 R&D 存量变量：

$$S_i^f = \sum_{j \neq i} \frac{m_{ij}}{m_i} S_j^d \cdots \quad (19.2)$$

其中，S_i^f 是国家 i 的国外 R&D 存量变量；m_{ij} 是国家 i 从国家 j 进口的商品量；m_i 是进口总量：$m_i \sum_j m_{ij}$；S_j^d 是外国 j 的国内 R&D 存量。Lichtenberg（1998）认为上式中的权重只反映了 R&D 溢出的方向，而没有反映溢出的大小。因此他们提出了自己的估算公式：

$$S_{it}^f = \sum_{j \neq i} \frac{m_{ijt}}{y_{jt}} S_{jt}^d, \cdots \quad (19.3)$$

其中，m_{ijt} 是本国 i 在时期 t 从国外 j 的进口量，y_{jt} 是国家 j 的 GDP。

Coe 和 Helpman（1995）采用国际 R&D 溢出回归分析框架，检验了国际贸易的 R&D 溢出的存在。他们的样本为 22 个发达国家 1971 - 1990 年的数据，以（19.2）式构建外国 R&D 存量，将 TFP 和国内和国外 R&D 存量进行回归分析，发现国内和国外 R&D 存量都是生产率增长的重要来源，但国内 R&D 存量对大国影响更大。小国越开放从国外知识溢出的收益越大。这个分析框架被 Coe、Helpman 和 Hoffmaister（1997）拓展为南北外国知识溢出模型。他们以 22 个工业化国家和 77 个发展中国家 1971 - 1990 年的数据为样本，结果发现，从 22 个发达国家向 77 个发展中国家的 R&D 溢出是显著的，其 R&D 溢出弹性为 0.06。北方发达国家的溢出效应对南方发展中国家的生产率增长是一个重要来源，进口对于技术扩散是一个重要渠道。

其后文献的拓展主要有：Engelbrecht（1997）在 Coe 和 Helpman 技术溢出模型中增加了一个人力资本变量（平均受教育年限），并且发现当加入一个人力资本变量后，国际 R&D 溢出依然是显著的。Lumenga-Neso et al 和 Schiff（2001）在计算外国 R&D 存量时考虑了"非直接"贸易的 R&D 溢出问题，该文认为当一个国家 i 尽管只从另一个国家 j 进口商品，但如果国家 j 从其他国家有过进口时，国家 i 也能够从其他国家获得技术溢出。Lichtenberg 和 Pottelsberghe de la Potterie（1998）在实证中自己构建了公式（19.3）来计算外国 R&D，并仍然得出了和 Coe 和 Helpman（1995）一样的结论。Hakura 和 Jaumotte（1999）认为产业内的国际贸易 R&D 溢出的强度应该要大于产业间的溢出强度。Keller（2002）对 8 个 OECD 国家中的 13 个行业层面的样本数据进行了分析，结果发现自身的 R&D 和外国的 R&D 对行业的全要素生产率都存在显著的影响。Schiff、Wang 和 Olarreaga（2002）把行业按照 R&D 的密集程度分为高、低两类，结果发现高 R&D 密集的行业主要受益于北—南之间的 R&D 溢出，而低 R&D 密集的行业主要受益于南—南之间的技术溢出。Changshu Park（2003）采用 1976 - 1996 年期间 9 个韩国行业的数据，选取 14 个主要的 OECD 国家的 R&D 作为外国 R&D，结果发现外国

R&D 对行业技术进步的影响竟然要大于国内行业 R&D 的影响。

（二）国际贸易与知识产权

IPR 保护对贸易的影响主要有市场扩张效果（market expansion effect）和市场力量效果（market power effect）。一方面由于 IPR 保护的增强减少了侵权的风险，鼓励厂商出口专利产品到国外，从这方面来看，IPR 保护的增强提高了进口量，这就是市场扩张效果；另一方面，IPR 保护的加强增加了厂商的垄断力量，使得其攫取垄断利润而拉抬售价，降低销售量，也因此减少出口，这就是市场力量效果。Maskus 和 Penubarti（1995）认为市场扩张效果和市场力量效果会相互抵消，市场扩张效果在强模仿能力的大国占优势，而市场力量效果在弱模仿能力的小国占优势。

Maskus 和 Penubarti（1995）采用 Helpman-Krugman 模型研究了双边贸易和专利保护的关系，他们的数据为 1984 年 22 个 OECD 国家出口到 71 个发展程度不同的国家，将出口部门分成 28 个制造部门，采用的专利保护指标为 RRI，解释变量为进口国的人均 GNP，关税与贸易开放程度（黑市交易率），同时将国家分为大小经济体，并检验专利保护对双边贸易的影响是否不同。将产业分为专利敏感部门、专利不敏感部门和其他部门。研究结果发现，IPR 保护水平较高对大小发展中国家的制造品进口都有正向的影响。专利敏感部门与 IPR 保护并不相关，反而在其他产业有正向关系。专利敏感部门受到市场力量效果和市场扩张效果的交互影响，所以整体效果不明确。

Smith（1999）研究是否一个较弱的 IPR 保护会抑制美国对这些地区的出口。其研究的对象是美国在 1992 年的出口产业，援引双边贸易的引力方程来做实证分析，研究样本为美国 50 个州和哥伦比亚特区对 96 个国家的出口，总共样本数为 4 896。首先根据国家的人均 GNP（世界银行的分类标准），分为高收入、中高收入、中低收入和低收入国家，考察国家发展程度的不同，IPR 保护的程度是否影响到出口。结果发现中低收入国家随着 IPR 保护的程度的增强，对于美国出口会有正向的显著影响。其他三组国家保护程度与出口呈负向关系。这说明市场力量效果和市场扩张效果在发展程度不同的国家，两种效果互有消长。其次根据模仿能力的高低（以 R&D 占 GNP 的比重来衡量）与保护程度的强弱将国家分为四种。她发现低威胁—低模仿能力的国家 IPR 保护与美国对这些国家的出口呈负向关系，保护程度提高不能带来更多的出口。高威胁—高模仿能力的国家 IPR 保护与美国对这些国家的出口呈正向关系。总之，她认为美国的出口依赖于进口国的 IPR 保护，但是要看模仿的威胁。只有高威胁—高模仿能力的国家较弱的 IPR 保护对于美国的出口才是障碍。

表 19.1　　Smith's 的假说：模仿威胁

	弱知识产权	强知识产权
弱模仿能力	2. 中等模仿威胁 效果不明确（+/-）	1. 弱模仿威胁 市场力量效果（-）
强模仿能力	4. 强模仿威胁 市场扩张效果（+）	3. 中等模仿威胁 效果不明确（+/-）

资料来源：Smith（1999）

Smith（2001）研究了美国厂商出口是否受到国外专利保护强弱影响，同时研究了跨国公司在国外的销售额与授权当地生产的产量是否也会受到影响。结果发现，在模仿威胁程度高的地区，专利保护增强有利于出口，与1999年的结论一致。其次，海外子公司的销售量与授权给当地生产的产量都会有所提升，而且美国厂商愿意将技术授权给当地厂商。

Smith（2002）延续1999年的研究，选取生化制药产业，不再是二元的产业类别。在回归方程上分为四种：传统的引力模型方程；和1999年的假定一样，将出口国家以模仿程度分为两类；加入时间的虚拟变数，检视五个时点：1972，1977，1982，1987，1992年，模仿程度不同造成对出口贸易的影响是否随时间不同。美国20世纪80年代IPR保护政策逐渐加强，研究分成1972－1982和1982－1992两个时段，分析1982－1992时段，IPR保护对美国出口是否影响较大。结果发现，特别是在弱模仿能力的地区，1982－1992年间的市场力量效果比1972－1992整个时段更为显著。

Rafiquzzamna（2002）研究加拿大与世界各国的双边贸易和IPR保护的关系，沿用Smith（1999）的模型（使用OLS法），采用引力模型一阶差分估计法（estimation of first difference）来加以修正。他以加拿大1990年对76个国家的双边出口为样本，共有760个观察值。结果显示：IPR保护的增强有利于加拿大出口增长；将国家分组后，IPR保护的增强对各种发展水平的国家都具有正向显著效果；IPR保护的增强对出口到强模仿威胁的国家有正向显著效果，符合市场扩张效果假说。出口到弱模仿威胁的国家，大部分部门都呈负向关系，符合市场力量效果假说。

Fink和Primo-Braga（2005）采用标准引力模型，IPR保护指标为GPI，解释了1989年的跨国总体非燃料和高科技贸易流动。为什么在总体非燃料贸易中加上高科技贸易是因为建立在IPR保护对知识密集型的影响更大的事前期待上。为了解决零贸易流动的计量问题，他们的模型中一个方程式解释零观测值的可能性，第二个方程式解释正贸易流动的数量。其结果显示：IPR保护的增强对国家之间贸易的可能性的影响是较小的显著的正向效果，对总体非燃料的进出口的双边贸易流动是显著的正向效果。但是，对于高科技贸易，IPR保护的增强对国家之间贸易的可能性的影响是显著的负向效果，对双边贸易流动是不显著的负向效果。后面的结果和前面的期待相反，他们的解释是首先高科技产品中的强的市场力量效果可能抵消由于IPR保护的增强导致的市场扩张效果，IPR保护的增强吸引FDI可以部分替代贸易。第三，很多高科技产品对出口国的IPR保护并不敏感。第四他们未考虑关税和非关税壁垒，这些对某些产业的流向起着重要的决定作用。

Fink和Maskus（2005）有一个总结性的结论：第一，他们认为厂商的出口决定并不取决于穷国的IPR，因为那里的模仿威胁和反向工程是最弱的。第二，专利权在中等收入的大的发展中国家很重要，因为那里最容易发生模仿。这些国家IPR保护的增强减少了模仿的威胁，有利于外国厂商对这些国家的出口。第三，许多高科技产品很难模仿，这些产业的贸易流向对IPR保护与中等技术产业相比，其敏感度要低。第四，高科技的厂商可以通过FDI和技术许可开拓国外市场，所以其出口受IPR保护的程度影响较小。第五，IPR保护的增强可以提高高科技产品的进口，也会提高低技术的消费品，导致本土依赖模仿的产业衰落。

表 19.2　　IPR 保护和国际贸易相关文献的总结

文献	样本	研究时间	研究方法	IPR 指标	技术代理变量	结果
Maskus and Penubarti (1995)	22 个 OECD 国家 28 个制造业部门出口到 71 个发达和发展中国家的出口数据	1984	Helpman-Krugman Model	Rapp and Rozek index	R&D/GDP	加强 IPR 保护可以鼓励从 OECD 的进口
Smith (1999)	美国 50 个州和哥伦比亚特区出口到 96 个国家的数据	1992	Gravity Model	Rapp and Rozek and Ginarte and Park IPR Indices	R&D/GDP	加强 IPR 保护可以鼓励强模仿威胁的国家从美国的进口，弱模仿威胁的国家贸易和 IPR 保护是负向的关系
Smith (2002)	美国出口到 105 个国家	1972，1977，1982，1987，1992	Gravity Model	Ginarte and Park Index	1. R&D/GDP 2. 科学家 3. 技术人员 4. 教育普及	在弱模仿能力的地区，1982－1992 年间的市场力量效果比 1972－1992 整个时段更为显著
Rafiquzzamna (2002)	加拿大 10 个省出口到 76 个国家	1990	Gravity Model	Rapp and Rozek index	R&D/GDP	IPR 保护的增强对加拿大出口到强模仿威胁的国家有正向显著效果，符合市场扩张效果假说。出口到弱模仿威胁的国家，大部分部门都呈负向关系，符合市场力量效果假说
Fink and Primo-Braga (2005)	88 个国家总体非燃料和高科技贸易流动	1989	Gravity Model	Ginarte and Park Index	R&D/GDP	加强 IPR 保护可以鼓励总体非燃料贸易，对高科技贸易无显著影响

资料来源：作者根据上述文献整理。

四、知识产权与 FDI

（一）FDI 与技术扩散

企业为什么进行 FDI？经典的 FDI 理论进行了解释：海默的厂商垄断优势论、内部化理论以及邓宁的折中理论从不同角度进行了阐释。

从跨国公司的角度来看，FDI 比起技术许可以及合资的一个重要优势就是 FDI 使得技术在公司内传播，这样会限制技术在目的国扩散。但是仍然有相当多的文献认为跨国公司的 FDI 会给当地企业带来技术外溢的好处。Fosfuri，Motta 和 Ronde（2001）认为这种好处可以通过劳工培训和人员流动来实现。Rodriguez-Clare（1996）认为当地企业通过供应高质量的中间投入产品可以获得重要外溢。但产品在当地生产时，通过反向工程的模仿也会变得方便（Das，1987），当跨国公司建立销售网络，当地企业会发现出口更容易（Aitken，Hanson 和 Harrison，1997）。

实证文献中关于 FDI 与技术扩散的联系是混合的（mixed）。对于 FDI 的溢出效应提供的证据很少。Xu 和 Wang（2000）扩展了 Coe 和 Helpman（1995）的方法，样本为 1971－1990 年的 21 个 OECD 国家，增加了向内的和向外的 FDI 流量作为外国知识存量的权重。他们发现几乎没有证据支持通过向内的 FDI 有技术外溢，有一些证据支持通过向外的 FDI 有技术外溢。

Girma 和 Wakelin（2001）使用英国生产局的微观数据研究英国向内的 FDI 的影响。他们集中研究了 1980－1992 年的电子工业。他们检验厂商生产率的增长和外资占整个厂商的比重（给定的四位数产业）是否系统相关联。其他变量为在英国内给定地理范围的 FDI，给定的二位制产业的 FDI。首先检验产业内的 FDI 溢出，接着分别检验从地理和技术接近角度检验 FDI 溢出。他们发现从日本和其他外国 FDI 生产率效应是正向的，从美国 FDI 的生产率效应不是正向的。同样也有证据支持从技术接近来说有 FDI 溢出，但是没有证据支持地区内技术溢出比地区之间更强。

Haskel，Pereira 和 Slaughter（2001）使用相同的数据，在样本中的所有制造业增加更多年份和厂商。他们证实了 Girma and Wakelin（2001）的结论，从技术接近来说有 FDI 溢出发生，然而英国内的地理接近没有 FDI 溢出发生。Haskel，Pereira，and Slaughter（2001）估计来自美国和法国的 FDI 溢出效应对生产率的增长是正向的，而来自日本的 FDI 溢出效应对生产率的增长是负向的。

Globermann，Kokko 和 Sjöholm（2000）分析了瑞典跨国公司和非跨国公司 1986 年的 220 件专利申请。作者涉及的专利引用既包括来自引用国的向内的 FDI 也包括到引用国的向外的 FDI。他们发现向外的 FDI 和专利引用（跨国公司和非跨国公司都在内）存在强有力的相互作用，但是向内的 FDI 和专利引用没有关系。

Branstetter（2001）分析了美日专利申请和专利应用的大量数据。这些数据让他可以区别子公司的产品发展——根据相对知识密集推测。他发现更多的 FDI 和更多的专利引用相联系，不管从美国公司到日本公司还是日本公司到美国公司。FDI 鼓励技术外溢通过母公司的来源国带来，而且便利了技术学习。

Görg 和 Greenaway（2004）概括了好几个关于企业和产业层面的 FDI 外溢研究的结论。外国投资的正向、负向和不显著的影响都存在。对负向影响的一个解释是在产品和要素市场增加了竞争对国内厂商的生产率有负向影响（Aitken 和 Harrison，1999）。作者们的解释是企业得到 FDI 外溢的好处必须具备一定的吸收能力。Dougherty（1997）发现技术外溢对中国企业的生产率正相关，这和中国国内企业层面的 R&D 项目相关联。

（二）知识产权与 FDI

对于 IPR 保护对 FDI 的影响，经济理论并不能得出肯定的结论。当跨国公司拥有复杂技术，生产高度差别性的产品或者面临很高的许可成本的公司更愿意采取 FDI，而不是技术许可或者合资形式（Horstmann 和 Markusen，1986）。在这些情况下加强 IPR，通过 arms-length 贸易减少技术泄漏的风险，可以增加技术许可和合资的范围，减少对 FDI 的需求（Yang 和 Maskus，2001a）。另一方面，弱 IPR 保护又会影响投资环境，因而减少了 FDI（Smith，2001）。不同的产业部门，IPR 保护的重要性也不同。对于低技术产业和技术很难模仿的高技术产业的 FDI 来说，IPR 保护是次要的。而对于跨国公司拥有很容易模仿的技术，加强 IPR 保护就很重要了。但是加强 IPR 保护对于企业的 FDI 的国别选择并不是一个必要条件。如果是，像拥有高增长率但 IPR 保护较差的大国如巴西和中国就不会吸引那么多的外资了。虽然它们吸引的外资多，但是有证据显示跨国公司并不愿意在当地建立 R&D 部门，而且倾向转让比较旧的技术。（Maskus et al，2005）

早期的实证文献研究发现 IPR 保护与 FDI 的流动关联很少。Ferrantino（1993）发现一个国家是国际专利和版权惯例的成员国（或者专利授予时间长短）与美国子公司在该国的销售范围在统计上并不是显著关系。Mansfield（1993）发现美国公司在一国 FDI 的范围与加强 IPR 保护的相互关系并不显著。Maskus 和 Eby-Konan（1994）发现 RRI 对美国跨国公司的 FDI 影响并不显著。Primo Braga 和 Fink（1998）的研究显示无论 FDI 的存量和流量与 FDI 引力模型中的 GPI 都没有关系。Maskus（2000b）认为这些研究在某种程度上都要打折扣，因为他们在规范上受局限而且因不好的方法而苦恼（“limited in specification and plagued by poor measurement”）。

实证文献研究关于 IPR 保护与向内的 FDI 的联系是混合的。Mansfield（1994）调查了 1991 年美国 6 个产业的 100 家大公司，询问生产的当地化是否关心 IPR 保护。他发现在当地销售和出口很少关心 IPR 保护。随着生产的阶段提升，IPR 保护也显得越重要。许多公司决定在当地生产零部件会关心 IPR 保护。大多数公司决定在当地生产最终产品时会考虑 IPR 保护。如果决定在当地设立 R&D 分部时，最关心 IPR 保护。对于 IPR 保护很弱的国家，会很少有可能在当地设立 R&D 分部。对于产业来说，IPR 保护对化学和制药产业非常重要，对其他产业次重要。因为在低技术产业中的 FDI 更依赖于投入成本和市场机会，而不是 IPR 保护。对于很难模仿的产品的 FDI，IPR 保护也是次要的（Maskus，2000d）。

对于加强 IPR 保护对跨国公司在东道国活动的形式的影响，实证文献提供了更显著的证据。Lee 和 Mansfield（1996）考察了一国 IPR 保护与美国 FDI 在该国的总量和形式的关系。和 Mansfield（1994）一样，调查了美国公司在 14 个国家的 FDI 与该国 IPR 保护的关系，样本为 6 个制造业部门的 100 家美国公司在 1991 年对 IPR 保护的重要性对他们在 14 个国家的投资的评价（包括是否愿意转让最新技术给全资子公司或者投资合资企业）。结果显示越明显感觉 IPR 保护较弱的国家，FDI 在该国就越少；而且投资于最终产品和 R&D 的 FDI 的比例要显著少些。这意味着不仅投资的总量而且投资的质量都受 IPR 保护的影响。Kumar（2002）认为这些结论要小心对待，因为样本较少，衡量 IPR 保护过于主观，而且系数的 t 值较低。他接着讨论了 Seyoum（1996）发现 IPR 保护对于解释向内的 FDI 是显著的根据，尤其在新兴市场以及 Maskus（1998b）认为在发展中国家 IPR 保护与子公司的销售和资产是正向的。

Kumar（2001）讨论了目的国加强 IPR 保护对于跨国公司在海外的 R&D 活动是否重要。创新的规模经济，聚群经济以及保护公司的专门技术都不鼓励在海外开展 R&D 活动。但是出于使产品满足当地市场条件的需要，充分利用廉价的投入以及受过 R&D 训练的人力和当地的知识，也会考虑在海外开展 R&D 活动。对海外 R&D 的投资是跨国公司全球化程度最低的活动，Kumar 发现它随着时间在增长，尤其 20 世纪 80 年代以来。他检验了美国和日本跨国公司对 R&D 的 FDI 和 IPR 保护（GPI 为衡量的指标）的关系，模型估计了 77 个国家在 1982 年、1989 年和 1994 年的情况，结果发现目的国加强 IPR 保护对于美日跨国公司在海外的 R&D 支出没有显著影响。

Smarzynska（2004）考察了加强 IPR 保护是否影响 FDI 的构成，以 1995 年 FDI 流向 24 个转型国家为考察对象。她估计了一个 Probit 模型关于决定在一个国家投资和决定在国外生产的投资。她发现 IPR 保护较弱的国家会阻止在高技术部门的 FDI（药品、化妆品和健康产品、化学品、机器设备和电子设备）。也有一些证据显示 FDI 在其他产业也会受碍。她同样发现加强 IPR 保护会鼓励厂商建立当地生产（local production facilities），而不是单纯集中于分销网络，后者的影响不局限于高技术部门。

Branstetter et al（2004）考察了美国跨国公司的子公司的数据和总的专利数据检验加强 IPR 保护的法律改革是否会增加跨国公司对改革国家（12 个国家）的技术转让。结果显示伴随着法律改革，从母公司到 IPR 改革的子公司所在国技术转让增加了，用厂商内的特许使用（intra-firm royalty payments）衡量。他们区别了在美国的母公司的专利在中间值之上和之下的情况，发现技术转让更集中于子公司更广泛使用母公司的专利（专利在中间值之上）。

表 19.3　　IPR 保护和 FDI 相关文献的总结

文献	样本	技术扩散途径	IPR 保护指标	结论
Maskus and Eby-Konan（1994）	调查美国 7 个制造业部门 1982 年在 44 个国家的 FDI，根据国家的特征，包括加强 IPR 保护	FDI	RRI	在大多数的案例中，IPR 保护和美国的 FDI 是负相关的，尽管系数很少显著
Mansfield（1994）	调查了 1991 年美国 6 个产业的 100 家大公司，询问生产的当地化是否关心 IPR 保护	FDI	被调查者对加强 IPR 保护的认识	加强 IPR 保护会影响 FDI 的一些投资决定，如 R&D 的当地化。IPR 保护对 FDI 相对不重要，除药品和化学品外

续表

文献	样本	技术扩散途径	IPR保护指标	结论
Mansfield (1995)	调查主要的美、日、德公司	FDI	被调查者对加强IPR保护的认识	加强IPR保护对R&D的FDI相对更重要，IPR保护对化学、机械和电子设备的FDI相对更重要
Lee and Mansfield (1996)	调查美国在14个国家的FDI的总量与加强IPR保护的关系。样本为6个制造业部门的100家美国公司在1991年对IPR保护的重要性对他们在14个国家的投资的评价	FDI和成分生产	根据美国被调查公司对加强IPR保护的认识	越明显感觉IPR保护较弱的国家，FDI在该国就越少；而且投资于最终产品和R&D的FDI的比例要显著少些
Kumar (2001)	美国和日本跨国公司对R&D的FDI和IPR保护的关系，模型估计了77个国家在1982年、1989年和1994年的情况	R&D的FDI	GPI	加强IPR保护对于美日跨国公司在海外的R&D支出没有显著影响
Smarzynska (2004)	检验厂商在一个国家的投资决定和当地生产的投资决定，厂商层面的调查数据1995年在24个国家的FDI	FDI和成分生产	GPI	弱IPR保护不鼓励FDI，尤其对IPR敏感的产业，弱IPR保护也会阻碍投资者从事当地化生产，而是集中于销售
Branstetter et al (2004)	检验美国跨国公司厂商内的特许使用的关系（通过FDI的技术扩散的一种衡量方法）和12个国家的专利改革	FDI	代表加强IPR保护的法律改革的哑变量	美国跨国公司对海外国家IPR改革反应是正向的，会增加对改革国家的技术转让。增加的技术转让集中于专利密集的跨国公司

资料来源：作者根据上述文献整理。

五、结论

贸易流动、FDI、技术许可导致的技术溢出的外部性应该鼓励。对于有较高模仿能力的国家加强IPR保护会增加上述的流动。其他因素对于通过这些途径的技术外溢也可能比较重要。如果东道国拥有良好的基础设施、稳定的政府、开放的贸易投资体制会吸引 FDI 和技术许可（Brainard，1997；Carr et al，2001），充足的熟练劳动力、市场机会、宏观经济的稳定性以及政治和法律的可预见性对技术外溢都相当重要。

实证分析显示加强 IPR 保护对经济增长的影响在更开放的经济体正面效果更大。另外，加强 IPR 保护创造的市场垄断在封闭经济环境中更容易滥用。贸易和 FDI 可以使一国更容易吸取外国技术，因此开放可以减少垄断，鼓励创新和经济增长。

大多数的创新只发生在少数几个发达国家，FDI 和技术许可通常是国际技术转让的主要途径。虽然有一些证据支持加强 IPR 保护会鼓励技术许可，但是加强 IPR 保护是否会鼓励 FDI 却很大程度上并非决定性因素。IPR 保护对跨国公司的某些活动（R&D 和当地生产）和某些产业（药品和化学品）相当重要。大多数的东道国期待 FDI 和技术许可会对本地厂商产生技术外溢的好处，由于这种技术外溢很难衡量，所以并不奇怪几乎没有定论通过向内的 FDI 可以获得增长提高的技术外溢，无论是在经济、产业还是在企业层面。

参考文献：

[1] Aitken, B. , Hanson, G. H. and A. E. Harrison, 1997. Spillovers, Foreign Investment, and Export Behavior. *Journal of International Economics*, 43, 103 - 132.

[2] Aitken, B. and A. E. Harrison, 1999. Do Domestic Firms Benefit from Direct Foreign Investment? *American Economic Review*, 89, 605 - 618.

[3] Branstetter, L. G. , 2001. Are Knowledge Spillovers International or Intranational in Scope? Microeconometric Evidence from the US and Japan. *Journal of International Economics*, 53, 53 - 79.

[4] Branstetter, L. G. , Fisman, R. and C. F. Foley, 2004. Do Stronger Intellectual Property Rights Increase International Technology Transfer? Empirical Evidence from U. S. Firm-Level Panel Data. *World Bank Policy Research Working Paper no.* 3305, The World Bank.

[5] Coe, D. T. and E. Helpman, 1995. International R&D Spillovers. *European Economic Review*, 39, 859 - 887.

[6] Coe, D. T. , Helpman, E. and A. W. Hoffmaister, 1997. North-South R&D Spillovers. *The Economic Journal*, 107, 134 - 149.

[7] Crespo-Cuaresma, J. , Foster, N. and J. Scharler, 2004. On the Determinants of Absorptive Capacity: Evidence from OECD Countries. *Current Issues in Economic Growth*, *Proceedings of OeNB Workshops*, Austrian National Bank, 58 - 81.

[8] Dougherty, S. M. , 1997. *The Role of Foreign Technology in Improving Chinese Productivity.* MIT Science and Technology Initiative.

[9] Eaton, J. and S. Kortum, 1996. Trade in Ideas: Patenting and Productivity in the OECD. *Journal of International Economics*, 40, 79 - 90.

[10] Eaton, J. and S. Kortum, 1999. International Technology Diffusion: Theory and Measurement. *International Economic Review*, 40, 537 - 570.

[11] Falvey, R. E. , Foster, N. and D. Greenaway, 2002. North-South Trade, Knowledge Spillovers and Growth. *Journal of Economic Integration*, 17, 650 - 670.

[12] Falvey, R. E. , Foster, N. and D. Greenaway, 2004. Imports, Exports, Knowledge Spillovers and Growth. *Economics Letters*, 85, 209 - 213.

[13] Fink, C., 2005. Intellectual Property Rights and U. S. and German International Transactions in Manufacturing Industries. In Fink, C. and K. E. Maskus (eds.), *Intellectual Property and Development: Lessons from Recent Economic Research*, The World Bank/Oxford University Press, Washington, DC.

[14] Fink, C. and C. A. Primo Braga, 2005. How Stronger Protection of Intellectual Property Rights Affects International Trade Flows. In Fink, C. and K. E. Maskus (eds.), *Intellectual Property and Development: Lessons from Recent Economic Research*, The World Bank/Oxford University Press, Washington, DC.

[15] Funk, M., 2001. Trade and International R&D Spillovers Among OECD Countries. *Southern Economic Journal*, 67, 725 - 737.

[16] Ginarte, J. C. and W. G. Park, 1997. Determinants of Patent Rights: A Cross-National Study. *Research Policy*, 26, 283 - 301.

[17] Glass, A. and K. Sagi, 2002. Intellectual Property Rights and Foreign Direct Investment. *Journal of International Economics*, 56, 387 - 410.

[18] Globbermann, S., Kokko, A. and F. Sjöholm, 2000. International Technology Diffusion: Evidence from Swedish Patent Data, *Kyklos*, 53, 17 - 38.

[19] Görg, H. and D. Greenaway, 2004. Much Ado about Nothing: Do Domestic Firms Really Benefit from Foreign Direct Investment? *World Bank Research Observer*, 19, 171 - 197.

[20] Helpman, E., 1993. Innovation, Imitation, and Intellectual Property Rights. *Econometrica*, 61, 1247 - 1280.

[21] Kumar, N., 2001. Determinants of Location of Overseas R&D Activity of Multinational Enterprises: The Case of US and Japanese Corporations. *Research Policy*, 30, 159 - 174.

[22] Kumar, N., 2002. Intellectual Property Rights, Technology and Economic Development: Experience of Asian Countries. *RIS Discussion Paper no.* 25/2002, Research and Information System for the Non-Aligned and Other Developing Countries.

[23] Lee, J. Y. and E. Mansfield, 1996. Intellectual Property Protection and U. S. Foreign Direct Investment. *The Review of Economics and Statistics*, 78, 181 - 186.

[24] Mansfield, E., 1994. Intellectual Property Protection, Foreign Direct Investment, and Technology Transfer. *Discussion Paper no.* 19, International Finance Corporation.

[25] Mansfield, E. 1995. Intellectual Property Protection, Direct Investment and Technology Transfer: Germany, Japan and the United States. *IFC Discussion Paper no.* 27, The World Bank and International Finance Corporation, Washington, DC.

[26] Maskus, K. E., 1998. The Role of Intellectual Property Rights in Encouraging Foreign Direct Investment and Technology Transfer. *Duke Journal of Comparative and International Law*, 9, 109 - 161.

[27] Maskus, K. E., 2000a. *Intellectual Property Rights in the Global Economy.* Institute for International Economics, Washington, DC.

[28] Maskus, K. E., 2000b. Intellectual Property Rights and Foreign Direct Investment. *Policy Discussion Paper no.* 0022, Centre for International Economic Studies.

[29] Maskus, K. E., 2004. Encouraging International Technology Transfer. *UNCTAD/ICTSD Issue Paper no.* 7, United Nations Conference on Trade and Development/International Centre for Trade and Sustainable Development.

[30] Maskus, K. E. and D. Eby-Konan, 1994. Trade Related Intellectual Property Rights: Issues and Exploratory Results. In Deardoff, A. V. and R. M. Stern (eds.), *Analytical and Negotiating Issues in*

the Global Trading System, Ann Arbor, University of Michigan Press.

[31] Maskus, K. E. and C. McDaniel, 1999. Impacts of the Japanese Patent System on Productivity Growth. *Japan and the World Economy*, 11, 557 – 574.

[32] Maskus, K. E. and M. Penubarti, 1995. How Trade-Related are Intellectual Property Rights? *Journal of International Economics*, 39, 227 – 248.

[33] Maskus, K. E., Dougherty, S. M. and A. Mertha, 2005. Intellectual Property Rights and Economic Development in China. In Fink, C. and K. E. Maskus (eds.), *Intellectual Property and Development: Lessons from Recent Economic Research*, the World Bank/Oxford University Press, Washington, DC.

[34] Park, W. G., 1999. Impact of the International Patent System on Productivity and Technology Diffusion. In Lippert, O. (ed), *Competitive Strategies for Intellectual Property Protection*, Fraser Institute, Vancouver, BC.

[35] Primo-Braga, C. A. and C. Fink, 1998. The Relationship between Intellectual Property Rights and Foreign Direct Investment. *Duke Journal of Comparative and International Law*, 9, 163 – 188.

[36] Rafiquzzaman, M., 2002. The Impact of Patent Rights on International Trade: Evidence from Canada. *Canadian Journal of Economics*, 35, 307 – 330.

[37] Rapp, R. T. and R. P. Rozek, 1990. Benefits and Costs of Intellectual Property Protection in Developing Countries. *Journal of World Trade*, 24, 75 – 102.

[38] Romer, P. M., 1990. Endogenous Growth and Technical Change. *Journal of Political Economy*, 99, 807 – 827.

[39] Saggi, K., 2002. Trade, Foreign Direct Investment, and International Technology Transfer: A Survey. *World Bank Research Observer*, 17, 191 – 235.

[40] Smarzynska, B., 2004. The Composition of Foreign Direct Investment and Protection of Intellectual Property Rights: Evidence from Transition Economies. *EuropeanEconomic Review*, 48, 39 – 62.

[41] Smith, P. J., 1999. Are Weak Patent Rights a Barrier to U. S. Exports? *Journal of International Economics*, 48, 151 – 177.

[42] Smith, P. J., 2001. How Do Foreign Patent Rights Affect U. S. Exports, Affiliate Sales, and Licenses? *Journal of International Economics*, 55, 411 – 440.

[43] Xu, B. and E. P. Chiang, 2005. Trade, Patents and International Technology Diffusion.

[44] *Journal of International Trade and Economic Development*, 14, 115 – 135.

[45] Xu, B. and J. Wang, 1999. Capital Goods Trade and R&D Spillovers in the OECD. *Canadian Journal of Economics*, 32, 1258 – 1274.

[46] Xu, B. and J. Wang, 2000. Trade, FDI and International Technology Diffusion. *Journal of Economic Integration*, 15, 585 – 601.

[47] Yang, G. and K. E. Maskus, 2001a. Intellectual Property Rights, Licensing, and Innovation in an Endogenous Product-Cycle Model. *Journal of International Economics*, 53, 169 – 187.

[48] Yang, G. and K. E. Maskus, 2001b. Intellectual Property Rights and Licensing: An Econometric Investigation. *Weltwirtschaftliches Archiv*, 137, 58 – 79.

第二十章　国际贸易和技术进步、知识产权研究

自内生增长理论产生以来，国际贸易和技术进步的关系问题就得到了广泛的关注。内生增长理论认为技术进步是经济增长的最终源泉（Romer，1990），而国际贸易和研发投资都是技术进步的发动机（Grossman 和 Helpman，1991）。国际贸易能够获得两种利益：一种是静态利益；另一种是动态利益：扩大了的市场将导致规模经济；竞争的加剧能够提升微观经济主体的 X 效率等（Clerides et al，1998；Baldwin 和 Caves，1997）。许多文献分别从理论方面证实了国际贸易是技术进步的重要原因（Frankel 和 Romer，1999；Francisc Alcala 和 Antonio Ciccone，2004）。

第一节　国际贸易和技术进步关系的理论脉络

一、传统贸易理论与技术进步

传统的国际贸易理论强调静态收益；现代新贸易理论更强调国际贸易的动态收益（Grossman 和 Helpman，1991），并认为相对于动态收益来说，静态收益即便不是可忽略的也是很小的（Baldwin，1992）。代表国际贸易理论诞生的绝对优势理论和此后的比较优势理论及当代的新贸易理论都探讨国家在国际贸易中的收益问题。古典贸易理论本质上是从技术进步差异的角度来解释国际贸易产生的原因，并且反过来认为国际贸易及其国际分工能够促进生产效率即提高技术进步。斯密认为国际贸易主要是基于专业化和交换来实现获利的，国际贸易强化了劳动力的分工，劳动力的分工提高了生产效率，即用同样多的资源生产更多商品的能力；劳动力的分工受限于市场的广度，而国际贸易使所有的国家扩展了其市场的有效规模，强化了其劳动力部门更精细的专业分工，从而提高了其劳动力的生产效率而使每个国家获得了更高的收入。斯密还认为国际贸易给人们带来的收益远远超出了用国内市场上丰富的商品去交换国际市场上稀缺商品所进行的套利活动带来的好处。李嘉图深化了斯密的绝对优势基本思想，并得到了和斯密相似的关于国际贸易获利的结论：他认为国际贸易并不是完全靠生产成本推动的，而是通过生产的机会成本推动的；如果每个国家都专业化生产自己机会成本最小即具有比较优势的产品并进行国际贸易，则每个国家的生产将更有效率、国民收入更大。穆勒在其《政治经济学原理》中对国家在国际贸易中的获利进行了更深入的分析，他认为国家的获利可以分为三类：一类被称之为“对外贸易的直接经济优势”，这类收益是来自于专业化分工的基本收益；通过出口国内生产的商品来交换进口商品，一个国家可从事互惠性质的

贸易，这样就可以更有效地利用其有限的生产资料，因此就能获得比没有进行贸易的国家更高的国家收入。第二类收益就是所谓的“间接收益”：即国际贸易能够促进生产率的增长；国际贸易至少从两个方面促进了生产率的增长：一是作为国外技术的传导器来提高技术效率；二是通过竞争效应，把一些生产效率低的企业排挤出这个行业，从而让有更高生产率的企业扩张并刺激其提高效率和生产率。以赫克歇尔和俄林为代表的新古典贸易理论则从要素禀赋差异的角度提出了国际贸易的原因和国际贸易的收益问题，并假设技术进步的国际差别。“里昂惕夫悖论”（1953）以及世界范围内的产业内贸易发展对该理论提出了质疑。此后，要素禀赋理论在两个方面进行了扩展：一方面将土地、人力资本等生产要素引入要素禀赋模型，从而在更广泛基础上考虑国家的资源禀赋差异（Leamer，1980；Trefler，1995；Davis 和 Weinstein，2001）。另一方面是放松要素禀赋理论的一些假设条件：规模报酬不变假设和贸易参加国获得相同技术的假设，新贸易理论就应运而生。

从动态角度研究国际贸易和技术进步关系的是 1961 年波斯纳（Posner）提出的技术差距（Technological Gap）模型。在技术差距模型中，Posner 把国家间的贸易与技术差距的存在联系起来，把技术差距看作是贸易的一个决定性因素。Krugman（1986）重新描述了技术差距模型，在 Krugman 的模型中，一种商品可以用一个技术密集度（technological intensity）来衡量，具有指数高的商品技术进步快，如果一个国家在生产所有的商品上都有绝对优势，但它的比较优势在于更成熟的商品，因为在技术进步较慢的商品生产上技术缺口相对小一些。因此拥有先进技术的国家应生产和出口更多知识密集型商品。1966 年弗龙（Raymond Vernon）提出的产品生命周期理论具体而深刻地论证了“技术差异决定国际贸易流向”的观点。这一理论把新产品在研制、生产和销售等不同阶段上要素密集度的变化，不同经济发展水平国家的相对优势和跨国公司技术转移的作用有机地结合在一起，分析了技术创新和进步与比较优势变化的相互关系，从技术进步的角度分析了国际贸易的基础和贸易格局的动态扩展。因此，从本质上来说，我们可以把产品生命周期理论看作是对技术差距模型的总结及扩展。

二、新贸易理论与技术进步

新贸易理论把技术进步作为一种内生变量，不仅研究技术怎样影响贸易和增长，把技术创新作为科研、投资、贸易和经济增长的一种结果，研究技术变动、国际贸易和经济增长三者之间的互动关系，而且研究技术变动的原因及技术创新作为生产和贸易的结果对贸易模式和国家福利的影响。总体来说，新贸易理论沿着南北贸易、R&D 和国际贸易的关系两个方向扩展。Krugman（1979）最早把 Vernon 的产品周期理论引入南北贸易模型，但在 Krugman 的模型中，技术进步是外生的。Dollar（1986）基于 Krugman 的框架讨论了资本流动对南北贸易的影响，而同样基于技术外生；Flam 和 Helpman（1987）将产品的垂直差异引入到南北贸易模型中。真正开始在内生技术变迁的基础上讨论产品周期和南北贸易问题的是在 Segerstrom，Ananl 和 Dinopoulos（1990）之后。在 Segerstrom 等人的模型中，产品创新是依次发生在现存的各个产品上，每一次新产品的发明都会淘汰一种旧产品。一种新产品变成一种标准化的常规产品以后在发展中国家生产，北方国家由以前该产品的出口国变为进口国。

Grossman 和 Helpman（1991b）提出了一个内生产品周期的模型。他们认为北方国家的先进技术向南方国家扩散的主要途径是南方国家有意的技术模仿。在他们的模型中，不但北方国家的技术创新是内生的，南方国家的技术模仿也被内生化了。Grossman 和 Helpman（1991c）将产品质量阶梯（quality ladders）引入对南北贸易的分析，创新发生在北方国家，而技术从北方向南方的扩散表现为南方国家对于北方国家的技术模仿，北方国家开发出新的产品然后被劳动力成本低廉的南方国家所模仿。北方国家研发下一代质量更好、生产率更高的产品，南方国家继续模仿，南北方的竞争经济表现为这种创新—模仿—再创新—再模仿的形式，产品质量也在这种竞争中不断提高。Grossman 和 Helpman（1991a）在分析技术创新与转移时建立了产品周期的大国模型，以比较静态的分析方法区分了三种均衡下的贸易模式。Dinopoulos 和 Segerstrom（2003）也发展了这一模型，构建了南北贸易和产品周期的动态一般均衡模型。但是，基于产品周期的南北贸易模式并没有得出一个统一的结论。Gagnon 和 Rose（1995）认为贸易模式的动态演变实际上微不足道，南北方这种基于技术创新的贸易结构实际上也并不显著。而 Feenstra 和 Rose（2000）的研究却支持了 Vernon 的产品周期假说：技术发达国家承担了新产品的开发和创新，率先对外（包括对美国）出口，而发展中国家随后通过模仿掌握了该产品的主要技术，也开始进入国际市场，发达国家进行更高层次的再创新。

R&D 和国际贸易模型方面比较有代表性的研究“品种增长”模型和“质量阶梯”模型。“品种增长”模型（又称水平差异模型），它的基本思想是新产品的创造扩展了知识存量，从而降低了创新的成本，因此新产品品种的增加意味着提高了生产者的生产率，而国际贸易能够增加新产品的品种而促进技术进步。模型的基本形式是由 Romer（1990）和 Grossman 和 Helpman（1991）在 Dixit and Stiglitz（1977）的生产函数基础之上建立起来的，设

$$Y_t = AL_t^{1-a} d_t^a \tag{20.1.1}$$

其中，Y_t 为产出，A 是正的不变量，L_t 为劳动投入量，$0 < a < 1$，d_t 为中间投入的数量，

$$d_t = \left[\int_0^{n} x(i)^a di\right]^{1/a} \cdots \tag{20.1.2}$$

其中，代表中间投入的产品品种；假设在均衡状态下，每种中间品的投入量为 $\bar{x}$，并且具有一单位投入可以转化为任一单位中间品的线性生产函数；所以资本量：

$$K_T = v_t \bar{x} \tag{20.1.3}$$

解得：

$$\bar{x} = K_t / v_t \cdots \tag{20.1.4}$$

将（20.1.4）式代入（20.1.2）式解得 d_t 值后，并代进（20.1.1）式可得：

$$Y_t = Av_t^a L_t^{1-a} K_t^a \cdots \tag{20.1.5}$$

设技术进步以全要素生产率（TFP）表示，

$$\mathrm{TFP}_t = Y_t = L_t^{1-a} K_t^a = A v_t^a \tag{20.1.6}$$

由于国际贸易能够增加中间投入的产品品种，所以国际贸易能够促进技术进步。

“质量阶梯模型”（又称垂直差异模型）是由 Aghion and Howitt（1990）、Grossman and Helpman（1991）等人构建发展起来的，该模型体现了熊彼特的“创造性破坏”的思想，熊彼特认为创新是一个创造性破坏的过程，新产品的创造意会着旧产品的淘汰。它和“产品数量”模型的区别就是社会生产率的提高不是表现为产品品种的增加，而是产品质量的提高。由于消费者愿意购买更高质量的产品，企业家有动力去改进产品的质量。该模型一个很重要的假设就是尽管专利限制了企业复制其他企业创新的产品，但是企业可以利用体现在该创新产品上的知识，这种知识的溢出使企业家去创造质量更好的产品。我们可以借用巴罗和萨拉伊马丁（中译本，2000）的简略表达式来表达其思想：

$$Y = AL^{1-a} \sum_{j=1}^{n} (q_j^k x_{jk_j})^a \cdots \tag{20.1.7}$$

其中，Y 为产出，A 是正的不变量，L 为劳动投入量，$0 < a < 1$，n 为中间产品的固定数目，q 表示质量等级的比例间距，且 $q > 1$，q^{k_j} 表示部门 j 中发生过 k_j 次质量改进，x_{jk_j} 表示质量等级为 k 的第 j 种中间产品的数量。假定在一个给定部门中，高等级质量的中间产品将逐出较低等级质量的中间产品，由于在一定时期内，创新的中间产品具有垄断价格，且为 $1/a$，那么 x_{jk_j} 的数量在其边际产品等于垄断价格处确定，则（20.1.7）式的生产函数可写成：

$$Y = AL^{1-a} X^a Q^{1-a} \tag{20.1.8}$$

其中，$X = \sum_{j=1}^{n} x_{jk_j}$，为总的中间产品的投入，$Q = \sum_{j=1}^{n} q^{k_j a/(1-a)}$，为总的质量指数。

设技术进步以全要素生产率（TFP）表示，$\mathrm{TFP}_t = Y_t / L_t^{1-a} K_t^a = AQ^{1-a}$。

上述两个模型尽管形式不一样，但是都暗含着产品创新来源于新的思想的命题。这就为国际贸易的技术进步效应分析提供了分析思路。Grossman 和 Helpman（1991）在上述以研发为基础的内生增长模型基础上构建了产品的生命周期模型。该模型的基本思想是新产品在北方（技术领先国）首先被生产（质量阶梯模型）并出口到南方，但是由于南方（技术落后国）具有相对较低的工资，南方企业一旦能够模仿（质量阶梯模型和产品数量模型），被模仿的北方企业将从事进一步的研发活动。

第二节　国际贸易促进技术进步的途径

国际贸易促进技术进步的途径可以分为静态途径和动态途径。静态途径主要指那些直接影响技术进步的渠道，主要有资本品的进口、中间品数量的增加和中间品质量的提高等；动态途径主要指那些对技术进步产生间接影响的效应，主要有国际贸易所产生的各种效应：竞争效应、干中学效应和规模效应（Mombert Hoppe，2005）。

一、为出口生产购买新的机器

出口在发展中国家的生产率增长中可能扮演着一个很重要的角色。根据世界银行（1993）的观点，出口能够通过许多途径来克服知识市场的不完全性等以促进技术的进步。出口企业不得不购买新装备等以应对出口市场激烈的竞争，而这种购买新机器的行为有助于生产率的增长。Pack（1993）在解释东亚经济奇迹时认为，东亚国家吸收工业化国家的技术知识是其成功的关键；面对出口市场，企业改进产品质量以及减少成本的行为都显著地提高了其生产率的增长（Pack，1994a、1994b）。但是购买进口的机器并不意味着公司生产率的即时提高；为了有效率地使用进口机器，企业必须学习掌握如何使用这种技术，而这也需要一些投资（Evenson 和 Westphal，1995）。这种消化和掌握技术的过程称为技术努力（Technological Effort）①。在新古典模型里，技术努力的过程需要一定成本。Pack 和 Westphal（1986）就认为尽管发展中国家所使用的大多数技术都来自于工业化国家，但这些技术在扩散过程中都需要经历不同程度的改变以适应发展中国家的实际情况。Pack 和 Saggi（1997）等也强调尽管技术知识具有公共品的某些特征，但其溢出还是需要一定的成本和投资。

二、"出口中学"

出口者从外国消费者处获得许多信息：改进制造工业、产品设计和产品质量的各种建议（Westphal，Rhee 和 Pursell，1984；世界银行，1991；Grossman 和 Helpman，1991）。许多案例研究证实这些来自外国消费者的信息对发展中国家来说是一个重要的知识源泉。Keesing（1983）认为大量的发展中国家的出口都是按照国外消费者的订单而做的，买者已经制定了关于产品的设计、产品材料和其他包括标签、包装等的各项要求。Westphal，Rhee 和 Pursell（1984）在对 112 家韩国出口企业的研究中发现，这些企业的 49% 左右的技术来源于外国，而 20% 应该归功于和外国买者和供应者的接触，即出口中学效应。Aw 和 Batra（1998）引用台湾研究机构对 133 家制造业企业的调查发现，32% 的企业在产品创新方面依赖于外国消费者。Pietrobelli（1998）在对 26 个泰国出口企业的调查中发现，96.2% 的企业都认为外国消费者是其产品设计、技术改造的最重要的信息提供者。

最近，越来越多的文献采用微观企业的数据去检验是否存在"出口中学"行为。Clerides、Lach 和 Tybout（1998）对哥伦比亚和摩洛哥一些工业企业进行了实证分析，发现大多数企业样本的出口行为并没有促进其生产率增长，所以，他们认为在这些国家并不存在"出口中学"证据。Bernard 和 Jenson（1999）对美国 1984－1992 年期间的制造业企业的样本进行了实证研究，他们对企业出口之前和出口之后的生产率进行了分析，发现尽管出口企业比非出口企业的生产率水平更高，但企业的生产率水平并没有在

① Dahlman 和 Westphal（1982）把技术努力定义为：使用技术知识和其他资源去吸收或采纳已有技术或者去制造新的技术。

出口后有所提升，即没有“出口中学”的证据。Aw，Chung 和 Roberts（2000）对中国台湾和韩国制造业企业的“出口中学”行为进行了实证分析，中国台湾样本的数据来自 1981、1986 和 1991 年，而韩国样本的数据来自 1983、1988 和 1993 年；他们比较了出口者和非出口者的生产率变化，发现中国台湾出口增长最快的纺织业、塑料业和电子通讯业的生产率增长水平也最快，这和“出口中学”的假定相符；然而在中国台湾的其他行业和韩国样本中，他们并没有发现“出口中学”的证据。Clerides、Lach 和 Tybout（1998）认为这些实证存在一些统计问题：（1）他们没有测量总的成本（只是对劳动和物资资本成本进行了测算）；（2）平均成本并没有反映学习效果；（3）可变成本可能包括一些沉淀成本。另外，绝大多数文献都是对生产率和出口参入（一个虚拟变量）做回归，但生产率很可能还和出口的量相关，而不一定只和是否出口有关；因为出口越多的企业其从外国消费者获得的信息可能越多。其次，“出口中学”的假设可能只适用于低技术水平国家和企业，而上述样本中可能没有包括它们。

Kraay（1999）在对中国工业企业的数据分析时企图去避免上述实证方面的缺陷；由于中国企业具有较低水平的技术，因此是个很好的研究样本；他在实证中使用了差分的方法以消除那些和贸易和技术相关但不可观测变量的影响，并以出口占总产出的比例作为出口变量，结果发现企业出口产出比增长 10% 会导致 13% 的劳动生产率的增长、2% 的全要素生产率的增长和 6% 的成本减少。Kraay 还发现学习效应在已确定的出口企业中更加明显，而在新出口者中表现不是很显著。Aw，Chen 和 Roberts（1997）比较了进入出口市场和没有进入出口市场的台湾企业的生产率差异，结果发现 9 个行业中只有 4 个行业的生产率差异变大了，并且这 4 个行业中有 3 个属于前 3 名的出口导向行业；如果“出口中学”效应确实存在①，则该实证研究表明该效应和出口量成正比。Bigsten 等（1999）对非洲四国（喀麦隆、加纳、肯尼亚和津巴布韦）1992－1995 年的样本实证发现，企业从出口中获得了较大的学习效应，技术进步得到了较大的提高。

尽管有些出口促进政策和关贸总协定（或其后的 WTO）规则不很相符，但是这些政策曾经被各个国家广泛实施。最成功的出口促进案例发生在韩国和中国台湾。在 1960－1994 年期间，韩国和中国台湾的年均经济增长率分别为 8.5% 和 8.7%（Collins 和 Bosworth，1996）。它们都实施了积极地出口促进政策，而它们高速的经济增长伴随着出口的高速增长，对于其出口促进政策成功的解释存在两种观点：一种是吸收观点，一种是积累观点。

吸收观点强调这些东亚国家或地区在工业化过程中对外国技术的学习和掌握（Pack 和 Westphal，1986；Pack，1992）。这种观点认为工业品的出口是韩国和中国台湾经济增长的最主要的发动机，也是其知识、技术和学习的主要源泉；制造业出口促进了 TFP 的快速增长，并促进了这些国家和地区高速的经济增长；而物资和人力资本积累是必要的，但不是吸收过程的最主要条件。一些实证研究也支持快速的 TFP 增长是东亚经济增长的重要源泉。Pack 和 Page（1994）的实证研究就发现东亚国家快速的生产率增长部分地归功于高速增长的制造业出口。

① 我们不能排除企业因为自身技术水平高而选择出口的自我选择情况。

而积累观点却认为物资和人力资本的积累是韩国和中国台湾经济增长的最主要原因，快速的出口增长只是经济增长的结果而不是原因（Krugman，1994；Young，1994a，1994b；Rodrik，1995）。在他们的分析框架下，TFP 增长不是经济增长的主要源泉。Young（1994a）对东亚国家或地区的总体生产率和制造业生产率进行了测算，发现中国香港、新加坡、中国台湾和韩国在这段时期的 TFP 的增长和 OECD 等国家的相似历史时期的 TFP 增长并没有较大差异；他认为这些国家或地区的要素积累可以解释其经济的快速增长。Collins 和 Bosworth 对 8 个东亚国家和其他地区的发展中国家和工业化国家做了比较分析，他采用增长核算法将人均产出增长分解为物资和人力资本的增长以及剩余项 TFP 的增长，结果发现 TFP 在东亚经济增长中的贡献相对较少，因此他们也得到了和 Young 相似的结论。Rodrik 认为东亚国家的出口不是这些国家增长的原因，因为在韩国和中国台湾工业化的开始阶段，出口的利润都很低；而两地区的补贴和合作促进了资本的迅速增长，正是资本积累促进了经济的长期发展。

三、进口数量效应

内生增长理论强调 R&D 投资由追求利润最大化的创新者所实施：R&D 投资促进了技术进步，并且技术作为一种知识具有非竞争性和外部性（Romer，1990）。技术的非竞争性意味着一个人对新技术的使用并不排除其他人同时使用这种新的技术；而技术的外部性意味着技术一旦被发明，其他人使用这种技术的额外成本很小甚至为 0。技术的这种性质就导致了以 R&D 为基础的增长模型都具有规模报酬递增的特性。Romer 认为一个国家拥有更多的人口能刺激该国技术的改变，因为有更多的人能够无偿地使用技术。将上述规模报酬递增的特性应用到国际贸易的分析框架中，我们也能得到进口量影响本国生产率的结论。物化在进口商品中的外国技术也具有竞争性和外部性，这种特性就导致进口的商品数量越多，则使用物化在进口商品中技术的人也越多，本国的技术进步也越快。Connolly（1999）探讨了消除进口限制对技术变化的影响，但是在估计贸易对经济绩效的影响时却遇到一个基本的技术问题，因为贸易可能是内生的，由于其他原因而增长越快的国家可能开展的贸易也越多，而且贸易促进经济增长的原因也有许多，其中许多都和技术溢出无关。LP（1996）同时检验了通过国际贸易和 FDI 渠道的技术溢出，他们发现进口和外向的 FDI（out FDI）① 都是技术溢出的渠道。

四、进口种类效应

除了进口数量影响之外，进口种类也通过引进新的外国中间产品而促进国内的技术进步。进口国能够通过进口获得更多种类的中间产品投入，而后者正是外国技术创新的结果。进口种类效应意味着进口的产品种类越多，外国技术用在国内生产中就越多，技术溢出的机会就越大。进口的种类效应直接和生产函数的形式有关；Rivera-Batiz 和 Romer（1991）在其知识驱动的 R&D 增长模型中采纳了 Dixit-Stiglitz 生产函数的形式，其基本的假设是生产中所使用的有差异的中间投入不是完全可替代的，追求利润最大化

① out FDI 定义为一个国家的国内企业所进行的对外 FDI 活动。

的创新者进行 R&D 投资，R&D 投资导致新的中间产品的发明，新的中间产品的发明意味着技术的进步。在开放经济中，外国中间投入和国内中间投入一起在国内生产中被使用，外国的技术进步造成了更多种类的中间产品。

第三节 国际贸易与技术溢出

沿着 R&D 和国际贸易思路，国外出现了大量有关国际 R&D 通过贸易途径促进贸易国技术进步的文献，这些文献主要可以分为如何测算国际 R&D 通过贸易途径溢出以及相对应的实证研究。

一、国际贸易技术溢出的测算方法

在实证研究国际贸易技术溢出时候一般使用所谓的国际 R&D 溢出回归方法①，该方法研究生产率（一般用 TFP 表示）变化和国外 R&D 的关系，尤其是技术领导者国家的 R&D 对进口国生产率的影响；该分析框架假定国内全要素生产率和国内外 R&D 量相关：

$$\ln TFP_i = \alpha_i + \beta_{1i}\ln S_i^d + \beta_{2i}\ln S_i^f + \varepsilon_i \cdots \tag{20.3.1}$$

其中，i 代表国家；α_i 代表国家的特殊固定截距项；S_i^d 和 S_i^f 分别是国内、国外的 R&D 量；β_{1i}和 β_{2i}分别是对应的国内外 R&D 变量的系数；ε_i 是误差项。不同研究方法的差异主要表现在估算 TFP 的方法和构建外国 R&D 资本的方法不同。

我们也可以将式（20.1.6）用 TFP 增长的形式表达成下式：

$$dTFP_i/dt = \alpha_i + \beta_{1i}\ln S_i^d + \beta_{2i}\ln S_i^f + \varepsilon_i \tag{20.3.2}$$

$dTFP_i/dt$ 是全要素生产率增长的 Tornqvist-Divisia 指数②

Coe 和 Helpman（1995，后简称 CH）使用所谓的国际 R&D 溢出回归方法，最早实证发现了国家之间国际贸易的 R&D 溢出的存在，即一个国家的全要素生产率不仅受益于本国的 R&D 资本，也受益于其贸易伙伴国的 R&D 资本。CH 以 22 个发达国家 1971 - 1990 年的数据为样本，采用的基本回归方程如下：

$$\log TFP_{it} = a_i^0 + a^d \log S_{it}^d + a_7^d G7 \log S_{it}^d + a^f \log S_{it}^{f-CH} + \varepsilon_{it} \tag{20.3.3}$$

其中，$i=1$，…，22，代表国家；$t=1$，…，20，代表 1971 到 1990 年的年度指数；TFP 是全要素生产率；a_i^0 代表国家 i 的特殊固定截距项；S_{it}^d和 S_{it}^{f-CH}分别是国内 R&D 和外国 R&D 资本存量；$G7$ 是个虚拟变量，设置其目的是为了求得 $G7$ 国家和其他发达国家国内 R&D 资本系数的差异 a_7^d；a^d 和 a^f 别为国内 R&D 资本和外国 R&D 资本的系数；ε_{it}是误差项。CH 采用进口份额权重法加总贸易伙伴国的 R&D 资本以求得总的外国 R&D 资本，具体公式如下：

---

① Mohnen（2001）对此做过很好的综述。

② Madani（1997）和 Ziele（1993）有此指数的推导。

$$S_i^{f-CH} = \sum_{j \neq i} \frac{m_{ij}}{m_i} S_j^d \tag{20.3.4}$$

其中，S_i^{f-CH} 是国家 i 的外国 R&D 资本存量；m_{ij}是国家 i 从贸易伙伴国 j 进口的商品量；m_i 是从其他 21 个贸易伙伴国的进口总量：$m_i = \sum_j m_{ij}$；S_j^d 是外国 j 的国内 R&D 资本存量。这种方法实质上假定一个国家从国内 R&D 资本越大的国家进口得越多，其获得的国际 R&D 溢出效应也越大。CH 的实证结果发现国内和国外 R&D 资本都是生产率增长的重要源泉，对 G－7 国家来说，国内 R&D 资本对本国生产率的影响比外国 R&D 资本的影响更大。Coe、Helpman 和 Hoffmaister（1997，后简称 CHH）使用 CH 的基本分析方法研究了南北国家的国际 R&D 溢出问题，结果发现从 22 个发达国家向 77 个发展中国家的 R&D 溢出是显著的，平均来说工业化国家的 R&D 资本每增加 1%，将引起发展中国家的全要素生产率增长 0.06%。

但是 CH 计算外国 R&D 资本的方法存在一定的缺陷。CH 自己也认为（20.3.4）式只能反映外国 R&D 溢出的方向（direction）而不能反映其溢出的强度（intensity）；因为（20.3.4）式中的权重和为 1，即 $\sum_{j \neq i} \frac{m_{ij}}{m_i} = 1$；当 2 个国家的进口结构及其贸易伙伴国都相同，但只是进口的绝对量成比例时，按照 CH 的方法计算的外国 R&D 资本会是相同的，其实质是没有考虑进口的绝对量对生产率的影响。因此，CH 推荐使用新的回归方程：

$$\log TFP_{it} = a_i^0 + a^d \log S_{it}^d + a_7^d G7 \log S_{it}^d + a^f \frac{m_{it}}{y_{it}} \log S_{it}^{f-CH} + \varepsilon_{it} \tag{20.3.5}$$

其中，m_i 是国家 i 的进口总量，y_i 是国家 i 的 GDP，其他符合的含义与（20.3.4）式相同。（20.3.5）式的外国 R&D 资本的溢出系数就相当于是 $a^f * m_i/y_i$，并意味着一国的进口总量和其 GDP 的比例越高，其从外国 R&D 溢出中收益将越大。

此后大量的文献对 CH 计算外国 R&D 资本方法的进行了检验、置疑以及不断地提出新的计算方法并进行比较。第一个对 CH 的方法提出质疑的是 Keller（1998），他在用（20.3.4）式来估算外国 R&D 存量时，随机地虚拟了一个进口权重来替代实际的进口权重，然后重新对 CH 的模型进行估计，发现用此虚构进口量同样地得到了一个显著为正的溢出系数，因此，Keller 对 CH 的实证结论提出了怀疑①。

LP 根据 CH 方法的缺陷及 CH 所推荐的公式（20.3.5），提出了自己的计算公式：

$$S_{it}^{f-LP} = \sum_{j \neq i} \frac{m_{ijt}}{y_{jt}} S_{jt}^d, \cdots \tag{20.3.6}$$

其中，S_{it}^{f-LP}为外国 R&D 资本；m_{ijt}是本国 i 在时期 t 从国外 j 的进口量；y_{jt}是国家 j 的 GDP。LP 用公式（20.3.6）替代 CH 使用的公式（20.3.4）来计算外国 R&D 资本，其实证结果仍然和 CH 一致。LP 的计算方法也是后来文献比较常用的一种。

---

① 但随后 Coe 和 Hoffmaister（1999）对此进行了反驳，他们认为 Keller 的权重构造并不是真正随机的。

Wang 和 Xu（2000）在 CH 的分析框架基础上，采用资本品贸易量而不是整个的贸易数据，对 21 个 OECD 国家 1971－1990 年的样本进行了实证分析；其中，他们使用了两种计算方法来计算外国 R&D 资本，一种是 CH 所使用的，另一种是 LP 所使用的；另外，他们在回归中还使用了一个称为没有内化的 R&D 溢出（disembodied R&D spillovers）变量①，其用没有权重的外国 R&D 资本变量表示，具体计算方法如下：

$$S_{it}^{f}(UW) = \sum_{j \neq i} S_{jt}^{d} \cdots \tag{20.3.7}$$

其中，S_{it}^{f}（UW）为国家 i 在时期 i 的没有权重的外国 R&D 资本，S_{jt}^{d}为国家 i 的贸易伙伴国 j 在时期 t 的 R&D 资本。结果发现用 CH 方法和 LP 方法所计算的外国 R&D 溢出系数都显著为正，即通过资本品贸易的国际 R&D 溢出确实存在；但是没有内化的 R&D 溢出系数在统计上并不显著，这表示或者是没有内化的 R&D 资本变量没有被准确地构建，或者是 R&D 溢出效应都以内化的形式表现出来了。

FFG 在对上述计算外国 R&D 资本的基本方法进行回顾、总结的基础上，构建了 6 种计算外国 R&D 资本的方法。FFG 将 5 个发达国家称为技术溢出国，而 52 个不发达国家称为技术接受国，按照技术知识在技术溢出国中和技术接受国是公共品（public goods）还是私人品（private goods）的假设，对外国 R&D 资本的计算使用了不同的方法。

如果技术知识具有公共品的性质，通过 R&D 和进口获得的技术知识将能被技术溢出国和接受国的所有经济单位所获得；而如果技术知识具有私人品的性质，通过 R&D 和进口获得的技术知识将只能被技术溢出国进行研发投资和技术接受国进行进口活动的经济单位所获得。设技术溢出国的 R&D 投资为 K_{dt}，如果技术知识在技术溢出国是（纯）公共品，从技术溢出国进口的单位进口量代表着技术溢出国所有 K_{dt}所包含的技术知识；而如果技术知识在技术溢出国是（纯）私人品，从技术溢出国进口的单位进口量只代表着技术溢出国的 K_{dt}/Q_{dt}的技术知识，其中，Q_{dt}是技术溢出国在时间 t 的 GDP。同样的，如果技术知识在技术接受国是（纯）公共品，从技术溢出国的进口所包含的所有技术知识将被接受国的所有经济单位所获得；而当技术知识在技术接受国是（纯）私人品时，从技术溢出国的进口所包含的所有技术知识还要被接受国的进口总量或者 GDP 所均分。因此，根据技术知识在技术溢出国和技术接受国的性质，计算外国 R&D 投资分别使用表 15.3.1 所表示的 6 种方法。

表 15.3.1　　　　FFG 计算外国 R&D 资本的 6 种方法方法

序号	计算公式	出口国/进口国的性质	静态/动态模型中的结果
1	$M\bar{K}S_{tr} \sum_{d} \frac{M_{drt}K_{dt}}{M_{rt}} = \sum_{d} \theta_{drt}K_{dt}$	公共品/私人品	－0.06***/－0.04***
2	$Q\bar{K}S_{rt} = \sum_{d} \frac{M_{drt}K_{dt}}{Q_{rt}} = \frac{M_{rt}}{Q_{rt}} \sum_{d} \theta_{drt}K_{dt}$	公共品/私人品	0.02**/0.01

① 没有内化的 R&D 溢出是相对于内化于资本品贸易的 R&D 溢出以及内化于 FDI 的 R&D 溢出等各种形式的内化 R&D 溢出（embodied R&D spillovers）来说的。

续表

序号	计算公式	出口国/进口国的性质	静态/动态模型中的结果
3	$\overline{K}S_{rt} = \sum_{d} \frac{M_{drt}K_{dt}}{Q_{dt}} = M_{rt}\sum_{d}\theta_{drt}\frac{K_{dt}}{Q_{dt}}$	私人品/公共品	0.07***/0.06***
4	$\overline{KS_{rt}} = \sum_{d} M_{drt}K_{dt} = M_{rt}\sum_{d}\theta_{drt}K_{dt}$	公共品/公共品	0.05***/0.03***
5	$MKS_{rt} = \sum_{d}\frac{M_{drt}K_{dt}}{M_{rt}Q_{dt}} = \sum_{d}\theta_{drt}\frac{K_{dt}}{Q_{dt}}$	私人品/私人品	-0.14***/-0.17***
6	$QKS_{rt} = \sum_{d}\frac{M_{drt}K_{dt}}{Q_{rt}Q_{dt}} = \frac{M_{rt}}{Q_{rt}}\sum_{d}\theta_{drt}\frac{K_{dt}}{Q_{dt}}$	私人品/私人品	0.03**/0.02

注：M_{rt}是进口国（技术接受国）r的进口总量；M_{drt}是进口国（技术接受国）r从出口国（技术溢出国）d的进口量；Q_{rt}是进口国的GDP；Q_{dt}是出口国的GDP；K_{dt}是出口国d的R&D资本存量；Q_{drt}是进口国r从出口国d的进口量占r国进口总量的比例；r代表技术接受国；d代表技术溢出国；***，**，*分别代表其回归结果中R&D溢出变量系数的1%、5%和10%的显著度。

资料来源：Falvey Rod, Neil Foster and David Greenaway (2002), "North-South Trade, Knowledge Spillovers and Growth." European Economy Group Working Paper 15/2002.

其中，第1种（公共品/私人品）就是CH所使用的方法，第3种（私人品/公共品）就是LP所使用的方法，第5种（私人品/私人品）类似于CH的方法，只是多考虑了技术知识在技术溢出国的私人品性质，而第6种（私人品/私人品）类似于第3种，同样多考虑了技术知识在技术溢出国的私人品性质。

二、国际贸易技术溢出的实证分析

国际贸易途径是最近被研究得最多的国际技术溢出渠道之一；国外大多数文献采用国家水平的数据，尤其以发达国家为研究对象。CH使用前面提到的国际R&D溢出回归分析框架，开创性地验证了国际R&D溢出的存在；他们以22个发达国家1971－1990年的数据为样本，以累计的R&D开支作为一个国家R&D变量，外国知识存量用其贸易伙伴累计的R&D开支的加权平均之和表示，加权数以双边的进口份额表示，研究了一个国家的生产率依赖于国内和国外R&D的程度；他们发现国内和国外R&D存量都是生产率增长的重要源泉①，并且更小的更加开放的国家比起大国来说更容易从外国知识溢出中受益；CH得出结论：生产率和国内国外R&D存量存量正相关，贸易开放度越大的国家从国际知识溢出中的受益越大。CHH采纳了CH的分析方法研究了从发达国家到发展中国家的R&D技术溢出的程度，他们以22个工业化国家和77个发展中国家1971－1990年的数据为样本，验证了发达国家通过贸易渠道向发展中国家存在着

① 尽管对G－7国家来说，国内R&D存量对生产率影响更大，G－7国家的国内R&D存量对生产率的弹性为0.23，非G－7国家是0.08;，外国R&D存量对G－7国家和非G－7国家生产率的弹性分别为0.06和0.12。

技术溢出的现象①；他们发现从22个发达国家向77个发展中国家的技术溢出是显著的，其R&D溢出弹性为0.06。

CH和CHH的实证研究成为后继文献的基石②。此后的文献围绕CH提出的问题进行了更深入地拓展。这些文献主要就增加更多的控制变量、改进计算外国R&D资本的方法等问题进行了扩展。第一类扩展是企图在CH回归方程中增加更多的控制变量。Engelbrecht（1997）在CH技术溢出模型中增加了一个人力资本变量（平均受教育年限），他认为人力资本变量能解释R&D部门之外的创新和没有被正式的R&D所包含的人力资本影响；Engelbrecht发现当人力资本变量作为回归元加入到CH技术溢出模型中，国际技术溢出依然显著存在。Hejazi和Safarian（1999）在构建外国R&D存量时，同时用贸易和FDI份额作为权重计算，然后对Coe和Helpman模型重新做了实证分析，结果发现用该模型计算出来的系数估计值更大，说明加入FDI变量后技术溢出更加显著了。Lichtenberg和Pottelsberghe de la Potterie（1996）用贸易、内向FD和外向的FDI份额构建的外国R&D存量，对Coe和Helpman模型也做了实证分析；和Hejazi和Safarian结果不同，他们发现内向的FDI并没有有助于TFP增长，而外向FDI和进口是国际技术溢出同时发生作用的渠道。

第二类扩展是对外国R&D存量的权重计算方法的完善。Keller（1998）用一个虚构的进口份额对外国R&D存量进行了估算，然后重新对CH的模型进行估计，结果发现用此虚构进口份额数据得出的估计同样得到了显著为正的溢出系数，因此，Keller对CH的国际贸易对技术扩散有重要作用的结论提出了质疑。Lumenga-Neso等（2001）重新检验了Keller和Coe和Helpman实证分析，他们考虑了“非直接”贸易的R&D溢出问题，认为当一个国际i只从另一个国家j进口商品，而在此之前国家j从其他国家有过进口时，国际i也能够从其他国家获得技术溢出，并且得出比Keller较显著的结论。Keller（2002）在另一篇文献中，他采用了两种估算国内外研发资本的方法：贸易份额权重方法和投入－产出份额方法；他在对国内和国外的R&D存量进行估算的基础上，对8个OECD国家（G－7和瑞典）1970－1991年的行业数据做了深入分析，结果发现本行业的R&D对生产率的贡献达到50%，而国内行业间和外国技术扩散的贡献分别为30%和20%。这和CH所得出的国内R&D是G－7国家TFP变化的主要原因的结论相一致。此后，LP、FFG等对外国R&D资本的计算方法进行了许多改进。

第三类扩展是将研究样本扩展到行业和企业数据。Hakura和Jaumotte（1999）认为产业内的国际贸易R&D溢出的强度应该要大于产业间的溢出强度，因为当进口的产品和自己生产或出口的产品相似时，产业更容易吸收外国的技术。Keller（2002）对8个OECD国家中的13个行业层面的样本数据进行了分析，结果发现自身的R&D和外国的

① 在分析方法上，除了使用资本性商品贸易、5年平均而不是年度数据、回归元中还包括中等教育变量、使用TFP增长率而不是TFP水平作为回归字等这些差别外，CHH所采用的方法和CH相似；该文更进一步假设发展中国家不存在R&D，因此，在回归中没有国内R&D变量，国外R&D存量以22个发达国家R&D存量的加权平均估算，加权数以资本品的双边进口份额表示，他们认为资本性商品贸易更可能是技术溢出的渠道。

② 以前的许多实证文献并没能发现国际R&D溢出的显著证据，例如，Soete和Verspagen（1993）和Gittleman和Wolff（1995）。

R&D 对行业的全要素生产率都存在显著的影响，本行业的研发在生产率增长中的贡献达到50% 左右，而国内产业间和外国技术溢出的贡献分别为 30% 和 20% 作用。Schiff、Wang 和 Olarreaga（2002）把行业按照 R&D 的密集程度分为高、低两类，结果发现高 R&D 密集的行业主要受益于北—南之间的 R&D 溢出，而低 R&D 密集的行业主要受益于南—南之间的技术溢出。Changshu Park（2003）采用 1976 – 1996 年期间 9 个韩国行业的数据，选取 14 个主要的 OECD 国家的 R&D 作为外国 R&D 资本，结果发现外国 R&D 对行业技术进步的影响竟然要大于国内行业 R&D 的影响，而在外国 R&D 影响中，尤以日本 R&D 对行业技术进步的影响最大。

对企业层面的样本研究都得到一个基本的结论，那就是出口企业比非出口企业具有更高的生产率水平，但是究竟是企业本身因为具有更高的生产率水平而选择出口，还是出口促进了企业的生产率水平呢？采用因果关系检验的实证结果却没有得到很明确的答案。Clerides、Lach 和 Tybout（1998）对来自墨西哥、哥伦比亚和摩洛哥三国的企业数据作了实证检验，并没有发现国际贸易促进了技术进步的证据；Bernard 和 Jensen（1998）对美国企业的数据分析也得到相似的结论；然而 Marin（1992）和 Yamada（1998）对美国、英国、日本和德国等工业化国家的实证发现，出口促进了技术进步；Van Biesebroeck（2003）对非洲企业的样本分析也发现，企业的生产率水平在其进入出口市场后会有所提高。

但是在上述实证存在几个问题。首先，大多数实证研究使用国家水平上的加总数据，这些数据本身就存在加总问题，并且大多数回归模型并没有考虑国家之间的特殊差异性（如吸收能力之间的差异）和行业间的异质性①。Gera，Gu 和 Lee（1999）采用了加拿大和美国 27 个行业的样本数据研究了劳动生产率的决定因素，他们发现 IT 和非 IT 行业的国际技术扩散显著促进了加拿大各行业的劳动生产率增长。Eaton 和 Kortum（2001）重点对资本品贸易进行了研究，并且认为一国生产率水平和国外技术能否通过装备商品进口而产生溢出有很大关系；他们认为生产率差异和装备商品价格相关，而装备商品的价格和施加于装备商品上的贸易壁垒有关，国家之间 25% 的技术差异是由装备商品的价格差异造成的，而此价格差异有 50% 是由施加于该商品之上的贸易壁垒造成的。Eaton 和 Kortum（1996）对跨国之间的专利活动进行了研究（在其分析中，专利活动被用作国际技术扩散的指标），发现在控制距离和人力资本变量的基础上，进口并不是技术扩散的重要载体。很多研究者用此结论来否定贸易对技术扩散的贡献。其次，在实证分析国际贸易技术溢出时候需要考虑内生性问题。在分析国际贸易对生产率影响时，在回归方程中得到的正相关性也许并没有反映出国际贸易对生产率的所有的影响，因为国际贸易变量在回归方程中可能是内生的，正如 Edwards（1993）认为的，国际贸易之外的原因而导致的生产率水平较高的国家进行的国际贸易量也较大。

---

① R&D 支出在行业之间高度集中。在 OECD 国家中，整个制造业 80% 的 R&D 支出都集中在化学品制造、电子和非电子机器（包括计算机和电讯装备）和运输装备业。

第四节 国际贸易与技术进步关系检验

国外对国际贸易和技术进步的关系进行了广泛的实证研究。这些研究可以分为三类：一类是宏观范围的研究。这类研究一般以各国截面样本，就一国的贸易开放度和产出增长做回归分析，这类研究基本上证实开放经济国家趋于更快的经济增长（Sachs 和 Warner，1995）。Awokuse（2007）以三个转型国家为例的最新实证结果表明，出口、进口都促进了经济增长。但是这类研究存在几个问题，一个是内生性问题；另一个就是这类研究的结果对于样本使用截面数据还是面板数据比较敏感（Harrison，1996）。另外，各个国家由于具有不同的其他经济背景，采用截面数据也难以考虑到各个截面数据的异质性。第二类是行业范围的研究。这类研究主要考虑贸易政策等变量对各国行业样本的索洛剩余即 TFP 增长的影响（Kim，2000；Lee，1995）。Harmse 和 Abuka（2005）对南非制造业的实证研究表明贸易自由化有利于竞争和学习效应，从而有利于南非制造业的技术进步。另外一种就是微观范围的研究。这类研究主要以某个国家的企业为样本，分析贸易政策等变动对企业的产出增长或者 TFP 增长的影响（Krishna 和 Mitra，1998；Pavcnik，2000；Fernandez 2003）。但是这类研究的结果并不一致。Wagner 和 Joachim（2007）对 1995 - 2006 年期间发表的涉及 34 个国家的 54 篇微观实证文献进行了综述，从这些文献中可以发现出口企业比非出口企业具有明显的高生产率水平，但是企业的出口并不一定显著提升其生产率水平。

国内外就中国国际贸易对生产率增长的影响也进行了一定的研究。Perkins（1997）最早对中国沿海省份的企业改革与出口绩效进行了研究，发现出口企业比非出口企业具有显著的生产率水平；Xiaolan Fu（2005）就中国 26 个制造业行业 1990 - 1997 年的出口和生产率增长的关系进行了实证分析，发现出口并没有显著促进各行业的生产率增长。Wei andLiu（2006）对中国制造业样本的研究发现，中国制造业产业间存在显著的 D&D 技术溢出和国际贸易技术溢出效应，并且来自欧美等国的外资企业的技术溢出效应更加明显。

不管是以宏观国家数据、行业数据，还是以微观的企业数据为样本，对国际贸易和技术进步因果关系检验的实证结果都是“混合的”（mixed）。Arnade 和 Vasavada（1995）的实证结果表明亚洲和美洲国家中生产率和出口不存在显著的因果关系；Wyn Morgan 和 Bruce Morley（2004）在对欧盟内 8 个国家的国际贸易和技术进步的检验中发现，只有德国和英国显示了技术进步促进出口的长期因果关系，法国和爱尔兰显示了出口促进技术进步的长期因果关系。尽管基于企业样本的大多数实证结果都显示，出口企业比非出口企业具有高的生产率，但是出口和生产率之间的因果关系仍然不是很明确。Marin（1992）和 Yamada（1998）对美国、英国、日本和德国等工业化国家的实证发现，出口促进了技术进步；Baldwin 和 Gu（2003）对加拿大企业的实证结果也表明出口和技术进步存在一定的双向因果关系；Clerides，Lach 和 Tybout（1998）、Bernard 和 Jensen（1999）、Aw，Chung 和 Roberts（2001）、Bernard 和 Jensen（2001）等对哥伦比亚、墨西哥和摩洛哥、美国、韩国和中国台湾的企业样本实证显示出口并没有促进技术进步，在绝大部分情况下都是企业因为技术进步而自发选择了出口等行为。

表 15.4.1　部分国际贸易和技术进步关系的实证检验结果（基于企业样本的分析）

作者	Clerides, Lach, Tybout (1998)	Bernard and Jensen (1999)	Aw, Chung, and Roberts (2001)	Bernard and Jensen (2001)	Bernard and Wagner (2001)	Baldwin and Gu (2003)	Bernard and Jensen (2004)
国家	哥伦比亚、墨西哥和摩洛哥	美国	韩国和中国台湾	美国	德国	加拿大	美国
阶段	1981 - 1991	1984 - 1992	1981 - 1993	1983 - 1992	1978 - 1992	1974 - 1996	1984 - 1992
技术促进出口	是	是	是（对台湾）	是	是	是	是（不显著）
出口促进技术	否	否	否	否	没有检验	是	没检验

资料来源：作者根据文献整理。

参考文献：

[1] Aghion P. and P. Howitt, "A Model of Growth through Creative Destruction", Econometrica, 1992, 60, 323 - 351.

[2] Aw B. - Y. and Batra G., "Firm size and the pattern of diversification", International Journal of Industrial Organization, 1 May 1998, Vol. 6, Issure. 3, 313 - 331.

[3] Awokuse, Titus O., "Exports, Imports, and Economic Growth: Evidence from Transition Economies", Economics Letters, March 2007, vol. 94, Issue. 3, 389 - 395.

[4] Baldwin, J., and Caves, R., "International competition and industrial performance allocative efficiency, productive efficiency and turbulence", Harvard Economics Discussion Paper, 1997, no. 1809.

[5] Bigsten, A., Collier, P., etc, "Exports of African manufactures: macro policy and firm behaviour", The Journal of International Trade and Economic Development, 1998, Vol. 8, 53 - 71.

[6] Bin Xin 和 Jianmao Wang (2000) "Trade, FDI, and International Technology Diffusion", discussion paper of University of Florida and CEIBS; forthcoming, Journal of Economic Intergration, Decenber 2000.

[7] Clerides, Sofronis K., Saul Lach, and James R. Tybout. (1998), Is Learning-by-Exporting Important? Micro-Dynamic Evidence from Colombia, Mexico and Morocco. Quarterly Journal of Economics, 113 (3): 903 - 948.

[8] Coe, David T, Helpman, and Hoffmaister, (1997), "North-south R&D Spillovers," Economic Journal, Vol. 107. pp. 363 - 394.

[9] Coe, D. and E. Helpman, "International R&D Spillovers," European Economic Review, 1995, Vol. 39, Issue. 5, 859 - 887.

[10] Coe, D., and A. Hoffmaister (1999), "Are there international R&D spillovers among randomly matched trade partners? A response to Keller", IMF working paper 99/18, February.

[11] Coelli, T. J., D. S. Prasada Rao and G. E. Battese, "An Introduction to Efficiency and Productivity

Analysis", Kluwer Academic Publishers, Boston, USA, 1998.

[12] Cohen, W. , and D. Levinthal (1989), "Innovation and learning: The two faces of R&D," Economic Journal 99: 569 - 596.

[13] Cohen, W. , and D. Levinthal, D. (1990). Absorptive Capacity: A new perspective on learning and innovation. Administrative Science Quarterly, 35: 128 - 152.

[14] Congeress of the United States, "R&D and productivity Growth", 1998, http: //www. cbo. gov/ftpdocs/64xx/doc6482/06 - 17 - R - D. pdf.

[15] Dahlman, C. and L. Westphal (1982) 'Technological Effort in Industrial Development-An Interpretative Survey of Recent Research', in Stewart, F. and James, J. (Eds.), The Economics of New Technology in Developing Countries, Pinter, London, 105 - 137.

[16] Dixit, Avinash K. and Joseph E. Stiglitz (1977). "Monopolistic Competition and Optimum Product Diversity. " The American Economic Review 67 (3): 297 - 308.

[17] Domar, E. (1946), "Capital Expansion, Rate of Growth, and Employment", Econometrica, Vol. 14, No. 2. , pp. 137 - 1

[18] Eaton, Jonathan and Samuel Kortum (2001a). "Technology, Trade, and Growth: A Unified Framework. " European Economic Review 45: 742 - 755.

[19] Eaton, Jonathan and Samuel Kortum (2001b). "Trade in Capital Goods. " European Economic Review 45: 1195 - 1235.

[20] Eaton, J. and S. Kortum (1999), "International Technology Diffusion: Theory and Measurement," International Economic Review, 40 (3), 537 - 570.

[21] Eaton, J. , and S. Kortum (1996), "Trade in Ideas: Patenting and Productivity in the OECD", Journal of International Economics 40: 251 - 278.

[22] Eaton, J. , and S. Kortum (1997), "Engines of growth: Domestic and foreign sources of innovation", Japan and the World Economy 9: 235 - 259.

[23] Eaton, J. , and S. Kortum (2001c), "Technology, geography, and trade", mimeo, Boston University, May, 54.

[24] Eaton, J. , E. Gutierrez, and S. Kortum (1998), "European technology policy", Economic Policy 27: 405 - 438.

[25] Edwards, Sebastian (1992). "Trade Orientation, Distortions, and Growth in Developing Countries. " Journal of Development Economics 39 (1): 31 - 57.

[26] Engelbrecht, Hans Jurgen (2002). "Human Capital and International Knowledge Spillovers in TFP Growth of a Sample of Developing Countries: An Exploration of Alternative Approaches. " Applied Economics. May 34 (7): 831 - 41.

[27] Engelbrecht, Hans-Jeurgen (1997) "International R&D Spillovers, Human Capital and Productivity in OECD Econlmics: An Empirical Investigation", European Economic Review, August, 41 (8), 1479 - 1488.

[28] Evenson, Robert E. & Larry E. Westphal. 1995, "Technological Change and Technology Strategy. ", Reprinted from Handbook of Development Economics, vol. 3, Edited by J. Behrman & TN Srinivasan, pp. 2209 - 2299, ? 1995 Elsevier Science BV.

[29] Falvey Rod, Neil Foster and David Greenaway (2002), "North-South Trade, Knowledge Spillovers and Growth. " European Economy Group Working Paper 15/2002.

[30] Fare, R. , & Grosskopf, S. , (1996), "Intertemporal Production Frontiers: With Dynamic DEA", Boston/London/Dordrecht: Kluwer.

[31] Fare, R. , Grifell-Tatje, E. , Grosskopf, S. , & Lovell, C. A. K. , (1997), "Biased technical change and the Malmquist Productivity Index", Scandinavian Journal of Economics 99, pp. 119 - 127.

[32] Fare, R. , Grosskopf, S. , &Lovell, C. A. K. , (1994a), "Production Frontiers", Cambridge: Cambridge University Press.

[33] Fare, R. , Grosskopf, S. , Norris, M. , &Zhang, Z. , (1994b), "Productivity growth, technical progress, and efficiency change in industrialized countries", American Economic Review, 84, pp. 66 - 83.

[34] Fernandez, A. N, "Trade policy, trade volumes and plant level productivity in Colombian manufacturing Industries", 2003, The World Bank, 1818 Washington DC.

[35] Francisco Alcalá & Antonio Ciccone, "Trade and productivity", the Quarter Journal of Economics, 2004, 119, 612 - 645.

[36] Frankel J. and D. Romer, "Does Trade cause Growth?", American Economic Review, 1999, 89 (3), 379 - 399.

[37] Grossman, G. and E. Helpman (1991a), "Quality Ladders in the Theory of Growth," Quarterly Journal of Economics, 106: 557 - 586.

[38] Grossman, G. , and E. Helpman (1991b), Innovation and Growth in the World Economy, Cambridge, MA. : MIT Press.

[39] Grossman, G. , and E. Helpman (1995), "Technology and Trade", Chapter in Grossman/Rogoff (eds.) Handbook of International Economics Vol. 3, North-Holland Publishers.

[40] Haeeisson, A. E. , "Openness and growth: A time series, cross-country analysis for developing countries", Journal of Development Economics, 1996, 48, 419 - 447.

[41] Harmse C. and Abuka C. A. , "The Links Between Trade Policy And Total Factor Productivity In South Africa's Manufacturing Sector. ", South African Journal of Economics 2005, Vol. 73, Issue. 3, 389 - 405.

[42] Keller, W. (2002) "Trade and the Transmission of Technology", Tournal of Economic Growth, MARCH 7 (1): 5 - 24.

[43] Keller, W. (1997), "Are International R&D Spillovers Trade-Related? Analyzing Spillovers Among Randomly Matched Trade Partners," European Economic Review, Vol. 42: 1469 - 1481.

[44] Keller, W. (1999), "How Trade Patterns and Technology Flows Affect Productivity Growth," NBER Working Paper No. 6690.

[45] Keller, W. (2001) "The Geography and Channels of Diffusion at the World's Technology Frontier," NBER WP W8150.

[46] Kim, E. , "Trade liberalisation and productivity growth in Korean manufacturing industries: Price protection, market power, and scale efficiency", Journal of Development Economics, 2000, 62, 55 - 83.

[47] Krishna, P. , and Mitra, D. , "Trade liberalisation, market discipline and productivity growth: New evidence from India", Journal of Development Economics, 1998, 56, 447 - 462.

[48] Krugman and Venables, (1995). "The Seamless World: A Spatial Model of International Specialization", NBER Working Paper No. W5220.

[49] Krugman Paul, (1979), "A Model of Innovation, Technology Transfer, and the World Distribution of Income," Journal of Political Economy. Volume (Year): 87 (1979), Pages: 253 - 266.

[50] Krugman, paul, (1985), "A 'Technology Gap' Model of International Trade" in Structural Adjustment in Developed. Open Economies, ed. By Karl Jungenfelt and Douglas Hague, New York: St. Martin's Press.

[51] Krugman, Paul. (1994). "The Myth of Asia's Miracle," Foreign Affairs 73 (November/December), p62 - 78.

[52] Lee, J. W. "Government interventions and productivity growth in Korean manufacturing industries. ", NBER working Paper 5060, 1995.

[53] Lichtenberg, F. , and B. van Pottelsberghe de la Potterie (1996), "International R&D spillovers: A re-examination", NBER working paper JHJ 5688.

[54] Lichtenberg, F. , and B. van Pottelsberghe de la Potterie (1998), "International R&D spillovers: A Comment", European Economic Review 42: 1483 - 1491.

[55] Mohnen, P. (2001), "International R&D spillovers and economic growth", in Matti Pohjola (ed.), Information Technology, Productivity, and Economic Growth: International Evidence, UNU/WIDER and Sitra, Oxford: Oxford University Press.

[56] Moschos, (1989), "Export expansion, Growth and the Level of economic Development: An Empirical analysis", Journal of Development Economics, vol. 30, pp. 93 - 102.

[57] Nonaka, I. , Takeuchi, H. (1995), "wledge-Creating Company", Oxford University Press 1995 Parente, S. L. , and E. C. Prescott. Barriers to Riches (Cambridge: MIT Press, 2000).

[58] Pack, H. , (1993) "Technology Gaps between Industrial and Developing Countries: Are there Dividends for Latecomers?" Proceedings of the World Bank Annual Conference on Development Economics 1992. The World Bank.

[59] Pack, H. , and J. M. Page, (1994a) "Accumulation, Exports and Growth in the High Performing Asian Economies. " Carnegie-Rochester Conference Series on Public Policy 40: 199 - 236.

[60] Rivera-Batiz, L. , and P. Romer (1991), "Economic integration and endogenous growth", Quarterly Journal of Economics 106: 531 - 555.

[61] Romer, P. (1990), "Endogenous Technological Change", Journal of Political Economy 98: S71 - S102.

[62] Romer, P. (1992), "Two strategies for economic development: Using ideas and producing ideas", in Summers/Shah (eds.), Proceedings of the World Bank Annual Conference on Development Economics 1992, pp. 63 - 91.

[63] World Bank. Various years. World Development Report. New York: Oxford University Press.

[64] Wyn Morgan 和 Bruce Morley, (2004), "Causality between Exports, Productivity and Subsidies in EU Agriculture", www. aes. ac. uk/conf_05_docs/Morgan. doc.

[65] Xin Xie, (1999), "Contagion Through Interactive Production And Dynamic Effects Of Trade", International Economic Review, Vol. 40. No1. Febrrurary.

[66] Xu, B. (2000), "Multinational Enterprises, Technology Diffusion, and Host Country Productivity Growth", Journal of Development Economics, 62: 477 - 493.

[67] Xu, B. , and J. Wang (1999) "Capital Goods Trade and R&D Spillovers in the OECD", Canadian Journal of Economics 32: 1258 - 1274.

[68] Yamada, H. (1998). 'A note on the causality between exports and productivity: an empirical re-

examination', Economic Letters, 61: 111 - 114.

[69] Yanrui Wu, (2004), "Openness, productivity and growth in the APEC economies", Empirical Economics 29: 593 - 604.

[70] Young, Alwyn (1995). "The Tyranny of Numbers: Confronting the Statistical Realities of the East Asian Growth Experience." Quarterly Journal of Economics 110: 641 - 680.

[71] Young, Alwyn (1991). "Learning by Doing and the Dynamic Effects of International Trade", Quarterly Journal of Economics, 106 (2), 369 - 405.

第二十一章 国际贸易与合约实施制度

一、引言

国际贸易理论围绕贸易模式（Trade Pattern）决定以及贸易流量（Trade Volume）决定两大问题，先后经历了传统的古典贸易理论、新古典贸易理论阶段和新贸易理论各个阶段，分别考虑了技术、要素禀赋结构对比较优势和贸易流量的影响，而新贸易理论突破了规模报酬递减和完全竞争市场的假设，把规模报酬递增和垄断竞争市场结构引入到贸易理论中，解释了战后的产业内贸易现象，从而使得产业组织与国际贸易相结合的研究蔚然成风。已有这些贸易理论忽视了交易中合约实施问题，没有把制度纳入分析框架，认为只要存在技术的差异或者存在要素禀赋结构差异的情况，或者是存在规模经济导致的产品差异情况，国际贸易就会自动实现。但现实世界中制度可能是比较优势的重要来源，综观近现代国际贸易史，合约实施制度（正式和非正式合约实施制度）与贸易量的大小或贸易繁荣程度关系重大（诺斯，1994）。为了弥补以前国际贸易理论的一些缺陷，近年国际贸易理论中最重要的突破是把企业异质性、产权安排和制度等维度引入新贸易理论分析框架中，相关的文献人们称之为新新国际贸易理论。随着合约理论的发展和应用，把制度纳入传统的国际贸易理论来重新阐释比较优势来源和其他贸易现象是目前国际贸易理论的最新前沿之一。

由于分析工具的局限，以前的国际贸易理论忽视了这样的事实，即与国内交易相比跨国交易更容易受到机会主义的干扰的事实。Rodrik（2000）认为跨边界的贸易存在很多其他交易成本，而"其中最明显的就是合约实施问题……国家的主权就和合约实施纠葛在一起，使得国际交易受困于频增的机会主义行为的风险。"那么如何避免国际贸易中的机会主义行为，解决关系专用性投资带来的套牢问题呢？合约实施制度如何对国际贸易流量和比较优势产生影响，内在的经济学机制是什么？这正是本综述所关注的主要问题，而并不是试图对新新贸易理论做全面的综述。通常有两类方法来缓解交易的机会主义问题，一是引入合约实施制度，国际贸易的合约实施制度涉及以下两类：（1）非正式合约实施机制，是一种自我实施的机制；（2）由第三方执行的正式合约实施机制。二是通过产权配置的方法，如纵向一体化，它本质上是把第三方实施的合约转化为组织内部的自我实施或第三方实施的合约，只是实施成本和利益分配存在区别。关于第二种机制的讨论主要体现在跨国公司的边界决策问题的文献中，对此 Helpman（2006）和 Spencer（2005）有比较详细的综述，这里不再赘述，尽管这些文献存在对制度差异关注不足的问题。因此本综述的重点是对涉及合约实施制度与国际贸易关系的文献做一个梳理。文章的安排如下，第二部分讨论非正式合约实施制度对国际贸易的影响及其作用机制；第三部分为正式合约实施制度的内容及其对贸易流量的影响，第四部分主要讨论合约实施制度质量是如何影响内生比较优势的形成；第五部分是结论。

二、非正式合约实施制度（ICEI）① 与国际贸易

在现代合同法形成以前人类社会就形成了各种非正式实施制度（集体惩罚、声誉、习俗）来对付交易中的机会主义行为，使得承诺得到履行，资源得到更大范围的有效配置，交易利益得以实现。新制度经济学的分支——历史比较制度分析对于ICEI对贸易的作用做了深入的研究，Grief（1997）调查发现，ICEI不仅仅前现代社会，即便是在近代、现代，发达和不发达经济中都有所反映。ICEI的基本的理论框架是采用了无限重复博弈分析工具，它是一种自我实施的机制，声誉制度被看作交易者重复博弈的子博弈精练均衡，这意味着，在自己行动和他人行动可能的反馈机制的推理能力上，每个交易者都赋予一种理性一致的形式，这种理论框架有助于理解非正式制度是如何形成的。Greif（1992）研究了在商业革命（11－14世纪）时期制度对远途贸易兴起的作用，他认为马格里布和欧洲地区远距离贸易得以复兴是由于商业革命所带来制度变迁造成的，而不是技术进步或要素禀赋等条件导致新贸易获利出现所带来的结果。在这一时期，海外代理商的出现降低了交易成本，促进了市场扩张和市场整合，那么当时是如何控制代理商可能的机会主义行为呢？Grief（1989，1993a，1994）对11世纪地中海地区穆斯林地区支配的马格里布贸易商的制度进行考察，发现支配马格里布贸易商之间的代理关系是基于多边声誉机制的非匿名代理制度——“联盟”（Coalition），他们相互之间建立代理关系，并联合对欺骗了联盟成员的代理商进行集体惩罚。它创造了一种协调装置，通过节约协商成本以提高效率，允许有弹性的水平型的代理关系，即马格里布商人只会雇佣马格里布商人作为他的代理人，并得到较低的均衡诚实工资。而Milgrom，et al，（1990）认为12世纪和13世纪香巴尼博览会（Champagnefairs）跨越时间合约的实施，主要是依靠“合法的贸易商制度”，其中法庭增补了一个多边声誉机制，法庭能通过控制具有适当激励作用的信息来激发一种多边声誉机制，这样，尽管没有可跨区域行使司法全的法律制度，但是非正式合约实施制度促进了跨区域的交易。

在近代和现代，贸易非正式合约实施制度中依然是很常见的，尽管墨西哥加利福尼亚在1830－1846年之间没有正式的法律制度的运作，但是当地商人中出现了复杂的贸易结构，历史材料表示，在中间商贸易中代理人的诚实归因于私人秩序制度、联盟的运作（Clay，1997）。Rauch（2001）关于国际贸易中商业和社会网络的综述中，除了上述文献外，对涉及了很多网络和贸易的文献做了非常详细的考察，这些文献主要强调了国际贸易中商业和社会网络通过缓解跨国合约实施中的机会主义问题和提供贸易机会信息，从而促进了贸易的发展，详细内容不再赘述。Rauch & Trindade（2002）考察了网

① Anderson，James（2001）对新制度经济学领域关于非正式制度对国际贸易影响曾经做了一个综述，并讨论了正式和非正式制度之间关系。Grief（2005）主要讨论和合约实施制度和强制力约束制度（coercion constraining institution）之间关系，认为无论是私人或公共秩序的合约实施制度的有效供给都依赖于普遍的强制力约束制度的确立。“为了使市场运作，财产必须得到强权的保护，如若不然，人们易受掠夺，市场就会限制在基于私人秩序的交易中，强权威胁越小，合约实施制度就越能成功”（p777）。

络在跨国贸易和投资中所发挥的作用，网络通过惩罚提供了替代了正式的合约实施另一类实施机制，他们发现华人的网络对双边贸易有正的影响，而相对于同质性产品贸易，网络对差异产品贸易影响更大。这是因为同质性商品的价格就能传递很多信息，而差异产品交易中买方和卖方产品特性的供需匹配就显得尤为重要，而这些信息的获得通过网络渠道更容易获得，使得买卖双方得到更合适的匹配。

对于国际贸易中信任、声誉①机制的研究中，Araujo & Ornelas（2005）首次发展了两个国家的不完全信息动态模型，研究正式合约实施制度与声誉这种非正式合约实施制度之间的关系。他们认为，虽然弱的国际合约实施阻碍了国际贸易，但是也有助于声誉的形成，声誉这种间接机制缓解了弱的合约实施对贸易的负面影响。声誉和充分合约实施之间具有不完全的替代关系，在长期中声誉机制和合约实施制度机制只在交易伙伴关系层面上是完全相互替代的，但在市场层面（即总体上）是不能相互替代的，因为总体而言如果没有合约实施制度作为保证，那么那些短视的销售商就没有遵守合约的动力。通过放缓声誉建立的过程，他们的研究表明：如果交易双方已经建立了声誉机制，那么正式合约实施制度改进对他们的交易影响不大，尽管这种影响短期内为正，但是对总体贸易而言，长期中，由于声誉机制和合约实施机制之间是相互替代的。而合约实施制度质量 λ 的提高对已存在合作关系的贸易净流量影响取决于初始的合约实施制度质量，原来的制度质量越好，那么随着制度质量的改进未来的贸易量就越大，反过来原来制度质量不好的话，即便制度质量有所提高，对于贸易流量的影响也不会很大。这意味着存在合约实施的“报酬递增”——当期的制度质量水平越高，那么制度改善对贸易流的影响就越大。

他们的模型考虑了生产者把产品卖给国外销售者的简单签约情况，假定国外销售者分成两类，一类是短视的（mayopic），而另一类是有耐性的（patient），前者所占的比重或概率是 θ。耐性的销售者一定是采取遵守合约的策略；而短视类型的销售者是否违约，取决于他当期通过贿赂律师避免违约惩罚所获得的期望收益和不违约时的期望收益的比较，而不考虑未来收益贴现问题。国外市场合约实施的强度取决于销售商向律师行贿不成功的概率 λ，λ 是刻画进口国合约实施制度质量高低的重要参数，λ 越大说明合约实施制度质量就越好。只要当初始的 θ 值大于某个值，保证出口商有正的预期利润时，跨国交易就会发生。由于出口商不能观察销售商的类型，他只能根据以前和最近一次是否履约的情况对销售商属于短视类型的概率做贝叶斯调整，如果前一次销售商没有违约，那么在做下一次贸易前，出口商会通过贝叶斯方法下调 θ，当遵守合约的次数不

① Kreps and Wilson（1982），Milgrom and Roberts（1982）研究了信息不对称情况下，在位生产者向潜在进入者发出威胁信号的可信性，让潜在进入者树立如下信念：如果一旦他进入市场，在位者就会采取掠夺策略的。类似的，Araujo & Ornelas（2005）中的声誉也是指在出口商关于进口商类型信息不对称情况下，进口商通过每次交易都守约来让出口商树立起他是属于有耐性的进口商的信念，这种信念的确立让出口商相信他是属于耐性的进口商，出口商就对这样的进口商产生信任。最近的关于“声誉和不完全合约实施”问题的综述请参见 W. Bentley Macleod（2005）哥伦比亚大学工作论文，认为重复购买（重复博弈）所带来的合约自我实施并不能解决不完全合约问题，解决的方法与所要交易的产品或服务的特征很敏感，无论是重复购买还是效率工资（价格）在可能的关系合约集中都不可能是有效的。在许多情况中，通过运用绩效支付和改进法律质量来实现总产出提高。

断增加时，θ 就会趋向于零。但是只要对方出现违约，出口商就会认为销售商的类型是短视的。只要销售商不违约，那么出口者就会越来越相信对方是有耐性的类型，或者说销售者产生了"有耐性"的声誉。模型表明出口量随 θ 减小而增加，由于 θ 随贝叶斯调整而不断下降，所以出口规模将由小变大，这种交易量随时间的变化而增大的过程符合许多经验研究（Johnson et al，2002，）①。

与声誉机制相对应的是信任机制。按照新制度经济学观点，交易双方的信任机制的建立必然会降低交易成本扩大交易量，在国际贸易中是否也存在这样的现象呢？Den Butter & Mosch（2003）对信任和贸易的关系做了经验研究，他们通过两国的语言、法律制度、共同边界、是否有双边协定等变量来刻画两个国家的信任度，他们用重力方程对 25 个国家做了估计，结果显示，正式和非正式两种信任②都能够降低贸易双方的交易成本而促进贸易，信任程度越高，那么贸易量就越大，所以"贸易消失"现象③可以归结由于文化差异、产品质量的信息不完全所造成的信任缺乏。柯武刚，史漫飞（2000）也强调了非正式制度对国际贸易的重要性："现实的国际交易处于一种复杂的自发秩序之中……甚至经常没有成文契约，而仅仅依靠一个特殊专业圈子内非正式制度的信任和不依赖任何政府支持的强制执行制度"，从而试图解释为什么跨国贸易和要素流动存在额外交易成本情况下，还会出现国际贸易以相当于世界生产增速的两倍持续增长。

转轨国家中的制度受到很大的冲击，正式合约制度的质量大幅度下降，这为检验正式制度缺失对国际贸易的影响提供了天然实验机会，这种冲击所带来的严重的合约实施问题对交易会产生什么负面影响呢？Schuler（2002）验证了在共产主义向市场经济转型的过程中，市场制度特别是合约实施的重要性，他拓展了 Blanchard & Kremer（1997）生产和供给关系的模型，并把它放到一个开放经济的一般均衡模型中，社会主义国家转

① Johnson et al（2002）通过对转型国家制造企业的调查发现，贸易伙伴之间的交易量呈现稳步上升。对此 Rauch and Watson（2003）的解释是由于北方公司为重大项目而开展南北贸易中，由于南方国家企业违约风险和搜寻成本的存在，使得一开始北方国家最优的策略是下一个小定单，通过小定单来获得南方企业履行大项目合同能力的信息，然后再决定是否下大的定单。Rauch and Watson 但没有讨论声誉实施机制问题，对此 Araujo & Ornelas（2005）做了一个互补性研究。

② 即正式信任和非正式信任，前面一种是指重复博弈和经过特定合约设计导致的相互信任，它是一种工具的、理性的和计算的信任，后面一种是基于本能冲动的信任，是一种社会的、道德的、人际的和血缘的信任，甚至是利他主义的信任。在检验中他们用两个国家的法律制度相似性来作为"正式信任"的虚拟变量，而关于"非正式信任"变量的衡量是采用了 EuroBarometer（EB）的调查数据。有关两种信任的比较请参见 den Butter，F. A. G. and Mosch，R. H. J.（2003）。

③ Trefler（1995）对贸易数据进行分析认为，相对于 HOV 的预测出现了"贸易消失"（trade missing）现象，同时，富裕国家显得在所有要素都是稀缺的，而贫穷国家所有要素都显得丰裕，这一事实和 HOV 预测的出口丰裕要素相悖。而且即便是在规模报酬递增和不完全竞争模型产生的 HOV 定理也表现的不尽如人意。他认为应该对 HO 模型消费和国际技术差异作出国内偏向的修正。Davis et. al.（1996）对 HOV 模型不成立的原因和成立的条件做了研究，Davis，D. & Weinstein，D.（1999，2000）认为技术相同假设不符合现实情况，即便像 OECD 国家的贸易也不符合技术相同假设，这是造成数据和理论预测不一致，从而低估了要素对贸易的推动作用，导致出现贸易消失的现象。他认为只要做一些小的修改，如跨国的希克斯中性技术进步差异，产业投入的使用和要素丰裕度相关，承认要素价格的不相等会影响非贸易品的要素投入等等，就可以使得 HOV 模型和数据得到很好的吻合。

轨过程中，复杂产品遭受到套牢问题困扰，资源转移到那些能够自我实施协议的生产中。计量检验发现，这种重新配置反映在国际贸易商品构成的变化上，同时也支持了Kremer的观点，即合约实施制度的缺乏可以解释那些向市场经济转轨过程中国家的总产出水平的显著下降现象。另外，Marin and Schnitzer（2002）研究了国际贸易中的合约实施问题和前共产主义国内企业交易的合约实施问题，和通常的观点不同，他们认为互换贸易（counter-trade）和易货贸易出现并不是由于转轨国家外汇短缺、出口促进和市场扭曲、技术转移造成的，而是由于转轨国家信用制度受到破坏后，互换贸易或易货贸易成为贸易信用的抵押形式，以解决普遍的不支付信用机会主义问题，乌克兰的数据很好地验证了他们的模型假设，说明了正式制度缺失对贸易形式转变的影响，即用实物贸易来代替信用交易。

非正式合约机制发挥作用需要一定的前提，即交易主体的数量要控制在一定范围内，且交易行为要有长期性和持续性。发展中国家正因为缺乏有效的司法制度（法院），所以人们依靠声誉等机制来保证合同顺利履行。当经济环境发生较大变化时，与新的交易对象交易可能获得更多的预期利润，但和新的交易对象合作又无法依赖声誉机制，用非人格化的交易来替代人格化的交易就显得尤为必要，因此必须由法院、仲裁机构等机制充当合约实施第三方，以确保合同的履行。国际贸易中的签约双方很多是初次交易，他们将更依赖于正式的合约实施制度。

三、正式合约实施制度与国际贸易流量

这一节我们主要讨论一下两方面的问题：一是正式合约实施制度是如何产生，二是正式合约实施制度对国际贸易总的流量和不同产品的贸易流量产生什么影响。诺斯（1994，p161）强调了正式制度的发展对贸易的促进作用："标准度量衡以及计量单位、交易手段、公证员、领事、商事、法院以及通过外国王储来保护国外飞地以获取收益等等，所有这些方面的发展以及这些组织、制度与手段，使得交易和从事长距离贸易成为可能。"那么对于一个社会而言，正式的合约实施制度是如何产生的呢？这个问题的重要性在于，一旦交易群体内成员数量增加，信息传递和集体惩罚机制功能将会受到削弱，这种情况下，如何才能使得合约继续得到实施呢？而国际贸易面临的正是这样一种情况。Li（1999）认为对于整个经济而言，自我实施"基于关系"的治理机制面临递增的边际成本，成员增加将使得信息交流和惩罚的参与更困难；而"基于规则"的治理机制有很高的建立法律系统和信息机制的固定成本，但是一旦建立以后，由于规模经济的存在能降低陌生人之间交易的平均成本，在规则治理中，多数交易是基于非人格化的显性协议和政府能公正地实施合约基础上。于是"基于"关系的治理对于小的团体更合适，而"基于规则"的治理更适合于大的团体。而Dixit（2003a，2004 ch3）把Li（1999）的思想模型化了，他采用了一个远距离交易配对模型来回答这个问题，交易双方在环型交易空间中相遇并选择他们的战略，战略空间是：要么欺骗要么是诚实。在构造了一个两阶段博弈囚徒困境模型，主要假设是：（1）配对的概率随距离增加而下降；（2）基于比较优势原理的贸易所得随交易双方距离增加而增加；（3）欺骗受害方传播对方实施欺骗的信息的概率随受害人与合约实施第三方距离的增加而递减。模型得到的

精练贝叶斯均衡，它包括以下最优策略：交易各方如果在第1期遇到的对方距离 X 以内就采取诚实策略，否则是欺骗策略。该博弈允许多重均衡，每一个均衡都被明确的预期所维持，从而得到对于每个交易双方在贸易空间中的最大距离 L 而言存在一个最好的 X，它表示“诚实程度” $X^*(L)$，这意味着对于一个特定的交易者，当且仅当他和在谨慎距离（critical distance）之内的对家交易时才愿意采用诚实策略，于是当双方的交易距离增加时，$\partial x^*(L)/\partial L<0$ 诚信下降。这个思想很好地刻画了国际贸易的情况下贸易距离增加导致的诚信度下降，解释了正式制度的产生。模型表明对于小的共同体，自我实施治理是最优的，而在大的共同体中，因为非正式交流变得更加困难，人们就偏好于官方的治理。而当团体的规模界于中间的时候：对于自我治理规模又太大，而对于外部治理又太小的时候，情况最糟糕，这是“黎明前最黑暗的”时候，总的贸易收益比其他规模都要小。但是关于交易规模和制度之间的这种演进关系，North（1990，p163）提醒到：“我们要非常仔细地注意的一点是，统观历史，还没有一个使这一发展发生的必要理由。”两者之间并不构成简单的替代关系，即并不是说经济中交易规模扩大后，社会就能自动地完成从上述两种治理模式的转换。

正式合约实施制度一旦形成又是如何影响国际贸易的呢？通常认为国际贸易比国内贸易的市场交易成本更高，它不仅仅包括外生的交易成本（运输成本），还涉及制度差异造成的内生性签约成本，因此“即便是没有语言和交通的障碍，但是贸易量或一体化程度仍然比模型预测的要低得多”（Rodrik，2000）。Ranjan，Lee（2005）主要研究合约实施制度对不同类型产品国际贸易流量产生不同影响的问题，他们首先借用了Grossman（1981）的理论框架说明合约实施是如何影响产品质量比较重要的产品贸易。产品质量通过 π 来描述，$\pi\in[\pi_L,\pi_H]$，买卖前交易双方对于产品质量的信息是不对称的，卖方知道产品质量是 π，而买方只知道 π 的分布，因为卖者是风险中性的，而买者是风险规避的，卖者可以通过向买者保证以增加利润，比如通过一份保证合约，以便在产品缺损情况下向买者支付赔偿 w。在合约实施不完全环境中，假定卖方违约情况下，有 ϕ 的概率法院会强迫卖方遵守合约，而有 $1-\phi$ 的概率卖方不用遵守合约，因此 ϕ 可以表示在某个特定社会中合约实施的程度。买方卖方分别求最优解，得到定理：$\left.\frac{\mathrm{d}R}{\mathrm{d}\phi}\right|_{\pi}>0$，$\left.\frac{\mathrm{d}R}{\mathrm{d}\pi}\right|_{\phi}>0$，即当产品的质量 π 一定时，合约实施的力度越大，卖方的收益就越大；而合约制度一定时，产品质量越好卖方收益越大。这是因为当卖方履约不是很有效的时候，买方必须承担风险，而由于买方是风险规避的，卖方是风险中性的，因此为了满足买方的参与约束，卖方必须接受更低的价格，结果他的收益下降了，相反，合约实施力度越大，卖方能够索要更高的价格，从而获得更高的收益。$\left.\frac{\mathrm{d}R}{\mathrm{d}\phi}\right|_{\pi}>0$，$\left.\frac{\mathrm{d}R}{\mathrm{d}\pi}\right|_{\phi}>0$ 也说明当合约实施制度比较差（ϕ_L）的情况下，那些产品质量比较差（π 比较小）的企业可能出现负的利润，因此存在一个分离的质量水平 π^*，当产品质量没有达到 π^* 时必须赔偿 $w(\pi^*)$，$R(\pi^*,\phi_L)=p(\pi^*)-w(\pi^*)\phi_L(1-\pi^*)=0$，只有那些产品质量 $\pi\geqslant\pi^*$ 的卖方获得利润而出售产品。因此，由于合约的不完全实施，使得贸易量从1下降到 $1-F(\pi^*)$。反过来也可以这样说，合约的不完全实施会降低那些质量重要产

品的贸易流量。在这个理论模型的基础上，他们按照 Rauch（1999）的分类把国际贸易产品划分为差异化产品、拥有参考价格的产品，后者通常是指差别比较小的标准化产品。计量结果证明合约实施制度对这两类产品的贸易流量都会产生影响，而相对而言，对于差异产品的影响更大些，因为差异化产品对合约实施更加敏感，说明了可靠的制度在国际贸易中扮演了重要的作用。由于制度在因国而异，他们的结果对于 McCallum（1995）所发现的边界对于决定贸易量的重要性以及 Trefler（1993）提出的“贸易消失之迷”提供一种解释。

按照传统的要素禀赋理论的预测，发达国家和发展中国家之间由于要素禀赋结构的差异，南北之间应当存在很大的贸易量，但现实中北—北贸易量却远远超过了南—北贸易量，这是什么原因呢？为什么边界对于贸易的限制远非通常的贸易壁垒可以解释？如果说新贸易理论很好地解释了北方国家之间产业内贸易现象，那么 Anderson and Marcuiller（2002）的研究把焦点放在了南北制度差异对这种贸易流量格局形成的影响。他们认为造成这两个现象的一个重要原因是国际贸易中交易的不安全（insecurity），它是由于合约不履行、腐败的盛行等原因造成的。为了支撑他们的观点，他们引用了世界银行 1996 年的一个调查结果，该调查涉及 69 个国家和 3 685 家企业，在妨碍国际商业活动的最大因素中腐败问题名列第二。他们的研究主要涉及制度的两个方面，一是政府的经济政策是否是公正而透明的，用“透明度（Transparency）”刻画；二是司法制度在实施商业合同中是否是有效，用“可实施性（Enforceablity）”来反映。经验研究表明腐败和不完全履约减少国际贸易量，其中交易不安全扮演了隐性关税一样的价格加成的作用（equivalent of hidden tax），法律制度不执行、商业合同的实施不力和经济政策缺乏公正性所导致的价格加成显著制约了贸易。他们认为制度跨国差异和贸易产品价格的波动结果，为高收入资本要素丰裕国家之间贸易相互不成比率提供了简单的解释。模型估计发现国家经济政策透明指数每提高 10%，将导致 5% 的进口量的增加。由于可贸易产品的价格加成依赖于出口和进口国家的不安全程度，和发展中国家相比，发达国家的双边贸易受不安全增加的交易成本干扰更小，他们从国家制度差异导致的交易安全性差异角度解释了为何南北贸易要远远小于 HOV 理论预测的现象。

由此，我们认为合约实施制度是市场交易规模扩张的必然结果，它对不同产品的贸易流量影响程度是不同的，对复杂产品的影响要大于简单商品，另外它对国际贸易流量的空间分布也产生了重要影响，导致了贸易流量的国际不均衡现象。

四、合约实施制度质量与比较优势

尽管在以不完全合约理论为基础的新新贸易理论中，许多文献对国际贸易中的产权问题和跨国企业边界予以了关注（Grossman 和 Helpman 2002a，2002b，2005 以及 Antras 2003，2005），但“他们关注的不是南北制度的差异，而是技术或要素禀赋的差异，因此没有强调制度差异作为比较优势来源的结果”（Levchenko，2004）。在理论上制度差异（合约实施和产权保护制度）是如何影响比较优势的呢？目前的文献包括两种思路：第一种思路是沿用交易成本经济学的思路，由于合约得不到有效实施时，投资的关系专用性将导致投资不足（Klein et al.，1978；Williamson，1979，1985；Grossman & Hart，1986；Hart & Moore，1990），因此合约实施制度越完善，那么投资不足问题就轻一些，因此在需要关系专用性投资的产品生产上，合约实施制度好的国家就会有成本优势，于是制度通过对委托人和代理人的专用性扭曲程度来决定比较优势，这类文献包括 Nunn（2006），Berkowitz et al（2006），Levchenko（2006）；第二种思路是认为制度质量会影响劳动分工和企业的技术选择，从而对各国的比较优势产生影响，主要文献包括 Costino（2005），Acemoglu，Antras 和 Helpman（2006）。

Levchenko 认为 GHM 理论中通过产权配置并不能完全解决套牢问题，因为在合约制度不完善的国家，这种方法可能是没有效率的，对套牢问题的解决依赖于合约实施和产权保护制度。制度质量越糟糕的国家，其市场中签约和被实施的合同数量更少，资产专用性造成的扭曲程度更高。Levchenko（2006）没有区分合约实施制度和产权保护制度，假定不同产业对制度的依赖程度是不同的，他首先构造了资本 K 和劳动 L 两种要素和三种商品的 H－O 模型，即只用资本生产的 K 商品、只用劳动生产的 L 商品以及两种要素都投入生产的混合商品 M。混合商品涉及专用性投资，因此被视为制度依赖性产品。假定 M 产品生产中，资本投资中的 φ 为专用性投资，生产后 K 只能收回 $1-\varphi$ 的比例，φ 的大小刻画了合约实施和产权保护制度的质量，各个部门 φ 的取值存在差异，φ 越小说明制度越完善。由于北方国家的制度质量通常要比南方国家要好，$\varphi_N > \varphi_S$，结果如同李嘉图模型中生产力差异那样，制度质量的差异在 M 部门产生作用，使得北方国家生产的 M 产品价格严格低于南方国家，于是在自由贸易的状况下，北方国家生产 M 而南方国家不生产，即北方国家在制度依赖性产品生产上具有比较优势。

考虑制度情况下，模型还显示，北方国家从贸易中获收益最多，而南方国家的福利受到两方面的影响，一方面因为不生产制度依赖性产品有一个正的效率收益，但另一方面由于贸易开放导致高收入部门的消失，会产生一个负的制度租金损失，因此在特定的参数情况下，南方国家的福利可能反而下降。他用美国进口的四位数产业分类数据，证明制度差异确实对贸易流的决定产生了重要影响，即较好制度的国家在美国市场上获得制度高度依存性产业的较大的进口份额。

同样是在不完全合约的框架中分析制度对比较优势的影响，Nunn（2005，2006）集中研究了合约实施制度对比较优势的作用，尽管思路和 Levchenko（2007）有相似之处，但采用的模型和相应的经验研究中的计量方法有些差异。Nunn 把中间产品的生产引入连续产品李嘉图模型中，中间产品涉及标准投入（standardized inputs）和定制投入（customized inputs），其中标准投入不涉及专用性投资，而定制投入品的生产涉及专用性投资，合约实施制度越糟糕的话，投资就越少，定制投入的生产成本也越高。他构造了一个三阶段博弈的模型，第一阶段委托人和代理人签定合约，付款购买零部件；第二阶段代理人进行专用投资生产零部件；第三阶段是谈判和法律诉讼阶段。在第三阶段如果委托人违约，那么代理人只能通过法律渠道来保护自己，这里合约实施制度的质量发挥了作用，法官判代理人赢的概率 γ，$1-\gamma$ 判委托人赢，γ 用来表示合约实施制度质量的高低，最后用逆向归纳法求解子博弈精练纳什均衡，可以得到定制型投入品和标准型投入品的相对价格和制度质量 γ 成反比：$p^c/p^s=2(1-\gamma)$，即合约制度质量越好的国家定制产品相对价格越低。模型假定了连续统最终商品 $z \in [0, 1]$，1 单位最终品需要 1 单位标准投入品和 $a(z)$ 单位定制投入品。因此如果 A 国的合约制度质量比 B 国要好，$\gamma^A > \gamma^B$，那么存在一个 $\tilde{z}$，对于那些密集使用定制投入品 $z > \tilde{z}$ 那部分产品放在 A 国生产成本更低，而对于相对密集使用标准投入品 $z < \tilde{z}$ 的那部分产品放在 B 国生产成本更低。于是得到结论：由于不同最终品的两种投入比率存在差异，因此合约制度好的国家在定制投入品密集使用的最终品生产上具有比较优势，而制度差的国家在标准投入品密集使用的最终产品生产上具有比较优势。在跨国经验研究中，他发现国家层面上生产和出口的平均合约密度①（contract intensity）和司法质量以及合约实施水平呈现正相关，在国家产业层面，合约实施更完善的国家关系专用性投资最重要的产业出口比重较高，根据估计结果，和物质资本和熟练劳动要素对贸易模式的解释相比较，合约实施制度更能够解释全球贸易的模式。

和 Levchenko（2004）相同，Berkowitz et al.（2006）也同时研究了制度的两个维度对贸易的影响，同时增加了产品复杂性的维度，因为复杂产品往往是高度差异化的，它们所包含的许多特性是不容易完全在合约中写明，好的制度可以克服由于复杂产品合约实施的困难性导致出口商违约，因此出口国好的制度能促进复杂产品贸易。于是其他条件不变的话，制度更好的国家在制造复杂产品方面有比较优势，因为这些国家能以相对较低的成本生产和出口复杂产品。他们把这些观点嵌入到一般均衡框架中发现，在通常条件下，出口国完善的法律制度提高了在复杂产品生产上的比较优势，但是降低了在简单产品生产上的比较优势。经验研究支持了模型的预见：制度质量对贸易流量有重要影响，出口国制度质量对推动复杂产品市场的贸易最重要，而进口制度质量对于推动简单产品市场的贸易最重要。

上述文献主要讨论了制度质量对产品生产中的专用性投资影响及其对各国比较优势的影响。而 Costinot（2004）另辟蹊径分析了不完全合约实施制度对劳动分工、产品生产效率和贸易模式的影响。考虑了一个包含两个大国的世界经济，一个产品 z 的连续统，一种生产要素劳动力，在每个部门中，为了生产产品 z 必须完成连续的基本任务 s。模型采用了里昂惕夫生产技术，由一个连续统的工人数量 L，每个工人赋予 h 单位的劳动，h 体现了经济中代表性工人的劳动生产率。合约的实施伴随一个依赖参数 $\theta > 0$ 的概率方程，θ 根据个人和产业不同而有所区分，它反映了该国的制度质量。当 $\theta = 0$，制度是无效的，合约从来得不到实施，而当 $\theta = \infty$ 表示制度是完善的，合约总是能得到实施。把有效团队的规模 N_Z 看成是 θ 递增函数，即合约实施制度越完善的国家生产团队规模就越大，这是因为一方面随着生产团队规模的增加，工人更加专业化，劳动分工导致了完成每个任务中的规模报酬递增；另一方面如果团队越大，生产就会涉及更多的劳动力之间的合约关系，资产专用性导致的投资不足导致的产出下降就会越严重，但是与制合约实施制度不完善的国家相比，制度越完善的国家，资产专用性投资造成的扭曲相对就越小，大团队生产的劳动分工合作带来的收益就有可能超过专用性投资减少带来的损失，产生净的正收益，使得团队生产维持成为可能。而现实中越是复杂产品的生产常

① 合约密集度可以用一单位最终产品形成过程中涉及的市场合约数量来衡量。

常需要规模越大的团队，而根据模型的分析只有合约制度好的国家才有可能维系以有效单位劳动（hN_Z）衡量的较大团队，在自由贸易情况下，制度好的国家专业化于更加复杂的产品，即在较复杂产品部门具有比较优势，合约制度质量构成了比较优势的互补性来源。这个模型的一个潜在思想是把企业内要素合约的实施问题和市场商品合约实施机制看成是无差异化的，从而简化了问题的分析。

沿着不完全合约和企业技术选择的思路，Acemoglu，Antras 和 Helpman（2006）发展的框架主要分析了合约不完全性、技术互补性对技术选择（technology adoption）的影响，以及当国家之间存在制度差异时，这种影响又是如何内生决定比较优势的。他们的基本模型是一个四阶段的完全信息动态博弈，企业选择决定技术，越先进的技术涉及的中间投入品越多，中间品的专用性程度也就越高。中间产品是相互替代的，在 CES 生产函数中中间产品之间常替代弹性是 $1/1-\alpha$，其中 $\alpha\in(0,1)$ 表示中间投入之间的互补性的强弱，α 越大说明替代弹性越大，中间投入品之间的互补性越差，不同产业的 α 是不同的。先进的技术意味着和更多的供应商签约，供应商生产的任何一种中间产品要开展多种活动 $i\in[0,1]$，每种活动 i 的投资为 $x(i)$，这些活动中 $0\leqslant i\leqslant\mu$ 部分是可以验证的，可以事先签约，而 $\mu<i\leqslant1$ 部分活动是不可验证的，是不可签约的。不可签约活动所占的比重越大那么生产中合约的不完全性程度就越高，根据 GHM 的不完全合约理论，合约不完全性越强导致的投资不足问题越严重。通常合约实施制度质量越好，那么生产活动中不可签约部分的比重会越高，因此他们用不可签约活动的比重 μ 来衡量签约制度质量的高低。在一定的假设下用逆向归纳法得到唯一一个对称的子博弈完美纳什均衡，它包括企业技术水平选择 $\tilde{N}$，可签约活动投资 $\tilde{x}_c$，不可签约活动的投资 $\tilde{x}_n$。和完全合约情况相比，合约的不完全同时减少了两类活动的投资水平，而且企业选择了较低技术水平 $\tilde{N}$，这是因为合约不完全减少了不可签约活动投资，这种投资不足使得采用更高水平技术的利润下降。结果由于合约的不完全性越大，投资就越少，采用越先进的技术就越不合算，签约制度正是通过影响合约的不完全程度对合约所涉及的技术选择产生影响。作为该理论的三个应用之一，他们把技术选择问题分析引入两国的一般均衡模型，研究制度和比较优势内生性的关系，得到一个很重要的结论是：因为资源约束，合约实施制度的改进并不提高所有产业（企业）的技术选择水平，而是中间投入品互补较强的企业（α 比较小），即那些越依赖合约的部门（企业）越倾向于会选择先进技术，正是这一点导致了内生性的比较优势。他们假设两个国家出来合约实施制度不同，而具有相同技术机会（生产可能集），通过比较两个国家同一产业中最终品生产企业的收益 $R^1(\alpha)/R^2(\alpha)$ 的大小发现，对于签约制度更好的国家更倾向于出口中间品互补性强的产品，而进口互补性弱的产品。这个结论实际上和 Nunn（2005）and Levchenko（2007）的观点是一致的。他们的模型和 Costinot（2004）本质上都属于基于专业化的内生比较优势模型，但他们的模型更具有一般性，是目前研究制度与比较优势内生性机制的最重要文献之一。

五、结论和未来研究方向

传统贸易理论只关注比较优势的形成技术和禀赋因素，忽视了合约实施问题对贸易的扭曲，而包括国际贸易在内的任何交易都会不同程度受到机会主义行为的干扰，事后的违约行为阻碍了投资和贸易的开展。国际贸易的开展更会受到法律制度差异造成的合约实施困难问题的干扰，一旦考虑到交易成本，那么两个国家的技术差异、禀赋结构差异的存在仅仅提供了开展国际贸易的一个必要条件，而不是充分条件。非正式和正式合约实施制度的主要功能是克服人们的机会主义行为能够降低市场交易费用，从而保证国际贸易的顺利开展。本文讨论的文献主要涉及了非正式合约实施制度、正式合约实施制度与国际贸易流量和内生比较优势关系，因为不同的产业对合约实施制度的敏感度是不同的，一方面复杂产品的制造和简单产品制造相比更倾向于公司内贸易，用组织内合约实施来替代市场的合约实施；另一方面不同产业对制度的敏感度差异，也表现为具有制度差异的国家在不同产业形成比较优势，制度越好的国家在制度依赖产业具有内生比较优势。从相关经验研究中我们可以得到的启示是：一个国家要获得产业升级，从简单产品出口提升到复杂产品出口，必须有相应的合约实施制度质量提高为保障，缺乏制度保障，动态比较优势的形成是困难的。

一旦我们开始考虑制度对比较优势的影响，除了合约实施制度外，实际上组织内部激励、组织之间的策略互动等问题也必须重新纳入到国际贸易理论中，可以预见未来国际贸易领域的研究进展将借助于合约理论这一强有力的分析工具，使得我们重新对现有国际贸易理论的做一些补充和修正。未来国际贸易理论制度分析文献可能的研究方向体现在三个方面：一是引入信息不对称问题，利用合约理论强有力的分析工具对贸易政策、比较优势等问题进行重新检验；二是把组织理论的最新研究成果引入到国际贸易问题研究中，考察企业内部的管理模式、信息沟通和国际贸易的相互关系；三是国际贸易和制度变迁相结合的研究，这涉及贸易意义的重新认识、定位和制度演化问题，有一些新政治经济学的文献已开始涉及这个领域。

参考文献：

[1] [德] 柯武刚，史漫飞（Wolfgang Kasper, Manfred E. Streit）. 制度经济学——社会秩序与公共政策. 北京：商务印书馆，2000.

[2] 阿维纳·格雷夫. 新帕尔格雷夫法经济学大辞典. “非正式合约实施制度（ICE）”词条. 北京：法律出版社，2003：319－327.

[3] 道格拉斯·诺斯. 制度、制度变迁与经济绩效. 三联书店，1994.

[4] Acemoglu, Daron., and Simon Johnson (2003): "Unbundling Institutions," (Unpublished; Cambridge, Massachusetts: MIT).

[5] Acemoglu, Daron., Antras, Pol., and Elhanan Helpman (2006):" Contact and technology adoptation", American Economic Review, Force-coming.

[6] Anderson, James (2001). "Trade and Informal Institutions." In E. Kwan Choi and James C. (eds.), Handbook of International Trade, v. 2. Oxford: Basil Blackwell.

[7] Anderson, James and Douglas Marcouiller (2002). "Insecurity and the Pattern of Trade: An Empirical

Investigation. " Review of Economics and Statistics 84 (2), 342 - 352.

[8] Anderson, James and Ericvan Wincoop (2004). Trade Costs, Journal of Economic Literature, 42, 691 - 751.

[9] Antras, Pol, (2003)," Firms, Contracts, and Trade Structure", *The Quarterly Journal of Economics, November* 1375 - 1418.

[10] Antras, Pol, and Helpman, Elhanan (2004), Global Sourcing" *Journal of Political Economy*, 2004, vol. 112, no. 3, pp 552 - 580.

[11] Araujo,Luis and Emanuel Ornelas (2005): "Trust-Based Trade" *IBMEC RJ ECONOMICS DISCUSSION PAPER* 2005 - 08 *http: //professores. ibmecrj. br/erg/dp/dp. htm.*

[12] Berkowitz, Daniel, Johannes Moenius, and Katharina Pistor. (2006): Trade, law, and product complexity. Review of Economics and Statistics: forthcoming.

[13] Costinot, Arnaud, 2004, "Contract Enforcement, Division of Labor and the Pattern of Trade", Mimeo, Princeton University.

[14] den Butter, F. A. G. and Mosch, R. H. J. (2003). Trade, trust and transaction costs, *Tinbergen Institute Discussion Paper* 2003 - 082/3. *http: //www. tinbergen. nl/discussionpapers/*03082. *pdf*

[15] Dixit, A. K. (2003a). Trade expansion and contract enforcement. *Journal of Political Economy* 111: 1293 - 1317.

[16] Dixit, A. K. (2004). Lawless and Economics: Alternative Modes of Governance, Princeton University Press.

[17] Greif, A. (1989). Reputation and Colition in Medieval Trade: Evidence on the Maghribi Traders, *The Journal of Economic History, Vol.* 49, *No.* 4, *pp*857 - 882.

[18] Greif, A. (1992). Institutions and international trade: lessons from the commercial revolution. *American Economic Review* 82: 128 - 33.

[19] Greif, A. (1993, a). Contract enforceability and economic institutions in early trade: the Maghribi traders' coalition. *American Economic Review* 83: 525 - 48. (*a*)

[20] Greif, A. (1993, b). On the Nature and Evolution of Political and Economic Institutions: Commitment, Reputation, and Self-Enforcing Institutions in Late Medieval Genoa.

[21] Greif, A. (1994). Cultural beliefs and the organization of society: a historical and the oretical reflection on collectivist and individualist societies. *Journal of Political Economy*102: 912 - 950.

[22] Greif, Avner. (1997). "Contracting, Enforcement, and Efficiency: Economics Beyond the Law," *Annual World Bank Conference on Development Economics.*

[23] Grief (2005), Commitment, Coercion, and Markets: The Nature and Dynamics of Institutions Supporting Exchange, *C. Menard and M. Shirley* (*eds.*), *Handbook of New Institutional Economics*, 727 - 786. *Springer. Printed in the Netherlands.*

[24] Grossman, S (1981), The informational role of warranties and private disclosure about product quality, *Journal of Law and economics.* Vol XXXIV, 461 - 483.

[25] Grossman, Sanford J. and Oliver D. Hart (1986), "The Costs and Benefits of Ownership: A Theory of Vertical and Lateral Integration," *Journal of Political Economy*, 94: 4, *pp.* 691 - 719.

[26] Grossman, G. M. and E. Helpman (1991), Innovation and Growth in the Global Economy, Cambridge, MA: MIT Press.

[27] Grossman, G. and Helpman, E (2002a), "Outsourcing in a Global Economy," *NBER working paper*,

No. 8728.

[28] Grossman, G., and Helpman, E (2003), "Outsourcing versus FDI in Industry Equilibirum", *Journal of the European Economic Association*, *April-May* 1 (2 - 3): 317 - 327.

[29] Hart, Oliver and John Moore (1990), "Property Rights and the Nature of the Firm," *Journal of Political Economy*, 98: 6, *pp.* 1119 - 1158.

[30] Helpman, Elhanan (2006), Trade, FDI, and the Organization of Firms, *Journal of Economic Literature*, Vol. 44 Issue 3, p589 - 630

[31] Johnson, Simon, John McMillan and Christopher Woodruff (2002). "Courts and Relational Contracts." *Journal of Law*, *Economics and Organization* 18 (1), 221 - 77.

[32] Klein, Benjamin, Robert G. Crawford, and Armen A. Alchian. (1978) Verticalintegration, appropriable rents, and the competitive contracting process, *Journal of Law and Economics* 21: 297 - 326.

[33] Levchenko, Andrei A. (2006) Institutional Quality and International Trade, IMF working paper.

[34] Li, John Shuhe, 2003. Relation-based versus Rule-based Governance: an Explanation of the East Asian Miracle and Asian Crisis. *Review of International Economics*, 11, 651 - 673

[35] MacLeod, W. Bentley (2005), Reputations, Relationships and the Enforcement of Incomplete Contracts, *Columbia University*, *New York*, *Working Paper*.

[36] Marin and Schnitzer (2002) Contracts in Trade and Transition: The Resurgence of Barter Cambridge, Mass.: *MIT Press*, 2002.

[37] Melitz, Marc J. (2003), "The Impact of Trade on Intra-Industry Reallocations and Aggregate Industry Productivity," Econometrica 71, pp. 1695 - 1725.

[38] Milgrom, P., D. North and B. Weingast (1990), The role of institutions in the revival of trade: the law merchant, private judges, and the champagne fairs, Economics and Politics, 2, 1 - 23.

[39] Nunn, Nathan (2005), Relationship-specificity, incomplete contracts and the pattern of trade. Mimeo, University of British Columbia, (Job Market paper).

[40] Nunn, Nathan (2006), Relationship-specificity, incomplete contracts and the pattern of trade. Mimeo, Quarterly Journal of Economics, Vol. 122, No. 2, May.

[41] Ranjan, P. and Lee, J. Y. (2003), "Contract Enforcement and the Volume of International Trade in Different Types of Goods," mimeo, UC Irvine.

[42] Rauch, J. E. (1999). Networks versus markets in international trade. *Journal of International Economics*, 48: 7 - 35.

[43] Rauch, J. E. (2001). Business and social networks in international trade. *Journal of Economic Literature*, 39: 1177 - 1203.

[44] Rauch, J. and Trindade, V. (2002). 'Ethnic Chinese networks in international trade', Review of Economicsand Statistics, vol. 84 (February), pp. 116 - 130.

[45] Rauch, J. and Casella, A. (2003). 'Overcoming informational barriers to international resource allocation: prices and ties', The Economic Journal, 113 (January), 21 - 42.

[46] Rauch and Watson, (2003), Starting Small in an Unfamiliar Environment, *International Journal of Industrial Organization* 21 (September 2003): 1021 - 1042.

[47] Rodrik, Dani, Arvind Subramanian, and Francesco Trebbi, 2002, "Institutions Rule: The Primacy of Institutions Over Geography and Integration in Economic Development," mimeo, Harvard University.

[48] Ranjan, P. and Lee, J. Y. (2005), Contract enforcement and international trade, Mimeo.

[49] Schuler, Philip Martin (2002) Institutions, international trade, and the post-socialist transition, University of Maryland College Park, Doctor Dissertation.

[50] Spencer, Barbara J. (2005), "International Outsourcing and Incomplete Contracts," *Canadian Journal of Economics*, Vol. 38 Issue 4, p1107 - 1135.

[51] Trefler, D. (1995): The case of missing trade and other mysteries. American Economic Review 85: 1029 - 1046.

[52] Williamson, Oliver E. 1979. Transaction cost economics: The governance of contractual relations. Journal of Law and Economics, 22: 233 - 261.

[53] Williamson, O (1985) The Economic Institutions of Capitalism: Firms, Markets, Relational Contracting. New York: The Free Press.